Histoire secrète
de la
Ve République

Sous la direction de

Roger Faligot et Jean Guisnel

avec **Rémi Kauffer, Renaud Lecadre, François Malye**
Martine Orange, Francis Zamponi

Histoire secrète de la Ve République

ÉDITIONS FRANCE LOISIRS

Édition du Club France Loisirs,
avec l'autorisation des Éditions de La Découverte

Éditions France Loisirs,
123, boulevard de Grenelle, Paris.
www.franceloisirs.com

ISBN : 978-2-298-00370-3

Sommaire

Introduction

Roger Faligot et Jean Guisnel

Ceux qui avaient moins de cinquante ans à la sortie de ce livre et qui vont s'y plonger n'ont le plus souvent pas idée de la manière dont est née en 1958 la France dans laquelle ils vivent, et dont ils constatent aujourd'hui combien elle fonctionne mal. Le voyage au cœur des cercles de pouvoir de la Ve République que propose cet ouvrage a pour ambition de les éclairer, eux et leurs aînés. Il est organisé en sept cheminements, thématiques et complémentaires, regroupant au total une centaine d'articles et de portraits. L'intérêt de cette organisation est d'aider à comprendre combien les mille et un secrets, petits et grands, qui jalonnent l'histoire française du dernier demi-siècle ont joué un rôle central dans les évolutions de la « face visible » de notre République.

Le poids de l'héritage colonial

Les deux premières parties (« Aux origines, la guerre d'Algérie » et « La décolonisation et l'héritage colonial ») permettent ainsi de mesurer à quel point les circonstances de la fin de l'Empire colonial français – et en particulier la longue guerre d'indépendance algérienne – ont structuré, pour des décennies, le comportement des élites françaises, politiques comme économiques. Pour ne prendre que l'exemple des conflits nés de la décolonisation de l'ancien Empire français, devenu ensuite la Communauté, nous avons revisité plusieurs de ces combats difficiles, de la guerre secrète contre la Guinée (1958-1973) au « bourbier ivoirien » des années 2000, en passant par la terrible et oubliée « guerre spéciale » conduite au Cameroun dans les années 1960-1964 ou l'incroyable opération de Kolwezi (1978). La dimension militaire de la « présence française » en Afrique a toujours joué un rôle essentiel et méconnu, profondément marqué par l'expérience coloniale.

Au début des années 1960, la Ve doute si peu de la justesse de ses vues qu'elle entend même agir, en Afrique, dans des régions qui n'étaient pas les « siennes » durant la colonisation. C'est ainsi qu'elle s'aventurera en territoire anglophone au Nigéria de 1967 à 1970, en s'engageant dans le soutien périlleux à la sécession du Biafra, sous la houlette de l'un des hommes qui aura l'influence la plus considérable dans l'entourage du général de Gaulle, Jacques Foccart. Souvent reliée à ce qu'il est convenu d'appeler le « complexe de Fachoda », cette obsession d'une France soucieuse de la préservation de son influence aux abords de cette part d'Afrique colonisée par d'autres puissances européennes se retrouvera un quart de siècle plus tard, cette fois au Rwanda. L'armée française interviendra à grande échelle en 1994 dans cette ancienne possession belge, et se trouvera au cœur d'un génocide, que la République n'aura pas su, ni en réalité voulu, éviter.

La guerre d'Algérie ne provoque pas seulement la chute de la IVe République. Elle se trouve à la source de la naissance de la Ve, accompagnant durant un lustre ses actes fondateurs, tout en les pervertissant. On a bien oublié aujourd'hui que c'est un « coup d'État froid » qui fait revenir Charles de Gaulle au pouvoir avec l'opération *Résurrection*. Dès lors qu'il sera installé à Matignon, avant de devenir, grâce à une nouvelle Constitution, un véritable monarque républicain, de Gaulle aura une priorité majeure : conduire la guerre à son terme, c'est-à-dire à l'indépendance de l'Algérie, en négociant avec le FLN, l'ennemi de la veille, les conditions de l'accès de l'ancienne colonie à la souveraineté nationale. Cette indépendance sera pilotée dans un contexte très particulier, et surtout contraire aux idéaux républicains de la plupart de ceux qui avaient considéré l'ancien chef de la France libre comme le garant du passage de la France vers une démocratie adulte. Pour faire échec à la rébellion de l'armée, puis à l'OAS, l'hôte de l'Élysée s'installera dans une pratique politique peu conforme aux principes souvent généreux qu'il avait dit vouloir instaurer. Grâce aux pouvoirs spéciaux, avec les services spéciaux, on mène des opérations spéciales. À savoir non seulement secrètes, mais surtout aux limites, trop souvent franchies, de l'État de droit. En passant par la création de polices et d'officines parallèles qui agissent hors de tout contrôle démocratique, commettant des actes en contradiction avec la Constitution même de la Ve République, pourtant tout juste approuvée par le peuple souverain.

Cette influence des pratiques inacceptables (enlèvement, meurtres, attentats, manipulations) dans le fonctionnement des services secrets (RG, DST, SDECE et DGSE) est précisément évoquée dans la cinquième partie (« Services secrets et raisons d'État »). Car c'est encore au cours de la guerre d'Algérie que les agents des services ont appris à s'affranchir sans scrupule des règles de base qui régissent en principe l'action des bras occultes de la République. Aucune démocratie au monde ne saurait sans doute se passer

RALENTISSEMENT DU POUVOIR D'ACHAT...
VOUS VOULEZ UN COUP DE MAIN ?
DUBOUILLON

TÉLÉTHON 2007...
DONNEZ
LES CAISSES SONT VIDES
DUBOUILLON

>> LA SEMAINE DE DUBOUILLON

dimanche 9.12.2007

de services capables d'agir aux franges de la loi, parce que les guerres secrètes qui se mènent partout – y compris contre la France ou ses intérêts – ne sauraient se combattre exclusivement avec les règles en vigueur dans les chancelleries. Le problème rencontré de ce point de vue par la Ve, dès sa naissance, et les critiques que ces pratiques ont suscitées, ne procèdent donc pas d'une foi naïve dans un monde sans violence, sans tricheur, sans voyou. Mais de celle voulant que dans ce monde brutal, il demeure possible d'agir, y compris secrètement, en ne dévoyant pas les principes de base du modèle démocratique.

Services secrets, barbouzes et coups tordus

Or, les pages qui suivent le démontrent amplement, la Ve République a parfois, sinon souvent, agi avec des méthodes indignes. Qu'elles aient été, le plus souvent, décidées par le pouvoir politique émanant des urnes, ou très couramment par des services de l'État ou bien par certains de leurs fonctionnaires dévoyés, ces pratiques inadmissibles ont été institutionnalisées durant la période de pouvoir de Charles de Gaulle, ont perduré sous Georges Pompidou et sous Valéry Giscard d'Estaing, avant de ne point disparaître après l'arrivée, pour quatorze ans, de François Mitterrand, et d'embellir enfin sous Jacques Chirac. Car la France est ainsi faite que les différents présidents de la République ont toujours imprimé une forte marque à leur époque. Chacun d'entre eux eut certes de bons côtés. Le lecteur nous pardonnera de nous être surtout intéressés à leurs faces obscures.

Celles qui, justement, plongent d'abord leurs racines dans les arcanes des services secrets et dans le monde opaque de la raison d'État. Il n'est pas indifférent de savoir que les uns et l'autre sont nés sous Louis XIV, avec une monarchie forte et centralisée en France. Et que leur symbole n'était autre que le « Masque de fer ». Les plus anciens se souviendront comment, dans les années 1960, *Le Canard enchaîné* tenait, sous la plume d'André Ribaud et illustrée par Moisan, la « Chronique de la Cour » : les cercles du pouvoir gaullien y étaient peints sous les traits du Roi-Soleil et de ses courtisans, tandis que le palais de l'Élysée prenait les allures du château de Versailles. Et le nouveau Masque de fer porte alors un nom : celui de Mehdi Ben Barka, dont le corps est sans doute à jamais disparu après qu'il a été kidnappé en 1965 par les services spéciaux marocains avec l'aide de « barbouzes » françaises… Et sur lequel l'État se refuse toujours aujourd'hui à ouvrir toutes les archives au nom du « secret-défense » et de la raison d'État…

L'affaire est devenue le symbole du « mauvais usage des services spéciaux ». Et cela d'autant plus qu'à l'origine, le SDECE (plus tard rebaptisé

DGSE) et la DST sont nés dans la résistance au nazisme et sous l'étendard de la France libre pendant la Seconde Guerre mondiale. Les dérives et les bavures d'anciens résistants, une fois de Gaulle au pouvoir, et encore plus sous ses successeurs – Georges Pompidou et Valéry Giscard d'Estaing –, demeurent un vrai sujet de méditation. Le rôle clé de Jacques Foccart – que l'on retrouvera souvent à travers ces pages – est à cet égard emblématique, puisqu'il fut le coordinateur des services spéciaux officiels après avoir été le cofondateur de la police parallèle connue sous le nom de Service d'action civique (SAC). Comme lui, certains anciens résistants – heureusement pas la majorité d'entre eux ! – se sont retrouvés à l'avant-garde des pires exactions dans les guerres de décolonisation. Mais certains résistants, on le verra, ont aussi combattu avec efficacité les ultras de l'Organisation de l'armée secrète (OAS) qui menaçait la jeune Ve République.

On trouvera ici le descriptif précis de ces actions et des organisations qui y ont présidé. Et les récits de moult « affaires » oubliées ou peu connues, souvent enrichis de révélations inédites grâce aux enquêtes menées de longue date par les auteurs. Les surprises ne manquent pas, dont la moindre n'est pas la mise en évidence de la très étrange « épidémie » de meurtres politiques – plus d'une cinquantaine de victimes, tant françaises qu'étrangères – qui a frappé la France sous le septennat de Valéry Giscard d'Estaing (1974-1981). Mais, pour nécessaires qu'ils soient, ces rappels documentés ne sauraient suffire. Et c'est pourquoi nous avons tenu – selon un principe d'ailleurs appliqué dans toutes les parties de cet ouvrage – à compléter les récits factuels et les portraits par des synthèses, permettant de mieux saisir les enjeux techniques et politiques du monde du renseignement français.

Ainsi, on apprendra comment l'éloignement de la Seconde Guerre mondiale, la purge du SDECE par Alexandre de Marenches en 1970, sa refonte par Pierre Marion en 1981, sa modernisation par Claude Silberzahn à partir de 1989 ont progressivement éloigné ce service d'un emploi politique et partisan vers un service de renseignements politiques, stratégiques et économiques dont a besoin le pays dans le monde troublé qui est le nôtre. Reste à enclencher vraiment, comme décrit ici, le contrôle parlementaire de ses actions. Reste également à reconnaître, ce que l'on ignore trop souvent, que les services secrets peuvent aussi agir, secrètement certes, en mettant en avant le bien commun, en relation avec des administrations réellement soucieuses de l'intérêt public et pour sauver des vies humaines : il existe de bons usages des services spéciaux (nous évoquons ici le rôle de la DGSE dans des médiations interafricaines, dans le soutien à des processus de paix, dans le dénouement de crises d'otages).

La fin de la guerre froide a fait beaucoup par ailleurs pour faire évoluer le rôle – devenu presque banal au fil des années – de police politique de la DST (voir les affaires des « taupes rouges » ou les manipulations des séparatistes bretons), des RG (en Corse ou au Pays basque) et de certaines unités spéciales comme la « cellule antiterroriste de l'Élysée » (affaires des écoutes téléphoniques sous Mitterrand). Bon gré mal gré, et sans abandonner toujours les mauvaises habitudes, ces services ont dû évoluer vers une fonction de protection face aux nouveaux défis : l'islamisme radical violent, le crime organisé international, l'espionnage économique et technologique ou la guerre dans le cyberespace. On lira le détail de toutes ces affaires et des questions que se posent légitimement les professionnels du renseignement eux-mêmes et les citoyens sur l'emploi des premiers. Car les cas de rechute restent fréquents : on verra ainsi comment, sous la pression de la seconde guerre d'Algérie et de ministres de l'Intérieur indélicats, certains agents de renseignement ont réendossé leur tunique de « barbouzes ». On l'observera enfin avec la description minutieuse du rôle des agents secrets dans l'affaire des frégates de Taïwan et Clearstream, au cours de laquelle le piège s'est refermé en 2006 sur un des as des services secrets de la République, le général Philippe Rondot.

Le nucléaire et les grands corps de l'État au cœur de la République

Cette affaire illustre un schéma constant dans l'histoire de la Vᵉ République : la convergence de la raison d'État (principalement incarnée par l'action des services secrets) et de la raison économique (principalement incarnée par le soutien de l'État aux grands groupes industriels et financiers, à commencer par ceux liés au nucléaire, à la défense nationale et au pétrole). Pour le comprendre, il faut revenir au « diamant noir de la Vᵉ République », la force de frappe nucléaire, seconde priorité de De Gaulle avec la fin de la guerre d'Algérie, quand il revient aux affaires en 1958 : presque effacée de l'histoire officielle, l'épopée du nucléaire – qui coûtera, sans qu'il le sache assez, fort cher au contribuable – a façonné à un point largement méconnu la vie économique et politique de la France pendant au moins quatre décennies.

Tel est l'objet de la troisième partie de ce livre (« Le nucléaire et le complexe militaro-industriel »), qui évoque notamment la mise en place de la force de frappe et du nucléaire civil à partir des années 1950. La Vᵉ République n'est pas arrivée, de ce point de vue, en terrain vierge. Mais elle a poursuivi avec une ardeur et des moyens accrus les efforts de la IVᵉ dans une voie qui, pour être synonyme de grandeur aux yeux des dirigeants français qui se sont succédé depuis la Libération, n'en pose pas moins mille questions. Les corps d'ingénieurs fonctionnaires – la crème de la crème de la République – qui ont forgé l'outil nucléaire, ardents et sûrs que leur savoir n'est rien d'autre que leur bon droit et que celui-ci se confond avec le bien de tous, et les sommes colossales consacrées à ces programmes par l'État, jusqu'à ce jour, ont contribué de manière décisive à façonner sur une longue période les structures, non seulement de la République, mais aussi du capitalisme français. Et surtout, la façon – largement secrète et peu démocratique – dont ces efforts militaires ont été conduits explique bien des habitudes de dissimulation, voire de « coups tordus » en tous genres, que l'on retrouve dans différents domaines : la finance et les médias (sixième partie), la diplomatie (quatrième partie) ou la politique (septième partie).

La sixième partie (« Finances et jeux d'influences ») porte précisément un regard aiguisé sur l'un des éléments clés du pouvoir en France : les grands capitalistes, leurs pompes (pas seulement à finances), leurs œuvres, leur fatigante impunité, leurs solidarités invisibles, leur extraordinaire richesse et tous ces liens embrouillés, y compris de prévarication et de concussion, qui les ont rattachés et les rattachent encore au pouvoir politique et à l'administration. L'une des moins reluisantes des particularités françaises réside assurément dans cette symbiose profondément ancrée entre des hommes – et quelques très rares femmes – commençant leur carrière dans les cabinets ministériels, et la poursuivant dans les grandes et juteuses entreprises d'État. Où, ailleurs qu'en France, pourrait-on voir, comme ce fut le cas dans le scandale du Crédit lyonnais, des pertes inimaginables (50 milliards d'euros) payées rubis sur l'ongle par le contribuable, sans qu'aucune condamnation autre que symbolique ne vienne frapper les fautifs ?

La connivence effarante liant entre eux les membres des grands corps de l'État, au premier rang desquels l'Inspection des finances, suivi par le corps des Mines, explique bien des choses. Mais comment dégager les grands principes de cette solidarité, et comprendre pourquoi et de quelle manière ces quelques dizaines de hauts fonctionnaires ont pris les rênes des grandes entreprises, poussés par leurs corps, tirés par les élus, accompagnés par des législations accommodantes ? Nous nous sommes attachés à décortiquer ces éléments, pour offrir au lecteur quelques découvertes ébouriffantes. L'immobilier, les travaux publics, le pétrole, l'adduction et la distribution d'eau, les autoroutes, les télécommunications, la banque, les armements, l'énergie nucléaire méritaient assurément que l'on décrypte leur fonctionnement opaque, propice à la corruption. De même, on découvrira à quel point l'efficacité technocratique a promu l'intrusion du Big Brother informatique dans la vie privée des citoyens. Était-il inévitable que ces dérives constituent le prix à payer pour que la France soit un des premiers exportateurs mondiaux, ou que sa modernisation soit un succès durant ce demi-siècle ? Nous ne le pensons pas, et nous essayons d'expliquer pourquoi.

« Domaine réservé » et diplomaties secrètes

Cette explication – c'est l'une des convictions qui ont présidé à la conception de ce livre – passe d'abord et avant tout par l'élucidation des effets très étranges des caractéristiques singulières, à l'échelle internationale, de la Constitution de la Ve République. La France constitue une pyramide de pouvoirs, partant de ceux, locaux et profondément ancrés dans le tissu social national, d'une base élue comptant plusieurs centaines de milliers de personnes dans les conseils municipaux des 36 000 communes du pays. Le zénith de ce système représentatif ne se trouve nulle part ailleurs qu'à l'Élysée. Sous la IVe République, un collège de 80 000 grands électeurs désignait le président. Charles de Gaulle y a mis bonne fin, en faisant élire pour la première fois le président au suffrage universel. En France, personne n'a depuis autant de pouvoirs que le président de la République, dont l'autorité procède directement du peuple. Rien n'illustre autant sa prééminence que sa capacité exclusive à appuyer sur le bouton rouge du feu nucléaire. Elle ne se partage pas davantage qu'elle ne se discute, et sous-tend l'ensemble de la vie publique.

Nous avons voulu expliciter pourquoi cette aptitude consubstantielle à la fonction présidentielle n'est pas née par hasard avec la Ve République. Alors que ce point n'est pas inscrit dans la Loi fondamentale, le président français se trouve de surcroît aux manettes de ce qu'il est convenu d'appeler le « domaine réservé ». Lequel permet certes au titulaire de la magistrature suprême de décider de construire tout bâtiment public qui bon lui semble, à n'importe quel prix, mais surtout de n'avoir de comptes à rendre à personne dans deux secteurs essentiels : la défense et la politique étrangère. Le Parlement pourrait s'en offusquer, il s'en accommode sans un mot : en France, on ne discute pas une décision présidentielle. Il convient sans aucun doute d'y voir une des causes du malaise institutionnel actuel. Au bout d'un demi-siècle, cette organisation a atteint ses limites...

On le verra spécialement en découvrant dans la quatrième partie l'ampleur du champ des « diplomaties secrètes » conduites par l'Élysée. En fait, sous le prétexte – *a priori* admissible – de pallier les insuffisances de l'administration du Quai d'Orsay, souvent confite dans une pesante pusillanimité, un respect inadéquat des pratiques diplomatiques et au final une inaction insuffisamment compensée par une vraie réactivité durant les crises internationales, chacun, et d'abord le Parlement, s'est accommodé d'une dérive plaçant le président et sa petite équipe élyséenne au point nodal de l'action diplomatique de la France. Cette attitude est parfois un gage d'efficacité et de clarté, d'autant plus acceptable quand elle est en phase avec l'opinion publique et la représentation nationale. Ce qui fut le cas à bien des reprises, notamment sous Charles de Gaulle (discours de

Phnom Penh en 1966), sous François Mitterrand (guerre du Golfe en 1991) ou Jacques Chirac (Bosnie en 1995, invasion de l'Irak par les États-Unis en 2003).

Pour autant, cette pratique comporte tant d'inconvénients qu'elle a fait à maintes reprises la preuve de son inadéquation. Singulièrement quand il s'est agi pour la France de mener une politique étrangère dominée par l'action secrète, les solidarités inopportunes avec de monstrueux despotes, les ventes d'armements parfois carrément illégales à des régimes condamnables, sans oublier la prolifération de la technologie, donc de l'arme nucléaire, dont la France aurait avantageusement pu faire l'économie. Nous sommes donc revenus, non sur l'ensemble de ces dossiers – la tâche eut à elle seule exigé plusieurs ouvrages –, mais sur certains de ceux qui sont rarement évoqués et qui nous ont paru significatifs. Comme la solidarité inavouée avec Israël (dès les années 1950), l'action pour le moins ambiguë de la France lors de la guerre des Malouines en 1982, le « prêt » de gendarmes français à la monarchie wahhabite d'Arabie saoudite en 1979, les complicités invraisemblables de Paris avec le régime algérien des années 1990 ou le rôle méconnu de la France dans la politique libanaise et la résolution 1559 de l'ONU en 2004 : autant de dossiers qui ouvrent des abîmes de réflexion...

Organisations invisibles et groupes de pression

Souvent liés à ceux du « domaine réservé », les « réseaux occultes », que nous évoquons dans la septième partie, ont joué dès l'origine un rôle essentiel dans la gestion au jour le jour – et dans nombre de décisions politiques majeures – de la vie politique et sociale sous la Ve République.

Certes, le personnel politique élu imprime sa marque à tous les niveaux de l'État, comme c'est la règle dans une démocratie. Du haut en bas de l'échelle qui voit le président installé au sommet, l'appareil d'État agit comme une gigantesque structure de commandement régie par les règles constitutionnelles. Mais il faut nuancer, et admettre que l'apparence du pouvoir n'est pas sa réalité. Ou plus exactement, qu'il existe une double réalité : l'exécutif agit sur l'administration prise au sens large, laquelle représente une part majeure des emplois salariés en France (cinq millions de fonctionnaires, soit un emploi salarié sur cinq, appartiennent aux trois fonctions publiques – d'État, territoriale et hospitalière –, ce qui en fait une masse lourde et souvent cogérée avec les organisations syndicales). Or, on le sait peu, cette administration puissante est souvent dirigée depuis l'Élysée, car le président nomme personnellement chaque année par décret les 6 000 plus hauts fonctionnaires et autres responsables des diverses commissions, entreprises publiques et organismes divers.

Est-ce bien raisonnable ? Une telle avalanche de nominations ne lie pas seulement le chef de l'exécutif aux cadres de la Nation. Ce système figé laisse également la porte ouverte à des organisations invisibles, des groupes de pression dont la discrétion n'a d'égale que la puissance, empruntant des voies détournées pour faire passer leurs vues, enchevêtrant connivences croisées, clientélisme ténébreux et échanges occultes de services. Nous nous sommes intéressés à ces réseaux dont l'importance est cruciale, bien qu'elle n'apparaisse jamais dans les textes.

À cet égard, il nous a paru nécessaire de revenir sur le plus fantasmagorique de ces réseaux, celui des francs-maçons, qu'il était pertinent de remettre à sa place, avec lucidité et sans pathos. Nous avons également accordé une attention particulière au groupe de pression agricole, auquel Jacques Chirac s'est montré plus sensible que tout autre président, et qui a pourtant joué à fond contre lui en mai 2005, lors du référendum sur la Constitution européenne, dont il n'a pas peu contribué au rejet par les électeurs français. Autre puissant lobby : celui de la santé publique, prise au sens large. De l'affaire du sang contaminé à celle de l'amiante, ses pesanteurs et ses appuis dans l'appareil d'État ont permis qu'il fasse passer ses intérêts économiques, politiques et financiers, avant ceux du public, au prix des plus meurtriers des scandales.

Enfin, deux institutions très particulières ont justifié notre intérêt, car on les présente souvent comme des contre-pouvoirs chargés de sanctionner ou de dévoiler les turpitudes et dérives des autres pouvoirs : la justice et la presse. On le verra, le tableau qui se dégage de leurs évolutions, durant près d'un demi-siècle de Ve République, est plutôt sombre. Au cours des années 1980 et 1990, après deux décennies de « magistrature couchée », l'appareil judiciaire a voulu intervenir bien davantage que par le passé comme organe de régulation et de sanction de pratiques inacceptables des politiques et des industriels liés à l'État : corruption, magouilles, passe-droits, libertés prises avec le fonctionnement optimal de l'État et de l'économie, les magistrats ont mis leur nez partout. Au bilan, que reste-t-il ? Pas grand-chose… Et il n'est même pas acquis que les pratiques illégales ont cessé pour autant.

Quant à la presse, que les auteurs connaissent parfaitement – et pour cause –, elle est un cas vraiment à part. La crise profonde qu'elle traverse au milieu des années 2000 ne trouve pas seulement ses causes dans les difficultés économiques amarrées au transfert des budgets publicitaires de la presse écrite vers les grandes chaînes de télévision ou à la réduction de ses ventes, dont l'apparition de la presse gratuite est loin d'être la seule responsable. Décrédibilisée par une connivence devenue criante avec le politique, trop souvent actrice docile des jeux politiciens, dirigée par des hommes dont la pratique quotidienne est intimement imbriquée à celle du pouvoir, elle a pour l'essentiel perdu sa noble fonction de contrôle. Nous n'en faisons pas mystère, bien que la potion soit amère...

Le « comment » de ce livre : méthode et mode d'emploi

Ce n'est évidemment pas un hasard si cet ouvrage paraît aux Éditions La Découverte, dont les origines (avec François Maspero, qui a créé sa maison en 1959) et l'histoire depuis 1983, ainsi que la profusion d'ouvrages d'enquête et de réflexion critique, ont accompagné étroitement celles la Ve République. Les publications de cette maison, souvent des livres d'enquêtes mordants, ont fréquemment fait date. Pour ne prendre que deux auteurs malheureusement disparus en 2006, on songe aux livres sur la torture en Algérie de Pierre Vidal-Naquet ou à l'enquête d'Anne-Marie Casteret sur le scandale du sang contaminé, cités en bonne place dans le présent ouvrage.

François Gèze et Hugues Jallon, les responsables de La Découverte, ont caressé le rêve de bâtir un ouvrage à la fois tonique, rigoureux et le plus complet possible, livrant le premier panorama global de cette sorte et privilégiant les approches nouvelles sur des affaires qu'on pensait connues. Ils ont fait appel pour cela à Roger Faligot et Jean Guisnel, journalistes et écrivains – presque cinquante livres d'enquête à leur actif à eux deux – pour piloter ce projet passionnant. À leur tour, ils ont porté leur choix sur des auteurs et confrères qu'ils estimaient les mieux à même de présenter aux lecteurs à chaque fois l'enquête historique la plus riche sur chaque thème.

Rémi Kauffer était un choix évident. Non seulement parce qu'il a publié une quinzaine d'enquêtes historiques avec Roger Faligot, mais avant tout pour sa compétence d'historien (membre du comité éditorial d'*Historia*), fin connaisseur des méandres de la guerre d'Algérie (son *OAS, histoire d'une guerre franco-française* est devenu un classique) ou des arcanes de la Résistance et du rôle des résistants et de leurs réseaux dans la Ve République (ce dont témoigne son « roman vrai » publié en 2006, *Le Réseau Bucéphale*).

Renaud Lecadre est journaliste à *Libération*. Son traitement pointilleux des grandes affaires politico-judiciaires justifiait qu'il compte parmi nos auteurs. Il porte le regard aiguisé de l'enquêteur non partisan sur l'une des particularités de notre République : les réseaux. Son ouvrage écrit avec Ghislaine Ottenheimer sur celui de la franc-maçonnerie (*Les Frères invisibles*, 2001) est devenu une référence. Il participe également au collectif de journalistes publiant sous le pseudonyme de Victor Noir, dont le premier ouvrage a été remarqué (*Nicolas Sarkozy ou le destin de Brutus*, 2005).

La plume de Martine Orange, ancienne du *Monde* passée à *Challenges* puis à *La Tribune*, est une rareté : journaliste économique pour qui aucune des grandes entreprises françaises ne possède le moindre secret, elle sait comme personne décortiquer les affaires les plus complexes et les rendre accessibles à tous. Le lecteur jugera sur pièces avec, entre autres, son chapitre sur le dossier inextricable du Crédit lyonnais. Ses livres d'enquête – *Une faillite française* (2003), avec Jo Johnson, et *Ces messieurs de Lazard* (2006) – nous ont convaincus qu'elle traiterait avec talent et efficacité les dossiers économiques de la Ve République. Nous ne nous sommes pas trompés.

François Malye est journaliste au *Point*. Enquêteur exigeant, il peut porter son regard curieux de tout sur bien des sujets. Mais il a un thème de prédilection : la médecine – et Dieu sait si ce sujet si peu traité dans la presse et l'édition françaises se prête à une critique acérée. Auteur d'un livre sur l'une des pires catastrophes de santé publique qu'ait connues la France (*Amiante : 100 000 morts à venir*, 2005), il ne pouvait que nous rejoindre... Nous nous en félicitons.

Francis Zamponi ne s'est pas contenté d'ouvrir l'épineux dossier corse. Ancien responsable de la rubrique « Police » du quotidien *Libération*, et notamment auteur de *Les RG à l'écoute de la France* (1998) et de *La Police, combien de divisions ?* (1995), il était le mieux placé pour décortiquer les affaires parallèles transversales, autant que les faits divers politiques qui ont bouleversé la Ve République, de l'affaire Ben Barka aux frégates de Taïwan. Plus récemment, il a signé des romans policiers teintés de son expérience d'enquêteur, dont *Mon colonel* (1999), sur la guerre d'Algérie, devenu un film adapté par Constantin Costa-Gavras et réalisé par Laurent Herbiet, sorti sur les grands écrans – heureux présage – en même temps que ce livre...

Nos « sept samouraïs de l'investigation » présentés, il nous reste à en expliciter la méthode et le mode d'emploi. À chaque auteur – y compris aux deux rédacteurs de cette introduction – a été imposée la même règle, qui tient en deux mots : rigueur et précision. Et une exigence : que leurs articles puissent être lus et compris sans avoir à se référer à tout un savoir préalable, réservé aux seuls spécialistes. Au lecteur de juger si ce double défi a bien été relevé.

Sur le plan pratique, nous devons signaler que chaque article est simplement signé par les initiales de son auteur. Et qu'un système de renvoi original [▷] permet à chaque fois de retrouver les antécédents d'une affaire, ou au contraire son développement futur, ou de suivre à la trace tel personnage ou telle organisation. Il est évidemment possible de les retrouver aussi grâce à l'index – de quelque 3 000 entrées – réalisé par Vincent Maillet, lequel a également échafaudé une chronologie très complète qui permet alternativement de retrouver un événement traité dans le corps du livre ou de le situer en relation avec les grands enjeux internationaux de l'époque. Nous ne sommes pas peu fiers de son travail...

À la fin de chaque article, nous proposons une orientation bibliographique (évidemment non exhaustive), « pour en savoir plus ». Certains ouvrages ont été utiles à l'auteur, mais d'autres sont indiqués afin de souligner la complexité d'un sujet, surtout quand il fait débat (certaines affaires de la guerre d'Algérie, ou encore le génocide du Rwanda, certaines énigmes sur lesquelles les auteurs apportent une lumière nouvelle sans pour autant les résoudre totalement, etc.). Y figurent souvent des ouvrages contradictoires, voire des mémoires très partiaux de certains protagonistes peu distanciés ou excessivement militants, mais qu'il nous semble utile de signaler pour retrouver le climat de l'époque et les enjeux qui ont présidé à tel ou tel choix politique. Le lecteur recherchant des éclairages complémentaires pourra s'y reporter. On n'en voudra pas aux auteurs d'avoir choisi de mêler le souci du détail à une vision qui prend de la distance, pour permettre au lecteur de faire des découvertes étonnantes tout en nourrissant ses réflexes critiques face à l'information. Y compris la nôtre...

Car à nos yeux – et, nous l'espérons, ceux de nos lectrices et de nos lecteurs –, au-delà des multiples révélations que comporte cet ouvrage, un autre intérêt majeur à tirer de sa lecture est de découvrir l'ampleur insoupçonnée des mutations du régime de la Ve République : après les monarchies gaullienne et pompidolienne, la transition giscardienne a conduit aux basculements successifs, dans tous les domaines, survenus sous les deux septennats de François Mitterrand. L'ardeur et l'ambition initiales ont définitivement disparu avec Jacques Chirac, mais pas les mauvaises habitudes de secret et de corruption. Et c'est presque une autre République, affaiblie et plus que jamais minée par les réseaux occultes, politiques et économiques, qu'il laisse à la France à l'issue de ses deux mandats...

Il n'entrait évidemment pas dans notre propos de proposer des solutions pour l'avenir de la Ve République, dont nombreux sont ceux qui pensaient en 2006 qu'elle avait largement atteint ses limites. Plus modestement, journalistes mais aussi citoyens, nous espérons avoir démontré dans ces pages que le système voulu et mis en place par Charles de Gaulle n'est plus convenablement adapté à la vie d'une démocratie moderne, que le pouvoir largement sans partage exercé par l'hôte de l'Élysée ne permet pas à la France de disposer de toute sa place dans l'Europe en construction. La Ve République possède certes de beaux restes, mais il est sans doute temps d'entendre les voix réclamant, à droite comme à gauche, qu'un nouveau système prenne sa place. D'aucuns réclament que la République se « présidentialise », que le président exerce effectivement le pouvoir sans Premier ministre, comme c'est le cas aux États-Unis, ou qu'il perde la faculté de dissoudre l'Assemblée nationale. De beaux esprits travaillent sur ces hypothèses, dont la lucidité la plus élémentaire oblige à reconnaître qu'il devient plus qu'urgent de les étudier.

I

Aux origines, la guerre d'Algérie

L'opération *Résurrection* : la Ve République naît d'un coup d'État

Dans deux jours, il fêtera son anniversaire. Mais avant de souffler ses vingt-sept bougies, l'avocat Pierre Lagaillarde, ancien président de l'Association générale des étudiants d'Algérie, veut à tout prix faire du 13 mai 1958 une date historique. Pourquoi pas, puisque ce mardi-là, Alger ressemble à une chaudière en ébullition ? Dans l'une de ses bases de Tunisie, le Front de libération nationale (FLN) algérien, en guerre depuis novembre 1954 pour l'indépendance du pays, vient de fusiller trois Français du contingent qu'il avait fait prisonniers. Alors 15 000 ou 20 000 pied-noirs sont dans la rue, dont les plus jeunes sont bien décidés à en découdre avec les CRS.

Alger, 13 mai 1958 : l'insurrection

À leur tête, Lagaillarde, revêtu pour l'occasion de sa tenue léopard de lieutenant de réserve de l'artillerie parachutiste. Son but : liquider la IVe République, qui « brade » l'Algérie au FLN. Sa tactique : prendre de vitesse les émissaires gaullistes venus de Paris, qui rêvent de détourner au profit de leur patron le mouvement de protestation des Européens d'Alger. Son objectif immédiat : l'immeuble du Gouvernement général (GG), centre nerveux de l'administration française pour toute l'Algérie.

18 heures passées. L'avocat au fin collier de barbe rameute une foule que quadrillent les troupes de choc de l'insurrection : ses fidèles étudiants, des lycéens emmenés par Jacques Roseau (qui mourra assassiné à Montpellier le 5 mars 1993 [▷ p. 100]), les agriculteurs de Robert Martel, le catholique intégriste de la plaine de la Mitidja, les petits commerçants poujadistes de Joseph Ortiz.

« Tous au GG contre le régime pourri ! » Grenades lacrymogènes, jets de pierre. Tandis que les CRS battent en retraite en direction du bâtiment administratif, les soldats du 3e régiment de parachutistes coloniaux (RPC) du colonel Roger Trinquier débarquent de leurs camions. Ils arborent la casquette en toile de camouflage héritée de leur ancien chef Marcel Bigeard. Idoles des pieds-noirs, les « hommes peints » montrent un manque d'enthousiasme évident à repousser les manifestants. D'autant moins que Trinquier n'a que sympathies pour le projet insurrectionnel de Lagaillarde…

Le jeune avocat et ses hommes profitent de la passivité des paras pour envahir le GG. Sous les applaudissements de la foule, Lagaillarde fait irruption au balcon du troisième étage. D'autres manifestants s'engouffrent dans le bâtiment. L'occupation tourne à l'émeute. Les dossiers administratifs volent par les fenêtres.

Peu après 19 h 30, le général Jacques Massu, commandant la région militaire d'Alger, accepte en râlant de prendre la tête d'un « Comité de salut public » formé de militaires et de civils, dont certains choisis au hasard. Deux sont des activistes Algérie française, aucun ne se réclame du général de Gaulle : Lagaillarde semble avoir gagné son pari.

À 20 h 45, Massu se présente au balcon, flanqué des sept membres du Comité. « Je vous annonce qu'un Comité de salut public vient d'être créé sous la présidence de moi, général Massu », annonce-t-il sous les ovations.

Survivant de l'époque héroïque de la France libre, ce baroudeur fut un des bras droits du futur maréchal Leclerc au sein de la 2e division blindée qui libéra Paris en août 1944. Mais, à ce moment précis, il n'a pas la moindre conscience d'œuvrer pour le retour aux affaires du « Grand Charles ». Tout au plus tente-t-il de calmer le jeu et de ramener un peu d'ordre. Le fait est, pourtant, que ce grognard du Général vient de mettre le doigt dans l'engrenage qui, en vingt jours, va tirer de Gaulle de son « exil intérieur » à Colombey-les-Deux-Églises et le ramener vers le pouvoir qu'il a quitté à si grand fracas douze ans auparavant.

De Gaulle : départ en fanfare et traversée du désert

L'émergence de la Ve République constitue l'aboutissement d'une histoire entamée… le 20 janvier 1946. Ce dernier dimanche d'hiver, de Gaulle, chef du Gouvernement provisoire de la République française, quitte brusquement le pouvoir. C'est le point final d'une guérilla parlementaire avec les principaux partis politiques représentés à l'Assemblée nationale constituante, communistes, socialistes SFIO, radicaux et démocrates-chrétiens du Mouvement républicain populaire (MRP).

Si l'homme du 18 Juin claque la porte par surprise pour retourner à Colombey-les-Deux-Églises, c'est qu'il croit son départ provisoire. La crainte du vide aidant, on le rappellera vite, estime-t-il. De quoi imposer le rééquilibrage des institutions républicaines en faveur du pouvoir exécutif qu'il appelle de ses vœux. Départ mal préparé, erreur politique flagrante. Car loin de faire appel au général, les « partis », rassemblés au sein d'un gouvernement PCF-SFIO-MRP, parviennent à stabiliser sans lui, voire contre lui, un nouveau régime politique : la IVe République...

Ce mode de gouvernement très parlementaire où le pouvoir exécutif procède des élus, députés et sénateurs, de Gaulle en rejette les fondements mêmes. Le 7 avril 1947, bien décidé à reprendre l'initiative, il lance un mouvement de masse, le Rassemblement du peuple français (RPF). Bientôt, le début de la « guerre froide » vient renforcer ses certitudes. Le conflit, c'est couru d'avance, va dégénérer en guerre ouverte entre le monde libre et l'URSS. L'impuissance d'un régime politique trop faible en butte aux menées des « séparatistes » (les communistes inféodés à Moscou dans le vocabulaire du RPF) apparaîtra alors au grand jour.

Dès les municipales du 19 octobre 1947, les listes gaullistes et assimilées connaissent un succès fulgurant : 38,7 % des suffrages exprimés (55,9 % à Paris), contre 30,6 % pour le PCF, le reste – socialiste, radicaux ou modérés – se partageant la portion congrue. Fort de 400 000 à 450 000 adhérents, issus surtout des classes moyennes (employés, fonctionnaires, souvent militaires ou policiers, commerçants et artisans, personnel d'encadrement du secteur privé, professions libérales), le RPF se structure de manière efficace. Des bagarres avec les contre-manifestants communistes le conduisent à se doter d'un service d'ordre (SO) musclé et parfois armé. Dirigés par un trio de vétérans de la Résistance, Dominique Ponchardier, Claude Dumont et Pierre Debizet, ses 8 000 à 10 000 militants sont répartis en deux sections, SO et SO d'appui (on en retrouvera un certain nombre dans les rangs du futur « Service d'action civique », le SAC, créé en 1960 [▷ p. 78]).

De plus en plus violents, les heurts entre gros bras du PCF et ceux du RPF entraînent la mort par balles d'un militant communiste, Lucien Voitrin, le 18 septembre 1948 à Grenoble. Cohabitent en effet au sein de la formation gaulliste les partisans du recours à la force, tels Pierre Guillain de Bénouville, ancien résistant formé dans le moule monarchiste de l'Action française, le délégué à la propagande André Malraux et les durs du SO, et des dirigeants plus modérés comme Jacques Soustelle, secrétaire général du RPF, souvent considéré comme un « mou » – lui qui finira sa carrière politique dans l'Organisation de l'armée secrète (OAS) [▷ p. 94] –, Gaston Palewski, le tacticien, Jacques Baumel, le réaliste ou Edmond Michelet, le chrétien pacifique. Deux registres opposés. De Gaulle pourra jouer sur chacun d'entre eux en fonction des besoins. Certes, il veut revenir au pouvoir sous des formes légales, mais il est des cas où la main gauche « ignore » ce que fait la main droite. Qui se priverait de l'atout du chantage à la violence ? Pas lui.

De fait, le RPF fait peur. Le régime – le « système », comme dit de Gaulle – voit en son principal détracteur un nouveau Napoléon III ! Dès mai 1951, la IVe République accouche d'une loi électorale byzantine, qui contraint les grands partis opposés, PCF et RPF, à s'« apparenter » à d'autres forces politiques au prix de reniements doctrinaux, ou alors à sombrer dans l'isolement. Dans les deux cas, c'est le régime qui gagne. La preuve : le Général refusant tout accommodement, son mouvement n'obtient qu'une victoire sans lendemain aux législatives du 17 juin 1951 (cent dix-neuf élus, le groupe le plus important à la Chambre des députés), avant de tomber en chute libre (10,7 % des voix seulement aux municipales d'avril 1953). Le 6 mai 1953, de Gaulle ordonne la mise en sommeil – mais pas la dissolution formelle – du RPF. Il ne faut jamais insulter l'avenir...

Un homme fini, tout juste bon à écrire ses *Mémoires de guerre* ? C'est l'opinion qui prévaut alors. Les durs à cuire du RPF, eux, ne l'entendent pas de cette oreille. En redonnant leur liberté aux élus RPF, dont les plus fidèles ont fondé une nouvelle structure, les Républicains sociaux, de Gaulle n'a t-il pas repris du même coup la sienne ? Le 9 mai 1954, les chefs du SO, en liaison avec Gaston Palewski, toujours en cour à Colombey, et avec les militaires de l'Association des combattants de l'Union française (ACUF), tentent ainsi de convertir l'émotion suscitée par la chute du camp retranché de Diên Biên Phu – qui marque, le 7 mai, la défaite française dans la « guerre d'Indochine » engagée en 1946 contre les communistes vietnamiens – en démonstration de masse, pour ne pas dire en émeute, contre le « système ». Mais, venu ranimer la flamme du soldat inconnu, le Général se refuse à suivre ses troupes, bien maigres au demeurant. L'affaire fait long feu ; elle démontre néanmoins la persistance d'un noyau de fidèles prêts à tout pour que le Général revienne au pouvoir...

Ce retour du Général, « c'était notre objectif permanent », confiera quarante ans plus tard Lucien Neuwirth, un de ses principaux artisans [1]. Et d'expliciter en ces termes la problématique gaulliste des années de « traversée du désert » : « Après la mise en sommeil du RPF, nous avons créé les Républicains sociaux. S'y retrouvaient des personnalités politiques comme Michel Debré, Edmond Michelet ou Roger Frey. Des jeunes aussi comme Guy Ribeaud. Et surtout quelqu'un qui allait jouer un rôle capital par la suite, Léon Delbecque. Les Républicains sociaux avaient tout d'un

1 Entretien avec l'auteur, *Le Figaro Magazine*, 5 avril 1998.

groupuscule, mais enfin, cette structure nous permettait de survivre. Survivre, il le fallait, parce qu'au fur et à mesure des développements tragiques de l'affaire algérienne, nous sentions que là-bas, tout allait exploser. [...] L'Algérie, c'était une chaudière. De jour en jour, la température montait. [...] La IVe République était incapable de résoudre les grands problèmes et notamment ce drame colonial. Tout laissait à penser que la nation allait s'effondrer. De Gaulle était la seule personnalité capable d'empêcher cela. »

De quoi alerter le Général et ranimer l'ardeur de ses partisans. Mais la voie électorale est bouchée depuis les législatives de janvier 1956, qui ont simultanément vu la victoire du Front républicain conduit par Guy Mollet et la montée en puissance du mouvement poujadiste (mi-défense des commerçants et artisans, mi-droite extrême ; s'y distingue un nouveau venu, Jean-Marie Le Pen). Avec leurs 3,9 % des suffrages en comptant large, les Républicains sociaux font figure de *loosers*.

Une autre tactique s'impose...

Le temps des réseaux

Depuis juin 1940, le gaullisme possède une expérience pratique des situations en apparence désespérées. Le fond du puits à peine touché, la remontée s'amorce. Affaire non d'élus, mais de réseaux. Un étonnant entrelacs circonstanciel d'associations 1901, de groupes d'influence et de filières parallèles, où semble revivre la clandestinité des années sombres (on retrouvera quelques-uns de ces personnages au cours de la première décennie gaullienne de la Ve République).

– L'entourage du sénateur Michel Debré [▷ p. 56], conjuguant fidélité gaulliste et attachement au maintien de l'Algérie dans la France, possède des relais dans les milieux ultras, les activistes « Algérie française », et un hebdomadaire lancé en novembre 1957, le *Courrier de la colère*.

– L'Union pour le salut et le renouveau de l'Algérie française (USRAF), créée fin 1956 par Jacques Soustelle, l'ancien secrétaire général du RPF, son bras droit le Lyonnais Charles Béraudier, l'industriel René Dumont [1] et le colonel Jean Thomazo, dit « Nez-de-Cuir ». Beaucoup de gaullistes y adhèrent, mais aussi quelques vieux adversaires du Général comme Georges Bidault, ancien président du Conseil national de la Résistance, André

1 Sans rapport avec son homonyme, l'agronome René Dumont, « père de l'écologie française ». Sous le pseudonyme « Mickey », René Dumont-Guillemet fut un agent important dans la Section F du *Special Operations Executive* (SOE), le service secret chargé par Winston Churchill d'épauler la résistance antinazie en Europe.

Morice, ou encore Roger Duchet, du Centre national des indépendants (droite ultra-conservatrice). Et aussi, en sens inverse, une personnalité venue de la gauche, Paul Rivet, qui fut le fondateur, en février 1934, du Comité de vigilance des intellectuels antifascistes (CVIA).

– Les proches de Jacques Chaban-Delmas, ministre de la Défense nationale du 6 novembre 1957 au 14 mai 1958 : Jean Pouget, ex-prisonnier du Viêt-minh en Indochine ; Léon Delbecque, ancien résistant puis responsable du RPF dans le Nord (Chaban-Delmas vient de le bombarder responsable de l'« antenne » algéroise du ministère de la Défense, couverture d'autant plus idéale pour comploter en faveur du retour du Général que ladite antenne est pilotée en sous-main par l'omniprésent Jacques Foccart [▷ p. 103]) ; Guy Ribeaud, leader des jeunes Républicains sociaux ; Lucien Neuwirth, résistant de la première heure puis responsable des jeunesses du RPF. Et même le colonel Marcel Bigeard, ancien de la France libre, de la guerre d'Indochine et bientôt commandant de l'École de contre-guérilla Jeanne-d'Arc à Philippeville.

– Les réseaux de Jacques Foccart, à la fois civils, en Afrique noire notamment, et militaires, au travers du service Action du SDECE (Service de documentation extérieure et de contre-espionnage) [▷ p. 109]. Dès le printemps 1955, « La Foque » – son surnom dans les milieux gaullistes – a dépêché Pierre Picard, ancien chef du réseau de résistance Armand, afin de ranimer les débris du RPF à Alger (les militants gaullistes d'Algérie ont toujours figuré parmi les plus durs du mouvement). Véritable éminence grise du retour aux affaires du Général, Foccart s'occupe de tout, avec l'aide d'adjoints fidèles, tel Marcel Chaumien, l'itinérant du SDECE en Afrique. La liaison directe avec Colombey, c'est lui plus Olivier Guichard, le collaborateur direct du Général. Les contacts avec les militaires, c'est encore lui. Et lui toujours, le responsable de la coordination avec les groupements activistes, les filières gaullistes, les amicales. Rarement vit-on chef d'orchestre aussi discret, aussi efficace, toujours prêt à aller au-devant des pensées de son patron, tout en évitant à ce dernier d'avoir à les exprimer.

– Les filières personnelles de Roger Frey, secrétaire général des Républicains sociaux, tacticien habile dont la sphère d'influence dépasse largement les milieux politiques traditionnels.

– Les vétérans du SO-RPF : Dominique Ponchardier, Claude Dumont, Pierre Debizet (bientôt à l'origine d'une campagne d'affiches sur le thème : « Appelons de Gaulle »), ou encore Camille Rayon, responsable en région Marseille-Côte-d'Azur-Provence, essentielle pour les liaisons avec Alger.

– Jules Muracciole et Roger Barberot, héros de la France libre, très actifs dans le milieu des compagnons de la Libération.

– Jacques Dauer, gaulliste de gauche trop jeune pour avoir connu la Résistance, mais doué – comme ses amis Delbecque ou Neuwirth – d'un esprit d'initiative qu'il va prouver sous peu avec ses camarades du journal le *Télégramme de Paris*.

– L'Association des Français libres : gaulliste par définition, elle possède de nombreuses ramifications en régions. Le 20 avril 1958, son congrès réuni à Toulouse lance à l'instigation de Neuwirth un appel public en faveur de De Gaulle.

– Les officiers issus des Forces françaises libres, véritable franc-maçonnerie à croix de Lorraine au sein de l'armée.

– L'Amicale des réseaux « Action de la France combattante », où André Jarrot, spécialiste pendant la guerre des coups de main les plus risqués, mobilise quelque deux cents de ses camarades ex-dirigeants ou membres de groupements de Résistance.

– Le « Comité des chefs de réseaux », fort d'environ 1 200 membres.

– Les filières de Marie-Madeleine Fourcade, habituée de la clandestinité en sa qualité de chef du réseau Alliance sous l'Occupation, mais qui, flanquée d'un ancien fusilier-marin de la France libre et militant du RPF, André Astoux, a choisi, une fois n'est pas coutume, de mettre sur pied une vaste campagne de lettres adressées à l'Élysée, qui pressent le président de la République, René Coty, d'appeler le général de Gaulle à Matignon.

– Dirigeante par ailleurs du Comité d'action de la Résistance, Fourcade met à profit les repas de vétérans du « Club des vieux de la vieille » (dont Ponchardier, Muracciole, Michel Hacq, de la Police judiciaire, Henri Bailly-Guerchon, ancien du mouvement de résistance Combat, Voltaire Ponchel, du Rassemblement national des prisonniers de guerre, Roger Carcassonne-Leduc, un des piliers du débarquement allié en Afrique du Nord en novembre 1942, Jean Caille, des Renseignements généraux) dans le sous-sol du cabaret-restaurant Le Don Camillo, rue des Saints-Pères à Paris, pour répandre la bonne parole.

Fourcade l'omniprésente entretient de longue date des liens avec le directeur de la Surveillance du territoire Roger Wybot, en délicatesse avec le Général depuis son limogeage du contre-espionnage de la France libre en 1942, mais prêt à revenir au bercail. Ces liens passent par un ami commun, le colonel Paul Paillole. Ce dernier n'est pas gaulliste – en 1942-1943, il a choisi le camp du rival, le général Henri Giraud. En se ralliant à la croix de Lorraine, il va toutefois jouer un rôle capital. Président-fondateur de la puissante Amicale des anciens des services spéciaux de la Défense nationale (ASSDN), le colonel est également très influent au sein de Rhin-et-Danube, la vaste nébuleuse d'associations des anciens de la 1re Armée française.

L'ASSDN en général et Paillole en particulier sont actifs au sein du très Algérie française Comité d'action des associations nationales d'anciens combattants (CAANAC), qui regroupe vingt-six associations dont celle des Français libres ; l'ACUF d'Yves Gignac, homme de confiance du général

Salan, « commandant supérieur interarmées » en Algérie ; le Comité interfédéral des amicales régimentaires ; l'Association générale des mutilés de guerre ; etc. Le CAANAC est installé dans les mêmes locaux que l'USRAF, au 9, rue Louis-le-Grand, à Paris. « Roulent » tout spécialement pour de Gaulle deux de ses dirigeants : le conseiller d'État Maxime Blocq-Mascart, de la Confédération nationale des combattants volontaires de la Résistance, et Alexandre Sanguinetti, de l'Association des anciens des commandos d'Afrique.

Formé dans son jeune temps au moule de l'extrême droite, Sanguinetti, le secrétaire général du CAANAC, ne se réclame pas encore tout à fait du gaullisme, dont il deviendra plus tard un des hommes clés. D'extraction monarchiste, son compatriote corse Jean-Baptiste Biaggi a, lui, dirigé les jeunesses du RPF à leur fondation. Résistant, fondateur à la fin 1957 du Parti populaire révolutionnaire (PPR), qui voudrait réconcilier gaullistes, ultra-droitiers et ex-pétainistes sur le thème de l'Algérie française, c'est un ami personnel de Maxime Blocq-Mascart. Ses relations avec Michel Debré sont par ailleurs excellentes. Il s'entend également à merveille avec Alain Griotteray, gaulliste atypique mais proche fidèle du général René Cogny, l'ancien chef des troupes françaises au Tonkin, grand rival de Raoul Salan.

Jean-Baptiste Biaggi, comme son ami Jean-Marie Le Pen, a la cote auprès des activistes algérois. Moins toutefois que l'énigmatique « Comité des sept », un groupe aux prétentions clandestines – mais rien n'est vraiment secret à Alger –, où se distingue Pierre Lagaillarde. Les « Sept » veulent que la « Révolution » qu'ils préparent reste entre leurs mains et se méfient des gaullistes.

Le docteur Henri Martin, qui fut en son temps le chef du service de renseignement de la Cagoule, l'organisation conspiratrice armée d'extrême droite des années 1936-1937, préside, lui, aux destinées d'un groupe clandestin bien structuré auquel appartiennent les généraux Lionel Chassin, catholique d'extrême droite, et Paul Cherrière, ainsi que Robert Martel, le « Chouan de la Mitidja », qui dispose de groupes de choc chez les pieds-noirs de cette région agricole voisine d'Alger. Par souci tactique, Yves Gignac, le président de l'ACUF, a accepté d'entrer dans cette « néo-cagoule », la plus hostile à de Gaulle et au gaullisme.

La toile d'araignée ainsi tissée, reste à saisir la proie.

Coup de force à Alger

Tout le monde ne raffole pas de la croix de Lorraine, en Algérie. Le 26 avril, Salan renvoie Delbecque en France. Retour à l'expéditeur... Mais un gaulliste peut en cacher un autre : Delbecque, en effet, se débrouille pour faire muter son copain Neuwirth à Alger au 5e Bureau, chargé de l'action psychologique. Avant de quitter la métropole, ce dernier convient de messages radio codés avec d'autres Français libres, l'abbé Hervé Laudrin, du Morbihan ; Mourre, d'Amiens ; le professeur Cathala, de Toulouse ; Brice, du Nord et Bord, d'Alsace. Puis c'est la rencontre avec de Gaulle, la première depuis 1952.

« Eh bien, Neuwirth, j'espère que vous me tiendrez au courant.

– Oui, mon général, et l'on fera appel à vous.

– Et je vous répondrai. »

Le Général a déjà tenu des propos similaires à Delbecque. Mais bien entendu, il désavouera en cas d'échec. Toujours la main droite et la main gauche...

Les gaullistes ne sont, il est vrai, pas seuls à s'inquiéter des nuages qui s'amoncellent. Au sommet de l'État, on cherche aussi par quel biais l'homme de Colombey pourrait bien revenir aux affaires. Le 5 mai 1958, le général Jean Ganeval, chef de la maison militaire du président de la République, René Coty, rencontre deux fidèles de De Gaulle : le colonel Gaston de Bonneval et l'inévitable Olivier Güichard. Coty, apprennent-ils, envisage de proposer au Général de prendre la tête du gouvernement « dans la légalité » ; il lui propose un rendez-vous préliminaire. À quoi de Gaulle répondra qu'il préfère un échange de lettres officiel.

Discret certes, le contact entre l'Élysée et Colombey est en tout cas établi, plusieurs jours avant l'émeute algéroise. Un prêté pour un rendu. De Gaulle peut se frotter les mains d'avoir fait voter pour Coty les élus RPF en décembre 1953, au treizième tour de l'élection présidentielle, alors affaire des seuls députés et sénateurs. Il faut dire qu'en août 1944, le même Coty avait fait capoter la manœuvre tordue conçue par un membre des services secrets américains, André Enfiéropoulos : elle visait à organiser un simulacre de passage « légitime » de pouvoir entre le chef du gouvernement collabo, Pierre Laval, et l'ancien président de la Chambre des députés dissoute en 1940, Édouard Herriot. Son objectif ultime : court-circuiter de Gaulle...

Court-circuiter le Général : beaucoup le voudraient encore en mai 1958, mais c'est toujours aussi difficile. Parallèles jusque-là, les droites gaullistes choisissent ce moment précis pour se transformer en droites sécantes. Point d'intersection : Alger, où une manifestation monstre est prévue le 13 mai à la mémoire des trois jeunes du contingent fusillés par le FLN. Delbecque, Frey, Soustelle, Debré, Guichard pour les liaisons avec de Gaulle s'accordent sur une stratégie : rebondir sur l'événement pour imposer... un Comité de salut public, l'idée force de Debré. De son côté, Foccart envoie un vieux gaulliste, le général André Petit, demander à Salan de garder en réserve deux régiments de paras... en cas de troubles à Paris. Sur ce, chacun guette l'explosion du 13.

L'émeute est bien au rendez-vous. Menés par Lagaillarde, les ultras d'Alger s'emparent du bâtiment du GG. Massu, on a vu dans quelles conditions, accepte la désignation d'un Comité de salut public. Revenu à Alger le matin même, Delbecque s'en bombarde un peu plus tard vice-président : on ne gagne pas longtemps les gaullistes de vitesse...

Cible numéro deux : Salan. Investi en catastrophe par le gouvernement des pleins pouvoirs civils et militaires en Algérie dans la soirée du 13 mai, le « commandant supérieur » est devenu de ce fait une sorte de proconsul. Qu'il bascule avec ses troupes dans une semi-illégalité sans rompre les amarres avec Paris, et de Gaulle aura fait un pas immense vers le pouvoir. Car entre l'homme de Colombey et le risque bien réel de coup de force militaire et de guerre civile, le cœur des Français ne balancera guère...

Delbecque fait donc le siège du « commandant supérieur ». Pendant ce temps, Neuwirth crée le climat à Radio-Alger, rebaptisée France V (pour Ve République) : des messages personnels du style BBC des années 1940-1944, qui accréditent l'idée d'un lâcher imminent des paras sur la métropole.

Le 14 mai, Salan, soumis à forte pression et conseillé par son entourage, lâche enfin le « Vive de Gaulle ! » tant attendu. Versatilité des foules : la veille, les pieds-noirs huaient l'impopulaire commandant supérieur ; cette fois-ci, ils l'acclament ! Le lendemain, de Gaulle sort de son silence et se déclare prêt à « assumer les pouvoirs de la République ». Et le 16 mai, des scènes de fraternisation entre pieds-noirs et musulmans donnent le sentiment d'une rupture : l'intégration des Algériens de souche dans l'ensemble français serait en marche.

Nouveau coup de théâtre le lendemain, avec l'arrivée à Alger de Jacques Soustelle. L'ancien secrétaire général du RPF et ex-gouverneur général de l'Algérie est parvenu à quitter clandestinement Paris. Une manière comme une autre de démontrer le degré de décomposition d'un pouvoir qui ne contrôle plus grand-chose.

Opération *Résurrection*

Le fruit, toutefois, n'est pas encore mûr : en métropole, le gouvernement de Pierre Pfimlin, investi en catastrophe le 14 mai à 2 heures du matin, refuse de plier. Comment faire « entendre raison » au maire de Strasbourg, républicain modéré dans l'âme ? Par la peur, bien sûr, commencement de la sagesse. En termes plus clairs : l'ostensible préparation de l'armée d'Algérie à un coup de force militaire.

Massu met le doigt dans cet engrenage subversif dès le 17, quand il désigne un de ses subordonnés, le commandant Robert Vitasse, pour se rendre en métropole et y contacter les officiers supérieurs « amis ». Flanqué du capitaine Jean-Marie Lamouillate, Vitasse gagne clandestinement la métropole par avion dès le lendemain, rencontre le général Roger Miquel, commandant les unités du sud-ouest de la France, et notamment les parachutistes.

Miquel ayant accepté de prendre la tête d'une intervention militaire éventuelle (nom de code : opération *Résurrection*) et de la planifier, d'autres officiers se déclarent prêts à entrer dans la danse, comme le général Marcel Descour (ancien « Bayard » de l'Organisation de résistance de l'armée – ORA – sous l'occupation), chef de la région militaire lyonnaise, ou le colonel André Gribius, ancien de la 2e division blindée qui commande les unités de blindés de Rambouillet, en région parisienne. Outre ses contacts – essentiels – côté gaulliste avec Foccart et avec son ami Pierre Lefranc (ex-Français libre lui aussi et ancien du RPF), ainsi qu'avec Christian de la Malène, un proche de Debré, Vitasse établit la liaison avec les militants de l'USRAF. Il obtient de même l'assentiment de deux policiers de haut rang, Michel Hacq, le patron de la Police judiciaire (PJ), et Roger Wybot, le chef de la Direction de la surveillance du territoire (DST). Autant dire que désormais, l'appareil d'État complote contre l'appareil d'État.

Si elle ignore le détail des préparatifs en cours, la gauche dénonce avec véhémence le risque de coup de force militaire. C'est le cas du Parti communiste de Maurice Thorez, Jacques Duclos et Benoît Frachon, fort de ses 250 000 militants, une puissance considérable. Le cas aussi du radical Pierre Mendès France ou de François Mitterrand (président de l'UDSR, Union démocratique et socialiste de la Résistance, de 1953 à 1965), que les promoteurs de l'opération *Résurrection* envisagent d'ailleurs de mettre sous les verrous le jour J. Mais des contradictions apparaissent. Le PCF, par exemple, est invité à modérer ses critiques par les Soviétiques, qui verraient d'un bon œil le retour du Général, beaucoup moins favorable aux Américains que les dirigeants en place. Quant à Guy Mollet, secrétaire général de la SFIO, le parti socialiste de l'époque, il va se laisser convaincre de la validité de l'option gaulliste avant de peser d'un poids considérable en sa faveur.

Trahison des idéaux républicains ? Certainement pas. Très à l'écoute de sa base (petits employés, fonctionnaires de rang souvent modeste et parfois ouvriers), Mollet est très conscient de la désaffection populaire qui frappe de plein fouet un régime impuissant. La IVe République est à bout de course, personne ne montera aux barricades pour la défendre. Si coup d'État il doit y avoir, force est donc d'admettre que ce dernier aura lieu avec l'accord tacite d'une bonne partie, sinon de la majeure partie de l'opinion publique. Nous voilà très loin du schéma classique qui conduit à la dictature militaire…

De Gaulle sait jouer de cette désaffection populaire, en même temps qu'il cherche à s'attirer les élites politiques et économiques. L'opération *Résurrection*, dont il est informé *via* Foccart et Debré, et même, directement, par Miquel, ne constitue qu'un atout supplémentaire dans son jeu, au même titre que la main tendue du président Coty ou les ralliements d'un Salan puis d'un Mollet. Le chantage existe bien, mais il n'est que l'un des éléments d'un dispositif sophistiqué de reconquête du pouvoir. À preuve les consignes de temporisation délivrées par Foccart et Debré au général Miquel, même si l'option militaire – on ne sait jamais – n'est pas exclue. À preuve aussi l'habile manière dont les gaullistes vont tirer, le 24 mai, parti d'un ralliement mouvementé mais pacifique de la Corse à Alger, dont ils figurent parmi les artisans : de l'art de naviguer entre insurrection et légalité, légitimité populaire et respect des formes républicaines...

Un chef-d'œuvre de poker menteur... Mais de Gaulle ne s'est-il pas défini lui-même comme un joueur de poker en opposition aux hommes de la IVᵉ, pratiquants de belote ? Et il va rafler la mise : l'homme du 18 juin 1940 devient aussi l'homme du 1ᵉʳ juin 1958. Ce jour-là, il obtient l'investiture de la Chambre des députés, par 329 voix contre 224. Et le lendemain, les pleins pouvoirs pour son gouvernement et le vote d'un projet de loi qui le charge de la réforme constitutionnelle. Adoptée par référendum le 28 septembre 1958, avec 82,6 % de votes favorables, la Constitution de la Vᵉ République est officiellement promulguée le 4 octobre. Moyennant deux changements – il est vrai capitaux –, l'élection du président au suffrage universel arrachée par de Gaulle lors du référendum du 28 octobre 1962, puis, en sens inverse, la réduction de son mandat à cinq ans (par le référendum du 24 septembre 2000, œuvre conjointe de Jacques Chirac et de Lionel Jospin), elle reste toujours en vigueur près d'un demi-siècle plus tard – loin encore du record de longévité de la IIIᵉ République (1870-1940).

◂ R. K.

Pour en savoir plus

Merry et Serge Bromberger, *Les 13 complots du 13 mai*, Fayard, Paris, 1959.

Jean Ferniot, *De Gaulle et le 13 mai*, Plon, Paris, 1965.

Général Roger Miquel, *L'Opération* Résurrection, France-Empire, Paris, 1975.

Christophe Nick, Résurrection. *Naissance de la Vᵉ République, un coup d'État démocratique*, Fayard, Paris, 1998.

Éric Roussel, *Charles de Gaulle*, Gallimard, Paris, 2002.

Odile Rudelle, *Mai 58, de Gaulle et la République*, Plon, Paris, 1988.

Les services secrets français neutralisent l'ONU

En ce mois de décembre 1959, la maison de verre de l'Organisation des Nations unies (ONU) à New York – le « Machin », comme l'appelle le général de Gaulle – est en pleine effervescence. De nombreux représentants des États présents à l'Assemblée générale exigent la condamnation de la France pour sa politique en Algérie, tout comme en septembre 1955 lorsque l'affaire algérienne a été inscrite pour la première fois à l'ordre du jour.

À l'époque, la délégation dirigée par Antoine Pinay, ministre des Affaires étrangères, crie au scandale et quitte New York. On rameute les amis de la France, on organise une campagne de presse et on évite le pire : l'ONU adopte une résolution modérée pour une « solution pacifique démocratique et juste, trouvée par des moyens appropriés conformément aux principes de la charte des Nations unies ». Mais les partisans de l'indépendance algérienne gagnent du terrain. En décembre 1958, ils remportent un premier vote. Le groupe « afro-asiatique » frôle la majorité réglementaire des deux tiers. À une voix près...

Pour de Gaulle, la diplomatie officielle ne suffit plus. Le général Paul Grossin, le chef du SDECE (surnommé la « Piscine »), est mis à contribution. L'ancien résistant, franc-maçon et socialisant, renforce le poste SDECE de New York du colonel Jacques Hervé avec l'aide de deux « honorables correspondants » hors pair : l'avocat d'affaires Jean Violet et le père dominicain Yves-Marc Dubois.

Qui sont-ils ? Le petit avocat chauve, le colonel Hervé le décrira plus tard dans un ouvrage satirique : « Les yeux noirs sous les épais sourcils gris brûlent comme la braise, la dialectique est précise, l'homme possède le ton assuré de ceux dont les appuis sont bien placés, la phrase brève de ceux dont les minutes ne se discutent pas [1]. » C'est Pinay qui a recommandé naguère Me Violet au SDECE, au début de la guerre d'Algérie. Son système d'influence est très élaboré. Grâce aux réseaux du cardinal Eugène Tisserant [▷ p. 603], chef français de la diplomatie papale et parrain de l'Église d'Orient, Violet a obtenu en 1956 du président libanais que son pays ne rompe pas ses relations diplomatiques avec la France au lendemain de l'offensive franco-britannique sur Suez. En Suisse, les mêmes réseaux

1 Jean-Michel Barrault et Jacques Henri, *Vade-mecum du parfait agent secret*, Arthaud, Paris, 1972.

cléricaux aident Me Violet à vendre les premiers Mirage fabriqués par Marcel Dassault. Depuis, Grossin l'a installé dans un bureau près du sien, et le charge de missions derrière le rideau de fer ou en Amérique latine avec le soutien de religieux anticommunistes très militants.

Le père Yves-Marc Dubois est de ceux-là. Ancien aumônier du corps expéditionnaire en Indochine, ce bon vivant fait partie de la délégation pontificale à l'ONU, et tout comme le cardinal Tisserant, il a deux patries : la Cité éternelle et la France, « fille aînée de l'Église ».

Désormais, Yves-Marc Dubois et Jean Violet déambulent à l'ONU où, lors de chaque session, ils assurent la défense des intérêts français. Or, l'année 1959 s'annonce mal. Plusieurs pays, tels le Chili, jusqu'ici favorables à la France, ont décidé de s'abstenir lors du prochain vote. L'Élysée tempête. En septembre, André Malraux, ministre des Affaires culturelles, gagne l'Amérique latine afin de rallier les brebis égarées. À l'ONU, Yves-Marc Dubois et Jean Violet s'activent. La quatorzième session s'ouvre en décembre dans un climat détestable. On pense que le généralissime Rafael Trujillo, dictateur de la République dominicaine, va voter contre Paris. On l'en dissuade. Puis Yves-Marc Dubois apprend que le Brésil va basculer, car sa délégation onusienne a rencontré des représentants du Gouvernement provisoire de la République algérienne (GPRA)... On pare au plus pressé. À Rio de Janeiro, Jean Violet déploie son « système d'influence ». Quelques heures avant le vote, le président brésilien Juscelino Kubitschek ordonne à sa délégation de voter en faveur de la France.

Autre satisfaction : le Pérou, qui s'était abstenu en 1958, penche *in extremis* du « bon » côté. Par l'entremise de son ami Fernando Belaúnde, le secrétaire général péruvien de l'ONU, Jean Violet a convaincu le président de ce pays andin.

Mais tout au long du vote, article par article, le Nicaragua et le Paraguay font monter les enchères. Tantôt ils soutiennent la motion afro-asiatique, tantôt ils s'abstiennent ou ne prennent pas part au scrutin. Yves-Marc Dubois les « retourne » avec force arguments sonnants et trébuchants. Au moment du vote final, ces pays rejoignent le camp français : la majorité des deux tiers n'est pas atteinte. De Gaulle peut se réjouir : il a les coudées franches pour poursuivre sa politique algérienne. Et il le doit en grande partie à ces services secrets qu'il avait l'habitude de mépriser.

Seuls les amateurs de romans d'espionnage auront quelque lueur sur cet épisode étonnant : en 1962, l'écrivain Pierre Nord publie un livre, intitulé *Pas de scandale à l'ONU* (Fayard), dans lequel un certain colonel Dubois des services secrets français met en échec un terrible complot monté par une « coalition afro-asiatique d'États totalitaires, esclavagistes voire cannibales »...

◄ **R. F.**

La « gangrène de la gégène », ou la torture en Algérie

En mai 2001, *Services spéciaux, Algérie 1955-1957*, le livre de souvenirs de Paul Aussaresses (Perrin) fait soudain redécouvrir au grand public les tortures pratiquées côté français pendant la guerre d'Algérie. Sans fard, ce général de quatre-vingt-trois ans donne sa version d'événements tragiques qui remontent à 1957 et à la « bataille d'Alger ». Notamment les prétendus « suicides » de l'avocat Ali Boumendjel ou du dirigeant nationaliste Larbi Ben M'Hidi, dont il revendique la responsabilité des exécutions sommaires. Mais aucun détail précis concernant la « disparition » du mathématicien communiste Maurice Audin.

Aussitôt, la polémique enfle. Depuis des décennies, assure-t-on à droite comme à gauche, les Français, amnésiques volontaires, s'ingénieraient à occulter le problème. La réalité est plus nuancée, car la révélation de la torture n'est pas nouvelle. Dès 1958, elle est dénoncée par le militant communiste Henri Alleg dans *La Question* (Minuit), puis par un collectif d'auteurs dans *La Gangrène* (publié l'année suivante par le même éditeur), deux livres vite interdits. Le recours à la torture a défrayé à nouveau la chronique des années 1960, avec les quatre tomes de la monumentale *Guerre d'Algérie* d'Yves Courrière (1968-1971, dernière réédition, Fayard, 2001), grand succès de librairie qui évoque Aussaresses sous les traits d'un mystérieux « Commandant O ». En 1966, à Venise, le cinéaste communiste italien Gillo Pontecorvo obtient le Lion d'or pour son film *La Bataille d'Alger*, interdit d'écran en France il est vrai. En 1971, le général Massu rouvre le dossier dans *La Vraie bataille d'Alger* (Plon, réédition au Rocher en 1997). « À la question "Y a t-il eu vraiment torture ?", je ne peux répondre que par l'affirmative, quoiqu'elle n'ait jamais été institutionnalisée, ni codifiée », écrit-il. À quoi l'historien Pierre Vidal-Naquet réplique l'année suivante avec *La Torture dans la République* (Minuit), qui affirme le contraire.

Du film de Laurent Heyman *La Question* (1976) à la remarquable série télévisée *Les Années algériennes* de Bernard Favre, Philippe Alphonsi, Patrick Pesnot et Benjamin Stora (1991), en passant, la même année, par l'ouvrage déjà classique du même Stora, *La Gangrène et l'Oubli* (La Découverte), on pourrait multiplier les exemples. Engouement populaire pour le sujet, certainement pas, mais début de prise de conscience, oui. Même si certains tentent encore d'en minimiser la portée, les faits ne sont ni camouflés ni contestés. Avant de voir dans quelle mesure ils ont pesé sur la Ve République naissante, un petit retour en arrière s'impose.

Violence et société coloniale

Quand elle décide, dans les années 1870-1890, de faire de l'Algérie une colonie de peuplement et d'y créer trois départements français, la toute jeune IIIe République prend une sérieuse responsabilité historique. Il s'agit en effet de pérenniser la présence d'une importante communauté européenne – jusqu'à 15 % de la population totale au tout début du XXe siècle. Chez les Algériens, la conscience nationale germe peu à peu à travers une aspiration élémentaire à la dignité. Ils craignent au moins autant la « néantisation » identitaire que la persistance d'une misère matérielle pourtant saisissante. Pour leur part, les Européens d'Algérie, minorité de plus en plus restreinte numériquement (en 1936, Européens ou Juifs naturalisés ne représentent plus qu'un huitième de la population, dont la moitié concentré dans deux grandes villes, Alger et Oran), se vivent encerclés et assiégés par des masses indigènes hostiles. Et plus ils en sont proches par leur niveau de vie (les « petits blancs » des quartiers populaires d'Alger ou d'Oran), plus ils cherchent à s'en distinguer par des attitudes racistes, ou à tout le moins méprisantes.

Pas de pire conseillère que la peur. Celle de l'autre surtout. Dans un pays où la présence française n'a jamais été acceptée, comme en témoigne le maintien en permanence d'effectifs militaires importants, la violence reste à fleur de peau. Et qui dit violence dans pareil cas, dit gâchette facile, exécutions sommaires, torture, négation quotidienne de la dignité humaine.

Le 8 mai 1945, alors que s'étend l'audience du Parti du peuple algérien (PPA, clandestin depuis son interdiction en 1939) de Messali Hadj (1898-1974), la grande figure du nationalisme algérien, une manifestation célébrant en principe la victoire sur le nazisme en Europe mais tournant vite à l'émeute antifrançaise a été durement réprimée. La violence se déchaîne dans le Nord-Constantinois. Bilan : une centaine de morts européens et, dans les semaines qui suivent, 10 000 à 20 000 Algériens victimes soit de l'armée, soit de milices pieds-noires levées à la hâte avec, au début du moins, l'accord des partis communistes algériens et français. Cent, voire deux cents fois plus… Dans ce contexte où les droits de l'homme passent au dernier plan, rien d'étonnant si la police, elle-même souvent composée de Français d'Algérie, use sans vergogne de la torture contre les militants indépendantistes. C'est le cas en 1950, lors du démantèlement de l'aile clandestine armée du mouvement nationaliste de Messali Hadj, l'Organisation spéciale (OS).

La plupart des dirigeants de l'OS – Hocine Aït-Ahmed, Ahmed Ben Bella, Mohamed Boudiaf et d'autres – vont se retrouver, le 1er novembre 1954, parmi les fondateurs du Front de libération nationale (FLN), ce mouvement révolutionnaire tout neuf qui, avide d'action directe et de lutte armée, rejette la tutelle de Messali Hadj. Sus aux « messalistes »... Lesquels ne se gêneront d'ailleurs pas pour rendre la monnaie de leur pièce à leurs adversaires « frontistes » ! Car le conflit de décolonisation n'est pas seulement franco-algérien, il est tout autant algéro-algérien. Dans sa logique de guerre totale, le FLN commence à éliminer *manu militari* tous ceux qui s'opposent à lui. Pas seulement les Français militaires et civils, mais aussi les Algériens qui portent l'uniforme français, les Algériens membres de l'administration française, les frères ennemis en indépendantisme du Mouvement national algérien (MNA) de Messali Hadj créé en décembre 1954. Les communistes aussi, dont beaucoup seront très discrètement liquidés dans les maquis qu'ils ont rejoints.

Ainsi le veut la révolution algérienne. Sous peine de mort, chacun devra se plier aux règles édictées par le FLN et son bras armé, l'Armée de libération nationale (ALN). Jusqu'aux tièdes, aux indifférents, aux mauvais musulmans fumeurs et buveurs parfois mutilés là où ils ont péché en leur coupant le nez. Un sort particulièrement cruel demeure réservé aux « traîtres », omniprésents dans l'imaginaire frontiste. Ils sont partout : chez les « agents du colonialisme » ; dans les rangs du MNA ; chez les Kabyles, toujours suspects de visées séparatistes. Même au sein du FLN ou de l'ALN, qui connaîtra de terribles purges...

« Pas de juste milieu entre nous et le FLN » : c'est aussi le point de vue de l'armée française. Battue en Indochine par les méthodes de guerre révolutionnaire du Parti communiste vietnamien, celle-ci veut prendre sa revanche sur le sol algérien. Gagner quelles que soient les méthodes employées, quel que soit le prix moral à payer. L'engrenage de la terreur côté français fait ainsi pendant à l'engrenage de la terreur côté nationaliste pour banaliser le recours à la torture, chaque camp tirant prétexte des crimes commis par l'autre pour « justifier » les siens.

À chacun sa guerre

« Y a-t-il une Gestapo en Algérie ? », demandait le journaliste Claude Bourdet dans *France-Observateur*, en décembre 1951, trois ans ou presque avant le déclenchement de la guerre d'Algérie. Le cri d'alarme de cet ancien dirigeant du mouvement de résistance Combat, déporté à Neuengamme, Sachsenhausen et Buchenwald, n'a rencontré aucun écho. Et pour cause : cela fait alors belle lurette que la métropole, persuadée que l'Algérie, ce n'est pas la France et moins encore le système démocratique français, donne en effet carte blanche à l'armée, à la police et aux pieds-noirs. À eux de « résoudre les problèmes » comme ils l'entendent. Autant dire que la répression coloniale échappe au contrôle de la justice ordinaire.

Une situation qui ne risque guère de s'améliorer après le déclenchement de l'insurrection de novembre 1954. Ainsi, les renforts militaires dépêchés d'urgence interrogent les suspects à leur guise : certaines unités pratiquent la torture et d'autres non, en fonction des seules convictions personnelles de leurs chefs. Faute d'avoir pu reconstruire son unité après les tourmentes des quinze dernières années (défaite de 1940, dissensions de la Seconde Guerre mondiale, Indochine...), l'armée devient la proie de forces centrifuges. C'est sans doute l'aspect le plus inquiétant de la crise de l'État sous cette IVe République finissante : une troupe en mal d'unité, sans buts de guerre définis (annihiler la rébellion ou seulement l'affaiblir en vue d'une négociation ultérieure ?), guettée par les pires dérives.

L'« esprit para » apparaît emblématique : sous la tenue camouflée, on fait la guerre comme on l'entend, sans s'occuper des civils, des états-majors et des régiments « culs-de-plomb », qui n'ont pas, eux, l'insigne privilège de sauter du ciel. Seul compte l'attachement au régiment, aux chefs, aux copains : je suis de la bande à Bigeard, de la bande à Fossey-François, à Mayer, à Romain-Desfossés, etc. Seuls comptent aussi les résultats, les fameux « bilans opérationnels »... Pour les méthodes, qui viendra nous les reprocher à l'heure de la victoire ?

Signe des temps, le face-à-face troublant entre le colonel Antoine Argoud, chef du 3e régiment de chasseurs d'Afrique, et le général Jacques Massu, commandant la 10e division parachutiste. Hostile aux exécutions à la sauvette – les tristement célèbres « corvées de bois » –, Antoine Argoud fait fusiller en place publique les rebelles soupçonnés de terrorisme. À ces méthodes trop voyantes, Massu préférerait des procédés plus discrets. Furieux, Argoud propose à son supérieur hiérarchique de visiter la ferme voisine, qu'un régiment de paras vient d'utiliser comme centre de repos : « Vous y trouverez un charnier de soixante cadavres, hommes, femmes et enfants. » Répression contre répression. Après palabres avec un autre général, un compromis intervient : Argoud pourra continuer les exécutions sommaires, mais dans la montagne, où des spectateurs requis de force seront transportés par camion militaire ! Et les deux protagonistes de l'esclandre de poursuivre leur trajectoire : Massu dans la fidélité à son gaullisme de 1941 ; Argoud dans son hostilité de toujours à l'homme du 18 Juin, qui va le conduire dans les rangs de l'Organisation de l'armée secrète (OAS) [▷ p. 94].

Chacun n'en fait qu'à sa tête. Dans ces conditions, pourquoi s'étonner que tant et tant finissent par perdre le nord ? Selon les cas, ce désordre général des esprits, baptisé « guerre révolutionnaire », « guerre moderne » ou « guerre subversive », donne soit le meilleur, soit le pire.

Quelques militaires prestigieux, dont le général Jacques Pâris de Bollardière [▷ p. 47], le colonel Hubert de Seguins-Pazzis ou le commandant Pierre Dabezies rejettent sans ambiguïté le recours à la torture. Comme bon nombre de cadres moins gradés des Sections administratives spécialisées (SAS), qui rêvent d'une pacification des esprits dans la lignée des officiers des « affaires indigènes » d'antan.

D'autres, plus nombreux, adoptent l'attitude inverse. La torture va donc se généraliser d'un bout à l'autre du pays. Ce qui ne signifie pas pour autant que tous les combattants français d'Algérie, appelés comme militaires de carrière, puissent être considérés en bloc comme des tortionnaires. L'écrasante majorité de ces soldats, y compris ceux des troupes d'élite, parachutistes inclus (La Bollardière, Pazzis et Dabezies arboraient d'ailleurs tous trois l'insigne ailé des troupes aéroportées), n'a jamais pratiqué la torture. Pas de soupçon plus désastreux que celui qui pèse sur eux de façon indiscriminée, au point, parfois, de déchirer leurs familles. Principe de « responsabilité collective » encore plus injuste quand il s'applique aux jeunes du contingent, qui n'ont jamais demandé à porter les armes…

Montée de la barbarie : l'année 1956 et la bataille d'Alger (1957)

Avec l'arrivée des appelés, mobilisés à partir du début 1956 pour vingt-sept mois de service militaire par le gouvernement socialiste de Guy Mollet, le recours à la torture s'aggrave. En mai 1956, l'embuscade de Palestro fait découvrir la sauvagerie de la guerre à une opinion métropolitaine médusée. Un commando de l'ALN tue vingt « marsouins » du 9e régiment d'infanterie coloniale, dont les cadavres sont ensuite mutilés par les habitants du douar voisin. La plupart des victimes appartenant au contingent, l'horreur se retourne contre les rebelles. Ici, l'indifférence au sort de militaires professionnels ne joue pas ; c'est la chair de notre chair que l'on assassine. Et puisqu'il faut protéger « nos jeunes » de telles abominations, l'opinion publique n'en sera que plus encline à fermer les yeux sur les moyens mis en œuvre…

Consensus pour la torture ? Ce serait aller trop vite en besogne. Force est néanmoins d'admettre qu'à part certains militaires, quelques intellectuels, quelques religieux et les opposants déclarés – très minoritaires encore – à la guerre, celle-ci hante assez peu les nuits des Français.

Le problème de la torture, c'est avant tout celui du renseignement. Grâce à une stricte pratique du cloisonnement, l'organisation FLN fait preuve en effet d'une remarquable étanchéité ; ses militants, d'une détermination également impressionnante. En vertu de l'impitoyable règle frontiste, un sort effroyable guette tout Algérien à la langue trop bien pendue. Résultat : les militaires et policiers français d'Algérie sont en manque d'informations. Pour les obtenir, la torture semble efficace à beaucoup. Pas toujours ceux que l'on attend… la gendarmerie, par exemple. En principe légaliste et républicaine, elle succombe elle aussi à la contagion. Et pour cause : destinataires en période normale d'un flux d'informations émanant de la partie « saine » de la population, les gendarmes d'Algérie se sentent déboussolés par la loi du silence qui règne parmi les « Français de souche nord-africaine » (FSNA, nom officiel des Algériens par opposition aux Français de souche européenne). Certains d'entre eux baissent les bras, effectuant sans conviction quelques patrouilles de routine qui ne gênent en rien le FLN. D'autres, au contraire, vont figurer au rang des pires tortionnaires…

De même chez les appelés, dont quelques-uns se découvrent chemin faisant des vocations de Torquemada… Cette guerre, pour reprendre une expression du journaliste et romancier Jean Lartéguy, qui connaît bien les officiers parachutistes, est devenue un « abcès purulent » : elle contamine tout le monde. Et la « gégène », la génératrice d'électricité radio que l'on branche sur les parties sensibles ou le sexe des personnes interrogées, se voit, elle, promue au rang de technique parmi d'autres, associant modernisme et barbarie…

Lors des deux premières années de la guerre, la torture fait peu parler d'elle. Puis le FLN met le doigt dans l'engrenage du terrorisme urbain (assassinats individuels, bombes dans les lieux publics, aux arrêts d'autobus), plus spectaculaire, donc plus payant politiquement. Simultanément, à l'approche d'une session de l'ONU consacrée au problème algérien, le 28 janvier 1957, l'organisation nationaliste franchit un pas supplémentaire en annonçant une grève générale des travailleurs et des commerçants musulmans. Que le mouvement réussisse à Alger, et la preuve serait faite que les Français ne contrôlent même plus la capitale !

Le ministre-résident en Algérie, le socialiste Robert Lacoste, ordonne au tout nouveau préfet, Serge Baret, de confier directement la responsabilité du maintien de l'ordre au général Massu et à sa 10e division parachutiste. À partir du 14 janvier, quatre régiments, soit 4 600 hommes, s'installent dans Alger. Pour briser la grève d'abord, pour détruire les réseaux FLN ensuite. Aux ordres du commandant Aussaresses, une coordination spécifique de recueil et d'« exploitation » du renseignement voit le jour. C'est la torture qui s'institutionnalise et, avec elle, les perquisitions de jour comme de nuit, les rafles, les détentions arbitraires, les « disparitions », les exécutions sommaires…

Lacoste lui-même s'inquiète. Le 14 février 1957, dans une lettre au président du Conseil Guy Mollet, après s'être félicité des premiers résultats obtenus, voici ce qu'il écrit à propos des paras : « Cependant, je dois avouer que je nourris les plus vives craintes quant à la possibilité de regrettables écarts de conduite de la part de ces troupes. [...] Il faut que ces troupes s'en aillent dès que possible, mais je ne peux les laisser partir si je n'ai pas suffisamment de forces de police et de gendarmerie bien entraînées qui continueraient à dépiauter l'organisation d'embrigadement politique du FLN. » Appel à l'aide laissé sans réponse : Mollet est bien incapable de dénicher la solution miracle mettant fin aux attentats tout en respectant le cadre légal – rappelons qu'en Algérie, il ne s'agit toujours officiellement que d'opérations de « maintien de l'ordre ».

Le 23 février, Larbi Ben M'Hidi, représentant de la direction nationale du FLN à Alger, est capturé, puis « liquidé ». Sous l'égide de Yacef Saadi, la Zone autonome d'Alger du FLN, en difficulté, multiplie les attentats meurtriers, avec le soutien logistique de militants du Parti communiste algérien (PCA). Et, bien sûr, la répression s'aggrave à chaque explosion supplémentaire. Comme les Algériens sont surveillés, contrôlés, fouillés, la Casbah bouclée par les militaires, la pose des bombes incombe désormais à des jeunes femmes coiffées et vêtues à l'européenne. Arrêtées, celles-ci subissent à leur tour la torture. Et l'engrenage terrorisme-répression-terrorisme continuera à meuler des êtres humains jusqu'à ce que le plus fort gagne...

Les paras en l'occurrence. Le 27 septembre, ils arrêtent Yacef Saadi. Le 7 octobre, le chef des commandos, Ali Amara, dit « Ali la Pointe », est tué dans l'explosion de sa cache assiégée par les légionnaires du 1er REP (régiment étranger de parachutistes). L'accompagnent dans la mort « Petit Omar », son agent de liaison, un enfant de douze ans, deux autres militants frontistes dont une femme, et dix-sept civils. Les réseaux sont démantelés, les volontés brisées, les cadavres encombrants débarrassés – on les jette parfois dans la mer depuis les hélicoptères. Le secrétaire général de l'administration à la préfecture d'Alger, Paul Teitgen, évaluera à un peu plus de 3 000 le nombre de personnes « disparues ».

Succès très net, donc, pour la 10e division parachutiste. Et, en même temps, victoire à la Pyrrhus tant le prix politique et moral sera élevé. Au point de constituer un facteur important de la fin sans gloire de la IVe République...

La contagion

En juin 1956, un organisme de « renseignement en surface » pour toute l'Algérie a été créé sous le nom de Répression-Action-Protection (RAP). En juillet 1957, alors que la bataille d'Alger connaît ses derniers retours de flamme, le RAP devient le Centre de coordination interarmées (CCI), placé sous le contrôle direct du commandant supérieur interarmées, le général Raoul Salan.

Le chef du CCI est le colonel Léon Simoneau, un ancien résistant, qu'assistent les colonels Paul Parizot (Renseignement général), Tesseydre (service technique, interception des communications notamment) et François Decorse (Action). La section P (Protection, renseignement opérationnel), la plus importante numériquement, est placée sous les ordres du commandant (puis lieutenant-colonel) Clément Ruat. Elle chapeaute les « détachements opérationnels de protection » (DOP). Chargés de « déraciner » les structures clandestines de la rébellion que les Français appellent « organisation politico-administrative » et les Algériens *Nidham*, ces DOP, dont chacun peut animer plusieurs antennes, ont toute latitude pour pratiquer la torture et ne s'en privent pas. Les secteurs militaires disposent en outre du droit d'interner les suspects dans des centres de tri et de transit.

Le nombre et les effectifs du CCI croissent rapidement : vingt-quatre DOP, forts en tout de 1 500 hommes en mai 1958, à la veille du retour aux affaires du général de Gaulle. L'armée de terre doit fournir à ces unités très spéciales le contingent le plus nombreux. Mais, compte tenu du manque d'enthousiasme de beaucoup d'officiers et de sous-officiers des services secrets et des unités d'élite (paras, légionnaires et commandos ne se sentent pas forcément l'âme de professionnels de la torture), elle a du mal à suivre.

Pour pallier cette difficulté, on va étoffer l'encadrement par des gendarmes et des policiers, originaires si possibles d'Afrique du Nord et, mieux encore, arabophones ou parlant la langue berbère. Pour les tâches subalternes, on fera appel à des volontaires recrutés parmi les jeunes du contingent. Et, loin du schéma manichéen qui oppose le cruel militaire professionnel à l'innocent appelé, on en trouvera en nombre suffisant… Relativisons néanmoins : le nombre d'hommes du contingent ayant appartenu aux DOP à un moment ou à un autre n'excède pas 3 000 ou 4 000 ; chiffre à rapporter au nombre (environ 1,1 million) d'appelés, maintenus au service et autres rappelés qui ont porté les armes en Algérie entre 1956 et 1962.

La torture sous la Ve République

24 juin 1958 : « Messieurs, vous m'avez posé tout à l'heure une dernière question : la torture. Aucun acte de torture ne s'est produit, à ma connaissance, ni à la vôtre, depuis la venue à Alger du général de Gaulle. Il ne doit plus s'en produire désormais », déclare André Malraux, ministre de l'Information, à l'occasion d'une conférence de presse où il invite les trois prix Nobel français de littérature, Albert Camus, Roger Martin du Gard et François Mauriac, à former une commission qui partira enquêter en Algérie. Le même d'insister, le 1er juillet suivant, lors d'un déjeuner avec la presse étrangère à la Maison de l'Amérique latine : « Si j'étais un jeune musulman, je combattrais

peut-être avec les fellaghas, mais je serais heureux de me tourner maintenant vers l'homme qui a combattu la torture. » Et de conclure : « Nous vous demandons de nous juger sur nos actes, rien de plus, mais rien de moins. »

Voilà qui paraît convaincant. Comme beaucoup d'autres gaullistes, François Mauriac, mais aussi Edmond Michelet ou Michel Debré, l'auteur de *La Condition humaine* croit sincèrement que le retour du Général, point de départ du processus de restauration de l'autorité de l'État, réglera le problème de la torture.

Est-ce si sûr ? Chrétien, de Gaulle n'est certes pas un chaud partisan de la « gégène ». Et guère plus des doctrines de « guerre révolutionnaire » ou de « guerre subversive », qui justifient l'existence du CCI et des DOP (rebaptisés en mai 1960 « Sections » ou « Unités opérationnelles de recherche »). « Je ne connais que deux sortes de guerre, la guerre de position et la guerre de mouvement », rétorque d'un ton péremptoire le chef de l'État à de jeunes officiers qui le pressent de questions. Une fin très gaullienne de non-recevoir, à l'heure où le président de la République est surtout préoccupé par une autre forme de conflit : la guerre nucléaire.

Pour autant, son arrivée à Matignon d'abord puis, à partir de décembre 1958, à l'Élysée, ne suffit pas à changer la donne sur le terrain. En métropole, la DST ne dédaigne pas l'usage de la torture pour attaquer la 7e wilaya, celle de France [1]. De même, les « harkis métropolitains » de la Force de police auxiliaire, qui dépend en partie du préfet de police de Paris, Maurice Papon, et en partie de la hiérarchie militaire [▷ p. 59]. Sans compter l'Algérie où on continue à torturer, plus même qu'avant ! Témoin, la progression des effectifs des CCI-DOP : près de 4 000 hommes (dont 371 officiers) en 1959, deux fois et demi plus qu'un an auparavant... Le CCI va continuer à fonctionner sous ce sigle jusqu'en 1961, sa section P étant alors rebaptisée 123e brigade.

Certains des membres pieds-noirs de l'organisation de « guerre subversive » vont pousser sa logique jusqu'au bout en rejoignant les rangs de l'OAS – ils fourniront par exemple des troupes aux groupes terroristes algérois, les commandos Delta [▷ p. 94]. Alors que les effectifs militaires et policiers commencent à être redéployés contre l'OAS, une idée commence à se faire jour, celle des « DOP inversées », c'est-à-dire retournées contre les activistes Algérie française [▷ p. 65]. Naît ainsi, en novembre 1961, l'Office central de coordination et d'action judiciaire, une unité spéciale de quatre-vingts inspecteurs et commissaires de police dirigée par Jean-Paul Guépratte, des Renseignements généraux (RG).

Si Guépratte, ancien résistant, rejette l'usage de la torture, tout le monde ne se montre pas aussi réticent : certains membres de l'OAS – en nombre

1 L'ALN était organisée sur le territoire algérien en six régions, appelées « wilayas ».

infiniment plus réduit que leurs homologues du FLN – connaîtront à leur tour des supplices indignes à la caserne des Tagarins, quartier général des gendarmes mobiles pour Alger. « Interrogatoires extrêmement poussés », comme les qualifie alors un capitaine de gendarmerie proche de la Sécurité militaire. Bien sûr, les sévices pratiqués aux Tagarins n'atteignent ni la sauvagerie ni l'ampleur de ceux imputables à la 10e division parachutiste ou à la police à l'époque de la bataille d'Alger. Mais ils procèdent de la même logique : frapper fort et vite, éliminer l'appareil clandestin, punir la population de son manque de coopération avec les autorités.

S'il est une maladie particulièrement difficile à éradiquer, c'est bien la torture…

◀ **R. K.**

Pour en savoir plus

Raphaëlle Branche, *La Torture et l'Armée pendant la guerre d'Algérie, 1954-1962*, Gallimard, Paris, 2001.

Denis Lefebvre, *Guy Mollet face à la torture en Algérie, 1956-1957*, Bruno Leprince, Paris, 2001.

Patrick Rotman, *L'Ennemi intime*, Seuil, Paris, 2002.

Pierre Vidal-Naquet, *La Torture dans la République*, Minuit, Paris, 1972 (nouvelle édition, 1998).

—, *Les Crimes de l'armée française. Algérie 1954-1962*, Maspero, Paris, 1975 (rééd. en poche : La Découverte, Paris, 2001).

Quand Jean-Marie Le Pen torturait à Alger

Le 27 septembre 2005, la Cour de cassation met un terme à la polémique déclenchée par le journal *Le Monde* sur l'implication de Jean-Marie Le Pen dans des actes de torture durant la guerre d'Algérie. En rejetant le pourvoi du dirigeant du Front national (FN) contre Jean-Marie Colombani, directeur du quotidien, et la journaliste Florence Beaugé, la Cour confirme le jugement de première instance et celui de la cour d'appel, qui avaient débouté Jean-Marie Le Pen de sa plainte en diffamation. Le fait que ces informations aient été publiées quarante-huit heures avant le second tour de l'élection présidentielle de 2002, où Jean-Marie Le Pen était le challenger de Jacques Chirac, n'y change rien.

Ce n'est pas la première fois que le passé de Jean-Marie Le Pen en Algérie est évoqué et donne lieu à des poursuites judiciaires. Vingt ans plus tôt, *Libération* et *Le Canard enchaîné* ont publié des enquêtes à ce sujet mais, au terme d'une intense bataille juridique, les deux journaux ont finalement été condamnés. Pourtant le leader du Front national, au lendemain des accords d'Évian de mars 1962 mettant fin à la guerre d'Algérie [▷ p. 82], revendiquait avoir participé à la « question » : « Je n'ai rien à cacher. J'ai torturé parce qu'il fallait le faire, déclare-t-il au journal *Combat* le 9 novembre 1962. Quand on amène quelqu'un qui vient de poser vingt bombes qui peuvent éclater d'un moment à l'autre et qui ne veut pas parler, il faut employer des moyens exceptionnels pour l'y contraindre. C'est celui qui s'y refuse qui est criminel, car il a sur les mains le sang de centaines de victimes dont la mort aurait pu être évitée. » Certes, le lendemain, Jean-Marie Le Pen démentait avoir tenu ces propos. Mais cette fois, le procès intenté par le leader du Front national au *Monde* va permettre aux journalistes d'apporter plus que des témoignages. Au tribunal, ils vont également présenter une preuve accablante.

En 1957, Jean-Marie Le Pen est, à vingt-huit ans, le benjamin de l'Assemblée nationale. Il appartient au groupe de Pierre Poujade (1920-2003, fondateur de l'Union de défense des commerçants et artisans) et a voté l'envoi du contingent en Algérie. Il décide alors de s'engager pour six mois par « solidarité avec ces jeunes hommes [1] ». Intégré dans la Légion étrangère au 1er REP (régiment étranger de parachutistes), il arrive en janvier 1957 en Algérie. La bataille d'Alger fait rage. Sur décision du gouvernement de Guy Mollet, ce sont maintenant les parachutistes qui assurent le maintien de l'ordre et pourchassent les partisans du FLN. La torture et les exécutions sommaires sont, comme l'avoueront bien plus tard le général Jacques Massu puis le général Paul Aussaresses, largement pratiquées.

Jean-Marie Le Pen est chargé de missions de renseignement, et c'est le récit de l'une d'entre elles qui est au cœur du procès l'opposant au journal *Le Monde*. Le 2 mars 1957, vers 22 heures, un groupe d'une vingtaine de parachutistes dirigé par un grand lieutenant blond fait irruption au 7 rue des Abencérages, petite ruelle située dans la Casbah, chez Ahmed Moulay, quarante-deux ans, un militant du

---

1 Jean-Marie Le Pen, *La France est de retour*, Michel Lafon, Paris, 1985, cité par Florence Beaugé, *Algérie, une guerre sans gloire*, Calmann-Lévy, Paris, 2005, p. 191.

FLN. Toute la famille dort dans cette maison ordonnée autour d'un patio à ciel ouvert. La femme et les fils d'Ahmed Moulay n'auront aucun mal à reconnaître Jean-Marie Le Pen comme étant le chef de l'expédition : quelques semaines plus tard, sa photo fait la une des journaux algérois quand le général Massu lui remet la croix de guerre.

Ahmed Moulay est immédiatement frappé par les parachutistes, projeté dans l'escalier puis traîné dans le patio où ses vêtements sont arrachés. Attaché nu entre deux piliers, il est tout d'abord roué de coups. La séance de torture dont il va mourir a lieu devant sa femme et ses enfants. C'est son fils aîné Mohamed Chérif, alors âgé de dix ans, qui raconte à Florence Beaugé, quarante-cinq ans plus tard, ce qu'a subi son père : « On a continué de le bourrer de coups. Dans les testicules surtout. Ensuite, ils lui ont fait ingurgiter de l'eau. Une quantité phénoménale. [...] Son ventre est devenu énorme. Un para lui sautait dessus à pieds joints. [...] Mon père n'arrêtait pas de gémir et de crier. C'était horrible. À un moment, il a perdu connaissance. De temps en temps, Le Pen hurlait : "Donne-nous un nom et tu as ma parole de soldat que tu seras épargné" [1]. » Mais il ne parle pas. Les militaires décident de passer à l'électricité.

Avec eux, ils ont amené un prisonnier, Rachid Bahriz, l'un des frères de la femme d'Ahmed Moulay, afin de le confronter aux membres de la famille. Lui aussi a été longuement torturé au quartier général des parachutistes. Il va être le seul à assister à la mort de son beau-frère. Celui-ci est emmené dans son atelier d'artisan électricien. Rachid Bahriz est au seuil de la pièce : « Ils ont repris la séance de torture, à l'électricité cette fois, raconte-t-il. À un certain moment, il y a eu un court-circuit. Tout d'un coup j'ai entendu un cri, puis plus rien. [...] L'un des militaires a crié : "Mon lieutenant, il est mort !" [2] » Les militaires le rhabillent, traînent son corps dans la rue et lui lâchent une rafale de mitraillette avant de s'évanouir dans la nuit. Officiellement, Ahmed Moulay a été abattu parce qu'il tentait de fuir.

Mais le lieutenant Le Pen a commis une faute. Le lendemain matin, Mohamed Chérif retrouve un ceinturon kaki auquel un poignard est attaché. Il le cache et quand les parachutistes reviennent à deux reprises pour fouiller la maison afin de le retrouver, il ne dit rien. Le Pen est furieux, car il s'agit de son arme. Celle-ci va rester dans le buffet familial jusqu'en 2003. Mohamed Chérif Moulay décide alors de la confier à Florence Beaugé en vue de son procès. Parvenir à le ramener à Paris sera une odyssée pour la journaliste mais, lors de l'audience, son apparition fera sensation. Il y a de quoi. Car il s'agit d'un couteau original, « en acier trempé long de

---

1 Florence Beaugé, *Algérie, une guerre sans gloire*, *ibid.*, p. 195.

2 *Ibid.*, p. 196.

25 centimètres et large de 2,5 centimètres ». Un poignard des Jeunesses hitlériennes sur le fourreau duquel sont gravés ces mots : « JM Le Pen, 1er REP. »

◀ F. M.

Pour en savoir plus

Florence Beaugé, *Algérie, une guerre sans gloire. Histoire d'une enquête*, Calmann-Lévy, Paris, 2005.

Gilles Bresson et Christian Lionet, *Le Pen. Biographie*, Seuil, Paris, 1994.

Jacques Pâris de Bollardière, portrait d'un général en honnête homme

L'armée française a compté dans ses rangs bien des officiers courageux, proches de leurs hommes, ayant rencontré l'Histoire. Jacques Pâris de Bollardière en fait partie. Contrairement à beaucoup d'autres officiers français, il avait choisi en 1940 de rejoindre le général de Gaulle à Londres. Mais ce qui le rend unique, c'est qu'il a placé l'éthique du soldat au-dessus des autres considérations, sans rechercher la victoire au prix de l'avilissement de l'adversaire. Il refusa la torture en Algérie et, pour cette raison, fut rejeté par l'institution militaire.

Breton de Chateaubriant né en 1907, saint-cyrien en 1927, ses chefs n'apprécient pas son indépendance d'esprit. Sa carrière commence sous les plus médiocres auspices : en 1940, il passe capitaine à l'ancienneté et combat à Narvik, avant de rentrer en Bretagne avec la 13e demi-brigade de la Légion étrangère. Puis il gagne Londres, où il se fera un grand ami, Maurice Bourgès-Maunoury. Lequel, devenu ministre des Forces armées en 1955 puis ministre de la Défense nationale et des Forces armées en 1956, lui demandera de faire partie de son cabinet, avant de le sanctionner en 1957.

En 1940, commence donc son exceptionnelle carrière de combattant, qui va le conduire des sables africains de Tobrouk et El-Alamein aux combats sur le sol français. L'officier est original : il traite ses prisonniers comme ses propres hommes : en Érythrée, en 1941, les soldats éthiopiens libérés préféreront revenir se constituer prisonniers, chacun accompagné de quelques connaissances. En peu de jours, Bollardière aura ainsi créé de toutes pièces une compagnie de trois cents Éthiopiens ! Parachuté dans les Ardennes en avril 1944, il y combattra avec les Forces françaises de l'intérieur (FFI) avant d'être de nouveau largué, à Arnhem cette fois, à la tête du 3e régiment de parachutistes de la brigade Special Air Service (SAS). L'année suivante, en 1946, il crée en Indochine la demi-brigade parachutiste SAS.

En 1955, c'est le départ pour l'Algérie, où la vie de ce chrétien convaincu va basculer. Il était déjà compagnon de la Libération et commandeur de la Légion d'honneur. Le voici promu général à quarante-huit ans, désigné en juillet 1956 au commandement de l'Atlas blidéen. C'est là qu'il va recevoir un jeune officier flamboyant et parisien très en vue, Jean-Jacques Servan-Schreiber. Ce dernier a créé un magazine pour soutenir l'action politique de Pierre Mendès France : *L'Express*. Il veut voir l'Algérie de près, s'y rend avec le grade de sous-lieutenant, et se retrouve sous les ordres de « Bollo ». Au début de 1957, les choses vont mal. L'armée est invitée à accentuer l'« effort policier ». Les militaires acceptent peu ou prou cette « accentuation », synonyme de torture. Seul Bollardière refuse, se rebiffe et écrit à tous ses subordonnés : « La tentation à laquelle n'ont pas résisté les pays totalitaires de considérer certains procédés comme une méthode normale pour obtenir le renseignement doit être rejetée sans équivoque et ces procédés rejetés formellement. » L'entrevue qui suivra avec le général Jacques Massu, son chef, sera si orageuse qu'à son issue Bollardière demandera à être relevé de son commandement.

Quant à Servan-Schreiber, il écrit. Le 29 mars 1957, *L'Express* publie un récit tonitruant de son passage sous les drapeaux, titré « lieutenant en Algérie » et critiquant sévèrement la pratique de la torture. Ce texte avait été soumis à Bollardière, qui souligne dans sa lettre publiée par l'hebdomadaire « les aspects dramatiques de la guerre révolutionnaire à laquelle nous faisons face, et l'effroyable danger qu'il y aurait pour nous à perdre de vue, sous le prétexte fallacieux de l'efficacité immédiate, les valeurs morales qui seules ont fait jusqu'à maintenant la grandeur de notre civilisation et de notre armée ». Le général sera sanctionné de soixante jours d'arrêts de forteresse, avant de poursuivre une carrière devenue quelconque. Un seul militaire se solidarisera avec lui : le capitaine Pierre Dabezies

(1925-2002 ; ce gaulliste de gauche commandera ensuite le 11e Choc et sera plus tard un proche du socialiste Jean-Pierre Chevènement).

Le général de Gaulle conçoit pour lui une grande affection. Mais pas au point de relancer sa carrière après son arrivée au pouvoir. Bollardière quitte l'armée par anticipation, et s'engage dans la non-violence. En juillet 1973, il est arrêté par la Marine nationale au large de Moruroa sur un navire appartenant à des militants antinucléaires néo-zélandais, *Le Fri*, en compagnie du journaliste Brice Lalonde, du prêtre Jean Toulat et de l'écrivain Jean-Marie Muller, tous venus protester contre les explosions nucléaires atmosphériques que pratique encore la France à cette époque. Georges Pompidou, président de la République, n'a pas bien pris le voyage tropical du général, et tranche rapidement son cas : le 25 juillet 1973, le Conseil des ministres décide de le mettre à la retraite, à titre disciplinaire. Le commandant Jean Blondel, secrétaire de sa promotion de Saint-Cyr, lui envoie alors un courrier au nom de ses camarades pour lui rappeler leur conception commune de la pratique politique d'un officier : « La servitude militaire, qui fait aussi la grandeur de son état, lui impose une réserve absolue à l'égard des propagandes ou des prises de position équivoques et malsaines, surtout quand elles utilisent son sang et ses services passés à des fins politiques discutables [1]. »

Sans avoir jamais plus cessé de militer avec ses amis non-violents, Jacques Paris de Bollardière meurt le 22 février 1986 dans sa maison de Guidel (Morbihan).

◀ **J. G.**

Pour en savoir plus

Jacques Pâris de Bollardière, *Bataille d'Alger, bataille de l'homme*, Desclée de Brouwer, Paris, 1972.

Jean-Jacques Servan-Schreiber, *Lieutenant en Algérie*, Julliard, Paris, 1957.

Jean Toulat, *Un combat pour l'homme, le général de Bollardière*, Le Centurion, Paris, 1987.

1 Cité par Jean Toulat, *Un combat pour l'homme, le général de Bollardière*, Le Centurion, Paris, 1987, p. 137.

La Main rouge, « machine à tuer » des services secrets

Le 9 mai 1958, quelques jours avant le retour du général de Gaulle au pouvoir, les Français ne prêtent guère attention à un procès qui se déroule en Suisse. Pourtant, la condamnation de l'inspecteur de police Max Ulrich à deux ans et demi de prison « pour service de renseignements politiques et violation du secret de fonction » marque un tournant dans l'histoire de l'un des épisodes les plus secrets de la guerre d'indépendance algérienne, celui de la Main rouge.

C'est l'épilogue judiciaire d'un scandale qui a éclaté un an plus tôt : Ulrich a été recruté – ainsi que son supérieur, le procureur René Dubois, qui s'est donné la mort le 24 mars 1957 – par le responsable du SDECE (Service de documentation extérieure et de contre-espionnage) à Berne, le colonel Marcel Mercier. Officiellement « attaché commercial » à l'ambassade de France, « Petit Mercier » est un ancien résistant, déporté à Dachau, puis membre du contre-espionnage en poste en Suisse depuis 1952. Grâce aux agents qu'il a recrutés, l'espion français a pu livrer les éléments nécessaires pour organiser des opérations « homo », comme on appelle à la « Piscine » les assassinats de partisans de la cause algérienne en Europe. Des assassinats revendiqués par une mystérieuse organisation, « La Main rouge ».

Mercier a été « grillé » de façon inattendue. Serge Michel, agent du FLN, proche du président du Gouvernement provisoire de la République algérienne (GPRA) de Ferhat Abbas, a livré un scoop saignant à la presse helvétique : l'homme du SDECE a recruté des fonctionnaires locaux pour espionner les Algériens, en parfaite violation de la sacro-sainte neutralité suisse. On imagine le scandale... Mais, plus étonnant encore, cette révélation puise sa source à l'ambassade de France. En effet, un groupe de diplomates y désapprouve l'action de l'homme « qui hurle dans sa cabane au fond du jardin et qui organise des attentats », ainsi que l'on décrit l'étrange attaché commercial.

Parmi ces humanistes, figure une femme au destin singulier : Élisabeth de Miribel, la petite-fille du maréchal Patrick de Mac-Mahon et Française libre de la première heure à Londres. Elle a même dactylographié l'appel du 18 Juin pour ce général rebelle dont elle était la secrétaire ! Après la Libération, cette gaulliste mystique a « renoncé au monde » en entrant au Carmel. Puis elle a renoncé au Carmel en entrant en diplomatie. Mais elle n'a pas fait vœu d'aveuglement : elle déteste Mercier, elle déteste la sale guerre qu'il mène en secret. Aussi s'est-elle arrangée pour le faire expulser de Suisse en faisant filtrer l'information sur son compte. Élisabeth n'a pas eu d'état d'âme : s'il avait été au pouvoir, de Gaulle n'aurait pas toléré de telles actions criminelles, pense-t-elle avant le 13 mai 1958. Ce en quoi elle se trompe du tout au tout...

Sarbacane empoisonnée et intox

Le colonel Robert Roussillat, chef du Service 8 (ou service Action) du SDECE, va en effet redoubler d'activité dans les mois qui suivent. Bien avant le retour de De Gaulle, c'est lui qui avait organisé ces assassinats ponctuels imputés à la Main rouge, une organisation fantomatique que la presse croit menée par des partisans ultras de l'Algérie française. En effet, par le passé, des colons du Maroc et de Tunisie avaient procédé sous ce nom à des meurtres de nationalistes maghrébins, en signant leurs crimes d'une main de fatma ensanglantée et vengeresse. D'où l'amalgame.

Dès l'automne 1956, le gouvernement socialiste de Guy Mollet a donné le feu vert aux meurtres de la Main rouge, en même temps qu'à l'offensive ratée de Suez pour renverser Nasser, fidèle supporter de l'indépendance algérienne. Le coup d'envoi a été donné le 28 septembre 1956, quand une machine infernale a explosé dans les bureaux du trafiquant d'armes Otto Schlütter, fournisseur du FLN algérien à Hambourg, tuant son adjoint. En juin 1957, la mère de Schlütter est pulvérisée à son tour dans la voiture que le SDECE a piégée.

Suivent des opérations « arma » du SDECE, c'est-à-dire l'interception ou le sabotage de navires transporteurs d'armes, principalement à partir de Tanger où officie un as du contre-espionnage, le capitaine Boureau-Mitrecey. Pour poser des mines sous la ligne de flottaison des cargos, les nageurs de combat sont mis à contribution. Le SDECE déploie de gros moyens : des chasseurs de mine, des avions Hurel-Dubois de l'escadrille spéciale GAM-56 et même un petit sous-marin pour pister des cargos en haute mer, tels ceux du trafiquant allemand Georg Puchert, particulièrement visés. À l'issue de la guerre d'Algérie, le capitaine de vaisseau René-Charles Taro, pilote de ces missions spéciales, se vantera d'avoir coulé quatorze yachts, cargos, caboteurs et envoyé par le fond 2 000 tonnes d'armes destinées au FLN.

Deuxième phase : des assassinats ciblés – toujours attribués à la Main rouge – se produisent en Suisse, après que le colonel Mercier a été « grillé ». Le 9 septembre 1957, Georges Geiser, fabricant de détonateurs, est poignardé à Genève. Dix jours plus tard, « Guillaume », un tueur du service Action, passe de vie à trépas Marcel Leopold dans la même ville, au moyen d'une fléchette empoisonnée propulsée par sarbacane. Ce meurtre d'un collègue de Puchert frappe les imaginations et la police suisse ne décolère pas contre les services français, dont elle détectera ensuite le rôle dans d'autres assassinats. En 1960, la secrétaire de Mercier et ses deux successeurs au SDECE de Berne, Eugène Genot et Robert Cardi, seront à leur tour expulsés de la Confédération helvétique.

Afin de détourner les soupçons, la Piscine a songé à manipuler l'opinion publique. Dans ce domaine aussi, surgit une filière suisse : après son expulsion, le colonel Mercier recrute par l'entremise d'un officier de ses amis nommé Jacques Latour, un personnage hors du commun : Kurt-Émile Schweizer, écrivain-journaliste, ancien du Parti communiste suisse, tout comme son ami l'acteur Michel Simon, avec qui il partage une passion pour la littérature érotique. Sous le nom de plume de « Pierre Genève », ce jeune Suisse a publié des romans d'espionnage dont certains héros ressemblent comme un frère au père Yves-Marc Dubois [▷ p. 33], le dominicain du SDECE à l'ONU qu'il a souvent rencontré… Accepterait-il de publier un grand document pour gonfler la légende d'une société secrète de tueurs d'extrême droite ?

Utilisant comme éléments de diversion un ami corse lié à la DST, Christian Du Rieux, et la figure emblématique du colonel Mercier, Pierre Genève concocte un récit à sa façon : l'interview factice des chefs de l'organisation terroriste qui donne son nom au livre, *La Main rouge*. Pour crédibiliser l'ouvrage et brouiller les pistes, Du Rieux a préalablement rencontré des journalistes étrangers et revendiqué les meurtres au nom de la Main rouge – avant que le livre explosif ne paraisse en 1960 aux Éditions Nord-Sud, une entreprise dirigée par Latour, et en fait une « berlue » financée par le SDECE.

Entre-temps, la vraie Main rouge a intensifié ses attentats, notamment en République fédérale d'Allemagne, où – coïncidence ! – le colonel Mercier s'est installé, d'abord à Munich, près du QG du service secret fédéral, le BND (*Bundesnachrichtendienst*), puis à la mission militaire française de Berlin dirigée par le général Amédée Gèze. Au contact du BND, le « Petit Mercier » se trouve dans une situation singulière : non seulement l'ancien déporté doit traiter avec l'ex-chef du renseignement militaire nazi sur le front russe, le général Reinhard Gehlen, mais encore les rapports de la Piscine confirment que le BND joue double jeu en Afrique du Nord. Par exemple, Richard Christmann (*alias* « Markus »), chef de poste du BND à Tunis, un autre ancien des services nazis, aide le FLN à s'approvisionner en matériel optique et médical et recrute même l'influent docteur Seghir Nekkache, futur ministre de la Santé de l'Algérie indépendante. À l'inverse, les Allemands veulent bien aider les Français à se débarrasser de certains membres du FLN, quand ils sont jugés procommunistes.

C'est ainsi que, le 5 novembre 1958, Mohammed Aït-Ahcène est grièvement blessé au volant de sa Peugeot 203, au centre de Bonn. C'est le BND qui a fourni au SDECE les informations, recueillies par « Herr Christmann » à Tunis, concernant la discrète installation du délégué du GPRA en Allemagne (dans les locaux de l'ambassade de Tunisie). Ensuite le service Action a préparé un traquenard dans la Koblenzerstrasse, où se trouve l'ambassade tunisienne, balayant la voiture d'Aït-Ahcène de plusieurs rafales de pistolet-mitrailleur. C'est un miracle si sa secrétaire Fadélia Sahavoni, assise à la « place du mort », sort indemne de l'attentat. La presse allemande, *Der Spiegel* en tête, dénonce la Main rouge et laisse entendre que le SDECE s'en sert comme paravent. C'est à partir de cette époque qu'en France, quelques journaux, comme *L'Humanité* et *L'Express*, enquêtent sur la réalité de la Main rouge et mettent en cause le colonel Mercier.

Or ce type d'assassinats devient de plus en plus fréquent. Membres et sympathisants du FLN, « porteurs de valises » français et belges pour ce dernier, en RFA, en Italie, en Belgique, en Suisse, en Hollande, ils sont des centaines à tomber sous les coups de l'organisation.

Foccart, Melnik & Co

Si le doute a subsisté pendant des décennies sur l'engagement du SDECE dans cette vaste opération, on en connaît aujourd'hui presque tous les rouages. En interne, l'organisation était dirigée par le général Grossin et son chef « Action », le colonel Roussillat. Autour de ce dernier, ses adjoints, Zahm et Lehmann, instruisaient les agents au centre de Cercottes (Loiret) et choisissaient ceux qui seraient affectés aux coups de main, regroupés dans la « cellule B3 ». On comptait parmi eux de nombreux anciens de la Résistance et de la France libre.

Par exemple, le colonel Jacques Zahm, chef adjoint du 11e bataillon de choc (dit 11e Choc), chargé de l'information et de l'instruction à Cercottes, au pedigree impressionnant. Ancien du Bureau central de renseignements et d'action (BCRA), il a été déporté à Auschwitz en 1944, et s'est évadé début 1945. Légionnaire en Indochine, il a été blessé au printemps 1952, capturé, torturé, laissé pour mort par le Vietminh, une balle dans la nuque, avant de s'évader une fois encore... C'est Zahm qui a fait venir à Cercottes le « sorcier aztèque », le spécialiste des explosifs qu'est le capitaine Jeannou Lacaze, futur chef d'état-major des armées sous François Mitterrand. D'autres jeunes éléments – que l'on retrouvera plus tard dans les affaires de la Ve République – font alors leurs premières armes dans ce service Action : le futur préfet Jean-Charles Marchiani, ou Jacques Dewatre, futur patron de la Piscine (1993-1999).

Les opérations « Main rouge » nécessitent aussi des armes spéciales, telle la fameuse sarbacane dotée d'une fléchette empoisonnée, de même que des pistolets-stylos mis au point par un orfèvre, l'ingénieur polytechnicien Henri Deruelle, déjà inventeur du pistolet-mitrailleur MAT 49, ou encore certains poisons concoctés sous la tutelle du capitaine Lacaze.

Pour une opération ponctuelle planifiée par le B3, ce sont des dizaines d'opérateurs qui assurent la reconnaissance, le renseignement, la logistique, la location des « appartements conspiratifs », le transport des agents... Ils sont puisés dans le service Action, qui bénéficie d'un formidable vivier dans cette armée des ombres que constituent le 11e Choc et la réserve du service Action. Ces derniers, les réservistes, sont souvent des anciens résistants retournés à la vie civile qui réalisent des périodes d'entraînement à Cercottes et acceptent d'effectuer une mission sous couvert de leur profession bien réelle. Parmi eux figure Jacques Foccart [▷ p. 133], le conseiller de De Gaulle pour les affaires occultes – et, en retour, le principal utilisateur politique du service Action...

En haut de la pyramide, deux autres hommes côtoient « La Foque » (surnom de Foccart) : Constantin Melnik, le coordinateur du renseignement auprès du Premier ministre Michel Debré, et Pierre Messmer, ministre des Armées. C'est ce triumvirat qui désigne les cibles des hommes que la Main rouge doit abattre sur la base des renseignements du SDECE, de la DST et d'autres services connexes.

La situation devient toutefois délicate lors qu'ils décident d'éliminer des militants belges partisans de l'indépendance algérienne. C'est ainsi que le professeur Georges Laperches est tué le 25 mars 1960 par un paquet piégé comportant, plaisanterie macabre, une bombe dissimulée dans un exemplaire évidé d'un ouvrage interdit en France, *La Pacification*, publié en Suisse par l'éditeur Nils Andersson. Le même jour, un autre universitaire belge, Pierre Le Grève, échappe à la mort en recevant un paquet identique.

Alors même que le SDECE n'est pas supposé opérer sur le sol français, les commanditaires de la Main rouge n'avaient pas hésité à décider l'exécution de membres du collectif des avocats du FLN à Paris : le 21 mai 1959, Me Amokrane Ould Aoudia, du barreau de Paris, était retrouvé rue Saint-Marc, abattu de deux balles de 9 mm, tandis que deux de ses collègues échappaient à un attentat. Quant à Me Jacques Vergès, l'avocat qui a inventé la « défense de rupture » dans ses plaidoiries en faveur des militants du FLN, le général Grossin a bloqué une opération « homo » contre lui au motif que c'était un Français et, de surcroît, un ancien de la France libre (ce qui laisse supposer que, dans son esprit, les Algériens n'étaient pas français). De même, Grossin et Roussillat s'opposeront à l'assassinat du colonel Antoine Argoud, membre de l'OAS (Organisation de l'armée secrète, ▷ p. 94), kidnappé en Allemagne quelque temps plus tard [▷ p. 65].

Grossin est né, comme lui, à Oran et, bien que respectueux de la politique gaullienne, le SDECE n'en aide pas moins certains soldats perdus de l'Algérie française à s'abriter à l'étranger...

Au fil des ans, seul survivant de cette époque (avec Pierre Messmer, qui, lui, restera toujours silencieux), Constantin Melnik révélera des détails sur l'action des services français. Il évoquera certains états d'âme en haut lieu, par exemple après que le SDECE a tué, au cours d'une opération ratée, le 5 juillet 1959 à Rome, un garçonnet de dix ans, le petit Rolando, qui avait eu le malheur de jouer au ballon à côté d'une Peugeot 203 piégée par la Main rouge pour tuer le représentant du FLN, Taïeb Boularouf.

Dans un de ses plus récents récits, consacré à la Main rouge, Melnik revendique ce bilan : « Au cours de la seule année 1960, cent trente-cinq personnes ont été envoyées *ad patres* pendant des opérations "homo" du service Action du SDECE, six bateaux coulés et deux avions détruits. » Et il donne la mesure de la mission qui a été allouée aux services spéciaux : « Pour faire face à la guerre d'Algérie, la France gaullienne a disposé, quelle que soit la valeur morale de sa politique, d'une des plus puissantes machines à tuer du monde contemporain. »

À ceci près que la « machine à tuer » ne s'est pas limitée à l'Algérie. L'expérience du SDECE acquise dans la lutte contre le FLN va servir dans les opérations secrètes lors de la décolonisation de l'Afrique noire. Le 15 octobre 1960, le dirigeant de l'Union des populations du Cameroun (UPC), Félix Moumié, sera empoisonné par un réserviste du service Action. Un meurtre de plus à Genève. Un an plus tôt, le leader camerounais avait été interviewé dans le quotidien londonien *The Daily Mail*. Peu après, Geoffrey Wakeford, le journaliste auteur de l'entretien, avait reçu un coup de fil angoissant : « *Here is the Red Hand, Moumié will die* ! » (Ici la Main rouge, Moumié va mourir !).

◂ R. F.

Pour en savoir plus

Alain Campiotti, « La mort du procureur Dubois », *L'Hebdo*, Lausanne, 23 mai 1985.

Roger Faligot, *Markus, agent allemand*, Temps actuels, Paris, 1984.

Roger Faligot et Pascal Krop, *La Piscine*, Seuil, Paris, 1985.

Pierre Genève, *La Main rouge*, Nord-Sud, Paris, 1960.

Alain Guérin, *Le Général gris*, Julliard, Paris, 1968.

Pascal Krop, *Les Secrets de l'espionnage français*, J.-C. Lattès, Paris, 1993.

Constantin Melnik, *La Mort était leur mission*, Plon, Paris, 1996.

Michel Debré, gaulliste en colère

Petit-fils de Simon Debré, rabbin alsacien, fils du professeur Robert Debré, célébrité de la médecine française, qui l'a élevé dans le culte des principes républicains, Michel Debré est né le 15 janvier 1912 à Paris. Auditeur au Conseil d'État, le jeune haut fonctionnaire entre en 1938 au cabinet de Paul Reynaud, ministre des Finances du gouvernement Daladier.

Replié en zone Sud après la défaite de 1940, Debré nourrit d'abord quelques illusions sur le régime de Vichy. Mais fin 1942, il rejoint le mouvement Ceux de la Résistance (CDLR) par l'intermédiaire de son fondateur, Jacques Lecompte-Boinet. La nouvelle recrue va jouer, au printemps 1944, un rôle clé dans la reconstitution clandestine de l'État républicain. Pour le compte du Comité général d'études, créé l'année précédente par Jean Moulin, Debré noue en effet les contacts qui vont lui permettre de proposer aux services du général de Gaulle une liste de futurs « préfets de la Libération » – pour la petite histoire, le secrétaire général de la préfecture de la Gironde, Maurice Papon, n'y figure pas : c'est plus tard, et au pied levé, qu'il sera nommé préfet par le commissaire de la République à Bordeaux, Gaston Cusin [▷ p. 63].

Le 10 août 1944, nommé commissaire de la République par le Gouvernement provisoire de la République française, il occupe la préfecture régionale d'Angers. En avril 1945, le voici au cabinet du général de Gaulle. Conscient de la désagrégation intellectuelle et morale qui a conduit une grande partie de la haute fonction publique à suivre sans discuter les ordres de Vichy, Debré crée, le 22 juin 1946, l'École nationale d'administration (ENA). Le premier directeur sera son ancien camarade de CDLR, Henri Bourdeau de Fontenay. Le ton est donné : pour Debré, qui ne cache pas son jacobinisme, l'intérêt général dépend avant tout de l'existence d'un État capable d'assumer ses responsabilités. Vision très gaullienne qui le conduit fin 1947 au sein du noyau de militants fidèles qui crée le Rassemblement du peuple français (RPF) [▷ p. 21].

Sénateur d'Indre-et-Loire de 1948 à 1958, Debré ferraille comme un beau diable en faveur de l'Algérie française et du retour aux affaires du général, deux causes inséparables à ses yeux (un moment tenté par le fédéralisme européen, il est vite revenu à son jacobinisme fondamental). Un beau diable, cela peut aussi bien signifier des menaces contre les « bradeurs de l'Algérie » dans son brûlot à périodicité variable, *Le Courrier de la colère*, que la participation à divers complots politiques. Hors jeu pour cause de sciatique en mai 1958, celui que le *Canard enchaîné* a surnommé l'« amer Michel » met les bouchées doubles par la suite. Cet excellent connaisseur des arcanes du droit administratif va, de fait, rédiger l'essentiel de la Constitution du 4 octobre 1958.

De Gaulle élu, Debré devient son premier Premier ministre le 9 janvier 1959. Jusqu'à son départ et à son remplacement par Georges Pompidou, le 14 avril 1962, ce travailleur méthodique et obstiné abat une tâche considérable qui ira de la réforme de l'administration à celle de la justice, d'une politique colbertiste mais efficace d'expansion industrielle au bouleversement de la politique agricole, des débuts de la conquête spatiale aux tentatives d'adapter l'Éducation nationale aux nouvelles réalités.

Sa croix restera l'Algérie : au fur et à mesure de l'évolution de la politique du président, Debré se verra contraint à des écarts de plus en plus grands. Fidèle parmi les fidèles, il les assume, non sans quelques tentatives désespérées visant à constituer une « troisième force » entre l'armée française et le FLN. En août 1960, Debré ordonne au service Action du SDECE de créer une organisation musulmane utilisant les « méthodes de la rébellion » pour s'imposer. Ce sera le Front algérien d'action démocratique (FAAD), qui est créé officiellement le 11 avril 1961 et qui regroupe des éléments dissidents du Mouvement national algérien (MNA) de Messali Hadj. Tenu à bout de bras par le SDECE et désavoué sans ambiguïté par Messali, le FAAD connaîtra quelques succès sur le terrain avant d'être lâché en octobre-novembre 1961, les gaullistes s'étant émus d'un possible rapprochement avec l'OAS [▷ p. 94].

Cible de l'extrême droite et d'une partie de la gauche, qui lui reprochent d'avoir « avalé des couleuvres » à propos de l'Algérie, Debré est élu député de la Réunion le 6 mai 1963. Nommé ministre de l'Économie et des Finances par Georges Pompidou, il s'oppose en mai-juin 1968 au Premier ministre, qu'il accuse de négocier dans son dos avec la CGT par l'intermédiaire du jeune secrétaire d'État aux Affaires sociales, Jacques Chirac. Ministre des Affaires étrangères (1968-1969), puis ministre d'État chargé de la Défense nationale (1969-1973), il tombe le 2 avril 1973 : sa loi sur la réforme du service national, la fameuse « loi Debré », provoque de grandes manifestations de lycéens.

Toujours député de la Réunion et maire d'Amboise (Indre-et-Loire), il ne recueille que 1,65 % des voix au premier tour de la présidentielle de 1981 et quitte alors la vie politique nationale pour rédiger ses mémoires et siéger à l'Académie française, le 24 mars 1988, à la place de Louis de Broglie. Souvent caricaturé mais en fin de compte toujours respecté, ce personnage important de la

Vᵉ République s'éteint à Montlouis-sur-Loire le 2 août 1996. Son fils Bernard a été ministre de la Coopération dans le gouvernement Balladur. Plusieurs fois ministre également, son autre fils Jean-Louis, chiraquien pur sucre lui, présidera l'Assemblée nationale.

◀ **R. K.**

Pour en savoir plus

Serge Berstein, Pierre Milza, Jean-François Sirinelli (dir.), *Michel Debré Premier ministre (1959-1962)*, actes du colloque des 14-16 mars 2002 organisé par le Centre d'histoire de Sciences-Po et la Fondation nationale des sciences politiques, PUF, Paris, 2005.

Michel Debré, *Trois républiques pour une France*, Albin Michel, Paris, 4 tomes, 1984-1993.

Paris, octobre 1961 : le massacre effacé

Sept ans de guerre. En 1961, les indépendantistes algériens veulent négocier la « paix des braves » proposée par de Gaulle. Tandis que le terrorisme de l'Organisation de l'armée secrète (OAS) frappe à son tour, la Fédération de France du Front de libération nationale (FLN) décide d'organiser une manifestation dans Paris aux cris de : « Négociations avec le GPRA ! » Elle compte mobiliser 30 000 personnes, soit 8 % des Français musulmans d'Algérie, les « FMA » entassés dans les bidonvilles, à Nanterre et ailleurs. L'épreuve de force prévue pour le 17 octobre vise aussi à dénoncer le couvre-feu imposé aux seuls Nord-Africains par le préfet de police, Maurice Papon [▷ p. 63]. Des restrictions qui se justifient, selon lui, par les affrontements meurtriers entre commandos du FLN, policiers réguliers et troupes supplétives constituées de harkis, ces Algériens hostiles à l'indépendance algérienne.

Ces derniers sont organisés en une Force de police auxiliaire (FPA) de deux cent vingt hommes, dirigée par un ancien de la France libre, le capitaine Raymond Montaner. Papon a fait venir plusieurs de leurs cadres de

Constantine, où il a opéré naguère. Répartis dans la région parisienne, les FPA infiltrent la communauté algérienne et limitent la collecte de fonds au profit du FLN. Ils en assassinent militants ou sympathisants, d'où le nombre croissant de « noyés par balles » – selon l'expression officieuse du cabinet du Premier ministre – repêchés dans la Seine et ses canaux bien avant le 17 octobre. De nombreux assassinats sont aussi imputables au FLN, qui se veut hégémonique dans le mouvement nationaliste. En retour, les FPA sont devenus les cibles de ce dernier, qui n'hésite pas à les abattre, au même titre que de simples gardiens de la paix en pèlerine et képi ou des policiers en civil.

Scènes atroces

Le climat est donc très tendu. Pourtant, les responsables de la Fédération de France, tels Ali Haroun ou le coordinateur de la manifestation, Mohammedi Saddek (*alias* « Lunettes »), ont reçu des consignes strictes pour que la manifestation prévue soit pacifique. La Direction de la surveillance du territoire (DST) a récupéré des consignes en provenance d'Allemagne, où se terre la direction clandestine du FLN : « Nous vous demandons : a) de cesser toute attaque contre les policiers et s'il y a légitime défense et qu'un policier est abattu, nous fournir un rapport circonstancié ; b) nous informer avec rapport détaillé sur la façon dont vous liquidez les harkis. [...] Il serait plus rentable de les organiser au sein même de la caserne pour faire un coup spectaculaire, soit une désertion massive, soit provoquer une mutinerie. Nous croyons qu'il y a des moyens de faire mieux que la liquidation physique et individuelle. Si nous pouvons "récupérer" les harkis et faire une action politique spectaculaire, ça serait beaucoup plus rentable que la vengeance sur des pauvres types égarés. »

Malgré ces mesures d'apaisement, il est trop tard : l'immense majorité des policiers fait corps, prête à en découdre si elle doit enfin affronter le FLN à visage découvert. « Lunettes », le coordinateur, l'a compris. Il demande à son ami « porteur de valises » Georges Mattei de placer des observateurs « français » aux lieux stratégiques du parcours pour témoigner. Le cinéaste Jacques Panigel réalisera même un film, *Octobre à Paris* (saisi par la police dès sa première projection). Certains reporters de premier plan, comme Jacques Derogy, de *L'Express*, sont dans la confidence.

En fin d'après-midi, le 17, des Algériens endimanchés se regroupent donc aux points de ralliement, prêts à manifester sous la pluie : à l'Étoile, à Bonne-Nouvelle, à la Concorde, à l'Opéra... Vers 18 heures, l'état-major de la police diffuse en interne l'information selon laquelle « le FLN va protester pacifiquement dans des grands axes de la capitale ». En fait, les forces de l'ordre sont alertées depuis le matin, car, du fait d'une erreur, deux cents manifestants se sont retrouvés à l'Opéra pour défiler sur les grands boulevards et ils ont été arrêtés. La tension monte.

D'autant que dans les cars de police, par la radio, on annonce que des gens armés du FLN ont tiré sur des policiers... À 20 heures, alors que les Algériens doivent être chez eux en vertu du couvre-feu, ils sont environ 30 000 à défiler. La riposte ne se fait pas attendre. Grâce au calme des gardes mobiles, certains défilés se déroulent d'abord sans heurts du côté des grands boulevards et des Champs-Élysées. Mais les manifestants sont isolés par petits groupes avant d'être parqués au Palais des sports ou au stade Coubertin. Ailleurs, la répression est de plus en plus violente. Au Quartier latin, les Algériens, pris dans la nasse, descendent et remontent le boulevard Saint-Michel avant de tenter de se disperser sous les coups. Matraqués, frappés à coups de bâtons ou de crosse de fusil, certains Nord-Africains sont abattus à l'arme à feu, voire jetés des ponts. Le nombre de « noyés par balles » augmentera dans les jours à venir, surtout là où les harkis ont participé au « maintien de l'ordre » (ponts de Neuilly, Courbevoie, Levallois...).

La population parisienne prend rarement la défense des manifestants et ignore ces scènes atroces. Il y a de notables exceptions, comme dans cette pharmacie de Saint-Michel transformée en hôpital de campagne. Mais d'autres Parisiens alertent des policiers : « Par ici, il y en a qui se cachent ! » Parmi d'autres, Gérard Monate, policier syndicaliste, témoignera avoir vu les conducteurs et passagers d'un bus aider des policiers à jeter des Algériens par-dessus un pont. La férocité de la répression est immortalisée par les photos d'Élie Kagan et d'autres reporters *free lance* montrant des manifestants au visage ensanglanté encadrés par les policiers, et d'autres le nez dans le ruisseau ou entassés dans les cars de police. Des clichés introuvables dans la presse du lendemain ! En revanche, on y lira que la Préfecture dénombre 11 638 arrestations sur 20 000 manifestants, neuf blessés chez les policiers, deux morts et soixante-quatre blessés parmi les Algériens...

Les jours suivants, quelques hommes politiques mettent en cause ces chiffres [1]. Le 27 octobre, Claude Bourdet, grand résistant, informé par des policiers horrifiés venus la nuit même à son journal, *France-Observateur*, interpelle le préfet Papon au conseil municipal de Paris : « Est-il vrai qu'il y a eu de nombreux corps retirés de la Seine ? Dans les milieux de la presse – et non de la presse de gauche, mais dans les rédactions de journaux d'information –, on parle de cent cinquante corps retirés entre Paris et Rouen. Est-ce

---

1 Et, moins d'un mois plus tard, les éditions François Maspero publient le livre de Paulette PÉJU, *Ratonnades à Paris*, revue de presse rassemblée à chaud, qui montre que l'ampleur de la répression ne pouvait être ignorée à l'époque ; mais le livre a été immédiatement interdit.

vrai ou n'est-ce pas vrai ? Cela doit pouvoir se savoir. Une enquête auprès des services compétents en l'occurrence doit permettre de le vérifier. » Maurice Papon se tait.

Trente ans de silence

Un silence officiel assourdissant qui, couvert par l'amnistie générale relative aux crimes commis durant la guerre d'Algérie, durera trente ans. Le travail d'abord solitaire du chercheur Jean-Luc Einaudi permet enfin, à partir de 1991, grâce à son livre *La Bataille de Paris*, de comprendre ce qui s'est passé. Comment les policiers se sont « lâchés », ayant reçu carte blanche de leur hiérarchie ; comment ont agi les supplétifs harkis ; comment le massacre a été minimisé en France (ce dont attestent les archives épurées de la Préfecture, des hôpitaux, de l'Institut médico-légal) – mais aussi, plus tard, par les témoignages côté algérien.

De nouveaux témoins révèlent ce qu'ils ont vu. C'est le cas d'ex-policiers comme Isidore Lifschitz, dans le film *Une journée portée disparue* (Philip Brooks et Alan Hayling, 2001). Pour Constantin Melnik, qui a suivi la situation en tant que coordinateur du renseignement du Premier ministre, il n'y a aucun doute : « Dans les semaines précédentes, on repêchait une dizaine de corps d'Algériens ; après le 17 octobre, ils se comptent par vingtaines. » Selon le décompte effectué à son niveau, il y a eu de cent cinquante à trois cents manifestants tués. Einaudi, quant à lui, évalue les morts et les disparus à plus de deux cents (l'historien Jean-Paul Brunet, qui a compulsé le premier certaines archives interdites pour son livre publié en 1999, lui reproche d'avoir comptabilisé des morts antérieurs).

Quoi qu'il en soit, le procès en diffamation intenté en 1998 par Papon à Einaudi (suite à une tribune de ce dernier publiée dans *Le Monde* du 8 mai, où il écrivait : « En octobre 1961, il y eut à Paris un massacre perpétré par des forces de police agissant sous les ordres de Maurice Papon ») a fourni l'occasion des premiers débats publics sur la répression de la manifestation. En motivant son jugement de relaxe au profit de l'auteur, au motif de la bonne foi, le tribunal a conclu, le 24 mars 1999 : « Aux termes des débats d'audience, il apparaît que les événements d'octobre 1961 ont été largement effacés de la mémoire collective, et M. Einaudi a entrepris, à la fin des années 1980, une recherche approfondie [...]. Le tribunal constate qu'aucune contestation n'est finalement formulée sur l'étendue du travail d'enquête réalisé par le prévenu. [...] À l'issue des débats, on ne peut que constater, comme l'a d'ailleurs fait le ministère public : que l'ensemble des témoignages versés au dossier par le prévenu n'est pas réfuté, même s'il convient de faire la part des militantismes divers ; que tant les témoignages des participants à la manifestation que ceux des fonctionnaires de police et des intervenants extérieurs sont concordants ; que les éléments produits conduisent à retenir que certains membres des forces de l'ordre, relativement nombreux, ont agi avec une extrême violence, sous l'empire d'une volonté de représailles, dans le climat d'exaspération qui résultait des multiples attentats commis contre les fonctionnaires de police dans la période précédente ; que cette violence n'était pas justifiée par le comportement des manifestants ce soir-là ; qu'elle s'est exercée non seulement "à chaud" lors de la manifestation elle-même, mais également "à froid", dans les centres d'internement hâtivement constitués pour accueillir les personnes arrêtées ; que le nombre des victimes a été important, en tout cas largement supérieur à celui du bilan officiel. »

Maurice Papon ne fera pas appel de ce jugement pour l'Histoire. Il avait déjà fort à faire avec la procédure judiciaire concernant son rôle pendant l'Occupation. Autre conséquence, au tournant du siècle, Jean-Luc Einaudi pourra enfin avoir accès aux archives lui permettant de préciser ce que fut la « bataille de Paris ».

Un épilogue plus positif de cette manifestation de 1961 a, lui aussi, été occulté : dix jours après, deux diplomates français, Claude Chayet et Bruno de Leusse, ont retrouvé secrètement en Suisse leurs homologues algériens, Mohammed Ben Yahia et Rhéda Malek, afin de relancer les négociations sur l'indépendance.

◀ **R. F.**

Pour en savoir plus

Jean-Paul Brunet, *Police contre FLN. Le drame d'octobre 1961*, Flammarion, Paris, 1999.

Jean-Luc Einaudi, *La Bataille de Paris. 17 octobre 1961*, Seuil, Paris, 1991.

—, *Octobre 1961, un massacre à Paris*, Fayard, Paris, 2001.

—, *Franc-Tireur. Georges Mattei, de la guerre d'Algérie à la guérilla*, Sextant/Danger public, Paris, 2004.

Ali Haroun, *La Septième Wilaya. La guerre du FLN en France*, Seuil, Paris, 1986.

Constantin Melnik, *Mille jours à Matignon*, Grasset, Paris, 1988.

Paulette Péju, *Ratonnades à Paris* précédé de *Les Harkis à Paris*, La Découverte, Paris, 2000.

Anne Tristan, *Le Silence du fleuve. Octobre 1961*, Syros, Paris, 1991.

Maurice Papon, du mauvais côté de la France

Ancien préfet, ancien inspecteur général de l'administration en mission extraordinaire, ancien ministre... Âgé de quatre-vingt-quinze ans au printemps 2006, Maurice Papon peut toujours aligner ces titres sur sa carte de visite, mais, depuis le 2 avril 1998, il ne peut plus arborer la Légion d'honneur au revers de son veston. Elle lui a été retirée après sa condamnation par la cour d'assises de Bordeaux pour avoir organisé entre 1942 et 1944, en tant que secrétaire général de la préfecture de la Gironde, le départ vers Auschwitz d'au moins une dizaine de convois d'hommes, de femmes et d'enfants juifs.

Obtenue après seize années de procédure, cette décision judiciaire représente, entre autres symboles, la première brèche ouverte dans l'immunité de fait dont bénéficiaient les hauts fonctionnaires de la Ve République.

De prestigieux témoins de moralité comme Pierre Messmer, ancien Premier ministre du général de Gaulle, ou Raymond Barre, ancien Premier ministre de Giscard d'Estaing, se sont succédé à la barre de la cour d'assises de Bordeaux. Ils ont déclaré sous serment que, tout au long de ses quelque cinquante ans de carrière, Maurice Papon s'est toujours comporté en fonctionnaire irréprochable, capable de gérer, en respectant scrupuleusement la procédure administrative, des situations sortant pour le moins de l'ordinaire. « Il n'y a pas à avoir de crise de conscience lorsqu'on obéit aux ordres du gouvernement », a-t-il ressassé depuis le box des accusés.

À la Libération, le résistant Gaston Cusin est nommé commissaire de la République de Bordeaux. Il reçoit un par un les fonctionnaires de la préfecture qui avaient accepté de travailler sous les ordres de Vichy. « J'ai vu Papon pénétrer dans le bureau de Cusin », a raconté l'un d'entre eux. « Il n'en est pas ressorti. Lorsque je suis entré à mon tour, il était assis à côté de l'envoyé du général de Gaulle et lui préparait les dossiers. »

Miraculeusement lavé de tout soupçon de collaboration, Maurice Papon poursuit son ascension administrative. Sous-directeur au ministère de l'Intérieur, il administre l'Algérie, les Antilles et la Guyane avant d'être envoyé en Corse comme préfet. Il sait tellement bien s'occuper des « indigènes » que le gouvernement l'envoie en 1949 sur le terrain. D'abord comme préfet du département de

Constantine, ensanglanté quatre ans plus tôt par une révolte et sa terrible répression, puis, en 1954, comme secrétaire général du résident de France au Maroc.

« J'ai appris durant cette période à aimer des choses étrangères au monde occidental et j'y ai puisé un certain nombre de leçons de sagesse », pontifie-t-il lors de son procès. Cette connaissance de l'islam, Maurice Papon va l'utiliser à plein lorsqu'il revient à Constantine en 1956 au titre d'inspecteur général de l'administration en mission extraordinaire (IGAME) pour la région de l'Est algérien. La guerre d'indépendance a commencé depuis deux ans et Papon se retrouve face à cet « islam que j'avais déjà caressé de la main ». Poursuivant donc ses « caresses administratives », il met en place le système des camps de regroupement vers lesquels sont convoyés puis enfermés quelque 115 000 Algériens – le taux de mortalité y est particulièrement élevé.

Maurice Papon, qui a découvert en Algérie l'existence et l'efficacité des interrogatoires musclés, est rappelé en métropole en mars 1958. Sa mission est cette fois de remettre en ordre la préfecture de Police de Paris, qui est démoralisée et manifeste trop ouvertement son affinité avec l'extrême droite. Le nouveau préfet de police remplira si bien cette tâche que les policiers parisiens, avec l'aide de harkis que Papon fait venir d'Algérie, se jettent de tout cœur dans la bataille contre les réseaux du Front de libération nationale (FLN) dans la capitale. Même lorsqu'elles sont particulièrement violentes, leurs méthodes ne font pas de vagues. « J'ai introduit une tradition à l'intérieur de la préfecture de Police, a expliqué Papon, c'est que les sanctions ne fassent pas l'objet de publicité et de communiqués tonitruants. On règle ses comptes ensemble, à l'intérieur de la famille. »

La couverture paternelle dont bénéficient alors les policiers parisiens porte ses fruits : le 17 octobre 1961, ils répriment avec férocité quelques milliers de travailleurs algériens manifestant dans Paris contre le couvre-feu qui leur est réservé ; l'historien Jean-Luc Einaudi évalue entre deux cents et trois cents le nombre de manifestants qui seront tués et jetés à la Seine [▷ p. 58]. Pour Maurice Papon, ce jour-là, « la répression s'est réduite à prier les Algériens de monter dans les cars et les autobus ». Tout juste admet-il avoir dû descendre de son bureau pour empêcher que les manifestants ne soient trop molestés sous ses propres fenêtres.

La fermeté mortelle que le préfet de Police a mise en œuvre contre les Algériens va s'exercer le 8 février 1962 envers les militants communistes qui manifestent contre l'Organisation armée secrète (OAS) : neuf d'entre eux sont tués au métro Charonne au moment de la dispersion. « C'est un drame aussi regrettable qu'il est simple, se souvient Papon. Le gouvernement avait interdit la manifestation. Cette interdiction était une erreur du gouvernement, mais si telle était la décision, je n'avais pas à discuter l'ordre du gouvernement. »

L'obéissance sans faille de Maurice Papon à tous les gouvernements lui vaudra, après son départ en retraite, une carrière politique au sein du mouvement gaulliste. Elle fera de cet ancien complice de la « solution finale » un maire, un conseiller général, un député et un ministre du Budget.

◀ F. Z.

Pour en savoir plus

Gérard Boulanger, *Papon, un intrus dans la République*, Seuil, Paris, 1997.

Alain Dewerpe, *Charonne, 8 février 1962. Anthropologie historique d'un massacre d'État*, Gallimard, Paris, 2006.

Le Procès de Maurice Papon, compte rendu sténographique, Albin Michel, Paris, 1998.

Bernard Violet, *Le Dossier Papon*, Flammarion, Paris, 1997.

La véritable histoire des « barbouzes gaullistes »

« Nous n'avons jamais lutté directement contre l'OAS, pour ça, il y avait les barbouzes gaullistes » : paroles (à l'auteur, en 1984) d'Alain Krivine, ancien animateur du Front universitaire antifasciste (FUA) à la fin de la guerre d'Algérie aux côtés de Bernard Kouchner, de Pierre Goldman ou de Marie-Noëlle Thibaut. Sachant qu'en 1961-1962, Krivine était, côté cour, un des chefs de l'Union des étudiants communistes (UEC) et, côté jardin (très secret), un cadre trotskyste pratiquant l'« entrisme », autrement dit le noyautage, au sein de la même UEC, son aveu ne manque pas d'intérêt. Rien de plus éloquent pour traduire l'embarras d'une gauche et d'une extrême gauche qui, tout en luttant verbalement contre l'Organisation armée secrète (OAS) [▷ p. 94], déléguaient le véritable affrontement avec l'organisation clandestine… à leurs adversaires gaullistes qualifiés par ailleurs d'hommes de main dangereux pour la démocratie.

« Barbouzes » : un vocable mystérieux appelé à faire fureur. Avant la guerre d'Algérie, il désignait les agents des services de renseignement officiels opérant à l'extérieur du territoire national, le plus souvent sous une identité d'emprunt, la fameuse « fausse barbe ». Rien à voir avec une police politique, et encore moins avec des organismes parallèles opérant de façon illégale mais sous la tutelle des autorités dans le cadre d'un embryon de guerre civile franco-française.

Fin 1961, toutefois, les attentats de l'OAS prennent une ampleur inquiétante. Dans les quartiers européens d'Alger et d'Oran, l'organisation frappe à peu près comme elle veut, assassinant policiers et militaires loyalistes. Et si le terrorisme traversait définitivement la Méditerranée ? Plusieurs fois déjà, les activistes Algérie française ont versé le sang en métropole. Le 31 mars 1961, Camille Blanc, maire d'Évian, mourait dans un attentat au plastic. Le 18 juin, date à l'évidence symbolique, un groupe proche mais non membre de l'OAS faisait dérailler le train Paris-Strasbourg aux alentours de Vitry-le-François, tuant vingt-trois passagers et en blessant cent cinquante autres. Le 8 septembre, enfin, les activistes montaient soudain les enchères en tentant d'assassiner le général de Gaulle à Pont-sur-Seine, sur la Nationale 19. Coup raté certes, mais d'assez peu. Le sentiment se répand que la Ve République ne tient qu'à un fil, incarné par le chef de l'État…

Terrorisme et contre-terrorisme

Le danger de subversion à l'intérieur même de l'armée n'est pas moins grand, estiment le ministre des Armées, Pierre Messmer, et ses subordonnés de la Sécurité militaire (SM), que commande un ancien des Forces aériennes françaises libres (FAFL), le général Charles Feuvrier, assisté d'un autre aviateur, le commandant Henri Louet. Le 5 avril 1961, quinze jours à peine avant le putsch raté des généraux Challe, Jouhaud, Salan et Zeller à Alger, la SM a d'ailleurs été dotée d'un élément opérationnel, la Division des missions et recherches (DMR).

Les « missions et recherches », c'est une idée de Xavier Deniau. Responsable de la liaison avec les services de renseignement au cabinet de Messmer, cet homme de confiance du ministre s'est souvenu du rôle que joue la « Brigade du chef » dans les romans de Georges Simenon : une équipe d'inspecteurs sans affectation travaillant directement pour le commissaire Maigret. D'où cette première innovation : créer au sein de la SM un noyau d'officiers loyalistes rattaché à la direction centrale qui, débarquant à l'improviste dans telle ou telle garnison, seraient à même de réaliser ce qui s'y passe vraiment. Et plus iconoclaste encore quand on connaît l'esprit de corps des officiers, cette décision de rattacher à la DMR des policiers en civil (le commissaire principal Pierre Gabrielli jouant le rôle d'interface entre la SM et la Sûreté nationale).

Xavier Deniau me le confirmera trente-cinq ans plus tard : en ces jours difficiles, la SM va se développer par un véritable phénomène de « cooptation gaulliste », chaque Français libre admis dans le saint des saints en recrutant à son tour d'autres et ainsi de suite. Un réseau militaro-militant qu'anime le cerveau de la DMR, le colonel Jean-Charles Bellec, compagnon de la Libération.

Peu intéressée par les civils de l'OAS, la SM s'est donné, en bonne logique militaire, trois cibles privilégiées en Algérie : 1) le général Raoul Salan, chef nominal de l'organisation secrète ; 2) le lieutenant Roger Degueldre, résistant communiste FTP engagé dans la Légion étrangère à la Libération, et désormais patron des groupes terroristes d'Alger, les commandos Delta ; 3) le général Edmond Jouhaud, chef de l'OAS d'Oran. En France, le lieutenant Daniel Godot est la première cible de la DMR (avant son chef Pierre Sergent, patron de l'OAS-métropole).

Deniau ne s'occupe pas de la SM de l'armée d'Algérie, apanage du général Jean Bazaugour, et de son adjoint, le colonel Paul Rivière. Or, réticents à toute idée de police parallèle comme à tout projet d'alliance secrète anti-OAS avec les partis de gauche ou le FLN, ces deux officiers, issus le premier de la France libre et le second de la Résistance intérieure, s'en tiennent aux tâches classiques de sécurité militaire : lutte contre le noyautage de l'armée par les activistes Algérie française ou, en sens inverse, par les cellules communistes. Le général Charles Ailleret les approuve. Nouveau commandant supérieur en Algérie et adversaire acharné de l'OAS, il ne goûte pas pour autant les méthodes « parallèles ». Mais si certains officiers gaullistes veulent s'engager dans cette voie, il laissera faire…

« Faire », tel sera le lot du responsable de la branche algérienne de la DMR, le colonel Roger André, dit « Laurent ». En prise directe avec Bellec, André fait figure de vétéran de l'antiterrorisme : en 1956, ne coordonnait-il pas déjà le travail de la DST et des RG à Alger contre le FLN ? Les hommes qu'il emploie ne lésinent pas sur les moyens. Recrutés par la DMR, Louis Soliveau, ex-para de la France libre, et Jean Augé dit « Petit Jeannot », ancien résistant et figure du milieu lyonnais, gagnent par exemple l'Algérie le 7 octobre 1961. Afin d'y « opérer clandestinement pour le compte des services spéciaux » selon des déclarations ultérieures du colonel Roger André, mais aussi, d'après la même source, pour faire « quelques affaires personnelles – drogue, proxénétisme ». Dans les faits, « Petit Jeannot » va abattre sur ordre deux officiers du SDECE proches de l'OAS. Échappant provisoirement aux représailles (son assassinat le 15 juin 1973 par des inconnus laisse toutefois plausible l'hypothèse d'une vengeance à retardement), le truand lyonnais se tirera mieux de l'affaire que Louis Soliveau, abattu, lui, en avril 1962 par des membres de l'OAS devant son bar de Villefranche-sur-Mer…

On le voit, la guerre franco-française d'Algérie n'a rien d'une joute à la loyale. Pour preuve ce 21 octobre à Alger, où le commandant René Poste, de la DMR, et son informateur Dominique Fondacci, trafiquant d'armes et proxénète local, sont tués par les hommes de Degueldre qu'ils cherchaient précisément à localiser en sa qualité de cible numéro deux de la SM.

À titre de représailles, le colonel Roger André décide de fournir des explosifs à André Goulay, membre d'une Association nationale pour le soutien au général de Gaulle déjà très éprouvée : l'OAS a grièvement blessé coup sur coup deux de ses responsables, Gaston Pernot et Yves Le Tac, qu'elle tentera d'achever sur leur lit d'hôpital, le premier à Alger et le second à Paris. Ancien du service d'ordre du RPF (Rassemblement du peuple français, le parti gaulliste de 1947 à 1953) et du bataillon français de l'ONU en Corée, Goulay fait équipe avec un journaliste de la Radio-télévision française, Lucien Bitterlin.

Trop jeune pour avoir connu la Résistance, mais décidé à faire « quelque chose avec de Gaulle », Bitterlin anime le Mouvement pour la coopération, branche algérienne du Mouvement pour la communauté (MPC) de Jacques Dauer, un des artisans du retour aux affaires de De Gaulle en 1958. Son groupe comprend quelques dizaines de militants européens, mais aussi des musulmans. Il a connu son baptême du feu le 19 mars, quand un de ses membres, Barthélemy Rossello, a été retrouvé mort sur la plage de Douaouda : cet ancien commando de marine en savait trop sur les liens, financiers notamment, entre l'OAS embryonnaire et le milieu algérois…

Jean Morin, délégué général du gouvernement français en Algérie, a mis Bitterlin en contact avec le colonel Roger André. Résultat : grâce au plastic de la SM, les hommes du MPC, non contents de barbouiller les murs de slogans favorables à de Gaulle, s'en prennent fin novembre à plusieurs cafés ou restaurants algérois fréquentés par des activistes.

De l'antiterrorisme, on est en train de glisser au contre-terrorisme…

Attention, barbouzes !

Côté police officielle, le rapport du commissaire principal Jean-Paul Guépratte, des RG, détaché en Algérie comme chef d'une unité spéciale, l'Office central de coordination et d'action judiciaire, propose un plan d'action radical contre les activistes, qu'il tempère toutefois par le refus du recours à la torture (lui-même a été « questionné » en 1944 par les SS).

S'inspirant de ce projet, le ministre de l'Intérieur Roger Frey et son bras droit, Alexandre Sanguinetti, envisagent une refonte du dispositif anti-OAS. Directeur central de la Police judiciaire (PJ), ancien résistant et gaulliste fidèle, Michel Hacq s'installera à Alger comme chef de la Mission C (comme Choc) forte de deux cents policiers loyalistes. L'assisteront à Alger les commissaires divisionnaires André Pédoussaut puis Chavalord ; à Oran, leurs collègues Alfred Jouhaneau puis Jean Gouarne ; à Constantine, le divisionnaire Marcel Cassier. Le jeune sous-lieutenant Philippe Massoni assure les liaisons entre la SM et Michel Hacq. Une expérience précoce qui explique, entre autres raisons, pourquoi le même Massoni se retrouvera, quarante ans plus tard, chargé des questions de sécurité dans le cadre de la lutte contre le terrorisme auprès du président Chirac...

Basés pour la région algéroise à l'école de police de Hussein-Dey, les policiers de la Mission C ne maltraitent pas les suspects – comme Guépratte, Hacq se souvient d'avoir été « passé à la baignoire » en son temps par les SS. Attitude inverse des gendarmes mobiles du colonel Debrosse, stationnés à la caserne des Tagarins, où la « gégène » tourne désormais contre l'OAS. C'est dire si les méthodes de lutte contre l'organisation secrète sont diversifiées, et les scrupules moraux de ses adversaires plus ou moins étendus.

Pendant ce temps, les barbouzes commencent à se mettre en place. Lors d'un voyage éclair en région parisienne, André Goulay a mis dans le coup son ami avocat métropolitain, Me Pierre Lemarchand, qui a aussitôt accepté de prendre en charge les questions de recrutement hors Algérie avec son épouse Michelle, fille d'un ancien ministre des Finances du général de Gaulle.

Dominique Ponchardier va prendre la tête du groupe parallèle d'action anti-OAS. Auteur de romans d'espionnage à succès, c'est lui qui a popularisé le mot « barbouze »... dans son sens initial d'agent secret. Toujours aussi imaginatif, l'ancien numéro un du service d'ordre du RPF baptise le nouveau-né « Talion ». Romantisme encore : ses membres prêteront un serment de fidélité sur son vieux Colt du temps de la Résistance ! Mais il faut tenir compte des réalités matérielles : le Talion est entretenu par les fonds secrets de la Délégation générale du gouvernement en Algérie.

L'architecte au sommet, mais en toute discrétion, de l'opération n'est en effet autre qu'Alexandre Sanguinetti, le « Monsieur anti-OAS » du ministère de l'Intérieur. En tout, le Talion va mobiliser trois cents hommes. Certains arborent un passé honorable, tels Hettore Lobianco, rescapé des Brigades internationales de la guerre d'Espagne puis résistant-déporté ; Marcel Hongrois, ex-para de la France libre ; ou Jacques Andréi, déporté lui aussi par les nazis. D'autres, un casier judiciaire plus ou moins vierge. Mais qu'importe le flacon... Un maître de l'aïkido, Jim Alcheik, recrute par exemple dans sa salle parisienne d'arts martiaux. Bien payés mais mal informés des risques courus, une vingtaine de ses élèves asiatiques prennent ainsi la route d'Alger où ils seront accueillis par Goulay et Bitterlin. Et aussi par les hommes de l'ennemi numéro deux, Degueldre…

Massacre à la mitrailleuse

Degueldre, le chef des commandos Delta, a en effet des antennes partout : à la Délégation générale ; dans la police ; à la DST qui l'instrumentalisera en deux occasions pour « liquider » deux agents secrets britanniques du MI6 impliqués dans l'aide au FLN, James Mason et Alfred Fox ; dans l'armée ; au SDECE.

L'arrivée des barbouzes ne le surprend donc pas. En revanche, elle l'irrite. Aussi décide-t-il de veiller personnellement à leur destinée, ce qui vaut condamnation à mort de sa part : « Je déclare la guerre ouverte contre les barbouzes. » Le 12 décembre, la voiture de Goulay et de Bitterlin est criblée de quarante balles. Grièvement blessé, le premier est acheminé immédiatement à Marseille. Charles Pasqua, militant gaulliste très impliqué dans la lutte anti-OAS (et futur ministre de l'Intérieur), le réceptionne à Marignane et le conduit à l'hôpital de la Timone – où le maire socialiste de la cité phocéenne, Gaston Defferre, le fera admettre et protéger par des hommes en arme, preuve que les « barbouzes gaullistes » peuvent, si les circonstances l'exigent, se colorer de rose.

Dans la nuit du 31 décembre 1961 au 1er janvier 1962, Degueldre monte une attaque de grand style avec tirs au lance-roquettes antichar, à la mitrailleuse et jets de grenades contre la villa de la rue Faidherbe, un des deux quartiers généraux algérois des barbouzes. La fusillade fait un blessé parmi les occupants, mais le lendemain, un des Vietnamiens experts en arts martiaux tue à main nue un des assaillants de la veille venu constater les dégâts. Le coup d'envoi d'une véritable psychose des « barbouzes viets »…

Le 29 janvier, du matériel d'imprimerie piégé par les hommes de Degueldre et/ou des officiers sympathisants OAS du SDECE réduit en cendres la deuxième villa barbouze, rue Fabre, tuant dix-neuf de ses vingt-six occupants. Réfugiés à l'hôtel Radjah, une somptueuse demeure mauresque, une vingtaine de rescapés repoussent une nouvelle attaque le 13 février : trois morts côté OAS. Le 18, des tireurs venus à bord de véhicules blindés militaires arrosent l'hôtel au bazooka et au fusil-mitrailleur, contraignant ses occupants à la fuite. Le lendemain, quatre barbouzes venues chercher à l'hôpital un de leurs camarades vietnamiens blessés tombent dans une embuscade : criblés de balles par les commandos Delta, les hommes de Bitterlin vont être brûlés par des habitants du quartier qui arrosent leur 403 d'essence…

Les barbouzes, de leur côté, ne sont pas restées inactives. Enlèvements de membres supposés de l'OAS (par exemple le technicien radio Alexandre

Tisslenkoff, qui se plaindra d'avoir été torturé) ; échanges de renseignements avec la SM et la Mission C ; contre-attentats comme celui du Grand Rocher, un café-restaurant fréquenté par des activistes, qui fera une dizaine de blessés, ou contre les domiciles de trois chefs OAS d'Aïn-Taya ; tirs à vue pour dégager les villas et l'hôtel Radjah assiégés : leurs actions se multiplient. La plus atroce d'entre elles : l'enlèvement le 27 février 1962 puis l'assassinat de Camille Petitjean, ingénieur chez Berliet et adjoint au chef des renseignements opérationnels de l'OAS. Torturé sans pitié par des Vietnamiens – on lui aurait aspergé le visage de gouttelettes d'acide –, le malheureux meurt sans avoir parlé. Ses restes seront découverts dans un terrain vague...

En mars, les barbouzes, décimées, doivent quitter l'Algérie. Le début d'une crise de conscience pour leur chef, Bitterlin, qui, amer, écrira : « À quelques exceptions près, tous ceux qui avaient été des nôtres ou qui nous avaient approchés furent traînés dans la boue par leurs ennemis et reniés par leurs amis. »

Du bon usage des barbouzes

Le bilan de l'aventure est, de fait, des plus contrastés... « C'est tout juste si on ne leur avait pas mis un panneau : "Barbouzes, tirez dessus !" », m'a confié le docteur Jean-Claude Pérez, chef de la branche Organisation-Renseignement-Opération de l'OAS, et à ce titre, supérieur hiérarchique (très nominal) de Degueldre. Une manière de suggérer que les hommes du Talion auraient servi de « chèvres » – une autre de ses expressions. Des leurres, en d'autres termes, pour détourner l'attention des commandos Delta tandis que les services officiels – Mission C, SM, gendarmes de Debrosse ou de l'équipe très active mais moins brutale du capitaine Lacoste – opéraient dans un confort relatif.

Après coup, c'est toujours plus facile d'être clairvoyant ! Seul parmi les chefs de l'OAS, le colonel Yves Godard a d'ailleurs dénoncé le piège immédiatement. La question demeure quand même : oui ou non, Degueldre a-t-il été abusé par plus malin que lui ? Dans ce cas, la mission-suicide des barbouzes aurait comporté deux volets : une guerre ouverte contre l'OAS perdue d'avance et, plus subtil, une « guerre psychologique » que le pouvoir aurait, elle, gagnée, intoxiquant l'adversaire et détournant son énergie vers une cible facile. Manière en somme de lui faire perdre le nord...

Le fait est que les coups les plus sérieux portés à l'OAS ont été le résultat soit d'une trahison (arrestation de Degueldre lui-même le 6 avril 1962 grâce aux renseignements fournis par un légionnaire capturé lors d'un passage infructueux des activistes à la guérilla rurale), soit d'une manœuvre de grand style pilotée depuis Paris et conclue à Alger par le capitaine Lacoste (arrestation de

Salan le 20 avril, suite à la mise sur orbite de Jean-Marie Lavanceau, un agent double opérant pour le chef de la IVe section de la PJ, Georges Parat).

Le volet guerre ouverte et le volet guerre psychologique en cachaient-ils en outre un troisième ? Passant au crible le livre de souvenirs de Bitterlin, puis celui du délégué général en Algérie Jean Morin, l'historien Jean Monneret propose une nouvelle hypothèse : celle des barbouzes « interface » entre les autorités françaises et le FLN, adversaires officiels jusqu'au cessez-le-feu du 19 mars 1962, mais alliés de fait contre l'OAS. Fantasme de pied-noir ? Pas tout à fait, puisque Me Lemarchand reconnaît lui-même ces contacts indirects avec les nationalistes algériens dans ses mémoires [1], confirmant qu'en une occasion au moins, ses hommes ont recueilli une liste de suspects OAS dressée par les services de renseignement du FLN, document aussitôt transmis par eux à la Mission C pour exploitation...

Une forme de coopération tripartite FLN-Talion-Mission C dans la lutte contre l'activisme Algérie française a donc bien existé avant les accords d'Évian, époque où le mouvement nationaliste algérien était encore illégal. Après le 19 mars, le FLN devenant une formation reconnue par le gouvernement français au contraire de l'OAS, cette bourse au renseignement n'était ni nécessaire ni d'ailleurs possible, faute, on l'a vu, de combattants indemnes dans les rangs du Talion. Les barbouzes auraient, en quelque sorte, servi à assurer la « soudure ». Une interprétation que Bitterlin récuse, dénonçant un « raccourci bien surprenant et quelque peu partial de nôtre rôle en Algérie, car il occulte les raisons de notre engagement volontaire contre l'OAS, laquelle par le fer et par le feu allait conduire, entre autres, aux assassinats d'Algériens, au drame des pieds-noirs et à la mise en péril de la coopération franco-algérienne définie dans les accords d'Évian du 19 mars 1962 [2] ».

Quoi qu'il en soit, les clandestins anti-OAS auront payé le prix fort. Bitterlin parle de vingt-sept morts dans leurs rangs, soit près de 10 % des effectifs engagés, mais le véritable chiffre tout compris pourrait s'élever à quarante ou cinquante. Près d'une centaine, dit même Lemarchand.

Enlèvement à Munich : le colonel Argoud « saucissonné »

Avec l'indépendance de l'Algérie, le 3 juillet 1962, l'écrémage s'opère entre les activistes qui n'ont combattu que pour garder les trois départements d'outre-Méditerranée à la France et ceux qui poursuivent des objectifs

1 Pierre Lemarchand, *Barbouze du Général*, Le Cherche-Midi, Paris, 2005.

2 Réponse à un article de Jean Monneret, « L'OAS, les secrets d'une organisation clandestine », *Historia*, n° 76, mars-avril 2002.

politiques à long terme. Le colonel Antoine Argoud, par exemple. Antigaulliste depuis la Seconde Guerre mondiale, fier de ses sympathies pour Pétain, ce spécialiste de la guerre des chars fut en avril 1961 la cheville ouvrière du putsch militaire manqué. Réfugié en Espagne après l'échec du coup de force, il a tenté d'y constituer un « gouvernement extérieur » OAS d'inspiration néo-vichyssoise. Interné à résidence aux Canaries (le double jeu franquiste, échangeant la neutralisation des militants de l'OAS contre celle des républicains espagnols en France, constitue à coup sûr une dimension « barbouzique » inconnue de l'affaire algérienne), il a « pris la fuite » avec la complicité des autorités. Naviguant ensuite entre l'Italie, la Belgique et le Portugal, Argoud constitue l'élément le plus résolu du Conseil national de la résistance-OAS, le nouvel état-major de l'organisation après la chute de Salan. Ayant consulté le Premier ministre Georges Pompidou, Messmer ordonne au général Feuvrier, le grand patron de la SM, de préparer l'enlèvement de l'officier rebelle et son retour forcé à Paris. Une mission réalisable, son entourage étant d'ores et déjà infiltré par les gaullistes.

Début février 1963, une équipe « mixte » réunissant six officiers, un sous-officier et un policier détaché en Allemagne débarque à Munich, où Argoud est attendu. Mais le chef d'équipe, un officier supérieur du 11e Choc, le bras armé des services spéciaux, annule *in extremis* l'opération, trop hasardeuse à son goût de professionnel du service Action. Même tableau à Rome, que le colonel vient de regagner. « Vos types sont visibles comme le nez au milieu de la figure, évacuez-les », téléphone à Paris une taupe des services anti-OAS. Exit la deuxième équipe, qui rentre bredouille en France. Le 22 février 1963 enfin, la troisième équipe arrive à Munich. Au matin du 25, un coup de téléphone de Paris avertit les agents de la SM que l'objectif sera bientôt là *via* Hambourg.

Le soir, vers 23 heures 30, Argoud est abordé dans le hall de son hôtel par deux « civils » d'apparence inoffensive, coiffés, en cette période de carnaval, de chapeaux tyroliens : « *Deutsche Polizei* ! » Persuadé qu'il a effectivement affaire à des policiers locaux, Argoud obtempère. On le pousse sur la banquette arrière d'une Opel, puis d'une Peugeot. Direction Paris, où un coup de téléphone « anonyme » prévient Jean Caille, des RG, de prendre livraison du « colis », dûment ficelé dans une estafette garée près de Notre-Dame. Deux heures plus tard, Argoud est incarcéré à Fresnes…

L'occasion, quelques jours plus tard, d'une sortie du général de Gaulle, que Pierre Messmer rapportera dans ses mémoires : « Argoud, vous êtes au courant ?

– Naturellement, mon général.

– Je n'aime pas qu'on ligote un officier comme un saucisson [1]. »

---

1 Pierre Messmer, *Après tant de batailles*, Albin Michel, Paris, 1992.

Mauvaise foi ou mauvaise humeur ? Fût-ce par la manière forte (l'opposition social-démocrate au Bundestag tentera en vain d'exploiter l'inévitable incident diplomatique), l'un des deux dirigeants OAS les plus dangereux est en tout cas derrière les verrous. Mais exilé à Rome, l'autre tête rescapée de l'organisation activiste, son fondateur Jean-Jacques Susini, clandestin averti, court toujours…

L'affaire Saint-Aubin : des réalités au mythe

Un an et demi après le coup de force de Munich, l'OAS semble à bout de souffle. En juin 1964, le général Sylvain Enfru, successeur de Feuvrier à la direction de la SM, disperse la DMR. Fin des procédés « parallèles » de lutte antiactiviste ? Peut-être pas. Le 5 juillet 1964, près de Fréjus, un jeune homme de vingt-deux ans, Jean-Claude Saint-Aubin, et sa passagère de dix-huit ans, Dominique Kaydasch, sont tués dans un « accident de la route » passablement étrange dont les responsables ne seront jamais identifiés. Il pourrait s'agir de barbouzes qui, visant Susini, censé se déplacer clandestinement dans la région, se seraient trompées de cible. Telle est du moins la conviction des parents de Jean-Claude Saint-Aubin, comme de Susini lui-même d'ailleurs. Dans ce cas, deux innocents auraient payé de leur vie.

Encore non résolue de nos jours, l'énigme Saint-Aubin marque une étape supplémentaire dans l'émergence du mythe des « barbouzes gaullistes », qui va empoisonner la vie politique française pendant des années. Il puise sa source dans une première réalité : l'action illégale des groupes anti-OAS parallèles pilotés par la SM ou le ministère de l'Intérieur à la fin de la guerre d'Algérie. Mais il va trouver un second souffle fin 1965, début 1966, avec l'affaire Ben Barka [▷ p. 130], qui mêle agents marocains, policiers, agents du service Arabe du SDECE et rescapés de ce qui fut autrefois la « Carlingue », les gangsters au service de l'occupant nazi.

« Qui ne sait que plus tard, pour s'informer de ce que tramaient en Algérie et en métropole les organisations subversives, le service d'ordre a employé des éléments clandestins ? », admet sur ces entrefaites le général de Gaulle le 21 février 1966, lors d'une conférence de presse consacrée à l'affaire Ben Barka. Manière toute personnelle de reconnaître l'évidence : au lieu d'établir une distinction nette entre deux affaires bien différentes, elle contribue en effet à renforcer l'amalgame.

Complication supplémentaire : manœuvré par un journaliste d'extrême droite, Argoud assure reconnaître en Georges Boucheseiche, un des ravisseurs avérés de Ben Barka, l'un de ceux qui l'ont kidnappé en 1963 à Munich. Erreur sur la personne compréhensible, car l'un des officiers du commando SM de Munich était chauve… comme Boucheseiche. Elle est dûment exploitée : les barbouzes gaullistes seraient décidément partout ! Et comme Messmer et Feuvrier gardent le silence sur l'opération munichoise, trop récente pour être révélée publiquement, la mayonnaise continue de monter. Un processus qui va se poursuivre à l'été 1981 avec la tuerie d'Auriol et la dissolution du Service d'action civique (SAC) [▷ p. 78]. Lequel, à quelques exceptions individuelles près, n'a pourtant jamais lutté contre l'OAS.

◀ **R. K.**

Pour en savoir plus

Lucien Bitterlin, *Nous étions tous des terroristes. L'histoire des « barbouzes » contre l'OAS en Algérie*, Éditions du Témoignage chrétien, Paris, 1983.

Pierre Lemarchand, *Barbouze du Général*, Le Cherche Midi, Paris, 2005.

Jean Monneret, *La Phase finale de la guerre d'Algérie*, L'Harmattan, Paris, 2001.

Jean Morin, *De Gaulle et l'Algérie, mon témoignage 1960-1962*, Albin Michel, Paris, 1999.

L'attentat de l'Observatoire et les mauvaises fréquentations de François Mitterrand

De René Bousquet, patron de la police de Vichy durant l'Occupation, jusqu'à Christian Prouteau, responsable de sa cellule privée de renseignement, en passant par Bernard Tapie l'affairiste, les amis contestables de François Mitterrand lui ont régulièrement causé des problèmes d'image. Mais c'est Robert Pesquet, une des plus douteuses de ses relations douteuses, qui a bien failli mettre un terme définitif à ses ambitions politiques.

Robert Pesquet, âgé de près de quatre-vingt-dix ans en 2006, a couronné sa carrière politique par sa désignation en 2003 comme secrétaire départemental de la Manche du Mouvement national républicain, le MNR de Bruno Mégret. Quarante-quatre ans plus tôt, lorsqu'il rencontre François

Mitterrand alors sénateur UDSR (Union démocratique et socialiste de la Résistance) de la Nièvre, dans la cour du Palais de justice de Paris, Robert Pesquet est déjà un personnage *a priori* peu fréquentable pour un homme politique affichant des idées de gauche. Élu député gaulliste en 1956, il s'est ensuite apparenté au groupe poujadiste avant de perdre son siège deux ans plus tard lors du retour du Général au pouvoir. Depuis que ce dernier a évoqué une possible autodétermination de l'Algérie, Pesquet s'est rangé du côté des plus durs des « ultras », ceux qui sont prêts à prendre les armes pour qu'elle reste française.

Le 7 octobre 1959, François Mitterrand accepte pourtant de bavarder avec Robert Pesquet et le suit même sur les quais de la Seine. Une fois à l'écart des oreilles curieuses, il entend l'ancien député poujadiste lui annoncer que les « ultras » l'ont chargé de l'abattre. D'après sa dernière version des faits (au fil des années, il en fournira de nombreuses), Pesquet aurait alors proposé au sénateur Mitterrand de simuler un attentat contre lui. Il pourrait ainsi se targuer auprès de ses amis d'avoir tenté d'effectuer sa mission ; quant à Mitterrand, il serait désormais protégé par la police, deviendrait un héros et ferait ainsi oublier qu'il a rejeté quatre ans plus tôt, comme ministre de l'Intérieur, toute négociation avec les « rebelles » et qu'il a ensuite fait guillotiner, comme ministre de la Justice, de nombreux militants du FLN ainsi que le communiste algérois Fernand Iveton.

Après cette première prise de contact, les deux hommes vont se retrouver à deux reprises, une première fois dans un bar des Champs-Élysées et une seconde, le 15 octobre, à la buvette du Sénat. Ce jour-là, Pesquet informe sa cible que l'opération est prévue pour le soir même et qu'elle aura lieu devant le square de l'Observatoire, près de la rue Guynemer où elle habite. Mitterrand devra abandonner sa voiture et se dissimuler dans un des massifs d'arbustes du jardin public pendant que Pesquet ouvrira le feu.

Le soir, Mitterrand dîne avec son ami Georges Dayan à la brasserie Lipp, boulevard Saint-Germain. Vers minuit et demi, il se dirige seul vers son domicile au volant de sa 403. Arrivé à l'endroit prévu, il sort de son véhicule, laisse la portière ouverte, se jette sur le sol et attend : la Dauphine dans laquelle ont pris place Robert Pesquet et son jardinier Abel Dahuron, armé d'un pistolet-mitrailleur, arrive. Elle est obligée de repartir à cause de deux amoureux qui s'embrassent. Au second passage, c'est un taxi débarquant un client qui s'interpose. Au troisième passage, alors que la future victime s'impatiente sous son buisson, une rafale de sept balles de 9 mm est enfin lâchée sur la 403.

Le lendemain, entouré, réconforté, choyé, François Mitterrand joue la sobriété : « Je ne dirai rien qui puisse ajouter au désordre des esprits. Mais, il est logique de penser que le climat de passion politique créé par les groupements extrémistes explique cet attentat », déclare-t-il. Puis, quatre jours plus tard, il retrouve discrètement son « assassin » au Crystal, un bar de l'avenue de la Grande Armée, pour faire le bilan de l'opération qui semble avoir atteint les objectifs que s'étaient fixés les deux comparses.

Mais, le 22 octobre, tout s'effondre. Robert Pesquet, preuves à l'appui, raconte la machination en accusant Mitterrand de l'avoir suscitée. La justice le poursuit pour détention d'armes et demande au Sénat de lever l'immunité parlementaire qui protège le sénateur François Mitterrand. Ne pouvant plaider l'innocence, Mitterrand attaque en évoquant un piège dont l'instigateur aurait été le Premier ministre, Michel Debré. Et, en plein Sénat, il révèle que lorsqu'il était ministre de la Justice, le même Michel Debré – alors dans l'opposition et accusé d'avoir été l'inspirateur d'un attentat d'extrême droite contre le général Salan – était discrètement venu lui demander de l'aider. Les résultats du vote qui suit montrent que les révélations de Mitterrand ne contrebalancent pas celles de Pesquet : cent soixante-quinze sénateurs, dont un certain nombre de socialistes, se prononcent en faveur de poursuites judiciaires, vingt-sept seulement contre, douze s'abstiennent et soixante-dix-sept ne prennent pas part au vote. Mitterrand est alors considéré comme « politiquement mort » et, pendant longtemps, il ne pourra plus prendre la parole en public sans que les cris de « Pesquet ! » ne l'interrompent.

Opportunément enterrée par une amnistie votée sept ans plus tard, l'information judiciaire n'aboutira jamais à une audience publique et le dossier de l'attentat de l'Observatoire sera presque oublié. Des déclarations de Pesquet et de celles, ambiguës et contradictoires de sa pseudo-victime, il apparaît aujourd'hui que, même si l'idée d'échapper à un faux attentat réalisé par un activiste d'extrême droite ne venait pas de François Mitterrand comme l'avait d'abord affirmé Robert Pesquet, le scénario n'avait nullement rebuté le futur président de la République.

◂ **F. Z.**

Le SAC, « police parallèle » du gaullisme

Novembre 1981 : six mois après l'installation de la gauche au pouvoir, un député socialiste et un de ses collègues communistes se présentent de bon matin au siège de la Direction générale de la police nationale (DGPN) au 11, rue des Saussaies. Respectivement président et rapporteur de la commission d'enquête parlementaire sur les activités du Service d'action civique (SAC), ils viennent explorer les archives du service des Renseignements généraux (RG) pour y découvrir les secrets du mythique service d'ordre du mouvement gaulliste. Ils traversent la cour Pierre-Brossolette, du nom du résistant qui s'y est suicidé pour échapper aux interrogatoires de la Gestapo. Ils se dirigent ensuite vers l'escalier qu'empruntaient quelques années plus tôt des policiers traînant derrière eux, suivant les périodes, des militants communistes soupçonnés de trahir la France au profit de l'Union soviétique, des membres du Front de libération nationale (FLN) qui prétendaient enlever l'Algérie à la France ou des officiers déserteurs qui rêvaient d'abattre le général de Gaulle pour l'empêcher de conduire l'Algérie vers l'indépendance.

En s'engageant au nom de l'Assemblée nationale dans le couloir qui mène à ces lieux lourds d'histoire policière, les deux parlementaires dont toute la carrière politique s'est jusqu'ici déroulée dans l'opposition ont conscience de vivre un moment historique. Ils vont pénétrer dans l'ascenseur lorsqu'ils se heurtent à une cohorte de femmes de ménage portant des poubelles bourrées de papier.

« Vous arrivez trop tard, croit pouvoir ironiser le jeune fonctionnaire des RG qui accompagne les parlementaires. Dans ces sacs, il y a tous les dossiers sur le SAC que nous faisons disparaître. » La plaisanterie ne fait pas sourire les visiteurs, elle les met même en colère. En effet, ils savent très bien qu'entre l'élection de François Mitterrand à la présidence de la République et la constitution du premier gouvernement de Pierre Mauroy, des quantités de dossiers des RG ont été détruits et, lors de leur visite guidée, ils trouveront « intéressants mais incomplets » ceux qui ont par erreur échappé au grand nettoyage. Au terme de six mois de travail répartis en quarante-six séances et 159 heures d'auditions, la commission parlementaire devra en rendant son rapport le 10 juin 1982 se contenter d'admettre que, si elle a « parfois eu l'impression de toucher la réalité de près », elle n'est pourtant parvenue qu'à « lever un coin du voile » sur les activités du SAC.

Anticommunisme et truands rémunérés

Vingt-cinq ans plus tard, le voile continue toujours à dissimuler ce que fut exactement le SAC. Il a été crédité de tant d'actions d'éclat qu'il est difficile de savoir lesquelles lui appartiennent réellement et lesquelles ne sont que les constructions d'une paranoïa gauchisante.

Lorsqu'en mars 1974 le quotidien *Libération* affirme par exemple, facsimilés de documents à l'appui, que le SAC prévoyait en mai 1968 d'interpeller et de regrouper dans des stades un millier de militants syndicalistes et de politiques, l'information semble crédible. Bien qu'elle se soit révélée ultérieurement n'être qu'une manipulation des médias réalisée par les partisans de Valéry Giscard d'Estaing au détriment des responsables du SAC fidèles du général de Gaulle, son retentissement montre qu'il n'existait alors guère d'accusations contre le service d'ordre gaulliste qui paraissent outrancières.

La petite partie des archives du SAC qui a été divulguée ne manque d'ailleurs pas de notes stratégiques, toutes destinées à sauver la France en cas de tentative de prise du pouvoir par les bolcheviques. Ce qui est certain aujourd'hui, c'est que malgré sa réputation de disposer de commandos surentraînés, de caches d'armes et d'un fabuleux trésor de guerre, le SAC n'a pas réagi en 1981 lorsque les électeurs, en envoyant François Mitterrand à l'Élysée, ont fait entrer au gouvernement ses ennemis jurés, les communistes. Il n'a pas plus réagi non plus lorsque, le 28 juillet 1982, le conseil des ministres socialo-communiste a prononcé sa dissolution.

Le service d'ordre du mouvement gaulliste n'en a pas pour autant été un simple épouvantail. Les fragments mis au jour par la commission d'enquête parlementaire, les dépositions qu'elle a recueillies ainsi que les témoignages d'anciens du SAC montrent que, contrairement aux allégations répétées des dirigeants gaullistes, une véritable police politique parallèle a bel et bien existé en France pendant plus de vingt ans.

C'est tout à fait officiellement et conformément à la loi de 1901 sur les associations que le SAC est créé le 4 janvier 1960. Il prend la succession des réseaux de renseignement constitués à Londres pendant la Résistance et celle du service d'ordre du Rassemblement du peuple français (RPF), parti fondé par le général de Gaulle en 1947 et mis en sommeil six ans plus tard. Le SAC hérite ainsi d'un patrimoine génétique comportant une propension à l'action violente, une bonne dose d'anticommunisme, une méfiance constante envers les partis politiques classiques (y compris ceux de droite) et une suspicion permanente envers les services de sécurité officiels, soupçonnés de mollesse.

Peu de temps après sa naissance, le SAC va se déchirer entre les partisans de l'Algérie française et ceux qui suivent le général de Gaulle dans la préparation de l'indépendance. À l'origine idéologique, l'affrontement entre les deux tendances du mouvement devient physique avec la création par les défenseurs de l'Algérie française de l'Organisation armée secrète (OAS). Pour lutter contre cette véritable armée clandestine, dont l'un des objectifs est de faire disparaître le président de la République, le SAC se dote lui aussi d'une structure secrète. Ses membres les plus motivés infiltrent l'OAS et en livrent discrètement les responsables à la police officielle. Il leur est même arrivé, comme à Aix-en-Provence, de créer dans les universités de faux groupes activistes dans lesquels venaient se piéger les étudiants favorables à l'Algérie française.

Après la guerre d'Algérie, le SAC jouera le même rôle en Corse en tentant d'infiltrer le Front de libération nationale corse (FLNC) [▷ p. 429] et, parallèlement, de mettre en place un mouvement anti-indépendantiste clandestin, le groupe Francia. Aidés par les services de renseignement officiels sous la droite puis par la cellule antiterroriste de l'Élysée sous la gauche, les mêmes militants du SAC poursuivront leurs activités parallèles dans l'île jusqu'en 1983 au moins et seront à l'origine de nombre de règlements de comptes sanglants.

Pour permettre au gouvernement de garder les mains propres en cas de problème, les responsables du SAC embauchent fréquemment des truands, parfois extraits de prison pour l'occasion, et leur confient les missions les plus risquées. Avec le SAC, les policiers prennent l'habitude de voir des personnages munis d'armes et de casiers judiciaires consistants échapper à toute poursuite en exhibant en cas d'interpellation une carte du SAC barrée de tricolore, un ordre de mission des RG, un « vrai faux » passeport diplomatique ou la carte de visite d'un hiérarque de la police. Durant cette période, les jeunes policiers, en particulier ceux des RG, entendent sans s'indigner leurs supérieurs leur conseiller sans ambages de ne pas faire de zèle avec ce profil de clientèle.

Ils retrouvent d'ailleurs les mêmes personnages lorsqu'ils sont appelés à enquêter sur les violences commises par des « milices patronales » à l'occasion de conflits du travail. Les collaborateurs du SAC, souvent rémunérés, n'ont alors pas leur pareil pour faire évacuer les occupants d'une usine, disperser violemment un piquet de grève, implanter un syndicat maison ou dévaster une permanence communiste. L'utilisation d'hommes de main provenant du Milieu deviendra une des traditions du SAC et perdurera bien après la fin de la guerre d'Algérie, au moins jusqu'à ce que, dans les années 1975, les rênes du ministère de l'Intérieur passent des mains des gaullistes pour tomber dans celles des giscardiens.

Financements occultes

À côté de ces activités violentes mais somme toute assez classiques à l'époque, d'autres branches du SAC innovent en se préoccupant de fournir au mouvement gaulliste des sources de financement occultes. L'Afrique, domaine réservé de Jacques Foccart – conseiller du Général et l'un des fondateurs du SAC –, est en la matière un terrain de récolte privilégié. Sociétés d'import-export, collaboration avec les services secrets de l'État, trafics de stupéfiants ou d'armes, aucune des opérations permettant de récupérer de l'argent sale et de le blanchir n'est négligée. Une rumeur insistante, relayée par le Syndicat de la magistrature, attribue même au SAC un audacieux hold-up, celui commis en juillet 1971 à l'hôtel des postes de Strasbourg, qui rapportera à ses auteurs, membres du gang des Lyonnais, près de 12 millions de francs.

À plusieurs reprises, la direction nationale du SAC, au sein de laquelle figurent les noms d'anciens compagnons de la France libre et de résistants comme Pierre Debizet, Charles Pasqua ou Paul Comiti, procède à des « épurations » destinées à débarrasser le service d'ordre du gaullisme des truands trop encombrants qui, après avoir été utilisés pour une mission, s'y sont incrustés. Le SAC change régulièrement la couleur et le format de ses cartes d'adhérent, radie ceux qui se sont trop fait remarquer, mais ne s'en retrouve pas moins tout aussi régulièrement à la rubrique des faits divers. Celui qui va susciter la mise en place de la commission parlementaire d'enquête et provoquer sa dissolution se déroule en Provence le 19 juillet 1981, près du village d'Auriol.

L'inspecteur de police Jacques Massié, responsable du SAC dans le département des Bouches-du-Rhône, est assassiné avec son épouse, leur fils, son beau-père, sa belle-mère et un de leurs amis. Les auteurs des six meurtres sont des militants du SAC, dont l'objectif était uniquement, affirment-ils, de récupérer des documents que Jacques Massié était susceptible de monnayer auprès des socialistes. Si les auteurs matériels des meurtres ont été identifiés, arrêtés et jugés, la question de l'existence d'un commanditaire de l'opération n'a jamais été éclaircie. Pierre Debizet, le secrétaire général du mouvement, a été inculpé et placé en détention provisoire avant que la Cour de cassation n'ordonne sa libération, en estimant que la tuerie d'Auriol représentait simplement l'aboutissement de conflits personnels et locaux entre membres du SAC et non un épisode particulièrement sanglant d'une association de malfaiteurs qui avait prospéré en France durant quelque vingt-deux années.

◂ F. Z.

Pour en savoir plus

ASSEMBLÉE NATIONALE, *Rapport de la commission d'enquête (n° 955) sur les activités du Service d'action civique remis à M. le président de l'Assemblée nationale*, 17 juin 1982 (président : André Hautecœur, rapporteur : Louis Odru).

François AUDIGIER, *Histoire du SAC, la part d'ombre du gaullisme*, Stock, Paris, 2003.

Serge FERRAND et Gilbert LECAVELIER, *Aux ordres du SAC*, Albin Michel, Paris, 1982.

Alex PANZANI, *La Tuerie d'Auriol*, J'ai lu, Paris, 1994.

L'or noir et la bombe : la face cachée des accords d'Évian

Quand il revient aux affaires en juin 1958, le général de Gaulle sait qu'à soixante-sept ans, le temps lui manque pour trouver une issue au conflit algérien favorable à la France et bâtir simultanément la force de frappe nucléaire dont celle-ci a alors un besoin impératif [▷ p. 213]. Est-ce d'ailleurs possible au plan industriel ou financier ? Le maintien de possessions coloniales coûte de plus en plus cher… Les contribuables français le savent, qui doivent financer la guerre d'Algérie depuis la Toussaint 1954.

Pragmatiques, les Britanniques ont, quant à eux, tranché dès la fin des années 1940. Entre l'Empire et la bombe, les gouvernements de Sa Majesté ont opté pour la seconde, quitte à bénéficier au passage d'une réputation quelque peu usurpée de décolonisateur modèle. Dans leur esprit, il s'agissait plutôt d'une démonstration de réalisme appliqué aux affaires britanniques…

Quatre années de guerre et de négociations pour garder le Sahara

Le maintien de l'Empire ou la construction de la bombe : une victoire rapide sur l'Armée de libération nationale (ALN) en terrain algérien aurait sans doute permis de concilier les deux. Le Général, d'ailleurs, s'est bien gardé de faire l'impasse sur cette hypothèse. Mais la victoire, elle, n'est pas venue. Pas assez vite en tout cas. Terriblement affaibli par les offensives françaises à répétition, voire décimé, le FLN-ALN reste présent sur le terrain et très actif sur la scène internationale. Du coup, le Général se forge une certitude : prolonger la guerre serait prendre un retard peut-être irrémédiable dans la mise sur pied de la force de frappe. D'autant que, dotée d'un matériel souvent périmé, l'armée française, engagée en Algérie dans une guerre de contre-guérilla et de quadrillage du terrain par les troupes d'infanterie, se prépare aussi mal que possible à l'affrontement de haute technologie qui peut intervenir à tout moment avec l'URSS et ses satellites sur le théâtre d'opérations européen. De Gaulle opte donc pour la négociation et, bientôt, faute d'avoir pu constituer une « troisième force » musulmane présentable en temps restreint, pour la négociation avec le seul FLN.

18 mars 1962 : la signature des accords d'Évian est l'aboutissement d'un long processus de discussions plus ou moins secret [1]. Ces quatre-vingt-treize feuillets en deux parties et sept sous-parties sont paraphés, côté algérien, par Krim Belkacem, le ministre des Affaires étrangères du Gouvernement provisoire de la République algérienne (GPRA), émanation du FLN, et, côté français, par le ministre d'État chargé des Affaires algériennes Louis Joxe, son collègue des Travaux publics et des Transports Robert Buron et le secrétaire d'État aux Affaires algériennes, Jean de Broglie.

Objet d'interminables discussions historico-juridiques entre les émissaires du GPRA et leurs vis-à-vis français, la question du Sahara a occupé une place cruciale dans les échanges de vues. Elle a notamment provoqué l'échec des premières rencontres d'Évian et de celles de Lugrin. Autres points âprement discutés : le sort de la grande base navale de Mers-el-Kébir, le statut de la minorité européenne après l'indépendance et les garanties dont celle-ci pourrait disposer. Aux émissaires du GPRA, qui se présentaient comme les délégués d'un État souverain disposant d'un droit imprescriptible sur le Sahara et sur toute installation militaire implantée sur son sol, leurs homologues français objectaient que l'appartenance historique du Sahara à l'Algérie restait sujette à caution. Son pétrole, rappelaient-ils, avait été découvert par la France, et les installations d'Hassi-Messaoud bâties par elle. De ce fait, aux yeux des négociateurs français, de larges droits en matière d'exploitation devaient lui revenir. Quant aux bases militaires

---

1 Pour ne parler que de la Ve République : conversations de Melun des 25-29 juin 1960 ; contacts secrets à Genève des 1er-5 janvier 1961 ; première conférence d'Évian du 20 mai au 17 juin 1961 ; rencontres de Lugrin, en Suisse, du 20 au 28 juillet 1961 ; de Bâle du 28 octobre au 9 novembre 1961 ; rencontres des Rousses et Chalain des 9, 23, puis 30 décembre 1961 ; contacts de Lons-le-Saunier et des Rousses des 28 et 29 janvier 1962 ; négociations des Rousses du 11 au 19 février 1962.

comme Mers-el-Kébir, jugées indispensables à la défense du flanc sud de l'Europe, elles n'étaient pas négociables. Et au final, les Européens d'Algérie devaient, après sept ans d'une guerre féroce, bénéficier de garanties économiques et politiques particulières. Il en allait de leur survie.

Pourquoi tant d'insistance sur le Sahara ? Pour le pétrole, bien sûr, mais aussi en raison des besoins nationaux d'expérimentation en matière nucléaire. Un choix qui datait de la IVe République : d'après le général Charles Ailleret, l'un des « pères » de la bombe française, la conviction des spécialistes s'était forgée dès 1957, après passage au crible des possessions françaises d'outre-mer. Pour expérimenter sur le terrain l'arme nucléaire tricolore, « nous nous aperçûmes vite qu'il y avait très peu de régions susceptibles d'être retenues ; [...] il n'y avait que deux solutions : le Sahara et l'archipel des Tuamotu dans le Pacifique [1] ».

À une époque où l'Algérie française restait la doctrine officielle, et en l'absence d'un aérodrome adapté en Polynésie française, la première solution s'imposait : vastes espaces peu habités et faibles risques de complications internationales. Au Sahara, on pourrait expérimenter non seulement la bombe A, mais aussi toute la gamme des armes biologiques et chimiques qui exigent, comme elle, un certain isolement sous peine de provoquer une hécatombe dans les populations civiles. Certes, les vents étaient aussi capricieux dans le désert saharien qu'ailleurs, quelquefois même plus. Mais ses habitants, des nomades très dispersés, étaient jugés incapables d'en appeler à l'opinion publique française et internationale en cas de « pépin » (il y en aura notamment un le 1er mai 1962, lors du tir « Béryl [2] »).

En mai 1957, sous la présidence du Conseil du socialiste SFIO Guy Mollet, une zone de 108 000 km² avait donc été classée terrain militaire à cet effet au sud-ouest de Reggane. Un domaine désertique élargi en octobre 1959, sous de Gaulle. Début 1960, juste avant la première explosion de la bombe A, Reggane était devenue une cité futuriste en plein désert, où vivaient 6 000 techniciens et militaires.

C'est cela que les divers négociateurs venus de Paris avaient la consigne permanente de préserver coûte que coûte face à leurs homologues du GPRA, quitte à lâcher du lest sur d'autres points. Et voilà pourquoi Georges Pompidou – chargé par l'Élysée des premiers contacts, alors qu'il n'était officiellement que directeur général de la banque Rothschild –, Louis Joxe et ses collaborateurs [3] s'étaient ingéniés à multiplier les arguments, certains rece-

---

1 Charles Ailleret, *L'Aventure atomique française*, Grasset, Paris, 1968.

2 Bruno Barrillot, *Les Irradiés de la République. Les victimes des essais nucléaires français prennent la parole*, Complexe, Bruxelles, 2003, p. 5.

3 Yves Roland-Billecart, Vincent Labouret, Philippe Thibaud, Bruno de Leusse, Claude Chayet, Bernard Tricot, conseiller technique à la présidence de la République, les conseillers d'État Jean

vables aux plans historique, sociologique, ethnique ou juridique, d'autres excessifs, voire farfelus. De Gaulle voulait quitter l'Algérie, mais dans le même temps, il aurait aimé conserver le Sahara, ou plus exactement conserver son usage. Mais était-ce encore possible ? « Évian 2 » le dirait à partir du 7 mars 1962...

En attendant d'y voir plus clair, il fallait prévoir l'avenir. Le 25 février, une dizaine de jours avant l'ouverture de la phase finale des négociations, le général Jean Thiry, remplaçant d'Ailleret, nommé commandant supérieur en Algérie, pour les questions atomiques et les armes spéciales, débarquait en Polynésie, flanqué d'une équipe de onze ingénieurs. Au programme de cet aviateur : la viabilité du projet de construction d'un aérodrome dans l'archipel des Gambier. En dépit des déclarations du ministre de la France d'outre-mer, Louis Jacquinot, assurant le 24 octobre 1961 au député de la Nouvelle-Calédonie, Maurice Lenormand, que « jamais » des essais nucléaires ne se dérouleraient en Polynésie, l'arrière-pensée élyséenne semblait évidente : prévenu par ses négociateurs du manque de souplesse à attendre du GPRA, de Gaulle prenait ses précautions...

Des bases militaires françaises en Algérie... après l'indépendance

Sur ce, le 18 mars 1962, l'accord intervient finalement à Évian. Pas si mauvais selon le Général, qui se félicitera dans ses *Mémoires d'espoir* que ces accords aient permis des « garanties complètes et précises aux membres de la communauté française qui voudront rester sur place ; des droits privilégiés pour nos recherches et notre exploitation du pétrole du Sahara ; la poursuite de nos expériences atomiques et spatiales dans le désert ; la disposition de la base de Mers-el-Kébir et divers aérodromes [il s'agit de Colomb-Béchar, Lartigue, Reggane, Im-Amguel, Bône et Boufarik] assurée à nos forces pendant au moins quinze années ; le maintien pour trois ans de notre armée en Algérie là où nous le jugerons nécessaire ».

Dans la « déclaration de principe relative aux questions militaires » (feuillets n° 68 à 70 des accords), on précise que « la France utilisera pour une durée de cinq ans les installations d'In-Ekker [nouvelle base d'expérimentation nucléaire], Reggane et de l'ensemble Colomb-Béchar-Hamaguir, dont le périmètre est délimité au plan annexé, ainsi que les stations techniques de localisation correspondantes », étant entendu que les « installations militaires énumérées ci-dessus ne serviront en aucun cas à des fins

Salusse ou Roland Cadet, et les militaires, le général Jean-Victor Simon, les colonels Philippe de Camas et Hubert de Seguins-Pazzis.

offensives ». La formulation laisse entendre que le GPRA ne serait pas fondamentalement opposé, comme le soutiendra d'ailleurs de Gaulle, à la poursuite des explosions nucléaires au Sahara.

Le GPRA peut-être. Mais le FLN, au bord de la victoire politique, est en proie à la surenchère de ses éléments les plus radicaux, dont les partisans d'Ahmed Ben Bella et les chefs de l'« armée des frontières », basée au Maroc et en Tunisie, que contrôle le colonel Houari Boumediene. Les accords d'Évian vont pâtir au plus haut point de cette course vers le pouvoir, conduisant, immédiatement après l'indépendance, à un embryon de guerre civile entre les « combattants de l'intérieur » et l'« armée des frontières », qui revient suréquipée au pays.

Bref, les textes d'Évian ne seront jamais appliqués dans leur intégralité par la partie algérienne. Les benbellistes poussent ainsi à l'exode des pieds-noirs, déjà largement entamé il est vrai. Résultat : la troisième partie de la déclaration de garanties relatives aux Français résidant en Algérie en qualité d'étrangers (c'est-à-dire ayant conservé la nationalité française) tombe rapidement en quenouille. De même, l'article qui précisait noir sur blanc que « nul ne peut être inquiété, poursuivi, condamné ni faire l'objet de décision pénale, de sanction disciplinaire ou de discrimination quelconque, en raison d'actes commis en relation avec les événements politiques survenus en Algérie avant le jour de la proclamation du cessez-le-feu ». Les harkis et les autres combattants musulmans de l'armée française apprendront à leurs dépens que cette clause est elle aussi abrogée dans les faits [▷ p. 88]. Sans parler des garanties économiques, rendues caduques par la politique de nationalisation et par la confiscation sans indemnité des biens des pieds-noirs estimés « vacants ». Ou du sort des 1 773 Européens enlevés et jamais retrouvés de source officielle.

Si la France se garde de réagir à ces violations, c'est que le général de Gaulle ne veut pas rallumer la guerre d'Algérie. Mais aussi parce que les diverses tendances du FLN, qui n'ont cessé de dénoncer les explosions nucléaires du temps de la présence française comme autant d'atteintes au droit souverain de l'Algérie, se montrent dans les faits conciliantes. C'est aussi le cas en ce qui concerne les bases militaires ou le secteur pétrolier, complètement épargné – ni explosions ni sabotages – pendant la guerre d'indépendance des années 1954-1962 (comme ce sera d'ailleurs le cas pendant les troubles internes des années 1962-1965 et même pendant la guerre civile des années 1990…).

Ces preuves de bonne volonté sont jugées suffisantes par l'Élysée et Matignon, qui continueront à appliquer le volet français des accords d'Évian comme si de rien n'était, notamment la politique de coopération. Non par cynisme : de Gaulle y croyait réellement (et elle s'est d'ailleurs poursuivie, avec des hauts et des bas, jusqu'à nos jours). Par « réalisme nucléaire » ? Oui, aussi. En attendant que les installations polynésiennes soient prêtes, il fallait bien accepter les faits accomplis sans trop broncher...

Le 18 mars 1963, la France procède à une expérimentation nucléaire à In-Ekker. L'Algérie proteste avec véhémence – le président Ben Bella ne s'efforce-t-il pas alors de prendre la tête des éléments radicaux du tiers monde ? Elle demande la révision des clauses militaires des accords, mais en fin de compte, elle n'agit pas. Modération couronnée de succès puisqu'en mai, le gouvernement Pompidou annonce que, cette fois, c'est décidé, il n'y aura plus d'explosion nucléaire aérienne française au Sahara ; et qu'en juin 1964, un an avant la date prévue par les accords, l'essentiel des troupes françaises aura quitté le pays.

Les essais se poursuivront toutefois jusqu'en mai 1965, mais plus en atmosphère ouverte. Un mois plus tard, le 19 juin, Boumediene renverse Ben Bella. Qu'importe, le centre d'essais du Pacifique est en cours d'achèvement. Le 2 juillet 1966, la France, qui les a interrompus un an plus tôt en Algérie, reprend ses essais nucléaires en Polynésie. Une page se tourne. Puis une autre, le 1er mai 1968, quand, neuf ans avant le terme prévu par les accords, Paris procède à l'évacuation anticipée de la base de Mers-el-Kébir, beaucoup moins utile dès lors que la France s'apprête à disposer de sous-marins nucléaires.

En revanche, secret longtemps gardé – selon *Le Nouvel Observateur* [1] –, la base française de B2-Namous, vaste centre d'expérimentation d'armes chimiques au nord du Sahara, aurait continué à fonctionner jusqu'en 1978 (ses baux ayant été renouvelés par le colonel Boumediene en mai 1967, puis à nouveau en mai 1972).

Les accords d'Évian n'ont pas seulement codifié l'accession de l'Algérie à l'indépendance. Au prix de nombreuses violations côté algérien, acceptées côté français, ils ont aussi permis l'achèvement de la force de frappe...

◂ R. K.

Pour en savoir plus

André BENDJEBBAR, *Histoire secrète de la bombe atomique française*, Le Cherche Midi, Paris, 2000.

Rhéda MALEK, *L'Algérie à Évian, histoire des négociations secrètes 1956-1962*, Seuil, Paris, 1995.

Vers la paix en Algérie, les négociations d'Évian dans les archives diplomatiques françaises, préface de Maurice Vaïsse, Bruylant, Bruxelles, 2003.

1 Vincent JAUVERT, « Quand la France testait des armes chimiques en Algérie », *Le Nouvel Observateur*, 23 octobre 1997.

La France abandonne ses harkis

« Vous n'avez rien du tout, vous êtes des sous-hommes, vous n'avez aucun honneur. » Ce 11 février 2006, Georges Frêche, président de la région Languedoc-Roussillon et maire de Montpellier, fait plus fort que d'ordinaire. Nauséabond, même, parce que le terme « sous-hommes » – ainsi jeté publiquement à la figure d'anciens harkis – procède d'un vocabulaire très particulier, hitlérien pour être précis, qui n'a, c'est un euphémisme, rien de très républicain. Un véritable outrage : soixante ans après une victoire alliée contre le nazisme à laquelle les militaires maghrébins ont participé – comme le rappellera quelques mois plus tard le film *Indigènes* [1] –, des anciens soldats musulmans de l'armée française ou leurs descendants peuvent donc encore se faire injurier en public. Et par un élu socialiste en plus…

Les combattants musulmans de l'armée française

Spahis, tirailleurs, goumiers, tabors, zouaves, méharistes des compagnies sahariennes : la tradition des troupes coloniales maghrébines est ancienne dans l'armée française. En Afrique du Nord notamment : « Nos tirailleurs algériens qui se sont toujours si glorieusement comportés aux côtés de l'armée française », rappelait par exemple en mars 1913 le cours de tactique du capitaine breveté Trimaille, *Principes généraux de la guerre coloniale et de la guerre de montagne*. Dans ce document réservé aux officiers de l'École militaire de l'artillerie, que l'on ne saurait donc suspecter de ménager les apparences, l'hommage n'avait rien de convenu.

La métropole tient à ses troupes coloniales. Et pour cause : chaque fois qu'elle s'est trouvée menacée, en 1870, en 1914-1918 ou en 1939-1945, elle n'a pas hésité à faire appel à ces unités d'outre-mer pour la défendre. Tout particulièrement dans la période 1943-1945, où 200 000 à 250 000 Maghrébins ont été mobilisés pour combattre aux côtés des 175 000 pieds-noirs dans l'armée du général et futur maréchal Alphonse Juin en Italie, puis dans l'armée de son camarade Jean de Lattre de Tassigny en France et en Allemagne. Un des chefs historiques du Front de libération

1 De Rachid Bouchareb. Sorti en 2006, ce film a reçu la Palme d'interprétation masculine du Festival de Cannes attribuée collectivement aux acteurs Bernard Blancan, Sami Bouajila, Djamel Debbouze, Samy Naceri et Roschdy Zem.

nationale algérien (FLN), l'ancien président Ahmed Ben Bella, pourra ainsi s'enorgueillir d'avoir combattu pour l'Algérie indépendante, certes, mais aussi pour la France en sa qualité d'adjudant-chef de tirailleurs décoré pour sa vaillante conduite au feu. Tel n'est pas le moindre des paradoxes de la présence française en Afrique du Nord...

La normalité coloniale reprenant vite le pas sur la fraternité, pourtant réelle, des armes, les récompenses – quelques décorations, quelques éloges, quelques discours, quelques emplois réservés de garde-chasse, de caïd ou d'agent administratif – n'ont toutefois pas été, c'est le moins que l'on puisse écrire, à la hauteur du service rendu et des sacrifices consentis. On peut donc parler d'une autre tradition, tout aussi ancienne, faite d'ingratitude et, pour une bonne part, de mépris voire de racisme. Elle n'empêchera pas les soldats musulmans de l'armée française de prendre à nouveau une part active dans les combats d'Algérie contre l'Armée de libération nationale (ALN).

Ces soldats musulmans, administrativement désignés comme Français de souche nord-africaine (FSNA) et qu'on regroupe aujourd'hui sous le terme générique de « harkis », qui sont-ils dans la période 1954-1962 ?

Il y a d'abord les militaires sous contrat, engagés volontaires dans les tirailleurs par exemple – 15 000 environ en 1962. Puis les appelés, astreints au service militaire – un total de 120 000 pour la période 1954-1962. Les nationalistes algériens reprocheront vertement à ces derniers d'avoir répondu à l'appel ; mais tant que l'armée française tenait la majeure partie du terrain, soit avant les premières réductions d'effectifs de 1961, beaucoup d'entre eux n'avaient guère le choix. Pourtant, quelque 10 000, appelés ou professionnels, soit un sur six, vont déserter les unités régulières pendant la cruciale année 1962. Ce sera également le cas de quelques dizaines d'officiers subalternes ou de sous-officiers algériens, dont certains sont des futurs chefs de l'Armée nationale populaire algérienne.

Les conditions du ralliement parfois tardif de ces derniers au combat nationaliste sont encore aujourd'hui source de polémique dans un pays où la France reste volontiers tenue pour responsable de tout ce qui va mal. Le général de Gaulle, croit-on savoir à Alger, aurait encouragé ce phénomène de désertion dans le but de « franciser » de l'intérieur la future armée du pays indépendant. Rien dans les archives françaises ne corrobore toutefois cette assertion.

Les « supplétifs » constituaient la troisième catégorie de soldats FSNA. 70 000 environ étaient les harkis proprement dits, c'est-à-dire membres d'une *harka* (en arabe : « mouvement »), des unités territoriales mobiles qui opéraient le plus souvent dans un périmètre géographique déterminé. Sous contrat mensuel renouvelable par tacite reconduction, les harkis dépendaient de l'administration civile. 7 500 d'entre eux, dont beaucoup d'ex-militants du FLN ralliés, appartenaient aux « commandos de chasse », unités combattantes très redoutées des hommes de l'ALN. Le plus connu était le « commando Georges », mis sur pied par le lieutenant Georges Grillot (plus tard chef du service Action du SDECE), et dont cent cinquante membres au moins périront dans des conditions atroces au moment de l'indépendance – leurs soixante camarades plus chanceux parviendront à se regrouper dans le sud-ouest de la France.

20 000 supplétifs environ étaient aussi des moghaznis, chargés depuis 1955 de la protection des SAS, ces structures administratives militaires qui remplaçaient la bureaucratie civile défaillante. 60 000 environ étaient membres des Groupes d'autodéfense (GAD), qui assuraient la protection statique des douars avec des armes de fortune. D'autres enfin, un millier, portaient l'uniforme des Groupes mobiles de sécurité (GMS), version rurale – et plus musclée – des CRS métropolitains.

Les combattants du mauvais choix

La vulgate a longtemps voulu que les combattants musulmans de l'armée française soient des « traîtres » comparables aux hommes de la tristement célèbre Milice des années 1943-1944, fer de lance de la répression vichyssoise contre la Résistance. Le contexte de la guerre d'Algérie diffère pourtant beaucoup de celui créé par l'occupation allemande ou la mise en place de l'État pétainiste.

Plus que centenaire, la colonisation de l'Algérie constitue d'abord un phénomène de longue durée, qui a créé des liens, inégaux certes, mais liens tout de même, entre colonisateurs et colonisés. Appelé, professionnel ou supplétif, celui qui revêt l'uniforme n'a pas le sentiment de trahir son pays. Bien qu'une grande majorité des Algériens, comme le souligne par exemple ce spécialiste des harkis qu'est Mohand Hamoumou, ait souhaité en leur for intérieur une forme de souveraineté, celle-ci n'était pas forcément vécue comme une indépendance antifrançaise, et encore moins comme l'indépendance du FLN.

La manière dont ce dernier conçoit la lutte – élimination physique des « traîtres », soit ceux qui ne se rangent pas à ses côtés, et souvent de leurs familles – sera l'un des meilleurs facteurs de recrutement des harkis. On prend les armes parce qu'un cousin, un frère, un père, est tombé sous les coups de membres de l'ALN et qu'on aspire à le venger. Plus qu'un engagement idéologique en faveur de l'Algérie française, il s'agit alors d'une démarche clanique, familiale, caractéristique d'une société rurale. Et pauvre de surcroît : pour qui vivait chichement de la terre avec les siens, la (maigre) solde de harki constituait un motif économique dont il ne faut pas sous-estimer la portée. Sans oublier, dans cette guerre du tout ou rien où l'armée n'envisagera que très tard, sous la pression gaulliste, une négociation avec l'adversaire d'hier, l'habileté de certains officiers français à « mouiller » en public tel ou tel, lui interdisant ainsi tout retour en arrière : quitte à être catalogué comme traître par le FLN, autant se battre pour sa survie les armes à la main. Il faut aussi parler des ralliés, dont certains n'étaient passés « de l'autre côté » que pour sauver leur peau et qui se trouvaient coincés.

Les combattants du mauvais choix n'ont donc pas été les combattants de la mauvaise cause, mais plutôt des êtres ballottés entre deux forces antagonistes sans merci dans leur acharnement pour la victoire totale. Un manque de discernement politique – mais où l'auraient-ils acquis ? – que ces hommes et leurs familles vont payer d'un prix effroyable à l'heure de l'indépendance.

L'insertion du général de Gaulle dans la guerre d'Algérie est particulière. L'homme du 18 Juin n'a jamais servi dans les unités coloniales et, même s'il reconnaissait au départ l'Algérie comme trois départements français – c'est à Alger, le 3 juin 1944, et pas à Londres, qu'il constitua le Gouvernement provisoire de la République française, successeur du Comité français de libération nationale –, il n'était pas viscéralement attaché aux possessions d'outre-mer.

Comment considérait-il les harkis ? Comme des jouets de l'Histoire sans doute, mais pas comme des militaires français « à part entière », auquel cas, soldat et patriote, il n'aurait jamais accepté de les abandonner à leur sort. C'est en effet vers cette issue funeste que conduit la politique algérienne de la France dans la période finale de la guerre. Le raisonnement est d'apparence cartésienne : 1) le Général s'est résolu à négocier avec le FLN, or le FLN n'admet de force authentiquement algérienne que lui, et lui seul ; 2) mettre en place un dispositif militaire spécifique de protection des supplétifs musulmans de l'armée française ou de récupération des pieds-noirs enlevés par le FLN serait courir le risque de rallumer une guerre dont on veut qu'elle s'éteigne enfin (ce que le chef de l'État expliquera sans fard au ministre des Armées, Pierre Messmer, venu proposer une opération limitée visant à libérer certains civils européens détenus) ; 3) dommage pour les harkis, mais il n'y a pas d'autre solution.

De Gaulle ne parvient visiblement pas à prendre la mesure de la cruauté des règlements de comptes à venir ; il sait bien qu'il y aura de la « casse », mais considère qu'elle sera limitée, d'où sa méfiance quand parviendront les premiers cris d'alarme qu'il estimera, à tort, exagérés. Ministre des Rapatriés, Robert Boulin évalue en juin 1962 à seulement 4 000 – 9 500 en comptant les familles – le nombre de harkis. Chiffres doublement sous-estimés : ils sont beaucoup plus nombreux, et il faut connaître très mal la société rurale algérienne pour lui appliquer un ratio de deux personnes et demi par famille !

Cartésien, vient-on de dire. Mais cette guerre ne fut jamais cartésienne, et l'abandon politique des harkis va entraîner la mort atroce de beaucoup d'entre eux. Un drame dont les conséquences se font encore sentir aujourd'hui…

Un bilan dramatique

Précieux tant que l'on pourchassait l'ALN, les supplétifs musulmans de l'armée française deviennent gênants dès lors que l'on s'achemine vers des négociations directes avec le Gouvernement provisoire de la République algérienne (GPRA), émanation du seul FLN. En pleine phase d'expansion, la France a besoin d'une main-d'œuvre abondante (que fourniront d'ailleurs les pieds-noirs rapatriés d'une part, les immigrés algériens de l'autre). Mettre les anciens combattants musulmans qui le souhaitent et leurs familles à l'abri en métropole serait donc jouable du point de vue économique. Il en va tout autrement au plan politique. C'est qu'en signant les accords d'Évian avec le GPRA le 18 mars 1962, la France a tiré un trait sur l'idée d'intégration des populations musulmanes d'Algérie. Toutes catégories confondues, les combattants du mauvais choix frisent les 200 000. S'ils venaient à s'installer en métropole avec leurs familles (hypothèse haute, il est vrai, car beaucoup ne parviennent pas à concevoir un tel déracinement), ils représenteraient un apport démographique excédant le million de personnes, principalement d'origine rurale. Plus que le total des pieds-noirs rapatriés ! Alors même que les pouvoirs publics, en pleine lutte anti-OAS, craignent que les anciens combattants musulmans évacués viennent grossir les rangs de l'organisation activiste [▷ p. 58].

Pas question d'une telle vague migratoire, tranche-t-on à Paris. Ordre est donc donné aux autorités militaires de limiter le nombre de harkis autorisés à embarquer pour la France. Et comme certains officiers s'y refusent, exfiltrant hommes et familles par les moyens du bord grâce à des complicités diverses, les rappels ne manquent pas. En février 2002, l'hebdomadaire *Le Point* provoquera un beau tohu-bohu en publiant un message du 19 mai 1962, adressé par le ministre des Armées Pierre Messmer au commandement supérieur en Algérie, lui ordonnant d'enquêter sur les officiers qui désobéiraient aux consignes et de prendre des sanctions contre eux. « Nous avons proposé aux harkis de s'engager dans l'armée française. Ceux qui l'ont fait ont été protégés. Très peu malheureusement choisiront cette option », répondra l'ancien ministre. Mais comment l'auraient-ils pu si la garantie ne s'appliquait pas à leurs familles ? Un millier de harkis vont effectivement s'engager dans l'armée, 2 000 dénichant des emplois civils. Plusieurs dizaines de milliers soit, avec les familles, 80 000 à 90 000 personnes, parviendront à gagner la métropole de façon plus ou moins clandestine.

Le sort des autres dépend désormais du FLN, lequel n'a pas traqué les « traîtres » pendant huit ans pour les épargner à l'heure de son triomphe. Les harkis vont faire les frais des luttes entre fractions rivales et de l'émergence à partir de mars 1962 des maquisards de la dernière heure – les « marsiens » –, qui rattrapent le temps perdu en se livrant aux pires exactions. Sans compter les habituels règlements de comptes entre familles dans les régions rurales. Les douars algériens voient alors des scènes atroces : exécutions sommaires, raffinement de tortures que Paris préfère minimiser, prétendant qu'il s'agit surtout d'une propagande d'origine OAS ! Rien n'est hélas plus faux : des milliers d'anciens combattants périssent pour avoir porté l'uniforme français. Au moins 30 000, peut-être 60 000 à 80 000. Un chiffre en tout état de cause supérieur à celui des 21 000 militaires français, appelés ou engagés, officiellement reconnus comme victimes de la guerre d'Algérie !

Un peu moins malchanceux, d'autres harkis survivent, mutilés parfois, parias toujours dans un pays aux mains de leurs vainqueurs. Pour continuer d'exister, ces sans-papiers d'un type nouveau travaillent souvent comme des esclaves, à la merci d'une dénonciation à la police s'ils renâclent.

Sort indigne pour d'anciens soldats français que la France a laissé tomber. Tous n'étaient pas des anges, sans doute, et certains avaient commis des exactions, des violences et des crimes. Mais les autres – la majorité – méritaient-ils qu'on les abandonne de cette manière ?

◂ R. K.

Pour en savoir plus

Tom Charbit, *Les Harkis*, La Découverte, Paris, 2006.

Mohand Hamoumou, *Et ils sont devenus harkis*, Fayard, Paris, 1993.

Abd-el-Aziz Méliani, *Le Drame des harkis*, Perrin, Paris, 2001.

Les soldats perdus de l'OAS

En février 1961, deux anciens leaders étudiants d'Algérie, Pierre Lagaillarde et Jean-Jacques Susini, se retrouvent en exil à Madrid. Des discussions entre ces deux rivaux va naître un énième groupe activiste. Ils le baptisent « OAS » pour « Organisation armée secrète », ou « de l'Armée secrète ». Clandestine, l'OAS doit réussir là où deux mouvements ayant pignon sur rue, le Front national français (FNF), puis le Front de l'Algérie française (FAF), ont échoué tour à tour. FNF et FAF espéraient rééditer les journées insurrectionnelles algéroises de février 1956 et mai 1958, qui avaient vu Paris céder aux exigences des émeutiers. Mais c'était sous la IVe République. Maintenant, l'adversaire s'appelle Charles de Gaulle. Autant dire qu'il va falloir changer son pain de plastic d'épaule...

Le putsch d'Alger

Le 13 mai 1958, c'est Lagaillarde qui menait les activistes algérois à l'assaut du Gouvernement général, donnant ainsi les trois coups à l'acte final de l'agonie de la IVe République [▷ p. 21]. Fruit d'influences contradictoires : un père syndicaliste révolutionnaire et une grand-mère royaliste, Susini, vingt-six ans seulement en 1961, possède déjà une expérience politique aussi longue que son aîné (de trois ans) et rival. Avant de passer à l'extrême droite pour en devenir un des leaders, il a fait ses premières armes dès 1948 dans les jeunesses gaullistes du Rassemblement du peuple français (RPF) d'Alger. Son ambition en ce début 1961 : conjuguer action clandestine et action de masse. Son plan : mobiliser à l'enseigne de l'OAS les 50 000 Français d'Algérie qui servent en qualité de réservistes dans les unités territoriales de l'armée (UT). Émergerait ainsi une milice pied-noire susceptible de tenir à la fois tête au pouvoir et à la branche militaire du FLN, l'Armée de libération nationale (ALN).

L'idée commence à séduire le plus prestigieux des exilés activistes madrilènes, le général Raoul Salan, limogé fin 1958 par de Gaulle. Mais tout à sa certitude que l'avenir lui réserve un rôle de premier plan, l'ancien commandant supérieur interarmées n'a pas intégré cette donnée élémentaire : sans commandement effectif, donc sans troupes, un général ne pèse guère plus lourd que son poids de décorations (considérable dans le cas de Salan, le plus décoré de toute l'armée).

Qu'en pense Maurice Challe, son successeur à la tête de l'armée d'Algérie, père d'un vaste plan de « nettoyage » région après région qui a décimé l'ALN – moins de 10 000 maquisards à l'intérieur du pays fin 1960 –, mais sans l'annihiler définitivement ? Challe aussi ronge son frein d'avoir été rappelé à Paris sur consigne du général de Gaulle. Et lui aussi surestime le poids spécifique de ses étoiles. Classé, comme Salan, bon républicain, cet aviateur à la tête froide commence à succomber à la fièvre qui travaille de longue date certains de ses ex-subordonnés.

À l'instar du colonel Antoine Argoud ou du jeune capitaine Pierre Sergent, ceux-là sont carrément en train de jeter les bases d'un putsch militaire. Dans un premier temps, ils ont proposé au général Jacques Massu de prendre la tête du coup d'État en préparation. Net refus du vainqueur de la bataille d'Alger. Mais, réaction pour le moins surprenante, Massu « oublie » d'avertir son ministre de tutelle d'un projet si évidemment contraire au loyalisme républicain et à la discipline militaire. Challe, lui, donne son accord, à condition que le coup de force n'ait aucun prolongement en métropole. Ni civils venant s'immiscer dans l'action ni prolongement politique au soulèvement militaire, mais une logique mathématique de polytechnicien. Phase 1 : on s'empare des leviers de commande en Algérie. Phase 2 : on finalise le « plan Challe » en écrasant sous quelques semaines les débris de l'ALN. Phase 3 : ayant prouvé l'efficacité dudit plan, on remet les « clés » d'Alger au gouvernement. Phase 4 : on rentre chez soi la conscience tranquille.

Déclenché dans la nuit du 21 au 22 avril 1961, le putsch se veut donc avant tout affaire d'hommes en uniforme, et le reste. L'aventure ne dure que trois jours, l'OAS y jouant tout au plus les utilités. Après l'échec, Challe se rend. Venu d'Espagne en avion-taxi avec Susini, mais sans Lagaillarde « court-circuité », Salan plonge dans la clandestinité et se cache dans la région agricole de la Mitidja. Entrent dans l'OAS deux autres généraux, l'aviateur Edmond Jouhaud, un Français d'Algérie, et l'ancien inspecteur de la Légion étrangère Paul Gardy. Des colonels (Jean Gardes, ancien chef de l'Action psychologique, Yves Godard, ex-directeur de la Sûreté d'Alger, puis Roland Vaudrey) les suivent, flanqués de jeunes officiers ou d'hommes de troupe issus le plus souvent des corps d'élite, légionnaires, commandos de l'Air ou parachutistes.

Quelle stratégie, quelle organisation pour la « nouvelle OAS » ? Selon les militaires, elle doit se structurer en réseaux clandestins, propres à faciliter, le jour venu, le « basculement » du corps des officiers dans l'opposition frontale à la politique algérienne de De Gaulle. Mais d'après les civils, Jean-Jacques Susini, Dominique Zattara (arrêté dès le 29 juin) et Jean-Claude Pérez, peu enclins à faire une nouvelle fois confiance aveugle à l'armée, il convient d'abord d'organiser les pieds-noirs.

Faute d'accord sur le fond, un organigramme à trois branches, calqué… sur celui du FLN, voit finalement le jour : 1) Organisation-Renseignement-Opération (ORO), où cohabitent sans chaleur le docteur Jean-Claude Pérez, chef nominal, et le très indépendant Roger Degueldre, lieutenant de parachutistes-légionnaires en cavale ; 2) Organisation des masses (OM), confiée au colonel Jean Gardes ; 3) Action politique et propagande (APP), fief de Jean-Jacques Susini. Au-dessus, un « comité supérieur », dont le numéro un sera bientôt Salan et le numéro deux Jouhaud.

En pratique, l'OAS naissante peut principalement compter sur la toute nouvelle alliance des groupes d'extrême droite, le Front nationaliste. Cette formation compte déjà quelque 2 000 militants actifs, soit davantage que l'OAS d'Algérie n'en comptera jamais. Dans un premier temps, on va donc s'appuyer sur elle… Mais pas dans un second, puisque dès janvier 1962, deux dirigeants du Front nationaliste, René Villard et Michel Leroy, seront purement et simplement liquidés pour « déviationnisme » sur ordre du comité supérieur (en accord avec des émissaires du pouvoir, ils auraient nourri le projet d'une partition de l'Algérie).

La discipline, c'est bien le problème dans ce « front du refus » très hétérogène, où se côtoient d'une rive à l'autre de la Méditerranée anciens vichyssois, fascistes bon teint, gaullistes en rupture de ban, monarchistes maurrassiens, chrétiens intégristes, petits commerçants poujadistes et ex-militants communistes (comme Victor Pinot, patron du premier réseau de plastiqueurs de Bab-el-Oued). Et beaucoup d'apolitiques d'hier, civils aussi bien que militaires…

Chacun a tendance à n'en faire qu'à sa tête. Pierre Sergent, par exemple, ne croit pas à une action limitée à la seule Algérie. Gagnant clandestinement l'Hexagone, l'ancien capitaine de parachutistes-légionnaires s'y autoproclame chef d'une OAS-Métropole à la base sociale beaucoup plus étroite que son homologue d'Algérie, puisqu'elle se résume au milieu militaire, à des étudiants et à des familles des quartiers aisés, ainsi qu'à une poignée de pieds-noirs. L'OAS-Métro fait pièce à l'OAS-Mission I, un groupe plus politique d'hommes de confiance de Salan : André Regard, Yves Gignac et Jean Joba, les deux derniers étant en contact étroit avec les réseaux du docteur Félix Martin, ancien chef du service de renseignement de la Cagoule, l'organisation comploteuse d'extrême droite des années 1930. Et pour compliquer le tout, jaillit un réseau encore plus violent que l'OAS-Métro, la Mission III d'André Canal, spécialiste des « nuits bleues » au plastic.

En Espagne enfin, les colonels Antoine Argoud et Charles Lacheroy, avec les civils Pierre Lagaillarde et Joseph Ortiz (l'ancien leader du FNF exilé depuis 1960), lancent sans souci des complications une énième OAS. Se présentant comme le « gouvernement extérieur » de l'organisation, ce groupe dispose de relais parmi les poujadistes du sud-ouest de la France.

Le temps travaille contre l'OAS

Le hic, c'est que de Gaulle, lui, jouit d'un soutien de plus en plus large dans l'opinion. Si le Parti communiste français (PCF) et la Confédération générale du travail (CGT), très puissants à l'époque, s'obstinent à renvoyer dos-à-dos l'OAS et le pouvoir, « complices objectifs » selon eux, de larges fractions de gauche se résignent à apporter leur soutien tactique au général, maître du jeu. C'est le cas de la majorité des socialistes. Le cas, aussi, d'une Confédération française des travailleurs chrétiens (CFTC) où les animateurs de la future Confédération française démocratique du travail (CFDT) se mettent déjà en vedette. Le point d'inflexion se situe en février 1962, après l'attentat chez André Malraux qui a défiguré une fillette, Delphine Renard, puis la mort de huit manifestants le lendemain, lors des charges policières particulièrement violentes autour du métro Charonne. Cette fois, c'est clair : les populations métropolitaines ont définitivement basculé contre les « assassins de l'OAS ».

À Alger, Susini et Degueldre sont devenus les deux têtes de l'organisation. Ancien résistant communiste, Degueldre dirige en particulier les groupes d'action les plus violents et les mieux structurés, dits « commandos Delta ». C'est que le recours au terrorisme – plastic, balle dans la tête et, pour finir, attentats collectifs – constitue le ciment le plus sûr de l'OAS. Mais personne ne voulant prendre le risque de généraliser la guerre civile embryonnaire, le comité supérieur n'ose pas donner l'ordre d'assassiner le général de Gaulle. Tuer le chef de l'État constituerait pourtant la seule « chance » véritable de l'OAS, car la Ve République ne survivrait peut-être pas à son fondateur. Or l'organisation a tout à gagner à un retour au régime précédent, qui finissait toujours par céder à l'activisme…

Faute d'une décision au sommet, c'est le groupuscule du lieutenant-colonel Jean-Marie Bastien-Thiry, proche mais non membre de l'OAS, qui a pris, sans succès, l'initiative du « présidenticide » le 8 septembre 1961 à Pont-sur-Seine. D'autres attentats d'origines diverses vont suivre sans résultats probants : le désir obsessionnel d'abattre le général est sans rapport avec l'efficacité dans l'action…

Le 19 mars 1962, les accords d'Évian, faisant du FLN un mouvement légal, bouleversent la donne. Acculée, l'OAS d'Algérie intensifie le terrorisme urbain, et tente même de constituer des maquis ruraux dans l'Ouarsenis. Un fiasco total. Mais les mauvaises nouvelles tombent les unes après les autres : arrestation, le 25 mars, du général Jouhaud, chef de l'OAS d'Oran ; répression de masse le lendemain à Alger quand l'armée tire sur les manifestants pieds-noirs rue d'Isly, tuant au moins cinquante-quatre d'entre eux ; arrestation de Degueldre le 6 avril ; chute de Salan le 20.

Comment réagir ? Par la sauvagerie aveugle (le 2 mai, soixante-deux dockers arabes sont tués dans l'explosion d'une voiture piégée à Alger) ? Par l'action propagandiste à l'extérieur (le 20 mai, deux anciens de la Résistance et de la France libre, Georges Bidault et Jacques Soustelle, lancent à Milan un « Conseil national de la Résistance », qui prétend chapeauter toutes les forces de l'Algérie française aux côtés d'Argoud et de Sergent) ? En commençant à détruire à l'explosif les infrastructures léguées par la colonisation, l'OAS-Algérie opte, semble-t-il, pour la politique de la « terre brûlée ». Début juin, Susini ouvre pourtant avec certaines ailes du FLN une négociation secrète, qui débouche, le 17 juin, sur un accord prévoyant l'amnistie pour les hommes de l'OAS et la participation d'Européens à la « force locale », créée par les accords d'Évian pour assurer la sécurité dans la période intérimaire (un accord qu'il ne faut pas réduire à un simple expédient, comme on le fait trop souvent, ces tractations correspondant, côté algérien, à de véritables enjeux de pouvoir). Mais l'accord Mostefaï-Susini arrive beaucoup trop tard pour déclencher une hypothétique réconciliation générale. Les pieds-noirs fuient en masse le pays. Le 5 juillet, l'Algérie devient indépendante. L'OAS a perdu la première manche, la plus importante. Elle va quand même prolonger le jeu pendant trois ans encore...

Fin de partie

Repliée en Italie, au Portugal et surtout en Espagne, la branche algérienne de l'organisation cherche avant tout à survivre. Une restructuration qui passe aux yeux de certains de ses dirigeants par la multiplication des projets d'attentats contre le général de Gaulle. À l'image de Lagaillarde, d'autres annoncent au contraire qu'ils déposent les armes. Liée à son homologue français par des accords tacites et bientôt des contacts en bonne et due forme, la police espagnole de Franco surveille par ailleurs les activistes en exil, veillant à ce que leurs faits et gestes ne prennent pas un tour trop dangereux.

Côté France métropolitaine, le tableau n'est guère meilleur. Pierre Sergent et son état-major se sont réfugiés en Belgique. Seule l'OAS-Métro-jeunes donne encore du fil à retordre aux policiers – elle sera démantelée en février 1964 seulement. Et les conjurés anti-de Gaulle, bien sûr ! Le 22 août 1962, Bastien-Thiry échoue à nouveau, d'un cheveu cette fois. Dénué de justification politique – l'indépendance algérienne est un fait –, l'attentat du Petit-Clamart aura, par ricochet, des conséquences institutionnelles imprévues. Jusque-là, le chef de l'État était désigné par un collège parlementaire. Or de Gaulle profite du choc émotionnel pour mettre sur le tapis cette réforme qui lui tient tant à cœur : l'élection du président de la République

Alfred Sirven et l'OAS

Le 6 juillet 1962 à l'aube, Roger Degueldre, l'ancien chef des commandos Delta, est fusillé au Fort d'Ivry, dans des circonstances atroces qui n'honorent guère l'armée française : six coups de grâce successifs et près d'un quart d'heure d'agonie. La rumeur court aussitôt les prisons où sont détenus les activistes, et notamment le pénitencier de l'Île de Ré : c'est un certain Alfred Sirven qui aurait commandé le peloton d'exécution. Alors connu de quelques milieux restreints, Sirven est un ancien du bataillon français des troupes de l'ONU engagées contre les communistes pendant la guerre de Corée (1950-1953). « Si l'information est exacte, nous ferons justice nous-mêmes, mais en attendant, que personne ne touche à lui », répliquent les vétérans de Corée, assez influents dans l'OAS. Sirven ayant survécu le temps de défrayer la chronique dans les années 1990-2000, en sa qualité d'homme clef de l'affaire Elf [▷ p. 540], il faut croire que l'enquête des baroudeurs n'aura rien donné de tangible...

au suffrage universel. Le 28 octobre, la droite extrême et la gauche, unies dans le refus du projet constitutionnel, sont battues à plate couture lors d'un nouveau référendum : 61,7 % de oui. En février 1963, enfin, le CNR-OAS se voit privé de son élément le plus radical par l'enlèvement à Munich du colonel Argoud [▷ p. 65].

1965 sera l'année décisive. On clôt d'abord le dossier de la très secrète opération *Réconciliation*, qui a permis aux Renseignements généraux (RG), par l'entremise de la Seguridad franquiste et de certains leaders activistes plus modérés que les autres, de planifier le « retour dans le giron national » de deux cent cinquante exilés. Aucun d'entre eux n'est censé avoir de sang français sur les mains, le critère n'étant pas toujours respecté : l'important, n'est-il pas que ces « soldats perdus » abandonnent le terrorisme en général, et les projets homicides contre le chef de l'État en particulier ? En mai, le général de Gaulle devait être abattu devant la tombe de Georges Clemenceau. L'échec de cette énième tentative marque pratiquement la fin de l'OAS.

Même si cela peut paraître sordide, il faut aussi parler chiffres. Entre avril 1961 et 1965, la guerre franco-française d'Algérie a coûté la vie à quelque 2 000 personnes, algériennes pour la plupart. Parmi ces victimes, 1 500 environ sont imputables à l'OAS, la responsabilité des autres incombant au pouvoir (on ne compte pas ici les Français, Européens ou harkis, victimes du FLN).

L'organisation secrète, pourtant, n'a jamais aligné les effectifs considérables que la tradition lui octroie. 10 000 personnes environ ont été détenues pour activités pro-OAS, 3 680 d'entre elles se voyant jugées et condamnées à des peines diverses, dont quarante et une à la peine capitale.

Trois de ces condamnés, Claude Piegst, Albert Dovecar (pour l'assassinat du commissaire central d'Alger Roger Gavoury) et Roger Degueldre (pour les crimes commis sous ses ordres par les commandos Delta) ont été fusillés. Bastien-Thiry les a suivis dans la tombe le 11 mars 1963, condamné et exécuté pour l'attentat du Petit-Clamart. Enfin, dans le cadre de leur action au service de l'OAS, une petite centaine de ses membres a trouvé la mort.

◀ **R. K.**

Pour en savoir plus

Olivier Dard, *Voyage au cœur de l'OAS*, Perrin, Paris, 2005.

Georges Fleury, *Histoire secrète de l'OAS*, Grasset, Paris, 2002.

Rémi Kauffer, *OAS, histoire d'une guerre franco-française*, Seuil, Paris, 2002.

Historia, thématique n° 76, *L'OAS, les secrets d'une organisation clandestine*, mars-avril 2002.

Mitterrand paie sa dette : l'amnistie des généraux putschistes

Nous sommes en 1982. L'année précédente, un président socialiste a été élu pour la première fois à la magistrature suprême. François Mitterrand a dû ratisser large pour en arriver là, bien au-delà du « peuple de gauche ». Il est notamment allé pêcher, discrètement, des voix auprès du million de Français rapatriés d'Algérie vingt ans plus tôt. Avec succès : ces hommes et ces femmes ont souvent voté pour lui, sur consigne de leurs représentants. Le nouveau président est désormais bien installé à l'Élysée. Le 29 septembre 1982, les députés socialistes majoritaires à l'Assemblée nationale se voient présenter la facture. Elle est salée ! Et elle ne passe pas.

Les promesses de Mitterrand aux rapatriés

Les plus radicaux des partisans de l'Algérie française ayant soutenu le putsch militaire du 22 avril 1961 [▷ p. 21] étaient souvent des fonctionnaires. Ils ont payé le prix de leur engagement contre la République : révoqués de la fonction publique, déchus de leurs droits civiques, privés de leurs décorations, souvent emprisonnés, ils ont été mis au ban de la société française. Pourtant, assez rapidement, des lois d'amnistie sont passées par là qui leur ont rendu la plupart des droits dont ils avaient été privés, au nom de la réconciliation nationale. Le décret du 22 mars 1963, les lois du 23 décembre 1964, du 17 juin 1966, du 31 juillet 1968 et du 16 juillet 1974 notamment. Durant la campagne présidentielle de 1981, l'état d'esprit du candidat socialiste est celui d'un homme qui veut faire preuve de générosité. Certes, il ne peut le clamer sur les toits, de peur de heurter les traditionnels électeurs de gauche, qui ne supporteraient sans doute pas de voir passer l'éponge sur les errements meurtriers de l'Organisation armée secrète (OAS). Mais cet homme féru d'histoire aime néanmoins à rappeler en privé que « Mazarin a bien pardonné à la Fronde ! » ; et il ne craindra pas, un an et demi après son élection, d'affronter ses propres alliés.

Dans son proche entourage, plusieurs des amis les plus chers le poussent dans cette voie : l'avocat Jacques Ribs, interlocuteur fréquent des organisations de rapatriés, sera nommé conseiller à l'Élysée après l'élection de 1981. Plus influent encore : celui qui fut le plus cher confident du nouveau président, Georges Dayan, décédé en 1979, était un pied-noir d'Oran, acquis à l'idée du pardon définitif. Tout comme François Mitterrand, et pas de fraîche date !

Dès 1966, avec Guy Mollet et son ami Gaston Defferre – qui déclarait quelques années plus tôt à propos des tueurs de l'OAS : « Qu'on les pende, qu'on les fusille ! » –, le futur président de la République avait déposé une proposition de loi prévoyant la « réintégration de plein droit [des fonctionnaires sanctionnés] dans les fonctions, emplois publics, offices publics ou ministériels ainsi que les divers droits à pension ». En 1968, Gaston Defferre – futur ministre de l'Intérieur et de la Décentralisation en 1981 – avait déposé un amendement, repoussé par l'Assemblée nationale mais voté par les socialistes, proposant le rétablissement dans leur grade et fonction de tous les fonctionnaires impliqués dans l'OAS. Lors du débat sur la loi d'amnistie de 1974, les socialistes avaient mis en avant des amendements – également repoussés – qui réclamaient, sans évoquer explicitement le cas des putschistes, que cette loi soit plus généreuse encore. Elle avait pourtant réintégré les généraux putschistes dans l'armée pour les mettre aussitôt à la retraite d'office. Mais ils voulaient davantage.

Fin 1982, l'état des lieux est le suivant. Edmond Jouhaud a soixante-dix-sept ans. Il avait été chef d'état-major de l'armée de l'air avant de prendre une retraite anticipée, puis de se lancer dans le putsch. Seul pied-noir du

« quarteron de généraux » putschistes, il a été libéré de prison en 1967. Son chef dans le réseau terroriste de l'OAS, Raoul Salan, quatre-vingt-quatre ans en 1982, est libre depuis juin 1968. Charles de Gaulle avait accepté son élargissement de la prison de Tulle, pour garantir la sujétion de l'armée à sa personne durant la révolte étudiante. C'est le général Jacques Massu qui avait obtenu cette faveur durant l'escapade de De Gaulle à Baden-Baden, le 29 mai 1968. Les deux autres membres du quarteron, Maurice Challe (1905-1979) et André Zeller (1898-1979), sont alors décédés. Mais outre Salan et Jouhaud, six autres généraux putschistes de second rang demeurent frappés par une mise à la retraite d'office : Pierre-Marie Bigot, soixante-quatorze ans, ancien commandant de la région aérienne d'Alger, libéré en 1965 ; Jacques Faure, soixante-dix-huit ans, représentant des putschistes à Paris, libéré en 1966 ; Marie-Michel Gouraud, soixante-dix-huit ans, commandant du corps d'armée de Constantine, libéré en 1965 ; Gustave Mentré, soixante-quatorze ans, qui n'a pas fait de prison ; Jean-Louis Nicot, soixante et onze ans, major général de l'armée de l'air (il n'avait pas voulu organiser la protection de la métropole contre une possible opération aéroportée des putschistes), libéré en 1965. Enfin André Petit, soixante-douze ans, qui avait accepté le commandement militaire d'Alger, a été libéré en 1964.

Ces huit hommes attendent leur réintégration dans le cadre de réserve, avec les avantages financiers afférents. Rappelons en effet que les généraux ne sont jamais, sauf par sanction, mis à la retraite. La règle normale veut qu'ils soient placés dans le « cadre de réserve » lorsqu'ils sont atteints par la limite d'âge, ce qui leur permet notamment de percevoir une solde plus avantageuse. Ces huit généraux ne sont pas seuls à prétendre retrouver l'ensemble de leurs droits : huit cents officiers, autant de policiers et quatre cents administrateurs civils renvoyés de la fonction publique entre 1961 et 1963 attendent l'ultime normalisation administrative, la « révision de carrière ».

Le 4 avril 1981, moins d'un mois avant le premier tour des élections présidentielles, François Mitterrand fait la promesse que tous les ultras de l'Algérie française attendaient depuis tant d'années : « Une amnistie totale sera enfin réalisée, effaçant les séquelles de toute nature des événements d'Algérie. » Le 7 mai, soit trois jours avant le second tour, un congrès extraordinaire du Recours – association militant pour la défense des rapatriés d'Algérie –, réuni à Montpellier, reçoit un télex du PC de campagne du candidat Mitterrand : « Je vous confirme ma volonté, déjà ancienne, de mettre un terme définitif aux problèmes des rapatriés, spécialement en ce qui concerne l'amnistie, dont je voudrais que tous comprennent que dans un esprit de profonde union nationale je la souhaite intégrale, effaçant toutes les séquelles, même de carrière, du drame algérien. » La réponse du Recours, rédigée par son porte-parole Jacques Roseau, est on ne peut plus claire : « Prendrons position sanction Valéry Giscard d'Estaing. Fin de message. » La masse des rapatriés entendra la consigne, non sans avoir appris que la frange la plus dure des nostalgiques, incarnée par Raoul Salan, est sur la même ligne.

En mars 1981, Jacques Roseau et le président du Recours, Guy Forzy, s'étaient rendus chez le vieux général et lui avaient fait part de leur volonté de soutenir François Mitterrand. Il leur avait fait passer sa réponse par le colonel Jean Gardes, président de l'Association des anciens militaires détenus : « D'accord ! » Raoul Salan s'était sans doute souvenu que, le 18 mai 1962, un an après le putsch, ses avocats avaient cité François Mitterrand comme témoin devant le haut tribunal militaire devant lequel il comparaissait. Mitterrand avait alors rappelé que Salan avait fait l'objet d'un attentat au bazooka en 1957 : « Commencer à tuer un Français parce qu'on n'est pas d'accord avec lui, cela oblige à poser cette question : quand donc la patrie reconnaîtra-t-elle les siens ? »

La rébellion de Pierre Joxe

Du temps du général de Gaulle, on appelait ses partisans parlementaires les « godillots », pour brocarder leur propension très militaire à suivre sans broncher ses instructions. Son plus ardent adversaire, François Mitterrand, a bien l'intention de marcher sur ces traces, et décide de faire voter l'amnistie sans aucune discussion par la majorité socialiste de l'Assemblée. Pas si simple… Car il va trouver sur son chemin un homme bien décidé à faire capoter son projet, Pierre Joxe. Ce dernier n'est pas seulement le président du groupe socialiste. Il est également le fils de Louis Joxe (1901-1991), fonctionnaire révoqué par Vichy en 1940, nommé par le général de Gaulle secrétaire du Comité français de libération nationale (CFLN) en 1942, puis secrétaire général du Gouvernement provisoire de la République française (GPRF), avant de devenir secrétaire général du gouvernement après la Libération. Il est ensuite nommé ambassadeur à Moscou et à Bonn, avant de devenir secrétaire général du Quai d'Orsay en 1956. À partir de 1959, il devient ministre et prend la charge des Affaires algériennes le 22 novembre 1960. En parfait accord avec de Gaulle, c'est en cette qualité qu'il conduit la délégation française chargée de négocier avec le FLN la paix en Algérie [1] et qu'il signe les accords d'Évian, le 18 mars 1962 [▷ p. 82]. Louis Joxe est une légende vivante, et une référence absolue pour son fils, mais aussi un homme honni par les nostalgiques de l'Algérie

1 Qui comprend en outre Bernard Tricot, Roland Cadet, Claude Chayet, Bruno de Leusse, Vincent Labouret, Jean Simon, Hubert de Saguins-Pazzis, Robert Buron, Yves Roland-Billecart, Jean de Broglie. La partie algérienne, conduite par Krim Belkacem, est en outre composée de Kaïd Ahmed (commandant Slimane), Ahmed Boumendjel, Taïeb Boulahrouf, Saëd Dahlab, Ahmed Francis, le commandant Ali Mendjli, Mohamed Seddik Ben Yahia.

française. Pierre Joxe, qui avait effectué son service militaire à la Sécurité militaire (SM) en Algérie à la fin de la guerre, n'a jamais ressenti aucune indulgence pour les « félons ».

Au plan personnel toutefois, il se trouve écartelé entre, d'une part, sa fidélité à François Mitterrand, auquel le lient des affinités politiques fortes ainsi qu'une réelle amitié personnelle, et, d'autre part, la relation encore plus intense qui l'attache à son père gaulliste et aux valeurs qu'il a toujours défendues. La tête de Louis Joxe avait été mise à prix par l'OAS. Son fils ne se pardonnerait pas de contribuer à rendre leurs places aux putschistes dans la société française. Il va se montrer intransigeant, et provoquer ainsi l'une des premières graves crises politiques du premier septennat de François Mitterrand.

Apprenant de la bouche d'un assistant parlementaire, alors qu'il se trouve à l'étranger, que le gouvernement de Pierre Mauroy a fait inscrire une loi d'amnistie à l'ordre du jour de l'Assemblée, Pierre Joxe se met en colère : « En réalité, il ne s'agissait pas d'amnistie, mais de réhabilitation. On leur rendait leurs décorations, et on se trouvait donc dans la symbolique pure. J'en ai discuté avec mon père, qui m'a dit que François Mitterrand ne reviendrait pas sur sa décision [1]. » Mais la fronde est bien réelle. Pierre Joxe en discute personnellement à plusieurs reprises à l'Élysée avec le président, qui demeure intraitable et ne comprend pas vraiment l'intransigeance de son ami. Ce dernier ne craint pas d'aller à l'affrontement. Il a dit et répété à Mitterrand qu'il ne voterait pas l'amnistie ; qu'il n'hésiterait pas à démissionner de son poste de député pour ne pas se trouver contraint par la discipline de vote.

Le 20 octobre 1982, le bureau exécutif du Parti socialiste (PS) demande le retrait du texte ou l'exclusion des putschistes de son bénéfice. Le lendemain, jour du vote, une conseillère de l'Élysée se présente devant le groupe parlementaire socialiste et confirme aux députés que le texte est bien l'émanation de la volonté présidentielle. Ce n'est pas une coïncidence si la messagère n'est autre que Paule Dayan, la fille du conseiller d'État Georges Dayan, qui a tant contribué aux fortes convictions de son ami Mitterrand sur l'Algérie (quelques jours après son élection à la présidence, ce dernier était allé se recueillir sur sa tombe). Tous les députés socialistes le savent, comme aucun n'ignore que Georges Dayan était l'un des très rares à tutoyer son ami. Mais la mission de Paule Dayan ne suffira pas : fils spirituel révolté, Pierre Joxe lui interdit de s'adresser aux députés. Menant ses troupes le verbe haut, il emporte le morceau aidé par les ex-PSU Alain Richard et Jean-Pierre Worms : le 21 octobre, ils votent la loi d'amnistie, mais assortie d'un

1 Entretien avec l'auteur, 5 avril 2006.

amendement qui en exclut les généraux putschistes. Le secrétaire d'État aux Rapatriés, Raymond Courrière, est tellement choqué qu'il en fait un malaise cardiaque.

L'amnistie sans vote

Mais la Mitterrandie, ce ne sont pas que des sentiments. C'est aussi de la politique... Le conseiller élyséen Michel Charasse, folklorique homme de l'ombre et des manœuvres sinueuses, se charge d'avertir les sénateurs socialistes : il n'est pas question qu'ils approuvent le texte voté par l'Assemblée. Et s'il n'est pas avalisé par le Palais du Luxembourg dans la forme exacte qui a été votée au Palais-Bourbon, c'est rebelote : le texte doit repasser en seconde lecture à l'Assemblée... Les sénateurs vont effectivement refuser l'amendement au texte de loi initial, y compris Marcel Debarge qui s'était pourtant exprimé en sa faveur lors de la discussion au bureau exécutif du PS, le 20 octobre !

Car les stratèges mitterrandiens ont eu une idée : ils vont faire passer l'amnistie sans vote à l'Assemblée, en usant pour la première fois de l'article 49.3 de la Constitution. Le 23 octobre 1982, Pierre Mauroy engage ainsi la responsabilité de son gouvernement, évoquant la guerre d'Algérie en ces termes devant les députés : « De toutes les images qui en restent, l'une des plus insupportables est sans doute celle de soldats et d'officiers qui se sont dressés contre la République [...]. Vingt ans se sont depuis écoulés, et au fil des années, bien des pas ont été effectués dans la voie du pardon. [...] Le pardon n'est pas l'oubli. Il n'implique aucune approbation des faits qui, hier, ont provoqué des condamnations. Mais la société française doit aider à l'apaisement des esprits. Elle doit aider à refermer les plaies. C'est le rôle du gouvernement. C'est l'engagement qu'il avait pris devant le pays lors du dernier scrutin présidentiel. Cet engagement doit donc être tenu. Il le sera. » Pierre Joxe n'aura pas à voter l'amnistie, qui entrera pourtant en vigueur grâce à cet artifice. Un quart de siècle plus tard, l'attitude de François Mitterrand, à ses yeux, « reste incompréhensible » : « Je pense qu'il s'est fait rouler. »

Les généraux, enchantés, retrouvent donc tous leurs droits, après avoir mené contre la République une entreprise factieuse et meurtrière. La dépouille d'Edmond Jouhaud aura droit aux honneurs militaires, certes modestes mais bien réels, lors de ses obsèques le 7 septembre 1995 ; de même que le cercueil de Raoul Salan avait été salué par des mêmes honneurs le 5 juillet 1984, en présence d'un seul homme politique : Jean-Marie Le Pen.

Pendant ce temps, deux officiers généraux compagnons de la Libération qui s'étaient opposés aux dérives de l'armée en Algérie, François Binoche et

Jacques Pâris de Bollardière [▷ p. 47], demeurèrent à la retraite d'office. L'amiral Antoine Sanguinetti, membre du PS, avait été sanctionné à la fin des années 1970 pour une série d'articles critiques, et mis lui aussi à la retraite d'office. Aucun des trois ne fut jamais réintégré dans ses droits... Ils n'avaient pas la clé de plusieurs dizaines de milliers de bulletins de vote !

On peut s'indigner de l'attitude de François Mitterrand, et les députés socialistes ne s'en sont pas privés. Mais faut-il s'en étonner ? Sans doute pas. Une élection aussi importante que la présidentielle ne se gagne pas en séduisant les seuls électeurs de son propre camp. Il convient aussi de draguer plus large, y compris chez ses adversaires. Y compris si des alliances contre-nature heurtent et choquent, parfois violemment. La gauche a eu du mal à avaler l'amnistie des chefs putschistes et OAS. Mais elle s'y est faite, comme Pierre Joxe. Et sans que les affaires soient directement liées, les tensions au sein des associations de rapatriés resteront suffisamment vives pour que, le 5 mars 1993 à Montpellier, trois nostalgiques de l'OAS assassinent Jacques Roseau, le porte-parole du Recours. Ils lui reprochaient de se préparer à faire voter pour Jacques Chirac lors de la présidentielle de 1995. Trente-trois ans après la signature de la paix, la guerre d'Algérie tuait encore en France.

◀ **J. G.**

Pour en savoir plus

Jean Guisnel, *Les Généraux. Enquête sur le pouvoir militaire en France*, La Découverte, Paris, 1990.

II

La décolonisation et l'héritage colonial

La vraie-fausse indépendance des colonies françaises d'Afrique subsaharienne

« Foccart, il faut réussir la décolonisation ! », s'est exclamé le général de Gaulle en février 1960, un jour qu'il était en verve [1]. Pour Jacques Foccart, éminence grise de l'homme du 18 Juin, cela ne signifiait pas : « Il faut aider les peuples d'Afrique à prendre un bon départ dans leur indépendance », mais plutôt : « Quelle que soit la formule adoptée par les divers pays nouvellement indépendants, nous devons préserver les intérêts de la France ! »

À l'été 1958, les peuples, ethnies et tribus qui vivent dans l'Afrique subsaharienne sont regroupés en deux grandes fédérations : d'une part, l'Afrique occidentale française (AOF), dont le siège est Dakar et qui réunit, outre la Côte-d'Ivoire, la Haute-Volta (actuel Burkina Faso), le Sénégal, la Mauritanie, la Guinée, le Soudan (futur Mali), le Niger et le Dahomey (futur Bénin) ; et, d'autre part, l'Afrique équatoriale française (AEF), dont la capitale est Brazzaville, qui réunit le Congo, le Gabon, l'Oubangui-Chari (actuelle Centrafrique) et le Tchad. Ces peuples et surtout leurs élites aspirent-ils à l'indépendance ou simplement à vivre en bonne intelligence avec l'ancienne puissance coloniale dans un nouveau cadre fédéral ? De Gaulle espère qu'ils feront le second choix quand, deux mois après son retour au pouvoir, il décrit son projet : « Nous allons vers une vaste et libre communauté. En 1958, nous devons bâtir de nouvelles institutions, établir sur le mode fédéral les liens de notre union, organiser un grand ensemble politique, économique et culturel qui réponde aux conditions de la vie et du progrès ! »

Vue de l'étranger, la diplomatie gaullienne s'inscrit dans une troisième voie, proche de la politique des non-alignés, fruit d'un subtil équilibre entre les deux blocs, américain et soviétique. Sans oublier que, dans le camp

---

1 Jacques Foccart, *Foccart parle. Entretiens avec Philippe Gaillard*, tome 1, Fayard/Jeune Afrique, Paris, 1995, p. 215.

communiste, la suprématie soviétique est contestée par la dissidence de Mao Zedong. Or, proche des pays dits « sous-développés », la Chine rouge soutient les mouvements anticoloniaux. « L'Afrique est mûre pour la révolution ! », lancera le Premier ministre chinois Zhou Enlai.

Pour stimuler la constitution d'un « Commonwealth à la française », en misant plus sur les « élites noires » [▷ p. 121] que sur les « communautés blanches » des milieux d'affaires et des colons, de Gaulle poursuit la politique de ses prédécesseurs de la IVᵉ République (notamment mise en œuvre par la loi-cadre de Gaston Defferre, ministre de la France d'outre-mer, qui avait été votée le 23 juin 1956, et qui avait accordé une plus grande autonomie aux colonies d'Afrique). Mais il s'appuie aussi sur une forme de tiers-mondisme bien à lui. Pour ce qui concerne l'Afrique, « le "tiers-mondisme" de Charles de Gaulle est d'une extrême, d'une profonde ambiguïté, explique son biographe, Jean Lacouture. Il n'ira pas, jusqu'en 1962, sans accompagnement guerrier, puis sans recours aux gendarmes à Djibouti, au Tchad ou au Gabon, ou sans le déploiement d'une stratégie souterraine dont Jacques Foccart sera le savant ingénieur ». En géopoliticien, de Gaulle, que l'on accusera de « néocolonialisme », reconnaît avant tout le principe des zones d'influence dans lequel la France doit avoir sa part. Ce qui suppose de damer le pion aussi bien aux menées du bloc communiste qu'aux visées anglo-saxonnes.

Jacques Foccart et le secrétariat aux Affaires africaines et malgaches

L'Afrique « française » n'est pas la seule zone de turbulence en cette fin des années 1950. Les Afrique anglophone, lusophone et belge sont aussi la proie de convulsions liées aux aspirations à l'indépendance de tout un continent. Pour ce qui concerne Paris, la guerre d'indépendance algérienne, dans le prolongement de la guerre d'Indochine (1946-1954), a consacré la stratégie de « guerre du peuple » contre l'« impérialisme français ». La guérilla urbaine menée par le Front de libération nationale (FLN) algérien a offert un prolongement tactique qu'étudient les nationalistes africains qui veulent sortir de l'orbite française.

Face à eux, dès la période 1958-1962, des spécialistes français de la contre-insurrection en Algérie sont mis à contribution en Afrique noire pour y étouffer aussi les mouvements indépendantistes. On verra ainsi certains de ces officiers qui, hier, quadrillaient le bled algérien, engager une « guerre spéciale » contre des ethnies en révolte. De même, les services spéciaux montent en première ligne pour décapiter les partis qui menacent la présence française.

C'est en 1960, année-charnière, que la France « accorde » l'indépendance à la plupart de ses anciennes colonies africaines. Après la Guinée rebelle (indépendante, par le vote majoritaire de ses habitants, depuis le 2 octobre 1958 [▷ p. 124]), le Cameroun (1er janvier 1960), le Togo (27 avril), le Dahomey (l'actuel Bénin, 1er août), la Haute-Volta (l'actuel Burkina Faso, 5 août), le Niger (5 août), la Côte-d'Ivoire (7 août), le Tchad (11 août), l'Oubangui-Chari (République centrafricaine, 13 août), le Moyen-Congo (Congo-Brazzaville, 15 août), le Gabon (17 août), le Sénégal (20 août), le Soudan français (Mali, 22 septembre), la Mauritanie (28 novembre) et Madagascar (14 décembre) deviennent des États souverains. Deux ans plus tard, ce sera le tour de l'Algérie. L'Empire français n'existe plus. Au vieux système doivent succéder de nouvelles formes de coopération.

Entre-temps, la « Communauté franco-africaine » a été officiellement créée le 28 septembre 1958, avec l'adoption par référendum de la Constitution de la Ve République. Le secrétaire général en est d'abord Raymond Janot, l'un des pères de la Constitution. Mais il faut un homme à poigne pour réaliser le grand dessein gaullien. Janot est remplacé en 1960 par Jacques Foccart, promu en 1961 secrétaire général à la présidence de la République pour les « affaires africaines et malgaches ». Son influence est confortée par son statut hybride : éminence grise pour l'Afrique depuis l'époque du Rassemblement du peuple français (RPF) de 1947, autant que coordinateur des services spéciaux, dont il connaît les arcanes pour avoir joué un rôle au sein du Bureau central de renseignements et d'action (BCRA), le service secret de la France libre.

Rendant compte de ces deux missions essentielles, Foccart rencontre quotidiennement le Général. Grâce à lui, « un courant mystérieux passe entre de Gaulle et l'Afrique », dira-t-on plus tard. S'établit alors une relation chaleureuse, empreinte de paternalisme, avec les dirigeants africains que l'on juge « apprivoisés » : les vieux chefs comme Félix Houphouët-Boigny (Côte-d'Ivoire) et Léopold Sédar Senghor (Sénégal), mais aussi Modibo Keita (Mali), Léon M'Ba (Gabon), Maurice Yaméogo (Haute-Volta), Sourou Migan Apithy (Dahomey), Mamadou Dia (Sénégal), Mokhtar Ould Daddah (Mauritanie). On a même essayé, en dernier ressort, d'amadouer le rebelle Sékou Touré, l'homme du « non » de la Guinée à la Communauté, en dépêchant à Conakry l'aimable diplomate Stéphane Hessel, lui aussi ancien responsable du BCRA...

Entre Paris et les capitales africaines, le « téléphone rouge » fonctionne désormais – et pour longtemps – à plein régime. Foccart téléphone à Houphouët-Boigny au moins une fois par jour, puis répercute les questions importantes au président en fin de journée. De la même manière, l'éminence grise de l'Élysée fait le point sur les dossiers africains chaque mercredi avec le patron du Service de documentation extérieure et de contre-espionnage (SDECE), le général Paul Grossin.

Ces hommes de l'ombre partagent alors avec le général de Gaulle une obsession : empêcher l'ouverture d'un second front en Afrique en dehors de la guerre d'Algérie. En réalité, de véritables foyers de guérilla ou de rébellion se sont bien allumés. Au Cameroun par exemple, une guerre spéciale qui ne dit pas son nom a été engagée. Et elle va prendre de l'ampleur sous de Gaulle. Une page fort sombre de l'histoire de la Ve République, largement occultée depuis lors.

Guerre spéciale au Cameroun : un « vrai génocide » ?

Depuis 1955, la rébellion a débuté au sud du pays, où les Bamilékés, notamment, exigent l'indépendance. En 1957, le haut-commissaire de la République au Cameroun et compagnon de la Libération Pierre Messmer essaie de négocier avec Ruben Um Nyobé, le chef de l'Union des populations du Cameroun (UPC), leader de l'opposition, grâce à l'évêque de Douala. Échec des négociations : la rébellion fait tache d'huile. En 1958, Maurice Delauney – futur ambassadeur au Gabon et proche de Foccart – dirige alors le secteur et racontera dans ses mémoires comment il a envoyé des commandos détruire le siège de l'UPC au Cameroun britannique. Le 13 septembre 1958, des tirailleurs tchadiens dirigés par le capitaine Agostini, officier de renseignement, traquent et exécutent Um Nyobé.

Rien ne s'oppose désormais à ce que le candidat des Français, Ahmadou Ahidjo, un musulman nordiste peu populaire, prenne le pouvoir du Cameroun. Plus rien, sauf la rébellion sudiste et l'accession à la tête de l'UPC du docteur Félix-Roland Moumié. Ahidjo, cet ancien de l'assemblée de l'Union française, ne contrôle pas le sud du pays, mais il a signé, avant même l'indépendance, un accord militaire avec la France. Dès les premiers mois de 1960, cinq bataillons du général Max Briand, qui s'est illustré en Indochine et en Algérie, ratissent des villages du sud, les brûlent, les rasent. Il n'empêche, l'inquiétude de Paris demeure, car les maquis de l'UPC ont constitué une véritable aile militaire structurée, l'Armée de libération nationale kamerunaise (ALNK), qui ne rayonne pas seulement dans les zones bamilékés, mais aussi dans le pays bassa.

À l'automne, Foccart et le général Grossin ont donné le feu vert au service Action du SDECE pour une opération « homo » (pour homicide), qui, une fois encore, sera menée sous l'étendard de la fantomatique « Main rouge » [▷ p. 50]. Il s'agit de faire disparaître le nouveau patron de l'UPC, Félix-Roland Moumié. Le colonel Robert Roussillat, chef du service Action, fait appel à William Bechtel, un réserviste qui, comme Jacques Foccart, vient de temps à autre effectuer des sauts en parachute au centre du SDECE à Cercottes, près d'Orléans. Le 15 octobre 1960, cet opérationnel, qui s'est présenté au leader de l'UPC comme journaliste suisse, verse du thallium dans son verre, tandis qu'ils déjeunent dans un restaurant de Genève, Le Plat d'argent. Au lieu de l'effet retard recherché, le poison est foudroyant : Moumié meurt le soir même à l'hôpital. Surnommé le « Grand Bill », William Bechtel, un ancien Français libre du Bataillon de marche d'Oubangui-Chari et du BCRA, disparaît. Arrêté quinze ans plus tard, il sera finalement acquitté, faute de preuves.

Interrogé vingt ans après les faits à propos de l'affaire Moumié, le général Grossin donnera un éclairage cru sur la façon dont le SDECE a monté ce dossier, alors que le Premier ministre Michel Debré, tout comme Foccart, s'inquiétait de la situation en Afrique : « Un jour, Debré me dit : "Il y a une révolte au sud du Cameroun, il faut faire quelque chose. Avez-vous des renseignements ?" Je réponds : "Chez eux, à cause du système tribal, on zigouille le chef et c'est fini. Le chef, c'est Moumié, et il est en Suisse. On pourrait s'en débarrasser..." On décide de l'empoisonner, mais la dose est trop forte, ou bien il a repris du café. Bref, il aurait dû mourir en arrivant à Conakry le lendemain. Mais il est mort à Genève, d'où le scandale [1]... »

Tuer Moumié ne suffit pourtant pas. La « guerre spéciale » au Cameroun prend de l'ampleur. En témoigne Max Bardet, pilote d'hélicoptère présent dans le pays de 1962 à 1964 : « En deux ans, l'armée régulière a pris le pays bamiléké du sud jusqu'au nord et l'a complètement ravagé. Ils ont massacré de 300 000 à 400 000 personnes. Un vrai génocide. Ils ont pratiquement anéanti la race. Sagaies contre armes automatiques. Les Bamilékés n'avaient aucune chance. À la fin de la guerre, j'ai fait une prospection d'un mois avec un administrateur général du nom de Coudret. Il était indigné. Ce n'est pas possible tous ces villages morts, où sont les habitants ? Les villages avaient été rasés un peu comme [par] Attila. Peu de Français sont intervenus directement. J'en ai connu trois ou quatre. La presse n'en a pas parlé. On faisait plaisir au président Ahidjo, parce qu'il fallait que le Cameroun garde ses liens avec la France [2]. » Même si ce bilan chiffré prête à discussion, faute de toute étude systématique à ce jour, les témoignages abondent aujourd'hui sur ces massacres.

De surcroît, Ahidjo conforte son pouvoir grâce à une police secrète d'une grande férocité, le « Service de documentation et d'études de la sécurité camerounaise » (SDESC), copie conforme du SDECE, où son patron, un policier camerounais du nom de Jean Fochivé, a effectué un stage

1 Entretien avec l'auteur, 12 juin 1984.

2 Max Bardet et Nina Thellier, *OK Cargo !*, Grasset, Paris, 1988.

approfondi. Il organise un dispositif de répression et de torture dans ses locaux, à deux pas du lac municipal de Yaoundé. Rebaptisé DIRDOC (direction de la documentation), le « système Fochivé » n'est pas un cas isolé. Dans toute l'ex-Afrique française, le même genre de dispositif se met alors en place pour former des polices secrètes sous tutelle des conseillers envoyés par Paris.

Les « postes de liaison et de renseignement » du SDECE

Les services spéciaux jouent un rôle essentiel dans la mise en coupe réglée de l'Afrique « décolonisée ». Dans leur forme moderne, les services français ont été inspirés, depuis la Seconde Guerre mondiale, par le système de leurs homologues britanniques de l'Intelligence Service. Celui-ci visait à implanter durablement des conseillers du MI5 ou du MI6 auprès des chefs d'État des pays accédant à l'indépendance et à recruter des réseaux d'agents dormants, tant dans le parti au pouvoir que dans l'opposition. L'objectif : chapeauter, par le truchement de conseillers, les nouveaux services de sécurité, la gendarmerie, le commandement des nouvelles armées africaines avec lesquelles sont passés des accords de coopération.

Les Français ne manquent pas de copier leurs rivaux – et néanmoins alliés – britanniques. Fin 1959, le colonel Maurice Robert est chef de poste du SDECE à Dakar. C'est, sans conteste, le plus important d'Afrique française, où se montent de nombreuses opérations (dont la déstabilisation programmée de la Guinée [▷ p. 124]). Boulevard Mortier, à Paris, le colonel Tristan Richard, qui dirige le secteur Afrique du SDECE, demande à Robert d'organiser des « postes de liaison et de renseignement » (PLR) dans les pays africains qui seront indépendants.

Le choix de ce Bordelais, né en 1919, ne doit rien au hasard. Tirailleur sénégalais pendant la « drôle de guerre », il s'est retrouvé à Dakar en 1941, puis dans diverses unités de la France libre sur le sol africain. Si l'on excepte son passage dans les troupes de choc en Indochine au début des années 1950, Maurice Robert a bourlingué sur tout le continent noir. C'est à Port-Étienne (aujourd'hui Nouadhibou), en Mauritanie, qu'il a fait connaissance en 1947 de Jacques Foccart, de passage en Afrique pour organiser le RPF. Puis, commandant de l'École des enfants troupes à Saint-Louis du Sénégal, Robert compte parmi ses élèves deux futurs présidents, Seyni Kountché du Niger et Mathieu Kérékou du Dahomey (Bénin). Des commandos aux services spéciaux, il n'y a qu'un pas : intégré au SDECE, Robert dirige le poste de Dakar depuis la fin 1955.

Aussi, quand en 1960 le secteur Afrique de la Piscine, fort de cent cinquante officiers et fonctionnaires, devient autonome, Maurice Robert en prend la tête. Son adjoint immédiat est un policier, le commissaire divisionnaire Paul Roussel. La raison en est simple : avec deux autres policiers, rapatriés de Madagascar après le soulèvement de 1947, les commissaires Henri Anglès et Paul Vergé, il pilote en grande partie le Service 6 ou « base Bison », très axé sur l'Afrique. Installée dans l'enceinte des Invalides, cette structure gère les « honorables correspondants » (HC), tels les nouvelles recrues parmi de jeunes Africains étudiant en France ou les agents de passage comme les hauts fonctionnaires recrutés sur place. Le plus connu des « Africains » du SDECE géré par cette base sera le mercenaire contractuel Bob Denard [▷ p. 144]. Dans le jargon de la Piscine, elle a aussi pour surnom « base Baisons », car plusieurs officiers traitants gèrent des réseaux de call-girls dûment chapitrées et rétribuées pour faire passer de bons moments aux ministres et hauts fonctionnaires, voire aux présidents africains en villégiature...

Les filles de « Madame Billy », patronne de l'« Étoile de Kléber », celles de « Madame Simone » de la Villa-Montespan, de « Madame Georgette » de l'avenue des Marronniers, ou encore celles de « Madame Claude », la plus célèbre de ces dames protégées par les services spéciaux, sont mises à contribution. Le recueil de renseignements sur l'oreiller, le chantage exercé pour obtenir de meilleures dispositions des notables africains justifient ces manœuvres communes à tous les services secrets du monde. C'est ainsi que le SDECE apprendra un jour, grâce à l'une de ces jeunes hétaïres, que le premier président tchadien, François Tombalbaye, a décidé de « lâcher » la France... Mais ces missions très spéciales ne sont pas sans danger : plusieurs de ces demoiselles de compagnie, dépêchées en Afrique, mourront entre les mains de divers despotes, dont le Centrafricain Jean-Bedel Bokassa...

En plus de la base Bison, quatorze PLR sont établis en Afrique. « Mon objectif est d'aider les nouveaux États indépendants à mettre en place leurs propres services de renseignement et de disposer d'antennes nous permettant des informations utiles à la stabilité politique de ces États et à la sauvegarde des intérêts de la France », expliquera plus tard Maurice Robert dans ses mémoires édulcorés – non sans préciser qu'il obtient l'aval de Jacques Foccart et le « soutien sans faille de Grossin », même si le directeur financier du SDECE, Louis Fauvert, trouve que les PLR représentent un coût considérable.

Grâce à cette organisation, en tout cas, on consolide les relations avec des chefs d'État en qui l'on a confiance : au Sénégal avec Léopold Sédar Senghor, en Côte-d'Ivoire avec Félix Houphouët-Boigny, à Madagascar avec Philibert Tsiranana, ou encore au Gabon avec Léon M'Ba. En revanche, les PLR du Niger, de Haute-Volta ou du Togo seront supprimés, car jugés inutiles.

« Maillage sur le terrain »

Le système ne se contente pas de puiser des renseignements en Afrique. Il en fournit aussi à ses chefs d'État, pour les protéger de menées étrangères et surtout de leurs oppositions politiques. Dès 1961, Robert a installé à Dakar une école de formation pour les cadres africains des nouveaux services. Boulevard Mortier, siège de la Piscine, on reçoit chaque année une dizaine de stagiaires formés principalement dans l'art du contre-espionnage. Par ailleurs, à Paris, la Direction de la surveillance du territoire (DST) et les Renseignements généraux (RG) collaborent étroitement à la surveillance des opposants, à commencer par les étudiants, souvent espionnés par de jeunes camarades « HC » de la base Bison.

En Côte-d'Ivoire, un africaniste, le capitaine Gérard Bouan, inaugure le poste, bientôt renforcé par René Bichelot, ancien du service Action que Maurice Robert a connu en Indochine. Envoyé à la demande de Foccart, il parraine les services ivoiriens. Au Gabon, un ex-nageur de combat, Bob Maloubier, aidera Léon M'Ba, renversé puis remis en selle en février 1964, à diriger sa garde présidentielle. Au Cameroun, le chef du PLR, Pierre de la Houssaye, secondera efficacement l'ambassadeur Maurice Delauney et Jean Fochivé, le chef de la cruelle DIRDOC. En Mauritanie, le colonel Bouteiller installe le poste du SDECE avec pour adjoint un des chefs de la guerre contre-insurrectionnelle en Algérie, le capitaine Paul-Alain Léger, qui s'était fait une renommée en détruisant la 3e wilaya du FLN grâce à son opération d'intoxication, la « bleuite ». Leur secrétaire Georges Molle a pour cousin le capitaine Élie Molle, qui, de son côté, a installé le poste SDECE au Niger.

Tout ne va pas toujours pour le mieux pour les PLR. Des accrochages se produisent avec les nouveaux dirigeants africains, qui ne supportent pas toujours la mainmise des services français. Ainsi, au Togo, Joe Servant, chef du PLR local, sera quasiment expulsé par le maître des lieux Sylvanus Olympio. Il rongera son frein comme chef de poste en Éthiopie, et ne retournera au Togo qu'en 1963, après l'assassinat en janvier d'Olympio par Étienne Gnassingbé Eyadéma (futur chef de l'État togolais, de janvier 1967 jusqu'à sa mort en... février 2005).

Plus grave, au Tchad, le chef du PLR, le commandant Mallet, est tout bonnement arrêté en 1963 comme espion, à l'instigation du président Tombalbaye qui, on l'a vu, projetait de sortir de l'orbite française. L'homme du SDECE est alors accusé de manipuler des agents tchadiens à Fort-Lamy (future N'Djamena) et, surtout, d'avoir pris langue avec le chef de l'opposition nordiste, Ahmat Koulamallah. Comble de l'ironie, c'est le capitaine Camille Gourvennec, pourtant proche de Foccart, qui, en tant que chef de la sécurité tchadienne, le Centre de coordination et d'exploitation du renseignement (CCER), a fait arrêter Mallet. Molesté en prison au cours d'interrogatoires musclés, il est finalement rapatrié sous la pression de Paris.

Et puis, les PLR n'empêcheront pas toujours de graves turbulences, du point de vue des Français, comme la tentative de Mamadou Dia, le Premier ministre sénégalais, de renverser le président Senghor, sauvé *in extremis* par l'armée française. L'année terrible 1963, voit, outre l'assassinat d'Olympio au Togo, les conflits politico-ethniques Nord-Sud au Tchad, et l'abbé Fulbert Youlou, président du Congo-Brazzaville, renversé par un coup d'État que le chef du PLR local n'a pas vu venir.

Cependant, le système élaboré par Maurice Robert va assurer la pérennité de la présence sécuritaire française, même après qu'il aura quitté le SDECE, en 1973, pour devenir chef du renseignement de la compagnie Elf, puis ambassadeur au Gabon. Son ancien adjoint et plus tard successeur à la tête du département Afrique (rebaptisé Service N), le colonel Gérard Bouan, a résumé ainsi l'action de Maurice Robert, en lui rendant hommage, suite à son décès, le 9 novembre 2005 : « Si, pendant les premières décennies de leur indépendance, les anciennes colonies françaises connurent, pour la plupart, une existence relativement paisible, c'est grâce aux relations de confiance qui avaient pu s'établir entre l'ancienne puissance tutélaire et les nouveaux chefs d'État africains, et grâce à la présence de bases militaires judicieusement implantées, et d'un important réseau de renseignement, véritable maillage sur le terrain, qui souvent mirent ces derniers à l'abri des coups d'État parfois inspirés par des États étrangers. Il fallait, pour mettre en œuvre cette politique, des hommes de qualité, déterminés, capables à la fois de s'adapter aux mentalités africaines et de tisser des liens empreints de confiance et de respect mutuel [1]. »

Complément indispensable au système mis en place sur le continent africain : surveiller les oppositions politiques en exil dans d'autres pays du continent noir. Dans ce dessein, le SDECE organise dans le cadre des échanges baptisés « Totem », des alliances avec les services de pays « amis ». Le service portugais du dictateur António de Oliveira Salazar, la PIDE (Polícia Internacional e de Defensa do Estado), présent au Mozambique, en Angola, en Guinée-Bissau et au Cap-Vert, accepte volontiers d'aider les Français à isoler, voire à renverser, Sékou Touré [▷ p. 124]. En Afrique orientale, les Britanniques établissent le lien entre leur structure régionale, le Regional Liaison Office (RLO), dépendant du MI5 au Kenya, et le poste SDECE du commandant Boule à La Réunion. Objectif : échanger les informations sur la pénétration chinoise à l'Île Maurice, à Madagascar, ou sur le

---

1 Gérard Bouan, « Maurice Robert : un grand du renseignement », *Bulletin de l'Amicale des anciens des services spéciaux de la Défense nationale*, avril 2006.

Parti communiste réunionnais de Paul Vergès, le frère de Jacques Vergès, célèbre avocat du FLN algérien.

De plus, au nom de la sacro-sainte alliance anticommuniste, Maurice Robert demande au colonel Georges Barazer de Lannurien d'établir la liaison avec le BOSS (Bureau of State Security) d'Afrique du Sud et la Central Intelligence Organization (CIO) de Rhodésie. À l'époque, de Lannurien n'est pas encore suspecté d'être d'un agent du bloc soviétique...

1959 : le réseau Jimbo, arme clandestine des services secrets français

Les PLR et les services de liaison Totem constituent la partie émergée de l'iceberg. Tout service de renseignement qui se respecte organise aussi des réseaux d'agents dormants, d'opérationnels sous couverture. Toute une faune d'agents secrets, inconnus des services africains sous tutelle française est ainsi mise en place à la veille des indépendances. Au Congo-Brazzaville, un officier du SDECE dirige une usine de savons ; à Conakry, où il n'est pas possible d'établir un PLR, vu le conflit avec Sékou Touré, l'homme du SDECE dirige une boutique de souvenirs, à l'hôtel de France... À Dakar, Raymond Evain, *alias* « Monsieur Jules », représente fin 1959 le Service 7 du SDECE en tant que garagiste. Cet expert qui passera sa vie à ouvrir des coffres-forts à travers le monde, détourne des valises diplomatiques américaines pour en photographier le contenu. Car la Piscine s'est aperçue qu'après l'indépendance de nombreux pays, les agents « africains » de la CIA ne passaient plus par Paris, mais par Brazzaville et Dakar. De surcroît, « Jules » aidera aussi son ami Marcel Chaumien, spécialiste des questions aéronautiques au Service 7, ce proche de Foccart, que l'on a déjà vu s'activer au moment du plan *Résurrection* pour le retour de De Gaulle [▷ p. 21].

En cette année 1959, l'écrivain britannique Ian Fleming publie un nouveau roman, *Goldfinger*, qui donnera matière à un film où l'agent James Bond 007 conduit une Aston Martin bourrée de gadgets. Le SDECE n'a pas ces moyens : c'est au volant d'une 2 CV Citroën (qu'il a payée 760 000 anciens francs et qu'il espère revendre 460 000 francs à l'issue de la mission) que Marcel Chaumien va faire le tour de l'AOF pour consolider ses réseaux. Ses « honorables correspondants » seront fort utiles après l'indépendance des anciennes colonies. Celui que l'on surnomme « Monsieur Armand » fait partie de l'élite des opérationnels français. C'est dans la Résistance qu'il s'est forgé un courage et une audace à toute épreuve, et une foi sans faille dans le gaullisme triomphant, alors qu'il faisait partie de la section aéronautique du BCRA. Puis il est entré au service Action du SDECE, chargé des parachutages derrière le rideau de fer, avant de gérer les correspondants « Air » du SDECE, avec René Chaumette, un autre ancien résistant. C'est Chaumette qui recevra les messages d'Afrique à communiquer à la centrale du boulevard Mortier. Quant à Roger Soupiron (*alias* « JIM 524 »), son ancien radio du temps de guerre, « Armand » en fait l'autre cheville ouvrière de la mission Jimbo.

La mission Jimbo consiste à prendre langue, comme employé de l'entreprise des citernes CITAF (une « berlue » créée par le Service 7), avec les « honorables correspondants » du réseau Alexandra (autre nom de code de Chaumien). Et à en recruter d'autres, si possible. Selon des documents que nous révélons ici, le plan de la mission Jimbo consiste en un « voyage circulaire » Fort-Lamy-Maroua-Douala-Brazzaville, avant de retourner sur Paris. Ses messages et rapports sont envoyés par « courriers pilotes Air France et UAT dans les deux sens » et par voie normale « poste restante ».

Un mémorandum préparé par Marcel Chaumien pour ses chefs permet de se faire une idée de la mission très dense de l'officier du SDECE en Afrique en cette fin 1959 :

> PRÉVISIONS MISSION JIMBO
> SÉNÉGAL. – Contact prévu avec M. Douhet d'Air France pour le recrutement éventuel d'agents d'Air France en AOF. – Contact avec tous les HC.
> SOUDAN-BAMAKO. – Contact avec JIM 670. – Boîte à lettre TAI. – Très peu de pilotes recrutés à la TAI. Recruter un agent Air France à contacter Filatriau, adjoint au chef de district aéronautique (comme informateur).
> HAUTE-VOLTA, OUGADOUGOU. – JIM 651 qui a reçu une autre affectation est à remplacer. (Boite aux lettres TAI.) HC à revoir.
> NIGER-NIAMEY.– JIM 640 (Agent Air France) à revoir éventuellement à remplacer – à contacter éventuellement M. Schuer, comme informateur.
> CÔTE-D'IVOIRE, ABIDJAN. – Tous les HC existants à revoir. À contacter (à VAOUA par DALLOA), M. Quillent planteur et conseiller économique du gouvernement.
> GUINÉE. – JIM 524 et JIM 570 sont à contacter à Freetown.
> TOGO. – JIM 751 qui a reçu une affectation est à remplacer. Un informateur à recruter.
> DAHOMEY. – HC à revoir.
> CAMEROUN-DOUALA. – Il est urgent de compléter le dispositif déjà en place, ce pays devant recevoir son indépendance le 1er janvier prochain. Tous les HC sont à revoir. À recruter : un agent Air France, Monsieur Suarez, directeur d'une importante société de transport. Le docteur Gonzales qui doit nous préciser son affectation prévue à l'intérieur du pays. YAOUNDÉ. – Revoir tous les HC.

> GHANA-ACCRA. – JIM 559 agent Air France à revoir. Un représentant UMARCO à recruter.
> NIGÉRIA- LAGOS. – JIM 700 à revoir. – Un agent Air France à recruter comme boîte à lettre.
> GABON. – Toute l'implantation est à faire. POINTE NOIRE. – JIM 580 à revoir.
> BRAZZAVILLE. – Tous les HC à revoir.
> BANGUI. – Un agent UAT à recruter. Un informateur à recruter.
> FORT-LAMY. – Docteur Fubry à recruter. Un agent Air France et UAT.

La mission Jimbo permet de récolter une ample moisson d'informations, et d'organiser ensuite un courrier abondant des HC vers la centrale. Mais, vu l'urgence de la situation, 001 (encore un autre code pour Chaumien) n'a pas attendu son retour pour dépêcher à la Piscine un courrier rédigé le 7 décembre 1959. Il concerne la toute prochaine indépendance du Cameroun.

Dans le préambule, l'homme du SDECE précise qu'il a rencontré le docteur Gonzalès (code 008) et le transporteur Suarez (009). Il a recruté un agent de la compagnie aérienne UAT (010). Puis il explique : « J'ai rencontré également notre correspondant de Yaoundé, qui m'a brossé un tableau assez sombre de la situation. Il vous a d'ailleurs adressé un rapport à ce sujet par un courrier. Il m'a téléphoné le jour de son départ et je pense qu'il vous est parvenu. Notre correspondant craint le pire à brève échéance. C'est aussi l'opinion de beaucoup d'Européens, à Douala : le gouvernement actuel n'a pas les moyens de faire face à un soulèvement éventuel, il n'existe pas grand-chose en profondeur [*sic*] et le recrutement que la nouvelle armée effectue en pays Bamiléké est nul, ce qui est significatif. Je vous signale que la situation dans le Nord-Cameroun est très différente, les Foulbes et Kildis voient arriver l'échéance de l'indépendance d'un très mauvais œil et seraient partisans d'un rattachement avec le Tchad. Si la situation est très calme dans le Nord, il n'en reste pas moins vrai que toutes les tribus sont en alerte, étant très hostiles à celles du Sud. »

C'est à la suite de ce type de rapports que Jacques Foccart, qui a toute confiance en son ami Chaumien, ainsi que le général Grossin conseilleront d'intensifier la répression contre les Bamilékés et de liquider des chefs comme Félix-Roland Moumié. Ainsi débutera la brutale campagne du général Briand contre les maquis UPC/ALNK. Dans les années qui suivront, les réseaux clandestins de type Jimbo, aussi bien que les PLR du colonel Robert, solidement implantés, joueront un rôle central pour consolider tel pouvoir local ou au contraire le déstabiliser. L'« indépendance » de l'ex-Afrique française sera plus que jamais sous étroite surveillance de la « métropole ».

◂ R. F.

Pour en savoir plus

Roger FALIGOT, *Services secrets en Afrique*, Le Sycomore, Paris, 1982.

Roger FALIGOT et Rémi KAUFFER, *Éminences grises*, Fayard, Paris, 1992.

Roger FALIGOT et Pascal KROP, *La Piscine*, Seuil, Paris, 1985.

Frédéric FENKAM, *Les Révélations de Jean Fochivé, chef de la police politique d'Ahidjo et de Biya*, Éditions Mehaibuc, Paris, 2004.

Jacques FOCCART, *Foccart parle. Entretiens avec Philippe Gaillard*, tome 1, Fayard/Jeune Afrique, Paris, 1995.

Jean-Francis HELD, *L'Affaire Moumié*, François Maspero, Paris, 1961.

Jean LACOUTURE, *De Gaulle*, vol. 3, *Le Souverain*, Seuil, Paris, 1986.

Pierre PÉAN, *L'Homme de l'ombre. Éléments d'enquête autour de Jacques Foccart, l'homme le plus mystérieux et le plus puissant de la Ve République*, Fayard, Paris, 1990.

—, *Affaires africaines*, Fayard, Paris, 1983.

Maurice ROBERT, *« Ministre de l'Afrique ». Entretiens avec André Renault*, Seuil, Paris, 2004.

Les « élites noires » au service du pouvoir gaulliste

Le « Commonwealth à la française », une idée grandiose énoncée par le général de Gaulle en 1959 pour tenter de préserver les acquis essentiels d'un empire colonial désormais gravement menacé dans son existence même, ne se conçoit pas sans le rôle central des élites noires dans la définition de la stratégie gaullienne en Afrique. Les figures de proue en furent Félix Éboué, Léopold Sédar Senghor et Félix Houphouët-Boigny, militants anticolonialistes d'abord situés à gauche et ensuite ralliés à de Gaulle.

Félix Éboué, un Guyanais socialiste acquis à l'Empire français

Félix Éboué (1884-1944), le « premier résistant d'outre-mer », a durablement influencé la définition de la politique africaine de la

Ve République, même s'il ne l'a pas connue de son vivant. Fils d'un orpailleur de Guyane, étudiant en France, il est devenu administrateur de l'Afrique équatoriale française (AEF) en 1910, d'abord à Madagascar puis en Oubangui. Se passionnant pour les langues et les cultures de ses administrés, il croit à l'épanouissement des valeurs humaines dans le respect de la culture africaine, fidèle en cela aux principes de la SFIO (Section française de l'Internationale ouvrière, ancêtre du Parti socialiste) et de la Grande Loge de France (GLF), l'une des deux grandes obédiences maçonniques de l'époque dont il est membre.

Entre deux séjours aux Antilles françaises, il devient gouverneur au Soudan, puis, en 1938, au Tchad, avec pour mission de protéger la voie stratégique vers le Congo. Son ralliement à la France libre dès 1940 (il a alors cinquante-six ans) s'illustre par la construction des routes qui permettent à la colonne Leclerc de remonter vers l'Afrique du Nord, *via* le Tibesti. Dès 1941, de Gaulle l'a nommé gouverneur de l'AEF, cette fédération qui regroupe le Gabon, le Moyen-Congo (aujourd'hui Congo-Brazzaville), l'Oubangui-Chari (aujourd'hui Centrafrique) et le Tchad, et qui constitue une plaque tournante des Forces françaises libres (FFL). À Brazzaville, Éboué forme une armée de 40 000 hommes et accélère la production de guerre : grâce à lui, l'État français renaît à Brazza...

En politique, Éboué combat pour l'insertion de la bourgeoisie « indigène » dans la gestion locale et consigne ses idées dans son étude *La Nouvelle Politique indigène pour l'Afrique équatoriale française* (8 novembre 1941). La conférence des dirigeants administratifs des territoires africains, à Brazzaville le 22 janvier 1944, retient sa thèse sur l'assimilation. Mais il n'en verra pas l'application : il meurt au Caire, le 17 mai 1944, d'une congestion cérébrale ; et, quatre ans plus tard, les restes de ce compagnon de la Libération seront inhumés au Panthéon...

Senghor et Houphouët-Boigny, deux « sages » africains

Au contraire d'Éboué (dont il a épousé la fille), Léopold Sédar Senghor (1906-2001) verra se mettre en place les artifices de la décolonisation. Il est né à Joal, sur la côte du Sénégal, dans une riche famille. Bachelier en 1928, il poursuit ses études à Paris. Il côtoie alors des militants anticolonialistes, grâce à la Ligue anti-impérialiste créée par le Komintern soviétique : Messali Hadj (Algérie), Jomo Kenyatta (Kenya) ou Hô Chi Minh (Viêt-Nam). Autre rencontre décisive : le duo avec lequel il établit les fondements de la « négritude », le Guyanais Léon-Gontran Damas et le Martiniquais Aimé Césaire.

Premier agrégé africain de l'université, Senghor est, avant la Seconde Guerre mondiale, professeur de lettres – tout comme Georges Pompidou, son condisciple du lycée Louis-le-Grand. Fait prisonnier dans la débâcle de 1940, il rejoint ensuite la Résistance dans le Front national universitaire, créé par le Parti communiste français (PCF). En 1945, il publie son premier recueil de poésie, *Chants d'ombre*, et le voici élu député Sénégal-Mauritanie pour la SFIO, qu'il abandonne bientôt pour créer le Bloc démocratique sénégalais (BDS). Cette double casquette – militant de gauche et poète – en fait un partenaire de choix pour la décolonisation « à la française ». Interlocuteur préféré de De Gaulle, il obtient, en 1959, le rejet de l'intégration du Sénégal à la République du Mali. Quand son pays accède à l'indépendance l'année suivante, Senghor est élu président, fonction qu'il conserve vingt ans tandis que le parti unique gère les affaires courantes, en parfaite osmose avec les Français.

L'Ivoirien Félix Houphouët-Boigny (1905-1993) est né à Yamoussoukro, dans une famille de chefs baoulé. Il devient médecin, puis dirige une plantation. En 1944, il fonde le Syndicat agricole africain, à l'origine du Parti démocratique de la Côte-d'Ivoire (PDCI), futur adhérent du Rassemblement démocratique africain (RDA, fondé en octobre 1946 sous l'égide du PCF). Membre des assemblées constituantes françaises, député ivoirien au Parlement français de 1946 à 1959, d'abord apparenté au groupe communiste puis à l'Union démocratique et socialiste de la Résistance (UDSR) de François Mitterrand, Houphouët occupe divers postes ministériels durant la IVe République. Sous sa houlette, le RDA abandonne la lutte anticoloniale pour effectuer un « repli tactique » qui va le notabiliser. Le parti implose, alors que Senghor propose une confédération (avec des « fédérations primaires » : AEF, AOF, Maghreb), tandis qu'Houphouët penche pour une fédération franco-africaine (dès 1955, il revendique l'idée d'une « France-Afrique », concept clairement destiné à assurer la pérennité de la domination française sur son Empire africain).

En 1959, quand son pays acquiert l'autonomie au sein de la « Communauté française », Houphouët est ministre délégué aux Affaires étrangères du cabinet de Michel Debré. Premier ministre un an plus tard à Abidjan, il rompt les liens unissant la Côte-d'Ivoire à la France. Puis il en devient le premier président et lance son pays sur la voie du libéralisme économique et du « miracle ivoirien ». Un miracle qui fait de lui un milliardaire – au pactole estimé à 60 milliards de francs, plus que le PNB ivoirien.

Houphouët restera trente ans au pouvoir, grâce à un régime fort – parti unique et police secrète charpentée par le Service de documentation extérieure et de contre-espionnage (SDECE) –, qui préserve l'unité d'un État chapeautant soixante ethnies et innervé par les réseaux français, dont il sait tirer parti. Présenté comme le « vieux sage » de l'Afrique pour le dialogue interafricain, sa gestion interne s'enfonce dans une corruption sans nom, dont témoigne en 1990 l'inauguration de sa basilique de Yamoussoukro (740 millions de francs). Sous la pression de la rue, il octroie le multipartisme et gagne la présidentielle de 1993 face à l'opposant Laurent Gbagbo. Mais il meurt en fin d'année, le 7 décembre, date anniversaire de l'indépendance. Ses successeurs ne sauront empêcher la crise d'identité et la fragmentation du pays au cours de la décennie suivante.

◀ R. F.

Pour en savoir plus

Charles-Robert Ageron, *La Décolonisation française*, Armand Colin, Paris, 1991.

Joseph-Roger de Benoist, *La Balkanisation de l'Afrique occidentale française*, Les Nouvelles Éditions africaines, Dakar, 1978.

Thomas Hofnung, *La Crise en Côte-d'Ivoire. Dix clés pour comprendre*, La Découverte, Paris, 2005.

Guerre secrète contre la Guinée

Pendant quinze ans, de 1958 à 1973, les services spéciaux français ont mené une guerre subversive pour renverser le dirigeant de la Guinée, Sékou Touré, et ramener ce pays dans le giron de l'ancienne « métropole ».

« Déstabilisez la Guinée ! »

C'est à la fin août 1958 que de Gaulle, alors président du Conseil, réalise sa fameuse tournée pour proposer sa « politique d'association » aux colonies africaines dans le cadre de la Communauté française. Ses conseillers ont suggéré qu'il se rende d'abord à Conakry, la capitale de la Guinée, où l'accueil risque d'être plus crispé qu'à Dakar.

Pourtant, la biographie de Sékou Touré n'en fait pas un révolutionnaire à tous crins. Il a en effet suivi un cursus politique très classique. En octobre 1946, il a participé au congrès de Bamako, où s'est créé le Rassemblement démocratique africain (RDA), réunissant des partis politiques de huit colonies françaises d'Afrique subsaharienne. L'année suivante, une section locale, le Parti démocratique de Guinée (PDG), a vu le jour, dont Sékou Touré devient le secrétaire général en 1952. Quatre ans plus tard, le voici simultanément député à l'Assemblée nationale française et maire de Conakry. Enfin, en 1957, celui que l'on surnomme affectueusement « Sily » (l'« Éléphant ») est membre du Conseil de l'Afrique occidentale française à Dakar et vice-président du conseil de gouvernement. Il est bien décidé à accueillir le général d'égal à égal.

Pour éviter tout quiproquo à l'annonce de la visite de l'homme du 18 Juin, Sékou Touré a remis son discours à Jacques Foccart quelques jours plus tôt. Mais « Monsieur Afrique » ne l'a pas transmis à de Gaulle. Résultat : le 27 août, le « Grand Charles » tombe de haut quand il entend le ton militant du dirigeant guinéen, qui estime l'indépendance totale préférable à l'association : « Nous préférons la liberté dans la pauvreté à la richesse dans l'esclavage. » La déception du Général s'exaspère le lendemain, quand, débarquant à Dakar, des pancartes du Parti du regroupement africain (PRA) réclament aussi l'indépendance complète pour le Sénégal. De plus, ni Leopold Sédar Senghor ni Mamadou Dia (bientôt respectivement président et Premier ministre du Sénégal) ne se sont déplacés à l'aéroport pour lui souhaiter la bienvenue. De là à penser que l'intransigeance de Sékou Touré va faire tache d'huile dans toute l'ancienne « Afrique française »...

Deux mois passent. À peine les Guinéens ont-ils dit « non » au référendum du 28 septembre sur le projet de Constitution de la Ve République prônant l'association – ils sont les seuls à le faire en Afrique –, que Sékou Touré devient la « bête noire » des services spéciaux français. Devenue indépendante le 2 octobre 1958, la Guinée est immédiatement reconnue par la Chine et l'URSS. Début 1959, elle adhère à l'ONU. À l'Élysée – de Gaulle a été élu président avant Noël –, Jacques Foccart donne le feu vert : « Déstabilisez la Guinée ! »

Baptême du feu pour le secrétaire général aux Affaires africaines et malgaches : les opérations vont aller *crescendo* sous la houlette technique du colonel Tristan Richard, responsable du secteur Afrique - Moyen-Orient au Service de documentation extérieure et de contre-espionnage (SDECE). Son principal relais, Maurice Robert, chef de poste SDECE à Dakar, active une dizaine d'« honorables correspondants » dans l'entourage du leader guinéen ainsi que dans l'opposition.

« J'ai été recruté par les services français, témoignera plus tard Bangouri Karim – animateur du Bloc africain de Guinée (BAG), puis secrétaire d'État guinéen aux Mines et à l'Industrie –, par l'intermédiaire de Jacques Périer, qui représentait les anciens Établissements français de l'Inde. En juillet 1959, je le rencontrai chez lui avenue Raymond-Poincaré pour lui faire mon premier rapport. La consigne secrète des services secrets français était, à l'époque, d'entrer dans le gouvernement d'union et dans l'administration, et de poursuivre le travail pour une prédominance française, sur tous les plans, notamment économique, culturel et politique. »

« C'est l'intendant militaire Arens qui m'a recruté », admettra également Keita Noumandian, le nouveau chef d'état-major interarmes, ancien tirailleur sénégalais qui a participé à la libération de Marseille avec l'armée de Lattre en août 1944. « Les premiers contacts ont été établis par le capitaine Boureau, officiellement attaché de presse à l'ambassade de France en 1960. De temps en temps, le capitaine Boureau passait à mon domicile pour prendre les renseignements sur l'armée, le moral des troupes, les rapports de l'armée avec le gouvernement. »

« Boureau » ? Il s'agit de Boureau-Mitrecey, le même officier qu'on a vu animer la Main rouge à Tanger pour saborder des navires bourrés d'armes en partance pour l'Algérie [▷ p. 50]. Ce spécialiste du sabotage doublé d'un « officier traitant » exceptionnel recrute des opposants guinéens à la politique. Il est venu remplacer l'« attaché culturel », l'homme du SDECE que l'on estime grillé et que Robert a rapatrié dare-dare. Car dès les premiers jours de l'indépendance, des experts d'Europe de l'Est, surtout ceux du StB, la police secrète tchécoslovaque, habituée à opérer contre les Français, sont venus former les hommes de la sécurité guinéenne. L'afflux de conseillers de l'Est conforte *a posteriori* les motifs d'isoler la Guinée et de la déstabiliser.

Guérilla des frontières et monnaie de singe

De son poste de Dakar, le commandant Robert et des agents sous couverture resserrent les boulons et effectuent des liaisons avec des hommes d'affaires enclins à rester dans le pays, les « Français de Guinée », dont 30 000 planteurs. C'est le cas d'un agent du SDECE qui gère la boutique des souvenirs à l'Hôtel de France à Conakry, où il surveille des experts russes, tchèques et chinois.

Simultanément, dans un grand plan d'ensemble géré par Robert, de concert avec Foccart, la Piscine décide d'impulser une guérilla des frontières dans la zone de Fouta Djalon, grâce à une petite armée composée essentiellement de Peuls. Le visage barré d'une moustache très British, le colonel Freddy Bauer débarque à Dakar avec des instructeurs du service Action. Cet ancien de l'École de brousse de la demi-brigade SAS en Indochine et du 11e Choc en Algérie est un baroudeur de premier choix, mais il ne passe pas inaperçu. Les caches d'armes établies sur la frontière de la Côte-d'Ivoire et du Sénégal sont détectées et l'opération *Fouta Djalon* finit mal pour les « harkis guinéens ». Senghor avait fait savoir qu'il acceptait qu'on lance ces missions, mais à condition d'agir vite et discrètement. C'est raté ! Quant à Houphouët-Boigny, favorable au départ, il finit par se fâcher et agonir d'insultes le haut-commissaire de France, Yves Guéna.

C'est pourquoi la Piscine a doublé ses réseaux. À l'insu de Robert, la mission *Jimbo* de Marcel Chaumien, *alias* « Monsieur Armand », est plus discrète. Ce dernier appartient au Service 7 du SDECE, celui des opérations spéciales, et « traite » le réseau d'honorables correspondants dans les compagnies aériennes Air France et UAT, dirigées par un ami du service, ancien pilote de l'Espagne républicaine, Roger Loubry (qui réalisa, en 1948, le premier vol Paris-New York à bord d'un Constellation d'Air France). Il ne néglige pas les compagnies de transport au sol, comme la société « Taxis Services », dirigée par Valentin T. à Conakry.

Les opérations s'intensifient fin 1959 : ainsi, l'ancien radio de Chaumien pendant la résistance antinazie, Roger Soupiron (*alias* « JIM 524 »), se rend incognito à Conakry, puis il monte une opération spéciale à Freetown, en Sierra Leone, avec son agent « JIM 570 ». Objectif : faire rater la visite de Sékou Touré en Grande-Bretagne, à l'invitation chaleureuse de la Reine Elizabeth ! L'entente cordiale n'est pas de mise.

Entre-temps, à Paris, le général Grossin voit grand. Le chef de la Piscine a eu personnellement l'idée de monter l'opération : ruiner l'économie guinéenne en l'inondant de fausse monnaie. Le colonel Guy Marienne (*alias* « Morvan »), patron du Service 7, fait fabriquer de la monnaie de singe dans l'imprimerie secrète du SDECE – des billets de 5, 10, 100, 500 sylis (du nom de l'« Éléphant ») –, au moment où la banque centrale de la République de Guinée s'apprête à produire ses propres billets en mars 1960. La Banque de France, sur instructions du général de Gaulle, a déjà rendu inutilisables trois millions de francs CFA, demeurés à Conakry, en refusant de faire paraître le décret d'émission qui authentifie d'une lettre chaque billet selon le territoire africain. Autrement dit, les francs CFA en provenance de Guinée ne sont pas acceptables au Mali ou au Sénégal. Alors que Sékou Touré fait imprimer à Prague sa propre monnaie, le SDECE introduit ses faux billets en masse et inonde le marché guinéen.

« Sékou Touré se retrouve avec une monnaie inexportable, ruiné, aux abois », expliquera plus tard Marcel Leroy (*alias* « Finville »), le numéro deux du Service 7 qui a également contribué à cette situation catastrophique en se rendant à Conakry. Il ajoute : « Il est à plat ventre, comme le souhaitait le Général. Mais pas devant la France. Il se tourne définitivement vers les régimes socialistes. Les Tchèques prennent en main l'administration, encadrent la police. Le folklore bon enfant fait place à la terreur d'État. »

Pourtant, contrairement à ce que l'on a souvent dit, le départ du général de Gaulle en 1969 n'empêche ni Jacques Foccart – un temps mis sur la touche – ni le SDECE – alors dirigé par Alexandre de Marenches – de poursuivre les opérations contre la Guinée.

Les services secrets portugais au secours du SDECE

Après avoir raté le renversement de Sékou Touré en solo, le SDECE s'appuie sur des services spéciaux portugais, colonisateurs de la Guinée-Bissau voisine, où ils combattent la guérilla d'Amilcar Cabral, le chef du Parti africain pour l'indépendance de la Guinée et des îles du Cap-Vert (PAIGC). En 1970, le SDECE monte de concert avec la Police internationale de défense de l'État (PIDE/DGS) et les renseignements militaires portugais (DINFO) l'opération *Mar verde*, dans le but de renverser Sékou Touré. Le dictateur Marcelo Caetano y a tout intérêt : il espère, grâce aux Français, détruire le soutien logistique du leader de Conakry au PAIGC. Mais l'opération va capoter.

Dans un livre sur les renseignements militaires portugais, publié en 1998, la journaliste d'investigation Paula Serra cite le commandant Alpoim Calvão, chef de l'invasion de novembre 1971, côté portugais. Son bilan de l'opération n'est guère flatteur, ni pour le SDECE ni pour les services de Lisbonne : « Nous avons tout raté faute de renseignements de qualité ! Nos informations aussi bien politiques et stratégiques que tactiques et opérationnelles étaient quasiment nulles [1]... »

Cependant, le 20 janvier 1973, Amilcar Cabral est assassiné (par des membres de son parti manipulés par les services portugais). Et Barbieri Cardoso, le patron des opérations africaines de la PIDE, décide que c'est le moment ou jamais de porter l'estocade aux indépendantistes. Rencontrant fréquemment Alexandre de Marenches, le Portugais n'a aucun mal à obtenir l'appui de la Piscine dans une nouvelle initiative baptisée « opération *Saphir* ».

Le principe en est simple : c'est une partie de billard. La PIDE et le SDECE infiltrent le PAIGC, affaibli par la disparition de son chef charismatique ainsi que par les tensions politiques et ethniques qui prévalent entre Guinéens et Cap-Verdiens. Le but recherché, grâce à deux agents provocateurs de la PIDE infiltrés à la direction du mouvement de libération, est que les Cap-Verdiens fassent sécession, encouragés par Sékou Touré, et que les Guinéens, furieux, s'opposent à ce dernier. Mieux encore, dans un rapport du 3 avril 1973,

1 Paula Serra, *DINFO. Histórias secretas do serviço de informações militares*, Dom Quixote, Lisbonne, 1998.

la PIDE explique à ses amis du SDECE comment on arrivera à atomiser la faction guinéenne du PAIGC entre pro-Sékou Touré et pro-Occidentaux, dont l'un des groupes dirigé par Samba Djaló, le chef de la sécurité du PAIGC dans la région nord, et basé au Sénégal, accepterait de monter l'assassinat du dirigeant de Conakry.

Quatre hauts fonctionnaires affidés à la PIDE dans cette capitale sont de mèche avec les comploteurs regroupés au sein d'un Front de libération nationale de Guinée (FLNG). Le plan final est prévu pour juillet 1974. Un rapport du SDECE du 4 avril présente les détails concernant les communications et le transport de troupes par avion. Le compte à rebours de *Saphir* se décline ainsi : « 16-23 avril : réunion dans un pays africain avec les dissidents du PAIGC, les Guinéens (Conakry), etc. Établissement du plan d'action ; 22 avril-5 mai : instruction des dirigeants par nos techniciens en Europe. Réunion possible à Bruxelles (sans les gens du PAIGC) ; fin mai-début juin : installation du matériel et du personnel ; 2ᵉ et 3ᵉ semaines de juin : entraînement du personnel ; fin juin, début juillet : lancer l'action ! »

Mais les services spéciaux peuvent-ils altérer le cours de l'Histoire ? Le 25 avril 1974, Barbieri Cardoso a fait le voyage à Paris pour finaliser l'opération *Saphir* avec de Marenches. Dès que ce dernier le reçoit à la Piscine, il interroge l'homme de la PIDE : « Savez-vous ce qui se passe chez vous ? » Le Portugais fait la moue : « La révolution, mon cher ! » En effet, la « révolution des Œillets » vient d'éclater, selon un plan conçu par des capitaines démocrates de l'armée coloniale. Fort de ses amitiés françaises, Cardoso pourra rester à Paris, chaperonné par le colonel Jacques de Lageneste, chargé des liaisons extérieures du SDECE. Le même qui, un peu plus tard, prendra langue avec le général Antonio de Spinola, ancien gouverneur de Guinée-Bissau, pour organiser la contre-révolution au Portugal…

Le 24 janvier 1976, le journal *Expresso* de Lisbonne publie des documents de l'opération *Saphir*, définitivement enterrée, d'autant que des relations diplomatiques franco-guinéennes ont été rétablies en 1975. C'est l'occasion de libérer des « espions français » détenus en Guinée, souvent victimes de la paranoïa d'un régime poussé dans ses retranchements. Ainsi Jacques Marcellier, arrêté et interné au camp de Boiro. Cet ancien militant socialiste, propriétaire de cinémas, avait été élu en 1957 sur la liste du RDA et s'était rallié à Sékou Touré. À l'indépendance, il se fixe dans son pays d'adoption et milite dans le parti au pouvoir, avant d'être soudain dénoncé comme « espion » suite au complot franco-portugais de 1971. Libéré en 1975, il ne s'en remettra pas et mourra de chagrin cinq ans plus tard à Paris.

Sa trajectoire illustre le gâchis provoqué par la guerre secrète lancée par Foccart et le SDECE contre la Guinée. La révolution des Œillets correspond à l'arrivée de Valéry Giscard d'Estaing à la présidence et bientôt Foccart sera écarté des affaires africaines, non sans laisser derrière lui des réseaux actifs.

À la fin de sa vie, il a livré une anecdote parlante sur ces menées anti-guinéennes dans une interview fleuve réalisée par le journaliste Philippe Gaillard : « "Monsieur Afrique" avoue : "Nous avons déjà parlé de l'affaire montée contre Sékou Touré à partir du Sénégal en avril 1960. Le général [de Gaulle] l'a apprise par la protestation que lui a adressée Mamadou Dia. Il était furieux. "Qu'est-ce que c'est que cette histoire ? Qui a pu faire cela ?" Il aurait pu exploser, me demander de quel droit j'avais pris de telles initiatives. Mais je lui ai donné des explications. Il a eu un commentaire laconique : "Dommage que vous n'ayez pas réussi" [1]. »

◀ **R. F.**

Pour en savoir plus

Philippe Bernert, *SDECE, Service 7*, Presses de la Cité, Paris, 1980.

Roger Faligot et Pascal Krop, *La Piscine*, Seuil, Paris, 1985.

Jacques Foccart, *Foccart parle. Entretiens avec Philippe Gaillard*, tome 1, Fayard/Jeune Afrique, Paris, 1995.

Paula Serra, *DINFO. Histórias secretas do serviço de informações militares*, Dom Quixote, Lisbonne, 1998.

Le « coup de main » des services français au roi du Maroc : l'affaire Ben Barka

Le 29 octobre 1965, devant la brasserie Lipp, boulevard Saint-Germain à Paris, Mehdi Ben Barka, leader en exil de l'opposition au régime du roi du Maroc Hassan II, est abordé par l'inspecteur principal de la préfecture de Police de Paris (PP), Louis Souchon, et son

1 Jacques Foccart, *Foccart parle. Entretiens avec Philippe Gaillard*, *op. cit.*

adjoint, Roger Voitot. Les deux policiers présentent leurs cartes professionnelles et lui demandent de monter avec eux dans la voiture de service où les attend Antoine Lopez, chef d'escale à Orly mais surtout « honorable correspondant » du Service de documentation extérieure et de contre-espionnage (SDECE) et ami de nombreuses personnalités marocaines. C'est lui qui a persuadé les deux policiers qui connaissent son appartenance au contre-espionnage de rendre service aux plus hautes autorités de l'État en convoyant officiellement Ben Barka à un mystérieux rendez-vous.

Le leader marocain ne réapparaîtra jamais. Et, plus de quarante ans après sa disparition, malgré des « révélations » successives et contradictoires, comme lors de la mission au Maroc en mai 2005 du juge Patrick Ramaël – chargé de l'instruction toujours ouverte en France –, son corps n'a toujours pas été retrouvé.

Les faits mettent donc directement en cause la préfecture de Police de Paris, qui, connaissant les menaces pesant sur Ben Barka, avait fourni les policiers et le véhicule officiel réclamés par Antoine Lopez. Mais le SDECE, qui soupçonnait depuis longtemps les intentions du gouvernement marocain envers son principal opposant, ne se trouve pas moins impliqué dans l'enlèvement. Ces deux institutions seront d'ailleurs sanctionnées : la PP y perdra une grande partie de son autonomie ; et le SDECE, dont la direction sera remaniée, échappera à la tutelle du Premier ministre pour passer sous celle du ministre des Armées, à l'époque le fidèle gaulliste et ancien légionnaire Pierre Messmer.

« Du côté français, que s'est-il passé ? Rien que de vulgaire et de subalterne. Rien, absolument rien n'indique que le contre-espionnage et la police, en tant que tels et dans leur ensemble, aient connu l'opération, *a fortiori* qu'ils l'aient couverte. » Ainsi s'exprime le général de Gaulle, lors d'une conférence de presse, le 21 février 1966. Le commentaire peut paraître aujourd'hui tout à la fois désobligeant et erroné. Désobligeant, parce que le désinvolte « que s'est-il passé ? » renvoie à rien moins que l'enlèvement quatre mois plus tôt de Mehdi Ben Barka. Erroné, parce que les services de police et de renseignement français étaient parfaitement au courant de ce que leurs collègues marocains préparaient contre Ben Barka et qu'ils y étaient même impliqués.

Le président de la République savait d'ailleurs pertinemment que le tableau qu'il dressait à l'intention des journalistes ne correspondait pas vraiment à la réalité, puisque, lors du conseil des ministres précédent, il avait frappé sur la table, fustigé l'attitude des services français et pris à partie le ministre de l'Intérieur, Roger Frey. Le général de Gaulle minimisait ainsi volontairement et publiquement une opération des services marocains, qui s'était déroulée sur le territoire national avec l'accord implicite d'éléments du SDECE. Mais au fond, cette affaire l'intéressait beaucoup moins que sa décision de sortir l'armée française du giron de l'OTAN [▷ p. 299] et de faire partir les troupes américaines encore stationnées en France, qu'il avait annoncée lors de la même conférence de presse.

En butte aux silences, aux mensonges officiels et au « secret-défense », la justice patauge. Elle inculpe finalement treize personnes, parmi lesquelles figurent du côté français Louis Souchon, Roger Voitot et Antoine Lopez, ainsi que son officier traitant du Service 7 du SDECE, Marcel Leroy-Finville. Le truand professionnel et compagnon de route du Service d'action civique (SAC) [▷ p. 78] Georges Boucheseiche apparaît également dans la distribution, de même que Georges Figon, le petit escroc organisateur du piège destiné à faire venir Ben Barka à Paris, sous prétexte d'un projet de film. Autre mystère de l'affaire : Figon est découvert mort le 17 janvier 1966, opportunément « suicidé » au moment même où la police frappait à sa porte.

Côté marocain, la justice poursuit des personnalités comme le général Mohamed Oufkir, ministre de l'Intérieur, et Ahmed Dlimi, directeur général de la Sûreté. À l'issue du procès, le 5 juin 1967, seuls Antoine Lopez, Louis Souchon et le général Oufkir, qui ne s'est pas présenté devant la justice, seront condamnés. Les débats de la cour d'assises n'ont permis de découvrir ni les raisons de l'attitude pour le moins complaisante des services français, ni les circonstances et le lieu du meurtre.

◂ **F. Z.**

Pour en savoir plus

Philippe Bernert, *SDECE, Service 7. L'extraordinaire histoire du colonel Leroy-Finville et des clandestins*, Plon, Paris, 1980.

Roger Faligot et Pascal Krop, *La Piscine. Les services secrets français de 1944 à nos jours*, Seuil, Paris, 1985.

Daniel Guérin, *Ben Barka et ses assassins, seize ans d'enquête*, Plon, Paris, 1982.

Roger Muratet, *On a tué Ben Barka*, Plon, Paris, 1967.

Gilles Perrault, *Notre ami le roi*, Gallimard, Paris, 1990.

Jean-Pierre Tuquoi, *Majesté, je dois beaucoup à votre père... France-Maroc, une affaire de famille*, Albin Michel, Paris, 2006.

Bernard Violet, *L'Affaire Ben Barka*, Fayard, Paris, 1991.

Foccart, Elf et le sang noir de l'Afrique

Pour faire fonctionner un État moderne, il faut de l'énergie. Longtemps négligée, la politique pétrolière française sera relancée après 1945 par un groupe d'hommes menés par Pierre Guillaumat. Ils vont mettre en place une nouvelle politique énergétique, qui passe par la découverte et l'exploitation de gisements au Moyen-Orient, et surtout en Afrique. Dans les anciennes colonies françaises, les puits commencent à produire au tournant des années 1950, alors même que ces pays accèdent à l'indépendance.

Pour garantir l'approvisionnement pétrolier de la France, et aussi son accès aux ressources uranifères africaines, la Ve République va utiliser un homme dont la puissance ira croissante durant deux décennies : Jacques Foccart. Avec ses réseaux, ses féaux et une science consommée de l'intrigue, avec ses coups tordus et ses relations étroites avec les chefs d'État africains, il va consolider la présence de la France dans cette partie du monde. Une histoire qui remonte loin !

Aux origines : l'ingénieur Pierre Guillaumat

En 1918, Pierre Guillaumat a neuf ans. Son père, le général Louis-Adolphe Guillaumat, fut chef de cabinet du ministre de la Guerre en 1914, commandant en chef des armées d'Orient en 1917 (il deviendra lui-même, en 1926, ministre de la Guerre du gouvernement d'Aristide Briand). À la fin de la Première Guerre mondiale, de quoi parle-t-il ? De pétrole. Plus précisément, de la supplication à laquelle Georges Clemenceau a dû s'abaisser en 1918 pour obtenir de l'essence américaine. La paix de Brest-Litovsk a été signée le 3 mars 1918 entre Lénine et les Allemands, et les Alliés allaient devoir affronter des troupes jusqu'alors engagées sur le front russe. C'est alors que la puissante Standard Oil choisit d'interrompre les livraisons d'essence à la France : elle estimait qu'après l'effondrement de l'Empire ottoman, les Britanniques, qui disposaient des ressources pétrolières de Mésopotamie, le futur Irak, étaient désormais responsables de l'approvisionnement en carburant des Français.

Le jeune Pierre comprend alors, expliquera-t-il plus tard, qu'une nation digne de ce nom doit disposer de ses propres ressources énergétiques. En bon polytechnicien et ingénieur des Mines, devenu « corpsard » dans cette minuscule coterie prenant traditionnellement en charge les questions énergétiques [▷ p. 235], il fera de la solution de ce problème complexe l'œuvre de sa vie. À la fin de la Seconde Guerre mondiale, qu'il passe en Afrique du Nord en consacrant une part majeure de son temps d'abord au service de renseignement du général Henri Giraud, le concurrent du général de Gaulle, puis au Bureau central de renseignement et d'action (BCRA) gaulliste et enfin à la Direction générale des services spéciaux (DGSS), qui regroupe les deux, le voilà patron de la Direction des carburants (DICA) du libérateur de la France dès la fin de 1944. Tout est à faire : la France, qui ne possède pas davantage d'accès au pétrole qu'avant-guerre, n'a en outre plus de raffineries – toutes détruites – ni même de pétroliers.

Aux origines de l'ère pétrolière, la France n'a pas eu la vision stratégique des Américains et des Britanniques, et ne s'est donc pas taillée dans les temps son indispensable empire d'or noir. Même l'Allemagne avait fait mieux : le sultan de la Sublime Porte, qui s'était attribué à titre personnel les richesses irakiennes en 1899, avait accordé à la Deutsche Bank la concession d'une ligne de chemins de fer à construire entre Constantinople et le golfe Persique. L'article 22 de ce contrat attribuait au concessionnaire l'exploitation de toutes les richesses découvertes dans une bande de quarante kilomètres de large de part et d'autre de la voie ferrée. Où gisaient, comme par hasard, de fabuleuses réserves pétrolières. Mais les Allemands n'étaient pas seuls à voir loin : dès 1902, l'Anglo-Persian Oil, ancêtre de la British Petroleum, allait chercher à étendre à la Mésopotamie les droits de recherche acquis en Iran, auxquels s'associait bientôt la Royal Dutch Shell.

À la fin de la Première Guerre mondiale, les troupes britanniques occupent par surprise la ville irakienne de Mossoul, pourtant attribuée à la France. Paris n'en obtiendra que tardivement la compensation, à savoir le droit d'exploiter le quart du pétrole irakien. C'est la Compagnie française des pétroles (CFP) – créée seulement en 1924 – qui héritera, après moult tractations, péripéties et traquenards diplomatiques des Britanniques et des Américains, du quart du capital et des droits de pompage de l'Irak Petroleum Company. Profitable mine d'or noir, qui suffira longtemps aux modestes besoins de la France, laquelle ne voit poindre ni la naissance de l'économie du pétrole ni même l'extraordinaire puissance qui s'offre aux maîtres de la ressource.

Dès 1945, Guillaumat présente au Général les lignes de force d'un plan stratégique visant à faire cesser la dépendance française vis-à-vis des grands monopoles pétroliers anglo-américains. Il incite de Gaulle à créer un groupe pétrolier d'État, apte à prospecter et à passer des accords au nom de la France. Seconde ambition : briser le monopole de la CFP, jugée trop favorable aux grandes majors américano-britanniques, et donc accusée de ne pas se préoccuper de l'indépendance nationale.

Un tel discours ne pouvait que plaire au Général, qui fait siennes les propositions de Guillaumat. Le fruit de cette volonté sera le Bureau de recherches pétrolières (BRP), créé en octobre 1945, que Guillaumat dirigera jusqu'en 1958. De cette initiative et de sa fusion avec plusieurs autres entreprises – notamment la Régie autonome des pétroles (RAP) et l'Union générale des pétroles (UGP) –, naîtra en 1965 l'Entreprise de recherches et d'activités pétrolières (ERAP), dont Guillaumat sera le premier président. Devenue Elf-ERAP, puis Elf Aquitaine, en 1976, après la fusion avec la Société nationale des pétroles d'Aquitaine (SNPA), Elf (fondue depuis 2000 dans le groupe Total) sera longtemps au cœur de relations tumultueuses entre la France, le Moyen-Orient et l'Afrique.

Pierre Guillaumat demeurera durant des décennies l'incarnation de la politique pétrolière française. Pour que la France sorte de sa dépendance absolue à l'égard des « sept sœurs [1] », il faut à tout prix découvrir des gisements et les mettre en exploitation rapidement. Les efforts seront couronnés de succès : ce seront les découvertes de Lacq (Pyrénées-Atlantiques), en 1949 ; puis, en Algérie, de Edjeleh, de Hassi R'rmel, de Zarzaïtine et surtout de Hassi-Messaoud, en 1956, le plus énorme des gisements algériens alors identifiés. Ces découvertes sont d'une importance capitale – et pas seulement pour la France, puisque les puits sahariens promettent de couvrir à eux seuls le tiers des besoins pétroliers du Marché commun !

Ensuite arrivent les nouvelles ressources gabonaises et congolaises, iraniennes et irakiennes : autant de succès que Guillaumat a favorisés, assurant effectivement pour de longues années l'approvisionnement énergétique de la France. L'histoire fait bien les choses : le pétrole français commencera à sourdre des puits d'exploitation en 1958. Manière pour les pétroliers de célébrer, à leur façon, le retour de Charles de Gaulle au pouvoir.

Pour Guillaumat, la première partie de sa tâche est accomplie. Cet ingénieur d'une froideur glaciale, caricature du technocrate que la défaite ne visite pas davantage que le doute, est bien un homme providentiel. Car il avait également pensé à l'atome, préparant non seulement la France à posséder la bombe atomique, mais aussi à l'énergie nucléaire civile [▷ p. 261]. Tout en poursuivant ses activités pétrolières, il était devenu en même temps – à partir de 1951 – délégué du gouvernement au CEA

---

1 La Standard Oil, fondée en 1863 par John D. Rockefeller et Henry Flagler, éclata en 1911. Trois des sociétés issues de cet éclatement ont longtemps formé l'ossature de l'industrie pétrolière anglo-américaine : la Standard Oil of New Jersey (qui deviendra Esso, puis Exxon), la Standard Oil of New York (Mobil) et la Standard Oil of California (Chevron). Avec les sociétés Gulf, Texaco, Royal Dutch/Shell et Anglo-Persian (BP), elles constituaient le groupe des « sept sœurs ».

(Commissariat à l'énergie atomique). C'est donc lui qui, sous la IVe République, prépara clandestinement la bombe. Simultanément, cet homme décidément indispensable préside aux destinées d'EDF (1954-1959). Ministre des Armées en juin 1958, il n'est là que pour la bombe, et se révélera peu intéressé par les autres aspects de ce poste pourtant éminent en pleine guerre d'Algérie, qu'il occupera jusqu'en février 1960 ; avant de devenir ministre délégué chargé de l'Énergie atomique, de la Recherche et de la Fonction publique, jusqu'en avril 1962. Après un bref retour à EDF (1964-1965), il prend donc la tête d'ERAP et, simultanément, la présidence de la SNPA. En 1976, il devient patron du nouvel ensemble né de la fusion des deux groupes, Elf Aquitaine.

La tradition américaine des « coups tordus » pétroliers

L'ingénieur Guillaumat avait ainsi permis de fédérer les efforts français en matière d'exploration pétrolière. Mais il ne suffit pas de découvrir de l'or noir. Il convient de l'exploiter dans les meilleures conditions économiques et politiques. Ce qui n'est pas une mince affaire, car le business est stratégique. L'accès aux ressources se négocie quand c'est possible. Sinon, il se prend... En 1951, la nationalisation de l'industrie pétrolière iranienne avait été décidée par le Parlement national et entérinée par le shah Mohamed Rezah Pahlavi après la nomination au poste de Premier ministre de Mohammad Mossadegh, partisan de la démocratisation du régime. Mais cette nationalisation pétrolière heurtait de front les intérêts britanniques, représentés par l'Anglo-Iranian Oil Company (depuis 1935 nouveau nom de l'Anglo-Persian Oil Company), tandis que la CIA, tout comme le président Harry Truman et son successeur Dwight Eisenhower, craignait de voir cette évolution déboucher sur un basculement stratégique de l'Iran, travaillé par le puissant parti communiste Toudeh, dans le giron de l'Union soviétique toute proche.

Washington et Londres décident alors, comme le fera plus tard la France dans ses anciennes colonies d'Afrique subsaharienne, d'imposer des solutions politiques contraires aux choix démocratiques du peuple iranien, en usant des procédés classiques : corruption, chantage, manipulations, menaces, provocations et, pour finir, coup d'État militaire organisé, financé et commandé par Washington, sur ordre direct du nouveau président Dwight Eisenhower. Le 19 août 1953, Mossadegh est renversé *manu militari* par la CIA, soucieuse de consolider Reza Palhavi, sur lequel une pression maximale était mise par le général H. Norman Schwarzkopf (le père de l'officier qui allait commander les forces alliées dans la guerre du Golfe, trente-sept ans plus tard, cette fois pour sauver l'accès des Occidentaux aux puits de pétrole du Koweït). Le Shah demeurera vingt-six ans au pouvoir, appuyé sur la sinistre police secrète Savak, toujours au mieux avec l'agence de Langley, jusqu'à son éviction par la rue et les ayatollahs en 1979. Victoire du fondamentalisme islamique que la CIA, pourtant présente dans le pays, n'avait pas vu venir...

Mais la tradition des interventions dans les affaires intérieures de pays considérés comme stratégiques, de l'appui aux forces les plus réactionnaires et les moins démocratiques qui soient, constante de la politique américaine, sera appliquée par la France avec une vigueur similaire... Pierre Guillaumat et les hommes de fer de la Ve République seront toutefois plus prudents que d'autres. Aucun d'entre eux ne subira le sort funeste de l'Italien Enrico Mattei, qui prend la tête de l'Agence générale du pétrole italien (AGIP) en 1945, avant de devenir patron de la société pétrolière italienne ENI. Il meurt, le 27 octobre 1962 [1], dans un mystérieux accident d'avion dont les Italiens sont nombreux à penser qu'il trouve son origine dans le conflit avec les « sept sœurs » pour garantir l'accès de l'Italie aux ressources pétrolières, du fait des conditions exigées par ces dernières. À savoir le fameux *fifty-fifty* (moitié des revenus pétroliers pour le pays producteur, moitié pour l'exploitant bénéficiant d'une concession) négocié entre l'Arabie Saoudite et Aramco dans les années 1950, et qui va progressivement s'imposer comme la règle. Jusqu'à ce que les Algériens exigent en 1965 un nouveau contrat d'association, principe perfectionné en 1966 lors d'un accord entre la France et l'Iran, qui permet au pays producteur de conserver la propriété de sa ressource naturelle : les compagnies étrangères recherchent à leurs frais les nouvelles ressources, mais bénéficient en contrepartie d'un droit de tirage sur les hydrocarbures produits, dont les quantités et le prix sont négociés. Elf innove donc, provoquant le courroux de tous ces concurrents anglo-américains, mais aussi de la CFP. Néanmoins, les choses avancent...

Foccart l'Africain

Si la CFP puise sa richesse dans les puits historiques du Moyen-Orient partagés avec les Anglo-Saxons, les efforts de la France pour assurer son indépendance vont se concentrer après-guerre sur son « empire », à savoir ses colonies. S'en chargeront alors les entreprises publiques qui donneront naissance à Elf-ERAP en 1965. Rien n'est aussi simple, bien sûr. La CFP société privée (que sa légende veut tranquille et gérant ses richesses

1 Cette affaire – où le SDECE français avait été faussement mis en cause – a été évoquée dans un beau film de Francesco Rosi, *L'Affaire Mattei* (1972).

en bon père de famille), et Elf-ERAP (que l'on perçoit souvent telle une aventurière aux pratiques aussi téméraires que douteuses) vont se comporter en sœurs ennemies, chacune bien décidée à bénéficier de la plus juteuse part du gâteau. Pour simplifier, la CFP se montrerait sensible aux arguments réfléchis des diplomates du Quai d'Orsay, quand Elf ne craindrait pas de recourir aux méthodes musclées prisées par les services spéciaux, voire celles des barbouzes. Les gaullistes auront pour cette dernière les yeux de Chimène...

Nous sommes au début des années 1960, la décolonisation est en marche. Et ce sont les hommes de Guillaumat qui ont la main sur les découvertes en Afrique noire. La compétition est farouche partout dans le monde, mais nulle part autant qu'en Algérie, où les deux sociétés, bénéficiant de permis de recherche mitoyens, exploiteront en même temps le gisement d'Hassi-Messaoud sans jamais s'associer. Tous les équipements seront construits en double, y compris deux pistes d'aérodrome, jusqu'à ce que le président algérien Houari Boumediene décide la création de sa propre société nationale, la Sonatrach, et nationalise en 1971 les sociétés françaises opérant sur son territoire. Contrairement à Pierre Guillaumat et à Elf, qui n'acceptent pas la nationalisation, la CFP ne quittera pas l'Algérie.

Revenons à l'Afrique. Elle fascine depuis des siècles les élites françaises. Elles y ont bâti des fortunes colossales – et continuent de le faire – sur l'exploitation des richesses naturelles du continent noir, non sans y avoir bénéficié durant des décennies d'un marché captif constitué de millions de consommateurs dont la masse compensait la modicité des revenus. Au point que, depuis les années 1990, des militants indignés par les silences de l'histoire officielle sur cette réalité, comme François-Xavier Verschave [1], ont violemment dénoncé les relations entre la France et ses colonies (puis ex-colonies) d'Afrique, d'abord perçues comme un amoncellement de scélératesses, de corruption et d'ignominies diverses. L'un de leurs arguments majeurs – qui reprend, les nuances en moins, celui de nombreux journalistes enquêteurs [2], d'analystes et d'experts africains, français et autres – est le rôle d'Elf en Afrique noire, et en particulier l'étroite imbrication de cette société pétrolière avec les réseaux montés dès les années 1950 par l'un des plus proches collaborateurs du général de Gaulle, Jacques Foccart (1913-1997), dont on sait l'action décisive dans les « affaires africaines » de la France postcoloniale [▷ p. 133].

1 François-Xavier Verschave, *La Françafrique. Le plus long scandale de la République*, Stock, Paris, 1998.

2 Notamment de Pierre Péan, *Affaires africaines*, Fayard, Paris, 1983. Un ouvrage qui demeure une indispensable référence.

Initié après la Seconde Guerre mondiale à l'Afrique, ses passions et ses tourments, lors des voyages qu'y effectua la Général durant sa longue traversée du désert, ce personnage replet joua ensuite un rôle considérable. Homme d'affaires et de réseaux issus de la Résistance – qui demeureront toute sa vie à la base de l'entrelacs dont il était le cœur –, ancien du BCRA et du Rassemblement du peuple français (RPF), il créa une extraordinaire nébuleuse de relations mêlant à la politique l'affairisme avec les compradores africains. Le tout étroitement enchevêtré avec la conquête du pouvoir – et à sa conservation par tous les moyens imaginables, surtout les pires – au sommet des nouveaux États décolonisés dans la douleur.

Surnommé « la Foque », Jacques Foccart arrive aux affaires, les vraies, dans les valises du Général, dont il avait puissamment contribué au retour en 1958, y compris grâce aux basses œuvres. Il passe à cette époque beaucoup de temps au centre du service Action du SDECE, à Cercottes, non loin d'Orléans, où il possède son rond de serviette [1]. Conseiller technique à Matignon dès 1958, puis à l'Élysée, il devient secrétaire général de la Communauté en 1960, puis obtient le titre ronflant avec lequel il fera désormais corps : « secrétaire général à la présidence de la République pour la Communauté et les Affaires africaines et malgaches », un poste qu'il conservera sous la présidence de Georges Pompidou, jusqu'à la mort de ce dernier en 1974. Sous Valéry Giscard d'Estaing, son ancien adjoint René Journiac lui succèdera jusqu'à sa mort au Cameroun, le 6 février 1980, dans un accident de l'avion personnel prêté par le président gabonais Omar Bongo. Au carrefour du « domaine réservé » cher à de Gaulle [▷ p. 299] et des services secrets, dont il filtre et choisit les informations dignes d'être transmises au général-président, Foccart n'est pas seulement le père Joseph de la politique africaine. C'est également l'un des barons du gaullisme, membre du premier cercle de la garde rapprochée, qui compte également Jacques Chaban-Delmas, Olivier Guichard, André Malraux, Roger Frey, Georges Pompidou et Michel Debré.

Lui passe son temps en Afrique noire, dont il reçoit également à Paris le ban et l'arrière-ban des dignitaires, dans son bureau du 2, rue de l'Élysée, voire dans sa maison de Luzarches, la villa Charlotte. Maître exclusif de la chasse gardée africaine, fonctionnant hors de toute hiérarchie politique, jouissant d'une préséance de fait sur les membres du gouvernement, y compris les plus éminents, nommant et remerciant les ambassadeurs, il n'a de comptes à rendre qu'au Général. Il exerce un magistère de l'ombre, dicte ses ordres aux ministres français aussi bien qu'aux présidents africains ou aux représentants de l'État dans les DOM-TOM, reliefs de l'Empire, tout

1 Pierre Péan, *L'Homme de l'ombre. Éléments d'enquête autour de Jacques Foccart, l'homme le plus mystérieux et le plus puissant de la Ve République*, Fayard, Paris, 1990, p. 213.

autant qu'aux nervis du Service d'action civique (SAC) [▷ p. 78]. À tel point qu'on lui prêtera un rôle dépassant les directives pourtant extensives données par Charles de Gaulle. Mais sur ce point, il fera condamner les mauvaises langues. Et il détestera toujours que l'on parle des « réseaux Foccart », allant jusqu'à qualifier cette idée de « jolie fumisterie » devant la commission d'enquête parlementaire sur le SAC en 1981...

Les hommes de Foccart

En Afrique, ses hommes liges sont partout. Les potentats africains n'aimant rien tant que la stabilité, garantie de bonnes relations avec l'Élysée, les hommes de Foccart demeurent en place durant des années. Jacques Raphaël-Leygues, choisi par lui pour devenir ambassadeur en Côte-d'Ivoire, restera en poste de 1963 à 1979 – et son successeur Michel Dupuch le remplacera pour les quatorze années suivantes (1979-1993), bien sûr avec l'accord de Félix Houphouët-Boigny. Au Gabon, Maurice Delauney restera en place de 1965 à 1972 – il gérera dans cette période le soutien à l'éphémère « république du Biafra » [▷ p. 147] –, avant d'y revenir de 1975 à 1979.

Les hommes de Foccart sont souvent des anciens des services spéciaux. Chez Omar Bongo, toujours au Gabon – son pétrole et ses mines d'uranium valent le détour... –, c'est donc Maurice Robert, ancien chef de la section Afrique du SDECE, qui occupera l'ambassade de Libreville de 1979 à 1981. Mais avant, que faisait-il ? À partir de 1973, chassé du SDECE par Alexandre de Marenches, il fut chargé du renseignement chez Elf. Faut-il voir dans cette arrivée, comme on l'a souvent écrit, la naissance d'un service de renseignement privé apte à concurrencer le SDECE sur les terres africaines ? On n'en est pas très loin, à en croire Maurice Robert : « Je n'entendais rien au pétrole. Mes activités consistaient pour l'essentiel à me tenir informé de ce qui se passait aux plans politique et économique dans les pays dans lesquels Elf était présent ou avait des projets, à être à l'affût de nouvelles opportunités pour le groupe, à alimenter la direction en analyses diverses... J'étais donc conduit à rencontrer fréquemment les hauts responsables politiques africains, y compris les chefs d'État, soit en Afrique, soit en France lors de leurs déplacements [1]. »

Les intérêts propres de la société pétrolière se trouvent alors étroitement mêlés à ceux de la France, qui cherche à garantir son approvisionnement énergétique, notamment en empêchant – ou en tentant de le faire – les groupes américano-britanniques de « faire valoir leurs arguments auprès des chefs d'État ». Maurice Robert poursuit : « Les pays producteurs étaient

1 Maurice Robert, *« Ministre » de l'Afrique*, Seuil, Paris, 2004, p. 326.

très sollicités, courtisés par la concurrence, d'où la nécessité de ne pas relâcher la pression et de maintenir des contacts étroits et amicaux [1]. » Peut-on être plus clair ?

Lorsque Maurice Robert quitte Libreville en 1981, par qui est-il remplacé ? Quelques mois par Robert Cantoni, puis surtout par un ancien colonel du 11e Choc devenu un très atypique professeur de droit, Pierre Dabezies [▷ p. 174]. Les présidents passent, les envoyés de la France sont les mêmes dans les républiques africaines… Au Congo-Kinshasa (avec ses diamants, son cuivre et ses métaux rares), Jacques Kosciusko-Morizet restera de 1963 à 1968. Sans oublier le Sénégal, confié à Fernand Wibaux – lointain successeur de Foccart à l'Élysée de Jacques Chirac – de 1973 à 1977. Auparavant, Wibaux venait de passer cinq ans au Tchad…

Autant d'hommes de Foccart. Autant de plots posés dans l'arrière-cour africaine de la France, autant de pièces dans le jeu embrouillé qu'il serait trop simple de confondre avec un damier où n'évolueraient que des pièces noires et des pièces blanches. Dans ce monde qui n'a certes pas été créé par lui, Jacques Foccart n'appréciait rien tant que le gris et le flou, gérant le défunt Empire comme une ténébreuse mécanique dont il aurait seul maîtrisé les obscurs rouages, lesquels se sont certes souvent grippés, mais ne se bloqueront définitivement que lorsque tous les acteurs de cette époque auront disparu. Avant d'être remplacés par d'autres ?

Certaines des affaires les plus explosives ayant éclaté en France au tournant du dernier siècle – de l'affaire Elf [▷ p. 540] à l'Angolagate [▷ p. 561], sans oublier les interminables soubresauts d'une Afrique francophone convulsée, de la Côte-d'Ivoire au Tchad, en passant par le Centrafrique et le Togo – sont directement liées à l'héritage de Jacques Foccart et aux hommes choisis par ses soins, ou à leurs successeurs. Il serait ainsi vain de le nier, même si manquent les preuves formelles : les chefs d'État africains ont conservé des liens si étroits avec l'ancien colonisateur que nombre de dirigeants français n'hésitent pas à perpétuer la sinistre habitude consistant, depuis les années Giscard, à tendre la main pour financer leur vie politique. C'est que les État africains possèdent souvent des richesses (pétrolières ou agricoles, diamants ou minerais rares) qui finissent directement dans les poches des dirigeants locaux corrompus. Lesquels arrosent généreusement leurs amis parisiens, par le biais d'intermédiaires bien connus du « village africain » de la capitale française.

C'est dans cette logique que s'inscrit la très opaque et piteuse tentative ratée de libération de Florence Aubenas, la journaliste du quotidien français *Libération* enlevée en Irak le 5 janvier 2005 et finalement libérée le 11 juin suivant. Une libération qui ne doit rien à l'expédition ratée des pieds nickelés français emmenés par le député UMP Didier Julia, organisée grâce au soutien du

---

1 *Ibid.*

président ivoirien Laurent Gbagbo, qui mit à leur disposition son avion et des fonds prélevés sur sa cassette « personnelle », alimentée pour l'essentiel par des prélèvements discrétionnaires sur les ressources de l'État. Les organisateurs de cette étrange équipée ne faisaient pas mystère de leur intention de placer leurs pas dans ceux de Jacques Foccart. Étrange ambition…

« Du sang sur les mains »

André Tarallo, l'homme de fer d'Elf en Afrique, surnommé à ce titre le « Monsieur Afrique » de la compagnie pétrolière durant des décennies, s'est éloigné des affaires depuis qu'il a été mis en cause par la justice française en juin 1996 [▷ p. 540]. Mais Elf – aujourd'hui Total – et l'Afrique, ce n'est pas fini. Autour du golfe de Guinée, les fabuleuses richesses pétrolières des fonds sous-marins continuent d'exciter les convoitises, et se trouvent à l'origine de nombreuses violences politiques. Les États-Unis importent chaque jour 1,5 million de barils de pétrole depuis l'Afrique occidentale, soit le même volume que ce qu'ils achètent en Arabie saoudite…

Les dénonciateurs de la politique pétrolière de la France en Afrique oublient parfois de regarder à côté : au Nigéria, relève ainsi l'économiste Sanou Mbaye, 300 milliards de dollars de revenus pétroliers sont entrés dans les caisses du pays entre son indépendance le 29 septembre 1960 et la fin de l'année 2004, richesse systématiquement pillée par les élites dirigeantes [1]. Résultat : la majeure partie de la population vit avec moins de un dollar par jour… Pour Sanou Mbaye, il faut parler de la « malédiction du pétrole », source de corruption, de guerres et de pollution. Un « modèle » qui n'est donc pas propre à la « mission civilisatrice de la France » : la Ve République aurait sans doute pu imposer, dès sa fondation, que les sociétés pétrolières qu'elle dirigeait de fait protègent, encouragent et contribuent à faire prospérer le continent noir, et y agissent autrement que comme des prédateurs. Elle ne l'a pas fait.

La dernière grande opération militaire à laquelle Elf a été mêlée en Afrique est sans doute le coup d'État par lequel l'ancien président de la République démocratique du Congo (de 1979 à 1992), Denis Sassou Nguesso, a renversé, le 25 octobre 1997, son successeur Pascal Lissouba – lui-même « traité » par l'un des hommes d'Elf, Alfred Sirven. La guerre civile entre les milices des deux clans – « Zoulous » de Lissouba contre « Ninjas » de Nguesso – a duré de juin à octobre 1997, mettant la capitale Brazzaville à feu et à sang et provoquant des milliers de morts, sur fond de rente pétrolière engloutie dans on ne sait quels

---

1 Sanou Mbaye, « Comment l'Afrique pâtit de la "malédiction du pétrole" », *Le Monde*, 28 septembre 2004.

bas-fonds, d'accusations croisées de corruption par Elf, puis de possibles achats d'armes par Denis Sassou Nguesso, financés par la compagnie pétrolière.

Telle est du moins l'accusation portée par Pascal Lissouba devant une commission d'enquête parlementaire française en 1998 : « Elf est une grande puissance, un État dans l'État méritant un coup de chapeau pour sa puissance financière. Mais dans cette structure, certaines personnalités ont une conception dévoyée de leur action. Le fait de permettre à M. Sassou Nguesso d'acheter des armes en témoigne [1]. » C'est Eduardo Dos Santos, président depuis 1979 d'un autre puissant État pétrolier, l'Angola, qui permit au putschiste Sassou Nguesso de parachever sa victoire, en envoyant un corps expéditionnaire le soutenir à bord de véhicules blindés. Ceux-là mêmes que lui avaient vendus à prix d'or, parmi des monceaux d'autres armements, deux hommes d'affaires alors basés à Paris, Pierre Falcone et Arkadi Gaydamak [▷ p. 561].

Pascal Lissouba portera plainte contre Elf en 1998, oubliant un peu vite avoir lui-même bénéficié des vénéneuses largesses de la compagnie pétrolière, avant qu'elle mise sur un autre cheval, sans doute moins rétif. Un « cheval » qu'elle avait d'ailleurs auparavant cherché à tuer, comme le raconte l'ancien président d'Elf (de 1989 à 1993) Loïk Le Floch-Prigent : « Une incroyable opération a été montée pour tuer Sassou Nguesso, l'assassiner. Les armes ont été vendues à Lissouba, grâce à l'intervention de la Fiba [French Intercontinental Bank, appartenant à Elf] par l'entremise d'un homme d'affaires du nom de Jacques Monsieur. André Tarallo et Jack Sigolet sont les principaux initiateurs de cette opération. Ont-ils agi sur ordre ? Je l'ignore. Mais ceux qui ont monté cette opération ont du sang sur les mains [2]. »

Pourrait-on assurer aujourd'hui que ces pratiques sont celles d'un autre temps ? Certes non... En octobre 1999, Elf est devenue la propriété de Total, à l'issue d'une offre publique d'achat lancée au mois de juillet précédent par son patron-stratège, Thierry Desmarets, qui avait à peine fini d'avaler la société pétrolière belge PetroFina. Total est devenue depuis la première entreprise française par le chiffre d'affaires (143 milliards d'euros en 2005) et les profits (7 milliards d'euros en 2003 ; 10,4 milliards d'euros en 2004 ; 12,5 milliards d'euros en 2005), la première capitalisation boursière de la zone euro. Si le pétrole est le sang de l'Afrique, il ne profite toujours pas à ses habitants. Merci l'Afrique !

◀ J. G.

---

1 *Rapport d'information (n° 1859) sur le rôle des compagnies pétrolières dans la politique internationale et son impact social et environnemental*, Assemblée nationale, Paris, 1998, p. 282.

2 Loïk Le Floch-Prigent (avec Éric Decouty), *Affaire Elf, affaire d'État*, Le Cherche-Midi, Paris, 2001, p. 108.

Pour en savoir plus

Jean-Pierre DOZON, *Frères et sujets. La France et l'Afrique en perspective*, Flammarion, Paris, 2003.

Roger FALIGOT et Rémi KAUFFER, *Éminences grises*, Fayard, Paris, 1992.

Jacques FOCCART, *Foccart parle. Entretiens avec Philippe Gaillard*, 2 tomes, Fayard/Jeune Afrique, Paris, 1995 et 1997.

—, *Journal de l'Élysée* (mis en forme et annoté par Philippe GAILLARD), 5 tomes, Fayard, Paris, 1997 à 2001.

Antoine GLASER et Stephen SMITH, *L'Afrique sans Africains. Le rêve blanc du continent noir*, Stock, Paris, 1994.

Francis Terry MCNAMARA, *France in Black Africa*, National Defense University Press, Washington, 1989.

Pierre PÉAN, *L'Homme de l'ombre. Éléments d'enquête autour de Jacques Foccart, l'homme le plus mystérieux et le plus puissant de la Ve République*, Fayard, Paris, 1990.

Pierre PÉAN et Jean-Pierre SÉRÉNI, *Les Émirs de la République. L'aventure du pétrole tricolore*, Seuil, Paris, 1982.

Bob Denard, le dernier des « affreux »

L'article unique du texte législatif a été adopté sans passion le 3 avril 2003 par l'Assemblée nationale. Consacrée à l'« honorable activité de mercenaire », qui est ainsi devenue un délit en France, cette loi prévoit des peines de prison et d'amendes pour ceux qui « organiseraient ou participeraient à un conflit moyennant finances et sans en avoir reçu l'ordre d'un État ». Ce texte arrive une cinquantaine d'années trop tard. Apparue avec la décolonisation, la grande vague des mercenaires, baptisés « chiens de guerre », « affreux » ou « Katangais », est désormais terminée. Les soldats de fortune qui parcouraient l'Afrique les armes à la main au gré de leurs commanditaires font peu à peu place à des sociétés internationales de sécurité, qui signent avec les États souverains de véritables contrats commerciaux.

À soixante-dix-sept ans, Bob Denard, un des derniers représentants de l'espèce en voie de disparition des mercenaires artisanaux, vivait début 2006 dans sa région natale du Médoc. Atteint de la maladie d'Alzheimer, il a comparu en février devant le tribunal correctionnel de Paris pour « association de malfaiteurs en vue de la préparation d'un crime » (il a été condamné, le 20 juin 2006, à cinq ans de prison avec sursis). En fait de crime, il était reproché à Bob Denard d'avoir commis onze ans plus tôt, alors qu'il s'était converti à l'islam sous le nom de Saïd Mustapha M'hadjou, un coup d'État contre Mohammed Djohar, le président des Comores. L'opération, menée avec une trentaine de mercenaires armés de fusils de chasse, avait parfaitement réussi. Mais le chef du commando n'avait pas compris que la France, qui connaissait et approuvait pourtant son projet, le laisserait tomber. Pour ne pas choquer l'opinion publique internationale, elle s'empare de Robert Denard et le défère à la justice pour une action qui n'était certainement ni la plus déplorable ni la plus sanglante qu'il ait jamais commise durant sa longue carrière de mercenaire.

Avec la marine militaire où il s'est engagé à l'âge de seize ans comme apprenti mécanicien, Robert Denard découvre les guerres coloniales en Indochine, au Maroc et en Algérie. Déçu par la vie civile, il s'engage en 1960 dans la gendarmerie de la province du Katanga, qui s'est séparée du Zaïre (ex-Congo belge), et recrute des mercenaires européens pour défendre sa fragile indépendance. Robert Denard, qui n'a jamais dépassé le grade de quartier-maître (c'est-à-dire sous-officier), se retrouve bombardé « lieutenant ». Sans se poser de questions idéologiques sur la justesse de la cause qu'il embrasse ainsi par pur hasard, il s'échine à devenir le brillant officier dont l'armée française n'a pas voulu. Il récupère le treillis d'un ancien de l'Organisation de l'armée secrète (OAS) venu, comme bien d'autres déserteurs de l'armée française, offrir ses services en Afrique et le voilà devenu « officier parachutiste », par la magie de l'insigne épinglé sur la poitrine et des galons sur les épaules. Sa promotion est rapide et, s'il porte souvent la tenue camouflée et paye incontestablement de sa personne, il ne néglige jamais pour autant les titres ronflants, les uniformes d'apparat et les décorations que lui remettent en grande pompe les chefs d'État à qui il a donné un coup de main. « Je deviens un chef obéi au combat comme au campement », s'extasie-t-il en se félicitant d'avoir su faire marcher au pas et saluer réglementairement lors de revues à grand spectacle les natifs de tribus de brousse.

Ce que Robert Denard a du mal à saisir, c'est que le grand chef militaire qu'il croit être devenu ne représente qu'un vulgaire pion dont les déplacements sur l'échiquier africain sont strictement contrôlés par ses commanditaires. Ce sont les complexes réseaux africains du général de Gaulle, de Georges Pompidou, de Valéry Giscard d'Estaing et, en dépit de l'anticommunisme primaire et des liens avec l'extrême droite de Bob Denard, ceux de François Mitterrand, qui fixent ses objectifs et programment (ou tentent de programmer) ses actions. Au fil des nombreuses évolutions de la politique africaine de la France, le lieutenant, le commandant, le major puis le colonel Denard servira ainsi Moïse Tshombé, son ennemi Mobutu, les présidents Omar Bongo et Houphouët-Boigny, le sultan du Maroc Hassan II et le président des Comores Ali Soilih, qu'il renversera finalement au profit de son adversaire Ahmed Abdallah.

Accusé d'avoir abattu ce dernier, lequel jouissait de la nationalité française, Robert Denard (qui s'était installé aux Comores) rentre en France pour s'expliquer. Il comparaît en 1999 devant la cour d'assises de Paris. Au cours de son procès, il récuse l'image de « mercenaire » qu'il estime péjorative, pour se présenter comme un « corsaire de la République », accomplissant toutes ses missions non par appât du gain mais par fidélité à la mère patrie. Les témoins qu'il présente aux jurés, d'anciens hauts responsables des services secrets français, confirment tous que Bob Denard et ses soldats de fortune ont effectué des missions dont les services spéciaux ne pouvaient se charger. Ils rendent hommage à ses qualités de discrétion et de discipline et confirment que toutes ses interventions ont bénéficié, sinon d'un feu vert, du moins d'un feu orange de la cellule africaine de l'Élysée, que le président soit de droite, du centre droit ou de gauche. Faute de pouvoir reconstituer précisément les circonstances de la mort du président Ahmed Abdallah et sans doute un peu perdus dans les manipulations et contre-manipulations dont l'accusé à fait l'objet tout au long de sa vie, les jurés de la Seine l'acquittent.

Aujourd'hui, en vertu de la loi « relative à la répression de l'activité de mercenaire » (votée en 2003), malgré l'aval de l'éminence grise africaine du général de Gaulle, Jacques Foccart, qui voyait en lui un « homme honnête et un patriote qui a servi son pays », Robert Denard n'échapperait pas à une condamnation.

◀ **F. Z.**

Derrière la guerre du Biafra, la France

Un à deux millions de morts. Des images atroces d'enfants squelettiques aux ventres ballonnés qui secouent les esprits. Des *french doctors* hagards qui opèrent jour et nuit dans des conditions si épouvantables qu'ils décideront de lancer Médecins sans frontières (MSF), révolutionnant le monde de l'humanitaire. Mais derrière la guerre des Noirs, se trouvent des mercenaires blancs, des services secrets, des armes livrées de nuit grâce à un pont aérien organisé depuis l'Élysée.

Durant deux ans et demi, de mai 1967 à janvier 1970, la guerre du Biafra va bouleverser les consciences, mais bien peu savent à quel point la France va aider la sécession biafraise. Elle n'est pas la seule, certes, mais elle va déverser sur le champ de bataille des milliers de tonnes d'armes, qui auront pour effet de faire durer la guerre, retardant la défaite biafraise sans jamais être en mesure de changer le cours du conflit.

Un pays déchiré

La province de l'est du Nigéria est la plus riche du pays. La majorité de sa population de 13 millions d'habitants appartient à l'ethnie ibo, principalement chrétienne. Elle est riche, les jeunes éduqués trustent les postes dans l'administration et l'armée, au détriment des musulmans du Nord. Les causes de la sécession sont liées à une crise profonde.

Le 15 janvier 1966, des officiers ibos fomentent un putsch, et un général ibo, Aguyi Ironsi, prend le pouvoir à Lagos. Le 24 mai, il met fin au fédéralisme et renforce la domination de la capitale, mais se révèle incapable de maîtriser les tensions qui s'exacerbent dans une population composée de deux cent cinquante ethnies. Une rébellion anti-ibos éclate dans le nord du pays, déclenchant un exode massif vers la province de l'est. Les massacres provoquent plus de 30 000 morts jusqu'en octobre. Ironsi est assassiné le 29 juillet 1966, le général Yakubu Gowon prend le pouvoir. Il procède à une refonte des structures administratives du pays à laquelle les Ibos s'opposent, notamment parce qu'ils y perdent leur principale richesse, le pétrole, dont la province de l'est recèle sur son territoire les réserves nationales, essentiellement exploitées par les compagnies Shell et British Petroleum (BP).

Le 30 mai 1967, la province orientale du Nigéria fait sécession sous la direction du colonel Odumegwu Ojukwu, et prend le nom de « Biafra ».

Aussitôt, le pouvoir central entreprend la reconquête de la province dissidente. Les deux camps sollicitent alors l'aide de la France, entre autres pour obtenir des armes. Le général de Gaulle, circonspect, décide officiellement un embargo aux deux parties. Mais, bien que la France penche pour le Biafra, rien n'est simple : le gouvernement nigérian avait commandé quarante automitrailleuses à Paris, qui commenceront à être livrées en juin 1967, après la sécession du Biafra (la moitié de la commande sera honorée, les livraisons ne cessant qu'en décembre, comme le rapporte l'universitaire Daniel Bach [1]).

De fait, l'aide humanitaire annoncée par Paris au Biafra servira surtout de couverture pour acheminer les armes. Le bureau parisien d'Ojukwu, le Biafra Historical Research Center, a de bons relais à Paris : Bob Denard [▷ p. 144] et Roger Faulques, ex-colonel pendant la guerre d'Algérie et ancien membre du 11ᵉ Choc. Ils recrutent sans difficulté des mercenaires en France, dont Rolf Steiner – un légionnaire allemand, ancien de l'Organisation de l'armée secrète (OAS), qui commandera au Biafra la 4ᵉ brigade commando, dite « légion noire » – et Gildas Lebeurrier – ancien parachutiste en Indochine et en Algérie – ; et le bureau sert de pivot pour acheter des armes sur le marché « gris », sans être inquiété. Plusieurs chefs d'États africains, dont le Gabonais Omar Bongo et l'Ivoirien Félix Houphouët-Boigny, soutenus et financés en sous-main par l'Afrique du Sud et la Rhodésie, entendent profiter de la sécession biafraise pour réduire l'influence du Nigéria anglophone dans cette partie de l'Afrique. Paris va dans le même sens.

L'implication française

La France garde en effet un œil plus que vigilant sur ce qui se passe aux frontières de sa zone d'influence, et se montre particulièrement attentive au début des années 1960 aux évolutions du Nigéria, gigantesque pays d'Afrique, plus peuplé avec ses quarante millions d'habitants que l'ensemble des États africains francophones nouvellement indépendants. C'est au point que de Gaulle pourra dire à son fidèle Jacques Foccart [▷ p. 133] en 1967, alors que l'éclatement de la fédération nigériane se profile, qu'il en souhaite le

1 Daniel BACH, « Dynamique et contradiction de la politique africaine de la France. Les rapports avec le Nigéria (1960-1981) », *in* Daniel BACH et Marie-Claude SMOUTS (dir.), « La France en Afrique », *Politique africaine*, nº 7, Paris, 1982, p. 47-74.

« morcellement[1] ». Ce pays est trop grand, trop robuste dans l'orbite de son ancienne puissance coloniale britannique, et se pose en concurrent politique de ses voisins francophones. Au grand déplaisir de l'Afrique blanche anticommuniste, le général Gowon ne fait en outre pas mystère de son rapprochement avec l'URSS, qui lui fournit des armes en abondance.

En plus, le Nigéria a provoqué de Gaulle. Le 27 décembre 1960, la France procède à son troisième tir nucléaire, « Gerboise rouge », à Reggane au Sahara. Deux pays africains vont protester de façon particulièrement vive, le Maroc, voisin du site, et... le Nigéria. Quelques jours après ce tir, Lagos expulse même l'ambassadeur de France Raymond Offroy en signe de protestation, et interdit aux avions et aux navires français de toucher son sol. Ministre des Armées à cette époque, Pierre Messmer n'a toujours pas décoléré quarante-cinq ans plus tard, et revendique l'aide de la France aux sécessionnistes biafrais : « Je ne pardonnais pas [au Nigéria] son attitude après nos tirs nucléaires à Reggane. Ça permettait de lui faire payer ! Il avait été à la fois provoquant et ridicule. Provoquant, en essayant de soulever les gouvernements africains contre les tirs nucléaires français. Et ridicule en disant : "Nous Nigéria, nous aurons la bombe atomique." Ce sont des grotesques. Je ne leur ai pas pardonné[2]. »

Il faudra plus de cinq ans pour que les relations reprennent, notamment pour permettre des conditions normales d'exploitation du pétrole angolais par la filiale locale de l'ERAP, la SAFRAP. En 1964, elle a acquis des permis de recherche de 3 000 km^2, en territoire ibo. Trois ans plus tard, juste avant la sécession, elle a décuplé cette surface. Le Nigéria promet de devenir une zone de production de choix pour les intérêts français. En 1963, le Service de documentation extérieure et de contre-espionnage (SDECE) avait dépêché à Abidjan un nouveau chef de poste, le lieutenant-colonel Raymond Bichelot, ancien sympathisant de l'OAS qui avait besoin de passer quelque temps au vert. Sa mission prioritaire : suivre les affaires nigérianes. Il sera par la suite un élément clé dans le dispositif d'aide au Biafra.

Il convient de relativiser la théorie selon laquelle, dans l'affaire du Biafra, de Gaulle se serait fait quelque peu « forcer la main » par Jacques Foccart, lui-même manipulé par son collaborateur Jean Mauricheau-Beaupré (l'ancien rédacteur en chef du *Courrier de la colère*, le journal de Michel Debré [▷ p. 56]), plus enclin encore que d'autres à voir la France rebattre militairement les cartes africaines, par chefs de guerre sécessionnistes interposés. Cette analyse ne paraît guère pertinente, pour plusieurs raisons. Tout d'abord, si Jacques Foccart agissait au nom du Général en comprenant parfois ses instructions de manière extensive, pour peu que cela l'arrange, il n'aurait en aucune manière été en

1 Jacques FOCCART, *Foccart parle. Entretiens avec Philippe Gaillard*, tome 1, Fayard/Jeune Afrique, Paris, 1995, p. 342.

2 Entretien avec l'auteur, 10 juillet 2006.

mesure de monter une opération aussi importante, durant deux ans et demi, nécessitant de tels moyens financiers et logistiques, sans avoir bénéficié du plein appui du président de la République.

C'est d'autant plus vrai que le gouvernement français se montrait très divisé sur la question biafraise. Pierre Messmer, on le verra, a ouvert les entrepôts de matériels de l'armée française sans réticence, même s'il ne croyait pas à la réussite de la rébellion biafraise. Mais un autre membre important du gouvernement, le ministre des Affaires étrangères Maurice Couve de Murville, était totalement opposé à cette opération que les diplomates, dans leur majorité, jugeaient sévèrement. Ils savaient ce que le soutien au régime biafrais coûtait en terme de positionnement international, dès lors que seuls quatre pays – la Tanzanie, la Zambie, le Gabon et la Côte-d'Ivoire – avaient reconnu dans les formes diplomatiques l'indépendance de la province.

Michel Debré, qui a remplacé « Couve » aux Affaires étrangères le 30 mai 1968, n'est pas davantage convaincu. Il mesure, en janvier 1969, le fossé qui sépare la France du reste de la communauté internationale : « Il n'y a pas présentement, ni en Afrique ni en dehors de l'Afrique, de majorité susceptible de comprendre la profonde valeur de la politique [...] du général de Gaulle. Nous ne pouvons seuls imposer notre volonté [1]. »

En mars 1969, de Gaulle décide brièvement d'interrompre son aide militaire au Biafra. Il s'agit de contraindre le très obstiné Ojukwu à accepter d'œuvrer sérieusement à une solution politique négociée du conflit. Peine perdue. Le colonel ne veut rien entendre, et les livraisons reprennent. Il y eut donc des débats internes, des réunions parfois houleuses, maintes demandes d'interruption de l'opération, dont Jacques Foccart sortait toujours vainqueur avec l'approbation du Général. Comment pourrait-il en être autrement, quand ce dernier lançait à son conseiller en décembre 1968 : « Vous n'avez pas d'opinion personnelle à avoir dans toutes ces matières. Votre opinion personnelle, pour tout le monde, c'est l'opinion du général de Gaulle [2]. »

Livraisons d'armes, massives et clandestines

À partir de 1967, il faudra plusieurs mois pour que la France mette en place une opération alambiquée pour venir en aide au Biafra, mise au point par Jacques Foccart et surtout par Jean Mauricheau-Beaupré – lequel s'était déjà montré très actif les années précédentes, lors de la sécession katangaise

1 Cité par Pierre Péan, *L'Homme de l'ombre. Éléments d'enquête autour de Jacques Foccart, l'homme le plus mystérieux et le plus puissant de la Ve République*, Fayard, Paris, 1990, p. 327.

2 Jacques Foccart, *Journal de l'Élysée*, tome 2, *Le Général en mai*, Fayard/Jeune Afrique, Paris, 1998, p. 489.

[▷ p. 159]. Officiellement cette fois, Paris ne consent à fournir qu'une aide humanitaire au Biafra. Se refusant à reconnaître le gouvernement du colonel Ojukwu, de Gaulle affirme cependant le droit de la province sécessionniste à l'autodétermination le 31 juillet 1968. À cette époque, la guerre du Biafra bat son plein et les indépendantistes résistent difficilement aux offensives du gouvernement fédéral.

L'aide militaire secrète, d'abord modeste, démarre dès le 8 novembre 1967, lorsqu'un DC6 affrété par la France atterrit à Libreville, au Gabon. À son bord, huit tonnes d'armes et de munitions. Dont d'antiques fusils Mauser de fabrication allemande, qui ont l'avantage de n'avoir aucun secret pour les Biafrais. C'est plusieurs mois plus tard que l'aide militaire française sera considérablement intensifiée, à partir de l'été 1968. Des quantités d'armement seront livrées à Libreville, à destination officielle du Gabon et de la Côte-d'Ivoire, mais prendront en réalité le chemin du Biafra. Le 11 décembre 1968, Charles de Gaulle, qui refuse que quelque décision qu'il ait prise sur le Biafra fasse l'objet de correspondances ou de notes écrites, interroge son « Monsieur Afrique », Jacques Foccart. Il veut savoir si ses ordres ont été suivis : « Les armes que j'ai données sont-elles arrivées ?

– Mon général, je vous rappelle que vous n'avez pas donné d'armes au Biafra, vous avez reconstitué les stocks d'Houphouët.

– Oui, oui ! Mais enfin, est-ce que cela est arrivé [1] ? »

Sur place, un membre de l'équipe Foccart qui fait de réguliers allers-retours Libreville-Paris depuis plusieurs mois, Philippe Letteron, s'installe durablement le 20 septembre 1968. Le même jour que Pierre Debizet [▷ p. 78], un autre proche de Jacques Foccart, côté SAC cette fois. Affecté à l'ambassade de France comme « conseiller technique » de l'ambassadeur Maurice Delauney, qui chapeaute l'ensemble de l'opération tout en assurant le contact avec Omar Bongo, Debizet livre en réalité conseils et formation antimarxiste à la garde rapprochée de Bongo. Si le SDECE dispose sur place de son chef de poste, le commandant Pierre de La Houssaye, c'est Letteron qui organise la « base Libreville », réceptionne les armes venues de France, les fait transborder sur des avions affrétés, dans un premier temps, par la compagnie aérienne Transgabon de Jean-Claude Brouillet. Plus tard, afin de couper court aux exigences financières de Brouillet, jugées déraisonnables, la « base Libreville » louera directement des avions à la compagnie du très aventureux Rhodésien Jack Malloch, et se procurera ses propres moyens de transport. C'est que l'argent ne manque pas… Une noria s'installe. Dans les vols de nuit, les boîtes de lait et les médicaments voyagent avec les armes et les caisses de munitions. Philippe Letteron a créé de toutes pièces une société *ad hoc*, la SOGEXI, qui ne sert qu'à

1 *Ibid.*, p. 498.

cette opération. Les fonds nécessaires sont livrés, en liquide, par Félix Houphouët-Boigny. Le président ivoirien se fera ensuite rembourser par Paris.

Les hommes qui font fonctionner la base sont des mercenaires, anciens du SDECE ou de l'armée française, passés le plus souvent par la sécession katangaise ou par la Rhodésie. Les armes s'achètent partout sur les marchés parallèles, et sont parfois difficiles à trouver. Lisbonne est une plaque tournante commode : le dictateur portugais Antonio de Oliveira Salazar n'a rien à refuser à ses amis sud-africains, avec lesquels Jean Mauricheau-Beaupré, *alias* « Mathurin », assure les liaisons. Le fameux Bob Denard, à peine sorti du guêpier katangais où il servait les intérêts français, est bien sûr de la partie : il est d'une efficacité sans pareille pour acheter, en passant par de discrets comptes bancaires à Genève, du matériel militaire en Tchécoslovaquie et le convoyer ensuite par bateau vers la côte africaine, d'où il repart jusqu'à Libreville, destination le Biafra. Omar Bongo et Félix Houphouët-Boigny recourent donc à un subterfuge qui sera utilisé par la France dans d'autres occasions : ils livrent à la rébellion biafraise des armes, pas toujours en très bon état, extraites des stocks de leurs propres armées, que Paris se charge de remplacer. Rarement par du premier choix. Pierre Messmer ne fait pas mystère que ce n'était pas « du matériel très neuf ! On n'a pas vidé les réserves. J'ai donné à Houphouët un escadron de chars AMX-13, complètement dévalués. Des chars qui ne valaient plus rien [1] ! »

Durant l'année 1969, il faudra envoyer un Super-Constellation jusqu'en Israël, où le Premier ministre Golda Meir accepte de fournir des canons antichars introuvables ailleurs. Elle postera ensuite sa facture, à la grande surprise des Français qui croyaient pouvoir compter sur la solidarité israélienne. Mais la « base Libreville » n'est pas toujours expérimentée. À une commande d'obus par les Biafrais, elle répondra en livrant des obus… sans imaginer qu'il faut aussi de la poudre pour les propulser. Celle-ci arrivera plus tard !

Cette inexpérience peut surprendre, mais il faut dire que les experts militaires du SDECE sont tenus à l'écart. Le général de Gaulle n'a pas oublié l'affaire Ben Barka [▷ p. 130], et entend que le soutien aux rebelles n'apparaisse pas au grand jour. Or il considère que le service français, dirigé à cette époque par Eugène Guibaud, n'est pas en mesure de garder le secret. Il ne sera donc associé que de manière auxiliaire : la section Afrique de Maurice Robert enverra auprès du colonel Ojukwu une mission de quatre hommes commandés par le colonel Louis de Rouvroy de Saint-Simon, pour évaluer les besoins biafrais. Des hommes du service Action participeront également à des missions de convoyages d'armes, ceux-ci étant assurés par des vols nocturnes d'avions déchargeant leurs cargaisons sur les rares pistes biafraises demeurées en état, ou sur des routes.

---

1 Entretien cité avec l'auteur.

Massacres au Biafra

Les combats sont épouvantables. L'aviation nigériane, seule dans le ciel avant que les Biafrais finissent par récupérer quelques avions Saab organisés en escadrille par le pilote suédois Carl-Gustav von Rosen, provoque des massacres sur les routes pleines de réfugiés. Des deux côtés, on embauche des mercenaires. Les Biafrais, on l'a vu, ont eu recours à Rolf Steiner, qui arrivera à la tête de cent cinquante hommes, rapidement dispersés. Von Rosen a pour sa part été recruté par Caritas, une organisation humanitaire dépendant du Vatican [1]. Il faut rappeler que les milieux chrétiens, auxquels appartient Jean Mauricheau-Beaupré, considèrent souvent la guerre du Biafra comme une guerre de religion – ce qui est inexact. Ils aident donc les Ibos chrétiens de bon cœur… Omar Bongo ne manquera pas d'ailleurs d'aller s'assurer en personne du soutien du pape Paul VI, en novembre 1968. Côté fédéral, les Mig russes sont pilotés par des Égyptiens, et le soutien français est compensé à Lagos par le soutien actif des services secrets britanniques.

Après des succès initiaux, le sort des armes est rapidement défavorable aux Biafrais d'Ojukwu. Les villes d'Enugu – la capitale provisoire du Biafra –, puis de Calabar, passent rapidement aux mains du général Gowon. Quand Onitsha, puis Port-Harcourt, tombent en mai 1968, le Biafra est totalement encerclé. Mais à Paris, on a alors d'autres soucis en tête, et ce sont les médias qui alertent l'opinion publique.

Bien des acteurs aident à populariser le conflit biafrais en France. Le journaliste du *Figaro* Jean-François Chauvel sera ainsi à l'origine de la prise de conscience de ce nouveau drame africain, tout en étant un proche de l'équipe Foccart, qu'il informe régulièrement de ses contacts. Dès le départ de cette guerre, le sort des populations civiles du Biafra va fortement émouvoir les Français, davantage que n'importe quel autre peuple. Activée par la cellule Foccart et l'Élysée, l'ORTF ne lésine pas sur les reportages. Le photographe Gilles Caron, de l'agence Gamma, est parti au Biafra pour plusieurs reportages, coupés par un séjour à Paris où il « couvre » les événements de Mai 68. Ses photographies pour *Paris Match* provoqueront une émotion considérable, et seront largement utilisées par la très active propagande biafraise, organisée depuis Genève par la société Markpress. Au Gabon, l'équipe de Foccart aide de son côté les journalistes à se rendre au Biafra : « Les journalistes, expliquera-t-il dans ses mémoires, ont découvert la grande misère des Biafrais. C'est un bon sujet. L'opinion s'émeut et le public en demande plus. Nous facilitons bien sûr le transport des reporters et des équipes de télévision par des avions militaires jusqu'à Libreville et, de là, par les réseaux qui desservent le Biafra [2]. »

---

1 Roger Faligot et Pascal Krop, *La Piscine*, Seuil, Paris, 1985, p. 264.

2 Jacques Foccart, *Foccart parle*, *op. cit.*, p. 346.

Le SDECE jouera également un rôle important dans la popularisation du conflit. Maurice Robert, à l'époque chargé de l'Afrique à la caserne Mortier, rappelle l'exacte vérité, à savoir que l'emploi du terme de « génocide » qui sera utilisé à propos du Biafra « a été lancé par les services. Nous voulions un mot choc pour sensibiliser l'opinion. Nous aurions pu retenir celui de "massacre" ou d'"écrasement", mais "génocide" nous a paru plus parlant. Nous avons communiqué à la presse des renseignements précis sur les pertes biafraises, et avons fait en sorte qu'elle reprenne rapidement l'expression "génocide" [1] ». S'il est un point sur lequel les observateurs, y compris l'ONU, s'accordent depuis lors, c'est bien que ce terme ne reflète pas la réalité. Boucherie ou hécatombe, certes. Mais génocide, non…

La fin de l'année 1969 n'annonce rien de bon. Au plan militaire, la situation des Biafrais, déjà fort compromise, devient désespérée. S'agit-il pour autant d'interrompre le soutien ? Pas du tout. Fin septembre 1969, Foccart négocie encore avec Marcel Chassagny, fondateur et P-DG de la firme d'armement Matra, d'éventuelles livraisons au Biafra… Les derniers jours de l'année sont occupés pour l'Élysée et l'équipe Foccart, qui travaillent à obtenir que l'ORTF monte une grande soirée de soutien au Biafra, avec appel à la générosité du public. La télévision est assez réticente, aussi faut-il que l'Élysée insiste. Mais les dés sont jetés, et le sort du Biafra scellé. Le 11 janvier 1970, le colonel Odumegwu Ojukwu part pour un long exil chez le fidèle Félix Houphouët-Boigny. Le 14, la capitulation est signée. Une nouvelle aventure africaine de la Ve République en Afrique s'achève en fiasco. Ce ne sera pas la dernière [2].

◂ J. G.

Pour en savoir plus

Floris de Bonneville, photos de Gilles Caron, *Mort du Biafra !*, Solar, Paris, 1968.

Jean Buhler, *Tuez les tous ! Guerre de sécession au Biafra*, Flammarion, Paris, 1968.

Wilfred Burchett et Dereck Roebuck, *Les Putains de l'impérialisme. Les mercenaires en Afrique*, François Maspero, Paris, 1977.

Pascal Chaigneau, *La Politique militaire de la France en Afrique*, Cheam, Paris, 1984.

Roger Faligot, *Services secrets en Afrique*, Le Sycomore, Paris, 1982.

1 Maurice Robert, *« Ministre de l'Afrique ». Entretiens avec André Renault*, Seuil, Paris, 2004, p. 180.

2 Ce texte est l'ébauche d'une étude sur la France et le Biafra, que l'auteur prépare dans le cadre d'une thèse de doctorat.

Antoine Glaser et Stephen Smith, *Comment la France a perdu l'Afrique*, Calmann-Lévy, Paris, 2005.

Zaki Laïdi, *Les Contraintes d'une rivalité. Les superpuissances et l'Afrique*, La Découverte, Paris, 1986.

Francis Terry McNamara, *France in black Africa*, National Defense University, Washington, DC, 1989.

Maurice Robert, *« Ministre de l'Afrique ». Entretiens avec André Renault*, Seuil, Paris, 2004.

Anne Vallaeys, *Médecins sans frontières, la biographie*, Paris, 2004.

François-Xavier Verschave, *La Françafrique, le plus grand scandale de la République*, Stock, Paris, 1998.

1978 : les secrets du dernier saut sur Kolwezi

En mai 1978, le raid des légionnaires du 2e régiment étranger de parachutistes (REP) sur la ville minière zaïroise de Kolwezi, à cinquante kilomètres des frontières de la Zambie, va constituer sinon la dernière intervention militaire française directe sur le sol africain, du moins la dernière opération de parachutage de cette envergure. À l'époque, quatre ans après l'accession de Valéry Giscard d'Estaing à la présidence de la République, l'affaire fait du bruit : l'opposition de gauche dénonce une manœuvre « néocoloniale », d'autres se félicitent au contraire qu'un massacre général des 3 000 Européens de la ville ait été évité grâce au coup d'audace des bérets verts.

Verts comme les légionnaires, ou rouges comme les paras de l'infanterie de marine ? La question mérite d'être posée, car le terrain des hommes du 2e REP a été secrètement préparé par leurs trente camarades du service Action du Service de documentation extérieure et de contre-espionnage (SDECE), dont une majorité de bérets écarlates. À commencer par leur chef, le colonel Ivan de Lignières, patron de l'antenne du service Action à Kinshasa, capitale de l'ex-Congo belge.

Le SDECE dans le bourbier angolais

Le colonel de Lignières, *alias* « Monsieur Deham », son pseudonyme, est né en 1934. Un temps privé de ses deux parents pour cause de Résistance – son père, ancien as de la Grande Guerre, avait « rempilé » dans les rangs des Forces aériennes françaises libres (FAFL) tandis que sa mère, animatrice d'un réseau d'évasion de pilotes alliés, était emprisonnée par Vichy –, le gamin a quasiment vécu dans la rue deux années d'enfance à Tunis. Seuls l'ont aidé un couple d'instituteurs communistes et, surtout, un de ses aînés tunisiens dont il restera l'ami toute sa vie (le général de Lignières est mort d'une maladie cardiaque en décembre 1995). De cette douloureuse expérience, il va tirer une connaissance remarquable de la langue arabe et une débrouillardise hors pair. Jeune officier des bérets rouges, Lignières entre au service Action en 1965 et s'y lie d'amitié avec Philippe Rondot [▷ p. 159]. Deux « frères siamois » de l'action clandestine qui, dès le milieu des années 1970, s'entendent à merveille avec le chef du service Action, le général Alain de Gaigneron de Marolles.

Or voici qu'à la tête d'une petite équipe d'observateurs du service, Lignières fait, fin 1975, la connaissance – décisive, on verra plus loin pourquoi – de Jonas Savimbi, leader de l'Union nationale pour la libération totale de l'Angola (UNITA), un des trois mouvements nationalistes angolais passés dès l'indépendance de la guerre contre l'ex-colonisateur portugais à la guerre civile. Favorables aux Occidentaux, l'UNITA et le Front national de libération de l'Angola (FNLA) convergent vers Luanda, la capitale, pour tenter d'en chasser leur ennemi commun, le prosoviétique Mouvement populaire de libération de l'Angola (MPLA).

Né en 1923 d'un père chrétien chef de gare de Benguela (terminus du chemin de fer venant du Katanga sur l'Atlantique), élève neuf mois des Chinois en matière de guerre révolutionnaire, Savimbi impressionne favorablement Lignières. Face à la violente contre-attaque d'un corps expéditionnaire cubain venu au secours du MPLA, le Français conseille à ce nouvel allié de regagner la jungle en attendant des jours meilleurs. Un repli en bon ordre que l'UNITA effectue avec la complicité tacite du chef des renseignements militaires sud-africains blancs (le pays vit alors sous le régime de l'apartheid), le général Wessie Van der Westhuizen.

Inquiet de la victoire cubaine sur les rivaux pro-occidentaux du MPLA, le SDECE décide de resserrer son alliance avec l'homme qui lui paraît le mieux placé pour contrer la poussée marxiste en Afrique noire : le dictateur zaïrois Mobutu Sese Seko. D'où le renforcement de l'antenne du service Action à Kinshasa, sous la houlette de Lignières. Il s'agit d'appuyer les guérilleros de l'UNITA, mais sans se faire prendre la main dans le sac. Consigne de Marolles et de Marenches, le directeur général du SDECE [▷ p. 338], suivie à la lettre : dans le plus grand secret, les hommes du service Action attaquent le chemin de fer de Benguela au bazooka et tendent des embuscades meurtrières, se heurtant souvent aux Cubains, peu efficaces, et même aux redoutables combattants des forces spéciales soviétiques. Infiltré à Luanda, le service Action ira jusqu'à faire sauter l'hôtel qui abrite les conseillers bulgares du MPLA. Bilan de cette opération clandestine : plusieurs morts et le rappel précipité des Bulgares survivants à Sofia. En 1980, le service Action abat de même un hélicoptère russe dans la zone contrôlée par l'UNITA, capturant ses deux pilotes, Mollaeb Kola et Ivan Chernetsky ; remis aux hommes de Savimbi, les captifs seront utilisés par la propagande comme preuve vivante de l'implication de Moscou dans le conflit angolais.

L'alliance de terrain SDECE-UNITA peut-elle se transformer en alliance au sommet ? C'est l'avis de « Monsieur Deham ». Marenches acquiesce. En novembre 1977, Lignières négocie l'acheminement à Paris par avion de l'opposant angolais, avec l'aide d'une compagnie pétrolière américaine prête à jouer la carte de l'UNITA. Une chambre a été retenue sous un faux nom au Novotel de Bagnolet. Conduit tout aussi discrètement à la Piscine, Savimbi est présenté à Michel Roussin, le directeur de cabinet du SDECE, à Marolles puis à Marenches. Le patron du service et le chef de l'UNITA sympathisent. Du coup, des moyens renforcés sont affectés au service Action et à Lignières, désormais au centre d'une toile d'araignée où l'on retrouve les Zaïrois, les Sud-Africains, les opposants angolais et les Chinois. Et aussi les Marocains, car Marenches entretient des liens très étroits avec le roi Hassan II…

Une vengeance très secrète

Cette position de carrefour stratégique est bien utile quand, le samedi 13 mai 1978, le colonel Robert Larzul, attaché des forces armées auprès de l'ambassade de France à Kinshasa, apprend que d'anciens gendarmes katangais venus de Zambie viennent de s'emparer de Kolwezi. Cette mauvaise nouvelle en annonce une autre : ces Katangais, militaires pro-occidentaux récupérés par le bloc soviétique après l'échec de leur tentative de sécession de 1960, se sont emparés de coopérants militaires placés sous les ordres du colonel Yves Gras, chef de la mission militaire française au Zaïre. On apprendra plus tard que ces six Français ont très vite été assassinés, en application de la sentence d'un « tribunal » présidé par un conseiller est-allemand. Chargés par Moscou de coordonner toutes les opérations communistes en Afrique, les services secrets de Pankow, la capitale de la République démocratique allemande, ont en effet dépêché sur place une équipe de spécialistes. Pour eux, Kolwezi, c'est le début d'une vaste offensive qui doit se poursuivre par

Lubumbashi, la capitale du cuivre, et déboucher sur la chute de Mobutu et l'instauration d'un régime prosoviétique à Kinshasa.

Mobutu, quant à lui, réagit vite : une compagnie de son 311e bataillon de parachutistes reprend l'aéroport de Kolwezi, où s'installent immédiatement Lignières, son adjoint le commandant Magnificat et une petite équipe du service Action, premiers Français sur place. Mais, secret oblige, on se gardera d'en parler. Pendant ce temps, craignant une intervention militaire occidentale, les Katangais évacuent rapidement la cité minière, non sans couvrir leur retraite en distribuant des armes à une population déchaînée. Celle-ci commence à piller les maisons et à s'attaquer aux 3 000 ressortissants européens, dont une majorité de Belges, ex-colonisateurs du Zaïre.

Il faut intervenir, et vite, supplie le colonel Yves Gras. Le 17 mai, en fin d'après-midi, le président Giscard d'Estaing demande à son chef d'état-major particulier, le général Claude Vanbremeersch, de mettre un régiment en état d'alerte. Le 2e REP du colonel Philippe Érulin est choisi. Alexandre de Marenches, lui, gagne déjà le Maroc à bord de son Mystère 20. C'est que l'on a besoin des soldats chérifiens, réputés pour leurs qualités guerrières.

« Je n'irai pas ! », s'exclame d'emblée Hassan II, secouant le doigt en signe de refus. Le souverain acceptera quand même d'engager ses troupes, si nécessaire. Le 18, dans la soirée, Giscard prend la décision de lancer l'opération *Bonite*, qui vise à la fois à sauver les populations civiles et à préserver les intérêts occidentaux face à la poussée soviétique. Le président français attend encore quelques heures pour voir si Bruxelles, encore plus concernée que Paris, accepterait l'action conjointe qui lui est proposée. Puis, au vu de l'attitude belge, il donne le feu vert définitif.

En fait, l'opération a déjà commencé autour de l'aéroport de Kolwezi, où Lignières et Magnificat aident Mobutu, juché sur l'avant d'une jeep, à rallier les populations avoisinantes. Surtout, le service Action s'emploie à reprendre le terrain par la force, afin de préparer le largage des légionnaires. Le 19 mai, les bérets verts arrivent, tassés comme des sardines dans leurs Hercule C-130 et leurs Transall. À partir de 16 heures, ils vont sauter en deux vagues à 280 mètres d'altitude. Deux équipes de quatre spécialistes du 13e régiment de dragons parachutistes du colonel Claude Bichon ont été détachées pour sécuriser les liaisons radio entre Kolwezi et Kinshasa. Les Marocains compléteront ce dispositif offensif, qui permettra la prise rapide de la ville par les bérets verts.

Apprenant alors la mort des six coopérants, la « Piscine » décide de les venger. Sollicité par Lignières, Victor Matsui, l'Américain d'origine japonaise qui dirige la station de la CIA de Kinshasa, fournit au SDECE les photos satellites de la région qui vont permettre de localiser de façon très précise les trois colonnes katangaises en retraite vers la zone frontalière Angola-Zambie. « Savimbi n'est pas loin, on pourrait lui demander d'intervenir », fait observer Lignières. Oui, mais Giscard interdit formellement cette démarche à

Marenches. Lequel, habitué à mener sa stratégie internationale personnelle, décide de passer outre l'ordre présidentiel.

L'allié secret angolais sera donc le bras de la revanche française. À défaut de faire revenir à la vie les coopérants assassinés, de nouvelles armes sont acheminées aux hommes de l'UNITA. À charge pour eux d'attendre les fuyards katangais aux endroits désignés par le SDECE. Les consignes sont sans équivoque : s'ils n'ont plus d'otages européens, ouvrir le feu et liquider tout le monde, Cubains et Est-Allemands compris. Ce sera chose faite en deux embuscades successives et jamais revendiquées, les 27 mai et 6 juin 1978, qui feront des dizaines de morts. On ne fait pas d'omelettes africaines sans casser d'œufs...

◀ **R. K.**

Pour en savoir plus

Jean-François Chauvel, *Kolwezi, les secrets du raid*, Olivier Orban, Paris, 1978.

Roger Faligot et Rémi Kauffer, *Les Maîtres espions. Histoire mondiale du renseignement*, vol. 2, préface d'Alexandre de Marenches, Robert Laffont, Paris, 1994.

Rémi Kauffer, « En Afrique, "Dagobert" affronte les Cubains », *Historia*, n° 602, février 1997.

Nos amis les despotes : Hassan II, Tombalbaye, Bokassa, Mobutu...

« Papa ! Merci de me recevoir !

– Voyons, Bokassa, appelez-moi "Mon général", comme tout le monde !

– D'accord papa ! », répond avec émotion Jean-Bedel Bokassa, cet ancien caporal des Forces françaises libres (FFL) reçu à l'Élysée le 14 juillet 1966, sept mois après le coup d'État qu'il a dirigé en République centrafricaine aux dépens de son cousin David Dacko, le patron du pays depuis l'indépendance en août 1960.

Les premiers temps, de Gaulle a feint de réprouver la manœuvre de son ancien soldat, car d'autres chefs d'État africains ont craint que Paris ne tolère d'autres putschs dans la région. En réalité, dans la nuit du 1er janvier 1966, Jacques Foccart a été le premier surpris d'apprendre que le chef de l'armée centrafricaine avait pris le pouvoir par les armes. Vers 3 h 30 du matin, il a tiré Pierre Messmer de son sommeil et a demandé au ministre des Armées et ancien gouverneur de l'Afrique équatoriale française (AEF) de mettre en état d'alerte l'aviation et les troupes basées au Tchad : « Mais j'ai su très vite que le coup était réussi, que le sang n'avait pas coulé et que Bangui était calme », expliquera dans ses mémoires le conseiller aux Affaires africaines et malgaches. « Il n'y avait plus rien à faire, et Bokassa, après tout, était un militaire très francophile. J'ai jugé inutile de réveiller le Général. »

« Ce brave bougre de Bokassa »

En effet, grâce à « ce brave bougre de Bokassa », comme l'appelle de Gaulle, l'ex-Oubangui-Chari du temps de l'AEF reste dans le giron de l'ancienne métropole. Et avec lui, l'import-export et l'exploitation des richesses du sol (coton, bois, café) et du sous-sol (les fameux diamants...). De plus, le Centrafrique sera l'un des rares pays à ne pas dénoncer les accords de défense permettant aux troupes françaises d'y stationner (jusqu'en 1976) et à ses conseillers d'encadrer l'armée nationale.

Mais en dépit du paternalisme de De Gaulle, Bokassa va échapper au contrôle de ses tuteurs. Le retrait de la scène politique du président français en 1969 lui en offre l'occasion. Au grand dam du successeur, Georges Pompidou, le « généralissime » Bokassa expulse des techniciens français et se rapproche du bloc communiste. C'est peu dire qu'on l'accueille à bras ouverts à Moscou, et surtout à Bucarest. En gage d'amitié, le dictateur roumain Nicolae Ceausescu lui offre même une nouvelle fiancée en la personne de Gabriela Drimba, blonde comme il les aime, danseuse et espionne de ses services spéciaux...

L'homme fort de Bangui forge par ailleurs une solide alliance avec des groupes américains qui convoitent l'exploitation des diamants et des gisements d'uranium. Et Bokassa conforte ses rêves de puissance. À Berengo, à 80 km de la capitale, où il établit sa cour, le petit caporal mime Napoléon et projette de devenir lui aussi empereur sous le nom de Bokassa Ier. Au milieu des années 1970, Valéry Giscard d'Estaing s'évertue, à l'occasion de fastueuses parties de chasse, à regagner l'amitié distante de cet encombrant allié. C'est d'ailleurs au Centrafrique qu'il a réservé sa première visite du septennat en Afrique, et il ira jusqu'à financer le sacre grandiose de l'empereur, en décembre 1977 (soit la bagatelle de 8 milliards de francs CFA, 80 millions de francs) [▷ p. 171]. Il s'y fait représenter par le ministre de la Coopération Robert Galley, après l'avoir prévenu : « Bokassa est un peu mythomane, vous savez, mais c'est un bon bougre ! »

Les présidents passent, les compliments restent. Jusqu'aux journées de 1979 où, ayant procédé à une répression terrible des manifestants à Bangui – notamment le massacre au mortier d'enfants manifestants –, Bokassa est lâché par son « cher parent » Giscard. L'armée française le dépose et remet en selle, au cours de l'opération *Barracuda* commencée le 20 septembre 1979, le cousin de Bokassa, David Dacko, depuis des mois sous l'aile protectrice du chef du service Action du Service de documentation extérieure et de contre-espionnage (SDECE), le colonel Alain de Marolles.

La trajectoire de Bokassa a suivi un tracé constant dans l'Afrique de ces années 1960 et 1970, et même au-delà : l'Élysée affectionne ces hommes à poigne qui garantissent les « intérêts de la France » dans les ex-colonies. Ils sont souvent d'anciens militaires de l'armée française qui se sentent pousser des ailes et des vocations de dictateur. Encadrés par le « système Foccart », ils sont fort appréciés, car ils évitent à leur pays de tomber dans l'orbite des Anglo-Saxons ou du bloc communiste, qui convoitent les richesses des anciennes colonies françaises.

Jean-Bedel Bokassa, décédé en 1996 en exil après une condamnation à mort par contumace dans son pays – pour meurtre, cannibalisme et détournement de fonds publics à hauteur de 170 millions de dollars –, a bien mérité d'appartenir à la fratrie de « nos amis les despotes ». Ce sont des dirigeants dont la puissance tient à la fortune qu'ils ont captée en détournant les richesses de leur pays à la faveur de l'indépendance et grâce au soutien militaro-sécuritaire de Paris.

« Nos amis les despotes » ont aussi pour nom : Ahmadou Ahidjo, président du Cameroun de l'indépendance en 1962 jusqu'en 1983, dont le pouvoir a été conforté grâce au massacre des Bamilékés [▷ p. 109] ; Denis Sassou Nguesso, l'ancien général parachutiste qui a fait ses classes en Algérie, avant de devenir directeur de la Sûreté du Congo-Brazzaville, puis à deux reprises président de la République, en 1979 et 1984 ; ou encore Étienne Gnassingbé Eyadéma, ancien de la Légion étrangère en Indochine et en Algérie, qui, après avoir assassiné le président Sylvanus Olympio en janvier 1963, présidera d'une main de fer aux destinées du Togo, pendant trente-huit ans à partir de 1967. À sa mort, en février 2005, le magazine *Forbes* estimera sa fortune personnelle à 4,5 milliards de dollars, soit trois fois la dette extérieure du Togo !

Mais le plus solide des appuis, encore au pouvoir au début du XXIe siècle, est sans conteste le président Omar Bongo du Gabon.

Omar Bongo, un parfum de pétrole

Grâce au pétrole, à l'uranium et à des ressources agricoles comme la canne à sucre ou le bois d'okoumé (utilisé pour le contreplaqué), la République du Gabon est l'État qui obtiendra la croissance la plus rapide de l'Afrique noire francophone, en quinze ans de développement après l'indépendance du 17 août 1960. C'est dire que l'Élysée et Jacques Foccart, le « poste de liaison et de renseignement » du colonel Maurice Robert du SDECE, mais aussi la compagnie pétrolière Elf-ERAP de Pierre Guillaumat (à partir de 1965 [▷ p. 133]) ont tout intérêt à assurer une grande stabilité politique au Gabon. Ce qui n'est pas garanti lorsque le premier président Léon M'Ba est renversé début 1964 par un « comité révolutionnaire », soutenu par les intérêts américano-britanniques. Mais la situation se retourne presque aussitôt lorsqu'il est rétabli grâce aux œuvres du responsable local du SDECE, Bob Maloubier, et de soldats de la 11e division aéroportée légère d'intervention.

Cependant, le répit est de courte durée. Gravement malade, Léon M'Ba prépare sa succession en la personne d'un vice-président, de la même ethnie fang, Albert Bernard Bongo (bientôt converti à l'islam sous le nom d'Omar Bongo), qui lui succède, après sa mort à Paris, le 2 décembre 1967. L'arrivée au pouvoir de Bongo a surtout été téléguidée par ce que l'on appelle alors le « clan des Gabonais » autour de Maurice Delauney, l'ambassadeur de choc nommé à l'instigation de Foccart. Cet ancien des Forces françaises de l'intérieur (FFI) a montré ce dont il était capable dans la répression des Bamilékés au Cameroun [▷ p. 109]. Autour de lui s'organisent la mise en coupe réglée du Gabon, l'interdiction des partis et des journaux d'opposition, la création de l'unique Parti démocratique gabonais (PDG). Et, surtout, une organisation tentaculaire de police politique et d'espionnage, où l'on retrouve le gotha de la barbouzerie française en Afrique.

Montée par Bob Maloubier – avant qu'il ne rejoigne Elf –, la Garde présidentielle sera dirigée par des Bretons, le général Le Bras, puis Louis Martin (dit « Loulou ») ; le Service de contre-ingérence, spécialisé dans la liquidation des opposants, est animé par le futur patron du Service d'action civique (SAC), Pierre Debizet [▷ p. 78] ; le CEDOC (Centre de documentation extérieure) – le SDECE à la sauce gabonaise – est dirigé par un ancien inspecteur de la DST française, André Casimir ; la société aérienne Transgabon s'honore d'avoir pour P-DG Jean-Claude Brouillet, ancien résistant du réseau Alliance et « honorable correspondant » du SDECE (ainsi que deuxième mari de l'actrice Marina Vlady) ; sans oublier l'interface avec le service de renseignement interne de la compagnie Elf, créé par un as du Service 7 du SDECE, Jean Tropel.

La liste serait fastidieuse de tous les affidés de Jacques Foccart, les mercenaires de la bande à Bob Denard [▷ p. 144], les « honorables correspondants » du colonel Maurice Robert, les bailleurs de fonds du système Bongo, les agents corrupteurs d'Elf-Gabon et autres prédateurs qui, à Libreville, vont constituer pendant trente bonnes années le « clan des Gabonais ». En 1983, le journaliste Pierre Péan s'est attelé à la tâche avec son livre d'enquête *Affaires africaines*, dans lequel il décrit par le menu cet univers impitoyable, ce « petit émirat équatorial gorgé de pétrole et d'autres ressources stratégiques ». Ce qui lui vaut un formidable succès de librairie, des procès à répétition et même un attentat contre son domicile... Le maître de Libreville n'a vraiment pas apprécié que Péan raconte dans le détail la façon dont il a fait assassiner, le 27 octobre 1979, à Villeneuve-sur-Lot, Robert Luong, l'amant de sa femme Marie-Jo – dont il divorcera quelque temps après pour épouser Édith, la fille de Denis Sassou-Nguesso, l'homme fort du Congo voisin dont la production pétrolière est aussi contrôlée par Elf.

Bref, désormais, le roi est nu : les turpitudes d'Omar Bongo et de ses amis foccartiens sont exposées au grand jour. La chute du « clan des Gabonais », du SAC, plus tard du secteur africain d'Elf, dirigé par André Tarallo [▷ p. 133], n'est qu'une question de temps. Mais l'inamovible maître de Bangui, lui, tient toujours fermement la barre (il était toujours en poste à l'été 2006). Et c'est la raison pour laquelle les Français n'hésitent pas, de temps à autre, à organiser des opérations militaires, comme celle de Kolwezi, au Zaïre, en juin 1978 [▷ p. 155], en s'appuyant sur Bongo et un autre ami fidèle de la République, le roi Hassan II du Maroc.

Hassan II, « notre ami le roi »

Voilà un roi qui n'a pas toujours été en odeur de sainteté en France. L'enlèvement en plein Paris de l'opposant marocain Medhi Ben Barka, en 1965 [▷ p. 130], a tellement outré l'opinion publique française et le général de Gaulle, que le jeune roi Hassan II s'en est trouvé quelque temps relégué au purgatoire des amis de la France. Même si la responsabilité de ce kidnapping et de l'assassinat incombe techniquement au général Mohamed Oufkir, son ministre de l'Intérieur, personne n'est dupe : l'instigateur réel de la disparition de Ben Barka est bien le souverain marocain.

Cependant, dès le début du septennat Pompidou, les choses changent. Tandis que le général Oufkir se « suicide » d'une balle dans le dos au lendemain d'un putsch raté le 16 août 1972, son adjoint Ahmed Dlimi le remplace. Cinq ans plus tôt, ce dernier avait provoqué un coup de théâtre en se constituant prisonnier à Paris, le 19 octobre 1966, en plein procès Ben Barka, pour « laver l'honneur de [s]on pays et le [s]ien » alors que son nom avait été prononcé dans cette ténébreuse affaire. Astucieuse volte-face voulue par le roi pour redorer son blason, sachant qu'aucune preuve ne pourrait être retenue et que tout ce beau monde serait disculpé, Dlimi, Oufkir et lui-même.

Quand il était adjoint au directeur de la Sûreté, Dlimi s'était fait une belle réputation de « technicien des interrogatoires poussés » de prisonniers, usant de la torture, embastillant des opposants devenus des « morts-vivants » au bagne de Tazmamart, ou transformant les membres de la famille Oufkir en véritables « masques de fer » du XXe siècle (ils ont été maintenus au secret, dans des conditions très dures, pendant plus de dix-neuf ans).

Après la brouille, l'embellie. Des émissaires français rapprochent Paris et Rabat. Parmi eux, Louis Joxe, le gaulliste qui a joué un rôle de premier plan dans les négociations d'Évian pour la paix avec l'Algérie. Et surtout Alexandre de Marenches, le patron du SDECE depuis 1970 [▷ p. 338], dont l'épouse a vécu au Maroc dans sa jeunesse : il va même organiser en Afrique une alliance indéfectible des services secrets contre le communisme, avec le Maroc pour allié le plus sûr. En échange, sous la présidence de Valéry Giscard d'Estaing, la France aide les Marocains dans la répression des séparatistes sahraouis menés par le Front Polisario (Front populaire de libération de la Saguia el-Hamra et du Rio de Oro). Cette « guerre des sables » du Sahara occidental scelle a son tour le destin du général Dlimi : incapable de réduire le Polisario, armé par l'Algérie voisine, le commandant en chef de la zone sud est mystérieusement écrasé, le 25 janvier 1983, par un camion fou à Marrakech. L'un des derniers Français a l'avoir vu est un autre futur grand suicidé (le 7 avril 1994), François de Grossouvre, l'ami du président Mitterrand et responsable des chasses présidentielles, qui venait d'organiser pour le chef des barbouzes marocaines une partie de chasse en Sologne. Le remplaçant de Dlimi à la tête des services secrets, Driss Basri, accompagnera la descente aux enfers du Maroc, de la répression des Sahraouis jusqu'à la mort d'Hassan II en 1999.

Dans les décennies qui suivent, le Maroc devient une destination touristique de choix, grâce à la beauté de ses paysages, au Club Méditerranée, à la convivialité de sa population, à ses prix imbattables... et à la chape de plomb que fait régner le système féodal, occultant la répression généralisée. Artistes, écrivains, dirigeants politiques et industriels français de tous bords se prélassent au palais de la Mamounia à Marrakech et participent à des fêtes fastueuses dignes des mille et une nuits. Sa Majesté en a les moyens : l'une des dix plus grandes fortunes du monde, il est propriétaire des terres minières et agricoles, héritées lors de l'indépendance de 1956, et il truste le réseau touristique. Sans compter que les spécialistes, tels ceux de l'Observatoire géopolitique des drogues (OGD), identifient des ramifications très lucratives de la culture du cannabis de la province du Rif jusqu'aux marches de la maison royale. En effet, selon un rapport de l'OGD

(1995), le Maroc est le premier exportateur de haschisch vers le marché européen. « Les revenus des dérivés de cannabis représentent la première source de devise du pays : ils sont estimés à 1,5 milliard de dollars. »

Habile manœuvrier, le roi du Maroc donne à l'extérieur une image plus policée. Il serait même un « roi de génie », selon l'expression de l'obséquieux secrétaire perpétuel de l'Académie française, Maurice Druon [1]. Hassan II joue avec habileté l'intermédiaire dans le conflit israélo-arabe. Protecteur de tous les croyants, ne protège-t-il pas aussi les Juifs marocains, dont le premier d'entre eux, André Azoulay, est même son conseiller privé pour les affaires économiques ?

En 1990, avec son livre *Notre ami le roi*, l'écrivain Gilles Perrault déchire le voile pudique qui cache la sinistre réalité de trente ans de règne. Il jette une lumière crue sur les bagnes, les tortures, les disparus, sur Abraham Serfaty, le Mandela marocain (détenu pendant dix-sept ans, de 1974 à 1991), sur les enfants Oufkir et, beaucoup plus gênant, sur les connivences françaises, à gauche comme à droite, avec le Palais. Le livre est interdit au Maroc. S'ensuit une polémique... Deux ans plus tard, un opposant de toujours, Moumen Diouri, enfonce le clou avec son livre *À qui appartient le Maroc ?* La riposte est brutale : le livre est saisi et interdit en France, et l'auteur embastillé par la DST, à l'instigation d'un proche ami du roi, le ministre de l'Intérieur Charles Pasqua.

À la mort du roi, survenue le 23 juillet 1999, la pression de l'opinion publique en France et celle des nouvelles forces qui émergent – y compris islamistes – vont désormais obliger son jeune fils, Mohammed VI, à engager des réformes d'ouverture et forcer certains amis français du Maroc à un peu plus de retenue.

François Tombalbaye, dictateur tchadien

François Tombalbaye, le président du Tchad de 1960 à 1975, a aussi « son » Ben Barka : le docteur Outel Bono. Dès 1961, et l'indépendance corsetée par les réseaux de Jacques Foccart, ce jeune médecin, membre du Parti africain de l'indépendance (proche du Parti communiste français [PCF]), a décidé de créer un mouvement d'opposition. Cependant, le Parti progressiste tchadien (PPT) de Tombalbaye a interdit toute autre formation politique que la sienne et tout autre journal que son très officiel... *Canard déchaîné* (*sic*).

Surtout, il ne supporte pas la fronde menée par Outel Bono et quelques autres étudiants rentrés au pays, dont le plus célèbre s'appelle Abba Siddick.

---

1 *Le Matin*, 17 novembre 2005.

Aussi, en mars 1963, des policiers français, conseillers techniques de la présidence, arrêtent Bono, médecin-chef de l'Hôpital de Fort-Lamy (futur N'Djamena), au motif qu'il a « ourdi un complot ». Suite à un procès expéditif, Outel Bono est condamné à mort, mais voit sa peine commuée en détention à vie. Et cela grâce aux protestations de son avocat communiste, Me Pierre Kaldor, de ses amis du journal *L'Humanité*, mais aussi de l'ambassadeur au Tchad, le compagnon de la Libération René Millet, dont la prise de position courageuse provoque la mutation. C'est le début d'un cycle de violences qui ne cessera plus. Six mois plus tard, à Fort-Lamy, une manifestation pour le respect des droits constitutionnels est réprimée dans le sang et l'on compte trois cents morts. Des paysans se rebellent aussi dans la région centrale du Batha, en 1965, et à Bardaï, ville-garnison au cœur du désert, en septembre 1966 ; la répression est féroce.

À la tête de la sécurité tchadienne, le Centre de coordination et d'exploitation du renseignement (CCER), les capitaines Camille Gourvennec et Pierre Galopin se fixent comme cible le danger numéro un qui menace le régime en 1966 : le Frolinat (Front de libération nationale du Tchad), que vient de créer le docteur Abba Siddick. Pour contenir le danger, Tombalbaye fait relâcher le docteur Bono et lui propose même un portefeuille de ministre de la Santé – qu'il refuse –, tout en le surveillant étroitement.

En 1968, le nouvel ambassadeur français Fernand Wibaux, l'œil de Foccart au Tchad, complète le dispositif politique. Choix judicieux si l'on songe que la tension devient dramatique entre les musulmans du Nord et les chrétiens et animistes du Sud. Un conflit qui préoccupe de Gaulle pour qui le Tchad a valeur de symbole depuis qu'il avait été pendant la Seconde Guerre mondiale la base de rebond de la France libre.

En mars 1969, tandis que l'on prépare en France le référendum sur la régionalisation, Tombalbaye demande à rencontrer Foccart d'urgence : le 5, il décrit la situation catastrophique dans son pays, la guérilla, l'armée régulière désorganisée, la menace que feraient planer les Soviétiques très présents à Brazzaville, voire la nouvelle influence libyenne qui se profile au nord du pays. Prompt à se réconcilier avec la France quand il en a besoin, Tombalbaye supplie que l'on frappe un grand coup contre les rebelles.

Un plan est vite concocté. Il a pour nom *Tacaud 1*. Deux compagnies du 2e régiment étranger de parachutistes (REP) basé à Calvi s'envolent pour combattre le Frolinat, qui attise la révolte dans l'Est et dans le Tibesti. Le régiment dépend de la 11e division aéroportée légère d'intervention (qui a remis au pouvoir Léon M'Ba en 1964 au Gabon). Leur chef est le lieutenant-colonel Jeannou Lacaze, ancien du SDECE et de la Main rouge [▷ p. 50], futur chef d'état-major de l'armée sous la présidence Mitterrand. C'est le début d'une longue série d'interventions du 2e REP et d'autres unités françaises au Tchad pendant près de vingt-cinq ans.

Mais les actions ponctuelles contre le Frolinat suffisent-elles ? En juillet 1970, le commandant Gourvennec, ayant appris le passage à Paris d'Abba Siddick, le chef du Frolinat, tente de le faire enlever. L'opération échoue, mais trois ans plus tard, le patron des services spéciaux de Tombalbaye sera plus chanceux : le 26 août 1973, le docteur Outel Bono, de nouveau en exil et présenté par le journal *Jeune Afrique* comme le représentant de la troisième voie entre le Frolinat et Tombalbaye, est abattu de deux balles dans sa DS Citroën, rue de la Roquette à Paris... Son meurtrier s'échappe de justesse... en 2 CV !

Sa veuve, Nadine Bono, épaulée par Me Pierre Kaldor, se battra bec et ongles pour que la lumière soit faite sur ce crime (sans obtenir gain de cause devant la justice française, qui s'emploiera efficacement à étouffer l'affaire, close par un non-lieu en avril 1982). Or, la situation qui se détériore au Tchad va permettre d'en connaître le fin mot plus rapidement qu'escompté. En avril 1974, Hissène Habré, responsable de la 2e armée du Frolinat et « honorable correspondant » du SDECE à ses heures, fait enlever dans la province du Tibesti plusieurs Européens, dont l'archéologue Françoise Claustre. L'affaire fait grand bruit, relayée dans les médias français grâce aux photographes Raymond Depardon et Marie-Laure de Decker, une intime du nouveau président Giscard d'Estaing. En juillet, le capitaine Galopin, également lié au SDECE, tente de négocier leur libération, mais il se trouve retenu en captivité. Au cours d'interrogatoires musclés menés par Hissène Habré en personne, il confesse entre autre l'organisation du meurtre d'Outel Bono, abattu par un ancien agent secret du nom de Jacques Bocquel, *alias* « Léon Hardy ». Le même Bocquel avouera plus tard, sur procès-verbal de police, avoir effectué les repérages pour le kidnapping raté d'Abba Siddick en 1970 à Paris.

Dans les sables du Tibesti, la prise d'otage s'éternise. Le chef rebelle a exigé comme rançon une livraison d'armes. En avril 1975, la situation s'emballe. Le 12, Galopin est pendu, Hissène Habré lui administre le coup de grâce... Le 13, le général Félix Malloum renverse Tombalbaye, qui est tué lors du coup d'État.

Épilogue : habituel négociateur des missions délicates, Stéphane Hessel, l'ancien chef de la section Renseignements du BCRA, est envoyé auprès d'Hissène Habré et tente d'obtenir la libération de Françoise Claustre. Celle-ci interviendra le 30 janvier 1977 – non sans qu'Hissène Habré reçoive ses armes dans des conditions encore mal élucidées –, avec l'aide de Pierre Claustre, le mari de l'archéologue, et surtout de Christian Olhagaray, ancien intendant du président gabonais Léon M'Ba et membre lui-même du « clan des Gabonais ».

Tandis que Félix Malloum renforce la dictature militaire, Hissène Habré attend son heure... Il lui faudra patienter six ans pour savourer la victoire et la chute de N'Djamena... À Paris, Jacques Foccart a convaincu son monde : peu importe que Tombalbaye soit passé à la trappe, le dirigeant du Tchad, quel qu'il soit, doit être ami de la France, solidement encadré par elle, surtout au moment où le fougueux voisin libyen, le colonel Mouammar Kadhafi, se montre de plus en plus agressif.

Giscard veut tuer les gorilles de Mobutu

Qui se ressemble, s'assemble. En février 1968, a lieu une rencontre qui ne fait guère plaisir à Paris : à Bangui, Tombalbaye, Bokassa et Mobutu mijotent la création d'une « Union des États d'Afrique centrale » (UEAC), à vocation économique. Elle est officiellement fondée à Fort-Lamy un mois plus tard. Si Tombalbaye en a profité pour prendre ses distances avec une France qui va pourtant lui venir en aide *manu militari* un mois plus tard, c'est surtout Mobutu Sese Seko qui a eu l'initiative de ce plan. Au secrétariat aux Affaires africaines et malgaches à Paris, on juge donc utile d'amadouer le maître de l'ex-Congo belge (qui deviendra le Zaïre fin 1971) afin de se réconcilier par contrecoup avec les dictateurs tchadien et centrafricain.

Jacques Foccart a suivi dès le début l'ascension de « Joseph-Désiré » Mobutu, ancien sergent de la Force publique belge, devenu journaliste, formé en Belgique, puis officier de la nouvelle armée lors de l'indépendance du Congo et secrétaire d'État dans le gouvernement de Patrice Lumumba en janvier 1960. Devenu chef d'état-major l'année suivante, en profitant des rivalités politiques, il fait assigner à résidence Lumumba – révoqué en septembre 1960 – avant de l'expédier au Katanga, une province qui a fait sécession avec à sa tête Moïse Tshombé et l'appui de mercenaires français et belges. Promis à une mort certaine, Lumumba est effectivement assassiné, le 17 janvier 1961, lors d'un simulacre d'évasion. Les archives de la CIA, ouvertes à l'instigation de la commission Church, chargée d'enquêter sur les dérives des services américains dans les années 1970, démontreront que l'agence américaine a piloté de bout en bout la liquidation de Lumumba et assuré la montée en puissance de celui qui a précipité sa perte. Comme l'expliquera dès 1962 le journaliste américain Andrew Tully : « On peut dire, sans peur de se tromper, que Mobutu fut "découvert" par la CIA. [...] À dater du 14 septembre 1961, il émergea comme l'homme militairement fort du Congo [1]. »

---

1 Andrew Tully, *CIA, Central Intelligence Agency. L'histoire révélée du contre-espionnage américain*, Stock, Paris, 1962.

Rien de surprenant à ce que la CIA, fortement représentée à Léopoldville (future Kinshasa), ait tout fait pour écarter le charismatique leader tiers-mondiste Patrice Lumumba, présenté comme un suppôt du communisme, et permettre aux firmes américaines de s'incruster dans un des plus grands pays africains, regorgeant de richesses minières, à l'époque premier producteur mondial de cobalt et de diamants.

Fort de ce soutien, et de celui d'Israël, Mobutu conforte en 1963 son pouvoir en écrasant les maquis de Pierre Mulele, qui était soutenu par la Chine de Mao Zedong, et dont la guérilla contrôlait jusque-là deux tiers du Congo, en espérant poursuivre l'œuvre émancipatrice de Lumumba. Dans ses rangs, figurent un moment le révolutionnaire Che Guevara et surtout un personnage qui refera surface, trente ans plus tard, à la chute de Mobutu : Laurent-Désiré Kabila...

Entre-temps, en 1965, à l'issue d'un coup d'État contre Joseph Kasavubu, le premier président de l'ex-Congo belge, Mobutu a définitivement pris le pouvoir. Même si Foccart a envoyé des mercenaires dirigés par Bob Denard et des anciens d'Algérie – le colonel Roger Trinquier ou le commandant Roger Faulques – pour soutenir la sécession katangaise, il est temps pour les Français de traiter avec le nouvel homme fort de Kinshasa. Ce dernier sera cependant très méfiant à leur égard et en particulier à l'égard d'hommes comme Pierre Messmer, ministre des Armées sous de Gaulle, Premier ministre sous Pompidou, en 1972, un homme d'action qui a naguère soutenu l'envoi des mercenaires au Katanga. Et Paris n'éprouve pas une grande sympathie pour le maréchal-président, qui a instauré un régime autoritaire, un parti unique, le Mouvement populaire pour la révolution, et écrasé dans le sang une révolte étudiante en 1969.

Giscard d'Estaing élu, tout change. C'est l'embellie. Pour preuve, l'interdiction, en 1974, par le ministre de l'Intérieur Michel Poniatowski, du livre *L'Ascension de Mobutu*, publié par François Maspero et dans lequel l'avocat bruxellois Jules Chomé décrit par le menu le régime de terreur qui règne dans l'ancienne colonie belge. Faisant fi de la liberté d'expression, le premier policier de France a invoqué la loi du 29 juillet 1881, amendée par le décret du 6 mai 1939, pour censurer le livre, au motif qu'il est rédigé par un auteur étranger et parce qu'« il comporte des allégations précises et graves, dont la publication serait appelée à un retentissement certain et entraînerait des conséquences aussi bien sur le plan intérieur, dans le pays intéressé, que sur le plan international [1] ».

1 Le 5 juillet 1978, le tribunal administratif de Paris annule cette décision pour excès de pouvoir et l'ouvrage est republié, en édition augmentée, dans la Petite collection Maspero, en 1979. Cependant, l'année suivante, le Conseil d'État estimera que l'interdiction n'était pas entachée d'« erreur manifeste ».

De telles preuves d'amitié ne trompent pas. Lors de son voyage au Zaïre, en 1975, Giscard d'Estaing est accueilli à bras ouverts et séduit par ce pays grandiose et son chef prodigieux. Avec Nicolae Ceausescu, il devient spontanément l'un des meilleurs amis de Mobutu. À la clef, de nombreux contrats portant sur le marché des télécommunications et bien d'autres travaux dont Thomson-CSF sera le maître d'œuvre. (Coïncidence, le patron de Thomson-CSF International est justement Philippe Giscard d'Estaing, le cousin du président.) De son côté, Alexandre de Marenches, le patron du SDECE, ouvre une antenne importante à Kinshasa ; et le colonel Yves Gras, ancien para d'Indochine et attaché militaire français au moment de la chute de Saigon, devient conseiller militaire de Mobutu. Il fait partie des décideurs qui joueront un rôle important dans la préparation du raid sur Kolwezi, trois ans plus tard, lorsque Giscard enverra ses parachutistes pour combattre les « gendarmes katangais » qui menacent la stabilité zaïroise [▷ p. 155].

Seule ombre au tableau, en août 1976 : le président français, toujours attiré par les grands espaces et les safaris africains, se verra refuser une chasse aux gorilles dans le parc national des Virungas, à la frontière rwandaise. Car les anthropoïdes sont protégés... Mais après tout, il n'y a pas là de quoi se chagriner. Comment ne pas éprouver une certaine admiration pour l'« ami » Mobutu, qui, à sa mort, vingt ans plus tard, sera considéré comme l'un des hommes les plus riches de la planète, avec une fortune personnelle estimée à 10 milliards de dollars ? Sans compter les châteaux et les vastes demeures, au Zaïre, en Belgique, en Suisse et en France... Des avoirs, il est vrai, en grande partie gelés en Belgique et en Suisse, en 1997, à la demande de la nouvelle République démocratique du Congo.

◀ **R. F.**

Pour en savoir plus

Nicolas Beau et Jean-Pierre Tuquoi, *Notre ami Ben Ali*, La Découverte, Paris, 1999.

Colette Braeckman, *Le Dinosaure. Le Zaïre de Mobutu*, Fayard, Paris, 1992.

Jacques Brassinne et Jean Kestergat, *Qui a tué Patrice Lumumba ?*, Duculot, Louvain-la-Neuve, 1991.

Jules Chomé, *L'Ascension de Mobutu*, Maspero, Paris, 1974 et 1979.

Roger Delpey, *Affaires centrafricaines*, Jacques Grancher, Paris, 1985.

Thierry Desjardins, *Avec les otages du Tchad*, Presses de la Cité, Paris, 1975.

Moumen Diouri, *À qui appartient le Maroc ?*, L'Harmattan, Paris, 1992.

Pierre Péan, *Bokassa Ier*, Alain Moreau, Paris, 1978.

—, *Affaires africaines*, Fayard, Paris, 1983.

Gilles PERRAULT, *Notre ami le roi*, Gallimard, Paris, 1990.

Stephen SMITH et Géraldine FAES, *Bokassa Ier, un empereur français*, Calmann-Lévy, Paris, 2000.

Frank TENAILLE, *Les 56 Afriques*, vol. 1 et 2, Maspero, Paris, 1979.

Les diamants de Bokassa, ou la vengeance du « garde-chasse » de la République

Lors de la campagne présidentielle de 1981, des affiches à l'effigie de Valéry Giscard d'Estaing se retrouvèrent avec, collés sur les yeux du candidat, des diamants étincelants. Une allusion transparente aux pierres précieuses offertes au président sortant par le dictateur centrafricain Jean-Bedel Bokassa. Une conséquence de la vengeance de celui qui refusait que Giscard d'Estaing le traite « comme on ne traite pas un garde-chasse », après l'avoir publiquement déclaré son « parent et ami ».

« Personnellement, je trouve parfaitement anormal, et cela s'apparente à du racisme, de critiquer ce qui va se passer à Bangui… L'authenticité africaine n'est pas forcément la République. » « Ce qui va se passer à Bangui », pour reprendre la formule pudique de Robert Galley, le ministre de la Coopération de l'époque, est le sacre de l'empereur de Centrafrique, Bokassa Ier, le 4 décembre 1977. Un sacre au cours duquel le ministre, ancien compagnon de guerre du général de Gaulle, va devoir représenter Valéry Giscard d'Estaing. Passant outre l'avis d'autres vieux barons gaullistes pour qui ce sacre n'est qu'une mascarade, le président Giscard a donné son feu vert aux cérémonies, les a fait financer par la France, a envoyé la musique de la flotte pour en assurer l'ambiance sonore et a personnellement offert à l'impétrant un sabre napoléonien ainsi qu'une horloge ancienne.

La déposition de l'empereur par l'armée française moins de quatre ans plus tard, le 21 septembre 1979, se veut tout aussi respectueuse de l'« authenticité » africaine, puisque le président Giscard d'Estaing a exigé que l'intervention des parachutistes soit réclamée par les Centrafricains eux-mêmes. Son ordre sera exécuté à la lettre. À peine descendu d'un avion du Service de documentation extérieure et de contre-espionnage (SDECE), dans lequel, à l'aéroport de Villacoublay, il avait pratiquement fallu le pousser, le nouveau chef d'État David Dacko, entouré de membres des services secrets français en civil et en uniforme, fait officiellement appel à la France. « Les parachutistes ont maintenu l'ordre et David Dacko a pris le pouvoir. C'était une opération comme on devrait l'enseigner dans les écoles de guerre spéciale », se vantera plus tard Alexandre de Marenches, patron des services secrets : l'empereur Bokassa Ier « était devenu une sorte de garde-chasse privé de la République française ».

L'opération *Barracuda*, c'est-à-dire l'éviction de Jean-Bedel Bokassa, se justifiait largement, à en croire ses initiateurs, par la cruauté d'un despote accusé d'avoir tué et dévoré des enfants, et par la nécessité stratégique d'empêcher un rapprochement avec la Libye du colonel Kadhafi. Elle a aussi et sans doute surtout recouvert une opération de saisie des archives « impériales », dont le contenu a été aussitôt mis à l'abri en France par les services secrets. Ces archives contenaient, à en croire les confidences ultérieures de Bokassa, nombre de documents susceptibles de porter atteinte au respect de la vie privée du président français. Les uns auraient comporté la liste précise des diamants et des défenses d'éléphants offerts à Valéry Giscard d'Estaing, les autres auraient détaillé les affaires réalisées en Centrafrique par certains des membres de sa famille, d'autres encore auraient été des photographies prises à l'occasion de ses parties de chasse centrafricaines.

Chassé de son trône, dépouillé de sa fortune et de ses archives, accusé d'anthropophagie, le garde-chasse congédié se venge. Le 10 octobre 1979, un mois après l'opération *Barracuda*, *Le Canard enchaîné* publie en une un article intitulé : « Quand Giscard empochait les diamants de Bokassa. » Le président se refuse à poursuivre le journal ou « à entrer dans le jeu dégradant des démentis concernant le poids des diamants offerts par Bokassa ». Mais il ne voit aucune objection à ce que la Direction de la surveillance du territoire (DST), « dans l'exercice normal de sa fonction », recherche le nom de l'informateur de l'hebdomadaire satirique. Elle le découvre vite : il s'agit d'un certain Roger Delpey.

Ancien d'Indochine, l'écrivain-journaliste a plusieurs fois rencontré Bokassa lorsqu'il était empereur, mais aussi depuis que, déchu, il est en résidence surveillée à Abidjan en Côte-d'Ivoire. Le 10 mai 1980, alors que *Le Canard* a poursuivi ses révélations et que s'approche l'échéance de l'élection présidentielle, Roger Delpey est arrêté à Paris par la DST, au moment où il sort de l'ambassade de Libye. Accusé d'avoir demandé le soutien d'une puissance étrangère pour déclencher une « opération visant à déstabiliser l'État et à compromettre la politique extérieure de la France », le journaliste se retrouve en garde à vue puis incarcéré à la prison de la Santé. Ses interrogatoires portent moins sur son implication dans une improbable opération de déstabilisation de la France par la Libye, que sur le contenu des documents compromettants pour Giscard d'Estaing que lui aurait remis l'ex-empereur. Après deux cent deux jours de détention, Roger Delpey est remis en liberté.

La perquisition réalisée à son domicile a permis de découvrir des feuilles en blanc signées par Bokassa, preuve, selon Giscard d'Estaing (comme il l'écrit dans son livre *Le Pouvoir et la Vie*, tome 2, 1991), que les documents du *Canard* n'étaient que des faux forgés « au fur et à mesure des besoins de publication » par Roger Delpey, un « personnage provenant des milieux nationalistes d'extrême droite ». L'écrivain poursuit l'ex-président en diffamation. En 1991, le tribunal correctionnel de Paris condamne l'auteur à un franc de dommages et intérêts pour « manque flagrant d'objectivité et d'impartialité ». Trois ans plus tard, la cour d'appel en juge autrement et relaxe l'ancien parent et ami de Bokassa qui, selon cette juridiction, a « manifestement entendu donner sa version personnelle des faits qui à l'époque ont eu un retentissement politique et médiatique considérable, tant en France qu'à l'étranger ».

◂ **F. Z.**

Pour en savoir plus

Pierre PÉAN, *Bokassa Ier*, Alain Moreau, Paris, 1978.

Stephen SMITH et Géraldine FAES, *Bokassa Ier, un empereur français*, Calmann-Lévy, Paris, 2000.

Dans les pas des réseaux Foccart : le faux tournant de la politique africaine de François Mitterrand

« Je ne vais tout de même pas me lancer dans une nouvelle aventure africaine à six mois des élections présidentielles ! » Ainsi s'adresse, en décembre 1980, Valéry Giscard d'Estaing au patron du Service de documentation extérieure et de contre-espionnage (SDECE), Alexandre de Marenches. L'objet de leur conciliabule secret : le Tchad, qui n'a cessé d'être en ébullition depuis avril 1974 et la prise d'otage de l'archéologue française Françoise Claustre par Hissène Habré, chef du Front de libération nationale du Tchad (Frolinat) [▷ p. 159].

De Marenches est venu plaider la cause de ce dernier, jadis « honorable correspondant » du SDECE, qui a le vent en poupe dans la guerre qui l'oppose désormais à son rival au sein du Frolinat, Goukouni Oueddeï, devenu l'homme fort à N'Djamena. Malgré le refus du président, le patron de la « Piscine » fait acheminer des armes à Hissène Habré. C'est au cours d'un de ces convoyages aériens qu'un Hercules C 130 fait un atterrissage forcé, à 900 kilomètres à l'ouest de Khartoum, et que le désarrimage de sa cargaison a laissé les caisses d'armement écraser deux opérationnels du service Action du SDECE. Tandis que l'on rapatrie les dépouilles dans le plus grand secret, tout sera fait pour que l'on ne sache pas que la France arme la force rebelle qui combat l'État avec lequel elle a passé un accord de défense. Seuls les lecteurs avisés des romans d'espionnage de Gérard de Villiers, toujours aussi bien informé grâce à ses amis du service Action, en auront quelque idée grâce à une nouvelle aventure de SAS : *Des armes pour Khartoum*.

Mitterrand à l'Élysée, « Kadhafi à N'Djamena » et… le mystérieux Michel Lambinet

Arrivée au pouvoir en mai 1981, la gauche va-t-elle virer de bord dans cet épineux dossier tchadien qui a valeur de test ? Militants et sympathisants socialistes l'espèrent : ils ont souvent manifesté contre la « politique de la canonnière » en Afrique. Cependant, dans les jours qui suivent la victoire de François Mitterrand, le nouveau pouvoir socialiste décide de livrer des armes à... Goukouni Oueddeï. Le dossier est suivi en double commande à l'Élysée par deux proches du président, François de Grossouvre, alors coordinateur de l'action des services spéciaux, et Guy Penne, le « Monsieur Afrique » de François Mitterrand. Objectif ? Faire échec à Hissène Habré qui, avec le soutien des Égyptiens, des Soudanais et de la CIA, regagne du terrain.

Mais mieux vaut avoir deux fers au feu. Le SDECE, désormais dirigé par Pierre Marion, ami marseillais du ministre de l'Intérieur Gaston Defferre, est mis à contribution. Dans l'appartement parisien d'un journaliste de Radio Monte-Carlo, une réconciliation s'organise avec le clan Habré *via* son émissaire Idriss Miskine et deux officiers du SDECE : le commandant « Charonne » et le commandant « Éric Coulas » (de son vrai nom Philippe de Saint-Genne).

Quelques mois plus tard, la situation inextricable du Tchad avec, en toile de fond, les intrusions militaires du colonel libyen Mouammar Kadhafi sur le territoire tchadien, offre l'occasion d'une opération d'intoxication qui, par effet boomerang, vise le gouvernement socialiste. En effet, le 28 octobre 1981, la rumeur bourdonne dans les salles de rédaction : « Les Libyens sont entrés dans N'Djamena ! » Branle-bas de combat ! Le SDECE doit enquêter sur l'origine de cette intoxication, dont certains disent qu'il en serait à l'origine (alors que son correspondant local, absent de N'Djamena, est en vacances...) N'empêche ! De Grossouvre demande au général Jean Saulnier, chef d'état-major particulier du président, d'enquêter sur l'affaire. « La tentative de désinformation provenait d'agents des réseaux Foccart intimement liés à des journalistes qui ont répandu et amplifié à Paris les fausses nouvelles », se défend Pierre Marion.

Au cœur de cette manipulation, un « journaliste » singulier, petit personnage bedonnant et moustachu : Michel Lambinet, *alias* « Éric Staub », *alias* « colonel Vincent », *alias* « Monsieur Loyauté »... C'est par le truchement de sa *Lettre d'Afrique* qu'il a fait circuler le bouteillon concernant le Tchad. Fait-il partie des réseaux de Jacques Foccart et du colonel Maurice Robert [ᐅ p. 133] ? On le murmure, d'autant que Maurice Robert, cet ancien chef du secteur Afrique du SDECE, vient d'être relevé de ses fonctions d'ambassadeur au Gabon, et qu'il veut se venger des socialistes.

Né à Nancy en 1929, Michel Lambinet s'est établi dans les années 1950 à Dakar, où il a dirigé une agence de presse. Ses accointances avec des personnalités anticolonialistes, tel l'ex-trotskyste Jean Rous, conseiller de Léopold Sédar Senghor, lui valent d'être étiqueté « agent communiste ». Cependant, en mai 1958, Lambinet rejoint Paris, où de Gaulle impulse une nouvelle politique africaine. Ne pourrait-il pas jouer un rôle d'éminence grise auprès des nouveaux chefs d'État africains ? En 1960, à Cotonou, lors de la conférence de ministres africains de l'Information, il se présente comme chargé de mission autoproclamé de Michel Debré et propose la création d'un Service de renseignement interafricain, dont il pourrait – bien sûr – prendre la direction. Son projet lui vaut d'être considéré comme un « espion » et expulsé du Congo, du Cameroun, de Mauritanie… À l'inverse, à Paris, la Direction de la surveillance du territoire (DST) le fiche en 1964 comme « escroc au renseignement et maniaque de l'espionnage ». En dépit de ces petits travers, l'inévitable colonel Maurice Robert le recrute comme « honorable correspondant ». Mais rien n'y fait, son attitude fantasque le brouille avec Senghor, Sékou Touré, Houphouët-Boigny et, beaucoup plus grave, Jacques Foccart, qui déteste ce personnage encombrant. « Au cours de ces années 1960, comme j'ai dénoncé la "balkanisation de l'Afrique" par les soins de Foccart, celui-ci a essayé de me faire liquider, nous jurera-t-il. Mais, par chance, j'ai été sauvé *in extremis* grâce à l'intervention de Georges Pompidou [le Premier ministre] [1]. »

Cette biographie aussi barbouzarde que burlesque se poursuit la décennie suivante, lorsqu'il noue des contacts avec le président Mobutu, du Zaïre. Aux côtés de Jean Da Costa, agent du SDECE, Lambinet appuie le Front de libération de l'enclave du Cabinda (FLEC), une région d'Angola qui regorge de pétrole. Le FLEC n'est qu'une « berlue », soutenue à la fois par les Zaïrois et par la compagnie pétrolière française Elf, où il a retrouvé l'ami Maurice Robert. En liaison avec René Journiac – qui a remplacé son patron Foccart auprès de Giscard d'Estaing pour les Affaires africaines –, Lambinet recrute des mercenaires pour encadrer des Zaïrois et des exilés cabindais afin de « libérer » le Cabinda. Mais, le 19 novembre 1975, tout ce que réussit à faire le « colonel Vincent », c'est de conduire sa petite troupe sur des champs de mines. Tous n'en mourront pas. Lambinet regagne l'Europe avec à ses trousses les mercenaires survivants qu'il a oublié de payer…

Telle est l'étrange destinée de cet aventurier qui se retrouve à l'automne 1981 au cœur d'une tentative de déstabilisation de la politique africaine des socialistes. Une synthèse biographique réalisée par le SDECE, à l'époque où son directeur Pierre Marion veut élucider les faits, note sans complaisance : « Complexé, mythomane, Lambinet cultive un goût maladif de l'action secrète qui lui permet de se valoriser en partageant les confidences des "grands". Il aime à se faire passer pour homme du renseignement et c'est une constante de son action que d'avoir toujours cherché à constituer et à diriger un service spécial. […] Enfin, les éternels besoins d'admiration et d'argent de Lambinet en font une proie désignée et l'homme de main conscient ou inconscient de quiconque entend mener des manœuvres

1 Entretien avec l'auteur, 8 novembre 1988.

d'intoxication, de subversion ou de déstabilisation dans les pays d'Afrique francophone [1]. »

Des biographies d'aventuriers comme celles de Michel Lambinet, on pourrait en rédiger des dizaines, tant le marigot africain grouille d'espèces aux dents longues et au cerveau reptilien. Au fond, Lambinet n'est alors qu'un rouage dans un dispositif beaucoup plus vaste, qui vise à déstabiliser les ferments d'une politique africaine alternative au moment où la gauche accède au pouvoir. Et dans son ombre se profilent, une fois encore, le colonel Maurice Robert et les amis de Jacques Foccart.

Cependant, les manipulations de la guerre secrète empêchent rarement la marche inexorable de l'histoire. La situation au Tchad subit de nouveaux soubresauts qui mobilisent les énergies des nouvelles « cellules africaines » à Paris. Si les Libyens n'étaient pas à N'Djamena à l'automne 1981, Hissène Habré, chef des Forces armées du Nord (FAN), renverse bien Goukouni Oueddeï six mois plus tard, le 7 juin 1982. Avec la création d'une police politique, la Direction de la documentation et de la sécurité (DDS), le nouveau maître du Tchad va procéder à une répression sans merci des opposants et des ethnies rétives : arrestations arbitraires, enlèvements et torture sont la règle, comme sous François Tombalbaye, Félix Malloum et Goukouni Oueddeï... Sous la gauche comme sous la droite, la crise tchadienne continue d'être une misérable partie de chaises musicales et sanglantes...

Jean-Pierre Cot contre Guy Penne, le « Foccart de Mitterrand »

C'est exactement ce genre de situation que Jean-Pierre Cot voulait éviter en acceptant le portefeuille de ministre délégué à la Coopération et au Développement en juin 1981. Ce professeur de droit a souhaité, dès son arrivée rue Monsieur, où le ministère de la Coopération est installé, un changement profond fondé sur un nouvel équilibre des rapports Nord-Sud, ainsi que des relations plus équitables entre Paris et ses anciennes colonies. Il n'est pas pour rien le fils de Pierre Cot (1895-1977), ancien ministre de l'Air du Front populaire (dont le cabinet comprenait le futur résistant Jean Moulin), créateur d'Air France, organisateur du soutien à la République espagnole de 1936, « compagnon de route » du Parti communiste (PCF).

Né en Suisse en 1937, élu député en 1973 en Savoie, où son père vient de se retirer de la politique locale, Jean-Pierre Cot penche pour les thèses de

1 Archives de l'auteur. Michel Lambinet s'est suicidé le 8 janvier 1996 à Paris, mais son décès est passé inaperçu du fait de la mort, le même jour, de François Mitterrand.

Michel Rocard et de la « deuxième gauche ». C'est dire qu'il n'appartient pas au sérail mitterrandien. Or la proximité avec le président est tout aussi essentielle dans les rapports avec l'Afrique que sous de Gaulle. Ce que n'accepte pas vraiment le nouveau ministre lorsqu'il assène avec force : « L'Afrique n'est plus un domaine réservé de la France. Il s'agit de décoloniser nos rapports qui s'étaient progressivement recolonisés. Mais passer d'une rhétorique à une politique n'est pas chose facile. Nous n'entendons pas financer n'importe quoi à n'importe qui. De ce point de vue, nous serons des empêcheurs de tourner en rond ! »

Voilà qui effraie fort les tenants de l'ordre ancien dans les relations franco-africaines. De même lorsqu'il souhaite que l'on n'invite pas au sommet franco-africain de novembre 1981, à Paris, le Guinéen Sékou Touré, devenu un tyran dans son pays, à l'égal de Mobutu au Zaïre ou de Eyadéma au Togo [1]. Mais dès l'été 1981, le nouveau ministre de la Coopération a compris qu'il aura du mal à s'affranchir des injonctions de l'Élysée pour ce qui concerne l'Afrique. Dès août, à l'issue d'un voyage au Cameroun, au Ghana et au Sénégal, Jean-Pierre Cot réalise qu'il est constamment doublé « sur le terrain » par des émissaires directs de la présidence...

Le « grand architecte » de ces manœuvres de l'ombre, c'est Guy Penne, le « Foccart de Mitterrand », l'ami de trente ans qui, avec sa science d'ex-doyen de la Faculté de chirurgie dentaire, lui a conseillé de se limer des dents. L'homme à l'œil bleu connaît le continent noir pour y avoir enseigné l'art dentaire. Sa passion pour la conciliation, sinon le compromis, il la puise dans la philosophie du Grand Orient de France (GODF) : il a été vénérable de la loge Locarno, dans laquelle il a été introduit par le ministre de la Défense Charles Hernu [2]. Ce qui lui permet d'établir avec les chefs d'État africains des rapports fraternels différents de ceux qu'entretient Foccart.

En outre, Guy Penne bénéficie du concours de Pierre Marion, nommé en juin 1981 à la tête du SDECE, qui ne cache pas son appartenance à la Grande Loge nationale de France (GLNF), l'autre grande obédience présente en Afrique, et dont beaucoup de policiers et d'agents secrets sont membres [▷ p. 133]. De nombreux chefs d'État africains sont des « frères invisibles » : les présidents Gnassingbé Eyadéma du Togo, Paul Biya du Cameroun, Denis Sassou Nguesso du Congo, Omar Bongo du Gabon (ainsi que le Tchadien Idriss Déby Itno, alors chef de la sécurité d'Hissène Habré, qu'il renversera

1 Le même Sékou Touré procède alors à un retournement extraordinaire, puisqu'il va se réconcilier en catimini avec celui qui avait juré sa mort vingt ans plus tôt [▷ p. 124] : Jacques Foccart. Ce dernier, accompagné de son ami Jacques Godfrain, se rend à Conakry en 1983 – grâce à l'intercession de Félix Houphouët-Boigny – pour rencontrer le dictateur guinéen, lequel mourra l'année suivante... de sa belle mort.

2 En 1988, Guy Penne est élu président de la Fraternelle Paul-Ramadier, regroupant les francs-maçons du PS.

en décembre 1990) sont tous membres de la GLNF ou d'obédiences africaines qui lui sont affiliées.

En porte-à-faux face à ces réseaux parallèles, Jean-Pierre Cot a toutes les peines du monde à manœuvrer. Il y a eu le coup fourré du Tchad, déjà évoqué, au moment du Sommet franco-africain de novembre 1981. Il y aura, en mars 1982, un coup d'État raté en République centrafricaine : de connivence avec le « clan des Gabonais » [▷ p. 133], des éléments des services spéciaux français jouent un rôle trouble dans la tentative avortée d'Ange-Félix Patassé, le chef du Mouvement de libération du peuple centrafricain (MLPC), de renverser le général-président André Kolingba. Le torchon brûle entre Paris et Bangui, d'autant que Patassé s'est réfugié dans l'ambassade de France, sous l'aile protectrice de l'attaché militaire, le colonel Georges Faure, soupçonné d'avoir encouragé le putsch... Guy Penne s'envole pour Bangui pour désamorcer la crise.

La situation est d'autant plus complexe que Kolingba a lui-même été porté au pouvoir six mois plus tôt avec l'aide des services français, dont l'indéboulonnable colonel Jean-Claude Mantion du SDECE, en remplacement du franc-maçon David Dacko, placé à la tête du Centrafrique par ces mêmes services à la chute de Bokassa en 1979... L'enquête diligentée par Pierre Marion et son service fait apparaître que certains officiers de la Piscine coopèrent plus volontiers avec les réseaux Foccart qu'avec la centrale du boulevard Mortier. Ce genre de crise effraie derechef les présidents africains, qui ont le sentiment d'être pris en tenaille entre les anciens réseaux et la nouvelle politique dont Pierre Marion et Jean-Pierre Cot sont les figures de proue. On tentera de les rassurer avec des nominations symboliques, comme celle du nouvel ambassadeur au Gabon de sensibilité socialiste, le pittoresque Pierre Dabezies, l'ancien du patron 11e Choc, le régiment parachutiste qui était naguère le fer de lance du SDECE.

En juin 1982, l'inquiétude des présidents africains est encore renforcée par une fantomatique « délégation du CADAC [Comité africain de défense anticommuniste] en l'Europe de l'Ouest », qui se répand dans les rédactions parisiennes avec une sorte de manifeste visant à dénoncer la « politique socialo-communiste très dangereuse pour les intérêts occidentaux en Afrique, pour l'indépendance de nos jeunes États, pour notre liberté et celle du monde libre » : « Les risques sont imminents et d'autant plus grands que dans l'entourage immédiat de M. Jean-Pierre Cot, il y a des spécialistes de la subversion politique et armée, sans parler de M. Régis Debray à l'Élysée. Il s'agit d'un véritable réseau soviétique clandestin. » Et de divulguer des fiches puisées dans les archives du SDECE et de la DST, pour dénoncer comme agents d'influence les collaborateurs de Jean-Pierre Cot, tels Jean Audibert, Renaud Vignal, Hugo Saada... L'Élysée se garde bien d'ordonner une enquête sur ces fuites des services spéciaux qui contribuent à discréditer l'action de son ministre. Cette cabale, montée par le « clan des Gabonais », n'est en effet pas pour déplaire à Mitterrand.

Surtout que Cot tente d'obtenir une modification du statut de son ministère, en proposant d'avoir la haute main sur tous les services traitants de coopération avec le tiers monde. De retour de son premier voyage en Afrique, agacé, François Mitterrand écarte ce projet. Les jours du ministre de la Coopération sont comptés. Tout comme ceux de Pierre Marion, remercié en novembre 1982. Le 8 décembre, démoralisé, Jean-Pierre Cot annonce sa démission. Michel Lambinet exulte dans sa *Lettre d'Afrique* : « Tout rentre donc dans l'ordre : comme depuis la naissance de la Ve République, c'est à l'Élysée que la politique de la France sera définie. [...] Il est dommage que dix-huit mois aient été perdus... » Réponse du berger à la bergère : un an plus tard, le journaliste Pierre Péan publie son best-seller *Affaires africaines*, qui décortique au scalpel le système d'Omar Bongo au Gabon et le « clan des Gabonais » du colonel Maurice Robert. Avec le recul, on sent bien que, grâce à ce livre, Jean Audibert et l'équipe de Cot règlent leurs comptes autant avec les filières de Jacques Foccart qu'avec celles de Guy Penne...

En tout cas, François Mitterrand tient fermement la barre de sa politique africaine, tandis que son fils, Jean-Christophe – auparavant journaliste en Afrique pour l'Agence France-Presse – est venu renforcer, en août 1982, la cellule africaine du 2, rue de l'Élysée. Il est à son tour épaulé par quelques amis, dont le député-maire socialiste de Romorantin et spécialiste de l'Afrique australe, Jeanny Lorgeoux.

Christian Nucci et l'affaire du Carrefour du développement

À la Coopération, Christian Nucci, député de l'Isère, remplace Jean-Pierre Cot. « Pied-noir », il est né en Algérie en 1939, « pied-rouge », il y est retourné en 1963 comme coopérant professeur d'histoire-géographie. À part cela, il ne connaît pas l'Afrique. Député socialiste de l'Isère en 1978, il se retrouve en 1981 chef de la commission des conflits au Parti socialiste (PS), en remplacement de Guy Penne. Comme ce dernier, il fera tout ce que dira Mitterrand : « C'est le président, et lui seul, explique-t-il à l'hebdomadaire *Jeune Afrique* au printemps 1983, qui détermine les axes de notre politique extérieure. Moi j'applique. »

En outre, Nucci appartient comme Guy Penne au Grand Orient. Il est même vénérable de la loge Victor-Schœlcher du GODF et a été intronisé par son propre chef de cabinet, Yves Chalier, un ancien officier (entre autres de la Sécurité militaire) originaire de Nouvelle-Calédonie, d'où Nucci rentre d'un séjour comme haut commissaire. Les opérations africaines de cette nouvelle équipe mériteraient de nombreux développements. Mais son action restera surtout dans l'histoire pour le premier scandale politico-financier qui ébranla la Mitterrandie : l'affaire du Carrefour du développement.

Les 11 et 12 décembre 1984, il a été prévu d'organiser, à Bujumbura, le XIe sommet des chefs d'État de France et d'Afrique. Le Burundi est un petit pays dont les richesses ne permettent pas d'accueillir un sommet aussi fastueux. Or, pour recevoir des présidents aussi « prestigieux » que Mitterrand ou Mobutu, on voit grand. On prévoit l'agrandissement de l'infrastructure hôtelière et de l'aéroport ; la mise en place de liaisons hertziennes qui passent par Paris (ce qui fera que tous les Burundais seront transformés en abonnés parisiens avec des numéros à sept chiffres !) ; un pont aérien d'Hercule C 130, de Caravelle et de Boeing 747 pour acheminer des groupes électrogènes, des cabines de conférences insonorisées, l'alimentation périssable, un tracteur de piste pour guider le Concorde, la voiture blindée du président français, tandis que des DC 8 achemineront policiers des voyages officiels, gendarmes et journalistes. Pendant ce temps, cent cinq véhicules Renault et Peugeot pour le cortège officiel seront acheminés par voie de terre à partir du Kenya. À quoi il faudra ajouter aussi le coût de la sécurité, dont la formation d'une Brigade d'intervention polyvalente avec des policiers burundais, et l'envoi de dix-huit tonnes d'huîtres, de foie gras et de spiritueux pour le personnel français resté jusqu'au Nouvel An afin de participer à une réunion interafricaine subséquente [1]...

Coût de l'opération : 160 millions de francs, dont un sixième profitera au Burundi dans le cadre du « développement » (la construction de l'hôtel Novotel revient au groupe Accor, de même que ce sont en majorité des entreprises françaises qui vont bénéficier du marché juteux de l'hôtellerie). Après un premier crédit de 22 millions de francs accordé au Burundi par le gouvernement de Pierre Mauroy, de nouvelles tranches seront rendues nécessaires, et seront engagées par son successeur Laurent Fabius à hauteur de 61 millions. Pour gérer cette organisation, les maîtres d'œuvre, Christian Nucci et son chef de cabinet Yves Chalier, ont eu l'idée d'utiliser une association loi 1901, le Carrefour du développement, créée un an plus tôt, avec à sa tête Michèle Bretin-Naquet (intime de Guy Penne), secondée par Denise Rieu (une ancienne secrétaire de Jacques Foccart !) pour assurer la « promotion du tiers monde »... À leur insu, selon ce qu'elles révéleront plus tard, le trésorier de l'association, Yves Chalier, a recours à des fausses factures pour financer non seulement le sommet de Bujumbura, mais aussi diverses associations culturelles aux accointances socialistes. Chalier sait

1 Le détail de ces opérations a été livré par la journaliste Marie-Thérèse Guichand dans *Le Point* du 31 décembre 1984.

manœuvrer, il a déjà utilisé le Carrefour en 1983 afin de recruter des mercenaires pour le Tchad...

Tout cela serait passé par profits et pertes si la Cour des comptes n'avait mis le nez dans la comptabilité du sommet de Bujumbura. Et surtout si les élections législatives de mars 1986 n'avaient obligé François Mitterrand à accepter une cohabitation avec la droite et Jacques Chirac comme Premier ministre.

La configuration de la politique africaine se dédouble alors : Matignon et l'Élysée possèdent chacun leur « cellule africaine ». D'ailleurs, dès que Chirac a été nommé, le vieux Houphouët-Boigny lui a téléphoné : « La parenthèse est terminée. Il faut faire revenir Foccart ! » On reprend les vieilles habitudes. De son côté, Guy Penne cède la place à Jean-Christophe Mitterrand à la cellule africaine de l'Élysée. « Papamadit », comme l'appelle *Le Canard enchaîné*, deviendra désormais le « sherpa » de son père pour les affaires africaines.

Pour Yves Chalier, ça sent le roussi : Michel Aurillac, le nouveau ministre de la Coopération, a eu vent de l'enquête de la Cour des comptes. Où sont les archives du Carrefour ? Chalier, qui s'attend à devoir rendre des comptes à la justice, les trimbale de rendez-vous en rendez-vous dans Paris pour obtenir un soutien de ses anciens amis. Il ira jusqu'à demander audience à François Mitterrand, en indiquant qu'il a conduit dans la cour de l'Élysée la fameuse voiture blindée présidentielle de Bujumbura qui lui est restée sur les bras, cela en témoignage de tout ce qu'il a fait pour la cause socialiste. Il est congédié comme un malpropre.

Mais un petit homme affable lui ouvre enfin sa porte, fumant cigarillo sur cigarillo, le sourire aux lèvres, au Club 89 qu'il a créé et où se retrouvent des « vieux de la vieille » : c'est Maurice Robert, qui a compris qu'il tient sa revanche... L'ancien des réseaux Foccart accepte de lui porter secours grâce à des amis gaullistes très spéciaux. Consulté, Jacques Delebois a trouvé la solution : cet ancien commissaire de la DST, qui s'est illustré dans la pose des micros au *Canard enchaîné* autrefois [▷ p. 377], Chalier le connaît bien : tout comme Nucci et lui-même, le policier appartient à la loge Victor-Schœlcher du Grand Orient. De plus, en tant que directeur adjoint du Service de coopération technique international de la police (SCTIP), il a aidé Chalier à organiser la sécurité du sommet de Bujumbura. Bon sang ne saurait mentir : grâce à ses appuis au sein du cabinet du nouveau ministre de l'Intérieur Charles Pasqua, il lui obtient un « vrai-faux » passeport de la DST pour s'enfuir au Brésil.

La cavale d'Yves Chalier semble arranger tout le monde, mais le scandale du Carrefour du développement éclate en avril 1986, avec ses rebondissements multiples. L'enquête diligentée par le juge Jean-Pierre Michau va dévoiler une véritable « pompe à fric » et mettre en cause de nombreuses personnalités socialistes. Alors que le premier d'entre eux, Christian Nucci, risque de passer devant la Haute Cour de justice, survient un nouveau rebondissement : la presse sort l'affaire du « vrai-faux » passeport et donc une manipulation politique des gaullistes. C'est l'affaire dans l'affaire. Yves Chalier, qui préfère rentrer en France plutôt que finir poignardé dans une favela, se constitue prisonnier le 17 novembre 1986. Au préalable dans une interview fleuve à Jean-Marie Pontaut, pour *Le Point*, il a tout révélé, éclaboussant les deux clans de la cohabitation. Grand seigneur, le colonel Robert confirme l'entretien avec Chalier. Mais Charles Pasqua dément toute implication de ses services en invoquant le secret-défense. L'instruction contre Nucci près la Haute Cour de justice s'accélère début 1988.

Par chance pour lui, le 8 mai 1988, François Mitterrand est réélu et la gauche revient au pouvoir. Une amnistie, le 7 décembre 1989, va le sauver, tandis que Chalier et quelques autres protagonistes passeront aux assises deux ans plus tard, pour détournement de fonds au préjudice du Carrefour du développement. Entre-temps, le garde des Sceaux socialiste Pierre Arpaillange abandonne les poursuites contre Charles Pasqua. La cohabitation a sauvé tout ce beau monde… mais certainement pas l'Afrique.

◀ **R. F.**

Pour en savoir plus

Jacques Derogy et Jean-Marie Pontaut, *Enquête sur un carrefour dangereux*, Fayard, Paris, 1987.

Jean-Pierre Dozon, *Frères et sujets. La France et l'Afrique en perspective*, Flammarion, Paris, 2003.

Roger Faligot et Rémi Kauffer, *Au cœur de l'État, l'espionnage*, Autrement, Paris, 1983.

Roger Faligot, *Services secrets en Afrique*, Le Sycomore, Paris, 1982.

Gilles Gaetner, *L'Argent facile. Dictionnaire de la corruption en France*, Stock, Paris, 1992.

Jean Guisnel et Bernard Violet, *Services secrets. Le pouvoir et les services de renseignement sous François Mitterrand*, La Découverte, Paris, 1988.

Pierre Marion, *La Mission impossible. À la tête des services secrets*, Calmann-Lévy, Paris, 1991.

Pierre Péan, *Affaires africaines*, Fayard, Paris, 1983.

—, *L'Argent noir. Corruption et sous-développement*, Fayard, Paris, 1988.

Stephen Smith et Antoine Glaser, *Ces Messieurs Afrique*, Calmann-Lévy, Paris, 1992.

Dulcie September, victime de l'apartheid à Paris

Le 29 mars 1988, Dulcie September, représentante à Paris de l'African National Congress (ANC) sud-africain, est assassinée au 28, rue des Petites-Écuries, à Paris, de cinq balles de calibre 22 tirées avec un pistolet muni d'un silencieux. Ce sera le dernier attentat de cette importance perpétré par les services spéciaux sud-africains en Europe.

Avalanche de révélations

La France vit alors les dernières semaines de la cohabitation entre le président François Mitterrand et le Premier ministre Jacques Chirac. Dès les premiers jours, on se pose la question : les tueurs de la militante antiapartheid ont-ils bénéficié de complicités de la part de la police locale, des services spéciaux, ou de barbouzes qui ont repris du poil de la bête dans l'entourage de Charles Pasqua, le ministre de l'Intérieur ? D'autant qu'un an plus tôt, le 7 avril 1987, s'est déjà produit le meurtre de l'opposant algérien Ali-André Mécili, dans une configuration comparable [▷ p. 345].

À toute chose malheur est bon. À cause de ce précédent, la presse, surtout à gauche, réagit avec promptitude. C'est un article de Pascal Krop, dans *L'Événement du jeudi*, qui met le feu aux poudres. Il accuse avec précision le régime de Pretoria : « Qui protège les tueurs "Z" ? » (autrement dit des commandos, dépendants du 32e bataillon – surnommé Buffalo –, sorte d'unité de choc des services de renseignement militaire, le Directorate of Military Intelligence [DMI]) [1]. Surtout, Krop met en cause Jean Taousson, un membre du cabinet de Pasqua. Il ne fait pas de doute que cet ancien journaliste de *L'Écho d'Alger*, ami de Pierre Lagaillarde, l'un des fondateurs de l'Organisation de l'armée secrète (OAS) [▷ p. 94], et par la suite membre du Service d'action civique (SAC), où il a fait la connaissance de Pasqua, est une cheville ouvrière du lobby sud-africain en France, par l'entremise de son journal *Le Courrier austral parlementaire*. Mais ce chargé de mission pour la Nouvelle-Calédonie et les Français musulmans a-t-il vraiment fait effectuer des repérages de la rue des Petites-Écuries,

1 *L'Événement du jeudi*, 7 avril 1988.

comme on le dit ? L'intéressé le nie farouchement et menace de porter plainte.

On s'intéresse ensuite à l'équipe qui a tué la militante sud-africaine. D'une part, le meurtre est survenu juste après qu'une bombe a été désamorcée devant le local bruxellois de l'ANC. D'autre part, le représentant de l'organisation en Belgique, Godfrey Motsepe, a déjà échappé à un assassinat, copie conforme du meurtre de September. Quelques jours plus tard, un trafiquant d'armes sud-africain, très lié au DMI, Dirk Francois Stoffberg, est mis en cause par *Le Monde* et *L'Humanité* (très motivée du fait des liens de Dulcie September avec le Parti communiste). Bien informé par des policiers syndicalistes, le journaliste communiste Claude Kroës le retrouve à Hambourg et l'interviewe. Mais il nie toute implication.

Des avalanches de « révélations » noient le poisson plutôt qu'elles n'éclairent les raisons du drame. Fin du premier acte. Trois ans plus tard, Nelson Mandela, le chef charismatique de l'ANC, sort de prison. Avec la collaboration du Premier ministre Frederik De Klerk, l'apartheid s'effondre en Afrique du Sud et la majorité noire arrive au pouvoir, tandis que Mandela devient président. Les travaux de la commission « Vérité et réconciliation » (TRC), présidée par l'archevêque Desmond Tutu, prix Nobel de la paix, permettront de livrer des faits nouveaux sur l'assassinat de Paris, tandis que d'anciens membres des services spéciaux révèlent ce qu'ils ont fait en échange d'une éventuelle amnistie.

La piste des assassins

Parmi ces révélations : le successeur de Dulcie September, Samuel Khunyeli, *alias* « Solly Smith », était une taupe de la police sud-africaine ; il a aidé à freiner l'enquête policière et surtout à calmer les ardeurs des activistes antiapartheid français, qui voulaient faire pression pour obtenir la vérité. Le journal *Sunday* (17-18 janvier 1998), qui rend compte des travaux de la TRC, précise que se confirme la piste des renseignements militaires dans l'assassinat, comme dans les autres attentats européens de 1988. On signale le rôle de deux suspects, suite aux enquêtes de la police française : le major sud-africain Joseph Klue et un Français, Richard R., *alias* Sanders, un proche du mercenaire Bob Denard avec qui il a bourlingué aux Comores [▷ p. 144] [1]. Mais surtout, on ne l'apprendra qu'a l'été 1998, Dirk Stoffberg

1 R., tour-opérateur et organisateur de safaris, aurait acquis la nationalité sud-africaine en 1999. En 2003, il a été condamné à Johannesburg à une amende et de la prison avec sursis pour avoir recruté des mercenaires pour la Côte-d'Ivoire.

– avant d'être lui-même assassiné en 1994 – aurait révélé à Jacques Pauw, un journaliste sud-africain, qu'il avait bien participé au meurtre de Dulcie September, sur le plan logistique, grâce à son réseau d'agents basés en Suisse.

Le coordinateur des opérations, le colonel Eugen De Kock, surnommé l'« ange de la mort », a pour sa part été condamné deux fois à la réclusion à perpétuité pour avoir supervisé l'unité spéciale chargée de liquider les opposants à l'apartheid, le Vlaakplas [1]. Interrogé par la TRC en octobre 1998, De Kock expliquera que « l'assassinat de September était une opération du CCB » (Bureau de coopération civile, qui dépendait de l'armée). Mais surtout, il précisera que « les deux hommes qui ont appuyé sur la détente [dans l'affaire September] étaient des membres de la garde présidentielle comorienne », autrement dit des mercenaires de Bob Denard, dont il identifie l'un des deux : Jean-Paul Guerrier (*alias* « capitaine Siam »), en fuite alors qu'il aurait dû être déféré en mai 1999 devant la cour d'assises de Paris pour l'assassinat en novembre 1989 du président comorien Ahmed Abdallah [2] (procès lors duquel Bob Denard, également mis en cause, sera acquitté).

Outre leur contribution à l'enquête proprement policière, qui semble n'avoir progressé que côtés sud-africain et suisse, ces audiences ont permis de mieux comprendre le climat qui régnait alors en Afrique du Sud. Au printemps 1988, Neil Barnard, le chef du National Intelligence Service (NIS), le service de renseignement civil héritier du BOSS (Bureau of State Security), avait été chargé par le Premier ministre sud-africain Pik Botha d'amorcer des négociations avec Nelson Mandela, toujours en prison, pour un hypothétique démantèlement de l'apartheid. Barnard avait reçu instruction de ne pas en parler à la police et surtout au renseignement de l'armée (DMI), hostiles à tout compromis avec l'ANC. C'est dans ce contexte qu'a eu lieu la vague d'attentats en Europe.

Deux mois après l'alternance politique en France (Michel Rocard devient Premier ministre le 12 mai 1988), Neil Barnard viendra à Paris rencontrer le général François Mermet, le patron de la Direction générale de la sécurité extérieure (DGSE, avec qui le NIS a renoué les contacts qui avaient été coupés du temps de Pierre Marion en 1982). Objectif : disculper son service de la mort de Dulcie September. Devenu, après la chute de l'apartheid, responsable du service de développement constitutionnel, Barnard, l'ancien maître-espion, s'en expliquera : « Au NIS, nous savions que les dirigeants de

1 « La Suisse rattrapée par les fantômes de l'apartheid sud-africain », *Le Temps*, 20 juillet 1998.

2 *Le Monde*, 4 avril 2000. Le second était-il R. ? Les auditions de la TRC ne le précisent pas.

l'ANC de l'extérieur étaient des gens remarquables. Et que la seule solution pour notre pays passerait par une négociation politique. Nelson Mandela en serait forcément le dirigeant [1]. »

◀ **R. F.**

Pour en savoir plus

Roger Faligot, *Les Seigneurs de la paix*, Seuil, Paris, 2006.

Jean Guiloineau, *Nelson Mandela*, Plon, Paris, 1990.

Jack Lang, *Nelson Mandela, leçon de vie pour l'avenir*, Perrin, Paris, 2004.

Stephen Smith et Antoine Glaser, *Ces Messieurs Afrique*, Calmann-Lévy, Paris, 1992.

Gordon Winter, *Inside BOSS, South African Police*, Pelican, Londres, 1981.

La France et le génocide rwandais

Terrible, le réquisitoire est porté depuis le milieu des années 1990 : les 2 500 militaires français envoyés au Rwanda de juin à août 1994 par le président François Mitterrand et le Premier ministre Édouard Balladur dans le cadre de l'opération *Turquoise* auraient à tout le moins laissé faire, sinon participé, directement ou indirectement, au dernier génocide du XXe siècle, celui de la minorité tutsie – 15 % de la population – vivant dans ce pays. Ce génocide – entre 500 000 et un million de morts – a été organisé par la frange radicale du pouvoir hutu à la suite de la mort du président hutu Juvénal Habyarimana, tué dans un attentat en avril 1994.

Portée par des survivants du génocide, alimentée par le nouveau gouvernement ayant pris le pouvoir par les armes sous le commandement du chef militaire Paul Kagamé (devenu ensuite président du Rwanda), soutenue avec insistance par plusieurs associations européennes de défense des droits de l'homme, cette accusation a également été confortée par des journalistes et des écrivains, essentiellement français et belges, dont les déclarations

1 *Frontline*, mai 1999.

n'ont rencontré qu'épisodiquement des contestations à même de contrebalancer leurs charges. Ni du gouvernement français de l'époque, ni surtout de l'armée française, qui ne s'est guère défendue depuis plus de dix ans contre ce procès public. Pour ne pas jeter de l'huile sur le feu et ne pas raviver les plaies, sans doute, mais au risque de passer pour honteuse. Résultat : dans nombre de rédactions, surtout françaises et belges, mais encore davantage à Kigali, la capitale rwandaise, qui n'est, on la comprend, pas près de digérer ces mois d'apocalypse et d'épouvante, le soupçon a fait place à la certitude.

Les preuves de cette participation *militaire* française au génocide rwandais n'ont, à l'évidence, pas été apportées. En revanche, comme on le verra, il est permis de s'interroger sur le soutien des autorités *politiques* françaises de l'époque au régime de Juvénal Habyarimana, dont la politique a conduit au drame rwandais. D'aucuns considèrent que ces autorités portent une responsabilité directe dans le génocide. Nous considérons pour notre part que la réalité est infiniment plus complexe, et que l'analyse de ces événements ne saurait se satisfaire d'imprécations et de slogans.

Deux présidents assassinés

La justice française a choisi d'entendre certains des accusateurs : le 23 décembre 2005, le procureur au tribunal des armées de Paris, Jacques Baillet, a ouvert une information judiciaire contre X pour « complicité de génocide et/ou complicité de crime contre l'humanité ». Cette procédure faisait suite au déplacement au Rwanda de la juge d'instruction au tribunal des armées de Paris, Brigitte Raynaud. Elle y avait recueilli le témoignage de six survivants, mettant en cause des militaires français qui, envoyés au Rwanda en 1994 durant l'opération *Turquoise*, auraient perpétré des viols et des assassinats, laissant en toute connaissance de cause des miliciens hutus enlever des réfugiés tutsis dont ils étaient sensés assurer la protection. Le procureur a refusé de prendre en considération quatre de ces témoignages, mais a estimé que ceux d'Auréa Mukakalisa et d'Innocent Gisanura étaient recevables. Le 3 juillet 2006, la cour d'appel de Paris a confirmé cette décision, et l'enquête demeurait depuis conduite par le tribunal aux armées de Paris.

On ne peut comprendre ce dossier complexe sans s'arrêter sur l'événement qui a marqué le début du génocide, à savoir la destruction en vol de l'avion du président hutu Juvénal Habyarimana. Le 6 avril 1994, il revient d'un sommet régional qui s'est tenu à Dar es-Salaam (Tanzanie) afin d'y finaliser l'application de l'accord d'Arusha signé le 4 août précédent, pour organiser le partage du pouvoir rwandais avec le Front patriotique rwandais (FPR) de l'opposant Paul Kagamé. Vers 20 h 30, son appareil, un Falcon 50 dont l'équipage est composé de trois anciens militaires français, le commandant de bord Jean-Pierre Minaberry assisté de Jacky Heraud (pilote) et Jean-Marie Perrinne (mécanicien navigant), est abattu par un missile sol-air portable, alors qu'il se trouve en approche de la piste de l'aéroport de Kigali. On ne dénombrera aucun survivant parmi les passagers, comptant outre le président Habyarimana, son homologue burundais Cyprien Ntaryamira et six membres de leurs suites. Dans les heures qui suivent l'attentat, les massacres commencent dans la capitale, visant d'abord les opposants au régime.

S'il est clair que cet assassinat présidentiel signe le début du génocide rwandais, une question demeure : qui a abattu cet avion ? Qu'ils l'expriment ouvertement ou pas, nombre d'auteurs ont très – trop – rapidement mis en cause des Français. La plus explicite est la journaliste belge Colette Braeckman. Dès le 16 juin 1994, elle « révèle » à la une du quotidien bruxellois *Le Soir* que les coupables seraient deux militaires français à la peau noire, qui avaient été précédemment envoyés au Rwanda par la France dans le cadre d'un « détachement d'assistance militaire et d'instruction » (DAMI) [1].

Bien que cette accusation ait été combattue par les autorités françaises dès l'origine, celles-ci n'ont guère fait valoir leurs arguments. Elles ont pourtant su assez rapidement que l'engin qui avait frappé l'avion était un missile de fabrication russe SAM 16, et qu'il provenait des arsenaux de l'armée ougandaise, principal soutien du FPR de Paul Kagamé. Dans sa déposition devant la commission d'enquête parlementaire française, le 25 juin 1998, l'ancien chef de la Direction du renseignement militaire (DRM), le général Jean Heinrich, a déclaré que son service, qui se trouvait très présent sur le terrain rwandais, « disposait d'informations très précises, voire de la preuve, que des SAM 16 avaient été achetés par le FPR et qu'ils se trouvaient dans ses stocks [2] ». La Russie admettra en 2002 avoir légalement vendu quarante de ces engins à l'Ouganda.

Selon l'investigation menée par le juge d'instruction antiterroriste Jean-Louis Bruguière, qui enquête sur cet attentat à la demande de la fille de l'un des pilotes français, la destruction du Falcon 50 aurait été planifiée par le FPR de Paul Kagamé, dès septembre 1993. Pour le magistrat, dont le rapport d'instruction n'était toujours pas bouclé à l'été 2006, Paul Kagamé n'aurait confié sa réalisation à personne d'autre qu'à trois de ses gardes du corps, spécialement formés au maniement des missiles en Ouganda, et intégrés au

---

1 Colette Braeckman, *Rwanda. Histoire d'un génocide*, Fayard, Paris, 1994, p. 188.

2 Paul Quilès (président), Pierre Brana et Bernard Cazeneuve (rapporteurs), *Enquête sur la tragédie rwandaise (1990-1994)*, rapport d'information n° 1271, tome 3, vol. 2, Assemblée nationale, Paris, p. 172.

sein d'une structure *ad hoc*, le *network commando*, dirigé par James Kabarebé, devenu par la suite ministre de la Défense du Rwanda.

Le juge français a recueilli le témoignage crucial d'un ex-membre du *network commando*, le capitaine Abdul Ruzibiza, qui sera pour la première fois rendu public par *Le Monde*, le 10 mars 2004. Cet officier détaillera en 2005 dans un livre sa version de l'ensemble de cette opération, et notamment comment le FPR aurait introduit des missiles dans Kigali, en se jouant des contrôles de la force de l'ONU présente sur place, la Mission des Nations unies pour l'assistance au Rwanda (Minuar). Selon Ruzibiza, deux tireurs ont abattu le Falcon 50 : Éric Hakizimana, qui n'a atteint que l'aile droite, et Franck Nziza, qui a fait mouche [1]. Paul Kagamé a démenti ces accusations, niant toute implication dans l'attentat et estimant que Jean-Louis Bruguière ferait mieux de chercher à Paris les auteurs de cet acte.

Cet attentat a joué un rôle essentiel dans les analyses ultérieures des événements : il a occupé une place primordiale dans les polémiques, tant que la thèse de la responsabilité française dans la destruction de l'avion a paru acquise. Quand la possible – sinon vraisemblable – responsabilité de Paul Kagamé a pris plus tard de la consistance, l'analyse de cet épisode a paru moins cruciale aux yeux des tenants de la responsabilité française directe dans le génocide rwandais, lesquels voyaient des éléments troubles dans la présence du lieutenant-colonel français Grégoire de Saint-Quentin, arrivé sur place dès 22 heures pour récupérer les corps des pilotes [2], et dans les effets d'annonce autour d'une inexistante « boîte noire » – qui n'équipe pas ce type d'appareil. Quant à la présence postérieure sur les lieux de l'attentat du franc-tireur très incontrôlé Paul Barril [▷ p. 322] [3], elle ne saurait être mise en relation avec une quelconque mission officielle française. Pour autant, quand bien même le FPR et Paul Kagamé seraient bien les responsables de l'attentat, cette information ne serait guère explicite sur la préparation du génocide et sur les éventuelles responsabilités françaises.

« Pacte de sang » ?

Car si l'attentat est le fait déclencheur du génocide, le Rwanda, quand il survient, est depuis des années le chaudron de la haine. En octobre 1990, une rébellion tutsie, conduite depuis l'Ouganda voisin par

1 Abdul Joshua Ruzibiza, *Rwanda, l'histoire secrète*, Panama, Paris, 2005, p. 251.
2 Paul Quilès, *Enquête sur la tragédie rwandaise*, *op. cit.*, tome 1, p. 235-236.
3 Embauché par la veuve du président pour enquêter sur l'attentat, Barril semble par ailleurs avoir été impliqué dans des ventes d'armes au Rwanda dans les années 1990.

des émigrés rwandais, tente d'envahir le Rwanda. Elle est dirigée par Fred Rwigyema, qui sera tué au second jour des combats, et par Paul Kagamé. Ces deux hommes sont des *banyarwanda*, réfugiés rwandais en Ouganda. Ils occupent des positions clés dans l'armée ougandaise, la NRA (National Resistance Army), et sont d'anciens compagnons d'armes de Yoweri Museveni, le président ougandais, qu'ils ont aidé à conquérir le pouvoir [1]. Ce sont des soldats excellemment formés. Dans une déposition faite devant le juge Bruguière, le journaliste américain Wayne Madsen expliquera comment l'élite des cadres de l'armée ougandaise a été instruite à la guerre subversive au centre spécialisé de Fort Benning, aux États-Unis. Paul Kagamé s'est pour sa part formé dans le saint des saints de la spécialité, le centre de Fort Leawenworth, au Kansas [2].

Dans les jours qui suivent l'attaque d'octobre 1990, la France envoie plusieurs centaines de soldats dans le cadre de l'opération *Noroît*, et des dizaines de tonnes d'armes à Juvénal Habyarimana pour consolider son régime. Raciste, violent, entamant déjà une répression barbare contre les Tutsis, qui culminera en 1994. François Mitterrand a été séduit par les analyses voyant dans le Rwanda et dans son président un îlot de résistance à l'expansionnisme anglophone dans la région des Grands Lacs, attitude que l'on symbolise souvent, on y reviendra, comme le « complexe de Fachoda ».

Alors, il ne lui ménage pas son soutien, cherchant toutefois à le convaincre, mais sans aucun succès, de la nécessité d'engager un processus de démocratisation. En octobre 1990, les 314 militaires français de *Noroît* – les 1re et 3e compagnies du 8e régiment parachutiste d'infanterie de marine (RPIMa) – ne participent pas officiellement aux combats, mais ils n'y vont pas de main morte. Ils aident directement l'armée rwandaise, forment ses cadres et ses soldats, pallient quand il le faut leurs insuffisances tactiques, fournissent des batteries d'artillerie. Une fois l'avancée du FPR définitivement enrayée, la France laissera sur place une « compagnie Noroît », et installera successivement plusieurs DAMI commandés par le lieutenant-colonel Chollet, dont l'effectif atteindra finalement une centaine d'hommes [3]. À partir du 1er janvier 1992, Chollet exercera même les fonctions de conseiller de l'état-major de l'armée rwandaise.

Ce rôle évoluera avec la « mission Chimère » en mars 1993, consistant en l'envoi d'une vingtaine d'hommes du 1er RPIMa commandés par leur chef de corps, le colonel Didier Tauzin, dont le rôle sera durant quelques

---

1 Gérard Prunier, *Rwanda, 1959-1996*, Dagorno, Paris, 1997, p. 88.

2 Charles Osana, *Silence sur un attentat. Le scandale du génocide rwandais*, Duboiris, Paris, 2005, p. 61-64.

3 Paul Quilès, *Enquête sur la tragédie rwandaise*, *op. cit.*, tome 1, p. 142.

semaines d'encadrer l'armée rwandaise. Sur le degré d'implication des Français durant cette période, qui a provoqué nombre de polémiques, une analyse est fournie par la mission parlementaire, qui note : « Si la France n'est pas allée au combat, elle est toutefois intervenue sur le terrain de façon extrêmement proche des FAR (Forces armées rwandaises). Elle a, de façon continue, participé à l'élaboration des plans de bataille, dispensé des conseils à l'état-major et aux commandements de secteur, proposant des restructurations et des nouvelles tactiques. Elle a envoyé sur place des conseillers pour instruire les FAR au maniement d'armes perfectionnées. Elle a enseigné les techniques de piégeage et de minage, suggérant pour cela les emplacements les plus appropriés [1]. » Si ce n'est pas de la participation directe, cela y ressemble tout de même fort...

L'affaire est d'autant plus grave que, simultanément au déploiement du dispositif *Chimère* en mars 1993, plusieurs ONG de défense des droits de l'homme publient un rapport qui évoque les prémices d'un « génocide » et mettent directement en cause les parties en conflit [2]. Le communiqué de presse que ces associations publient sur leur mission dès janvier 1993, trois mois avant la publication leur rapport, est explicite : « De retour d'une mission d'enquête de deux semaines sur place, la Commission internationale d'enquête sur les violations des droits de l'homme commises au Rwanda depuis le 1er octobre 1990 souligne le climat de terreur et d'insécurité régnant actuellement dans ce pays. Les premières conclusions de la Commission permettent d'ores et déjà d'établir la perpétration d'actes de génocide et de crimes de guerre, ainsi que la paralysie de l'appareil judiciaire. La Commission a constaté plusieurs cas de génocide au sens de la Convention pour la prévention et la répression du crime de génocide, dans les communes de Kibilira, Kinigi, Mukingo, Mutura et Kanzenze (Bugesera). Ces actes de génocide, perpétrés avec la participation d'agents de l'État et de militaires, visent l'ethnie tutsie. [...] La vie quotidienne au Rwanda se caractérise par un climat de violence, de brutalité et d'intimidation pouvant aller jusqu'à des assassinats. Ce terrorisme est l'œuvre des milices de certains partis politiques et de certaines autorités locales. [...] Lors des combats, la population civile a été victime de crimes de guerre, au sens de la convention de Genève et des protocoles additionnels, notamment des exécutions sommaires, des viols et des pillages. Ces atrocités peuvent être imputées à l'armée régulière du Rwanda et au Front patriotique rwandais (FPR). Depuis le cessez-le-feu intervenu en août 1992, ces

1 *Ibid.*, p. 162.

2 Fédération internationale des ligues des droits de l'homme (FIDH), Africa Watch, Union interafricaine des droits de l'homme (UIDH) et Centre international des droits de la personne et du développement démocratique (CIDPDD).

exactions ont continué et il est établi que des viols sont commis par des militaires de l'armée rwandaise. [...] La FIDH appelle aujourd'hui la communauté internationale à prêter la plus grande attention aux événements dramatiques qui secouent le Rwanda. »

Dans ce contexte, aux yeux des tenants de cette thèse, l'engagement militaire français auprès de Juvénal Habyarimana dès le début des années 1990 prouverait la participation délibérée de la France au génocide rwandais – qui aurait été approuvée par François Mitterrand lui-même. Le journaliste du *Figaro* Patrick de Saint-Exupéry évoquera ainsi en 2004 un « réflexe mafieux » et un « pacte de sang » entre la France et le régime génocidaire [1]. La polémique va loin, l'auteur n'hésitant pas à prétendre que, lorsque les Rwandais réfugiés en 1994 dans la région de Goma, au Congo, seront massivement victimes d'une ultime dévastation, épidémique cette fois, causée par le choléra, cette nouvelle horreur serait devenue pour les militaires français « une bénédiction, une manne. Le choléra emporte tout, efface tout, remet les compteurs à zéro. C'est un drame, un vrai. Facile à comprendre, pas un génocide [2] ».

La thèse du « pacte de sang » a toutefois fait long feu. Dès la fin 1994, le journaliste Pascal Krop avait repris dans un livre les accusations selon lesquelles François Mitterrand aurait engagé les troupes françaises au Rwanda pour protéger de prétendues plantations de cannabis que son fils Jean-Christophe Mitterrand aurait possédées sur place [3]. Un trafic de cannabis existait effectivement dans la région des Grands Lacs. Mais pour autant, l'implication de la famille Mitterrand n'a jamais dépassé le stade des allégations. Il est vrai que François Mitterrand avait inscrit Juvénal Habyarimana sur la liste de ses (nombreux) amis peu recommandables, Jean-Christophe ayant fait de même avec Jean-Pierre Habyarimana, fils du président rwandais. Ce qui n'est pas suffisant pour faire de lui un trafiquant de drogue...

Patrick de Saint-Exupéry, lui, défend une théorie. Les militaires français qui sont intervenus au Rwanda appartenaient souvent au Commandement des opérations spéciales (COS), structure qui venait d'être créée à l'issue de la guerre du Golfe pour pallier les insuffisances criantes de l'armée française en matière d'action discrète, mais non secrète. Or, Saint-Exupéry voit dans la naissance du COS celle d'« une structure appelée à être le bras armé de notre désir d'empire, de ce souverain désir de puissance. Une

---

1 Patrick de Saint-Exupéry, *L'Inavouable. La France au Rwanda*, Les Arènes, Paris, 2004, p. 123.
2 *Ibid.*, p. 134.
3 Pascal Krop, *Le Génocide franco-africain. Faut-il juger les Mitterrand ?*, J.-C. Lattès, Paris, 1994.

légion aux ordres de l'Élysée ». Elle agirait « en dehors de tout contrôle, au nez et à la barbe de nos institutions et de notre Parlement [1] ».

Pourtant, il est incontestable que le COS n'a jamais eu ni ce rôle ni cette fonction, et que son emploi ne correspond pas à ce qu'en dit l'auteur. Certes composé d'unités d'élite – 1er RPIMa, 13e RDP (régiment de dragons parachutistes), escadrille d'hélicoptères de l'Aviation légère de l'armée de terre, commando Hubert de la marine nationale, CPA 10 (10e commando parachutiste de l'air), etc. –, c'est très officiellement que le COS est intervenu au Rwanda durant l'opération *Turquoise*. Et c'est dans ce cadre, début juillet 1994, qu'un accrochage sérieux opposera certains de ses éléments aux troupes du FPR, dans la région de Butare, lors de la mise en place d'une « zone humanitaire sûre » (ZHS) dans le sud-ouest du pays.

Le COS a été conçu comme une force légère, autonome, rapidement projetable grâce à ses propres moyens aériens, commandée « rênes courtes » par l'état-major des armées et surtout très entraînée. À mi-chemin entre les forces classiques plus lourdes et le service Action de la DGSE qui opère clandestinement, le COS n'est en rien une formation secrète.

La « bavure d'ingérence » d'un « appareil militaire français présomptueux »

Car en 1991, après la guerre du Golfe, la France a complètement transformé son appareil de renseignement militaire : en même temps que le COS, a été créée la Direction du renseignement militaire (DRM). D'abord dirigée par Jean Heinrich, général ayant commandé le service Action puis la direction des opérations de la DGSE, la DRM n'est en rien un service clandestin. Elle rassemble les différents bureaux de renseignement des états-majors d'armées existants précédemment, et se consacre au recueil du renseignement d'ordre exclusivement militaire : organisations des armées étrangères, ordres de bataille, matériels, évolutions des conflits, interceptions techniques avec les moyens des armées. La DRM diffère grandement en ce sens de la DGSE, qui opère de façon dissimulée, mais ne recueille du renseignement militaire que de manière accessoire.

Chargée du recueil d'informations politico-stratégiques, voire économiques, dès alors mobilisée sur le terrorisme, la DGSE est très implantée au début des années 1990 en Ouganda, où elle travaille justement sur ce sujet. Si elle s'intéresse considérablement à l'Afrique, sa grande spécialité, elle n'est que peu implantée au Rwanda, où le renseignement militaire est

1 Patrick de Saint-Exupéry, *L'Inavouable*, *op. cit.*, p. 276.

l'apanage de la Mission d'assistance militaire dirigée par les attachés de défense, les colonels Robert Galinié, puis Bernard Cussac.

Durant l'opération *Turquoise*, en 1994, une mission du service Action, dirigée par son chef d'alors, Jacques Costedoat, sera au contact du FPR et de Paul Kagamé, notamment chargée de la liaison avec les autorités françaises, qui ont équipé le chef rebelle d'une station de communication Inmarsat. Par ailleurs, la DGSE procède à des interceptions de radiocommunications, notamment en Ouganda, qui se montreront fort utiles pour l'information du gouvernement français sur ce pays. Sur le premier cercle du pouvoir entourant le président Museveni, la DGSE bénéficie des échanges d'information avec des pays alliés, notamment les États-Unis et le Royaume-Uni. Mais elle n'accorde que peu de crédit aux communications des services de renseignement belges, plus implantés qu'elle au Rwanda, qu'elle juge toutefois peu crédibles.

Lorsque la situation devient dramatique au Rwanda à partir d'octobre 1990, la DGSE se montre – c'est peu connu – très hostile à une intervention militaire française. Cet élément sera clairement explicité en 1998, devant la commission parlementaire française, par le préfet Claude Silberzahn, directeur de la DGSE de mars 1989 à juin 1993. Problème : cette audition, tenue à huis clos sur instruction du Premier ministre Lionel Jospin, n'a jamais été rendue publique. Nous en révélons ici le contenu.

Dès le début de son intervention, Claude Silberzahn explique que son service a « fait son métier au Rwanda, notamment avec d'autres services amis qui y étaient présents. [...] En l'absence de structures permanentes sur le terrain, la DGSE avait en outre conduit des "missions d'intervalle" par l'envoi d'hommes au Rwanda et en Ouganda, selon des moyens spécifiques et en recourant à des filières répertoriées à l'avance ». Ces missions conduisent la DGSE à afficher une conviction qui ne sera pas entendue par le gouvernement français : « L'analyse politique de la DGSE avait été très claire. [Elle] avait regretté dès 1991 l'engagement militaire croissant de l'appareil militaire français dans l'affaire du Rwanda, préconisé par écrit et par oral dès 1992 le désengagement militaire de la France, et prévu dès cette même année le retour victorieux des émigrés de l'Ouganda. Si elle avait fait entendre sa voix, la DGSE n'avait pas été véritablement écoutée. Bien qu'elle n'ait pas prévu les massacres de 1994, sa seule responsabilité dans la gestion de la crise rwandaise a sans doute été de n'avoir pas été suffisamment "combative" pour faire prévaloir son point de vue. »

Selon Claude Silberzahn, l'attitude de la France peut être qualifiée de « bavure d'ingérence », « essentiellement due à un appareil militaire français présomptueux quant à ses moyens, décalé par rapport à la réalité et inconscient de son ignorance du terrain. Mais aussi intéressé à un "champ de manœuvre" grandeur nature et aux avantages matériels en découlant pour ses hommes ». Dans la bouche d'un homme mesurant toujours très exactement la portée de ses propos, la critique est sévère.

Elle permet aussi de toucher du doigt ce qui s'est vraiment joué en France, au sommet de l'État, au moment du génocide rwandais. En pleine cohabitation, le président Mitterrand et ses conseillers successifs pour l'Afrique (son fils Jean-Christophe, puis le diplomate Bruno Delaye, à partir de juillet 1992), mais aussi ses conseillers militaires (le général Christian Quesnot, chef de l'état-major particulier de la présidence de la République d'avril 1991 à septembre 1995, et son adjoint le général Jean-Pierre Huchon), gèrent seuls la situation depuis l'Élysée, avec leurs propres analyses politico-stratégiques et leurs propres circuits de décision et d'action diplomatico-militaires.

Le fameux « complexe de Fachoda » (qui fait de la lutte contre l'influence anglo-saxonne une des priorités de la politique française en Afrique [1]) et l'héritage de la gestion gaulliste du « pré-carré » africain expliquent assez largement ce mélange de réalisme froid et de blocage politique, débouchant sur un aveuglement total au moment du génocide. Le journaliste Pascal Krop juge ainsi que François Mitterrand a « seulement porté à un insoutenable pourrissement une situation née, pour l'essentiel, dans la survie du colonialisme du XIXe siècle [2] ».

La résolution 929

Lorsque l'attentat contre le président Habyarimana se produit, il agit comme le détonateur d'un baril de poudre. Les massacres commencent dans l'heure qui suit, les appels aux meurtres de Tutsis se multipliant à la radio. Des listes de personnes à éliminer avaient été préparées d'avance. Dans un abominable cortège de meurtres, de viols, de tortures et de mutilations qui va durer plus de trois mois, près d'un million de personnes vont perdre la vie dans des conditions atroces. Les génocidaires sont des civils, des militaires, des miliciens, en nombre imposant : au moins 50 000 personnes, excitées en permanence par les appels au meurtre des radios, notamment la Radio des mille collines. C'est un bain de sang qui s'étend à tout le pays, et vise aussi les Hutus qui n'appartiennent pas à la

1 En septembre 1898, Fachoda (aujourd'hui Kodok) fut le lieu de l'affrontement, sur les bords du Nil soudanais, de deux colonnes militaires, l'une française (commandée par le capitaine Jean-Baptiste Marchand), l'autre britannique (commandée par le général Herbert Kitchener). L'enjeu était la domination du Soudan : face à la fermeté de Londres, dont Paris recherchait alors l'alliance contre l'Allemagne, la France avait dû reculer, échec qui restera gravé dans la mémoire de la diplomatie française.

2 Pascal Krop, *Le Génocide franco-africain*, *op. cit.*, p. 16.

frange extrémiste. Hommes, femmes, enfants, vieillards, paysans ou intellectuels : personne n'y réchappe, le plus souvent à la machette.

Dès les premiers jours des massacres qui suivent l'assassinat du président Habyarimana, la France décide une nouvelle fois d'intervenir. Ce sera l'opération *Amaryllis*, qui aura pour but essentiel, sous le commandement du général Henri Poncet, d'exfiltrer les Français et Européens présents sur place. Commencée le 8 avril, elle se termine le 14. Mais la communauté internationale réagit aux événements en tergiversant.

Après l'assassinat de dix casques bleus belges de la Minuar, le 7 avril, Bruxelles retire son contingent le 13. Puis l'ONU diminue les forces de la Minuar, commandée par le général canadien Roméo Dallaire, qui sont ramenées le 21 avril de 2 548 à 270 hommes ! Moins d'un mois plus tard, le 17 mai 1994, la résolution 918 du Conseil de sécurité étend la mission de la Minuar à la protection des populations et autorise le déploiement de 5 500 casques bleus (Minuar II). Ils commenceront à se mettre en place le 10 août. L'ONU évoque pour la première fois le terme « génocide » dans sa résolution 925 du 8 juin 1994.

Seule la France va s'engager. Mais après bien des atermoiements. Le 10 mai, alors que l'hécatombe engagée depuis plus d'un mois a déjà fait des dizaines, voire des centaines de milliers de morts, François Mitterrand n'est pas très allant, c'est le moins que l'on puisse écrire. Il manifeste sa réticence en déclarant : « Nos soldats ne sont pas destinés à faire la guerre partout. Nous n'avons pas les moyens de le faire et nos soldats ne peuvent pas être les arbitres internationaux des passions qui aujourd'hui bouleversent et déchirent tant et tant de pays. » Alors chef d'état-major particulier de la présidence de la République, le général Christian Quesnot convainc d'abord le ministre des Affaires étrangères Alain Juppé de déclencher une opération. François Mitterrand s'y ralliera, puis le Premier ministre Édouard Balladur, non sans réserves, puisque ce dernier réclamera à plusieurs reprises que l'intervention demeure « strictement humanitaire et exclusivement destinée à sauver des vies humaines, quelle que soit l'origine ethnique des personnes menacées ».

Ce sera l'opération *Turquoise*, décidée le 22 juin par le Conseil de sécurité de l'ONU dans sa résolution 929, mais sans soutien officiel donné à la France pour la mettre en œuvre. L'isolement est si criant que le ministère français de la Défense ne pourra compter sur aucun appui digne de ce nom, bien que de très faibles contingents aient été fournis en support de *Turquoise* par le Sénégal, la Guinée-Bissau, le Tchad, la Mauritanie, l'Égypte, le Niger et le Congo. Le Pentagone refusera même de fournir des avions C-5 Galaxy pour transporter les matériels lourds, qui devront être acheminés par des Antonov loués pour l'occasion en Russie.

La résolution de l'ONU remplit néanmoins la première condition jugée indispensable par la France, assortie d'une seconde : elle pourra agir dans le cadre du chapitre VII de la Charte des Nations unies, permettant le cas échéant l'emploi de la force. Paris n'engage en outre ses militaires que pour une durée précise : deux mois. Paris et New York, siège de l'ONU, sont d'accord sur le fait qu'il ne s'agira que d'une opération humanitaire, et qu'il n'est pas question d'interférer militairement dans le processus en cours au Rwanda. Les Français installeront leur base principale sur la frontière avec le pays voisin, le Zaïre, où ils installeront leur état-major dans la ville de Kigavu.

Accusations croisées

Douze ans après le génocide de 1994, la controverse sur le rôle des Français au Rwanda n'est pas près de s'éteindre. Tout au long de ces années, les prises de position ont été tranchées, les attaques *ad hominem* ont été légion, et les procédures judiciaires croisées ont volé bas. En se focalisant sur l'indiscutable responsabilité des Hutus dans l'organisation du génocide, qui visait à éliminer physiquement une ethnie entière, certains militants et journalistes ont en effet trop souvent tendu à exonérer le FPR de tous ses crimes.

Dès l'automne 1994, François-Xavier Verschave, de l'association Survie, publie, sous forme de livre, le rapport qu'il venait de préparer sur la politique de la France au Rwanda. Publié à La Découverte, il est nettement plus explicite que son titre, *Complicité de génocide ? La politique de la France au Rwanda*, pourrait le laisser croire. Car l'auteur écrira quatre ans plus tard : « Le point d'interrogation est une prudence de l'éditeur. Je le juge pour ma part superflu [1]. » La messe est dite... Dans son ouvrage *Noir silence* (Les Arènes, 2000), François-Xavier Verschave estime que le chiffre de 200 000 victimes hutues de la répression du FPR, « complaisamment répété dans la presse française, relève de la propagande. Fût-il cautionné par des universitaires. Leurs écrits sur le sujet déforment les propos des sources humanitaires qu'ils citent en référence. Les 200 000 réfugiés manquant à l'appel fin 1997 (effectivement massacrés ou morts dans diverses circonstances, de faim, de maladie, d'épuisement, ou dispersés, cachés quelque

1 François-Xavier Verschave, *La Françafrique. Le plus long scandale de la République*, Stock, Paris, 1998, p. 78.

part au Zaïre, en partie réapparus depuis) deviennent 200 000 victimes de "mort violente" [...], puis ont été "massacrés" [1]. »

Dans un épais rapport publié en 1999 par l'organisation de défense des droits de l'homme HRW (Human Rights Watch), en association avec la FIDH (Fédération internationale des ligues des droits de l'homme), les rédacteurs minimisent eux aussi le rôle du FPR. Ce dernier se serait contenté de « conduire une victoire militaire et d'arrêt du génocide [2] » jusqu'à la prise de pouvoir de Paul Kagamé, le 17 juillet 1994, sans que la probable responsabilité de ce chef de guerre soit même évoquée, notamment dans l'assassinat des deux chefs d'État, le 6 avril 1994.

L'universitaire Gérard Prunier, consultant du ministère de la Défense à Paris au moment de l'opération *Turquoise* et auteur, en 1997, d'un livre documenté et relativement dépassionné sur l'affaire rwandaise, a tenté son propre décompte, qu'il a voulu « le moins erroné possible ». Il estime que 800 000 Tutsis ont été tués en trois mois, de même que des Hutus en nombre moins précis : entre 10 000 et 30 000 ; 11 % de la population du pays a été massacrée. « Cela représente probablement un des plus forts taux de morts autres que naturelles jamais constaté, où que ce soit dans le monde [3]. »

Fin 2005, dans un livre aux accents pamphlétaires, intitulé *Noires fureurs, blancs menteurs*, le journaliste Pierre Péan porte la plume dans la plaie, écrivant que, loin d'être composé du seul génocide de la minorité tutsie – qu'il ne conteste évidemment pas et qui a effectivement été organisé par les milices de la majorité hutue –, le sanglant délire de violence qu'a connu le Rwanda en 1994 a également consisté en une boucherie simultanée, organisée cette fois contre les Hutus par les colonnes de Paul Kagamé. Mais l'emploi discutable, à ce propos, du terme « génocide » aurait empêché la reconnaissance de ces crimes : « De nombreux Hutus, révoltés par le sort fait à leurs pareils, ont noirci des dizaines de milliers de pages sur les graves violations des droits de l'homme et sur les crimes contre l'humanité perpétrés par le FPR, mais, toujours à cause du terme "génocide", ces pages sont au mieux considérées comme blanches, et le plus souvent viennent alimenter des accusations de révisionnisme et de négationnisme contre leurs auteurs [4]. » C'est d'ailleurs en accusant l'auteur de « racisme », de

1 François-Xavier Verschave, *Noir silence. Qui arrêtera la Françafrique ?*, Les Arènes, Paris, 2000, p. 106.

2 Human Rights Watch et Fédération internationale des ligues des droits de l'homme, *Aucun témoin ne doit survivre. Le génocide au Rwanda*, Karthala, Paris, 1999, p. 805 (cité *in Noir silence*, *op. cit.*, p. 106).

3 Gérard Prunier, *Rwanda, 1959-1996*, *op. cit.*, p. 317.

4 Pierre Péan, *Noires fureurs, blancs menteurs. Rwanda 1990-1994*, Mille et une nuits, Paris, 2005, p. 259.

« négationnisme » et de « révisionnisme » que 250 plaignants rwandais ont annoncé le 17 février 2006 leur intention de le poursuivre devant les justices française et belge. François-Xavier Ngarambe, représentant de l'association Ikuba au Rwanda, a estimé que le livre de Pierre Péan constitue un « ballon d'oxygène pour les génocidaires ».

L'enquête de Pierre Péan fait à tout le moins la démonstration que la vérité n'est pas aussi simple que veulent le faire accroire les partisans de Paul Kagamé. Celui qu'ils dépeignent comme un libérateur est décrit par Péan comme un sinistre persécuteur aussi sanguinaire qu'un conquistador, aussi maléfique qu'un criminel de guerre doublé d'un mafieux, mais suffisamment habile pour se faire passer pour un intellectuel éthéré aux sentiments généreux.

Sur le fond, l'enquête de Pierre Péan sur l'affaire rwandaise reprend par ailleurs les accusations les plus graves contre l'armée française, qu'il démonte une à une. L'exercice est parfois laborieux, et pas toujours convaincant quand il habille son argumentation de considérations peu amènes pour les « anti-Français » qui, à ses yeux, vilipenderaient à tort l'armée. Il est clair que Pierre Péan – qui a bénéficié d'un accès exclusif aux archives de la présidence de François Mitterrand – veut démontrer que l'ancien président n'a pas prêté la main au génocide, et n'a pas envoyé sur place l'armée française pour qu'elle y conduise une mission obscure. Seuls les Français ont accepté d'envoyer des soldats au Rwanda, qui se seraient trouvés pris dans un maelström de violence, de haines entrecroisées et de guerre civile. Avec de faibles moyens, sous le regard constant des journalistes internationaux qui les accompagnaient, ils n'auraient cherché qu'à maîtriser l'horreur. Qu'auraient écrit ceux qui les accusent si les Français ne s'étaient pas rendus au Rwanda ?

Après être demeurés silencieux durant toutes ces années, des militaires français présents au Rwanda durant l'opération *Turquoise*, et qui se trouvent désormais menacés de procès public après la plainte instruite par le tribunal aux armées de Paris, ont décidé de prendre à leur tour l'opinion à témoin. En juillet 2006, l'ancien commandant de l'opération *Turquoise*, le général Jean-Claude Lafourcade, et le colonel Jacques Hogard, qui commandait l'un des trois groupements tactiques de l'opération, ont annoncé la création de l'association France-Turquoise, qui entend « rassembler tous ceux qui souhaitent défendre et promouvoir l'honneur de l'armée française et des militaires français ayant servi au Rwanda ». La tâche sera complexe…

Plus de dix ans après les faits, les preuves manquent manifestement d'une l'implication *militaire* de la France dans le génocide, au-delà des ambiguïtés de l'opération *Turquoise*. En revanche, il n'est pas discutable que François Mitterrand a choisi de continuer à soutenir le régime de Juvénal Habyarimana dès le début des années 1990, alors qu'il préparait un génocide. Sa responsabilité *politique* se trouve dès lors engagée. Pour les raisons que l'on a dites, l'Élysée a soutenu sans ciller, et le plus souvent au grand jour, le régime Habyarimana, dont il ne pouvait ignorer qu'il mettait en place un appareil administratif et une propagande génocidaires.

Alors que commence le génocide, le 7 avril 1994, la France reconnaît et soutient le gouvernement intérimaire du Rwanda, qui le met en œuvre. Le 27 avril 1994, *pendant* le génocide, Jérôme Bicamumpaka, ministre des Affaires étrangères du gouvernement intérimaire, et Jean-Bosco Barayagwiza, leader de la Coalition pour la défense de la République, composée de Hutus radicaux, passent par Paris en « visite privée », dans le cadre d'une tournée européenne. Ils sont reçus à l'Élysée, au Quai d'Orsay, à Matignon et au ministère de la Coopération. Paris organise aussi l'évacuation et l'accueil en France d'Agathe Habyarimana, la veuve du président assassiné, dont il ne peut ignorer qu'elle incarne la frange dure du régime (*akazu*) et qu'elle finançait la Radio des mille collines.

◂ R. F. et J. G.

Pour en savoir plus

Mehdi Ba, *Rwanda, un génocide français*, L'Esprit frappeur, Paris, 1997.

Colette Braeckman, *Rwanda. Histoire d'un génocide*, Fayard, Paris, 1994.

Roméo Dallaire, *J'ai serré la main du diable. La faillite de l'humanité au Rwanda*, Libre Expression, Outremont (Québec), 2003.

Bernard Debré, *Le Retour du Mwami. La vraie histoire des génocides rwandais*, Ramsay, Paris, 1998.

Jean Hatzfeld, *Une saison de machettes*, Seuil, coll. « Points », Paris, 2003.

Jacques Hogard, *Les Larmes de l'honneur. Soixante jours dans la tourmente du Rwanda*, Hugo.doc, Paris, 2005.

Human Rights Watch et Fédération internationale des ligues des droits de l'homme, *Aucun témoin ne doit survivre. Le génocide au Rwanda*, Karthala, Paris, 1999.

Vénuste Kahyimahe, *France-Rwanda : les coulisses du génocide. Témoignage d'un rescapé*, L'Esprit frappeur/Dagorno, Paris, 2002.

Pascal Krop, *Le Génocide franco-africain. Faut-il juger les Mitterrand ?*, Jean-Claude Lattès, Paris, 1994.

—, *Silence, on tue. Crimes et mensonges à l'Élysée*, Flammarion, Paris, 2001.

Bernard Lugan, *François Mitterrand, l'armée française et le Rwanda*, Le Rocher, Monaco, 2005.

Pierre Péan, *Noires fureurs, blancs menteurs. Rwanda 1990-1994*, Mille et une nuits, Paris, 2005.

Gérard Prunier, *Rwanda, 1959-1996*, Dagorno, Paris, 1997.

Paul Quilès (président), Pierre Brana et Bernard Cazeneuve (rapporteurs), *Enquête sur la tragédie rwandaise (1990-1994)*, rapport d'information n° 1271, 4 volumes, Assemblée nationale, Paris, 1998.

Abdul Joshua Ruzibiza, *Rwanda, l'histoire secrète*, Panama, Paris, 2005.

Patrick de Saint-Exupéry, *L'Inavouable. La France au Rwanda*, Les Arènes, Paris, 2004.

François-Xavier Verschave, *Complicité de génocide ? La politique de la France au Rwanda*, La Découverte, Paris, 1994.

La mort étrange du juge Borrel à Djibouti, une affaire d'État

Jeudi 19 octobre 1995, à quatre-vingts kilomètres de Djibouti. Au petit matin, une patrouille de la prévôté, la police militaire française, stoppe au bord d'une falaise qui domine le golfe de Goubbet al-Kharab. Les soldats descendent de leur véhicule pour inspecter un 4 × 4 bleu Suzuki arrêté sur le parking. Personne à bord mais, sur le siège arrière, un pantalon et une chemise pliés. En descendant quelques mètres, les militaires découvrent d'autres objets – un short, un jerrican d'essence vide, une sandale. Plus bas encore, un briquet, une montre et enfin un cadavre, nu et en grande partie carbonisé. L'« affaire Borrel » vient de débuter.

Le corps est rapidement identifié. Il s'agit de celui de Bernard Borrel, quarante ans, magistrat français, conseiller du ministre de la Justice de Djibouti, Moumin Bahdon Farah, dans le cadre de la coopération judiciaire existant avec l'ancienne colonie. Trois mille militaires et deux cents civils français sont stationnés dans cette importante « pré-position » militaire de la Corne de l'Afrique. Le juge a disparu depuis la veille et sa femme Élisabeth – magistrat elle aussi – a téléphoné partout pour tenter de le retrouver. À 9 heures, le consul de France sonne à sa porte et lui annonce la terrible nouvelle : son mari s'est suicidé dans la nuit en s'immolant par le feu.

La piste de l'attentat du « Café de Paris »

Quelques jours plus tard, Élisabeth Borrel et ses deux fils de huit et cinq ans montent à bord d'un avion qui les ramène vers la France. Le corps de son mari ne doit lui être rendu que quelques semaines plus tard, une fois l'autopsie réalisée. L'enterrement a lieu le 4 novembre 1995, mais le rapport ne vient pas. En fait, Élisabeth Borrel l'apprendra plus tard, il n'y a pas eu d'autopsie, mais un simple examen du corps. Mieux, les radiographies ont disparu à l'hôpital militaire français de Djibouti. « Je me suis réveillée assez tôt, dès novembre 1995. Ce qui m'a choquée, c'est que j'avais été très entourée à Djibouti. Mais une fois revenue à Toulouse, je me suis vite aperçue que personne n'était pressé d'élucider la mort de mon mari. C'est à ce moment-là que j'ai demandé l'exhumation du corps et une autopsie [1]. »

Mais la justice se hâte lentement. Il faudra attendre plus d'un an pour obtenir le compte rendu des légistes de l'hôpital de Toulouse. Premier coup de théâtre, les bronches de Bernard Borrel ne contenaient pas de suie : il n'est pas mort par asphyxie. « Ils n'en ont pourtant tiré aucune conséquence médico-légale, affirmant que les brûlures pouvaient être la cause de la mort. Mais leur rapport contenait déjà de quoi remettre en cause la thèse du suicide. »

Qui pouvait en vouloir au juge Borrel ? Mme Borrel, après avoir examiné les dossiers personnels de son mari, suit d'abord la piste d'un trafic de faux dollars, mais surtout celle de l'attentat du Café de Paris. Six ans plus tôt, en pleine guerre du Golfe, le 27 septembre 1990, une bombe a explosé devant ce bar, lieu de rendez-vous de la communauté française à Djibouti, tuant une personne et en blessant onze autres. Bernard Borrel était le correspondant du juge Roger Le Loire, magistrat parisien chargé de l'affaire.

Élisabeth Borrel, appuyée par le Syndicat de la magistrature qui se porte aussi partie civile, décide alors de porter plainte pour « assassinat » et le dossier est justement confié... au juge Roger Le Loire et à sa collègue Marie-Paule Morachini. Ceux-ci se rendent une première fois à Djibouti, mais Élisabeth Borrel et ses avocats sont vites convaincus que leur instruction a surtout pour but de privilégier la thèse du suicide : « Ils ont enquêté sur toutes les rumeurs possibles concernant mon mari : corruption, maîtresse cachée et même pédophilie. Jamais ils n'ont exploré sérieusement la piste de l'assassinat. Quant au seul Djiboutien qui avait accepté de parler, ils l'ont rapidement transformé en délinquant peu crédible. »

En effet, au début de l'année 2000, Mohamed Saleh Alhoumekani, ancien officier de la garde du président djiboutien Ismaël Omar Guelleh (élu en mai 1999), réfugié en Belgique, a fait des révélations. Il affirme avoir entendu, l'après-midi de la découverte du corps du juge, une étrange conversation dans

1 Entretien avec l'auteur, 13 avril 2006.

les jardins de la présidence. Ismaël Omar Guelleh l'un des hommes forts du pouvoir, et plusieurs hommes ont évoqué devant lui la mort du « juge fouineur ». Les juges parisiens retournent à Djibouti, sans même qu'Élisabeth Borrel et ses avocats n'obtiennent le droit de les suivre. Ils se livrent à une reconstitution qualifiée de « mascarade » par les défenseurs de la famille Borrel, qui ne cessent d'intervenir auprès du garde des Sceaux pour protester contre la partialité de cette instruction. Sans oublier les pressions qui s'exercent sur Élisabeth : « Dans le milieu de la magistrature, on faisait courir des bruits : mon mari était pédophile et, quant à moi, son décès m'avait rendue folle. »

« Je ne lâcherai pas »

En juin 2000, un arrêt de la chambre d'accusation dessaisit les deux magistrats et le dossier est confié au juge Jean-Baptiste Parlos, qui effectue un nouveau transport sur place. « Je pense qu'au départ, il croyait à la thèse du suicide, mais une fois revenu, il m'a dit qu'il allait demander de nouvelles expertises du corps de mon mari. » Celles-ci démontrent que le juge a eu la boîte crânienne défoncée et le cubitus gauche, gros os de l'avant-bras, fracturé vraisemblablement lors d'un geste de défense. Pour les experts, « l'hypothèse d'une auto-agression à l'origine du décès est difficilement plausible » et, « dès lors, l'hypothèse de l'intervention d'un ou de plusieurs tiers peut être envisagée ».

L'affaire du juge Borrel devient alors une affaire d'État. Et depuis, elle empoisonne les relations entre la France et Djibouti. Car les soupçons s'orientent vers le président Ismaël Omar Guelleh. Différentes notes des services secrets français, dont la juge Sophie Clément – à qui a été confié le dossier en septembre 2002 – a demandé la déclassification, tendent à le désigner comme le commanditaire, non seulement du meurtre, mais aussi de l'attentat du Café de Paris (les éléments qu'aurait découverts le juge Borrel à ce sujet auraient pu justifier son élimination). Sophie Clément balaie également la thèse du suicide : selon elle, « les expertises techniques et médico-légales réalisées [...] concluent à l'assassinat de Bernard Borrel ».

En mai 2005, le président djiboutien est de passage à Paris et s'entretient avec Jacques Chirac. Il ne se rendra pas à la convocation des juges français, qui veulent l'entendre comme témoin. Élisabeth Borrel, elle, continue son combat. Elle multiplie les plaintes, rejointe dans son combat par les signataires de l'« Appel pour la vérité sur l'assassinat du juge Borrel » et attend la fin de l'instruction en prévenant : « Je ne lâcherai pas. »

F. M.

Le guêpier ivoirien

Y avait-il une autre solution ? La France continuait d'entretenir à l'été 2006 un contingent de plus de 3 600 soldats en Côte-d'Ivoire, dans le cadre de l'opération *Licorne*, démarrée en septembre 2002. Une opération lourde – la plus importante en cours pour les armées françaises en ce début de siècle –, et qui trouve sa source dans les tortueux et meurtriers conflits ivoiriens.

« Ni ingérence ni indifférence »

Le 24 décembre 1999, le général Robert Gueï renverse le président Henri Konan Bédié, qui dirigeait le pays depuis la mort de Félix Houphouët-Boigny, en 1993. Et lorsque, le 24 octobre 2000, l'ancien opposant Laurent Gbagbo remporte les élections présidentielles, l'ex-colonie française de l'Ouest africain entre dans une nouvelle phase de troubles qui provoquera des centaines de morts.

Le 19 septembre 2002, une mutinerie éclate à Abidjan, qui a toutes les apparences d'une nouvelle tentative de coup d'État. Robert Gueï et sa famille sont assassinés. Du nord du pays où elles sont maîtresses du terrain, les troupes rebelles menacent de descendre vers la capitale Abidjan, où le sort des armes promet d'être défavorable au pouvoir en place. Le régime du président élu Laurent Gbagbo – alors en déplacement à Rome – se trouve directement menacé : ses propres troupes, les Forces armées nationales de Côte-d'Ivoire (FANCI) semblent incapables de protéger la capitale. La situation n'ira pas en s'arrangeant, les rebelles s'organisant en Forces armées des forces nouvelles (FAFN), bien équipées. Leur autorité politique est détenue par Guillaume Soro, soutenu notamment par Blaise Compaoré, le président du Burkina Faso voisin.

Le président français Jacques Chirac hésite à intervenir, s'en tenant à la prudente tergiversation que le Premier ministre Lionel Jospin avait résumée le 22 décembre 1997 à Bamako par la formule « Ni ingérence ni indifférence ». Paris finira par installer ses troupes sur une ligne de démarcation séparant le pays en deux parties, de part et d'autre de la « zone de confiance » définie par l'ONU. Signés entre toutes les composantes politiques ivoiriennes, sous l'œil et la pression de l'Élysée, en janvier 2003, les « accords de Marcoussis » feront long feu, et entérineront l'échec de la médiation française. Le journaliste Thomas Hofnung résume ainsi la situation d'alors, qui prévalait toujours près de quatre ans plus tard : « C'est le début du grand malentendu entre Paris et Abidjan : le "grand frère" se pose en arbitre, quand Gbagbo et ses partisans l'espéraient en sauveur[1]. » En avril 2004, l'ONU commence le déploiement de plus de 6 000 soldats de l'Opération des Nations unies en Côte-d'Ivoire (ONUCI). Dès lors, les Français de la force Licorne demeurent sous commandement français, et deviennent une force d'action rapide au profit de l'ONUCI. L'ensemble ONUCI/Licorne prend le nom de « forces impartiales ».

Laurent Gbabgo, qui avait initialement accepté le principe d'une force de l'ONU, n'admettra plus tard sa présence que contraint et forcé, d'autant plus que sa mission consiste à garantir les conditions d'un retour à la paix passant par l'élection d'un nouveau président. Les obstacles sont nombreux : il faut d'abord trouver des conditions acceptables au désarmement des multiples milices. Dans un pays sans registres cadastraux, il faudra procéder à un recensement de la population (le dernier date de 1998), alors que l'état-civil est problématique, et la délivrance de papiers d'identité bien davantage encore. Pour une large part, en effet, l'instrumentalisation politique du concept d'« ivoirité » est à l'origine du conflit : qui est Ivoirien et qui ne l'est pas ? Et enfin, lorsque tous ces problèmes seront réglés, il faudra procéder au vote.

Dans un pays façonné par le colonisateur, mosaïque d'ethnies se jouant des frontières – singulièrement le Libéria et la Guinée à l'ouest, le Ghana à l'est, le Burkina Faso au nord –, le défi est pratiquement insurmontable sans une volonté politique farouche. En son temps, Félix Houphouët-Boigny avait su, à sa manière, contenir les forces antagonistes traversant son pays. Sa mort, le 7 décembre 1993, a réveillé les démons assoupis. Et après septembre 2002, le risque est bien réel de nouveaux massacres, voire d'un génocide, dans un processus que le Rwanda a connu dix ans plus tôt. Paris, cette fois, ne veut pas se retrouver à nouveau en position d'accusé [▷ p. 187].

D'autant que la France détient en Côte-d'Ivoire, pays qui demeure un géant économique en Afrique occidentale, des intérêts économiques considérables : malgré le chaos ambiant, de nombreuses entreprises françaises y font d'excellentes affaires (Bolloré, Total, Bouygues, entre autres) et le gouvernement français n'entend pas les lâcher – même si ces entreprises jugent ce soutien insuffisant. Mais ce point n'explique pas tout. Mis à part l'Afrique saharienne, où les États-Unis se sont implantés militairement depuis le début des années 2000 afin d'y traquer les organisations terroristes islamistes qu'ils pensent y voir prospérer, la sécurité dans les pays d'Afrique francophone demeure largement déléguée à la France par la

1 Thomas Hofnung, *La Crise en Côte-d'Ivoire. Dix clés pour comprendre*, La Découverte, Paris, 2005, p. 10.

communauté internationale. La Côte-d'Ivoire participe à l'organisation Renforcement des capacités africaines de maintien de la paix (RECAMP) mise sur pied par Paris, qui a fourni à l'été 2006 le tiers des troupes envoyées au Congo-Kinshasa – sous commandement allemand – par l'Union européenne, afin de garantir la sécurité de l'élection présidentielle du 30 juillet.

Pour avoir longuement évoqué cette question sur place lors de multiples séjours, l'auteur peut affirmer que ce point est essentiel : de nombreux Ivoiriens, de même que les militaires français déployés sur le terrain, sont convaincus que ce sont ces derniers qui permettent aux équilibres instables de se maintenir vaille que vaille. Même si chaque partie au conflit accuse naturellement la force Licorne de prendre fait et cause pour son adversaire. Cette situation perverse peut basculer lors d'un simple accident. Alors, comment faire en cas de provocation ?

De Bouaké à l'hôtel Ivoire

Le 4 novembre 2004, en violation flagrante des accords passés avec la communauté internationale, les FANCI entament une offensive, d'abord discrète, vers le nord. Laurent Gbabgo et son entourage sont convaincus qu'elles peuvent prendre un avantage décisif sur les FAFN. Elles ont des arguments : les livraisons d'armements intervenues grâce aux Israéliens et à l'homme d'affaires français Robert Montoya, passé au commerce des armes après avoir été l'un des membres les plus actifs de la cellule antiterroriste de l'Élysée de Christian Prouteau [▷ p. 441], ont permis de constituer un arsenal puissant, comprenant notamment des hélicoptères et des avions de chasse Sukhoï. Les achats ont été effectués, pour l'essentiel, dans le cadre d'un accord entre la Côte-d'Ivoire et la Biélorussie, qui a envoyé sur place pilotes et techniciens, avant l'embargo de l'ONU décidé le 15 novembre.

Le 6 novembre 2004, c'est le drame : l'un des avions ivoiriens prend pour cible le cantonnement des soldats français à Bouaké. Bilan : neuf morts et trente-huit blessés. Qui a donné l'ordre de tirer ? À l'été 2006, ce point n'était toujours pas éclairci. Ce qui l'était en revanche, c'est que les « coopérants » d'Europe de l'Est purent repartir sans anicroche soit par vols réguliers, soit *via* le Togo. Ceux qui passèrent par ce pays étaient-ils des « mercenaires » – comme le pense le juge d'instruction Brigitte Raynaud qui a instruit pour la justice française cette affaire [1] – ou des militaires présents légalement en Côte-d'Ivoire dans le cadre d'accords de défense entre Abidjan et leurs pays respectifs ? L'enquête le dira peut-être.

1 Voir *Libération*, 3 juillet 2006.

Toujours est-il que, dans les heures qui suivent l'attaque du 6 novembre, les avions Sukhoï SU-25 ivoiriens sont mis hors d'usage par les Français sur leur base de Yamoussoukro, et le cycle des violences redémarre... Le soir même, des membres de la plus active des milices de Laurent Gbagbo, les Jeunes patriotes, que dirige Charles Blé Goudé, marchent vers le camp des militaires français de Port-Boué, installé aux abords de l'aéroport. Les Français ferment les ponts qui y mènent, tandis que des hélicoptères survolent la foule, tirant de nuit pour effrayer les assaillants. La foule s'échauffe dans toute la ville. Les domiciles de Français sont assaillis, pillés, des femmes violées tandis que la force Licorne et des sociétés privées de sécurité évacuent les Européens vers le camp de Port-Boué. Le 9 novembre, la situation, tendue depuis plusieurs jours, dégénère autour de l'hôtel Ivoire, situé dans le quartier de Cocody, où voisinent la résidence du chef de l'État ivoirien et celle de l'ambassadeur de France, au bord de la lagune.

Le déroulement des faits n'est pas établi avec précision, ni même le bilan des tirs des soldats français sur la foule. Selon le ministère français de la Défense, ils auraient pu faire une vingtaine de morts. Beaucoup plus selon les autorités ivoiriennes, qui dénombraient pour leur part « cinquante-sept morts tombés sous les balles françaises » et 2 200 blessés. Elles avaient clairement joué aux boutefeux dans cette affaire, laissant la presse aux ordres – les médias d'opposition ayant été muselés et la chaîne française RFI interdite d'émettre – lancer le slogan : « À chacun son Français ! »

Les soldats français qui défendent l'hôtel Ivoire, où se sont réfugiés nombre d'Européens, sont pour la plupart des « marsouins » des troupes de marine, l'ancienne « coloniale », et viennent pour l'essentiel du régiment d'infanterie et chars de marine (RICM). Rappelés d'urgence de leur cantonnement de Bouaké, au cœur de la « zone de confiance » qui sépare les belligérants – ce sont leurs camarades qui ont été tués et blessés lors de l'attaque aérienne –, ils arrivent à Abidjan le 7 novembre au soir, épuisés par leurs 400 kilomètres effectués sous la pression hostile des FANCI. Mais ils parviennent tardivement à l'hôtel Ivoire, après s'être perdus dans la ville ! Ils sont de surcroît mal équipés et peu entraînés aux techniques de « contrôle de foule ».

Ils ne disposent pas d'armes non létales, alors que des gendarmes mobiles se trouvent au camp de Port-Boué avec des équipements spécialisés (comme des balles en caoutchouc), et la disproportion des moyens est évidente. Le colonel du RICM, Patrick Destremau, expliquera plus tard l'« asymétrie presque irréductible des moyens entre nos adversaires et nous », et rappellera l'évidence : « La force a toutes les chances d'être génératrice d'une violence supérieure dans la durée. L'asymétrie de nos moyens et de nos buts rend notre force précaire. [...] À l'évidence, il ne peut exister de solution militaire sans solution politique associée [1]. » Celle-là même dont aucune partie ivoirienne ne veut, si elle ne garantit pas sa victoire.

Une autre affaire, directement liée à la présence de l'armée française en Côte-d'Ivoire, éclatera en France à la fin de l'année 2005 : le 13 mai de cette année, un groupe de militaires français en mission dans les environs de Man arrête un bandit de grand chemin, un « coupeur de route » terrorisant la région, nommé Firmin Mahé, blessé par cette même patrouille quelques heures plus tôt. Dans des circonstances qui restaient, à la mi-2006, à élucider par la justice française, un sous-officier et un soldat qui se trouvaient à l'arrière du véhicule transportant le blessé enserrent sa tête dans un sac plastique, qui l'étouffe et provoque sa mort. Cinq militaires, dont le général Henri Poncet, qui commandait la force Licorne à l'époque des faits, seront mis en examen pour « homicide volontaire » ou pour complicité, les soldats incriminés affirmant qu'ils avaient reçu l'ordre de leur hiérarchie de commettre cet acte. Cette affaire ne provoquera aucune émotion particulière en Côte-d'Ivoire, mais entraînera une crise sérieuse dans l'armée française, posant la question des conditions d'intervention sur les « théâtres d'opération extérieurs ».

◂ **J. G.**

Pour en savoir plus

Philippe Duval et Flora Kouakou, *Fantômes d'ivoire*, Le Rocher, Monaco, 2003.

Stef Goris, *L'Union européenne et le maintien de la paix en Afrique*, Document A/1880, Union de l'Europe occidentale, Paris, 2004.

Thomas Hofnung, *La Crise en Côte-d'Ivoire. Dix clés pour comprendre*, La Découverte, Paris, 2005.

Charles Maisonneuve, *Le Bourbier ivoirien*, Privat, Paris, 2005.

1 Patrick Destremau, « À la recherche du succès en Afrique de l'Ouest », *in Mutations et invariants. « Soldats de la paix », soldats en guerre*, *Inflexions*, n° 2, février 2006.

III

Le nucléaire et le complexe militaro-industriel

La force de frappe, diamant noir de la Ve République

Lorsque la première bombe atomique non expérimentale explose au-dessus de la ville japonaise d'Hiroshima le 6 août 1945 à 8 h 15, plus personne ne doute que l'arme nucléaire sera la clé de la puissance dans le monde de l'après-guerre. Certains États l'auront, les autres pas. Le général de Gaulle est parfaitement conscient de cet état de fait : dès la Libération, il crée le Commissariat à l'énergie atomique (CEA), dont l'ambition secrète sera de doter la France de l'arme nucléaire. Mais il faudra attendre le 13 février 1960 avant que la première bombe française, « Gerboise bleue », explose à Reggane, dans le Sahara algérien. Quinze ans après les premières bombes américaines. Onze ans après la première bombe soviétique. Huit ans après le premier tir britannique du 13 octobre 1952.

Aux origines, le Commissariat à l'énergie atomique

En réalité, les Français ont été dès l'origine à la pointe de la recherche scientifique sur le nucléaire. Alors qu'ils sont engagés dans une course au résultat avec l'équipe d'Enrico Fermi de l'université de Columbia de New York, les physiciens du collège de France Frédéric Joliot-Curie, Francis Perrin, Hans Halban et Lew Kowarski démontrent qu'une réaction en chaîne peut se produire sous l'action des neutrons. Cette découverte – annoncée dès le 8 mars 1939 à la revue britannique *Nature* – marque une étape fondamentale dans la route vers la conception de la bombe.

Avec la découverte de la fission de l'uranium sous l'effet des neutrons effectuée quelques mois plus tôt par les savants allemands Otto Hahn et Fritz Strassman, cette avancée française se trouve au cœur de la célèbre lettre qu'Albert Einstein écrit le 2 août 1939 au président américain Franklin D. Roosevelt. Il explique dans ce texte qu'avec de l'uranium, il sera possible de fabriquer « des bombes extrêmement puissantes et d'un type nouveau ». Lorsque surviennent la guerre et l'Occupation, les Français doivent abandonner leurs recherches. Mais Joliot-Curie sauve l'essentiel : les stocks d'eau lourde rapportés de Norvège grâce à un correspondant des services spéciaux, Jacques Allier. Le physicien éparpille ses collaborateurs dans des laboratoires outre-Manche et outre-Atlantique, où certains se trouveront très proches du « projet Manhattan », nom de code du projet de recherche mené pendant la Seconde Guerre mondiale par les États-Unis, assistés par le Royaume-Uni et le Canada, pour réaliser la première bombe atomique. Ce qui permettra à la France libre d'être secrètement tenue au courant des progrès de l'arme nucléaire américaine.

À la fin de l'été 1945, Charles de Gaulle, qui n'a guère besoin d'être convaincu, décide donc la création du CEA. Une arme nucléaire française ? Il y pense dès cette époque. Mais n'en pipe mot. Dans une conférence de presse prononcée le 13 octobre 1945, c'est seulement s'il glisse : « La bombe atomique ? Nous avons le temps… » En réalité, le projet suit son chemin, dans la plus grande confidentialité. Les équipes scientifiques travaillent, et la France se dote des outils nécessaires. Les caciques de la IVe République, radicaux comme Félix Gaillard et Pierre Mendès France, ou socialistes comme Guy Mollet, prendront le relais durant la décennie suivante.

La crise de Suez va constituer, parmi d'autres, un élément déclencheur. La France et la Grande-Bretagne ont lancé en novembre 1956 une expédition militaire aventureuse pour reprendre le canal de Suez nationalisé par le président égyptien Gamal Abdel Nasser. Moscou menace de lancer des fusées atomiques pour les en déloger. Il s'agit en réalité d'un bluff éhonté, et les pressions économiques de Washington sur Londres joueront un rôle autrement important pour que les troupes françaises et britanniques rembarquent sans gloire.

À la suite de cet incident, les initiatives secrètes vont se multiplier. Le jour même où Londres et Paris décident d'arrêter les frais, le 6 novembre, le président du Conseil Guy Mollet adresse une proposition secrète de coopération nucléaire militaire aux Allemands. Le 30 novembre 1956, la décision est prise d'accélérer le programme nucléaire français et, la semaine suivante, le Comité des applications militaires de l'énergie atomique (CAMEA) est créé au sein du CEA, sans que son décret de création soit jamais publié au *Journal officiel*. Il ne faudra pas attendre une semaine pour lancer la fabrication du premier bombardier stratégique et premier vecteur nucléaire français, le Mirage IV.

Le projet secret d'une bombe européenne

Les dirigeants de la IVe République vont donc prendre une direction inattendue, dans le plus grand secret. Sans jamais cesser de travailler sur une bombe spécifiquement française, ils vont voir beaucoup plus loin…

Aussi curieux que cela puisse paraître, ils envisagent également sérieusement une bombe européenne avec l'Allemagne et l'Italie, les anciennes puissances de l'Axe dont la défaite avait seulement onze ans ! Alors même que le projet de Communauté européenne de défense (CED) avait avorté quatre ans plus tôt...

Jacques Chaban-Delmas, gaulliste parmi les gaullistes, est alors le « représentant » du Général au gouvernement. Ministre des Armées (du 6 novembre 1957 au 14 mai 1958), tout à son affaire sur la guerre d'Algérie et surtout à la préparation du retour du Général au pouvoir – qui sera effectif le 13 mai [▷ p. 21] –, il ne manque pourtant pas de s'intéresser de très près à l'arme nucléaire. L'affaire est peu connue, mais, le 8 avril 1958, le ministre des Armées signe avec ses collègues allemand (Franz-Joseph Strauss, dit le « Taureau de Bavière ») et italien (Emilio Taviani) un accord portant sur le cofinancement de l'usine de séparation isotopique de Pierrelatte : la France en assumera 45 %, l'Allemagne autant et l'Italie les 10 % restant.

Le secret va jusqu'à la dissimulation de cet accord aux Américains. Le Quai d'Orsay souhaitait avertir Washington de cette démarche, mais Chaban-Delmas s'y est opposé. Des voies détournées ont vraisemblablement été empruntées, par tel ou tel acteur, pour ne pas tenir l'Oncle Sam trop à l'écart. Quant au sérieux de l'initiative franco-germano-italienne, il ne fait pas de doute. Pas davantage que sa finalité : la séparation isotopique permet de produire de l'uranium fortement enrichi, dont les usages sont précis. Cette substance sert soit à fabriquer des bombes H thermonucléaires, beaucoup plus puissantes que des bombes atomiques ordinaires, soit de combustible dans le réacteur destiné à la propulsion des sous-marins atomiques. Les signataires voient loin : l'usine de Pierrelatte ne commencera à produire de l'uranium enrichi que... début 1965.

Chaban-Delmas nourrit une vraie passion pour l'arme atomique, depuis la Libération ! La bombe, c'est « sa » bombe. Dans ses *Mémoires pour demain* (Flammarion, 1997), il précise : « Ma carrière ministérielle sous la IVe a été de bout en bout guidée par mon souci de surveiller "ma" bombe. [...] Charles de Gaulle savait tout cela, et appréciait, des hauteurs où il cantonnait. » Mais lorsque, trente-cinq ans plus tard, je chercherai à évoquer précisément avec Jacques Chaban-Delmas son adhésion à la surprenante démarche française vers la bombe européenne, ce roublard tournera la tête, prétextera un trou de mémoire, condescendant seulement à expliquer avec un sourire entendu : « Vous savez, ces choses-là sont très secrètes, et doivent le rester [1]. » On se trouve effectivement, en matière nucléaire, au cœur du secret le plus absolu. Il faudra donc près d'un quart de siècle pour que cet accord tripartite soit connu, par les travaux des chercheurs du Groupe

1 Entretien avec l'auteur, 20 mars 1992.

d'études français d'histoire de l'armement nucléaire (GREFHAN), et que soient révélées, sinon le détail, du moins les grandes lignes de l'opération [1]. Il reste à ouvrir bien des archives pour que l'on en sache davantage.

La dissuasion nucléaire, arme gaullienne, récupérée par Mitterrand

Fin avril 1958, quelques jours avant le retour de Charles de Gaulle aux affaires, le président du Conseil Félix Gaillard – renversé le 15 avril, il expédie les « affaires courantes » – déclenche le processus qui aboutira à l'explosion de « Gerboise bleue », deux ans plus tard. En arrivant le 1er juin pour lui succéder, Charles de Gaulle décide de nommer à l'Hôtel de Brienne, siège du ministère des Armées, l'homme qui dirige au jour le jour les efforts français pour obtenir la bombe : le brillant ingénieur Pierre Guillaumat [▷ p. 133]. Tout en se consacrant à la gestion de la crise algérienne qui a permis son retour au pouvoir après le 13 mai, de Gaulle va tout de même s'intéresser vivement à la bombe.

Le nouvel occupant de l'Hôtel Matignon confirme, dès le 17 juin 1958, lors de son premier conseil de défense, le calendrier de « Gerboise bleue ». Cette mesure – conservée secrète – vient compléter une accélération du programme nucléaire français, tant pour la bombe que pour ses vecteurs. Pour le reste, c'est la rupture avec la ligne antérieure prônée par Chaban-Delmas : le projet de coopération franco-germano-italienne est annulé, de Gaulle choisissant de privilégier une voie strictement nationale. L'arme atomique française se glisse dès lors dans le statut dont elle ne bougera plus : celui d'un outil de l'indépendance nationale, du symbole ultime et inaliénable de l'incapacité pour un ennemi quel qu'il soit de s'en prendre aux intérêts vitaux de la France. La bombe devient la garantie totale, l'assurance tout risque contre une nouvelle invasion.

De Gaulle est assez fin stratège pour avoir compris que jamais son pays n'utilisera l'arme nucléaire, sauf à entériner son échec. Mais sa possession change du tout au tout sa posture internationale : l'arme nucléaire de conception nationale est un moyen d'asseoir sa posture diplomatique. Elle viendra parfaitement coller au discours gaullien qu'il adresse à ses concitoyens avec une concision exemplaire lors de sa conférence de presse du 23 juillet 1964 : « La dissuasion existe dès lors que l'on a de quoi blesser

---

1 Lire notamment le dossier qui exhume cette affaire jusqu'alors inconnue : Maurice Vaïsse, Colette Barbier, Eckard Conze et Leopoldo Nuti, *Revue d'histoire diplomatique*, décembre 1990. Voir aussi Georges-Henri Soutou, « Les accords de 1957 et 1958 : vers une communauté stratégique et nucléaire entre la France, l'Allemagne et l'Italie », *Matériaux pour l'histoire de notre temps*, avril-juin 1993.

à mort son éventuel agresseur, que l'on y est très résolu et que lui-même en est très convaincu. »

Oubliant très vite ce que la bombe doit aux radicaux et à la SFIO de la IVe République, la gauche devient, dès l'aube de la République suivante, une adversaire acharnée de la bombe atomique, affublée du sobriquet de « bombinette ». Sans moyen d'action contre un programme poursuivi dans une quasi-clandestinité, elle focalise son énergie sur la part publique et spectaculaire de cette politique, c'est-à-dire les essais permettant la mise au point de la bombe A, puis de la bombe H. En 1971, lors de la rédaction du programme socialiste *Changer la vie*, l'ex-militant du Parti socialiste unifié (PSU) Pierre Bérégovoy l'affirme : « Dès son arrivée au pouvoir, le gouvernement de gauche devra prendre la décision d'interrompre la construction de la force de frappe. Cela se traduira immédiatement par l'arrêt des expériences nucléaires. » Ce que la gauche s'abstiendra pourtant de faire lorsqu'elle arrivera effectivement au pouvoir dix ans plus tard (ce n'est que le 8 avril 1992, dans un tout autre contexte international, qu'un Premier ministre socialiste, un certain… Pierre Bérégovoy, annoncera la décision d'interrompre les essais nucléaires français, lors de son discours de politique générale moins de six jours après avoir été nommé par le président Mitterrand).

Car entre-temps, François Mitterrand s'est converti à la politique de dissuasion, même si cette conversion a été lente. Le 25 juillet 1972, il rendait visite au général Jacques Pâris de Bollardière [▷ p. 47], admis à l'hôpital militaire du Val-de-Grâce après son expulsion *manu militari* de Polynésie française, où il était allé protester contre les essais nucléaires en cours. Et le futur président de la République de lancer : « Sur le plan politique, le Parti socialiste a toujours estimé les expériences nucléaires inutiles et dangereuses. La signification politique de mon geste doit être comprise par tous ! » Il lui faudra pourtant évoluer. La position antidissuasion de la gauche française obère en effet sa capacité à gouverner un jour, ce que François Mitterrand finira par comprendre. Il sera convaincu de la nécessité non seulement de préserver l'arme nucléaire mais encore de la moderniser, grâce à un militant haut en couleur, arrivé du radicalisme mendésiste jusqu'au socialisme en passant par la dévotion personnelle à François Mitterrand : Charles Hernu. Celui-ci, qui sera de 1981 à 1985 le ministre de la Défense de la gauche enfin parvenue au pouvoir, obtient cette conversion de Mitterrand et de l'ensemble du Parti socialiste après des années de tractations et de combats internes.

Dès 1974, la position de François Mitterrand va s'infléchir. Cette année-là, il déclare lors de la campagne électorale pour les législatives que, s'agissant des sous-marins lanceurs de missiles nucléaires stratégiques, la gauche au pouvoir « ne les noiera pas comme des petits chiens ». En mai 1977, c'est la stupéfaction : après des tractations internes dont la genèse n'est pas complètement établie à ce jour, ce sont les communistes, jusqu'alors très opposés à une force de frappe qui ne visait de fait que l'URSS et ses alliés, qui virent leur cuti. Ils n'apportent toutefois leur soutien à l'arme contestée qu'à trois conditions, incompatibles avec la doctrine gaullienne. Les communistes refusent la frappe anticités, clairement destinée à raser Moscou et plusieurs grandes villes d'URSS en cas d'agression du Pacte de Varsovie contre l'Europe occidentale et la France. Ils n'acceptent pas davantage la « frappe en premier », qui fait pourtant partie intégrante de la doctrine française (non que la France assure qu'elle lancerait son arme nucléaire au premier coup de canif, mais elle ne s'interdit pas de le faire). Enfin, option rédhibitoire pour François Mitterrand, le PCF propose de retirer au président de la République sa suprême prérogative : celle d'appuyer seul sur le bouton nucléaire.

Alliés dans le Programme commun prévu pour les conduire au succès aux législatives de 1978, socialistes et communistes ont fait de l'arme nucléaire l'une de leurs chamailleries de prédilection. Le 27 juillet 1976, François Mitterrand reprend l'initiative en proposant que la force de frappe fasse l'objet d'un référendum. Alors en vacances en Corse avec son épouse, le secrétaire général du PCF, Georges Marchais, prononcera à cette occasion l'une de ses plus célèbres goujateries : « Liliane, fais les valises, on rentre à Paris ! »

Le Programme commun sombrait définitivement le 14 septembre 1976. Et les socialistes allaient ensuite trancher entre eux un débat byzantin. Charles Hernu et les siens se prononcent pour le maintien « en état » de la force de dissuasion, c'est-à-dire pour la poursuite de sa modernisation, une fois la gauche parvenue au pouvoir. Mais l'aile antinucléaire du parti, emmenée notamment par Michel Rocard et Patrick Viveret, rédacteur en chef de la revue *Faire*, veut pour sa part que la force nucléaire demeure « en l'état », c'est-à-dire qu'elle ne soit pas modernisée. Charles Hernu, François Mitterrand et leurs partisans obtiendront gain de cause.

La bombe H française, grâce aux Anglais...

Le président de la Ve République française est bien le seul en Europe à pouvoir déclencher aussi librement le feu nucléaire. Certes, le Premier ministre britannique possède également, en principe, cette faculté. Mais ses vecteurs (sous-marins et missiles), ses essais et donc sa filière nucléaire sont dépendants de la technologie américaine. Et s'il peut, sur le papier, en décider seul l'usage, c'est beaucoup plus difficile dans les faits sans l'accord de Washington. Pourtant, tout à leur dédain d'une Albion trop liée aux Américains pour être totalement maîtresse du feu nucléaire, les Français oublient ce qu'ils lui doivent : la bombe H française. Rappelons que la bombe atomique première version, la bombe A, celle d'Hiroshima comme celle de Reggane, est une bombe à fission, tandis que la bombe H, que la France fera exploser pour la première fois en août 1968, est une bombe dite « à hydrogène », ou à fusion.

Ces lignes ne se prêtant guère aux digressions techniques, bornons-nous à constater que la bombe H est incomparablement plus puissante que la bombe A. Elle a été définie par les Américains Edward Teller et Stanislaw M. Ulman, qui mirent au point le procédé Teller-Ulman. Lequel utilise les rayons X émis par l'explosion d'une petite bombe A pour comprimer le combustible thermonucléaire (tritium, lithium, deutérium, etc.) et le conduire à la fusion. Le physicien Andreï Sakharov a imaginé un procédé similaire pour la bombe russe, et les Britanniques ont suivi le même chemin. Mais à la fin des années 1960, les atomistes Français n'ont toujours connaissance d'aucun de ces travaux et doivent redécouvrir le procédé. C'est long, c'est cher, et le chef de l'État trépigne d'impatience.

Une fois que la France est entrée en possession de la bombe A, de Gaulle n'a eu de cesse qu'elle passe à la vitesse supérieure et se dote de la fameuse bombe H. Le premier engin américain de ce type, *Ivy Mike* (d'une puissance de 10,4 mégatonnes, soit six cents fois celle de la bombe d'Hiroshima), avait explosé sur l'atoll de Eniwetok en novembre 1952. Puis, en août 1953, les Russes avaient fait exploser leur première bombe H, mise au point par Sakharov, qui deviendra bien des années plus tard le principal opposant à l'ordre soviétique. En 1957, c'était au tour de celle des Britanniques, qui avaient été remarquablement rapides. Tout cela était déjà assez vexant. Mais ce qui a mis de Gaulle dans une colère noire, c'était la perspective de l'explosion d'une bombe H chinoise, qui allait effectivement survenir en 1967. La France derrière la Chine ? Inacceptable... et pourtant !

Alors que de Gaulle presse les équipes du CEA, les « nucléocrates » peinent. Non seulement ils ne parviennent pas à trouver la solution, mais en plus l'Élysée trouve qu'ils renâclent et traînent les pieds. Ce n'est pas faux ! Ne se sentant guère d'affinité avec ce projet, ils considèrent que la bombe A dont dispose la France est déjà bien assez puissante. Ils sont d'accord avec les militaires, toujours aussi peu enthousiastes pour l'arme atomique, pour considérer qu'il ne serait guère utile de se doter d'un équipement capable de tuer mille fois un adversaire, quand on peut déjà le faire cent fois. Pierre Messmer, qui était alors ministre des Armées, a encore la dent si dure vingt ans plus tard envers ceux qui refusaient d'obéir le petit doigt sur la couture du pantalon, qu'il les fustige lors d'un colloque à la Sorbonne en 1989 : « Une des raisons pour lesquelles nous avons mis relativement longtemps à passer de la bombe A à la bombe H, c'est-à-dire de la fission à la fusion, était le fait que les savants qui travaillaient pour le CEA refusaient systématiquement toutes les études et toutes les recherches qui avaient un caractère militaire. » C'est un peu injuste, mais qu'importe ? Le chef des armées doit être satisfait, quoiqu'il en coûte !

Charles de Gaulle s'est trouvé un bouc émissaire, Alain Peyrefitte, son ministre de la Recherche et des Affaires atomiques et spatiales de janvier 1966 à avril 1967. Tout juste après l'avoir nommé, le Général le rabroue jusqu'à ce que son ministre, comme il le raconte dans son ouvrage *Le Mal français* [1], doive lui avouer la déshonorante vérité. Les ingénieurs butent, se plantent et n'y arrivent pas : la bombe H paraît hors de leur portée à l'échéance fixée par le chef de l'État en 1968. Officiellement, Peyrefitte réglera le problème en nommant à la tête du groupe de recherche sur la bombe H un homme exceptionnel, Robert Dautray. La légende veut que ce dernier ait su remettre les équipes au travail, qui trouvèrent alors miraculeusement le chemin de la bombe H. La vérité, qui recouvre un très gros secret, est un peu différente !

En fait, ce sont les Britanniques qui ont offert la bombe H aux Français. C'est l'ingénieur Pierre Billaud, évincé par Peyrefitte peu après la jupitérienne colère de janvier 1966, qui a dévoilé le pot-aux-roses, d'abord partiellement dans un petit livre [2], puis en décembre 1996, dans un article de la revue *La Recherche*. Il y révèle qu'à l'époque où les atomistes français pataugeaient gravement, l'un des attachés militaires en poste à Londres auprès de l'ambassadeur Geoffroy de Courcel – ce dernier étant un proche parmi les proches du Général – a rencontré à plusieurs reprises dans des cocktails un scientifique extrêmement bien renseigné sur les laborieuses recherches françaises. William Cook est l'un des pères de la bombe H britannique, et a longtemps travaillé à l'Atomic Weapons Establishment, l'équivalent de la DAM (Direction des applications militaires) du CEA. Son interlocuteur français, le général André Thoulouze, n'est pas un technicien et ne comprend pas grand-chose à ce que lui raconte son nouvel ami anglais, sinon qu'il se dit prêt à aider les Français, *gratis pro deo*. Thoulouze rend compte de ces conversations à Henri Coleau, le chef du BIRS (Bureau information et renseignement scientifique), le service de renseignement privé du CEA. Les conversations avec Cook se poursuivent, mais ce dernier ne fournit au Français aucun document. Il raconte et explique en termes simples, et André Thoulouze retranscrit, après la rencontre. L'information que livre le scientifique est essentielle : la voie à suivre pour parvenir à l'explosion de la bombe H, c'est celle de la méthode Teller-Ulman, que les Français ignorent : la fameuse compression par rayons X.

1 Alain Peyrefitte, *Le Mal français*, Fayard, Paris, nouvelle édition, 2006, p. 112-118.

2 Pierre Billaud, *La Véritable Histoire de la bombe H française*, La Pensée universelle, Paris, 1994.

Un jeune ingénieur français, Michel Carayol, avait bien imaginé cette solution, mais elle avait été retoquée par ses pairs et lui-même n'y croyait guère. Le 19 septembre 1967, une réunion est convoquée en catastrophe au CEA pour discuter la révélation de William Cook. Cette fois, la route est libre… La bombe H française explosera à Fangataufa, dans le Pacifique, moins d'un an plus tard, le 8 août 1968, et restera comme l'une des plus grandes fiertés de Charles de Gaulle.

Bien sûr, cette histoire fait prendre une grande claque à la théorie de la « voie nationale » exclusive pour l'accès à l'arme nucléaire française. D'ailleurs, lorsque Maurice Schumann, le successeur d'Alain Peyrefitte à la tutelle ministérielle du CEA, prévint Charles de Gaulle de l'apport britannique, ce dernier « faillit en avoir une embolie [1] ». Bien des mystères demeurent cependant sur cet épisode. Il serait notamment important de savoir sur quelles instructions politiques William Cook, décédé en 1987, bien des années avant que son rôle apparaisse, a agi. Car les Français demeurent absolument persuadés – sans en avoir la preuve – que c'est le gouvernement britannique du Premier ministre travailliste Harold Wilson qui l'avait envoyé au contact. Rappelons qu'à l'époque, Charles de Gaulle venait de décider le retrait de la France de l'OTAN, et qu'il s'opposait à l'entrée de la Grande-Bretagne dans le Marché commun. Mais si Londres espérait faire fléchir le Général avec le cadeau de la bombe H, c'était un mauvais calcul. Cinq mois après l'explosion de Fangataufa, il renouvela son opposition ! On n'est pas plus ingrat…

Ah, les Britanniques ! Si seulement ils voulaient discuter avec la France d'une stratégie nucléaire commune. Si seulement ils acceptaient, par exemple, de « prendre l'alerte nucléaire » avec les Français. Dans les années 2000, Paris dispose de quatre SNLE (sous-marins nucléaires lanceurs d'engins), dont un en permanence à la mer. Encore un secret nucléaire, de la période Chirac cette fois : dès 1995, il a fait travailler des équipes sur un rapprochement avec les Britanniques dans ce domaine. Qui est allé très loin : le 2 novembre 1996, Jacques Chirac et John Major ont déclaré publiquement à Londres : « Nous n'imaginons pas de situation dans laquelle les intérêts vitaux de l'un de nos deux pays, la France et le Royaume-Uni, pourraient être menacés sans que les intérêts vitaux de l'autre le soient aussi. » À la suite de cette déclaration, les états-majors se sont rapprochés, des scénarios ont été élaborés et des *wargames* réalisés, jusqu'au blocage : l'intégration de la dissuasion britannique au système américain est telle que son autonomie de décision est bel est bien atteinte… Le président français, lui, n'a de comptes à rendre à personne… La bombe est à lui !

---

1 Marcel Duval, « À la recherche d'un "secret d'État" », *Défense nationale*, août-septembre 2004.

Les militaires contre la bombe

Entre un de Gaulle, qui a su gérer de main de maître sa nouvelle arme afin d'en faire un outil politique de première grandeur, et son ancien adversaire François Mitterrand, parvenu au pouvoir en 1981, la continuité devient évidente dès cette date. Puisqu'elle n'existe que pour ne point servir, la bombe atomique se prête à tous les exercices verbaux et aux coups de menton. La possession de cette arme d'une puissance exceptionnelle fait en effet prendre de la hauteur au chef de l'État sous la Ve République : on a pu parler à son propos d'un « monarque nucléaire », que le droit d'appuyer sur le bouton placerait en quelque sorte sur un trône républicain. Ce n'est pas faux, et François Mitterrand s'en est parfaitement accommodé. Le 16 novembre 1983, c'est avec un accent plus gaullien que nature qu'il lancera la formule résumant toute sa conception de la stratégie nucléaire française : « La pièce maîtresse de la stratégie de dissuasion, c'est le chef de l'État – c'est moi –, car tout dépend de sa détermination. » Assertion qui est restée dans l'histoire sous forme de raccourci : « La dissuasion, c'est moi ! » Même de Gaulle – qui avait pourtant fait inscrire dans la Constitution que le président de la République est le chef des armées – n'avait pas osé...

Le fait est là, Mitterrand s'invite dans la posture gaullienne, et ne boude pas sa puissance : la France a des bombes bien à elle, peut s'en servir seule et... ne le fera jamais ! C'est notamment pour cette raison que l'on aurait tort d'oublier les oppositions manifestées très tôt par une corporation qui n'est pas toujours convaincue de l'utilité de cette arme, et envisagerait volontiers aujourd'hui sa disparition de l'arsenal français : les militaires. À leurs yeux, la puissance d'une nation repose sur des territoires qu'il faut d'abord conquérir, puis défendre. Une mission de soldat, c'est du terrain que l'on occupe avec des hommes et des moyens. Ils ont beau jeu de faire valoir de nos jours que l'arme nucléaire ne possède qu'une utilité marginale quand une nation doit faire face à la montée du terrorisme, et de constater que, depuis des décennies, la bombe demeure une arme chère mais inutilisable.

Pour les militaires français – qui ne s'en cachent pas depuis les débuts de la Ve République –, la meilleure solution serait donc que le parapluie nucléaire américain leur garantisse, dans le cadre de l'OTAN, une forme d'« assurance tous risques » contre une attaque. Soviétique avant la fin de la guerre froide, d'où quelle vienne aujourd'hui. Quant à l'argent ainsi épargné, il serait mieux employé à maintenir le niveau des troupes et à acquérir des matériels conventionnels, dont les coûts d'étude, de production et de possession augmentent continuellement. Sans doute cette position n'est-elle pas celle des hiérarques côtoyant de nos jours le chef de l'État en Conseil de défense. Mais à l'échelon inférieur, elle est prégnante.

Lorsque François Mitterrand parvient au pouvoir, la fin de la guerre froide n'est plus très lointaine. La stratégie de dissuasion dite « du faible au fort », conserve toute sa pertinence bien qu'elle ait été définie dans les années 1960 par la confrontation de nombreux esprits féconds, dont le critique Raymond Aron, mais mise au point par quatre stratèges atypiques, les généraux Charles Ailleret, Lucien Poirier, André Beaufre et Pierre-Marie Gallois. Sans diminuer leurs mérites, le chercheur Bruno Tertrais note toutefois que c'est bien Charles de Gaulle qui fut le véritable architecte de la doctrine française, les militaires mettant parfois en avant des idées saugrenues. Selon Tertrais, Gallois serait ainsi « surévalué », notamment pour avoir eu une fâcheuse tendance à se montrer plus royaliste que le roi, en mettant le nucléaire à toutes les sauces : « Quand de Gaulle conservait une marge de manœuvre dans l'hypothèse d'une attaque purement conventionnelle, Gallois pensait que les représailles massives devaient être automatiques [1] ! » L'automaticité présentant l'inconvénient majeur de ne point permettre au politique d'apprécier la nature de la réponse la plus appropriée.

Les mutations de la doctrine nucléaire sous Chirac

Après les derniers essais français de 1996, Jacques Chirac a confirmé les budgets considérables alloués par François Mitterrand au CEA pour la fabrication d'un « laser mégajoule » (équipement de grande puissance destiné à la simulation de tirs nucléaires, installé à Bordeaux), avant d'ouvrir un nouveau chantier atomique ultraconfidentiel. Ébauchée sous Alain Juppé, qui travailla sans aucun succès sur un concept de « dissuasion concertée » avec l'Allemagne, dont celle-ci ne veut pas entendre parler, une nouvelle réflexion fut confiée à partir de 1997 par le Premier ministre Lionel Jospin au patron du Secrétariat général de la défense nationale (SGDN), Jean-Claude Mallet. Sous son égide, une demi-douzaine d'experts appartenant aux armées et au Quai d'Orsay remit la doctrine nucléaire à plat, sans tabou ni considération de chapelles. Avant la fin 2000, le président réunit à quatre reprises autour de sa personne le plus secret des cénacles militaires français : le Conseil de l'armement nucléaire (CAN).

De ces réflexions sortirent début 2001 quelques idées nouvelles, et Jacques Chirac présenta publiquement « sa » doctrine le 8 juin 2001, lors d'un discours à l'Institut des hautes études de la défense nationale (IHEDN). Il y rappelle que la dissuasion est globale, et vise tous ceux qui voudraient

1 Bruno Tertrais, « "Destruction assurée" : the origin and development of French nuclear strategy, 1945-1981 », *in* Henry D. Sokolski (dir.), *Getting Mad. Nuclear Mutual Assured Destruction, its Origins and Practice*, Strategic Studies Institute, Washington, DC, 2004.

« menacer le territoire européen avec des armes nucléaires, biologiques et chimiques ». « S'ils étaient animés d'intentions hostiles à notre égard, les dirigeants de ces États doivent savoir qu'ils s'exposeraient à des dommages inacceptables pour eux. »

Rien n'a changé depuis et son second discours sur ce thème, le 19 janvier 2006, à la base des sous-marins nucléaires de l'Île Longue, dans la rade de Brest, n'a fait que confirmer ses premiers propos. En ajoutant toutefois les États soutenant le terrorisme parmi les cibles potentielles des armes nucléaires françaises. Qui seraient éventuellement tirées à très haute altitude pour détruire des matériels, sans tuer les habitants. La dissuasion du « faible au fort » a donc progressivement évolué après la fin de la guerre froide vers une doctrine dite « du fort au fou », alors même que la réalité impose de constater que le nucléaire ne dissuade que du nucléaire. Car si Oussama Ben Laden n'a pas craint de s'en prendre aux États-Unis, le 11 septembre 2001, c'est bien qu'il n'en a pas été dissuadé par l'arsenal américain...

Pour cette raison, parmi d'autres, la réduction de l'arsenal nucléaire national sera à tout le moins discutée par le président de la République élu en 2007. Ce ne sont pourtant pas les forces politiques françaises, ou la société civile, qui l'y pousseront : la légitimité de la bombe française est peu contestée. C'est pour cette raison que l'on peut évoquer un « consensus » autour du nucléaire militaire, tant les voix discordantes sont rares dans le champ politicien. À gauche, l'ancien ministre de la Défense (septembre 1985-mars 1986) Paul Quilès a réclamé que les armes de la dissuasion soient repensées – supprimées ? –, car « le monde a changé et il ne sert à rien de s'abriter derrière une nouvelle "ligne Maginot" » (*Libération*, 9 janvier 2003). Ce n'est pas diminuer les mérites de Paul Quilès de remarquer qu'il est assez seul au PS sur cette position, puisqu'il n'est pas même suivi par son chef de file Laurent Fabius. Après le discours de Jacques Chirac à l'Ile Longue, Fabius a fait savoir que « dans la définition de la position nucléaire de la France qu'il a donnée, il n'y a rien sur quoi [il] soi[t] en profond désaccord ». Quant à Jack Lang, il a condamné à cette occasion la « légitimité de la sanctuarisation budgétaire d'une force de frappe coûteuse ».

À droite, l'essayiste aronien Nicolas Baverez s'est fait une spécialité de cette contestation, à laquelle le président de l'UMP Nicolas Sarkozy ne serait pas insensible. Au risque de rompre le lien avec la légitimité gaulliste dont il se revendique, Nicolas Sarkozy serait même prêt, s'il était élu lors d'un prochain scrutin présidentiel, à jeter à la ferraille une partie de l'arsenal nucléaire français. Mais le conditionnel est de rigueur, car il a soigneusement évité de s'exprimer sur le sujet. À droite, Nicolas Baverez est aussi seul que Quilès l'est à gauche, et il n'est donc pas étonnant que leurs argumentations se rapprochent. Aux yeux de Baverez, « la doctrine de la dissuasion n'est plus qu'une ligne Maginot face à la mondialisation de la violence, au terrorisme de masse et à la prolifération des armes de destruction massive » (*Le Point*, 26 janvier 2006).

Ces maigres déclarations indiquent assez qu'aucun responsable politique français de premier plan ne s'estime en mesure de contester, fut-ce du bout des lèvres, la politique élyséenne en matière nucléaire. Le Parlement ne disant pas non plus un seul mot, le fait est là : le trône édifié par Charles de Gaulle est occupé par ses successeurs selon ses vœux. La bombe atomique demeure bien le diamant noir de la Ve République. Qui possède ce fétiche demeure intouchable.

◀ J. G.

Pour en savoir plus

André Bendjebbar, *Histoire secrète de la bombe atomique française*, Le Cherche Midi, Paris, 2000.

Pascal Boniface, *Contre le révisionnisme nucléaire*, Ellipses, Paris, 1998.

Claude Delmas, *Histoire politique de la bombe atomique*, Albin Michel, Paris, 1967.

Marcel Duval et Yves Le Baut, *L'Arme nucléaire française. Pourquoi et comment ?*, Kronos, Paris, 1992.

Bruno Tertrais, *L'Arme nucléaire après la guerre froide*, Economica, Paris, 1994.

Maurice Vaïsse (dir.), *La France et l'atome*, Bruylant, Bruxelles, 1994.

Les forges secrètes du roi, ou le complexe militaro-industriel

Lorsque Charles de Gaulle arrive au pouvoir en mai 1958, la France dispose d'un outil industriel reconstruit après la Libération, enfin capable de la doter des équipements dont son armée a besoin. La IVe République s'y était employée avec ardeur.

Les structures des moyens de production n'avaient pas été fondamentalement transformées depuis l'avant-guerre, et des industries propriété de l'État – notamment celles nationalisées par le Front populaire le 17 juillet

1936 – demeuraient majoritaires aux côtés des firmes privées. À la Libération, nombre de firmes d'armement demeurées aux mains d'actionnaires privés sont nationalisées, comme les usines Renault (fabriquant des chars de combat), ou le fabriquant de moteurs d'avions Gnôme et Rhône, qui devient la Société nationale d'études et de construction de moteurs d'avions (SNECMA). L'effort national est alors coordonné par le communiste Charles Tillon, ministre de l'Air, puis de l'Armement (1944-1946). Simultanément, des industriels dont les entreprises ont été nationalisées en 1936 relancent des sociétés, comme Marcel Dassault [▷ p. 256]. Quand sa société des avions Marcel Bloch avait été nationalisée en juillet 1936, il avait recréé une société anonyme en décembre de la même année. De retour de déportation, il va la réactiver après la Libération, et participer activement au réarmement français, puis à la naissance de la force de frappe.

En 1945 et dans les années de l'immédiat après-guerre, les armées françaises se seraient révélées bien incapables de s'équiper de matériels nationaux. Les États-Unis vont donc livrer des quantités d'armements par l'intermédiaire du Mutual Defense Assistance Act de 1949 et du Mutual Security Act de 1951, avant que l'industrie française soit en mesure de relancer ses études, souvent avec l'appui d'ingénieurs allemands, puis sa production. Durant les guerres d'Indochine et d'Algérie, les soldats français seront encore majoritairement équipés de matériels américains, issus des surplus de la Seconde Guerre mondiale.

Les milliards de la force de frappe

À partir de 1958, le passage de l'arme nucléaire au rang de priorité nationale va transformer le paysage. Sous le contrôle de plus en plus étroit du politique, les budgets vont croître et assurer la prospérité de secteurs entiers de l'industrie et de milliers d'entreprises sous-traitantes. Les fabricants d'avions, de missiles puis de lanceurs spatiaux, d'armes et de navires nucléaires, d'électronique vont se voir allouer des crédits jusqu'alors inconnus en temps de paix. De plus, le changement de République intervient à une époque cruciale : le pays abandonne les colonies chèrement conquises depuis deux siècles, et l'effectif militaire qui les avait maintenues sous la férule française : l'armée des gros bataillons subit une réduction brutale. Après la guerre d'Algérie, les effectifs diminuent de près de moitié, de 1,15 million d'hommes à 657 000. En 1964, deux ans après l'indépendance de l'Algérie, la cure d'amaigrissement était achevée…

Les militaires avaient bien tenté de convaincre les politiques de la nécessité de renforcer les unités en Allemagne, au plus près du rideau de fer. Mais de Gaulle avait compris qu'il n'y aurait de toute façon pas grand-chose à espérer sur le terrain conventionnel contre un éventuel déferlement soviétique, dès lors – s'était-il plu à rappeler – que la frontière russe n'était séparée de Strasbourg que par une distance équivalente à celle de deux étapes du Tour de France. D'où l'arme nucléaire... En prenant dès son arrivée au pouvoir les mesures nécessaires pour que sa réalisation passe à une phase active [▷ p. 213], il va faire entrer l'industrie française de l'armement dans un âge d'or qui ne connaîtra son terme que quatre décennies plus tard, avec la fin de la guerre froide.

Quand de Gaulle entre à Matignon, le 1er juin 1958, il profite de la notable constance avec laquelle la IVe République a préparé la bombe, mais doit désormais confirmer les décisions qui permettront de la tester, de la fabriquer en série, et de la doter de tout l'environnement destiné à la mettre en œuvre. Il faudra que la France y consacre des moyens considérables. Le nouveau président de la République, élu le 21 décembre 1958 par 80 000 grands électeurs, attendra un an pour présenter son plan. Le 3 novembre 1959, lors d'un discours à Saint-Cyr Coëtquidan (Morbihan) devant un parterre d'officiers, il dessine le cadre général de sa politique : « Il faut évidemment que nous sachions nous pourvoir, au cours des prochaines années, d'une force capable d'agir pour notre compte, de ce que l'on est convenu d'appeler une force de frappe susceptible de se déployer à tout moment et n'importe où. » Tout est dit. Durant la décennie suivante, l'appareil militaro-industriel français va engager des efforts jamais vus pour appliquer cette nouvelle politique. Pour étaler les dépenses, le gouvernement lance des « lois-programmes » quadriennales destinées à financer cet arsenal. Le catalogue en est impressionnant. La première (1960-1964) décide en effet le lancement et fabrication du Mirage IV, la poursuite de la construction de l'usine de Pierrelatte, la réalisation du prototype à terre (PAT) du réacteur des futurs sous-marins nucléaires, ainsi que les réalisations des charges atomiques. La procédure parlementaire sera particulièrement houleuse, puisque le gouvernement ne sera pas en mesure de faire voter sa loi, et devra engager trois fois sa responsabilité en affrontant les motions de censure de l'opposition raillant la « bombinette » gaulliste.

La seconde loi-programme (1965-1970) – qui est aussi la dernière décidée par Charles de Gaulle – engage l'achèvement de la mise en place de la composante Mirage IV (terminée en 1964), le lancement des systèmes SSBS (missiles sol-sol balistiques stratégiques à charge de 150 kilotonnes – dix fois la charge d'Hiroshima) pour le plateau d'Albion et MSBS (missiles mer-sol balistiques stratégiques pour les sous-marins nucléaires type *Redoutable* à charge de 500 kilotonnes), la mise en chantier de trois sous-marins nucléaires lance-engins (SNLE), la construction de la base de l'Île Longue, la mise en production de Pierrelatte, le démarrage des réacteurs destinés à produire le tritium (nécessaire à la fabrication de la bombe H), le lancement du missile tactique Pluton et, enfin, la mise en place du champ de tir de Moruroa, en Polynésie française. La troisième loi-programme (1971-1975) engage la mise en service des trois SNLE, *Le Redoutable* (1971), *Le Terrible* (1973) et *Le Foudroyant* (1974) la mise en fabrication d'un quatrième (*L'Indomptable*) et le lancement d'un cinquième (*L'Inflexible*). Elle décide enfin le démarrage des études pour de nouvelles générations de missiles stratégiques sol-sol et mer-sol à têtes multiples et charges mégatonniques.

Un demi-siècle plus tard, on a peine à se figurer l'immensité des moyens consentis par la France pour se doter de l'arme nucléaire. Sans les « godillots » – les parlementaires gaullistes –, il est peu probable qu'un programme d'une telle ambition aurait pu passer... En 1967, au pic des coûts de son armement atomique, la France consacrait plus de 1,2 % de son produit intérieur brut à la bombe et aux moyens associés ! Aux débuts de la Ve République, en 1960, 9,3 % du budget d'équipement des armées sont déjà affectés à l'arme nucléaire. Ce pourcentage passe à 51 % en 1967, pour décroître ensuite progressivement et se stabiliser à environ 30 %, se réduisant encore quelque peu après la fin de la guerre froide. En 2006, il a notablement diminué, mais demeure considérable : bien que les essais nucléaires aient été interrompus pour préparer la simulation informatique, les dépenses du nucléaire militaire s'établissait à 3,5 milliards d'euros par an, soit 18 % des sommes allouées à l'équipement militaire, ou environ 10 % du budget militaire total (équipement et fonctionnement). Ce budget ne fait plus guère l'objet de débats : l'Assemblée nationale le vote régulièrement sans difficulté majeure, en ayant oublié les controverses passionnées du début de la Ve République.

Giscard contre le complexe militaro-industriel

Sacralisé, indéfectiblement lié au gaullisme, l'armement nucléaire n'a pas seulement contribué à la posture française dans le monde. Il a également enrichi – et de quelle manière ! – les industriels qui s'y sont associés. L'expression consacrée de « complexe militaro-industriel » définit la relation économico-politique étroite et alambiquée liant les militaires aux industriels, et cet hétéroclite ensemble aux politiques.

Militaires et industriels ne souffrent pas en effet que les politiques ne marchent pas dans le sens qui leur convient. Parfois, quand le « complexe » ne peut avancer contre le vent de l'Histoire, ni contre un pouvoir politique bien décidé, il renâcle, regimbe et se crispe, mais finit par se soumettre. Néanmoins, s'il a le sentiment que ses intérêts sont compromis quand il pourrait en aller autrement, il se bat bec et ongles. Aucun président ne résistera très longtemps à ces experts du groupe de pression, puissamment appuyés par les grands corps d'ingénieurs de l'État. Singulièrement ceux des Mines [▷ p. 235], qui ont la haute main sur le nucléaire et l'organisation industrielle nationale, et ceux de l'armement, disséminés en un maillage serré dans l'ensemble de l'industrie, correspondant avec leurs pairs de la Délégation générale pour l'armement (DGA) du ministère de la Défense. Si le pantouflage était un sport, ils trusteraient les médailles d'or !

Il s'est toutefois trouvé un président de la Vᵉ République qui se prit d'envie de tenir tête au complexe : Valéry Giscard d'Estaing. Dans les années 1970, il put ainsi « trapper », avec grandes difficultés mais finalement avec succès, un projet qui tenait à cœur à Marcel Dassault : le Mirage 4000. Au lieu de ce puissant biréacteur que l'industriel aurait aimé voir équiper l'armée de l'air française et qu'il pensait pouvoir exporter, notamment en Arabie saoudite, Dassault dut se contenter d'un appareil plus modeste mais aux performances remarquables, y compris à l'exportation : le Mirage 2000. Avant de se rattraper de maîtresse façon avec le Rafale [▷ p. 256]... Giscard parvint également, à grand-peine, à supprimer l'une des tranches de missiles nucléaires du plateau d'Albion.

Il en alla tout autrement pour le sixième sous-marin de la série des SNLE, *L'Inflexible*. Nous avons vu que ce navire à propulsion atomique avait été décidé par la loi de programmation 1971-1975. Il se trouve que l'amiral Marc de Joybert – alors chef d'état-major de la Marine nationale – n'était qu'à moitié convaincu de l'utilité de cet armement, au point d'avoir affirmé un jour : « Les sous-marins, il en faut, mais pas trop, c'est un métier de con. » Il parvint malgré tout à profiter de l'intérim d'Alain Poher à l'Élysée en avril 1974, dans les semaines s'écoulant entre la mort de Georges Pompidou et l'élection de son successeur, pour faire signer à l'éphémère président l'acte de naissance officiel du submersible, sa « dépêche de mise en chantier ». Le 19 juin 1976, lors du vote de la quatrième loi-programme, que l'on appela désormais loi de programmation (1977-1982), le sort de ce navire fut entériné et son budget accordé. Mais un nouveau chef d'état-major de la marine, Jean Lannuzel, voulut affecter les crédits de ce navire à d'autres programmes, et parvint à faire annuler *L'Inflexible*.

Le chantier fut donc interrompu... jusqu'à ce que la Direction des constructions navales (DCN), le Commissariat à l'énergie atomique (CEA) et le fabricant de missiles, le groupe Aérospatiale – né en 1970 de la fusion de Nord-Aviation, de Sud-Aviation et de la SEREB, qui fabriquait les missiles balistiques – décident de faire battre tambour contre le gouvernement de Raymond Barre. Le gaulliste et ancien Premier ministre Pierre Messmer monta à l'assaut avec une fougue de sous-lieutenant, et tonna à la tribune de l'Assemblée que si ce submersible ne se faisait pas, son parti – le RPR – ne voterait pas le budget militaire ! Giscard – cet homme « ne comprenant pas les inévitables conséquences des rapports de force [1] » – réalisa cette fois parfaitement qu'il ne pouvait se permettre ce genre de fantaisie. Il rétablit donc *L'Inflexible* séance tenante. Cerise sur le gâteau : Messmer obtint à cette occasion que ce navire soit doté de nouveaux missiles à plus longue portée, les M4, et surtout équipé de nouvelles têtes nucléaires.

Retenant la leçon, la Marine ne se fit pas prendre une seconde fois. Si elle n'était guère convaincue de la priorité accordée par les politiques durant toutes ces années à ses navires nucléaires – qui emportent un équipage réduit, ne font aucune escale dans les ports étrangers et demeurent invisibles, tout en coûtant les yeux de la tête –, elle voulait à tout prix un nouveau porte-avions. Le programme de construction du *Richelieu* fut mis en route en février 1986 par le gouvernement socialiste de Laurent Fabius. Mais les marins, instruits par l'expérience et craignant que le bateau ne survive pas à de toujours possibles compressions budgétaires, firent des pieds et des mains pour empêcher son naufrage politique : ils obtinrent que l'une des premières mesures du gouvernement de cohabitation issu des urnes en mars 1986, et dirigé par Jacques Chirac, consiste à rebaptiser le futur bâtiment *Charles de Gaulle.* Moins pour rendre hommage au fondateur de la Ve République que pour garantir la pérennité d'un projet militaire. On n'est pas plus malin ! Mais le coup ne marche qu'une fois. Vingt ans plus tard, les marins qui souhaitent ardemment disposer d'un second navire du même type, n'ont pas encore trouvé de nom pour porter leur pavillon. Auraient-ils perdu la main ?

Dassault, Lagardère et consorts : nos chers fabricants d'armes

L'histoire de l'industrie militaire française est intrinsèquement liée à celle de l'État. Héritière des structures installées sous l'Ancien Régime, elle paiera cher ses pesanteurs conduisant les gouvernements, dès la fin du XIXe siècle, à se tourner vers des industriels privés. L'habitude était prise et, durant la guerre froide, ces derniers engrangèrent des profits considérables, avant de se trouver contraints à des reconversions et des restructurations douloureuses pour eux-mêmes et pour leurs salariés. Certains n'y survécurent pas, notamment ceux qui n'avaient pas su trouver à l'extérieur des frontières les débouchés commerciaux indispensables, ou bien qui acceptèrent d'y procéder – avec l'accord de l'État soucieux de faire tourner les usines – à des conditions inacceptables. À cet égard, la vente de chars de combat Leclerc par la société d'État Giat Industries aux Émirats arabes unis

1 Marie-France Garaud, *La Fête des fous. Qui a tué la Ve République ?*, Plon, Paris, 2006, p. 149.

au début des années 1990 demeure un cas d'école : ils furent vendus à un prix ne couvrant pas leur coût de production, et chaque exportation s'est traduite par une charge supplémentaire pour le contribuable. Français, bien sûr !

En revanche, pour les industriels et les hommes d'affaires avisés, les fastueux budgets des années de la bombe, l'adaptation de leurs productions à des marchés d'exportation particulièrement profitables, la capacité à faire payer à l'État des développements qui seront utilisés pour des projets maison et la mise en place de bureaux d'étude performants auront permis de rebondir. Dans les années 1950, non content de lancer la production de nombreux avions nouveaux pour l'armée de l'air, et surtout celle – en moins de trois ans ! – du très novateur Mirage IV de la force de frappe, Marcel Dassault comprendra parmi les premiers tout le profit qu'un industriel averti peut tirer de l'essor d'une nouvelle industrie : l'électronique. Dès 1954, il embauchera sur le conseil de son fils Serge un jeune électronicien de talent, Marcel Daugny, pour diriger le département électronique de sa société, qui commence à cette époque à concevoir des radars d'avions de combat et des contre-mesures électroniques.

En 1959, ce laboratoire se diversifie et étudie une « tête chercheuse » pour le premier missile air-air d'une toute jeune société, Matra ; et il se lance dans la conception d'un calculateur de bombardement pour le Mirage IV. Bénéficiant de nombreux contrats de développement et devenant de plus en plus actif dans le domaine stratégique, Dassault conçoit des ordinateurs destinés aux missiles des premiers sous-marins lanceurs d'engins. De ce fait, le bureau d'études électroniques de l'avionneur prospère et décolle en devenant le Centre d'études et de recherches électroniques (CEREL), dont les parts sont détenues par la holding de la famille Dassault, la Société immobilière Marcel Dassault (SIMD). En janvier 1963, le CEREL devient Électronique Marcel Dassault (EMD), qui va profiter pleinement de l'essor prodigieux de l'électronique militaire. Transformée en 1982 en Électronique Serge Dassault (ESD), puis en Dassault Électronique en 1990, la société croît en se diversifiant : spécialisée dans les systèmes de chiffrement et de guerre électronique, elle entre progressivement dans l'informatique embarquée pour les systèmes de transport civils, les satellites, les terminaux de paiements sécurisés, etc.

À la fin de la guerre froide, dans les années 1990, il devient limpide que les budgets d'armement français ne retrouveront jamais le niveau des années 1980, *a fortiori* celui des années 1960. Les gouvernements veulent toucher les « dividendes de la paix », contraignant les industriels à se regrouper. Et si Dassault ne veut pas toucher aux joyaux de sa famille – les avions –, il accepte de céder Dassault Électronique à Thomson-CSF lors de sa privatisation, décidée par le gouvernement de Lionel Jospin en octobre 1997 : en échange de 6 % des parts de Thomson, la société sera englobée dans le nouvel ensemble. Alcatel empoche de son côté 16 % du capital en apportant sa filiale spécialisée dans les satellites.

Mais l'histoire n'est pas finie pour autant : au début des années 2000, cette participation d'Alcatel dans Thalès (nouveau nom de Thomson-CSF adopté en décembre 2000) sera au cœur des tractations – non abouties à l'été 2006 – visant à englober Thalès dans un grand pôle d'électronique professionnelle et de défense sous domination française. Noël Forgeard, le coprésident d'EADS (European Aeronautics Defence and Space Company) nommé à l'été 2005, n'aura de cesse d'obtenir le soutien de l'État français pour englober Thalès dans le périmètre du consortium franco-allemand, le patron d'Alcatel – l'ingénieur de l'armement Serge Tchuruk – ayant des visées similaires.

Aucun des deux industriels n'obtenant gain de cause, Alcatel choisira de se marier en avril 2006 avec l'équipementier américain Lucent, tandis que Noël Forgeard devra rendre son tablier en juillet 2006, cédant la place à l'ancien patron d'Aérospatiale, Louis Gallois. Forgeard chutera à cause d'une hasardeuse vente de stock-options à très bon prix, quelques jours avant l'annonce de déboires sérieux sur l'Airbus A380 conduisant à la chute de près du quart de leur valeur des actions du consortium EADS [▷ p. 288], mais aussi à cause d'une crise structurelle sérieuse dans l'industrie aéronautique et de défense française et européenne.

La naissance d'EADS était pourtant venue couronner l'une des plus audacieuses opérations de restructuration qui se puisse concevoir. Elle avait d'abord conduit le gouvernement à vendre Aérospatiale au groupe Matra Hautes Technologies de Jean-Luc Lagardère [▷ p. 274], lequel groupe s'était entre-temps marié avec la société britannique Bae Dynamics, et détenait 33 % du nouvel ensemble privatisé. En juillet 2000, de nouvelles noces étaient célébrées entre ce champion français et l'ensemble qui s'était constitué outre-Rhin à partir de 1984, autour de DASA, la filiale aéronautique de Daimler-Chrysler, qui avait progressivement avalé la quasi-totalité de l'industrie allemande du secteur. Jürgen Schremp, le patron allemand, et Jean-Luc Lagardère, le Français, firent annoncer la fusion de DASA et d'Aérospatiale Matra, le 14 octobre 1999 à Strasbourg, par Lionel Jospin et Gerhard Schröder, le chancelier allemand. S'ensuivirent pour la nouvelle société EADS – de droit néerlandais – quelques années de beau temps, éclairci par les succès d'Airbus, avant que la crise s'installe durant l'année 2006. Que deviendront les ambitions affichées du groupe à dominer durablement l'industrie européenne de l'aéronautique et de la défense ?

Affaire Luchaire et frégates de Taïwan : les gros profits des ventes d'armes

Les exportations d'armements sont vitales pour cette industrie spécialisée. Longtemps, des industriels ont pu vivre exclusivement de la vente de matériels militaires au gouvernement français. Ce temps est révolu, à de très rares exceptions près, comme le CEA ou la DCN, toujours bénéficiaires de très profitables marchés captifs nationaux.

Les industriels ont alors cherché à se diversifier dans des productions civiles ou « duales », mais tous n'y sont pas parvenus. EADS, maison mère d'Airbus, ne réalise plus que 20 % de son chiffre d'affaires dans la défense, et Dassault, qui a discrètement changé de culture, se trouve dans une situation similaire : les trois quarts de ses revenus proviennent aujourd'hui de la vente des avions civils Falcon. Le succès de son dernier-né, le Falcon 7X, est tel qu'il engrange des commandes malgré des délais de livraison atteignant près de cinq ans...

Donc, il faut exporter. De ce point de vue, la France n'est pas en mauvaise position, puisque ses ventes d'armes à l'étranger représentent bon an mal an plusieurs milliards d'euros, les chiffres fluctuant souvent d'une année à l'autre : officiellement 7,1 milliards d'euros en 2004, contre 4,3 milliards en 2003. La tension au Moyen-Orient continue de profiter aux industries françaises : elles réalisent dans cette région 38 % de leurs exportations. Ce qui ne les empêche pas de connaître de sérieux revers, provoqués notamment par l'agressivité commerciale des industriels américains, qui entendent restreindre à un strict minimum les ventes des Français. L'avion de combat Rafale ne parvient pas à trouver preneur, et a été supplanté par des appareils américains dans tous les pays où il est entré en compétition (Pays-Bas, Singapour, etc.). À l'été 2006, un contrat très attendu avec l'Arabie saoudite ne parvenait toujours pas à se concrétiser, Dassault se trouvant battu en brèche par ses concurrents britanniques de British Aerospace. Pourquoi donc ? Sans doute parce qu'ils ont trouvé des moyens de persuasion que le gouvernement de Tony Blair accepte de couvrir, à savoir le versement de commissions.

En France, après le scandale (au long cours) des commissions sur les frégates de Taïwan [▷ p. 540], les gouvernements de Lionel Jospin, puis de Jean-Pierre Raffarin et de Dominique de Villepin ont refusé que les commissions versées à des intermédiaires œuvrant dans les pays acheteurs au profit des dirigeants locaux, dépassent la norme admise par la convention de l'OCDE introduite en 2000 dans le droit français, à savoir 5 % du montant du contrat. D'autres pays, comme le Royaume-Uni, l'Allemagne, voire les États-Unis, acceptent de couvrir des versements de commissions bien supérieures, au nom – c'est le cas en Allemagne – de la défense des intérêts supérieurs du pays. Les contrats d'armement concernent, dans tous les pays producteurs, des industries dites

« de souveraineté ». Ils sont de ce fait surveillés étroitement par les gouvernants, de même qu'ils ne relèvent, dans les pays acheteurs, que des plus hautes autorités de l'État. Dans ces conditions, il est tentant pour tous les acteurs de convenir discrètement des conditions dans lesquelles le contrat sera établi.

En France, sous la Ve République, les affaires sorties au grand jour – à tout le moins partiellement – dans ce domaine ont pour la plupart été révélées depuis le premier septennat de François Mitterrand. Est-ce à dire qu'il n'y en eut pas auparavant ? Certes non. Et force est de constater que la liste est longue, à commencer par l'affaire Luchaire.

En 1980, la guerre éclate entre l'Irak et l'Iran, où le pouvoir vient tout juste d'être conquis par les mollahs. Ce conflit est déclenché par Saddam Hussein, un grand ami de la France auquel Valéry Giscard d'Estaing et son Premier ministre Jacques Chirac ont vendu une centrale nucléaire [▷ p. 242], une vente qui inaugura également des flux d'armements de tous types livrés à l'Irak. Au début des années 1980, l'ami Saddam continue d'être soutenu par François Mitterrand, qui livre des quantités d'armements, y compris dans la plus extrême urgence, comme ce fut le cas avec des Super-Étendard de l'Aéronavale française équipés de missiles Exocet. Le grand technicien de ces exportations n'était autre que l'ingénieur général de l'armement René Audran, qui fut assassiné par le groupe radical Action directe le 25 janvier 1985.

Dans la décennie 1980, la France n'est certes pas le seul pays vendeur d'armes à l'Irak : contre l'Iran des mollahs, l'URSS, l'Allemagne, le Royaume-Uni et les États-Unis livrent tous force matériels. Mais une guerre n'est jamais si rentable que lorsque les vendeurs d'armes fournissent les deux belligérants. Et la France va soutenir également l'Iran, clandestinement cette fois. Un petit fabricant de munitions, la société Luchaire, va se trouver, à la demande du gouvernement – et sans aucun doute pour le plus grand profit de quelques-uns en France –, mêlé à une vente illégale de grande ampleur [▷ p. 251]. En fait, tous les pays européens producteurs de munitions vont y être impliqués, sous la direction d'un fort étrange et très sulfureux citoyen suédois d'origine allemande, Karl-Erik Schmitz, lié à la firme suédoise Bofors. Pour alimenter les Iraniens, il va constituer un consortium européen clandestin, un « cartel des poudres », qui vendra ses services au prix fort.

Des frégates de Taïwan à celles d'Arabie saoudite, des sous-marins vendus au Pakistan à ceux livrés à la Malaisie, des drones (avions sans pilote) achetés par la France en Israël tandis que d'autres étaient vendus – toujours par la France ! – aux Pays-Bas, en passant par le mythique contrat Miksa discuté – mais toujours pas conclu en 2006 – depuis le début des années 1990 avec l'Arabie saoudite (pour la fourniture de 7 milliards d'euros d'équipements destinés à la surveillance des frontières saoudiennes) : tous ces contrats ont fait l'objet de rumeurs insistantes de corruption et de versements de rétrocommissions en France. Pourtant, même dans la seule affaire vraiment instruite par la justice pendant plus de dix ans, celle des frégates de Taïwan, jamais la preuve de telles turpitudes n'a pu être apportée. On se demande si la moindre vérité pourra jamais sortir un jour sur les affaires de corruption dans l'armement français. Le lucratif secret est partagé par trop de monde pour qu'une brebis s'égare...

◂ J. G.

Pour en savoir plus

Jean-François DUBOS, *Ventes d'armes : une politique*, Gallimard, Paris, 1974.

Laurent GIOVACHINI, *L'Armement français au XXᵉ siècle, une politique à l'épreuve de l'histoire*, Ellipses, Paris, 2000.

Jean GUISNEL, *Les Généraux. Enquête sur le pouvoir militaire en France*, La Découverte, Paris, 1990.

Jean-Paul HÉBERT, *Production d'armement. Mutation du système français*, La Documentation française, Paris, 1995.

Jean-Paul HÉBERT et Jean HAMIOT (dir.), *Histoire de la coopération européenne dans l'armement*, CNRS, Paris, 2004.

Roland DE PENANROS (dir.), *Reconversion des industries d'armement. Crise, adaptation sectorielle et développement régional*, La Documentation française, Paris, 1995.

Revue historique de l'armée, « Histoire de l'armement français », numéro spécial, 1964.

Jean-Claude SANDRIER, Christian MARTIN et Alain VEYRET, *Le Contrôle des exportations d'armement*, Assemblée nationale, Paris, 2000.

Le corps des Mines, un État dans l'État

Le début de la Vᵉ République fut l'âge d'or des ingénieurs des Mines. Rarement ce corps, créé en 1794 par un décret révolutionnaire, ne s'est senti autant en symbiose avec le pouvoir politique en place. Recrutant chaque année les dix meilleurs Polytechniciens à leur sortie de l'X – puis plus tard un à deux élèves de l'École normale supérieure ainsi que de l'École des mines de Paris –, les Mines ont toujours professé un saint-simonisme éclairé, teinté de colbertisme. Croyant au progrès scientifique et technique, cette élite s'est toujours pensée comme dégagée des contingences politiques quotidiennes, emmenant la nation par le chemin du savoir et de la raison vers des lendemains meilleurs. Et voilà que de Gaulle épousait sans discussion leur vision ! Comme eux, le Général, à peine reconduit au pouvoir en 1958, martèle son désir impérieux de mener une politique de grandeur, de conquérir une indépendance militaire, énergétique et technique. Comme eux, il veut la bombe [▷ p. 213].

Les « nucléocrates »

En cette fin des années 1950, le nucléaire est devenu pour le corps des Mines un impératif catégorique. Alors que la communauté scientifique civile, emmenée par des savants de renom comme Robert Oppenheimer, Albert Einstein, Frédéric Joliot-Curie, s'alarme dès la fin de la Seconde Guerre mondiale des dangers de l'atome, les ingénieurs des Mines, eux, n'ont pas de doute : l'avenir, c'est le nucléaire. Et ils sont décidés à tout mettre en œuvre pour en devenir les maîtres, prêts à servir d'interface entre le scientifique et le militaire, entre le politique et l'économique. Un homme anime cette quête : Pierre Guillaumat [▷ p. 133]. Nommé en 1951 à la tête du Commissariat à l'énergie atomique (CEA), comme successeur de Raoul Dautry, il s'active partout pour devenir le chef du nucléaire français. À ses côtés, il commence à former une armée d'ingénieurs, à cheval entre la Défense et l'Industrie, toute-puissante et protéiforme : les « nucléocrates », où l'on retrouve André Giraud, Georges Besse, Michel Pecqueur, plus tard Jean Syrota.

Dès 1954, ils remportent leur première victoire. Pierre Mendès France donne son accord à la création d'un centre d'études nucléaire. En octobre 1956, la crise de Suez renforce leurs arguments. Les programmes nucléaires sont accélérés, l'usine de Pierrelatte est lancée [▷ p. 225]. Mais c'est l'arrivée de De Gaulle qui marque leur essor. À partir de l'explosion de la première bombe A au Sahara en février 1960, celui-ci n'a plus rien à refuser aux ingénieurs des Mines. Ils ont hissé la France dans le club restreint des puissances nucléaires. Dès lors, tout leur est ouvert.

Chef incontesté du corps, Guillaumat obtient toutes les faveurs. Plus puissant que les ministres, il a accès au président quand il veut, peut demander ce qu'il veut, sans être soumis au moindre arbitrage. Les projets nucléaires se multiplient – après Marcoule (1956), les deux premiers réacteurs civils (1959 et 1960) –, mais aussi pétroliers, avec la prospection accélérée du pétrole dans le Sahara. La volonté de Pierre Guillaumat de conserver cette partie de l'Algérie pour garantir à la France un approvisionnement énergétique et un centre de recherche nucléaire pèsera longtemps sur le règlement du conflit algérien [▷ p. 82]. Avant que d'autres conseillers prouvent à de Gaulle qu'un tel projet était irréalisable.

Mais ce revers ne freine pas leur ascension. Peu à peu, le corps des Mines devient tout puissant, un État dans l'État. Il a ses propres filières, ses propres lois. Ses membres se suivent, se cooptent, s'évaluent entre eux. Sans aucun droit de regard de l'extérieur. « Au nom de la sécurité de l'État », justifie Guillaumat. On les retrouve dans tous les secteurs de l'économie, ceux qui dépendent de la sphère nationalisée – Elf, EDF, Renault – comme dans les entreprises privées – Alcatel, Compagnie générale d'électricité. Ils pensent les grands programmes, jusqu'au sein de l'Élysée. Ayant une confiance aveugle dans cette organisation quasi militaire qui sait parfois reconnaître ses erreurs – comme l'abandon de la filière française graphite-gaz pour le nucléaire civil et son remplacement par une coopération avec l'américain Westinghouse –, de Gaulle laisse faire. Tout comme Georges Pompidou.

Mais la crise pétrolière de 1973 et l'élection de Valéry Giscard d'Estaing en 1974 changent la donne pour le corps des Mines. En apparence, pourtant, il semble toujours aussi triomphant. Pour venir en aide à l'économie française, asphyxiée par les hausses du brut, le gouvernement lance un programme de construction de centrales nucléaires qui restera le plus vaste du monde. De la conception au retraitement en passant par la production, les « corpsards » dominent tout. Mais, en parallèle, une guerre de plus en plus vive les oppose aux membres de l'autre grand corps d'État, l'Inspection des finances, dont Giscard est issu.

À l'heure des économies et du chômage, ces derniers contestent l'efficacité des grands projets, les équipements industriels, les « éléphants blancs » du colbertisme *high-tech*. Pour la première fois depuis bien longtemps, les ingénieurs des Mines sont priés de rendre des comptes et de libérer des postes. L'invraisemblable scandale des « avions renifleurs » (qui ne sera rendu public qu'en 1983, par *Le Canard enchaîné* [▷ p. 514]), dont Pierre Guillaumat en personne a pris la responsabilité sans en parler à quiconque si ce n'est au président de la République, achève de déstabiliser le corps : en août 1977, Guillaumat quittera la présidence d'Elf, société qui avait été créée de toutes pièces en 1965, face à un Total dont on doutait alors pour incarner la politique pétrolière de la France et défendre les intérêts de la « Françafrique ». Et pour le remplacer, on nomme Albin Chalandon, un énarque proche de Giscard, dans le fief même du corps des Mines. L'amertume est à son comble.

Du service de l'État aux stock-options

Les nationalisations de 1981 permettent au corps de retrouver une certaine influence : le gouvernement socialiste aime l'industrie et il a besoin des « corpsards » pour redresser des entreprises en bien plus mauvais état qu'il ne l'avait imaginé. Georges Besse, l'homme qui a fait Pierrelatte, Marcoule et Eurodif, est appelé pour redresser Pechiney, puis Renault en pleine déconfiture. Le 17 novembre 1986, il tombe sous les balles du groupe terroriste Action directe. L'ultra-gauche voulait faire de cet assassinat un symbole de la révolte face à la toute-puissance du capitalisme d'État. Sa mort paradoxalement souligne au contraire le déclin du corps des Mines. Cette même année, le gouvernement Chirac engage un mouvement de privatisation qui ne s'arrêtera pas. Un à un, tous les fiefs des Mines tombent. Même le tout puissant ministère de l'Industrie, bastion du corps, est défait par le très libéral Alain Madelin. Il ne se remettra jamais du passage de ce ministre.

Dès lors, la migration des X-Mines vers le privé s'accélère. Beaucoup abandonnent sans trop de nostalgie la politique de grandeur pour découvrir les charmes des stock-options. En 1997, la querelle finit par éclater au sein du corps, entre les anciens et les modernes. À l'occasion de l'élection des membres du conseil général des Mines, l'organisme censé gérer les carrières de cette élite, un violent débat s'instaure entre les derniers fidèles de l'État et les tenants du privé. Incarné par l'ambitieuse Anne Lauvergeon, alors chez Alcatel, soutenue par Raymond Lévy (P-DG de Renault) et Jean-Louis Beffa (P-DG de Saint-Gobain), le « privé » l'emporte.

La partie est définitivement jouée. Aujourd'hui, plus de 50 % des ingénieurs des Mines sont dans le privé. Une question reste cependant sans réponse : à quoi sert le corps des Mines ? Est-il légitime que l'État consacre plus de 100 000 euros par personne à la formation d'une superélite, au rythme d'une quinzaine d'élus par an ? Un chiffre qui n'a pas bougé depuis le milieu du XIXe siècle...

◂ **M. O.**

Pour en savoir plus

Marie-Christine Kessler, *Les Grands Corps de l'État*, Presses de la Fondation nationale des sciences politiques, Paris, 1986.

Pierre Bourdieu, *La Noblesse d'État. Grandes écoles et esprit de corps*, Minuit, Paris, 1989.

Simon Nora, le technocrate éclairé d'une « nation moderne »

Dans la haute fonction publique, il tranchait. Le verbe haut, autoritaire et sûr de lui, il n'hésitait pas à aller à l'encontre des idées convenues. Se souvenant plus tard de ces années où, avec un petit groupe solide et déterminé, il avait imposé ses vues, sans discussion possible, jusqu'au sommet de l'État, il livrera cette confidence : « Nous étions [...] le petit nombre qui savions mieux que les autres ce qui était bon pour le pays, ce qui n'était pas complètement faux. Nous étions les plus beaux, les plus intelligents, les plus honnêtes et les détenteurs de la légitimité [1]. » Son divorce avec l'État giscardien fera oublier ses années de pouvoir absolu pour le hisser sur le piédestal du rebelle.

Dans sa jeunesse, Simon Nora évolue déjà sous le signe de l'indocilité. Fils de médecin, élève d'abord à Paris, puis à Grenoble, à cause d'une santé fragile, il découvre le marxisme et la littérature moderne. À dix-huit ans, lorsqu'il rentre à Paris, en 1939, il se dit proche de la gauche révolutionnaire et antistalinienne. Dès le début de la guerre, il retourne à Grenoble. Il y commence son droit, avant de rejoindre la Résistance dans le Vercors en 1943. Il échappe par miracle au massacre du maquis et se cache dans Grenoble jusqu'à la Libération.

Deux hommes marquent son destin au sortir de la guerre. Le premier, François Bloch-Lainé, est directeur du Trésor quand Simon Nora intègre l'Inspection des finances, en 1947, après l'ENA. Le jeune haut fonctionnaire se retrouve en complète adhésion avec celui qui est déjà le patron mythique du Corps et qui veut inscrire l'avenir de la France dans une économie moderne. Ni libérale ni socialiste, mais concertée. « Le partage des tâches entre l'État et les entreprises du secteur concurrentiel est au cœur des choix gouvernementaux depuis la Libération. C'est normal : ce partage vise à concilier efficacité et équité [2] », répétera-t-il encore bien des années plus tard.

Dès lors, il devient un élément moteur dans les nombreux groupes de réflexion qui se forment au ministère des Finances, autour de Bloch-Lainé et de Claude Gruson, le refondateur de la Comptabilité nationale, pour travailler sur la modernisation de la France.

1 Simon Nora, *Le Débat*, mai-septembre 1986.

2 *Le Monde*, 7 octobre 1997.

Ils sont ceux qui savent, ceux dont le savoir et la vision vont au-delà de la démocratie.

La seconde rencontre est encore plus déterminante : en 1954, il devient membre du cabinet de Pierre Mendès-France, nommé président du Conseil. C'est le coup de foudre. De cette brève expérience, Simon Nora gardera toute sa vie un souvenir indélébile : « Je n'ai vécu en plein accord avec la vie officielle de mon pays que pendant sept mois : ceux du gouvernement Mendès-France », déclarera-t-il plus tard.

Après ce passage à Matignon, il est de tous les combats avec l'ancien chef du gouvernement. Dès mai 1953, il participe au lancement de *L'Express* et, plus tard, à tous les mouvements aux origines de ce qui deviendra la « deuxième gauche ». Rêvait-il du retour de Mendès ? Consterné, il assiste en février 1956 au sacre de Guy Mollet. Il trouve alors refuge au sein du Club Jean Moulin, cette association créée en juillet 1958 qui réunit hauts fonctionnaires, syndicalistes et intellectuels soucieux de promouvoir un « nouveau civisme républicain ».

À l'arrivée de De Gaulle au pouvoir, en mai 1958, le haut fonctionnaire figure parmi les suspects aux yeux du nouveau régime. Nora prend du champ et part à Bruxelles, où il se forge ses convictions européennes. Revenu à Paris, il remet en 1967 le premier de ses rapports qui deviendront la bible de l'énarchie. Bousculant toutes les idées reçues, le haut fonctionnaire préconise de donner une autonomie de gestion, dans le cadre d'un « contrat de programme », aux entreprises publiques, gérées jusque-là sans cohérence.

Réinstallé au sommet de la haute administration, il irrigue tous les cénacles de ses idées. Mais il reste un opposant politique au régime gaulliste. En 1965, il participe à la candidature avortée de « M. X », *alias* Gaston Defferre, qui cherche à constituer un centre gauche. Une provocation pour le régime, mais qui devient presque bienvenue après la tourmente de Mai 68 : en juin 1969, Jacques Chaban-Delmas l'appelle avec Jacques Delors à Matignon. Le fameux discours sur la « Nouvelle société » que prononce en septembre, sous leur inspiration, le Premier ministre de Pompidou, reprend les idées les plus chères de la deuxième gauche. Mais le tandem formé par Pierre Juillet et Marie-France Garaud, la garde rapprochée de Pompidou à l'Élysée, trouve vite un terrain d'entente avec Valéry Giscard d'Estaing, alors en pleine ascension, pour mettre un terme à l'expérience.

En 1971, Simon Nora jette l'éponge. Il rejoint Hachette. Mais le haut fonctionnaire n'est pas homme d'entreprise. Il ne sait pas créer de consensus, dessiner une stratégie qui emporte l'adhésion. Les querelles divisent le groupe de presse. En 1974, il retourne à l'Inspection des finances. Il redevient l'auteur de rapports qui feront date : le premier, rédigé en 1976, avec Bertrand Eveno, porte sur le logement ; le deuxième, en 1978, avec Alain Minc, traite de l'informatisation de la société ; le troisième, publié en septembre 1979 avec Jean-Charles Naouri, concerne les finances publiques et la Sécurité sociale.

1981 aurait pu être le rendez-vous de cet homme de gauche. Mais il est trop deuxième gauche pour accepter de pactiser avec les mitterrandiens : il ne croit pas au programme socialiste, ni aux nationalisations, encore moins à l'alliance avec les communistes. On le tient à l'écart. En 1982, le nouveau pouvoir lui accorde la direction de l'ENA, poste prestigieux mais qui fait figure de hochet. « Je ne regrette rien. J'ai eu plus de prise avec le réel de cette manière et j'ai gardé mon indépendance intellectuelle », dira-t-il par la suite, sans parvenir à masquer totalement son dépit. En 1986, c'est l'abandon définitif de la fonction publique : Simon Nora prend la présidence du conseil de surveillance de la banque Shearson Lehman Brothers.

En décembre 1982, il avait participé à la création de la Fondation Saint-Simon, un « cercle de la raison » se donnant pour objectif de convertir la gauche au libéralisme économique. Et il s'associera ensuite à quelques missions publiques comme, en 1987, les états généraux de la Sécurité sociale. Mais le cœur n'y est plus. « Nous sommes victimes de notre succès. Nous avons contribué à fabriquer une nation moderne. Elle nous indique tranquillement le chemin de la sortie », déclara-t-il en guise de testament.

Simon Nora est mort, à quatre-vingt-cinq ans, le 5 mars 2006.

◂ **M. O.**

Pour en savoir plus

Serge Berstein et Jean-Pierre Rioux, *La France de l'expansion*, tome 2, Seuil, Paris, 1995.

François Bloch-Lainé, *Profession : fonctionnaire*, Seuil, Paris, 1973.

Pierre Bourdieu, *La Noblesse d'État. Grandes écoles et esprit de corps*, Minuit, Paris, 1989.

Richard Kuisel, *Le Capitalisme et l'État en France*, Gallimard, Paris, 1984.

Simon Nora et Alain Minc, *L'Informatisation de la société. Rapport au président de la République*, Seuil, Paris, 1978.

La France, premier proliférateur nucléaire

La France n'est certes pas le seul pays à avoir mis le doigt dans l'engrenage, en vendant à des pays incapables de l'acquérir seuls la technologie leur permettant d'accéder au club très fermé des détenteurs de l'arme nucléaire. Le processus, dans tous les cas, est le même : on vend – très cher – des formations d'ingénieurs étrangers envoyés par leur État. Puis, sous le fallacieux prétexte de proposer les moyens d'utiliser l'atome pour produire de l'électricité à des fins civiles, on fournit le plus souvent clés en mains des centrales qui pourront, dans pratiquement tous les cas, produire la matière fissile nécessaire à la fabrication d'une arme. Or, la prolifération nucléaire a ceci de particulier que, si les technologies de base nécessitent une maîtrise technique de haut niveau, leur acquisition avec l'aide d'un pays ayant surmonté les étapes menant à la bombe devient relativement aisée.

Si Moscou a pu faire exploser sa première bombe atomique en septembre 1949, c'est avec l'aide de savants allemands qui avaient mené les efforts du IIIe Reich en ce sens. Puis l'URSS a aidé la Chine, et la Corée du Nord. Les États-Unis ont prêté mainforte à la Grande-Bretagne et à la Chine, parfois sciemment, parfois à leur corps défendant quand des espions volaient les secrets nucléaires pour les transmettre à leurs commanditaires. La Chine, dont deux physiciens concepteurs de la « bombe jaune » – Qian Sanqiang et son épouse He Cehui – avaient rejoint, dès juin 1940, le laboratoire du savant atomiste français Frédéric Joliot-Curie [1], a volontairement assisté le Pakistan, qui a ensuite collaboré avec la Libye, l'Iran et la Corée du Nord. L'Italie a appuyé l'Irak. Entre autres. Depuis la naissance de l'arme atomique durant la Seconde Guerre mondiale, seuls deux pays étant parvenus – ou presque – à posséder la bombe y ont renoncé : l'Afrique du Sud et le Brésil.

Mais la France a certainement été le plus ardent proliférateur. Prenant une responsabilité écrasante devant l'Histoire, maniant avec une rare escobarderie la duplicité et le discours biaisé, la France a aidé des pays dont l'intention d'acquérir la bombe a toujours été affichée : le Pakistan, qui a procédé à ses premiers tirs en 1998, l'Irak et l'Iran, qui lui doivent leurs premiers pas vers le club atomique. Surtout, la France a considérablement

1 Roger Faligot et Rémi Kauffer, *Kang Sheng et les services secrets chinois*, Robert Laffont, Paris, 1987.

aidé Israël, qui possèderait, fin 2006, pas moins de deux cents têtes nucléaires.

Affaires israéliennes

En 1956, le torchon brûle entre le raïs égyptien Gamal Abdel Nasser et son voisin israélien, mais aussi avec le Royaume-Uni, qui n'a pas supporté de le voir nationaliser le canal de Suez le 27 juillet, et la France, qui s'est engagée dans un soutien indéfectible au jeune État hébreu. Paris entend aussi donner une leçon au raïs, qui soutient le Front de libération nationale (FLN) algérien et abrite ses dirigeants. Le 31 octobre 1956, les Britanniques et les Français vont engager une opération militaire conjointe contre Suez, que les Français appelleront opération *Mousquetaire*, afin de reprendre possession du canal. L'avant-veille, les troupes israéliennes commandées par Moshé Dayan sont déjà passées à l'attaque...

En 1956, la proximité des Français et des Israéliens est stupéfiante. Abel Thomas, le directeur de cabinet de Bourgès-Maunoury, a pu raconter comment Shimon Pérès était chez lui à l'hôtel de Brienne, siège du ministère des Armées, dans lequel « il entrait par une porte dérobée comme un discret ami personnel, pour ne pas alerter gendarmes mobiles et aides de camp [1] ». La relation entre Pérès et Thomas a commencé le 3 septembre 1955, grâce à Joseph Nahmias, le collaborateur de Pérès installé en permanence à Paris. La liaison s'est faite par l'entremise de Jean Couiteas de Faucamberge, un personnage très haut en couleurs en relation avec le SDECE. Les Israéliens cherchent alors à acquérir à tout prix des armes françaises. Ils veulent tout : cent chars AMX 13, quarante obusiers automoteurs de 105 mm, et des avions à réaction dernier cri en quantité : soixante Mystère IV-A, la toute dernière merveille de Dassault, soixante Mystère IV-B, vingt-quatre Ouragan, douze Vautour... Les armes seront effectivement livrées en quantités considérables. Dans le plus grand secret, les usines françaises vont alors commencer à tourner à plein rendement au profit d'Israël.

Le fiasco militaire, mais aussi politico-diplomatique, de l'expédition de Suez sera l'occasion pour le président du Conseil Guy Mollet, on le sait, de lancer pour de bon la fabrication de la bombe atomique française, dans laquelle la IVe République était déjà fortement engagée [▷ p. 213]. On sait moins que c'est également à cette époque, précisément lors d'une conférence secrète tenue à Sèvres du 22 au 24 octobre 1956, soit une semaine

1 Abel Thomas, *Comment Israël fut sauvé. Les secrets de l'expédition de Suez*, Albin Michel, Paris, 1978, p. 78.

avant l'opération *Mousquetaire*, que la France entreprît d'aider l'État hébreu à lancer son industrie nucléaire nationale. Cette conférence réunissait Maurice Bourgès-Maunoury, ministre des Armées, Guy Mollet et Shimon Pérès, le socialiste qui assurait depuis des années la liaison entre les Français et le ministère de la Défense israélien. Ce premier accord d'octobre confirme la construction d'un petit réacteur, de recherche à uranium naturel et eau lourde, EL 102, décidée dès le 17 septembre.

Mais cet accord en dissimule un second, portant sur un autre réacteur, qui sera construit à Dimona, dans le désert du Néguev. Officiellement, les Français diront d'abord qu'ils se préparent à livrer une usine de dessalement d'eau de mer, puis à traiter les métaux rares trouvés dans le sable ! Ce second accord, conclu à la mi-1957, est beaucoup plus significatif. Il transforme le petit réacteur EL 102 en une usine capable de produire du plutonium. Donc, clairement, de fabriquer la bombe... Son existence ne sera révélée qu'en 1982, par le journaliste Pierre Péan dans son ouvrage *Les deux bombes* : il y explique comment les ingénieurs du CEA se voient demander de travailler sur des plans qui n'ont rien à voir avec le contrat dont on leur avait parlé. « On est con, mais quand même... », dira l'un de ces ingénieurs à l'auteur [1]. La réalité est aujourd'hui limpide : « La bombe israélienne doit presque tout à la France, qui fut peut-être le premier État proliférant de l'histoire du monde [2]. »

Lorsque le général de Gaulle arrive à l'hôtel de Matignon le 1er juin 1958, le ton va changer. Il n'ignore évidemment rien des efforts engagés en faveur d'Israël par le précédent gouvernement, Guy Mollet et Maurice Bourgès-Maunoury en tête. Mais il se dit hostile à la poursuite de ce soutien, et va s'employer à le faire cesser. En tout cas... c'est ce qu'il prétend. En réalité, le nouveau chef de l'État va laisser les « nucléocrates », le CEA et Saint-Gobain – qui dirige les équipes industrielles sur le terrain – poursuivre leurs efforts. Le gouvernement français est partagé, tout autant que les conseils que reçoit le nouvel homme fort français. Guy Mollet, ministre d'État chargé de la Fonction publique, ne s'est pas déjugé. Pierre Guillaumat, le ministre des Armées, dirigeait jusqu'à sa nomination les équipes du CEA chargées d'aider Israël. Michel Debré, le garde des Sceaux, est lui aussi un fervent de l'État hébreu. En janvier 1959, c'est le président de l'association France-Israël, Jacques Soustelle, qui devient le ministre des Affaires atomiques du gouvernement de Michel Debré. Cela fait quand même beaucoup !

---

1 Pierre Péan, *Les deux bombes. Comment la France a « donné » la bombe à Israël et à l'Irak*, Fayard, Paris, 1982, p. 96.

2 André Bendjebbar, *Histoire secrète de la bombe atomique française*, Le Cherche-Midi, Paris, 2000, p. 222.

En face de ces hommes du lobby pro-israélien, qui occupent tous les postes clés permettant d'aider Israël dans sa quête nucléaire, il existe il est vrai un opposant, le ministre des Affaires étrangères Maurice Couve de Murville. Foncièrement pro-arabe, il était ambassadeur au Caire durant l'expédition de Suez, et n'a jamais eu de mots assez durs pour la dénoncer. Et il le fait savoir au Général.

Toujours est-il que, dans l'étape cruciale du démarrage, l'usine de Dimona sera construite avec les Français. Que les ordres gaulliens n'aient pas été pas transmis, qu'ils n'aient pas été appliqués, ou que les instructions aient été laissées dans le flou pour ne pas être suivies, le fait est là : la participation à la mise en place de l'usine israélienne d'extraction de plutonium ne cessera qu'en 1960, non sans que la plupart des équipements aient déjà été livrés par les entreprises françaises. Israël aurait apprécié que l'aide se poursuive, mais il peut désormais s'en passer – même si, en 1962, rappelle Péan, les Français reviendront discrètement sur le chantier…

Mais l'histoire n'est pas terminée. Israël aura sa bombe en 1966 ou 1967 (la date exacte n'est pas connue), bien que les Américains n'en acquirent la conviction qu'en 1970. Cependant, le tout n'est pas de posséder des armes nucléaires, il faut pouvoir s'en servir le cas échéant. Donc disposer des moyens de les lancer, qu'il s'agisse d'avions ou de missiles. Si les techniciens israéliens sont capables d'installer l'arme sous des avions, leurs appareils ont les « pattes courtes » et ne sauraient délivrer la bombe à grande distance. Il faut pour cela des avions à long rayon d'action et/ou des missiles.

Personne ne voudra aider Israël à acquérir ces vecteurs, sauf… la France. Preuve que le sujet n'est pas tabou pour le général de Gaulle, il discute avec le président du Conseil israélien David Ben Gourion, le 6 juin 1961, de l'acquisition par Israël des Mirage IV de la force de frappe. La partie israélienne prétend fort sérieusement avoir besoin… d'avions de reconnaissance photographique ! Elle demande au départ à acheter quatre avions, nombre qui passera à quinze en 1964. Un projet de contrat sera établi, qui ne sera pourtant pas suivi d'effet [1].

Allait-on s'arrêter là ? Pas du tout. Israël a besoin de missiles et se tourne également, en 1962, vers la France. Shimon Pérès s'adresse une nouvelle fois au ministre des Armées Pierre Messmer : c'est d'accord. Mais si les services officiels consultés n'y sont pas opposés, loin de là – ce qui relativise fortement, une fois de plus, la prétendue opposition du général de Gaulle à l'arme nucléaire israélienne –, les politiques craignent le scandale. Aussi adressent-ils les Israéliens à Marcel Dassault en personne [▷ p. 256].

1 Claude Carlier et Luc Berger, *Dassault, cinquante ans d'aventure aéronautique*, tome 2, *Les programmes*, Le Chêne, Paris, 1996, p. 119.

L'avionneur a tenté de participer aux projets français de missiles balistiques, mais n'a pas été retenu, sinon pour fournir des calculateurs de bord. Cette fois, c'est plus sérieux. Les Israéliens demandent un engin de 500 kilomètres de portée, tiré depuis la remorque d'un camion ou d'un poste fixe. Dassault fait tourner ses bureaux d'études dès septembre 1962, et le contrat pour un engin à propergol solide, donc ultramoderne pour l'époque, est signé à Tel-Aviv le 11 mars 1963.

Dans un ouvrage qui a raconté pour la première fois cette affaire dans le détail, Claude Carlier et Luc Berger précisent que l'engin MD 620 Jericho a fait l'objet d'un premier tir sur l'île du Levant, en Méditerranée, le 15 mai 1964, et que Marcel Dassault rendait compte personnellement à Charles de Gaulle de l'état d'avancement du programme [1]. Le contrat avec les Israéliens prévoyait que la France conduirait les essais et livrerait vingt-cinq engins à Israël, ainsi que toute la technologie nécessaire à la fabrication sur place des missiles de série. Le programme se déroulera comme à la parade et survivra sans aucun problème à l'embargo français décidé en 1967, au moment de la guerre des Six-Jours [▷ p. 309]. Ainsi jusqu'en janvier 1969, lorsque de Gaulle décrétera un nouvel embargo après l'attaque israélienne contre l'aéroport de Beyrouth. À cette date, une dizaine de missiles avait déjà été livrés. Israël continuera seul, comme prévu. En 1987, une version évoluée du MD 620, le Jéricho II de conception nationale et d'une portée de 1 200 km, sera mise en service par Israël.

La Ve République n'avait pas failli aux engagements de la IVe... Mais sa sollicitude nucléaire sera loin de se limiter à Israël.

La France et la bombe irakienne

La France aime l'Irak. Et surtout, Jacques Chirac aimait bien Saddam Hussein. Le cinquième président de la Ve République possède le rare privilège d'être le seul homme politique occidental à avoir passé un week-end entier avec l'homme fort de Bagdad, en Provence, en 1975. Jacques Chirac était, depuis l'année précédente, le Premier ministre de Valéry Giscard d'Estaing. Saddam Hussein était pour sa part au pouvoir depuis le 17 juillet 1968, à la suite d'un coup d'État.

Saddam Hussein est un homme à poigne, qui n'aime pas voyager à l'étranger, surtout loin : ce voyage en France demeurera le seul qu'il fera jamais en Europe. Il faut que sa motivation soit alors puissante pour qu'il quitte son pays, un risque que prennent rarement les dictateurs. S'il a fait le voyage, c'est pour retrouver son ami Chirac, avec lequel il s'était si bien

1 *Ibid.*

entendu lors de la visite de trois jours que celui-ci – premier chef de gouvernement français à entreprendre un tel déplacement – avait effectuée à Bagdad en septembre 1974. Cependant, la vraie raison de ce voyage officiel, c'est que Saddam Hussein, veut lui aussi, comme Israël, acheter une centrale nucléaire à la France. Dès son arrivée à Paris, il a rencontré Valéry Giscard d'Estaing, qui pousse, également, ardemment à la vente. Puis, à l'issue du week-end provençal, c'est la visite à Cadarache, le centre de recherches du CEA, en compagnie du Premier ministre français, le 6 septembre 1975.

Le 18 novembre suivant, un accord franco-irakien est signé. Saddam a choisi un réacteur de la filière graphite-gaz, celui qui a permis à la France de produire son plutonium, et donc de faire sa bombe [▷ p. 213]. Des impondérables empêcheront toutefois que ce projet se réalise, et l'Irak se rabattra sur un réacteur plus modeste de type Osiris. Un clone de celui fonctionnant à Saclay, qui ne produit que 70 mégawatts, contre 1 500 pour le premier modèle envisagé. Mais on ne va pas se faire la tête pour si peu, d'autant plus que le contrat est financièrement confortable pour la partie française. Les habituels partenaires industriels du CEA se le partageront : entre autres Saint-Gobain, Bouygues et Framatome. La centrale sera composée de deux réacteurs, un « gros », appelé Osirak par les Français (et Tamuz 1 par les Irakiens), et un « petit » destiné aux simulations, que le CEA nommera Isis (et les Irakiens, Tamuz 2).

Tout aurait été pour le mieux dans le meilleur des mondes nucléaires, si un intrus n'était venu se mêler à cette opération : Israël. Le 6 avril 1979, alors que la livraison par cargo doit se dérouler trois jours plus tard, un commando de sept agents secrets du Mossad dirigé par Itzhak Hofi, *alias* Hakka, détruit la cuve d'acier du réacteur d'Osirak avec des bombes à charge creuse, au sein même de l'usine de Constructions navales et industrielles de la Méditerranée (CNIM), à La Seyne, dans le Var. Paris procèdera aux réparations.

Les liens nucléaires entre Paris et Bagdad n'ayant pas été rompus pour si peu, Israël va de nouveau frapper quatorze mois plus tard, cette fois en égorgeant dans la nuit du 13 au 14 juin 1980, dans son hôtel parisien, un membre de la commission atomique irakienne, l'Égyptien Yahya Al-Meshad, considéré comme le plus grand savant atomiste arabe. Simultanément, des ingénieurs du CEA engagés dans ce projet reçoivent des lettres de menace. Et moins d'un an plus tard, ce sera l'« acte final », l'opération contre Osirak : le 7 juin 1981, des chasseurs bombardiers de Tsahal mènent un raid audacieux aux abords de Bagdad, et détruisent irrémédiablement Tamuz 1.

La question demeure aujourd'hui : la centrale française aurait-elle permis à Saddam Hussein de fabriquer la première bombe nucléaire arabe ? En 1990, alors que la guerre du Golfe se prépare, André Giraud, ancien ministre de la Défense (1986-1988) et grand « nucléocrate », n'oublie pas qu'il était administrateur général du CEA lors de la première visite de Jacques Chirac à Bagdad. Or, en septembre 1990, il n'écrit pas seulement qu'il serait judicieux « d'essayer de comprendre » la position de l'Irak – qui vient d'envahir le Koweït –, mais il ajoute : « Je démens formellement que la coopération qui s'était établie en 1974 ait eu le moindre risque de conduire à la capacité nucléaire de l'Irak [1]. »

Sur ce point, les avis divergent, et pas seulement chez les Israéliens. En fait, la centrale que les autorités françaises avaient vendue à l'Irak pouvait produire du plutonium, donc le conduire à la production de la matière nécessaire à la fabrication d'une bombe. La journaliste Jacqueline Denis-Lempereur rappelle en outre que ce n'est qu'à la suite d'une intense pression des États-Unis et d'Israël que Paris a renoncé à fournir en une seule livraison les six charges d'uranium enrichi à 93 % (80 kg au total) prévues au contrat, pour n'en livrer finalement que deux [2]. La décision a été prise par Valéry Giscard d'Estaing en personne, à la demande insistante de l'atomiste Francis Perrin. Si la centrale peut produire du plutonium, ce que le CEA démentira toujours avec force, c'est que le type d'uranium qu'il a fourni le permet : ce point, qui ne cessera sans doute jamais de faire polémique, a été souligné dans un rapport que trois physiciens contestataires avaient remis à François Mitterrand en 1981 [3]. Georges Amsel, l'un des coauteurs, écrira que si la France avait livré comme prévu les six charges d'uranium, « c'était là de quoi offrir sur un plateau à l'Irak de quoi faire cinq bombes atomiques [4] ».

La fin de la décennie 1970 sera marquée par la signature d'un nombre considérable de contrats d'armement entre les industriels français et l'Irak, initiés lors de la visite de Saddam à Paris en 1974. Contrats fabuleux, aux noms évocateurs (« Vulcain ») ou anodins (« Jacinthe », « Tulipe »), qui vont ouvrir une ère de prospérité pour tous les industriels français de l'armement : des dizaines de missiles sol-air Roland, près de neuf cents missiles antinavires Exocet – les Argentins n'en avaient pas commandé plus d'une soixantaine pour la guerre des Malouines [▷ p. 340] –, plus de cent trente Mirage F1, quatre-vingt-dix hélicoptères, mille blindés de différents types, 20 000 missiles antichars... Quelque 17 milliards de dollars entrent ainsi dans les caisses françaises entre 1980 et 1986. La terrible guerre Iran-Irak – plus d'un million de victimes des deux côtés – sera une excellente

1 *Le Figaro*, 13 septembre 1990.

2 Jacqueline Denis-Lempereur, « Si l'Irak a la bombe, c'est grâce à la France », *Science et Vie*, n° 882, mars 1991.

3 Georges Amsel, Jean-Pierre Pharabod et Raymond Sené, « Osirak et la prolifération des armes atomiques », *Les Temps modernes*, septembre 1981, n° 422.

4 *Le Monde*, 16 octobre 2002.

affaire pour la France ! L'Irak reçoit alors... le tiers des exportations françaises d'armement.

Lorsque l'Irak déclare la guerre à l'Iran, le 23 octobre 1980, ses offensives connaissent de premiers succès. Mais les Gardiens de la révolution iraniens – l'armée idéologique du régime – mènent de brillantes contre-attaques, sans économiser la vie des soldats. En juin 1982, c'est l'Arabie saoudite qui demande à la France d'intensifier son soutien à l'Irak. Culbutée par les Iraniens, l'armée irakienne a perdu un corps d'armée entier à Khorramchahr. À la fin de l'été, les Iraniens vont pourtant perdre la bataille de Mandali, grâce aux armes livrées dans le cadre du contrat Vulcain signé en octobre 1981, notamment le canon d'artillerie à grande cadence de tir – huit coups par minute – 155 AUF1 GCT. Les conseillers militaires français de Saddam Hussein, présents sur le terrain, ont appris aux artilleurs irakiens à tirer à tir tendu contre les assaillants. Bilan : 10 000 morts côté iranien.

Un an plus tard, les socialistes français vont vouloir faire mieux : chercher à aider l'Irak à détruire les capacités d'exportation de pétrole de l'Iran. Il faut passer au stade supérieur. Le 11 octobre 1982, de sa chambre de l'hôtel Ishtar Sheraton de Bagdad, le directeur des affaires internationales de la Délégation générale pour l'armement (DGA), René Audran – qui sera assassiné par Action directe le 25 janvier 1985 – appelle Paris : il explique que les Irakiens ne peuvent pas attendre la livraison par Dassault des Mirage F1 EQ-5 – capables de tirer le missile antinavires AM39 Exocet – qu'ils ont commandés, mais qui ne doivent être livrés qu'en 1985. Les exploits des Super-Étendard et de leurs Exocet, aux mains des aviateurs argentins contre la Royal Navy dans le conflit des Malouines cette même année 1982, leur ont en effet ouvert des perspectives. L'Irak veut, tout de suite, des Super-Étendard.

Dès le 27 octobre, le vendeur de Dassault, Hugues de L'Étoile, est à Bagdad. On négocie vite. Il n'y a pas le temps de faire fabriquer des appareils neufs par Dassault, alors la France va offrir d'en prêter cinq appartenant à sa propre marine, pour 450 millions de francs et pour trois ans... Ce sont des marins français, équipés de faux passeports par la DGSE, qui feront transiter, *via* un porte-avions en Méditerranée orientale et la Turquie, ces appareils peints en noir. À l'issue des trois ans, la France les récupérera [1]. En 1989, alors que la guerre contre l'Iran est terminée depuis un an, la France signera encore un contrat de 6 milliards de dollars avec l'Irak, cette fois pour que Dassault lui vende des Mirage 2000 et des Alphajet. Mais il ne sera jamais honoré.

---

1 Sur cette affaire, voir également Claude Angeli et Stéphanie Mesnier, *Notre ami Saddam*, Olivier Orban, Paris, 1992, p. 122-139.

Sous les gouvernements socialistes, La France continue donc d'afficher son soutien à Saddam Hussein, un soutien qui, évidemment, ne se démentira pas avec le retour de Jacques Chirac à Matignon, en 1986. Il en ira autrement avec l'Iran.

L'affaire Eurodif et les représailles iraniennes

La relation de confiance que la France a entretenue très tôt avec le shah d'Iran Mohamed Reza Pahlavi, perçu par le général de Gaulle comme un utile contrepoids moyen-oriental aux États arabes, débouchera sur un voyage officiel à Téhéran en 1963. Le Général affirme à cette occasion : « Voilà deux pays, la France et l'Iran, que rien ne divise. Qui n'ont jamais eu l'un par rapport à l'autre aucun grief, qui ne se sont jamais fait la guerre. » Durant seize ans, il en sera ainsi. En route pour l'Afghanistan, le Premier ministre Georges Pompidou se rendit en Iran en mai 1968 tandis que couvaient les événements parisiens, avant d'y retourner en tant que président en 1973. Mais il refusera de participer aux fastes démesurés des célébrations du 2 500ᵉ anniversaire de l'Empire perse, en 1971, à Persépolis, préférant y déléguer son Premier ministre, Jacques Chaban-Delmas. La France est alors toujours intéressée par un accès au pétrole iranien, tout en développant des liens culturels et militaires, qui resteront à un stade relativement modeste. C'est plus tard que les rapports les plus étroits se tisseront entre la France et l'Iran.

Au début des années 1970, le Shah veut, déjà, acquérir pour son pays la technologie nucléaire, officiellement pour produire de l'électricité, mais sans nier son intérêt, à terme, pour l'arme atomique. Il annonce son intention d'acheter vingt centrales ! L'accord nucléaire entre Paris et Téhéran est discuté une première fois au plus haut niveau lors d'une visite officielle du Shah à Paris fin juin 1974. Il est l'un des premiers chefs d'État étrangers à être reçu par le nouveau président de la République, Valéry Giscard d'Estaing, qui visite l'usine atomique de Marcoule en sa compagnie et celle de son Premier ministre Jacques Chirac, le 28 juin 1974.

La France est alors en plein démarrage du plus ambitieux programme mondial de production d'énergie électrique nucléaire, et veut construire une cinquantaine de réacteurs, ainsi que l'avait annoncé en 1973 Pierre Messmer, alors Premier ministre [▷ p. 261]. Afin de nourrir ces piles atomiques, il faut du combustible nucléaire – de l'uranium enrichi – en grandes quantités. Pour se le procurer, la France va lancer la construction de l'usine Eurodif, à Pierrelatte. Le Shah annonce alors que l'Iran va acquérir 10 % des actions de cette usine, et ajoute un second cadeau à cette première aubaine : pour lancer la construction d'Eurodif un prêt au CEA de un milliard de dollars, que la

France s'engage à rembourser à partir de 1981. Troisième cadeau : l'Iran commande deux centrales atomiques, construites en France par Framatome sous licence américaine Westinghouse... En décembre suivant, l'affaire est conclue : le Premier ministre Jacques Chirac se rend à Téhéran pour signer officiellement l'accord Eurodif avec son homologue, Amir Abbas Hoveyda. En 1976, Giscard se rendra à son tour à Téhéran.

Entre la France et l'Iran, tout va pour le mieux, jusqu'à ce que le leader des chiites iraniens prenne le pouvoir en 1979. L'ayatollah Khomeiny ne veut plus entendre parler, dans un premier temps, des projets nucléaires du Shah et la France bloque les avoirs iraniens dans Eurodif. La décision revient officiellement au CEA, qui suspend le paiement de sa dette, capital et intérêts, mais il s'agit bien sûr d'une décision du gouvernement de Raymond Barre, et surtout de Valéry Giscard d'Estaing lui-même : ce sera l'une des causes majeures du contentieux franco-iranien dans les années suivantes, avec des conséquences, on va le voir, souvent dramatiques. Les relations se tendent d'autant plus entre Paris et Téhéran que, durant la guerre Iran-Irak, on l'a vu, la France choisit le camp irakien. En 1985, plusieurs otages français sont enlevés au Liban à l'instigation de Téhéran.

C'est « par la bande » que la France cherche à rééquilibrer sa relation avec l'Iran, mais en jouant un jeu fort dangereux et, pour tout dire, entièrement condamnable : en même temps qu'elle continue à soutenir l'effort de guerre irakien, la France livrera simultanément des obus à l'Iran, ce qui donnera naissance à l'affaire Luchaire. La livraison d'armes à l'Iran, entre 1982 et le début de 1986, est passée par un trucage : la commission interministérielle d'étude des exportations de matériels de guerre (CIEEMG) les a autorisées en acceptant de faux certificats de destination finale pour 384 400 munitions d'artillerie de 155 mm envoyées en principe au Portugal, au Brésil, à la Thaïlande et à la Yougoslavie, et pour 55 000 munitions de 203 mm qui auraient dû parvenir en Thaïlande. Or le quotidien *La Presse de la Manche* révèlera le 28 février 1986 que ces obus ont été livrés au port iranien de Bandar-Abbas par deux cargos ayant appareillé de Cherbourg. À la demande du Premier ministre Laurent Fabius et du ministre de la Défense Paul Quilès, le contrôleur général des armées Jean-François Barba se voit réclamer un rapport.

Déclassifié en 1987 par le successeur de Quilès, André Giraud, ce document établit que non seulement le directeur de la DGSE Pierre Lacoste avait averti dès mai 1984 le ministre de la Défense Charles Hernu et son principal conseiller Jean-François Dubos que ces livraisons avaient lieu, mais encore que ces deux derniers les avaient – à tout le moins – tolérées. Le rapporteur « n'exclut pas », sans plus, que 3 millions de francs de commissions aient été versés au Parti socialiste, ce que la société Luchaire, aujourd'hui disparue, et le PS démentiront avec énergie. Confiée au juge d'instruction

Michel Legrand, l'enquête judiciaire se terminera en juin 1989 par un non-lieu général. Durant plus de trois ans, donc, la France a livré des armes à la fois à l'Irak et à l'Iran, le premier des deux pays étant fourni par tous les marchands d'armes de la planète, et le second aussi... Mais l'Iran était officiellement sous embargo français ! (Durant toute la guerre, seuls certains pays placeront l'Iran sous embargo, l'ONU n'ayant jamais décidé une telle mesure. Après le vote de la résolution 598 de l'ONU, le 27 juillet 1987, les deux pays étaient menacés d'embargo, sauf à accepter un cessez-le-feu. Seul l'Iran sera menacé de le voir appliquer contre lui, mais cette mesure ne sera jamais décidée.)

En 1986, Paris avait pensé solder une partie de son contentieux nucléaire avec Téhéran en remboursant 330 millions de dollars sur le prêt Eurodif, sans pour autant calmer le moins du monde des Iraniens rendus sans doute particulièrement vindicatifs par l'arrêt des livraisons d'armes françaises. Détail troublant : la signature de cet accord partiel se produit le jour même de l'assassinat – revendiqué par Action directe – de Georges Besse, alors président de la Régie Renault, le 17 novembre 1986 boulevard Edgar-Quinet à Paris. Deux heures s'écouleront entre sa mort et l'annonce de l'accord par le ministère des Affaires étrangères. Or Georges Besse était l'un des principaux « nucléocrates » français, l'un de ceux qui, avec Pierre Guillaumat, avaient mené l'aventure de la bombe dans les décennies 1950 et 1960. Ingénieur du corps des Mines [ᐅ p. 235], il avait été directeur industriel du CEA (1956-1958) avant de diriger la construction de Pierrelatte jusqu'en 1967. Il deviendra plus tard le grand patron d'Eurodif (1974-1976) – après sa mort, l'usine de Pierrelatte portera son nom.

Dans un livre, Dominique Lorentz a émis en 1997 une hypothèse dérangeante [1]. Selon elle, Georges Besse aurait pu s'être opposé à l'accord avec les Iraniens, qui le lui auraient fait payer de sa vie. Le problème, c'est qu'aucune preuve n'est venue à ce jour étayer cette hypothèse, et qu'aucun lien n'a été prouvé entre Action directe et les Iraniens. Autre détail troublant, il faut rappeler que c'est le même groupe d'extrême gauche qui avait assassiné l'ingénieur général de l'armement René Audran, le 25 janvier 1985 à La Celles-Saint-Cloud. Cet illustre inconnu ne l'était pas pour ceux qui savaient qu'il organisait le soutien militaire de la France à l'Irak dans sa guerre contre l'Iran, comme directeur des affaires internationales de la DGA. Alors ? Vingt ans après sa mort, le mystère subsiste...

---

1 Dominique Lorentz, *Une guerre*, Les Arènes, Paris, 1997, p. 88 *sq.*

L'affaire Naccache : « Dans les yeux, je la conteste »

Quoi qu'il en soit, le contentieux franco-iranien autour de l'affaire Eurodif, alors très largement secrète, va être, tout au long des années 1980, l'un des ingrédients d'un jeu sinistre entre la France et l'Iran qui se traduira par la mort de nombreux innocents. Car si Paris avait accepté d'héberger Khomeiny en 1978, à Neauphle-le-Château, la France ne jouit pas pour autant de la moindre indulgence de la part du vieil homme parvenu au pouvoir en janvier 1979. Et sa capitale va même devenir un véritable « champ de tir » pour les tueurs iraniens. Le 18 juillet 1980, Chapour Bakhtiar, le dernier Premier ministre du Shah qui avait fui l'Iran en avril 1979, est victime d'une tentative d'assassinat à Neuilly-sur-Seine. Les membres de ce commando venu de Téhéran et composé de cinq hommes, dirigés par Anis Naccache, sont arrêtés, puis condamnés en 1982. Dès lors, leur élargissement va faire l'objet d'insistantes demandes de la part des Iraniens.

Après l'échec des efforts diplomatiques, le Djihad islamique, alors bras armé de l'Iran au Liban, enlève des Français, surtout journalistes, en 1985 et 1986. Enfin, une succession d'attentats se produit à Paris. Le 20 mars 1986, jour de l'entrée en fonction du nouveau Premier ministre de cohabitation, Jacques Chirac, une bombe explose aux Champs-Élysées. Elle fait suite à une première vague d'attentats qui avaient secoué Paris en 1985, et avaient entraîné l'arrestation de Georges Ibrahim Abdallah, le leader des Fractions armées révolutionnaires libanaises (FARL), sans doute lié à Téhéran. D'autres attentats suivront en 1986, dont celui de la rue de Rennes, qui fait quatre morts et soixante-deux blessés. Au total, la campagne d'attentats de 1985 et 1986 provoquera treize morts et plus de trois cents blessés, qui resteront souvent atrocement mutilés.

En 1987, un « Comité de solidarité avec les prisonniers politiques arabes et du Proche-Orient » (CSPPA) prend le relais, réclamant entre autres la libération de Georges Ibrahim Abdallah, ainsi que celle d'Anis Naccache et de ses hommes. Chargé de l'enquête sur ces actions terroristes, le juge d'instruction Gilles Boulouque convoque un obscur « traducteur » de l'ambassade d'Iran à Paris, Wahid Gordji : il est considéré par les policiers comme l'officier traitant de ceux qu'ils tiennent pour les organisateurs des attentats, Faouad Ali Saleh et Mohamed Mouhadjer. Mais Gordji refuse de rencontrer le juge, déclenchant une « guerre des ambassades » entre Paris et Téhéran. Le 17 juillet 1987, la France rompt les relations diplomatiques avec l'Iran. Le 29 novembre 1987, après de longues tractations secrètes, Gordji se rend enfin chez le juge, tandis qu'au Liban deux premiers otages français, Jean-Louis Normandin et Roger Auque, sont libérés. Boulouque entend Gordji, puis le relâche immédiatement : un avion l'attend au

Bourget, qui l'emmène à Téhéran. Mais Anis Naccache, lui, reste en prison. Tragique fermeté !

Selon le négociateur français de la libération des otages français au Liban, Jean-Charles Marchiani [▷ p. 355], l'élargissement d'Anis Naccache avait pourtant bien fait l'objet d'un accord franco-iranien [1]. Durant la campagne présidentielle de 1988, en direct lors d'un débat télévisé le 28 avril, Jacques Chirac affirmera que la libération de Gordji était du seul ressort du juge, François Mitterrand considérant pour sa part que Gilles Boulouque avait reçu des instructions du gouvernement [2]. Ce vif échange est demeuré célèbre, Chirac lançant : « Pouvez-vous vraiment contester ma version des choses, en me regardant dans les yeux ? » Et Mitterrand répondant : « Dans les yeux, je la conteste. »

Selon Marchiani, la libération de Gordji et celle de Naccache faisaient partie d'un accord plus global, incluant la reprise des achats de pétrole iranien et la fourniture de missiles antichars Milan, qui seraient livrés à la résistance antisoviétique en Afghanistan, laquelle les rétrocèderait à l'Iran. Une telle livraison sera bien organisée par la DGSE, selon la méthode « triangulaire » déjà utilisée lors de la guerre du Biafra [▷ p. 147] : le président égyptien Hosni Moubarak, dont l'armée disposait de tels missiles d'un modèle ancien, les livrera aux résistants afghans au nom de la solidarité islamique. Et les Français lui fourniront *gratis pro deo* – non sans constituer le début de la fortune de plusieurs intermédiaires français – de nouveaux engins, plus performants. Mais les missiles qui auraient dû atteindre finalement l'Iran n'y parviendront jamais. Les Iraniens en concevront un certain dépit...

L'accord franco-iranien incluait également la libération de trois otages français détenus au Liban depuis trois ans : Jean-Paul Kauffmann, Marcel Carton et Marcel Fontaine [3]. Ils arrivèrent le 5 mai 1988 à Paris, trois jours avant le second tour de l'élection présidentielle. Ce dénouement heureux ne fut cependant pas porté au crédit de Jacques Chirac par les électeurs, qui préférèrent maintenir François Mitterrand à l'Élysée pour un second mandat de sept ans.

L'engagement secret de la France à l'égard d'Anis Naccache sera finalement respecté, mais très tardivement : une grâce présidentielle lui sera

---

1 Pierre Favier et Michel Martin-Roland, *La Décennie Mitterrand*, tome 3, *Les Défis*, Seuil, Paris, 1996, p. 432-433.

2 Cette accusation, qui ostracisait Gilles Boulouque dans la magistrature, ne serait pas sans relation avec son suicide, le 13 décembre 1990. Voir le témoignage de sa fille : Clémence Boulouque, *Mort d'un silence*, Feryane, Versailles, 2003.

3 Leur codétenu Michel Seurat, un brillant chercheur spécialiste du monde arabe, était mort en détention en 1986. Sa dépouille, découverte à Beyrouth en octobre 2005, sera rapatriée en France le 7 mars 2006.

accordée, ainsi qu'à ses codétenus, par François Mitterrand, le 27 juillet 1990. Mais les Iraniens estimaient ne pas en avoir terminé avec la France. Après avoir une première fois échappé à ses meurtriers en 1980, Chapour Bahktiar sera finalement assassiné à l'arme blanche à Suresnes, le 7 août 1991, avec son secrétaire Soroush Katibeh. La France arrêtera deux membres présumés du commando, Ali Rad Vakili et Massoud Hendi, bientôt rejoints en prison par un membre de l'ambassade d'Iran à Berne, Zeyal Sarhadi, arrêté par la police suisse et extradé vers la France. En 1994, la cour d'assises spéciale de Paris condamnera Ali Vakili Rad à la réclusion criminelle à perpétuité, et Massoud Hendi à dix ans de réclusion criminelle. Sarhadi sera acquitté.

Après le sanglant bras de fer autour de l'affaire Eurodif, il ne restera plus qu'à solder – financièrement – les comptes franco-iraniens. Suite à de longues et complexes tractations, auxquelles participa notamment Philippe Fouchard, un éminent professeur de droit spécialiste des arbitrages internationaux [1], ce fut fait en octobre 1991, la France réglant à l'Iran l'argent que les mollahs réclamaient depuis onze ans, soit sept milliards de francs.

Ne restait plus à ces derniers qu'à utiliser ces fonds pour reprendre les efforts entamés par le Shah afin de doter son pays de la technologie nucléaire, donc de la bombe atomique. Ils s'y employèrent avec ardeur, avec l'appui de nombreux industriels internationaux, et surtout du savant atomiste pakistanais Abdul Qadeer Kahn. À l'été 2006, la communauté internationale demeurait engagée dans la recherche d'un accord avec le régime iranien pour le bloquer dans cette voie, sans grand succès. Mais c'était déjà une autre histoire, dans laquelle l'Iran et ses interlocuteurs, dont la France, ne jouaient plus que des seuls ressorts diplomatiques. Jusqu'à quand ?

◂ J. G.

Pour en savoir plus

Walter de Bock et Jean-Charles Deniau, *Des armes pour l'Iran*, Gallimard, Paris, 1988.

William E. Burrows et Robert Windrem, *Critical Mass. The Dangerous Race for Superweapons in a Fragmenting World*, Pocket Books, Londres, 1995.

Jean-Yves Chaperon et Jean-Noël Tournier, *Enquête sur l'assassinat de Chapour Bakhtiar*, Éditions n° 1, Paris, 1992.

1 *Le Monde*, 6 janvier 2004. Philippe Fouchard a trouvé la mort le 3 janvier 2004, avec onze membres de sa famille, dans la catastrophe aérienne de Charm-el-Cheikh, en Égypte.

Avner COHEN, *Israel and the Bomb*, Columbia University Press, New York, 1998.

Jean GUISNEL, *Charles Hernu ou la République au cœur*, Fayard, Paris, 1993.

Khidir HAMZA et Jeff STEIN, *Saddam's Bombmaker*, Scribner, New York, 2000.

Sylvia KOWITT CROSBIE, *A Tacit Alliance. France and Israel from Suez to the Six Day war*, Princeton University Press, Princeton NJ, 1974.

Dominique LORENTZ, *Une guerre*, Les Arènes, Paris, 1997.

Pierre PÉAN, *Les Deux Bombes. Comment la France a « donné » la bombe à Israël et à l'Irak*, Fayard, Paris, 1982.

—, *La Menace*, Fayard, Paris, 1987.

Frédéric PONS, *Les Paras sacrifiés, Beyrouth 1983-1984*, Presses de la Cité, Paris, 1994.

Dan STOBBER et Ian HOFFMAN, *A Convenient Spy. Wen Ho Lee and the Politics of Nuclear Espionage*, Simon & Schuster, New York, 2001.

Abel THOMAS, *Comment Israël fut sauvé. Les secrets de l'expédition de Suez*, Albin Michel, Paris, 1978.

Kenneth R. TIMMERMAN, *Le Lobby de la mort, Comment l'Occident a armé l'Irak*, Calmann-Lévy, Paris, 1991.

Les milliards du programme Rafale

Quatre-vingt-treize ans et quatre-vingt-douze prototypes d'avions au compteur ! Le 14 décembre 1985, l'ingénieur Marcel Dassault, qui décédera quatre mois plus tard, a beau paraître plus diaphane et fragile qu'une feuille de papier de soie, prêt à s'envoler au moindre souffle, il conserve encore toute sa tête. La lèvre éternellement ornée d'une fine moustache, il a encore assez d'énergie pour admirer de ses propres yeux, cerclés d'épaisses lunettes d'écaille rondes, la dernière merveille sortie de ses usines : le Rafale.

Marcel Dassault, un destin hors normes

Incroyable carrière que celle de ce fils de médecin. Il s'appelle alors Marcel Bloch, et commence à exercer son esprit d'entreprise en mettant au point, durant la Première Guerre mondiale, l'hélice Éclair, dont le dessin constitue une révolution. Cette hélice de bois va équiper dès sa mise au point le Spad VII de l'as des as, l'aviateur Georges Guynemer. Ce premier succès encourage le jeune ingénieur et son ami Henri Potez, avec lequel il crée la Société d'études aéronautiques (SEA). Ils n'attendront pas longtemps le triomphe. Dès 1917, l'armée leur commande mille exemplaires de leur quatrième prototype, le SEA IV. Marcel Dassault a alors vingt-six ans, et c'est le début d'une éclatante réussite industrielle et d'une fabuleuse fortune : ni à ses industriels de l'armement ni à ses plus brillants ingénieurs, la République n'a jamais rien refusé. Ou si peu...

Après la guerre, les budgets militaires étant revus à la baisse, Marcel Bloch commence à construire, vendre et louer des immeubles. Belle réussite, mais qui ne lui convient qu'à moitié. Ce qu'il aime, ce sont les machines volantes. Alors, il s'y remet. Il construit des avions, de combat, les plus difficiles ; de transport, parce qu'il en faut. Lorsque la Seconde Guerre mondiale éclate, le MB 152 est l'un des appareils qui tournoient dans la bataille de France.

Mais Marcel Bloch est juif. Il ne doit attendre aucune sollicitude du régime de Vichy. En octobre 1940, il est emprisonné au motif qu'il n'aurait pas fourni suffisamment d'avions à l'armée dans les mois précédant le conflit ! Son sort ne s'arrange pas quand il refuse de servir l'industrie de guerre allemande. Mais le pire est à venir... En août 1944, Marcel Bloch, son épouse Madeleine et leurs deux fils Claude et Serge sont internés au camp de transit de Drancy. Son frère René, un chirurgien réputé, a pour sa part été déporté à Auschwitz, dont il ne rentrera pas. L'épouse et les fils de Marcel sont finalement libérés, mais lui-même est déporté au camp de la mort de Buchenwald. Pour cet homme dans la force de l'âge, mais à la santé déjà aléatoire, l'issue du voyage paraît écrite d'avance. Quand il interroge l'un de ses codétenus sur la nature de ces fumées qui sortent d'un bâtiment, ce dernier lui répond que lorsqu'on y entre, il s'agit seulement « de savoir si l'on en sort par la porte ou par la cheminée [1]. »

Dans le camp, son chef de chambre n'est autre que le leader syndicaliste et résistant communiste Marcel Paul, qui deviendra ministre de la Production industrielle à la Libération. À celui qui l'a sauvé d'une mort quasi certaine, en le protégeant à plusieurs reprises, l'avionneur vouera une reconnaissance discrète mais indéfectible : sans partager le moins du monde les idéaux communistes, il se montrera généreux, dit-on, avec le quotidien *L'Humanité*, et versera toujours une cotisation dix fois supérieure à ce qu'elle aurait dû être à la Fédération nationale des déportés, internés, résistants et patriotes (FNDIRP), contrôlée par le PCF [2]. Et durant les temps où ce sera légal d'arroser les partis, le PCF touchera sa part.

1 Marcel Dassault, *Le Talisman*, J'ai lu, Paris, 1970, p. 68.
2 Pierre Assouline, *Monsieur Dassault*, Balland, Paris, 1983, p. 212.

Comme nombre de collaborateurs de Marcel Bloch qui ont choisi de suivre Charles de Gaulle à Londres, dont Henri Deplante et Benno Claude Vallières, son frère aîné Paul Bloch entre dans la Résistance, où ce partisan de l'armée blindée chère au Général choisit le pseudonyme de Paul Chardasso, puis Dassault. Ce frère deviendra grand chancelier de la Légion d'honneur à la Libération. Et c'est son nom de résistant que Marcel Bloch choisira ensuite de porter.

La IVe, puis la Ve République seront pour lui des périodes de prospérité. Fournisseur privilégié de l'armée française, Marcel Dassault connaîtra un succès considérable avec sa série des Mirage, vendus sur toute la planète. De même, la série ingénieuse et très réussie des avions d'affaire Falcon sillonnera rapidement tous les cieux. Mais le Rafale, aboutissement technique arrivant à une époque où l'aviation de combat commence à penser aux avions télécommandés sans pilote à bord, les drônes, marque sans doute la fin d'une époque, même si Dassault Aviation demeure en 2006 une entreprise très prospère, dont les avions civils assurent les trois quarts du chiffre d'affaires.

Le dernier chasseur

En décembre 1985, est donc dévoilé un chasseur bombardier à l'esthétique séduisante, qui ne commencera à constituer l'ossature des forces aériennes françaises qu'une bonne vingtaine d'années plus tard. Il est bien fini le temps de l'épopée du Mirage IV de la force de frappe [▷ p. 225], ou trois années avaient suffi entre la planche à dessin et l'arrivée en escadres de combat.

En 1985, la traditionnelle cérémonie du *roll out* constitue la première présentation publique de l'appareil, et se déroule à l'usine Dassault de Saint-Cloud, en présence du ban et de l'arrière-ban de l'industrie aéronautique, et des aviateurs de l'armée de l'air et de la marine. L'avion qui sort des ateliers n'est encore qu'un « démonstrateur ». Il a été conçu comme la vitrine du savoir-faire de l'industrie française emmenée par Dassault.

Car, à l'heure des coopérations industrielles européennes tous azimuts, c'est un projet franco-français. Deux ans plus tôt, la France était sortie du projet européen – qui allait devenir l'EF 2000 Eurofighter, puis le Typhoon (quant aux Britanniques de British Aerospace, ils ont eux aussi présenté leur propre démonstrateur, l'EAP, en 1985). Les conditions exorbitantes mises par Paris à sa participation à ce programme européen – moins à la demande de Dassault, d'ailleurs, que du fabricant de réacteurs SNECMA – avaient été jugées inacceptables par ses partenaires. Coté européen, on ne s'est pas réjoui du départ des Français : le bureau d'études de Dassault, l'un des plus performants au monde en génie logiciel, aurait sûrement permis que l'Eurofighter résolve plus rapidement ses difficiles problèmes de jeunesse.

Fin 2006, il est pourtant un terrain sur lequel cet appareil bat son concurrent français : les ventes à l'exportation. L'Autriche en a commandé dix-huit exemplaires en 2003, et l'Arabie Saoudite a décidé de passer une commande en 2005, qui pourrait aller jusqu'à soixante-douze exemplaires. Après avoir annoncé en 1999 son intention d'acquérir soixante Typhoon, la Grèce y a renoncé pour des raisons budgétaires. Pendant ce temps, le Rafale ratait des ventes au Pays-Bas, à Singapour et en Corée du Sud, après avoir à chaque fois remporté les compétitions techniques. Mais face à des industriels américains fortement soutenus par la Maison Blanche, qui menaçait à chaque fois de renoncer à des relations militaires privilégiées avec les pays concernés, le Rafale a finalement raté ces marches successives, avant de tenter sa chance en Libye, et sous quelques autres cieux moins encourageants. Le Rafale serait-il trop cher, menaçant de devenir un Concorde militaire, une merveille technologique invendable ?

S'il est un sujet qu'il ne faut pas aborder sans de solides arguments avec le nouveau patron de Dassault Aviation, Charles Edelstenne – qui a fait toute sa carrière dans la maison et a été choisi par le fils de Marcel Dassault, Serge, pour lui succéder en 2000 –, c'est bien celui-là. Car il y a des raisons au prix effectivement astronomique du Rafale. La première relève de la technologie de cet appareil, qui intègre tout ce qui se fait de mieux et de plus cher en aviation. Le moteur, l'électronique, la structure : tout est hors de prix.

Conçu durant la guerre froide pour remplacer tous les avions de combat en dotation en France, le Rafale peut assumer toutes les missions : attaque au sol, combat air-air, embarquement sur porte-avions, largage de missiles nucléaires. Est-il judicieux pour l'armée française de disposer d'une telle panoplie, et d'une telle puissance de feu, à l'heure où aucune aviation au monde ne pourrait se battre avec des armes comparables, hormis celles qui ont acheté des appareils modernes en Europe, aux États-Unis ou en Russie, mais qui ne sont pas *a priori* considérées comme des adversaires vraisemblables ? De surcroît, la menace qui s'est installée depuis une quinzaine d'années, celle du terrorisme, se combat moins avec de la quincaillerie guerrière qu'avec des services de renseignement. À ces questions, les militaires rétorquent que le coup est parti, qu'il serait déraisonnable de renoncer à des équipements aussi efficaces, et que l'un n'empêche pas l'autre ! Voire…

Reste la question du prix, naturellement négociable. Quand il est proposé à l'exportation, le prix unitaire de chaque appareil, sans ses armements, est fixé à environ 100 millions d'euros. Ce qui n'est pas loin de la facture finale pour l'armée française, évaluée en 2006 à 28 milliards d'euros pour deux cent quatre-vingt-quatorze avions, dont deux cent trente-quatre pour l'armée de l'air et soixante pour la marine. Fin juin 2006, cent vingt appareils avaient fait l'objet de commandes fermes par l'État, et trente-quatre avaient été livrés. Lorsque la totalité de la série actuellement prévue sera en service, après 2015, cette machine aura coûté quelque 824 euros à chacun des 34 millions de contribuables français. Belle pièce d'équipement collectif !

Sur ce point, Charles Edelstenne se plaît à rappeler trois éléments. Tout d'abord, l'avion français est 40 % moins onéreux que son concurrent européen. Ensuite, les industriels ont assuré le financement, sur fonds propres, du quart du développement qui représente une part significative du coût du Rafale. Et enfin, ce qui demeure sans aucun doute le meilleur argument, les dérapages de coût sont dus pour l'essentiel à des étalements budgétaires et à des décalages de commandes imposés par les gouvernements durant les vingt premières années de l'existence de l'appareil. Ce qui est parfaitement exact. Un rapport parlementaire a précisé ces retards cumulés, qui atteignaient cent seize mois, soit près de dix ans, à la fin 2004 : à partir de 1991, il y en eut huit, allant jusqu'à repousser de cinq ans, en 2001, l'entrée en service de l'appareil dans l'armée de l'air [1]. Conclusion : si le Rafale est cher, c'est parce que la France l'a voulu ainsi.

◀ **J. G.**

Pour en savoir plus

Pierre Assouline, *Monsieur Dassault*, Balland, Paris, 1983.

Jean-Pierre Bechter, Luc Berger et Yves Carlier, *L'Épopée Dassault*, Timée, Paris, 2006.

Claude Carlier et Marcel Dassault, *La Légende d'un siècle*, Perrin, Paris, 1992.

Jack Gee, *Le Mirage. L'« arme secrète » de la politique française*, Albin Michel, Paris, 1971.

Jean Guisnel, *Les Généraux. Enquête sur le pouvoir militaire en France*, La Découverte, Paris, 1990.

Anne-Marie Rocco, *Serge Dassault. Armes. Presse. Politique*, Flammarion, Paris, 2006.

Guy Vadepied et Pierre Péan, *Marcel Dassault, ou les ailes du pouvoir*, Fayard, Paris, 2003.

Maurice Vaïsse (dir.), *Armement et Ve République. Fin des années 1950-fin des années 1960*, CNRS, Paris, 2002.

1 Jean-Louis Bernard et Antoine Carré, *Rapport d'information n° 1922 sur l'exécution des grands programmes de défense*, Assemblée nationale, Paris, 17 novembre 2004, p. 57.

Nucléaire, TGV, télécoms : les dessous de la modernisation

Le « grand programme » ! Dans le vocable gaulliste, l'expression relève presque de la mystique. C'est la quintessence de la volonté politique, une rencontre entre un pouvoir et une haute administration technicienne unis par une même volonté de modernisation et de transformation du pays.

Sans l'avoir lui-même formalisée, le gouvernement de Gaulle s'empare de l'idée dès son accession au pouvoir en 1958. Pour lui, c'est à l'État de décider les orientations économiques et technologiques à long terme, de donner les grandes impulsions de transformations. Cette position est accueillie plus que favorablement par les grands corps techniciens – X-Mines [▷ p. 235], X-Ponts, ingénieurs de l'armement et autres –, nourris de saint-simonisme[1] et des idéaux de la Résistance, qui rêvent de faire entrer une France souveraine dans la modernité. Rien ne vient s'opposer à la rencontre de ces deux aspirations : l'économie privée continue à afficher le même esprit timoré que dans les années 1930, fuyant innovations et risques, et préférant continuer à exploiter les rentes d'une économie vieillie et de l'Empire colonial. Naît ainsi un « colbertisme *high tech* » et visionnaire, dégagé de toutes les contingences du marché, mais aussi de tous les questionnements démocratiques et des contrôles administratifs.

Limitée à quelques domaines d'intervention sous de Gaulle, cette politique prend toute son ampleur sous la présidence de son successeur Georges Pompidou. À peine investi, le nouveau président de la République réaffirme dans son premier discours politique, en juillet 1969, l'« ardente obligation » de l'industrialisation. Les « grands programmes » doivent en être le fer de lance et doivent permettre d'épauler des grands « champions nationaux », objets de toutes les sollicitudes et de tous les soutiens.

Bien que s'affichant comme le plus libéral des présidents, Valéry Giscard d'Estaing maintient, voire accentue, cette politique de champions nationaux, dans l'espoir de donner des relais de croissance à une économie à bout de souffle après la crise pétrolière de 1973. Sans toujours rencontrer le succès

1 Philosophie inspirée par Claude Henri de Rouvroy, comte de Saint-Simon (1760-1825), qui entendait remplacer la religion par la science et instaurer un gouvernement de savants qui supplanterait la politique.

escompté. Si l'État sait mener des actions de rattrapage, il est beaucoup plus mal à l'aise dans l'innovation, qui ne relève pas de sa compétence.

La guerre franco-française du nucléaire civil

La question du nucléaire civil ne pouvait échapper au pouvoir gaulliste. Avec la bombe, c'est même LA question industrielle qui occupe de Gaulle dès qu'il arrive à l'Élysée en mai 1958 [▷ p. 225]. Un vaste programme de recherche a déjà été largement engagé par ses prédécesseurs. Parallèlement aux études militaires, des travaux sur le nucléaire civil ont été menés dès la fin de la Seconde Guerre mondiale. En 1948, Frédéric Joliot-Curie et Lew Kowarski ont créé la première pile nucléaire en Europe, *Zoé*. En 1956, un réacteur G1, à partir d'une technologie graphite-gaz mise au point par le Commissariat à l'énergie atomique (CEA) a été inauguré à Marcoule. Pierre Guillaumat, André Giraud et Georges Besse, les hiérarques du corps des Mines, voix dominantes du CEA, défendent sans relâche leur projet et réussissent à se faire entendre jusqu'au sommet de l'État. De Gaulle soutient sans condition la filière nucléaire, civile et militaire, la seule à ses yeux qui puisse garantir l'indépendance de la France. Le CEA a carte blanche.

Dès 1960, une première centrale EDF, conçue selon les techniques du CEA, est inaugurée à Chinon. D'autres doivent suivre très rapidement au Bugey, à Saint-Laurent-des-Eaux. Les ingénieurs nucléaires jubilent. Pas ceux d'EDF : bien que l'entreprise publique, grâce à l'appui syndical sans faille d'une CGT toute puissante dans la maison, soit très favorable au nucléaire, elle vit très mal d'être « vassalisée » par le CEA. C'est lui qui dicte sa loi, impose sa vision d'ingénieur. C'est lui qui définit les lieux, redessine les cartes des réseaux électriques, donnant le sentiment à EDF d'être quantité négligeable.

À ces susceptibilités froissées s'ajoute un vrai débat technique. EDF a commencé à développer ses propres savoir-faire. Ses ingénieurs sont allés voir d'autres centrales en cours de construction en Europe et aux États-Unis. Ils en sont revenus avec la conviction que la technologie graphite-gaz du CEA n'est plus adaptée. Depuis le premier réacteur, la science nucléaire a connu de très importantes avancées. Pour obtenir de meilleurs résultats, on utilise de l'uranium enrichi plutôt que de l'uranium naturel, et la conduction des atomes n'est plus assurée par du graphite, mais par de l'eau soit bouillante, soit pressurisée. En 1960, EDF s'est associé à l'électricien belge Electrabel pour développer une centrale sur ce modèle à Chooz, sur la frontière franco-belge. L'ouvrage doit être construit par le groupe belge Empain-Schneider et sa filiale Framatome, basée au Creusot. Tous en attendent beaucoup.

Le débat est lancé. Mais ce qui aurait dû n'être qu'un débat technique, tranché par des experts, devient une question quasi théologique. Le CEA met tout son poids dans la balance. Comment ose-t-on remettre en cause son savoir-faire et son expertise ? Et puis, il en va de l'indépendance de la France. Le graphite-gaz, c'est une technologie française, alors que toutes les autres sont américaines. Argument fatal auprès du général de Gaulle ! À peine a-t-il été avancé que le sujet est tranché : EDF continuera à construire des centrales avec les technologies du CEA.

Mais l'entreprise publique ne désarme pas. Elle veut retrouver son autonomie, avoir la maîtrise de son futur et de ses choix technologiques. Et elle a de solides arguments pour justifier cette demande. Peu à peu, le front du refus craque. Même au sein du CEA, certains ingénieurs ne sont plus du tout certains que la filière graphite-gaz est justifiée. En 1967, le gouvernement est totalement divisé sur la question. Hormis le président de la République et quelques proches, tous sont favorables à l'abandon de la technologie du CEA. De Gaulle a à peine quitté le pouvoir que la situation change. Fin 1969, le directeur général d'EDF, Marcel Boîteux, sans être officiellement mandaté, annonce que l'entreprise publique abandonne définitivement la technologie graphite-gaz.

CGE contre Empain-Schneider, ou Ambroise Roux contre le baron Empain

Par quelle technologie la remplacer ? Ce choix difficile, qui relève normalement des ingénieurs, revient comme à chaque fois dans la Ve République à un gouvernement supposé omniscient. Or chacun a un avis ! Et la bataille fait rage pour savoir qui sera le champion national du nucléaire et qui recueillera les subsides de l'État. Georges Pompidou, devenu président de la République, soutient la technologie à eau bouillante, un procédé qui a été mis au point par l'Américain General Electric, et qu'a retenu la Compagnie générale d'électricité (CGE), dirigée par un de ses grands amis, Ambroise Roux [▷ p. 485]. Valéry Giscard d'Estaing – qui, bien que ministre des Finances, donc en principe non concerné par ces choix techniques, s'invite à toutes les discussions – préfère quant à lui la technologie à eau pressurisée, développée par l'Américain Westinghouse et mise en œuvre par le groupe Empain-Schneider. Un choix qui convient bien aussi à EDF. Mais le CEA, qui entend garder la haute main sur toute la filière nucléaire, veut aussi dire son mot.

Le premier test vient avec le choix pour la centrale de Fessenheim (Haut-Rhin) en 1970. Les rivalités sont telles entre les différents camps que, paradoxalement, elles se neutralisent et l'appel d'offres apparaît comme des plus ouverts. Face-à-face, Creusot-Loire/Framatome, filiales d'Empain-Schneider, et Alsthom, filiale de la CGE. Pour l'emporter, le groupe belge, qui se sait en mauvaise posture par rapport à Ambroise Roux, a consenti à d'importants sacrifices. En faisant le pari que cette centrale, comme le défend EDF, serait le début d'une longue série industrielle. La CGE, elle, a fait son calcul habituel : les poches profondes de l'État doivent servir à payer sa recherche, les développements, et assurer ses bénéfices. À l'ouverture des plis, Empain-Schneider est le moins-disant. Consternation à la CGE ! Un nouvel appel d'offres est lancé quelque temps plus tard pour la centrale du Bugey. À nouveau, Empain-Schneider l'emporte. Ambroise Roux jette l'éponge en assurant que, de toute façon, il n'y a rien à gagner dans cette entreprise : le nucléaire ne sera jamais profitable.

La guerre du Kippour et la crise du pétrole viennent vite le contredire. Face à l'envolée des prix du brut, le gouvernement français se sent obligé de réagir : le nucléaire s'impose. En mars 1974, le Premier ministre Pierre Messmer annonce un vaste programme d'équipement électronucléaire : là où EDF prévoyait de construire six centrales sur une décennie, il décide d'en lancer six par an. La France s'apprête à construire le plus grand parc nucléaire au monde. Mais tout est décidé dans l'ombre des cabinets. Pierre Messmer ne soumet même pas son projet à discussion au Parlement, pourtant peu réputé pour son indocilité.

Tricastin, Gravelines, Blayais, Golfech, Flamanville, Civaux, Plogoff deviennent des noms familiers dans toute la France. Car au fur et à mesure qu'EDF couvre le pays de centrales, la contestation antinucléaire monte, d'autant plus vive que les choix n'ont donné lieu à aucun débat démocratique. De grands rassemblements sont organisés pour s'opposer à leur construction. Un mouvement écologique émerge, à l'image des Verts allemands, même s'il demeure moins puissant. En face, le pouvoir technicien, qui n'a jamais eu à s'expliquer, a bien du mal à répondre. Les violences sont nombreuses [1].

Dans les coulisses, la bataille est encore plus terrible. Si les relations entre EDF et le CEA sont en voie d'apaisement, la tension est maximum en revanche chez les industriels. Cinquante-huit centrales nucléaires à construire, chiffre définitif du programme nucléaire de Pierre Messmer, cela représente des centaines de milliards de francs de travaux. Rien que d'y penser, Ambroise Roux s'étrangle. Lui, l'homme qui connaît tous les puissants, qui a ses entrées politiques partout, ne supporte pas l'idée d'être privé d'une telle manne. Pendant trois ans, l'homme de la CGE n'a de cesse de tout mettre en œuvre pour rentrer à nouveau dans le jeu et éliminer son

---

1 Ainsi, le 31 juillet 1977, la répression brutale d'une manifestation écologiste contre le projet d'implantation d'une centrale nucléaire sur le site de Creys-Malville (Isère) se soldera par la mort d'un militant antinucléaire, Vital Michalon.

concurrent Empain-Schneider – dirigé depuis 1971 par le baron Édouard-Jean Empain. En vain.

Mais Ambroise Roux n'est pas le seul à être gêné de voir le programme nucléaire français dépendant d'une technologie américaine et d'un baron belge. Les ingénieurs du CEA, eux aussi, aimeraient bien prendre leur revanche. En 1976, premier pas, ils obtiennent la création de la Compagnie générale des matières nucléaires (COGEMA), chargée de contrôler toute la filière du combustible, des mines au retraitement. Battu par la deuxième génération de technologie nucléaire qui l'a contraint à renoncer à sa technique, le CEA pousse aussi à la mise en œuvre de la troisième génération : les surgénérateurs Phénix et Superphénix. L'avenir, assurent-ils, sans toujours convaincre.

Mais c'est surtout du côté du pouvoir politique que les inquiétudes sont vives. Même si le groupe Empain-Schneider a plus d'activités en France qu'en Belgique, même s'il donne des gages, on s'interroge jusqu'au sommet de l'État sur ce champion que l'on est en train de créer sans le contrôler.

Le mystérieux enlèvement d'Édouard-Jean Empain, le 23 janvier 1978, dont les tenants et les aboutissants n'ont jamais été élucidés, vient mettre un terme à ces doutes. Pendant ses deux mois de captivité, on jettera en pâture à la presse la vie dissolue de cet héritier *jet-set*, cet amateur de femmes et de poker, capable de dilapider des fortunes, fréquentant des figures du milieu. Tout ce que l'opinion publique réprouve. Mais on ne parle pas de l'essentiel : cet homme préside aux destinées d'un groupe d'électromécanique puissant, capable de rivaliser partout avec la CGE, le principal industriel du programme nucléaire. À sa libération, le 28 mars 1978, Empain n'est plus rien. Il a perdu sa famille, ses amis, sa fortune.

Par un tour de passe-passe, la banque Paribas a pris les rênes du groupe pendant son enlèvement. Quelques mois après avoir vainement tenté de retrouver son pouvoir, le baron Empain préfère jeter l'éponge et laisser le pouvoir à l'homme désigné par Paribas : Didier Pineau-Valencienne. L'homme est inconnu du grand public, mais pas du monde financier et politique. Il est notamment très proche du patron d'assurances Claude Bébéar, déjà très introduit, même s'il n'est pas encore le puissant président du groupe d'assurances Axa. Ce dernier est à l'époque trésorier national du parti giscardien, l'UDF, en 1978.

L'arrivée de la gauche au pouvoir ne change rien au programme nucléaire, soutenu massivement par le Parti communiste et une partie du Parti socialiste. À l'exception de la centrale de Plogoff, arrêtée en raison de la trop vive contestation populaire en Bretagne, tout est exécuté selon le plan prévu. Ni l'accident de la centrale nucléaire américaine de Three Miles Island, en mars 1979, ni celui, beaucoup plus grave, de Tchernobyl, en Ukraine, en avril 1986, ne font naître ne serait-ce qu'une interrogation sur l'utilisation du nucléaire en France. EDF, qui produit 80 % de son électricité à partir de l'atome, qui néglige toutes les énergies renouvelables, est perçue par les Français comme la plus belle entreprise du pays...

Les règlements de compte industriels, eux, continuent. En décembre 1984, décidé à ne pas céder au chantage de Pineau-Valencienne, qui réclame subsides et subventions à outrance, le gouvernement de Laurent Fabius refuse d'accorder des aides publiques à la plus importante filiale de Schneider, Creusot-Loire, qui connaît de graves difficultés – c'est la plus grande faillite industrielle de la France : plus de 20 000 emplois sont concernés. Dans le naufrage, l'État veille cependant à préserver Framatome, l'autre filiale de construction de chaudière nucléaire, dont le CEA est aussi actionnaire. Sous la conduite de Jean-Claude Lény, un X-Telecom ombrageux passé par le CEA, la société s'autonomise, devient totalement indépendante des techniques de Westinghouse et exporte largement ses savoir-faire, notamment en Chine, tout en repoussant les assauts réguliers de la CGE, devenue Alcatel-Alsthom en 1991.

Le long hiver du nucléaire a gelé un moment les querelles. Mais avec l'envolée des prix du pétrole au début des années 2000 et la fin annoncée des énergies fossiles, les rivalités sont à nouveau exacerbées. Une nouvelle génération de P-DG est arrivée aux affaires : la COGEMA (devenue Areva en septembre 2001 lors de sa fusion avec Framatome) est dirigée depuis 1999 par la très politique Anne Lauvergeon, qui ne se lasse pas de se faire proclamer « une des femmes les plus puissantes du monde » par la presse américaine ; Alstom (avatar d'Alsthom depuis 1999, devenue totalement indépendante d'Alcatel en 2001) est présidée depuis mars 2003 par le très opiniâtre Patrick Kron, qui a sauvé le constructeur de TGV de la faillite. Tous deux issus du corps des Mines, ils ont repris le combat des anciens.

Areva, l'entité qui regroupe toutes les activités nucléaires françaises, s'est associé avec l'Allemand Siemens et ferraille dur contre Alstom et sa volonté de rebattre les cartes du secteur afin d'y trouver une place plus grande. Ce dernier entretient en retour une tension permanente pour obliger son rival à ouvrir le jeu. Le gouvernement, incapable de tracer la moindre orientation, regarde le conflit, en oubliant ne serait-ce que de rappeler qu'il y a des intérêts français à préserver. C'est le même aveuglement qui préside au sort d'EDF. Tandis que l'État laisse l'entreprise publique sans ligne directrice depuis le milieu des années 1990, change de président au fil des amitiés politiques du moment, l'abandonne à la politique incohérente et dogmatique de Bruxelles, les groupes financiers, eux, se frottent les mains. Tous se disent que cet immense capital accumulé, qui devrait normalement assurer au pays une des énergies les moins chères du monde, finira bien par leur tomber dans les mains. Et qu'ils seront les grands bénéficiaires d'une rente payée par la nation, sans avoir à assumer ni le coût de construction ni la charge infinie de la gestion des déchets nucléaires...

Une histoire emblématique des mutations du « capitalisme d'État » originel de la Ve République vers un capitalisme fort privé. Et qui s'est décliné dans bien d'autres domaines, dont ceux des infrastructures routières et ferroviaires.

Couvrir la France d'autoroutes

Il avait cette façon bien à lui de l'évoquer, avec son accent rocailleux, la cigarette au coin des lèvres. Lorsque Georges Pompidou parlait de la « bagnole », tout était dit. Jamais homme politique n'a été aussi fasciné par la voiture. Jamais responsable ne lui a accordé autant de privilèges, tant il pressentait la puissance de l'automobile, à la fois moteur industriel et objet d'ascension sociale dans une France entrée dans l'ère de la consommation de masse. Dès son arrivée à Matignon, en 1962, il édicte le soutien à l'automobile comme un impératif catégorique. La France ne compte alors que... 63 kilomètres d'autoroutes. Tout doit être fait pour en accélérer la construction.

La première tâche est d'imaginer un système pour financer la naissance du réseau, car l'État ne peut soutenir seul la construction d'un réseau autoroutier, toujours très onéreux. Jamais en manque d'imagination lorsqu'il s'agit de taxation, de hauts fonctionnaires proposent de... réinventer la pratique moyenâgeuse du péage : ce sont les usagers seuls et non les contribuables qui paieront l'autoroute. L'argent prélevé servira à rembourser des emprunts souscrits par des sociétés en charge de l'exploitation d'une partie du réseau. Une fois les emprunts remboursés, l'autoroute sera gratuite, promet-on. Dès 1963, une « caisse centrale des autoroutes », placée sous l'égide de la Caisse des dépôts et consignations et chargée tout à la fois de souscrire les emprunts et de veiller au financement, est créée. À ses côtés, apparaissent une multitude de sociétés publiques – Paris-Rhin-Rhône, autoroute Paris-Normandie, autoroute du Sud de la France –, qui ont chacune la responsabilité de créer et d'exploiter un morceau du réseau. L'objectif du gouvernement est de construire au moins 175 kilomètres d'autoroutes par an.

Derrière, les sociétés de travaux publics, emmenées par GTM, Dumez, Colas et Jean-Lefebvre, se frottent les mains. Disposer maintenant d'un système de financement astucieux leur permet de voir se dessiner un avenir radieux : ce sont des années de carnet de commandes qui se déroulent devant elles. Toutes assurent qu'elles sont prêtes à réaliser les plus belles autoroutes. Mais pas forcément les moins chères.

Le système se met tranquillement en place. En 1965, la France compte 234 kilomètres d'autoroutes ; en 1969, elle passe le cap des 1 000 kilomètres. Plus vite, plus vite, réclame sans cesse Pompidou, en écho à la Délégation à l'aménagement du territoire et l'action régionale (DATAR), qui veut faire de l'autoroute un outil de la décentralisation. Pour soutenir l'effort, la création de sociétés privées, exploitant des concessions d'autoroutes, est autorisée. Le 12 mai 1970, un décret permet ainsi la naissance de Cofiroute (Compagnie financière et industrielle des autoroutes), regroupant en consortium la plupart des sociétés de travaux publics, pour exploiter la liaison Paris-Le Mans, avec le projet d'aller jusqu'à Bordeaux. En 1971, la DATAR, conduite alors par le gaulliste Olivier Guichard, obtient un nouvel objectif de construction de 500 kilomètres par an sur dix ans.

Cette volonté d'accélération et l'apparition de nouveaux acteurs poussent peu à peu au dérèglement du système. L'idée que les autoroutes, une fois remboursées, pourraient devenir gratuites, est progressivement abandonnée. Les sociétés d'exploitation, qui veulent se perpétuer, lui substituent une autre notion : la « péréquation ». Même si, dans les faits, cela ne ressemble en rien aux pratiques tarifaires d'un service public assurant le même service au même prix pour tous les usagers, le concept passe bien auprès de l'opinion publique, qui a l'impression de payer pour poursuivre la construction du réseau. Et encore mieux auprès des élus. Car l'autoroute est devenue un argument électoral : tous veulent leur liaison, même si elle n'est pas rentable. Au fil des ans, ils ajoutent la nécessité de la sécurité routière, puis celle d'une infrastructure de qualité pour maintenir des emplois, voire attirer des investissements. Valéry Giscard d'Estaing est l'un des maîtres en la matière : pendant des années, il met dans la balance tout son poids politique pour obtenir une autoroute entre Paris et Clermont-Ferrand, son fief électoral.

Aujourd'hui, cette politique systématique de développement des infrastructures suscite tous les enthousiasmes. Et toutes les convoitises. En 2005, toujours à la recherche du dernier centime pour boucler son budget, l'État a privatisé les autoroutes. Cela lui a rapporté une petite quinzaine de milliards d'euros. Les grands bénéficiaires, en apparence, ont été les groupes de BTP, les sociétés d'hier. Mais cela risque d'être très provisoire. Les appétits qui se sont dévoilé alors autour des groupes Eiffage et Vinci, tous deux attributaires de concessions d'autoroutes, montrent que les puissances financières sont plus qu'alléchées par cette rente. Le ministère des Finances en est si conscient que lors de la bataille autour de Vinci en 2006 [▷ p. 469], il a insisté sur le fait qu'il n'était pas possible que les trois sociétés d'autoroutes récemment privatisées passent toutes sous contrôle étranger.

D'autant qu'il n'est pas assuré que les automobilistes acceptent pendant longtemps de payer des péages en hausse continue pour des autoroutes qui sont depuis longtemps remboursées et amorties.

L'aventure du TGV

C'est la même logique qui prévaut aujourd'hui pour le TGV. Les villes se battent désormais pour obtenir une desserte du train à grande vitesse, tant il est devenu un outil essentiel de transformation du territoire, faisant de Tours, Lille ou Vendôme, voire Bruxelles, une banlieue de Paris, tandis que Compiègne, à 60 kilomètres à peine, paraît hors de portée.

Pourtant, tout avait bien mal commencé dans cette histoire. Le chemin de fer, plus personne n'y croyait. Même au sein de la SNCF, on se préparait à la chute inexorable du train face à l'automobile, comme cela s'était passé dans tous les autres pays occidentaux. Des travaux avaient bien été menés dès 1948 pour résister, amenant l'entreprise publique à faire un choix fondamental : privilégier l'électrification en courant alternatif du réseau plutôt que d'en rester au diesel. Cette option lui permet dès les années 1960 d'acquérir un savoir-faire et de se lancer dans la grande vitesse. Mais tout cela se fait en catimini, sans le soutien du gouvernement qui n'apprécie guère cette SNCF budgétivore et toujours frondeuse.

La préférence de l'État gaulliste va aux innovateurs, à ceux qui lui font miroiter un avenir futuriste. En ce début des années 1960, il n'a d'yeux que pour un homme : Jean Bertin. Il est ingénieur et possède une société d'études techniques. Il rêve d'un aérotrain, un moyen de transport par propulsion sur cousin d'air pour assurer des liaisons à très grande vitesse entre deux villes. L'idée n'a pas du tout séduit la RATP et la SNCF. En revanche, elle emporte l'enthousiasme du gouvernement. Dès 1965, le projet est lancé, aidé par la DATAR, qui y voit l'outil rêvé de désenclavement de certaines régions. Une ligne pilote est créée dans les plaines de la Beauce, au nord d'Orléans. Mais les premiers essais ne sont guère convaincants. On constate des déraillements, des pannes et surtout une extrême fragilité du système. L'expérience est abandonnée. Jean Bertin, démoralisé, décède peu après d'un cancer.

À la SNCF, on n'est pas mécontent de l'échec. Ses ingénieurs, aiguillonnés par la concurrence de Bertin, ont eux aussi poussé leurs travaux sur la grande vitesse. En toute discrétion, sans le concours de l'État, parfois même contre l'injonction de l'administration qui exigeait l'abandon de toute recherche dans ce domaine. Ils sont arrivés à plusieurs conclusions.

Premièrement : l'aérotrain de Bertin n'est pas la bonne solution. Trop fragile, trop complexe et surtout trop cher – car il faut envisager la construction de milliers de kilomètres de nouvelles voies en béton pour le faire circuler. Deuxièmement : il existe une solution économique de train à grande vitesse, qui ne serait pas un train pendulaire ou à suspension magnétique, mais qui reprendrait en l'améliorant le mode traditionnel. Avantage : cela permettrait de construire progressivement un système de grande vitesse, puisque les TGV pourraient toujours utiliser les réseaux existants, même si ce n'est pas à pleine vitesse.

À l'Élysée, on écoute d'une oreille. Comme l'aérotrain de Bertin ne marche pas, pourquoi ne pas explorer malgré tout cette solution ? Mais on la prend du bout des doigts. En 1970, un conseil restreint présidé par Georges Pompidou décide le lancement d'études d'un projet de train à grande vitesse sur la ligne Paris-Lyon. La décision est confirmée par Valéry Giscard d'Estaing en 1974. Les ingénieurs de la SNCF travaillent d'arrache-pied avec ceux d'Alsthom, le champion national du transport ferroviaire, pour mettre au point le nouveau train. Tout se met en place, mais sans le soutien financier de l'État. Au moment où Giscard d'Estaing confirme le projet du TGV, le gouvernement Messmer impose en effet à la SNCF une autonomie de gestion, en clair de ne plus compter sur le budget de l'État pour son fonctionnement. Décision lourde, car la SNCF devra financer seule la construction des lignes TGV, ce qui aboutira à une asphyxie totale de l'entreprise publique dans les années 1990 – pour y remédier, l'État sera contraint de créer en février 1997 une structure intermédiaire, Réseau ferré de France (RFF), qui reprendra à sa charge une partie de l'endettement de l'entreprise publique consenti au moment de la construction du TGV. D'ailleurs, le président de la République croit tellement peu au TGV qu'il ne fait rien pour en accélérer la mise en œuvre ou même associer son nom à sa construction. C'est François Mitterrand, son successeur, qui inaugure la première liaison TGV Paris-Lyon en octobre 1981.

Ce que la haute administration percevait comme un pari insensé devient un succès au-delà de toute prévision. Après Lyon, c'est Tours, Lille, Bruxelles, Londres, Marseille, en attendant Bordeaux et Strasbourg. Le train est plébiscité. Il regagne du terrain partout, dame le pion à l'avion sur des temps de parcours inférieurs à quatre heures. Les concurrents du TGV, comme l'Allemand Siemens, l'Italien Finmeccanica ou le Japonais Shinkansen, qui avaient opté pour des systèmes techniques plus lourds, plus compliqués, regardent d'un œil inquiet ce concurrent performant.

L'aventure du TGV, cependant, ne va pas sans anicroche. Il y a d'abord cette fameuse politique de soutien aux champions nationaux. À la suite d'une plainte, le Conseil de la concurrence met au jour dans les années 1990 une politique d'entente entre les grands du BTP, lors de la construction de la ligne Paris-Lille. Tous les lots avaient été attribués par avance, selon des critères de prix déterminés entre les concurrents. Un seul, une PME espagnole, avait osé ne pas se soumettre à l'entente, ce qui lui vaudra les pires ennuis. Au terme de leur enquête, les magistrats du Conseil de la concurrence ont infligé plus de 250 millions de francs d'amende à treize groupes de BTP, dont 225 pour les quatre plus grands (Bouygues, Vinci, Eiffage, Spie), soit une des plus lourdes peines dans ce domaine. La SCNF, elle, n'a soufflé mot sur le sujet. Mais il est difficile de croire qu'elle était tout à fait ignorante de ce qui se passait sur ses chantiers.

La seconde conséquence est plus lourde : le TGV a radicalement transformé la SNCF. D'une entreprise publique pratiquant une politique de la péréquation, elle est devenue une société commerciale, utilisant les méthodes les plus sophistiquées de vente instaurées par les compagnies aériennes, faisant varier le prix du billet quasiment heure par heure. Dans le même temps, les lignes secondaires ont été confiées aux régions, ou fermées. L'avantage de la vitesse est telle que la SNCF n'a rien perdu en clientèle, bien au contraire. À l'inverse de toutes les compagnies ferroviaires, la fréquentation de ses trains est en hausse continue. Mais, malgré quelques attentions, sa politique a exclu les plus fragiles, pour qui le train est devenu hors de prix.

La pression sur elle aussi ne cesse de s'accroître. Tout le monde l'envie, tout le monde souhaiterait en avoir sa part. Comme si souvent, c'est Bruxelles qui sert de cheval de Troie dans ces visées. Chagrinée par cette réussite qui va à l'encontre de tous ses dogmes libéraux, la Commission européenne voudrait forcer la SNCF à ouvrir le jeu. Pourquoi cette entreprise en monopole devrait-elle être la seule bénéficiaire d'une politique qu'elle a menée avec constance depuis quarante ans ? Des concurrents privés devraient pouvoir aussi en profiter. Comme l'intérêt économique d'une telle ouverture n'est pas prouvée, on traque les subventions cachées, les avantages indus. Face à cette offensive, les gouvernements successifs font le gros dos. Mais il n'est pas douteux que s'ils n'avaient craint une réaction spectaculaire de la SCNF, certains se seraient laissé tenter à privatiser une ou deux lignes. Les plus rentables. Une question de temps, assurent certains.

Téléphones, Minitel et Internet : fabuleux retards et cruelles erreurs

C'était le temps du « 22 à Asnières », le sketch de Fernand Raynaud qui faisait tant rire la France dans les années 1960. Celui où la moitié de la France attendait le téléphone, pendant que l'autre moitié patientait pour avoir la communication. L'état des télécommunications en France, dans ce milieu des années 1960, est déplorable : moins de sept foyers sur cent sont raccordés, la densité téléphonique est inférieure de moitié à celle de la Grande-Bretagne, des trois quarts par rapport aux États-Unis. Seules l'Espagne et la Grèce sont derrière la France. Et encore, l'Espagne de Franco menace de la devancer. Au rythme des investissements, les experts ont calculé en 1967 que la France ne rattraperait le taux d'équipement de la Suède, alors sept fois plus élevé, qu'en 2030 ! Pourtant, personne ne s'en inquiète au gouvernement. Le téléphone a été catalogué dans le IVe Plan comme un « objet de luxe », dans le Ve Plan comme un équipement collectif, mais sans plus de priorité, qui doit autofinancer son développement, sans l'aide de l'État.

La nomination d'Yves Guéna au ministère des PTT en 1967 permet une première prise de conscience. Il demande et obtient de pouvoir accélérer l'équipement de la France, de passer de 2 % à 20 % de croissance par an. Mais, on est encore loin, très loin du compte. La preuve : les industriels du secteur croient si peu en un plan de relance qu'ils organisent en 1969 un parfait Yalta, afin de se partager les subsides : à la Compagnie générale d'électricité (CGE), l'électronique et les télécommunications, à Thomson, l'électronique professionnelle, l'électronique grand public, et l'informatique. L'État, qui d'habitude n'aime guère se retrouver dans la main d'un seul fournisseur, laisse faire. Il a des groupes étrangers à sa disposition et puis, les télécoms, ce n'est pas sa priorité.

Tout change en 1974. La France se modernise et le téléphone est devenu un clair sujet de mécontentement pour tous. Ceux-ci ne se privent pas de le dire à chaque occasion qui leur est donnée. Au sommet de l'État, Valéry Giscard d'Estaing en tête, on réalise aussi que le faible équipement en télécommunications est en train de devenir un handicap pour le pays, que l'on ne peut plus ignorer un secteur qui risque d'être déterminant pour l'avenir. Le président nomme un de ses amis, Gérard Théry, à la Délégation générale des télécommunications (DGT, qui deviendra France Télécom en 1990). Ombrageux, autoritaire, l'homme bouscule tout sur son passage, se sachant soutenu par l'Élysée. Avec l'appui du Centre national d'études des télécommunications (CNET), il lance un plan de rattrapage immense dès 1975. Objectif : moderniser à marche forcée toutes les infrastructures de télécommunications. La DGT devient le premier investisseur public. Mettant à profit son retard, elle saute une étape technologique pour se propulser tout de suite dans l'ère de la commutation temporelle, là où le signal n'emprunte plus la voie physique. C'est l'antichambre du numérique.

Une fois ce choix fait, la DGT ne se laisse dicter ni les matériels ni les alliances industrielles. Face à un monde très cartellisé, dominé en France par la toute puissante CGE et sa filiale CIT-Alcatel, elle biaise, casse les solidarités. Elle oblige ainsi l'Américaine ITT à céder une de ses filiales à Thomson, de façon à remettre le groupe en piste. Elle joue des rivalités avec Siemens et Ericsson, exige de chacun la création de filiales de matériel téléphonique en France. Est-ce plus efficace qu'une concentration de moyens sur un seul champion ? *A priori*, cela fonctionne tout autant. En 1980, le pari de modernisation des télécommunications est gagné : plus de 16 millions de lignes sont installées, le temps pour obtenir un raccordement est tombé de seize à trois mois. À côté, tenant compte des chemins esquissés dans le rapport Nora-Minc sur l'informatisation de la société (1978), de nouveaux services ont été créés : le Minitel et Transpac, préfiguration d'Internet et du transport de données.

L'arrivée de la gauche casse la dynamique. Le giscardien Gérard Théry est écarté et, avec lui, sa vision des télécommunications, associée aux services et aux développements techniques. La DGT revient à la culture du filaire. Elle laisse vivoter le Minitel et lui préfère le « Plan câble », qui se révélera calamiteux. Elle accueille avec réserve les innovations successives, liaisons haut débit, Internet, téléphone mobile. Lancé en 1985, celui-ci végète pendant dix ans dans un moelleux duopole avec la Générale des eaux, sans connaître de véritable essor. Il faut l'arrivée du troisième opérateur, Bouygues Telecom, qui bouleverse la donne du marché avec ses forfaits, pour permettre l'envolée du mobile, bien après les autres pays occidentaux.

La privatisation partielle de France Télécom en décembre 1997 (elle sera complète en 2003), les erreurs stratégiques majeures qui s'en sont suivies et qui l'handicaperont longtemps encore – avec un endettement supérieur à 50 milliards d'euros – et les ruptures technologiques qui chahutent le secteur tous les deux-trois ans marquent une entrée difficile dans la mondialisation. Le champion national, Alcatel, va de déconvenues en déconvenues. S'il garde une avance dans toute la commutation haut débit, difficile de voir la suite dans les autres domaines (il a délocalisé l'essentiel de sa production en Chine, ainsi qu'une partie de sa recherche). Néanmoins, si la France ne reste pas totalement hors course, si elle n'est pas rétive aux nouvelles technologies, et même dispose d'équipements très performants, notamment dans l'Internet haut débit, c'est à ces années de rattrapage, où il fut décidé de s'engager résolument dans la modernité, qu'elle le doit.

◀ **M. O.**

Pour en savoir plus

Élie Cohen, *Le Colbertisme* high tech, Hachette, Paris, 1992.

Bernard Esambert, *Pompidou, capitaine d'industrie*, Odile Jacob, Paris, 1994.

Jean-Pierre Gaudard, *Le Mal industriel français*, Bourin, Paris, 2005.

Gabrielle Hecht, *Le Rayonnement de la France. Énergie nucléaire et identité nationale après la Seconde Guerre mondiale*, La Découverte, Paris, 2004.

Des missiles et des magazines : la grande écurie de Jean-Luc Lagardère

« Quand on regarde le bilan, il n'est pas bon, il est exceptionnel. » Jean-Luc Lagardère était tout étonné de son propre parcours. Quel mal y a-t-il à se tresser soi-même des lauriers ? Parti de rien, il s'est hissé au rang de leader européen de l'aéronautique, tout en contrôlant de larges pans des médias français. Une vraie légende de Gascon – qu'il était – parti à l'assaut de la capitale. Et qui occupera progressivement une place de plus en plus centrale au cœur de la Vᵉ République du dernier quart du XXᵉ siècle.

Né en 1928 dans le Gers, Jean-Lucien – un prénom réduit plus tard à Jean-Luc – Lagardère a reçu une stricte éducation catholique, complétée par une passion pour Louis XIV et Napoléon transmise par son instituteur : bon sens paysan et rêves de grandeur. Traumatisé par la débâcle de 1940, le jeune Jean-Lucien a de grandes ambitions pour la France et pour lui-même. D'où cette propension à confondre, parfois sans malice, l'intérêt national et son intérêt personnel. Jeune ingénieur chez Dassault, principal avionneur français, où il entre en 1951, Jean-Luc Lagardère passe ensuite chez Matra, petite entreprise aéronautique dont il prend les commandes en 1963. La suite de l'histoire est celle d'un élargissement continu de son pré-carré, grâce à un savant mélange de deux cultures : celle de l'ingénieur et celle du capitaliste.

Médias sous contrôle

De l'aéronautique, Lagardère s'étend vers la presse et à l'édition. Racheté par Matra en 1980, Hachette deviendra en deux décennies un géant de l'édition (Fayard, Grasset, Stock, Lattès, Calmann-Lévy, Hatier, Larousse, Armand Colin, Dunod, etc.) et le plus grand groupe mondial de la presse magazine (plus de deux cents titres, dont *Télé 7 jours, TV Hebdo, Paris Match, Elle, Entrevue, Choc, Pariscope, Parents, France Dimanche, Ici Paris, Première, Photo, Maximal, Jeune et Jolie, L'Écho des Savanes, Action Auto Moto, Public, Le Journal de la maison, Mon Jardin et ma Maison, Campagne décoration, Match du Monde, Le Journal de Mickey, Bambi, Picsou Magazine, Version Fémina, Top Famille Santé, La Provence, Nice-Matin, Var-Matin, Corse Matin, Le Journal du dimanche*...).

Bien avant Bouygues, Vivendi et autres conglomérats vivant de commandes publiques, Lagardère est le premier – juste après son maître Dassault – à saisir tout l'intérêt de contrôler des médias. « Quand je veux voir le président de la République pour parler de Matra, j'attends des mois. Mais quand Jean-Pierre Elkabbach l'invite à Europe 1, je le vois le matin. »

Entre Lagardère et Europe 1, c'est une vieille histoire d'amours et d'intérêts bien compris. La radio avait été créée en 1955 par le prince Rainier de Monaco, émettant dans la Sarre encore occupée par la France, mais où le monopole audiovisuel de la Radio-télévision française (RTF) n'avait pas cours. Le prince visionnaire avait bien vu le coup, mais trop tôt. La radio périclite, et sera reprise par un homme d'affaires français, Sylvain Floirat, avec lequel Jean-Luc Lagardère ne tardera pas à faire tandem. De vraie-fausse nationalisation en vraie-fausse privatisation, Europe 1 restera longtemps une radio privée proche de l'État français... En 1986, elle intègre définitivement l'empire Lagardère. Europe 1 est l'une des plus dynamiques radios d'information françaises. Mais de temps à autre, tombe un mot d'ordre de la direction, comme en novembre 2002, à l'approche du congrès fondateur de l'UMP : ses reporters sont priés d'« insister sur l'ambiance chaleureuse ».

Son rêve de grandeur audiovisuelle a failli couler définitivement Jean-Luc Lagardère : en 1991, l'échec de la chaîne télévisée La Cinq menace l'ensemble du groupe Hachette. Le tribunal de commerce le sauve de la faillite en obtenant que les banques créancières se coupent un bras. Le sauvetage ne sera définitif qu'avec la fusion entre Matra et Hachette : les missiles plus les livres et la presse donnent naissance au groupe Lagardère.

La guerre des crocodiles : Thomson-CSF contre Lagardère

Parallèlement, l'industriel n'a cessé de vouloir fédérer sous son aile l'aéronautique française. Dassault recroquevillé sur ses avions militaires et d'affaires, l'essentiel se joue entre Matra et Thomson-CSF (qui deviendra Thalès en décembre 2000), entre Jean-Luc Lagardère et Alain Gomez (P-DG de Thomson-CSF de 1982 à 1996). Une lutte sans merci, ou tous les coups tordus semblent permis. Tout commence en novembre 1991, avec la vente de soixante Mirage 2000 à Taïwan. Matra récupère l'essentiel (quatorze milliards de francs) du contrat de missiles équipant ces avions de combat, à la grande fureur de Thomson, alors entreprise publique, qui va recruter en sous-main un avocat franco-sino-américain, ancien du cabinet de détectives américain Kroll. Il est chargé de mener une campagne de déstabilisation baptisée « Couper les ailes de l'oiseau » : Me William Lee dénonce la parité de fusion entre Matra et Hachette, menace le groupe Lagardère d'un énorme scandale boursier, exige 140 millions de dollars contre le retrait de sa plainte...

Un vrai polar financier, avec son lot de révélations au fil des instructions conduites à la suite des multiples procédures judiciaires engagées autour de cette affaire : en 1998, Alain Gomez lui-même a balancé à la secrétaire de William Lee, le long d'un escalator du métro parisien, un sac en plastique contenant 1,5 million de francs en liquide... De son côté, Jean-Louis Gergorin, l'un des bras droit de Jean-Luc Lagardère, a remis 400 000 francs dans un sac de sport à des agents de la DST – ravalés au rang de détectives privés – pour financer leur enquête. L'affaire met alors en émoi les services français, qui croient à un complot de la CIA, en raison des origines de William Lee, avant de se rendre à l'évidence : c'est une manipulation franco-française. Elle s'achève en 2005, à la barre du tribunal correctionnel : les anciens dirigeants de Thomson-CSF sont relaxés au motif que le plaignant, Matra, « entreprise puissante, rompue aux affaires, bénéficiant du soutien des pouvoirs publics », n'est pas le petit chose qu'il prétend être. Les deux crocodiles de l'armement sont renvoyés dos à dos.

En 1996, des dirigeants d'Alcatel, candidats à la privatisation de Thomson-CSF en concurrence avec Lagardère, se plaignent de filatures et autres menaces de mort, avant d'empocher finalement un bon morceau de la proie. Jean-Luc Lagardère aura sa revanche – éclatante – en juillet 2000, avec la fusion de Matra, de l'Aérospatiale (Airbus, Ariane), de l'allemand Deutsche Aerospace et de l'espagnol Casa, donnant naissance au groupe EADS [▷ p. 232]. L'essentiel de l'industrie aéronautique européenne réunie sous son panache blanc.

Paradoxalement, la consécration a lieu sous le gouvernement du socialiste Lionel Jospin, alors que les affinités de Jean-Luc Lagardère étaient clairement à droite. Mais l'habile industriel demeure un politique médiocre, se trompant systématiquement de cheval : il a misé sur Chaban en 1974, sur Giscard en 1981, sur Chirac en 1988 et Balladur en 1995 ! Avec Jacques Chirac, les relations sont devenues glaciales après la parution, dans *Paris-Match*, d'un reportage sur les somptueuses vacances mauriciennes de la famille présidentielle en août 2000...

L'irrésistible ascension de Jean-Luc Lagardère a toutefois été entachée, en dernière ligne droite, par un procès en correctionnelle pour abus de biens sociaux : on lui reprochait d'avoir perçu 0,2 % du chiffre d'affaires de Matra et Lagardère, soit quelque 80 millions de francs par an. Ce type de rémunération sous forme de « convention d'assistance » est courant dans le monde des affaires, mais Jean-Luc Lagardère percevait en plus un salaire de P-DG et une grande partie de la somme servait à financer son écurie de chevaux de course. « Je suis le premier éleveur français, cela donne un peu de clinquant à une entreprise », s'est-il défendu à la barre. Le tribunal l'a finalement relaxé pour cause de prescription : sauvé par le gong et par la lenteur de la Commission des opérations de Bourse (COB). Lors de sa mise en examen, le garde des Sceaux Jacques Toubon était monté au créneau pour défendre le grand patron : « Tout cela nuit considérablement à l'industrie. »

Non sans avoir auparavant préparé la transmission de son empire à son fils Arnaud Lagardère, le créateur du groupe est décédé en mars 2003. Entré à l'hôpital pour une simple opération de la hanche, il a succombé à une « maladie neurologique auto-immune » extrêmement rare et inexpliquée à ce jour. Le fidèle Jean-Louis Gergorin est persuadé qu'elle lui aurait été inoculée par la mafia russe... C'est le point de départ de l'affaire du corbeau de Clearstream [▷ p. 565].

◀ **R. L.**

Pour en savoir plus

Vincent Nouzille et Alexandra Schwartzbrod, *L'Acrobate. Jean-Luc Lagardère ou les armes du pouvoir*, Seuil, Paris, 1998.

Du projet *Safari* au contrôle biométrique : Big Brother est parmi nous

Jacques Chirac est ministre de l'Intérieur du gouvernement de Pierre Messmer depuis trois semaines quand *Le Monde* publie, ce 21 mars 1974, un article qui fait frémir : « *Safari* ou la chasse aux Français. » On y apprend que les services techniques de la préfecture de Police de Paris abritent un puissant ordinateur, un Iris 80, chargé de gérer un vaste programme informatique, surnommé *Safari* (système automatisé pour les fichiers administratifs et le répertoire des individus), qui permettra de relier en réseau les fichiers concernant toutes les Françaises et tous les Français, et de l'interroger en utilisant leur numéro de Sécurité sociale…

Quels sont ces fichiers de la sous-direction de l'Informatique au ministère de l'Intérieur ? Il s'agit de ceux des permis de conduire, des cartes grises, des véhicules volés, des personnes recherchées ou encore du fichier de recherche criminelle de la police judiciaire (héritier du fichier d'identité judiciaire fondé par le criminologue Alphonse Bertillon afin de contrer la vague d'attentats anarchistes des années 1890) ; sans oublier le fichier des associations des Renseignements généraux (RG), auquel il faut ajouter le fichier central de leur direction centrale (DCRG) et de ses vingt-deux directions régionales ; les fichiers des empreintes digitales ou celui des contraventions de stationnement ; enfin le mystérieux fichier de la Direction de la surveillance du territoire (DST) en voie d'informatisation grâce au commissaire Jean-Paul Mauriat, directeur-adjoint à la documentation.

Les révélations du *Monde* provoquent une levée de boucliers. La semaine suivante, *L'Aurore*, sous la plume de Jean Laborde, exprime les craintes de tout un chacun : « Lorsque nous tremblerons sous le regard transperçant d'Iris, serons-nous nus comme des vers ? N'aurons-nous plus de secrets pour personne ? N'importe quel fonctionnaire, ou même notre banquier, notre assureur, pourra-t-il d'un simple coup d'œil connaître notre situation familiale, professionnelle, économique et sociale, judiciaire, nos goûts et nos penchants, notre poids dans la société, notre force ou nos tares, nos maladies, la faiblesse de nos yeux ou de notre foie [1] ? »

---

1 *L'Aurore*, 29 mars 1974.

Pierre Messmer sait que l'opinion publique ne saurait admettre que l'on fiche 52 millions de Français. Il veut les rassurer : il rédige une lettre ordonnant à toutes les administrations de renoncer à l'interconnection des réseaux et de s'abstenir de remettre des informations à la disposition d'une administration voisine.

Le vieux résistant et compagnon de la Libération n'a manifestement pas oublié, comme toute une génération, que le « tout-fichage » était l'apanage du gouvernement de Vichy et du régime nazi qu'il a combattus. Officiellement, le projet *Safari* est enterré et une commission « informatique et libertés » devra voir le jour. Mais en sourdine, la bataille du fichage intégral a commencé.

Le « laboratoire irlandais »

Deux ans avant la Révolution française de 1789, Jeremy Bentham (1748-1832) publia son livre sur le *Panopticon* [1], une prison modèle dans laquelle en surveillant tous les détenus et leur vie au ralenti, on pouvait sauver la société de bien de malheurs. Et métamorphoser ensuite cette société en vaste *Panopticon*. Au début des années 1970, un autre Anglais, le général Frank Kitson, se fait le théoricien de la nouvelle « guerre spéciale » contre la subversion, qui sera gagnée à condition d'organiser un vaste contrôle des populations grâce au parc informatique qui prolifère. Entre les deux théoriciens britanniques, il y en a un troisième : l'ancien policier colonial Éric Blair, *alias* George Orwell, en 1948, met en garde dans son roman *1984* contre les projets d'hommes comme Bentham et Kitson. Et d'anticiper tous les dangers d'une société dictatoriale où « Big Brother vous regarde » et surveille vos moindres faits et gestes, épaulé par une « police de la pensée » omniprésente. Un Big Brother devenu depuis le symbole de la surveillance totale.

Mais, dans les années 1970, c'est bien Frank Kitson qui triomphe. Avec quelques autres, il a été un pratiquant de la « guerre spéciale » durant la décolonisation des années 1950, en Malaisie, au Kenya, à Aden, guerre où prime le renseignement. Une théorie perfectionnée en milieu urbain par des officiers français – formés par les Britanniques –, au cours de la guerre d'Algérie, avec l'îlotage et l'emploi des hélicoptères (le colonel Roger Trinquier, dans un livre publié en 1961, lui donnera le nom de « guerre moderne »). À leur tour, les Américains ont prolongé le dispositif en développant, au Viêt-Nam, le champ de bataille électronique, des bombes intelligentes aux simulations informatiques. Enfin la boucle est bouclée : en

1 Du grec *pan* (tout) et *opticon* (observer).

1970, c'est le « laboratoire irlandais », où, sous l'égide de Kitson, se déploie un champ de bataille informatisé en territoire urbain afin d'isoler de la population la guérilla de l'Armée républicaine irlandaise (IRA). La « triangulation » hélicoptère/patrouille au sol/fichiers d'ordinateur central se généralise, tandis que se développent l'audiosurveillance et la vidéosurveillance (dont l'expérimentation de la lecture vidéo des plaques d'immatriculation de voitures).

L'arme informatique constitue alors le cœur du dispositif. À la caserne de Lisburn, quartier général de l'armée anglaise à Belfast, le gros ordinateur central – surnommé par dérision « Big Brother » – a intégré en 1974 des données concernant 40 % de la population nord-irlandaise. Les 500 000 fiches glanées sont réparties en quatre sections. La section P (personnes) comporte, pour chaque individu : adresse, description, signes particuliers, emploi, habitudes, lieux fréquentés, déplacements homologués (avec des renvois : famille, amis, véhicules, relations) ; la clef nécessaire est l'adresse (numéro de code de la zone où opère un bataillon) et la date de naissance. La section 2 est héritée du système d'îlotage, mis en place en 1957 par le colonel Trinquier à Alger dans le cadre du dispositif de protection urbaine (DPU) et modernisé grâce à l'informatique : classement par rues, annuaires téléphoniques, listes électorales et observations des patrouilles, en précisant, grâce à un recensement porte-à-porte, qui est censé habiter dans une maison, quel est le nom du chien, la couleur du papier peint du salon, etc. [1]. La section 3 constitue un index des véhicules – ce qui permet entre autres d'en identifier un qui ne devrait pas se trouver dans un quartier. Et enfin la section 4 (VCPI, Vehicle Check Point Index) suit plus précisément encore les mouvements des véhicules. Tous ces fichiers sont interconnectés et exploités selon les nécessités opérationnelles du renseignement.

Le *Panopticon* britannique submerge l'Europe

L'expérimentation anglaise serait justifiée par la « guerre de faible intensité » qui secoue alors l'Ile d'émeraude. Elle n'aurait pas de raison d'être en temps de paix, dit-on. En réalité, elle se systématise alors dans le cadre de l'OTAN, avec des simulations utilisées dans des sociétés beaucoup moins conflictuelles, mais en proie au début des années 1970 à une vague d'opposition extraparlementaire, voire à un terrorisme perlé.

1 Ces données permettent d'interroger à un *check point* ou lors d'une garde à vue une personne qui prétend habiter à une adresse donnée, et de détecter une fausse identité.

La République fédérale d'Allemagne, où Frank Kitson est envoyé comme chef des troupes britanniques sur le Rhin, se trouve alors en pointe dans le domaine de la traque informatique… Face aux attentats de la Fraction armée rouge (RAF), un groupe d'extrême gauche dirigé par Andreas Baader et Ulrike Meinhof, l'Office criminel fédéral (BKA, Bundeskriminalamt, basé à Wiesbaden et présidé par Horst Herold – surnommé « Big Brother »…) lance le programme informatique PIOS (Personen, Institutionen, Objekte, Sachen = Personnes, Institutions, Cibles, Affaires). La section antiterroriste du BKA y intègrera dix millions de fiches entre 1971 à 1977, concernant quatre millions d'Allemands.

En France, l'« ennemi intérieur » – décrit par des états-majors influencés par les idéologues de la « guerre moderne » – n'est pas si violent. Raymond Marcellin, le ministre de l'Intérieur nommé en juin 1968 [▷ p. 405] n'en a pas moins organisé un service de liaison pour ficher les « gauchistes ». De même, au début 1974, il a interdit des groupes séparatistes (en Corse et Bretagne, Occitanie, au Pays basque), mais leur action violente reste marginale (à cette date, ils n'ont tué personne). Se met alors progressivement en place un système général de contrôle – influencé par les innovations techniques des Allemands de l'Ouest comme des Britanniques – dont les applications coïncident avec l'intrusion de l'informatique dans la vie sociale et privée. C'est au même moment que le philosophe Michel Foucault se livre, dans *Surveiller et punir*, à une étude critique du *Panopticon* de Bentham [1]. Ou que Gilles Perrault décrit dans son roman vrai, *Dossier 51*, la surveillance et les nouveaux moyens informatiques utilisés par les services secrets pour engager des manipulations [2].

Signe des temps, le budget du SDECE augmente de près de 10 % et permet à son nouveau patron depuis 1970, Alexandre de Marenches [▷ p. 338], de l'équiper d'un ordinateur UNIVAC 9400 enregistrant sur bandes magnétiques les renseignements que lui transmettent les postes à travers le monde. Par ailleurs, les services d'interception des communications se modernisent : le Groupement des contrôles radioélectriques (GCR), créé en 1940 sous le gouvernement de Vichy par le colonel Paul Labat, rattaché au SDECE en 1948, est doté, à partir de ces années 1970 en France et à l'étranger, de stations d'écoute plus performantes dont le travail est centralisé au Mont-Valérien.

---

1 « Avec le panoptique, un assujettissement réel naît mécaniquement d'une relation fictive. De sorte qu'il n'est pas nécessaire d'avoir recours à des moyens de force pour contraindre le condamné à la bonne conduite, le fou au calme, l'ouvrier au travail… […] Celui qui est soumis à un champ de visibilité, et qui le sait, reprend à son compte les contraintes du pouvoir ; il devient le principe de son propre assujettissement. » (Michel Foucault, *Surveiller et punir*, Gallimard, Paris, 1975.)

2 Gilles Perrault, *Dossier 51*, Fayard, Paris, 1969.

La loi « Informatique et libertés »

Si le projet SAFARI n'est plus d'actualité, la prolifération de fichiers informatiques est à l'ordre du jour en ces années 1970. Ainsi, le projet de fichage des enfants, dit AUDASS-Gamin (projet de présélection automatisée d'enfants « à risques » susceptibles d'une surveillance médicale et sociale particulière) suscite à son tour un tollé. C'est dans ce climat qu'est votée, le 6 janvier 1978, la loi « Informatique et libertés » – qu'est chargée de faire appliquer la Commission nationale informatique et libertés (CNIL). Présidée par l'ex-rédacteur en chef du *Monde* Jacques Fauvet, cette nouvelle institution doit « veiller à ce que l'informatique soit au service du citoyen et qu'elle ne porte pas atteinte ni à l'identité humaine, ni aux droits de l'homme, ni à la vie privée, ni aux libertés individuelles ou publiques ». Elle prendra de nombreuses décisions pour rejeter, régulariser et contrôler les fichiers qui se mettent en place. Ainsi, le 16 juin 1981, la CNIL déclare que le projet AUDASS-Gamin doit être rejeté, car il est « de nature à porter atteinte à l'identité humaine et à la vie privée ».

Sans doute, l'alternance politique suite à l'élection de François Mitterrand en mai 1981 n'y est pas pour rien. Dans les mois qui suivent, le débat sur les libertés se déroule sous la pression de deux flux contraires. La gauche au pouvoir souhaite assouplir certaines législations et mettre un terme aux politiques sécuritaires jugées « liberticides » des ministres de l'Intérieur Raymond Marcellin, Michel Poniatowski ou Christian Bonnet. Mais en même temps, à l'été 1982, après l'attentat de la rue des Rosiers réalisé par le groupe palestinien d'Abou Nidal (mais imputé aux « Irlandais de Vincennes » [▷ p. 441]), le fichier « Violence-attentats-terrorisme » (VAT) voit le jour, excroissance de l'ancien fichier « Violence » des RG.

La CNIL donne son aval à sa constitution, mais en demande la limitation : pas question d'imiter le Big Brother ouest-allemand, qui vient d'inclure les livres que lisent les Allemands dans son fichage, grâce au branchement de terminaux dans les bibliothèques ! Ce fichier est alors porté de 2 000 à 70 000 références : en sus de celui des RG, il est alimenté par les 40 000 fiches manuelles de la 6e section de la police judiciaire, les 30 000 enregistrements magnétiques de la DGSE et un millier de documents en provenance de la DST, toujours réticente à ouvrir ses dossiers aux autres services. Dans les années qui suivent, les ministres de l'Intérieur successifs vont constamment proposer des extensions à ce type de fichiers, jouant avec les réactions de l'opinion publique, au lendemain de tel ou tel fait divers ou série d'attentats.

Tel est le cas en novembre 1998, quand la CNIL (à huit voix contre sept) donne son feu vert à Jean-Pierre Chevènement pour un nouveau fichier : le Système de traitement de l'information criminelle (STIC), qui a déjà recensé l'année précédente 369 009 noms, à titre expérimental. Son point le plus critiquable est que les criminels et leurs victimes s'y côtoieront. Il regroupe le « fichier central » (supervisé par la direction des libertés publiques du ministère de l'Intérieur), le fichier général des antécédents, les fichiers locaux, le fichier des recherches criminelles... (Le super-fichier STIC sera complété ultérieurement par le fichier ADN des délinquants sexuels, rendu « acceptable » à l'opinion publique à la suite de séries de crimes et d'abus sexuels sur les enfants.)

Mais la même année, un conflit oppose les chefs de la police et de la gendarmerie, qui a créé son propre Fichier automatisé de lutte contre le terrorisme (FALT). S'appuyant sur les données de la gendarmerie régionale (Corse, Bretagne, Pays basque), il permet un vaste système interconnecté de données, néanmoins illégal. Trois ans plus tôt, le Premier ministre Alain Juppé s'était pourtant opposé à une première mouture de ce fichier, qui devait inclure des données sur les mœurs sexuelles des terroristes, sur leurs victimes, leurs relations passées, etc.

Panopticon économico-social et « numéro de Sécu »

Indépendamment des fichiers créés dans le cadre de la lutte contre la délinquance ou le terrorisme, les nouvelles technologies suscitent de nouvelles formes de contrôle. Les fichiers bancaires sont de plus en plus élaborés et mis à contribution, en interne, pour identifier les « mauvais créanciers ». Régulièrement, la CNIL titre la sonnette d'alarme alors que les banques se livrent à un véritable espionnage de la vie privée. En externe, Les mêmes banques sont sollicitées pour fournir des informations aux services spécialisés dans la lutte contre le blanchiment d'argent.

De surcroît, dans le domaine économique, les Douanes, la Direction générale des impôts et la Banque de France gèrent aussi des fichiers importants. En 1990, par exemple, 300 000 personnes figuraient au fichier des « débiteurs envers le Trésor ». De même, depuis les années 1980, les compagnies d'assurances ont mis au point, sans en aviser les assurés, un fichier des risques aggravés pour les assurances vie. Même pratique concernant les assurances auto, mais cette fois, en 1987, le fichier nommé AGIRA est épinglé par la CNIL. Les mêmes sociétés n'hésitent pas à utiliser des moyens illégaux pour se procurer des banques de données, comme le prouvera, en 1998, un procès au cours duquel il est apparu que des agents d'EDF vendaient des fichiers qui permettaient aux compagnies d'assurer un démarchage personnalisé. Quelques années plus tard, la CNIL aura bien du mal à prévenir les abus croissants concernant les « profils statistiques » élaborés par les banques et les grands distributeurs pour proposer des crédits ou cibler leurs publicités pour la vente par correspondance, qui se développe avec Internet et les achats « en ligne ».

Au cœur de la bataille pour le respect de la vie privée, se trouve l'usage d'un identifiant qui permet de déclencher l'obtention d'une avalanche de données concernant un individu : le numéro d'inscription au répertoire national d'identification des personnes physiques (NIR), géré par l'INSEE, qui a dû donner des garanties d'anonymat pour protéger la vie privée lors de ses recensements. Appelé aussi « numéro de Sécu », il est né sous l'occupation nazie en 1940, à l'instigation du gouvernement de Vichy. De l'histoire ancienne ? Pas si sûr. En 1998, la CNIL obtient confirmation du fait que l'INSEE a continué d'utiliser, après la guerre et jusqu'en 1991, certains chiffres permettant de répertorier les Français d'Afrique du Nord en « citoyens », « sujets de l'empire indigène non juifs » et « juifs indigènes ». Une enquête diligentée par Jean-Claude Milleron, patron de l'INSEE, avec la participation d'historiens, dont Jean-Pierre Azéma, a fait apparaître que l'on avait conservé des données et des modes de classement hérités du Service national de la statistique (SNS) du temps de Vichy – que de Gaulle s'était contenté de faire rebaptiser INSEE pour conserver cet extraordinaire outil d'analyse économique, jugé indispensable pour moderniser la France.

L'extension de l'usage du « numéro de Sécu » est en tout cas entérinée le 17 novembre 1998 par un vote à l'Assemblée nationale : cet identifiant servira aussi à traquer la fraude fiscale. Suite logique, on autorise l'usage de ce « marqueur » pour relier certains fichiers des services fiscaux à ceux de la santé... Or ces derniers sont bouleversés en 1997 par la mise en place de la carte Sésame Vitale, un plan d'Alain Juppé pour moderniser la comptabilité de la Sécurité sociale. Celle-ci soulève au début autant d'inquiétude que le projet *Safari*, car si l'informatisation de la Sécurité sociale, qui promeut la carte Vitale, permet un mode de remboursement pratique des frais médicaux, elle constitue également un formidable quadrillage informatique de la santé des Français grâce à la fiche de soin électronique (FSE). Le projet de carte à puce a été adopté malgré l'inquiétude de nombre de patients et de médecins. En attendant la deuxième génération avec photo et mémoire extensive...

La carte d'identité et le « tout-informatique »

Instituée elle aussi en 1940 par le régime de Vichy, la carte d'identité a été modernisée à la fin du septennat de Giscard d'Estaing : en janvier 1981, on annonce la mise en service d'une carte « informatisée, plastifiée, infalsifiable » ; la CNIL s'oppose alors au principe de la lecture optique de cette carte, qui n'est pas obligatoire, mais utile lors des contrôles d'identité. Et au début du XXIe siècle, se profile une troisième génération de carte : en avril 2005, le Premier ministre Jean-Pierre Raffarin donne le feu vert à l'Identité nationale sécurisée (INES).

Cette fois, c'est l'association des 36 000 maires de France qui monte au créneau. Elle se plaint du projet INES, qui prévoit de remplacer la carte d'identité de 1981 par une carte à puce contenant des informations multiples : identité, adresse, photo, empreinte, et un numéro personnel d'identification (celui de l'INSEE !) permettant d'interroger toute sorte d'autres fichiers – ce que le projet *Safari* n'autorisait pas. « Quel est le pouvoir du citoyen pour vérifier les informations exactes contenues dans la puce ? », demande Christophe Rouillon, rapporteur du groupe de travail de l'Association des maires. « Quelle sera la sécurisation du dispositif face à un État voyou ou un réseau terroriste ? Peut-on mélanger, sur un même document, des éléments constitutifs du pouvoir régalien de l'État, l'identité et d'autres relatifs à la vie quotidienne [1] ? »

On est entré dans la génération du contrôle biométrique. Et l'on n'en a pas fini : après la mise en fiche numérique de données telles que les empreintes digitales, l'empreinte de l'iris de l'œil, l'analyse de la voix (*speechprint*) ou l'ADN, on en voit se profiler d'autres, comme la « banque des odeurs humaines » mise au point, en 2006, par la sécurité publique chinoise – qui n'a de cesse de trouver des nouveaux procédés afin de protéger les jeux Olympiques de 2008 à Pékin.

Traçabilité constante : « Big Brother se rapproche »

En France, à la fin des années 1990, on n'a pas attendu le Big Brother chinois pour assurer un contrôle des nouveaux moyens de communication – Internet et téléphone portable –, qui modifient autant les comportements de la vie quotidienne qu'ils offrent de possibilités d'enregistrer leur traçabilité à tous les instants. Là encore, les applications militaires d'Internet ont vite débordé sur le contrôle du civil [2].

À la façon de *Minority Report*, le film de Steven Spielberg, les services de sécurité anticipent l'usage délinquant qui peut être fait d'une nouvelle technologie en établissant des contraintes qui s'imposent à tous. Exemple : le 29 mars 1997, *Le Point* révèle que la police est sur les dents et que le ministre de l'Intérieur Jean-Louis Debré ne décolère pas depuis que Michel

1 *Ouest-France*, 24 janvier 2006.
2 Voir Jean Guisnel, *Guerres dans le cyberespace*, La Découverte, Paris, 1995.

Bon, le patron de France Télécom, a mis sur le marché la Mobicarte prépayée (270 francs), permettant d'utiliser n'importe quel téléphone portable sans abonnement. Sans pouvoir identifier le détenteur de la ligne, les services techniques ne peuvent intercepter les communications. Résultat : les vendeurs de la pochette Mobicarte devront relever les noms et adresse de l'acheteur conjointement avec le numéro de ladite carte.

En résumé, à moins de se priver complètement des outils de la modernité, chaque citoyen se voit doté d'une camisole électronique qui laisse de moins en moins de mouvements indétectables grâce à la « traçabilité constante ». En voici une liste non exhaustive [1] :

– chaque appel (ou envoi de SMS) passé d'un téléphone portable localise l'abonné ; l'appareil en veille permet de tracer rétrospectivement le trajet de son détenteur, grâce aux bornes-relais ; on peut même le suivre en temps réel, car son téléphone portable est devenu une sorte de balise Argos ;

– le péage autoroutier permet de conserver les données de déplacement, d'autant que la loi de 2005 sur le terrorisme autorise l'installation de lecteurs automatiques des plaques d'immatriculation de véhicules (dont les occupants peuvent être photographiés), selon le principe inventé par Kitson à Belfast trente ans plus tôt... ;

– les cartes de transport avec des passes à radiofréquence (comme Navigo, qui remplace progressivement depuis 2005 la carte orange dans les transports parisiens) constituent d'excellents mouchards des déplacements des usagers des transports en commun ;

– les badges informatiques et portiques électroniques se multiplient dans les entreprises et ne se limitent plus à celles concernant la Défense nationale ;

– le remplacement des codes-barres, dans les supermarchés, par des puces à radiofréquence (RFID), permet de tracer l'acheteur d'un produit ;

– le dossier personnel médical (DMP) électronique est prévu en France pour juillet 2007 ;

– le fichier mondial des transporteurs aériens (Passenger Name Record) a été développé après les attentats du 11 septembre 2001 aux États-Unis ;

– la pratique de la vidéosurveillance s'étend, du projet pilote de Levallois-Perret dans les années 1980 à sa généralisation prônée après les attentats islamistes de Londres en 2005 ;

– et, évidemment, l'usage croissant d'Internet est pain bénit pour les services de sécurité du monde entier, puisque tout – échanges de courriels, visites de sites Web, achats en ligne, constitution de blogs, etc. – peut facilement y être surveillé.

---

1 Voir « Une journée de traces numériques dans la vie d'un citoyen ordinaire », *Le Monde*, 11 avril 2006.

Cette traçabilité sur Internet et *via* les téléphones est évidemment mondiale et des systèmes d'interception des communications à l'échelle planétaire comme le fameux programme *Échelon*, mis en chantier dans les années 1980 par la National Security Agency (NSA) américaine [1], relativise fortement nombre de recommandations de la CNIL française...

On comprend mieux dans ces conditions les mises en garde de défenseurs des droits de l'homme. « Big Brother se rapproche », affirmaient ainsi en 2004, trente ans après le projet SAFARI, dans une tribune libre du *Monde*, Michel Tubiana, président de la Ligue des droits de l'homme, Meryem Marzouki (IRIS, Imaginons un réseau Internet solidaire), Daniel Naulleau et Pierre Suesser (DELIS, Droits et liberté face à l'informatisation de la société). Rappelant que la loi Informatique et libertés de 1978 avait été acquise à la suite de mobilisations sociales, ils affirmaient l'urgence de pérenniser cette loi et de renforcer les pouvoir de la CNIL : « Face à ces menaces, la loi doit garantir la protection de la vie privée et le respect des libertés. Nous avons adressé aux parlementaires des propositions d'amendements en ce sens. Cantonner le numéro de Sécurité sociale à ses usages actuels. Encadrer strictement les interconnections de fichiers sous contrôle de la CNIL, en les faisant réaliser, si nécessaire, par un organisme indépendant. Mieux protéger les "données sensibles" que sont les caractéristiques génétiques des personnes et les données sociales et psychiques touchant à l'intimité de leur vie privée. Proscrire toute réutilisation des données personnelles pour d'autres finalités que celles qui ont présidé à leur collecte initiale et les rendre anonymes pour tout traitement statistique associé. Renforcer la composition de la CNIL en y incluant plus de représentants d'usagers et d'organisations de défenses des Droits de l'homme, et lui attribuer des moyens supplémentaires pour agir en créant des délégations régionales [2]. »

◀ **R. F.**

Pour en savoir plus

Heinrich Böll et Günter Walraff, *Rapports*, Petite collection Maspero, Paris, 1980.

Duncan Campbell, *Surveillance électronique planétaire*, Allia, Paris, 2001.

Sebastian Cobler, *Law, Order and Politics in West Germany*, Penguin Books, Londres, 1978.

Roger Faligot, *Guerre spéciale en Europe. Le laboratoire irlandais*, Flammarion, Paris, 1980.

1 Voir Duncan Campbell, *Surveillance électronique planétaire*, Allia, Paris, 2001.

2 *Le Monde*, 14 avril 2004.

—, *Britain's Military Strategy in Ireland. The Kitson Experiment*, Zed-Brandon, Dingle-Londres, 1983.

Jean Guisnel, *Guerres dans le cyberespace (Services secrets et Internet)*, La Découverte, Paris, 1995.

Frank Kitson, *Low Intensity Operations. Subversion, Insurgency and Peacekeeping*, Faber & Faber, Londres, 1971.

Hans-Jürgen Schulz, *Die Geheime Internationale. Spitzel, Terror und Computer*, ISP-Verlag, Frankfort, 1982.

Reg Whitaker, *The End of Privacy. How Total Surveillance is Becoming a Reality*, The New Press, New York, 1999 (traduction française : *Tous fliqués ! La vie privée sous surveillance*, préface de Jean Guisnel, Denoël, Paris, 2001).

Francis Zamponi, *Les RG à l'écoute de la France. Police et politique de 1981 à 1997*, La Découverte, Paris, 1998.

De Concorde à Airbus : la face cachée de l'épopée industrielle

Il ne pouvait s'empêcher de lever la tête. Chaque jour, dans son bureau à Roissy, le patron d'Air France Jean-Cyril Spinetta regardait décoller le Concorde. Le bel oiseau blanc. Mais ce mardi 25 juillet 2000, il n'était pas là lorsque le vol supersonique AFR 4590 à destination de New York demanda à 14 h 42 l'autorisation de décoller. Quelques secondes plus tard, au moment où l'avion passait devant la tour de contrôle, celle-ci lui signala des flammes à l'arrière. Deux minutes plus tard, le Concorde s'écrasait sur un hôtel. Il n'y eut aucun survivant parmi les cent neuf passagers et membres de l'équipage.

L'enquête, qui n'était pas achevée à l'été 2006, a relevé la présence sur la piste d'une pièce métallique, tombée d'un avion d'American Airlines qui avait décollé juste avant. Le Concorde l'aurait heurtée au moment de son envol, provoquant l'éclatement d'un pneu et l'endommagement de parties de l'avion puis l'incendie. Cloué au sol pendant les premiers temps de l'enquête, le supersonique reprendra quelque temps ses liaisons transatlantiques avant de faire son dernier vol commercial le 24 octobre 2001. Trop vieux, trop cher, trop inadapté. C'en était fini des vols à Mach 2,5. L'époque n'était plus aux rêves, mais à la rentabilité.

Fallait-il faire le Concorde ? Près d'un demi-siècle après le lancement de ce projet emblématique de la Ve République – il est né avec elle –, la question n'est toujours pas tranchée. Face à ses détracteurs, longtemps soutenus par une presse anglo-saxonne méfiante à l'égard de l'avion franco-britannique, alors que les Américains avaient renoncé au supersonique, les ardents défenseurs du Concorde, mal à l'aise face à son échec commercial, répliquent que, sans lui, Airbus n'aurait jamais vu le jour.

Concorde a certes permis la création et l'organisation d'une industrie française aéronautique forte, des bureaux d'études à la sous-traitance, mais la vérité oblige à dire que l'histoire des deux projets est plutôt celle d'une franche rivalité, d'une contestation permanente entre les deux équipes. Peut-être fallait-il, malgré tout, cette émulation, les succès techniques de Concorde et ses revers commerciaux, pour en tirer les leçons et permettre la réussite d'Airbus, devenu en à peine trente ans, le premier constructeur aéronautique mondial, devant Boeing ?

La guerre des supersoniques

Mach 2 : depuis la fin de la Seconde Guerre mondiale, le monde de l'aviation ne rêve que d'aller au-delà du mur du son. En 1947, les Américains sont les premiers à le franchir. Européens et Russes se lancent dans la course. Tous planchent sur un avion supersonique commercial. Le 15 janvier 1958, le bureau de Toulouse de Sud-Aviation, l'ancêtre de l'Aérospatiale et d'EADS, transmet les premières ébauches au siège à Courbevoie. On parle d'un moyen-courrier, capable de transporter soixante personnes sur 3 000 kilomètres. L'avion aurait une aile delta, la fameuse aile du Concorde. De l'autre côté de la Manche, des équipes britanniques travaillent aussi sur un projet de supersonique, mais elles parlent de long-courrier, estimant que seules les très longues distances justifient de voler à plus de 2 000 kilomètres à l'heure.

On regarde, on argumente, on se critique de part et d'autre du Channel, jusqu'à ce que de Gaulle tranche, en 1961, avec cette formule sans recours : « Est-il nécessaire de faire un avion supersonique pour aller à Rome ou à Bruxelles ? » Le président de la République insiste d'autant plus qu'il souhaite une coopération européenne pour ce projet. Les études s'annoncent très coûteuses et complexes, et la concurrence sévère. Boeing, Douglas, Lockheed, Republic Aviation, sans parler des Soviétiques, ont des plans de supersoniques. La France ne peut mener seule la construction de ce nouvel avion. Il faut s'associer : le seul partenaire possible, c'est le Royaume-Uni. Le seul pays européen à avoir une industrie aéronautique performante.

Le 29 novembre 1962, un accord intergouvernemental est signé entre Londres et Paris. Les premières estimations chiffrent le projet à quelque

5 à 6 milliards de francs. Pourtant, des experts ont déjà tiré la sonnette d'alarme : selon eux, le développement d'un avion supersonique coûtera au moins six fois plus et il ne pourra avoir qu'une capacité limitée. Les faits leur donnent vite raison. À partir de 1964, les uns après les autres, les concurrents américains jettent l'éponge. Trop cher. Seul Boeing poursuit son projet de supersonique, mais avec le soutien financier du Pentagone.

En France, certains s'interrogent aussi. Le président d'Air France, Joseph Roos, en particulier. Concorde, c'est prestigieux, explique-t-il en substance, mais la compagnie nationale a plutôt besoin d'un successeur à la Caravelle pour répondre à l'essor de l'aéronautique commerciale. La voix de cet ancien des services spéciaux de la France libre en Indochine peine toutefois à se faire entendre : pour le général de Gaulle, il en va de l'honneur de la nation. On continue donc le projet. Mais les déboires techniques se multiplient, les coûts de développement du supersonique explosent. Et des voix de plus en plus nombreuses s'élèvent pour défendre d'autres coopérations.

L'Allemagne est la première à évoquer le sujet avec la France : pour elle, lancer un projet d'avion de transport, construit en concurrence, est la seule voie pour sauver son industrie aéronautique, en lambeaux depuis la dernière guerre. Des avances remarquées à Paris, alors même que la mésentente devient franchement cordiale avec les Britanniques. Le 11 décembre 1967, le Concorde 001, immatriculé F-WTSS, fait sa première sortie à Toulouse. Mais quelques semaines plus tard à peine, en février 1968, un projet de coopération est signé avec Bonn en vue de créer un avion de trois cents places, nommé A 300, dans le cadre d'un projet « Aérobus » – qui deviendra par la suite Airbus.

Une partie de l'aéronautique française, ne jurant que par Concorde, rejette ce projet concurrent : mieux vaut, selon elle, abandonner le marché des jumbos à Boeing et Douglas. Mais un homme, Roger Béteille, s'oppose à cette option. Il croit dans la coopération franco-allemande. Directeur technique à Sud-Aviation, ce polytechnicien maintient dans le secret une petite équipe, dirigée par un ingénieur afghan, Tim Bammate, pour travailler sur le futur Airbus.

Concorde, la « plus belle subvention jamais accordée aux riches »

Tout aurait pu tourner mal. En juillet 1968, la panique règne à Sud-Aviation, après les grèves du mois de mai. Le président de l'entreprise donne sa démission : il se nomme Maurice Papon [▷ p. 63]... Pour le remplacer, le ministre des Transports, Jean Chamant, appelle l'un de ses amis, l'ingénieur général de l'air Henri Ziegler. Très opposé au Concorde, celui-ci accepte le poste, à une condition : sauver Airbus. Le ministre lui accorde un délai de six mois. Les équipes d'Airbus foncent, prennent des décisions cruciales, notamment celle d'abandonner le moteur Rolls-Royce, qui devait être construit pour le projet, pour un réacteur General Electric (GE), qui a le mérite d'exister.

Vexés, les Britanniques se retirent. Mais Bonn tient bon. Un plan de partage est mis au point par l'Allemand Felix Kracht : les Allemands feront la carlingue et la queue, les Français le cockpit et la partie centrale, les Anglais, malgré leur retrait, les ailes. Le tout sera assemblé à Toulouse. Le 29 mai 1969, au salon du Bourget, les ministres français et allemands signent l'acte de naissance d'Airbus Industrie. La nouvelle passe presque inaperçue : le même jour, le Concorde 001 a survolé Paris pour la première fois pour se rendre au salon du Bourget. On ne parle que de cet avion blanc magnifique. Et tous jubilent : le supersonique américain est encore cloué au sol.

Le 28 septembre 1972, sur la piste de Toulouse-Blagnac, le premier Airbus se retrouve nez à nez avec le Concorde 002, sous les yeux du monde aéronautique. Pour beaucoup, le match semble joué : Concorde est vainqueur. Boeing a jeté l'éponge. Les Russes patinent. Le supersonique franco-britannique, qui a franchi Mach 2 dès octobre 1969, paraît invincible. Bien sûr, les coûts ont explosé, mais on enregistre déjà soixante-quatorze options de vente. On rêve, un instant...

Janvier 1973 : l'édifice s'écroule. Pan Am et TWA annulent leurs commandes (dix au total), estimant que les charges d'exploitation du Concorde seront au moins le double de celles prévues au départ. Après, tout s'enchaîne : la flambée du prix du pétrole, l'inflation galopante... L'explosion, lors du salon du Bourget, du Tupolev TU-144, le supersonique russe – surnommé « Concordsky », car il doit beaucoup à l'espionnage scientifique du KGB en France –, vient nourrir une campagne américaine contre les dangers du supersonique européen qui se voit opposer un refus d'atterrissage aux États-Unis. Le constat est là. Les commandes ont fondu comme neige au soleil. Il ne reste que seize options, partagées entre Air France et British Airways. Le gouvernement travailliste veut à son tour abandonner le projet, puis finalement décide de rester.

Après des mois de procédure, Concorde, finalement autorisé à atterrir à New York, réalise son premier vol transatlantique, le 22 novembre 1977. Mais le sort en est jeté. Le succès commercial de Concorde ne viendra jamais. Il va devenir l'avion le plus *jet-set* du monde. « C'est la plus belle subvention jamais accordée aux riches », ironisera plus tard un banquier, familier de la ligne. Air France et British Airways diront par la suite que l'exploitation du supersonique, avec un prix de pétrole bas, était rentable, mais ne fourniront jamais de chiffres précis. L'absence de séries longues et de pièces détachées, obligeant à dépouiller des appareils pour en faire voler d'autres, rendra de toute façon l'entretien de plus en plus coûteux.

Et personne ne se battra vraiment après l'accident de 2000 pour maintenir en l'air le plus bel avion de ligne, ce rêve pur d'ingénieur.

Mais les déboires de Concorde rejaillissent sur Airbus. Les compagnies aériennes se méfient de ce nouvel avion qu'elles ne connaissent pas. Fin 1974, Airbus n'a que seize commandes. Henri Ziegler sait que la guerre entre les États-Unis et l'Europe sur le dossier risque d'être totale. Il en a tête les exemples de la Caravelle, et désormais de Concorde : à chaque fois, l'administration américaine s'est débrouillée pour couper les ailes aux projets européens qui menaçaient son industrie. La victoire, d'après lui, ne peut passer que par une stratégie commerciale agressive. Pour lui succéder à la tête du GIE européen Airbus Industrie, Ziegler désigne donc Bernard Lathière, un Français né à Calcutta qui a la réputation d'être un homme redoutable. C'est lui qui avait fini par arracher pour Concorde le droit d'atterrir à New York.

À peine nommé, en février 1975, ce dernier plonge dans la mêlée et ose un coup de bluff. Le patron de la Eastern Airlines, la deuxième compagnie occidentale, voudrait bien acheter des avions européens, mais ses banquiers rechignent. Alors, le patron d'Airbus accepte de lui en prêter quatre à l'essai pendant six mois. En échange, la compagnie fera de la publicité pour faire connaître l'avion. Six mois après, les digues ont craqué. Les clients américains adorent l'Airbus et les compagnies se lancent. Il était temps : à Toulouse, les avions à la « queue blanche », c'est-à-dire sans la marque d'un client, commençaient à s'aligner sur le tarmac.

Après, tout va vite. À l'Airbus A 300, on rajoute une version modernisée, l'A 300-600, puis l'A 310, qui fait accepter une révolution : le pilotage à deux au lieu de trois. Le cap des cinq cents appareils commercialisés n'est pas loin. Pourtant, ça grince chez Airbus : les Allemands reprochent à Lathière d'exercer un pouvoir solitaire et de trop favoriser la France. En juin 1985, après dix ans de présidence, il est remercié et remplacé par Jean Pierson. Pour cet ingénieur de Sup Aéro, qui a fait toute sa carrière chez Airbus, commence le temps de la consolidation. Le succès de l'avion européen doit être confirmé par la création d'une famille d'appareils, par un maillage serré de ventes, de services, de formation des pilotes. À la manière de ce qu'a réalisé Boeing. Mais cela ne peut que heurter la prédominance américaine.

« Je ferai tout pour maintenir l'Amérique en tête de l'industrie aéronautique civile mondiale pour le XXIe siècle », a prévenu le président Bill Clinton en février 1993, lors d'un voyage à Seattle, au siège de Boeing, qui venait d'annoncer 28 000 suppressions d'emplois. Et de fait, les États-Unis feront « tout » : rééchelonnement des paiements de commandes d'armes en Arabie Saoudite, contre soixante avions achetés à Boeing au lieu d'Airbus, pourtant favori ; contestation des systèmes d'avances européennes devant le GATT ; *dumping* à outrance ; jeux diplomatiques, sans parler des coups bas et des campagnes de rumeurs, jusqu'à l'espionnage à grande échelle. Malgré la guerre du Golfe en 1991, puis la récession, Airbus tient bon.

La revanche vient en 1996, quand Jean Pierson décroche le plus gros contrat de l'histoire de l'aviation : quatre cents avions d'un coup pour renouveler totalement la flotte de US Airways, la quatrième compagnie américaine. Plus de 80 milliards de francs sur la table. Ce jour-là, le monde aéronautique bascule. Toutes les compagnies mondiales deviennent clientes d'Airbus. Même British Airways, qui a évité le constructeur européen pendant près de trente ans, finit par passer commande en mars 2005. Airbus a alors toute une gamme à offrir : A 310, A 320 et ses derniers longs courriers A 330 et A 340.

Le risque de la décomposition

Pour Noël Forgeard, nommé successeur de Jean Pierson en 1998, cela aurait dû être l'époque de gloire. Et cela débuta bien ainsi. À son arrivée, cet X-Mines, ancien conseiller industriel de Jacques Chirac à Matignon en 1986 et 1987, devenu un proche de Jean-Luc Lagardère [▷ p. 274], trouve une industrie qui tourne à plein. C'est l'âge d'or de l'aéronautique commerciale. Mais pour y répondre pleinement, être définitivement à égalité avec Boeing, il manque un avion à Airbus : un gros-porteur capable de rivaliser avec le 747. Son nom de code : A XXX, qui deviendra plus tard A 380. Un avion énorme, pouvant transporter entre cinq cent cinquante et huit cents personnes selon les options, et qui doit changer le monde de l'aéronautique.

Avec ce projet, Airbus Industrie est définitivement entrée dans l'âge adulte. Le GIE de départ n'est plus adapté à l'entreprise internationale. Il faut des structures claires pour éviter les accusations de subventions déguisées, lancées par les Américains. Le 10 juillet 2000, naît EADS (European Aeronautic Defence and Space Company). Une entreprise totalement européenne avec, à son tour de table, Allemands, Français, Espagnols, Italiens et Britanniques. Surprise : l'État français, qui a été le pilote de toute cette aventure, accepte, sous la houlette du ministre des Finances Laurent Fabius, de renoncer à tout rôle actif dans la société – même dans la nomination des responsables – et de se trouver réduit au rôle d'actionnaire le plus important certes, mais sur un strapontin.

C'est en effet Jean-Luc Lagardère et son groupe, présent à hauteur de 15 % dans le capital d'EADS à travers la Sogeade (cette société commune avec l'État est le premier actionnaire, avec 37,25 %, d'EADS), qui parleront au nom de la France. Et pour faire bonne mesure, le groupe est coté aux

Pays-Bas, pour échapper à la fiscalité française, jugée trop lourde... Dans le monde de l'aéronautique, on se frotte les yeux : comment Aérospatiale-Matra (contrôlée par Lagardère), tout petit acteur de ce milieu, est-il parvenu à accéder à une place aussi importante dans EADS ? Le rôle de Noël Forgeard, très proche de Jacques Chirac, combiné à l'allant d'un Jean-Luc Lagardère, toujours habile pour arracher quelque concession à l'État, a été d'un poids déterminant.

La mort de Jean-Luc Lagardère, le 14 mars 2003, marque un basculement : le P-DG, qui avait construit un groupe gigantesque géré par des personnalités fortes, laisse un état-major totalement divisé. Fort de son soutien présidentiel, Noël Forgeard se lance alors dans une guerre intestine pour éloigner tous les rivaux et réaliser son rêve suprême : devenir le patron unique d'EADS et non plus seulement d'Airbus, la principale filiale du groupe qui réalise 80 % des résultats. Mi-2005, il semble, avec le soutien de l'Élysée, sur le point de réaliser son ambition. Il a écarté tous les gêneurs dans le groupe Lagardère, y compris Philippe Camus, l'homme qui avait aidé à sauver le groupe après la faillite de La Cinq. En juin, le nouvel A 380 a décollé et les commandes affluent : plus de quatre cents. Airbus va réaliser une année record : plus de quatre cent vingt avions livrés, plus de mille commandes enregistrées. Pour la première fois, le consortium européen dépasse Boeing.

Ce qui aurait dû être un sacre signe en fait le début de la tempête. Imperceptiblement, la belle mécanique s'est déréglée. Tout à son combat pour le pouvoir, Noël Forgeard a oublié de regarder la concurrence. Pendant qu'Airbus se lance sur les très gros porteurs, Boeing parle de supersonique. Un leurre, en fait. Dans le plus grand secret, le groupe de Seattle a conçu le 787, un *dreamliner* qui fait rêver les compagnies dès qu'elles le découvrent en 2005. Et si Airbus s'était trompé ? Si l'avenir de l'aéronautique dans les dix prochaines années n'était pas le transport de masse sur des très grandes distances, mais au contraire des vols plus courts et très économiques ? Incapable de répondre, Airbus propose dans la précipitation l'A 350 : un projet mal ficelé qui, malgré ses 4 milliards d'euros d'investissement, devra être totalement repris quelques mois plus tard, devant la grogne des clients. Dans le même temps, pour ravir la place de Boeing en Chine, Airbus accepte de construire une usine à Tianjin et d'y transférer tout son savoir-faire. Au risque de créer son nouveau rival de demain.

Les interrogations ne s'arrêtent pas là. À l'intérieur d'EADS, la guerre fait rage. Malgré le soutien de l'Élysée, Noël Forgeard n'a pas réussi à mener à bien son « putsch ». En juin 2005, il a obtenu la présidence d'EADS, mais pas les pouvoirs opérationnels uniques qu'il souhaitait. Les Allemands se sont opposés à une présidence unique et ils sont parvenus à placer leurs hommes. Pour la première fois, un Allemand, Gustav Humbert, dirige

Airbus. Un choc. Et les premiers arbitrages se font en faveur du site d'assemblage de Hambourg, plutôt que de celui de Toulouse.

Dans les premiers mois de 2006, la désorganisation du pouvoir et la faillite des équipes se révèlent en quelques semaines. Coup sur coup, l'opinion publique découvre la bataille autour du groupe d'armement Thalès (dont EADS cherche à prendre le contrôle, sans obtenir le soutien escompté de l'Élysée ni des Allemands), le rôle de certains dirigeants dans la tortueuse affaire Clearstream [▷ p. 565], les difficultés d'Airbus dans la conception de ses nouveaux modèles, la non-gestion de l'ensemble. Tandis que plusieurs dirigeants ont vendu leurs stock-options au prix fort juste avant que les problèmes n'apparaissent au grand jour, imités par les deux principaux actionnaires, Lagardère et DaimlerBenz, qui ont profité d'un cours au plus haut pour réduire ensemble leur participation dans EADS de 7,5 %.

Tous sont déconsidérés. En juillet 2006, Noël Forgeard et le patron d'Airbus, Gustav Humbert, sont poussés à la démission. L'État français reprend un peu la main dans EADS en obtenant la nomination à la tête du groupe de Louis Gallois, président de la SNCF depuis juillet 1996, qui a fait toute sa carrière dans le public, tandis que le ministre des Finances Thierry Breton place à la tête d'Airbus un de ses proches, Christian Streiff, ancien de Saint-Gobain. Mais la réorganisation est loin d'être achevée : EADS tel qu'il a été conçu est mort. Tout est à repenser : le pouvoir, la répartition des tâches, l'organisation industrielle.

Dans ce grand meccano en préparation, sourd une peur inexprimée : paralysé par cette fin de règne, aveuglé par des querelles partisanes qui lui font perdre de vue les intérêts à long terme, mal épaulé par un actionnaire privé négligeant, l'État français ne va-t-il pas laisser tout filer face à des partenaires allemands organisés et déterminés ? Cent ans de passion, d'efforts et de rêve ne risquent-ils pas de partir en fumée par la faute d'une Ve République en fin de course ?

◀ **M. O.**

Pour en savoir plus

Claude Carlier, *L'Aéronautique française 1945-1975*, Lavauzelle, Paris, 1983.

Claude Carlier et Sciacco Gaetan, *La Passion de la conquête. D'Aérospatiale à EADS, 1970-2000*, Le Chêne, Paris, 2001.

Pierre Sparaco, *Concorde, la véritable histoire*, Larivière, Paris, 2002.

IV

Diplomaties secrètes

Un domaine absolument « réservé » : la politique étrangère et la défense

Adoptée par le référendum du 28 septembre 1958, la Constitution de la Vᵉ République va installer le président de la République dans une posture qui n'a plus rien à voir avec celle de ses prédécesseurs. Choisis par les seuls grands électeurs, les présidents de la IIIᵉ et de la IVᵉ République étaient, de fait, cantonnés à l'« inauguration des chrysanthèmes », cruelle formule ayant dépeint – assez justement – le rôle du dernier président de la IVᵉ, René Coty. La réalité du pouvoir était alors exercée par le président du Conseil, soumis aux fluctuantes majorités parlementaires, donc souvent démis de ses fonctions.

Parmi les nombreuses innovations de la Constitution fondant la Vᵉ République, c'est l'onction du suffrage universel – adopté par le référendum du 28 octobre 1962 – qui va dorénavant installer l'occupant de l'Élysée sur un Olympe dont il ne descendra plus. Le Premier ministre, dans ces conditions, vaque aux affaires intérieures. Si, aux yeux du Général, elles ne constituent pas une préoccupation mineure, elles n'entrent guère en ligne de compte quand il s'agit de rebâtir et d'illustrer la grandeur de la France. Désormais, il est acquis que deux des champs d'action essentiels du pouvoir exécutif appartiennent en propre au président : la politique étrangère et la défense. La Constitution de 1958 est claire sur le fait que « le gouvernement détermine et conduit la politique de la Nation ». Mais que veut dire la formule quand on y lit aussi que le président est le « chef des armées » ? Aux yeux de Charles de Gaulle, rien. Et à ceux de ses successeurs, pas grand-chose.

De Gaulle et Israël

C'est donc l'hôte de l'Élysée qui effectue les grands choix diplomatiques et qui établit en personne des liens nouveaux avec les États, comme lors de la spectaculaire reconnaissance diplomatique de la Chine populaire, en janvier 1964. Ou lors de l'appel à l'indépendance du Québec – « Vive le Québec libre ! » –, le 26 juillet 1967. Le chef de l'État organise également les ruptures, s'il le juge utile, comme en 1966 le départ de l'OTAN (Organisation du traité de l'Atlantique nord ; voir *infra*). De Gaulle agit comme il l'entend, seul capitaine du navire diplomatique français. Lorsqu'il sera temps de recoller définitivement les liens avec l'Allemagne, c'est bien à l'Élysée et nulle part ailleurs que Charles de Gaulle et Konrad Adenauer signeront le traité officialisant la réconciliation, le 22 janvier 1963.

Il faut encore toute l'audace offerte par une position inexpugnable, parce qu'incontestée, pour que le président français ose rompre des liens jusqu'alors très étroits avec l'État d'Israël. En juin 1967, deux jours avant l'offensive israélienne qui déclenchera la guerre des Six-Jours, le Général commence par instaurer un embargo militaire contre les belligérants, lequel vise surtout Israël, dont la majorité des équipements aériens et une grande part des matériels terrestres ont été livrés par la France. À partir de ce jour, Israël se tournera quasi exclusivement vers les États-Unis pour la fourniture d'équipement militaire.

Mais le plus inattendu est à venir. Le 27 novembre 1967, lors de l'une de ses conférences de presse semestrielles – devenues au fil des années un des môles de la vie politique française, voire du calendrier international –, de Gaulle attaque l'État hébreu, dans des termes qui vont lui attirer des volées de bois vert et une sévère lettre de quinze pages de David Ben Gourion, l'un des fondateurs d'Israël [1]. Personne d'autre que de Gaulle n'aurait ainsi pu affirmer, fustigeant le rôle des Israéliens présentés comme les agresseurs lors de la guerre des Six-Jours : « Certains même redoutaient que les Juifs jusqu'alors dispersés, mais qui étaient restés ce qu'ils avaient été de tout temps, c'est-à-dire un peuple d'élite, sûr de lui-même et dominateur, n'en viennent, une fois rassemblés dans le site de leur ancienne grandeur, à changer en ambition ardente et conquérante les souhaits très émouvants qu'ils formaient depuis dix-neuf siècles. » L'embargo et les propos présidentiels, qui signalaient une profonde rupture avec les années passées, marquées par une coopération plus qu'étroite entre les deux pays, ont été vécus en Israël comme une trahison pure et simple.

Ces exemples choisis parmi bien d'autres montrent à quel point de Gaulle a extensivement pratiqué le « domaine réservé », expression consacrée qui n'a pourtant aucune valeur constitutionnelle. C'est seulement le constat d'un fait que personne ne conteste – et surtout pas le Parlement dominé à l'époque gaulliste par les « godillots », du nom donné à ces

---

1 Voir Maurice VAÏSSE, *La Grandeur. La politique étrangère du général de Gaulle. 1958-1969*, Fayard, Paris, 1998, p. 640.

députés de la majorité présidentielle qui marchaient au pas et votaient comme un seul homme. Après de Gaulle, tous les présidents de la Ve République se sont installés dans cette situation confortable, sans équivalent dans les démocraties occidentales. Ainsi, quand Jacques Chirac annonce, en février 1996, la suppression d'une institution aussi profondément ancrée dans la vie des Français que le service militaire, il n'a pas pris la peine d'en avertir qui que ce soit. C'est cela le « domaine réservé ».

Imposer la nouvelle doctrine militaire

La fin de la guerre d'Algérie et l'arrivée quasi simultanée de l'arme nucléaire dans l'arsenal national [▷ p. 213] marquent un profond changement de la posture militaire française. Au terme du dernier grand conflit colonial, les accords d'Évian [▷ p. 82] signent, en mars 1962, l'arrêt de mort de l'« armée de papa », dans ses deux branches historiques : celle chargée, sur le territoire national, de contrer les invasions étrangères ; et celle des conquêtes et de l'occupation de territoires arrachés par la force à des populations souvent impuissantes. Trois humiliantes défaites ayant conduit à l'occupation de tout ou partie du sol français – lors des guerres de 1870, de 1914-1918 et de 1939-1945 – avaient amené Charles de Gaulle à considérer que l'arme nucléaire offrait la possibilité de « sanctuariser » le territoire national. Donc d'interdire que les invasions répétées du territoire puissent se renouveler. Mais l'armée ne franchira pas si facilement un pas conceptuel aussi considérable que celui consistant pour elle à sortir de l'état de guerre permanent prévalant depuis 1939. À la Libération, la guerre d'Indochine avait immédiatement démarré, et six mois à peine s'étaient déroulés entre la chute de Diên Biên Phû et la Toussaint rouge de 1954, qui marqua le départ du conflit algérien. En 1962, les militaires français font la guerre depuis un quart de siècle...

Et après 1962 ? Rien. Car le nucléaire est par excellence l'arme de la non-guerre. À l'action physique contre des « forces mécaniques », ou contre des guérillas, va succéder une période – toujours en vigueur aujourd'hui – où l'arme de préservation du sanctuaire est si puissante qu'elle dissuade l'adversaire éventuel d'intervenir. L'armée avait également compris qu'elle ne disposerait plus de cette liberté de manœuvre qu'elle appréciait tant. Ses cadres pressentaient ce qui allait effectivement survenir : au lieu de courir le monde les armes à la main, ils se contenteraient de préparer dans les moindres détails le geste unique d'un seul homme appuyant sur le bouton du feu nucléaire, sans pratiquement avoir besoin d'eux. Frustrant !

Mais il est un point sur lequel de Gaulle, les militaires et les scientifiques se sont accordés : pour être parfaitement crédible, la bombe française ne peut dépendre que d'un effort national. Cette doctrine de la stricte indépendance est un mythe fondateur, auquel Charles de Gaulle s'est toujours montré d'une sensibilité épidermique. Pour incarner sa puissance, la bombe se devait d'être exclusivement nationale. Est-ce vraiment le cas ?

Selon les déclarations officielles, la France s'est dotée seule de l'arme nucléaire. De fait, si l'aide américaine ou britannique [▷ p. 218] a été effectivement fort utile, elle ne concerne que des « à côtés » qui n'ont jamais été considérés comme décisifs. À la fin des années 1950, la France avait souhaité acheter aux États-Unis un sous-marin nucléaire, ce que la loi MacMahon de 1946 sur l'énergie atomique (interdisant la divulgation de renseignements nucléaires à tout pays étranger) prohibait formellement. La vente n'eut donc pas lieu. Mais Washington accepta de fournir à la France l'uranium 235 indispensable pour réaliser un réacteur sous-marin expérimental, à la condition qu'il soit installé à terre. Ce qui fut fait. Autre coup de main, lorsqu'il fallut acquérir des avions ravitailleurs en vol KC 135 pour permettre aux nouveaux avions Mirage IV de revenir de leurs missions de bombardement nucléaire au-dessus de l'URSS, Boeing fut autorisé sans grande difficulté à conclure le contrat. En revanche, IBM ne fournit jamais dans les meilleurs délais les ordinateurs nécessaires aux calculs des armes.

Surtout, les Américains ont passé leur temps à espionner les Français, avec des moyens considérables, pour connaître l'état de leurs recherches. En mars 2006, le site Web du National Security Archive a publié de nombreux documents récemment déclassifiés, sur les actions d'espionnage conduites par la Central Intelligence Agency (CIA) en direction de l'ensemble de l'appareil nucléaire français [1]. On y apprend que la vallée du Rhône et ses installations de Pierrelatte et de Marcoule ont été survolées durant les années 1950 et 1960 par des satellites espions et des avions de reconnaissance. Un grave incident diplomatique éclata même en 1965, lorsque l'US Air Force fut contrainte de remettre aux autorités françaises les cassettes de films pris par l'un de ses avions qui avait atterri en Allemagne après avoir survolé les usines atomiques de la vallée du Rhône. D'autres avions-espions, des U 2 cette fois, ont été testés à partir d'un porte-avions, dans le cadre du « projet Seeker », pour pouvoir survoler les installations françaises en Polynésie.

Tout cela ne permet pas d'affirmer que les États-Unis n'auraient pas apporté d'aide à la construction de la bombe tricolore. Bien que les archives ne soient pas près de s'ouvrir dans ce domaine, il semblerait tout de même que des contributions au moins informelles aient été accordées aux savants atomistes français. En fait, il n'est pas besoin d'un gros coup de pouce pour éviter parfois de dépenser du temps et des milliards en vains tâtonnements.

---

1 <www.gwu.edu/~nsarchiv/NSAEBB/NSAEBB184/index.htm>.

Un ancien responsable des recherches nucléaires militaires m'a ainsi affirmé que des homologues américains ont pu lui souffler, à lui et à d'autres, de discrets « Vous êtes dans la bonne voie », mais jamais l'inverse : « En fait, ils nous ont aidé une fois que l'on avait l'ébauche de la solution, et à plusieurs reprises. »

Sceptre républicain

Les rois ont un sceptre. Pour Charles de Gaulle, installé dans un rôle de souverain républicain par cette Constitution qu'il a tant voulue, la bombe va devenir la marque de son nouveau pouvoir. Elle lui permettra, ainsi qu'à ses successeurs, de garantir en la sacralisant sa position de maître incontesté du « domaine réservé ». Pour son biographe Jean Lacouture, « entre de Gaulle et la bombe, s'établit une convergence impérieuse. Tout ce qu'il a voulu être, tout ce qu'il a été – et tout ce qu'il a souffert de ne pas avoir – exige qu'il se dote de cet atout irremplaçable. Le feu nucléaire est consubstantiel au gaullisme d'État, comme le principe de l'indépendance et la suprématie du décideur. Si les justifications stratégiques et diplomatiques lui avaient manqué pour faire de "sa" bombe la colonne vertébrale de l'indépendance française, le principe d'unicité, de centralisation suprême de la décision l'eût, en son esprit, imposée : comment mieux manifester que, s'agissant de la sauvegarde de la nation, Charles de Gaulle était seul maître à bord [1] ? »

« Seul maître à bord » ? Il n'y a pas de question sur ce point. Bien d'autres secteurs seront suivis de près depuis l'Élysée, mais personne ne peut toucher au « domaine réservé ». À tel point que toute décision mûrit dans la plus impénétrable confidentialité. Charles de Gaulle aime le secret. Non pour le plaisir, mais parce que cela lui semble la seule manière de préserver la sentence en préparation de toute interférence extérieure. L'une des décisions les plus spectaculaires qu'il a prises en politique étrangère concerne l'annonce officielle, par une lettre au président américain Lyndon B. Johnson du 7 mars 1966, du retrait définitif de la France de la structure de commandement militaire intégré de l'OTAN, l'organisation militaire de l'Alliance atlantique créée le 4 avril 1949 pour organiser l'affrontement des « puissances occidentales » face à l'Union soviétique. Les motivations de cette mesure sont à chercher dans la volonté de la France de ne pas placer son arme nucléaire sous contrôle de l'OTAN, et d'y faire échapper également un certain nombre de forces classiques.

1 Jean Lacouture, *De Gaulle*, tome 3, *Le Souverain*, Seuil, Paris, 1986, p. 452.

Le départ de l'OTAN illustre très précisément la notion de « domaine réservé ». Dans son livre déjà cité, *La Grandeur*, l'historien Maurice Vaïsse détaille la manière dont la décision de la France de quitter l'OTAN a été préparée, dissimulée et enfin annoncée. Du début à la fin, tout procède de la seule volonté du Général : « Aucune décision préalable n'est prise en Conseil de défense ou en Conseil restreint. Le Général se réserve d'annoncer publiquement la décision avant d'en avertir les services. Et encore, lors de la conférence de presse du 21 février 1966, reste-t-il vague sur l'échéance. À part le Premier ministre, le ministre des Affaires étrangères et le ministre des Armées, le gouvernement dans son ensemble ne sera informé que le 9 mars, c'est-à-dire deux jours après la remise de la lettre de De Gaulle à l'ambassadeur américain [Charles Bohlen]. Il n'y a pas eu de débat en conseil des ministres. Il n'y a même pas eu un tour de table, comme le Général le faisait quelquefois. Le retrait de la France de l'OTAN constitue donc l'exemple type d'une décision prise par le président lui-même. Les avis ou les consultations sollicités par lui ne l'ont pas été sur la décision elle-même mais sur les modalités [1]. »

Alors que l'OTAN s'oriente vers une intégration toujours plus poussée des forces de ses membres sous – de fait – la houlette américaine, elle prend également une direction dont de Gaulle ne veut pas entendre parler : l'utilisation dans la bataille des armes nucléaires tactiques, à savoir de « faible » puissance et de deux ou trois cents kilomètres de portée. Charles de Gaulle ne peut accepter ce changement progressif de doctrine, qui verrait la bombe atomique passer de sa position d'arme stratégique suprême à celle de vulgaire munition du champ de bataille, une superartillerie en quelque sorte. Pourtant, les Américains entendent convaincre leurs alliés de la pertinence de leur théorie de la « riposte graduée », qui permet d'utiliser l'arme atomique au gré de l'évolution des combats. Mais ceux-ci auraient vocation à se dérouler sur le sol européen, et surtout allemand, dans le cadre d'une confrontation avec l'URSS. C'est très exactement ce dont de Gaulle ne veut pas, et qui va entraîner le départ de l'OTAN, perçu par Washington comme un « coup de poignard au cœur de l'Alliance ».

Pour les Français, dont les quelques dizaines de têtes nucléaires n'ont jamais rivalisé avec des arsenaux russe et américain, chacun plusieurs centaines de fois plus puissants, les principes intangibles demeurent : en s'attaquant à la France, l'URSS se serait exposée à des dommages bien supérieurs aux bénéfices qu'elle pourrait tirer de son agression. Mais, contrairement aux Américains – et aussi aux Russes –, qui ne craignent pas d'envisager l'emploi d'armes tactiques sur le champ de bataille, la France maintient sa position, et refuse *de facto* cette option.

---

1 Maurice Vaïsse, *La Grandeur*, *op. cit.*, p. 294-295.

L'absence de garde-fou

En attribuant des pouvoirs exorbitants au chef de l'État, la Constitution de la Ve République place ce dernier sur un tel piédestal que tout ce qui procède de sa personne se révèle difficilement discutable, pour devenir incontestable quand il s'agit du domaine réservé. Charles de Gaulle lui-même a pourtant rejeté cette formule, affirmant : « S'il n'y a pas pour moi de domaine qui soit ou négligé ou réservé, je ne manque évidemment pas de me concentrer sur les questions qui revêtent la plus grande importance générale [1]. » Et pourtant, c'est bien lui qui est à l'origine du domaine réservé, et qui l'a élevé au rang de système. Lequel système ne souffre pas d'exception, comme le démontreront les belles escarmouches qui opposeront à ce sujet François Mitterrand à ses deux Premiers ministres des temps de cohabitation : Jacques Chirac et Édouard Balladur.

Le premier osera entamer le dogme nucléaire, en affirmant en 1986 que les armes tactiques dont dispose alors la France – notamment le missile à courte portée Hadès – lui permettraient d'envisager des « frappes échelonnées dans la profondeur » du champ de bataille. Mitterrand répliquera vertement, le 13 octobre 1986, en réaffirmant sa prééminence sur le sujet nucléaire, et en renvoyant Chirac aux affaires qui le regardent : « On ne peut séparer arbitrairement telle ou telle composante de la stratégie. Les armes tactiques font partie de la dissuasion et ne sont pas un simple prolongement d'une bataille classique ou conventionnelle. Elles font partie d'un tout stratégique. » Il est piquant de constater que Chirac et Mitterrand ont ainsi joué à contre-pied : le premier s'était fait le thuriféraire d'une stratégie combattue en son temps par de Gaulle, poussant ainsi le second à devenir l'inattendu gardien du dogme gaullien...

En 1992, François Mitterrand avait laissé dire à l'un de ses plus fidèles lieutenants, le sénateur socialiste Michel Charasse, qu'en temps de cohabitation le « domaine réservé » devenait un domaine « partagé » avec le gouvernement. Mais c'était une galéjade, bien sûr. Une nouvelle passe d'arme survint, avec Édouard Balladur cette fois, après l'interruption des essais nucléaires dans le Pacifique décidée par les socialistes en 1992 [▷ p. 217]. Après la dislocation de l'URSS l'année précédente, cette décision visait à assurer la communauté internationale de la volonté de la France de parvenir à un accord international sur le bannissement définitif de ces expérimentations. Mais Édouard Balladur, nommé Premier ministre après la victoire électorale de la droite en mars 1993, ne l'entendait pas de cette oreille et lança, le 13 octobre de la même année, que son gouvernement ne

1 Charles de Gaulle, *Le Renouveau*, Plon, Paris, 1970. Nous nous référons à l'édition de « La Pléiade », *Mémoires*, Gallimard, Paris, 2000, p. 1120.

s'interdirait pas de reprendre les essais « aussi longtemps qu'il aurait le sentiment qu'ils sont indispensables à la crédibilité technique de notre force de dissuasion ».

C'est un François Mitterrand épuisé par son cancer, mais le front haut, qui convoque à l'Élysée, en présence de la presse, le ban et l'arrière-ban des nucléocrates français. Anciens et nouveaux responsables sont présents, parmi les militaires et les diplomates. Dans la salle des fêtes du palais présidentiel, on entendrait une mouche voler. Et le président met son successeur au défi de reprendre les essais : « Après moi, on ne le fera pas, parce que la France ne voudra pas offenser le monde entier en relançant le surarmement nucléaire. Je fais confiance à mes successeurs, ils ne pourront pas faire autrement. » Évidemment, à peine élu l'année suivante, Jacques Chirac reprendra les essais pour une série de quelques tirs, qui seront terminés au début de 1996. Il tenait à montrer à la face du monde qu'il était bien le maître du feu... Le 29 janvier 1996, le jour même de la dernière expérimentation, il annonçait que la France signerait le Traité d'interdiction complète des essais nucléaires (TICEN) [1], ce qu'elle a fait.

La fin des essais nucléaires est aujourd'hui un fait pour les grandes puissances autorisées *de facto* par la communauté internationale à posséder l'arme absolue, qui se trouvent également être – ce n'est pas un hasard – les cinq membres permanents du Conseil de sécurité de l'ONU (Chine, France, États-Unis, Royaume-Uni, Russie). Mais plusieurs éléments doivent être pris en considération. Tout d'abord, notamment de la part des États-Unis, cette situation n'est pas irréversible. Ensuite, le Pakistan et l'Inde ont procédé à des essais souterrains en 1998. De surcroît, un pays qui ne l'a jamais admis officiellement, Israël, possède la bombe atomique. Surtout, d'autres pays – singulièrement l'Iran et la Corée du Nord – cherchent à acquérir la bombe.

Rappelons également que, dans tous les pays ayant procédé à des tirs atmosphériques, les conséquences pour la santé des populations concernées sont bien réelles. Bien que les archives officielles ne soient pas ouvertes, on sait d'ores et déjà que les tirs français sur le sol algérien (à Reggane) et en Polynésie ont eu des effets graves sur des militaires ayant participé aux expérimentations et sur les populations de ces zones. Les taux de cancer et d'autres maladies liées aux radiations sont nettement plus élevés en Polynésie que dans les autres régions du Pacifique. Des associations se sont montées pour réclamer reconnaissance et réparations de ces

1 Ce traité est souvent évoqué sous sa dénomination en langue anglaise : CTBT (Comprehensive Test Ban Treaty).

événements, sans grand succès tant la puissance publique refuse toujours d'admettre, contre l'évidence, toute conséquence néfaste des essais [1].

Ce dossier a rebondi le 31 juillet 2006, avec la publication à Papeete d'un document émanant d'un chercheur de l'Inserm (Institut national de la santé et de la recherche médicale), Florent de Vathaire. Celui-ci affirme avoir établi pour la première fois, après étude de 239 cas de cancers de la thyroïde en Polynésie, une relation « statistiquement significative » entre une dizaine de cas de cancer et les quarante essais atmosphériques qui se sont déroulés sur les atolls de Moruroa et de Fangataufa entre le 2 juillet 1966 et le 14 septembre 1974.

Domaine réservé, dérives avérées

Sous la Ve République, la suprématie présidentielle ne souffre pas de contestation, et le gouvernement – mais aussi souvent l'opposition – n'a d'autre choix que la soumission à la volonté élyséenne. De nombreux exemples l'attestent, qui se trouvent parfois à l'origine des pires catastrophes politiques. En 1985, c'est avec l'aval du seul François Mitterrand que le ministre de la Défense Charles Hernu décide d'entreprendre la pitoyable opération des services secrets aboutissant à l'affaire Greenpeace [▷ p. 377]. Secret, absence de contrôle, ignorance dans laquelle est tenu le chef du gouvernement Laurent Fabius : tout cela est lié au secret dans lequel le chef de l'État peut agir sans le plus élémentaire contrôle démocratique.

On sait aussi que, lorsqu'il s'est agi de décider l'intervention française au Rwanda, en 1994, le Premier ministre Édouard Balladur, très réticent à l'égard de cette expédition militaire, eut quelque peine à faire valoir ses arguments auprès de François Mitterrand [▷ p. 187]. C'est encore sous le gouvernement d'Édouard Balladur que les militaires engagés sous la bannière de l'ONU en ex-Yougoslavie furent conduits par des politiques onusienne et élyséenne erronées à rester l'arme au pied quand ils se trouvaient attaqués par des Serbes bien décidés à les humilier (à la Légion étrangère, on n'est pas près d'oublier l'image de cet officier sortant de son poste en agitant un drapeau blanc...). Ou pire, à ne disposer ni des moyens ni des instructions du chef des Armées, pourtant indispensables pour défendre des populations civiles massacrées. Le courage, voire l'héroïsme, des soldats présents sur place ne pouvait pas compenser l'absence de directives résolues.

---

1 Lire notamment à ce propos : Bruno Barillot, *L'Héritage de la bombe. Polynésie, Sahara, 1960-2002*, CRDP, Lyon, 2002 ; Bruno Barrillot, *Les Irradiés de la République. Les victimes des essais nucléaires français prennent la parole*, Complexe, Bruxelles, 2003 ; et Pieter de Vries et Han Seur, *Moruroa et nous. Expériences des Polynésiens au cours des trente années d'essais nucléaires dans le Pacifique Sud*, CRDP, Lyon, 1997.

Bien qu'elle se soit souvent révélée néfaste, cette politique ne fut pourtant que très modérément contestée : elle émanait du chef de l'État, se trouvait donc au cœur de ses prérogatives. Pas touche ! Pour que l'attitude française en ex-Yougoslavie change du tout au tout, il faudra attendre que Jacques Chirac, nouvellement élu, tape du poing sur la table et exige un changement de posture. Celui-ci trouvera très rapidement sa traduction avec la reprise aux Serbes du pont de Vrbanja, le 27 mai 1995, à Sarajevo, bientôt suivi de l'envoi d'une force de réaction rapide puissamment armée par la France et le Royaume-Uni [▷ p. 361]. Encore une décision présidentielle, mais dans un sens cette fois-ci opposé à celui encore voulu quelques semaines plus tôt par François Mitterrand. Domaine réservé !

Les plus grands rendez-vous de politique étrangère, aux conséquences les plus graves, conduisent le président de la République à prendre des décisions qui pourraient être légitimement contestées, au fond, par une part plus ou moins importante de l'opinion publique. Quand survient la crise du Golfe, provoquée en août 1990 par l'invasion du Koweït par Saddam Hussein, François Mitterrand peut décider de placer un corps expéditionnaire français – la division Daguet – dans la coalition internationale sans même prendre l'avis du Parlement, qui ne sera consulté qu'après. Parce qu'il est admis en France qu'un président peut envoyer des soldats combattre, donc risquer leur vie, sans que la représentation nationale dise son mot. Plus grave sans doute : personne ne s'en offusque. Et si une contestation fut remarquée, ce fut celle du ministre de la Défense du gouvernement de Michel Rocard, Jean-Pierre Chevènement, auteur de la formule « Quand on est ministre, on ferme sa gueule ou on démissionne », qui préféra rendre son tablier le 29 janvier 1991.

En 2003, changement de position. Cette fois, le président français Jacques Chirac condamne l'invasion de l'Irak par les troupes américaines. Mais sa position ne souffre pas davantage de contestation en France que celle de son prédécesseur. L'opposition de gauche colle à la posture présidentielle, comme celle de droite l'avait fait treize ans plus tôt. Non que des hommes politiques de premier plan n'aient pas pu penser que la France devait intervenir en Irak. Mais la pratique si bien ancrée du domaine réservé leur aurait interdit *de facto* de contester une telle position élyséenne.

Née de la résolution de Charles de Gaulle, endossée sans problème par tous ses successeurs, l'existence du « domaine réservé » est devenue centrale dans la vie politique de la Ve République. Pourtant, cette pratique n'est pas inscrite *stricto sensu* dans la Constitution, et relève donc de la seule conception que le président a de sa fonction, et de l'usage qu'il en fait. François Mitterrand et Jacques Chirac l'ont même conçue au sens le plus extensif possible, en débordant largement des domaines militaire et diplomatique qui avaient prévalu au temps du Général. Chacun à sa manière, ils ont progressivement étendu leur emprise personnelle sur des secteurs qui devraient relever de la responsabilité exclusive du gouvernement. Les affaires industrielles, liées aux grands contrats d'État, ainsi que les juteuses positions – y compris dans l'industrie privée – qu'une intervention personnelle du chef de l'État peut faire gagner à tel ou tel affidé, ont fait que le président intervient désormais tous azimuts.

On n'est plus là, bien sûr, dans le « domaine réservé » tel que le pratiquait le général de Gaulle. Mais bien dans une très nette dérive qui voit la France fonctionner souvent comme un curieux État dont le président, englué dans les affaires – les siennes et celles des autres –, n'agit plus comme un arbitre ou comme un dirigeant dégagé des contingences immédiates, mais bien comme une partie prenante.

◂ **J. G.**

Pour en savoir plus

Samy Cohen, *La Monarchie nucléaire. Les coulisses de la politique étrangère sous la Ve République*, Hachette, Paris, 1986.

Colloque d'Arc-et-Senans, *L'Aventure de la bombe. De Gaulle et la dissuasion nucléaire*, Plon, Paris, 1985.

Sten Rynning, *Changing Military Doctrine. Presidents and Military Power in Fifth Republic France, 1958-2000*, Praeger, Londres, 2002.

Maurice Vaïsse, *La Grandeur. La politique étrangère du général de Gaulle. 1958-1969*, Fayard, Paris, 1998.

Les aléas de la politique arabe de la Ve République

Le 9 février 1958, le général de Gaulle reçoit l'ambassadeur de Tunisie en France, Mohammed Masmoudi, dans sa propriété de Colombey-les-Deux-Églises. L'entretien se déroule dans un contexte international tendu : en représailles aux tirs d'unités de l'Armée de libération nationale algérienne (ALN) basées en Tunisie, l'aviation française vient en effet de pilonner les alentours du village tunisien de Sakiet Sidi Youssef. L'émotion dans le pays est à son comble : ce bombardement aérien au jugé, touchant notamment une école primaire, a provoqué des victimes civiles.

En recevant Masmoudi, de Gaulle, qui n'est alors qu'un simple citoyen sans fonction officielle, fait certes d'abord un beau pied de nez à ses adversaires de la IVe République. Mais il marque du même coup un intérêt qui n'est pas feint pour un des deux pays nouvellement indépendants du Maghreb. Ses relations personnelles avec la monarchie marocaine sont encore meilleures : dès le 29 juin 1945, le Général ne faisait-il pas du futur souverain chérifien, Mohammed V, un compagnon de la Libération ? C'est dire si l'homme de Colombey, en marche vers la reconquête du pouvoir à Paris, prend au sérieux la dimension arabe de son action.

L'objectif de De Gaulle : reprendre pied dans le monde arabe

Le commandant de Gaulle a servi d'octobre 1929 à octobre 1931 à l'état-major des troupes françaises de Syrie et du Liban, pays alors placés sous mandat français par la Société des nations (SDN), l'ancêtre de l'Organisation des Nations unies (ONU). De ces années, le président tire une connaissance pratique de l'« Orient compliqué », ainsi qu'il a désigné cette région dans ses *Mémoires de guerre*. Mais, conscient de la nécessité d'une politique arabe, il n'en subordonne pas moins cette dernière à ses deux objectifs essentiels : la souveraineté française et le rang de la France dans le monde.

Dès son retour au pouvoir, en juin 1958, quatre mois après son entretien avec Mohammed Masmoudi, c'est justement au nom de la défense de la souveraineté nationale que de Gaulle s'émeut de l'influence des représentants israéliens en France. Nombre d'entre eux – dont, pour ne citer que lui, le futur Premier ministre de l'État hébreu Shimon Pérès – ont en effet table ouverte chez une grande partie du personnel politique parisien, voire dans certains ministères, dont celui des Armées...

Une sympathie qui remonte à l'après-guerre et aux vagues d'immigrants sionistes acheminés en Palestine par l'Agence juive, au nez et à la barbe de la puissance mandataire britannique. À l'été 1947, ce fut l'équipée de l'*Exodus* : 4 500 rescapés de la Shoah embarqués à Sète, pris à l'abordage par la Royal Navy, reconduits en France dans des bateaux-prisons qui resteront immobilisés vingt-quatre jours d'affilée à Port-de-Bouc, avant d'être enfin transférés par les Anglais... en Allemagne. Une sympathie qui s'est transformée en alliance en octobre-novembre 1956, au moment de l'expédition franco-anglaise sur Suez, quand le gouvernement socialiste de Guy Mollet a fait cause commune avec les Israéliens et les Britanniques, dans l'espoir d'abattre le président égyptien Gamal Abdel Nasser, considéré comme le mentor du Front de libération nationale (FLN) algérien [▷ p. 243].

Cette sympathie, de Gaulle la partage, mais dans une certaine mesure seulement : pas si elle doit déterminer la politique de la France. Le président reçoit bien le charismatique Premier ministre israélien, David Ben Gourion, les 14 et 17 juin 1960, à l'Élysée, mais c'est pour l'inciter à faire « taire l'orgueil » des Israéliens d'avoir créé l'État juif et vaincu deux fois les Arabes, en adoptant une politique conciliante envers ses voisins. Dans le même temps, il met « un terme à d'abusives pratiques de collaboration établies sur le plan militaire, depuis l'expédition de Suez, entre Tel-Aviv et Paris et qui introduisaient en permanence des Israéliens à tous les échelons des états-majors et des services français [1] ». Une atteinte à la souveraineté nationale, ce que le chef de l'État supporte le moins...

La politique traditionnelle de la France au Moyen-Orient serait-elle de retour ? Elle s'appuie sur les deux ex-mandats français dans la région : le Liban, où l'influence française remonte au XIXe siècle, et la Syrie. Or voici que les Américains tendent à supplanter les Britanniques, autrefois maîtres du jeu moyen-oriental. La double crise de juillet 1958 illustre de façon saisissante cette nouvelle donne. Le 14 juillet, c'est le massacre du roi d'Irak pro-britannique Fayçal II et de sa famille par les militaires radicaux de Bagdad : perte d'influence anglaise. Le lendemain, 5 000 marines de la VIe flotte débarquent dans un Liban en proie à la guerre civile, à l'appel du président chrétien maronite Camille Chamoun : démonstration de force américaine.

Un troisième acteur, l'URSS, s'attire des sympathies nombreuses dans la région en dénonçant l'« impérialisme occidental » et en s'en prenant à Israël. En Irak, en Syrie et même au Liban, son action est relayée par les partis communistes locaux. Autant dire que l'« Orient compliqué » le devient de plus en plus...

Absorbé jusqu'en juillet 1962 par le problème algérien, de Gaulle n'aura guère le temps de définir le détail de sa future politique arabe. Les grandes lignes en sont pourtant claires dans son esprit : il ne s'agira pas à proprement parler d'une « politique arabe », mais du volet arabe d'une politique mondiale visant à développer le partenariat de la France avec les nations nouvellement indépendantes. À l'heure de prendre ses distances avec les deux blocs rivaux – l'Est derrière l'URSS et l'Ouest derrière les États-Unis –, il importe en effet de s'assurer des alliés au sein du tiers monde, et notamment du monde arabo-musulman.

Pour avoir dépêché, en juillet 1961, les paras français défendre, au prix de nombreux morts civils, la base de Bizerte, que des manifestants et des

---

1 Charles DE GAULLE, *Mémoires d'espoir, Le Renouveau, 1958-1962*, Plon, Paris, 1970.

soldats tunisiens envoyés par le président Habib Bourguiba tentaient d'investir, de Gaulle a vu un moment son capital de sympathie s'affaiblir au Maghreb. L'indépendance algérienne, en revanche, redore son blason. À un détail près : avec elle, émerge un nouveau venu dans le paysage tiers-mondiste en la personne du président Ahmed Ben Bella. De Gaulle, lui, poursuit, avec constance, mais sans être payé de réciprocité, la politique de coopération prévue par les accords d'Évian du 18 mars 1962 [▷ p. 82]. Il nomme ambassadeur à Alger un spécialiste du monde arabe connu pour avoir critiqué en son temps l'intervention française à Suez, Georges Gorse. Le 13 mars 1964, enfin, le Général reçoit Ben Bella au château de Champs, discute âprement avec lui les problèmes pétroliers et nucléaires au Sahara, puis conclut que tout compte fait, « cet homme ne nous veut pas de mal ».

Le Maghreb n'est pas la seule région arabe à préoccuper de Gaulle. À son instigation, des contacts se sont par exemple noués dès 1962-1963 entre l'état-major français et son homologue jordanien. Or, hostile au nassérisme, la Jordanie figure parmi les alliés privilégiés de Londres. Après le massacre de son cousin Fayçal II, en juillet 1958, le gouvernement anglais, inquiet pour le trône du jeune roi Hussein, avait d'ailleurs envoyé ses parachutistes à la rescousse de ce souverain que de Gaulle rêve maintenant de séparer de Londres. Tentative vouée à l'échec, même si elle débouche sur une première rencontre Hussein-de Gaulle à l'Élysée, le 9 mai 1964, puis sur une visite officielle du roi à Paris, du 17 au 19 novembre de la même année.

Les fils sont également renoués avec Nasser, *via* Sarwat Okacha, l'attaché militaire égyptien à Paris. Okacha prend langue avec le ministre des Affaires culturelles André Malraux, mais aussi avec Louis Joxe, le ministre d'État en charge des Affaires algériennes, et avec Maurice Couve de Murville, ministre des Affaires étrangères et ancien ambassadeur au Caire de 1950 à 1954. S'ils ne déclenchent pas la visite officielle de Nasser à Paris dont Malraux et Ochaka avaient rêvé, ces contacts vont conduire à la réception par de Gaulle d'un de ses bras droits, le maréchal Abdel Hakim Amer, le 16 octobre 1965.

Pétrole et armes

En 1967, après neuf ans de pouvoir gaulliste, le bilan de sa politique arabe reste mitigé. Ses atouts : le prestige personnel du Général, l'amitié traditionnelle des chrétiens maronites du Liban, les relations désormais sans nuage avec le Maroc du jeune roi Hassan II et la Tunisie du président Bourguiba. Son cauchemar : les négociations toujours difficiles avec l'Algérie du colonel Boumediene et de son ministre des Affaires étrangères, Abdelaziz Bouteflika – le futur président du pays –, notamment à propos du nombre et du statut des immigrés algériens acceptés en France.

En revanche, la France se fait remarquer du monde arabo-musulman, car elle prône, par le biais du groupe public pétrolier ERAP, fondé le 1er janvier 1966, des accords directs qui laisseraient les entreprises nationalisées des pays du tiers monde propriétaires des richesses du sous-sol. Probants en Iran dès 1966, les résultats de cette politique le seront moins en Irak. Quant à l'Algérie, elle reste un cas à part en matière pétrolière aussi [▷ p. 137]. Il n'empêche, les échanges avec le monde arabe s'accroissent, les exportations françaises vers ces pays atteignant 4,5 milliards de francs en 1966, contre 10 milliards de francs d'importations, pétrole inclus.

L'approche directe, en résumé, a donné des résultats, mais pas assez. C'est par l'approche indirecte, en prenant ses distances avec Israël, que le Général va gagner des points – même s'il semble avoir laissé se poursuivre, dans le plus grand secret, l'aide française au développement de l'arme nucléaire israélienne [▷ p. 242]. Mais les rapports entre le président de la République et l'État hébreu ont toujours été complexes : une dose d'admiration pour ce petit pays qui tient bon dans un environnement hostile ; une dose d'exaspération envers une politique israélienne qui lui paraît marquée au coin de l'arrogance.

Le 24 mai 1967, en pleine crise avec l'Égypte, le ministre israélien des Affaires étrangères, Abba Eban, est reçu à l'Élysée. « En aucun cas ne soyez les premiers à ouvrir les hostilités », l'exhorte de Gaulle. Et comme les mots ne suffisent pas toujours, l'embargo sur les livraisons d'armes aux pays du Moyen-Orient est décrété par Paris le 2 juin. Le 5, l'État hébreu attaque le premier. L'as des pilotes des Forces françaises libres, Pierre Clostermann, qui a eu le malheur de se trouver dans la salle d'opération de l'aviation israélienne ce jour-là, se fera remonter les bretelles par de Gaulle dès son retour en France ! Il n'est pas le seul. Le ton ne tarde pas à monter entre les deux capitales. Le 27 novembre, c'est la conférence de presse élyséenne et la fameuse petite phrase tant commentée depuis sur le « peuple d'élite, sûr de lui-même et dominateur » [▷ p. 319].

L'attitude ferme du Général pose des problèmes dans une France où Israël bénéficie d'une véritable cote d'amour, y compris dans les rangs des élus gaullistes. Elle vaut en revanche à Paris bien des suffrages dans le monde arabe. Le 17 octobre 1967, Hussein de Jordanie, fort de l'appui de Tunis et de Rabat, rencontre ainsi le colonel Boumediene à Alger. Malgré leurs divergences, les deux chefs d'État s'entendent sur une position commune à propos du problème palestinien. Celle qu'Hussein vient expliquer à Paris, où il sera l'hôte à déjeuner du général de Gaulle le 26.

Pour autant, les conditions d'une grande politique française au Moyen-Orient sont-elles créées ? Il faudrait la durée, or le Général a fêté son soixante-seizième anniversaire et, dans deux ans, il aura quitté le pouvoir… Reste que les prises de positions gaulliennes ont en quelque sorte

« décomplexé » un Quai d'Orsay traditionnellement favorable aux régimes arabes modérés, mais qui n'osait souffler mot jusque-là en raison d'une très forte pression de l'opinion publique.

Plus proche des positions israéliennes que son prédécesseur, Georges Pompidou ne rétablit pas pour autant la préférence de principe dont jouissait l'État hébreu sous la IVe République. Français du Maroc, le secrétaire général de l'Élysée, Michel Jobert, se montre partisan d'une politique arabe active, comme d'ailleurs Philippe de Saint-Robert, écrivain et journaliste gaulliste de gauche qui s'entretient régulièrement avec le nouveau président. Un autre conseiller se profile enfin, plus discret en raison de son passé compromettant : connaisseur reconnu du monde arabo-musulman, Jacques Benoist-Méchin fut en effet secrétaire d'État sous Vichy jusqu'à sa démission en septembre 1942 [1]...

Pompidou maintient l'embargo sur les armes. Le 15 décembre 1969, il annonce même l'« aménagement de rapports cordiaux avec le gouvernement libyen », véritable pavé dans la mare puisque le régime du très radical colonel Mouammar Kadhafi, au pouvoir depuis le mois d'août, fait figure d'épouvantail. Or, quatre jours plus tard, le *New York Herald Tribune* annonce que la France s'apprête à livrer des avions de combat Mirage F-1E à Kadhafi. Outre Pompidou, le Premier ministre Jacques Chaban-Delmas et le ministre des Affaires étrangères Michel Debré ont approuvé cette vente, au nom de la fidélité à la politique gaulliste d'indépendance nationale. Les cent seize appareils seront bien livrés, mais selon un calendrier échelonné, pour éviter qu'en cas de violation des accords, ils apparaissent d'un seul coup sur le champ de bataille. Précaution utile : on apprendra, en août 1974, que la Libye en a cédé certains à l'Égypte...

Même s'il s'attire les foudres d'Alger en refusant de reconnaître officiellement le Front populaire pour la libération du Saguia el-Hamra et du Rio de Oro (Front Polisario ; créé en mai 1973, soutenu et équipé par l'armée et les services secrets algériens, il combat contre les Marocains et les Mauritaniens pour l'indépendance du Sahara occidental), Valéry Giscard d'Estaing va poursuivre la politique engagée par Pompidou. Elle se veut moins pro-israélienne que la politique des États-Unis, nouvel allié stratégique de l'État hébreu – le président français va autoriser l'ouverture à Paris d'un bureau de l'Organisation de libération de la Palestine (OLP) de Yasser Arafat –, mais moins proarabe que celle du général de Gaulle. Poursuivant la coopération avec l'Algérie, pays où il va se tailler au fil du temps une solide popularité, Jacques Chirac, Premier ministre du 25 mai 1974 au 27 août 1976, noue simultanément des relations étroites avec Bagdad. L'homme fort de l'Irak, Ahmed Hassan el-Bakr, fait à la fois figure de radical et d'élément

1 Éric ROUSSEL, *Georges Pompidou*, Perrin, Paris, 2004.

stabilisateur dans la région (le parti Baas irakien est alors une organisation sympathisante de l'Internationale socialiste). Mais, dès sa visite à Bagdad le 1er décembre 1974, c'est avec Saddam Hussein, alors numéro trois du régime, que Chirac s'entendra le mieux.

L'Irak propose à Paris des conditions financières très intéressantes pour la Compagnie française des pétroles (CFP). Ce qui n'est pas négligeable dans cette période ouverte par le choc pétrolier de 1973, qui vient de démontrer que le monde arabe continue à détenir avec l'or noir une arme stratégique. En contrepartie, la France signe, le 18 novembre 1975, le contrat d'aide à la construction du réacteur nucléaire expérimental Osirak [▷ p. 242]. Accords avec livraisons d'armes à la clé vont s'intensifier après juillet 1979 et la prise de pouvoir par Saddam Hussein. En août 1980, ce dernier attaque l'Iran avec la bénédiction des Occidentaux, qui craignent comme la peste l'islamisme radical de Téhéran. Bénédiction et armes, car tant les États-Unis que la France fourniront au dictateur de Bagdad les moyens militaires de son assaut.

Une politique que le président socialiste, François Mitterrand, se gardera bien de bouleverser après mai 1981...

François Mitterrand et les Palestiniens

Bien qu'il ait accusé VGE d'hostilité systématique à Israël pendant la campagne électorale, le nouvel hôte de l'Élysée sait très bien que les médias et l'opinion publique, massivement favorables à l'État hébreu jusqu'aux années 1970, sont en train de changer. Un sentiment propalestinien s'est en effet fait jour, qui ne cessera de se développer, de sorte que l'on pourra parler de véritable « basculement ». Israël, qui incarnait autrefois la faiblesse, représente désormais la puissance, tandis que les Palestiniens apparaissent comme un peuple martyr, d'où de fortes sympathies dans un pays de vieille tradition chrétienne comme la France – les « cathos de gauche » joueront un rôle important dans cette évolution.

Après le voyage de Mitterrand en Israël, premier séjour officiel d'un président français dans l'État hébreu, le renversement de perspective se manifeste avec éclat en juin 1982, quand l'armée israélienne envahit le Sud du Liban. C'est cet événement qui va permettre à Mitterrand et à ses ministres des Affaires étrangères, Claude Cheysson (21 mai 1981-7 décembre 1984) puis Roland Dumas [▷ p. 365], de poursuivre la politique de leurs prédécesseurs sans avoir l'air de se renier. Comme le 30 août 1982, quand Yasser Arafat, acculé par les Israéliens, est évacué de Beyrouth par une force multinationale d'interposition à forte composante française. Comme le 19 décembre 1983, quand les forces françaises assurent l'exfiltration du même Arafat et de ses 4 000 partisans assiégés dans la ville libanaise de Tripoli par les Syriens et les dissidents palestiniens qui leur sont liés. Plus tard, le leader de l'OLP va d'ailleurs reconnaître implicitement le rôle de la France. Le 2 mai 1989, après un entretien parisien avec le président Mitterrand, il déclare le soir même sur TF1 que la charte de l'OLP, qui prévoit la destruction de l'État hébreu, « c'est caduc » – la clause sera supprimée officiellement en 1996. L'adjectif, avouera-t-il, lui aurait été soufflé par Roland Dumas. Une chose est sûre : c'est à Paris qu'Arafat, mourant, viendra se faire soigner en novembre 2004.

La France tente aussi de se montrer plus présente au Liban, ce qui lui a déjà valu de se heurter à la Syrie, probable organisateur de l'assassinat de son ambassadeur Louis Delamare, le 4 septembre 1981 [1] ; puis de subir la perte de cinquante-huit parachutistes, tués dans l'explosion de leur casernement beyrouthin du « Drakkar », le 23 octobre 1983. Revendiqué par le Jihad islamique, proche de Téhéran, cet attentat intervient trois mois après que l'éminence grise du président Mitterrand, François de Grossouvre, a essayé de stopper la reprise de la guerre civile libanaise en montant, le 26 août, une réunion secrète de conciliation dans l'appartement parisien du futur Premier ministre Rafic Hariri. Né en 1944 à Saïda, au sud du Liban, ce dernier, proche des milieux dirigeants saoudiens mais aussi de la France, sans avoir pour autant coupé les ponts avec sa patrie d'origine, semble alors fait pour jouer les passerelles politiques.

Au Liban toujours, le gouvernement français, s'il n'a pas soutenu la tentative de soulèvement chrétien maronite anti-syrien du général Michel Aoun de 1989-1990, va lui accorder l'asile politique à l'ambassade de France avant de demander à la Direction générale de la sécurité extérieure (DGSE) d'exfiltrer l'officier supérieur vers la France, opération réalisée en fin de compte par le général Philippe Rondot en août 1991 [▷ p. 459].

Paris continue par ailleurs à fournir en armes et en matériel l'armée de Saddam Hussein en guerre contre l'Iran. Fût-ce dans des conditions rocambolesques comme en 1984, quand cinq Super-Étendard destinés à l'Irak seront livrés avec des signes distinctifs bidons à l'Égypte [2]. L'invasion du Koweït le 2 août 1990 par l'armée irakienne, puis le début de la guerre du Golfe (17 janvier-3 mars 1991) avec participation de la division Daguet, verront s'effondrer ce pan très contesté depuis de la politique arabe de la France. C'est à cette occasion que le ministre de la Défense nationale, Jean-Pierre Chevènement, hostile à la « logique de guerre » contre l'Irak reconnue à la télévision par le chef de l'État, donnera sa démission,

---

1 Dans son *Histoire du Liban contemporain*, tome 2 (Fayard, Paris, 2004), l'historienne Denise Ammoun pense toutefois que la responsabilité de ce crime pourrait être imputée à l'Iran.

2 Claude Angeli et Stéphanie Mesnier, *Notre allié Saddam*, Olivier Orban, Paris, 1992.

le 21 janvier 1991. Refus de l'intervention militaire partagé par des personnalités gaullistes, dont deux anciens ministres, Michel Debré et Maurice Couve de Murville.

Jacques Chirac et son « ami » Saddam Hussein

Jacques Chirac a servi au temps de la guerre d'Algérie comme lieutenant de cavalerie. Il en a gardé un tropisme pour le monde arabe plus fort que celui de ses prédécesseurs à l'Élysée. Tropisme qui s'est manifesté, on l'a vu, dès la période Giscard quand, Premier ministre, le futur président tissait des liens avec le régime baasiste de Bagdad. Liens qu'il renoue dès sa nomination comme Premier ministre de François Mitterrand dans le gouvernement de cohabitation d'avril 1986, formant un comité spécial destiné à relancer les relations avec le monde arabe, et notamment avec Bagdad. S'ensuivent plusieurs visites à Paris du ministre des Affaires étrangères irakien, Tarek Aziz, et le projet – finalement abandonné – de reconstruire le réacteur nucléaire Osirak (détruit en juin 1981 par l'aviation israélienne).

Président en 1995, Chirac se taille à nouveau une popularité dans le monde arabe le 22 octobre 1996 quand, applaudi par la population arabe de Jérusalem, il écarte spontanément les policiers israéliens qui le serrent de trop près devant l'église Sainte-Anne, leur lançant : « *It is not a method !* » et les menaçant de quitter immédiatement le pays s'ils ne se montrent pas plus courtois. Un geste spectaculaire qui lui vaudra d'être sacré « homme de l'année » par le quotidien libanais *El-Safir*, et que le monde arabe opposera plus tard volontiers à l'attitude d'un Lionel Jospin lapidé par des étudiants palestiniens sur le campus de l'université de droit de Bir-Zeit après avoir critiqué le mouvement radical chiite libanais, le 24 février 2000 à Jérusalem, en ces termes : « La France condamne les attaques du Hezbollah et toutes les actions terroristes unilatérales, où qu'elles se mènent, contre des soldats ou des populations civiles. »

Pour autant, Chirac, après s'être rendu à Bagdad du 21 au 23 février 1998, se conforme aux décisions de la communauté internationale en demandant, le 5 mars, à Saddam Hussein de coopérer avec les experts internationaux qui supervisent le désarmement irakien en vertu des décisions de l'ONU. Politique arabe et intérêts économiques mêlés, il tente tout de même de freiner les ardeurs américano-britanniques, les 16, 17 et 18 décembre 1998, lorsque Londres et Washington déclenchent des frappes aériennes en Irak (opération *Renard du désert*) en passant par-dessus la tête de l'ONU. En 2001, l'Irak reste il est vrai le sixième partenaire arabe de Paris (après l'Algérie, le Maroc, la Tunisie, l'Arabie saoudite et les Émirats arabes unis), avec 988 millions d'euros d'exportations vers la France contre 660 millions d'euros d'importations. C'est dire si les ponts ne sont pas coupés entre les deux capitales. Avec Damas non plus : le président Bachar el-Assad, qui n'a pourtant pas beaucoup à en remontrer à Saddam Hussein en matière de démocratie, est officiellement reçu à Paris du 25 au 27 juin 2001.

En mars 2003, par la voix de son ministre des Affaires étrangères, Dominique de Villepin, Chirac refuse d'engager la France aux côtés des États-Unis et du Royaume-Uni dans la guerre occidentale contre l'Irak, prenant avec l'Allemagne et la Russie la tête d'une croisade pacifiste. Le fait accompli et Bagdad prise sans coup férir, il finira néanmoins par s'y plier.

C'est ailleurs qu'il a ensuite tourné son regard. Vers l'Algérie avec laquelle il espère tisser des liens nouveaux [▷ p. 447]. Vers le Liban où il soutient les efforts de son ami Rafic Hariri, Premier ministre à présent, pour arracher le pays à la tutelle syrienne. Politique menée en plein accord avec les États-Unis, et que va venir contrarier l'assassinat de Rafic Hariri en février 2005, dont on accusera les services syriens (à l'été 2006, une enquête internationale était toujours en cours à ce propos). Le paradoxe veut en effet qu'après la « déchirure » de 2003 et de la guerre d'Irak, Paris et Washington se soient rabibochés par le biais d'une action commune en direction de la Syrie et du Liban [▷ p. 368]. En juillet 2006, lors de l'offensive israélienne au Liban contre le Hezbollah, les positions des deux capitales seront d'ailleurs, en pratique, assez voisines.

La politique arabe gaullienne est désormais un lointain souvenir, comme en attestent, à l'été 2006, les difficultés françaises à définir une ligne précise dans le nouveau conflit israélo-arabe au Liban.

◀ **R. K.**

Pour en savoir plus

Claude ANGELI et Stéphanie MESNIER, *Notre allié Saddam*, Olivier Orban, Paris, 1992.

Paul BALTA et Claudine RULLEAU, *La Politique arabe de la France, de De Gaulle à Pompidou*, Sindbad, Paris, 1973.

Hubert COUDURIER, *Le Monde selon Chirac. Les coulisses de la diplomatie française*, Calmann-Lévy, Paris, 1998.

Jean GUISNEL, *Les Pires Amis du monde. Les relations franco-américaines à la fin du XXe siècle*, Stock, Paris, 1999.

Jean-Pierre TUQUOI, *« Majesté, je dois beaucoup à votre père... ». France-Maroc, une affaire de famille*, Albin Michel, Paris, 2006.

Hubert VÉDRINE, *Les Mondes de François Mitterrand. À l'Élysée, 1981-1995*, Fayard, Paris, 1996.

Ahmed YOUSSEF, *L'Orient de Jacques Chirac. La politique arabe de la France*, Le Rocher, Monaco, 2003.

Opération *Arche de Noé* : l'affaire des vedettes de Cherbourg

Le 24 décembre 1969, veille de Noël, l'antenne de la Direction de la surveillance du territoire (DST) de Cherbourg voit arriver de Paris l'amiral israélien Morchedai Limon, qui s'installe à l'hôtel Sofitel. Pour Adolphe Brient, chef d'antenne, celui que l'on surnomme « Moka » n'est pas un inconnu. Il est souvent venu en Normandie. Sa fiche est éloquente : adolescent, « Moka » a participé pendant la Seconde Guerre mondiale à l'action du Mossad, qui n'était alors que le nom d'une filière d'évasion pour les Juifs d'Europe fuyant la barbarie nazie. Après 1945, il a contribué aux transferts d'émigrants en Palestine, à bord de navires comme l'*Exodus*. À l'époque, la DST a aidé ces Juifs rescapés des camps nazis et épaulé le Mossad, devenu le service secret de l'État d'Israël créé en 1948. C'est alors que, à vingt-quatre ans, « Moka » a été nommé le premier chef d'état-major de la petite marine israélienne. Puis il a gagné l'Europe, responsable des achats d'armement sous la férule du vice-ministre de la Défense israélien Shimon Pérès.

En France, au milieu des années 1960, la mission d'achat israélienne fait ses emplettes. Chez Dassault, elle achète de nouveaux Mirage V, à l'Aérospatiale, des hélicoptères SA-321 Super-Frelon. Et elle signe un contrat d'achat de douze vedettes qui seront construites à Cherbourg sur les chantiers des Constructions mécaniques de Normandie (CMN), dirigé par le pionnier de l'aviation Félix Amiot (plus tard, les vedettes seront équipées du missile Gabriel, à guidage électronique, de chez Dassault).

L'embargo de la guerre des Six-Jours

Mais, depuis la guerre des Six-Jours, les relations entre Paris et Tel-Aviv se sont envenimées. Le 5 juin 1967, Israël attaque l'Égypte. Suite à cette guerre éclair, l'État hébreu occupe le Sinaï, le Golan et la Cisjordanie. La presse française pavoise : « Les avions français ont gagné la bataille en trois heures », titre l'hebdomadaire gaulliste *Candide*. Très gênant. Et surtout, de Gaulle doit tenir compte d'une situation géopolitique brutalement bouleversée au Moyen-Orient [▷ p. 309].

Lors d'une conférence de presse restée célèbre, le 27 novembre 1967, le président français décrit le peuple juif comme « un peuple d'élite, sûr de lui-même et dominateur ». Une formule qui provoque un tel tollé – comme s'il s'était agi d'une phrase antisémite – que le Général doit s'en expliquer avec le grand rabbin de France Jacob Kaplan. La vérité est autre et de Gaulle ne le cache pas en privé : il éprouve une réelle admiration pour Israël et les combattants de Tsahal, alors qu'il n'a guère de considération pour les armées arabes, dirigées par l'Égyptien Gamal Abdel Nasser, piètre stratège devenu le personnage principal du monde arabe. De surcroît, l'ancien commandant de chars admire, chez les Israéliens, l'emploi de leurs blindés, en particulier ceux commandés par le général Yitzhak Rabin (futur Premier ministre, qui sera assassiné en 1995), lesquels s'emparent de Gaza le 6 juin et foncent sur le canal de Suez.

Quoi qu'il en soit, dès le 2 juin 1967, de Gaulle décrète officiellement un embargo sur les livraisons d'armes offensives au Moyen-Orient, auquel échappent néanmoins les vedettes lance-missiles ainsi que les hélicoptères Super-Frelon destinés à Israël. Avec une centaine d'Israéliens installés à Cherbourg, la construction se poursuit dans un climat tendu. Six vedettes sont graduellement livrées au cours de l'année 1968.

Reste que la guerre des Six-Jours a eu pour effet de faire naître un mouvement palestinien organisé. L'une de ses composantes, le Front populaire de libération de la Palestine (FPLP), dirigé par Georges Habache, organise le 26 décembre 1968, à Athènes, une attaque contre un Boeing de la compagnie israélienne El Al au cours de laquelle un technicien est tué. Israël n'hésite jamais à exercer la loi du Talion, de façon disproportionnée. Le Premier ministre israélien Levy Eshkol décide d'une contre-attaque au Liban, pays abritant des combattants du FPLP. Des commandos héliportés – avec des Super-Frelon ! – se lancent sur l'aéroport de Beyrouth et détruisent quatorze avions civils.

Tollé général contre l'État hébreu ! Le 2 janvier 1969, de Gaulle décide d'un embargo total sur l'armement livré à Israël, dont les vedettes en cours de construction à Cherbourg. Coup de tonnerre ! Le 4 janvier 1969, un groupe de marins israéliens réussit à prendre le large avec une septième vedette, l'*Aco*, tandis que les cinq restantes font l'objet de finitions. Tel est le premier acte de l'« affaire des vedettes », qui va rebondir en fin d'année. Il provoque la colère du Général, lequel sermonne l'état-major de la Marine. Son retrait des affaires, en avril 1969, ne change rien : son successeur Georges Pompidou poursuivra la même ligne intraitable.

L'*Arche de Noé* sous l'étoile de David

Le contre-espionnage aurait dû mieux surveiller l'amiral Limon, ce jour de Noël 1969 où il est revenu à Cherbourg. Surtout qu'il est accompagné de Zwi Steinberg, un agent secret qui opère sous la direction du deuxième conseiller de l'ambassade israélienne à Paris, Arieh Levin, chef de la base du Mossad. Mais le 24, on a l'esprit à la préparation du réveillon. De plus, du point de vue de l'administration, ingénieurs et marins israéliens ont commencé à plier bagages, car Tel-Aviv a officiellement renoncé le 14 novembre 1969 à se faire un jour livrer ses vedettes. Un accord est intervenu entre la « mission Limon », la CMN de Félix Amiot et une entreprise norvégienne, décidée à racheter les vedettes et à les convertir pour un usage civil au pays des fjords. Tout baigne !

Sauf que Zwi Zamir, le patron du Mossad, et Amar Aharon Yariv, chef du renseignement militaire (Aman), ont conçu avec Limon l'opération *Arche de Noé*. Il s'agit d'une ruse : la firme norvégienne Starboat Company, créée en novembre 1969, est une couverture du Mossad, dirigée par un Norvégien, Martin Siem, qui a obtenu des certificats des douanes et des autorités portuaires françaises pour lever l'ancre.

À 2 heures du matin, dans la nuit de Noël, barrées par des marins israéliens, les navires prennent le large. Oubliée la Norvège ! Les vedettes cinglent vers Haïfa où elles arrivent sans encombre, le 31 décembre 1969. La France est ridiculisée...

De tous les responsables, le ministre des Affaires étrangères Michel Debré est le plus furieux. Il le dit avec d'autant plus d'acrimonie, peut-être, qu'il est le petit-fils du rabbin Simon Debré, originaire d'Alsace, et ne veut pas être soupçonné de laxisme à l'égard d'Israël. Le général Bernard Cazelles, secrétaire général de la Défense nationale, est limogé, ainsi que l'ingénieur général Louis Bonte, responsable des exportations d'armes, qui avait examiné le dossier [1]. Mais l'indignation de Michel Debré ne parvient pas à dissimuler un fait troublant : aucun avion français n'a poursuivi les vedettes, pas plus que la frégate *Duguay-Trouin*, à Brest, ne les a interceptées. De même, nul n'a réagi lorsque le chef de poste du Service de documentation extérieure et de contre-espionnage (SDECE) à Tel-Aviv, Laperrousaz, avait envoyé quinze jours plus tôt un rapport formel à son chef, le colonel « Beaumont » : « Les Israéliens s'apprêtent à récupérer les vedettes. »

1 L'ingénieur général Louis Bonte est mort après avoir été renversé par une voiture sur la Croisette à Cannes, en 1972. Personne n'a jamais identifié le chauffard.

En tout cas, l'amiral Limon est prié de quitter le pays sans être déclaré *persona non grata*. Quant à Zwi Steinberg, il rentre à son ambassade à Paris, où il restera jusqu'en 1971, avant de participer à des assassinats de Palestiniens en Europe [▷ p. 325]. Et notamment en Norvège, en utilisant une nouvelle entreprise couverture de Martin Siem, l'homme de la Starboat... Pour les services spéciaux hébreux, les vieux réseaux ne meurent jamais.

◀ **R. F.**

Pour en savoir plus

Claude Clément, *Israël et la Ve République*, Olivier Orban, Paris, 1978.

Steve Eytan, *L'Œil de Tel-Aviv*, Publications premières, Paris, 1970.

Roger Faligot et Rémi Kauffer, *Le Croissant et la croix gammée. Les secrets de l'alliance entre l'islam et le nazisme d'Hitler à nos jours*, Albin Michel, Paris, 1990.

Jean-René Fenwick, *Les Vedettes de Cherbourg*, Elsevier/Sequoia, Paris/Bruxelles, 1976.

Éric Gerdan, *A... comme armes*, Alain Moreau, Paris, 1975.

Janusz Piekalkiewicz, *Les Services secrets d'Israël*, Jacques Grancher, Paris, 1978.

Abraham Rabinovich, *The Boats of Cherbourg*, US Naval Institute Press, Annapolis, 1998.

Gordon Thomas, *Histoire secrète du Mossad*, Nouveau Monde, Paris, 2006.

1979 : l'intervention sanglante du GIGN à La Mecque

C'est sans doute l'opération la plus meurtrière jamais menée par une unité antiterroriste. Quand les trois membres du Groupe d'intervention de la gendarmerie nationale (GIGN) dépêchés par le gouvernement français arrivent à La Mecque, ce 23 novembre 1979, c'est pour mettre fin à une insurrection qui a déjà fait plusieurs milliers de victimes. Minutieusement préparée, l'opération déclenchée par les fondamentalistes saoudiens a débuté trois jours plus tôt, quand des centaines de rebelles ont pris en otage des foules de pèlerins priant dans l'immense cour de la Grande Mosquée de La Mecque, autour de la Kaaba, la pierre noire sacrée de l'islam. On célèbre, ce matin-là, le premier jour du mois de Moharrem 1400, qui marque l'entrée de l'islam dans le XVe siècle de l'Hégire. Mohamed Abdallah Al-Qahtani, le chef des insurgés, âgé d'une trentaine d'années, se présente aux otages comme le « Mahdi », le Messie attendu qui vient parachever l'œuvre du Prophète sur terre.

5 000 morts en quelques jours

Après avoir abattu les gardes, les rebelles puissamment armés déciment la première vague des soldats d'élite de la garde nationale envoyés par le ministre de l'Intérieur, Nayed Ben Abdul-Aziz, sur ordre du roi Khaled, resté à Ryad. La seconde attaque se termine mal, elle aussi : les snipers embusqués dans les minarets tirent comme à l'exercice et les rebelles fauchent à coup de mitrailleuses et de grenades les rares soldats qui parviennent jusqu'aux entrées de la Grande Mosquée. Des hélicoptères de l'armée auraient même été abattus. On avance déjà, en comptant les pèlerins tombés sous les deux feux, un bilan de près de 5 000 morts. « C'était un bordel immense, explique aujourd'hui le capitaine Paul Barril, qui commandait à l'époque les hommes du GIGN. Ils ne nous avaient pas attendus. Plusieurs attaques avaient été lancées. Ils avaient même essayé d'inonder les caves où s'étaient retranchés les assaillants avant d'y plonger des câbles électriques à haute tension en espérant les électrocuter. Rien de tout cela n'a marché [1]. »

Mais il y a pire. Ces assauts avortés ont fait s'effondrer le moral de nombreux cadres de l'armée saoudienne qui ne sont pas loin de partager les prêches des insurgés. Ceux-ci, qui vilipendent la corruption du régime, sont relayés par les puissants haut-parleurs de la mosquée. Le royaume est près de basculer et une république islamique n'est pas loin de prendre sa place. D'où cet appel pressant au président Valéry Giscard d'Estaing. La France n'ayant aucun accord militaire avec l'Arabie saoudite, son intervention serait une première. Mais l'Arabie est, en matière d'armement, l'un de ses premiers marchés ; de plus, la France souhaite renouveler son accord pétrolier avec le royaume. Ce sera d'ailleurs chose faite le 5 janvier 1980, quelques semaines après la répression de l'insurrection.

1 Entretien avec l'auteur le 15 avril 2006.

L'intervention du GIGN reste secrète pendant près de deux mois, jusqu'à la fin janvier 1980 et la publication d'un article du *Point*. Celui-ci, enquêtant sur une information parue au conditionnel dans le *Quotidien de Paris*, livre un récit détaillé de l'opération, provoquant des communiqués outragés de l'ambassade d'Arabie saoudite à Paris. Principal argument invoqué par les autorités saoudiennes pour démentir l'article : « L'accès des lieux saints n'est autorisé qu'aux seuls musulmans », et donc aucune force étrangère n'a pu participer à l'assaut. On apprendra par la suite que le capitaine Paul Barril et ses hommes ont eu droit à une rapide conversion à l'islam avant de se pencher sur le plan des opérations...

C'est le ministre de la Défense, Yvon Bourges, qui a décidé de dépêcher sur place une équipe légère, choisie parmi les membres du GIGN, cette unité d'élite de la gendarmerie créée en 1972, lorsque tous les pays occidentaux ont commencé à se doter d'unités spécialisées dans la lutte antiterroriste (les Allemands ont fondé le premier groupe, le GSG9, à la suite de l'attentat de Munich, en 1972, commis par les terroristes palestiniens contre des athlètes de la délégation israélienne aux jeux Olympiques). Les « supergendarmes » français ont déjà à leur actif, en ce mois de novembre 1979, deux cents opérations de prise d'otages menées à bien, le plus souvent des forcenés retranchés dans leur tour de HLM. Quelques mois plus tôt, ils ont failli intervenir quand l'ambassade de France au Salvador a été prise d'assaut par de jeunes révolutionnaires qui se rendront avant le début de l'opération.

« On les a tous gazés »

Pour le capitaine Paul Barril, trente-trois ans, qui commande le petit groupe de militaires, l'opération de La Mecque est donc d'une ampleur très différente. Heureusement, tous les moyens sont mis à sa disposition par le gouvernement français afin d'organiser et d'équiper les troupes saoudiennes pour un assaut final. Celui-ci n'aura lieu que dix jours plus tard, le 3 décembre 1979. En attendant, les gendarmes forment les troupes saoudiennes aux tactiques d'assaut des groupes antiterroristes. Le matériel est acheminé à bord d'une Caravelle, celle-là même qu'utilisait le général de Gaulle. « Il y avait près de 3 000 masques à gaz, des centaines de gilets pare-balles, du matériel d'écoute sophistiqué et trois tonnes de gaz CS, un gaz incapacitant », explique le capitaine Barril. « Mais on l'a utilisé pur. Et on les a tous gazés », ajoute-t-il.

Si l'attaque est un succès, l'opération se révèle très meurtrière. Le 4 décembre, après de furieux combats, les insurgés, qui s'étaient retranchés au rez-de-chaussée de la Grande Mosquée et dans ses sous-sols, se rendent. Le bilan officiel ne fait état que de quelque trois cents morts de part et d'autre. Mais le nombre réel de victimes serait bien plus élevé, une noria de camions ayant été nécessaire pour évacuer les nombreux cadavres, parmi lesquels on retrouvera celui de Mohamed Al-Qahtani. Sur les cent soixante-dix rebelles faits prisonniers, soixante-trois seront décapités sur ordre du roi.

◂ F. M.

Petits meurtres en série à Paris sous Pompidou et Giscard d'Estaing

Le 29 mars 1971, un Québécois discret, Mario Bachand, meurt assassiné à Saint-Ouen, au nord de Paris, dans l'appartement d'un universitaire français qui l'hébergeait depuis plusieurs mois. Ce dernier l'avait laissé après dîner en présence de deux compatriotes de la « Belle province » qui s'étaient déjà présentés la veille à son domicile. À son retour, il retrouve le corps de Bachand criblé de balles de pistolet de calibre 22, dont deux dans la tête. L'enquête de la police judiciaire (PJ) ne permettra pas d'élucider cette énigme, et le public français ne saura rien de ce fait divers à peine mentionné par quelques entrefilets dans la presse. Cependant, ses amis québécois s'échinent à enquêter pendant vingt ans pour en comprendre la cause et identifier les meurtriers.

L'assassinat du Québécois Mario Bachand à Paris en 1971, crime inaugural

Pour eux, il ne fait aucun doute qu'il s'agit d'un crime politique, perpétré à quelques jours de la visite en France du Premier ministre canadien Robert Bourassa. La vie éphémère de Mario Bachand se prête à cette interprétation : son nom est apparu en 1963 dans les dossiers de la Gendarmerie royale du Canada (GRC) alors que ce jeune socialiste et révolutionnaire, âgé de dix-neuf ans, a participé à un attentat à l'explosif qui a provoqué la mort du gardien de nuit d'un centre de recrutement militaire. C'est l'acte de naissance du Front de libération du Québec (FLQ). Arrêté avec son groupe, Bachand – qui n'en était pas le chef – est condamné à quatre ans de prison pour dégâts matériels. Libéré en 1966, il est accusé trois ans plus tard de participation à un nouveau complot et s'enfuit à Cuba. Les dissensions ébranlent le mouvement séparatiste : le jeune homme est exclu comme « ennemi de la révolution » et s'exile en France.

De fait, Paris est devenu le refuge de militants québécois depuis que de Gaulle a prononcé son célèbre discours – « Vive le Québec libre ! » – le 26 juillet 1967. Des agents d'influence gaullistes, tel Philippe Rossillon, sont chargés d'épauler l'action de réseaux indépendantistes avec l'aide logistique du Service de documentation extérieure et de contre-espionnage (SDECE). Fort de ce soutien politique, Bachand s'autoproclame « secrétaire général du FLQ en exil ».

Mais de Gaulle quitte le pouvoir et, quinze jours avant sa mort, éclate au Québec la « crise d'octobre » 1970 : le FLQ kidnappe l'attaché commercial britannique James Richard Cross, puis le ministre du Travail et de l'Immigration, Pierre Laporte. Objectif ? Obtenir la libération de prisonniers politiques et la réintégration d'employés brutalement licenciés d'une entreprise privée. Le 16 octobre, la « loi des mesures de guerre » est proclamée, suivie de centaines d'arrestations. Le lendemain, Pierre Laporte est assassiné par les indépendantistes.

Désormais, Mario Bachand se trouve entre le marteau et l'enclume : à Alger, la nouvelle direction du FLQ l'a exclu comme traître ; et, surtout, la section G, chargée des opérations spéciales de la GRC, en fait sa cible opérationnelle numéro un. Elle infiltre les Québécois de Paris et d'Alger, manipule des agents au sein du FLQ, obtient des informations complémentaires grâce au contre-espionnage français, la DST. Une semaine avant l'assassinat de Bachand, Jos Ferraris, le patron de la section G, est à Paris. Deux membres de la cellule d'Alger du FLQ, qui sont manipulés par la GRC, et dont les noms sont aujourd'hui connus, font le voyage et viennent frapper à la porte de l'appartement du 46 rue Eugène-Lumeau, à Saint-Ouen...

Il aura fallu plus de vingt-cinq ans pour que deux journalistes canadiens, le Québécois Normand Lester et l'anglophone Michael McLoughlin [1], reconstituent le puzzle grâce aux archives, pourtant expurgées, et aux témoignages d'anciens de la GRC et de la police française. Aucun doute n'est permis et le commissaire de la PJ Roger Poiblanc s'en plaindra amèrement : dans cette affaire, tant la GRC que la Direction de la surveillance du

---

1 Normand Lester, *Enquête sur les Services secrets*, Éditions de l'Homme, Montréal, 1998 ; Michael McLoughlin, *Last Stop, Paris. The Assassination of Mario Bachand and the Death of the FLQ*, Viking, Toronto, 1998.

territoire (DST), par leur refus de collaborer à l'enquête, ont tout fait pour qu'elle s'ensable et que le dossier reste sans suite.

« En fait, les hautes autorités de la GRC semblent craindre que l'enquête sur l'assassinat de Bachand n'entraîne la découverte de quelque chose de compromettant pour le service, estime le journaliste Normand Lester. Les documents et les informations sur le rôle de la GRC indiquent que les services fédéraux connaissaient, peu de temps après le meurtre, le nom des auteurs. La source du SS/GRC au sein de la cellule d'Alger a-t-elle donné l'information avant ou après l'assassinat de Bachand ? La question se pose toujours. [...] L'existence d'une source au sein de la cellule d'Alger expliquerait pourquoi ses membres, une fois rentrés au Canada, n'ont purgé que des peines légères et n'ont jamais été inquiétés au sujet du meurtre de Bachand. »

Le dossier Bachand conserve donc ses zones d'ombres, mais il donne le « la », dans une affaire jusqu'ici ignorée en France, à un schéma qui va se répéter tout au long des années 1970, sous les présidences de Georges Pompidou et de Valéry Giscard d'Estaing. À savoir la très grande tolérance des services de sécurité français à l'égard des agissements de services spéciaux étrangers qui organisent des attentats contre des ressortissants de leur pays, des opposants à abattre...

Certes, la France de De Gaulle, après la guerre d'Algérie, a connu un précédent célèbre : l'enlèvement à Paris et la disparition de l'opposant marocain Mehdi Ben Barka, le 29 octobre 1965 [▷ p. 130]. Cette affaire, qui avait ébranlé l'Élysée, a marqué le coup d'envoi d'une série d'assassinats politiques par des officines étrangères sur le sol français. Mais c'est surtout lors des deux septennats suivants – et singulièrement celui de Valéry Giscard d'Estaing – que les assassinats politiques se succéderont à un rythme soutenu : on en comptera une bonne cinquantaine, de natures fort diverses (voir encadré).

Plusieurs facteurs expliquent cette série noire : le rapprochement avec les organismes de l'OTAN et les services spéciaux américains, qui, en retour, ont aidé les nouvelles juntes au pouvoir en Amérique latine à se constituer des groupes de projection pour traquer leurs opposants ; l'impunité dont les services secrets israéliens pensaient jouir en France depuis qu'ils avaient arraché du port de Cherbourg, la nuit de Noël 1969, au nez et à la barbe des services français, cinq vedettes qu'ils avaient achetées et payées [▷ p. 319] ; et enfin, dans le cadre de la guerre froide, de la lutte contre les groupes gauchistes et le début de l'antiterrorisme, la bienveillance, sinon la connivence passive ou active de certains secteurs de la police et des services spéciaux avec des « escadrons de la mort » étrangers, voire avec certaines factions de l'extrême droite ou des clans du grand banditisme – une

Les assassinats politiques en France sous les présidences de Georges Pompidou et de Valéry Giscard d'Estaing

29 mars 1971. – Mario Bachand, militant du FLQ, est assassiné à Saint-Ouen.

25 février 1972. – Pierre Overney, militant de la Gauche prolétarienne (GP), est tué par un vigile de l'usine Renault de Billancourt.

13 novembre 1972. – Le journaliste syrien Khodr Kanou est assassiné à Paris par Septembre noir.

8 décembre 1972. – Mahmoud al-Hamshâri (OLP) est blessé par le Mossad à Paris ; il décède en janvier.

6 avril 1973. – L'Irakien Basil al-Qubaysi est abattu par le Mossad à Paris.

28 juin 1973. – L'Algérien Mohammed Boudia, lié au FPLP palestinien, est tué à Paris.

26 août 1973. – Assassinat à Paris de l'opposant tchadien Outel Bono.

14 novembre 1973. – Disparition du financier propalestinien Antoine Kamouh.

19 décembre 1974. – L'attaché militaire uruguayen, le colonel Ramón Trabal, est tué à Paris ; le meurtre est revendiqué par la « Brigade internationale Raúl Sendic ».

29 mars 1975. – Le vice-consul de Yougoslavie est grièvement blessé à Lyon.

27 juin 1975. – Deux inspecteurs de la DST, Raymond Dous et Jean Donatini, ainsi que leur informateur libanais, Michel Moukharbal, sont tués par Carlos, rue Toullier, à Paris.

3 juillet 1975. – Assassinat à Lyon du juge François Renaud, qui enquêtait sur les connexions du SAC. Cela donnera matière à un film d'Yves Boisset, avec Patrick Dewaere, *Le Juge Fayard.*

8 octobre 1975. – L'attaché militaire adjoint de l'ambassade d'Espagne, le capitaine Garcia Plata Valle, est grièvement blessé par la « Brigade internationale Juan Manot ».

24 octobre 1975. – Assassinat de l'ambassadeur de Turquie, Ismaïl Erez, et de son chauffeur, revendiqué par un « Commando des justiciers du génocide arménien ».

11 mai 1976. – L'ambassadeur de Bolivie, Joaquín Zenteno Anaya, est assassiné à Paris par la « Brigade internationale Che Guevara ».

14 juillet 1976. – Joachim Peiper, ancien colonel SS, est retrouvé mort dans l'incendie de sa maison, dans la nuit du 13 au 14 juillet, à Traves (Haute-Loire), après une fusillade. Le meurtre est revendiqué par « Les vengeurs. Comité Résistance et déportation ».

2 novembre 1976. – Homayoun Keykavoussi, chef d'antenne de la Savak à l'ambassade d'Iran à Paris, est grièvement blessé par la « Brigade internationale Réza Rezai ».

24 décembre 1976. – Assassinat du prince-député Jean de Broglie, cofondateur du parti giscardien [▷ p. 644].

3 janvier 1977. – Mahmoud Sâleh, représentant de l'OLP à Paris, est assassiné par le Mossad.

23 mars 1977. – Antoine Tramoni, l'agent de surveillance de chez Renault meurtrier du militant maoïste Pierre Overney en 1972, est assassiné par les NAPAP.

7 juillet 1977. – La « Brigade internationale Mohamed el-Ouali » (du nom de l'ancien chef du Front Polisario) blesse à coup de revolver l'ambassadeur mauritanien Ahmed Ould Ghanahallah.

2 décembre 1977. – Laïd Sebaï, gardien de l'Amicale des Algériens en Europe, confondu avec le président de l'association, Abdelkrim Gheraieb, est assassiné par un « commando Delta ».

18 mars 1978. – Mort du dirigeant du Front national François Duprat, dans l'explosion de sa voiture piégée, alors qu'il s'apprêtait à publier un livre dévastateur pour d'autres dirigeants d'extrême droite [▷ p. 651].

4 mai 1978. – Assassinat d'Henri Curiel, dans son immeuble de la rue Rollin à Paris, revendiqué par un « commando Delta ».

2 juillet 1978. – Agurztane Arregui, réfugiée basque, est assassinée à Saint-Jean-de-Luz ; son mari, Juan José Extabé, est gravement blessé.

11 juillet 1978. – Jean-Louis Lin, militant occitan, lié à Mahmoud Saleh, est retrouvé noyé dans la Seine.

25 juillet 1979. – Assassinat à Cannes, d'une balle dans la tête, de Zouheir Mohsen, chef de l'organisation Saika et du département militaire de l'OLP.

3 août 1978. – Assassinat d'Ezzedine Kellak, représentant de l'OLP à Paris, par un tueur lié à Abou Nidal.

21 décembre 1978. – José Miguel Beñarán Ordenana, *alias* « Argala », chef de l'ETA, est tué à Anglet par le Bataillon basque espagnol (BVE), dirigé par Jean-Pierre Cherid [▷ p. 414].

13 janvier 1979. – Le réfugié basque José Miguel Pagoaga, *alias* « Peixoto », est grièvement blessé à Saint-Jean-de-Luz par le BVE.

11 mars 1979. – Javier Larrañaga, *alias* « Peru », est tué à Bayonne par le BVE.

25 juin 1979. – Enrique Gomez Alvarez, *alias* « Korta », est tué à Bayonne par le BVE.

2 août 1979. – Juan Lopategui Carrasco, *alias* « Pantu », est tué à Anglet par le BVE.

13 septembre 1979. – Justo Elizaran, réfugié basque, est tué à Biarritz par des truands bordelais au service des services espagnols.

20 septembre 1979. – Pierre Goldman est assassiné à Paris ; le meurtre est revendiqué par un groupe « Honneur de la police » [▷ p. 414].

27 octobre 1979. – Robert Luong est assassiné à Villeneuve-sur-Lot, à l'instigation du président du Gabon, Omar Bongo [▷ p. 159].

30 octobre 1979. – L'ex-ministre du Travail Robert Boulin est retrouvé mort dans un étang de la forêt de Rambouillet [▷ p. 644].

22 décembre 1979. – Yilmaz Coplan, conseiller de presse de l'ambassade de Turquie, est assassiné sur les Champs-Élysées par le « Groupe de résistance arménien ».

1er février 1980. – Assassinat à Paris de Joseph Fontanet, ex-ministre de l'Éducation nationale [▷ p. 644].

4 juin 1980. – Assassinat à Paris de Jorge Cedrón par des agents de la junte argentine.

14 juin 1980. – Assassinat à Paris, par le Mossad, du savant atomiste égyptien Yahya al-Meshad, qui travaillait pour l'Irak de Saddam Hussein.

28 et 29 juin 1980. – Francisco Javier Martin Eizaguirre et Aurelio Fernandez Caro, militants du Parti communiste espagnol reconstitué, sont assassinés en région parisienne par le BVE.

3 octobre 1980. – Un attentat du groupe Abou Nidal contre la synagogue de la rue Copernic, à Paris, fait quatre morts et trente blessés.

23 novembre 1980. – Le BVE mitraille un bar d'Hendaye, tuant deux réfugiés basques (José Camio et J. P. Aramendi) et en blessant neuf autres [▷ p. 414].

30 décembre 1980. – José Martín Sagardia, *alias* « Usurbil », est tué à Biarritz dans l'explosion de sa voiture piégée par le BVE.

4 mars 1981. – Resat Morali et Ari Tecelli, diplomates turcs, sont assassinés à Paris, près de la Bastille, par l'Armée secrète arménienne de libération (ASALA).

23 avril 1981. – Xabier Aguirre Unamuno est grièvement blessé par balles, à Paris, par le BVE.

connivence avérée dans le cas de l'élimination de militants nationalistes basques, victimes en nombre de ces « crimes d'État » [▷ p. 414].

En retour, dans l'atmosphère délétère de la guerre froide, des groupes d'extrême gauche se livrent à l'« action directe » et assassinent tout aussi brutalement des diplomates ou des personnalités qui représentent les dictatures et les régimes autoritaires honnis, particulièrement autour du bassin méditerranéen et en Amérique latine. Ainsi, bien souvent, dans ces années 1970, Paris sert de champ clos à une guerre de l'ombre dans laquelle les services spéciaux manipulent les uns et les autres.

La guerre de l'ombre israélo-palestinienne

Le conflit du Moyen-Orient tient la part du lion dans cette guerre de l'ombre. La bataille à laquelle se livrent les groupes palestiniens et le Mossad s'intensifie au lendemain de la prise d'otages des onze athlètes israéliens aux jeux Olympiques de Munich, le 5 septembre 1972. Le Premier ministre israélien Golda Meir donne alors le feu vert à une traque impitoyable contre ceux qui sont réputés être les cerveaux et les activistes de Septembre noir, le groupe d'action à l'origine de la tuerie de Munich. On dresse une liste de douze hommes à abattre. L'action du Mossad, qui jamais ne sommeille, se focalise sur l'Europe.

Ainsi, trois mois plus tard, Mahmoud Al-Hamshâri, représentant de l'OLP à Paris, est gravement blessé par une bombe télécommandée au moment où il décroche son téléphone. Il décède le 9 janvier 1973. À son tour, le 6 avril, l'Irakien Basil Al-Qubaysi est abattu devant son hôtel du côté de la Madeleine. Dès cette époque, la DST a créé une section spéciale « B2 », chargée de traiter du terrorisme ; et son chef, Jean Herranz, un ancien des Forces françaises libres, entretient des relations avec les représentants de l'OLP. Il dissocie l'action politique des Palestiniens modérés de leurs groupes de choc et espère bien faire pression sur les premiers pour éviter des attentats palestiniens en France (car, dès novembre 1972, un journaliste syrien, Khodr Kanou, accusé par ses amis d'avoir compromis des opérations de Septembre noir, a été assassiné à Paris). En échange, Herranz n'hésite pas à prévenir les représentants de l'OLP des dangers qu'ils courent. À l'inverse, le SDECE, qui a reçu des notes plus précises du Mossad et de la CIA affirmant qu'Al-Qubaysi voulait faire de Paris son QG pour des attentats, n'a pas jugé utile de le prévenir… Identifié comme membre du FPLP en « mission », Al-Qubaysi est abattu par une unité qui a déjà frappé à Nicosie et à Rome et qui arpente toute l'Europe.

Dans les deux attentats parisiens, Jean Herranz croit discerner le rôle d'un ex-attaché militaire israélien à Paris, coopté par le Mossad, le colonel

Arley Livnat, *alias* « Liberman ». Reste que l'enquête de la Brigade criminelle, dirigée par le commissaire Poiblanc, piétine comme dans l'affaire Bachand. Les divers indices et éléments fournis aussi bien par la DST que par Marie-Claude, la compagne d'Hamshâri, ne semblent pas faire progresser l'enquête. Ni empêcher de nouveaux attentats : le 28 juin 1973, c'est au tour de Mohammed Boudia, intellectuel algérien et administrateur du Théâtre de l'Ouest parisien, de mourir dans l'explosion de sa R16. Cet opposant au FLN, réfugié en France depuis 1965, a, selon les enquêteurs, appartenu à un réseau du FPLP, ce qui expliquerait qu'il était ciblé. Sous la plume de Philippe Bernert, journaliste talentueux et ami du directeur adjoint de la DST, *L'Aurore* publie à chaque fois les articles les plus en pointe, souvent alimentés aux meilleures sources du contre-espionnage. C'est le cas dans l'affaire Boudia comme dans d'autres...

Cette ambiance à de quoi troubler : on a l'impression que la police et le contre-espionnage français ont parfaitement « logé » les cibles du Mossad, mais possèdent peu d'informations sur les mouvements de ce dernier. L'immobilisme du contre-espionnage à leur égard n'est peut-être pas fortuit : dans les années 1950, sous la direction de Roger Wibot, la DST a aidé le Mossad par l'entremise de l'un de ses premiers chefs d'antenne à Paris, Yitzhak Shamir, futur Premier ministre d'Israël. En contrepartie, en 1963, une équipe de la DST dirigée par le commissaire Henri Nart s'est rendue en Israël pour étudier les techniques de surveillance auprès d'un Mossad doté de matériel ultramoderne pour l'époque. À son retour rue des Saussaies, inspiré par l'expérience, Nart a monté une équipe de surveillance et de « filoche », grâce à des micros paraboliques avec viseur qui permettent de capter le son à distance, des balises radioaimantées – ou *beepers* – plaquées sous des véhicules pour les surveiller, des micros émetteurs. Tout un matériel qui sera bien utile pour surveiller des espions, mais aussi des opposants politiques étrangers...

Reste que, dix ans plus tard, le système modèle de surveillance du Mossad est sérieusement pris en défaut... En effet, le 21 juillet 1973, survient un événement désastreux pour l'« Institut », comme on désigne aussi le service israélien : à Lillehammer, en Norvège, un de ses commandos assassine par erreur Ahmed Bouchiki. Il est le frère du musicien Chico Bouchiki, du groupe Gipsy Kings, mais c'est surtout un simple barman marocain qui a eu le malheur de ressembler à Ali Salameh, le chef présumé de Septembre noir. Résultat : la police norvégienne intercepte six Israéliens mêlés à ce fiasco. Il apparaît qu'ils ont déjà frappé en France : « Les accusés font partie d'un réseau du Mossad dont la base se trouve à Paris », tempête même le procureur norvégien.

Grâce à des tuyaux fournis par la Sûreté de ce pays, la DST et la PJ perquisitionnent peu après des appartements du réseau organisé par Zwi

Steinberg, le principal accusé d'Oslo. Mais les précieux renseignements qui sont glanés ne sont pas utilisés. Diplomatie oblige ! À Tel-Aviv, on a toutefois compris la leçon : la traque aux Palestiniens continue de façon plus sporadique, et moins souvent en France.

Malgré tout, le 3 janvier 1977, Mahmoud Sâleh, le nouveau représentant de l'OLP, est assassiné par les Israéliens à Paris, devant sa petite librairie. Quatre jours plus tard, venu représenter l'OLP aux funérailles, son ami Abou Daoud est invité à s'entretenir avec des diplomates du Quai d'Orsay. En fin de journée, la DST l'arrête à la demande du parquet de Munich, qui a été convaincu par les Israéliens qu'il s'agit du « cerveau de Septembre noir ». Il sera simplement libéré, notamment à la demande insistante du SDECE, et expulsé peu après. Mais manifestement, la pression d'Israël sur la politique étrangère française est toujours considérable. En épilogue à la mort de Sâleh, survient un an et demi plus tard, le 11 juillet 1978, celle de son ami Jean-Louis Lin, restée très mystérieuse. Ce militant occitan, défenseur de la cause palestinienne, est en effet retrouvé noyé dans la Seine après la publication d'un article de Philippe Bernert dans *VSD* le désignant comme relais du « terrorisme international ». Ses amis mettront en cause le Mossad sans preuve convaincante.

Il faut dire que le climat politique de la fin de ces années 1970 est particulièrement lourd, du fait de la mort violente de personnalités politiques de droite (le prince Jean de Broglie, cofondateur du parti giscardien, abattu par un tueur à gages le 24 décembre 1976 [▷ p. 644] ; ou François Duprat, fondateur du Front national, tué le 18 mars 1978 dans l'explosion de sa voiture [▷ p. 651]) comme de militants d'extrême gauche ou tiers-mondistes.

Quoi qu'il en soit, trois semaines plus tard, le 3 août 1978, c'est encore l'assassinat d'un Palestinien qui fait la une des journaux : Ezzedine Kellak, nouveau représentant de l'OLP, tombe sous les balles d'un jeune tueur qui, cette fois, appartient à un groupe dissident, le « Fatah-Conseil révolutionnaire », dirigé par Sabri Al-Banna. Plus connu sous le nom de guerre d'« Abou Nidal », ce dernier s'est fait une spécialité de tuer des cadres palestiniens. L'acte fondateur de son mouvement ne fut-il pas, en 1974, une tentative d'assassinat d'Abou Mazen, le futur président de l'Autorité palestinienne ?

Le film des événements dans le dossier Kellak va expliquer pourquoi, encore aujourd'hui, des spécialistes du Moyen-Orient estiment qu'Abou Nidal n'était pas seulement devenu un mercenaire au service de l'Irak, de la Syrie et de la Libye, mais a pu se laisser manipuler, éventuellement à son insu, par le Mossad.

En effet, le 4 janvier 1978, un jeune tueur tunisien, Kayid Hussein, abattait Saïd Hammami, le représentant modéré de l'OLP à Londres. Dommage collatéral dû à la vengeance du Fatah : le frère de ce dernier, Ahmad

Hammami, prit en otage des membres de l'ambassade d'Irak à Paris et tua un policier français, l'inspecteur Jacques Capella, au cours de la fusillade qui s'ensuivit.

Le 3 août, le même Tunisien assassine donc dans un café parisien Kellak et le frère du représentant de l'OLP à Rome, Adnan Hama. Or, dix ans plus tard, va se produire un événement qui permet de lever un pan du voile sur ce mystère. C'est le Britannique Patrick Seale, le biographe le plus sérieux d'Abou Nidal [1], qui rapporte l'anecdote : en 1987, les services spéciaux algériens sont parvenus à organiser une rencontre entre le dissident du Fatah et Abou Iyad, chef du renseignement de l'OLP, dans l'espoir de réconcilier les frères ennemis. Au cours de ce face-à-face étrange, Abou Nidal revendique l'assassinat d'Hammami, à Londres, mais nie de manière véhémente toute implication dans celui de Kellak, à Paris. Autrement dit, le même tueur tunisien ne travaillait plus pour lui lors de l'assassinat parisien. Abou Iyad fait recouper les informations et accepte cette version. Ce qui n'empêchera pas ce dernier d'être tué à son tour à Tunis quelques jours avant la guerre du Golfe, le 14 janvier 1991, par Abou Zeid, présenté tour à tour comme exécuteur d'Abou Nidal et agent des Israéliens. En tout cas, c'est à partir de cette époque que l'évocation d'une manipulation des Israéliens devient plus que probable.

Aucun doute n'est permis : à Londres comme à Paris, les cibles des tueurs sont à chaque fois des Palestiniens modérés qui envisageaient d'engager des pourparlers avec des Israéliens, longtemps avant les accords d'Oslo en 1993.

À l'époque, il n'a pas échappé aux enquêteurs français que Kellak a été assassiné trois mois après Henri Curiel. Ce militant tiers-mondiste, ancien communiste juif égyptien, a été abattu le 4 mai 1978 au bas de l'ascenseur de son immeuble, rue Rollin à Paris, par un mystérieux « commando Delta ». Or Curiel a joué lui-même un rôle important dans le rapprochement entre Palestiniens et représentants de la gauche israélienne. En 1976, il avait été à l'initiative d'une rencontre entre un adjoint d'Arafat, Issam Sartaoui, et des membres du Conseil israélien pour la paix avec la Palestine (CIPP). Des entretiens se sont déroulés chez l'ancien président du Conseil Pierre Mendès France (en avril 1983, Sartaoui sera également assassiné par le groupe Abou Nidal au Portugal). Cette spirale de la violence empêchant les « colombes » des deux camps d'engager des pourparlers est attisée par un Mossad qui, à l'époque, est aussi très préoccupé par la tentative de l'Irak de s'approprier l'arme atomique [▷ p. 242]. C'est ainsi qu'en juin 1980, après l'avoir piégé grâce à une call-girl [2], le Mossad assassine à Paris le savant atomiste égyptien Yahya Al-Meshad, qui travaillait pour l'Irak.

---

1 Patrick Seale, *Abu Nidal. A Gun for Hire*, Random House, New York, 1992.

2 Une affaire qui inspirera le film d'Éric Rochant, *Les Patriotes* (1994).

Henri Curiel et les « latinos »

Ce n'était pas la première fois que Curiel avait tenté d'organiser des rapprochements improbables, comme par exemple celui du colonel et chef d'État égyptien Gamal Abdel Nasser et du Français Charles de Gaulle à l'issue de la guerre d'Algérie. C'est ce qui lui a valu de ne pas être expulsé de France malgré son engagement antérieur au profit du FLN. D'autant que Georges Gorse a opportunément rappelé à de Gaulle le soutien de Curiel à la France libre, que l'ambassadeur français dirigeait au Caire pendant la Seconde Guerre mondiale.

En 1965, le militant égyptien créateur de Solidarité, un groupe de soutien aux révolutionnaires du tiers monde, a même proposé au Général une rencontre secrète avec Medhi Ben Barka, le chef de l'opposition marocaine et secrétaire général de la Tricontinentale, basée à Cuba (comme le révélera Gilles Perrault dans sa biographie de Curiel [1]). Mais Ben Barka a été kidnappé le 29 octobre 1965 par les services spéciaux de Hassan II, avec l'aide de Français, policiers véreux et aigrefins plus ou moins honorables correspondants du SDECE. Ce qui explique la colère du Général au cours des rebondissements de l'affaire...

De Gaulle disparu, Henri Curiel n'a pas renoncé pour autant : l'aide aux clandestins de l'African National Congress (ANC) d'Afrique du Sud ou aux réfugiés des dictatures latino-américaines est constant. Filières d'évasions, faux papiers, méthodes pour « couper » les filatures : Solidarité est devenue une école de la clandestinité.

La DST, qui le surveille sans relâche, l'a bien fiché dans le registre S comme Subversion (dossier S 531 916 avec 144 sous-cotes !), mais elle en a conclu qu'il n'est ni un agent du KGB – le service soviétique réprouve l'alliance de ce communiste atypique avec divers mouvements de libération incontrôlables – ni un partisan du terrorisme urbain style « Bande à Baader » ou Brigades rouges. La division « Manipulations » de la DST sait tout ce qui se passe au sein de Solidarité : elle en a recruté un des chefs, en le faisant « chanter » du fait de son attirance sexuelle pour les enfants.

Mais, à l'encontre des préconisations de la DST, une campagne de presse est lancée contre Henri Curiel, à l'initiative de journalistes manipulés directement par la direction du SDECE – autrement dit par un Alexandre de Marenches [▷ p. 338], dont les liens avec les services secrets marocains, sud-africains ou latino-américains sont notoires. En juin 1976, des articles désignent Curiel comme le « patron des réseaux d'aide au terrorisme ». Un autre rédigé par un cousin de Marenches le présente comme maître-espion du KGB. L'année suivante, le patron des patrons allemands Hans-Martin

---

1 Gilles Perrault, *Un homme à part*, Bernard Barrault, Paris, 1984.

Schleyer est enlevé et assassiné par la « Bande à Baader », et les médias allemands critiquent la France pour son laxisme supposé à l'égard du terrorisme. Résultat : Curiel est assigné à résidence à Digne. Puis la mesure est levée le 10 janvier 1978.

Quatre mois plus tard, le 4 mai 1978, l'AFP reçoit une revendication sans appel : « Aujourd'hui, à 14 heures, l'agent du KGB Henri Curiel, militant de la cause arabe, traître à la France qui l'a adopté, a cessé définitivement ses activités. Il a été exécuté en souvenir de nos morts. Lors de notre dernière opération, nous avions averti. » C'est signé « Delta » : une référence explicite aux commandos Delta de l'OAS [▷ p. 94]. Le 12 mai 1978, le laboratoire de la police scientifique fait « parler » l'arme, un colt 45 : il a déjà servi dans un autre assassinat, d'où la référence du communiqué à une précédente action, quelques mois plus tôt, le 2 décembre 1977, au cours de laquelle a été abattu à Paris le gardien de l'Amicale des Algériens en Europe (une association étroitement contrôlée par les services secrets de l'armée algérienne, la Sécurité militaire, très présents en France [▷ p. 345]). Ce gardien, Laïd Sebaï, a sans doute été confondu avec le président de l'association, Abdelkrim Gheraieb.

Dans les jours qui suivent, des responsables de la DST, Jean Baklouti, Raymond Nart et Michel Lacarrière, prennent langue avec des milieux journalistiques et livrent leurs états d'âme : la « Maison » de la rue des Saussaies surveillait Curiel, mais n'a rien à voir avec sa mort...

La raison de cette initiative peu commune se comprend : la rumeur circule qu'un inspecteur de la DST, Jean L., aux penchants d'extrême droite, aurait balisé le terrain et aidé des tueurs du « milieu » télécommandés, ou directement des services étrangers particulièrement hostiles à Curiel : sud-africains ? israéliens ? latino-américains ? Et encore faudra-t-il attendre le livre de Gilles Perrault pour apprendre qu'en novembre 1972, deux inspecteurs de la DST avaient rendu visite à une voisine du militant égyptien pour lui demander de pouvoir sonoriser à partir du sien l'appartement voisin où venait d'emménager le patron de Solidarité. Mais même au nom de la sécurité nationale, la voisine dentiste refusa de moucharder ses voisins... Tout cela explique que, dix ans plus tard, *Le Canard enchaîné* puisse écrire, le 15 septembre 1982 : « Curiel a été abattu par deux inspecteurs de la DST, militants d'extrême droite. Convaincus qu'ils avaient affaire à un agent soviétique – patron mondial du terrorisme, rien de moins – et excédés de ne pouvoir le coincer, les tueurs auraient pris l'initiative de lui régler son compte. La direction de la DST n'aurait découvert le pot-aux-roses qu'après coup »... Mais est-ce si simple ?

Depuis 1981, avec l'alternance politique et l'arrivée de la gauche au pouvoir, l'Association des amis de Curiel espère obtenir la vérité, épaulée pour cela par l'enquête magistrale de Gilles Perrault. Mais, une fois de plus, elle se heurte au secret-défense et aux manipulations des services. La division contre-espionnage du SDECE a fait disparaître des archives importantes. Quant à Marcel Chalet, le patron de la DST, parti à la retraite, il protège ses sources, et notamment son agent principal, naguère à la tête de Solidarité, devenu depuis membre de l'Association des amis de Curiel qui réclame la vérité à cor et à cri, étudiant tour à tour la piste sud-africaine, la piste israélienne, sans oublier la piste latino-américaine.

C'est que Henri Curiel était très engagé dans l'exfiltration de militants de gauche, notamment après les coups d'État militaires en Uruguay (1973), au Chili (1973), en Argentine (1976) et ailleurs. Or, la situation dans ces pays est aussi à l'origine d'assassinats politiques en France. Lorsque, le 19 décembre 1974, l'attaché militaire à l'ambassade d'Uruguay, le colonel Ramón Trabal, est assassiné à Paris, les policiers chargés de l'enquête sont prêts à croire à la revendication envoyée à l'AFP par la « Brigade internationale Raúl Sendic ». Autrement dit à une vengeance organisée par des gauchistes uruguayens membres de l'organisation de guérilla urbaine Tupamaros, dont Sendic est alors le fondateur emprisonné. Considéré comme un expert de la lutte contre-subversive, Trabal aurait été une cible de choix dans un pays dont l'opinion publique a été sensibilisée à la situation dramatique à Montevideo grâce au film de Costa-Gavras, *L'État de siège* (1973).

Mais, comme dans l'affaire Curiel, dont il aura aussi la charge, le commissaire Pierre Ottavioli fait chou blanc. Les enquêtes dans les milieux de l'opposition réfugiée en France ne donnent rien. Pour le journaliste uruguayen Sergio Israel, qui a longuement enquêté sur cet assassinat [1], il serait le produit de règlements de comptes entre militaires des différents pays latino-américains organisés dans le cadre du Plan Condor, une structure stratégique, soutenue par la CIA, créée pour décimer les militants des organisations de la gauche latino-américaine [2].

C'est le même scénario que certains croient discerner au moment de la mort de l'ambassadeur de Bolivie à Paris : Joaquín Zenteno Anaya est assassiné à son tour le 11 mai 1976, devant son ambassade de l'avenue du président-Kennedy. Ce meurtre est revendiqué cette fois par la « Brigade internationale Che Guevara ». L'allusion est limpide : c'est Anaya qui a dirigé la traque pour capturer en Bolivie le révolutionnaire argentin en 1967. Version des tenants du complot Condor : Anaya aurait été victime de son opposition à Hugo Banzer en Bolivie, et assassiné par l'inévitable conglomérat de fascistes italiens et anciens de l'OAS réfugiés en Espagne,

---

1 Sergio Israel, *El Enigma Trabal*, Trilce, Montevideo, 2002.

2 John Dinges, *Les Années Condor. Comment Pinochet et ses alliés ont propagé le terrorisme sur trois continents*, La Découverte, Paris, 2005.

sorte d'« orchestre noir » que l'on ressort dans la presse, à l'époque, à chaque fois qu'une enquête de police judiciaire s'ensable.

Mais trente ans plus tard, dans les milieux bien informés, on évoque une autre piste qui, pour une fois, disculpe les services spéciaux et la police du temps de Michel Poniatowski. Il s'agirait des « Brigades internationales », sur lesquelles le quotidien *Libération* est bien placé pour enquêter (le 30 juin 1976), du fait des origines maoïstes de ce petit groupe apparenté aux NAPAP (Noyaux armées pour l'autonomie populaire). Non seulement on leur attribue les assassinats des deux diplomates latino-américains, mais encore la tentative ratée, le 8 octobre 1975, contre l'attaché militaire espagnol, le capitaine Garcia Plata Valle, présenté comme fondateur des commandos antibasques, ou encore, le 2 novembre 1976, la tentative d'assassinat de l'attaché culturel iranien Homayoun Keykavoussi, chef d'antenne présumé de la police politique de Téhéran, la Savak.

Raison de la disparition de ce petit groupe qui s'était spécialisé dans les attentats ciblés contre des représentants des régimes dictatoriaux de l'époque ? Tout simplement que son chef, Jean-Denis Lhomme, s'est suicidé en 1976 et que ses compagnons se sont dispersés dans la nature, après avoir redonné vie à une tradition de l'« action directe », comparable à celle des anarchistes du début du XXe siècle.

◀ **R. F.**

Pour en savoir plus

Roger Faligot et Pascal Krop, *DST, police secrète*, Flammarion, Paris, 1999.

Yossi Melman, *Le Mystère Abou Nidal*, Hermé, Paris, 1987.

Melchor Miralles et Ricardo Arques, *Amedo. El Estado contra ETA*, Plaza y Janes/Cambio 16, Barcelone, 1989.

Vincent Monteil, *Dossier secret sur Israël, le terrorisme*, Guy Authier, Paris, 1978.

Gilles Perrault, *Un homme à part*, Bernard Barrault, Paris, 1984 (nouvelle édition mise à jour, Fayard, Paris, 2006).

Michaël Prazan, *Pierre Goldman, le frère de l'ombre*, Seuil, Paris, 2005.

Patrick Seale, *Abu Nidal. A Gun for Hire*, Random House, New York, 1992.

Gordon Thomas, *Histoire secrète du Mossad, de 1951 à nos jours*, Nouveau monde, Paris, 2006.

Bernard Violet, *Carlos, les réseaux secrets du terrorisme international*, Seuil, Paris, 1996.

Alexandre de Marenches, du Jockey Club au SDECE

La stupéfaction est générale lorsque le président Georges Pompidou, auquel son beau-frère François Castex l'avait présenté, nomme Alexandre de Marenches à la tête du Service de documentation extérieure et de contre-espionnage (SDECE), en octobre 1970. Depuis 1957, seuls des généraux s'étaient succédés à ce poste (Paul Grossin, 1957-1962 ; Paul Jacquier, 1962-1966 ; Eugène Guibaud, 1966-1970), et le ministre des Armées Michel Debré entendait bien poursuivre la tradition. Mais l'Élysée a préféré donner un coup de fouet à un service considéré comme routinier et peu ouvert sur le monde, et placer à la tête du contre-espionnage un civil au carnet d'adresses rempli dans les salons.

Alexandre de Marenches était tout de même colonel de réserve – pendant la guerre, de surcroît quand on est le fils d'un ancien officier de liaison du général Pershing, on ne se déshonore pas en restant caché au château. Aristocrate et fier de l'être, dégagé de tout souci matériel grâce à la fortune de sa famille et à celle de son épouse écossaise Lillian-Mary Witchell, membre du Jockey Club où il aimait traiter ses relations, Marenches se flattait d'avoir été l'aide de camp du futur maréchal Alphonse Juin, durant la campagne d'Italie.

Dès son arrivée à la caserne Mortier, siège du SDECE, il procéda avec brutalité – en deux heures ! – à la purge réclamée par Georges Pompidou, qui venait d'être confronté à une cabale organisée par des membres du service. Ces derniers avaient notamment diffusé des montages photographiques obscènes afin de mêler la famille Pompidou à l'affaire Markovic, du nom de cet ami du couple Alain et Nathalie Delon dont le cadavre avait été retrouvé dans une décharge publique [▷ p. 400]. Quelques semaines plus tôt, Eugène Guibaud avait pourtant déjà renvoyé du poste territorial du SDECE à Paris – la « base Bison » – plusieurs cadres soupçonnés d'avoir trempé dans cette affaire, Jean-Charles Marchiani [▷ p. 355], Maurice Pierson et Paul Sentenac. La direction du SDECE fut alors décapitée. Mais, passé ce traumatisme, « Porthos », surnom de Marenches dû à sa forte corpulence, ne changea finalement pas grand-chose au fonctionnement du SDECE. La vie du service continua sous sa direction, parfois accusée d'être dirigiste et autoritaire, mais jamais soupçonnée d'incompétence.

Viscéralement anticommuniste, et lisant souvent la marche du monde à travers ce seul prisme, Marenches avait été le premier à convaincre son ami Ronald Reagan de la nécessité de faire éjecter les Russes d'Afghanistan, avec le soutien de la Central Intelligence Agency (CIA). Sa proximité avec les États-Unis sera d'ailleurs l'une des marques de sa présence au SDECE, et il demeurera très lié jusqu'à la fin de sa vie à une partie de l'establishment de Washington, et notamment à George Bush père, son ancien homologue de Langley, le siège de la CIA. Ses nombreux voyages le tenaient souvent éloigné de Paris, permettant dans ces périodes à son directeur de cabinet, le jeune et efficace Michel Roussin, de prendre les commandes de la maison. Il n'appréciait rien tant que la fréquentation des grands de ce monde, avec lesquels il aimait traiter d'égal à égal, prétendant ensuite « faire bénéficier la France de [s]es relations ». Les dirigeants non élus, ou parvenus au pouvoir par la force, lui semblaient des personnages d'autant plus fréquentables que leur position semblait garantir la stabilité régionale. Il fut ainsi un intime de Saddam Hussein et fréquenta avec assiduité le roi du Maroc Hassan II, le roi Fahd d'Arabie saoudite, le shah d'Iran Reza Pahlavi et bien d'autres...

Pendant son règne de onze années, qui dura jusqu'à l'élection de François Mitterrand en mai 1981 et qui demeure le plus long à ce jour à la tête du service français, Alexandre de Marenches promena sur tous les continents, mais aussi sur la France, le regard hautain du cavalier à haute silhouette ignorant les basses contingences du commun des mortels. En 1986, il évoque dans un retentissant livre d'entretien avec la journaliste Christine Ockrent, *Dans le secret des princes*, la présence dans les archives du SDECE, à Noisy-le-Sec, de dix tonnes de dossiers constitués par l'Abwehr et la Gestapo durant l'Occupation, dont le contenu serait à même de mettre à mal plusieurs carrières de politiciens français, pour certains encore en activité à cette époque.

Devant l'énormité du scandale, le président de l'Assemblée nationale et ancien résistant, Jacques Chaban-Delmas, qui avait contresigné seize ans plus tôt la nomination d'Alexandre de Marenches au SDECE, fut chargé de la contre-attaque. Démentant dans une lettre ouverte que ces archives aient été constituées d'autre chose que des « résultats d'enquêtes sur des étrangers [...] qui auraient dû être détruits, comme devenus sans intérêt », Chaban entendait lever l'« intolérable suspicion sur des résistants survivants ». De plus, de nombreux anciens agents du SDECE feront savoir que ces archives avaient été exploitées en 1945 et 1950, et que les pseudo-révélations d'Alexandre de Marenches ne constituent donc qu'un pétard mouillé...

Le 13 mai 1981, cette figure du renseignement français quittait le service à l'âge de soixante ans, pour devenir conseiller d'État.

◂ J. G.

Pour en savoir plus

Alexandre de Marenches, Christine Ockrent, *Dans le secret des princes*, Stock, Paris, 1986.

Michel Roussin, *Le Gendarme de Chirac*, Albin Michel, Paris, 1986.

Le double jeu de Paris pendant la guerre des Malouines

Les Malouines tirent leur nom d'un port breton, Saint-Malo, d'où partaient jadis les baleiniers pour harponner les cétacés face aux côtes d'Argentine. *Las Malvinas*, pour les Argentins, qui les ont annexées après les Malouins ; *The Falklands*, pour les Britanniques, qui les ont arrachées aux Argentins en 1832. Un siècle et demi plus tard, les services de renseignement britanniques ont été pris de cours lorsque la junte militaire argentine – au pouvoir depuis mars 1976 – a lancé son offensive, le 2 avril 1982, pour récupérer ces îlots où habitent surtout des moutons. Mark Heathcote, le chef de la station du MI6 à Buenos Aires, a bien transmis un plan d'invasion des Argentins à Londres quelques mois plus tôt, mais celui-ci envisageait une attaque sur les Malouines au printemps austral, soit en octobre 1982. Or, l'amiral Jorge Anaya, chef de la flotte, a convaincu le général Leopoldo Galtieri, chef de la junte militaire, d'utiliser un incident diplomatique mineur – le débarquement de ferrailleurs argentins dans l'île de Géorgie du Sud en mars – pour attaquer.

Les Malouines : guerre secrète à Paris

La guerre va durer trois mois et se terminer par la capitulation de l'Argentine – ce qui contribuera à précipiter la chute de la junte, un an plus tard. Les batailles navales feront un millier de morts, en particulier le 2 mai, lorsque le sous-marin nucléaire d'attaque *HMS Conqueror* coulera le cuirassé *General-Belgrano*, ou encore le 4 mai, lorsque la frégate lance-missiles *HMS Sheffield*, atteinte par un missile Exocet tiré par un Super-Étendard argentin, coulera à son tour.

Pour se prémunir contre ce missile fabriqué et vendu par la France, Londres a décidé de demander l'aide de Paris. Margaret Thatcher peut compter sur François Mitterrand. Elle l'a constaté lors de sommets européens ou lorsque le président français a refusé d'intervenir pour Bobby Sands et ses camarades, prisonniers de l'IRA, en grève de la faim en 1981. Leurs éminences grises respectives en matière de renseignement, Lord Granard et François de Grossouvre, sont au diapason : ce sont de vieux amis qui ont participé ensemble, au début de la guerre froide, aux réseaux de résistance antisoviétique surnommés *Stay behind* – Grossouvre, *alias* « Leduc », pour le Service de documentation extérieure et de contre-espionnage (SDECE) ; Granard, de son nom initial Arthur Forbes, pour l'Intelligence Service à Paris. Aussi n'est-il pas difficile de demander à la France de former des experts sur la meilleure façon de se protéger des missiles qu'elle a vendus à l'aviation argentine et qui arment ses avions Super-Étendard, d'origine française eux aussi.

Mais il y a plus : le MI6 veut empêcher les Argentins de continuer à se procurer du matériel. Alexis Forster, chef de station du MI6 à Paris, rend visite à Pierre Marion, le patron de la Direction générale de la sécurité extérieure (DGSE). Ce dernier a reçu le feu vert de l'Élysée pour offrir l'aide la plus totale aux amis d'Outre-Manche. L'homme du MI6 sait que l'on se trouve au milieu du gué : un contrat d'armement franco-argentin, signé en 1979, prévoit la vente de quatorze Super-Étendard équipés d'une quinzaine de missiles AM-39 Exocet, qui doivent être délivrés d'ici septembre 1982. En outre, un contrat pour quarante-huit missiles Exocet MM-40, un modèle conçu pour équiper les navires, est également en cours. Les cinq premiers missiles ont été livrés le 17 novembre 1981, et une équipe d'Aérospatiale aurait dû se rendre en Argentine pour les installer sur les cinq premiers Super-Étendard, le 12 avril. Naturellement, l'embargo décidé par l'Europe les en empêche. Pourtant, des pilotes argentins sont encore à l'entraînement sur la base aéronavale de Landivisiau, près de Brest. Et surtout, une équipe de Dassault se trouve en Argentine où elle était arrivée avant le déclenchement des hostilités. Pierre Marion emmène Alexis Forter à

Bordeaux pour constater *de visu* que les autres avions resteront en France. Ce qui rassure Londres.

Surviennent d'autres d'informations inquiétantes : avenue Marceau, la Commission argentine d'armement naval, dirigée par le capitaine Carlos Corti et son adjoint Julio Italo Lavezzo, cherche à se procurer d'autres Exocets. La DGSE et la DST peuvent-elles renforcer la surveillance ? Rien de plus simple. On suit depuis longtemps les agissements argentins à Paris. Et pour cause...

Le système d'espionnage argentin à Paris

L'organisation à laquelle Corti est rattaché existe depuis juillet 1977, quand l'ambassadeur argentin, Tomás de Anchorena, un proche du dictateur Jorge Videla, a mis en place le Centro argentino de diffusión, rue Henri-Martin, à Paris.

En théorie, il s'agit d'un service destiné à organiser la propagande en faveur de la dictature argentine dans sa lutte contre la « subversion marxiste », en particulier la guérilla de l'Armée révolutionnaire du peuple (ERP), liée à la IVᵉ Internationale (trotskyste), et celle des Montoneros, qui se réclament des dirigeants populistes des années 1950, Juan et Evita Perón. L'un des responsables de cette opération et de la propagande de la junte à Buenos Aires est alors le capitaine Carlos Corti, un proche de l'amiral Eduardo Massera, chef de la flotte, et l'un des organisateurs de la répression féroce de l'opposition [1].

Or cette structure en recouvre une seconde, secrète : le Centro Piloto Paris (CPP), établi avec l'aide d'un ami de Corti, le capitaine de corvette Alfredo Astiz, et des hommes du renseignement naval chargés d'espionner et d'infiltrer les milieux des réfugiés politiques argentins en France. Le CPP a d'abord été dirigé par le capitaine Jorge Eduardo Acosta (dit le « Tigre ») aidé du capitaine Jorge Perren (dit le « Puma »), en liaison avec le capitaine de corvette Enrique Yon (dit le « Cobra »), adjoint de l'attaché naval à l'ambassade. Acosta a été le responsable du renseignement d'une unité spéciale basée à l'École de mécanique de la marine (ESMA), au nord de Buenos Aires, qui, au plus fort de la répression contre la gauche, a été un des lieux de détention où on a le plus torturé et fait disparaître des milliers

---

1 Massera et Corti, si l'on en croit la presse italienne et argentine, auraient été proches, sinon membres de la Loge P2 (loge secrète de la franc-maçonnerie italienne) et amis de son fondateur et grand-maître Lucio Gelli, ainsi que de Roberto Calvi, le banquier du Vatican – lequel sera retrouvé pendu, le 18 juin 1982, au Blackfriars Bridge, à Londres, dans le prolongement de Blackfriars Road où se trouve un centre d'entraînement du MI6. Ont alors circulé des rumeurs sur son rôle dans des ventes d'armes au profit des Argentins, alors que la guerre des Malouines n'est pas terminée...

d'hommes et de femmes. Son adjoint Astiz, l'« ange de la mort », s'est illustré dans les « escadrons de la mort » argentins, et notamment dans la disparition, en décembre 1977, de deux religieuses françaises, Alice Domon et Léonie Duquet. Ce qui ne l'empêche pas de venir à Paris, sous la fausse identité d'Alberto Escudero, pour infiltrer le Comité argentin d'information et de solidarité (CAIS). Il est identifié par la presse, très active à dénoncer les agissements des barbouzes latino-américaines tel le réseau monté par le capitaine Yon [1].

C'est aussi l'époque où Elena Holmberg, attachée culturelle en poste à l'ambassade d'Argentine à Paris, s'indigne d'apprendre ce que font les espions argentins, en particulier leurs tentatives d'acheter des agents doubles parmi les réfugiés. Elle aurait même mis en cause le rôle d'Astiz et de l'amiral Massera. On la renvoie rapidement à Buenos Aires, où, le 20 décembre 1978, après avoir piloté des journalistes de *Paris Match* dans la ville, elle est enlevée et assassinée. On retrouvera son corps le 11 janvier suivant et, à Paris, la DST engage une enquête pour comprendre l'origine de ce meurtre. Le CPP est aussi mis en cause dans l'enlèvement, le 24 mai 1980, de Montero Ruiz, l'ancien maire de Buenos Aires réfugié à Paris, et dans l'assassinat, le 4 juin, de son gendre, le cinéaste Jorge Cedrón, frère de Juan Cedrón, du célèbre groupe musical Cuarteto Cedrón [2].

Contrairement à ce qui se dira dans les milieux de gauche, le CPP n'a pas disparu avec la fin du septennat de Valéry Giscard d'Estaing, en 1981. Avec l'alternance, les Argentins continuent d'être actifs. Simplement, avec la gauche au pouvoir à Paris, la structure s'occupe aussi désormais d'achats d'armements navals. Et les agents de contre-espionnage d'au moins quatre services français et anglais suivent le capitaine Corti comme son ombre…

Intox et opération SAS

Grâce aux écoutes téléphoniques et aux filatures, on sait que Corti s'apprête à acheter d'autres Exocets sur le marché noir. Le MI6 décide alors d'infiltrer la filière. On a recours à un vieil agent, Anthony Divall (ancien de la marine et du MI6 depuis 1945, il avait notamment intoxiqué l'IRA dans les années 1970). Il envoie à la mission Corti un ex-marine américain qui prétend lui livrer, à Hambourg, trente Exocet à un million de livres sterling l'unité. La rencontre a lieu après le 4 mai, alors qu'un missile a déjà coulé le *Sheffield*. Le capitaine Corti est aux anges. Mais les transactions vont s'éterniser. L'objectif est atteint : pendant qu'il négocie avec Divall,

1 Voir François Gèze, « Un tortionnaire en poste à Paris », *Libération*, 13 octobre 1980.
2 Voir l'enquête de l'écrivain Bernard Noël, « L'affaire Jorge Cedrón », *Vendredi*, 11 juillet 1980.

Corti perd un temps fou et n'établit pas de contact avec de vrais trafiquants d'armes [1]. Au même moment, la DGSE fournit au chef de station du MI6, Alexis Forter une information décisive : selon l'équipe de Dassault, bloquée en Argentine, les Super-Étendard ont été transférés de la base Espora au Rio Grande, et notamment à Rio Gallegos, à 50 kilomètres de la frontière chilienne...

Le vert est mis. Le 20 mai, une soixantaine d'hommes du 22e Special Air Service (SAS), que dirige le colonel Michael Rose, futur commandant en chef de la guerre du Golfe, se livrent à une audacieuse opération commando en détruisant au sol les Super-Étendard équipés d'Exocet sur la base de Rio Gallegos. Puis ils sont récupérés par hélicoptère près de Punta Arenas, dans le Sud du Chili.

Même si plusieurs navires seront encore frappés par des Exocet, le double jeu de François Mitterrand a été payant pour les Britanniques. Côté argentin, la junte ne va pas tarder à s'effondrer et à laisser la place à la démocratie. Le capitaine Astiz, qui commandait des troupes dans l'île de Géorgie du Sud, s'est rendu mais va échapper encore à la justice internationale pour les crimes commis avec beaucoup d'autres pendant la dictature (il sera toutefois condamné par contumace en France en 1990).

Quant aux marchands d'armes, ils ne renoncent jamais. Après que Paris a aidé les Britanniques à détruire le matériel vendu aux Argentins, les Français vont aider ces derniers à recomposer leur aviation avec de vieux Mirage III. Ce qui fait conclure à Jacques Isnard, du *Monde*, le 10 mai 2002 : « Vingt ans après la guerre des Malouines, le double jeu de la France est mis sur la place publique : d'une main, Paris a aidé le Royaume-Uni à se prémunir contre les Super-Étendard, avions armés de missiles Exocet qu'elle avait vendus à l'Argentine, et de l'autre, elle a permis à Buenos Aires de se rééquiper en Mirage III auprès d'Israël, qui cherchait à se débarrasser de ses vieux appareils de conception française. Dans l'ignorance de ce tour de passe-passe, les deux belligérants n'ont eu, sur le moment, qu'à se féliciter de l'assistance fournie discrètement par la France. »

◄ **R. F.**

Pour en savoir plus

Jean-Jacques Cécile, *Les SAS, commandos secrets de Sa Majesté*, Histoire & Collections, Paris, 1997.

Commission argentine des droits de l'homme, *Argentine : dossier d'un génocide* (présentation de Bernard Noël), Flammarion, Paris, 1978.

1 « MI6 Saved Andrew from an Exocet », *The Observer*, 27 mars 1988.

Rupert Cornwell, *Le Banquier du Vatican*, Plon, Paris, 1983.

Stephen Dorril, *MI6, Fifty Years of Special Operations*, Fourth Estate, Londres, 2000.

Roger Faligot, *Les Services spéciaux de Sa Majesté*, Temps actuels, Paris, 1982.

Marie-Monique Robin, *Escadrons de la mort, l'école française*, La Découverte, Paris, 2004.

Nigel West, *The Secret War for the Falklands. SAS, MI6 and the War Whitehall Nearly Lost*, Little, Brown & Co, Londres, 1997.

Ministère de la Défense, *La Campagne des îles Falklands : ses leçons*, Londres, 1982.

1962-1992 : liaisons dangereuses franco-algériennes

« Dans les semaines qui ont suivi l'indépendance de l'Algérie, fin 1962, je m'y suis rendu avec une soixantaine de cadres du KGB, qui devaient aider à former les nouveaux services de renseignement sous l'égide de Boussouf, avec qui j'étais en contact, *via* l'Égypte, pendant la guerre de libération contre les Français », nous expliquera trente ans après les faits le général Vadim Kirpitchenko, à l'époque responsable du secteur Afrique du Nord, et plus tard chef du Ier directoire (renseignement extérieur) du KGB. Avant d'ajouter : « Et là, ce qui m'a surpris, c'est de voir des policiers français qui étaient déjà revenus sur place comme conseillers de la nouvelle police algérienne [1]... »

Des policiers français au service de l'Algérie indépendante...

L'affaire est en effet peu connue : dès l'indépendance, des policiers français sont détachés dans le cadre de l'« assistance technique », afin

1 Entretien avec l'auteur, novembre 1995. Kirpitchenko est alors épaulé à Alger et Tunis par Andréi Zélénine – plus tard « résident » du KGB au Maroc et, après 1992, chargé de liaison avec la DGSE et la DST des nouveaux services russes de l'après-communisme, à l'ambassade de Paris.

d'aider à former la nouvelle police de l'Algérie nouvelle que préside Ahmed Ben Bella. Ainsi, lorsque l'on feuillette l'Annuaire des commissaires de police (français) de l'année 1964, on découvre la biographie de ceux qui ont été envoyés sur place depuis quelques mois : Alain Aze, Jacques Benoît, Fernand Bertrand, André Chosalland, Jean Faraut, André Groussard, Louis Icard, Alfred Jouhaneau, Marc Mattei, André Rollin. Ces conseillers ont été triés sur le volet pour n'avoir manifesté naguère aucune sympathie pour l'« Algérie française ». La biographie d'Alfred Jouhaneau est typique à cet égard : ce commissaire divisionnaire de la Direction de la surveillance du territoire (DST), né en 1909 à Libourne, a été chargé après la Seconde Guerre mondiale d'élucider l'énigme René Hardy (soupçonné d'avoir livré à la Gestapo, en 1943, le patron du Comité national de la Résistance Jean Moulin). À la fin de la guerre d'Algérie, ce policier républicain était devenu l'une des chevilles ouvrières de la « Mission C » à Oran, ces policiers parallèles chargés de liquider les ultras de l'Organisation de l'armée secrète (OAS) [▷ p. 65].

Mais, bien sûr, après l'indépendance, les effectifs des services spécialisés en Algérie ont très majoritairement été rapatriés en France, où leur expérience algérienne leur vaudra souvent une belle carrière. Si l'on consulte par exemple l'organigramme des responsables de la DST en Algérie en 1960, on constate que nombre de ces fonctionnaires ont ensuite tracé la route du nouveau contre-espionnage : Auguste Sauzon, chef de la DST en Algérie, puis père de la documentation moderne du service central ; les commissaires René Haiblet (documentation), Maurice Lassabe (manipulations/service E2), Paul Elbing (ex-chef de la BST de Tunis, puis patron du secteur de contre-espionnage – SCE – de Constantine), Camille Detrez et Louis Schneider (SCE Oran), Paul Eintzelmann (SCE Alger) ; Marcel Chalet, futur patron de la DST de 1975 à 1982 (SCE Sahara) ; Serge Fontaine (SCE Gardhaïa-Sahara), l'inventeur des vols de courrier privé dans les boîtes aux lettres, dites « opérations Fontaine »...

Certains d'entre eux sont originaires d'Afrique du Nord et vont poursuivre en métropole la même guerre contre-subversive, faite de manipulations en tous genres, contre des ennemis nettement moins dangereux que le Front de libération nationale (FLN). C'est par exemple le cas du commissaire Jean Baklouti, né en Tunisie et ancien chef de la brigade anti-FLN à Paris, qui « traitera » le Front de libération de la Bretagne (FLB) [▷ p. 420].

S'agence alors une situation duale qui va durablement présider aux relations franco-algériennes, tant politiques et économiques que policières : tantôt l'entente cordiale, tantôt une guerre de l'ombre sans merci. La DST se retrouve face à d'anciens réseaux du FLN, eux aussi reconvertis : ceux de l'ex-wilaya 7 (l'organisation du FLN en France pendant la guerre d'indépendance) maintiennent leurs filières au profit des nouveaux services secrets algériens. Ces agents qui ont fait leurs armes dans le contre-espionnage de l'Armée de libération nationale (ALN), dirigé par Abdelhafid Boussouf, sont considérés, côté français, comme un nouveau service satellite de l'URSS. Il est vrai que de nombreux cadres du nouveau service secret de l'armée algérienne, baptisé « Sécurité militaire », sont formés par les Soviétiques de Kirpitchenko, à commencer par leur chef, Abdelazziz Khalef, plus connu sous le nom de Kasdi Merbah.

« Malgaches » et « Boussouf's boys »

À l'automne 1962, les « Malgaches » portent donc sur les fonts baptismaux la Sécurité militaire (SM), à la demande du colonel Houari Boumediene, patron de l'armée. En 1965, une fois le président Ben Bella renversé par le même Boumediene, ils seront au pouvoir. Leur surnom vient du MALG (ministère de l'Armement et des Liaisons générales), le service de renseignement de l'ALN, dont le chef était un homme aussi remarquablement intelligent que sans scrupule, au regard éternellement masqué de lunettes noires : Abdelhafid Boussouf, *alias* « Si Mabrouk ». Dès 1955, chef de la wilaya 5 (Oranie) avec pour adjoint Houari Boumediene, il avait su organiser des liaisons radio et, surtout, créer à Oujda (Maroc) un système élaboré d'interception radio des communications françaises.

Avec la constitution de l'« armée des frontières » (par opposition à la résistance intérieure) installée en Tunisie et au Maroc et la création en septembre 1958 du Gouvernement provisoire de la République algérienne (GPRA), le MALG devient le service omniprésent vers lequel convergent tous les renseignements. De plus, il organise les achats d'armes à l'étranger – que tente de contrecarrer la mystérieuse Main rouge, une émanation clandestine du Service de documentation extérieure et de contre-espionnage (SDECE) [▷ p. 50]. Boussouf s'est entouré de collaborateurs efficaces : Taïb Larbi, Kaïd Ahmed (« commandant Slimane ») ou Abdelaziz Bouteflika (le futur président algérien à partir de 1999). Et il forme alors d'autres « Boussouf's boys » : Laroussi Khelifa (le père du futur milliardaire Rafik Khalifa), Kasdi Merbah, Rabah Boukhalfa et même un futur président (de 1994 à 1998), Liamine Zéroual. Mais son installation au Caire, fin 1958, pose des problèmes, car le président Nasser soutient la faction de Ben Bella, haïe par Boussouf. De surcroît, les services égyptiens s'opposent à la montée en puissance du MALG, qui devient alors une police politique.

Hostile à ce développement tentaculaire du MALG et des sections de contrôle de tout le mouvement national – comme la Division de la vigilance et du contre-renseignement (DVCR) –, Krim Belkacem, chef historique de l'insurrection en Kabylie, veut créer son propre service de renseignement, avec comme chef Ahmed Bencherif. Mais ce dernier est finalement arrêté par les Français en 1960 et mis hors jeu. À un an de la fin du conflit, les Boussouf's boys organisent la « base Didouche », à Tripoli en Libye, dirigée par Boualem Boussaïah. Un jeune militant, Ali Mécili, est chargé de la Direction de la documentation et de la recherche (DDR) ; Kasdi Merbah pilote les « Opérations », tandis que la DVCR prend de plus en plus des allures de police politique dictatoriale.

Elle est la matrice de la SM, créée dès septembre 1962. Mais Abdelhafid Boussouf, l'homme qui en a forgé les rouages pervers – toujours efficaces en Algérie près d'un demi-siècle plus tard –, n'en fait pas partie : son ancien adjoint, le colonel Boumediene, a été plus malin que lui et l'a écarté, à la faveur de la crise de l'été 1962, où ce dernier et ses alliés parviennent à imposer Ahmed Ben Bella à la tête du jeune État. Boussouf se retire alors de la politique et choisit le monde des affaires, notamment la vente de bateaux. Reste, bien au-delà de sa mort en 1980, son ombre tutélaire d'homme impitoyable qui a jeté les bases d'un service totalitaire né dans la résistance, incapable de concevoir un État démocratique.

Guerre des services et renseignement pétrolier

Dans le quartier chic d'Hydra, à Alger, s'installe l'ambassade de France. Kasdi Merbah et son chef du contre-espionnage, le colonel Moulay Chabou, surveillent de près l'installation du poste du SDECE, qui compte évidemment sur quelques informateurs restés sur place et sur des coopérants techniques et des postes consulaires. À ce poste délicat, se succèdent à vive allure, dans ces années 1960, le commandant Paillet, les colonels Pichon et Léon Dunand Henry, le capitaine André Camus, le colonel Perrier, puis un civil, André Delfosse… La nouvelle guerre secrète se livre à fleurets mouchetés, mais cela n'empêche pas une coopérante, considérée comme « honorable correspondante » du SDECE, de mourir en cellule suite aux mauvais traitements de la SM. Et la situation va se durcir après le coup d'État de juin 1965, lors duquel le colonel Boumediene « débarque » Ben Bella et prend le pouvoir. Le colonel Moulay Chabou portera alors des coups sévères au dispositif français.

« J'ai été arrêté à la suite d'une erreur de gestion en double commande entre le 2e Bureau et le SDECE. Lorsqu'on m'a interrogé dans les locaux de la SM à Alger, de façon musclée, il y avait des conseillers soviétiques du KGB et tchèques qui prenaient des notes dans la pièce à côté. Les chefs de la SM avaient une formation française, tandis que les cadres intermédiaires avaient été formés par les Russes », se souvient « Gaston », un agent du

SDECE [1]. Sous couverture économique à l'ambassade, il collaborait avec les colonels Pichon puis Dunand Henry. Arrêté pour avoir posé des micros chez des ministres algériens, « Gaston » est longuement emprisonné avant d'être libéré en 1966, grâce à l'intervention du général de Gaulle. Sa mésaventure n'est que l'un des premiers épisodes de la bataille à laquelle se livrent à cette époque services français et algériens dans le domaine du renseignement économique, concernant avant tout les hydrocarbures.

L'affaire la plus retentissante éclate quatre ans plus tard en France, avec une grosse colère du président Georges Pompidou, qui déclare lors d'un conseil des ministres : « L'Algérie est indépendante. La France aussi, je pense. » Que veut-il dire ? Que Paris est sous influence dans les négociations sur les relations économiques franco-algériennes, singulièrement sur celles concernant le pétrole. À chaque rencontre, depuis la fin 1969, les émissaires algériens semblent connaître d'avance les propositions françaises. Il y a une fuite en haut lieu. Tandis que la DST enquête à Paris, se produit un nouveau coup contre les réseaux du SDECE à Alger : Moulay Chabou fait arrêter une douzaine de Français, dont des coopérants des PTT et, surtout, un attaché au consulat d'Alger, Paul Avril, ancien officier du 2e Bureau et de la SM française.

Finalement relâché, ce dernier expliquera à Paris ce qu'il avait appris avant son arrestation : les Algériens ont une taupe à la direction des affaires économiques du ministère des Affaires étrangères. En piégeant le courrier de Jean-Pierre Brunet, le directeur de ce service, avec un rapport ultraconfidentiel bidon, la DST remonte jusqu'à la source, Béatrice H., une simple secrétaire qui se livrait à de l'espionnage pour Alger par amour. Car à la réunion franco-algérienne suivante, les Algériens font état d'un accord secret franco-russe sur le pétrole qui en fait n'a jamais existé (mais qui correspond au faux rapport).

Dans la foulée, le 25 février 1970, le service de contre-espionnage effectue une perquisition chez un certain « Richard, prince de Marmara ». De son vrai nom Rachid Tabti, ce « conseiller en relations publiques à la Sonatrach » (l'entreprise publique algérienne qui exploite les hydrocarbures), né à Constantine en 1930, a été chargé de séduire Béatrice pour le compte des services algériens. À son domicile, on découvre en effet une pile de documents du service économique du Quai d'Orsay, mais aussi le compte rendu d'une réunion de travail à l'Élysée. En trois ans, Tabti a remis deux cents documents à son contact Ouali Boumaza, « chargé de mission » au cabinet du ministre de l'Industrie et de l'Énergie de son pays. En fait conseiller de la délégation algérienne à Paris, ce dernier est également arrêté.

1 Entretien avec l'auteur, 8 mai 1991.

Les deux hommes seront condamnés par la Cour de sûreté de l'État, le 28 octobre 1970, pour « intelligence avec les agents d'une puissance étrangère », respectivement à sept et dix ans de prison. À Alger, la réaction ne se fait pas attendre : le 9 novembre 1970, l'attaché d'ambassade Gérard Maurois et trois autres Français sont arrêtés, accusés d'enregistrer les conversations téléphoniques de Belaïd Abdesslam, le ministre de l'Industrie et de l'Énergie. Ces derniers, suite à un accord entre l'ambassadeur Rhéda Malek et Georges Pompidou en personne, seront échangés, en juillet 1971, avec les espions algériens sous la supervision technique du général Mohamed Boutella, attaché militaire à Paris et très proche de Boumediene.

Comment la SM opère en France

À partir de cette époque, la SM est le plus important – par le nombre de ses agents – service de renseignement étranger opérant sur le sol français, loin devant la CIA, le KGB ou le Mossad israélien. Tant qu'elle ne franchit pas la ligne jaune de l'espionnage contre la France, elle est tolérée, car, par sa fonction de « police politique », elle exerce une stricte surveillance de la communauté immigrée *via* l'Amicale des Algériens en Europe. Au milieu des années 1970, sous l'égide du deuxième conseiller à l'ambassade, Ahmed Cherifi, le service de renseignement à Paris chapeaute en outre toute l'Europe de l'Ouest.

La SM, que l'on surnomme aussi « Sport et musique », peut puiser dans un large vivier de sympathisants du tiers monde, dont Alger est un peu La Mecque sous Boumediene, avec les groupes palestiniens, le Front de libération du Québec (FLQ), l'organisation basque Euskadi Ta Askatasuna (ETA) ou les Black Panthers nord-américains... D'anciens « porteurs de valises » (comme on appelle ces Européens qui, pendant la guerre d'Algérie, ont fourni une aide logistique au FLN en France) et certains « pieds-rouges » – ces coopérants partis en Algérie pour aider la « jeune révolution », mais qui en sont souvent revenus après le coup d'État de 1965 – ne rechignent pas à aider ces services, même s'ils désapprouvent souvent la façon dont la SM veut museler les oppositions.

Grâce à ses agents spéciaux, au pactole que fait couler le pétrole et à la brigade de charme de plusieurs dizaines de séductrices du service opérationnel de Kasdi Merbah, bon nombre de diplomates et d'hommes politiques – y compris certains ministres de la Ve République – deviennent à leur tour des agents d'influence conscients ou inconscients, sinon des agents de renseignement pour la SM.

Le cas du prince Jean de Broglie, proche du président Giscard d'Estaing, est significatif. Lorsqu'il est assassiné à Paris, le 24 mars 1976, la police va explorer de nombreuses pistes. L'une d'elles illustre la manière d'opérer des services algériens. Jean de Broglie était évidemment une cible de choix, compte tenu de son rôle comme secrétaire d'État aux Affaires algériennes au moment des accords d'Évian qui ont mis fin à la guerre d'Algérie en 1962 et du fait qu'il ne rechignait pas à s'intégrer dans divers circuits commerciaux et financiers douteux [▷ p. 644]. En juin 1969, il est ainsi entré à hauteur de 50 % dans le capital de la SARL Brincom (Bureau de réalisations industrielles et commerciales), une société tous azimuts d'« opérations et entreprises commerciales, industrielles, financières de nature immobilière », assurant « en France et à l'étranger, l'étude et la mise au point et la réalisation de tous projets financiers, industriels, agricoles, miniers et commerciaux ».

Les autres parts sont détenues par un certain Akli Rahal. Le père de cet Algérien, Saïd Rahal, est un milliardaire plutôt connu pour son opposition à Boumediene. Mais voilà que la DST et le SDECE identifient la Brincom comme « société commerciale susceptible de pourvoir au financement des activités de la Sécurité militaire algérienne [1] ». Alexandre de Marenches, le patron du SDECE, va prévenir deux présidents successifs, Pompidou et Giscard d'Estaing, du rôle très opaque de Jean de Broglie. Suite à quoi, les ponts seront coupés entre eux et ce dernier. Cependant, un incident étrange s'est produit. Après avoir mis en garde Giscard, à peine Marenches est-il sorti de l'Élysée, que le président décroche son téléphone et appelle son « cher cousin » de Broglie : « Vous savez qui sort d'ici ? Marenches ! Et il m'en apprend de belles vous concernant... »

Une conversation dûment enregistrée, comme nous le révélera le patron du SDECE, puisque l'ancien négociateur d'Évian est écouté par les services français [2]... Une indiscrétion qui en dit long sur les mœurs de l'époque et sur l'omniprésence des services algériens jusqu'au cœur de la Ve République, mais laisse dans l'ombre l'énigme de la mort de Jean de Broglie.

Entente cordiale avec les services secrets des années Chadli

Autre mort, moins brutale, celle du colonel Boumediene, le 27 décembre 1978. Kasdi Merbah et les Boussouf's boys, ainsi que l'état-major de l'armée placent à la tête de l'État le colonel Chadli Bendjedid. Mais les services vont changer de main. Larbi Belkheir, ancien officier déserteur de l'armée française, formé à Moscou à la libération de son pays, remplace Kasdi Merbah comme coordinateur de la galaxie de la sécurité. Après une série de miniréformes, en 1980, la SM va perdre son rôle d'agence de renseignement à l'étranger, confié à une Direction des relations extérieures (DRE), sous l'égide

1 Cité *in* Jacques Bacelon, *L'Affaire Bacelon*, Jean Picollec, Paris, 1981, p. 45.
2 Entretien avec l'auteur, avril 1993.

de Kamel Lahrèche, tandis que la SM proprement dite est dirigée par Medjdoub Lakhal Ayat, qui a été lui aussi formé tour à tour par l'armée française et le KGB en URSS.

Cependant les rapports avec les Français changent. Que l'on en juge : en 1975, quand Carlos, le *pistolero* de la révolution palestinienne, était recherché par les services secrets français après avoir abattu en plein Paris des fonctionnaires de la DST [▷ p. 459], il était protégé à Alger par les services de Kasdi Merbah. Il y fréquentait même le bar Dar Salem, tenu par le propre frère du président Boumediene, si l'on en croit un rapport du SDECE de l'époque. Dix ans plus tard, les services algériens vont au contraire aider la France lors des attentats organisés à Paris par les Fractions armées révolutionnaires libanaises (FARL), et lorsque le diplomate Gilles Sydney Peyrolles (fils de l'écrivain Gilles Perrault) sera kidnappé le 23 mars 1985 au Liban pour obtenir la libération du chef des FARL, Georges Ibrahim Abdallah, interpellé en France.

Le préfet Yves Bonnet, alors chef de la DST, a retracé cet épisode dans ses mémoires, indiquant combien le colonel Lakhal Ayat et son adjoint au contre-espionnage Smaïl Lamari, *alias* « Smaïn », se sont montrés coopératifs – et d'autant plus efficaces qu'ils sont à l'origine de la création du groupe en question… L'attaché culturel français au Liban est libéré le 31 mars, mais l'échange ne se fera pas, car entre-temps la justice a inculpé le chef des FARL d'assassinat de diplomates étrangers. Le colonel Smaïn n'appréciera pas quand Raymond Nart, le numéro deux de la DST, le lui fera savoir. Et des attentats reprendront à Paris… Reste que les liens entre la DST – et de façon générale la police française – et la SM algérienne sont désormais étroits.

Les services d'Alger, liés à divers groupes terroristes du monde arabe, aiment désormais à jouer les intermédiaires indispensables – quitte à pratiquer parfois le double jeu. Ainsi, en 1985, c'est le général Philippe Rondot, accompagné de Raymond Nart, qui rencontre Abou Nidal, le chef du groupe dissident palestinien responsable des attentats les plus sanglants à l'époque, le Fatah-Conseil révolutionnaire. Objectif de ces palabres dans la luxueuse résidence du Club des Pins à Alger ? Empêcher de nouveaux attentats, comme celui contre le restaurant juif Goldenberg de la rue des Rosiers qui a fait six morts et vingt-deux blessés, le 9 août 1982 [▷ p. 441]. Cependant, l'action des services algériens en France reste souvent opaque : à la même époque, la DST voudrait bien connaître le rôle exact d'un jeune indicateur de la SM, Mohand Hamami, infiltré au sein du groupe terroriste Action directe, arrêté à la suite du meurtre de deux policiers, rue Trudaine, à Paris, le 31 mai 1983, avant d'être relâché puis de se réfugier à Alger – où il vit ensuite sous la « protection » des services du colonel Smaïn.

L'assassinat d'Ali Mécili

La SM ne se croit-elle pas tout permis désormais en France ? Perpétrés par ses agents, les assassinats politiques de leaders historiques de la révolution algérienne se sont produits jusqu'ici ailleurs en Europe : Mohammed Khider a été assassiné le 4 janvier 1967 à Madrid et Krim Belkacem, à Francfort, le 18 octobre 1970.

Mais le 7 avril 1987, c'est Ali-André Mécili qu'une équipe de truands assassine. Trois balles dans la tête, boulevard Saint-Michel à Paris. Avec la bienveillance de la police, qui dépend alors du ministre de l'Intérieur Charles Pasqua et du délégué à la Sécurité Robert Pandraud, les tueurs à la solde de la SM semblent échapper à l'emprise de la justice. Cette nouvelle affaire Ben Barka à la mode algérienne a ceci de différent d'avec le crime de l'époque de De Gaulle en 1965 : pas plus le président de la République (François Mitterrand) que le Premier ministre (Jacques Chirac) ne semblent s'en offusquer. Ni n'exigent que la lumière soit faite. Les dirigeants algériens et les patrons de la SM, dont le colonel Noureddine Zerhouni (*alias* « Yazid »), chef de ses opérations extérieures, ont sans doute compris le parti que l'on pouvait tirer de la cohabitation entre la gauche et la droite en France pour ordonner l'assassinat de Mécili.

Mais qui ont-ils tué ? Né en 1940, c'est tout jeune étudiant qu'Ali Mécili a rejoint les Boussouf's boys, pour pénétrer les wilayas 3 et 4, dans le cadre de l'opération du MALG pour contrôler les maquis. En 1961, en dépit de son jeune âge, on l'a vu chef de la Direction de la documentation et de la recherche (DDR). Si Boussouf lui fait confiance, la réciproque n'est pas vraie. Ali Mécili déteste l'action de la Division de la vigilance et du contre-renseignement, qui veut mettre au pas le mouvement national algérien. De sorte qu'il va adhérer secrètement au Front des forces socialistes (FFS), créé en 1963 par le Kabyle Hocine Aït-Ahmed, dirigeant historique du FLN passé à l'opposition dès 1962. Après avoir été emprisonné en 1966, Ali Mécili se réfugie en France, où il devient avocat et l'un des dirigeants de l'opposition en exil. En 1987, peu avant sa mort, il était l'artisan d'un rapprochement entre les deux dirigeants historiques Aït-Ahmed et Ben Bella, dont le journal *El-Badil* a été interdit en France le 22 décembre 1986 [1].

Son assassin présumé, Abdelmalek Amellou, arrêté par les policiers à qui il confie qu'il travaille pour la SM, est finalement libéré par le juge qui l'a entendu, et expulsé de France en Algérie par les services de Robert Pandraud, trois mois après la mort de Mécili.

---

1 Cette interdiction était « en réalité une marque de bonne volonté à l'égard de l'Algérie du président Chadli Bendjedid, dont le chef de la Sécurité militaire, le général Lakhal Ayat, avait joué un rôle au Liban pour faire cesser les attentats commis en France par les Fractions armées révolutionnaires libanaises », écrit Georges Marion dans *Le Monde* du 13 janvier 1987.

Comme dira avec justesse Jean Lacouture dans la préface du livre de Michel Naudy, *Un crime d'États, l'affaire Mécili :* « Les "raisons" d'Alger ? Point n'est besoin d'être un enquêteur aussi exigeant que Michel Naudy pour les découvrir : Ali-André Mécili était non seulement un opposant très actif au régime Chadli, l'animateur du journal *Libre Algérie*, le très habile négociateur de la réconciliation entre les deux chefs de l'opposition, mais il était mêlé à des démarches pour la libération des otages français au Liban dont Alger voulait monopoliser l'initiative et les bénéfices. Il était en outre porteur de secrets susceptibles de gêner bon nombre de hiérarques du FLN.

« Bref, la cible "idéale" pour un foudroyant "avertissement" de Aït-Ahmed, de Ben Bella, de Boudiaf... Quant aux mobiles des dirigeants français, il faut les trouver dans le permanent souci des héritiers du régime colonial de ménager les héritiers des colonisés, dans l'intrication des intérêts et des services, et surtout alors, dans le souci de venir à bout du terrorisme et d'obtenir la libération des otages... »

En tout cas, un an avant le soulèvement populaire d'octobre 1988 en Algérie, et la naissance du Front islamique du salut (FIS), tout est en ordre pour que les « liaisons dangereuses » franco-algériennes prennent un tour désastreux à partir de 1992, au cours de ce qu'il convient d'appeler la « seconde guerre d'Algérie » [▷ p. 477].

◀ **R. F.**

Pour en savoir plus

Lounis Aggoun et Jean-Baptiste Rivoire, *Françalgérie, crimes et mensonges d'États*, La Découverte, Paris, 2004.

Hocine Aït-Ahmed, *L'Affaire Mécili*, La Découverte, Paris, 1989.

Jacques Bacelon, *L'Affaire Bacelon*, Jean Picollec, Paris, 1981.

Yves Bonnet, *Mémoires d'un patron de la DST*, Calmann-Lévy, Paris, 2000.

Roger Faligot, *Markus, espion allemand*, Temps actuels, Paris, 1984.

Roger Faligot et Rémi Kauffer, *Les Maîtres espions. Histoire mondiale du renseignement*, tome 2, Robert Laffont, Paris, 1994.

Roger Faligot et Pascal Krop, *DST, police secrète*, Flammarion, Paris, 1999.

Vadim Kirpitchenko, *Iz arkhiva razviedtchika [Dans les archives d'un homme du renseignement]*, Mejdounarodnie Otnocheniia, Moscou, 1993.

Gilbert Meynier, *Histoire du FLN (1954-1962)*, Fayard, Paris, 2002.

Michel Naudy, *Un crime d'États. L'affaire Mécili*, Albin Michel, Paris, 1993.

Hanafi Taguemout, *L'Affaire Zeghar. Déliquescence d'un État : l'Algérie sous Chadli*, Publisud, Paris, 1994.

Les petites « diplomaties parallèles » de Jean-Charles Marchiani

L'oraison funèbre a été prononcée le 14 décembre 2005 par Olivier Leurant, président du tribunal correctionnel de Paris : « Jean-Charles Marchiani a donné de la France l'image d'un pays où la corruption permet sans difficulté d'acheter les décideurs publics. [...] Son appât du gain entretient sciemment et en permanence la confusion entre l'intérêt général et son intérêt personnel. » Bien vivant mais K-O debout, Jean-Charles Marchiani a fait appel de sa condamnation à quatre ans et demi de prison ferme, mais il aura du mal à se remettre de ces considérations accompagnant la sentence. Ses activités parallèles, aux côtés du ministre de l'Intérieur Charles Pasqua [▷ p. 355], qu'il affirme avoir effectuées « dans le cadre de la loi et de la morale », au nom des intérêts supérieurs de la Nation, sont ramenées à ce qu'elles sont : de la barbouzerie, qui ne bénéficie plus désormais de la même impunité que celle des « barbouzes » gaullistes au temps de la guerre d'Algérie [▷ p. 65]. Le parquet avait été plus direct en le qualifiant d'« escroc au renseignement ».

« Expert » en libération d'otages

Jean-Charles Marchiani est natif, en 1943, d'un petit village corse, Mazzoti, voisin de celui de Charles Pasqua. Son père aurait « prêté serment de mourir corse et toujours français ». Grâce à des amis corses, il est recruté en 1952, à dix-neuf ans, par le Service de documentation extérieure et de contre-espionnage (SDECE), au lendemain de son service militaire, à Castres, au 8e régiment de parachutistes d'infanterie de marine (RPIMa). La Piscine lui finance ses études de droit à l'université d'Aix-en-Provence, avant qu'il devienne le plus jeune opérationnel de la Main rouge, l'organisation fantôme du SDECE chargée de traquer les trafiquants d'armes qui alimentent les maquis du Front de libération nationale (FLN) algérien [▷ p. 50].

Le jeune Jean-Charles Marchiani côtoie « Monsieur Charles » (Pasqua), qui travaille alors chez Ricard. Au milieu des années 1960, il sera affecté à la base Bison du SDECE, à Paris, qui gère notamment les « honorables correspondants » africains. Expérience de courte durée :

en 1970, il est évincé du service français d'espionnage pour son rôle dans l'affaire Markovic. « Erreur de manipulation d'un agent », résume pudiquement son dossier. Marchiani affirme au contraire qu'il a quitté volontairement le SDECE, sensible aux sirènes du privé : il travaillera successivement pour Peugeot, Air France et les hôtels Méridien. On le dit recruté pour briser les grèves et pour casser du syndicaliste. La gestion hasardeuse de Servair (filiale d'Air France spécialisée dans la fabrication de plateaux-repas) lui vaut trois mois de détention préventive en 1985, avant de bénéficier d'un non-lieu. Longtemps, Marchiani poursuivra en justice quiconque ose souligner cette tache dans son CV.

Entre-temps, la nomination au ministère de l'Intérieur de son mentor Charles Pasqua, sous les deux premières cohabitations de la Ve République (1986-1988 et 1993-1995), lui permet de rebondir comme expert autoproclamé en libération d'otages. Au Liban comme en Yougoslavie, le scénario est toujours le même : les services officiels français initient des tractations avec les ravisseurs, quitte à utiliser des intermédiaires très spéciaux ; au final, c'est Marchiani qui ramène triomphalement les otages sur le sol français, récoltant tous les lauriers et les félicitations de Jacques Chirac, qui le nommera préfet du Var le 29 novembre 1995. Quant à eux, le cheikh Abdul Moneim Zein (dignitaire chiite ayant négocié la libération des otages français du Liban en mai 1988) et le général Pierre-Marie Gallois (qui avait initié le contact avec le chef de guerre serbe Ratko Mladic à l'automne 1995, permettant la libération de deux pilotes de l'aviation française) attendent toujours une marque de reconnaissance de la République…

Affaires d'otages encore, mais cette fois en Algérie, où Jean-Charles Marchiani cultive d'étroites relations avec les militaires locaux, engagés depuis janvier 1992 dans une « sale guerre » contre leur opposition islamiste. En 1993, trois agents consulaires français sont enlevés par des ravisseurs se réclamant du Groupe islamique armé (GIA). On soupçonne les généraux algériens d'avoir commandité en sous-main la prise d'otages, afin que le gouvernement français se décide à les soutenir. Dix ans plus tard, Marchiani l'avouera à demi-mot devant une caméra de Canal Plus : c'était un coup monté entre Paris et Alger, auquel il aurait personnellement donné sa bénédiction. En 1996, sept moines français du monastère de Tibhirine sont enlevés puis assassinés par leurs ravisseurs – des islamistes du GIA, qui revendiquent le crime, et dont on apprendra, cinq ans plus tard, qu'ils étaient manipulés par les services secrets algériens. Jean-Charles Marchiani accuse Alain Juppé, alors Premier ministre, d'avoir « le sang de ces hommes de foi sur les mains », pour avoir « fait tout capoter plutôt que d'en passer par des réseaux parallèles ». Notamment le sien ?

Drôle de Corse...

Ses alibis n'ont pas résisté aux enquêtes pénales menées depuis Paris dans les années 1990. Sur ses nombreux comptes suisses, les enquêteurs ont retrouvé neuf millions d'euros, en rémunération d'interventions sur des marchés publics (fourniture de moteurs aux chars Leclerc vendus aux Émirats arabes unis, livraison d'un système de tri de bagages à l'aéroport de Roissy). Jean-Charles Marchiani affirme que ces fonds occultes étaient destinés à financer sa petite diplomatie parallèle, mais peine à expliquer pourquoi il avait tenté de placer sa cagnotte au nom de sa femme et ses enfants.

Son ennemi intime, François Léotard, ancien ministre UDF de la Défense (de mars 1993 à mai 1995), ne s'est pas privé de l'accabler : « La DGSE dispose de fonds secrets pour financer ce genre d'opération, l'État n'a pas besoin de passer par ce type d'officine privée. » Même Charles Pasqua s'est cru obligé de le lâcher dans la dernière ligne droite : « Je découvre ces agissements, que je considère comme anormaux et inadmissibles. » Son ultime soutien, Marchiani le trouve désormais en Jean-Paul Kauffmann, ex-otage du Liban, qui, dans une tribune publiée dans *Le Monde* (« Jean-Charles Marchiani et la dérision d'État », 4 août 2004), exigeait sa libération des geôles françaises, où ce désormais détenu de droit commun (d'août 2004 à février 2005) aurait été retenu, à l'entendre, comme un « otage »...

Le mot de la fin revient peut-être au maire de Patrimonio, village du cap Corse. Dans un espace protégé, Marchiani avait fait construire en 1981 une villa, avec un permis de construire – dont l'attribution, selon la justice, relève d'un « contexte de favoritisme et de laxisme ». Son voisin a fait de même, mais sans permis. En 2005, Marchiani obtient en justice la destruction de la villa voisine, qui obstrue sa vue sur le golfe de Saint-Florent. D'où ce cri du cœur de l'édile : « Il est rare en Corse qu'un voisin demande la démolition de la maison d'un compatriote, même dans un cas d'extrême inimitié. Nous avons encore chez beaucoup d'entre nous un code des valeurs qui rend certaines choses impossibles[1]. » Jean-Charles Marchiani ne serait peut-être pas si corse que cela...

◂ **R. L.**

1 Fabrice Tassel, « En Corse, Marchiani dégage sa vue à coups de bulldozer », *Libération*, 10 septembre 2003.

Pour en savoir plus

Lounis AGGOUN et Jean-Batiste RIVOIRE, *Françalgérie, crimes et mensonges d'États*, La Découverte, Paris, 2004.

Nicolas BEAU, *La Maison Pasqua*, Plon, Paris, 2002.

Éric LEMASSON, *Marchiani, l'agent politique*, Seuil, Paris, 2000.

Les médiations africaines de la DGSE

Quand on évoque le Service de documentation extérieure et de contre-espionnage (SDECE) ou la Direction générale de la sécurité extérieure (DGSE) en Afrique, la terre de prédilection du service secret français et de nombre de ses fonctionnaires, c'est généralement pour y évoquer des coups fourrés ou d'obscures manœuvres de soutien à des régimes dictatoriaux, le plus souvent présentés comme les basses œuvres de la France postcoloniale. Ce fut longtemps vrai [▷ p. 124 et p. 144], et cela le reste parfois. On sait peu en revanche que les services secrets français ont pu aussi agir en Afrique pour mener des actions positives, qui ont pu se conclure par de vrais succès. Ce fut notamment le cas au début des années 1990, lorsque la DGSE œuvra dans la plus grande discrétion pour déminer deux conflits interafricains.

Sénégal-Mauritanie : le conflit apaisé

En avril 1989, une crise violente éclate entre deux pays voisins, tous deux des anciennes colonies demeurées « amies de la France » après leur indépendance : le Sénégal et la Mauritanie. À Dakar, des exactions nombreuses, dont des assassinats, se sont produites contre des commerçants mauritaniens. Des dizaines de milliers de Mauritaniens se voient contraints de quitter le Sénégal, tandis que l'inverse se produit en Mauritanie. Au bout de quelques semaines, un exode croisé a chassé

170 000 Mauritaniens du Sénégal et 70 000 Sénégalais de Mauritanie. Les antagonismes s'exacerbent, la haine s'installe. La crise paraît sans issue.

C'est à cette époque que le nouveau directeur de la DGSE (depuis le 23 mars 1989), Claude Silberzahn, un préfet discret, a engagé la plus considérable réforme du service depuis sa création à la Libération sous le nom de Bureau central de renseignement et d'action (BCRA) [1]. Dans le même temps, signe que les services secrets jouissent alors toujours d'une autonomie beaucoup plus importante qu'on ne le croit généralement, il va décider, sans en référer à quiconque, de jouer les bons offices entre les deux pays. Silberzahn a bien connu le président sénégalais Abdou Diouf : à la fin des années 1950, ils ont été condisciples dans la même promotion de l'École nationale de la France d'outre-mer – une sorte d'École nationale d'administration (ENA) des cadres coloniaux. Le contact en sera facilité, et les offres de services de la DGSE pour dénouer le conflit seront bien accueillies. Silberzahn exige le secret le plus total, et obtient de Diouf la nomination de négociateurs jouissant de toute sa confiance. Puis le chef de la DGSE se rend à Nouakchott, la capitale mauritanienne, où il présente des offres de services similaires, bientôt acceptées par le président Mouad Ould Taya.

Des négociations difficiles s'engagent alors sur un terrain neutre : la caserne Mortier, siège de la DGSE à Paris. C'est seulement à cet instant que Silberzahn propose au gouvernement français une initiative qui est en réalité déjà engagée, et placée sur de bons rails. Les ministres concernés (Jean-Pierre Chevènement à la Défense, Roland Dumas au Quai d'Orsay, le Premier ministre Michel Rocard) donnent leur accord, et les négociations se poursuivent dans un contexte tendu : alors que la crise du Golfe éclate en août 1990, Abdou Diouf envoie des troupes au sein de la coalition internationale qui se prépare à reconquérir le Koweït occupé par l'Irak, tandis que Mouad Ould Taya, idéologiquement proche du parti panarabe, le Baas, apporte son soutien à Saddam Hussein.

Mais la DGSE travaille dans l'ombre, accumulant les succès : les zones de pêches mauritaniennes sont rouvertes aux pêcheurs sénégalais, puis les bacs sur le fleuve Sénégal recommencent à fonctionner, enfin les deux présidents peuvent reprendre le contact et se téléphoner. Pour couronner ces efforts, le Quai d'Orsay et le ministère de la Coopération accordent des budgets pour la réparation des destructions de 1989. Claude Silberzahn n'en a pas fait un fromage, mais il a pu connaître la satisfaction d'une médiation réussie : « Personne n'a jamais vu, ni su, le travail formidable et secret qui avait été réalisé [2]. »

1 Voir Claude Silberzahn (avec Jean Guisnel), *Au cœur du secret. 1 500 jours aux commandes de la DGSE*, Fayard, Paris, 1995.

2 *Ibid.*

Des Touaregs à la caserne Mortier

Une autre « opération » connaîtra moins de succès, concernant cette fois les Touaregs. Écartelé entre l'Algérie, la Libye, le Mali et le Niger, ce peuple nomade entre en rébellion contre le gouvernement du Niger : en avril 1990, l'attaque de la sous-préfecture de Tchintaba Raden se solde par la mort de trente et une personnes, suivies de soixante autres dans la répression qui s'ensuit.

La médiation, complexe, doit tenir compte de nombre d'acteurs antagonistes – mais aussi de l'Algérie, qui entend étendre son influence au sud du Sahara. Selon des modalités proches de celles du conflit précédent, la DGSE s'implique fortement, allant jusqu'à chercher en avion les négociateurs Touaregs en plein désert, pour les amener à la caserne Mortier, à la table des négociations. Les otages qu'ils détiennent dans le désert seront libérés, de même que des Touaregs emprisonnés au Niger. Mais après de considérables avancées, la DGSE ne peut aller au terme de son projet, qui consiste à faire reconnaître la place spécifique des Touaregs dans la société nigérienne. En juin 1994, le dossier est confié au Quai d'Orsay.

Le 18 décembre 1995, l'un des négociateurs choisis par la DGSE, Mano Dayak, le leader de la Coordination de la résistance armée (CRA) et du Front de libération de Tamoust (FLT), est tué dans l'accident de son Cessna au décollage d'une piste de fortune dans le nord du Niger. Il trouve la mort en compagnie de son adjoint du FLT, Yahaya Wiliwil, et de Hamas Hamoud Halidou, secrétaire général du Front populaire de libération du Niger (FPLN).

Un Français discret, qui avait loué l'appareil, est également tué dans l'accident : Hubert Lassier, ancien journaliste de *Paris Match* et de *VSD*, était un proche de l'ancien trésorier des campagnes électorales de Valéry Giscard d'Estaing, Victor Chapot, chargé de liaison de l'Élysée avec les services spéciaux à partir de 1975. À ce titre, et à quelques autres, un beau profil d'« homme de l'ombre [1] »... Au fil des années, Lassier était devenu l'un des principaux liens entre la mouvance giscardienne en France et plusieurs chefs d'État africains, dont Mobutu au Zaïre, Paul Biya au Cameroun – avec lequel il « négociait » quelques arrangements sur le pipeline Tchad-Cameroun –, Ange-Félix Patassé en Centrafrique ou Mamadou Tandja au Niger. Lors de sa mort, il assurait la liaison entre le rebelle Mano Dayak et le Premier ministre du Niger, Hama Amadou.

◂ **J. G.**

1 Claude Faure, *Aux services de la République, du BCRA à la DGSE*, Fayard, Paris, 2004, p. 425.

Pour en savoir plus

Claude Faure, *Aux services de la République, du BCRA à la DGSE*, Fayard, Paris, 2004.

Claude Silberzahn (avec Jean Guisnel), *Au cœur du secret. 1 500 jours aux commandes de la DGSE*, Fayard, Paris, 1995.

Les discrètes amitiés franco-serbes

La France n'aime plus les Serbes. Les deux guerres mondiales sont loin de nous, et tout le monde a oublié comment Belgrade fut alliée des Français durant la Grande Guerre, puis comment Josip Broz, *alias* Tito (1892-1980), fils d'une Slovène et d'un Croate, combattit le nazisme avec ardeur alors que ses voisins croates le soutenaient. Cette attitude philo-serbe a volé en éclat en 1991, quand Slobodan Milosevic (1941-2006) combattit par les armes, en se rendant coupable de crimes de guerre et de crimes contre l'humanité, les sécessionnistes qui faisaient voler en éclats l'ex-Yougoslavie.

L'ambivalence de François Mitterrand

Logiquement, l'opinion française bascula tandis que ses soldats pris dans le piège bosniaque commençaient à tomber sous les balles des snipers de la Republika serbska, l'« entité serbe » de Bosnie-Herzégovine. L'enchaînement des événements allait ensuite réduire à néant des décennies de rapports privilégiés : le martyre de Sarajevo durant le siège (avril 1992-octobre 1995), les massacres de Srebrenica (juillet 1995), la détention de deux pilotes français (le capitaine Frédéric Chiffot et le lieutenant José Souvignet, dont le Mirage 2000 a été abattu le 30 août 1995 au-dessus de Pale et qui furent détenus au mépris des conventions de Genève durant cent quatre jours, avant d'être libérés au prix d'une poignée de main fort contrainte entre le chef d'état-major des armées français, le général Jean-Philippe Douin, et le bourreau Ratko Mladic), le nettoyage ethnique organisé par Belgrade contre la majorité albanaise au Kosovo qui conduisit à une guerre aérienne de l'Organisation du traité de l'Atlantique nord (OTAN) en mars 1999...

Quant à François Mitterrand, ce n'est que très progressivement qu'il renoncera à rêver secrètement d'un maintien de l'intégrité de l'ex-Yougoslavie et à voir dans l'éclatement de la Fédération le fruit d'obscures manœuvres du Chancelier de l'Allemagne récemment réunifiée, Helmut Kohl. Car tandis qu'il envoyait les soldats français, courant des risques considérables, s'interposer entre les belligérants à Sarajevo sous le casque bleu de la mission FORPRONU (Force de protection des Nations unies) conduite de mars 1992 à février 1995, le président français conservait toutefois un net penchant pour les Serbes. Du fait de cette ambivalence, il s'accommodait fort volontiers de l'attitude initialement ambiguë des Nations unies face au conflit balkanique. On lui en voulut, il maintint sa position : sous sa présidence, la France ne prit pas les dispositions nécessaires pour mater les hommes de Milosevic. Il fallut l'arrivée de Jacques Chirac aux affaires pour que la position de la France change du tout au tout : la poudre parla vraiment – enfin – une première fois lors de la reprise du pont de Vrbanja par les marsouins de l'infanterie de marine, le 27 mai 1995.

Puis l'histoire bascula. Une force militairement significative fut envoyée par la France et la Grande-Bretagne, puis l'OTAN s'en mêla avec ses avions lors de l'opération *Deliberate Force*. Les Serbes furent vaincus et les accords de Dayton, imposés par les États-Unis, paraphés le 21 novembre 1995 et signés le 14 décembre à Paris – cadeau de Washington à la France –, amenèrent la fin d'un conflit fratricide, qui avait fait des dizaines de milliers de morts. L'opinion française et internationale applaudit alors, et Jacques Chirac y gagna l'image d'un homme d'État aussi efficace dans l'application d'une politique étrangère vigoureuse, que piètre président quand il s'agit de gérer la politique intérieure de la France. Autant la France mitterrandienne avait été souvent médiocre – mis à part le courageux comportement de ses soldats entravés –, autant la fermeté retrouvée fut ensuite unanimement saluée. Elle trouva sa traduction dans la création du Tribunal pénal international pour l'ex-Yougoslavie (TPIY), le 25 mai 1993 à La Haye, destiné à juger les criminels de guerre arrêtés – y compris leur chef Slobodan Milosevic, qui mourut en prison le 11 mai 2006.

Les amis de la Serbie

Cette harmonie apparente n'est pourtant que façade : en France, des minoritaires persistent à penser que la France s'est trompée d'ennemis. Ce petit club regroupe des hommes qu'apparemment tout oppose. Le Front national (FN) de Jean-Marie Le Pen en fait partie, leur chef déclarant à Belgrade en janvier 1997 qu'il est venu « saluer le grand peuple serbe, souvent martyrisé, souvent attaqué, accablé, mais jamais vaincu ». Mais il n'est pas seul. L'ancien patron de la Direction de la surveillance du territoire (DST) Yves Bonnet a créé l'association « Serbie-Monténégro, terre d'Europe », pour protester contre l'« odieuse campagne de dénigrement qui a atteint jusqu'au plus profond de son cœur tout un peuple ami de la France ». Il a plaidé durant tout le conflit pour la levée des sanctions économiques décidées par l'Organisation des Nations unies (ONU) contre la Serbie, et sera cité par la défense de Milosevic à La Haye, en compagnie du général français Pierre-Marie Gallois – l'un des pères de la dissuasion française [▷ p. 213], et auquel Raymond Nart, alors numéro deux de la DST, avait demandé d'intervenir auprès de ses amis de Belgrade pour négocier la libération des deux pilotes français. Le général Gallois a créé un comité de défense de l'ex-dictateur serbe, et publié plusieurs ouvrages pour expliquer sa position [1]. Quant à Gabriel Kaspereit, grand franc-maçon et maire (RPR) du IXe arrondissement de Paris (disparu le 1er août 2006), il a expliqué en 1995 qu'il fallait « accepter de voir naître la Grande Serbie, [car] jamais les Serbes de Bosnie n'accepteront d'être sous l'autorité directe, indirecte ou seulement partielle, des musulmans ».

On ne saurait oublier par ailleurs que de nombreux militaires de l'armée de terre, y compris ceux qui ont combattu sur les terres de l'ex-Yougoslavie, n'ont jamais considéré les Serbes comme des ennemis, mais plutôt comme des frères d'armes dévoyés. Prudents, ils se sont généralement bien gardés de s'exprimer en ce sens, mais deux d'entre eux ont publiquement franchi le pas. Affecté à l'état-major de l'OTAN, le commandant Pierre-Henri Bunel a ainsi été condamné en décembre 2001 à deux ans de prison ferme pour « trahison en temps de paix », après avoir été emprisonné en 1999 : il avait fourni à des diplomates serbes en poste à Bruxelles des informations sur l'opération *Allied Force* que l'organisation militaire allait lancer, du 24 mars au 9 juin 1999, contre Belgrade et les forces serbes au Kosovo. Le colonel français Patrick Barriot, lui, a été discrètement évincé de l'armée, car il avait apporté son appui aux nationalistes serbes, considérés comme des champions de la cause chrétienne en terre bosniaque, à majorité musulmane : en septembre 1996, lors d'un meeting à Belgrade, il avait vanté les chefs de guerre serbes, « des hommes qui ont conduit cette guerre avec un courage exceptionnel, qui sont entrés dans l'Histoire et dans nos cœurs. [...] Les

1 Dont Pierre-Marie GALLOIS et Jacques VERGÈS, *L'Apartheid judiciaire. Le Tribunal pénal international, arme de guerre*, L'Âge d'homme, Lausanne, 2002.

Serbes sont traités de Barbares, alors qu'ils défendent la civilisation et l'Europe chrétienne [1]. »

Citons encore l'écrivain Patrick Besson : « Les Français se sont mis à aimer tellement les Bosniaques, ce qui n'a rien de répréhensible, au contraire, qu'ils en sont venus à haïr les Serbes. [...] Pourquoi donc deux peuples vivant sous le même climat, dans la même région, dans le même pays, sous le même régime politique, avec en gros les mêmes habitudes culturelles, se sont-ils séparés sur une question aussi importante que le Bien et le Mal, les Bosniaques se revêtant du Bien comme d'une chasuble mordorée et les Serbes endossant le Mal comme un manteau de cuir noir de la Gestapo [2] ? » Les voies du soutien à la Serbie sont impénétrables...

◀ **J. G.**

Pour en savoir plus

Xavier Bougarel, *Bosnie, anatomie d'un conflit*, La Découverte, Paris, 1996.

Pierre-Henri Bunel, *Crimes de guerre à l'OTAN*, Éditions n° 1, Paris, 2000.

Jean-Louis Chiffot, *Portés disparus. 104 jours aux mains des Serbes*, Seuil, Paris, 1997.

Zlatko Disdarevic, *Journal de guerre. Chronique de Sarajevo assiégée*, Spengler, Paris, 1993.

Antoine Garapon et Olivier Mongin (dir.), *Kosovo, un drame annoncé*, Michalon, Paris, 1999.

Paul Garde, *Vie et mort de la Yougoslavie*, Fayard, Paris, 1992.

Jean Guisnel, *Les Pires Amis du monde. Les relations franco-américaines à la fin du XXe siècle*, Stock, Paris, 1999.

François Loncle (président), René André et François Lamy (rapporteurs), *Srebrenica, rapport sur un massacre*, rapport n° 3413, Assemblée nationale, Paris, 2001.

Jacques Massé, *Nos chers criminels de guerre. Paris-Belgrade-Zagreb en classe affaires*, Flammarion, Paris, 2006.

Philippe Morillon, *Croire et oser, chronique de Sarajevo*, Grasset, Paris, 1993.

Jean-Franklin Narodetski, *Nuits serbes et brouillards occidentaux. Introduction à la complicité de génocide*, L'Esprit frappeur, Paris, 1999.

David Rohde, *Le Grand Massacre. Srebrenica, juillet 1995*, Plon, Paris, 1998.

Zeljko Vucovic, *L'Assassinat de Sarajevo*, Calmann-Lévy, Paris, 1995.

1 *Le Monde*, 14 septembre 1996.

2 Patrick Besson, *Belgrade 99, suivi de Contre les calomniateurs de la Serbie*, L'Âge d'homme, Lausanne, 1999, p. 61.

Roland Dumas, le ministre des affaires étranges

Roland Dumas, ami intime de François Mitterrand, dont il fut le ministre des Affaires étrangères (de 1984 à 1986 et de 1988 à 1993), est un personnage de roman. Tout y est : le jeune homme ambitieux, sorti de la Résistance, venu conquérir Paris ; l'homme de robe qui plaide dans les affaires ténébreuses de la Ve République ; l'homme à femmes perdu par celles qu'il a séduites ; l'homme d'argent qui dépense sans compter ; l'homme de l'art qui collectionne les œuvres de peintres et de sculpteurs dont il a exécuté le testament ; mais aussi l'homme qui, debout dans ses bottines – facturées 11 000 francs ! –, fait face et se défend à grands moulinets d'épée, tel Cyrano de Bergerac, quand la mort et la déchéance viennent à roder de trop près…

L'avocat des affaires ténébreuses

Roland Dumas a vingt ans en 1942, quand il s'engage, dans le Limousin où il est né, dans les Mouvements unis de la Résistance (MUR), à la suite de son père Georges. Ce dernier, aviateur de la Grande Guerre et inspecteur des finances socialiste, est fusillé par les Allemands en Dordogne, le 26 mars 1944, et jamais Roland ne s'en remettra. Ce n'est donc pas un hasard si, jeune avocat à partir de 1950, il défend un ami de son père, Georges Guingouin, puissant chef de guérilla communiste contre l'occupant nazi. Celui que l'on surnomme le « Tito du Limousin » a été exclu du Parti communiste suite à une purge menée par deux apparatchiks : Marcel Paul et Marcel Rigout. Hors du Parti point de salut ! Une autre campagne habilement montée contre l'ex-maire de Limoges l'accuse de crimes commis à la Libération, alors qu'ils sont imputables à des électrons libres de la Résistance. Emprisonné, Guingouin est défendu par Claude Bourdet, le fondateur de *Combat*, et le jeune Dumas. Finalement, un non-lieu sera prononcé en 1959.

L'animosité du PCF à l'égard de Dumas ne s'atténuera guère lorsque, dans les années 1970, il deviendra l'avocat de la Polonaise Lucienne Goldfarb, *alias* « Katia la Rouquine », suspectée d'avoir dénoncé, en 1943, à la Gestapo, des jeunes résistants des FTP/MOI (Francs-tireurs et partisans de la Main-d'œuvre immigrée), dont

Henri Krasucki, futur secrétaire général de la Confédération générale du travail (CGT) [1].

La trentaine venue, Roland Dumas entre en politique, autant sous l'influence du radical Pierre Mendès France que du président de l'Union démocratique et sociale de la Résistance (UDSR) François Mitterrand, rencontré en 1955 grâce au journaliste franc-maçon Georges Bérard-Quelin, également fondateur d'un club pour notables non initiés à la maçonnerie, Le Siècle, alors que Roland Dumas lui-même a été initié au Grand Orient de France (GODF), dans les loges de Limoges et de Périgueux. Naît alors une amitié sans faille – Dumas présente à Mitterrand son ami d'enfance Jean-Pierre François qui, installé en Suisse, deviendra son banquier. Et l'avocat, qui a rejoint l'UDSR, est élu député pour la Haute-Vienne en 1956.

Deux ans plus tard, le général de Gaulle revient au pouvoir et Dumas n'est pas réélu. Il va traiter des dossiers de droit privé et plaider dans des affaires politiques. Elles en feront l'un des grands avocats de l'opposition. À commencer, en 1959, par l'affaire du faux complot de l'Observatoire dans laquelle son ami François Mitterrand s'est empêtré et pour laquelle il obtient un non-lieu [▷ p. 75]. Suivent la défense de réseaux de soutien au Front de libération nationale (FLN) algérien, et les interventions dans les affaires Ben Barka (1965) [▷ p. 130], Markovic (1969) [▷ p. 400], des micros du *Canard enchaîné* (1974), hebdomadaire dont il est le conseil. Mais aussi son implication – *via* le même *Canard* – dans la propagation du scandale des diamants de Bokassa (1979), ce qui lui vaudra une haine inextinguible de Valéry Giscard d'Estaing [▷ p. 171].

Lorsque l'Union de la gauche triomphe en mai 1981, Dumas est élu en Dordogne, mais il n'obtient pas le maroquin convoité dans le gouvernement de Pierre Mauroy. François Mitterrand a-t-il craint que les communistes – dont le nouveau ministre Marcel Rigout, celui de l'affaire Guingouin – sortent des dossiers gênants en cas de conflit ? Les communistes évincés, Dumas devient ministre des Affaires européennes en 1983, des Relations extérieures sous le gouvernement de Laurent Fabius (1984), puis des Affaires étrangères au cours du second septennat Mitterrand (1988-1995).

---

1 Tenancière de bordel et « indic » de la police, la Rouquine resurgira dans les années 1990 au cœur de l'affaire Elf [voir p. 540], parmi les dossiers épluchés par les juges, comme vice-présidente d'une association passionnée d'opéra, « Operalia », dont le président d'honneur est… Roland Dumas et la trésorière (puis « attachée de presse »), sa maîtresse Christine Deviers-Joncour.

« À travers moi, on veut détruire l'héritage de Mitterrand »

Semé d'embûches, le conflit du Moyen-Orient, dossier essentiel de son portefeuille ministériel, a parfois pour lui le parfum des mille et une nuits. Il s'exhale pour Roland Dumas sous la forme d'une jeune femme, Nahed Ojjeh, veuve d'Akkram Ojjeh, courtier en armes pour l'Arabie saoudite. Cette liaison romanesque a pignon sur rue dès lors que la riche héritière propose à un hôpital de la circonscription de Dordogne, où Roland Dumas a été réélu en 1986 et 1988, 8 millions de francs pour s'acheter un scanner... Plus grave, Nahed est la fille de Moustapha Tlass, le ministre de la Défense de la Syrie, pays qui, dans les années 1980, ne ménageait pas les pires coups tordus contre la France – alors engagée dans le Liban en guerre. Des esprits lucides s'en émeuvent : le général Philippe Rondot, vieux routier des services secrets [▷ p. 459], et surtout Jacques Fournet, patron de la Direction de la surveillance du territoire (DST) de 1990 à 1993, mettent en garde celui que *Le Canard enchaîné* surnommera le « lion de la Tlass ».

Une nouvelle sirène remplace alors la Syrienne dans le cœur de l'avocat : Christine Deviers-Joncour le fait plonger dans les eaux fangeuses où évoluent les frégates de Taïwan [▷ p. 540]. C'est en épluchant les comptes de la dame, qui a indûment perçu de la compagnie Elf plusieurs dizaines de millions de francs de commission, que les deux juges d'instruction Eva Joly et Laurence Vichnievsky [▷ p. 549] remontent vers un compte suisse, baptisé « Oror », anagramme de « Roro », diminutif affectueux de Roland. L'enquête fait apparaître de nombreux mystères, comme les liens avec Alfred Sirven, l'homme clé du dossier, et de nombreux rebondissements mettent sur la sellette Roland Dumas, devenu président du Conseil constitutionnel en 1995. Malgré les perquisitions dans ses divers domiciles, et l'obligation de s'expliquer sur son train de vie et son patrimoine, il fait front.

En 1998, quand il est mis en cause par une série de révélations du journal *Le Monde*, le vieux lion rugit encore. Il crie au complot politique dans les colonnes du *Figaro*, qui prend sa défense en titrant : « À travers moi, on veut détruire l'héritage de Mitterrand. » Alors que les chefs du Parti socialiste (PS), Lionel Jospin en tête, ne se pressent pas pour défendre l'« ami Roland », le président de la République, Jacques Chirac, est beaucoup plus chaleureux, de même que ses amis de toujours à droite, comme Charles Pasqua. Pourquoi cette mansuétude ? Ils sont nombreux les lourds secrets partagés entre la gauche et la droite...

Suspendu de ses fonctions – à sa demande – le 24 mars 1999, Roland Dumas a dû démissionner du Conseil constitutionnel le 1er mars 2000, du fait de sa mise en examen dans l'affaire Elf. Condamné à six mois de prison ferme en 2003, il est finalement relaxé en appel. Il peut, entre autres activités, réintégrer le GODF, qui l'avait suspendu, et se consacrer à la mémoire de son ami François en présidant l'Institut François-Mitterrand, où Hubert Védrine lui succédera en 2003.

◀ R. F.

Pour en savoir plus

Christine Deviers-Joncour, *La Putain de la République*, Calmann-Lévy, Paris, 1998.

Hervé Gattegno, *L'Affaire Dumas*, Stock, Paris, 1998.

Bernard Violet, *L'Ami banquier. Le mystérieux conseiller de François Mitterrand*, Albin Michel, Paris, 1998.

Jacques Chirac, la passion du Liban

Lorsque les analystes cherchent à comprendre les raisons pour lesquelles les journalistes français Christian Chesnot et Georges Malbrunot, puis leur consœur Florence Aubenas, ont été enlevés en Irak (respectivement en août 2004 et en janvier 2005), ils font parfois le lien entre ces événements et une initiative de l'Organisation des Nations unies (ONU) à la même période : le vote de la résolution 1559. En agissant par services secrets et résistance irakienne interposés, le jeune président syrien Bachar El-Assad aurait ainsi voulu punir la France pour son rôle dans le vote de la résolution. Un an plus tard, cette thèse – qui n'est certes point farfelue – n'a été validée ni par les faits connus entourant ces enlèvements ni par les études minutieuses lancées par la diplomatie française et la Direction générale de la sécurité extérieure (DGSE), laquelle a joué un rôle central dans la libération de ces otages. Pour autant, la résolution 1559 représente un élément crucial des évolutions du Moyen-Orient dans les années 2004-2006. Reprenons.

Septembre 2004 : les dessous de la résolution 1559 de l'ONU

En 2004, les troupes syriennes, présentes au Liban depuis 1976 et qui l'occupent militairement bien que la fin de la guerre civile soit survenue en 1990, sont installées dans le pays pour y imposer la chape de plomb de Damas, depuis près de quinze ans. Le 2 septembre 2004, après bien des tractations, le Conseil de sécurité de l'ONU vote la résolution 1559, qui exige principalement deux évolutions majeures : le retour chez elles des troupes syriennes présentes au Liban et le désarmement de la milice chiite du Hezbollah.

Alors que Washington et Paris ont traversé l'année précédente – avec la contestation radicale par la France de l'intervention américaine en Irak en 2003 – une des pires crises diplomatiques de l'histoire tourmentée de leurs relations fort émotionnelles, George W. Bush et Jacques Chirac ont trouvé un terrain d'entente autour de cette résolution sur le Liban, fruit indiscutable d'une initiative du président français. Mais les raisons des deux pays sont très différentes.

Côté français, Jacques Chirac est viscéralement attaché au Liban, traduisant à des dizaines de reprises, dans sa pratique politique durant toute sa présidence à l'Élysée, cet intérêt constant. Il est soucieux du rôle que son pays y a joué dans le passé, et qu'il entend poursuivre sous une autre forme. La seconde capitale des élites libanaises, et parfois même la première, n'est-elle pas Paris ? La France n'y voit aucun inconvénient, bien au contraire, car les Libanais, historiquement situés aux confins du monde arabe et de l'Occident, comptent une forte communauté chrétienne ayant conservé des liens étroits avec l'Europe, fortement implantée en Afrique francophone où ils tiennent les rênes de l'économie dans de nombreux pays. Mais les Libanais, chrétiens, musulmans ou druzes, sont également partout chez eux dans le monde arabe : à l'instar du milliardaire Rafic Hariri qui a bâti sa fortune avec les Saoudiens, des cadres libanais sont actifs dans tous les émirats pétroliers du Golfe, où ils trustent les fonctions clés dans l'administration et le commerce.

De plus, Jacques Chirac a tissé de longue date des liens très étroits avec Rafic Hariri, Premier ministre du Liban depuis octobre 2000 (après l'avoir été une première fois de 1992 à 1998). Or, au printemps 2004, ce dernier a un souci : non pas avec l'occupant syrien – dont il a toujours soutenu avec constance la présence [1] –, mais avec le président de la République Émile Lahoud (pourtant réputé lui aussi proche des Syriens). En conflit ouvert avec lui sur de nombreux dossiers, Hariri s'opposait absolument à ce que le Parlement libanais vote une

1 Par exemple lors de sa déclaration de politique générale au Parlement, au début de son second mandat, début novembre 2000, où il a affirmé que « blâmer la Syrie pour les problèmes du Liban ne correspond pas à la réalité » et qu'il le soulignait « uniquement pour rendre justice à la vérité, [...] car sans elle [la Syrie], il aurait été impossible de parvenir à la stabilité » (cité par Georges Corm, *Le Liban contemporain. Histoire et société*, La Découverte/Poches, Paris, 2005).

exception à la disposition constitutionnelle limitant à six ans le mandat présidentiel, de façon à permettre à Lahoud de rester à son poste.

Or, explique l'ancien ministre des Finances libanais Georges Corm, « en juin 2004, le président français, toujours soucieux de plaire au Premier ministre libanais, son ami de toujours, soumet discrètement à Washington une idée pour le moins originale : faire adopter par le Conseil de sécurité des Nations unies une résolution qui dénoncerait l'éventualité d'une prorogation du mandat du président libanais par le Parlement. L'administration Bush accepte très vite cette proposition : venant d'un opposant déclaré à leur politique dans la région, elle lui apparaît comme une opportunité à saisir pour afficher un bien utile rapprochement franco-américain, d'autant plus que cette initiative peut servir aux États-Unis pour faire avaliser par la communauté internationale certains de ses objectifs au Proche-Orient. [...] Cependant, le projet de résolution sur le Liban présenté aux Nations unies constituait une telle immixtion dans les affaires d'un État membre de l'ONU, qu'elle avait besoin pour être acceptée d'un habillage et d'arguments "légitimes". Aussi, lorsque ce projet est adopté le 2 septembre 2004 par la résolution nº 1559 du Conseil de sécurité, non seulement il est demandé au Parlement libanais de ne pas amender la Constitution pour permettre l'extension du mandat présidentiel, mais la résolution exige également le retrait immédiat de toutes les troupes syriennes du Liban, le désarmement du Hezbollah, le déploiement de l'armée libanaise tout au long de la frontière avec Israël, le désarmement des camps palestiniens [1] ».

De fait, ces derniers objectifs sont bien ceux, depuis longtemps, des « faucons » de l'administration américaine. D'autant que, pour les Américains, militairement engagés en Irak depuis mars 2003, le rôle du Liban – frontalier de la Syrie à l'est, et d'Israël au sud – s'est encore accru. Au Sud-Liban, dont le maître n'est autre que le parti armé chiite Hezbollah dont la résolution 1559 prévoit le désarmement, les tensions avec l'État hébreu, grand protégé et meilleur allié de Washington dans la région, constitue un facteur de préoccupation pour tout le Moyen-Orient.

Et, plus conjoncturellement, les États-Unis sont préoccupés en 2004 par le rôle que la Syrie joue en sous-main en Irak. La Maison-Blanche estime que le président Bachar El-Assad joue un rôle trouble, et qu'il favorise des manœuvres triplement perverses. D'abord en prêtant mainforte en sous-main, à travers ses services de renseignement, à la guérilla sunnite en Irak. Ensuite en soutenant avec l'Iran le Hezbollah chiite au Liban. Enfin en constituant la base arrière de la fraction dure du Hamas palestinien. Avec, à terme, cette perspective affolant les stratèges américains et israéliens, mais aussi bien des dirigeants arabes : la constitution de l'« arc chiite » tant redouté, qui verrait, se jouant des

1 *Ibid.*

frontières politiques issues de la décolonisation du Moyen-Orient, la réunion physique des musulmans se reconnaissant peu ou prou dans le pouvoir chiite de Téhéran. Lesquels chiites constitueraient, *via* l'Irak, la Syrie, le Liban et plusieurs pays du Golfe, une sorte de ceinture enveloppant Israël. C'est donc une conjonction d'intérêts politico-stratégiques majeurs qui va conduire la France et les États-Unis à obtenir, non sans peine mais finalement avec succès, le vote de la résolution 1559.

Le Liban meurtri

Cette résolution est essentielle à bien des égards, et explique très largement les nouveaux soubresauts qui vont meurtrir le Liban à partir de 2004. Les Syriens, après plusieurs mois de tergiversations, auront terminé leur évacuation militaire du Liban le 30 avril 2005. Mais ce départ contraint provoque une profonde déstabilisation des cercles du pouvoir – fort opaques – à Damas. Avec des conséquences dramatiques au Liban même, où, dès septembre 2004, on assiste à une vague d'attentats très ciblés visant des personnalités hostiles au rôle de la Syrie au Liban. Le 14 octobre, Marouane Hamadé, ministre proche du leader druze Walid Joumblatt, est victime d'une tentative ratée. Il comptait, avec Farès Boueiz, Ghazi Al-Aridi et Abdallah Farhat, parmi les quatre ministres qui venaient de démissionner du gouvernement pour protester contre le coup de force constitutionnel imposé par Damas : la prorogation pour trois ans du mandat du président Émile Lahoud.

Puis, le 14 février 2005, c'est le coup de tonnerre : l'ancien Premier ministre Rafic Hariri – il avait démissionné en octobre 2004 – est tué en plein Beyrouth par une bombe de très forte puissance qui détruit sa voiture blindée – et tue avec lui le ministre de l'Économie Basel Fleihan, qui l'accompagnait, ainsi que dix-huit passants et membres de sa garde. Cet attentat va provoquer à Beyrouth une succession de manifestations géantes, antisyriennes, puis prosyriennes, ces dernières organisées notamment par le Hezbollah. Elles déboucheront sur les élections législatives bâclées de mai-juin 2005, qui aboutiront, fin juin, à la désignation au poste de Premier ministre de Fouad Siniora, un proche de Rafic Hariri.

Dans le même temps, la liste noire va s'allonger. Au printemps 2005, l'explosion de plusieurs voitures piégées dans les quartiers chrétiens fait de nouveaux morts. Et, le 2 juin, Samir Kassir est assassiné ; il était écrivain et éditorialiste en vue du quotidien libéral *An-Nahar*. Le 21 juin, c'est au tour de l'ancien secrétaire général du Parti communiste Georges Haoui. Le 12 juillet, le ministre de la Défense Elias Murr, gendre du président de la République et proche des Syriens, est blessé dans un attentat. Le 25 septembre, la journaliste

May Chidiac est mutilée dans l'explosion de sa voiture. Et le 12 décembre 2005, le député et journaliste antisyrien Gébrane Tuéni est tué.

À l'été 2006, le mystère n'était pas totalement levé sur les responsables et les commanditaires de tous ces crimes et ces violences. À commencer par ceux de l'assassinat de Rafic Hariri, objet pourtant de deux enquêtes internationales successives diligentées à l'initiative des Nations unies – les conclusions de la seconde, plus approfondie que la première, n'étaient toujours pas rendues. Mais il est hautement probable que nombre d'entre eux aient été le fait de certains services secrets syriens – lesquels se déchirent à Damas –, alliés à une partie des services secrets libanais, tout ce beau monde ayant été profondément déstabilisé par la résolution 1559.

En juin 2006, la tension s'aggravera au Liban lors des discussions entre les partis pour parvenir au désarmement du Hezbollah prévu par la résolution onusienne. Tout en exigeant de demeurer dans le jeu institutionnel libanais, et de rester membre du gouvernement, le parti chiite entendait conserver ses armes, donc sa capacité à mener sa propre guerre contre Israël. Et c'est bien ce qui va se passer lors de la tragique escalade de l'été 2006 : en représailles à l'enlèvement de deux soldats israéliens par le Hezbollah le 12 juillet, Tel-Aviv va engager une guerre contre le territoire libanais. Entre incursions de Tsahal au Sud-Liban et tirs de roquettes du Hezbollah sur les principales villes du nord de l'État hébreu, la pression militaire croisée des deux camps, chacun sous l'emprise de ses propres jusqu'au-boutistes, débouchera sur une nouvelle guerre.

Jacques Chirac n'avait évidemment pas prévu que les problèmes liés à l'application de la résolution 1559 pourraient être l'un des ingrédients – pas le seul, loin s'en faut – de la situation ayant conduit à ce nouveau drame proche-oriental. Et la laborieuse négociation conduite aux Nations unies par le gouvernement français pour contribuer à la solution de la crise et permettre à Paris de conserver sa position dans le jeu régional aura beau déboucher le 11 août sur le vote de la résolution 1701, rien n'indiquait alors que cette attitude lui permette de redorer le blason d'une « politique arabe de la France » [▷ p. 309] durablement compromise.

◂ **J. G.**

Pour en savoir plus

Sélim Abou, Choghig Kasparian et Katia Haddad, *Anatomie de la francophonie libanaise*, AUPELF-UREF, Beyrouth, 1996.

Jacques Berque, *Les Arabes*, Sindbad, Paris, 1973.

Georges Corm, *Le Liban contemporain. Histoire et société*, La Découverte/Poches, Paris, 2005.

Jean-Louis DUFOUR et Maurice VAÏSSE, *Les Crises internationales. De Pékin 1900 à Sarajevo 1995*, Complexe, Bruxelles, 1996.

Charles ENDERLIN, *Le Rêve brisé. Histoire de l'échec du processus de paix au Proche-Orient. 1995-2002*, Fayard, Paris, 2002.

Georges SABAKA, *La Diplomatie assassinée. La France dans la guerre du Liban 1975-1985*, Libania, Beyrouth, 1986.

Bassam TAYARA, *Liban : le chaos. Hariri assassiné. À qui profite le crime ?*, Al-Bouraq, Beyrouth, 2005.

V

Services secrets et raisons d'État

RG, DST, SDECE, DGSE : un demi-siècle de dérives

Lorsque sa hiérarchie a demandé à Jacques T., directeur d'un service régional de la Direction centrale des renseignements généraux (DCRG), de consacrer ses loisirs de retraité à la formation de ses jeunes collègues, il a trouvé un prétexte pour refuser. Il n'avait pas envie de leur raconter comment, dans les années 1970, à l'époque où Raymond Marcellin était ministre de l'Intérieur [▷ p. 405], lui-même avait été initié à la recherche du renseignement.

Pour sa première mission, il avait été conduit un soir aux abords d'un local de la Fédération anarchiste. Avec ses deux collègues, des vieux de la vieille intarissables sur leurs exploits contre les « fells » (les fellaghas, selon l'expression argotique pour désigner les combattants du FLN algérien), il avait brisé avec la crosse de son arme de service les vitres des voitures garées devant le local puis volé tout ce qui y traînait. Ses collègues avaient conservé les carnets d'adresses, cahiers de notes, photographies, papiers d'identité et balancé le reste dans une poubelle. Jacques T. avait ensuite participé à l'enlèvement d'une militante gauchiste, embarquée devant chez elle et emmenée « en promenade à la campagne ». Ses collègues, qui se faisaient passer pour les membres d'un groupe concurrent, avaient roué de coups la jeune fille et braqué le canon de leur arme sur sa tempe. Après avoir parlé, elle avait été abandonnée dans la nature.

« Au service de la France, tout est permis »

En privé, le commissaire Jacques T. reconnaît aujourd'hui avoir employé pendant des années des « méthodes de voyou envers des citoyens présumés innocents », mais affirme que ce qui lui a sans doute le plus coûté dans sa carrière est d'avoir été obligé de collaborer avec les « vrais truands » du Service d'action civique (SAC), le service d'ordre très spécial du mouvement gaulliste. Jacques T. est convaincu que la culture gaullienne du « au service de la France, tout est permis », imprègne profondément, aujourd'hui encore, l'âme des services spéciaux, qu'il s'agisse de la DCRG et de la Direction de la surveillance du territoire (DST), qui dépendent du ministère de l'Intérieur, ou de la Direction générale de la sécurité extérieure (DGSE), administrativement rattachée au ministère de la Défense.

Pour Jacques T., comme pour beaucoup d'agents des services, c'est au cours de la guerre d'Algérie qu'ils ont appris à s'affranchir sans scrupule des règles de droit qui, du garde-champêtre au préfet de police de Paris, régissent en principe tous les membres du bras séculier de la République. Pour remplir leurs missions pudiquement baptisées « opérations de maintien de l'ordre dans les départements français d'Algérie », les agents du Service de documentation extérieure et de contre-espionnage (SDECE), l'ancêtre de la DGSE, les policiers de la DST et ceux des RG avaient pratiquement carte blanche. Suivant les instructions implicites du pouvoir politique et sans aucun contrôle extérieur, ils ont été amenés pendant plus de sept ans à enlever, assassiner, trafiquer, poser des bombes, manipuler ou torturer. Bref, à utiliser en période de paix et en majeure partie contre des citoyens français toute la gamme des procédés habituellement mis en œuvre uniquement en temps de guerre et contre les troupes d'un pays ennemi.

Ils ont aussi appris – et c'est surtout ce qui a subsisté au fil des ans dans la mémoire collective des services – à obéir aux hommes politiques au pouvoir, sans leur poser de questions embarrassantes ou réclamer d'ordres écrits, à mentir effrontément à ceux de l'opposition, et surtout à ne jamais répondre franchement aux magistrats, considérés au mieux comme des potiches plus ou moins encombrantes, au pire comme des adversaires. Née avec la guerre d'Algérie, cette conception d'une société certes démocratique, mais où ni le pouvoir judiciaire ni le pouvoir législatif ne contrôlent vraiment les activités des bras occultes de l'exécutif, s'est institutionnalisée sous le gaullisme, a perduré sous le giscardisme et n'a pas disparu avec le mitterrandisme.

En mai 1981, beaucoup de membres des services ont sérieusement cru à la prochaine disparition de la DCRG et du SDECE prévue par le programme de la gauche, ainsi qu'à l'abandon des pratiques illicites employées depuis plus de vingt ans au service de la droite. Gaston Defferre, le premier locataire socialiste de la Place Beauvau, n'ayant pas manifesté l'intention de respecter les promesses de son parti, les vieilles habitudes ont rapidement repris leurs cours. Les alternances ont ensuite montré aux agents des services que leurs transgressions de la loi ne seraient pas vraiment punies lors des changements politiques, à condition qu'elles aient été commises avec assez de discrétion pour ne pas provoquer une condamnation pénale de la part de juges devenus plus rétifs que jadis aux pseudo-impératifs de la raison d'État [▷ p. 407].

Les entorses à la légalité républicaine ne sont donc ni recherchées ni poursuivies par la hiérarchie des services et ne sont dévoilées aux citoyens ou à leurs représentants que lorsque, malgré toutes les précautions, elles parviennent aux oreilles de la justice. Les agents de renseignement paraissent alors surpris que des explications puissent leur être réclamées. La commissaire des RG Brigitte Henri fut ainsi scandalisée, en 1996, de voir le juge d'instruction Éric Halphen, chargé du dossier de l'Office des HLM de la ville de Paris, effectuer une perquisition à son domicile pour y chercher les documents qu'elle n'avait communiqués qu'à sa Direction centrale, donc au ministre de l'Intérieur Charles Pasqua, par ailleurs lui-même partie prenante de l'affaire.

Brigitte Henri avait été « balancée par un corbeau ». Mais d'autres agents de renseignement se sont piégés eux-mêmes. Dans ce registre, des palmes peuvent être attribuées aux agents de la DST repérés en 1973 alors qu'ils installaient des micros dans les nouveaux locaux du *Canard enchaîné*, ainsi qu'à ceux de la DGSE arrêtés en Nouvelle-Zélande en 1985 à l'issue de leur mission de sabotage du *Rainbow Warrior*, le navire phare de l'organisation écologiste Greenpeace. Des palmes de l'amateurisme pourraient également être attribuées aux policiers des RG interpellés en 1990 en état d'ivresse sur la voie publique par un car de police secours alors qu'ils enquêtaient sur un pasteur homosexuel, Joseph Doucé, dont le corps sera retrouvé trois mois plus tard dans la forêt de Rambouillet.

Cette dernière péripétie représente un bon exemple des dérives, par ailleurs impunies, auxquelles sont exposés les services lorsque, pour plaire à l'exécutif, ils sortent du strict cadre de leur mandat législatif de renseignement et de prévention des atteintes à la sécurité de la République.

Les « grandes oreilles » de l'État français

La mission essentielle des quelque 4 000 fonctionnaires de la DCRG est de s'occuper « de la recherche et de la centralisation des renseignements destinés à informer le gouvernement ». Ces « grandes oreilles » de l'exécutif doivent donc permettre au gouvernement – en réalité tout d'abord à leur patron direct, le ministre de l'Intérieur – de savoir ce qui va se dérouler en France le lendemain. Des prévisions qui vont de l'annonce d'un conflit social à l'existence d'un nouveau réseau terroriste en passant par des pronostics électoraux. En quoi cette mission réglementairement limitée à l'information économique, politique et sociale du gouvernement pouvait-elle, en juillet 1990, amener les RG à s'intéresser de très près au pasteur homosexuel protestant Joseph Doucé et à sa librairie du Centre du Christ libérateur ?

Si, après une rapide enquête sur les clients de la librairie, les RG avaient seulement soupçonné, comme ils l'ont affirmé ultérieurement, qu'elle servait de couverture à un réseau de pédophilie, leur devoir de fonctionnaires de police se bornait alors à en aviser le procureur de la République. Lui seul, suivant le Code de procédure pénale, avait le pouvoir de décider si l'enquête devait se poursuivre, et surtout de choisir le service de police qui en aurait la charge.

Pour conserver les mains libres et pouvoir communiquer discrètement en haut lieu les renseignements croustillants qu'ils espéraient recueillir, les Renseignements généraux de la Préfecture de police de Paris (RGPP) chargent le Groupe d'enquêtes et de recherches (GER), moins hypocritement baptisé en interne « Groupe des enquêtes réservées », de se pencher sur les activités et les fréquentations du pasteur. Et, au sein de ce groupe, c'est l'inspecteur Jean-Marc Dufourg, trente-quatre ans, dont l'absence de déontologie n'est un secret ni pour ses collègues ni pour sa hiérarchie, qui en reçoit la responsabilité. Jean-Marc Dufourg a débuté dans les RG comme enquêteur, c'est-à-dire tout à la base. Sa parfaite adaptation aux méthodes aussi brutales qu'illégales de la Section de traitement du renseignement (STR), chargée de l'antiterrorisme à la Direction centrale, lui a valu la promotion au grade d'inspecteur puis une nomination au GER. L'inspecteur Dufourg y utilisera certaines des techniques qu'il avait apprises en particulier auprès du commissaire Jacques T., lorsqu'ils travaillaient ensemble au Pays basque quelques années plus tôt. Il est donc expert en menaces physiques et coups pour déstabiliser une « cible », en recrutement d'indicateurs sous la menace, en écoutes téléphoniques sauvages et chantage aux mœurs...

La plainte qu'ose déposer contre l'inspecteur Dufourg l'indicateur qu'il a tenté de recruter, afin d'infiltrer l'entourage du pasteur, en tirant une balle dans la porte de son domicile, va révéler les dessous de cette enquête dont les mobiles demeurent aussi troubles que le déroulement.

Le pasteur, alors qu'il était en principe surveillé par l'inspecteur Dufourg, est emmené de son domicile le 19 juillet 1990 par deux individus se présentant comme des policiers. Il n'y est jamais revenu. L'inspecteur, interpellé quelques jours plus tôt alors que, ivre, il voulait se faire ouvrir la porte du pasteur, est soupçonné d'être mêlé à l'enlèvement. Il se défend en présentant un alibi invérifiable, mais surtout en multipliant comme un nuage d'encre les fuites sur les activités illicites de certains de ses collègues. Avec l'aide de son avocat Jacques Vergès, les Français apprennent alors que, bien après l'arrivée de la gauche au pouvoir, les RG continuaient à fonctionner comme sous la droite en organisant de faux attentats, en détournant le courrier de responsables politiques, en simulant des cambriolages pour s'emparer de documents et en s'intéressant aux mœurs des uns et des autres.

Le meurtre du pasteur Doucé n'a jamais été éclairci. L'inspecteur Dufourg a été condamné et révoqué à cause du coup de feu tiré dans la porte de son indicateur, mais les méthodes qui lui avaient été enseignées – et qu'un rapport de la Direction centrale s'était contenté de qualifier de « musclées et peu orthodoxes » – ne sont pas encore à ranger au musée de la police secrète. Elles ont évolué, se sont affinées, ont profité des progrès de la technologie, mais continuent à aider les services à réaliser dans l'ombre les souhaits inavouables des gouvernants.

« Secret-défense »

Lors de son pot de départ à la retraite, le commissaire divisionnaire Jacques T. n'aura pas un mot pour Marion, la lointaine cousine qu'il avait prise sous son aile lors de son entrée dans les RG. Il avait essayé d'être pour elle le mentor que n'avaient pas été pour lui ses aînés et de lui apprendre à collecter du renseignement sans se salir les mains ou la conscience.

Lorsqu'elle lui a annoncé avoir demandé sa mutation pour la DST, il a compris que les temps n'avaient pas vraiment changé depuis sa jeunesse : Marion avait cédé aux sirènes de la maison concurrente, où on lui avait laissé entendre que, dans sa spécialité – les intégristes musulmans –, elle aurait les mains bien plus libres qu'aux RG et qu'elle bénéficierait en outre, contre l'éventuelle curiosité des magistrats, de la protection du secret-défense réservé aux fonctionnaires du contre-espionnage. Il a même cru comprendre qu'elle allait faire partie de l'équipe d'agents de la DST qui auraient le droit d'aller interroger, en dehors de tout contrôle judiciaire, les Français détenus depuis 2001 par les Américains à Guantanamo.

Si le secret-défense qui recouvre les activités – et même l'organigramme – de la DST est justifié par la lutte que le service mène contre les agents étrangers, espions ou terroristes, il a aussi servi à protéger des pratiques qui n'avaient pas grand-chose à voir avec le contre-espionnage. Que l'on pense aux diamants offerts par Jean-Bedel Bokassa à Valéry Giscard d'Estaing [▷ p. 171], ou au « vrai-faux » passeport appartenant à la DST et découvert en 1986 dans la poche d'un dénommé Yves Chalier. L'ancien chef de cabinet de Christian Nucci, ministre socialiste de la Coopération, qui n'avait absolument rien à voir avec la surveillance du territoire, s'était installé en Amérique latine, grâce à ce document. Il espérait ainsi échapper à la justice, qui lui reprochait d'avoir détourné à son profit, mais surtout à celui des opérations africaines de l'Élysée, les sommes versées dans le cadre de la coopération à une association, Carrefour du développement [▷ p. 174]. Chargé du dossier de ce qui fut la première affaire politico-financière de la gauche, le juge d'instruction Jean-Pierre Michau voulait comprendre comment un des passeports officiellement émis à l'intention des policiers de la DST en mission à l'étranger avait permis à Chalier de bénéficier d'une fausse identité capable de résister à tous les contrôles. Convoqué, Bernard Gérard, alors patron de la DST, s'était retranché derrière le secret-défense pour refuser de répondre.

Il faudra, après la première cohabitation entre le président François Mitterrand et son Premier ministre Jacques Chirac, que Pierre Joxe arrive Place Beauvau en mai 1988 pour que le secret-défense soit levé et que la justice apprenne enfin que la DST avait fait établir le document sur ordre de Charles Pasqua, le précédent ministre de l'Intérieur. Ce dernier espérait obtenir en échange de la part d'Yves Chalier des révélations embarrassantes pour le Parti socialiste (PS). La DST a bien reconnu ultérieurement et officieusement qu'elle avait, en l'occurrence, franchi la ligne jaune, mais que c'était sur ordre. Personne n'a jamais ressenti le besoin de lui demander pourquoi il ne lui était à aucun moment venu à l'esprit qu'elle avait le droit et même le devoir de refuser à Charles Pasqua de violer la loi en lui rendant ce petit service.

Cette absence de sanction, même morale, explique pourquoi la DST acceptera sans sourciller, en 1993, d'aller mettre son nez dans des cartons déposés chez sa femme de ménage par Roger-Patrice Pelat. L'homme d'affaires et ami de François Mitterrand, qui avait prêté un million de francs au Premier ministre Pierre Bérégovoy, n'avait-il pas ainsi mis à l'abri des documents gênants avant de mourir de maladie, le 7 mars 1989 ? La question était légitime, et le magistrat Thierry Jean-Pierre en charge du dossier Pelat aurait sans doute souhaité y trouver lui-même la réponse. Il lui a pourtant fallu se contenter de l'affirmation de la DST selon laquelle ces cartons, dont aucun inventaire n'avait été dressé, ne contenaient aucune pièce susceptible d'intéresser la justice. Encore une fois, la hiérarchie de la DST a admis, toujours officieusement, que ce contrôle *post mortem* et sans fondement juridique n'avait guère de relation avec le contre-espionnage ou la lutte antiterroriste, mais qu'elle avait dû, comme d'habitude, obéir sans hésitation ni murmure à un ordre ou plutôt à une demande implicite du plus haut niveau du pouvoir exécutif.

Sémantique et surveillance

La DCRG, la sœur ennemie de la DST, existe depuis 1936 et, sous le régime de Vichy, elle a largement participé à la traque des Juifs et des résistants. La DST, quant à elle, est née sous sa forme actuelle à la Libération, avec l'ordonnance du 16 novembre 1944. La première tâche qui lui a été assignée a été la recherche des « collabos ». Sa compétence ayant été limitée à la lutte sur le territoire national contre les « activités inspirées, engagées ou soutenues par des puissances étrangères et de nature à menacer la sécurité du pays », elle a dû, pour ne pas immédiatement se mettre en infraction, considérer que tous les Français qui avaient soutenu Vichy étaient des « agents allemands » – ce qui était largement exagéré. Une fois passée la période de l'épuration, la DST s'est lancée, avec l'aide de quelques spécialistes de l'anticommunisme repérés... parmi les policiers collabos, dans la lutte contre les espions du bloc soviétique. Pour surveiller, sans déroger à son statut, les membres et les dirigeants du Parti communiste français (PCF), à l'époque le plus important parti politique de France, la DST les a classés en bloc parmi les « agents de Moscou », ce qui les rangeait *de facto* dans son domaine de compétence.

Les indépendantistes algériens sont venus les rejoindre à partir de 1954 et près de 70 % des effectifs de la DST se sont alors consacrés au « maintien de l'ordre » dans les départements français d'Algérie. Les « rebelles » relevaient en principe de la justice et de la police judiciaire classique, puisqu'ils étaient formellement – et jusqu'en 1962 – des citoyens français, mais ils étaient très vite devenus pour la DST des agents de puissances étrangères, communistes ou arabes suivant les besoins. Ce qui voulait dire que le gouvernement reconnaissait à ses services de contre-espionnage, DST et SDECE, le droit, entre autres missions, d'agir en marge des procédures légales pour détruire physiquement les réseaux du FLN sur le territoire national dont l'Algérie faisait partie et procéder à l'enlèvement ou l'exécution de ses militants à l'étranger [▷ p. 50].

Le prétexte de la lutte contre l'influence des puissances étrangères va continuer à être utilisé bien après l'indépendance de l'Algérie et même après la chute du rideau de fer. Les nationalistes corses [▷ p. 429], soupçonnés d'être manipulés par le président libyen Mouammar Kadhafi (à qui la DST attribuait un père corse), ceux du Pays basque [▷ p. 414], dirigés par leurs camarades de l'ETA, et ceux de Bretagne, téléguidés par les Irlandais [▷ p. 420], ont eu affaire, et parfois de façon explosive, aux fonctionnaires de la DST et même aux agents du SDECE. Certaines « cibles » ont ainsi eu l'honneur d'être surveillées en même temps par des agents de la DCRG, de la DST et du SDECE, qui ignoraient la plupart du temps qu'ils travaillaient au même moment sur les mêmes personnes.

Pour éviter la prolifération des activités parallèles des services sur les mêmes cibles, le ministère de l'Intérieur a mis en place, le 8 octobre 1984, l'Unité de coordination de lutte antiterroriste (UCLAT), sous l'autorité du directeur général de la police. La solution serait excellente si la culture des dits services les incitait à mettre en commun leurs informations. Mais c'est loin d'être le cas et le silence est tel lors des réunions de l'UCLAT qu'elles ont été baptisées par les connaisseurs le « rendez-vous des momies ». Le ministre de l'Intérieur, celui de la Défense, le Premier ministre et le conseiller en sécurité du président de la République, au nom du vieux principe « diviser pour mieux régner », encouragent d'ailleurs les chefs des services de renseignement à leur faire directement leurs confidences au lieu de les dilapider dans des structures collectives telles que l'UCLAT.

Rêvant sans doute de réduire et peut-être même d'effacer un jour les rivalités, les bavures et les gaspillages qu'occasionne l'existence conjointe de la DCRG, de la DST et de la DGSE, qui ont toutes désormais le terrorisme (qualifié dans une note des RG de 1981 de « relativement nouveau ») comme objectif prioritaire, François Mitterrand avait créé après l'attentat de la rue des Rosiers, le 9 août 1982, une nouvelle structure placée sous sa tutelle directe et l'autorité du commandant de gendarmerie Christian Prouteau. S'y sont retrouvés, à côté du capitaine de gendarmerie Paul Barril, le commissaire Charles Pellegrini (passé à la DST et chargé de liaison avec la DGSE) et le commissaire Jean Orluc, de la DCRG. Les déboires de la « cellule antiterroriste de l'Élysée » [▷ p. 407] ont coupé court à ces velléités de rapprochement par le sommet.

C'est par le biais d'une réforme immobilière que le ministre de l'Intérieur Nicolas Sarkozy, lui, s'est attaqué au problème. Il a en effet décidé, en juillet 2005, de regrouper dans un même immeuble de Levallois-Perret, dans la banlieue parisienne, la DST et les RG. Ces deux services ayant déjà cohabité pendant de longues années dans le même immeuble de la rue Cambacérès, ce changement géographique ne devrait pas bouleverser les cultures des bras séculiers du ministre de l'Intérieur. Il faudrait, pour réaliser une véritable mutation, que la DGSE, bras armé du ministre de la Défense et parfois même de la présidence de la République, quitte pour les rejoindre sa « Piscine » de la caserne des Tourelles, boulevard Mortier à Paris.

Quel contrôle pour les services de renseignement ?

De cette caserne des Tourelles sont partis pour des missions toujours secrètes, mais pas toujours honorables, des centaines, voire des milliers d'agents. Le SDECE y a vécu de 1946 à 1982, année où les socialistes ont marqué de leur empreinte le contre-espionnage français en transformant son sigle en celui de DGSE. La mission dévolue à la DGSE ressemble comme deux gouttes d'eau à celle de son aînée, puisqu'elle doit essentiellement « rechercher et exploiter les renseignements intéressant la sécurité de la France », ainsi que « détecter et entraver hors du territoire national les activités d'espionnage dirigées contre les intérêts français ». Un cahier des charges qui exclut clairement, comme par le passé, toute action sur le territoire national.

Ce sont pourtant des informations concernant une affaire très franco-française que sont allés chercher dans la caserne des Tourelles, en avril 2006, les juges d'instruction Jean-Marie d'Huy et Henri Pons, chargés d'instruire les plaintes du ministre de l'Intérieur Nicolas Sarkozy et d'autres personnalités accusées par un « corbeau » d'avoir touché en 1991 des « dessous de table » lors de la vente de six frégates à la marine taïwanaise [▷ p. 540]. Les audacieux magistrats ont, sans se soucier des protestations véhémentes des agents secrets, pénétré dans le saint des saints et emporté des documents revêtus du tampon secret-défense. Ce sacrilège s'est doublé d'un autre, puisque les mêmes juges ont fouillé les domiciles privés du général Philippe Rondot, figure historique de la DGSE, puis de la DST, et conseiller du ministre de la Défense pour le renseignement et les opérations spéciales [▷ p. 459], afin de s'emparer des notes qu'il avait prises lors de ses entretiens avec le Premier ministre Dominique de Villepin, en 2004.

En perquisitionnant à la Piscine dans le cadre d'une modeste saisine pour dénonciation calomnieuse, et en faisant venir devant eux *manu militari* le général Rondot, les magistrats ont peut-être marqué la fin d'une époque. Une pareille initiative judiciaire n'aurait jamais été même imaginable lors de l'enquête sur l'implication du SDECE dans l'enlèvement en 1965 à Paris du leader marocain Mehdi Ben Barka [▷ p. 130]. Pas plus qu'en 1969, le juge d'instruction chargé du dossier de l'assassinat de Stevan Markovic [▷ p. 400] n'aurait songé à aller voir dans les tiroirs du SDECE s'ils ne contenaient pas des photos truquées mettant en cause l'épouse de Georges Pompidou. Et, en 1985, la justice s'était bien gardée d'aller vérifier si, dans les dossiers de la DGSE, ne figuraient pas des informations sur l'attentat mortel commis contre le *Rainbow Warrior*.

En 1996, le juge Halphen avait osé fouiller l'appartement de la commissaire Brigitte Henri, mais il n'était pas allé jusqu'à se présenter, accompagné de son greffier, à la porte de la DCRG. Dix ans plus tard, les juges d'instruction d'Huy et Pons et leurs greffiers se sont jetés dans la Piscine. Dépassés par les magistrats qui se sont emparés d'une prérogative qu'aucun de leurs collègues n'avait jamais revendiquée par le passé, les parlementaires ont tout à coup redécouvert, avec l'affaire Clearstream, l'existence de services secrets qu'ils connaissaient mal. Ils n'évoquent en général leur existence que lorsqu'ils se trouvent dans l'opposition et qu'un scandale éclate, mais votent chaque année leur budget sans poser trop de question.

Ainsi, c'est seulement en novembre 2005 que le ministre de l'Intérieur Nicolas Sarkozy, lui-même victime des investigations des services dans le dossier Clearstream, se déclare publiquement favorable à la mise en place

– vieux serpent de mer – d'un contrôle parlementaire sur les services de renseignement. Quatre mois plus tard, le 8 mars 2006, pour ne pas être en reste, le Premier ministre Dominique de Villepin présente au conseil des ministres puis dépose sur le bureau de l'Assemblée nationale un projet de loi portant sur la « création d'une délégation parlementaire pour le renseignement ». Ce projet de loi (qui devrait être présenté au Parlement fin 2006) prévoit la création d'une commission de contrôle des services de renseignement composée de trois sénateurs et de trois députés. Ses compétences seront réduites, puisqu'elle n'aura comme sources d'information que les ministres de la Défense et de l'Intérieur, ainsi que les directeurs des services et le secrétaire général de la Défense nationale. Quant au contenu de ses travaux, ils seront protégés par le secret de la Défense nationale.

En mai 2006, le député UMP Alain Marsaud, pourtant ancien magistrat spécialisé dans l'antiterrorisme et alors grand utilisateur des services, a soudain découvert que la France et le Portugal sont les deux seuls pays européens sans contrôle parlementaire sur leurs services de renseignement. Sa remarque selon laquelle nous avons « de gros progrès à faire en termes de transparence et d'efficacité » conservera toute sa pertinence, même après le vote éventuel par les représentants du peuple du projet de loi : à n'en pas douter, pour respecter la tradition française du secret, la future commission de contrôle, si elle voit le jour, demeurera bien timide, et donc essentiellement symbolique.

◀ **F. Z.**

Pour en savoir plus

Julien CAUMER, *Leurs dossiers RG*, Flammarion, Paris, 2000.

Jean-Marc DUFOURG, *Section manipulation. De l'antiterrorisme à l'affaire Doucé*, Michel Lafon, Paris, 1991.

Roger FALIGOT et Pascal KROP, *DST, Police secrète*, Flammarion, Paris, 1999.

Jacques HASTRICH (avec Fabrizio CALVI), *RG, vingt ans de police politique*, Calmann-Lévy, Paris, 1990.

Brigitte HENRI, *Le Renseignement, un enjeu de pouvoir*, Economica, Paris, 1998.

Philippe MADELIN, *La Guerre des polices*, Albin Michel, Paris, 1989.

Éric MERLEN et Frédéric PLOQUIN, *Carnets intimes de la DST*, Fayard, Paris, 2003.

Bernard VIOLET, *La Mort d'un pasteur*, Fayard, Paris, 1994.

Francis ZAMPONI, *Les RG à l'écoute de la France. Police et politique, de 1981 à 1997*, La Découverte, Paris, 1998.

Les services secrets français dans la guerre froide

> « CHIRAC, âgé de 32 ans, est de nationalité française, il est marié, a un enfant et demeure 38 rue de la Tour à Paris 16e. Il est attaché au Cabinet du président du Conseil (*sic*). CHIRAC constitue une "visée opérationnelle" des services spéciaux soviétiques. Lors d'un voyage à Moscou, une femme nommée FEDOROVA Alevtina, utilisée par le KGB, s'est efforcée de le séduire.
> « Parmi les documents découverts chez PAVLOV, l'officier du GRU [renseignements militaires soviétiques] récemment expulsé, il a été découvert un rapport dans lequel PAVLOV exprimait son opinion sur CHIRAC.
> « PERSONNES CONNUES SUSCEPTIBLES D'APPARAÎTRE EN COURS D'EXPLOITATION : FEDOROVA Alevtina, employée de bureau d'Air France à Moscou.
> « En aucun cas, le nom de CHIRAC ne doit apparaître dans la production où il sera désigné sous le pseudonyme de GEORGES. La production en totalité doit être envoyée sous enveloppe cachetée avec la mention "Personnelle" à M. GUÉRIN. »

Ce document (dont nous avons scrupuleusement restitué la syntaxe et la typographie), indexé le 29 mars 1965 par la section CARU (URSS) de la DST – dépendant du commissaire André Guérin, dit « Toto » –, fait partie des milliers de fiches de renseignement qui s'accumulent chaque année dans les archives du contre-espionnage français. Mais que l'on se rassure : Jacques Chirac n'a jamais été considéré comme une « taupe russe », même s'il a brièvement vendu le journal *L'Humanité* dans sa jeunesse. Cependant, cette fiche témoigne de l'ambiance qui règne alors, en pleine guerre froide : personne n'échappe à la sagacité, sinon aux soupçons, du contre-espionnage quand il s'agit de lutter contre les espions de l'Est, KGB en tête.

KGB *et alii* contre SDECE et DST

Ce milieu des années 1960 constitue un tournant. Les services secrets français viennent juste d'être délestés des missions que leur imposait la guerre d'Algérie. Policiers de la Direction de la surveillance du territoire (DST) et officiers du Service de documentation extérieure et de contre-espionnage (SDECE) qui combattaient les « rebelles algériens » viennent étoffer les sections consacrées à la détection des « espions rouges ». De plus, le général de Gaulle, qui, le 7 mars 1966, va soustraire la France au commandement militaire de l'Organisation du traité de l'Atlantique nord (OTAN) [▷ p. 299], exige que ses services s'adaptent à une diplomatie située à équidistance entre les deux blocs, soviétique et américain.

Pendant la guerre froide (comme après), les actions de contre-espionnage de la DST et d'espionnage (à l'étranger) du SDECE – rebaptisé Direction générale de la sécurité extérieure (DGSE) en 1982 – sont en principe complémentaires et leurs attributions sont officiellement bien délimitées, même si leurs objectifs peuvent nettement diverger. Si le SDECE suit les consignes gaulliennes – par exemple en organisant un soutien aux nationalistes du Québec en 1967 ou au prince Sihanouk du Cambodge en 1966 –, la DST endosse un rôle plus ambigu. Afin de mener à bien ses actions de contre-ingérence, elle collabore étroitement avec les services américains, comme si le retrait de l'OTAN n'existait pas. Exemple : la Central Intelligence Agency (CIA) reçoit en 1967 l'aide logistique d'une équipe de la DST dirigée par l'inspecteur Brenas pour installer un système d'écoute clandestin dans l'ambassade de Cuba, 51 rue de la Faisanderie, à Paris... Le même Brenas et sa section CATU (Cuba) croient bon de mettre sur écoutes l'agronome tiers-mondiste René Dumont, ainsi que Claude Julien, le futur patron du *Monde diplomatique*, en raison de leurs voyages professionnels à Cuba.

Il y a pis. Certains, à la DST, notamment sous l'égide du préfet Daniel Doustin (directeur de la DST de 1961 à 1964), estiment que la politique gaullienne facilite la pénétration des services soviétiques. Ce qui les conduit à établir une liste de suspects dans les milieux politiques, journalistiques, économiques et militaires. La « Maison Doustin », rue des Saussaies, surveille même le SDECE, en étroite liaison avec son chef de la sécurité interne depuis vingt ans, le colonel Georges Lionnet – parfois non sans raison, on en aura confirmation avec l'ouverture des archives soviétiques après 1991...

Dès l'arrivée du général de Gaulle au pouvoir en mai 1958, le KGB estime en effet qu'il va pouvoir profiter du flottement lié à la diplomatie « non alignée » du président de la Ve République. La Ire direction du KGB (renseignement extérieur), que dirige le général Alexandre Sakharovsky, intensifie alors son action, en ciblant les diplomates. C'est ainsi que l'ambassadeur de France en URSS Maurice Dejean est rapatrié en France en 1964, après avoir été séduit par une « hirondelle » du KGB. « Alors, Dejean, on couche ? », aurait lancé de Gaulle, amusé, à cet ancien des Forces françaises libres (FFL), tout penaud, lors de son retour (mais le sourire n'est pas toujours de mise :

piégé de la même manière, l'attaché militaire à l'ambassade de France à Moscou, Louis Guibaud, s'est suicidé en 1964...).

Autre grand Français libre que la DST poursuivra de ses assiduités jusqu'à sa mort, le Breton Étienne Manac'h, que de Gaulle avait chargé, avec Claude Chayet, d'ouvrir la première ambassade de France à Pékin, en 1964, pour le compte de l'ambassadeur Lucien Paye, avant de le nommer à son tour à ce poste. Manac'h sera ambassadeur à Pékin de mai 1969 (moins d'un mois après le retrait des affaires du Général) jusqu'en 1975 et organisera le voyage en Chine de Georges Pompidou en 1973.

Selon les archives du KGB exfiltrées par le transfuge soviétique Vassili Mitrokhine [1], Manac'h aurait été « traité » par six officiers du KGB pendant vingt-neuf ans – dont le dernier en date, en 1971, Mikhaïl Tsimbal, chef de la Rézidentoura du KGB à Paris lors de l'arrivée au pouvoir de De Gaulle, deviendra plus tard chef de la section française du KGB. Jusqu'à la fin de sa vie en 1992, Manac'h a farouchement nié avoir travaillé pour l'URSS.

Beaucoup plus grave : la pénétration soviétique dont fait l'objet le SDECE depuis 1947, et les rumeurs concernant l'existence d'une « taupe » dans l'entourage du Général, ce qui décidera ce dernier, alerté en 1962 par John F. Kennedy, à accepter l'aide des Américains pour mener l'enquête [▷ p. 394]. Dans ce cas comme dans beaucoup d'autres, des agents au service de l'Est seront identifiés grâce à la défection d'un transfuge. C'est ainsi que Josef Frolik, un transfuge de la Sécurité d'État tchécoslovaque (StB), a révélé en 1968 qu'il avait recruté un responsable des Renseignements généraux français.

Reste la question lancinante : la DST, dont le métier est de surveiller les autres, a-t-elle été elle-même pénétrée ? Des anciens du KGB affirment naturellement que oui. Les erreurs répétées lors d'opérations de manipulation de transfuges tchèques et slovaques par la section CAKO (Tchécolovaquie) de la DST ont amené certains à s'inquiéter du rôle de l'un de ses responsables. Cependant, dans l'ensemble, sous la direction des commissaires Marcel Chalet, André Guérin et Raymond Nart, la DST est demeurée, sur le plan de la lutte contre les services spéciaux de l'Est, l'un des alliés les plus efficaces des Américains (contrairement à son homologue, le MI5 anglais, largement noyauté) – c'est plutôt sur le territoire national que le secteur Manipulations (E2) de la DST conduira, après 1968, des actions de basse police inacceptables en démocratie, sous la pression du ministre de l'Intérieur Raymond Marcellin [▷ p. 405].

---

1 Christopher ANDREW et Vassili MITROKHINE, *The Mitrokhin Archive. The KGB in Europe and the West*, Allen Lane, The Penguin Press, Londres, 1999.

Le temps des taupes

Malgré son action couverte par le secret-défense, certaines des opérations de la DST durant la guerre froide sont aujourd'hui connues. Ainsi, de 1945 à 1960, elle a traité des dossiers qui se sont soldés par l'expulsion de cent soixante « diplomates » espions des pays communistes. Et surtout, certains de leurs agents ont été déférés devant la justice, en l'occurrence la Cour de sûreté de l'État.

Certaines de ces affaires font alors la une des journaux. Ainsi, en novembre 1962, la DST arrête Pierre Cardot, un agent du StB tchécoslovaque qui avait réussi à usurper la nationalité française et à infiltrer le SDECE (il sera échangé l'année suivante contre un étudiant détenu en URSS). En septembre 1963, éclate une affaire qui ébranle les hautes sphères gaullistes : Georges Pâques, chef adjoint de la Division presse et information de l'OTAN, est arrêté suite à une longue enquête menée par l'équipe du commissaire de la DST Marcel Chalet. Pâques avait servi dans de nombreux cabinets ministériels de la IVe République et au ministère de l'Industrie et du Commerce du premier gouvernement de Gaulle de 1958. Recruté à Alger au Comité de la France libre pendant la guerre, il aurait fourni à ses officiers traitants soviétiques des informations stratégiques, en particulier lorsqu'il s'est retrouvé au cœur du dispositif de l'OTAN. Dans les heures qui suivirent son arrestation, des anciens des FFL crurent bon d'implorer la clémence du président de la République, mais celui-ci ne fléchit pas, vu les retombées possibles d'une telle affaire sur ses relations avec les Américains. Georges Pâques sera condamné, mais rendu à la liberté en 1970, après l'arrivée de Georges Pompidou à l'Élysée.

L'affaire Pâques conduira également à ce que l'un de ses amis, le journaliste André Labarthe, soit lui aussi suspecté d'avoir agi pour le compte des Soviétiques, dès son arrivée à Alger dans la France libre. Labarthe, sans être poursuivi, avouera son rôle d'agent au commissaire Chalet avant de mourir en 1967. L'année suivante, c'est un « faux résistant », le préfet P. (affaire couverte par une amnistie), qui est condamné comme agent de renseignement du KGB, de la CIA, du MI6 et des services ouest-allemands et est-allemands ! Explication : il avait été recruté par les services nazis pendant la Seconde Guerre mondiale et tous les autres services l'avaient fait chanter ensuite afin qu'il espionne pour leur compte pendant la guerre froide...

En juillet 1969, Eugène Rousseau est arrêté à son tour comme agent des services secrets yougoslaves (UDBA), depuis l'époque où il était secrétaire du poste du SDECE à Belgrade (1956-1959), suite à un chantage exercé sur sa fille Monique, imprudemment envoyée avec lui par la Piscine pour le seconder. Il sera condamné à quinze ans de réclusion, le 20 avril 1970. Cette affaire connaîtra l'année suivante un rebondissement spectaculaire, quand l'écrivain Gilles Perrault publie pour sa défense *L'Erreur*, un ouvrage dans lequel il démontre qu'il était, sinon innocent, du moins un lampiste [1]. Suite à quoi Rousseau sera gracié par le président Georges Pompidou.

Markus Wolf contre les Français

L'écrivain et ancien fonctionnaire du MI5 à Berlin John Le Carré l'a baptisé « Carla » dans ses romans, formidables jeux de miroirs et chronique de la bataille des espions. L'Allemand de l'Est Markus Wolf a été le chef de services secrets à la plus grande longévité (1951-1990), si l'on excepte Kang Sheng, le patron des services secrets de Mao Zedong. Après l'Allemagne de l'Ouest, la France a été, jusqu'en 1989, la cible favorite de son service, la Direction principale de reconnaissance (Hauptverwaltung Aufklärung, HVA [2]), créé après 1945 avec d'anciens agents du Komintern (l'Internationale communiste) et des vétérans des services spéciaux nazis. Principale cible : le SDECE, camouflé à Berlin dans la Caserne Napoléon et dirigé par de fortes personnalités, comme les colonels Alfred Müller, Marcel Mercier ou Jacques Zahm. La HVA s'intéresse aussi à l'étonnante Mission de liaison militaire française (MLMF), qui, de concert avec les Special Air Service (SAS) britanniques de la Mission BRIXMIS, infiltre régulièrement des commandos en zone orientale pour faire du renseignement, cela jusqu'à la chute du Mur de Berlin en 1989 (et dont un des membres, l'adjudant Philippe Mariotti, sera assassiné en 1984). À plusieurs reprises, la DST – également présente sur place – arrêtera des « taupes » françaises retournées par les équipes de Wolf, mais elle arrêtera aussi à tort, en janvier 1970, le diplomate Alexis de Gosson de Varennes, qui n'a cessé depuis d'exiger sa réhabilitation.

Le 15 mai 1969, à Paris, le lieutenant-colonel Hans Voelkner, agent de la HVA, est arrêté par le commissaire Antonin Duranton, responsable de la section CARU (russe) à la DST. Il sera condamné à douze ans de réclusion. Dans ses mémoires, Wolf expliquera que Voelkner avait reçu pour « mission de “suivre” les agents et les sources qui, à partir du territoire français – d'ailleurs, ce n'étaient pas seulement des Français –, nous permettaient de pénétrer l'OTAN. » Finalement, Voelkner sera échangé le 6 septembre 1974, grâce à l'intervention de l'écrivain Gilles Perrault, qui a joué les intermédiaires comme dans les romans de John Le Carré. C'est que l'espion de Wolf est le fils de Käthe Voelkner, une héroïne de l'Orchestre rouge, le réseau d'espionnage soviétique en Europe de l'Ouest pendant la Seconde Guerre mondiale dont Gilles Perrault

1 Gilles Perrault, *L'Erreur*, Fayard, Paris, 1971.

2 Souvent confondue à tort avec la Stasi, qui était l'organe de police secrète interne et de répression en RDA, dépendant toutefois, comme la HVA, du ministère de l'Intérieur (Ministerium für Sicherheit, MfS).

s'est fait l'historien. Pour beaucoup de ces opérationnels de l'Est, comme pour Voelkner, l'action de renseignement contre l'Occident, « fauteur de guerre », n'était qu'une continuation logique de la résistance antinazie. Mais en professionnel de l'action clandestine, il admirait la DST qui l'avait épinglé [1].

« Farewell », adieu à la guerre froide

Au début des années 1980, une taupe des Français dans le camp soviétique va annoncer la fin de la guerre froide. C'est le Soviétique Vladimir Ippolitovitch Vetrov, un spécialiste scientifique du KGB qui a été en poste en France de 1965 à 1970. Grâce à des ingénieurs de Thomson à Moscou, dix ans plus tard, il offre ses services, par admiration pour ce pays qu'il a espionné naguère. Vetrov propose des documents ultrasecrets sur tout le pillage technologique et scientifique du KGB en Occident. Une condition à cela : ne travailler qu'avec la DST, qu'il estime être le seul service qui n'est pas infiltré par Moscou.

Pour Marcel Chalet et Raymond Nart, qui vont traiter le dossier, c'est l'enthousiasme : Vetrov, bientôt baptisé « Farewell », a déjà fourni un rapport de deux cents pages de la Commission militaro-industrielle soviétique (VPK, l'organisme qui pilote l'espionnage technologique), signé de la main de Youri Andropov, le patron du KGB. Mais c'est dangereux : ne pourrait-il s'agir d'une de ces opérations d'intoxication dont les Russes sont friands ? Autre souci : en principe, c'est au SDECE de « traiter » cet agent hors de France. Avec l'appui du général Jeannou Lacaze, chef d'état-major des armées (et ancien directeur du renseignement au SDECE), on lui choisit pour « traitant » un officier russophone, Patrick Ferrant, qui ne dépend pas de la Piscine.

S'amorce alors une étonnante opération qui va permettre aux Français de tenir la dragée haute aux Américains en leur fournissant des informations stratégiques, comme le révélera François Mitterrand à Ronald Reagan, le 19 juillet 1981, lors du sommet des Sept à Ottawa. Une manière aussi de dire aux Américains qu'il n'y a rien à craindre de l'alternance à gauche en France dans la guerre secrète contre les Soviétiques. Quelques semaines plus tôt, Marcel Chalet, qui devait bientôt prendre sa retraite, s'était entretenu avec le nouveau président français pour recevoir son aval et continuer la mission « Farewell ». Elle se poursuivra dans des conditions rocambolesques (Vetrov glisse ses microfilms dans le cabas de Madeleine, l'épouse de Ferrant, lorsque celle-ci fait ses courses à Moscou...).

---

1 Entretien avec l'auteur, 8 août 1994. Markus Wolf précise pour sa part : « Je dois avouer que la DST fut efficace dans son combat contre nous. Elle nous avait particulièrement à l'œil, ayant installé, juste en face de notre ambassade à Paris, un dispositif de surveillance permanent. »

L'affaire tourne court en avril 1983 : Vetrov est arrêté (jugé à huis clos, il sera fusillé le 23 janvier 1985 pour « haute trahison »). Le même mois, quarante-sept « diplomates » soviétiques sont expulsés de France. Du point de vue soviétique, le terme de « haute trahison » n'est pas exagéré : grâce à « Farewell », les plans d'acquisition de technologie (le pillage en France de 70 % des brevets civils et militaires), les interpénétrations entre les divers réseaux, les objectifs stratégiques soviétiques ont été mis à nu. Dans le monde entier, des diplomates espions soviétiques seront déclarés *personae non gratae* et expulsés sur indication de la DST.

Le colonel Ferrant, qui conserve un souvenir ému de son ancien agent, tirera dans un rapport la morale de cette étonnante histoire : « Le grand succès de cette affaire, et c'est sans doute la grande réussite de Volodia [Vetrov], semble d'avoir contribué à convaincre le président Reagan, le grand communicateur, de l'essoufflement soviétique et de la stratégie adoptée par la direction, ou au moins de lui avoir donné le prétexte de lancer le grand bluff qu'a été le projet de "guerre des étoiles", dont l'objectif réel semble d'avoir été de mettre l'économie soviétique à genoux [1]. »

◀ **R. F.**

Pour en savoir plus

Christopher Andrew et Vassili Mitrokhine, *The Mitrokhin Archive. The KGB in Europe and the West*, Allen Lane, The Penguin Press, Londres, 1999.

Roger Faligot et Pascal Krop, *DST, police secrète*, Flammarion, Paris, 1999.

–, *La Piscine. Les services secrets français de 1944 à nos jours*, Seuil, Paris, 1985.

Jean Guisnel et Bernard Violet, *Services secrets. Le pouvoir et les services de renseignement sous François Mitterrand*, La Découverte, Paris, 1988.

Sergueï Kostine, *Bonjour Farewell. La vérité sur la taupe française du KGB*, Robert Laffont, Paris, 1997.

Éric Merlen et Frédéric Ploquin, *Carnets intimes de la DST*, Fayard, Paris, 2003.

Gilles Perrault, *L'Orchestre rouge*, Fayard, Paris, 1967.

Hans Voelkner, *Salto mortale. Vom Rampenlicht zur unsichtbaren Front*, Brandenburgisches Verlagshaus, Berlin, 1990.

Pierre de Villemarest, *Le Coup d'État de Markus Wolf*, Stock, Paris, 1991.

Markus Wolf, *L'Œil de Berlin. Entretiens de Maurice Najman avec le patron des services secrets est-allemands*, Balland, Paris, 1992.

Markus Wolf (avec Anne McElvoy), *Man Without a Face*, Times Books, New York, 1997.

Thierry Wolton, *Le KGB en France*, Grasset, Paris, 1986.

1 Archives de l'auteur.

L'affaire Topaze : « Foccart est un agent du KGB ! »

« Dans les années 1960, à la Piscine, on se demandait si le voisin du bureau d'à côté était une "taupe", et s'il pensait la même chose de vous. C'est un miracle que le SDECE ait pu fonctionner dans ces conditions-là... Car il fallait crever l'abcès [1]. » L'homme de l'art qui s'exprime ainsi, dans sa maison de Roscoff, dans le Finistère, vingt ans après les faits, c'est Georges Barazer de Lannurien, colonel de vieille famille bretonne, qui s'est trouvé au cœur de la plus étonnante affaire d'espionnage ayant ébranlé jusqu'au sommet la Ve République. L'enjeu était de taille : découvrir si l'un des proches conseillers du général de Gaulle était ou non une « taupe » du KGB (Komitet Gossoudarstvennoï Bezopasnosti, le Comité de la sécurité d'État soviétique), lui-même en relation avec un réseau qui avait infiltré le SDECE (Service de documentation extérieure et de contre-espionnage) au plus niveau...

« Saphir » et « Colombine »

C'est en avril 1962 que le président John F. Kennedy fait parvenir un courrier au général de Gaulle, *via* son émissaire Alfred Ulmer Jr, le chef de station de la Central Intelligence Agency (CIA) à Paris. Motif ? Anatoli Golitsine, transfuge du KGB depuis décembre 1961, vient de décrire l'infiltration soviétique dans les structures de renseignement de l'OTAN. Pas moins de quarante taupes russes dans les services secrets français ! Le général Jean-Louis du Temple de Rougemont, chef du renseignement militaire, dépêché aux États-Unis, est reçu par John McCone, le patron de la CIA, et rencontre le transfuge. Son rapport est consternant et confirme les pires craintes.

Mais la situation est plus complexe qu'il n'y paraît : Golitsine est sous la tutelle de James Jesus Angleton, le patron du contre-espionnage de la CIA, qui a une fâcheuse tendance à voir des taupes partout – par exemple en la personne de David Murphy, le patron du service soviétique à la CIA – et qui veut convaincre le chef de poste du SDECE à Washington, Philippe Thyraud de Vosjoli, que c'est l'occasion de donner un grand coup de balai à la

1 Entretien avec l'auteur, 5 juillet 1984.

Piscine. Autre problème : un second transfuge du KGB, Youri Nossenko, se présente à la CIA, en juin 1962, pour dire que Golitsine est un faux transfuge chargé d'une opération de « désinformation ». En réalité, c'est l'inverse : Nossenko est là pour décrédibiliser Golitsine. À Paris, on décide d'envoyer une équipe de professionnels interroger ce dernier, que la Direction à la surveillance du territoire (DST) appelle « Viru » et le SDECE, « Martel ». C'est une équipe mixte qui s'envole pour les États-Unis : Daniel Doustin, patron de la DST, accompagné de spécialistes, les commissaires Alain Montarras, Louis Niquet et Marcel Chalet, ainsi que le patron du contre-espionnage du SDECE, le colonel René Delseny.

Le petit homme sec et nerveux qu'ils rencontrent en sait long, mais il est surtout spécialiste des Anglo-Américains. Toutefois, il affirme que le général Alexandre Sakharovsky, chef du 1er directoire du KGB (renseignement extérieur) s'est vanté, en juillet 1959, de posséder tous les schémas de réforme du SDECE, et d'y avoir implanté un réseau nommé « Saphir », avec des agents dans l'entourage du président français. Plus ennuyeux : le Russe explique qu'à la demande de De Gaulle, une opération de renseignement scientifique (baptisée « Big Ben » et dirigée par le chef de poste du SDECE à New York, Jacques Hervé) a été lancée contre les États-Unis. Autrement dit, la nouvelle Ve République serait phagocytée par les Soviétiques et très anti-américaine. Bonjour l'ambiance...

L'équipe française est méfiante. Comme dira plus tard le commissaire Montarras : « Golitsine est un personnage incroyable, sûr de sa valeur, voulant que la France lui remette la Grand-Croix de la Légion d'honneur. Il rêve de devenir l'éminence grise des services spéciaux occidentaux. Il aurait voulu qu'on lui apporte nos dossiers, pour les lire, donner le fin mot de l'affaire, ainsi que ses instructions. Plus tard, quand il viendra en France, il voudra rencontrer de Gaulle. »

De retour à Paris, les contre-espions se mettent en chasse. Leurs soupçons se portent sur une série de gaullistes historiques, souvent des diplomates de premier plan : Louis Joxe, Georges Gorse, Étienne Manac'h, Maurice Dejean, André Labarthe... Et ils débouchent, en septembre 1963, sur l'arrestation de Georges Pâques, directeur adjoint de la presse à l'OTAN [▷ p. 387].

Tandis que ces enquêtes se poursuivent, une équipe renouvelée va « débriefer » en novembre 1963 l'agent du KGB. Elle est enrichie de la présence du colonel de Lannurien, chef de cabinet du nouveau directeur du SDECE, le général d'aviation Paul Jacquier, nommé à la demande de Jacques Foccart. Les investigations sont menées discrètement au sein de la Piscine. Le capitaine Black, chef de la cryptographie et des interceptions depuis vingt ans, est évincé suite à des soupçons qui pèsent sur sa secrétaire, et remplacé par le colonel René Bertrand (*alias* « Beaumont »). Autre changement : le colonel Léonard Hounau est nommé chef du renseignement, soit numéro deux du SDECE – alors qu'il était soupçonné par la CIA d'Angleton et par la DST d'être lui aussi une taupe de l'Est, depuis que les réseaux du SDECE en Pologne, dont il avait la charge, avaient été démantelés en 1949.

Interrogé par nos soins, Hounau dira qu'« Angleton était fou ou alcoolique. Il a fait de Thyraud de Vosjoli un agent américain et tout cela était destiné à jeter le discrédit sur Jacques Foccart ou Louis Joxe [1] ». Ce diagnostic est partagé par de nombreux spécialistes, y compris des historiens américains auteurs de biographies très sérieuses sur Angleton. Mais cela n'en fait pas pour autant de Léonard Hounau un innocent, même s'il l'a toujours crié haut et fort. Cependant se pose la question de savoir quel lien existe entre ce dernier et Jacques Foccart, dont le nom a été cité comme « agent soviétique » par les Américains suite aux déclarations de Golitsine. Ce lien, c'est un troisième homme du nom de François Saar-Demichel, manifestement influent puisque c'est grâce à son entregent que Foccart a soutenu la promotion du colonel Hounau au sein du SDECE.

Né en 1910 dans l'empire austro-hongrois, Frantz Saar, *alias* « Demichel » dans la Résistance, a fait partie tout comme son ami Hounau du réseau « Gallia », dirigé par Henri Gorce-Franklin, un compagnon de la Libération que l'on retrouvera plus tard à la tête du Service d'action civique (SAC), sous la houlette de Foccart [▷ p. 78]. À la fin de la guerre, sous le pseudonyme de « Coriolan », il participe à la mission de sauvetage *Calvaire* en Italie et libère des griffes nazies l'ex-président du Conseil du Front populaire, Léon Blum. Puis il est rattaché au secteur politique du SDECE, avant de se lancer dans l'import-export avec l'Est. Dans les années 1950, il obtient l'exclusivité de concessions de bois en URSS pour fabriquer de la pâte à papier. En utilisant ses relations de la Résistance, l'homme d'affaires noue aussi des contacts avec le monde politique. Ainsi soutient-il le gaullisme au point de financer *Le Courrier de la colère*, que dirige Michel Debré [▷ p. 56]. C'est dire qu'il évolue dans les hautes sphères du gaullisme. Mais dans ce cercle finalement assez restreint, Gorce-Franklin a introduit Saar auprès de Jacques Foccart, et depuis la CIA a ajouté ce dernier à la liste des suspects. Les Américains ont affublé l'agent au sommet de la pyramide du surnom de « Colombine ». Alors qui est Colombine ? Foccart ? Saar-Demichel ? ou un autre ?

---

1 Entretien avec l'auteur, 18 septembre 1984.

Colombine ? « Cherchez les femmes ! »

Cela a toujours été le leitmotiv du commissaire de la DST Marcel Chalet : pour dénicher les taupes, il faut creuser les galeries de l'Histoire. Savoir ce que les gens faisaient exactement à la fin de la guerre. Ainsi les sœurs Dora et Nina K. : toutes deux, blondes et ravissantes, membres de la haute société de Bucarest, ont fui en septembre 1947 la Roumanie sous l'emprise communiste et servent ensuite au mess des quelque cinquante officiers et sous-officiers du poste du SDECE – baptisé Direction de la recherche en Autriche (DRA) – à Seefeld, près d'Innsbruck. Une DRA – qui rayonne sur l'Autriche, la Bavière, le Nord de l'Italie – dirigée successivement par Henri Gorce-Franklin puis par le colonel Joseph Lochard.

Le contre-espionnage américain (CIC) pense que les deux sœurs sont des agentes du nouveau service secret communiste de leur pays, la Securitate. Alors, sont-elles de vraies réfugiées ? Avec leur galanterie légendaire, les Français les ont tirées de ce guêpier (identifiées par le contre-espionnage français, les deux femmes ne feront l'objet d'aucune poursuite). Il faut dire qu'elles font tourner les têtes. Un des officiers du SDECE se suicide même pour les beaux yeux de l'une d'elles. Plusieurs autres sont leurs amis : François Saar-Demichel, par exemple, ou le capitaine René Bertrand, qui permettra à Dora de s'installer à Paris en 1951. En 1955, la DST interpelle cette dernière – toujours des doutes à propos des services de Bucarest – et l'expulse du territoire français. Mais, en 1960, la revoici à Paris qui installe une maison de couture non loin de l'Élysée. C'est l'époque où Saar-Demichel (qui n'est plus au SDECE, mais dans l'import-export) lui présente Jacques Foccart, lequel n'est pas insensible à ses charmes.

La boucle est bouclée : Beaumont, Hounau, Saar-Demichel et Foccart ont connu ces Roumaines, c'est donc qu'ils sont tous des agents de l'Est, dit-on à la CIA, dans l'entourage d'Angleton. S'il ne croit pas à la culpabilité du dernier, le colonel de Lannurien enquête sérieusement avec ses amis de la DST sur le cas des trois premiers. Mais on craint en haut lieu que toute cette affaire vienne compromettre des missions du conseiller de De Gaulle. Car nombreux sont les nostalgiques de l'OAS qui détestent Foccart, et nombreux les Américains de la CIA qu'il dérange en Afrique en leur taillant des croupières...

Breton, le colonel de Lannurien s'entête. Au retour de son voyage aux États-Unis, fin novembre 1963, où il a pu s'entretenir avec Golitsine pendant une semaine, il communique un rapport au Premier ministre Georges Pompidou, dont dépend alors le SDECE, dans le but d'écarter plusieurs responsables, à commencer par Hounau et Beaumont. Pompidou signe la décision d'écarter Hounau du SDECE, mais pas plus. En effet, le général Jacquier, le patron du SDECE, ne souhaite pas aller au-delà de ce limogeage.

Résultat : on remplace Hounau à la tête de la Direction du renseignement par Beaumont, qui figure sur la liste des suspects de la CIA et de la DST. Même du point de vue interne au SDECE, ce n'est pas forcément le meilleur choix, car la section Sécurité – que dirige le colonel Lionnet depuis 1947 – lui reproche des erreurs de manipulation dix ans plus tôt au cours de l'opération *Minos* (de parachutage d'émigrés de l'Est derrière le rideau de fer).

De l'autre côté de l'Atlantique, Angleton et Golitsine fulminent : ils estiment que les Français « couvrent » leurs taupes. Résultat : furieux, Golitsine dénonce à son tour Lannurien comme agent du KGB ! Son cas est facile à « ficeler » : pendant la Seconde Guerre mondiale, le jeune Georges a combattu dans la résistance antinazie avec les partisans slovaques, eux-mêmes épaulés par des officiers soviétiques. N'est-ce pas la preuve qu'il est une taupe ? Désabusé, sentant qu'il se frappe la tête contre les murs de l'incompréhension aussi bien à Washington qu'à Paris, Lannurien donnera sa démission du SDECE en mai 1964.

Ce faisant, les Américains ont provoqué l'inverse de ce qu'ils souhaitaient : ils ont décapité l'équipe du SDECE qui cherchait sérieusement à éradiquer les taupes. Hounau, écarté, le colonel Beaumont restera en poste encore plusieurs années, jusqu'à ce que Georges Pompidou, devenu président, confie à un nouveau patron de la Piscine, Alexandre de Marenches, le soin de couper les têtes [▷ p. 338].

Mais avant cela, un climat propice à ces bouleversements a été fourni par le roman d'un écrivain américain, *Topaze*, publié en 1967 : son auteur, Léon Uris, y relaie la suspicion américaine qui pèse sur les services français et sur « Colombine » dans l'ombre de De Gaulle – lequel apparaît dans le roman sous le surnom de « Grand Pierre » (comprendre le « Grand Charles »). Amplifiant encore cette ambiance délétère, Alfred Hitchcock adapte au cinéma le roman à clefs. Il sort en France en 1969 sous le titre *L'Étau*, avec Michel Piccoli dans le rôle du traître Jacques Granville (comprendre Jacques Foccart)…

De son côté, Thyraud de Vosjoli, l'ex-chef de poste du SDECE à Washington, réfugié aux États-Unis depuis 1961, car il craint pour sa vie, se fait le porte-parole des Américains en publiant un livre aux États-Unis (puis dans la version française au Québec et en Belgique) : sous le titre *Lamia*, en 1970, il accuse en vrac Jacques Foccart et Louis Joxe, Georges de Lannurien et Léonard Hounau – tous renvoyés dos-à-dos – d'être des agents de l'URSS.

Cette affaire laissera fatalement un goût amer. Jusqu'à la fin de sa vie en 1988, Lannurien – l'ami de Georges Pompidou –, qui avait donné sa démission en mai 1964 et gagnera des procès en diffamation contre Thyraud, a voulu la tirer au clair : « Après mon départ, Michel Debré m'a demandé un double de mes rapports, car ils avaient disparu à la Piscine », nous confiera-t-il. Les cas de Hounau et de Beaumont n'ont jamais été totalement éclaircis. Quant à Saar-Demichel, il a lui-même reconnu en 1982 avoir été une taupe soviétique, devant les commissaires de la DST Raymond Nart et Jacky Debain, puis lors d'une interview avec Pierre Péan, pour sa biographie de Foccart en 1990.

De plus, dans le livre de l'historien Christopher Andrew, coécrit en 1999 avec Vassili Mitrokhine, cet archiviste du KGB passé chez les Anglais, il est précisé que « le recrutement le plus réussi d'un Français par Moscou a été celui de l'homme d'affaires François Saar-Demichel (nom de code "NN" dans les années 1960). [...] Avec le changement de régime et l'élection de De Gaulle comme président de la République, Saar-Demichel a réussi à avoir ses entrées à l'Élysée et à fournir des rapports réguliers aux dirigeants soviétiques, lors de ses fréquents voyages commerciaux en URSS. »

La filière des services roumains, « raccrochée » par les Soviétiques du KGB, va continuer à hanter longtemps la Piscine et le monde du renseignement. La chute du dictateur Nicolae Ceausescu, survenue en décembre 1989, rouvrira la boîte de Pandore et suscitera de nouvelles interrogations – tout aussi farfelues que celles de jadis contre Jacques Foccart –, visant cette fois Charles Hernu, le ministre de la Défense de François Mitterrand.

◂ **R. F.**

Pour en savoir plus

Christopher Andrew et Vassili Mitrokhine, *The Mitrokhin Archive. The KGB in Europe and the West*, Allen Lane, The Penguin Press, Londres, 1999.

Roger Faligot et Pascal Krop, *DST, police secrète*, Flammarion, Paris, 1999.

–, *La Piscine. Les services secrets français de 1944 à nos jours*, Seuil, Paris, 1985.

Tom Mangold, *Cold Warrior. James Jesus Angleton, the CIA's Master Spy Hunter*, Simon & Schuster, Londres, 1991.

Pierre Péan, *L'Homme de l'ombre. Éléments d'enquête autour de Jacques Foccart, l'homme le plus mystérieux et le plus puissant de la Ve République*, Fayard, Paris, 1990.

Philippe Thyraud de Vosjoli, *Lamia, l'antibarbouze*, Éditions de l'Homme, Montréal, 1972.

Thierry Wolton, *Le KGB en France*, Grasset, Paris, 1986.

Fausse partouze et vrai cadavre : la ténébreuse affaire Markovic

Début juillet 1968. Georges Pompidou, Premier ministre du général de Gaulle depuis 1962, vient de gérer la révolte étudiante, de négocier la fin de la grève générale et de gagner les élections législatives. Alors qu'il s'apprête à vivre une période un peu moins agitée, il apprend au détour d'une conversation à bâtons rompus avec Pierre Lazareff, le directeur de *France-Soir*, que le général de Gaulle a décidé de le remplacer à Matignon par Maurice Couve de Murville, un de ses fidèles barons. Ulcéré, Georges Pompidou va utiliser ses loisirs forcés pour se préparer à succéder un jour au général-président. Celui-ci ne lui a-t-il pas écrit en lui donnant congé : « Je souhaite que vous vous teniez prêt à assurer tout mandat qui pourrait un jour vous être confié par la nation. » ?

Considérant que ce mandat indéterminé ne peut être que le plus élevé de la République, Georges Pompidou s'autoproclame prétendant officiel à l'Élysée. Il s'installe boulevard de La-Tour-Maubourg, dans des bureaux que lui trouve le ministre de l'Intérieur Raymond Marcellin, et s'entoure de la poignée de fidèles qui croient en ses chances. Ils ne sont pas légion, car, en osant suggérer que le Général n'est pas installé à l'Élysée pour l'éternité, son ancien Premier ministre a commis un sacrilège. Les gaullistes historiques lui reprochent d'avoir passé l'Occupation à enseigner le français, le latin et le grec au lycée Henry-IV et les gaullistes de gauche lui en veulent d'avoir ensuite dirigé la banque Rothschild et de ne pas croire au dogme gaullien de la participation des travailleurs au capital des entreprises. Les frères ennemis sont donc d'accord pour chasser l'intrus.

Le grain de sable qu'ils vont déposer sur la voie qui doit mener Georges Pompidou à l'Élysée s'appelle Stevan Markovic. C'est un Yougoslave d'une trentaine d'années, qui sert d'homme à tout faire à l'acteur Alain Delon, chez qui il habite. Le 1er octobre 1968, son corps est découvert par un chiffonnier dans une décharge de la région parisienne. L'enquête vire très rapidement au feuilleton médiatico-mondain : entourés d'une nuée de journalistes, Alain Delon et son épouse Nathalie, les chanteuses Marie Laforêt et Nicoletta, l'actrice Mireille Darc et d'autres stars prennent régulièrement le chemin des bureaux de la police judiciaire ou du cabinet du juge d'instruction René Patard à Versailles.

L'hypothèse qui justifie toutes ces auditions de vedettes est que Stevan Markovic faisait chanter les amis de son protecteur grâce à des photos compromettantes prises lors de « parties fines » et qu'il a été victime d'une de ses proies.

« Notez tous les noms ! »

Moins d'une semaine après la découverte du corps, des rumeurs associent le nom de Pompidou à ce fait divers. Dès la mi-octobre, paraissent dans la presse les premières allusions à l'implication dans l'affaire Markovic d'un homme politique et de son épouse. Le juge Patard, qui n'a rien vu de tel dans son dossier, s'informe auprès des policiers. Le patron de l'enquête, le commissaire Jean Samson, lui confie sous le sceau du secret que l'homme politique évoqué dans les journaux n'est autre que l'ex-Premier ministre. Il ajoute que la piste est sérieuse, puisque Georges Pompidou a passé des vacances à Saint-Tropez avec son épouse, qu'il fréquente assidûment le *show business* et qu'il joue au poker avec Alain Delon.

Dans une France encore assez puritaine pour interdire la projection du film tiré de *La Religieuse* de Diderot, pour prohiber la diffusion par l'ORTF de chansons comme *Le Déserteur* de Boris Vian ou *Je t'aime moi non plus* de Serge Gainsbourg, et où Yvonne de Gaulle s'offusque de voir les képis de la gendarmerie nationale brocardés par Louis de Funès, la fréquentation de comédiens est, à coup sûr, pour un ancien Premier ministre, un péché mortel. De là à croire qu'il a participé aux « orgies » auxquelles se livrerait le monde du spectacle, il n'y a qu'un pas.

Le juge écoute attentivement le commissaire, mais le Code de procédure pénale lui interdit de faire figurer ces ragots dans le dossier. Qu'à cela ne tienne, quelques jours plus tard, il trouve sur son bureau une lettre saisie à la prison de Fresnes. Elle était adressée à Alain Delon par Borivoj Ackov, un copain de Stevan. Fort opportunément, ce jeune Yougoslave détenu pour vol et recel a éprouvé le besoin de faire part à l'acteur de la tristesse qu'il a ressenti à la mort de leur ami commun. Le procureur de Versailles annonce alors au juge Patard qu'un policier vient d'entendre l'auteur de la lettre. Il ajoute qu'étant donné l'importance des révélations de ce témoin surprise, le ministère de la Justice estime que le juge d'instruction doit procéder lui-même à son audition et doit surtout bien noter tous les noms qui seront évoqués.

C'est le 30 octobre que Borivoj Ackov a raconté à l'inspecteur de police Georges Monceau qu'il a accompagné deux ans plus tôt Markovic dans des « parties fines » où était présente l'épouse du Premier ministre. Le lendemain, une cellule de crise comprenant le ministre de l'Intérieur Raymond Marcellin, celui de la Justice René Capitant – par ailleurs leader des gaullistes de gauche – et Bernard Tricot, le secrétaire général de la présidence de la République, se penche sur le procès-verbal d'audition que le juge n'a même pas encore reçu. Les trois hommes décident d'alerter le Général, parti à Colombey-les-Deux-Églises pour le week-end de la Toussaint. Le 1er novembre, Bernard Tricot saute dans un hélicoptère et rencontre de Gaulle, qui commente : « Les Pompidou voient trop d'artistes. Cela donne un genre qui n'est pas fameux. Avertissez Georges et que la justice suive son cours. » Si la première des instructions du Général reste lettre morte, puisque personne ne prévient les Pompidou partis en Auvergne dans leur fief de Cajarc, la seconde est exécutée avec zèle : les policiers pressent de questions Borivoj Ackov et sillonnent avec lui la région parisienne pour retrouver la demeure de Montfort-L'Amaury où les « parties fines » se seraient déroulées.

Le 5 novembre, à la prison de Fresnes, le juge Patard entend Borivoj Ackov, qui lui affirme en présence de son greffier avoir vu lors d'une « partie fine » une femme blonde d'une quarantaine d'années, de grande taille et au nez prononcé. Au cas où le seul signalement ne suffirait pas, Borivoj Ackov ajoute que Stevan Markovic, qui l'avait conduit là, lui avait confié : « Il faut faire attention et ne rien dire, tu sais, c'est la femme du Premier ministre. » Et afin que le juge puisse totalement remplir sa mission, il précise : « Deux jours après cette soirée, j'ai rencontré Stevan dans un endroit habituel. C'est peut-être ce jour-là qu'il m'a dit que la dame qu'il avait nommée "Premier ministre" était Mme Pompidou. »

Borivoj Ackov a bien joué son rôle et sera oublié. Peu importe qu'il ait été incité à écrire à Alain Delon par un inspecteur de la préfecture de Police venu lui rendre visite dans sa cellule tout juste après la mort de Stevan Markovic, peu importe que son avocat ait été un collaborateur de Me Pierre Lemarchand, animateur de réseaux secrets gaullistes et compromis dans l'enlèvement de Ben Barka, peu importent les incohérences de ses déclarations, le nom des Pompidou figure désormais dans la procédure. L'affaire peut être évoquée lors du conseil des ministres du 6 novembre. Pourtant, malgré les recommandations du Général, Georges Pompidou ignore toujours que son épouse est présentée dans le dossier judiciaire comme une habituée de « parties fines » et que lui-même est soupçonné d'avoir commandité un assassinat pour faire disparaître les photos qui l'auraient prouvé.

L'entrée en scène des services secrets

La recherche de ces photos obsède les journalistes et mobilise des troupes de policiers et d'indicateurs. Brouillant les pistes, des clichés de photomontages grotesques circulent dans Paris : certains réalisés par des officines parapolicières, d'autres par des étudiants farceurs appartenant au mouvement situationniste. Dans cette folle quête des photos fantômes, c'est surtout le Service de documentation extérieure et de contre-espionnage (SDECE) qui met les bouchées doubles et en particulier son service 6, dit « base Bison », dont les bureaux sont situés avenue de La-Tour-Maubourg, non loin de la permanence de Georges Pompidou. La mission de Bison : gérer les « honorables correspondants » du SDECE [▷ p. 109]. Sa spécialité : piéger dans des maisons closes les personnalités étrangères de passage à Paris. La base Bison est le premier service officiel à établir une relation entre Stevan Marcovic et les Pompidou, en rédigeant une note censée rester secrète, mais qui circule beaucoup. Elle annonce que Karamel ou Aldona, pseudonymes d'une « honorable correspondante » du service de contre-espionnage, est sur la piste de photos compromettantes pour Georges Pompidou. Elles auraient été réalisées par l'homme à tout faire d'Alain Delon, le Yougoslave Stevan Markovic, qui les aurait transmises à des agents secrets de son pays.

L'officier traitant de Karamel s'appelle Jean-Charles Marchiani. Déjà dans le sillage de Charles Pasqua avec qui on le retrouvera dans de nombreuses affaires [▷ p. 355], il s'active pour l'heure auprès de sa correspondante. L'écho de ses démarches et de celles de Paul Sentenac, son patron à la base Bison, parvient à la police et au monde politique, et donne du crédit aux accusations portées contre l'ancien Premier ministre.

Georges Pompidou, lui, ne sera mis au courant de ces rumeurs que lorsque Jean-Luc Javal, un de ses conseillers qui fréquente les journalistes, osera lui en faire part. Sa réaction va surprendre ses adversaires. Bien que furieux de ne pas avoir été averti par Maurice Couve de Murville et indigné de voir que, jusqu'au sommet de l'État, la participation de son épouse à des partouzes ait paru crédible, Pompidou ne se retire pas de la course. Au contraire, il passe à l'offensive. Se considérant comme délié de toute obligation de réserve, il déclare en janvier 1969 qu'il sera un jour candidat à la présidence de la République.

Au même moment, l'affaire Markovic connaît justement un rebondissement avec l'arrestation à grand spectacle de François Marcantoni. C'est l'homme que Stevan Markovic, dans des lettres envoyées à son frère Alexandar, présentait comme « Corse et véritable gangster » et désignait avec Alain Delon comme le « responsable à 10 000 % » de ses éventuelles mésaventures. Le rebondissement justifie la venue en France et l'audition par le juge Patard d'Alexandar Markovic, capitaine au long cours de la marine yougoslave. Le témoin surprise, dont l'avocat est Me Roland Dumas, affirme qu'il connaît bien les Pompidou puisque, lors d'un précédent passage à Paris, il a dîné avec son frère en leur compagnie chez Alain Delon.

Voilà donc versé au dossier un plan de table où figurent, aux côtés des frères Markovic, Georges et Claude Pompidou.

L'avocat de François Marcantoni se nomme Jacques Isorni. Avant de défendre les dirigeants de l'Organisation de l'armée secrète (OAS), il a assisté le maréchal Pétain. Il se fait donc un plaisir de réclamer l'audition du couple Pompidou. Cette fois, le général de Gaulle réagit. Il ne peut pas laisser comparaître devant un juge d'instruction l'homme qui, quelques mois plus tôt, était son Premier ministre. Il le fait savoir à la justice en invitant officiellement à dîner à l'Élysée Georges et Claude Pompidou. Après ce repas symbole, il n'est plus question pour la police ou la justice de chercher à savoir si les commensaux du monarque ont participé à des repas chez les Delon ou à des « parties fines » à Montfort-L'Amaury. L'enquête se recentre sur le seul indice matériel du meurtre : la housse de plastique qui enveloppait le corps de Stevan. Elle s'y consacre si bien... qu'elle n'aboutira jamais et que François Marcantoni sera libéré en décembre 1969.

Six mois plus tôt, après la démission du Général, qui a perdu son référendum sur la régionalisation, Georges Pompidou a été élu président de la République. Il règle ses comptes en écartant de la scène certains hommes politiques comme René Capitant, Bernard Tricot ou Maurice Couve de Murville et fait éjecter du SDECE, bouleversé de fond en comble, les agents qu'une enquête interne lui a présentés comme les créateurs et les propagateurs de la rumeur le concernant. Lorsqu'il meurt le 2 avril 1974, le dossier Markovic s'empoussière dans un placard du palais de justice de Versailles. Il ne sera définitivement enterré par un non-lieu que le 12 janvier 1976. La seule photo compromettante qu'il contienne est celle de deux dames, dont l'une « avait entre quarante et quarante-cinq ans, grande, blonde, distinguée, style bourgeois » et ressemblait donc à Claude Pompidou.

Dans son livre de souvenirs, *L'Indic et le Commissaire* (Plon, 2006), le policier Lucien Aimé-Blanc raconte qu'il s'agissait d'une professionnelle qu'il avait recrutée pour le compte de la base Bison du SDECE, sans savoir à quoi elle serait employée...

◂ F. Z.

Pour en savoir plus

Claude CLÉMENT, *La Vérité sur l'affaire Marcovitch*, Fernand Lanore, Paris, 1976.

Roger FALIGOT et Rémi KAUFFER, *Porno Business*, Fayard, Paris, 1987.

Roger FALIGOT et Pascal KROP, *La Piscine*, Seuil, Paris, 1985.

Éric LEMASSON, *Marchiani, l'agent politique*, Seuil, Paris, 2000.

François MARCANTONI, *Le Milieu et moi de A à Z*, Le Cherche-Midi, Paris, 2006.

Bernard VIOLET, *Les Mystères Delon*, Flammarion, Paris, 2000.

Raymond Marcellin, le Fouché breton

Nommé ministre de l'Intérieur le 31 mai 1968, Raymond Marcellin lance immédiatement la police dans une répression tous azimuts contre ce qu'il nomme les « groupes révolutionnaires ». Son zèle, racontera-t-il dans ses mémoires, est vite récompensé par le général de Gaulle qui l'accueille à l'entrée du conseil des ministres d'un sonore : « Enfin Fouché, le vrai ! » Une allusion à Christian Fouchet, son prédécesseur Place Beauvau, dont le président de la République estimait qu'il n'avait pas été, face à la révolte étudiante, à la hauteur de son homonyme Joseph Fouché, le ministre de la police de Napoléon Ier.

Inamovible élu du Morbihan depuis 1946, sous-secrétaire d'État (septembre 1948-octobre 1949) du ministre socialiste de l'Intérieur Jules Moch, le briseur des grèves insurrectionnelles de 1947, Raymond Marcellin avait hérité du créateur de la police politique du Ier Empire une franchise rare chez les ministres de l'Intérieur. « Ce n'est pas joli, joli de regarder par le trou de la serrure, d'écouter aux portes ou, dans un restaurant, de suivre avec attention les conversations des convives de la table voisine, mais peut-on, *a priori*, au nom de la bonne conduite en société, exclure, par un texte de loi, ces moyens traditionnels de l'arsenal des procédés de police ? », se demande-t-il dans ses mémoires. Sa réponse est, bien entendu, négative et Raymond Marcellin est aujourd'hui considéré comme l'homme qui a transformé les méthodes traditionnellement brutales mais artisanales de la police française en des techniques tout aussi fougueuses, mais bien plus modernes.

Depuis Raymond Marcellin, les manifestants ne sont plus matraqués au petit bonheur par des gardiens de la paix coiffés d'un képi, enveloppés dans une pèlerine et munis d'un bâton blanc, mais sont « passés à tabac » par des professionnels bien entraînés, protégés par des boucliers et des casques à visière en plastique. Depuis Raymond Marcellin, les policiers français n'ont plus de scrupules à rechercher et à adapter à leurs besoins les derniers gadgets de la technologie pour filer, écouter, photographier ou filmer leurs cibles.

Sincèrement persuadé que les gauchistes risquaient de livrer la France au bolchevisme, le ministre de l'Intérieur du général de Gaulle puis de Georges Pompidou s'est employé pendant six ans à faire de la police nationale le bouclier de l'ordre établi. Aussi bien dans la rue que dans les esprits. Secouant les magistrats qu'il estimait englués dans des scrupules juridiques hors de mise face à un tel enjeu, Raymond Marcellin s'attaque à la liberté de la presse (il provoque notamment la disparition de la revue *Tricontinental* éditée par François Maspero, en lui faisant infliger

80 000 francs d'amende durant la seule année 1971). Il s'en prend à la liberté d'association et refuse en toute illégalité la déclaration en préfecture de l'association Les Amis de la *Cause du peuple*. Il malmène la liberté d'expression en envoyant des policiers en civil embarquer *manu militari* les citoyens qui, lors des déplacements du général de Gaulle, leur semblent plus disposés à contester qu'à applaudir. Quant à la liberté de circulation en Europe, elle en prend un sacré coup avec l'expulsion en urgence du territoire national d'une centaine d'étrangers mal pensants.

Moins ouvertement mais avec autant de ténacité, le ministre de l'Intérieur s'emploie à repérer, ficher et espionner tous ceux qui lui semblent susceptibles de colporter des idées suspectes et de dévoyer la jeunesse. Sont en particulier visés les intellectuels « pervertis » du genre de Jean-Paul Sartre, qui sera surveillé par une trentaine de policiers appartenant à des services différents. Des perquisitions, parfois officielles mais le plus souvent clandestines, permettent aux policiers de ramasser les noms et les adresses de centaines de personnes qui sont placées sous surveillance. Leur mise sur écoutes téléphoniques, l'interception de leur courrier, le recensement de leurs proches permettent aux Renseignements généraux (RG) de découvrir de nouveaux noms et donc de subodorer l'existence de nouveaux réseaux encore plus clandestins que les premiers. Trois mille personnes seront ainsi fichées, dont près de trois cents seront placées sous haute surveillance.

Mais les policiers, malgré l'augmentation spectaculaire de leurs effectifs et de leurs moyens, ne peuvent tout maîtriser. Pendant qu'ils traquent les gauchistes, de judicieux trafiquants de drogue fabriquent et conditionnent dans le Midi de la France l'héroïne qu'ils exportent sur le marché américain. Il faudra une protestation officielle du gouvernement des États-Unis et une campagne de presse pour que Raymond Marcellin se rende compte du coup ainsi porté à l'image de la France du Général et accorde à la police les moyens de s'attaquer avec succès à la *French Connection*. Quant à la petite délinquance de masse et de proximité qui commence à se développer, elle ne passionne guère le ministre, qui donnera pour longtemps à la police l'habitude de privilégier le maintien de l'ordre public par rapport à la protection des personnes et des biens.

Malgré son labeur incessant, Raymond Marcellin quitte à contrecœur la Place Beauvau en mars 1974, sans avoir mis la main sur le chaînon manquant entre les groupuscules gauchistes et la direction secrète du communisme international censée les manipuler. Son départ est provoqué par les ambitions de Jacques Chirac, qui convoite le ministère de l'Intérieur pour y préparer sa longue marche vers l'Élysée, mais surtout par le ratage de l'opération qui devait lui permettre de découvrir les sources d'information du *Canard enchaîné*. Le 3 décembre 1973, une équipe d'ouvriers est surprise dans les locaux où l'hebdomadaire va bientôt s'installer. Il s'avérera que ces hommes qui se sont présentés comme plombiers sont des agents de la Direction de la surveillance du territoire (DST) qui plaçaient des micros dans les murs. Bien que la justice ait enterré la plainte du *Canard* par un non-lieu, l'affaire des « plombiers du *Canard* » collera à la peau de Raymond Marcellin. Au point que certains se demandent encore si son exploitation médiatique n'a pas été aidée par ceux qui, dans les rangs des amis de Valéry Giscard d'Estaing, souhaitaient se débarrasser du Fouché breton du général de Gaulle…

◂ **F. Z.**

Pour en savoir plus

René Backmann et Claude Angeli, *Les Polices de la Nouvelle Société*, Petite collection Maspero, Paris, 1971.

Jacques Harstrich et Fabrizio Calvi, *RG, vingt ans de police politique*, Calmann-Lévy, Paris, 1991.

Raymond Marcellin, *La Guerre politique*, Plon, Paris, 1985.

–, *L'Expérience du pouvoir*, La Table ronde, Paris, 1990.

Bernard Thomas, *Les Provocations policières. Quand la politique devient un roman policier*, Fayard, Paris, 1972.

Jean-Émile Vié, *Mémoires d'un directeur des Renseignements généraux*, Albin Michel, Paris, 1988.

Guerre économique et contre-terrorisme : la grande mue des services de renseignement

En juillet 1985, l'affaire Greenpeace – le sabotage d'un navire de l'organisation écologiste par les services spéciaux français à Auckland – tourne au désastre avec la mort du photographe portugais Fernando Pereira puis l'arrestation, l'identification et la condamnation de deux agents secrets français en Nouvelle-Zélande. Une catastrophe en termes d'image pour la Direction générale de la sécurité extérieure (DGSE). Les dégâts sont tout aussi spectaculaires au niveau politique, où une méfiance tenace s'instaure entre la DGSE, certaine qu'on l'a exposée inconsidérément avant de la lâcher, et un pouvoir politique qui, soucieux de se protéger, a agité tous les grelots possibles... y compris celui d'une hypothétique manipulation de l'extrême droite !

Nul ne met pour autant en question le rattachement de la DGSE au ministère de la Défense. Or il s'agit là du fruit d'une conjoncture spécifique puisqu'après l'affaire Ben Barka [▷ p. 130], le général de Gaulle, excédé de voir la France compromise dans cette sombre affaire, avait attribué aux Armées la tutelle des services secrets pour la seule (mais bonne) raison que ce ministère était guidé par la main ferme d'un homme de confiance et grand serviteur de l'État, Pierre Messmer. Or, comme souvent en France, le provisoire va durer : la tutelle de la Défense nationale sur les services secrets fait aujourd'hui figure de dogme. Et pour un peu, d'héritage intangible du gaullisme...

Mutations de la DGSE, création de la DRM et du COS

Sous la houlette des généraux René Imbot (1985-1987) et François Mermet (1987-1989), puis des préfets Claude Silberzahn (1989-1993) et Jacques Dewatre (1993-2000), la Piscine, coulée – si l'on ose dire – dans l'opinion publique et les médias par le roman feuilleton de l'affaire Greenpeace, s'efforce vaille que vaille de... remonter le courant.

Une remise à flot qui passe par l'amélioration de ses rapports avec le pouvoir politique. Pas évident quand la centrale du boulevard Mortier renâcle – toujours le « syndrome Greenpeace » – à s'engager dans des opérations voulues par le président François Mitterrand, comme l'exfiltration en août 1991 du général libanais Michel Aoun [▷ p. 309]. C'est plus tard dans les Balkans qu'elle parviendra à marquer quelques points. Par exemple dans la traque aux criminels des guerres d'ex-Yougoslavie, à laquelle Jacques Chirac va se montrer plus attentif que son prédécesseur.

Tout en poursuivant l'effort de « démilitarisation » des services, désormais composés de deux gros tiers de civils, la DGSE cherche à se refaire une santé sur le terrain de la guerre économique, qui n'est pas seulement l'obsession de certains milieux para-industriels, mais une préoccupation lancinante du pouvoir à l'heure de la mondialisation. Et de fait, oubliant leurs propres turpitudes (une opération d'influence de la CIA à Paris est neutralisée en 1995 par la DST), les Américains se plaindront à plusieurs reprises d'un regain d'agressivité français dans le domaine du renseignement industriel et commercial.

À partir de 1993, la DGSE, dirigée après Dewatre par les ambassadeurs Jean-Claude Cousseran (2000-2002) puis Pierre Brochand, hérite par ailleurs de tâches au moins aussi délicates à accomplir. En Irak par exemple, quand il s'agira de récupérer les journalistes otages Christian Chesnot et Georges Malbrunot (2004), puis Florence Aubenas (2005)... Son problème, toujours le même, c'est de gagner l'oreille du pouvoir, sans laquelle un service de ce type perd une grande partie de sa valeur.

Par ailleurs, la première guerre du Golfe (1990-1991) a montré la faiblesse de la France en matière de renseignement proprement militaire. Carence qui la rendait par trop dépendante des sources d'information américaines. Le socialiste Pierre Joxe, nommé à la Défense nationale en janvier 1991, va s'attaquer au problème. Conseillé par l'incontournable général Rondot, le ministre jette les bases d'une nouvelle structure, la Direction du renseignement militaire (DRM), créée officiellement le 16 juin 1992 et basée à Creil, en Seine-et-Oise. Subordonnée au chef d'état-major des armées et comprenant, fait notable, presque 20 % de civils, la DRM – qui sera très active dans les Balkans – chapeaute les 2e bureaux (exploitation et synthèse des renseignements) des armées de terre et de l'air (la Marine nationale, dont le mode d'insertion reste très spécifique, tant son champ d'action est par essence mondialisé, conservant une forte dose d'autonomie).

Surtout, les militaires vont doter la communauté française du renseignement d'un outil nouveau assez bien adapté aux moyens hexagonaux et au contexte international : le Commandement des opérations spéciales (COS). Créé quelques jours après la DRM, le 24 juin 1992, et placé comme elle sous la houlette du chef d'état-major des armées qui lui assigne ses missions, le COS vise à harmoniser l'activité, l'entraînement et les modes opératoires des diverses unités françaises des différentes armées aptes à conduire des formes d'action militaires non conventionnelles : commandos parachutistes du 1er régiment d'infanterie de marine (RPIMa), spécialistes du renseignement dans la profondeur du 13e régiment de dragons parachutistes (RDP), escadrille spécialisée d'hélicoptères pour l'armée de terre ; escadrille de transport d'assaut et 10e CPA (commandos parachutistes de l'air) pour l'armée de l'air ; fusiliers-marins commandos pour la Marine nationale ; GSIGN (Groupement de sécurité et d'intervention de la gendarmerie nationale), etc. À la différence des hommes des diverses unités composant le service Action de la DGSE, les hommes du COS agissent discrètement certes, mais non clandestinement, et n'opèrent qu'en uniforme.

Une des plus belles réussites du COS demeure la capture de Momcilo Krajisnik ; cet ancien président du Parlement serbe de Bosnie et bras droit de l'ex-président de la République serbe de Bosnie Radovan Karadzic figurait en bonne place sur la liste des personnes recherchées par le Tribunal pénal international pour l'ex-Yougoslavie (TPIY). Le 3 avril 2000, les hommes du commando de marine Hubert et leurs camarades du Groupe de combat en milieu clos le tirent sans ménagement du lit, dans une villa proche de Pale, à une quinzaine de kilomètres de Sarajevo. Vêtu de son seul pyjama, Krajisnik est embarqué en quelques minutes, puis transféré à La Haye, siège du TPIY.

C'est dire si ces soldats de l'ombre peuvent se révéler très utiles dans l'univers éclaté de l'après-guerre froide où les coups peuvent venir de partout. L'expérience américaine en Irak depuis 2003 démontre toutefois les risques qu'engendre l'extension abusive du domaine des opérations spéciales, panacée du Pentagone avant que Washington soit contraint par les réalités moyen-orientales de prendre conscience de leurs limites : il n'y a que dans les films *made in USA* que quelques combattants d'élite suffisent à sauvegarder la paix mondiale…

Du coup, voilà le COS (présent, depuis l'été 2003, sous commandement américain, sur le théâtre d'opérations afghan, où il a d'ailleurs perdu plusieurs hommes) et le service Action de la DGSE dans l'obligation conjointe de définir non seulement leurs territoires respectifs, mais aussi la frontière, parfois très ténue, entre ce qui relève des opérations spéciales, menées sous l'uniforme dans une forme militaire, et ce qui appartient à l'action clandestine proprement dite.

Révolution culturelle à la DST

Les policiers chasseurs d'espions de la DST ont dû eux aussi transformer leurs modes de réflexion et d'action dans le contexte de la guerre froide finissante et de la mondialisation… Il fallait un déclic, et ce fut l'« affaire Farewell », nom de code donné au recrutement d'un haut responsable du KGB soviétique, « traité » par la DST au début des années 1980 [▷ p. 387]. Rue des Saussaies, siège de la DST à l'époque, on apprend grâce à cette « taupe » comment Moscou s'est doté d'un appareil « militaro-industriel » clandestin chargé de planifier le pillage des secrets capitalistes les mieux gardés, notamment en France. Ce qui conduira à l'expulsion, en avril 1983, de quarante-sept « diplomates » soviétiques en poste à Paris – les dessous de l'opération seront révélés par *Le Monde* au printemps 1985. L'affaire Farewell provoque une véritable révolution culturelle dans l'univers fermé du contre-espionnage français. Avant que cette prise de conscience intervienne en profondeur, il faudra toutefois plusieurs années de maturation.

En août 1985, Yves Bonnet, directeur de la DST depuis 1982, est limogé ; il est soupçonné par l'Élysée d'avoir monté à contretemps une opération de relations publiques en fournissant au *Monde* les détails du dossier Farewell. Un autre préfet, Rémy Pautrat, prend alors les leviers de commande de la centrale. Et là, surprise ! Ce haut fonctionnaire tout à fait conscient des réalités économiques apprend qu'il n'existe aucune section spécialisée en la matière. Tout se règle au niveau du contre-espionnage. Décidé à réagir, Pautrat met aussitôt sur pied un comité consultatif scientifique et technique où vont se croiser policiers, universitaires et industriels.

L'heure de son successeur, le préfet Bernard Gérard, sonne en 1986. Ce dernier ne tarde pas à classer les fonctionnaires de la surveillance du territoire en deux catégories bien à lui : les « bénédictins », grands producteurs de notes de synthèse encore rédigées à la main, et les « statues », dévouées mais incapables de s'adapter aux réalités nouvelles de l'après-guerre froide. « Vous voyez, il faut foncer », lance-t-il à Raymond Nart le jour où ce commissaire, pilier de la maison, débarque dans son bureau, porteur d'un document qui analyse la réorientation en cours du dispositif soviétique. Que cherche Moscou ? Des informations sur les secteurs à haute valeur technologique ajoutée aux franges du domaine militaire et du domaine civil. Signe des temps en cette fin du XXe siècle, la frontière entre le civil et le militaire est de moins en moins claire. Ainsi pour le nucléaire, technologie « duale » par excellence, mais aussi pour l'électronique de pointe, l'informatique, etc.

Défense économique

Dès 1987-1988, avant même la chute du Mur de Berlin, la DST constate que le KGB et le GRU (les renseignements militaires soviétiques) ont lancé un programme d'infiltration des sous-traitants d'entreprises françaises sensibles. Moins surveillés, ces derniers peuvent devenir de véritables chevaux de Troie. Une découverte inquiétante qui va conduire à intensifier la mobilisation de la DST en faveur de la « protection du patrimoine ». Cette ligne d'action n'est toutefois pas une nouveauté des années 1980-1990. Le dispositif a commencé à se mettre en place sous de Gaulle. Pour une raison pratique d'abord : la guerre d'Algérie terminée, il fallait bien assigner des objectifs aux chasseurs d'espions, dont un certain nombre venait de participer à la lutte anti-OAS [▷ p. 65] au sein du Bureau de liaison, une structure commune avec la police judiciaire, les Renseignements généraux (RG) et la Sécurité militaire (SM). Pour une raison stratégique ensuite : compte tenu des grands projets technologiques gaulliens (le Concorde, par exemple), cette démarche de « protection du patrimoine » se justifiait du point de vue industriel. L'État restant omniprésent au plan économique dans la tradition du colbertisme français, la contre-ingérence s'imposait en particulier dans les domaines de l'armement et du nucléaire.

Vue à travers le prisme du grand conflit Est-Ouest, cette mobilisation embryonnaire se menait toutefois dans le cadre des structures de guerre froide, adaptées à la répression des activités d'espionnage classique certes, mais pas aux réalités économiques émergentes. Un service spécialisé ? Des mesures de répression contre les services alliés (anglais, américains ou japonais) menant des opérations clandestines de renseignement aux dépens d'entreprises françaises ? Nul n'y songeait, même si tel fut pourtant bien le cas dans le programme Concorde [▷ p. 288].

Puis vint Farewell. Près de 250 entreprises françaises espionnées par les Soviétiques : l'avertissement mettait en lumière l'importance des activités de renseignement économique du bloc de l'Est, et la priorité à accorder à la protection des technologies nationales contre les attaques des seuls pays communistes. Dans un second temps, l'émergence du nouvel ordre mondial d'après-guerre froide conduira à une défense tous azimuts du patrimoine, où ni les Anglo-Saxons ni les Asiatiques ne figurent au rang des intouchables. Fin 1982, le Service de défense du patrimoine (il ne porte pas encore ce nom, c'est une dépendance de la sous-direction B) comprend 250 fonctionnaires.

Dans l'attente des textes gouvernementaux, se met alors en place une répartition implicite des tâches avec l'armée. À la Direction de la protection et de la sécurité de la défense (DPSD), le domaine industriel militaire ; à la DST, le domaine civil, les cas litigieux pouvant faire l'objet d'une procédure de coordination spéciale. Un des adjoints de Bernard Gérard, Jean-Pierre Brut, installe progressivement la nouvelle structure au sein de la DST et, en 1990, la « sous-direction de la protection du patrimoine » voit officiellement le jour, sous la férule de Fernand Colin. Toutes les grandes branches industrielles seront concernées par les mesures de protection : les télécoms, l'armement, la pharmacie, l'aéronautique, mais aussi le Commissariat à l'énergie atomique (CEA) ou l'Institut Pasteur.

Contre-terrorisme

Effet inattendu du terrorisme : les attentats du groupe français Action directe, notamment l'assassinat du patron de Renault, Georges Besse, le 17 novembre 1986, vont jouer un rôle dans la prise de conscience de certains dirigeants d'entreprises jusque-là rétifs à s'organiser contre cette menace. Quand on figure sur les listes potentielles des tueurs, on comprend mieux la nécessité de protéger et sa personne et son industrie…

En matière de terrorisme, le danger est, dans les années 1980 et 1990, surtout d'origine extérieure : attentats liés aux conflits moyen-orientaux, israélo-palestinien notamment, puis à la guerre civile qui éclate en Algérie en janvier 1992. Atténué par une bonne qualité d'informations, le risque de manipulation s'aggrave cependant lorsque la DST, pour obtenir des renseignements fiables sur les mouvements extrémistes arabes, s'adresse volontiers à la Sécurité militaire algérienne, l'un des principaux acteurs de la lutte anti-islamiste sur l'autre rive de la Méditerranée. Lointain avatar de la politique arabe de la France, cette coopération avec Alger est dictée par le souci de l'efficacité. Elle comporte néanmoins un inconvénient : celui d'être impliqué, fut-ce à son corps défendant, dans la guerre civile algérienne, comme le montreront les sanglants attentats de 1995 en France [▷ p. 447].

Plus que le contre-espionnage, l'antiterrorisme est le domaine des chausse-trappes et des pièges à détente multiple. Surtout dans un contexte moyen-oriental. Consciente des difficultés, la rue Nélaton, nouveau siège de la DST, va ainsi s'attacher les services du général Philippe Rondot, dont la connaissance des pays arabes est sans égale dans les milieux français du renseignement.

Tout en entretenant des relations régulières avec les Israéliens, la DST se garde d'en devenir l'allié privilégié. Parfois c'est donnant-donnant, comme à la fin des années 1980, quand un « chercheur » israélien par trop curieux est repéré alors qu'il se livre à l'espionnage industriel. On négociera son rapatriement sans sanction à Tel-Aviv contre des renseignements sur les groupes terroristes arabes... Les choses se gâtent toutefois en juin 1992, quand le Mossad assassine à Paris un des chefs du renseignement palestinien, Atef Bseiso, venu discuter... avec la DST de la sécurité de ses compatriotes en Europe. Les Français ne seront d'ailleurs pas les seuls à prendre la mouche, leurs homologues américains aussi.

On dira qu'en développant et en diversifiant ses contacts internationaux dans la foulée de l'affaire Farewell et des affaires moyen-orientales, la DST, dirigée par Jacques Fournet (1990-1993), Philippe Parant (1993-1997), Jean-Jacques Pascal (1997-2002), puis Pierre de Bousquet de Florian, a gagné en efficacité, mais qu'elle s'expose par là même à des tours pendables. Sans compter le risque de se voir instrumentalisée par le pouvoir politique [▷ p. 565]. Mais après tout, on ne vit que deux fois...

◂ **R. K.**

Pour en savoir plus

Yves Bonnet*Contre-espionnage, Mémoires d'un patron de la DST*, Calmann-Lévy, Paris, 2000.

Roger Faligot et Pascal Krop, *DST, police secrète*, Flammarion, Paris, 1999.

Jean Guisnel et Bernard Violet, *Services secrets. Le pouvoir et les services de renseignements sous François Mitterrand*, La Découverte, Paris, 1988.

Jean GUISNEL, *Guerres dans le cyberespace. Services secrets et Internet*, La Découverte, Paris, 1997.

Rémi KAUFFER, *L'Arme de la désinformation. Les multinationales américaines en guerre contre l'Europe*, Grasset, Paris, 1999.

Pierre LACOSTE, *Un amiral au secret*, Flammarion, Paris, 1997.

Jacques MASSÉ, *Nos chers criminels de guerre. Paris-Belgrade-Zagreb en classe affaires*, Flammarion, Paris, 2006.

Peter SCHWEIZER, *Les Nouveaux Espions. Le pillage technologique des États-Unis par leurs alliés*, Grasset, Paris, 1993.

Claude SILBERZAHN (avec Jean GUISNEL), *Au Cœur du secret*, Fayard, Paris, 1995.

Opérations spéciales au Pays basque français

C'est deux ans avant la mort clinique du Caudillo Francisco Franco y Bahamonde, le 20 novembre 1975, que la « guerre sale » (*guerra sucia*) s'est déclenchée entre les services spéciaux espagnols et les clandestins de l'organisation Pays basque et liberté – Euskadi Ta Euskatasuna (ETA) –, qui revendique l'indépendance des provinces basques des deux côtés des Pyrénées. Lorsque, fin 1973, le bras droit du Caudillo, l'amiral Luis Carrero Blanco, est assassiné par l'ETA, une lutte à mort s'est engagée.

Elle déborde côté français avec d'autant plus d'ardeur que les premiers tueurs engagés par les Espagnols sont des anciens *desperados* de l'Organisation de l'armée secrète (OAS), rescapés de la guerre d'Algérie [▷ p. 94], ainsi que des truands français. Par vagues successives, dès la fin des années 1970 et durant la décennie suivante, des commandos armés par les services espagnols vont assassiner des Basques et autres clandestins – ainsi que des victimes ciblées par erreur –, du côté français de la Bidassoa. Le moment venu, la jeune démocratie espagnole montrera sa vitalité en soumettant aux foudres de la justice les instigateurs de ces tueries, jugées aussi graves que les actions terroristes de l'ETA qui ont fait près de huit cents morts en quarante ans. La vieille démocratie française, plus crispée, jettera un voile pudique sur ces affaires et la Vᵉ République classera les dossiers sans suite…

Les services français au secours de Franco

Au début de la guerre froide, Franco présentait cet avantage incomparable aux yeux des puissances occidentales qu'il avait su écraser et exiler les mouvements marxistes et anarchistes après 1936. Pourtant, au lendemain de la Seconde Guerre mondiale, le général de Gaulle a laissé la bride sur le cou à ses services, notamment le Service de documentation extérieure et de contre-espionnage (SDECE), pour qu'il soutienne des mouvements de guérilla capables de renverser Franco [1]. Quand l'homme du 18 Juin revient au pouvoir en 1958, le Caudillo est toujours là, mais il amorce une modernisation de l'Espagne que constatera bientôt la multitude de touristes français venus bronzer sur la Costa Brava. Pendant ce temps, en 1959, est née l'ETA, inspirée par l'Armée républicaine irlandaise (IRA), l'arrivée de Fidel Castro au pouvoir à Cuba et la guerre d'indépendance algérienne...

En 1964, lorsque Franco fait fusiller Julian Grimau, le dirigeant du Parti communiste espagnol, on ne pipe mot à Paris. C'est qu'en échange, les services spéciaux gaullistes ont obtenu des services de renseignement espagnols, notamment le SECED (Servicio central de documentación) du colonel Eduardo Blanco, qu'ils acceptent les négociations de l'opération *Réconciliation* avec les activistes de l'OAS réfugiés en Espagne, menées par le commissaire des Renseignements généraux (RG) Michel Baroin [▷ p. 618]. De son côté, le SDECE à Madrid, animé par Jean Gaspard, Jacques Baranger et Raymond Gillier, et la DST à Paris, aident le SECED à surveiller les réfugiés espagnols en France.

Cependant, il arrive que les services français arrondissent les angles, comme en témoigne l'« affaire du consul allemand ». Le 7 juin 1968, Txabi Etxebarrieta, l'homme fort de l'ETA, est abattu par la Garde civile à l'issue d'une course-poursuite. En représailles, l'ETA assassine le commissaire Melitón Manzanas, chef de la brigade politico-sociale à Irun. L'état d'exception est proclamé au Pays basque. Seize chefs de l'ETA sont arrêtés. Leur procès en 1970 à Burgos provoque de nombreuses manifestations en Europe. Le 1er décembre, l'ETA kidnappe Eugen Biehl, consul honoraire de la République fédérale d'Allemagne à San Sebastián, pour exiger leur grâce. Un bras de fer commence.

Les services du colonel Blanco sont formels : le consul est détenu en Pays basque français. Jean Rochet, chef de la DST, mène l'enquête. Le chef du secteur de contre-espionnage de Bordeaux, Raymond Leygue, et l'inspecteur Etchegarray, un policier basque spécialiste de la pénétration des milieux de l'ETA, retrouvent Biehl le 25 décembre 1970. Il était détenu dans

1 Voir le détail dans Roger Faligot et Pascal Krop, *La Piscine*, Seuil, Paris, 1985.

un presbytère où le prêtre a avoué avoir abrité les kidnappeurs et séquestré le diplomate. Rochet jubile : « J'ai arrêté le curé. Il n'y a qu'à le déférer devant la justice », dit-il à Raymond Marcellin, le ministre de l'Intérieur.

« Pas si vite, il faut que j'en rende compte au Premier ministre ! », s'entend-il répondre. Jacques Chaban-Delmas, maire de Bordeaux, voit d'un mauvais œil cette agitation dans son fief. On se taira donc, malgré les récriminations de Rochet. On dira que c'est l'ETA qui a eu l'idée de relâcher Biehl dans un geste d'apaisement. Le SECED n'est pas dupe, mais il ne peut se permettre de rompre l'excellente collaboration avec la DST.

Bataillon basque-espagnol et GAL

Trois ans plus tard, avec l'assassinat de l'amiral Carrero Blanco, la tension est donc à son comble. Début 1974, Jean-Pierre Cherid, vétéran des commandos Delta de l'OAS [▷ p. 94], offre ses services aux Espagnols. Il monte un commando, le « Bataillon basque-espagnol » – ancêtre des Groupes antiterroristes de libération (GAL), ces commandos de choc créés un peu plus tard et dont le but sera d'éliminer des militants de l'ETA réfugiés au Pays basque français. Ce bataillon dépend directement du Servicio central de documentación de la Présidencia del gobierno (SCDPG). Objectif : porter le fer outre-Pyrénées où se sont réfugiés des Basques espagnols. Du 2 juillet 1978 au 13 septembre 1979, neuf réfugiés espagnols, dont sept Basques, seront victimes d'attentats en France.

Le 21 décembre 1978, cinq ans jour pour jour après l'assassinat de l'amiral, Cherid dirige le commando qui place une charge mortelle sous la voiture de José Miguel Benaran Ordenana, dit « Argala », l'un des chefs de l'ETA. Après une accalmie, les attentats reprennent et, le 23 novembre 1980, Cherid dirige la fusillade meurtrière d'Hendaye, qui va faire deux morts et une dizaine de blessés. Sa carrière d'homme de l'ombre s'achèvera le 19 mars 1984, quand une très violente déflagration ébranle les immeubles du centre-ville de Bayonne. Bourrée d'explosif Goma-2, la Renault 18 de Cherid, qui devait exploser au passage de sept membres de l'ETA, a été désintégrée avec son passager. Parmi ses cibles figurait José Antonio Urrutikoetxea, *alias* « Josu Ternera » – lequel, en 2006, pilotera les négociations pour un processus de paix avec le Premier ministre José Luis Rodriguez Zapatero...

Entre-temps, suite à l'assassinat du réfugié Justo Elizaran, à Biarritz, le 13 septembre 1979, a lieu le procès de quatre truands bordelais. L'affaire est importante : le commando est également impliqué dans l'assassinat en région parisienne, les 28 et 29 juin précédents, de deux réfugiés espagnols membres du Parti communiste espagnol reconstitué (PCE[r]), Franscisco

Martin Eizaguirre et Aurelio Fernandez Cario. Pour sa défense, Maxime Szonek, le chef du commando, affirme que ce dernier agissait à l'instigation de « services spéciaux bien connus ». Le juge ne demandera pas lesquels...

Enfin, c'est à la même époque qu'est assassiné le militant d'extrême gauche Pierre Goldman, le 20 septembre 1979, crime revendiqué par le groupe « Honneur de la police ». Presque trente ans après les faits, le commissaire Lucien Aimé-Blanc – patron de l'Office central de répression du banditisme (OCRB) de 1978 à 1982 – a laissé entendre dans un livre que son indic, Jean-Pierre Maion, ancien commando de l'OAS et correspondant du SDECE, était directement impliqué dans le meurtre. « À Madrid, c'est le commissaire Ballesteros, que je connais bien, qui dirige ces opérations [des GAL] au niveau de la pègre, explique Aimé-Blanc. Le SDECE est tenu au courant de ces opérations illégales et les surveille. [...] Pierre Goldman tentait de réaliser un projet ancien, à savoir : organiser en France un réseau armé chargé de s'opposer "militairement" aux voyous français du GAL. Ces tentatives de recrutement avaient été mentionnées dans des "blancs" des RG. Pierre Goldman parlait beaucoup et ses intentions étaient parvenues aux oreilles du GAL [1]. »

Sous les socialistes, les tueries s'intensifient

Avec l'arrivée des socialistes au pouvoir en France en 1981, le ministre de l'Intérieur Gaston Defferre laisse clairement entendre qu'il refuse que se poursuivent ces attentats sur le sol français. Certaines fractions de l'ETA ont décidé de renoncer à la violence, d'autres persévèrent dans la lutte armée. En avril 1984, lorsque *Le Canard enchaîné* signale que de nouveaux GAL frappent en France en utilisant des listes de réfugiés établies par les RG, le maire de Marseille proteste avec véhémence [2]. Mais en réalité, c'est le Premier ministre socialiste Felipe González qui a amplifié ces pratiques au cours de son premier mandat (1982-1986) : carte blanche a alors été donnée aux services spéciaux espagnols.

Ainsi, entre octobre 1983 et août 1987, les GAL assassinent une trentaine de membres présumés de l'ETA, essentiellement en France, sur un petit triangle compris entre Bayonne, Hendaye et Baigorri. Commandités par les services spéciaux antiterroristes espagnols, ces commandos ont autant pour fonction d'éliminer des activistes basques que de susciter des incidents qui obligent la police française à boucler la frontière. Autrement dit, le Premier ministre

1 Lucien Aimé-Blanc et Jean-Michel Caradec'h, *L'Indic et le Commissaire*, Plon, Paris, 2006. Aimé-Blanc laisse entendre, de manière moins précise, que Jean-Pierre Maion aurait également trempé dans l'assassinat de Henri Curiel, le 4 mai 1978, revendiqué par une organisation « Delta ».

2 « La chasse aux Basques. Defferre ne veut pas porter le béret », *Le Canard enchaîné*, 4 avril 1984.

espagnol donne le feu vert à un terrorisme d'État contre l'ETA, prêtant le flanc à des critiques croissantes au fil des ans. Côté français, un dispositif étoffé autour de la police de l'air et des frontières (PAF) d'Hendaye désorganise l'ETA. Quand ils ne sont pas extradés vers l'Espagne, les responsables sont expulsés vers l'Afrique ou l'Amérique latine.

Cet épisode se conclura en 1998 par la condamnation à dix ans de prison de l'ancien ministre de l'Intérieur socialiste José Barrionuevo Peña et de son secrétaire d'État à la Sécurité, Rafael Vera, pour leur implication dans l'action des GAL – et en particulier l'enlèvement de Segundo Marey, le 4 décembre 1983, citoyen français confondu par les GAL, lors de leur première mission à Hendaye, avec un chef de l'ETA. Relâché, Marey n'avait eu de cesse de traîner en justice les responsables de son enlèvement. De nombreux policiers seront mis en cause, y compris certains Français, mais seulement du côté de la justice espagnole. Il y a quelques exceptions : lors d'un procès des tueurs du GAL, en avril 1987, un inspecteur principal de Bayonne, Jacques Castets, est accusé d'avoir aidé les commandos antibasques. Au journal *Sud-Ouest* qui l'interroge, le policier à la retraite déclare : « Mes activités se sont bornées à ma profession, dans le cadre de laquelle je n'ai agi que sur ordre de ma hiérarchie [1] ! »

« Hidalgo », l'anar devenu policier

À cette époque, au cœur de la nouvelle collaboration franco-espagnole, se trouve un personnage étonnant de cette guerre secrète : Angel Guerrero Lucas, dit « Hidalgo ». Sa trajectoire sinueuse a commencé à l'été 1961 à Toulouse, capitale de l'exil antifranquiste. « Hidalgo » est venu clandestinement de Madrid pour représenter les anarchistes de l'intérieur à l'assemblée des Jeunesses libertaires. Tout le monde l'admire. En secret, il prépare un commando spécial pour tuer Franco… Mais le jour J, à Madrid, « Hidalgo » n'est pas au rendez-vous, et les deux anarchistes qu'il a recrutés, Francisco Granados et Joachim Delgado, se disent qu'il vaut mieux décommander l'attentat. Surprise : une bombe explose au QG madrilène de la police ce 29 juillet, faisant une vingtaine de blessés légers… Les deux militants sont arrêtés, condamnés à mort, et garrottés le 17 août. Au même moment, à Toulouse, une rafle des RG désorganise leur groupe. Où est passé « Hidalgo » ? En exil, dit-on.

1 Cité par *Le Matin de Paris*, 24 décembre 1987. Publié en 1989, le livre de Melchor Miralles et Ricardo Arques (*Amedo. El Estado contra ETA*) décrit le rôle de ce policier ainsi que de nombreux autres Français. Ce livre, dont les informations ont été confirmées par la suite des événements, n'a naturellement jamais été traduit en français.

En 1977, il aurait été recruté par un commissaire des RG toulousains, Roger Duran, et aurait aidé à démanteler des réseaux de l'ETA sur le sol français. En 1979, il regagne l'Espagne et se recompose une biographie. Dans *Interviú*, l'hebdo de la *movida*, il se confesse au journaliste Xavier Vinader : « Quand nous voulions tuer Franco. Un anarchiste parle. » Angel est devenu socialiste, même s'il fréquente certains milieux basques de l'irrédentisme. Il est aussi franc-maçon, ce qui aide pour une reconversion dans le postfranquisme. Et par l'intermédiaire de Julio Feo, secrétaire de Felipe González, le voici entré au ministère de l'Intérieur.

Au contact du colonel de la Garde civile Enrique Rodriguez Galindo et du commissaire français Joël Cathala, de la PAF, il réconcilie les deux axes de la lutte antiterroriste. C'est avec les RG qu'il établit les liaisons les plus fructueuses, comme le rapportera l'inspecteur Jean-Marc Dufourg [1]. Selon lui, flanqué d'un policier, Pedro Martinez, Guerrero Lucas effectue des aller-retours Paris-Madrid à l'époque des activités les plus intenses du GAL. Les deux Espagnols rencontrent le sous-directeur des RG, André Ferrand, ainsi que le chef d'investigation de la DCRG, Jean-Pierre Irazabal. Au cours de ces réunions, révèle Dufourg, les Français remettent des dossiers bourrés de noms, de photos, d'adresses de membres ou de sympathisants de l'ETA résidant en France. Des documents qui se retrouvent entre les mains des tueurs du GAL.

Le 24 août 1987, les GAL perpètrent leur dernier attentat en France. Car, d'une part, François Mitterrand accepte désormais que l'on extrade les membres de l'ETA ; et, d'autre part, la justice espagnole commence à engager des poursuites contre les commanditaires de ce terrorisme d'État.

Angel Guerrero Lucas va-t-il être « grillé » ? En 1987, le correspondant parisien du journal d'extrême droite *El Alcazar* révèle que l'ancien anarchiste participerait à des réunions restreintes avec Charles Pasqua et Robert Pandraud – lequel aurait servi d'intermédiaire par le biais de la fraternité franc-maçonne. En effet, jusqu'à cette époque, Guerrero Lucas possède un bureau Place Beauvau…

Tandis que son mentor, le secrétaire d'État Rafael Vera, est inculpé, Angel Guerrero Lucas sait rebondir, et pense désormais participer à des négociations de paix entre l'ETA et le gouvernement de Madrid. Tout comme son ami le commissaire Joël Cathala, qui a déjà, par le passé, cherché à convaincre Josu Ternera, le chef historique de l'ETA, qu'il était grand temps de négocier un processus de paix. Mais il faudra attendre les attentats islamistes de Madrid le 11 mars 2004 pour que ce dernier engage des négociations avec le Premier ministre socialiste Rodriguez Zapatero.

◂ R. F.

---

1 Jean-Marc Dufourg, *Section manipulations. De l'antiterrorisme à l'affaire Doucé*, Michel Lafon, Paris, 1991.

Pour en savoir plus

Jean-Marc Dufourg, *Section manipulation. De l'antiterrorisme à l'affaire Doucé*, Michel Lafon, Paris, 1991.

Roger Faligot, *Les Seigneurs de la paix*, Seuil, Paris, 2006.

Melchor Miralles et Ricardo Arques, *Amedo. El Estado contra ETA*, Plaza & Janes/Cambio 16, Barcelone, 1989.

Gilles Perrault, *Lettre à deux juges françaises décorées de la Cruz de Honor de la Orden de San Raimundo de Peñafort*, Fayard, Paris, 1999.

Michaël Prazan, *Pierre Goldman, le frère de l'ombre*, Seuil, Paris, 2005.

Fernando Rueda, *La Casa. El CESID : agentes, operaciones secretas y actividades de los espías españoles*, Temas de Hoy, Madrid, 1993.

Xavier Vinader, *Operación Lobo. Memorias de un filtrado en ETA*, Temas de hoy, Madrid, 1999.

Paddy Woodworth, *Dirty War, Clean Hands. ETA, the GAL and Spanish Democracy*, Cork University Press, Cork, 2001.

Manipulations des services spéciaux en Bretagne

Un soir de 1970, Claude Pompidou se rend au cabaret de son amie Régine et se fait enlever par le Front de libération de la Bretagne (FLB), prêt à tout pour faire parler de lui. Le président de la République, son époux, dépêche le ministre des Affaires étrangères, Michel Jobert, pour négocier avec le Gouvernement provisoire des pays celtiques (GPPC), basé à Cork, en Irlande. Pendant ce temps, Valéry Giscard d'Estaing, ministre de l'Intérieur, infiltre le mouvement breton jusqu'à la garde…

Par bonheur, la femme du président est libérée, quand survient la catastrophe : de son exil, à Colombey-les-Deux-Églises, Charles de Gaulle décide de refaire surface en prononçant un discours tonitruant : « Vive la Bretagne libre ! », dans lequel il prône l'établissement des « États-Unis celtiques »… Comme on craint que les Anglais profitent de la crise, on donne carte blanche au Service de documentation extérieure et de contre-espionnage (SDECE) pour détourner un avion à bord duquel se trouvent les Beatles, célèbre groupe de rock de l'époque…

Tel est l'argument du roman de politique-fiction de Jean-Pierre Nicaise, publié en 1970 chez Balland sous le titre : *1970, libération de la Bretagne*. L'humour n'est pas le fort de Jean Rochet, patron de la Direction de la surveillance du territoire (DST), qui voit rouge ! Ce livre inquiète au plus haut niveau : Raymond Marcellin, le « vrai » ministre de l'Intérieur et député du Morbihan, surnommé le « Fouché breton » [▷ p. 405], exige une enquête rapide. La référence à la vie privée de Claude Pompidou rappelle fâcheusement le meurtre de Stevan Markovic, le secrétaire d'Alain Delon, et le scandale qui a alors éclaboussé la première dame de France [▷ p. 400]. Mais surtout, la DST doit tirer l'affaire au clair : s'agit-il d'une opération publicitaire des clandestins bretons ou d'un projet que les « terroristes bretons » vont mettre à exécution ?

Bref, c'est une enquête de plus pour le secteur de contre-espionnage (SCE) de la DST à Rennes, qui en a déjà beaucoup à son actif dans le bras de fer l'opposant au mouvement autonomiste local, et qui se demande si le véritable auteur de ce roman explosif n'est pas un jeune écrivain breton aussi farfelu que talentueux : Jean-Edern Hallier !

Derrière chaque Breton, un agent du KGB

Retour en 1966. Le FLB – nommé aussi Armée révolutionnaire bretonne (ARB) – n'est ni aussi grotesque que dans le livre de Nicaise ni aussi sanguinaire que le Front de libération nationale (FLN) algérien qu'ont eu à combattre cinq ans plus tôt les commissaires pieds-noirs de la DST Jean Baklouti et Émile Casanova, chefs du SCE de Rennes. Cependant ces policiers sont décidés à employer des méthodes qui ont fait leurs preuves en Algérie : infiltrations, manipulations, fichage systématique, écoutes téléphoniques, création de « pseudo-groupes » pour discréditer le mouvement breton, recrutement d'agents, etc. Et cela dès la première opération du FLB, le 17 juin 1966, lorsqu'il a placé dans la mairie de Saint-Brieuc une bombe incendiaire qui n'a d'ailleurs pas explosé.

À partir de là, pendant quarante ans, par vagues successives, se produiront des attentats qui feront trois victimes : deux jeunes clandestins bretons tués par leur propre bombe et, en avril 2000, la jeune serveuse d'un restaurant McDonald's dans un attentat non revendiqué à Quévert (Côtes-d'Armor). C'est dire que l'on est loin de la guérilla menée dans d'autres pays, à commencer par l'Irlande, qui fait fantasmer les Bretons.

C'est en Irlande justement qu'un Comité national de la Bretagne libre revendique les premières actions du FLB. Aussitôt, le SDECE, alors dirigé par le général Paul Jacquier, est mis à contribution. Un colonel qui parle breton se rend à Dublin et localise les chefs présumés : Yann Goulet et Yann Fouéré, exilés depuis 1944 du fait de leur rôle plus que discutable pendant l'occupation allemande. Mais en réalité, ces nostalgiques de la Bretagne indépendante d'avant le traité d'alliance avec la France de 1532 ne contrôlent guère ce qui se passe dans leur pays natal, où une jeune génération se radicalise et où un chef de l'État aux ascendants breton et irlandais, le général de Gaulle, projette un schéma de régionalisation audacieux pour les provinces françaises.

Cependant, compte tenu du conflit qui, à Belfast, commence à opposer l'Armée républicaine irlandaise (IRA) à la présence britannique, on craint, à Londres comme à Paris, que cette organisation influe sur les « cousins celtes » et les petits mouvements séparatistes qui voient alors le jour : le FLB/ARB en Bretagne ; la Scottish National Liberation Army (SNLA) en Écosse, ou la Free Wales Army au pays de Galles.

Il n'en sera rien, mais par précaution, dans chaque pays celtique, l'ensemble du mouvement est infiltré et, par ricochet, à partir de ces groupes clandestins, des manipulations ont pour effet de ternir l'image de mouvements plus larges, principalement fédéralistes et hostiles à la violence : en Écosse, le Scottish Nationalist Party (SNP) ; au pays de Galles, le Plaid Cymru ; et, en Bretagne, l'Union démocratique bretonne (UDB).

De plus, à Paris, Raymond Marcellin s'est persuadé que l'autre grand vecteur de la « subversion » en Bretagne n'est autre que… le KGB soviétique, à ses yeux *deus ex machina* de tous les problèmes qui secouent la France, surtout après Mai 68. Comme Jean Rochet n'est pas loin de partager cette thèse brillante inspirée par la guerre froide, la DST est dans son élément lorsqu'elle fiche et surveille tout ce qui a coloration bretonnante : les « bagadou » (orchestres) de joueurs de cornemuse, les cercles celtiques où l'on danse, les clubs de lutte bretonne, etc. La création d'un petit Parti communiste breton (PCB), pourtant de tendance maoïste, ne fait que renforcer la DST dans sa conviction. C'est ainsi que son antenne va poser des micros dans les locaux du PCB à Rennes, tout comme elle place sur écoutes des journalistes du *Télégramme de Brest* et de *Ouest-France*, voire l'écrivain breton Paul Guimard, auteur des *Choses de la vie*…

Faux FLB et attentats téléguidés par la DST

Mais cela ne suffit pas. Malgré les arrestations et les procès, les attentats du FLB contre des bâtiments publics se multiplient. Aussi a-t-on l'idée de créer un faux groupe FLB qui dénaturera l'action du groupe original. Ce sera le FLB-LNS (« Libération nationale et socialisme »). François Bretin, du service central de la DST, qui s'occupe déjà des « Bretons de Paris », monte l'astucieuse manipulation.

L'animateur choisi est un personnage obscur du nom de Serge Liégeard, qui s'est fait connaître en organisant une coordination entre autonomistes basques, occitans, bretons, corses… Il réussit à faire publier dans le nouveau quotidien *Libération* (créé en mai 1973) des petites annonces pour son FLB-LNS et des articles divers, se présentant sous le pseudonyme de « Morvan », tandis qu'il se fait passer à l'extérieur pour un certain « Monsieur Fourmentel », du service politique de *Libération* [1].

Et ça marche : des sympathisants du vrai FLB reçoivent une lettre leur demandant de prendre contact avec le nouveau FLB-LNS, *via* le quotidien parisien. Ces courriers sont signés par Liégeard sous des faux noms – « Servan », « Gurvan », « Petit-Jean » ou « Charrette » –, pour donner l'impression que le FLB-LNS est un groupe nombreux. Il revendique quelques actions symboliques sans gravité et publie un manifeste. Certains sympathisants de la cause bretonne, qui trouvaient le vrai FLB trop traditionaliste, tombent dans le piège et sont recrutés. Ils deviennent militants d'un mouvement qui n'existe pas et, à leur insu, auxiliaires d'une opération d'intoxication de la DST. Certains font même du renseignement sur l'action du groupe rival, le vrai FLB. D'autres Bretons, moins naïfs, soupçonnent la manipulation. Et certains, sans commettre aucun délit, se retrouvent perquisitionnés avec chez eux la preuve « accablante » de leur accointance avec le FLB...

Il y a eu plus grave : la participation de la DST à des attentats. Tout a commencé par un courrier de Marcellin, le 15 février 1971, à Jean Rochet : « Vous voudrez bien assurer la coordination du renseignement et de l'action pour toutes les affaires qui concernent l'autonomisme breton. Il faut agir vite. R. Marcellin [2]. » Le patron de la DST estime qu'il a carte blanche pour mettre fin aux agissements du FLB, qui projette de s'attaquer à Francis Bouygues, ami de Georges Pompidou et « roi du béton » considéré, avec ses bulldozers, comme un symbole du remembrement en Bretagne [▷ p. 531]. Il est question de faire sauter sa résidence secondaire à Rothéneuf-en-Saint-Coulomb, près de Saint-Malo.

Grâce à un agent infiltré dans le FLB d'Ille-et-Vilaine, le Rennais André Le M., la DST est avisée de la préparation de l'attentat. « Le 12 avril 1972, le chef de secteur du contre-espionnage de Rennes me prévenait que, selon la même source, la réalisation de cet attentat était imminente, nous précisera le préfet Rochet. Des investigations très discrètes faites par le service dans la matinée de ce jour, il ressortait que cet immeuble était vide de tout occupant. Cette situation nous permettait donc de laisser s'exécuter l'action envisagée sans aucune intervention particulière de notre part. »

Sur le terrain, les hommes n'ont peut-être pas donné toutes les précisions à Paris ou bien le préfet Rochet a oublié un petit détail qui a son importance, car

1 Voir Jean Guisnel, *Libération, la biographie*, La Découverte, Paris, 1999.

2 La copie de cette lettre manuscrite, qui nous a été remise par Jean Rochet, le 16 avril 1999, figure dans notre livre *DST, police secrète* (avec Pascal Krop, Flammarion, Paris, 1999), dans lequel on trouvera la description de nombreuses autres opérations de ce type montées en Bretagne et ailleurs.

il y a bien « intervention particulière ». En effet, le chef du secteur, Jean Baklouti, a mobilisé tout son monde dans ses antennes bretonnes : Ille-et-Vilaine, Côtes-du-Nord, Finistère. L'un de ses hommes, Jean T., de l'antenne brestoise, aura même un moment la bombe entre les mains, se souvient un fonctionnaire qui était sur place.

Il faut du monde. Cette affaire est réalisée avec la coopération du Service régional de police judiciaire (SRPJ). Une douzaine de fonctionnaires de la DST et de la PJ ont balisé la route des plastiqueurs, de Rennes à Saint-Malo. Mais dans la journée, a lieu un fâcheux contretemps : la DST apprend que l'épouse de Francis Bouygues, sa belle-sœur et leurs enfants se sont installés dans la villa. Rochet invite Bouygues rue des Saussaies, à la DST : « Sans lui donner le moindre détail sur les conditions dans lesquelles j'avais reçu ces renseignements, je lui indiquais que je venais d'apprendre que sa famille occupait la villa qui lui appartenait en Bretagne et je lui demandais de la faire évacuer immédiatement en raison des risques qu'elle courait, car j'avais toutes raisons de craindre qu'un attentat soit dirigé contre l'immeuble dont il était le propriétaire [1]. »

L'industriel fait évacuer sa famille. Dans la nuit, le plastiquage se produit comme prévu. Des parois intérieures ont explosé, la villa est dévastée. Dans le jardin, une voiture a été projetée, écrasant un voilier. Furieux, dès 6 heures du matin, le lendemain, Bouygues téléphone à Rochet pour « exprimer son irritation ». Le préfet lui rétorque que sa famille a été sauvée, n'est-ce pas l'essentiel ? Peu après, la police arrête des militants du FLB « bien connus des services », et pour cause… Onze militants se retrouveront devant la Cour de sûreté de l'État.

Cependant, cette affaire a semé un vent de mutinerie au sein même de la DST. Deux inspecteurs, anciens de la Résistance, Pierre Québec et Roger Dagorn, qui ont eu vent de la manipulation avant l'attentat, ont refusé d'y participer. Avec un troisième inspecteur, Joe Davenet, ils s'en ouvrent au commissaire breton Pierre Quefféléant, qui rentre de convalescence suite à un accident de voiture, et qui décide d'en référer par la voie hiérarchique. En vain : le patron de l'Inspection générale des services de la police n'est autre que… Roger Wybot, le fondateur de la DST !

Toutefois, l'affaire refera surface en 1981, au moment de l'arrivée de la gauche au pouvoir, grâce aux enquêtes de Jacques Bacelon dans *Le Matin de Paris* et de Jean Guisnel dans *Libération*. Syndicaliste CFDT, le commissaire Quefféléant, muté en sécurité publique dans la région parisienne, témoignera devant l'inspecteur général honoraire Roger Saunier, suscitant l'ire de certains anciens collègues de la DST. Au même moment, le patron de la DST de l'époque, Marcel Chalet, s'entretient avec le président Mitterrand. Son service manipule alors le meilleur agent du KGB jamais recruté par le

1 *Ibid.*

contre-espionnage français, Vladimir Vetrov, *alias* « Farewell » [▷ p. 387]. Ce n'est vraiment pas le moment d'affaiblir le service. Oublions les affaires Bouygues et compagnie… Mais désormais, les missions de la DST sont reprécisées : plus question de dérives à la mode de Bretagne.

Nouvelles manipulations des RG

À toute chose malheur est bon : on passe l'éponge pour tout le monde. Les prisonniers du FLB/ARB sont amnistiés et l'affaire des manipulations de la DST classée sans suite. Les nuages s'éclaircissent au-dessus de la Bretagne pendant plusieurs années, avant que de nouveaux facteurs mobilisent une nouvelle génération de clandestins bretons : d'une part, l'« oubli » d'une proposition de François Mitterrand d'intégrer la langue bretonne dans le cursus éducatif et, d'autre part, l'afflux de réfugiés basques en Bretagne, dont plusieurs cadres dirigeants de l'ETA qui auront une mauvaise influence sur leurs camarades bretons…

C'est à partir de 1988 que s'enclenche une étrange manipulation, jamais révélée à ce jour, qui pourrait donner à croire que certains fonctionnaires des RG ont à leur tour téléguidé des attentats attribués aux reliquats de l'ARB.

Les attentats avaient cessé depuis plusieurs années, quand au lendemain du grand ouragan qui décoiffe la Bretagne en 1987, et du procès de la marée noire provoquée par l'échouage de l'*Amoco-Cadiz*, une certaine fébrilité en Bretagne semble propice à un renouveau d'actions violentes des séparatistes. Plusieurs services de police redoublent alors de vigilance à l'égard des cercles bretonnants. Chez les policiers, se pose la question : que des anciens du FLB se soient reconvertis dans la mouvance culturelle et politique, est-ce le signe qu'ils ont mis de l'eau dans leur vin ou au contraire qu'ils se préparent, sous camouflage, à de futures actions ?

La réponse ne se fait pas attendre. Le 21 janvier 1988, surviennent des attentats contre l'URSSAF à Quimper et contre le rectorat de l'Académie de Rennes. Le juge Alain Marsaud donne le feu vert au SRPJ pour opérer des rafles dans les milieux du petit parti Emgann (« Combat » en breton), dont la police estime que certains membres sont des chevilles ouvrières de l'ARB. Suivent de nouveaux attentats trois mois plus tard, à Paris, Quimper et Nantes.

En septembre 1988, le SRPJ de Rennes annonce qu'il a trouvé 46 kg d'explosifs, gomme F-15, « utilisés habituellement par l'ARB », selon la presse. Le 17 septembre, l'ARB revendique un attentat contre le centre des impôts de Pontivy. C'est à cette date que des renforts arrivent de Paris pour surveiller des membres d'Emgann. Claude Bardon, le directeur adjoint chargé de la recherche à la Direction centrale des renseignements généraux (DCRG), se rend à Rennes pour s'inquiéter de la situation. Trente inspecteurs travaillent sur le dossier dans le Morbihan et le Finistère.

En dépit de ce déploiement important, l'ARB frappe encore. Dans la nuit du mardi 20 décembre 1988, à 2 h 45, elle détruit deux pylônes électriques supportant une ligne à moyenne tension de 20 000 volts qui alimente l'usine Doux, la société d'abattage de volailles de Châteaulin. Le jour de Noël, l'ARB justifie cette action « pour lutter contre la politique des bas salaires » dans cette entreprise. La PJ est sur les dents. Elle note que les charges ont été posées par un spécialiste des explosifs, ce à quoi ne l'a pas habituée l'ARB. Les limiers de la PJ constatent d'autres anomalies. Ils ont mis sur écoutes une vingtaine de bretonnants et apprennent que, dans l'affaire de l'attentat qui a eu lieu chez Doux, un indicateur des RG bien infiltré a joué un rôle déterminant.

Leur chef rédige une note pour le juge d'instruction en charge de l'affaire. En effet, « Jean », l'homme considéré à l'époque comme le chef charismatique des clandestins, est suivi jour et nuit, tout comme son entourage. Aussi la PJ s'aperçoit-elle que l'un de ses adjoints, « Roland », entretient d'excellents rapports avec Raymond Le B., inspecteur des RG de Quimper.

En amont, plusieurs faits intriguent les hommes du SRPJ de Rennes, tout comme le « directeur zonal » des RG, Joël Guillou, qui sent que quelque chose lui échappe. D'autant que son adjoint à la section de recherche (« violence politique »), l'inspecteur Bernard K., supérieur direct de l'inspecteur Le B. de Quimper et bon professionnel à quelques mois de la retraite, semble traiter le dossier en direct avec Paris. Un beau coup de filet pour terminer sa carrière lui permettrait sans doute d'obtenir le grade de commissaire honoraire…

Mission : faire sauter le TGV !

Mais voilà que la PJ, qui a mis « Roland » sur écoutes, apprend qu'il va participer à un attentat. Cette fois, on joue franc jeu en alertant les RG concernés. Stupéfaction ! Les nouvelles écoutes témoignent de ce que le policier « traitant » de « Roland » panique : il lui dit de décommander l'attentat, car… il est surveillé par la PJ !

Mais qui est donc ce « Roland » ? La quarantaine, la mine chafouine, les yeux enfoncés sous des sourcils broussailleux, « Roland » ne respire pas la joie de vivre. Son air rougeaud vire à l'écarlate, au fur et à mesure qu'il sombre dans l'alcoolisme. Il est apparu dans le mouvement breton en région brestoise au milieu des années 1980. Présent dans les manifestations au profit de l'école en langue bretonne Diwan, il a adhéré à Emgann et proposé ses services de comptable. Non qu'il soit si efficace que cela : c'est à la suite de manœuvres douteuses dans sa petite agence de comptabilité qu'il s'est trouvé sous le coup d'une enquête financière, dûment levée à la demande de l'inspecteur

Raymond Le B. – lequel l'a ainsi recruté comme agent des RG. Mais ce dernier l'a-t-il poussé à commettre ou à faire commettre des attentats ? Nous revoici dans la configuration des années 1970, mais cette fois la DST n'y est pour rien. C'est en tout cas ainsi que les enquêteurs expliquent l'affaire Doux et quelques autres attentats qui continuent jusqu'en juillet 1989.

Survient l'incroyable tuyau : « Ils ont décidé de faire sauter le TGV ! » C'est « Roland » qui annonce l'information à l'inspecteur Le B. à la mi-mars 1990. La conversation téléphonique a été enregistrée. La PJ alerte l'autorité policière et les RG. Leur agent doit éviter de participer à cette action : tout l'art de la manipulation va consister à détourner l'opération vers un attentat mineur commis par d'autres clandestins. Faute de quoi, « Roland » l'indic va perdre sa crédibilité au sein de l'ARB... Finalement, deux autres militants sont désignés. À 3 h 20 dans la nuit du 17 au 18 mars 1990, deux bombes font sauter les transformateurs alimentant en électricité la voie ferrée face à la gare SNCF de Saint-Pierre-Lacour en Mayenne. « Ça m'a jetée du lit. Je croyais que c'était le TGV qui avait déraillé ! », raconte une habitante. Heureusement, point de TGV à l'horizon. Et d'ailleurs, il n'aurait pas été atteint par cet attentat, qui n'a pour effet que de provoquer un début de pollution lorsque 15 m^3 d'huile se sont déversés de l'un des transformateurs dans une rivière alimentant l'étang de La Valière.

Pourquoi cet attentat contre la SNCF ?, s'interroge la presse locale. Et pour cause, car il n'est pas revendiqué. Comme il n'est pas réalisé en Bretagne, seuls des policiers bien informés ont fait le rapprochement avec un attentat comme celui des établissements Doux de Châteaulin. « Roland » est-il grillé ? Sans doute. Quand il est nommé nouveau chef des RG à Rennes, le commissaire Gilbert Maudet exige de ne pas être court-circuité comme son prédécesseur. De toute façon, l'inspecteur K. est parti à la retraite et Claude Bardon a quitté la DCRG pour prendre la direction des RG de la préfecture de Police de Paris. Quant à « Roland », s'enfonçant encore plus dans l'alcoolisme, à l'été 1990, il a mis en vente sa maison et a quitté à jamais le Finistère. Par chance, toute cette manipulation n'a pas provoqué d'acte irréparable, comme ce fut le cas pour des opérations comparables en Corse ou au Pays basque [▷ p. 414, p. 429].

Dans la décennie qui a suivi, ont eu lieu quelques faits inexpliqués qui nécessiteraient un éclaircissement. Comme le mystérieux attentat qui a détruit, dans la nuit du 29 au 30 octobre 1998, les bureaux du service d'action culturelle à l'hôtel de ville de Belfort, la mairie du ministre de l'Intérieur de l'époque, Jean-Pierre Chevènement. Ou encore celui du 18 juin 1999 contre la perception de Cintegabelle, fief électoral de Lionel Jospin, le Premier ministre. En revanche, plus personne ne doute que l'attentat qui, le 19 avril 2000, a tué la serveuse Laurence Turbec, au restaurant McDonald's de Quévert, ait été mené par d'autres que le dernier carré de l'ARB, détenteur d'un stock d'explosifs volé quelque temps plus tôt à Pleven (Côtes-d'Armor), par des membres de l'ETA basque.

En novembre 2000, le magistrat Gilbert Thiel, premier juge d'instruction à la section antiterroriste à Paris, qui ne veut plus laisser dans la nature « des dingues avec des explosifs », selon son expression, a accepté de parlementer avec des intermédiaires de l'ARB, notamment après que l'un de ses chefs supposés Denis Riou, se fut prononcé, en prison, pour l'autodissolution du groupe.

Au cours d'un épisode digne des romans d'espionnage de John Le Carré, sous contrôle du magistrat, du SRPJ et d'un avocat, les derniers Mohicans de l'ARB ont abandonné dans une forêt de Centre-Bretagne le reliquat de leur arsenal : 98 kg d'explosifs et 440 détonateurs. Et, faut-il l'espérer, toute velléité de faire reconnaître leur « identité bretonne » par des moyens qui, en quarante ans d'existence, ont surtout fourni l'opportunité aux services spéciaux de monter des opérations ayant outrepassé les limites de la légalité républicaine.

◂ **R. F.**

Pour en savoir plus

Jean Bothorel, *La Bretagne contre Paris*, La Table ronde, Paris, 1969.

–, *Un terroriste breton*, Calmann-Lévy, Paris, 2001.

Roger Faligot, *Guerre spéciale en Europe*, Flammarion, Paris, 1980.

–, *La Harpe et l'Hermine*, Terre de Brume, Rennes, 1994.

Roger Faligot et Pascal Krop, *DST, police secrète*, Flammarion, Paris, 1999.

Yann Fouéré, *En prison pour le FLB*, Nouvelles éditions latines, Paris, 1977.

Jean Guisnel, *Libération, la biographie*, La Découverte, Paris, 1999.

Lionel Henry et Annick Lagadec, *FLB-ARB, l'histoire 1966-2005*, Yoran Embanner, Fouesnant, 2006.

Morvan Lebesque, *Comment peut-on être Breton ? Essai sur la démocratie française*, Seuil, Paris, 1970.

Jean-Jacques Monnier, *Le Comportement politique des Bretons*, Presses universitaires de Rennes, Rennes, 1994.

Michel Nicolas, *Histoire du mouvement breton Emsav*, Syros, Paris, 1982.

Jean-Paul Ollivier, *De Gaulle et la Bretagne*, France-Empire, Paris, 1987.

L'affaire Orsoni ou les vilains secrets du « dossier corse »

Guy Orsoni, militant nationaliste corse de vingt-quatre ans, disparaît le 17 juin 1983 entre Sartène et Porto-Vecchio, sur une route du sud de la Corse. Quinze jours après, 2 000 personnes défilent en silence dans les rues d'Ajaccio. En tête du cortège, un grand portrait de Guy Orsoni et une banderole accusant l'État français de l'avoir fait assassiner par ses « barbouzes ». L'affaire Orsoni commence. Elle va empoisonner le climat de l'île et constituer l'arrière-plan des innombrables scissions et règlements de compte qui ont déchiré le camp nationaliste depuis lors. Elle rassemblera, sur une période de deux années, la plupart des ingrédients spécifiques du « dossier corse ». Vingt-trois ans plus tard, ni le corps de Guy Orsoni ni la Mercedes que son oncle Roger lui avait prêtée n'ont été retrouvés.

L'affaire d'Aléria et ses suites

À son arrivée au pouvoir, en mai 1981, la gauche avait amnistié une quarantaine de « prisonniers politiques » corses et lancé, dans le cadre de la décentralisation, des réformes susceptibles de donner au moins en partie satisfaction aux revendications nationalistes. La contestation se manifestait alors plutôt du côté des « chefs de clan ». Émile Zuccarelli, dit « Milou », patron des radicaux de gauche, et Jean-Paul de Rocca Serra, dit le « Renard argenté », pour sa part patron des gaullistes, étaient des élus traditionnels. Fils et pères d'élus, ils ne voyaient pas d'un très bon œil la remise en cause du statut de l'île. Mais, plus adeptes de la combinaison politicienne que du plastiquage, ils n'étaient pas non plus prêts à prendre le maquis pour défendre leurs privilèges. La gauche abordait donc le problème corse dans un contexte favorable au règlement d'un dossier que la République traînait déjà depuis près de dix ans.

La question corse était devenue un problème national le 17 août 1975, lorsque Michel Poniatowski, ami de Valéry Giscard d'Estaing et ministre de l'Intérieur du gouvernement de Jacques Chirac, avait réalisé un étrange exploit : transformer l'Action régionaliste corse (ARC), un mouvement politico-culturel agissant à ciel ouvert, en une organisation secrète, indépendantiste et armée, le Front de libération nationale de la Corse (FLNC). Il lui a suffi pour ce faire d'envoyer des engins blindés et des hélicoptères à l'assaut d'une ferme située près de la ville d'Aléria, sur la côte orientale de l'île.

Appartenant à un viticulteur rapatrié d'Algérie, la ferme était occupée par des militants de l'ARC qui accusaient les pieds-noirs de chaptaliser leur vin en y ajoutant du sucre, afin d'augmenter son taux d'alcool. Armés de fusils de chasse, les militants avaient l'intention de tenir une conférence de presse publique avant de se retirer. L'attaque à 6 heures du matin menée par quatre véhicules blindés de la gendarmerie (VBRG) et trois escadrons de la gendarmerie mobile, accompagnés par des hélicoptères Puma de l'armée de l'air, provoqua une fusillade à l'issue de laquelle on relevait deux morts du côté de la gendarmerie et un blessé grave chez les occupants. Dix jours plus tard, le gouvernement annonçait la dissolution de l'ARC du docteur Edmond Siméoni, un dirigeant plutôt modéré, qui fut arrêté après l'occupation de la ferme d'Aléria. Dans la soirée, une émeute eut lieu à Bastia et des coups de feu furent échangés avec les CRS, qui compteront dans leurs rangs un mort et vingt-deux blessés.

Un an plus tard, dans la nuit du 4 au 5 mai 1976, le FLNC fait son apparition dans le paysage français en réalisant vingt et un plastiquages dans l'île et sur le continent. Le « dossier corse » passe dès lors des mains des spécialistes de l'aménagement du territoire à celles des « spécialistes » de l'antiterrorisme issus de la magistrature, de la police, de la gendarmerie, du corps préfectoral ou des services spéciaux. Tous, de droite comme de gauche, partagent une même certitude : grâce à leurs réseaux corses personnels, ils détiennent les clefs du problème. Au fil des années, en alternant la carotte et le bâton, les négociations secrètes et la répression, ils vont contribuer à rendre inextricable la situation de l'île. « Depuis 1975, les politiques gouvernementales se sont traduites par des revirements successifs », pointera en 1999 le rapport de la commission d'enquête sénatoriale sur la Corse [1]. Et elle précisera sans appuyer : « Ces hésitations se sont retrouvées dans la succession des phases de fermeté et de dialogue, y compris avec les mouvements clandestins, et quels que soient les gouvernements. »

Quant aux nationalistes, ils se sont peu à peu englués dans la clandestinité – assez relative dans une île qui compte à peine 250 000 habitants – et une « guerre » d'indépendance qui ne peut être que virtuelle – faute d'armée d'occupation à combattre. Ils auront de plus en plus de mal, au fil des années, à savoir pourquoi ils posent des bombes et surtout à faire la distinction entre les actions violentes à mobile politique et celles qui relèvent de la vengeance personnelle, de l'appât du gain, voire parfois de l'ennui à tromper.

---

1 Jean-Patrick Courtois et René Garrec, *La Sécurité en Corse : un devoir pour la République*, rapport n° 69 de la commission d'enquête du Sénat sur la conduite de la politique de sécurité menée par l'État en Corse, *Journal officiel*, 11 novembre 1999.

Un crime d'État ?

Lorsque Guy Orsoni disparaît, le climat politique de l'île est à la confusion. L'état de grâce d'après-mai 1981 est terminé, les plastiquages ont repris (800 en 1982) et quelques affaires sanglantes de racket – baptisé « impôt révolutionnaire » – ont brouillé l'image du mouvement nationaliste. Le ministre de l'Intérieur Gaston Defferre et son secrétaire d'État à la Sécurité publique Joseph Franceschi ont alors annoncé la dissolution officielle du FLNC (5 janvier 1983) et nommé le fondateur de la brigade antigang et le « tombeur » du gangster Jacques Mesrine, le commissaire Robert Broussard, « commissaire de la République délégué pour la police ». Pour laisser la porte des négociations entrouverte, le gouvernement n'a pas prononcé la dissolution de la vitrine légale du FLNC, la Consulte des comités nationalistes (CCN) – elle le sera le 27 septembre 1983.

Alain Orsoni, le frère de Guy, fait partie de la « commission exécutive » de la CCN, fer de lance de la génération nationaliste née avec la fusillade d'Aléria. Lorsqu'il se rend compte le 20 juin que Guy, parti deux jours plus tôt d'Ajaccio pour voir de la famille à Porto-Vecchio, n'a toujours pas donné de nouvelles, il s'inquiète. Il s'inquiète d'autant plus que son frère et lui avaient depuis quelques jours l'impression d'être surveillés et qu'ils craignaient d'être arrêtés. La police annonce à Alain que non seulement elle n'a pas interpellé Guy, mais qu'elle soupçonne un groupe de truands – la « bande du Valinco » – d'être pour quelque chose dans sa disparition. Elle surveille en effet régulièrement cette bande de la région de Propriano et des écoutes téléphoniques lui ont révélé qu'elle s'intéressait à une « disparition ».

Le 23 juin, le service régional de police judiciaire (SRPJ) de Corse interpelle la bande du Valinco, dont Paul Andréani, l'un des membres, parle. Selon ses dépositions, Guy a été enlevé et exécuté par erreur : c'est Roger Orsoni, l'oncle de Guy et le propriétaire de la Mercedes qu'il conduisait, qui était visé. Il aurait tenté de racketter la « bande du Valinco » au nom du FLNC.

À la version policière d'un assassinat de droit commun, Alain Orsoni va rapidement opposer une version politique, qui prendra dans sa bouche les proportions d'un véritable complot d'État. « Les perquisitions, les arrestations, les sévices, les détentions arbitraires, les jugements ne suffisant plus, le colonialisme français choisi désormais la pratique de l'exécution physique de militants nationalistes, trop gênants à ses yeux », proclame sans nuance la CCN. Jour après jour, les accusations portées par les nationalistes deviennent de plus en plus précises : Joseph Franceschi, le secrétaire d'État à la Sécurité publique, serait en personne venu en Corse quelques jours avant l'enlèvement de Guy Orsoni, porteur d'une valise contenant un million de francs destinés à payer les tueurs. Cette somme aurait été versée à la bande du Valinco par l'intermédiaire du secrétaire général du département de la Haute-Corse, le sous-préfet

Pierre-Jean Massimi, connu pour son animosité virulente à l'égard des nationalistes.

Joseph Franceschi a beau reconnaître qu'il a fait un rapide déplacement en Corse à la mi-juin pour préparer un voyage destiné aux personnes âgées d'Alfortville (Val-de-Marne), dont il est le maire, rien n'y fait : la version de l'assassinat de Guy Orsoni, jeune militant torturé puis tué par des « barbouzes », s'enracine en Corse. Le 10 juillet 1983, une plaque est apposée sur la maison familiale des Orsoni à Vero, près d'Ajaccio, à la mémoire du « martyr de notre cause assassiné par l'État français ». Sept hommes en treillis et cagoule tirent une salve d'honneur sous l'œil des caméras de télévision et en l'absence des forces de l'ordre, « interdites de séjour » dans le village pendant la cérémonie.

Vraies et fausses barbouzes

Si elle s'est estompée au fil des années pour finir par être aujourd'hui totalement contestée par une partie des nationalistes, la version du crime politique est d'autant plus vivace en 1983 que le terme de « barbouzes » évoque alors en Corse des souvenirs récents.

Depuis 1977 en effet, Francia, une organisation antinationaliste clandestine, a impunément commis une quarantaine de plastiquages par an, en particulier contre le domicile du docteur Edmond Siméoni et le siège de son mouvement, l'Union du peuple corse (UPC). L'existence de Francia, bien que contestée par les autorités politiques, est avérée le 6 janvier 1980. Ce jour-là, des militants du FLNC interceptent un commando de Francia, dont les membres reconnaîtront que leur mission était d'enlever Marcel Lorenzoni, un des responsables de l'UPC, de l'interroger et de le faire disparaître. Les trois membres du commando, dirigé par l'ancien commandant de la sécurité civile Pierre Bertolini, sont lourdement armés et détiennent des cartes du Service d'action civique (SAC) [▷ p. 78].

Ils sont conduits à l'hôtel Fesch à Ajaccio, où ils doivent êtres présentés à la presse avant d'être remis à la justice. Le ministère de l'Intérieur ne veut pas prendre le risque de voir les hommes de Francia s'exprimer devant les journalistes et fait bloquer les accès de l'hôtel par le Groupe d'intervention de la gendarmerie natinale (GIGN). Une fusillade éclate, provoquant la mort d'un policier, celle de deux passants et de nombreux blessés. Le commando du FLNC se rend et libère ses prisonniers. Ces derniers feront deux mois de prison pour port d'armes prohibées, alors que les nationalistes seront, eux, condamnés à quatre ans. De nombreux Corses du continent figurant dans les fichiers des Renseignements généraux (RG) comme sympathisants nationalistes recevront ultérieurement des lettres les menaçant de représailles s'il arrivait quelque chose au commandant Bertolini.

Malgré son retentissement, l'interpellation par le FLNC de militants de Francia n'a mis en lumière qu'une petite partie de cette organisation parapolicière. Dans ses mémoires, *L'Indic et le Commissaire*, Lucien Aimé-Blanc, l'ancien patron de l'Office central de répression du banditisme (OCRB) de 1978 à 1982, affirme qu'une cellule spéciale des RG parisiens avait même commis à Paris des attentats attribués au FLNC, puis préparé l'enlèvement et l'exécution de responsables nationalistes.

Selon lui, d'autres actions demandées par l'Élysée – comme des surveillances téléphoniques ou des filatures – ont été réalisées directement par le service Action du Service de documentation extérieure et de contre-espionnage (SDECE), dont certains anciens faisaient d'ailleurs partie de Francia. Ce service Action, qui a disposé jusqu'en 1986 d'une base d'entraînement pour nageurs de combat installée à Aspretto, dans la baie d'Ajaccio, a même débarqué en août 1980 un commando sur l'île d'Elbe, en territoire italien : il y a réalisé sans encombre sa mission consistant à détruire l'émetteur de Radio Corse Internationale, jugée trop proche des nationalistes corses par le gouvernement [1].

En 1983, ces précédents « barbouzards » donnent du crédit aux déclarations des nationalistes, qui continuent à dénoncer la responsabilité de l'« État colonialiste » dans la disparition de Guy Orsoni. Ils servent aussi à justifier la « vendetta » qui s'ensuit. Trois proches de la « bande du Valinco » sont tués puis, le 13 septembre 1983, c'est le sous-préfet Pierre-Jean Massimi, accusé d'avoir été membre de Francia, qui est abattu de deux balles tirées à bout portant. Le FLNC revendiquera à son sujet l'« exécution d'un des principaux organisateurs de l'assassinat de notre militant Guy Orsoni ».

La révélation de la présence dans l'île d'une équipe des RG du continent, venue enquêter sur la disparition de Guy Orsoni, va encore renforcer la conviction de ceux qui estiment qu'un gouvernement prêt à envoyer des policiers des RG en Corse, à l'insu des policiers et des magistrats locaux chargés du dossier, a très bien pu recruter des truands pour accomplir ses basses besognes. D'autant que s'ajoute à ces éléments la révélation de menaces écrites et précises dont Alain Orsoni a été victime quelques mois plus tôt.

Comme deux autres leaders nationalistes, il a en effet été cité en février 1983 dans un « communiqué n° 1 » signé France-Resurrection, un sigle jusque-là inconnu. Ce texte assurait que les trois « privilégiés » seraient « les premiers à payer » si les actions du FLNC se poursuivaient. Il contenait de nombreux détails sur la vie d'Alain Orsoni, en particulier la marque et le

1 Voir Roger Faligot et Pascal Krop, *La Piscine*, Seuil, Paris, 1985. Ces révélations ont provoqué une interpellation au Parlement italien après la sortie du livre.

numéro d'immatriculation d'un véhicule qu'on lui avait prêté, ses adresses officielle et officieuse, ainsi que l'identité de sa compagne. Des renseignements qui ressemblaient à s'y méprendre à des fiches de police et qui, selon les fonctionnaires des RG, étaient d'ailleurs issus du fichier de leur direction centrale.

Le prétendu groupe « France-Résurrection » n'était en effet qu'une création du capitaine de gendarmerie Paul Barril qui était alors le numéro deux de la cellule antiterroriste de l'Élysée [▷ p. 441]. Le capitaine s'était mis en tête de régler la question corse. Il avait commencé par y effectuer plusieurs expéditions dans le cadre du Groupe d'action mixte (GAM), l'« unité opérationnelle clandestine » de l'Élysée selon la définition donnée dans ses mémoires par Gilles Ménage, le préfet chargé des problèmes de sécurité auprès de François Mitterrand [1]. Des opérations prévues pour être secrètes, mais qui provoquèrent la colère du commissaire de la République Robert Broussard lorsqu'il en eut écho. Elles provoquèrent aussi un jour son hilarité lorsqu'il apprit que le capitaine Barril, accompagné du commissaire Charles Pellegrini, responsable du GAM et représentant la Direction générale de la sécurité extérieure (DGSE) auprès de la cellule élyséenne, avait en vain passé des nuits sur les toits des villes corses équipé d'appareils de vision nocturne pour surprendre les déplacements des commandos du FLNC.

Après avoir ainsi travaillé sur le terrain, le capitaine Barril avait décidé d'amener le FLNC à négocier avec lui. Il avait donc pris contact, au nom du président de la République, avec Alain Orsoni – le frère de Guy – et l'avait rencontré dans un café parisien, pratiquement sous les yeux des RG qui avaient placé le responsable nationaliste sous surveillance. Ayant trouvé que son interlocuteur était trop sûr de lui, Paul Barril s'était mis en tête de lui faire peur. Avec la complicité de Gilbert Lecavelier, une ancienne barbouze du SAC qui ne demandait qu'à reprendre du service, il avait rédigé les lettres de menaces évoquées plus haut, nourries d'informations puisées dans les fichiers policiers – communiqués sur ordre du président de la République à la cellule de coordination antiterroriste.

L'initiative du capitaine de gendarmerie, loin d'amener le FLNC à négocier en position de faiblesse, avait poussé le mouvement clandestin à durcir sa position et fourni des arguments aux défenseurs de l'hypothèse du crime d'État.

---

1 Gilles Ménage, *L'Œil du pouvoir*, tome 1, Fayard, Paris, 1999, p. 235, n. 1.

Quand le FLNC exécute la peine de mort

Jean-Marc Leccia, soupçonné par la police d'être le commanditaire de l'enlèvement de Guy Orsoni, est arrêté à Miami en janvier 1984. Il n'a rien à voir avec la politique, mais beaucoup avec le milieu des trafiquants de drogue dont il aurait été un des meilleurs « chimistes ». Aux États-Unis, où il s'était réfugié après avoir échappé de justesse au coup de filet mené par le SRPJ contre la « bande du Valinco », il avait été pris en charge par des amis, eux-mêmes recherchés par le Drug Enforcement Administration (service des stupéfiants américain).

Pour éviter d'avoir à s'expliquer avec la justice des États-Unis sur ses relations compromettantes, Jean-Marc Leccia avait accepté d'être extradé et était revenu en Corse. Il avait rejoint à la prison d'Ajaccio deux hommes : Paul Andréani, celui qui avait parlé aux policiers mais toujours nié avoir participé à l'enlèvement de Guy Orsoni ; et le Sarde Salvatore Contini, soupçonné d'être l'exécuteur de la bande. Recherché pour sept assassinats en Italie, ce personnage était parvenu à impressionner le commissaire Broussard lui-même par son impassibilité totale et son « regard de flingueur ».

Le 7 juin 1984 à l'aube, deux gendarmes encadrant un civil se présentent à la porte de la prison d'Ajaccio accolée au palais de justice, en plein centre-ville. Le gardien qui leur ouvre est maîtrisé, de même que l'unique collègue avec lequel il assure pendant la nuit la garde de plus de soixante détenus. Sous la menace des armes des faux gendarmes et de leur complice, les gardiens ouvrent les cellules de deux détenus nationalistes qui se joignent au groupe. Les trois hommes du commando se rendent ensuite dans les cellules de Jean-Marc Leccia et Salvatore Contini : « Nous avons ouvert leurs cellules. Leccia et Contini ont été réveillés. » « Il leur a été dit par l'un d'entre nous qu'ils avaient rendez-vous avec Guy Orsoni, puis nous les avons exécutés. » Paul Andréani, lui, est laissé en vie.

Lorsque le commando veut quitter la prison, elle est encerclée par la police. Le gardien-chef, qui dormait dans son logement de fonction, a entendu les détonations et donné l'alerte. Après un échange de coups de feu et un siège de quelques heures, Pantaleon Alessandri, trente et un ans, Noël Pantalacci, trente-trois ans, et Pierre Albertini, vingt-quatre ans, se rendent. Leur procès se tiendra un an plus tard à Lyon, où le dossier a été délocalisé pour éviter les pressions sur les magistrats et les jurés. Les audiences où devait éclater la vérité sur l'affaire Orsoni n'apporteront rien de nouveau. Paul Andréani ne se souvient plus de rien et chacun s'accroche à sa version.

Les amis de Guy Orsoni affirment toujours qu'il a été victime d'un crime politique et qu'en en exécutant les auteurs, ils n'ont accompli que leur devoir. Les policiers restent pour leur part convaincus que Guy Orsoni a été victime d'un règlement de comptes visant son oncle Roger et que Jean-Marc Leccia et

Salvatore Contini ont été abattus par le FLNC pour qu'ils n'aient jamais l'occasion de l'avouer.

C'est cette dernière thèse qu'a défendue devant la cour d'assises de Lyon le procureur général Pierre Truche, qui avait réclamé la réclusion criminelle à perpétuité pour les exécutions commises à la prison d'Ajaccio. Sans vouloir tenter de distinguer entre ceux qui avaient tiré et les autres, les jurés ont condamné à huit ans de réclusion les trois membres du commando.

Cette décision, analysée à l'époque comme un « verdict d'apaisement » prononcé exactement deux ans après la disparition de Guy Orsoni, n'a, en réalité, rien apaisé. La Corse va continuer à subir des périodes de répression comme, par exemple, celle lancée en 1986 par Charles Pasqua et ses affiches promettant une prime d'un million de francs à tout indicateur permettant d'arrêter des membres du FLNC. Elle va aussi assister à des tentatives de séduction, durant lesquelles les émissaires secrets des gouvernements et des diverses tendances du FLNC se feront les yeux doux et échangeront des promesses d'amnistie contre celles de trêves jamais tenues.

L'affaire Orsoni a mis au jour, dès 1983, les interférences entre le Milieu et les nationalistes, les grenouillages des services spéciaux, la guerre des polices, les rivalités entre les chefs, le revolver comme unique solution aux conflits et son corollaire traditionnel, la vendetta.

Tous ces éléments réapparaissent, à des doses diverses, à la lecture de chacune des pages marquantes du « dossier corse ». Qu'elles soient sanglantes, comme celle concernant l'assassinat du préfet Claude Érignac le 6 février 1998, ou ridicules comme celle de l'incendie d'une paillote de plage illicite ordonné par son successeur, le préfet Bernard Bonnet, au mois d'avril 1999.

◂ **F. Z.**

Pour en savoir plus

Lucien Aimé-Blanc et Jean-Michel Caradec'h, *L'Indic et le Commissaire*, Plon, Paris, 2006.

Robert Broussard, *Mémoires*, tome 2, Plon, Paris, 1998.

Alain Christnacht, *L'Œil de Matignon. Les affaires corses de Lionel Jospin*, Seuil, Paris, 2003.

Jean-Patrick Courtois et René Garrec, *La Sécurité en Corse : un devoir pour la République*, rapport n° 69 de la commission d'enquête du Sénat sur la conduite de la politique de sécurité menée par l'État en Corse, *Journal officiel*, 11 novembre 1999.

Christophe Deloire et Christophe Dubois, *L'Enquête sabotée*, Albin Michel, Paris,

Jean-Paul DELORS et Stéphane MURACCIOLE, *Corse, la poudrière*, Alain Moreau, Paris, 1978.

Pascal IRASTORZA, *Le Guêpier corse. De l'assassinat du préfet Érignac à l'arrestation du préfet Bonnet*, Fayard, Paris, 1999.

Gilles MÉNAGE, *L'Œil du pouvoir*, tome 1, *Les affaires de l'État, 1981-1986* ; tome 2, *Face aux terrorismes, 1981-1986. Action directe, Corse, Pays basque*, Fayard, Paris, 1999 et 2000.

Pierre POGGIOLI, *Journal de bord d'un nationaliste corse*, L'Aube, La Tour d'Aigues, 1996.

Jean-Michel ROSSI et François SANTONI (entretiens avec Guy BENHAMOU), *Pour solde de tout compte. Les nationalistes corses parlent*, Denoël, Paris, 2000.

Nouvelle-Calédonie : le beau temps des colonies

« L'opération a été préparée et exécutée conformément aux directives et ordres donnés. Mais il m'a été rendu compte que des actes contraires au devoir militaire avaient malheureusement été commis après l'assaut proprement dit. » Ce texte est signé de Jean-Pierre Chevènement, ministre de la Défense, le 30 mai 1988. Il est adressé à l'armée française, dont des éléments ont pris d'assaut, deux semaines plus tôt, une grotte située dans l'île d'Ouvéa en Nouvelle-Calédonie.

Les trente-trois otages, des gendarmes et un magistrat, ont été libérés sains et saufs, alors que deux militaires du 11e Choc – l'adjudant Régis Pedrazza, trente-deux ans, et le parachutiste de première classe Jean-Yves Véron, dix-huit ans – et dix-neuf ravisseurs kanak étaient tués. Si seize d'entre eux sont morts en combattant, les armes à la main, la mort de trois hommes – le chef du commando Alphonse Dianou, son compagnon Wenceslas Lavelloi et le « porteur de thé » Waina Amossa – est injustifiable. Dianou est décédé suite aux tortures infligées lors de son transport, après l'assaut, par une unité de gendarmerie mobile. Quant à ses deux compagnons, ils ont été liquidés alors qu'ils étaient déjà prisonniers et hors d'état de nuire.

L'opération *Victor*

La prise de la grotte de Gossanah, baptisée « opération *Victor* » par l'état-major français, représente la plus sanglante opération de maintien de l'ordre réalisée sur le territoire de la République depuis la fin de la guerre d'Algérie. Elle a été menée par le Groupe d'intervention de la gendarmerie nationale (GIGN), l'Escadron parachutiste d'intervention de la gendarmerie nationale (EPIGN), appuyés par des hommes du 11e régiment parachutiste de choc (11e Choc) – le service Action de la Direction générale de la sécurité extérieure (DGSE) –, du commando-marine Hubert et du 17e régiment du génie parachutiste (RGP). Ce dernier avait été appelé pour faire usage d'une arme en principe proscrite : un lance-flammes !

À la fin du mois d'avril, les Kanak ont décidé de profiter de l'élection présidentielle au cours de laquelle le président sortant François Mitterrand va s'opposer à deux candidats de droite, son Premier ministre Jacques Chirac et l'ancien Premier ministre Raymond Barre, pour se rappeler au bon souvenir de la métropole, qui a oublié que la situation est explosive en Nouvelle-Calédonie.

En 1984, après une période de troubles graves où se succédaient barrages routiers, émeutes, fusillades et assassinats, le gouvernement socialiste de Laurent Fabius avait nommé son délégué en Nouvelle-Calédonie, Edgard Pisani. Installé à Nouméa, l'ancien ministre de l'Agriculture du général de Gaulle, soutenu par les préfets Christian Blanc et Alain Christnacht, était parvenu à relancer le dialogue avec les indépendantistes. Malgré l'opposition parfois violente des Caldoches, c'est-à-dire des Blancs, les Kanak obtiennent une réforme du statut de l'île. Le « Caillou » qui, sur une surface représentant deux fois la Corse, rassemble quelque 200 000 habitants, sera divisé en quatre régions. Trois seront dirigées par les Kanak et la quatrième, celle de Nouméa, par les Caldoches. Le calme revient à peu près jusqu'à la victoire de la droite aux élections législatives de mars 1986. Bernard Pons, le nouveau ministre des DOM-TOM de Jacques Chirac devenu Premier ministre, présente alors aux Caldoches un « plan de sauvegarde de la démocratie » qui revient sur l'autonomie accordée aux régions kanak et proclame la « portée universelle de la civilisation française ».

Pour « ramener la confiance », il lance une campagne de « nomadisation » de l'armée : les 6 000 hommes cantonnés en Nouvelle-Calédonie s'installent en brousse auprès des « tribus » kanak. Officiellement, ce quadrillage a été mis en place pour des raisons humanitaires, mais la présence des militaires est considérée par le Front de libération nationale kanak et socialiste (FLNKS) comme une occupation militaire coloniale. Le mouvement indépendantiste fait le parallèle avec les campagnes de pacification de l'armée française en Algérie et obtient de l'Organisation des

Nations unies (ONU), en décembre 1986, l'inscription de la Nouvelle-Calédonie sur la liste des territoires à décoloniser. Le FLNKS radicalise sa position, rompt les discussions avec le ministre des DOM-TOM et obtient le soutien du président libyen Kadhafi. Les barrages routiers avec caillassage systématique des voitures reprennent. Même Jean-Marie Tjibaou, le leader kanak jusque-là plutôt modéré, appelle à la résistance.

Après un référendum – boycotté par les Kanak – qui s'est prononcé contre l'indépendance de l'île, le ministre des DOM-TOM annonce la tenue d'élections régionales le jour du premier tour de scrutin de la présidentielle du 24 avril 1988. Le FLNKS annonce son intention d'en empêcher le déroulement et prépare l'occupation de plusieurs gendarmeries. En réalité, ce sera uniquement celle de Fayaoué, sur l'île d'Ouvéa, qui sera investie. Le commando indépendantiste tue les gendarmes Edmond Dujardin, Daniel Leroy et Jean Zawadzki et blesse le major Georges Moulié – qui décédera deux jours plus tard à l'hôpital de Sydney, en Australie. Puis les Kanak disparaissent dans la brousse avec les vingt-six autres gendarmes présents sur place, et un stock d'armes. Le gouvernement parle de « barbarie » et de « sauvagerie ». Il envoie des unités spéciales autorisées à faire usage de leurs armes à Ouvéa, dont l'accès est interdit à la presse.

Le patron du GIGN, le capitaine Philippe Legorjus, qui espère pouvoir négocier, est capturé avec cinq de ses hommes et le substitut du procureur de Nouméa. Les prisonniers sont enfermés avec les autres otages dans la grotte de Gossanah, au nord d'Ouvéa. Les forces spéciales qui, après des interrogatoires musclés, ont localisé la grotte, donnent l'assaut le 5 mai, trois jours avant le second tour de la présidentielle.

La victoire militaire remportée sur les Kanak n'a pas permis à Jacques Chirac, qui s'était opposé à toute négociation, de remporter l'élection, mais elle donne très vite naissance à des révélations. Non contents d'avoir « secoué » les indigènes pour les faire parler, les hommes des forces spéciales auraient, après l'assaut, achevé des blessés, dont le chef du commando kanak Alphonse Dianou.

Le « miracle de Matignon »

L'enquête commandée par Jean-Pierre Chevènement, à peine nommé ministre de la Défense de Michel Rocard, a démontré que des actes contraires « au devoir militaire » avaient été commis à Ouvéa. Mais elle n'aura pas de prolongements judiciaires : le 20 décembre 1989, le Parlement adopte une loi amnistiant les auteurs d'actes commis dans le cadre des troubles de Nouvelle-Calédonie. Les militaires échappent donc à toutes poursuites, de même que les Kanak tueurs de gendarmes et les gendarmes accusés d'avoir abattu, en 1985, Éloi Machoro et Marcel Nonnaro, deux leaders du FLNKS.

Pour parvenir au vote de ce texte qui avait l'ambition de « définitivement tourner les pages du passé », il a fallu que se réalise ce qui a été appelé le « miracle de Matignon ». Coordonnée par Christian Blanc, un proche du Premier ministre Michel Rocard [1], une mission de médiation s'est rendue en Nouvelle-Calédonie. Elle comportait, à côté de hauts fonctionnaires, le recteur de l'Institut catholique de Paris Paul Guiberteau, le président de la Fédération protestante de France Jacques Stewart, et un ancien Grand-Maître du Grand Orient de France (GODF), Roger Leray. Cette mission est parvenue à faire signer un accord entre deux ennemis qui paraissaient inconciliables : le Kanak Jean-Marie Tjibaou et le Caldoche Jacques Lafleur. (Le 4 mai 1989, Jean-Marie Tjibaou sera assassiné avec son ami Yewéné Yéwéné par un Kanak : ancien pasteur, Djubelly Wéa voulait venger la mémoire des « dix-neuf martyrs » de sa tribu, qu'il considérait comme trahie par le signataire des accords de Matignon.)

Depuis ces accords, la Nouvelle-Calédonie est devenue une « collectivité d'outre-mer » à laquelle sont progressivement transférés les pouvoirs et les compétences étatiques. Entre 2013 et 2018, un référendum décidera de son indépendance ou de son maintien dans la République. D'ici là, la France devra avoir voté une loi constitutionnelle définissant la composition du corps électoral qui se prononcera alors. Un débat qui risque de ranimer des braises que l'on croyait éteintes.

◀ F. Z.

Pour en savoir plus

Alban Bensa, *Nouvelle-Calédonie, Vers l'émancipation*, Gallimard, coll. « Découvertes », Paris, 1999.

Jean-Marie Colombani, *Double Calédonie, d'une utopie à l'autre*, Denoël, Paris, 1999.

Jean Guisnel et Bernard Violet, *Services secrets. Le pouvoir et les services de renseignement sous François Mitterrand*, La Découverte, Paris, 1988.

Philippe Legorjus, *La Morale et l'Action*, Fixot, Paris, 1990.

Gonzague Phélip et Sonia Branglidor, *Le Choc*, Grain de sable, Nouméa, 1999.

Edwy Plenel et Alain Rollat, *Mourir à Ouvéa. Le tournant calédonien*, La Découverte/*Le Monde*, Paris, 1988.

1 Il fut ensuite P-DG d'Air France (1993-1997), président de Merrill-Lynch France (2000-2002), puis président du mouvement politique Énergies démocrates (depuis avril 2002) et, enfin, député UDF des Yvelines (depuis le 15 décembre 2002).

Antoine Raluy, *La Nouvelle-Calédonie*, Karthala, Paris, 1990.

Alain Rollat, *Tjibaou le Kanak*, La Manufacture, Lyon, 1989.

Antoine Sanguinetti, Daniel Heldin, Guy Ramirez, Violaine Weben et Jean-Pierre Weben, *Enquête sur Ouvéa*, Ligue des droits de l'homme, Paris, 1989.

Jean-Marie Tjibaou et Philippe Missotte, *La Case et le Sapin*, Grain de sable, Nouméa, 1995.

Anne Tristan, *L'Autre monde. Un passage en Kanaky*, Gallimard, Paris, 1990.

La rose socialiste et ses cabinets noirs

Admirateur du beau sexe en ce début des années 1980, le ministre syrien de la Défense, le général Moustapha Tlass [▷ p. 365], n'avait d'yeux que pour deux stars de cinéma européennes : Gina Lollobrigida et Carole Bouquet. Est-ce parce que l'un des apprentis stratèges du « Château » – l'Élysée selon le vocable de l'époque – a tenté, pour d'obscures raisons de politique étrangère, de complaire au robuste général que l'actrice française fut mise sur écoutes et ses conversations enregistrées par la cellule élyséenne ? De toutes les hypothèses, celle-ci n'a jamais été publiée : Tlass, en effet, ne faisait pas mystère de la fascination que Carole Bouquet exerçait sur lui, d'autant plus vive qu'il n'avait jamais vu la comédienne autrement qu'à l'écran.

Absurde, en revanche, la manière dont, dès leur arrivée au pouvoir au printemps 1981, les socialistes allaient mettre en œuvre des pratiques bricolées de contournement de l'appareil d'État. Pour comprendre pourquoi et comment, un petit retour en arrière s'impose.

Le syndrome Allende

Avant celui de 2001, il y eut l'autre 11 Septembre, celui de 1973. Ce jour-là, la junte militaire chilienne commandée par le général Augusto Pinochet et soutenue par l'extrême droite renverse le président socialiste Salvador Allende, qui se suicide pour ne pas tomber vivant aux mains des putschistes.

Un drame pour la gauche chilienne, dont 3 000 militants ou sympathisants vont être assassinés dans les mois et les années suivantes. Et une catastrophe pour son homologue française, qui se revendique de la « voie chilienne de passage pacifique au socialisme ». Huit ans plus tard, alors que Mitterrand remporte les présidentielles, une sourde inquiétude tenaille quelques-uns de ses partisans : et si, les mêmes causes produisant les mêmes effets, la victoire électorale entraînait un coup de force militaire et/ou de l'extrême droite ?

Le syndrome Allende est né. Dès mai-juin 1981, il fait des ravages. Parmi les dirigeants socialistes, seuls François Mitterrand et Gaston Defferre, son ministre de l'Intérieur, possèdent une expérience des cabinets ministériels. Les autres, souvent conseillés par d'ex-militants gauchistes plus novices qu'eux encore en matière étatique, improvisent. Pêle-mêle, le Service de documentation extérieure et de contre-espionnage (SDECE), la Direction de la surveillance du territoire (DST), le Service d'action civique (SAC), les troupes d'élite seraient, croient savoir certains, en passe de multiplier les actions subversives contre le nouveau pouvoir. Quelques armes volées dans une caserne de Foix, en novembre 1981 ? Ça y est, c'est un coup des « fachos » (il s'agissait en réalité de petits truands)...

Dans ce climat de psychodrame entretenu par quelques conseillers paranoïaques ou farfelus, certains socialistes, au lieu de s'assurer de la loyauté de l'appareil d'État républicain comme il convient en régime démocratique, choisissent de le contourner. Tel contacte les anciens des Brigades rouges italiennes réfugiés en France, considérés comme des experts en lutte armée. Tel autre prend langue avec le petit groupe de Français proches du Fatah palestinien, le mouvement de Yasser Arafat : en cas de coup dur, les Palestiniens seraient-ils prêts à apporter une aide ? Tel mobilise dans le même but ses amis ex-gauchistes ou ceux de ses enfants...

Bien que certains de ses conseillers à la sécurité craignent de le voir subir à son tour le destin tragique d'Allende, Mitterrand, lui, ne s'en soucie guère. Mais il finit par s'inquiéter de ces réactions désordonnées qui risquent de devenir compromettantes. Trois événements ont en outre alerté les services chargés de la sécurité rapprochée du président : la tentative d'assassinat de Ronald Reagan le 30 mars 1981, celle contre Jean-Paul II, le 13 mai 1981, et enfin l'assassinat du président égyptien Anouar El-Sadate, le 6 octobre de la même année [1]. Avec l'accord du président, Defferre prolonge ainsi le mandat de Marcel Chalet, le patron de la DST – lequel, alors jeune commissaire, l'avait « blanchi » en 1954 au moment de l'affaire des « fuites » des dossiers secrets de la guerre d'Indochine.

---

1 Voir Jean GUISNEL et Bernard VIOLET, *Services secrets. Le pouvoir et les services secrets sous François Mitterrand*, La Découverte, Paris, 1988, p. 88-90.

Et puis il y a les gendarmes, synonymes d'esprit républicain même s'ils ont servi sans ciller deux monarchies, deux empires et, pour une bonne part d'entre eux, le régime de Vichy. Traumatisé par les attaques de la droite qui l'accuse, injustement, de laisser par philogauchisme le champ libre à un terrorisme meurtrier qui est pour l'essentiel d'origine moyen-orientale, Mitterrand voit en eux le salut. Son ministre de la Défense, Charles Hernu, lui-même fils de pandore, l'y incite. Sans compter l'astuce de Christian Prouteau et de son second Paul Barril, chefs du Groupe d'intervention de la gendarmerie nationale (GIGN), dont un homme en civil – mais porteur d'une arme – a pu serrer sept fois la main du président en déplacement sans être intercepté par le service des voyages officiels – des clichés de cet « exploit » étant naturellement transmis pour preuve au chef de l'État...

Le 17 août 1982, Prouteau fait son entrée à l'Élysée comme conseiller technique en charge de la lutte antiterroriste. La « cellule antiterroriste de l'Élysée » est née. Comme si les socialistes avaient oublié cette leçon de l'Histoire, illustrée, entre autres, par la bataille d'Alger de 1957-1958 : il est toujours dangereux d'imposer à des militaires des missions pour lesquels ils ne sont pas faits. Or les gendarmes, même d'élite, ne sont faits ni pour le renseignement antiterroriste, tâche très spécialisée, ni pour l'espionnage politique, répréhensible et illégal. Et pourtant...

Les Irlandais de Vincennes

En janvier 2005, le cadavre d'une jeune femme est découvert sur une plage voisine de Clonmany, dans le Donegal, au nord-ouest de l'Irlande. Il s'agit de Mary Reid, ancienne militante de l'aile marxiste dure du mouvement républicain irlandais, plus précisément de l'Irish National Liberation Army (INLA), branche armée de l'IRSP (Irish Republican Socialist Party) beaucoup moins implantée et structurée que l'Irish Republican Army (IRA). La preuve : en proie aux luttes de fraction, l'INLA s'est abîmée dans d'impitoyables règlements de compte avec assassinats à la clé. En France, la mort de la jeune femme passe inaperçue. Vingt ans plus tôt, pourtant, Mary Reid, impliquée dans l'affaire des Irlandais de Vincennes, première bavure spectaculaire de la cellule élyséenne, se trouvait au cœur de l'actualité.

Dès 1982, Mary Reid, son ami Michael Plunkett et un autre membre de l'IRSP, Stephen King, viennent s'installer en France, se présentant aux sympathisants français de la cause irlandaise comme de simples réfugiés politiques qui viennent de déposer les armes. Parmi ces sympathisants, Bernard Jégat, pigiste de télévision et de presse écrite. Un de ces gauchistes un peu paumés qui brûlent d'exister en se raccrochant à tel groupe clandestin ou à tel autre. Jégat a déjà fait, sans succès, les « bordures » de divers mouvements tiers-mondistes.

Là, il se met au service de Plunkett et de ses amis, franchissant la barrière qui sépare la solidarité militante de l'action armée. Car loin d'avoir dételé comme promis, Plunkett projetterait des attentats, manipulerait armes et explosifs au su et au vu de Jégat, auquel il demande même de planquer une partie de son matériel. L'Irlandais aurait par exemple noué des contacts avec des membres du Front populaire pour la libération de la Palestine (FPLP)…

Et survient justement un attentat, mais les Irlandais n'y sont pour rien. Le 9 août 1982, des terroristes du Fatah-Conseil révolutionnaire d'Abou Nidal mitraillent le restaurant juif Goldenberg, rue des Rosiers à Paris. Il y a six morts et vingt-deux blessés. Or Jégat, confondant le FPLP avec le groupe Abou Nidal, déduit à tort de certaines conversations que Plunkett serait lié au massacre. Le voilà qui se rue au siège du *Nouvel Observateur*, dont le directeur, Jean Daniel, ne sachant que faire, consulte l'Élysée, lequel renvoie le jeune homme à la cellule élyséenne tout juste créée. Celle-ci repasse l'informateur providentiel au capitaine Barril, qui se charge de le « traiter ». Jégat quêtait un maître dans les mouvements révolutionnaires clandestins ; il vient d'en trouver un en la personne de l'officier.

Face aux attentats qui ensanglantent alors Paris et minent la crédibilité du gouvernement, l'Élysée rêvait d'un grand coup médiatique. Jégat l'apporte sur un plateau. Le 28 août, le GIGN débarque dans la planque des Irlandais au 82, rue Diderot à Vincennes. Échec interdit : au cas où les occupants de l'appartement n'en détiendraient aucun, les gendarmes ont apporté des armes et des explosifs fournis par Jégat. Ceux qu'ils vont « découvrir » pendant leur perquisition. Dès lors, la machine s'emballe sous la forme d'un communiqué triomphant de l'Élysée annonçant que « deux arrestations importantes ont été opérées en France dans les milieux du terrorisme international. Des armes et des explosifs ont été saisis ».

Dans la précipitation, personne n'a respecté les règles de procédure, personne n'a vérifié les renseignements, personne n'a réfléchi. Résultat : un fiasco judiciaire que va dévoiler pan par pan Edwy Plenel dans les colonnes du *Monde*, où cet ancien militant trotskyste effectue alors une fulgurante percée. Après neuf mois de détention, les Irlandais de Vincennes sont libérés. Personne n'est mis en examen, mais Barril, bête noire de la presse – qui révèle l'une après l'autre ses tentatives de négociations secrètes avec le FNLC corse, le groupe Action directe ou les mouvements arméniens (question : qui a eu l'idée saugrenue de vouloir transformer ce soldat d'élite en diplomate parallèle ?) –, quitte officiellement le service de l'État en 1984 pour « pantoufler » dans la sécurité privée. Jégat, aujourd'hui décédé, devient, lui, un informateur de la DST.

L'affaire aura marqué d'un sceau indélébile la cellule élyséenne, tenue en suspicion par la presse. Mais à l'Élysée, on continue de penser que le contournement de l'appareil d'État paye…

L'Élysée écoute les Français

Le scandale du Watergate commença le 17 juin 1972 quand une équipe liée à la Maison-Blanche se fit prendre en train d'installer du matériel d'écoute dans les locaux de la convention démocrate, pour se terminer le 9 août 1974 par la démission du président Richard Nixon. Les hommes du Watergate appartenaient à une unité spéciale « antifuites » chargée de repérer par tous les moyens (écoutes, filatures, sonorisation de locaux) quelles « gorges profondes » informaient la presse des plans secrets de l'exécutif américain. Au gré des détestations personnelles de Nixon (les intellectuels, les communistes, les homosexuels et, naturellement, les démocrates), ces anciens du FBI ou de la CIA allaient dériver vers l'espionnage politique pur et simple.

La leçon, faut-il croire, n'a pas suffi, puisque dix ans plus tard en France, la cellule élyséenne – gendarmes, policiers des Renseignements généraux (RG) ou de la DST – va suivre une trajectoire comparable. À cette différence près qu'au départ, Nixon avait de véritables secrets d'État à protéger. Secrets « contre » le peuple américain quand il s'agissait de camoufler beaucoup d'aspects de la guerre du Viêt-Nam. Mais secrets « pour » aussi, quand le président et ses hommes négociaient avec la Chine populaire un renversement d'alliance, ou avec l'URSS des accords de désarmement nucléaire, deux domaines où des révélations malencontreuses de la presse auraient pu avoir des conséquences très graves.

Quels secrets d'État François Mitterrand devait-il protéger ? L'existence de sa fille Mazarine Pingeot, dont la presse française, fidèle à une tradition de discrétion pour ce qui concerne la vie privée, ne risquait guère de parler ? Le fantasme, jamais étayé par les faits, de l'extrême droite sur le point d'attenter à sa vie ? Son passé vichyssois, dont de Gaulle avait pourtant refusé dès 1965 que l'on se serve contre lui ? À sa décharge, une tradition française, une autre : celle d'une classe politique qui confond volontiers renseignement et renseignements généraux, services spéciaux et police politique, secrets d'État et secrets d'alcôve. Du coup, la cellule devient la voix, ou plutôt l'oreille, de son maître. La voilà chargée d'écouter, d'enregistrer et de rapporter, le tout en utilisant les moyens de l'État – le Groupement interministériel de contrôle (GIC), qui gère les écoutes officielles – mais en continuant à contourner ses règles, comme si l'institution étatique restait par nature une entité antisocialiste, un peu illégitime peut-être même…

D'août 1982 à mars 1986, date de retour de la droite à Matignon, l'Élysée va mettre 150 personnes sur écoutes, enregistrer 3 000 conversations et ficher 2 000 de leurs protagonistes. Parmi les victimes : des journalistes (Edwy Plenel, Georges Marion, Hervé Brusini), des avocats (Antoine Comte, défenseur des Irlandais de Vincennes), des écrivains (Jean-Edern Hallier), des politiques (Joël Galipapa, proche de Charles Pasqua ; François Froment-Meurice, dirigeant du

Centre des démocrates sociaux [CDS]) ; des personnalités du monde du spectacle comme Carole Bouquet. Naturellement, leurs familles et leurs relations personnelles sont les victimes collatérales de ce que les initiés appellent les « bretelles du président ».

Quand il était conseiller de Michel Debré pour les questions de sécurité entre 1959 et 1962, ces pratiques étaient infiniment plus nombreuses, fera remarquer Constantin Melnik dans une tribune du *Monde*, le 22 octobre 1996 : « À vrai dire, les écoutes de l'Élysée pratiquées sous François Mitterrand m'apparaissent comme des jeux d'enfants improvisés par rapport à ce qui était systématiquement effectué durant les premières années de la Vᵉ République. » C'est d'autant plus vrai qu'à l'époque, Melnik, considéré par le cabinet du ministre des Armées, Pierre Messmer, comme proactiviste, était lui-même écouté ! Et qu'un futur maréchal de France, Pierre-Marie Koenig, Français libre, héros en 1942 de la bataille de Bir-Hakeim (à laquelle Messmer lui-même avait participé), se trouvait placé lui aussi sur écoutes ! Mais c'était dans un contexte de guerre, le conflit algérien, voire de guerre civile avec l'OAS, laquelle n'était pas un fantasme, mais une réalité [▷ p. 94].

De quoi donner raison à Karl Marx, qui assurait que l'Histoire ne se répète qu'en tragédie ou en farce. Car c'est pour éviter une tragédie hypothétique, un coup de force à la Pinochet, que la cellule élyséenne allait jouer, sur ordre, une farce dangereuse pour la démocratie. Le 4 mars 1993, *Libération*, suivi de peu par *Le Nouvel Observateur* et *Le Point*, révèle enfin l'existence de ce cabinet noir. Il faudra néanmoins attendre… onze ans pour que le procès des écoutes de l'Élysée s'ouvre fin 2004 devant la 16ᵉ chambre du tribunal correctionnel de Paris. Onze personnes sont mises en examen pour « atteinte à l'intimité de la vie privée » : sept membres de la cellule (dont son chef de 1982 à 1988, le préfet Prouteau) ; Gilles Ménage, directeur adjoint du cabinet présidentiel à l'époque des faits ; Michel Delebarre et Louis Schweitzer, directeurs de cabinet successifs du Premier ministre ; le général Pierre-Eugène Charroy, patron du GIC. Quant à Barril, il est mis en examen côté cour pour « recel des données informatiques » du secrétariat de la cellule, mais figure, côté jardin, parmi les plaignants, comme personne écoutée !

Les débats vont faire apparaître la responsabilité de François Mitterrand, dont le tribunal dira qu'il a été « l'inspirateur et le décideur pour l'essentiel » des faits reprochés, tout en notant qu'il avait, lui aussi, le droit de défendre sa vie privée. Compte tenu de cette responsabilité du président et « des ministres de la Défense successifs qui ont mis à la disposition [de la cellule] tous les moyens de l'État afin de les exécuter », les fautes commises par les inculpés, diront aussi les juges, « n'étaient pas détachables du service de l'État ». Perverti en l'occurrence, des fonctionnaires ayant été détournés de leurs tâches. D'où un verdict mesuré en novembre 2005 : quelques amendes et des peines avec sursis, toutes amnistiées en vertu d'une loi votée après l'élection présidentielle de 1988, donc non inscrites au casier judiciaire.

Dont acte. Pour la justice, l'affaire est close. Reste une grave fêlure dans l'image des socialistes en général, et de François Mitterrand en particulier, ce président qui n'écoutait pas tous les Français mais seulement quelques-uns d'entre eux...

◂ R. K.

Pour en savoir plus

Paul Barril, *Les Archives secrètes de Mitterrand*, Albin Michel, Paris, 2001.

—, *L'Enquête explosive*, Flammarion, Paris, 2000.

Yves Bonnet et Pascal Krop, *Les Grandes oreilles du président. La vérité sur le scandale des écoutes téléphoniques*, Presses de la Cité, Paris, 2004.

Dominique Érulin, *Gibier d'État. Mes quatorze années de cavale pour échapper aux barbouzes de François Mitterrand*, Albin Michel, Paris, 2002.

Gilles Ménage, *l'Œil du pouvoir*, tome 1, *Les Affaires de l'État*, Fayard, Paris, 1999, et tome 2, *Face aux terrorismes*, Fayard, Paris, 2000.

Georges Moréas, *Écoutes et espionnage*, Stock/Éditions n° 1, Paris, 1990.

Jean-Marie Pontaut et Jérôme Dupuis, *Les Oreilles du président. Suivi de la liste des 2 000 personnes écoutées par François Mitterrand*, Fayard, Paris, 1996.

Christian Prouteau, *Au service du président*, Michel Lafon, Paris, 1999.

La France complice ou otage de la seconde guerre d'Algérie ?

Alors que Kasdi Merbah, le fondateur de la Sécurité militaire algérienne (SM), ancien Premier ministre à la fin des années 1980, baigne dans son sang, le 21 août 1993, les enquêteurs s'étonnent de ne retrouver sur le sol aucune douille suite aux rafales de pistolet-mitrailleur Uzi, de fabrication israélienne, qui l'ont abattu, lui, son fils et leurs deux gardes du corps dans deux véhicules au carrefour d'Alger-Plage. C'est le premier détail qui m'a mis la puce à l'oreille. Quelques exemplaires de cette arme, évidemment rare en Algérie pour des raisons idéologiques d'« antisionisme », avaient été saisis par les services spéciaux en avril 1993 dans la banlieue d'Alger, suite à une fusillade au cours de laquelle avaient péri six clandestins du Mouvement islamique armé (MIA). Et c'était du « travail de pro »...

« La délicate situation algérienne »

Ensuite, la présence de l'ancien président Ahmed Ben Bella à ses funérailles est surréaliste lorsque l'on se souvient que Kasdi Merbah – adjoint du colonel Houari Boumediene – l'avait fait arrêter lors du coup d'État de 1965, suite à quoi le dirigeant historique de l'insurrection algérienne s'était retrouvé en résidence surveillée pendant quinze ans. Toutefois, si Ben Bella s'est recueilli sur sa tombe, c'est que ses positions étaient proches de celles de Merbah peu avant sa mort. À savoir qu'un an et demi après que les chefs de l'armée algérienne avaient engagé un coup de force, en janvier 1992, afin d'empêcher la victoire annoncée du Front islamique du salut (FIS) aux élections législatives, et déposé le président Chadli Bendjedid, l'Algérie risquait de sombrer dans une guerre civile sanglante. Ils le craignaient tous deux, et avaient pris des dispositions pour éviter l'abomination qu'ils pressentaient.

Oubliant leurs différends, Ahmed Ben Bella et Kasdi Merbah faisaient donc partie de ceux qui avaient pris langue avec des dirigeants du FIS exilés en Europe, après les grandes rafles anti-islamistes et les internements massifs dans le désert saharien. Les deux chefs espéraient engager avec les secteurs les moins intransigeants du pouvoir militaire une amorce de réconciliation. Parmi ces généraux plus « souples », figurait le futur président Liamine Zéroual, un des « Boussouf's Boys » comme Merbah – ces officiers formés autrefois, avec l'aide des Soviétiques du KGB, par le fondateur des services secrets algériens, Abdelhafid Boussouf [▷ p. 345].

Pour ces raisons et grâce à d'autres sources concordantes en provenance d'Algérie, je publiais donc un article, comme à l'habitude dans *Le Journal du dimanche*, le 29 août 1993, intitulé : « Attentat contre Kasdi Merbah : la piste des services secrets algériens ». Y figuraient également des informations concernant deux autres événements graves dont on pouvait légitimement se demander s'ils étaient vraiment imputables aux islamistes : l'attentat à la bombe contre l'aéroport Houari-Boumediene qui avait fait neuf morts et cent vingt-trois blessés, le 26 août 1992 ; et, surtout, l'assassinat du président de la République Mohamed Boudiaf, le 29 juin 1992, par un membre de sa garde rapprochée alors qu'il était en déplacement à Annaba (Bône, du temps des Français). Je soulignais l'ampleur du mystère : « Après les aveux du meurtrier, membre de la sécurité rapprochée des hauts dignitaires, ainsi qu'une purge dans ce service, l'enquête est restée au point mort. »

« Pourtant, ajoutais-je, les mobiles ne manquaient pas : l'intransigeance de Boudiaf vis-à-vis du FIS le désignait aux coups des islamistes, mais sa volonté de lutter contre la corruption et le "trabendo" – le marché noir local – en faisait la bête noire de la nomenklatura du FLN, l'administration de l'ex-président Chadli. » Pour conclure, ayant eu des indications au plus haut niveau à Paris, je précisais que « les services spéciaux français ont mené leur enquête et conclu à une opération organisée par la gendarmerie, les services secrets algériens et l'ancienne administration Chadli ».

Comme on l'a su par la suite, tous les soupçons se sont portés sur des personnalités comme le général Larbi Belkheir, l'un des cerveaux du coup d'État de janvier 1992, et le chef du contre-espionnage, le colonel Smaïl Lamari, dit « Smaïn ». Ces hommes très puissants semblaient prêts à tout pour maintenir leur clan au pouvoir.

Après presque dix ans de reportages et d'articles, ce papier mit fin à ma collaboration avec l'hebdomadaire. De façon feutrée, on cessa de me publier. Un de mes confrères, promu de nos jours à la tête de ce journal, m'avait amicalement prévenu : « Un gars du cabinet de Charles Pasqua [ministre de l'Intérieur] a appelé la rédaction en chef en signalant qu'il était dommage que l'on publie des articles peu crédibles sur la délicate situation algérienne... » La messe était dite. Par chance, j'ai pu poursuivre pour le journal londonien *The European* mes enquêtes concernant l'islamisme et son instrumentalisation en Algérie, au Maroc et en Tunisie par des secteurs du pouvoir [1]. Puis, elles ont fourni la matière à plusieurs livres, dont un sur la Direction de la surveillance du territoire (DST).

Tous les témoignages publiés depuis, en particulier ceux de déserteurs du Département du renseignement et de la sécurité (DRS, qui avait remplacé la SM en 1990) ou de l'armée, ainsi que les ouvrages bien documentés [2], démontrent aujourd'hui que l'on était bien en dessous de la vérité en supposant à l'époque que certains généraux cherchaient à faire sombrer l'Algérie dans une seconde guerre, encore plus terrible que la première, puisque fratricide, dans l'espoir de se maintenir au pouvoir. Dès l'automne 1993, le DRS dirigé par le général Mohammed Médiène (« Toufik ») et son adjoint au contre-espionnage, Smaïl Lamari, mais aussi les généraux « éradicateurs » amis proches du clan Belkheir – les généraux Khaled Nezzar, Mohamed Lamari, Mohamed Touati et d'autres – allaient forcer la main à de nombreux cercles dirigeants français pour les obliger à participer à cette « sale guerre ».

1 À l'inverse de leurs collègues français, les responsables de *The European*, Charles Garside et David Meilton, m'encourageaient à poursuivre mes investigations, alors même que l'ambassadeur d'Algérie à Londres leur suggérait de dénicher un autre correspondant sur ces affaires, qui serait plus en phase avec les désirs d'Alger...

2 Dont on trouvera une liste ci-dessous à commencer par le plus complet : Lounis Aggoun et Jean-Baptiste Rivoire, *Françalgérie, crimes et mensonges d'États*, La Découverte, Paris, 2004.

Le faux enlèvement des agents du consulat français à Alger

Avec la nomination d'Édouard Balladur au poste de Premier ministre, le 29 mars 1993, et le retour de Charles Pasqua au ministère de l'Intérieur, l'attitude à l'égard des islamistes algériens a changé à Paris. D'une part, Pasqua fait appel à son réseau corse pour prendre en charge les affaires terroristes et islamistes, Jean-Charles Marchiani [▷ p. 355] et Daniel Léandri en tête. D'autre part, on assiste à une évolution de la vision stratégique.

Jusque-là, les services de police et de contre-espionnage (Renseignements généraux [RG], Direction de la surveillance du territoire [DST]) avaient tenté d'analyser finement la situation en distinguant parmi les islamistes entre les tenants de la tendance « algérianiste » (Djez'ara) et ceux de la tendance internationaliste (« salafiste »). En résumant à grands traits, les premiers, tels Djaffar El-Houari ou Moussa Kraouche, avaient fondé en 1990 la Fédération algérienne en France (FAF) et représentaient dans l'Hexagone Rabah Kébir, le chef de la délégation parlementaire du FIS en Europe, réfugié en Allemagne. Ce dernier essaie alors de couvrir de son autorité des actions armées qui se produisent en Algérie, mais il faudra attendre l'été 1994 avant qu'une organisation armée proche des positions du FIS, l'Armée islamique du salut (AIS), soit vraiment structurée.

L'autre tendance, la salafiste, notamment dirigée par Kamreddine Kherbane (un ancien pilote de Mig, chef du service du renseignement du FIS avant sa dissolution imposée le 4 mars 1992), s'inspire de l'islamisme du Proche-Orient et surtout de l'expérience militaire des moudjahidine algériens qui ont combattu dans les années 1980 contre l'Armée rouge en Afghanistan, où ils ont côtoyé les futurs concepteurs du groupe Al-Qaida d'Oussama Ben Laden. Nombre de ces derniers participent aux actions des groupes islamiques armés (GIA), apparus en Algérie dès la fin 1992.

Les RG et la DST les surveillent tous, mais il est bien évident pour les analystes que l'on peut plus facilement tolérer les premiers, avec qui le gouvernement algérien négociera fatalement un jour, que les seconds, prompts à utiliser des méthodes terroristes frappant des victimes indiscriminées. De plus – les Français s'en rendent bien compte dès cette époque –, ces GIA sont plus facilement manipulables par le DRS afin de discréditer le FIS, quand ils n'ont pas été formés *ex nihilo* par ces services secrets.

Le changement est encore plus patent quand Charles Pasqua choisit le préfet Philippe Parant pour remplacer le mitterrandien Jacques Fournet à la tête de la DST : cette dernière intensifie alors la surveillance de la FAF et fait expulser algérianistes et salafistes. (Mais, fait curieux, Kamreddine Kherbane, expulsé de France, est aussitôt de retour grâce à un passeport fourni par… la DST. Qui manipule qui ?)

Le 24 octobre 1993, trois fonctionnaires du consulat français à Alger, Alain Fressier, Jean-Claude et Michèle Thévenot sont kidnappés, officiellement par un GIA dirigé par Djaffar El-Afghani. Ce dernier réclame la libération d'Abdelhak Layada, considéré comme le fondateur des GIA et extradé du Maroc pendant l'été.

Deux émissaires français sont immédiatement envoyés auprès du ministre de l'Intérieur algérien : l'un est bien sûr l'homme de confiance de Charles Pasqua, Jean-Charles Marchiani, et l'autre « Monsieur O. », un spécialiste de l'Algérie à la cellule de l'Élysée que dirige Pierre Chassigneux, ancien patron des RG, en remplacement de Gilles Ménage (parti présider EDF). « Marchiani et moi n'en croyons pas nos oreilles quand le ministre algérien de l'Intérieur et les chefs du DRS nous disent de ne pas nous inquiéter, que nos trois fonctionnaires sont en bonne santé et vont être libérés, nous explique O. quelque temps plus tard. Alors, nous demandons : "Pourquoi ne les faites-vous pas libérer immédiatement ? S'agit-il d'une fiction que cette détention entre les mains des islamistes ?" [1] »

« Nous attendons de vous un geste », rétorquent les Algériens aux deux émissaires. En clair, les généraux souhaitent que Charles Pasqua donne un coup de pied dans la « fourmilière » islamiste en France... En tout cas, le 27 octobre 1993, les otages sont libérés des mains de leurs ravisseurs, dirigés dit-on, par un certain Abdelkader Hattab, le même chef des GIA que l'on avait crédité en août d'avoir assassiné Kasdi Merbah... Rapatriés en France – en ordre dispersé, car les deux hommes semblent avoir pu « s'évader » indépendamment de Michèle Thévenot –, les trois otages ont parfaitement compris qu'ils avaient été faussement kidnappés par des éléments dépendant des services spéciaux algériens. Sommés de se taire sur ce qu'ils savent, ils seront discrètement dirigés dans un poste éloigné de l'océan Pacifique. Il faudra attendre plusieurs années pour qu'ils brisent la loi du silence et confirment eux-mêmes ce que je révélai en 1999 à propos de ce faux enlèvement [2].

L'opération *Chrysanthème* et les attentats de 1995

Au gouvernement, certains ont autant de mal que le grand public à comprendre ce qui se trame exactement. Comme l'écrira le journaliste Hubert Coudurier : « Souvent court-circuité par les liens étroits entre la DST et la

1 Entretien avec l'auteur, 2 décembre 1993.

2 Roger Faligot et Pascal Krop, *DST, police secrète*, Flammarion, Paris, 1999. Voir le détail des révélations des otages français dans Lounis Aggoun et Jean-Baptiste Rivoire, *Françalgérie, crimes et mensonges d'États*, *op. cit.*

Direction du renseignement et de la sécurité (DRS), le gouvernement Balladur appréhende mal le mode de fonctionnement du gouvernement algérien. Nicolas Bazire, l'ancien directeur de cabinet d'Édouard Balladur, se souvient avoir eu toutes les peines du monde à tenir des réunions de coordination des services secrets dans son bureau, en raison de l'opposition résolue de Charles Pasqua [1]. »

Toujours est-il qu'à l'automne 1993, le ministre de l'Intérieur lance l'opération *Chrysanthème*, au cours de laquelle des dizaines de militants et de sympathisants de la FAF sont arrêtés. Nombre d'entre eux sont expulsés. En 1997, nous avons retrouvé à Londres, afin de l'interviewer, Djaffar El-Houari, qui avait transité par le Burkina Faso, comme d'autres dirigeants du FIS en Europe. Pour lui, il ne fait aucun doute que l'opération *Chrysanthème* voulue par le DRS a eu pour conséquence de désorganiser le mouvement politique au profit des éléments les plus radicaux, d'ailleurs souvent inconnus des services spéciaux. De surcroît, à l'instigation des mêmes services spéciaux algériens, le risque était grand d'assister à la création de faux GIA ou d'organisations islamistes infiltrées et téléguidées pour discréditer son mouvement en Algérie comme en France – notamment au cours des attentats meurtriers qui se sont effectivement produits sur le sol hexagonal en 1995 [2]...

De nombreux cadres des services spéciaux français partagent cette analyse. En fait, en chassant tous ces cadres de l'ex-FIS hors de France, ils se privent de la possibilité de les suivre de près et, surtout, de maintenir des passerelles. En outre, des éléments plus radicaux, souvent inconnus de la DST ou des RG, ont constitué peu après des cellules clandestines en France. Certains militants échappent aux mailles du filet : c'est le cas d'un certain Ali Touchent. Mais il y a une raison à cela : c'est une taupe du DRS, chargée d'infiltrer les milieux islamistes en France et en Belgique. Le moment venu, il manipulera des réseaux, tel celui du jeune Khaled Kelkal, qui, à l'été 1995, commettra des attentats dans la région lyonnaise avant d'être abattu par des tireurs d'élite de la gendarmerie. De juillet à octobre 1995, d'autres réseaux contrôlés par Ali Touchent commettront une série d'attentats (dont le plus meurtrier fut celui de la station de RER Saint-Michel à Paris, le 25 juillet) qui feront au total dix morts et plus de deux cents blessés. Seuls des lampistes seront arrêtés – et plus tard lourdement condamnés –, sans que la police ni la justice française aient jamais reconnu l'implication des services algériens.

Pourtant, les plus hauts responsables n'ignorent pas que ces attentats – de même que le détournement d'un Airbus à Alger, le 25 décembre 1994, auquel il a été mis fin grâce au Groupe d'intervention de la gendarmerie nationale

1 Hubert Coudurier, *Le Monde selon Chirac. Les coulisses de la diplomatie française*, Calmann-Lévy, Paris, 1998.

2 Entretien avec l'auteur, 6 février 1997.

(GIGN) – étaient autant de pressions exercées par les chefs du DRS pour infléchir la politique algérienne de la France, qui venait de se doter d'un nouveau président : Jacques Chirac.

L'enlèvement des moines de Tibhirine

Mais la plus dramatique de ces opérations, aux sources plus qu'équivoques, sera l'enlèvement des moines trappistes de Tibhirine, en 1996. Dix ans après les faits, le mystère des moines otages continue à faire couler beaucoup d'encre. C'est dans le monastère cistercien de Notre-Dame de l'Atlas, à Tibhirine, dans la région de Médéa, à 70 kilomètres au sud d'Alger, que va se dérouler le drame.

Dans la nuit du 26 au 27 mars 1996, une vingtaine d'hommes enlèvent sept moines trappistes qui avaient pourtant reçu l'assurance du chef local des GIA, Salah Attia, qu'ils ne risquaient rien. Ils ont pour nom : Bruno Lemarchand, Michel Fleury, Célestin Ringeard, Christian de Chergé, Paul Favre-Miville, Christophe Lebreton et Luc Dochier. Ils vivent presque tous depuis de longues années en Algérie. Plusieurs d'entre eux ne cachent pas qu'ils soutiennent la « Plate-forme de Rome » pour la paix en Algérie, un accord signé en janvier 1995 par les principales forces de l'opposition algérienne (dont le FIS), sous l'égide de la communauté Sant'Egidio [1] – une institution catholique, mais indépendante du Vatican, qui intervient dans divers conflits à travers le monde afin d'engager des processus de paix.

Dans la journée du 27, le *wali* (préfet) de Médéa crée une cellule de crise. L'armée commence à ratisser la région, infestée d'islamistes armés dépendant au moins de trois groupes : le GIA de Djamel Zitouni, l'AIS de Farid Achid et l'« escadron de Médéa », que l'on sait particulièrement infiltré par les services spéciaux. Mais c'est surtout Zitouni, *alias* « Abou Abderrahmane Amine », qui est dans le collimateur : on le dit en désaccord avec les autres émirs et il aurait décidé du kidnapping pour frapper la France. C'est déjà lui qui aurait organisé le détournement de l'Airbus de Noël 1994.

Dans un communiqué envoyé par fax, Rabah Kébir, de son exil allemand, dénonce le jour même cette prise d'otages : « L'instance exécutive du FIS à l'étranger vient d'apprendre l'enlèvement de sept religieux chrétiens dans la wilaya de Médéa. Conformément aux préceptes de notre religion, nous dénonçons et condamnons cet acte contraire aux pratiques musulmanes et nous demandons leur libération immédiate. » Il est évident que le FIS et les groupes armés qui en sont proches (comme l'AIS) n'ont aucun intérêt à

1 Pour le détail des négociations ayant conduit à cet accord, voir : Roger Faligot, *Les Seigneurs de la paix*, Seuil, Paris, 2006, p. 197-227.

procéder à un tel enlèvement au moment où ils cherchent une porte de sortie de la crise. Mais Rabah Kébir a une autre raison de se dissocier de cette action : quelques temps plus tôt, il a reçu la visite de Jean-Charles Marchiani, en Allemagne puis en Belgique, et l'émissaire de Charles Pasqua n'a pas mâché ses mots, le menaçant directement de représailles en cas de nouvel attentat sur le sol français : « Nous, les Français, on se fout de ce qui se passe entre vous et votre pouvoir, mais ne vous approchez pas de notre territoire et de nos intérêts à l'étranger [1]. »

Pendant ce temps, le 18 avril, Zitouni revendique officiellement l'enlèvement. Il s'adresse directement au président Chirac, affirmant que les religieux seront sains et saufs, en échange de la libération d'un chef historique de la guérilla islamiste, le toujours même Abdelhak Layada, détenu en Algérie : « Si vous libérez, nous libérons ; si vous refusez, nous égorgeons ! »

Le 30 avril, le poste de la Direction générale de la sécurité extérieure (DGSE) à Alger, en la personne de Pierre Le D. – un Breton qui a déjà été agent secret au Liban –, reçoit une cassette des ravisseurs par un émissaire qui a autrefois travaillé à l'ambassade de France. Cet islamiste n'est autre que le frère du chef du commando qui a détourné l'Airbus français à Noël 1994… Zitouni revendique l'enlèvement et exige à nouveau la libération de Layada. Le lieutenant-colonel Le D. donne à l'émissaire de Zitouni deux numéros de téléphone qui permettraient de rester en contact pour entamer des négociations : le sien à l'ambassade et un numéro spécial de la Piscine, au bout duquel se relaieront des fonctionnaires arabisants des services spéciaux, dans l'attente d'un appel salvateur.

Contrairement à ce que certains ont pu dire plus tard, la DGSE n'est pas novice dans les nouvelles opérations algériennes ; simplement, elle est sous bien plus grande pression que la DST. En Algérie comme en Europe : ainsi en Allemagne, en avril 1994, un opérationnel de la DGSE, grâce à qui un important trafiquant d'armes islamiste Djamel Lounici a été arrêté en Italie, a failli être tué dans une rixe avec des agents du service fédéral de renseignement, le Bundesnachrichtendienst (BND)… Et, comme le SDECE avant elle, la DGSE est en porte-à-faux en Algérie : le service aimerait être en bons termes avec ses homologues algériens, mais en même temps, il « fait du renseignement » dans le pays…

En 1992, au moment des élections, il y avait trois représentants du service, dont le chef de poste David P. (qui a été envoyé ensuite au Portugal, du fait qu'on l'a jugé en danger après une manipulation hasardeuse d'une source

1 Déclaration de J.-C. Marchiani dans une émission de la chaîne Al-Jazira (retranscrite dans le quotidien algérien *El Watan*, 21 novembre 2005). Au cours de la même émission, l'ancien préfet du Var a assuré que François Mitterrand avait donné son aval aux généraux algériens qui avaient arrêté le processus électoral de janvier 1992.

féminine qui était peut-être une taupe du FIS). Son adjoint Nicolas P. a eu l'idée d'effectuer alors un formidable travail d'épluchage des listes électorales en 1991, ce qui a permis de constituer un fichier nominal du FIS ; au moment du kidnapping des moines, il est en charge de la cellule spéciale Algérie à la Piscine, à Paris. En cinq ans, la DGSE a bien sûr tenté d'étendre ses réseaux. Claude Silberzahn, le patron de la DGSE au moment du coup de force des généraux, a étoffé le dispositif d'une dizaine d'agents. Jacques Dewatre, un ancien du service Action qui l'a remplacé en 1993, essaie aussi d'accroître les effectifs, tout comme la nouvelle Direction du renseignement militaire (DRM), dont le représentant officiel à l'ambassade, le colonel François Buchwalter, est ancien chef de poste DGSE à l'île de la Réunion.

Quand on leur demande s'ils ont perdu des agents en Algérie, la réponse est généralement ambiguë. Toutefois, le 22 mars 1994, Roger-Michel Drouaire et son fils, Pascal Valéry, ont été égorgés à Birkhadem parce qu'ils étaient considérés comme d'« honorables correspondants » par leurs tueurs identifiés comme membres du GIA. Un an plus tôt, l'employé d'une entreprise dirigée par l'ancien chef de poste de la DGSE à Copenhague a été également assassiné en Algérie (alors que les sources françaises l'identifient à la fois comme correspondant de la DRM et de la DGSE).

Clairement, ce passif va peser sur les négociations potentielles, d'autant plus que la DST, par contraste, entretient toujours, depuis le début des années 1980, d'excellentes relations avec les services spéciaux algériens [▷ p. 345].

Difficiles négociations

En tout cas, dans l'affaire des moines, pour éviter toute confusion, la DGSE de Dewatre fait rapidement circuler l'information sur les contacts du GIA et la cassette de Zitouni aux Affaires étrangères. Bonne fille, la DGSE en remet également une transcription au DRS algérien, afin que le général Smaïl Lamari ne pense pas que l'on négocie avec le GIA en douce…

Mais le temps presse. Une fois de plus, la DST a recours à son joker : son conseiller, le général Philippe Rondot, fonce en Algérie où il palabre avec Smaïl Lamari, puis vole vers l'Angleterre où résident des chefs islamistes. Il essaie également de prendre contact avec les contacts du GIA au Soudan, où il a capturé Carlos deux ans plus tôt. Mais, contrairement à ce qu'il espère, si les Soudanais hébergent Oussama Ben Laden, ils n'ont pas de si bons contacts avec les islamistes algériens… Bref, aucune filière ne semble payante. Même le roi Hassan II du Maroc est mis à contribution, en vain, pour solliciter la bienveillance des dirigeants iraniens…

Pendant ce temps, Jean-Charles Marchiani rencontre les généraux Mohamed Touati et Khaled Nezzar, hommes forts du clan des « éradicateurs ».

Mais, là encore, ça coince. Les généraux algériens veulent clairement faire payer à Paris les prises de position du gouvernement d'Alain Juppé – qui a remplacé Édouard Balladur depuis un an – et qui ne cache ni sa critique sur les droits de l'homme bafoués en Algérie ni sa volonté de soutenir des plans de paix, telle la Plate-forme de Rome. De plus, ils n'ont pas apprécié que le nouveau ministre de l'Intérieur Jean-Louis Debré ait laissé entendre que les services spéciaux algériens ont pu téléguider certains attentats sur le sol français en 1995.

Debré, quant à lui, a le plus grand mal à faire cohabiter sa DST avec la DGSE dans cette affaire... La cellule de crise, autour du diplomate Hubert Colin de Verdières au Quai d'Orsay, se montre déficiente pour coordonner les opérations. Et le 9 mai, le Quai dément toute transaction entre le GIA et la France. Tout cela sur fond de jeu du chat et de la souris diplomatique entre les deux présidents Jacques Chirac et Liamine Zéroual, pourtant mieux disposé à l'égard de la France que d'autres généraux du clan Belkheir...

D'autres spécialistes, ou réputés tels, essaient encore de dénouer la crise. L'ancien chef de la DST, Yves Bonnet, est tout indiqué : c'est un électron libre et n'est-ce pas lui, avec le commissaire Raymond Nart, qui avait noué les bonnes relations avec l'ex-SM au début des années 1980 ? Il se rend en Algérie, où il revoit son ami Medjdoub Lakhal Ayat, le même qui l'avait aidé à la libération de Gilles Sydney Peyrolles en 1985. Le général algérien explique à Bonnet, tout prêt à le croire : « Smaïl Lamari, le chef du contre-espionnage de la DRS, s'occupe des trappistes. Il n'arrive pas à infiltrer ce groupe-là, pourtant ils ont infiltré la plupart des groupes. Le ratissage a raté. Bien que l'on essaie de repérer des caches grâce à des capteurs de chaleur thermique montés sur hélicoptères. Les photos satellites ne donnent rien non plus [1]. »

Cette fois, la mission impossible de l'ancien chef de la DST n'aura pas été plus couronnée de succès que celles de Rondot ou de Marchiani. À cette différence près que Rondot a fidèlement rapporté au président de la République les propos des Algériens et son sentiment qu'il y a « double jeu »... Le 16 mai, Jacques Chirac demande que Marchiani ne s'occupe plus des otages, après que le Premier ministre Alain Juppé, le ministre des Affaires étrangères Hervé de Charette, le patron de la DGSE Jacques Dewatre et Dominique de Villepin, alors secrétaire général de l'Élysée, l'ont demandé avec insistance au président. Pas de chance pour Marchiani, car Charles Pasqua continuait d'intriguer à cette date pour obtenir la démission de Dewatre afin de le faire remplacer par cet autre ancien du service Action...

---

1 Communication d'Yves Bonnet lors du Congrès de l'Amicale des anciens des services spéciaux de la Défense nationale (AASSDN), 17 mai 1996.

Dans le plus grand secret, Dewatre, qui a jadis mené des opérations pour le compte du 11e Choc pendant la guerre d'Algérie, prépare un scénario d'exfiltration avec ces commandos d'élite pour récupérer les moines.

C'est à cette époque que le Vatican s'inquiète de plus en plus de ne pas être tenu au courant des tractations. Jean-Paul II en personne tente de nouer des contacts. Mgr Jean-Louis Tauran, le chef de la diplomatie vaticane, connaît bien le monde arabe. Il fut naguère nonce apostolique au Liban, où il est devenu l'ami de Yasser Arafat. Mgr Tauran s'adresse à la communauté de Sant'Egidio : ses dirigeants Andrea Riccardi et Don Vittorio Ianari, le spécialiste de l'Algérie, demandent au cheikh Hocine Slimani, l'un des signataires du FIS de la Plate-forme de Rome, d'utiliser son réseau. Ce dernier fait contacter en prison Ali Benhadj, l'un des fondateurs charismatiques du FIS dissous, qui possède de l'ascendant sur tous les djihadistes algériens. La tâche est ardue, mais finalement, grâce à un émissaire discret, le 19 mai, Sant'Egidio peut confirmer que les moines sont toujours vivants...

L'assassinat des trappistes

Parmi ses demandes dans le message fourni à l'ambassade, le chef islamiste Zitouni avait souhaité l'envoi d'un émissaire français pour parler avec les moines. On sait peu de choses sur la façon dont un religieux aurait alors pu rencontrer face-à-face les malheureux otages. Le père Gérard, prieur de l'abbaye d'Aiguebelle à Monjoyer (Drôme), maison mère des moines de Tibhirine, affirmera un peu plus tard qu'un diacre leur aurait parlé et leur aurait donné des hosties consacrées. Sa hiérarchie lui impose le silence...

Selon la version la plus communément admise, Djamel Zitouni aurait découvert une « pastille électronique » incrustée dans le ciboire pour aider à repérer le lieu où se trouvent les otages, grâce à un avion français de type Transall C 160 Gabriel ou un satellite. Des hélicoptères Puma AS 332, avec des commandos de la DGSE sont alors en alerte sur un navire, bourrés de Commandos de recherche et d'action dans la profondeur (CRAPS) [1]. A-t-on vraiment espéré récupérer les moines, sans prévenir les Algériens à qui l'on ne fait pas confiance ? Toujours est-il que, le 21 mai, le communiqué n° 44 du GIA tombe comme un couperet. Il accuse Paris de trahison et annonce : « Nous avons tranché la gorge des sept moines, conformément à nos promesses. Que Dieu soit loué, cela s'est passé ce matin. » Neuf jours plus tard, le gouvernement algérien assurera avoir trouvé les corps. Détail macabre : en fait, seules leurs têtes sont retrouvées.

1 Hubert COUDURIER, *Le Monde selon Chirac*, *op. cit.*, p. 224.

Mais, plus récemment, une tout autre version du drame a été avancée, en particulier par le père trappiste Armand Veilleux, qui était un ami des moines et n'a eu de cesse depuis leur disparition de faire la lumière sur les circonstances de leur enlèvement et de leur mort. S'appuyant notamment sur les témoignages de plusieurs officiers dissidents du DRS, attestant que Zitouni était un agent de Smaïl Lamari, il estime que c'est très probablement ce dernier qui a fait enlever les moines par le groupe de Zitouni, dans le double but de se débarrasser de gêneurs et de faire pression sur la France [1]. Selon un autre déserteur du DRS, l'ex-adjudant Abdelkader Tigha – qui était en poste au QG du DRS à Blida au moment des faits –, l'opération aurait ensuite mal tourné et, pour une raison encore inconnue, Djamel Zitouni aurait ordonné le massacre des moines [2].

On ne saura probablement jamais tous les détails exacts de ce drame, car Zitouni disparaît à son tour. En effet, à l'intérieur de la nébuleuse des GIA, plusieurs chefs ont vu d'un très mauvais œil l'égorgement des trappistes. Début juin, on apprend que l'unité de l'émir de Médéa, Ali Benhadjar, et celle de l'émir de Larbaë, Mustapha Kertali, auraient fait jonction pour traquer Zitouni et sa bande. Lors d'un accrochage, ils auraient tué Zitouni et plusieurs de ses hommes.

Le 22 mai, une radio marocaine annonce la mort des moines. Les médecins légistes établiront que les moines ont bien été tués le 21 mai. Or le même jour, à Paris, on autorisait un émissaire de la DST à relancer les contacts, interrompus un mois plus tôt par ordre. Il était alors bien trop tard ! Les malheureux trappistes ont sans doute été victimes d'un tragique manque de coordination des services français, et leurs homologues algériens étaient trop heureux de leur montrer que l'on ne pouvait rien sans eux.

De ce point de vue, l'affaire des moines ressemblait à celle des employés du consulat d'Alger trois ans plus tôt. Si, comme de plus en plus de témoignages l'indiquent, le général Smaïl Lamari manipulait toute l'opération depuis le début – le groupe de Zitouni étant totalement infiltré par le DRS –, les moines de Tibhirine n'avaient aucune chance d'en sortir vivants. La France devait recevoir une nouvelle leçon : se contenter de faire du « business » et ne plus tenter de s'immiscer dans les affaires politiques d'Alger en voulant soutenir, sous Mitterrand comme sous Chirac, une réconciliation entre Algériens, nécessaire plate-forme à une entente cordiale entre l'Algérie et l'ancienne puissance colonisatrice.

◂ **R. F.**

1 Armand Veilleux, « Hypothèses sur la mort des moines de Tibhirine », *Le Monde*, 24 janvier 2003.

2 Arnaud Dubus, « Les sept moines de Tibhirine enlevés sur ordre d'Alger. Abdelkader Tigha décrit le rôle de la Sécurité militaire et ses liens avec les groupes islamistes armés », *Libération*, 23 décembre 2003.

Pour en savoir plus

Lounis Aggoun et Jean-Baptiste Rivoire, *Françalgérie, crimes et mensonges d'États*, La Découverte, Paris, 2004.

Comité algérien des militants libres de la dignité humaine et des droits de l'homme, *Livre blanc sur la répression en Algérie*, Hoggar, Plan-les-Ouates, 1995.

Louis Blin, Noureddine Abdi, Ramdane Redjala et Benjamin Stora, *Algérie : 200 hommes de pouvoir*, Indigo Publications, Paris, 1992.

Hubert Coudurier, *Le Monde selon Chirac. Les coulisses de la diplomatie française*, Calmann-Lévy, 1998.

Pierre Dévoluy et Mireille Duteil, *La Poudrière algérienne. Histoire secrète d'une république sous influence*, Calmann-Lévy, Paris, 1994.

Roger Faligot, *Les Seigneurs de la paix*, Seuil, Paris, 2006.

Roger Faligot et Pascal Krop, *DST, police secrète*, Flammarion, Paris, 1999.

Lucile Provost, *La Seconde Guerre d'Algérie. Le quiproquo franco-algérien*, Flammarion, Paris, 1996.

Mohammed Samraoui, *Chronique des années de sang. Algérie : comment les services secrets ont manipulé les groupes islamistes*, Denoël, Paris, 2003.

Habib Souaïdia, *La Sale Guerre. Témoignage d'un ancien officier des forces spéciales de l'armée algérienne, 1992-2000*, La Découverte, Paris, 2001.

—, *Le Procès de* La Sale guerre. *Algérie : le général-major Khaled Nezzar contre le lieutenant Habib Souaïdia*, La Découverte, Paris, 2002.

Nesroulah Yous, *Qui a tué à Bentalha ?*, La Découverte, Paris, 2000.

Philippe Rondot le « Libanais » : de Carlos à Clearstream

C'est d'abord l'histoire d'une lignée de soldats. Eugène Rondot, puis son fils Pierre Rondot (1904-2000). Au sortir de Saint-Cyr en 1924, ce dernier est détaché dans les services politiques du Haut-Commissariat de la République française à Beyrouth, et attaché à l'équipe du professeur Robert Montagne, directeur des études arabes de Damas. Grâce à lui, il devient un très grand connaisseur du monde musulman, du Proche-Orient et du Maghreb jusqu'en Indonésie. Il se passionne pour les langues, écrit plusieurs livres – dont *Le Problème de l'unification de la langue kurde* (Geuthner, 1936) – et devient un partisan du Kurdistan libre, l'année même où sa femme Éliane lui donne un fils, Philippe. Pendant la Seconde Guerre mondiale, après la campagne de France, les renseignements de Pierre Rondot seront précieux, en provenance de Damas et d'Ankara – où ses agents sont Étienne Manac'h, futur ambassadeur en Chine, et Angelo Roncalli, futur pape sous le nom de Jean XXIII ! Puis c'est le débarquement en Provence et une pluie de décorations pour ses faits de guerre, sans oublier l'Ordre du Cèdre du Liban.

En 1946, à la fin du mandat français sur la Syrie et le Liban, Pierre Rondot soutient sa thèse (*Les Institutions politiques du Liban*) à Paris et aide le colonel Saëd et son adjoint Gaby Lahoud – qui lui succèdera – à fonder son 2ᵉ Bureau (*Makhtab el-Tani*) à Beyrouth. Comme Pierre Rondot se passionne pour les chrétiens d'Orient, les réseaux du cardinal Eugène Tisserant, lui-même réserviste du 2ᵉ Bureau, lui sont bien connus [▷ p. 603]. En 1949, il fait partie de la mission de l'ONU en Palestine. Ensuite directeur du Centre des hautes études sur l'Afrique et l'Asie modernes (CHEAM), Pierre Rondot enseigne dans les Instituts d'études politiques et forme un nombre impressionnant de militaires, d'universitaires, de journalistes et d'ecclésiastiques, tous captivés par sa rigueur d'analyse autant que son goût du récit. En bref, une figure emblématique pour un fils décidé à marcher sur ses traces.

« Max » au service Action du SDECE

Philippe Rondot est, lui aussi, saint-cyrien. De la promo « Bugeaud » (1958-1960), une pépinière de futurs opérateurs du renseignement : Jean-Claude Baleyte (officier du Service de documentation extérieure et de contre-espionnage, SDECE, puis chef du 13ᵉ régiment de dragons parachutistes), Michel Banon (spécialiste SDECE de la péninsule Ibérique et de l'Afrique), Jacques Dewatre (futur patron de la Direction générale de la sécurité extérieure, DGSE), Jacques Balloffet et Léon Ginsburger (futurs cadres de l'EIREL, l'École interarmées du renseignement et des études linguistiques, devenue Centre de formation interarmées au renseignement, le 1ᵉʳ juillet 2006), Jean-Louis Dufour (attaché militaire, blessé à Beyrouth en 1980, qui fera les riches heures de la télévision comme commentateur de la guerre du Golfe, en 1990 et 1991), Jacques Ferron (de la future Sécurité militaire, DPSD, Direction protection et sécurité de la Défense), Max Valade (à la tête du secteur Afrique de la Piscine), Bruno Élie (futur patron de la Direction du renseignement militaire, DRM, qu'aura justement créée Rondot junior)…

Le voici déjà dans les commandos de chasse : « Officier parachutiste de premier plan, habitué des sauts audacieux en ouverture commandée, il adore travailler en trinôme », nous expliquera son camarade Ivan de Lignières, qu'il a rejoint au service Action du SDECE [1]. Au milieu des années 1960, celui que l'on appelle « Max » fait ses premières armes sous couverture dans le monde arabe et ailleurs (certains affirment l'avoir vu sur les barricades de Mai 68...). Irak et Syrie d'abord, pays à propos desquels il publiera des « Que sais-je ? » à la fin des années 1970...

Mais évidemment – bon sang ne saurait mentir –, il y a d'abord le Liban. En septembre 1969, de concert avec le chef de poste SDECE à Beyrouth, Jacques Reynold de Seresin, Max monte une opération contre le KGB. Son chef local, Alexandre Komiakov, a tenté de soudoyer un pilote instructeur de l'armée libanaise pour qu'il s'envole avec un Mirage III en URSS. Dûment prévenu par Max, le colonel Hicham Rached, chef de la Sécurité militaire libanaise, monte une souricière. Le 30 septembre, les Libanais pénètrent dans un appartement où se réunissent les Soviétiques, mais aussitôt « les Popofs dégainent »... Dans la fusillade qui s'ensuit, Komiakov est blessé. Emmené à l'hôpital, il tente de se suicider en se jetant par la fenêtre...

La scène anticipe un drame qui se produira à Paris, rue Toullier, le 27 juin 1975. Une équipe de la DST est venue arrêter Illich Ramirez Sanchez, *alias* « Carlos », à qui l'on attribue à l'époque de nombreux attentats au profit de la Libye et de la Syrie. Le 27 juin 1975, quand les hommes de la DST pénètrent dans l'appartement de Carlos, celui-ci tire et tue deux de ces fonctionnaires, Raymond Dous et Jean Donatini, ainsi que leur indicateur, Michel Moukharbal, avant de s'enfuir. Débute alors une traque qui durera vingt ans pour venger les hommes du renseignement.

Qui choisit-on pour le retrouver ? Philippe Rondot et Ivan de Lignières. En Algérie, où Carlos s'est caché, il est protégé par la Sécurité militaire de Kasdi Merbah [▷ p. 345]. Au Venezuela, où vit la famille de Carlos, Max et Ivan organisent en 1977 un piège dans le cadre du championnat du monde de cyclisme, un sport qu'affectionne le père du fugitif. Alors que l'équipe pense parvenir à le « serrer », l'opération est interrompue. « À cause des Israéliens... », dit-on à la centrale. Rondot et Lignières ne renoncent pas. Ils ont « logé » Carlos à La Valette (Malte). L'équipe Action effectue des repérages, mais finalement, boulevard Mortier, c'est à nouveau un « feu rouge ».

Négociations au Moyen-Orient

« Ensuite, j'ai eu une période de mise en sommeil, explique Rondot. J'ai rejoint le Centre d'analyse et de prévision [CAP] au Quai d'Orsay, où

1 Entretien avec l'auteur, avril 1990.

j'ai rédigé des notes sur le conflit Irak-Iran [1]. » Ce « sommeil » couvre pudiquement une mise sur la touche, en 1977, suite à une enquête de la sécurité du SDECE. Que reproche-t-on à Max ? Une erreur de traitement d'un agent en Roumanie quand il y était en poste vers 1967-1969... Il faut dire que c'est l'époque trouble où un réseau d'agents roumains, dirigé par Mihai Caraman, a été détecté en France ; et où le lieutenant-colonel Bernard Marie du Chéron de Beaumont d'Abzac de la Douze, représentant le 2e Bureau en Roumanie, est tué dans un mystérieux accident de voiture près de l'aéroport de la capitale roumaine, tandis que sera arrêté Eugène Rousseau, le secrétaire du poste SDECE à Bucarest, recruté par les services yougoslaves [▷ p. 387].

Le chef du service Action, le colonel Alain de Gaigneron de Marolles, prend la défense de Rondot et veut le conserver. Mais voilà que l'on accuse Marolles à son tour de connivence avec la Securitate du dictateur roumain Nicolae Ceausescu ! Écarté de la Piscine, Rondot devient consultant sur le monde arabo-islamique au CAP et ronge son frein. C'est là qu'il fait la connaissance du diplomate Jean-Claude Cousseran, futur patron de la DGSE (2000-2002), mais aussi de jeunes hauts fonctionnaires : Dominique de Villepin et Jean-Louis Gergorin, futurs protagonistes de l'affaire Clearstream [▷ p. 565].

En 1983, Yves Bonnet, préfet non conformiste à la tête de la Direction de la surveillance du territoire (DST), « repêche » Rondot et en fait son conseiller dans la lutte antiterroriste. Il faut dire que Carlos court toujours, même si Rondot le suit à la trace. Mais ce sont aussi de nombreuses négociations pour la libération des otages français au Liban (1983-1986), pour laquelle Rondot coopère avec Jean-Charles Marchiani, un ancien, comme lui, du service Action [▷ p. 355]. Tout comme il accompagne en Algérie Yves Bonnet et Raymond Nart de la DST pour obtenir une aide de la Sécurité militaire algérienne dans cette transaction délicate.

Ses contacts multiples sont noués aussi bien avec le général Moustapha Tlass, patron de la défense syrienne, qu'avec Barzan al-Takriti, demi-frère de Saddam Hussein et chef des services irakiens, ou encore les patrons des *moukhabarat* (renseignements) libyens. Grâce à eux, il peut négocier face-à-face avec Abou Nidal, le chef du Fatah-Conseil révolutionnaire, pour la libération de la famille Valente en 1990. C'est de cette époque que date le prestige de Philippe Rondot – et d'ailleurs la seule photo prise à son insu par un journaliste. « Sa modestie va en souffrir... », soupire Lucien Bitterlin, l'ancien des barbouzes anti-OAS de la guerre d'Algérie qui l'a aidé à rencontrer Abou Nidal.

Rondot demeure celui que l'on envoie quand les autres circuits sont bloqués : pour savoir ce que veut faire l'état-major algérien à l'hiver 1991

1 *Le Journal du dimanche*, 14 mai 2006.

(un coup d'État), ou tenter de libérer avec l'aide de la DGSE les journalistes pris en otage en Irak en 2004 et 2005, Christian Chesnot, Georges Malbrunot et Florence Aubenas. Cette dernière fut d'ailleurs libérée avec l'aide des services spéciaux roumains, dont on accusait autrefois – ironie de l'Histoire – Rondot d'être un agent.

Conseiller des opérations spéciales

Cependant, à partir de 1991, la Ve République lui offre un rôle quasi officiel : conseiller des ministres de la Défense, de gauche comme de droite, pour le renseignement et les opérations spéciales. En mai 1991, le ministre de la Défense Pierre Joxe veut tirer les enseignements de la guerre du Golfe, et remédier à la faiblesse du renseignement militaire français, si dépendant des Américains. On décide de créer une Direction du renseignement militaire (DRM). Rondot en sera l'architecte en regroupant les anciens 2e Bureaux et le Centre d'exploitation du renseignement militaire (CERM). La DRM est confiée au général Jean Heinrich, l'ancien chef du service Action de la DGSE.

Rondot joue aussi un rôle clé dans la définition du nouveau programme de satellites, le lancement d'un nouveau navire espion, la réforme de l'école du renseignement, la création de la Direction des affaires stratégiques (DAS) et, un peu plus tard, dans la mise en place d'un Commandement des opérations spéciales (COS) [▷ p. 407]. Ce dernier lui a été inspiré par l'opération *Hortensia*, en août 1991. En effet, le gouvernement français, s'il n'a pas soutenu, en 1989 et 1990, la tentative de soulèvement antisyrien du général chrétien maronite Michel Aoun, lui a accordé l'asile politique à l'ambassade de France de Beyrouth avant de l'exfiltrer avec plusieurs de ses officiers vers la France, une opération supervisée par le général Rondot.

Désormais, le champ de vision du « Libanais » s'est étendu. En 1991, il assure les contacts officiels entre services français et russes. Grâce à cette initiative, avant la chute de Mikhaïl Gorbatchev, le KGB de Vladimir Kriouchtchkov reçoit le gratin du renseignement français et Rondot lui-même. C'est la première délégation occidentale à visiter le siège du KGB, place Loubianka. Au passage, on négocie le retour en France d'archives de la Sûreté nationale détournées par les nazis en 1940 et récupérées par les Soviétiques après 1945...

Mais c'est surtout la guerre des Balkans qui va mobiliser les énergies du conseiller pour le renseignement et les opérations spéciales (CROS). En 1998, il détecte une « taupe » française au service de la Serbie au sein de l'OTAN, le commandant Pierre-Henri Bunel... À l'été 1999, avec des experts européens, il aide à démilitariser l'UÇK, l'armée de libération du Kosovo, et à la transformer en structure de sécurité civile... En 2002, le ministre de la Défense Alain Richard le charge de gérer la cellule qui doit animer la traque aux criminels de guerre en liaison avec les services serbes et croates réformés [1]...

« Max » la menace et l'affaire Clearstream

Dans le monde du renseignement, indépendamment de toutes les réformes de structures que Rondot a menées à bien, l'arrestation de Carlos au Soudan en août 1994 reste l'opération qui lui vaut l'admiration de tous. Réalisée après des négociations délicates et des contreparties pour les autorités islamistes de Khartoum, elle a été un soulagement pour les hommes de la DST – qui fêtaient alors le cinquantième anniversaire de leur service – et pour Charles Pasqua, de nouveau ministre de l'Intérieur, qui avait donné le feu vert à la relance de la longue traque en 1986. Cette capture illustre la ténacité de Max, l'homme d'action autant que l'analyste. Elle souligne un art subtil dans les palabres avec des interlocuteurs rompus au double jeu, à Alger, Damas, Bagdad, Tripoli ou Beyrouth.

Le général de brigade Philippe Rondot aurait donc eu toute raison de triompher en prenant sa retraite fin 2005, après quarante ans d'opérations spéciales. Mais en quelques mois, pour le grand public, il va devenir « Max la menace », en souvenir d'un feuilleton télévisé des années 1960, dans lequel un espion farfelu rate tout ce qu'il entreprend.

C'est que la « filière libanaise » qu'il a tant côtoyée, autant que son père, précipite sa descente aux enfers. Pour lui, la machine infernale de l'affaire Clearstream s'est mise en route en 2003, après qu'à la demande des politiques, dont il s'est pourtant toujours méfié, il avait engagé, à reculons, des enquêtes sur ce dossier qui mettait en cause – à tort – Nicolas Sarkozy, le principal prétendant à la succession de Jacques Chirac [▷ p. 565]. Rondot s'est piégé en conservant ses notes sur ce que lui confiaient Jean-Louis Gergorin et Dominique de Villepin, ses anciens condisciples du CAP... Et surtout, il a fait confiance à un jeune informaticien, Imad Lahoud, dont le père avait brièvement servi au 2e Bureau libanais [2], créé soixante ans plus tôt par son propre père Pierre Rondot, dont il n'a cessé d'honorer la mémoire...

◀ R. F.

---

1 Pour le détail de ces affaires, voir l'excellent livre de Jacques Massé, *Nos chers criminels de guerre*, Flammarion, Paris, 2006.

2 Imad Lahoud est le fils de l'officier Victor Lahoud, sans rapport avec le chef maronite du 2e Bureau, le colonel Gaby Lahoud (ce dernier, attaché militaire à Prague en 1970 après la refonte des services par le président Soleiman Frangié, a été jugé pour corruption et acquitté en 1973, puis il s'est retiré en Espagne).

Pour en savoir plus

Morvan Duhamel, *Duel d'espions pour un mirage*, France-Empire, Paris, 1971.

Roger Faligot et Rémi Kauffer, *Les Maîtres espions. Histoire mondiale du renseignement*, tome 2, Robert Laffont, Paris, 1994.

Roger Faligot et Pascal Krop, *DST, police secrète*, Flammarion, Paris, 1999.

Jacques Massé, *Chers criminels. Paris-Belgrade-Zagreb en classe affaires*, Flammarion, Paris, 2006.

Philippe Rondot, *Le Proche-Orient à la recherche de la paix, 1973-1982*, Presses universitaires de France, Paris, 1982.

—, « Du bon usage des services spéciaux », *Politique étrangère*, n° 29, automne 1985.

Pierre Rondot, *L'Islam et les Musulmans d'aujourd'hui*, 2 volumes, Éditions de l'Orante, Paris, 1958.

Charles Villeneuve et Jean-Pierre Péret, *Histoire secrète du terrorisme. Les juges de l'impossible*, Plon, Paris, 1987.

Bernard Violet, *Carlos. Les réseaux secrets du terrorisme international*, Seuil, Paris, 1996.

VI

Finances et jeux d'influence

La mainmise de la grande finance sur le capitalisme français

La Ve République restera associée dans la mémoire collective à une des plus grandes mutations économiques et sociales qu'ait connue la France. En moins de cinquante ans, le pays est passé d'une production agricole et industrielle à une économie dominée par les services et l'immatériel, d'une population semi-rurale à une société de consommation et du bien-être, d'une économie administrée, fortement dépendante de la volonté de l'État, à une économie de marché très insérée dans le capitalisme mondial. Le choc est si grand que la société en chancelle encore, ayant perdu tous ses repères.

Rongée par le chômage et le mal-être, la France reste nostalgique des Trente Glorieuses, cette période d'exceptionnel rattrapage économique (1946-1975), où tout s'est transformé. En quelques années, les Français ont abandonné les campagnes pour les villes, les travaux agricoles pour les bureaux ; la France s'est couverte de banlieues, d'autoroutes, de supermarchés. En moins de quinze ans, la modernité a fait irruption dans tous les foyers. En 1968, ils sont 91 % à disposer chez eux de l'eau courante (59 % en 1954) ; 47 % à posséder une salle de bains (17,5 % en 1954) ; 50 %, des réfrigérateurs (6,7 % en 1954) ; 43,1 %, une machine à laver (8,4 % en 1954) ; 63 %, une télévision ; et plus de 11 millions possèdent une automobile. Un miracle d'expansion et de prospérité auquel le gaullisme est intimement associé et qui lui vaudra des années durant ses succès politiques. Le paradoxe est que le gaullisme est loin d'être l'initiateur, l'élément de rupture comme il se présente habituellement : il est plutôt l'héritier, le continuateur d'une politique initiée par la IVe République et dont il recueillera les fruits sans discuter.

L'héritage de la IVe République

Même si le général de Gaulle assure dans ses mémoires avoir accordé une grande importance à l'économie, même si, avant son accession au pouvoir, il s'était montré très critique de la politique économique et financière menée par les derniers gouvernements de la IVᵉ République, le gaullisme n'a jamais été très préoccupé par les questions économiques et sociales. À l'exception de Michel Debré et d'Olivier Guichard, il n'y a pas de grands théoriciens sur ces sujets dans le mouvement. Tous s'en tiennent aux approches ultraclassiques de la monnaie et des grands équilibres budgétaires, les seuls sujets qui trouvent grâce à leurs yeux : il en va de la souveraineté du pays, la France ne doit pas se trouver à la merci des puissances étrangères et des créanciers internationaux.

À peine élu président de la République, de Gaulle présente le 27 décembre 1958 un programme d'assainissement des plus orthodoxes, pour mettre fin à la dérive monétaire et des finances publiques. Le franc est dévalué de 17,55 % par rapport au dollar et à l'or ; un nouveau « franc lourd » est créé pour le 1ᵉʳ janvier 1960, correspondant à 100 anciens francs ; les capitaux étrangers peuvent s'investir librement ; enfin, les droits de douane avec les six pays du Marché commun sont abaissés, comme il était prévu dans le traité de Rome signé le 25 mars 1957.

L'ensemble de ce dispositif, pensé par l'économiste monétariste Jacques Rueff et cautionné par Antoine Pinay, alors ministre des Finances, dont le gouvernement utilise la popularité pour restaurer la confiance, est applaudi par le patronat et les partenaires internationaux du pays. Tous réclamaient un programme d'assainissement pour aider la France à rétablir ses finances publiques, mises à mal par les guerres d'Indochine puis d'Algérie, par une inflation non maîtrisée et par les crises gouvernementales successives. Pas question cependant pour les pays étrangers d'apporter leur aide – 4 milliards de dollars de l'époque – sans avoir l'assurance d'une stabilité politique. L'élection de De Gaulle les rassure. Le nouveau président de la République, qui sait le pays sans argent, accepte cette potion amère : il ne reste que 19 millions de dollars de réserves d'or et de devises à son retour au pouvoir, soit seulement trois mois de financement des importations ! Mais il n'a de cesse de rembourser le plus vite possible ces avances étrangères. Dès août 1961, grâce au succès du plan Pinay-Rueff, toutes les dettes à moyen terme ont été honorées et les grands équilibres restaurés.

Pour le reste, le gouvernement gaulliste se garde bien de toucher aux grandes structures économiques du pays. Il se glisse même avec une aisance remarquable dans cette organisation dessinée avant lui, qui lui apporte une formidable puissance. Tout a été arrêté dans les premières années de la IVᵉ République, encore fortement marquées par les idéaux de la Résistance. Des groupes d'économistes réunis autour de Jean Monnet, François Bloch-Lainé, Paul Delouvrier, Claude Gruson, Maurice Lauré, Simon Nora [▷ p. 239], Guy de Carmoy et, bien sûr, Pierre Mendès France se sont créés dès la fin de la guerre pour penser la reconstruction du pays. Ce sont eux, les penseurs de la France de l'après-guerre. Ils ont connu la grande crise des années 1930, ils ont vu les ravages de la Seconde Guerre mondiale. Ils en ont conçu une grande méfiance à l'égard de l'orthodoxie libérale, renforcée par le comportement indigne de nombre de patrons pendant la guerre. Pas libéraux donc, mais pas socialistes non plus, à la différence de beaucoup d'économistes marxistes qui vantent alors les mérites du communisme soviétique en vigueur en Europe de l'Est. Eux cherchent à dépasser le débat entre les bénéfices comparés de la libre entreprise et du dirigisme, et prônent une troisième voie, celle de l'économie concertée. Leur théoricien ? Le Britannique John Maynard Keynes, dont les travaux ont commencé à être traduits en France pendant la guerre, avant de devenir la référence dans tous les pays occidentaux après guerre.

Renouvelant les approches, ils ont commencé à doter la France d'outils permettant à l'État de jouer un rôle dominant dans l'économie. Dès le début des années 1950, les méthodes statistiques et comptables sont modernisées. On crée un Commissariat au plan, dont de Gaulle défendra plus tard l'« ardente obligation », une Commission de la comptabilité et des budgets nationaux, un Service d'études économiques et financières (SEEF), l'ancêtre de l'Institut national des statistiques et des études économiques (INSEE). En parallèle, la puissance publique dispose de nombreux leviers sur l'économie, de la politique d'encadrement monétaire et du crédit au contrôle des prix, en passant par des dépenses publiques ou la mobilisation de l'épargne publique par l'intermédiaire d'organismes tels que la Caisse des dépôts et consignations. Enfin, le gouvernement de la Ve République hérite d'un puissant secteur public, constitué en partie à la suite de sanctions – comme la nationalisation de Renault pour cause de collaboration pendant la guerre – et en partie pour s'assurer une indépendance stratégique – comme la nationalisation du gaz et de l'électricité. En 1958, la France compte plus de 170 entreprises publiques, dominant des secteurs entiers comme les assurances, les grandes banques de détail, une partie de l'industrie. Ensemble, elles représentent plus de 13,4 % de la production nationale.

De Gaulle et le capitalisme administré

En face, le capitalisme français est l'ombre de lui-même. Les « 200 familles » qui dominaient l'économie d'avant-guerre ont disparu, emportées par la faillite morale de leur choix collaborationniste avec Vichy et l'Allemagne nazie. Une cinquantaine de grands groupes industriels privés subsistent, essentiellement présents dans les secteurs des biens intermédiaires et l'industrie lourde. Certains restent aux mains d'actionnaires familiaux comme Boussac, Michelin, Peugeot, Rhône-Poulenc, Schneider, Saint-Gobain. À l'image de Pont-à-Mousson, où l'actionnariat familial a fini par éclater face à la montée en puissance d'équipes de direction modernes, d'autres entreprises ont déjà entamé des tours de table plus larges. À leurs côtés, de grands noms de la finance surnagent : ils ont constitué des holdings et possèdent des portefeuilles importants de participations. On trouve parmi eux la Banque de Paris et des Pays-Bas (Paribas), la compagnie de Suez, Rothschild, Dreyfus, Worms. Mais leur pouvoir est limité essentiellement aux PME, qui représentent alors l'essentiel de l'économie nationale. Dans cette économie relativement fermée, la Bourse existe à peine. Au palais Brongniart, on joue sur les changes et les marchés obligataires, mais peu sur le marché des actions. Les actionnaires individuels ne pèsent rien.

Les vrais décideurs, ce sont les investisseurs institutionnels, les « zinzins » : la Caisse des dépôts, les groupes d'assurance, les banques. Tous aux mains de l'État. Sont-ils les dispensateurs d'une politique industrielle d'État ? En ce début de la Ve République, la réponse reste floue. Hormis quelques grands équipements d'infrastructures, il n'existe pas de vision claire, plutôt des convictions communes. Davantage que du gouvernement, elles émanent des grands corps de l'État : les Mines d'un côté, avec Pierre Guillaumat comme grand ordonnateur de la modernisation industrielle, et, de l'autre, l'Inspection des finances, dirigée par l'incontesté François Bloch-Lainé. Présents à la fois dans la haute administration comme dans les banques, dans les assurances comme dans l'industrie, ils ont leur credo : la prééminence du public sur le privé. Tandis que les ingénieurs raisonnent grands projets et équipements, les financiers pensent contrôles. Tout est mis sous tutelle : les capitaux, les crédits, les devises, les prix. Chaque année, au printemps, les grands industriels publics, mais aussi privés, se rendent au ministère des Finances pour y négocier les volumes d'importations de matières premières, leurs achats de devises, leurs prix, leurs marges. Des escouades de fonctionnaires ont tout calculé en fonction des impératifs des comptes de la nation et de l'inflation.

Dans cette économie administrée, ce capitalisme sans capitaux ni actionnaires, les grandes banques de détail se retrouvent au cœur du système : ce sont elles qui assurent le relais, disposent des crédits, financent les uns et sanctionnent les autres. En phase avec le ministère des Finances, qui nourrit la plus grande prévention à l'égard des petits artisans et commerçants, soupçonnés de poujadisme et de propagation inflationniste, elles soutiennent ainsi sans discontinuer, à partir du début des années 1960, la constitution de groupes d'hypermarchés, censés lutter contre la « vie chère ». Le premier grand hypermarché voit le jour en 1962 à Sainte-Geneviève-des-Bois, sous l'enseigne Carrefour. Édouard Leclerc, qui a lancé sa chaîne d'indépendants, devient le héros de Mme de Gaulle, comme le lui rapportera plus tard le Général lors d'une rencontre. Ces choix valent à la France de posséder aujourd'hui les premiers groupes mondiaux de la grande distribution. De même, les banques ont tous les égards pour les groupes de BTP en voie de constitution, promus au rang d'acteurs clés de l'urbanisation de la France. C'est à cette époque que le groupe de Francis Bouygues, largement soutenu par les grands travaux dans la banlieue parisienne, prend son envol. De son côté, le Crédit agricole conduit à la hache la modernisation de l'agriculture française.

Les râleurs sont légion. Les firmes se plaignent d'un contrôle tatillon de l'administration et des banques, mais sans jamais devenir frondeuses. À l'exception des petits commerçants, des artisans et des patrons de PME, qui s'estiment, non sans quelque raison, les sacrifiés du système et nourrissent les votes de protestation. La contrepartie de ces contrôles, ce sont les larges distributions de crédits et de subventions pour participer aux grands programmes publics. Prospères à millions, tous les grands groupes investissent dans des développements tous azimuts. Ils créent des holdings, optent pour les politiques d'intégration verticale, se lancent dans de nouveaux métiers, parfois à des années lumières de leurs savoir-faire traditionnels et reversent le minimum à leurs actionnaires, sauf s'ils sont familiaux.

Jamais la croissance n'a été aussi forte : 5,5 % en moyenne dans le début de ces années 1960. La France devance alors tous les pays occidentaux par sa vitalité. L'économie est capable d'absorber sans crise majeure l'exode rural, près d'un million de Français « rapatriés » d'Algérie, la montée du travail des femmes [1]. Dans les usines, la modernisation et le rattrapage technique ne cessent de progresser, la productivité grimpe en flèche. Et les revenus avec. En moyenne, par rapport à l'année 1954, le revenu salarié a augmenté en termes réels de 31 % en 1960, de 71 % en 1967. C'est l'âge d'or de la classe moyenne salariée.

1968 et la montée de fièvre… capitaliste

Pourtant, le fragile équilibre est en train de se fissurer. Dès 1965, le Centre national du patronat français (CNPF) adopte une charte très libérale, demandant la fin du protectionnisme et l'ouverture de l'économie française sur l'étranger. Les premiers changements apparaissent deux ans plus tard. Au printemps 1967, une salve de mesures est adoptée. La liberté des changes, des mouvements de capitaux et des exportations d'or est accordée, sous l'égide de Michel Debré, ministre des Finances, et de Jean-Yves Haberer, son directeur de cabinet. Les règles bancaires sont modifiées, afin de permettre la constitution de grands établissements financiers. La réglementation sur les marchés boursiers est renforcée et une autorité de surveillance, la Commission des opérations de Bourse (COB), est créée afin d'assurer sécurité et transparence à des

1 À la fin des années 1960, les deux tiers des femmes entre vingt et cinquante-cinq ans travaillent, un taux record par rapport à l'ensemble des pays occidentaux.

marchés qui ont jusqu'alors la réputation d'être une « forêt de Bondy [1] ». Enfin, des allégements fiscaux sont consentis pour hâter les concentrations.

La priorité est désormais accordée aux grands groupes, ces champions nationaux qui doivent se préparer à affronter le monde, tandis que le rapport Nora sur les entreprises publiques (1967) prône une autonomie de leur gestion et recommande d'inscrire leur action dans le cadre de « contrats de programmes ». Les effets de ces mesures ne se font pas attendre. Sous l'impulsion des banques, les grands de la mécanique – Babcok-Wilson, Chantiers de l'Atlantique et Fives-Lille – fusionnent, imités bientôt par Thomson-Houston qui rachète CSF, le groupe sidérurgique Wendel qui se marie avec Sidélor, Rhône-Poulenc qui prend 51 % de Pechiney et de Saint-Gobain. La BNP, née un an auparavant du rapprochement de la BNCI et du CNEP, fait ses débuts de première banque française.

Cette fièvre capitaliste passe inaperçue au moment où monte la contestation politique du pouvoir gaulliste. Les demandes d'une meilleure redistribution de la formidable richesse créée dans le pays émergent de partout. Une motion de censure sur la politique sociale est évitée de justesse au printemps 1967. Un an plus tard, Mai 68 ébranle l'ensemble de la société. Dans les facs, dans les usines, les slogans sur la fin du capitalisme fleurissent. On parle de partage des richesses, de la mort du prolétariat, du rejet des hiérarchies trop lourdes et étouffantes, de la venue du temps des loisirs et du bien-être. Totalement déstabilisée par la contestation de la rue, la droite, réélue par une majorité de Français qui ont pris peur devant l'ampleur des mouvements, tente d'y répondre par de nouveaux concepts : on parle de participation, d'actionnariat salarié, de régionalisation.

Mais le pouvoir est usé. De Gaulle perd son référendum sur ces questions en avril 1969 et quitte le pouvoir. Après l'élection de Georges Pompidou à la présidence de la République, Jacques Chaban-Delmas est appelé à Matignon. Il cherche à approfondir les thèmes évoqués un an plus tôt. Avec son cabinet où travaillent Simon Nora, Jacques Delors et Gérard Worms, il forge l'idée de la « nouvelle société », qui se veut une option réformatrice du capitalisme libéral. L'expérience tourne court. Deux ans plus tard, Chaban s'en va : ni Georges Pompidou, ni les gaullistes historiques, ni l'inamovible ministre des Finances Valéry Giscard d'Estaing [2] ne veulent d'un tel modèle. À ces oppositions politiques fortes, déterminantes même, s'ajoutent les évolutions propres à l'économie française, en contradiction avec le discours politique. Ce qui provoque des tensions de plus en plus fortes.

---

1 Connue pour être, jusqu'au XIXᵉ siècle, un des lieux favoris des détrousseurs et des brigands.

2 Nommé secrétaire d'État aux Finances le 8 janvier 1959, puis ministre des Finances le 18 janvier 1962, il demeurera à ce poste jusqu'au 27 mai 1974, avec une seule interruption de janvier 1966 à juin 1969.

Tandis que le monde politique laisse croire à un développement autocentré, l'économie française n'a cessé de s'ouvrir sur le monde. L'harmonisation des droits de douanes, prévue dans le traité de Rome entre les six pays du Marché commun, est une balise depuis longtemps dépassée. À partir de 1968, se met en place une vraie politique de libéralisation des échanges. Et en 1972, les tarifs douaniers ont diminué de 50 % dans le cadre des accords du General Agreement on Tariffs and Trade (GATT), l'ancêtre de l'Organisation mondiale du commerce (OMC). Un vrai marché commun apparaît entre six, puis dix pays européens – le Royaume-Uni entrant dans la Communauté économique européenne (CEE) en 1972. Les capitaux étrangers, notamment américains, commencent à s'investir en France. Cette ouverture pousse les entreprises à se regrouper et à se spécialiser pour faire face à la concurrence internationale. Plus que jamais, Georges Pompidou veut des champions nationaux. Mais à nouveau, ce sont les banques plus que les actionnariats familiaux qui poussent à ces concentrations. Creusot-Loire voit ainsi le jour en 1970, poussé par Paribas. Une OPA hostile, une première dans le capitalisme français, est lancée en 1969 par BSN sur Saint-Gobain. L'opération échoue. Mais épuisé par cette défense, Saint-Gobain passe sous contrôle de Pont-à-Mousson, et le mariage est béni par Suez.

Symboliquement, la cohabitation entre les deux grands discours publics dominants depuis 1968, celui de la modernisation par en haut et celui de sa contestation, se dénoue en quelques mois. En 1973, la grève de l'usine Lip à Besançon marque le dernier grand mouvement protestataire ouvrier de la période. La même année, la première crise pétrolière, avec le doublement du prix du baril de pétrole brut en quelques semaines, met un terme à la croissance exceptionnelle des pays occidentaux (les économistes du Club de Rome vantent en 1972 les charmes de la « croissance zéro »). La mort de Georges Pompidou, le 2 avril 1974, et l'élection de Valéry Giscard d'Estaing le 24 mai suivant ferment définitivement le chapitre. Signe des temps, une des premières décisions du nouveau président de la République est de chasser de la présidence du Crédit lyonnais un de ses opposants, François Bloch-Lainé, le concepteur de l'économie administrée, le chef de l'Inspection des finances ancienne manière. Les Trente Glorieuses sont terminées.

Giscard d'Estaing et le capitalisme sans risques

Libéral ? Le nouveau président de la République s'est toujours targué de l'être. En théorie, l'ouverture économique, l'internationalisation des échanges et des capitaux sont des vertus cardinales pour ce défenseur acharné du modèle américain. D'autant que le débat économique s'est à nouveau ouvert dans les pays occidentaux. Toute une frange des économistes commence à discuter âprement le bien-fondé du keynesianisme, alors que le rattrapage économique est achevé, que les économies occidentales patinent, que l'inflation ronge les rentes. L'école de Chicago impose progressivement ses vues : on parle « monétarisme », « privatisations », « libre jeu » du capital. Mais le capitalisme français, lui, reste encore très loin de ces théories, prônant toujours des relations endogamiques, préférant les petits arrangements entre amis.

Le mouvement de la concurrence et le choc pétrolier obligent toutefois les entreprises à s'adapter. Endettées, soumises à une envolée de leurs coûts de production, avec les marges contrôlées, elles ont de plus en plus de difficulté à vivre. Aucun actionnaire, aucun marché de capitaux pour les secourir. Le gouvernement joue de la dévaluation du franc pour leur donner de l'oxygène. Insuffisant. Le chômage de masse fait son apparition dans la société française. Des entreprises commencent à se défaire de pans entiers d'activité qui leur permettaient d'accroître leur volume, sans y gagner la moindre cohérence industrielle. Les grandes restructurations s'engagent, souvent aiguillonnées par les banques. Michelin renonce ainsi à Citroën, racheté par Peugeot, tandis que le groupe lainier Prouvost abandonne sa presse et que Boussac tire des traits sur des morceaux de son empire. Paribas et Suez, de plus en plus puissantes, accélèrent les regroupements dans leur portefeuille de participations et savent habilement tirer parti de certaines situations.

Face à la vague de chômage, le gouvernement de Raymond Barre – qui a succédé à Jacques Chirac à Matignon en août 1976 – a le plus grand mal à renoncer aux outils de l'économie administrée mis à sa disposition, et à mettre en pratique ses idées libérales. Pour accompagner les mutations, endiguer les faillites de plus en plus nombreuses, le chômage, l'inflation galopante, il continue les grands programmes de développement du nucléaire et des télécommunications. Il faut attendre 1979 pour que l'État en finisse avec le contrôle des prix et ne convoque plus les dirigeants aux Finances pour discuter chaque année de leurs marges.

En même temps, il multiplie subventions et dispositifs d'aide : des nouveaux venus font leur apparition pour récupérer à la barre des tribunaux de commerce au prix d'un franc symbolique les actifs de sociétés mal en point, avec des aides et la bénédiction de l'État. Ils s'appellent François Pinault, Bernard Arnault, les frères Antoine, Jean-Pierre et Régis Willot, Bernard Tapie. Des fortunes privées commencent ainsi à se bâtir dans cette zone grise, aux frontières du privé et public, où l'argent de l'État coule à flot dans l'espoir d'arrêter l'hémorragie sociale. Confronté à l'écroulement de la sidérurgie, troisième secteur industriel en France qui emploie alors plus de

150 000 personnes, le gouvernement accepte de voler au secours du groupe Wendel. Alors que celui-ci est de fait nationalisé, la famille Wendel, elle, s'en tire et parvient à sauver une partie de sa fortune. Au nom du capitalisme sans risque, si cher à la mentalité française.

Le tournant Mitterrand

Le débat politique, cependant, fait rage. Depuis 1974, la montée en puissance de la gauche électrise les échanges avec la droite. Un programme d'union de gouvernement entre les socialistes et les communistes prévoit la nationalisation des groupes privés qui comptent dans l'économie nationale. L'échec de la gauche aux législatives de 1978 diffère momentanément la question de son étendue. Au soir de l'élection de François Mitterrand à la tête de l'État, le 10 mai 1981, elle est à nouveau posée entre communistes et socialistes, entre première et deuxième gauche.

Mais jusqu'où ? 51 % ? 100 % ? La querelle des nationalisations divise alors les rangs du Parti socialiste (PS). Il y a les partisans d'une nationalisation limitée, emmenés par Michel Rocard et Jacques Delors, convaincus qu'une majorité du capital suffit pour contrôler une entreprise et qu'il y a mieux à faire pour dépenser l'argent de l'État. Et il y a les autres, tenants d'une prise de contrôle totale, conduits par Jacques Attali, éminence grise de François Mitterrand, et par Laurent Fabius, ministre du Budget. Ils insistent sur la nécessité de prendre 100 % du capital, à la fois pour donner un signal politique aux alliés communistes et par efficacité économique.

Affichant la plus grande prévention à l'égard des « puissances de l'argent qui corrompt tout », ignorant des mécanismes économiques et ne s'en cachant pas, mais grand animal politique, François Mitterrand choisit le symbole : la nationalisation complète et la plus étendue possible. Une bonne partie des grands noms de l'économie – y échappent notamment Peugeot, Michelin, Air Liquide, Lafarge, BSN-Gervais Danone, L'Oréal, Pernod-Ricard, Accor et tout le secteur mutualiste –, qu'ils soient dans l'industrie lourde, les télécommunications, les banques ou les assurances, passent sous contrôle public, le 11 février 1982 : CGE, Saint-Gobain, Pechiney, Rhône-Poulenc, Thomson, Suez, Paribas et trente-neuf autres banques. Les actionnaires sont très confortablement indemnisés. Des fortunes privées se reforment à cette occasion. Mais il n'y a plus pour ainsi dire qu'un seul capitaliste de taille en France, l'État. À lui seul, il détient plus de la moitié de l'appareil de production national. Un outil qui doit servir de fer de lance à la politique de relance voulue par la gauche.

Dix-huit mois plus tard, c'est l'affolement. Les caisses sont vides, la fuite des capitaux massive. Pour éviter l'intervention du Fonds monétaire international (FMI), la France souscrit un emprunt d'urgence auprès de l'Arabie saoudite. Dans les rangs du PS, la dispute a repris de plus belle. Certains prônent le rétablissement des droits de douane, le renforcement du contrôle des changes et une convertibilité plus difficile du franc, la fermeture des frontières. D'autres, réunis autour du Premier ministre Pierre Mauroy et de son directeur de cabinet Jean Peyrelevade, insistent sur l'importance de continuer à inscrire l'avenir de la France dans l'espace européen et, pour cela, de mener à bien les adaptations nécessaires, aussi difficiles soient-elles. C'est l'argument de l'Europe qui finalement convainc François Mitterrand de se rallier à cette proposition.

Ses partisans ont-ils perçu toutes les implications que ce choix comportait ? Sans doute pas. L'Europe est alors un projet politique fort. Même s'il suppose ouverture et harmonisation, il n'est pas encore aux mains de théoriciens prônant un libéralisme souvent à la limite de la caricature. Les membres du gouvernement savent néanmoins déjà ce que ce tête-à-queue économique implique au plan politique. Mais le tournant de 1983 ne sera ni expliqué ni assumé politiquement. Ce qui participera au désarroi politique qui suivra, mais surtout laissera le pays sans ligne directrice, sans organisation, sans mécanisme d'autodéfense face à la vague de la mondialisation.

Pourtant, en tant qu'acteur économique, l'État a un rôle et, dans les premiers temps, il le remplit pleinement. Les entreprises dont il a hérité sont souvent en lambeaux. Sous-capitalisées, endettées, mal positionnées sur les marchés internationaux, la plupart d'entre elles ont du mal à garder la tête hors de l'eau. La gauche se voit alors contrainte de mener à bien les modernisations qui n'ont pas été conduites jusqu'alors. Comme elle possède la totalité du capital des sociétés, il lui est facile d'en redessiner les contours, de les forcer à abandonner des diversifications sans cohérence avec leurs métiers, de regrouper des forces pour en faire des ensembles plus efficaces. La droite dénonce les « meccanos industriels ». À l'usage, ces restructurations forcées et financées par l'État se révéleront plutôt bénéfiques et sont à l'origine des succès, vingt ans plus tard, des grands groupes mondiaux du CAC 40 [1].

Parallèlement, à l'initiative de Pierre Bérégovoy, alors ministre des Finances, et de son directeur de cabinet, Jean-Charles Naouri, le gouvernement lance en 1984 sa grande réforme des marchés financiers : ouverture totale des échanges, suppression de l'intermédiation bancaire avec possibilité pour les entreprises de lever directement et à moindre coût de l'argent sur les

1 Indice boursier (CAC pour « cotation assistée en continu ») de la valeur des quarante plus importants groupes français cotés à la Bourse de Paris. Cet indice, créé le 31 décembre 1987, deviendra progressivement l'une des principales boussoles, avec les sondages d'opinion, des dirigeants, de droite comme de gauche, de la Ve République.

marchés, dématérialisation des titres, lancement des marchés des produits dérivés. Tout ce que les nouvelles technologies et les avancées réglementaires permettent alors est autorisé, faisant de la Bourse de Paris une place financière parmi les plus modernes et les plus ouvertes au monde. Ce dont ni les politiques ni les institutionnels ne prendront vraiment la mesure. La droite moins que tout autre.

1986 : le basculement, puis la curée

Après sa défaite en 1981, la droite n'a plus de projet politique. La présence des membres du Parti communiste français (PCF) au gouvernement et les nationalisations vont servir de fondement à son programme de reconquête. S'inspirant de l'expérience thatchérienne en Grande-Bretagne et du reaganisme naissant aux États-Unis, elle, qui a toujours eu une vision bonapartiste du contrôle de l'économie, devient en quelques mois la fervente adepte du libéralisme le plus dur. Sa ligne se résume en un mot : privatisation. Elle trouve dans ce projet le soutien inattendu d'une partie de la haute fonction publique, outrée d'avoir été mise au placard par la gauche, lors de son arrivée au pouvoir. Des hauts fonctionnaires, éduqués dans les meilleures écoles de la République, qui n'hésitaient pas auparavant à faire sentir le poids de leur puissance au privé, deviennent des promoteurs acharnés des vertus de la concurrence. Brusquement, tout ce qui est dans la sphère publique – les entreprises, les administrations, les services publics – devient haïssable. L'État ne doit plus avoir ni pensée ni action. Ces énarques ne rêvent que privé et « pantouflage », avant de se convertir quelques années plus tard, sans grande résistance, aux charmes des *stock-options*.

De retour au pouvoir après les législatives de mars 1986, la droite n'a qu'une idée en tête : appliquer son programme de privatisations. Mais il lui faut le lancer dans un pays où les grandes structures capitalistiques, celles qui permettent de financer des grands groupes, d'irriguer le système nerveux de l'économie nationale, ont quasiment disparu. Édouard Balladur, le ministre des Finances du nouveau gouvernement de Jacques Chirac, se présente comme le grand architecte de tout le système.

Il aurait pu chercher à inventer de nouvelles formes, mettre en place de nouveaux mécanismes, favoriser l'entrée de nouveaux acteurs. La France n'a-t-elle pas le taux d'épargne le plus élevé au monde après le Japon ? Mais le ministre et ses conseillers préfèrent restaurer l'ordre ancien. Une pincée de Paribas, une poignée d'UAP, un brin de BNP, sans compter quelques grains d'entreprises amies, ainsi sont dessinés les fameux « noyaux durs », censés servir de socle à une économie moderne et ouverte. Une géographie financière entre accointances et connivences s'esquisse autour de trois grands pôles, comprenant à chaque fois une banque, un groupe d'assurances et une compagnie financière : un bloc BNP-UAP-Suez; un autre Société générale-AGF-Paribas ; et un troisième Crédit lyonnais-GAN-Compagnie de navigation mixte.

Mais les barrières sont poreuses. Chacun a 0,1 %, 0,2 %, parfois 2 %, rarement plus, dans le « tour de table » de l'autre, les petits porteurs étant juste conviés pour faire de la figuration. Le capitalisme français renaît aux antipodes du monde anglo-saxon, bâti sur des principes simples (une action égale une voix ; le contrôle d'une société n'est permis qu'avec la majorité du capital). Qu'importe ! Tous les gouvernants et les dirigeants d'entreprise français se sentent en sécurité : si leur actionnariat n'est pas « bouclé », leur conseil d'administration, en revanche, l'est. C'est là l'essentiel. Par le jeu du cumul des mandats, des participations croisées, moins de cent administrateurs assurent la surveillance des grands groupes. La protection se révélera plus opérante pour les dirigeants que pour les sociétés elles-mêmes.

La volonté et le besoin de s'internationaliser, la création du marché unique et la perspective de l'introduction de l'euro – qui, en France, remplacera le franc le 1er janvier 1999 – mettront à bas le fragile édifice. Pressées de financer leur développement, les entreprises vendent une par une leurs participations croisées, dans lesquelles elles immobilisaient des milliards. Qui rachète ? Les étrangers : ils sont les seuls à avoir de l'argent et le marché parisien est totalement ouvert. Dès 1996, tout est joué. Les investisseurs non français contrôlent entre 40 % et 50 % du capital des groupes du CAC 40. Dès lors, tout explose.

Les compagnies financières, qui devaient assumer la fonction d'intermédiaire du système, sont les premières à en faire les frais : La Mixte, Suez, Paribas, incapables d'assumer le rôle de financier des entreprises, disparaissent successivement ou doivent changer de fonctions. Puis vient le tour des assureurs : l'UAP est absorbé par Axa en 1996, le GAN par le groupe mutualiste Groupama en 1998, les AGF par l'allemand Allianz la même année. Les banques, elles aussi, se concentrent, la disparition la plus symbolique étant celle du Crédit lyonnais, absorbé en juin 2003 par le Crédit agricole à l'issue du plus énorme scandale financier de la Ve République [▷ p. 552]. Et, en décembre 2003, c'est le groupe de métallurgie Pechiney qui est racheté par son concurrent canadien Alcan, sans que le ministre des Finances d'alors, Francis Mer, y mette la moindre condition. Plus personne ne se sent responsable, ne veut assumer un peu de régulation. Tout est ouvert aux quatre vents, à la merci de la concurrence.

Privatisations et *stock-options*

Les gouvernements successifs, de droite comme de gauche, n'apporteront aucun remède à cette situation. Tout en resuscitant la thématique du patriotisme économique, les politiques continuent allègrement à privatiser au nom de la « bonne gouvernance », des « obligations de Bruxelles », de la « concurrence internationale » et, surtout, pour les facilités budgétaires que procurent ces cessions d'actifs. Le gouvernement Jospin (1997-2002), qui n'a pas été le dernier dans la critique, est même celui qui a privatisé le plus : plus de 40 milliards d'euros d'actifs vendus sur un total de 82,7 milliards. Après les entreprises publiques, c'est au tour des services publics. Les financiers se battent pour décrocher ces rentes sans risque, payées avec l'argent des contribuables et qui bénéficient souvent d'un monopole de fait, comme dans le cas des autoroutes, ou d'Aéroport de Paris.

Ce choix a un coût. Sans aucune protection, à la merci d'une offre publique d'achat (OPA) ou même dans la simple obligation de satisfaire des actionnaires de plus en plus exigeants, les groupes sont obligés de se plier aux règles du capitalisme financier le plus dur. Dans une économie qui croît entre 2 % et 3 % par an, ils sont tenus d'obtenir des rendements absurdes de 15 % par an sur les capitaux engagés. La course aux coûts est lancée. Tout est toujours trop cher. Sans parler de la France, la production au Maroc ou en Tunisie, voire au Bangladesh, est désormais jugée hors de prix par rapport à la Chine. Demain, elle sera à son tour trop élevée face au Viêt-Nam ou à l'Afrique.

Les entreprises doivent sans cesse se déplacer, vendre des actifs, abandonner des positions. Plus aucune politique à long terme n'est possible : il faut « rendre » tout de suite à l'actionnaire, verser des dividendes. Jamais les entreprises françaises n'ont aussi peu investi, jamais elles n'ont accordé aussi peu de moyens à la recherche, au risque d'accumuler des retards irrattrapables dans certains secteurs technologiques. En revanche, jamais les groupes « français », comme les autres, n'ont dépensé autant pour… racheter leurs actions : à lui seul, Total dépense plus de 4 milliards d'euros par an pour racheter ses titres, depuis 2001. Les entreprises affirment qu'elles sont obligées de se soumettre à ce diktat, si elles veulent se préserver et éviter une attaque hostile.

Seuls les dirigeants sortent indemnes de cette situation. Anciens hauts fonctionnaires pour la plupart, ils sont devenus les adeptes les plus convaincus du capitalisme international. Du jour au lendemain, parachutés parfois au sommet des entreprises par amitié politique, ils ont hérité de groupes « nettoyés » et restructurés par l'État. Les privatisations ont fait leur fortune. Il ne leur a pas fallu bien longtemps pour s'aligner sur les pratiques américaines – salaire fixe, salaire variable, *stock-options*, « parachutes dorés », *golden hellos* et autre « retraite chapeau », voire commissions sur ventes et achats d'actifs. Qui dit mieux ? En moins de dix ans, les revenus annuels des grands patrons ont augmenté de plus de 700 %, pour dépasser en moyenne les 2,5 millions d'euros. L'écart salarial entre employés de base et dirigeants, qui était de un à cinquante en 1962, est passé de un à mille, voire plus, en 2004. Certains responsables ont accumulé, sans risque, des fortunes impensables quelques années plus tôt, comme le P-DG du groupe de BTP Vinci, Antoine Zacharias, qui s'est constitué un patrimoine de… plus de 250 millions d'euros en moins de dix ans (1997-2006) ; ou Philippe Jaffré, qui a touché plus de 100 millions de francs sous forme de *stock-options* pour avoir été à la tête d'Elf pendant six ans (1993-1999) et l'avoir privatisé.

Riches, incontrôlés, ils ne se sentent plus tenus par rien. Au printemps 2006, en pleine crise pétrolière – le baril venait de dépasser pour la première fois les 70 dollars –, Thierry Desmarest, le patron de Total, un groupe voulu et construit par la seule volonté de l'État, a refusé de se rendre à Bercy pour rencontrer le ministre des Finances, Thierry Breton. Il n'avait pas de compte à rendre au gouvernement, a-t-il expliqué. N'était-il pas mondial, maintenant ?

◂ M. O.

Pour en savoir plus

Michel Aglietta et Antoine Rebérioux, *Dérives du capitalisme financier*, Albin Michel, Paris, 2004.

Patrick Artus et Marie-Paule Virard, *Le Capitalisme est en train de s'autodétruire*, La Découverte, Paris, 2005.

Jacques Attali, *Verbatim*, 3 tomes, Le Livre de poche, Paris, 1995-1998.

Michel Bauer et Élie Cohen, *Qui gouverne les groupes industriels ?*, Seuil, Paris, 1981.

Serge Bernstein, *La France de l'expansion. La république gaullienne*, Seuil, Paris, 1989.

Serge Bernstein et Jean-Pierre Rioux, *La France de l'expansion. L'apogée Pompidou (1969-1974)*, Seuil, Paris, 1995.

Jean Fourastié, *Les Trente Glorieuses, ou la révolution invisible de 1946 à 1975*, Fayard, Paris, 1979 (rééd. Hachette, Paris, 2002).

—, *Productivité et richesse des nations*, Gallimard, Paris, 2005.

Richard F. Kuisel, *Le Capitalisme et l'État en France*, Gallimard, Paris, 1984.

Frédéric Lordon, *La Politique du capital*, Odile Jacob, Paris, 2002.

François Morin, *L'Économie de cœur financier français et sa rupture : vers un capitalisme de marché financier*, conférence devant le GTX, Toulouse, 14 novembre 2003.

Olivier Pastré, *Les Nouveaux Piliers de la finance*, La Découverte, Paris, 1992.

L'Inspection des finances, ou les ivresses de l'élite

C'est un répertoire fascinant : quatre cents membres vivants en 2006, dont un ancien président de la République (Valéry Giscard d'Estaing), deux anciens Premiers ministres (Michel Rocard et Alain Juppé [1]), une pléiade de conseillers ministériels ; les P-DG des principales banques françaises – BNP (Michel Pébereau), Société générale (Daniel Bouton), CCF (Charles-Henri Filippi), La Poste (Jean-Paul Bailly) – et leur état-major pratiquement au grand complet ; les plus hauts fonctionnaires du ministère de l'Économie et des Finances, des directeurs d'organismes internationaux. Tous mentionnent leurs différents numéros de téléphone (ligne directe, portable, domicile et résidence secondaire), car tous sont susceptibles de s'appeler à tout moment, pour une raison ou pour une autre, par solidarité de caste.

C'est l'annuaire de l'Inspection générale des finances (IGF), le plus étonnant – le plus puissant ? – des grands corps d'État. Une fois retranchés les retraités parfois très actifs (cent trente), seuls soixante-cinq de ses membres travaillaient en 2006 exactement à ce pourquoi ils ont été recrutés et formés : inspecter les finances de la maison France. Les autres sont éparpillés dans tous les lieux de pouvoir : la sphère politique – en déclin – et le monde des affaires – en plein boom. Signe des temps, trente-cinq d'entre eux étaient ou ont été mis en examen dans des affaires financières. L'IGF regroupe l'élite de l'élite. Après le très sélectif concours d'entrée à l'École nationale d'administration (ENA), le classement de sortie permet, sur une promotion de cent personnes, à cinq des quinze meilleurs de décrocher le sésame, les dix suivants optant pour le Conseil d'État ou la Cour des comptes. Symbole de la méritocratie républicaine pour les uns, caricature de l'oligarchie pour les autres, l'IGF est le meilleur passeport pour le pouvoir. Pour combien de temps encore ?

La première mention d'une « inspection des finances » remonte à Napoléon Ier, soucieux de financer ses conquêtes militaires. Elle ne prend véritablement corps qu'après Waterloo... en vue de régler l'ardoise napoléonienne. Son père fondateur est Jean-Dominique Louis, dit le « baron Louis », ministre des Finances sous Louis XVIII, Charles X et Louis-Philippe, qui le premier a insisté sur la nécessité de doter l'État français d'un véritable budget annuel. Sous la IIIe République, les

1 Deux autres sont décédés : Jacques Chaban-Delmas et Maurice Couve de Murville.

inspecteurs des finances avaient déjà pris la fâcheuse et rémunératrice habitude d'aller « pantoufler » dans les entreprises privées, après avoir servi l'État quelques années. L'impératif de la reconstruction, après la Seconde Guerre mondiale, les recentre sur le service public. La Ve République, orchestrant peu à peu le passage d'un État tout-puissant vers une économie de marché libéré, parachève le mouvement inverse.

L'État gaullien et régalien disposait encore des pleins pouvoirs : la gestion de la monnaie, la régulation de l'économie, la propriété de grandes entreprises publiques. Les inspecteurs des finances trustent alors les principaux leviers, les postes les plus éminents. Déréglementation, privatisations et mondialisation sont ensuite passées par là, mais le corps n'a pas pour autant lâché les rênes, bien au contraire. Il s'est plongé dans le grand bain du CAC 40, confisquant les postes de P-DG des entreprises privatisées.

Les inspecteurs des finances, ces bêtes à concours, sont de belles mécaniques intellectuelles. Mais la réalité et les lois du marché vont démontrer qu'il faut souvent d'autres qualités pour gérer de grandes entreprises… Le soupçon apparaît au début des années 1990, avec les krachs du Crédit lyonnais [▷ p. 552] et du Crédit foncier, dirigés par deux éminents inspecteurs des finances reconvertis banquiers : Jean-Yves Haberer et Michel Bonin. Au début des années 2000, trois monuments de l'économie française frôlent la faillite : Vivendi, France Télécom et Alstom, dirigés par trois têtes réputées bien faites issues de l'IGF, Jean-Marie Messier, Michel Bon et Pierre Bilger. Les critiques fusent : est-il bien raisonnable de confier de telles affaires à d'anciens fonctionnaires aussi sûrs d'eux-mêmes, qui n'ont pas toujours les talents idoines ?

Mais le corps fait corps, il se crispe sur ses prérogatives. Il n'y a plus de grandes entreprises publiques, premier débouché naturel pour quitter la haute administration ? On se raccroche alors à des « postes réservés ». En 1996, Pierre Charron, un proche conseiller de Jacques Chirac puis de Nicolas Sarkozy passionné de courses de chevaux, postule à la présidence du PMU. Un mauvais souvenir : « J'ai découvert le contre-pouvoir de la secte de l'Inspection des finances », tout entière mobilisée pour conserver la fonction pour l'un des siens, comme si elle lui revenait de droit. Elle ne passera pas dans d'autres mains. L'IGF a perdu en prestige, mais conserve une intacte capacité de mobilisation. Philippe Jaffré, ancien P-DG d'Elf (1993-1999), l'avoue avec provocation : « Pourquoi j'ai choisi l'Inspection ? Parce que j'ai regardé l'annuaire. »

Même lancés dans le grand bain des affaires, les inspecteurs des finances maintiennent le cordon ombilical avec l'État. La plupart ne sont que « détachés » du ministère de l'Économie et des Finances, avec la faculté d'y revenir en cas d'accident de carrière – la meilleure des assurances chômage. Rares sont ceux qui en démissionnent une bonne fois pour toutes. Alain Juppé, en dépit de sa longue carrière politique, était toujours membre de l'Inspection des finances en 2006 – il en était même retraité ! François Léotard n'a intégré le corps que tardivement, à l'âge de soixante ans, sur décret présidentiel de Jacques Chirac : il n'y est resté que deux ans à peine – lui aussi est devenu un heureux retraité de l'IGF. Mais les jeunes recrues savent que l'âge d'or est révolu, elles quittent de plus en plus tôt l'Inspection, ravalée à une simple ligne sur un CV. Un jugement antipantouflage a paradoxalement accéléré le mouvement : en 1996, le Conseil d'État avait cru bien faire en interdisant au brillant Jean-Pascal Beaufret d'occuper la fonction de numéro deux du Crédit foncier, au motif qu'il en avait préalablement exercé la tutelle au ministère des Finances. Les nouveaux inspecteurs ont vite décrypté le message : dépêchons-nous de partir nous enrichir dans le privé avant d'avoir exercé la moindre parcelle de pouvoir public…

◀ **R. L.**

Pour en savoir plus

Ghislaine Ottenheimer, *Les Intouchables. Grandeur et décadence d'une caste : l'Inspection des finances*, Albin Michel, Paris, 2004.

Ambroise Roux, le parrain des patrons

On peut jauger la réputation d'un homme à ses obsèques. À la messe d'enterrement d'Ambroise Roux, décédé le 5 avril 1999 à l'âge de soixante-dix-sept ans, assistaient Bernadette Chirac, Patrick Poivre d'Arvor et une pléiade de grands patrons : François Pinault, Michel Pébereau, Jean-Louis Beffa, Jean-Marie Messier… Georges Pompidou et François Mitterrand, s'ils n'avaient disparu avant lui, auraient pu rendre une ultime visite à cet infatigable lobbyiste du patronat français, défenseur d'un capitalisme à l'ancienne, à qui la Ve République allait comme un gant. Tout chez lui dégageait un parfum suranné : ses gros cigares, son pantalon remonté jusqu'au sternum, son monarchisme, son boudoir couvert d'estampes japonaises où il recevait ses invités pour refaire le monde des affaires. Avec cette coquetterie, concédée au journal *Libération* : « J'ai toujours adoré que l'on ne parle de moi que par allusion. »

Pur produit de l'*establishment*, Ambroise Roux a réussi le concours d'entrée à Polytechnique sous Vichy. À la Libération, il travaille quelques années dans un groupe chimique, ancêtre de Rhône-Poulenc (aujourd'hui fondu dans Sanofi-Aventis), puis se glisse dans le sillage de Jean-Marie Louvel, ministre MRP de l'Industrie en 1951. Nommé en 1970 président de la Compagnie générale d'électricité (CGE, rebaptisée Alcatel), Ambroise Roux y fera l'essentiel de sa carrière, comme directeur général puis P-DG. Arrivent les nationalisations de 1981. Cet ancien intime de Georges Pompidou (qui lui avait confié un premier projet de télévision privée, finalement annulé de peur de déclencher une grève à l'ORTF), à l'époque plus gros salaire de France, est débarqué de la présidence de la CGE, signe d'un changement d'époque.

Ambroise Roux semble alors promis à une longue traversée du désert. Il entame au contraire sa seconde vie, avec la création de l'Association française des entreprises privées (AFEP), qui lui permettra de continuer à tirer les ficelles en coulisses. L'objet social de l'AFEP est tout un programme : « Redonner vigueur au capitalisme, reconstituer un *establishment* avec une solidarité entre ses membres. » Au départ, il ne recueille que quelques collègues grands patrons rescapés des nationalisations (Générale des eaux, Moët-Hennessy, L'Oréal, etc.), soucieux de se serrer les coudes dans l'adversité. Mais très vite, l'AFEP va devenir un haut lieu d'influence, concurrençant le CNPF (qui deviendra le MEDEF en 1998) sur ce terrain. Les conversations particulières entre François Mitterrand et Ambroise Roux y sont pour beaucoup. L'un et l'autre partagent une même éducation catholique, de mêmes souvenirs de l'Occupation, une même propension aux manœuvres dans l'ombre.

Ambroise Roux ne se contente pas de réunir alors ses amis P-DG à l'hôtel Crillon, dans une sorte de Jockey Club du CAC 40. Il met le pied à l'étrier à quelques jeunes pousses du capitalisme français, dont Vincent Bolloré et François Pinault. Ce dernier, intime de Jacques Chirac, permettra à Ambroise Roux de traverser les septennats, et de continuer à être reçu à l'Élysée après 1995.

C'est surtout Édouard Balladur qui va consacrer Ambroise Roux prince des affaires. Ancien conseiller de Georges Pompidou, un temps reconverti patron de filiales de la CGE aux bons soins d'Ambroise Roux, Édouard Balladur pilote, lors des première et deuxième cohabitations, une série de privatisations d'entreprises publiques, confiées à des « noyaux durs » : leur capital et leur conseil d'administration tombent sous le contrôle croisé des membres de l'établissement [▷ p. 469]. À ce petit jeu, Ambroise Roux excelle. Accaparant les plus prestigieux fauteuils d'administrateurs, il y est souvent chargé de fixer le salaire du

P-DG. Sans aucune fonction exécutive, il est le véritable patron des patrons. « Snob utilitaire, il passe son temps, avec un faux dédain, à actualiser les contours de la ploutocratie hexagonale », résumera *Libération*.

Sur le plan législatif, Ambroise Roux a mis au point les canons de l'entregent politico-financier : 1) proposer des réformes clés en main ; 2) en cas de refus, ne pas critiquer le gouvernement ; 3) en cas d'acceptation, ne jamais en revendiquer la paternité. À l'actif très discret de l'AFEP : l'exclusion des biens professionnels du calcul de l'impôt de solidarité sur la fortune (ISF, ex-impôt sur les grandes fortunes, introduit par les socialistes sous le gouvernement de Michel Rocard, en 1989) ; la fiscalité très tempérée des *stock-options*, rémunération complémentaire prisée des P-DG (taxées au taux de 19,4 % sur les plus-values boursières, au lieu de 56,8 % sur le revenu).

À l'aube du XXIe siècle, ce capitalisme en vase clos ne pouvait perdurer. À Alain Juppé, tenté de légiférer afin de mettre un terme à l'inflation démesurée des revenus des P-DG, Ambroise Roux, partisan d'un simple code de bonne conduite patronale, avait répondu par écrit qu'une loi « ne pourrait être que le signe, aux yeux des investisseurs étrangers, que les pouvoirs publics jugent les évolutions enregistrées insuffisantes, ce qui aurait pour effet d'entamer durablement leur confiance ». Jean Peyrelevade, ancien président du Crédit lyonnais et autre figure du monde des affaires, rétorquera avec une ironie mordante : « Si l'on comprend bien, toute thérapie doit être évitée puisqu'elle serait un aveu de maladie. »

Dans sa dernière ligne droite, en perte d'influence mais désormais libre de toute contingence, Ambroise Roux avouait enfin son véritable dada : les tables tournantes. À la tête de la CGE, il avait financé plusieurs recherches sur la psychokinèse (l'art de déplacer les objets à distance). Un aveu ultime récompensé par ce surnom posthume : le « Cagliostro du capitalisme hexagonal ».

◀ **R. L.**

Pour en savoir plus

Anne DE CAUMONT, *Ambroise Roux, un prince des affaires*, Grasset, Paris, 1996.

Ambroise ROUX, Stanley KRIPPNER et Gérard SOLFVIN, *La Science et les pouvoirs psychiques de l'homme*, Sand & Tchou, Paris, 1987.

La République corrompue : la grande saga du financement occulte des partis politiques

Quatorze janvier 1992, perquisition au siège du Parti socialiste (PS), rue de Solferino à Paris. Sombre fin de règne pour François Mitterrand, mauvais présage pour celui, à venir, de Jacques Chirac. La plupart des partis vont achever le siècle complètement lessivés par une effarante série de scandales politico-financiers, au point de faire trembler la République sur ses bases.

Article 4 de la Constitution : « Les partis politiques concourent à l'expression du suffrage. Ils se forment et exercent leur activité librement. Ils doivent respecter les principes de souveraineté nationale et de la démocratie. » Les rédacteurs n'ont pas jugé utile de préciser, en 1958, que les partis ne sont pas au-dessus des lois – pensant sans doute que cela allait de soi. Ils ont eu tort. Le financement politique occulte, artisanal sous de Gaulle et Pompidou, s'est « rationalisé » dans les années 1970, quand l'élection présidentielle devient une compétition ouverte, avant d'atteindre son stade « industriel » avec la succession des alternances électorales.

Urba : la « pompe à fric » du Parti socialiste

Juin 1971, congrès d'Épinay. Sitôt désigné Premier secrétaire du nouveau PS, François Mitterrand songe à l'étape suivante, l'élection présidentielle de 1974. Et pour cela, il lui faut un solide trésor de guerre. Sur ses instructions, Pierre Mauroy et Guy Marty mettent en place, dès 1973, un bureau d'études, nommé Urba. Si on ne présente plus le premier, qui dirige alors la Fédération socialiste du Nord, il faut dire deux mots du second : membre du Grand Orient (GODF), ancien conseiller ministériel de l'ancien président du Conseil de la IVe République Paul Ramadier, Marty s'est recasé au Conseil économique et social (CES). Entregent garanti. Urba vend une « assistance commerciale » aux entreprises soucieuses d'obtenir des marchés publics auprès des collectivités locales, essentiellement les municipalités. Le bureau d'étude encaisse entre 1 % et 2 % du montant des contrats, puis répartit l'argent collecté selon une règle bien établie : 40 %

pour ses frais de fonctionnement, 30 % pour la fédération locale du PS, 30 % pour sa direction nationale.

Racket ou véritable prestation commerciale ? Pour les entreprises, Urba est le ticket d'entrée des mairies socialistes, un passage presque obligé. Ensuite, tout dépend de la « brutalité » de ses collecteurs locaux éparpillés sur le territoire, résume un élu. Par ce système bien huilé, la direction du PS pense éviter les dérives, comme l'enrichissement personnel d'élus indélicats. Mais la commission prélevée par Urba est répercutée par les entreprises sur leur prix de vente. En bout de chaîne, c'est le contribuable local qui paie. Le PS bénéficie indirectement de cet argent public. En jargon pénal, cela s'appelle un « recel d'abus de biens sociaux ».

La vague rose aux municipales de 1977 donne des ailes à Urba et ses satellites (Urba-Conseil, Urba-Technic, Urba-Gracco...). Le PS vient d'en confier les rênes à Gérard Monate. Ancien engagé dans les Forces françaises libres (FFL), ancien gardien de la paix, Monate a été le légendaire fondateur de la Fédération autonome des syndicats de police (FASP), qui fut longtemps le premier syndicat policier marqué à gauche. À sa retraite, ce membre du GODF se met à la disposition du PS, qui lui confie Urba. Homme de confiance et fidèle serviteur, il tient scrupuleusement les cordons de la bourse. Après un aller-retour au cabinet de Gaston Defferre au ministère de l'Intérieur, Gérard Monate devient P-DG d'Urba en 1983.

Des courants minoritaires du PS, exclus de cette « centralisation », s'en remettent à une structure parallèle, la Sages (Société auxiliaire générale d'études et de services), fondée par Michel Reyt. Ancien steward à Air France, ancien vendeur de voitures, lui aussi membre du GODF, cet étonnant personnage exerce le même métier que Monate à la tête de la Sages, mais avec une clé de répartition différente des fonds collectés : un tiers pour lui-même, deux tiers pour les élus locaux, rien pour Solferino. De plus, Michel Reyt ne s'interdit pas d'intervenir parfois dans des mairies de droite. Le système ronronne pendant une quinzaine d'années, au vu, au su et à la satisfaction de tous. Sur la seule période 1987-1989, marquée par la réélection de François Mitterrand, Urba finance le PS à hauteur de 107 millions de francs sans que personne ne s'en offusque. Plus pour longtemps.

Un grand déballage tient souvent à peu de chose. À Marseille, le décès de Gaston Defferre, le 7 mai 1986, a ouvert les hostilités entre héritiers à la mairie : Michel Pezet, leader des socialistes locaux, et Robert Vigouroux, soutenu par Edmonde Charles-Roux, veuve de Gaston. Antoine Gaudino, inspecteur de police à Marseille, enquête sur une petite affaire de fausses factures. En février 1989, il convainc un entrepreneur local de dénoncer le « racket » des politiques. Pour aller plus loin, il lui faut le soutien de ses chefs. Il l'aura : « Dès que nous avons eu Pezet dans nos filets, notre hiérarchie, et donc Pierre Joxe, à l'époque ministre de l'Intérieur, nous a encouragés et soutenus alors que la justice essayait de freiner. » Gaudino a le feu vert pour perquisitionner, le 19 avril 1989, le bureau régional d'Urba à Marseille. La pêche est miraculeuse : les enquêteurs tombent sur des carnets où Joseph Delcroix, directeur administratif du bureau d'études, notait scrupuleusement toutes les entrées et sorties d'argent. Un coup de chance : Delcroix, à quelques semaines de la retraite, venait de transférer de Paris ses archives. Les « cahiers Delcroix » sont une véritable bombe. Ils contiennent notamment cette mention : « 4 juin 1987, les premières prévisions de la campagne présidentielle se situent à 100 000 000 francs. 25 000 000 francs seront pris en charge par le GIE [Urba-Gracco]. »

La justice fait ce qu'elle considère être son travail : elle verrouille. Pendant dix mois, le parquet de Marseille conserve les carnets sous le coude, dans l'attente des instructions du garde des Sceaux. Antoine Gaudino, finalement lâché par sa hiérarchie, est révoqué en mars 1991, après avoir raconté dans un livre son *Enquête impossible*. Il faudra la plainte d'un élu écologiste marseillais, après avoir obtenu du tribunal administratif le droit de se substituer à la mairie de Marseille défaillante, pour remettre la justice sur les rails.

Pendant ce temps, dans la Sarthe, le juge Thierry Jean-Pierre enquête sur un banal accident du travail sur un chantier de la communauté urbaine du Mans. Un coup de fil anonyme lui suggère d'entendre un médecin du travail, Pierre Coicadan, qui se trouve être également premier secrétaire de la Fédération PS de la Sarthe… Le juge Jean-Pierre peut remonter la piste, jusqu'à perquisitionner, le 7 avril 1991, au siège national d'Urba. Le jour même, le tribunal de grande instance du Mans prend la curieuse initiative de le dessaisir de l'enquête. Le juge Jean-Pierre en est réduit à s'enfermer dans les locaux parisiens d'Urba, le temps de mettre la main sur la documentation utile à l'enquête. Son dessaisissement ne lui sera notifié qu'à la sortie, sur le trottoir. La justice française n'est pas sortie grandie de cet épisode rocambolesque [▷ p. 633].

La mécanique Urba s'est trouvée fort bien décortiquée par les enquêteurs, mais pas forcément bien jugée au fil de différentes procédures. Le dossier a en effet été saucissonné en une dizaine d'affaires locales. Dans deux d'entre elles, celles initiées par l'inspecteur Gaudino et le juge Jean-Pierre, les responsabilités remontent à Henri Emmanuelli, trésorier du PS entre 1988 et 1992 – son prédécesseur à ce poste exposé, André Laignel, a, lui, bénéficié de la loi d'amnistie. Lors des deux procès tenus en 1995, Henri Emmanuelli affirme que les versements d'Urba relevaient simplement du « sponsoring » ou du « mécénat » politique. Bien sûr, « comme tous les responsables du PS », il « connaissait son existence, son activité nullement occulte ni clandestine, et son utilité ». Mais jamais, à l'en croire, il ne se serait mêlé de près ou de loin à la petite cuisine d'Urba. Henri Emmanuelli se pose en bouc émissaire de la contestation judiciaire d'un « mode de financement parmi les plus adéquats, notamment pour éviter d'autres circuits beaucoup plus aventureux ».

Condamné à dix-huit mois de prison avec sursis, Henri Emmanuelli fait appel. La cour lui inflige deux années d'inéligibilité en plus, le 16 décembre 1997. Le Premier ministre Lionel Jospin lui témoigne sa solidarité en proclamant une « responsabilité collective visant l'ensemble du PS ». Les deux moines-soldats, Gérard Monate et Michel Reyt, entament pour leur part un pénible tour de France des tribunaux et cumulent les condamnations sans jamais vraiment se défausser sur le PS. Reyt est ruiné : le fisc lui inflige un redressement fiscal sur les sommes versées par la Sages aux élus. Il dénonce un acharnement sur sa personne – on ne peut lui donner complètement tort.

Le trésor (bien) caché des communistes français : l'affaire Gifco

Après Urba, le Gifco, bureau d'études proche du Parti communiste français (PCF). Une dizaine d'enquêtes pénales, totalisant quarante années d'instruction, ont tourné autour de la citadelle, sans jamais pouvoir établir, à l'instar d'Urba et du PS, l'équation Gifco = PCF. « Le parti est organisé comme si la police allait débarquer le lendemain », affirme aux enquêteurs le dissident communiste toulousain Claude Llabres. Il faut dire qu'il se sait surveillé notamment par la Direction de la surveillance du territoire (DST), qui veut identifier les filières de l'« argent de Moscou » [▷ p. 387].

Le Gifco a été fondé après-guerre par d'anciens résistants rompus à la clandestinité, sous l'égide de Jacques Grosman, membre du PCF. Son activité consiste à jouer les intermédiaires entre les entreprises et les municipalités communistes, sous forme d'« assistance commerciale » – décidément. Le Gifco facture ses relations avec les élus. Dans la « banlieue rouge », c'est un intermédiaire obligé pour tout type de fournitures. Ses principaux clients sont Bouygues, la Lyonnaise et la Générale des eaux (CGE). « Ce n'est pas de l'achat de vote, mais du lobbying », justifiera un dirigeant poursuivi, Jean-Dominique Deschamps, directeur général adjoint de la CGE : « J'avais besoin d'un messager pour expliquer que la Générale des eaux n'était pas l'ogre dépeint. » Aucune municipalité communiste n'a jamais délégué au privé ses services de distribution d'eau – question d'idéologie. Mais dans des villes non tenues par le PCF, certains de ses élus se sont parfois abstenus. Le rôle du Gifco a pu consister à calmer une minorité communiste agissante, voire le syndicat CGT des agents municipaux, toujours susceptible de se mettre en grève en cas de privatisation des services, comme le confirmera un commercial du Gifco : « La Générale des eaux, c'est la Générale des eaux, un groupe qui fait peur, notamment aux employés municipaux. »

Aucune remontée financière en direction du PCF n'a jamais pu être formellement établie. Des tribunaux ont pu écrire, dans des attendus elliptiques, que le Gifco « participe au financement d'un parti politique », mais sans jamais être en mesure de condamner un seul dirigeant du PCF. L'occasion s'est pourtant présentée en 2000, avec le procès pour « trafic d'influence » de son secrétaire national, Robert Hue, et de son trésorier, Pierre Sotura. L'accusation ne tient qu'à un fil bien étroit : quelques pages de publicité dans la revue des élus communistes, la location de stands à la Fête de *L'Humanité*. Le procès souligne la curieuse proximité entre de grandes entreprises et le parti. Dans le parc de la Courneuve, l'Espace collectivités est ainsi interdit aux militants et aux sympathisants pataugeant dans la boue – la fête de *L'Huma* est célèbre pour sa météo désastreuse. Seuls patrons et élus y ont accès, partageant champagne et petits fours. Politiquement délicate, cette proximité n'est pas pénalement répréhensible. Robert Hue est relaxé, le 14 novembre 2001, au motif que rien ne démontre que les publicités et les stands ont été surfacturés.

À la différence d'Urba, les commerciaux du Gifco ont toujours nié œuvrer pour le PCF (au gré des différentes procédures à travers la France, conclues par cinq condamnations et cinq relaxes). Discipline communiste ? Sur la seule période comprise en 1990 et 1995, le bureau d'études a récolté un milliard de francs. Qu'est devenu le pactole ? Seul élément de réponse, ses huit cents salariés percevaient un salaire annuel moyen de 325 000 francs. Leur employeur étant généreux, philosophie communiste oblige, libre à eux d'en disposer ensuite comme ils l'entendent. « Vie privée », ont-ils répliqué. Tout à son soulagement, Robert Hue peut vanter les mérites du muguet du 1er mai, recette principale du parti : « On m'a caricaturé aux Guignols avec un brin de muguet vendu à Vivendi. Mais quand on dit le muguet, en une journée le PCF récolte 10 millions de francs, 50 millions en cinq ans, soit 5 milliards d'anciens francs. On a parfois cherché notre trésor de guerre, mais il est là, dans nos militants. »

Les comptes en Suisse du CDS

Le 6 décembre 1999, s'ouvrait de même le procès des dirigeants du Centre des démocrates sociaux (CDS, aujourd'hui fondu dans l'UDF), mêlés à une invraisemblable affaire de pieds nickelés du financement occulte.

Le CDS disposait d'un compte en Suisse, alimenté par des entreprises françaises. Régulièrement, un dirigeant chargé de cette caisse noire, le conseiller d'État François Froment-Meurice, revenait d'outre-Léman avec une valise remplie de billets de banque destinés à financer – en liquide – les dépenses courantes du CDS. « Il fallait bien donner des compensations à ceux qui travaillaient bénévolement au siège », explique alors benoîtement son ancien président, Pierre Méhaignerie. À l'origine, il y a fatalement un bureau d'études, Stratégies et Méthodes (SEM). Mais à la différence d'Urba ou du Gifco, qui pouvaient se réfugier derrière de plus ou moins réelles prestations d'« assistance commerciale », SEM se contentait d'encaisser des versements d'entreprises contre la remise d'un rapport bidon, simple compilation de données sans aucune valeur. Entre 1986 et 1991, SEM a ainsi transféré 25 millions de francs sur le compte suisse du CDS, dont une donation du groupe Bouygues après l'attribution du marché du pont de l'île de Ré.

Cette cagnotte helvétique avait vocation à être couverte à la fois par la loi d'amnistie de 1989 et par la prescription triennale de ce type de délit. En 1995, Pierre Méhaignerie, garde des Sceaux du gouvernement Balladur, soucieux de symboliser la fin de l'ingérence politique en matière judiciaire, autorise l'ouverture d'une procédure pénale contre son propre parti, estimant sans doute que le CDS est à l'abri des poursuites. *Fatalitas* ! L'ultime versement d'un généreux donateur, le 15 juin 1989, échappe de peu à l'amnistie ; et le dernier retrait suisse, le 2 avril 1992, échappe de peu à la prescription. L'état-major complet du CDS, Pierre Méhaignerie, Jacques Barrot, Bernard Bosson et François Froment-Meurice, se retrouve *in extremis* en correctionnelle – seul Jean Arthuis bénéficie de l'amnistie.

À la barre, les dirigeants démocrates-chrétiens sont obligés de confesser quelques péchés financiers du CDS. Depuis 1946, une fidèle secrétaire entre-temps décédée, Mlle Bernardon, tenait le registre des entrées et sorties en espèces sur un petit carnet bleu, qui a été détruit sur instruction du parti. Quant au compte occulte tenu par François Froment-Meurice, les dirigeants centristes tournent autour du pot : ils veulent bien reconnaître pudiquement l'existence de l'« argent suisse » du CDS, mais le terme « compte en Suisse » leur brûle les lèvres – ils ne le prononceront jamais. Le tribunal les condamne finalement, le 23 février 2000, à une peine amnistiable. Il est donc interdit d'en faire état. Un comble : pour avoir loupé de peu le wagon de l'amnistie présidentielle de 1989, on leur inflige en 1999 une peine couverte par l'amnistie présidentielle de 1995. Comme l'avait exprimé le représentant du parquet à l'audience, dans un réquisitoire relevant du sermon : « Le pardon a sa vertu, mais tout de même… »

Avec le Parti républicain (PR, rebaptisé Démocratie libérale puis fondu dans l'UMP), qui incarne la droite libérale, on tombe sur un autre type de financement politique. La litanie des affaires va mettre en première ligne la « bande à Léo » : des dirigeants du PR qui gravitent autour de François Léotard, et qui enchaînent les responsabilités ministérielles sous les première et deuxième cohabitations. Et surtout les fonds secrets qui vont avec.

Le 20 juillet 1995, lors d'une perquisition au siège parisien du PR, le juge d'instruction Éric Halphen découvre un coffre-fort contenant 2,4 millions de francs en liquide. Le trésorier du parti, Jean-Pierre Thomas, lui explique qu'il s'agit d'un reliquat des fonds spéciaux hérités du gouvernement Balladur, où François Léotard occupait le ministère de la Défense et Gérard Longuet le portefeuille de l'Industrie. Les billets sont mis sous scellés. Cherchant à en savoir plus, le juge Halphen se voit opposer le secret-défense. Le jour de sa perquisition, s'il avait poussé la porte du bureau de Renaud Donnedieu de Vabres, bras droit de François Léotard, il aurait découvert une autre montagne de billets : 5 millions de francs en liquide. Branle-bas de combat. Renaud Donnedieu de Vabres et François Léotard s'activent pour recycler ces 5 millions-là, de peur qu'on ne les saisisse à leur tour.

Juin 1996 : mallette en main, Donnedieu de Vabres se rend dans les locaux d'une curieuse banque franco-italienne, le Fondo sociale di cooperazione europea (FSCE), où Serge Hauchart, un autre collaborateur de Léotard, a ses entrées. Contre cette remise en espèces, le PR obtient un prêt bancaire du même montant. Un prêt bidon, puisqu'il n'a pas vocation à être remboursé. Cet échange de mauvais procédés (dépôt non déclaré contre prêt non remboursable) est typique d'une opération de blanchiment, visant à donner une apparence officielle – un prêt – à de l'argent non déclaré – un dépôt.

Poursuivis pour blanchiment, Léotard et Donnedieu de Vabres réfutent vivement toute accusation de recyclage d'« argent sale ». Les fonds spéciaux, de l'ordre de 400 millions de francs par an, sont alors distribués à la discrétion du gouvernement, sans contrôle parlementaire. L'essentiel est destiné à financer des opérations discrètes de la Direction générale de la sécurité extérieure (DGSE), mais un reliquat d'une cinquantaine de millions de francs est réparti par Matignon à ses ministres favoris. Sous Balladur, Léotard en était. Cet argent n'est pas sale en soi, c'est du bel et bon argent public, distribué en liasses de 500 francs directement sortis de la Banque de France. Mais son usage peut l'être. En l'occurrence, son transfert dans le coffre-fort du PR est contraire à la loi du 19 janvier 1995, qui interdit aux partis politiques d'être financés par une personne morale. Le législateur pensait essentiellement aux entreprises, mais la loi vise également l'État, dont la mission n'est pas de financer clandestinement les partis au pouvoir. L'argent du PR est donc sale, son recyclage est du blanchiment.

François Léotard se défend en invoquant un usage courant : « Des centaines de ministres, des dizaines de Premiers ministres et quelques présidents de la République ont procédé ainsi. » Mais lui seul s'est fait prendre la main dans le sac. En février 2004, il est condamné à dix mois de prison avec sursis, une peine amnistiable dès la prochaine élection présidentielle. Renaud Donnedieu de Vabres écope d'une simple amende de 15 000 euros. Le tarif devrait encourager les vocations de porteurs de valises... Pour peu, toutefois, qu'ils aient rang de ministre ou de futur ministre.

Les dérives (presque) impunies du RPR à la Mairie de Paris

Venons-en enfin au Rassemblement pour la République (RPR). Affaires RPR ou affaires Chirac ? Difficile de trancher tant elles sont liées. Le locataire de l'Élysée étant protégé derrière son immunité présidentielle, l'essentiel tourne autour de ses anciennes fonctions de maire de Paris (de 1977 à 1995) et de président du RPR (de 1976 à 1994). Son parti, fondé en 1976, a d'abord été financé en espèces ou en fournitures par les entreprises, comme l'a admis son ancien trésorier Robert Galley, en des temps très lointains où « la France vivait sous la terreur des nationalisations et du socialisme ». L'élection de Jacques Chirac à la Mairie de Paris, en 1977, ouvre des perspectives. La capitale française, tout juste sortie de l'orbite préfectorale, n'a alors aucune expérience de démocratie locale et de contre-pouvoir municipal. Jacques Chirac s'y installe comme dans une forteresse, avec un seul objectif : reconquérir, depuis l'Hôtel de Ville, Matignon puis l'Élysée. D'où cette fâcheuse propension à mélanger gestion municipale et intérêts partisans. Les affaires d'emplois fictifs en sont la meilleure illustration.

Il faudra une quinzaine d'années avant que la justice ne se décide à y mettre le nez – une fois Jacques Chirac élu président, devenu intouchable. Entre 1988 et 1993, en pleine disette électorale, les effectifs des permanents du RPR gonflent curieusement et passent de trente à quatre-vingt-huit. Nombre d'entre eux sont, en réalité, rémunérés par des entreprises amies ou directement par la Mairie de Paris. Cela vaut pour le secrétaire national du RPR à la jeunesse, chargé de la même mission à la Mairie de Paris, dont le travail de terrain ne justifiait à l'évidence aucune trace écrite. Plus problématique, le cas du directeur juridique du RPR, théoriquement chargé de mettre le parti à l'abri des poursuites pénales, salarié par une entreprise de bâtiment... Il y a aussi une trentaine de « chargés de mission » de la Mairie de Paris, souvent d'origine corrézienne, première terre électorale de Jacques Chirac, affectés à sa permanence d'Ussel, sa circonscription, ou à d'autres « missions » particulières. Alain Juppé, à la fois adjoint aux finances à la

Mairie de Paris (1983-1995) et secrétaire général (1988-1994) puis président (1994-1997) du RPR, est au centre du dispositif.

Dans l'œil du cyclone, Alain Juppé est mis en examen le 21 août 1998 pour « détournement de fonds publics, complicité et recel d'abus de confiance aggravé, prise illégale d'intérêt, complicité et recel d'abus de biens sociaux », du fait de ces emplois fictifs détachés au service du RPR. La justice française va toutefois effectuer un tri très sélectif : tout le volet concernant les chargés de mission sera annulé pour vice de forme, justifiant l'extinction des poursuites contre les directeurs de cabinet successifs du maire de Paris (Michel Roussin, Rémy Chardon et Bernard Bled). Dans la dernière ligne droite, ne restent que sept permanents du RPR rémunérés par des entreprises privées, reprochés au seul Alain Juppé, qui adopte différentes attitudes. Droit dans ses bottes : « Ces pratiques étaient entrées dans les mœurs, je n'avais pas de raison de les suspecter au RPR. » Faussement naïf : « Je croyais que travailler à la Mairie de Paris et au secrétariat général du RPR était possible. » Victime expiatoire : « Je suis prêt à porter tous les péchés d'Israël, mais pas la responsabilité pénale. »

Condamné le 30 janvier 2004 à dix-huit mois de prison avec sursis et surtout à dix ans d'inéligibilité pour avoir, selon le jugement du tribunal de Nanterre, « trahi la confiance du peuple souverain alors qu'il était investi d'un mandat électif », il fait appel. Devant la cour de Versailles, Alain Juppé concède : « Je savais que le RPR avait recours à des pratiques qui auraient dû cesser. » Le 1er décembre 2004, sa peine est ramenée à quatorze mois de prison avec sursis et son inéligibilité à un an, en des termes qui valent absolution : « M. Juppé, qui s'est consacré pendant de nombreuses années au service de l'État, ne doit pas être le bouc émissaire des infractions commises au bénéfice de l'ensemble des membres de son parti. » Le socialiste Henri Emmanuelli aurait bien aimé entendre les mêmes paroles de la part de la justice française...

Le RPR n'en a pourtant pas fini avec les affaires. Reste le gros œuvre : les marchés truqués de l'Office HLM de la Ville de Paris (OPAC), une affaire qui a fait trembler la Chiraquie pendant toute une décennie. Elle s'achèvera au printemps 2006 par une vaste mascarade judiciaire. Au procès tant attendu, une cinquantaine de prévenus représentant tous les corps de métier du bâtiment, mais pas un seul dirigeant politique sur le banc des accusés. L'accusation mentionne comme à regret n'être « pas parvenue à établir formellement l'implication personnelle des responsables au sein de l'appareil du RPR », faute de preuve ou de courage. L'habituelle cohorte de lampistes, dirigeants de filiales de Bouygues, de la Lyonnaise ou de la Générale des eaux, s'apprête à dénoncer un « racket » politique, hors de la présence des présumés racketeurs.

Un seul être vous manque... Jean-Claude Méry, membre du comité central du RPR, promoteur immobilier reconverti en collecteur de fonds, membre de la Grande loge nationale de France (GLNF), avait tourné quelques années avant sa mort (survenue en juin 1999) un film vidéo détaillant son rôle occulte, jusqu'à raconter la remise d'une valise de billets à l'Hôtel de Ville, en 1992, dans le bureau de Michel Roussin et sous le regard du maire de Paris, Jacques Chirac. Méry, ses cigares et ses bretelles, caricature d'intermédiaire, entre agapes et parties de chasse, n'est évidemment pas le plus crédible des protagonistes de l'affaire des HLM. Il est toutefois prouvé qu'il avait récolté près de 40 millions de francs pour ses interventions sur les marchés publics parisiens. Son banquier suisse a témoigné que le compte ouvert en son nom avait vocation à « faire du financement politique ». On n'en saura guère plus. La justice française a dû se contenter de coincer Georges Pérol, directeur de l'OPAC et héritier – honneur suprême – du siège de conseiller général de Jacques Chirac en Corrèze. Pour avoir fait financer le musée d'art contemporain de Meymac par des attributaires de marchés parisiens, il a été condamné à deux ans de prison avec sursis (mais il a interjeté appel de cette condamnation). Exit l'affaire des HLM...

La mère de toutes les affaires : les lycées d'Île-de-France

Celle des lycées d'Île-de-France devait être la mère de toutes les affaires, une « affaire monstrueuse, la plus grosse affaire de financement politique jamais jugée en France », selon l'accusation. Songez plutôt : l'ensemble des partis, Verts et Front national (FN) exceptés, tous unis pour ponctionner le marché de la rénovation des lycées franciliens, portant sur 24 milliards de francs. Entre 1990 et 1995, le RPR, le PR, le CDS, le PS et le PCF ont collectivement perçu quelque 200 millions de francs de « dons » d'entreprises souvent bénéficiaires de cet énorme marché – il faut dire que le Parlement avait adopté dans une belle unanimité, le 15 janvier 1990, une loi autorisant les personnes morales à prendre part au financement de la vie politique, avant de revenir en arrière en 1993 et en 1995.

La région Île-de-France est alors sous la présidence des élus RPR, Pierre-Charles Krieg puis Michel Giraud, mais feu vert est donné aux trésoriers des différents partis pour partir à la pêche aux dons d'entreprises. À chacun ses méthodes, recensées dans l'ordonnance de renvoi en correctionnelle. Jésuitique, comme Gérard Peybernes, en charge de l'association de financement du PS : « Lors de notre dernier entretien, vous avez eu l'amabilité d'accepter le principe de faire un don... » Poétique, comme Louise-Yvonne Casetta, intendante du RPR : « Sœur Anne attend et ne voit rien venir... »

Administrative, comme Jean-Pierre Thomas, trésorier du PR : « Vous êtes en retard par rapport aux cotisations que vous me devez. » Discrète au PCF, qui échappe encore aux poursuites. Plaintive au CDS, comme en témoigne Michel Elbel, leader des centristes au conseil régional, à la barre du tribunal : « Le RPR et le PS ramassaient tout, le CDS ne savait pas faire. Nous étions toujours rabaissés aux élections, car arrivant les poches vides. » Bon prince, feu le président Krieg lui glisse un jour une enveloppe contenant un million de francs, avec ce petit mot d'encouragement : « Il y a de l'argent, on a pensé à vous. »

Au printemps 2005, le procès pèche par son casting. Gérard Longuet, ancien président du PR, est le seul chef de parti sur le banc des accusés. Il hurle à la face du tribunal : « Où sont mes partenaires ? Où est le président du RPR ? Où est le président du PS ? » Ce coup de gueule lui vaudra une relaxe. Seuls les habituels soutiers du financement politique doivent répondre de leurs actes. Louise-Yvonne Casetta, dite la « cassette du RPR », en est à son troisième procès. Elle dénonce la « lâcheté des hommes au-dessus [d'elle] ». Michel Roussin, ancien directeur de cabinet de Jacques Chirac à Matignon comme à la Mairie de Paris, puis ministre de la Coopération du gouvernement Balladur, est le seul ténor à la barre.

Tout le monde se demande si l'homme, replié dans le monde des affaires (vice-président du groupe Bolloré, après avoir autrefois travaillé chez Eiffage et la Générale des eaux), va mettre en cause son ancien mentor. Pour l'amadouer avant le procès, on lui a proposé une position éligible au Parlement européen, où l'immunité est à toute épreuve. Le « soldat Roussin » n'a pas besoin de ça. Mis à part quelques allusions – « Il se trouve que mon patron, maire de Paris, dirigeait également un parti politique » –, il ne lâche rien. Michel Roussin s'est retrouvé paradoxalement en première ligne, bien que n'exerçant aucune responsabilité officielle, pour avoir contribué à évincer Jean-Claude Méry des circuits de financement : « J'étais l'homme que l'on pouvait solliciter pour exposer des problèmes. Personne ne faisant le ménage, c'est moi qui l'ai fait. » Le 26 octobre 2005, le tribunal condamne les quarante-sept prévenus à un total de cinquante ans de détention avec sursis. Seul Jean-François Donzel, dissident écologiste opportuniste, est condamné à un an de prison ferme – une première en matière de financement de parti politique (et là encore, J.-F. Donzel a fait appel). Donzel avait un peu abusé : bénéficiaire aussi bien de fonds secrets du gouvernement Bérégovoy que du gouvernement Balladur, une partie avait atterri sur son compte personnel en Suisse.

Rideau. La justice est passée, les politiques honorent leurs martyrs. À gauche, Henri Emmanuelli a retrouvé en février 2000 son fauteuil de député et son poste de président du conseil général des Landes ; à droite, Alain Juppé campe l'homme du recours après son exil d'un an au Québec en 2005-2006. Pierre Méhaignerie, président de la commission des finances à l'Assemblée, et Jacques Barrot, commissaire européen aux Transports, font comme si rien ne s'était passé. Certes, la justice leur a délivré de rudes leçons d'éducation civique : « La généralisation des pratiques de financement des partis politiques ne peut justifier ces comportements délictueux, manifestant ainsi un mépris total de la morale civique » (jugement de première instance de l'affaire Urba) ; « Il y a un pacte républicain, on y adhère ou on n'y adhère pas ; si on veut vivre dans une république bananière, on continue » (réquisitoire de l'affaire des HLM de Paris).

Mais, unanimement, les leaders politiques jurent qu'il s'agit d'une période révolue, liée à l'absence de législation particulière sur le financement des partis. Après avoir autorisé les dons des personnes morales en 1990, la loi a fini par les bannir complètement, le 19 janvier 1995. Il faut dire que la publication de ces « dons » au *Journal officiel*, prévue par la loi du 29 janvier 1993, avait un effet désastreux : on y retrouvait tous les attributaires de marchés publics, toujours les mêmes. Me Hervé Temime, avocat de Michel Giraud, ironise : « Arrêtons de parler de la philanthropie bien connue de l'entreprise citoyenne, contribuant au financement de la vie publique à la seule condition de ne pas obtenir un marché... C'est idiot. » La loi de 1995 va droit au but : les partis vivent désormais de subventions publiques payées par le contribuable national, et non plus par le contribuable local qui devait surpayer certains marchés.

Anne-José Fulgéras, ancienne spécialiste des affaires financières au parquet de Paris, a quitté la magistrature en 2000 pour se reconvertir, au sein du cabinet Ernst & Young, dans la « prévention des risques pénaux des dirigeants ». Avant de jeter la robe, requérant dans un de ces dossiers « qui traite d'une période que l'on souhaite révolue », elle achève son propos par une « série de questions » : « Pourquoi les entreprises versent tant d'argent aux partis politiques ? Pour quelles contreparties réelles ou supposées ? Pourquoi de tels circuits occultes ? Est-on sûr que ces questions ne sont plus d'actualité ? Notre démocratie a trop longtemps souffert de cet illégal toléré. Et puis toléré par qui [1] ? » Pour Anne-José Fulgéras, le « schéma est simple : à la tête, des hommes mus par une ambition politique personnelle, louable, mais confrontés à la trivialité du financement. La solution : s'en remettre à un militant acceptant de se salir les mains et ayant le bon goût de ne pas en parler aux têtes couronnées, les maintenant dans une apparente et bienséante irresponsabilité ».

Aucune des lois successives (1988, 1990 et 1995) réglementant le financement des partis politiques n'a véritablement mis fin aux dérives. Mais une autre y a grandement contribué : la loi Sapin adoptée en janvier 1993, du nom de ce ministre rocardien des Finances sous le gouvernement

---

1 Réquisitoire oral lors du procès du CDE.

Bérégovoy, qui proscrit l'intervention d'intermédiaires dans les marchés publics. Exit les Urba, Gifco et autres Méry. À Michel Sapin, la République reconnaissante...

Le grand secret des rétrocommissions

Pour autant, on aurait tort de croire que le financement de la vie politique française – voire, parfois, les financements plus personnels de certains responsables politiques – baigne désormais dans une quasi-transparence. Car à côté des sources franco-françaises presque banales que l'on vient d'évoquer, les coûts toujours croissants des campagnes électorales ont conduit au fil des années – surtout depuis les années 1970 – au développement, voire à l'institutionnalisation, d'autres filières illégales de financement bien plus opaques, qui constituent à coup sûr l'un des secrets les mieux gardés de la Ve République : celles des « rétrocommissions » liées aux marchés d'exportation. On peut en distinguer deux espèces principales.

La première, mais pas la moins utilisée, est en quelque sorte ancillaire : elle concerne les exportations françaises (de biens de consommation et d'équipement, BTP et autres) vers les pays de l'ex-Empire français, au Maghreb et en Afrique subsaharienne. On sait les liens quasi familiaux conservés depuis de Gaulle entre les dirigeants français et les potentats chargés de gérer, au mieux des intérêts de la France, les États du pré-carré africain [▷ p. 121]. Mais on sait moins l'ascendant que certains de ces derniers – tout particulièrement ceux qui ont eu la chance d'hériter de pays riches en pétrole, comme Omar Bongo au Gabon – ont pu acquérir sur des pans importants de la classe politique française en contribuant au financement de ses campagnes électorales, à droite (surtout) comme à gauche [1]. De même, la chronique médiatique a fort peu rendu compte des ressorts financiers profonds qui expliquent souvent la grande sollicitude dont ont fait preuve depuis les années 1980 nombre de responsables politiques de gauche (surtout ?) comme de droite à l'égard des dirigeants autoritaires du Maghreb, qu'il s'agisse du roi Hassan II au Maroc, des généraux algériens [▷ p. 345] ou du général Zine Abbidine Ben Ali en Tunisie (depuis 1987).

Dans tous les cas, au-delà des classiques et presque anecdotiques « valises » de billets, le mécanisme de base a été le même, banalisé et perfectionné – avec le recours aux « paradis fiscaux » – au fil des années : une grande entreprise française, grâce à l'entregent de tel ou tel responsable politique, emporte un marché d'importation (de sucre, de blé, d'usine « clé en main »...) de l'un de ces États du pré-carré. Son prix est surfacturé de 10 % à 15 % (parfois beaucoup

1 Voir notamment : Pierre Péan, *Affaires africaines*, Fayard, Paris, 1983.

plus), pour payer des commissions qui vont dans la poche des « décideurs » locaux, lesquels en rétrocèderont une partie (les fameuses rétrocommissions) aux divers « intermédiaires », dont ces obligeants responsables de partis politiques français toujours en quête de finances pour tenter de gagner la prochaine élection – et pas toujours insensibles aux cadeaux annexes. Mais de tout cela, la justice française – et moins encore les médias – n'a jamais rien su, tant ce secret est bien gardé, car on parle là, au fil des décennies, de milliards d'euros [1].

Il en va (presque) de même pour la seconde forme de rétrocommissions, celles liées aux grands marchés passés avec des États étrangers – et là, bien au-delà des seuls États de l'ex-Empire colonial – par les entreprises françaises dites « de souveraineté » (dans les secteurs de la défense, de l'aéronautique, de l'énergie, du génie logiciel, etc., dont les exportations sont étroitement contrôlées par le gouvernement français). Le problème est double. Le premier tient au fait que la plupart des entreprises françaises, en passant des contrats à l'étranger, doivent verser des commissions, le plus souvent parfaitement légales, quand elles rémunèrent le travail effectif d'un agent commercial facilitant un contrat. En 2000, une convention de l'OCDE, ratifiée par la France, a fort justement limité le montant de ces commissions à 5 % de la valeur du contrat, en interdisant formellement qu'elles soient versées à un agent de l'État concerné, dirigeant, élu ou fonctionnaire. Le problème, c'est que les entreprises « de souveraineté » ne traitent, directement ou indirectement, qu'avec ces personnes et que, de ce fait, le contrôle est en pratique impossible. Avant la signature de la convention OCDE, le ministère des Finances devait autoriser ces versements, qui atteignaient parfois des montants dépassant 20 % de la valeur du contrat, pour que les entreprises vendeuses puissent les déclarer dans leurs frais généraux. Mais depuis la naissance de la Ve République, aucune de ces autorisations – où figurent en principe les noms des bénéficiaires – n'est jamais sortie des coffres-forts des Finances, « secret-défense » oblige...

Le second problème, c'est que ce sont justement ces contrats-là qui font le plus facilement l'objet de rétrocommissions en faveur de personnalités françaises – beaucoup moins souvent à des partis politiques –, qui bénéficient ainsi de « retours » versés par l'agent corrompu du pays acheteur. Typiquement, le corrompu étranger touche de la part de l'entreprise vendeuse une commission occulte majorée – 15 % au lieu de 10 %, par exemple, charge à lui de reverser 5 % en France. Aucune affaire de ce type n'a été jugée depuis 1958, mais c'est exactement ce type de commissions illégalement reversées en France que cherchent à débusquer depuis 1997 les magistrats enquêtant sur l'affaire des frégates de Taïwan [▷ p. 540]. La pratique n'a pas cessé depuis la signature de la convention OCDE par la France. Elle est seulement devenue plus difficile à

1 Sur le cas algérien, voir : François GÈZE, « Sang, intox et corruption », *Mouvements*, mai 2002.

mettre sur pied. Et on doit à la vérité de dire que ce problème touche tous les grands pays, sans exclure ni les États-Unis ni aucun grand pays européen.

De la même manière, les assurances garanties par l'État couvrant ce qu'il est convenu d'appeler le « risque pays » ne sont pas une exclusivité française. En France, cette activité est une spécialité de la Coface (Compagnie française d'assurance pour le commerce extérieur), aujourd'hui filiale du groupe NatIxis. Et sans qu'aucune affaire sérieuse ait jamais émergé publiquement, elle cache de nombreux lièvres. Classiquement, une entreprise cherchant à passer un contrat à l'étranger prend une assurance, afin de couvrir le risque qu'elle prend en vendant à un État ou une entreprise étrangère à la solvabilité incertaine. Dans ce cas, la Coface sollicite la garantie de l'État, dont elle peut ensuite faire bénéficier son client. Si le contractant avec lequel ce dernier est en affaires se révèle insolvable, alors il se retourne vers l'État français, qui honore les engagements du partenaire étranger défaillant.

Rien là que de très ordinaire. Mais le mécanisme est propice aux abus, car il peut aussi servir à dissimuler des rétrocommissions versées par des dirigeants de pays amis, qui n'ont jamais eu un sou vaillant pour payer leur achat, ou avec lesquels il avait été convenu par avance qu'ils ne paieraient rien, l'entreprise française concernée sachant dès le départ qu'elle se retournerait vers l'État – ce qui permettrait ainsi de financer, sur fonds publics, les besoins des politiques français bénéficiaires des rétrocommissions.

Très au fait de ce sujet, l'ancien banquier et ex-ministre du Budget Henri Emmanuelli est le seul à avoir mis les pieds dans le plat, sans que cela ait provoqué autre chose qu'un quasi-coma médiatique : lors de la présentation du budget 2004 à l'Assemblé nationale, il a pourfendu cette pratique fort contestable des « annulations Coface », chiffrées pour 2003 à plus de 700 millions d'euros, et estimées à plus d'un milliard d'euros en 2005. Cette pratique représenterait 46 % des annulations de dettes consenties par la France aux pays du Sud : « Par une politique systématique de soutien à l'exportation et à l'investissement des entreprises françaises dans certains pays en développement, l'État a alourdi la dette publique des pays destinataires de ces investissements, *via* le mécanisme de la contre-garantie souveraine. Ce type de dettes n'a que très peu servi le développement des pays du Sud, mais plutôt servi les intérêts de certaines entreprises françaises, qui ont pu ainsi exporter et investir de manière indue [1]. » Et renvoyer sans aucun doute un grand nombre d'ascenseurs, aurait-il pu ajouter.

◄ **R. L.**

1 Henri Emmanuelli, *Rapport Affaires étrangères, coopération et développement*, Assemblée nationale, 13 octobre 2004, <www.assemblee-nationale.fr/12/budget/plf2005/b1863-A03.asp>.

Pour en savoir plus

Anne-José FULGÉRAS, Arnaud MONTEBOURG et Guillaume LE FOYER DE COSTIL, *Les Affaires, la politique, la justice*, L'Atelier, Paris, 2005.

Antoine GAUDINO, *L'Enquête impossible*, Albin Michel, Paris, 1990.

Éric HALPHEN, *Sept ans de solitude*, Denoël, Paris, 2002.

Pierre PÉAN, *Affaires africaines*, Fayard, Paris, 1983.

Michel ROUSSIN, *Le Gendarme de Chirac*, Albin Michel, Paris, 2006.

Les fondations secrètes de la Ve République : la manne de l'immobilier

Le pouvoir a toujours aimé la pierre. Mais la Ve République adore le bâtiment et les travaux publics (BTP). Aucun secteur n'a fait l'objet d'autant d'attentions, d'autant de ménagement. Urbanisation oblige. Mais pas seulement. Du haut en bas de l'échelle du pouvoir, les élus ont voulu créer leur ville, laisser leur marque dans le béton. Tous les présidents de la Ve République ont eu leurs projets de développement, leurs programmes d'aménagement, leurs grands chantiers. Des centaines de milliards ont été investis au fil des ans dans la construction, l'aménagement, les routes, les autoroutes. Une manne qui a débordé largement – notamment pour alimenter les caisses noires des campagnes électorales –, attirant son lot d'intermédiaires, de personnalités interlopes et d'aigrefins, évoluant dans les zones grises entre le public et le privé. Aucun des gouvernements n'a évité les scandales. Ceux-ci sont même devenus une des armes favorites pour abattre l'adversaire politique. Mais sans jamais toucher à l'essentiel : les puissances capitalistes qui dominent le secteur et se sont constituées à l'ombre de l'État.

De la reconstruction à l'affaire Aranda

Dès la Libération, la question de la ville s'est imposée au politique. Il faut reconstruire, réaménager, faire face à la pénurie de logements qui s'est aggravée avec les premières vagues de l'exode rural, répondre aussi à l'arrivée de la voiture. Des nouveaux mouvements d'architecture, qui avaient déjà commencé à repenser l'urbanisation et l'habitat avant la guerre, resurgissent. Dans le sillage d'un Le Corbusier et de son ambitieuse « charte d'Athènes » – détournée pour servir d'alibi intellectuel à l'affairisme et au cynisme politique –, on parle « lumière », « hygiène », « air », « espaces verts ». Des quartiers anciens sont détruits. La ville s'étend, le mot « banlieue » remplace celui de « faubourg ». Mais tout cela se fait de façon rampante, désorganisée, jusqu'au retour de De Gaulle au pouvoir, en mai 1958.

En quelques mois, tout est repris en main, réorganisé, pour donner tout pouvoir à une administration centrale extrêmement puissante. On ne parle plus que « schémas directeurs », « plan d'aménagement », « plan d'urbanisation », « zone d'aménagement concertée » (ZAC), « zone d'urbanisation prioritaire » (ZUP), « zone industrielle » (ZI), « autorisation », « agrément », « acceptation », etc. Sur le terrain, une armée d'X-Ponts investit les directions départementales de l'équipement (DDE), qui ont responsabilité sur tout, la ville, les routes, les ponts. Au sommet, le ministre de l'Équipement et des Transports, qui devient un des personnages les plus puissants du gouvernement. Très vite, dans un secteur où l'argent coule à flot, certains comprennent tout le bénéfice qu'il est possible de tirer de l'hypercentralisation de cette politique de l'agrément. Qui dit autorisation, dit dérogation et jeux d'influences. Au fil des ans, une nuée d'intermédiaires font leur apparition, tantôt simples affairistes, tantôt politiques – souvent les deux –, jouant de leur entregent, de leurs relations pour monnayer un accord, obtenir un passe-droit auprès des élus ou d'un ministre.

Personne, cependant, ne mesure les risques du système, lorsqu'il est instauré au début des années 1960. À l'époque, la France a besoin d'énormément de logements pour répondre à l'afflux des ruraux, des rapatriés d'Algérie et des émigrés, attirés pour servir de main-d'œuvre à bas prix dans les usines françaises. Alors, on construit vite, et mal : 350 000 logements par an à partir de 1962. Sarcelles, La Courneuve, Nanterre deviennent les symboles de cette urbanisation violente, le HLM (habitation à loyer modéré) celui de la modernisation à la française. S'il y a scandale à l'époque, c'est celui d'une urbanisation débilitante, niant la ville et ses habitants, compartimentant les activités et les fonctions (l'habitat et le travail). Mais aussi celui de la pauvreté de construction, où derrière le prétexte de modernité, on dissimule des erreurs de conception, des économies sur les matériaux, sur les mises en œuvre. Quarante ans plus tard la France continue de payer l'addition...

Tout s'emballe à partir de 1967. Le gaullisme s'essouffle et, derrière, le pompidolisme a déclaré la modernisation en accéléré de la France. Parmi les secteurs prioritaires : le BTP. Celui-ci doit avoir un taux de croissance arbitrairement fixé à 7 % par an. De 350 000 logements construits chaque année, on passe à 445 000 en moyenne. Mais les choix se sont déplacés. Finis les HLM. Cette forme d'habitat collectif est massivement rejetée par une population traumatisée. On préfère la maison individuelle. Le gouvernement soutient d'autant plus cette politique qu'il s'est aperçu que l'habitat des cités lui était politiquement défavorable. Les grandes tours sont un terreau pour les communistes. En réhabilitant la maison individuelle, la droite espère créer des zones d'électorat sûres, abritant des propriétaires individuels désireux de protéger leurs biens.

Toute une politique d'accession à la propriété se met en place. Pour cela, il faut des terrains, de plus en plus de terrains. Toute la politique de maîtrise foncière mise en place, surtout en Île-de-France, par le préfet Paul Delouvrier, vole en éclat : les parties protégées cessent de l'être, les zones non constructibles le deviennent. À chaque fois, il y a beaucoup d'argent à gagner dans ce changement de destination. Les intermédiaires commencent à prospérer, en quête d'une dérogation et d'une modification de destination, contre commission. Les trésoriers des partis politiques ont été les premiers à mesurer l'intérêt de la situation. Mais personne ne s'en offusque. Tout le monde en croque : les promoteurs, les constructeurs, les villes et l'État, par le biais de l'augmentation de la fiscalité, et même l'administration : les ingénieurs de la DDE reçoivent des primes de fin d'année, calculées sur le montant des travaux réalisés dans leur zone, comme au temps des fermiers généraux [1] !

Peu à peu, la corruption s'étend, les scandales se multiplient mais restent localement circonscrits. En 1972, un homme décide de renverser la table et de tout raconter. Il s'appelle Gabriel Aranda, et il a été conseiller technique d'Albin Chalandon, ministre de l'Équipement et des Transports entre juin 1969 et juillet 1972. En cent trente-huit dossiers, confiés à la presse et à la justice, il dévoile le dessous des cartes : les changements d'affectation de terrains monnayés, les permis de construire autorisés dans des zones inondables, exposées aux glissements de terrain ou aux avalanches, les règles de construction contournées, les appels d'offres biaisés. Le scandale est énorme. On découvre en tête de liste les noms de René Tomasini, secrétaire général de l'UDR (Union pour la défense de la République, nouveau nom, depuis 1971, du parti gaulliste), Guy Fric, le trésorier du parti, mais aussi celui de Claude Labbé, vice-président de l'UDR à l'Assemblée, ou du député de Paris Michel Habib-Deloncle. On parle de millions de francs de commissions et

1 C'est l'une des explications de l'explosion du nombre de ronds-points à l'anglaise – d'une utilité souvent très relative – en France : il en existerait aujourd'hui près de 35 000...

sous-commissions. Gabriel Aranda est pourchassé, inculpé et finit par partir vivre à l'étranger. Les hiérarques du parti gaulliste, les premiers mis en cause, eux, ne sont guère inquiétés.

Albin Chalandon n'échappe pas au scandale. À peine arrivé à son poste, le ministre se fait l'ardent défenseur de la maison individuelle. Bousculant l'administration, se passant de certaines autorisations, il lance, dès 1969, un vaste programme de maisons pas chères, les « chalandonnettes ». Des pavillons, bénéficiant d'aides de l'État, qui doivent permettre à la classe moyenne d'accéder à la propriété. Tous se précipitent. Et bientôt les scandales éclatent. On découvre des programmes engagés sur des terrains non constructibles, des cas où le promoteur est parti avec l'argent, des maisons construites sans soin, se lézardant sous le poids des malfaçons. Chaque semaine apporte son lot de cas pitoyables, de familles ruinées, ancrant l'idée d'un désastre dans le grand public.

L'expérience dissuadera pour longtemps les gouvernements de se lancer dans des programmes de construction, tous préférant les mécanismes financiers d'aide au logement. Il faudra la flambée des prix de l'immobilier et du foncier pour amener Jean-Louis Borloo, ministre de l'Emploi et des Affaires sociales des gouvernements de Jean-Pierre Raffarin et de Dominique de Villepin, à proposer en 2005 la maison à 100 000 euros, afin de faciliter à nouveau l'accès à la propriété à des classes moyennes en voie de marginalisation avec l'inflation immobilière. Un an plus tard, en dépit des effets d'annonce, les programmes peinent à voir le jour, en raison des prix du foncier, beaucoup trop élevés. Pour le reste, les politiques semblent se refuser à penser la ville. Après les émeutes en banlieue de novembre 2005, aucun discours de réparation du tissu social et urbain, aucun projet ambitieux de réhabilitation n'est venu prendre le relais de la politique sécuritaire. À l'exception de la destruction spectaculaire de quelques barres d'habitation, les gouvernements successifs ont laissé le champ libre aux aménageurs en tout genre et à la spéculation la plus effrénée, qui a chassé de plus en plus de familles du cœur des villes.

Boom de l'immobilier et financement occultes

Depuis le baron Georges-Eugène Haussmann et la fin du XIXe siècle, jamais un régime n'a construit autant d'équipements. Les besoins sont là, dès les années 1960. La France veut rouler, bouger, partir en vacances à la montagne ou à la mer, mais aussi bénéficier d'infrastructures hospitalières dignes de ce nom. Pendant quinze ans, le pays se couvre de grues, de bulldozers, modifiant à jamais ses paysages et son environnement. Cette politique d'aménagement est plébiscitée par les Français. Et les élus y cèdent d'autant plus que les avantages politiques se doublent d'avantages financiers. Les entreprises se regroupent autour des centres équipés, apportant avec elles une manne d'emploi et de taxe professionnelle. Et puis, il y a aussi tous les à-côtés...

Il n'a pas fallu longtemps aux professionnels des partis et à certains élus pour comprendre les bénéfices de ces grands chantiers. Car là, on ne parle plus en milliers ou en millions de francs, mais en dizaines et centaines de millions, voire en milliards. Autorisation, dérogation, allocation, tout peut se monnayer. « La concession comporte évidemment la construction et l'exploitation de l'ouvrage pendant trente-cinq ans », écrit en 1971 René Tomasini, le secrétaire général de l'UDR, dans une lettre à Albin Chalandon, réclamant que le contrat pour l'autoroute Narbonne-Bordeaux soit attribué à une entreprise amie [1]. Contre quoi ? 1 % à 2 % de commission pour le parti, pour les amis. Notre ministre de l'Équipement est devenu un portefeuille clé, qui rapporte, comme le confesse le centriste Pierre Méhaignerie, à ce poste sous le gouvernement Chirac entre 1986 et 1988 : « Avant, le CDS [Centre des démocrates sociaux] ne pratiquait pas [ce type de financement occulte]. » « Ne le pratiquait pas ? », relève le journaliste. « Oui, mais il s'est trouvé, ces dernières années, dans un tel dénuement que certains lui reprochaient même sa pauvreté. On finit par se dire : après tout, pourquoi pas nous [2] ? »

Pourquoi pas nous ? Tous les partis trempent dans la combine. Bureaux d'études prétextes, commissions sur les travaux, emplois fictifs : la panoplie usuelle de la corruption est déballée, comme le montreront les procès Urba et Gifco dans les années 1990, impliquant socialistes et communistes [▷ p. 488]. Les grands groupes de BTP ont un art consommé pour entraîner tout le monde dans ces pratiques, qui leur donnent en retour carte blanche sur la réalisation des travaux. Pas un ne respecte les chiffrages annoncés au moment de l'appel d'offres. Hasard ?

Un homme est passé maître en la matière : Francis Bouygues. Au début des années 1960, son entreprise de BTP est encore petite face aux grands noms du secteur, Grands travaux de Marseille (GTM), Spie-Batignolles, etc. Mais il a déjà compris tous les nouveaux mécanismes de l'immobilier administré de la Ve République. La règle d'or pour l'administration, c'est le moins-disant. Alors, Bouygues casse les prix pour passer l'appel d'offres. Après ? Il y a les impondérables... Son premier grand coup : l'attribution du chantier du stade du parc des Princes en 1969. Il avait proposé de le réaliser pour 40 millions de francs. L'équipement, achevé trois ans plus tard, en a coûté le double. Personne n'a protesté. La technique devient habituelle dans le monde du BTP pendant des années, pour atteindre un sommet avec la réalisation du tunnel sous la Manche (1987-1994). Tous les grands noms du secteur sont associés à ce

---

1 Voir Gabriel Aranda, *L'État piégé*, Stock, Paris, 1972.
2 *Libération*, 18 décembre 1987.

chantier du siècle. Entre les nouvelles exigences de sécurité des États et les groupes qui finissent presque par expliquer qu'ils avaient oublié qu'il fallait creuser sous la mer et que cela renchérissait le coût des travaux, l'addition grimpe de plusieurs milliards de francs. Un surcoût qui a déstabilisé totalement la structure financière du projet dès son lancement… et ruinera ses petits actionnaires. En 2006, Eurotunnel est sur le point de tomber dans les mains de grands groupes financiers qui ont flairé à terme une superbe rente.

Des grands travaux au « partenariat public-privé »

Les grands projets présidentiels sont un autre lieu favori des débordements. L'arbitraire et les caprices de la monarchie républicaine, conjugués aux usages du secteur, aboutissent à des dérapages incontrôlés. La liste est longue, interminable même. Des abattoirs de la Villette au « Musée des arts premiers » quai Branly, en passant par le centre Georges-Pompidou, la Grande Arche de la Défense, le stade de France, le Grand Louvre, la bibliothèque François-Mitterrand, le ministère des Finances à Bercy, pas un projet qui ait respecté les engagements de départ. À chaque fois, l'opération s'est chiffrée en centaines de millions de francs supplémentaires. L'opinion publique a oublié depuis le coût de ces projets pharaoniques, dont François Mitterrand a été le grand adepte. Mais elle a moins apprécié quand, à leur tour, les élus locaux ont voulu, décentralisation aidant, entreprendre la réalisation de grands hôtels de la région ou du département pour affirmer leur pouvoir. Là aussi, l'envolée des coûts a très souvent été de règle.

La crise économique de 1992-1993, l'explosion des scandales liés au financement des partis politiques où sont mêlés tous les grands noms du BTP, de Bouygues à Dumez en passant par la Société générale d'entreprise (futur Vinci) et GTM, suivi par le renforcement des lois sur le financement politique et l'encadrement plus strict du Code des marchés publics ont momentanément tari la manne. Pendant des années, rigueur budgétaire oblige, les gouvernements successifs ne construisent presque plus. Le temps des grands équipements semble révolu.

Un homme, nommé par le gouvernement Raffarin directeur des affaires juridiques du ministère des Finances, le 19 décembre 2002, va se charger de le réveiller : il s'appelle Jérôme Grand d'Esnon. Ce proche de Jacques Chirac, à la mairie de Paris puis à l'Élysée, a entrepris de réformer dès son arrivée à Bercy le Code des marchés publics, afin de mettre au point une « règle du jeu plus simple, plus intelligente ». Parmi les nouveautés, il en introduit une de taille : le partenariat public-privé, dit « PPP » (codifié par une ordonnance du 17 juin 2004). S'inspirant de pratiques britanniques, ce nouveau mécanisme permet aux collectivités toujours impécunieuses de déléguer la gestion d'équipements publics à des groupes privés. Son cadre déborde toutefois largement celui des concessions traditionnelles : il ne s'agit pas seulement pour les instances publiques de déléguer l'exploitation, mais aussi la conception, la réalisation et le financement. Les collectivités locales se retrouveront ainsi locataires sur leur propre territoire d'ouvrages qu'elles n'ont pas conçus, dont elles ne maîtrisent rien, parfois sur des durées de trente ou quarante ans. Prisons, universités, écoles, hôpitaux, restaurants d'entreprise et pourquoi pas mairies peuvent s'inscrire dans cette nouvelle procédure, insistent les grands groupes de BTP et de services, supporters acharnés de la formule.

Beaucoup n'ont pas manqué de souligner les dangers de ce PPP. D'abord, il prive les collectivités de choix, empêche des arbitrages financiers, inscrit dans le marbre les décisions d'un élu qui ne pourront être cassées par ses successeurs puisque les concessions sont accordées pour des dizaines d'années. Surtout, il fait voler en éclat toutes les procédures qui avaient été adoptées dans le cadre de la loi sur le financement des partis politiques, et même le Code des marchés publics. Considérant que cette nouvelle procédure est réservée aux ouvrages exceptionnels qui requièrent savoir-faire et technicité, c'en est fini des appels d'offres, de la mise en concurrence, de la limitation à douze ans de la durée des concessions, de la transparence et du contrôle des financements. Tout peut se négocier de gré à gré. Même les commissions d'appel d'offre ou les directions de l'équipement ont été exclues du système. En un mot, toutes les protections contre la corruption, instaurées après les grands scandales des années 1990, ont sauté. Mais, assurent (sans rire) les initiateurs du système, il n'y a aucun danger.

Le principe est encore en rodage, car beaucoup de collectivités hésitent encore à se lancer dans un processus qui comporte de nombreuses insécurités juridiques. Pourtant, à voir les entreprises de BTP ou de services aux collectivités défendre avec entrain les partenariats public-privé, on peut craindre que les dernières réserves et les ultimes protections soient bientôt balayées. Beaucoup, beaucoup d'argent paraît en jeu, ce qui n'est sans doute pas pour rien dans la brutalité ayant marqué, en juin 2006, la crise de succession chez Vinci [1] un des principaux acteurs de ce nouveau jeu – crise qui ne peut pas s'expliquer seulement par le scandale des 250 millions d'euros amassés par son P-DG, Antoine Zacharias, en moins de sept ans.

1 Né de la fusion de la SGE et de Dumez-GTM en 2000, Vinci est devenu le premier groupe de BTP et de concession en Europe. En France, il a un quasi monopole sur les parkings de centre-ville et possède les deux premiers réseaux autoroutiers (Cofiroute et ASF).

Du scandale public de la Garantie foncière en 1971…

De la pierre au papier, l'immobilier ne pouvait qu'intéresser l'imagination fertile des financiers. Dès 1964, la loi autorise la création de sociétés civiles de placement immobilier (SCPI). Le but est simple : amasser de l'épargne et acheter en commun des immeubles dont les loyers assureront les dividendes, la valeur de l'ensemble étant divisée en part. Pour soutenir leur développement, l'Assemblée nationale décide de les exonérer de toute fiscalité, au grand dam du ministère des Finances.

Très vite, certains découvrent les délices de cette situation, notamment un certain Robert Frenkel. Marchand de biens, ayant assez longuement séjourné aux États-Unis, il décide avec un avocat, Victor Rochenoir, et un notaire, Jean-Pierre Delarue, qui apporte les premiers fonds, de créer en 1967 la Garantie foncière. Pour attirer les épargnants, il promet des taux de rendement de 10,25 %, plus de deux fois le taux d'épargne courant. Personne ne se demande comment cela est possible, on ne retient que le chiffre. D'autant que, soucieux d'inspirer la confiance, Robert Frenkel a attiré une caution, un homme politique, député au nom très vieille France : le comte André Rives-Henrys de Lavaysse, chargé de diriger la structure de gestion. L'homme fut naguère responsable pour la partie sud de la France du Rassemblement du peuple français (RPF), et chargé de mission auprès de Jacques Chaban-Delmas pendant quatre ans, lorsque ce dernier était président de l'Assemblée nationale entre 1962 et 1967.

On accourt : 13 000 épargnants souscrivent, apportant plus de 205 millions de francs. Mais très vite, le fonds est incapable de tenir ses promesses de rendement. Une classique « cavalerie » est mise en place : l'argent des nouveaux épargnants sert à payer les intérêts des anciens. Dans le même temps, la Garantie foncière se livre à de curieux jeux de gestion, achetant et revendant très vite des immeubles à des structures intermédiaires pour faire apparaître des plus-values artificielles, les gérants empochant au passage des commissions, ou bien lançant des opérations qui n'ont que des liens lointains avec l'immobilier. Les frères Willot, qui s'illustreront par la suite dans la faillite de l'empire Boussac, revendent ainsi à la Garantie foncière le patrimoine immobilier de la société textile Saint-Frères qu'ils ont juste rachetée. Le siège social acquis pour 17,2 millions de francs est revendu 25 millions à la SCPI ; la Belle Jardinière, achetée aussi 17 millions, est cédée pour 29,6. Les actifs Saint-Frères représenteront ainsi la moitié du fonds immobilier de la Garantie foncière, Frankel ayant empoché au passage 30 millions de francs.

D'autres SCPI, comme le Patrimoine foncier, sont lancées sur le même modèle. Son P-DG, Claude Lipsky, demande cette fois à un ancien conseiller de Matignon, André Roulland, d'avancer son nom en garantie. Les mêmes ingrédients de la fraude s'y retrouvent. Ils prennent au piège 7 500 souscripteurs, qui apportent 134 millions de francs.

Tout est en place pour le scandale. Mais aurait-il pris la même dimension, sans la volonté du ministère des Finances de tordre le cou à des sociétés exonérées fiscalement, et sans la guerre sourde et furieuse que livre Jacques Chaban-Delmas au ministre des Finances, Valéry Giscard d'Estaing ? Dans ces années 1970-1971, l'incontournable grand argentier des débuts de la Ve République, redoute l'ascendant pris par le Premier ministre, qui pourrait finir par le disqualifier dans la future course présidentielle. Une série de révélations opportunes interviendront ainsi dans cette période, ternissant l'image de Chaban-Delmas : la publication en janvier 1972 par *Le Canard enchaîné* de sa feuille d'impôts exhibant son exemption fiscale, mais aussi le scandale de la Garantie foncière. Des sujets assez familiers au ministère des Finances... Certains des protagonistes, dont le député Rives-Henrys, évoluent dans l'entourage proche du Premier ministre et ce dernier ne peut manquer d'être atteint en cas de problème.

Le 8 juillet 1971, tout s'écroule. Robert Frenkel, le patron de la Garantie foncière, est inculpé de fraude et écroué. Claude Lipsky, le responsable du Patrimoine foncier, qui est en plus mêlé à un sombre trafic d'armes mené avec l'argent de sa SCPI, fuit pour sa part en Israël. En laissant dans une noire panade l'un de ses plus proches collaborateurs, Charles Hernu, membre du comité directeur du nouveau Parti socialiste (PS) et futur ministre de la Défense. Charles Hernu avait en effet imprudemment monnayé son carnet d'adresses auprès de Claude Lipsky, et ne sera sauvé de l'inculpation que par une intervention directe de Jacques Chaban-Delmas [1].

Le bruit est énorme. L'opinion publique découvre l'affairisme, les trafics d'influence, la collusion entre le monde politique et les affaires. Les SCPI sont dissoutes. Il est interdit à tout homme politique d'associer son nom à des opérations commerciales. Pourtant, l'émotion retombe très vite. En novembre 1973, le procès de la Garantie foncière, comme quelques mois plus tard celui du Patrimoine foncier, s'ouvre dans l'indifférence générale. Jacques Chaban-Delmas a quitté Matignon en juillet 1972. D'autres événements, dont la guerre du Yom Kippour (6-25 octobre 1973), entre Israël et ses voisins arabes, ont pris la place. Plus personne n'a besoin du scandale de la Garantie foncière.

1 Jean Guisnel, *Charles Hernu ou la République au cœur*, Fayard, Paris, 1993, p. 392-395.

... au scandale caché des « foncières » des années 2000

Depuis, les SCPI ont été réhabilitées. À leur côté, une autre forme de société est apparue : les foncières, des sociétés cotées en Bourse qui ont pour vocation de reprendre et gérer les actifs immobiliers de toute sorte. Dans les années 1980, ces fonds, très dépendants des investisseurs institutionnels, n'avaient qu'une existence très limitée. Jusqu'à la grande crise immobilière des années 1992-1997. Toutes les grandes banques et grandes assurances sont alors prises au piège de la folle spéculation sur la pierre. Mais pas question de l'avouer. En ces temps d'idéologie libérale, il ne peut y avoir que des banques publiques, comme le Crédit lyonnais [▷ p. 552] ou le Crédit foncier, pour commettre de telles fautes. Les institutionnels privés, eux, sont par principe de bons gestionnaires. Mais, en coulisses, on s'organise. Les actifs dévalués sont sortis des bilans et transférés dans les foncières, auxquelles on accorde des financements privilégiés. Sorte de « CDR » privés [1], elles héritent d'un patrimoine immobilier colossal, composé d'immeubles d'habitation, de bureaux, de tours, de centres commerciaux, à des prix défiant toute concurrence. Des millions de mètres carrés que, pendant quelques années, elles gèrent dans la plus grande discrétion. Au début des années 2000, le rétablissement de l'immobilier puis la fièvre spéculative qui s'abat sur le secteur renversent totalement la situation. Les sociétés foncières deviennent riches, convoitées par tous. La preuve : des inspecteurs des finances n'hésitent plus à aller pantoufler chez elles.

Comment gérer au mieux ces milliards de plus-values latentes qui dorment dans ces portefeuilles où les actifs ont été inscrits à prix cassé ? Par chance, en 2003, le sénateur Philippe Marini (UMP) propose opportunément un changement de statut fiscal pour ces sociétés. En contrepartie d'un paiement d'impôt calculé sur une base de 16,5 % (au lieu de 33 %) sur les plus-values latentes de leurs portefeuilles, les foncières pourront réévaluer la valeur comptable de leurs actifs et seront exonérées d'impôt sur les ventes futures. Toutes les foncières sautent sur la proposition : le cadeau fiscal est au bas mot de plusieurs milliards d'euros. Mais personne au Parlement ne s'en émeut…

Gecina, la foncière dépendant des AGF et gérée par Antoine Jeancourt-Galignani, était-elle au courant de ce changement législatif à venir, lorsqu'elle a acquis en 2002 Simco, la foncière du groupe d'assurances Axa ? C'est ce qu'affirmeront plusieurs actionnaires. Durant cette période, le comportement de Gecina est en tout cas étrange. En 2002, elle se porte acquéreur de la foncière d'Axa au prix de 86 euros par action. Mais, dès avril 2003, elle accepte

1 Le CDR (Consortium de réalisation) est la société de défaisance qui a repris une grande partie des actifs du Crédit lyonnais, alors en faillite, afin de l'aider à se redresser.

de revendre cent immeubles pour 1,2 milliard d'euros au fonds américain Westbrook. C'est la plus grosse transaction immobilière dans la capitale : 3 200 appartements sont vendus d'un seul coup. Quelques semaines plus tard, les investisseurs américains enclenchent un mouvement qui fait toujours des ravages : la « vente à la découpe ». Ce qu'ils avaient acheté en gros, ils le revendent au détail, au prix le plus élevé du marché. Plus-values estimées : au moins 600 millions d'euros.

Pourquoi Antoine Jeancourt-Galignani a-t-il renoncé à réaliser une telle plus-value ? Pourquoi a-t-il vendu ces immeubles 5,6 % en dessous de leur valeur comptable, comme la société l'avouera plus tard ? Y a-t-il eu entente préalable entre le fonds américain et la foncière française, afin d'éviter une bataille boursière autour de Simco ? « Au vu des sommes en jeu, je crains qu'un certain nombre d'indélicatesses aient été commises. Indélicatesses qui mettent en cause des intermédiaires, pas complètement Français, installés à l'étranger, mais parmi lesquels on pourrait retrouver des personnes de Gecina », lancera en 2005 le député Bernard Debré (UDF), qui avait demandé une enquête sur la question [1]. Des plaintes ont été déposées, la justice enquête mais, depuis, silence. Entre-temps, Gecina a été racheté par des fonds espagnols. Et la vente à la découpe, même si elle continue de plus belle dans la capitale, ne fait plus la une de la presse.

À cette occasion, les élus ont pu mesurer ce qu'ils pressentaient : les foncières sont devenues des États dans l'État. Impossible de peser sur elles, d'arrêter leur politique brutale et avide de gestion des immeubles d'habitation. Impossible même de les arrêter sur la gestion des équipements collectifs. Preuve symbolique : les Halles. En 1994, la foncière Unibail a repris le Forum des Halles, autrefois propriété de la ville et du Crédit lyonnais. Depuis, elle n'a qu'une ambition : privatiser les derniers lambeaux de ce qui reste public pour en faire un lieu totalement à elle, qu'elle puisse agrandir et modifier à sa guise. L'enjeu est de taille : c'est le centre commercial le plus rentable d'Europe. Il s'y réalise un chiffre d'affaires deux fois supérieur à celui du centre-ville de Lyon.

Aussi, depuis que la Mairie de Paris a décidé, en décembre 2002, d'entreprendre un programme de rénovation de ce cœur de la ville, toujours à la recherche d'un visage depuis le déménagement des Halles à Rungis, Unibail est à la manœuvre. Pas question d'une rénovation ambitieuse, avec une reprise en main par le public. Pas question non plus de permettre aux 800 000 voyageurs de la RATP qui empruntent chaque jour la plus grande gare souterraine d'Europe d'échapper à son emprise : tous doivent passer par ses magasins, même si cela pose d'énormes problèmes de sécurité. D'où un projet de rénovation médiocre, transformant le cœur de Paris en un affligeant centre commercial qui, au passage, gagnera en douce plus de 15 000 mètres carrés.

1 *La Revue parlementaire*, avril 2005.

Paris avait-il d'autres ambitions ? La RATP souhaitait-elle ne serait-ce qu'avoir un accès direct géré directement par elle ? On n'en saura rien. Car peut-on refuser quelque chose à Unibail ? À elle seule, la société gère le Parc des expositions de la Porte de Versailles, le CNIT à la Défense, le centre du Carroussel, le centre Maine-Montparnasse, les Halles, les Quatre-Temps, l'Espace Champerret, le Palais des sports de Bercy, les centres commerciaux Velizy 2, Bobigny 2, Évry 2… et bientôt tous les espaces commerciaux de l'aéroport Roissy-Charles de Gaulle. La Ville a été chassée de la ville…

◀ **M. O.**

Pour en savoir plus

Gabriel Aranda, *L'État piégé*, Stock, Paris, 1972.

Serge Bernstein, *La France de l'expansion*, tome 1, *La République gaullienne (1958-1969)*, Seuil, Paris, 1989.

Serge Bernstein et Jean-Pierre Rioux, *La France de l'expansion*, tome 2, *L'Apogée Pompidou (1969-1974)*, Seuil, Paris, 1995.

Fernand Pouillon, *Mémoires d'un architecte*, Seuil, Paris, 1968.

Thierry Wolton, *Les Écuries de la Ve*, Grasset, Paris, 1989.

L'invraisemblable affaire des « avions renifleurs »

On peut trouver du pétrole sous la terre depuis un avion en vol ! Dans les années 1970, une bande d'escrocs particulièrement convaincants va faire gober cette faribole à certains des plus brillants ingénieurs français, cadres dirigeants de la firme pétrolière Elf-ERAP, et leur soutirer des centaines de millions de francs, sous les yeux des plus hautes autorités de l'État.

Quand Elf finance des escrocs

L'affaire dite des « avions renifleurs » démarre en mai 1976, quand l'avocat Jean Violet, un sulfureux ancien du Service de documentation extérieure et de contre-espionnage (SDECE), approche le président du groupe Elf-ERAP, Pierre Guillaumat, pour lui parler de la découverte d'un procédé extraordinaire. Un comte belge, Alain de Villegas de Saint Pierre Jette, associé à un « génial inventeur » italien, Aldo Banassoli, prétend être en mesure de détecter des nappes de pétrole à distance. Ils souhaitent réserver leur invention à la France.

Violet n'est pas venu seul. Ses missions pour le SDECE lui ont permis de tisser un impressionnant réseau relationnel, et il se présente en compagnie de l'ancien président du Conseil Antoine Pinay, du président de l'Union des banques suisses (UBS) Philippe de Weck, et d'un dominicain très introduit au Vatican, lui aussi proche du SDECE et des réseaux du cardinal Eugène Tisserant, le père Yves-Marc Dubois [▷ p. 33]. Ce beau monde va donc convaincre Pierre Guillaumat – ingénieur du corps des Mines [▷ p. 235], maître d'œuvre de la bombe atomique et de la politique pétrolière françaises depuis la Libération, Premier ministre de la Défense de la Ve République – de la prétendue validité de leur procédé.

Celui-ci consiste en deux appareils secrets : les machines Delta et Omega. Aussi hallucinant que cela ait pu paraître ensuite, les « savants » réussissent à persuader non seulement l'état-major d'Elf-ERAP, mais aussi le président de la République Valéry Giscard d'Estaing, puis son Premier ministre Raymond Barre mis dans le secret, de la nécessité de financer leurs recherches. Ils parviendront à extorquer 790 millions de francs de l'époque (l'équivalent de 430 millions d'euros de 2006), qu'ils feront verser à une cascade de sociétés plus obscures les unes que les autres, basées en Suisse, à Panama, au Lichtenstein, aux Nouvelles-Hébrides, etc. L'une d'entre elle, IOMIC (International Oil & Mining Investment Corporation), sera même administrée par l'ancien patron du SDECE, le général Paul Grossin, qui avait recruté Violet pendant la guerre d'Algérie [▷ p. 33].

Personne ne comprendra vraiment comment les escrocs ont pu effectivement convaincre un esprit aussi flamboyant que Guillaumat, puis son successeur à la tête d'Elf en août 1977, Albin Chalandon – il est vrai moins brillant –, que les « couinements » sonores émis par Delta depuis un avion en vol désignaient un gisement d'hydrocarbure pouvant être situé à plusieurs milliers de mètres sous terre. Quant à Omega, elle livre des images précises sur un petit écran. Quand on y applique un stylet, la machine livre soit disant la profondeur, l'épaisseur et la teneur en hydrocarbure du gisement. Magique !

Pendant des mois, les avions de Villegas et Banassoli vont survoler la France, la terre et la mer, mais aussi le Gabon, l'Afrique du Sud ou le Maroc, et livrer des informations qui, au début, se révéleront souvent exactes. Et pour cause : bien que les détails de l'escroquerie n'aient pas été établis faute d'enquête judiciaire sérieuse, il semble bien que les inventeurs aient eu accès aux informations techniques dont Elf disposait sur ces mêmes gisements, que la société étudiait avant les expériences pour valider le procédé. Elf paye rubis sur l'ongle aux savants d'opérette les sommes faramineuses qu'ils réclament, alors même que le contrôle des changes en vigueur à l'époque interdit l'exportation de tels capitaux. Mais Valéry Giscard d'Estaing et Raymond Barre acceptent que les versements s'effectuent en secret, dissimulés aux yeux du ministère des Finances pour protéger la découverte. Qui demeurera effectivement couverte par le secret le plus épais.

Au fil des mois pourtant, le doute s'installe. En 1978, Elf désigne deux scientifiques de haut niveau pour vérifier les assertions des inventeurs, qui leur refuseront obstinément l'accès à leurs machines, tandis que Bonassoli fournit des explications fumeuses, totalement incompréhensibles par un esprit scientifique. La perplexité des ingénieurs s'accroît quand ce dernier – un modeste agriculteur italien sans le moindre diplôme – prétend que son procédé repose sur des principes opposés aux lois de base de la physique des particules.

Un scandale jamais éclairci

En février 1979, le ministre de l'Industrie André Giraud désigne le délégué à la recherche fondamentale du Commissariat à l'énergie atomique (CEA), Jules Horowitz – en matière de physique en France, il n'y a pas mieux –, pour siffler la fin de la récréation. En mai 1979, celui-ci obtient des inventeurs qu'ils réalisent devant lui une expérience. Il leur montre une règle droite en métal qu'il place derrière un mur épais, et Banassoli sort de sa machine une belle image de la règle, bien droite. Mais Horowitz, à son insu, l'avait pliée en V. Sans se démonter, Banassoli expliquera que la fausseté du résultat s'explique par la « distorsion possible de l'image, due à l'utilisation de l'appareil dans un environnement nouveau ». Mais la conviction d'Horowitz est désormais faite, et sera confirmée par de nouvelles expériences, plus désastreuses les unes que les autres.

En juillet 1979, toute honte bue, Elf-ERAP rompt le contrat, mais aura le plus grand mal à récupérer son argent. Une bonne partie ne sera jamais rendue, sans qu'il ait jamais été possible depuis cette date de savoir où sont passées de telles sommes. Il est acquis que ni les dirigeants d'Elf ni Banassoli ne se sont enrichis. Alors ? Englouties dans des activités secrètes du Vatican ?

Cette intéressante hypothèse a été longuement évoquée, et même décortiquée, par les divers enquêteurs. Ils sont parvenus à la conclusion qu'une part significative de l'argent détourné a financé... la construction d'une église dédiée à la stigmatisée de Châteauneuf-de-Galaure (Drôme), Marthe Robin. Ce centre religieux catholique, dirigé par le directeur de conscience de la sainte femme, le père Georges Finet, était très fréquenté par le beau monde, et put vraisemblablement compter parmi les destinataires des fonds gérés par Alain de Villegas et Jean Violet. La construction de l'église, commencée en 1973, fut terminée en 1977, rappelle Pierre Péan dans son livre consacré à cette affaire [1]. Il précise que des « ateliers catholiques » ont aussi été financés en Colombie, mais pour une somme dérisoire (52 000 dollars) au regard des montants détournés. Si l'on y ajoute les versements à l'œuvre philanthropique créée par la fille de Villegas, Anita, ces financements avérés à des œuvres catholiques atteignent tout de même 30 millions de francs. Par ailleurs, 16 millions de dollars seraient passés entre les mains de l'avocat italien Carlo Pesenti, connu pour ses liens avec la banque vaticane Ambrosiano, mais on est là dans le domaine des conjectures.

Tout comme dans les évocations des relations entre les escrocs et l'archevêque américain Paul Marcinkus, sulfureux banquier du Vatican et patron de l'IOR (Institut des œuvres religieuses), ou dans celles qu'ils auraient entretenues avec l'Opus Dei, désignée comme autre destinataire possible des sommes volatilisées. Quant au financement de partis politiques en France, qu'il s'agisse des giscardiens ou des chiraquiens, il a été évoqué, discuté, soupçonné. Jamais démontré... Mais l'important, aux yeux d'Elf, de Valéry Giscard d'Estaing et du gouvernement, n'était pas là : l'essentiel était sauvé, puisque l'affaire était demeurée secrète...

Cela ne pouvait pas durer ! Énorme bombe politique, le scandale explose le 21 décembre 1983, révélé par *Le Canard enchaîné,* qui invente l'expression « avions renifleurs ». L'hebdomadaire rapporte, et d'autres journaux le préciseront par la suite, que le président de la Cour des comptes, Bernard Beck, avait confié en décembre 1979 la rédaction d'un rapport sur l'affaire à un conseiller référendaire, François Gicquel. Celui-ci en rédigea un seul exemplaire dactylographié, avec cinq copies sur pelure, qui fut remis à Raymond Barre le 21 janvier 1981. Puis il apparaît que les copies conservées à la Cour des comptes ont été « lacérées » par Bernard Beck, avant son départ à la retraite en octobre 1981. Le tapage devient considérable, car ni

---

1 Pierre PÉAN, *V. Enquête sur l'affaire des « avions renifleurs » et ses ramifications proches ou lointaines,* Fayard, Paris, 1984, p. 210.

l'administration fiscale ni le gouvernement socialiste de Pierre Mauroy – qui avait découvert le pot-aux-roses lors d'un contrôle fiscal en octobre 1982 –, n'ont jamais eu connaissance de ce document. Valéry Giscard d'Estaing viendra pourtant le montrer à la télévision, mais sans le livrer au gouvernement.

C'est Raymond Barre qui en remettra quelques jours plus tard un exemplaire à Pierre Mauroy, lequel s'empressera de le publier. Puis Valéry Giscard d'Estaing admettra qu'il avait lui-même assisté à une expérience de Banassoli et de Villegas en avril 1979, en présence de l'état-major d'Elf – donc entre polytechniciens –, et qu'à l'issue de celle-ci, qui lui avait paru désastreuse, il avait fait part de son « impression négative » dans une lettre du 16 avril 1979 à Pierre Guillaumat. Lettre qui n'avait fait que précipiter la fin du programme.

Déshonoré, Pierre Guillaumat endossera ses erreurs et ne cherchera jamais à faire porter le chapeau à personne d'autre. Quant à la crise politique violente survenue fin 1983-début 1984, elle laissa longtemps des traces. Et les petites phrases se succéderont. Antoine Pinay traitera Max Gallo, alors porte-parole du gouvernement qui avait parlé d'« expériences à la Tintin », de « pauvre type ». Le secrétaire d'État au Budget accusera Bernard Beck de « forfaiture ». Pierre Mauroy prétendit que la droite ne pouvait « vouloir punir les loubards et blanchir les escrocs ». La palme revenant incontestablement à l'ancien ministre giscardien Michel Poniatowski, qui ne craignit pas de lancer : « Dans cette affaire, le dégueulasse, c'est Mitterrand. » Appréciation très injuste, car ce dernier ne voulut jamais s'exprimer sur ce qu'il appela un « tourbillon de polémique ». Le président Mitterrand ira jusqu'à protéger Valéry Giscard d'Estaing en demandant aux députés qui avaient lancé une commission d'enquête parlementaire de ne pas le faire comparaître devant eux...

◂ J. G.

Pour en savoir plus

François GICQUEL, *Rapport sur certaines opérations de l'ERAP (Entreprise de recherches et d'activités pétrolières)*, publié en intégralité par *Libération*, 4 janvier 1984.

Jean-Pierre MICHEL (prés.), Parfait JANS (rapp.), *Rapport de la commission d'enquête chargée d'examiner les conditions dans lesquelles des fonds ont pu être affectés depuis 1976 à une « invention scientifique susceptible de bouleverser la recherche pétrolière »*, Rapport n° 2418, Assemblée nationale, 15 novembre 1984.

Pierre PÉAN, *V. Enquête sur l'affaire des « avions renifleurs » et ses ramifications proches ou lointaines*, Fayard, Paris, 1984.

Les eaux de la Lyonnaise et de la Générale, au cœur des financements politiques

Personne n'y avait vraiment prêté attention. Lorsque Jérôme Monod, alors tout-puissant secrétaire général du Rassemblement pour la République (RPR), fondé en 1976 et ancêtre de l'Union pour un mouvement populaire (UMP), décide en 1979 de tout quitter pour prendre la direction de la Lyonnaise des eaux, sa décision laisse perplexe. Pourquoi cet homme très proche de Jacques Chirac, qui baigne dans les milieux gaullistes depuis le début des années 1960, éprouve-t-il soudain le besoin, trois ans après la création du parti chiraquien, de rejoindre le privé ? Est-ce une lassitude de la vie politique, sa « tentation de Venise », ou son penchant pour la décentralisation hérité de son passage à la Direction à l'aménagement du territoire et à l'action régionale (DATAR) aux côtés d'Olivier Guichard ? Même des fidèles du RPR n'ont pas l'explication.

Les belles endormies

Son départ est d'autant plus inattendu qu'à l'époque personne ne connaît la Lyonnaise. Une société d'eau qui en assure la distribution dans certaines grandes villes de France, croit-on se rappeler. On ne sait guère plus alors sur le marché de l'eau en France. Depuis le milieu du XIXe siècle, l'équipement de la France dans ce secteur s'est fait sans bruit. Au fil des ans, les villes se sont modernisées et ont construit leur réseau d'eau et d'assainissement. Des dépenses indispensables mais énormes, auxquelles elles ont eu souvent du mal à faire face. Dès le début, vers 1855, elles ont dû faire appel à des entreprises privées. En contrepartie, celles-ci ont obtenu des droits d'exploitation à très long terme, des concessions de cinquante ans ou plus, leur assurant une sorte de rente quasi perpétuelle. Il en va ainsi des compagnies des eaux à Paris, Lyon, Bordeaux, Strasbourg. Certaines se sont développées en dehors de leur territoire d'origine, d'autres sont restées cantonnées à leur municipalité.

Peu à peu, elles sont devenues des sortes d'annexes des services techniques municipaux, connaissant, mieux que les villes elles-mêmes, leur réseau, les systèmes d'alimentation et de collecte des eaux usées. Elles sont si intégrées que personne, à la fin de la Seconde Guerre mondiale, n'évoque la nécessité de les nationaliser. L'électricité, le gaz, l'énergie, là sont les enjeux nationaux et de pouvoir. L'eau, elle, reste du domaine naturel, local, sans connotation de puissance et d'argent.

Centralisateur, jacobin, industrialiste, le gaullisme n'a guère de raison de prêter attention à cette activité liée aux élus locaux. Il n'y consacre qu'un seul texte, fondateur, quelques années après la naissance de la Ve République : en décembre 1964, le gouvernement promulgue une loi sur l'eau, qui servira ensuite de socle à la « politique française de l'eau ». Une politique de préservation et de surveillance des ressources, à laquelle sont associés les responsables locaux, est mise en place à partir des grands bassins naturels. Un schéma de modernisation est tracé. Pour l'accompagner, est instauré un système de financement, officiellement fondé sur le principe « pollueur-payeur ». Et, c'est là l'essentiel, le mode de calcul de ces taxes nouvelles est arrêté : ce sont les consommateurs individuels, urbains, représentant à peine 5 % de la consommation d'eau, qui paieront l'essentiel de la facture (80 %). Les industriels, qui prélèvent environ 15 % des ressources, paieront à la hauteur de leur consommation. L'agriculture, principale consommatrice, est quasiment exonérée : elle doit payer à peine 5 % des taxes. L'État trouve là un moyen discret de subventionner le secteur agricole : rien ne doit arrêter la grande révolution verte, si peu économe en espaces et ressources naturelles [▷ p. 654].

Mais le système convient bien aussi aux compagnies d'eau. Depuis l'origine, elles ont toujours délaissé les zones rurales, trop coûteuses à équiper, où les économies d'échelle sont inexistantes. La répartition mise en place les transforme en collecteurs d'impôts. Transitent par elles, des masses d'argent considérables, dont elles vont pouvoir bénéficier un certain temps, avant de les reverser à l'État.

Dans un premier temps, tout reste très discipliné. Le pouvoir des compagnies d'eau est sérieusement encadré : tout contrat de concession, toute augmentation des prix est soumis à l'autorisation du préfet. Très discrètes, très prudentes, peu généreuses avec leurs actionnaires, les sociétés privées se distinguent peu des régies municipales. Même si deux d'entre elles, la Générale des eaux et la Lyonnaise des eaux, dominent le secteur après avoir agrégé de nombreuses villes, elles restent des annexes des services publics. Les carrières y évoluent comme chez les fonctionnaires. À l'intérieur, c'est le royaume des X-Ponts, cette élite républicaine d'ingénieurs passés par l'École polytechnique et l'École nationale des Ponts-et-Chaussées. Ils gouvernent toute la hiérarchie. On parle équipements, techniques, réseaux... Les salariés [illegible] symbiose avec les services techniques municipaux, mais ils rencontrent rarement les maires.

L'arrivée de Guy Dejouany en 1976 à la tête à la Générale des eaux, puis celle de Jérôme Monod à la Lyonnaise en 1979 vont bousculer ces belles endormies [1].

L'aiguillon des financements électoraux

Entre les deux hommes, peu de choses en commun. Dejouany est un X-Ponts, Monod est un ancien de l'ENA. Le premier a fait toute sa carrière au sein de la Générale, le second dans l'appareil d'État. Tous les deux, cependant, ont une attirance pour le pouvoir. Mais le plus politique n'est pas celui que l'on croit. Tout au long de sa carrière, le président de la Générale des eaux entretient réseaux et relations, ne négligeant aucun conseiller général, aucun sénateur. Cultivant un goût maladif du secret, refusant toute interview, toute photo, il n'apparaît jamais sur le devant de la scène. Ses proches évoqueront par la suite un règne « faustien », tant il est habile à manipuler les hommes et les pouvoirs. Arrivés au sommet presque en même temps, les deux P-DG n'ont qu'une ambition : se mesurer. Ils vont entraîner leur groupe respectif dans une concurrence mortelle.

En cette fin des années 1970, les deux compagnies font la même analyse : les perspectives sur le marché de l'eau en France sont médiocres. Pour grandir, elles sont décidées à ne négliger aucune piste. Il y a les métiers annexes comme le traitement d'ordures, les transports, la gestion si lucrative des compteurs d'eau ou les métiers de génie civil et du BTP. Et aussi les petits « arrangements » avec les élus.

Même si on n'en parle pas encore, le financement occulte des partis politiques est devenu une réalité. Partout. Depuis l'élection présidentielle de 1965, avec ses premières images publicitaires, chaque campagne est marquée par un accroissement des dépenses de communication. Il faut des conseillers, des affiches, des salles de réunions, des images télévisées. Les financiers des partis ont du mal à suivre. Exclu des financements traditionnels de la République, le Parti communiste (PCF) a été le premier à mettre au point un système parallèle pour pallier son manque de moyens. Profitant de sa forte implantation dans les villes, il organise un système de prélèvement occulte mais quasi obligatoire sur tous les contrats

1 Le rachat de la Saur (Société d'aménagement urbain et rural) par Bouygues, en 1984, ne modifie pas le rapport de forces. Malgré tous ses efforts, le groupe de BTP ne parviendra jamais à s'affirmer comme un concurrent à part entière face à la Générale et la Lyonnaise. La Saur ne s'est développée que dans les villes moyennes ou rurales, mais n'a jamais réussi à obtenir un très grand contrat. Elle a surtout permis à la famille Bouygues, par un jeu d'échanges, de reprendre le contrôle du groupe qui risquait de lui échapper. Début 2005, le groupe Bouygues a revendu la société à des fonds d'investissement.

municipaux, allant de 1 % à 3 % du montant des travaux ou des prestations. La méthode fait des émules. À partir de la victoire de Valéry Giscard d'Estaing à la présidentielle de 1974 et, plus encore, après le départ de Jacques Chirac de Matignon en 1976, le parti gaulliste se trouve privé des financements d'État et des fonds secrets. Comme pour son organisation, le RPR s'inspire des pratiques de financement du Parti communiste. Dès lors, tout bascule. Immobilier, BTP, grande distribution, prestataires de services : tout ce qui requiert de près ou de loin un agrément municipal est sollicité. Par la droite comme par la gauche.

Les compagnies des eaux ne sont pas en reste. Dans un premier temps, cela se limite au financement des maillots de club de foot local, au prêt de main-d'œuvre d'équipes locales pour l'affichage ou le service d'ordre le temps des campagnes. Des services qui seront monnayés en retour par l'obtention d'augmentation de tarifs, d'agrément sur de nouveaux services, de nouvelles concessions. Avec le temps, les demandes s'accroissent. Les compagnies achètent à prix d'or de la publicité dans le journal local, assurent le paiement d'affiches. À ce jeu, la Générale des eaux est plus experte que la Lyonnaise. Dès cette époque, elle prend l'habitude de commander des sondages politiques très pointus au niveau local ou national. Elle livre une partie des résultats aux acteurs politiques, mais étudie sérieusement le tout afin de savoir sur quel candidat parier. Guy Dejouany y acquiert la réputation d'être un des meilleurs connaisseurs de la carte électorale française.

Hasard ? Au moment de la rédaction du « programme commun » de l'union de la gauche, en 1976, les compagnies des eaux sont à peine évoquées dans la liste des sociétés nationalisables. Avant d'être écartées. Pour justifier ce choix, on invoque une activité très décentralisée, les pouvoirs des élus locaux, l'existence des régies municipales. Bref, pour les rédacteurs du programme, rien ne justifie de faire revenir sous le contrôle de l'État des entreprises dont l'activité est pourtant fondée sur un monopole naturel. Plus, lorsque Saint-Gobain, tout juste nationalisée, lance en 1982 une attaque sur la Générale des eaux, cette dernière se défend en invoquant une nationalisation rampante. Pour couper court à l'attaque, Guy Dejouany demande le secours d'André Rousselet, intime de François Mitterrand, grand financier de ses campagnes et alors secrétaire général de l'Élysée. Il l'obtient. En quelques heures, l'attaque est stoppée et l'Élysée impose un Yalta entre les deux sociétés. Dans le monde politique comme économique, le message est clair : la Générale des eaux est intouchable. Elle est protégée jusqu'au sommet de l'État. L'avertissement vaut pour la Lyonnaise.

La décentralisation booste les financements politiques

Tout cela n'est que péripétie par rapport au bouleversement qui se dessine : les lois sur la décentralisation. À peine arrivé au pouvoir, François Mitterrand confie à Gaston Defferre, ministre de l'Intérieur, la mission de donner du pouvoir aux élus locaux. Pour une fois, à droite comme à gauche, c'est l'unanimité. Tous veulent de cette nouvelle réglementation qui bat en brèche le pouvoir centralisateur. Les lois Defferre de 1982-1983 sont adoptées. Les compagnies des eaux ont largement soutenu les débats. Elles ont vite compris les perspectives que leur ouvrait cette réglementation. Finis les contrôles tatillons de l'administration centrale, l'obligation de rendre compte au pouvoir préfectoral, de s'expliquer sur chaque contrat. Ce sont les élus qui ont désormais les clés des décisions. Ils peuvent déléguer, sans avoir à se justifier. Qui se soucie des services techniques municipaux ?

La Générale et la Lyonnaise commencent alors un intense travail de lobbying auprès de tous les élus. Leur argumentation est parfaitement rodée : alors que les villes sont endettées, ont des charges nouvelles à assumer, pourquoi ne pas confier au privé la gestion d'une partie de leurs tâches techniques, si coûteuses en hommes, en financement ?

À droite, on entend très vite le discours. Par idéologie d'abord. Après la défaite du giscardisme, tout un courant nouveau veut couper avec les racines du gaullisme et l'image d'une droite bonapartiste et autoritaire. Sa référence ? Le thatchérisme. La politique de privatisation réalisée en Grande-Bretagne par Margaret Thatcher leur paraît le modèle de la refondation de la droite. Par réalisme aussi. Après la « vague rose » de mai 1981, la droite se retrouve coupée de tous les financements dont elle vivait depuis plus de vingt ans. Plus d'appareil d'État, plus de ministère, plus de fonds secrets pour alimenter les partis, pour accueillir les collaborateurs méritants. La désorganisation est telle que, dans les premiers temps, le Centre national du patronat français (CNPF, qui deviendra le MEDEF en 1998) et les fédérations patronales assurent les fins de mois des partis de droite. La seule base de repli qui reste, ce sont les communes. Si la remise au privé de certains services municipaux peut permettre d'assurer certaines fins de mois, pourquoi pas ? Jacques Chirac, à la Mairie de Paris, est parmi les premiers à montrer le chemin : dès 1984, il commence à privatiser un certain nombre de services municipaux, en commençant par l'eau.

Mais à côté des caciques, une nouvelle génération d'élus pousse dans le même sens. Ils sont jeunes, n'ont pas d'expérience gouvernementale, mais veulent incarner la nouvelle opposition face au pouvoir socialiste. Regroupés autour de François Léotard, Alain Madelin, Michel Noir, Alain Carignon, Claude Malhuret et Gérard Longuet, on les appelle les « quadras ». Dès les municipales de 1983, ils sont partis à l'assaut du pouvoir et ont conquis Lyon, Grenoble, Fréjus, Vichy. Ils ont très vite compris ce que pouvait leur apporter le pouvoir de ces villes, d'autant qu'ils souhaitent se constituer des sources de financement autonomes, leur permettant d'assurer leur indépendance face au RPR et à l'UDF.

À gauche, les appétits ne sont pas moindres. Même si la présence du gouvernement assure quelque confort financier, le PS et le PCF cherchent toujours à assurer leurs financements. Très inquiets par la décentralisation, qui risque de faire éclater le système traditionnel et de mettre à mal l'autorité des partis, les deux mettent en place (ou développent) des structures centralisées, comme on le découvrira en 1989 à l'occasion de l'« affaire Urba » [▷ p. 488], pour négocier les financements avec le pouvoir économique. Cela n'empêche pas la montée en puissance de roitelets locaux qui veulent monnayer leur ascendant, comme Jean-Michel Boucheron à Angoulême.

« La décentralisation ? C'est le doublement des sommes consacrées au financement politique », tire comme conclusion un des grands patrons concernés, dès les premières années de mise en œuvre. Les appétits en effet sont dévorants. Et loin de les refréner, les grands groupes poussent au crime. La Générale et la Lyonnaise se livrent à une folle surenchère, prêtes à tout pour obtenir une concession d'eau ou une usine d'assainissement : reprendre les personnels, racheter les équipements à la ville, mais aussi assurer toutes sortes d'à-côtés. Une à une, les villes tombent : Paris, Bordeaux, Lille, Nantes, Montpellier, Rennes. La Générale parvient ainsi à renégocier à des conditions très favorables un contrat de concession unique avec cent quarante-quatre villes de la banlieue parisienne. En 1991, elle rafle la concession de Toulouse en proposant un droit d'entrée de 437,5 millions de francs. Jamais une telle somme n'a été déboursée. Quinze ans plus tard, les habitants de la ville rose continuent de rembourser la note à chaque facture d'eau. En principe, ils auront fini de payer en 2020 : il leur en aura coûté alors l'équivalent de 1,4 milliard de francs (213 millions d'euros).

Après l'eau et l'assainissement, les compagnies proposent aux municipalités de s'occuper du ramassage et du traitement des ordures, du chauffage urbain, du câble pour la télévision. Plus tard, elles ajoutent la restauration collective, la promotion immobilière, la gestion des espaces verts, des syndics d'immeubles, de la sécurité, des hôpitaux et des ascenseurs. Elles pensent aussi aux écoles, aux universités, aux prisons. Des systèmes d'entente se mettent en place pour certains grands appels d'offres, comme le révélera la justice, à partir de 1994, lors de l'affaire de l'entretien des ascenseurs de tout le parc immobilier HLM de Paris ou la rénovation des lycées de l'Île-de-France [▷ p. 488]. Dans ses confessions filmées de mai 1996, le promoteur et ancien membre du comité central du RPR Jean-Claude Méry a reconnu ainsi avoir reçu 10 millions de francs de la Lyonnaise pour des travaux à Paris (une partie de cette somme sera reversée par la suite aux partis socialiste et communiste). Lors de son procès en 2000, le secrétaire général du PCF, Robert Hue, admettra avoir reçu, dans les années 1990, 19 millions de francs du groupe Gifco, considéré comme la structure de financement parallèle du PCF.

Climat de corruption généralisée

Le maillage est systématique. Au sommet de leur puissance au milieu des années 1990, la Générale des eaux compte ainsi plus de 2 500 filiales liées de près ou de loin aux services des villes, et la Lyonnaise plus de 1 500. Un modèle unique au monde. Certaines villes sont entièrement sous la dépendance d'une des deux compagnies. Lille, Nice ou Rennes par exemple ont concédé la quasi-totalité de leurs services municipaux à la Générale. La Lyonnaise, elle, tient Bordeaux ou Vichy, où elle a obtenu un contrat d'entretien de BTP de toute la ville sur trente ans. Par prudence, certaines villes, à l'instar de Paris ou de Marseille, préfèrent partager et créent des sociétés mixtes où se retrouvent côte à côte les deux compagnies.

Mais les jeux d'influence vont bien au-delà des municipalités. La lutte est farouche au sein des assemblées locales, des conseils généraux, du Parlement. Chaque groupe a ses élus, ses représentants, qui l'aident à présenter des textes, soutenir leur cause. Beaucoup sont des textes techniques, comme l'établissement des fameux « marchés d'entreprise de travaux publics » (METP), mais qui cachent beaucoup d'argent derrière l'aridité des mots. Sur ce sujet, comme sur celui de la protection de l'environnement, de l'air et de l'eau, les compagnies font cause commune. Durant cette période, tout l'arsenal législatif dans ce domaine est écrit au millimètre, à la fois pour élever les normes afin d'inciter les villes à privatiser leurs services, et pour promouvoir des solutions techniques proposées par les groupes français, dans le but de tenir à l'écart la concurrence non hexagonale.

Un climat de corruption généralisée s'est installé dans les deux compagnies. Le financement des partis n'est plus, comme dans les années 1970, l'affaire de deux ou trois personnes placées sous la responsabilité du président de la société, mais est devenu le sujet de presque tous les cadres. Le moindre responsable d'agence peut se voir transformer du jour au lendemain en « porteur de valises ». Car les élus ne se gênent plus. Transgressant les règles des partis, ils n'hésitent pas à monnayer pour leur ville, voire pour eux-mêmes, faveurs et renvois d'ascenseur. Cela va du paiement des salaires d'une secrétaire ou d'un emploi pour recaser un collaborateur méritant aux travaux de rénovation de la maison et à des voyages gratuits dans des contrées lointaines. Pour un contrat, les directions générales souscrivent à tout.

Cette atmosphère empoisonnée déprime tout. Les salariés, qui dans leur grande majorité restent en dehors de ces trafics, ne savent plus que penser. « À la fin, quand je remportais un contrat, je me demandais toujours si je l'avais obtenu parce que nous avions de réels mérites techniques ou si quelqu'un était passé derrière moi apporter quelque cadeau. Je n'en pouvais plus. Je n'avais plus qu'une vision cynique des affaires : tout était achetable. Il suffisait d'y mettre le bon prix », a raconté à l'auteur un ancien cadre de la Lyonnaise, parti dans le milieu des années 1990. Jusqu'où et jusqu'à quand, se demandent alors de nombreux observateurs, persuadés que ce système ne peut plus durer.

Dès 1990, les alertes se multiplient. Les dérapages de Michel Noir (RPR) et de son gendre Pierre Botton à Lyon, les trafics de Jean-Michel Boucheron (PS) à Angoulême commencent à défrayer la chronique. Tout s'emballe. Mais le véritable coup d'arrêt se produit en novembre 1991, par le biais d'une lettre anonyme envoyée au SRPJ de Lyon : « En 1989, la Lyonnaise et la famille Z. ont obtenu la concession d'eau de Grenoble en effaçant les ardoises du maire Alain Carignon », accuse le corbeau, qui livre de nombreux détails sur le système de corruption grenoblois. L'affaire Carignon a commencé.

L'affaire Carignon

Avançant en terre inconnue, la justice engage ses premières enquêtes, entend les premiers témoins. Patiemment, elle met en lumière les procédés auxquels ont recours compagnies et élus, la privatisation des services municipaux comme monnaie d'échange. On découvre qu'il s'agit de méthodes ayant souvent demandé un temps assez long pour se mettre en place. À Grenoble, démontre l'enquête judiciaire, tout débute en 1984. La Lyonnaise, s'appuyant sur une entreprise locale amie, la société Merlin, approche alors Alain Carignon. L'entreprise, qui l'a déjà aidé dans son ascension politique pour les élections municipales de 1983, lui fait miroiter des soutiens. Son but est simple : obtenir la concession du marché de l'eau à Grenoble.

« Dès la fin de 1985, un accord de principe est intervenu entre Alain Carignon et Marc-Michel Merlin », président de la société du même nom, expliquera au juge Thierry Marchall, un des collaborateurs de l'entreprise. « Le maire de Grenoble était prêt à concéder le marché de l'eau de la ville, à la condition que nous achetions à Paris un appartement dont il disposerait. » Alain Carignon choisit lui-même son pied à terre parisien : un sept pièces au 286, boulevard Saint-Germain ! L'entreprise Merlin l'achète, en janvier 1986, pour 5 millions de francs. Et débourse un million de plus pour l'aménager. Il est tout de suite mis à la disposition du maire de Grenoble. On se montre d'autant plus attentif au souhait du maire qu'à partir du printemps 1986, Alain Carignon est devenu ministre de l'Environnement. Un poste qui compte quand on est une compagnie d'eau.

Entre-temps, le maire de Grenoble a pris des habitudes. Dès 1984, il utilise régulièrement des avions privés de la compagnie Sinair [1] pour se déplacer en France, mais aussi à l'étranger : cent quarante-deux vols au total entre 1984 et 1993, représentant 2,4 millions de francs, dont quarante-quatre vers des lieux d'agrément, la Corse, Barcelone, Malaga, les Baléares. Du 8 au 23 août 1987, Alain Carignon se fait payer une croisière sur une goélette pour 220 000 francs, tandis qu'un de ses collaborateurs, Jean-Louis Dutaret, s'envole pour l'Australie. Le groupe Merlin paie à nouveau. Alors que les négociations sont engagées fin 1986 sur le contrat de concession, les appétits s'aiguisent. Alain Carignon a imposé que la Lyonnaise soit associée de près au contrat. En octobre 1987, Jérôme Monod se déplace en personne pour discuter, lors d'un déjeuner au conseil général de l'Isère, des formes de la nouvelle concession.

Pendant ce temps, les enchères montent toujours. Il faut préparer les élections municipales de 1989. Une société de communication, Whip – domiciliée gratuitement, coïncidence, au 286, boulevard Saint-Germain –, est créée. Jean-Louis Dutaret, le proche du maire, en est l'animateur [2]. De 1988 à 1993, cette structure reçoit plus de 14 millions de francs d'honoraires de la part du groupe Merlin, de la Lyonnaise des eaux et de certaines de ses filiales. Ce qui lui permet de prendre en charge le salaire de certains collaborateurs du maire, de lui fournir un chauffeur, de lui payer des cours d'anglais. Les élections passées, Alain Carignon réélu, les discussions sur la privatisation de la société d'eau de Grenoble reprennent dès mars 1989. Les exigences augmentent encore : l'appartement dont il dispose boulevard Saint-Germain, Alain Carignon aimerait bien qu'on le lui donne…

En juillet 1989, le conseil municipal de Grenoble vote la privatisation de son service d'eau. Un droit d'entrée de 130 millions de francs est versé à la ville. En contrepartie, il est prévu d'augmenter fortement les prix de l'eau pour les habitants – de 30 % dans un premier temps. Mais les largesses ne s'arrêtent pas, car il faut tirer le maire d'un mauvais pas. Pour sa réélection, Alain Carignon a fondé un journal, *Dauphiné News*. Le groupe Merlin a naturellement participé au financement : près d'un million de francs

---

1 La compagnie Sinair est aussi très utilisée, à l'époque, par François Léotard, Philippe Marchand et François Guillaume. La justice a retrouvé qu'ils avaient été bénéficiaires de cent quatre-vingt-douze vols financés par le groupe Merlin.

2 Ce dernier, alors que l'affaire a déjà commencé, sera nommé par Alain Carignon président de la Sofirad, la holding audiovisuelle qui contrôle alors notamment la participation de l'État dans RMC.

à nouveau. Ce journal de circonstance ne trouve guère d'audience. Après les élections, il faut effacer les ardoises. Le représentant de la Lyonnaise dans la région, Jean-Jacques Prompsy, accepte d'éponger le passif et de racheter l'ensemble pour 5 millions de francs. Officiellement, la Lyonnaise devient éditeur de presse. Elle rachète le titre, le transfère à Paris et le fait mourir en toute discrétion.

Cela n'empêche pas les à-côtés de subsister. Les voyages continuent, les déplacements en avion aussi, Alain Carignon achète un nouveau pied à terre à L'Alpe-d'Huez. En novembre 1991, un politique grenoblois, Guy Nevache, autrefois proche du PS et qui s'est rallié au maire, est intercepté par les douanes à son retour de Suisse. Dans son coffre, une valise avec 600 000 francs en liquide ! Après le versement d'une amende, il ne sera plus inquiété.

Dès l'origine, le contrat de concession accordé à la Lyonnaise et au groupe Merlin a alerté les associations de consommateurs. Un homme particulièrement, Raymond Avrillier, élu écologiste de la ville, mène le combat. Mais lorsque la justice commence à dévoiler le dessous des cartes, c'est le déchaînement. La ville entière est révoltée. Alain Carignon, alors ministre de la Communication, est interpellé à Paris en octobre 1993 et acheminé devant le juge Philippe Courroye à Lyon.

Tout vacille jusqu'au sommet de l'État. Lors du procès devant le tribunal de grande instance de Lyon en novembre 1995, la mécanique de corruption est entièrement démontée. Les juges se montrent particulièrement sévères à l'égard d'Alain Carignon, en le condamnant à une peine de prison, une amende et une inéligibilité de cinq ans pour corruption, abus de biens sociaux et subornation de témoins. Les responsables du groupe Merlin et de la Lyonnaise des eaux sont également condamnés à des peines de prison. Dans son jugement, le tribunal ne peut s'empêcher de s'interroger, notamment sur le rôle de Jean-Jacques Prompsy, représentant de la compagnie à Grenoble et au cœur de toutes les tractations : « N'est-il pas l'exécutant d'une politique de corruption définie à un autre niveau par la Lyonnaise des eaux ? Est-il un corrupteur unique au sein de la Lyonnaise ? Du fait de ces interrogations, M. Jean-Jacques Prompsy ne pourra être sanctionné d'une peine de prison ferme, mais d'une lourde peine avec sursis », statuent les juges [1].

Une double faillite, morale et économique

Grenoble n'est que l'affaire la plus emblématique, la plus aboutie. Derrière, l'opinion publique découvre, effarée, que la gangrène menace.

1 Tribunal correctionnel de Lyon, jugement n° 7579 du 16 novembre 1995.

D'autres villes – Saint-Étienne, Veynes, Colmar, Saint-Pierre-de-la-Réunion… – sont à leur tour dans la ligne de mire de la justice. À chaque fois, la Générale, la Lyonnaise et, dans une moindre mesure, la Saur, sont parties prenantes. Le doute s'insinue partout. L'eau, l'élément vital, est devenue l'objet de tous les soupçons.

Bousculée par les électeurs, la classe politique se dit qu'il est urgent de réagir. Une première grande loi sur les financements politiques avait été adoptée par le gouvernement Rocard le 15 janvier 1990, après l'affaire Urba. À droite comme à gauche, des élus se disent que ce n'est pas suffisant. Un nouveau projet, défendu par le ministre des Finances socialiste Michel Sapin, est voté par le Parlement le 29 janvier 1993. Les procédures de transparence et de contrôle sont durcies, les peines alourdies. Une grande partie des dispositifs imaginés et défendus par les grandes compagnies d'eau et les *majors* du BTP est prohibée. Interdits les droits d'entrées, les contrats de METP, les concessions au-delà de douze ans. Les appels d'offres, les comptes présentés annuellement deviennent une obligation. La loi Mazeaud du 8 février 1995, « relative aux marchés publics et aux délégations de service public », fruit de l'affaire Carignon, renforcera encore les contrôles.

De l'avis des élus de tous bords, ces textes ont permis une vraie moralisation de la vie politique. Des financements légaux et encadrés ont été instaurés. Pourtant, certains observateurs ne peuvent s'empêcher de nourrir quelques interrogations. Dans quelle mesure ces révélations n'ont-elles pas été des épisodes d'une guerre politique plus souterraine ? Pourquoi ces affaires n'ont-elles éclaté que dans certaines circonstances, aboutissant à abattre dans sa quasi-totalité cette génération de quadras en rivalité avec le système chiraquien ?

Jérôme Monod, P-DG de la Lyonnaise de 1979 à 2000 (avant de devenir conseiller de Jacques Chirac à l'Élysée, de 2002 à 2005), n'a jamais eu à s'expliquer devant un tribunal sur ces affaires. Guy Dejouany, lui, a comparu une fois devant les juges, en octobre 1997, à propos d'un marché d'attribution d'un service d'eau sur l'île de la Réunion. Mais l'affaire est restée très circonscrite.

Au milieu des années 1990, leur faillite, morale comme économique, est totale. En 1995, la Lyonnaise, qui avait fusionné avec le groupe de BTP Dumez-GTM afin d'acquérir une taille plus adaptée face à sa rivale, est au bord de l'asphyxie, en raison de la crise de l'immobilier, mais aussi par la non-gestion de ses activités. Il lui faudra fusionner deux ans plus tard avec Suez et récupérer les capitaux de la société financière pour se sauver.

La Générale des eaux, elle, qui a multiplié les engagements douteux dans l'immobilier et ailleurs, est en faillite. En 1995, elle affiche une perte de plus de 20 milliards de francs. Elle n'a plus de fonds propres et croule sous les dettes. En juin 1996, le remplacement de Guy Dejouany par Jean-Marie Messier (directeur général de la Générale depuis novembre 1994) permet de mettre le scandale sous le boisseau. Pour sauver le groupe, le jeune financier récupère à partir de 1996 toutes les provisions qui ont été accumulées dans les sociétés municipales d'eau et de chauffage, payées en avance par les consommateurs pour entretenir et réparer les infrastructures. Il fait ainsi main basse sur 26 milliards de francs de réserves dans les sociétés d'eau et plus de 6 milliards dans les sociétés de chauffage. Aucune commune ne proteste sur l'instant. Plus tard, la ville de Lille estimera pourtant avoir perdu plus d'un milliard de francs dans cette manipulation, et Paris – qui tentera d'en récupérer une partie à peu près autant. L'argent pris a servi à renflouer la Générale, puis à financer la désastreuse aventure du groupe (rebaptisé Vivendi en 1998) dans les médias. Il est depuis longtemps perdu. Quant aux consommateurs, ils payent à nouveau l'entretien et la réparation des réseaux.

Lors de cette pénible saga, Philippe Seguin (RPR) sera le seul homme politique à demander la nationalisation des compagnies des eaux : « On n'échappera pas à un débat sur la nationalisation, au moins partielle, des compagnies d'eau, compte tenu de l'importance qu'elles ont prise dans la vie des collectivités locales et de la suspicion que leur contrat génère » (*Le Monde*, 3 novembre 1994). Tous les autres, toutes tendances confondues, se taisent sur les dérapages et les critiques.

En 1997, un rapport de la Cour des comptes dresse un premier bilan particulièrement brutal de la situation : « La part du secteur privé dans la distribution d'eau potable est passée de 31 % en 1954 à 60 % en 1980 et 75 % en 1991 [1]. » Dans le même temps, les prix de l'eau ont explosé. « Dans toutes les régions, on observe une hausse sensible du prix de l'eau, de l'ordre de 10 % par an », observe le rapporteur de la Cour : « Le prix de l'eau facturé aux usagers a augmenté de 124 % de 1990 à 1992 à Saint-Étienne, de 72 % de 1990 à 1994 à Vichy, de 112 % de 1990 à 1994 à Joué-lès-Tours, de 75 % en trois ans à Saumur. » Une partie de cette inflation était liée aux nouvelles lois sur l'eau, imposant des mises aux normes. Pour le reste, la Cour relevait une concurrence bien imparfaite…

Face à l'explosion de colère des usagers confrontés à des augmentations tarifaires galopantes, les municipalités ont dû faire marche arrière. Plusieurs ont renégocié leurs contrats avec les compagnies, certaines ont même re-municipalisé leurs services. Toutes surveillent désormais avec attention l'évolution du prix de l'eau. Celui-ci, cependant, continue d'augmenter. Pour quel résultat ? C'est là tout l'échec de l'« école de l'eau à la française »,

1 Cour des comptes, *Rapport sur la gestion de l'eau en France*, 1997, <www.ccomptes.fr/Cour-des-comptes/publications/rapports/eau/cdc72.htm>.

vantée par les *majors*. En dépit des dizaines de milliards de francs investis dans le secteur, la France n'a pas réussi à préserver ses ressources naturelles. Des régions manquent périodiquement d'eau, des réserves sont inutilisables car polluées. Pire, l'eau potable, censée être la meilleure du monde, offre des qualités moyennes. Les taux de nitrates et de phosphates liés aux pollutions agricoles sont très élevés, parfois bien au-delà des normes autorisées. Des associations de consommateurs se sont retournées contre leur ville et les compagnies privées pour demander une meilleure qualité. Elles ont gagné devant la justice. Mais rien de décisif n'a été entrepris. Les élus, de près ou de loin, ne veulent plus entendre parler d'eau...

◂ **M. O.**

Pour en savoir plus

Raymond Avrillier et Philippe Descamps, *Le Système Carignon*, La Découverte, Paris, 1999.

Marc Laimé, *Le Dossier de l'eau : pénurie, pollution et corruption*, Seuil, Paris, 2003.

Roger Lenglet et Jean-Luc Touly, *L'Eau des multinationales*, Fayard, Paris, 2005.

TF1 : pouvoir médiatique et jeux du cirque

Le « mieux-disant culturel » : cette formule de François Léotard, jeune ministre de la Communication du gouvernement de première cohabitation de Jacques Chirac, paraît bien dérisoire aujourd'hui. En 1986, elle symbolisait tout le bien que l'on espérait naïvement de la privatisation d'une des trois chaînes de télévision publique et de la réorganisation du fameux « paysage audiovisuel français » (PAF). Moins de vingt ans plus tard, dans un livre d'entretiens, le P-DG de TF1 Patrick Le Lay affichait sans pudeur la vraie fonction des programmes de la première chaîne d'Europe : « Pour qu'un message publicitaire soit perçu, il faut que le cerveau du téléspectateur soit disponible. Nos émissions ont pour vocation de le rendre disponible : c'est-à-dire de le divertir, de le détendre pour le préparer entre deux messages. Ce que nous vendons à Coca-Cola, c'est du temps de cerveau humain disponible [1]. »

Bouygues à la manœuvre...

Il y aura quelques protestations, mais tout le monde sait que Patrick Le Lay, avec sa franchise de Breton, n'a fait que dire la vérité : TF1, bien plus qu'un État dans l'État, est un cerveau dans nos cerveaux. Comme le rappelle Jean-Noël Jeanneney, « aucune autre démocratie occidentale n'a connu pareille aventure. Partout, quand on a autorisé des chaînes privées, elles sont nées de rien pour concurrencer le secteur public. Jamais, nulle part, un coup d'une telle brutalité n'a été porté à celui-ci [2] ». Car la puissance acquise par la chaîne ne se limite pas aux seules « réclames ». Le contrôle des neurones de la majeure partie de la population va lui permettre, dans un premier temps, de désinformer le pays à sa guise, mais aussi d'imposer sa loi aux hommes politiques. Ceux-ci deviennent les esclaves d'une première chaîne de télévision qu'ils ont d'abord censurée – du temps de général de Gaulle ou de Georges Pompidou – ou essayé ensuite d'utiliser, à partir du septennat de Valéry Giscard d'Estaing.

Francis Bouygues répétait sans cesse à ceux qui lui disaient qu'il avait payé trop cher la première chaîne : « TF1 fera le prochain président de la République. » En quoi il cédait à sa mégalomanie. Car si le pouvoir d'influence de TF1 auprès des politiques a sans doute aidé le groupe de BTP à bénéficier de l'attribution de nombreux chantiers, ou à la chaîne elle-même de toujours sortir vainqueur des multiples bras de fer concernant la réglementation audiovisuelle, son action en faveur de l'élection d'un futur président ne s'est soldée que par des échecs.

C'est le samedi 4 avril 1987 que le numéro un mondial du BTP est choisi par la Commission nationale de la communication et des libertés (CNCL) comme principal repreneur de la première chaîne de télévision. Son challenger, le patron du groupe Matra-Hachette Jean-Luc Lagardère, a perdu la partie.

Des mois ont été nécessaires de part et d'autre pour préparer l'audition publique devant les « sages » de la CNCL. D'un côté, le patron du groupe d'armement Matra, également homme de presse avec Hachette, Europe 1 et la

1 *Les Dirigeants face au changement*, Huitième jour, Paris, 2004.

2 Jean-Noël Jeanneney, *Histoire des médias, des origines à nos jours*, Seuil, Paris, 1996.

galaxie des titres Filipacchi [▷ p. 274] ; de l'autre, l'empereur du béton, sans aucune expérience du monde de la communication. Le 16 avril, avec les partenaires composant son tour de table, notamment le magnat de la presse britannique Robert Maxwell et Bernard Tapie, Francis Bouygues dépose dix-huit chèques d'un montant total de trois milliards de francs pour obtenir 50 % du capital de la chaîne ; le groupe de BTP en obtient 25 %, limite fixée par la loi. Il est prévu que l'autre moitié soit mise sur le marché par l'État quelques mois plus tard. Dans la presse, on salue la qualité du dossier monté par Francis Bouygues, sa simplicité face à l'arrogance d'un Jean-Luc Lagardère qui s'avançait déjà en terrain conquis.

Un seul éditorialiste voit juste ce jour-là. C'est Serge July, qui, dans un long éditorial de *Libération*, souligne combien les dossiers présentés ne sont fondés que sur des vœux pieux : « Les racheteurs promettent la lune et des lendemains télévisés qui chantent dans le pluralisme, dans la production audiovisuelle Qualité-France. [...] On trouverait difficilement un meilleur exemple du sous-développement de la démocratie française. Les auditions de la CNCL mettaient en scène des promesses et pas des règles. Les promesses passeront dans la gluance du réalisme économique et celui-ci se souciera fort peu du pluralisme... »

Les dérives de la chaîne publique

Pour comprendre la révolution qui s'est opérée ce jour-là, il faut remonter aux débuts de la première chaîne, en 1949. Au départ confidentielle, la Une – qui fut la seule jusqu'à la création de la deuxième chaîne le 1er avril 1964 – est d'abord le haut-parleur de l'État français. De 1947 à 1958, pendant sa « traversée du désert », le général de Gaulle y sera invisible ; et, en mai 1968, les événements ne donneront lieu qu'à quelques images : les journalistes de la chaîne sont interdits de reportage. Après s'être joints au mouvement de contestation générale et déclenché la grève de l'ORTF, ils vont payer cher leur velléité d'indépendance. Les têtes tombent par dizaines [▷ p. 621]. C'est l'époque où Philippe Malaud, secrétaire d'État chargé de la Fonction publique et des Services de l'information, déclare en 1973 qu'il veut voir disparaître de la télévision l'influence « des intellectuels maboules et des soviets de dingues », et prétend « bouter hors de l'ORTF la cohorte des Cassandre gauchistes [1] ».

En 1974, Valéry Giscard d'Estaing, à peine élu, éclate l'ORTF en sept sociétés et annonce l'abandon des consignes élyséennes. En réalité, l'audiovisuel a été soumis à la plus grande purge de son histoire, tous les postes

1 Cité *in* Sophie Bachman, « La suppression de l'ORTF en 1974. La réforme de la délivrance », *Vingtième Siècle*, janvier-mars 1998.

stratégiques ont été verrouillés. Le nouveau président, fort de sa jeunesse et de son aisance devant les caméras, veut maintenant se servir du petit écran. Valéry Giscard d'Estaing se montre en famille, au coin du feu ou en train de jouer de l'accordéon et nourrit des relations d'un nouveau type avec les journalistes les plus influents. Mais la censure revient avec l'affaire des diamants du dictateur Bokassa [▷ p. 171] et l'omniprésence du président sur les écrans ne suffira pas à assurer sa réélection. C'est François Mitterrand qui l'emporte, en mai 1981, au moment où l'audiovisuel, entrant dans l'ère du marché, va connaître un bouleversement irréversible.

TF1, au début du premier septennat du président socialiste, va très mal. Les luttes internes, héritage de tant d'années de mainmise du pouvoir, ont laminé la chaîne en y multipliant les îlots de résistance sur lesquels toutes les réformes se brisent. Considérée comme bas de gamme, ringarde, elle ne souffre pas la comparaison avec sa grande rivale Antenne 2, que dirige le mythique Pierre Desgraupes. Bien structurée, considérée comme la chaîne de télévision de référence, Antenne 2 passe devant TF1 en part d'audience dès 1983. Quelques mois plus tôt, le 29 juillet 1982, François Mitterrand a fondé la Haute Autorité de la communication audiovisuelle, instance qui est chargée de réguler le « PAF » et dont la présidente est la journaliste Michèle Cotta. Celle-ci choisit alors de confier les destinées de TF1 à un homme qui deviendra l'éminence grise en matière de télévision de tous les futurs gouvernements : Hervé Bourges, surnommé « Mohamed Bourges » par la droite la plus ultra en raison de son long engagement aux côtés des pays du tiers monde.

En quatre ans, il va pacifier TF1 et la ramener à l'équilibre économique. Mais surtout, il fait entrer la chaîne dans une nouvelle ère : celle de la télé-spectacle. Pour Pierre Péan et Christophe Nick, auteurs de l'ouvrage le plus complet sur la première décennie de TF1 privatisée, « toutes les méthodes que l'on reprochera plus tard avec tant de véhémence à la chaîne Bouygues prennent racine à ce moment-là, sous Hervé Bourges [1] ». Cela commence par le strip-tease des « coco girls » de Stéphane Collaro, un quart d'heure avant que les Français ne passent à table pour dîner. L'argent facile ? C'est Bernard Tapie et son émission « Ambitions », *reality show* avant l'heure, où l'ancien chanteur de variétés, étoile montante de la finance, de la politique et des médias, aide à monter des entreprises en direct...

C'est dans cette ambiance de course effrénée à l'audience, de strass et de paillettes, que les politiques vont définitivement perdre face à la télévision. Cela se passe dans une émission d'Yves Mourousi, le 28 avril 1985. François Mitterrand laisse le présentateur vedette poser une fesse sur le bureau devant lequel il est assis et lance : « "Chébran", c'est dépassé : il faut dire "câblé" ! »

1 Pierre Péan et Christophe Nick, *TF1, un pouvoir*, Fayard, Paris, 1997.

La brèche est ouverte : les hommes politiques se ruent alors chez Patrick Sébastien pour pousser la chansonnette…

« La privatisation de TF1 tourne au scandale »

Mais pour Pierre Péan et Christophe Nick, « un point essentiel, en termes de pouvoir, différencie TF1 publique et TF1 Bouygues : l'utilisation de la puissance de la chaîne ». Cette puissance, Francis Bouygues la pressent depuis longtemps. Ce centralien a débuté sa carrière en 1952 et a connu une réussite fulgurante : il a construit les premières tours de la Défense, le stade du parc des Princes, le Forum des Halles, des centrales nucléaires, des milliers de logements [▷ p. 503]. À chaque fois, il a fallu faire ami-ami avec les politiques, verser des commissions, arroser des élus qui parfois deviendront grands. Et pas seulement en France. En Afrique aussi, où le groupe a posé son fameux logo orange dans les principaux pays du « pré-carré » français, tout comme au Moyen-Orient. On ne devient pas numéro un du BTP sans avoir cette connaissance très intime du monde politique…

Au début des années 1980, le groupe veut se diversifier et la communication s'impose comme l'un des marchés émergents. Dans leur ouvrage, Pierre Péan et Christophe Nick citent un proche du magnat qui témoigne anonymement : « Francis avait le plus grand mépris pour les politiques, qu'il savait pouvoir acheter. Avec une chaîne de télévision, il comprend qu'il n'aura plus à les solliciter, mais que ce sont eux qui viendront manger dans sa main. » Un autre facteur va jouer, la décentralisation imposée à la hussarde par Gaston Defferre en 1982 : « Elle l'obligeait à arroser jusqu'au plus petit maire. Les enveloppes se multipliaient, les valises s'empilaient, ça n'avait pas de fin ! », ajoute cette « gorge profonde ».

De leur côté, les socialistes comprennent rapidement que les élections législatives de 1986 risquent de les renvoyer dans l'opposition. Ils choisissent alors de transformer radicalement le « PAF » en créant trois nouvelles chaînes de télévision – Canal Plus, La Cinq et M6 –, qui seront distribuées à des amis. Cela ne suffit pas à empêcher la victoire de la droite qui, immédiatement, se débarrasse de la Haute Autorité pour lui substituer la CNCL, instance aux ordres qui va immédiatement remplacer l'ensemble des directeurs de télévision et de radios publiques, excepté Hervé Bourges. La Cinq est attribuée à Robert Hersant, M6 à la CLT, propriétaire de RTL, et à Suez. Reste la privatisation d'une des chaînes publiques. On pense à Antenne 2, puis à France 3, mais c'est finalement TF1 qui est choisie et vendue à Francis Bouygues et ses partenaires. *Le Monde* rapporte le jugement sévère du magazine américain *Variety* : « La privatisation de TF1, comme la réattribution de La Cinq, tourne au scandale. Le gouvernement français choisit les vainqueurs et fait entériner le choix par une administration politique dont le nom fait ironiquement référence à la liberté [1]. »

Mais les hommes politiques ont un problème bien plus grave avec la télévision. Si on peut étouffer bon nombre d'affaires au long cours, l'actualité bouscule parfois toute censure. C'est le cas avec le *Rainbow Warrior*, navire de Greenpeace coulé le 10 juillet 1985 à Auckland par les services secrets français, affaire largement couverte par TF1 ; ou encore avec la mort du jeune Malik Oussekine, tué par les voltigeurs de la police lors des manifestations étudiantes de décembre 1986. Cette fois, rien ne peut empêcher les caméras de filmer. C'est le début de la descente aux enfers d'une classe politique qui va maintenant subir la loi de TF1. Car la première chaîne ne veut plus se contenter de commenter l'actualité. Elle veut forger des destins.

TF1 roule pour Michel Noir

Le premier personnage choisi sera Michel Noir. En mars 1986, le député RPR du Rhône, géant brun et séduisant, est nommé ministre du Commerce extérieur du gouvernement de Jacques Chirac. Grâce à l'argent de son gendre Pierre Botton, affairiste entreprenant, il met en place une stratégie de marketing politique à l'américaine. Il est reçu dans les débats télévisés et commence à incarner la rupture avec une droite vieillissante. Dans le cadre de contrats de BTP obtenus à l'étranger, le groupe Bouygues verse des commissions à Pierre Botton, qui en reverse une partie à Michel Noir et fait profiter Patrick Poivre d'Arvor, star du petit écran, ainsi que d'autres journalistes, de billets d'avions, balades en hélicoptère et « cadeaux » divers : costumes Smalto, repas chez Bocuse, week-ends en relais-châteaux, etc.

Pour les municipales de mars 1989, TF1 met tout en œuvre pour que Michel Noir soit élu à Lyon. Ce n'est pas la seule passion politique qui pousse le groupe Bouygues à inviter Michel Noir au journal télévisé de 20 heures ou à « 7 sur 7 », l'émission animée par la journaliste Anne Sinclair. Le futur maire de Lyon souhaite en effet redessiner sa ville grâce à d'immenses projets d'urbanisme où le béton coulera à flots. Et qui sait ? Peut-être ce programme pourra-t-il s'étendre à l'Hexagone. Car Michel Noir s'imagine un destin national. Autour de lui, il a fédéré la bande des « quadras » ou « rénovateurs » de la droite : Michèle Barzach, François Bayrou, Alain Carignon, Charles Millon, Philippe Seguin.

Mais, après son élection à la mairie de Lyon, le torchon brûle rapidement avec son gendre, qui lui demande un « retour sur investissement », c'est-à-dire un pourcentage sur les marchés publics de la ville. Michel Noir parvient à

1 *Le Monde*, 14 mars 1987.

temporiser, tandis que le groupe Bouygues devient le principal opérateur d'un chantier colossal, « Téo » : le périphérique Nord de Lyon, estimé à 6 milliards de francs.

La « chute » de Michel Noir débute trois ans plus tard, en 1992, quand Pierre Botton est mis en examen par le juge Philippe Courroye, qui a découvert les détournements de l'homme d'affaires : 33 millions de francs dont a largement bénéficié Michel Noir. D'abord condamné le 10 janvier 1996 à dix-huit mois de prison avec sursis pour recel d'abus de biens sociaux, l'ancien maire de Lyon repasse en 2003 devant les tribunaux, avec son gendre, dans le cadre de l'« affaire des comptes suisses », sur lesquels, à la suite de la concession de « Téo », près de 11 millions de francs ont transité. Il est condamné à nouveau.

Martin Bouygues, fils de Francis – qui a pris la direction du groupe éponyme après le décès de son père, le 24 juillet 1993 –, est relaxé, alors que les dirigeants des autres groupes de BTP mis en cause – Dumez et le groupe suisse Sulzer – sont condamnés. Pourtant, lors des audiences, le journaliste du *Parisien* Laurent Valdiguié souligne que « Michel Noir a reconnu [...] avoir reçu de Martin Bouygues une mallette de un million de francs ». Le 4 avril 2002, *Le Monde* rappelle également que « lors de sa mise en examen en décembre 1995, il avait ainsi reconnu que les versements – pour un total de 2,3 millions de francs – effectués par son groupe [...] avaient eu pour but de "soutenir l'action politique de Michel Noir". »

Quant à Patrick Poivre d'Arvor, il est condamné en 1996 à quinze mois de prison avec sursis et 200 000 francs d'amende. PPDA n'en est pas à sa première « affaire ». Le 16 décembre 1991, TF1 avait diffusé une interview « exclusive » de Fidel Castro qu'il aurait réalisée, en réalité un montage à partir d'une conférence de presse du *lider maximo*. Il y a aussi, la même année, le bébé d'un otage français que le présentateur ramène à la barbe des autorités irakiennes en pleine crise du Golfe. Là encore, une histoire douteuse. Mais même après sa condamnation, TF1 déclare « garder toute sa confiance » à PPDA. Le présentateur vedette semble devenu intouchable. Et peu importe si, à l'automne 1992, les premiers sondages révèlent que les Français ne croient plus à ce qu'ils voient à la télévision. Cela ne les empêche pas de regarder PPDA au journal de 20 heures, captivés, aux dires des sociologues, par la fragilité de cet homme qui se double du sentiment rassurant qu'il sera toujours là, qu'il veillera toujours sur eux en leur racontant des histoires chaque soir. Et tant pis si parfois elles sont à dormir debout. La puissance de Patrick Poivre d'Arvor est devenue telle, en ce tout début des années 1990, qu'il se choisit un ennemi à sa hauteur : le président de la République, François Mitterrand.

Bidonnages et manipulations : le droit de désinformer

La fin des années 1980 a été marquée par une actualité internationale qui consacre la suprématie de TF1. Si la chaîne rate complètement la couverture de la chute du Mur de Berlin en novembre 1989, elle se rattrape pendant la guerre du Golfe, en menant une offensive qui met à mal la stratégie diplomatique française : PPDA part à Bagdad interviewer Saddam Hussein, provoquant la colère de l'Élysée. C'est la guerre entre François Mitterrand et le présentateur du 20 heures, soutenu par Gérard Carreyrou, directeur de l'information de la chaîne. Tous deux multiplient les attaques contre l'Élysée. En 1990, ils conçoivent même une émission, « Le droit de savoir », produit par Charles Villeneuve, qui passe au crible toutes les turpitudes de l'ère mitterrandienne.

Un temps, François Mitterrand tente de bloquer le chantier de la Très Grande Bibliothèque confié au groupe Bouygues, et qui a débuté en 1991. Il n'y parviendra pas. Lors du dernier Conseil des ministres du gouvernement de Pierre Bérégovoy, le 24 mars 1993, une phrase de François Mitterrand, rapportée par Pierre Péan et Christophe Nick, résume la puissance de la Une : « Si j'étais un général sur un champ de bataille, à qui devrais-je rendre mon épée : à Monsieur Chirac ? à Monsieur Valéry Giscard d'Estaing ? à Monsieur Bouygues ? à Patrick Poivre d'Arvor ? »

Mais si TF1 peut défaire une majorité, il lui reste à réaliser la prophétie de Francis Bouygues et « faire le prochain président ». TF1 va alors commettre sa plus grande erreur en misant sur Édouard Balladur. Certes, la chaîne possède un intérêt immédiat à soutenir le chef du nouveau gouvernement, c'est la révision de la loi sur l'audiovisuel, qui doit permettre au groupe Bouygues de porter de 25 % à 49 % sa participation dans le capital de TF1 et d'obtenir la reconduction automatique de son droit d'émettre. Ce sera chose faite avec la loi Carignon de 1994. Mais les grands stratèges de la chaîne n'ont pas tiré les enseignements des sondages de 1992. Si les Français regardent la télévision, ils ne la croient plus. Et TF1, plus que toute autre chaîne, est l'objet de la suspicion des téléspectateurs, notamment à cause de la multiplication des « affaires » politico-financières dans lesquelles est impliqué le groupe Bouygues.

Que Claire Chazal, l'autre présentatrice vedette du 20 heures de TF1 depuis 1991, publie en avril 1993 une biographie d'Édouard Balladur [1] n'arrange rien. La surexposition du Premier ministre sur la chaîne va lui valoir le même échec que Valéry Giscard d'Estaing en 1981. Pierre Péan et Christophe Nick ont épluché les archives de l'Institut national de l'audiovisuel (INA) et dénombré « quatre fois plus d'invitations lancées aux balladuriens qu'aux chiraquiens

1 Claire CHAZAL, *Édouard Balladur*, Flammarion, Paris, 1993.

pendant les deux années de campagne pour le leadership à droite ». L'échec d'Édouard Balladur à l'élection présidentielle de mai 1995, mais surtout l'arrivée de Jacques Chirac à l'Élysée, qui promet les « mines de sel » à ceux qui ont si outrageusement favorisé son « ami de trente ans », sont un séisme pour TF1 et le groupe Bouygues. Lors du scrutin présidentiel suivant, TF1 va se rattraper en multipliant les sujets sur l'insécurité, point faible des socialistes, mais axe fort de la campagne de Jacques Chirac. TF1, chaîne de droite, ne risque pas de se tromper : en 2002, le schéma politique est plus clair qu'en 1995.

Mais là encore, la sortie de route est au bout de la ligne droite, en raison d'une puissance mal maîtrisée. Car avec dix millions de téléspectateurs, TF1 fait plus qu'informer ou désinformer : elle donne aussi le ton à l'ensemble de médias, incapables de s'opposer à la chaîne « premium ». L'insécurité devient l'un des enjeux de l'élection, en partie du fait de la litanie de faits divers qui défilent à l'écran. L'information devient caricature avec l'apparition, le 18 avril 2001, à trois jours du premier tour, du visage tuméfié de Paul Voise, soixante-douze ans, un retraité d'Orléans prétendument agressé par de jeunes voyous qui ont brûlé sa maison [1]. À nouveau, la France a peur… Ajouté à l'éclatement de la gauche au premier tour, cette campagne de propagande contribue au score de Jean-Marie Le Pen, qui, pour la première fois, se retrouve au second tour de l'élection présidentielle après avoir éliminé le candidat socialiste Lionel Jospin.

Si l'audience de TF1 en 2006 n'est plus celle du début des années 1990, la chaîne reste le leader incontesté du « PAF » et draine 54 % du marché publicitaire. Et elle a accru son pouvoir en scellant des alliances avec M6 et Canal Plus : propriétaire de LCI, elle était majoritaire pendant dix ans dans le bouquet numérique TPS, qui diffuse plus de deux cents chaînes (avant de revendre ses parts à Canal Sat en 2006). Une question demeure donc : TF1 a-t-elle un candidat pour l'élection présidentielle de 2007 ? Nul n'ignore la proximité de Martin Bouygues et de Nicolas Sarkozy. Leurs enfants fréquentaient la même école, Martin est le parrain du fils de Nicolas, ils se téléphonent tous les jours et le patron de TF1 a soutenu de sa présence le chef de l'UMP lors de son sacre en novembre 2004. Mais Nicolas Sarkozy, qui était à l'époque le plus fervent partisan d'Édouard Balladur et a vécu sa terrible défaite, est d'une autre génération. Lui, c'est un véritable enfant de la télé…

◂ **F. M.**

1 Les circonstances de cette affaire n'ont pas été élucidées. Le 18 février 2005, le juge d'Orléans prononcera un non-lieu en faveur du principal suspect.

Pour en savoir plus

Marie-Ève CHAMARD et Philippe KIEFFER, *La Télé, dix ans d'histoires secrètes*, Flammarion, Paris, 1992.

Hubert COUDURIER, *PPDA, l'inconnu du 20 heures*, Robert Laffont, Paris, 1996.

Jean-Noël JEANNENEY, *Histoire des médias, des origines à nos jours*, Seuil, Paris, 1996.

Pierre PÉAN et Christophe NICK, *TF1, un pouvoir*, Fayard, Paris, 1997.

Bernard VIOLET, *PPDA*, Flammarion, Paris, 2005.

L'affaire Elf et les frégates de Taïwan : les machines à sous

Pendant près de trente ans, de 1967 à 1994, un système de détournement d'argent, de fraude et de corruption a tranquillement fonctionné au sein de l'entreprise nationale française Elf, la huitième compagnie pétrolière du monde (incorporée, après sa privatisation en 1994, dans le groupe TotalFinaElf, devenu Total en 2003). L'existence de cette gigantesque caisse noire était connue des principaux responsables politiques et économiques français ou étrangers qui en bénéficiaient. Pourtant, malgré l'importance des sommes détournées et quelques indiscrétions occasionnelles, le secret a été bien gardé toutes ces années. Il n'a été percé – et encore très partiellement – qu'en 1994, à l'occasion de l'instruction menée par les juges Eva Joly et Laurence Vichnievsky [▷ p. 549], puis lors des procès qui se sont déroulés à Paris entre 2001 et 2003.

Un volet des malversations opérées sous le vaste manteau d'Elf concerne quelque 3 milliards de francs de commissions occultes versées lors de l'opération *Bravo*, c'est-à-dire la vente à Taïwan, en 1991, par Thompson-CSF de six frégates de la classe Lafayette, des navires de guerre ultramodernes de 125 mètres de long. Ce volet en était toujours, fin 2006, au stade du décorticage au pôle financier du tribunal de grande instance de Paris, par les juges Renaud Van Ruymbeke et Xavière Simeoni. Au fil des années, l'instruction judiciaire a apporté de temps à autre des révélations et provoqué l'ouverture de dossiers parallèles comme celui de l'affaire Clearstream [▷ p. 565], mais les magistrats eux-mêmes ne savaient pas si ce dossier aboutirait un jour devant une juridiction et si c'est le cas, s'il s'agirait d'un tribunal classique ou de la Haute Cour de justice de la République, seule compétente pour les délits commis par des ministres.

La « petite affaire » Elf-Bidermann

Le premier déballage de quelques-uns des petits et grands secrets d'Elf devant les magistrats et dans la presse commence par une erreur d'appréciation. Réélu en 1988, François Mitterrand connaît bien l'intérêt des opérations occultes d'Elf. En 1989, il nomme à la tête de l'entreprise Loïk Le Floch-Prigent, un personnage quelque peu atypique parmi le patronat français, mais dont il sait qu'il exécutera sans poser de questions ses ordres et ses désirs, fussent-ils implicites.

En 1993, le nouveau Premier ministre Édouard Balladur, qui veut privatiser l'entreprise, le remplace par l'un de ses fidèles, Philippe Jaffré. Au lieu de poursuivre la politique de l'autruche prudemment adoptée par tous ses prédécesseurs, le nouveau patron demande à un cabinet d'audit d'explorer les comptes de l'entreprise. Il découvre ainsi que, malgré sa vocation pétrolière, Elf a investi, depuis 1990, quelque 800 millions de francs dans un groupe de prêt-à-porter au bord du gouffre mais dirigé par Maurice Bidermann, un ami personnel de Loïk Le Floch-Prigent. En aidant la justice à mettre son nez dans ce dossier, le nouveau P-DG peut espérer jouer un mauvais tour à son prédécesseur nommé par la gauche, mais surtout témoigner de sa gestion rigoureuse auprès des actionnaires privés potentiels. Loïk Le Floch-Prigent ne prend pas au sérieux l'accusation. Pour l'ancien patron de la première entreprise de France, l'investissement dans le groupe Bidermann ne représente qu'une opération financière comme tant d'autres et ne mérite même pas qu'il perde son temps à la justifier. Il a d'ailleurs autre chose à faire, puisque le président de la République a obtenu son reclassement à la tête de Gaz de France en 1993, puis de la SNCF en 1996.

La logique judiciaire, et tout particulièrement celle d'Eva Joly, la magistrate du pôle financier saisie du dossier, le 18 août 1994, est tout autre. À ses yeux, l'« abus de biens sociaux » commis par Le Floch-Prigent en investissant chez son ami Bidermann est d'autant plus grave que c'est de l'argent public qu'il a dilapidé, qu'il a par ailleurs royalement vécu aux frais de la princesse et qu'enfin, il refuse de se sentir coupable. Loin d'avouer une faute, il fanfaronne et se rend totalement antipathique à la magistrate. Le 4 juillet 1996, il se retrouve écroué à la prison de la Santé : le banal abus de biens sociaux dont il est accusé va se transformer en une affaire d'État dont nul ne peut plus alors maîtriser le développement.

Philippe Jaffré, qui croyait que l'instruction se limiterait à l'investissement hasardeux effectué par son prédécesseur, voit la juge et la brigade financière fureter dans tous les recoins de son entreprise. Ces investigations ont de quoi inquiéter beaucoup de monde. Depuis les hauts dignitaires africains, européens ou asiatiques jusqu'aux responsables de partis politiques français qui ont pu bénéficier des largesses aussi intéressées qu'illégales d'Elf, en passant par les intermédiaires ou les hommes et femmes de paille qui ont réalisé les détournements. Leurs inquiétudes sont toutefois exagérées : très peu d'entre eux seront sanctionnés.

Audiences publiques

Alors que des noms d'hommes politiques ont été cités par dizaines, un seul d'entre eux comparaît devant les juges : Roland Dumas, ancien ministre des Affaires étrangères de François Mitterrand – lequel, avant de quitter l'Élysée, l'a nommé, en 1995, président du Conseil constitutionnel [▷ p. 365]. La justice lui reproche d'avoir accepté les « petits » cadeaux de son amie Christine Deviers-Joncour, rémunérée par Elf pour son action de lobbying auprès de sa personne : quelques statuettes hellénistiques d'une valeur de 300 000 francs, une paire de bottines sur mesure payées 11 000 francs au chausseur Berlutti, des repas au restaurant ou l'usage de l'appartement de 320 mètres carrés acheté 18 millions de francs rue de Lille, dans le VIIe arrondissement de Paris.

Condamné en première instance, Roland Dumas sera relaxé en appel. Les magistrats ont en effet estimé qu'ils n'avaient pas obtenu la preuve que l'ancien ministre ait connu l'origine délictueuse des cadeaux de Christine Deviers-Joncour. Roland Dumas a dû quitter la présidence du Conseil constitutionnel, mais il a échappé à la Haute Cour de justice de la République, seule compétente pour le juger, s'il était prouvé que l'ancien ministre avait, pour faire plaisir à son amie payée par Elf, donné son accord à la réalisation de l'opération *Bravo*.

L'amie du ministre, Christine Deviers-Joncour, a abondamment raconté ses souvenirs de « putain de la République ». Elle fait partie de ces intermédiaires qui s'agitent pour récolter des « miettes » allant de quelques millions de francs à des millions de dollars en échange de services qu'ils ont toujours du mal à définir devant les juges. Ils disposent généralement de carnets d'adresses bien remplis et se contentent parfois de passer quelques coups de fil pour ouvrir des portes.

On verra ainsi l'écrivain Françoise Sagan s'entremettre pour faciliter à André Guelfi, dit « Dédé la Sardine », l'obtention d'un rendez-vous avec son ami François Mitterrand dans le cadre d'une éventuelle implantation d'Elf en Ouzbékistan. Poursuivi et condamné, André Guelfi est sincèrement indigné. À l'âge de quatre-vingt-cinq ans, c'est la première fois qu'on lui reproche d'acheter des consciences pour obtenir des marchés. « Je suis négociateur, je n'aime pas du tout le mot intermédiaire », a-t-il précisé lors de son audition. D'autres « négociateurs » servent simplement de prête-noms pour faire revenir en France dans la caisse de partis politiques ou sur des comptes domiciliés dans des paradis fiscaux ce que l'on nomme pudiquement chez Elf des « rétrocommissions ». Ces rétrocommissions sont, en réalité, un pourcentage prélevé sur les commissions officiellement ou officieusement versées à des décideurs étrangers afin d'alimenter la caisse noire de la compagnie.

À toute cette faune qui ne vit que sur les marges des contrats, s'adjoignent ceux que l'entreprise pétrolière, pour rendre service à des notables qui sont censés un jour ou l'autre « renvoyer l'ascenseur », a embauchés sans qu'ils aient un soupçon de travail à accomplir et dont tout le monde, y compris parfois les intéressés eux-mêmes, a oublié qu'ils avaient été salariés d'Elf. Parmi les « gagne-petit » qui ont bénéficié du gâteau Elf et se sont fait prendre au détour de l'enquête, figure, entre autres, Daniel Léandri, ancien brigadier de police et conseiller de Charles Pasqua. On trouve aussi le docteur Laurent Raillard, médecin à la retraite, dont la seule qualité de compagnon de golf du président Mitterrand lui a valu de voir sa maison rachetée sans discussion par la compagnie pétrolière au prix qu'il avait réclamé : il continuait d'y vivre, mais sans avoir à payer le couple de gardiens, l'électricité, le téléphone ou le fioul. En somme, une maison de fonction pour un ami du président.

Ces « petites mains » ont en commun un sens remarquable de la discrétion. Ceux qui ont un instant craqué devant le juge ou la brigade financière se reprennent et se réfugient ensuite dans des généralités qui ne permettent pas, judiciairement en tout cas, de remonter vers les niveaux supérieurs. Ils partagent cette discrétion avec les dirigeants de la société qui se sont affirmés incapables de fournir des éléments matériels permettant de savoir dans quelles caisses et dans quelles poches avaient disparu les sommes détournées. Alfred Sirven, ancien directeur des affaires générales d'Elf, a ainsi maintenu sans broncher ignorer si les initiales « C. P. », désignant un homme politique ayant bénéficié de billets d'avion offerts pour sa campagne électorale par la compagnie pétrolière, correspondaient à celles de Charles Pasqua. Une ingénuité qui a permis à l'ancien ministre de l'Intérieur de bénéficier d'un non-lieu.

Après avoir soutenu n'avoir commis aucune faute, Loïk Le Floch-Prigent, quelque peu déstabilisé par sa détention, a lâché du lest et admis l'existence d'une caisse noire destinée au financement des partis politiques et spécialement à celui des prétendants à la magistrature suprême. « Il est de notoriété publique, a-t-il expliqué à la barre le 25 mars 2003, que les candidats à l'élection présidentielle avaient accès au secrétariat général du groupe et demandaient l'enveloppe correspondante. » Mais, l'ancien président d'Elf aurait plus à perdre qu'à gagner à donner les détails qui permettraient à la justice, si elle en avait le désir et surtout la possibilité, de poursuivre les bénéficiaires de cette manne, qu'ils soient français ou étrangers.

Le président du Gabon, Omar Bongo, inquiet de voir les investigations se diriger vers ses comptes en Suisse, avait d'ailleurs abruptement et publiquement fait savoir qu'il n'admettrait pas que la France se mêle des « affaires intérieures » de son pays – et il avait fort peu délicatement désigné la juge Eva Joly comme la « gonzesse norvégienne qui sent la morue ». L'avertissement a été entendu et, faute de témoignages précis, la piste gabonaise s'est interrompue.

Poursuivis eux aussi, Alfred Sirven, le directeur des affaires générales d'Elf, et André Tarallo, le directeur Afrique et hydrocarbures, ne seront pas plus diserts. Gaullistes depuis la Résistance, hommes de réseaux et de services spéciaux, ils admettent tout : la corruption de dirigeants étrangers et français, la vie fastueuse avec les cartes de crédit de l'entreprise, les commissions et les rétrocommissions, les emplois fictifs et les fraudes immobilières. Mais ils ne donnent jamais ni noms ni dates ni sommes précises. Quand Loïk Le Floch-Prigent évalue à 5 millions de dollars par an les sommes versées aux partis politiques, Alfred Sirven sourit en glissant simplement que, dans son souvenir, le total était « très, très, très, très supérieur ». Il n'ira pas plus loin dans les confidences. Il sait que les sanctions auxquelles s'exposent les bavards sont bien plus lourdes que les peines infligées aux muets par les tribunaux.

Destination Asie : trois milliards de francs de commissions pour l'opération *Bravo*

Au début du mois de janvier 2001, un groupe d'officiels taïwanais vient assister aux audiences du TGI de Paris pour entendre Christine Deviers-Joncour et Roland Dumas tenter de justifier devant les juges les largesses dont Elf les a fait bénéficier. Les Taïwanais ne sont pas directement concernés par les histoires de statuettes grecques, de bottines Berlutti ou d'appartement de la rue de Lille. En revanche, ils peuvent espérer comprendre pourquoi Roland Dumas et Christine Deviers-Joncour répètent aux magistrats que, pour pouvoir juger le « recel d'abus de biens sociaux » dont ils sont accusés, il faut éclaircir les conditions de la vente à leur pays, dix ans plus tôt, de six frégates par Thomson-CSF.

Malheureusement pour les Taïwanais, la justice française a scindé l'affaire en deux dossiers distincts : le premier, celui qui est jugé en 2001, concerne les détournements de fonds commis au détriment d'Elf en France et par des Français. Le second, dont il ne sera pas question lors des audiences, concerne les commissions occultes prélevées sur les 16 milliards de francs versés par Taïwan pour acquérir les six navires. Qu'elles aient abouti sur des comptes secrets à Taïwan les concernerait d'autant plus que le contrat signé avec Tomson-CSF stipulait dans son article 18 que de telles commissions étaient proscrites, ouvrant le droit pour l'île, dans le cas contraire, d obtenir d'énormes indemnités. Or un intermédiaire taïwanais, Andrew Wang, n'a jamais fait mystère d'avoir touché des commissions, qu'il estimait dues pour services rendus. Quant aux éventuels reversements qu'il aurait effectués à Taïwan, mais aussi à des personnalités d'autres pays, essentiellement en Chine populaire et en France, Wang a toujours nié qu'ils aient eu lieu. Les magistrats instructeurs français pensent le contraire, mais, quinze ans après les faits, ils couraient toujours derrière les preuves.

C'est donc en tant que victimes – à qui le statut de parties civiles a pourtant été refusé par la justice française – que les Taïwanais vont suivre l'instruction ouverte en 1997 sur l'affaire Elf-Bidermann, qui débouchera sur l'enquête concernant la vente des frégates, confiée d'abord au tandem Eva Joly-Laurence Vichnievsky, puis à celui formé par les juges d'instruction Renaud Van Ruymbeke et Dominique de Talencé. Encore une fois, c'est une maladresse qui a lancé la justice sur ce dossier. En décembre 1991, alors que le contrat de vente des vedettes a enfin été conclu, Alain Gomez, P-DG de Thomson-CSF (devenue depuis la société Thalès), s'oppose au versement de 160 millions de francs que lui réclame, au titre de sa très hypothétique participation aux négociations, une société écran suisse, Frontier AG Bern, derrière laquelle s'abritent Alfred Sirven et Christine Deviers-Joncour. Malgré l'existence d'un contrat en bonne et due forme, Alain Gomez refuse de payer. La Cour fédérale suisse condamne Thomson et autorise la saisie de ses comptes bancaires. En février 1997, Thomson contre-attaque en déposant plainte pour tentative d'escroquerie. Marcel Roulet, successeur d'Alain Gomez – ce dernier a été congédié par le Premier ministre Alain Juppé le 15 février 1996 –, bloque ainsi l'exécution de la condamnation civile de son entreprise, mais perd le contrôle du dossier : il ne maîtrisera pas les développements de l'instruction qu'il a déclenchée.

Celle-ci permettra d'expliquer plusieurs points obscurs. Et d'abord la raison pour laquelle Alfred Sirven, dissimulé derrière sa société écran suisse, lui réclame 160 millions de francs. En 1990, la compagnie pétrolière Elf, qui n'a en principe rien à voir avec l'exportation de matériel militaire, contacte Thomson-CSF, qui s'évertue depuis trois ans à vendre six frégates à Taïwan. Il s'agit, selon Alfred Sirven, de rendre service à Thomson en la faisant bénéficier du réseau commercial asiatique d'Elf. Un beau geste de solidarité entre deux grandes entreprises françaises. L'objectif, en réalité, est de permettre à Elf d'arrondir sa caisse noire en prélevant sa part des commissions occultes qui accompagnent obligatoirement la conclusion d'un contrat de cette importance.

Au moment de l'intervention d'Alfred Sirven, en effet, les négociations patinent. La transaction butte sur des problèmes de concurrence commerciale, puisque la Corée du Sud propose à Taïwan des vedettes du même genre, mais moins onéreuses. Mais les obstacles à la signature sont surtout d'ordre politique et diplomatique, la Chine populaire s'opposant par principe à toute vente d'armement à Taïwan. Pour toucher le gros lot, Thomson-CSF doit donc résoudre trois problèmes : persuader la marine de Taïwan que son offre est la meilleure, convaincre l'État français que l'enjeu vaut une brouille éventuelle avec la Chine et s'assurer que le Parti communiste chinois ne considèrera pas l'opération *Bravo* comme un *casus belli*.

En août 1991, les trois objectifs sont atteints – moins grâce à Alfred Sirven qu'à un autre réseau mis en place par Alain Gomez autour de son amie chinoise Lily Liu, et surtout à Andrew Wang – et Thomson peut annoncer la vente à Taïwan de six frégates pour 16 milliards de francs. Une victoire qui ouvre la voie à d'autres ventes d'armement. Pour parvenir à ce résultat, il a fallu que le président François Mitterrand change soudain d'avis, convaincant son ministre des Affaires étrangères Roland Dumas – lequel, sensible aux arguments du Quai d'Orsay sur la nécessité de maintenir des liens de confiance avec Pékin, ne se montra jamais très chaud pour ce contrat. Il a fallu aussi que les amiraux taïwanais se rendent compte que les frégates françaises étaient bien préférables aux coréennes, même si elles coûtaient bien plus cher. Et il fut enfin nécessaire que les Chinois acceptent de se contenter d'une protestation de pure forme contre cette vente de matériel militaire à Taïwan.

L'instruction de la plainte déposée par Thomson va montrer que ces revirements spectaculaires ne sont pas dus à la force de conviction des cadres commerciaux de Thomson-CSF. Entendu par le juge Renaud Van Ruymbeke, Roland Dumas affirme sur procès-verbal qu'à sa connaissance, le président François Mitterrand avait autorisé le versement d'une commission de 400 millions de dollars aux décideurs taïwanais et de 100 millions à des responsables chinois, dont on apprendra qu'il s'agissait du proche entourage du président Jiang Zemin, de son Premier ministre Zhu Rongji (venu à Paris le 16 avril 1991), de Jia Chunwang, le patron du Guoanbu (le service secret chinois), ou encore de Wang Baosen, l'ancien maire de Pékin qui s'est suicidé en 1995.

Christine Deviers-Joncour ajoutera que l'ancien ministre des Affaires étrangères lui avait affirmé que des commissions avaient aussi été versées à des responsables politiques et des dirigeants d'entreprise français. Elle n'avait, pour sa part, touché qu'une avance de 45 millions de francs, versée par Elf pour convaincre Roland Dumas de retirer son veto.

Le 11 mai 2006, Alain Richard, ancien ministre socialiste de la Défense (de juin 1997 à mai 2002), affirmait qu'il était « certain » que des commissions illicites avaient été versées dans le cadre du contrat taïwanais. Entendu le 21 juillet 2006 par Van Ruymbeke et sa collègue Xavière Simeoni, l'ancien ministre leur expliquera qu'« avant mars 1993, l'orientation de ces commissions n'a pu se faire que sous l'autorité du président de la République (François Mitterrand) et, après mars 1993, que sous celle du Premier ministre (Édouard Balladur) [1] » (ce que ce dernier démentira avec énergie). Des précisions qui n'ont strictement aucune portée judiciaire, car les magistrats ont besoin de chiffres vérifiables et des noms de personnes à entendre...

Le silence ou la mort

Un général français avait annoncé à la juge Eva Joly qu'elle risquerait sa vie si elle enquêtait sur le milieu des ventes d'armes. Si aucune mort suspecte de magistrat n'est venue confirmer cet avertissement, il n'en a pas été moins entendu d'un certain nombre de témoins potentiels. Certains se sont évanouis malgré la curiosité de la commission d'enquête taïwanaise ou les mandats d'arrêts internationaux des magistrats français. C'est le cas de Wang Chang Poo, *alias* Andrew Wang ou Mr Wand, intermédiaire professionnel en ventes d'armement. Simple homme de paille, selon Christine Deviers-Joncour, pour qui le « réseau Elf » est la clef de voûte du succès des négociations, il est considéré par Thomson comme celui qui a ouvert les portes. Dans tous les cas, ce titulaire d'une flottille de comptes en banque en Asie, en Europe ou dans des pays exotiques – sur lesquels ont transité au moins 5 milliards de francs – s'est bien gardé de se manifester. Il en est de même de la mystérieuse Lily Liu. Certain affirment que c'est elle qui a tiré les ficelles en Chine, d'autres jurent qu'elle n'a été qu'un pantin. Pour Christine Deviers-Joncour, elle n'est qu'une fiction, amalgame de trois Chinoises de second rang.

---

1 *Le Monde*, 26 juillet 2006.

D'autres témoins, qui auraient peut-être pu enrichir de leurs dépositions le dossier de Renaud Van Ruymbeke, ont, eux, définitivement disparu. Le premier décès suspect du dossier est celui de Thierry Imbot, fils du général René Imbot, ancien patron de la Direction générale de la sécurité extérieure (DGSE) de 1985 à 1987. Selon son père, Thierry, qui avait été officier de la DGSE en poste à Pékin puis à Taïwan, avait l'intention de se confier à la presse lorsqu'il a été retrouvé mort en octobre 2000 au pied de l'immeuble parisien où il habitait. D'après la police, il serait accidentellement tombé en essayant de fermer les volets de son studio.

Jacques Morisson, ancien cadre de Thomson-CSF, se serait suicidé en mai 2001 en se jetant du palier du cinquième étage de l'immeuble de Neuilly-sur-Seine où il avait un appartement au deuxième. Ancien de l'École navale, il avait fait partie du petit noyau des négociateurs de la vente des frégates.

Le corps du commandant Yin Ching-Feng, de la marine taïwanaise, a été, lui, retrouvé en décembre 1993 dans la baie de Suao, à l'est de l'île. Il aurait été sur le point de révéler aux autorités de son pays les noms des officiers achetés par Thomson.

Les juges ne pourront se rabattre ni sur Jean-Claude Albessart, délégué de la direction internationale de Thomson à Taïwan, dont la mort en 2002 a été attribuée à un cancer foudroyant, ni sur Alfred Sirven, emporté par une crise cardiaque en février 2005. Pour contrebalancer l'absence ou le flou des témoignages, les magistrats ont tenté de savoir ce que contenait le dossier de l'opération *Bravo* gardé dans les locaux de Thomson-CSF-Thalès. Ils se sont alors heurtés au secret-défense sous le couvert duquel il est protégé et qu'ils ne sont parvenus à faire lever ni par les gouvernements de droite ni par ceux de gauche.

Quant à aller chercher des informations auprès de leurs collègues de Taïwan, il n'en est pas question : la France ne reconnaît pas Taïwan comme un État souverain. Si elle peut lui vendre des frégates, des Mirages ou des missiles, elle ne peut pas lui adresser de commission rogatoire internationale.

◀ F. Z.

Pour en savoir plus

Christine Deviers-Joncour, *La Putain de la République*, J'ai lu, Paris, 1999.

—, *Opération* Bravo. *Où sont passées les commissions de la vente des frégates à Taïwan ?*, Plon, Paris, 2000.

Roland Dumas, *L'Épreuve et les preuves*, Michel Lafon, Paris, 2003.

Hervé Gattegno, *L'Affaire Dumas*, Stock, Paris, 1998.

Thierry JEAN-PIERRE, *Taïwan Connections. Scandale et meurtres au cœur de la République*, Robert Laffont, Paris, 2003.

Eva JOLY, *Est-ce dans ce monde-là que nous voulons vivre ?*, Les Arènes, Paris, 2003.

Nicolas LAMBERT, *Elf, la pompe Afrique*, Tribord, Bruxelles, 2006.

Valérie LECASBLE et Airy ROUTIER, *Forages en eau profonde. Les secrets de l'« affaire Elf »*, Grasset, Paris, 2000.

Loïk LE FLOCH-PRIGENT, *Affaire Elf, affaire d'État. Entretiens avec Éric Decouty*, Le Cherche Midi, Paris, 2001.

Les juges Eva Joly et Laurence Vichnievsky : les « pétroleuses de la République »

Les nombreux ennemis du couple improbable formé par les juges d'instruction Eva Joly et Laurence Vichnievsky lui ont donné un surnom : les « pétroleuses de la République ». Pendant dix ans, de 1992 à 2002, ces deux femmes ont terrorisé bon nombre de ceux qui avaient trempé dans les affaires les plus sales de la République.

Ni fax ni Minitel

Née en 1955, mariée à un architecte et mère de trois enfants, Laurence Vichnievsky est présidente du tribunal de grande instance de Chartres depuis 2002. Après avoir instruit, depuis le 7 octobre 1994, les dossiers du Gifco, bureau d'étude proche du Parti communiste (PCF) [▷ p. 488], ou encore celui du financement du Parti républicain (PR) en 1998, elle fait équipe, à partir de 1997, avec Eva Joly au pôle financier du Palais de justice à Paris, pour démêler le dossier de l'affaire Elf. Brune, grande, mince, Laurence Vichnievsky fait partie du sérail : fille d'un professeur d'université, comptant plusieurs membres de sa famille dans la haute magistrature, elle a grandi dans le quartier chic du Luxembourg à Paris et, après des études de droit, est entrée à l'École nationale de la magistrature (ENM). Un itinéraire fléché avec, au bout, une surprise de taille : « En sortant de l'ENM, je n'imaginais pas que j'aurais à mettre en cause des individus qui avaient vécu dans les mêmes beaux quartiers que moi. Je n'imaginais pas non plus que, quand on a la chance d'être bien né, on ne soit pas le premier à respecter la loi [1] ! »

Le parcours d'Eva Joly a été bien plus difficile que celui de sa consœur. Les beaux quartiers de Paris, Gro (Eva) Farsthet, née à Oslo en Norvège en 1943, les connaît d'abord pour y avoir été fille au pair en 1964 après les deux années d'école de commerce qu'est parvenue à lui payer une famille très modeste. En 1967, elle épouse Pascal Joly puis, ses études de droit terminées, entre comme conseillère juridique chez Eddie Barclay avant de devenir, pendant six ans, celle de l'hôpital psychiatrique d'Étampes (Essonne). En 1981, elle réussit le concours extérieur de l'ENM et, de poste en poste, entre en 1989 au Comité interministériel de restructuration industrielle, le « Samu » des entreprises en difficulté. Elle finira par y occuper le poste de secrétaire générale adjointe.

En 1993, elle rejoint le pôle financier comme juge d'instruction et va commencer, sans états d'âme, à matraquer les puissants. Mais une surprise de taille l'attend quand elle arrive au Palais de justice. « La galerie financière de Paris coulait des jours heureux, loin de l'agitation du reste du Palais. Lors de mon premier entretien avec la présidente du tribunal, [...] j'ai été prévenue de l'indifférence générale à l'égard des affaires financières. [...] "En fait, je crois que vous avez choisi l'instruction financière parce que vous êtes norvégienne et protestante", m'a-t-elle dit [2]. » À l'heure de l'informatique et des circuits financiers *off-shore*, Eva Joly est effarée par l'état de dénuement du service qu'elle rejoint : « Sur un plan matériel, la situation était presque comique. [...] Je découvrais un cabinet d'instruction financière sans télécopie, sans Minitel, avec des téléphones antiques et une machine à écrire Olivetti qui avait coûté 12 000 francs à l'administration et qui comportait seulement quatre cents signes de mémoire, faisait un bruit infernal et mobilisait du carbone et un tube de blanc pour corriger les fautes de frappe ! Notre travail n'intéressait personne [3]. »

1 *Le Nouvel Observateur*, 28 février 2002.

2 « Eva Joly, une juge contre les "crimes d'argent" », *Le Monde*, 3 juin 2000.

3 *Ibid.*

« C'est une abrutie complète, une malade »

Mais elle attaque : elle instruit l'affaire Isola 2000, celle du *Phocéa*, le bateau de Bernard Tapie, l'affaire du Crédit lyonnais et de ses multiples filiales [▷ p. 552]. Eva Joly fait peur. Les avocats redoutent cette femme intraitable durant les interrogatoires. Bernard Tapie, dans une conversation qu'elle intercepte dans le cadre d'écoutes, dit que « c'est une abrutie complète, connue comme telle, une malade [1] ».

Il faut dire qu'en juin 1994, Eva Joly a fait cueillir l'ancien ministre de la Ville dès potron-minet dans son hôtel particulier de la rue des Saints-Pères à Paris. En 1996, elle fait ce qu'aucun juge n'avait jamais osé : elle envoie directement en prison l'un des plus grands patrons de France, le président de la SNCF Loïk Le Floch-Prigent, P-DG d'Elf de 1989 à 1993 [▷ p. 540]. C'est Eva Joly qui demande en 1997 le renfort de Laurence Vichnievsky, spécialiste de la fraude fiscale. Les deux femmes s'attaquent aux multiples financements de la société Elf et se font connaître de la France entière. Eva Joly aime les médias et n'hésite pas à faire des déclarations fracassantes, sur la misère de la justice ou les avocats qu'elle soupçonne d'être parfois impliqués dans le blanchiment d'argent. Les deux femmes reçoivent aussi de multiples pressions, des menaces de morts et vivent vingt-quatre heures sur vingt-quatre sous la protection de gardes du corps.

Cette fois, c'est un des plus hauts personnages de la République qui est visé, Roland Dumas, président du Conseil constitutionnel [▷ p. 365]. Elles perquisitionnent son bureau, quai de Bourbon, à Paris et, le 29 avril 1998, lui signifient sa mise en examen pour recel d'abus de biens sociaux au sujet des avantages accordés par Elf au début des années 1990 à son amie Christine Deviers-Joncour, à l'époque où il était ministre des Affaires étrangères. Condamné tout d'abord à six mois de prison ferme en 2001, Roland Dumas est relaxé en appel deux ans plus tard. Certains ne se privent pas de critiquer l'instruction menée par les deux juges.

Celles-ci, fatiguées, ont demandé à quitter le pôle financier l'année précédente. Laurence Vichnievsky rejoint Chartres, tandis qu'Eva Joly repart en Norvège pour devenir conseillère spéciale du gouvernement pour la lutte anticorruption. Elle a écrit également deux livres à succès et participé à la déclaration de Paris du 27 juin 2003 contre la corruption.

◀ **F. M.**

---

1 Cité par Gilles Gaetner, « Eva Joly l'inflexible », *L'Express*, 23 octobre 2003.

Pour en savoir plus

Eva JOLY (avec la collaboration de Laurent BECCARIA), *Notre affaire à tous*, Les Arènes, Paris, 2000.

Eva JOLY, *Est-ce dans ce monde-là que nous voulons vivre ?*, Les Arènes, Paris, 2003.

Laurence VICHNIEVSKY (avec Jacques FOLLOROU), *Sans instructions*, Stock, Paris, 2002.

Le double scandale du Crédit lyonnais, une facture de 50 milliards d'euros

C'était une belle journée de printemps. Il n'y avait personne encore, ce dimanche matin 5 mai 1996, boulevard des Italiens à Paris, quand brusquement, l'alerte fut donnée. Il y avait le feu au siège du Crédit lyonnais. « L'incendie est sous contrôle », assura Pascal Lamy, alors bras droit de Jean Peyrelevade, lorsqu'il appela vers 9 heures le président de la banque publique, en vacances en Provence, pour le prévenir du sinistre. Deux heures plus tard, Lamy rappelait Peyrelevade, affolé : le feu était en train d'échapper aux pompiers. Arrivé en catastrophe par avion, Jean Peyrelevade ne put qu'assister, impuissant, à l'embrasement total de l'immeuble. Dehors, des salariés du Crédit lyonnais pleuraient. Dans l'après-midi, la grande verrière de cet immeuble gigantesque du XIXe siècle s'écroula. Tout était anéanti.

Comment un tel incendie a-t-il pu survenir, et prendre une telle ampleur ? Pourquoi, à presque quinze jours d'intervalle, d'autres archives de la banque, stockées dans un entrepôt au Havre, partaient-elles à leur tour en fumée ? « La police a interrogé vingt-cinq fois les gens sur place pour savoir ce qui s'était passé. Ils n'ont rien trouvé. On ne saura jamais ce qui s'est passé », affirme, définitif, Jean Peyrelevade.

Ainsi s'achevait dans le feu et la ruine l'un des épisodes les plus sombres de l'histoire du Crédit lyonnais. Quel engrenage fatal a conduit au bord du gouffre l'une des banques françaises les plus prestigieuses ? Près de vingt ans après le début du drame, malgré les enquêtes judiciaires, malgré l'enquête de la commission parlementaire, beaucoup de témoins, de protagonistes ou même de spectateurs avouent ne pas avoir toujours compris cette affaire qui reste un des plus grands scandales financiers de la Ve République. Un scandale aux ramifications multiples, allant de l'immobilier au cinéma hollywoodien, en passant par des portefeuilles de *junk bonds* aux États-Unis et des investissements hasardeux dans de multiples entreprises. Sans parler de quelques soutiens à des amis de l'Élysée.

La soif de revanche de Jean-Yves Haberer

Depuis les années 1880, le Crédit lyonnais est une banque qui en impose. Avec la BNP et la Société générale, c'est une des trois banques qui comptent en France. On se bat au sommet de l'État pour la présider. Lorsque Jean-Yves Haberer en prend la tête en 1988, sous le gouvernement de Michel Rocard, il est présenté comme une des références de la nomenklatura française. Premier de sa promotion de l' École nationale d'administration (ENA), éminent inspecteur des finances, cet ancien directeur du Trésor, passé auparavant au cabinet de Michel Debré, a le soutien sans faille de l'Inspection des finances et du ministère. Personne au sein de la haute administration n'a oublié les mauvaises manières qui lui ont été faites par la droite, revenue au pouvoir en 1986 : il a été chassé sans ménagement de la présidence de Paribas par le nouveau ministre de l'Économie et des Finances, Édouard Balladur, malgré un bilan irréprochable, pour cause de collaboration avec les socialistes et surtout pour céder sa place à Michel François-Poncet, dont le principal mérite était d'être un camarade de promotion de Jacques Chirac à Sciences-Po. Pendant deux ans, Jean-Yves Haberer s'est trouvé relégué dans une soupente du ministère. Il en a conçu une colère immense.

À son retour au pouvoir, le gouvernement socialiste efface partiellement l'outrage par cette nomination à la tête du Lyonnais. Enfin, un poste à sa mesure ! La banque est alors l'un des plus grands établissements de crédit en France. Plus de huit millions de clients y possèdent leur compte. Elle totalise près de 2 000 milliards de francs de bilan. En ce mois de septembre 1988, Jean-Yves Haberer revit. « On aurait pu y installer le ministère des Finances », remarque-t-il, rêveur, quand il découvre la taille du siège du Lyonnais.

« Comme on a dû te le dire, nous nous entendons sur les bilans. Je suis le premier, tu es le second et on se met d'accord sur l'arrêté des comptes », l'a prévenu, quelques semaines après son arrivée, René Thomas, le président de la BNP. Juste nommé, Jean-Yves Haberer s'est plié à l'usage. Mais pas pour longtemps. Pour lui, ces petites ententes ne peuvent avoir qu'un temps. D'abord, il a toujours détesté ne pas être premier. Et puis, il entend laver l'affront de ce renvoi de Paribas. Tous l'avaient alors abandonné. Pourquoi jouerait-il désormais le jeu du milieu ? Le Lyonnais doit être premier. Cap sur l'expansion.

En quelques mois, la banque est sur tous les fronts. Dans les régions, on prospecte les clients partout, les bons comme les mauvais. À Paris, on renoue les liens avec les grands groupes : Aérospatiale, Usinor, Bouygues... Mais aussi ces nouveaux *condottieri* qui viennent d'émerger : LVMH, Pinault, Bolloré. La banque apporte plusieurs centaines de millions de francs à Vincent Bolloré pour prendre pied dans le groupe Rivaud, prend 10 % de La Cinq avec Lagardère, 10 % de TF1, 20 % d'Arnault et Associés, la holding de Bernard Arnault, rachète 1,3 milliard l'ancien siège de la CFAO pour voler au secours de François Pinault, en difficulté. Elle avance aussi 500 millions de francs à Bernard Tapie pour racheter Adidas, prête 1,5 milliard au promoteur immobilier Pelège (dont elle rachète aussi le siège pour 600 millions), 500 millions à l'entrepreneur Alain Mallart, presque autant à Jean-Charles Naouri, ancien directeur de cabinet de Pierre Bérégovoy reconverti dans la grande distribution. La plupart des dossiers ont été ouverts par les présidents précédents, Jean Deflassieux et Jean-Maxime Lévêque. Mais Jean-Yves Haberer les soutient sans regarder.

Le Lyonnais semble avoir des poches sans fonds. Il affiche la même agressivité à l'étranger. Deux Italiens inconnus, Giancarlo Paretti et Florio Fiorini, réussissent à obtenir un soutien inconditionnel du Crédit lyonnais Nederland, la filiale néerlandaise de la banque. Après avoir obtenu des prêts pour mettre un pied dans Rivaud, et racheté Pathé, les deux hommes ont carte blanche pour se lancer à la conquête de Hollywood, et reprendre les studios de la légendaire MGM, la Metro Goldwin Mayer. Dans le même temps, le Lyonnais poursuit à marche forcée son internationalisation. Près de 25 milliards de francs sont dépensés pour compléter son maillage européen.

L'aveuglement de l'État actionnaire, ou l'omerta de l'Inspection des finances

Partout, on ne parle plus que du Crédit lyonnais. À ceux qui s'inquiètent auprès de Pierre Bérégovoy de cet expansionnisme débridé, ce dernier répond : « Le Lyonnais est le seul banquier de la place. » Le ministre des Finances nourrit la plus grande méfiance à l'égard du milieu bancaire depuis le « raid » manqué lancé sous son inspiration par Georges Pébereau sur la Société générale en 1988. Jean-Yves Haberer est le seul à trouver grâce à ses yeux. Entre les deux hommes, un climat de confiance et d'estime s'est instauré. Le socialiste apprécie cet homme entreprenant, qui ose soutenir les entreprises.

L'ancien inspecteur des Finances a forgé un concept pour expliquer sa politique : la « banque-industrie ». Il a son modèle : la Deutsche Bank, pilier du capitalisme rhénan. Mais ce que la banque allemande a mis plus de cinquante ans à construire, le président du Lyonnais entend le faire en moins de cinq ans. La banque est sur tous les dossiers, surenchérit partout, rafle tout. Et au prix fort. L'emballement de la valeur des actifs est notable en cette fin des années 1980, et pas seulement dans l'immobilier.

Tout se fait dans une totale improvisation. Déstabilisé par une succession de présidents – pas moins de six entre 1974 et 1988 –, le Lyonnais ne possède plus d'équipe dirigeante. Les luttes intestines ont fragilisé tout l'édifice. Les grandes directions ne se parlent pas entre elles. Chaque grand directeur s'est constitué un fief. Toutes les procédures de contrôle et d'évaluation des risques ont disparu. Chaque service engage donc la banque sans en parler. Ou seulement au président, qui ne prend pas toujours la mesure des dangers. Ainsi, la banque ignore tout de ce que fait Jean-François Hénin, le patron de la filiale Altus, présenté comme le « Mozart de la finance ». De même, en dépit de nombreux avertissements lancés par les autorités néerlandaises, la Commission bancaire en France, le Trésor, des banquiers amis, Jean-Yves Haberer ne mesure qu'à la fin de 1991 le péril encouru par le Crédit lyonnais Nederland, qui a accordé plus de deux milliards de dollars de crédit à Paretti et Fiorini pour racheter la MGM.

Mais il n'est pas le seul à rester aveugle. Bien qu'actionnaire, l'État n'a aucune vision de ce qui se passe dans la banque. Des premières missions d'enquête sont envoyées pour lancer quelques coups de sonde dans les comptes. Difficile de comprendre la réalité : il n'existe aucune centralisation des risques, aucune consolidation des engagements et même de la trésorerie. Pourtant, dès 1990, la Commission bancaire, chargée de veiller sur la stabilité du système bancaire français, insiste : les provisions faites par la banque sont insuffisantes pour couvrir les risques. Au Trésor, on pense la même chose.

Pourtant, rien ne se passe : l'État actionnaire n'intervient pas. « Pierre Bérégovoy ne voulait rien entendre contre le Crédit lyonnais », expliqueront par la suite plusieurs hauts fonctionnaires responsables du dossier, Jean-Claude Trichet en tête, alors directeur du Trésor. « Il est trop facile d'accuser Pierre Bérégovoy. S'il avait reçu une note écrite ou même si on avait attiré son attention sur les dangers encourus au Crédit lyonnais, je suis sûr qu'il aurait pris des mesures », affirme en 2006 Jean-Pierre Aubert, banquier très proche du Parti socialiste (PS), devenu en octobre 2001 président du Consortium de réalisation (CDR), la structure chargée en avril 1995 de gérer une partie des actifs du Lyonnais après l'éclatement du scandale.

Pourquoi aucune note écrite n'a-t-elle jamais été retrouvée ? Vingt ans après, les protagonistes apportent plusieurs réponses, dont chacune recèle sans doute une part de vérité. D'abord, il y a la volonté de ne pas déplaire au ministre. Ensuite, l'incapacité à imaginer un tel dérapage. Surtout avec un Jean-Yves Haberer à la tête. C'est le troisième élément de poids pour expliquer le silence : contrôleurs comme contrôlés, tous sont issus des mêmes rangs de l'Inspection des finances. Ils se connaissent tous, se tutoient, se rencontrent en ville. Cette élite, nourrie au mythe de l'infaillibilité, ne peut comprendre que l'un de ses membres, surtout un des premiers d'entre eux, puisse commettre de telles erreurs. Le réflexe de corps joue à plein pour justifier l'omerta. Enfin, admettre par écrit qu'il y avait problème, c'était engager la responsabilité de l'État, de ses hauts fonctionnaires et demander d'y apporter remède. Toujours désargenté, l'État n'a pas voulu jouer son rôle d'actionnaire au Lyonnais, lui apporter les fonds propres dont il manquait depuis des années. Alors que se rapproche l'échéance européenne du traité de Maastricht (il sera signé le 7 février 1992), Bercy ne veut surtout pas aggraver le déficit du budget de l'État, déjà bien problématique au regard des normes d'endettement appelées à entrer en vigueur.

Et l'aveuglement continue avec la nouvelle alternance : lorsque Édouard Balladur – nommé Premier ministre après la victoire de la droite aux élections législatives de mars 1993 – décide de remplacer Jean-Yves Haberer à la tête du Crédit lyonnais, ce n'est pas en raison du péril qui menace la banque, mais pour libérer la présidence de l'UAP qu'il a promise à son ami Jacques Friedmann. C'est la raison pour laquelle, en septembre 1993, il nomme Jean Peyrelevade, alors président du groupe d'assurances, à la tête du Lyonnais. Cette fois, tout le corps de l'Inspection des finances s'est mobilisé pour que Jean-Yves Haberer soit bien traité : on lui donne la présidence du Crédit national.

Il manque 7 milliards de francs de provisions, a déjà prévenu la Commission bancaire au moment des résultats du premier semestre 1993. À peine arrivé, Jean Peyrelevade ouvre les livres et comprend que ces estimations sont très loin du compte. En réalité, c'est dès la mi-1991 que tout l'échafaudage du Lyonnais a commencé à s'écrouler, sans que cela soit suffisamment pris en compte dans les bilans de la banque publique. D'abord, il y a eu le krach de l'immobilier, dans lequel la banque s'était largement engagée, soutenant sans limite promoteurs et projets pharaoniques pour des immeubles de bureaux. Puis, avec la première vraie récession économique en France depuis la fin de la guerre, les sinistres se sont enchaînés : International Bankers (dirigée par l'ancien président du Lyonnais,

Jean-Maxime Lévêque), la SDBO, Tapie, la MGM et Giancarlo Paretti. La première addition est énorme : dans ses comptes de l'exercice 1993, le Lyonnais affiche… 25 milliards de francs de pertes et provisions exceptionnelles. C'est l'équivalent de dix années de déficit de la Sécurité sociale !

Commence alors le second scandale du Lyonnais.

Les contribuables paient l'addition

Cette fois, l'État doit soutenir le Lyonnais, s'il veut éviter son écroulement et une crise de confiance générale. Il en va de l'équilibre de tout le système bancaire international. Hauts fonctionnaires comme acteurs privés de la place financière, tous en sont persuadés. Mais le climat de haine et de règlements de comptes dans lequel se déroule le sauvetage va déterminer des décisions qui aboutiront à un sinistre inimaginable. Aux frais du contribuable.

Quand le ministère des Finances mesure l'ampleur des dégâts, c'est l'incrédulité. Beaucoup soupçonnent Jean Peyrelevade d'exagérer. Mais au-delà, il faut expliquer comment le Lyonnais a pu en arriver là, où sont les responsabilités. La nomenklatura se déchaîne alors, mais sans trop mettre en cause Jean-Yves Haberer : il faudra l'annonce, en début 1994, de 6,8 milliards de francs de pertes et d'une quarantaine de milliards de provisions supplémentaires et la réaction d'indignation des médias à la publication de ces chiffres pour que le gouvernement se résolve à démettre celui-ci de ses fonctions au Crédit national en mars 1994 – une grande partie de l'Inspection des finances estimera à l'époque la sanction injustifiée… La cible principale est l'ancien ministre des Finances et Premier ministre Pierre Bérégovoy, qui s'est suicidé le 1er mai 1993, après l'échec socialiste. (Bien qu'à l'origine de la grande libéralisation du système financier français, l'homme n'a jamais été bien admis au ministère des Finances et dans les milieux bancaires : autodidacte, socialiste, il détonnait face aux inspecteurs des finances.)

Les mots utilisés contre lui sont d'autant plus durs qu'il faut faire oublier l'impéritie dont ont fait preuve les hauts fonctionnaires du Trésor, la Commission bancaire, la Banque de France et le ministère des Finances. L'esprit de vengeance souffle, attisé par les autres banquiers, eux aussi inspecteurs des finances. Ceux-là aimeraient bien profiter de la faillite du Lyonnais pour supprimer un concurrent et en récupérer les meilleurs morceaux. Marc Viénot, érigé en commandeur du capitalisme libéral depuis qu'il a fait échouer le raid sur sa banque, la Société générale, est le plus remonté dans cette affaire. Il va même jusqu'à rendre plusieurs fois visite au commissaire européen de la concurrence, Karel Van Miert, afin de l'inciter à bloquer les aides d'État destinées à sauver le Lyonnais [1]...

Un nouveau tour d'écrou est donné au Lyonnais avec le choix de la formule retenue pour sauver la banque. Alors qu'il aurait pu être envisagé de la recapitaliser massivement et de lui donner le temps pour gérer les dossiers les plus difficiles, politiques et banquiers s'entendent au contraire pour faire au plus vite, afin de faire oublier le scandale. Jean Peyrelevade, qui ne veut surtout pas assumer les passifs de son prédécesseur, est le premier à pousser à cette solution. Il souhaite la création d'une structure autonome qui hériterait de tous les mauvais dossiers du Lyonnais et dont la gestion et l'addition finale incomberaient à l'État, la privatisation immédiate du Lyonnais apportant une partie des financements nécessaires pour payer l'ardoise. Mais ni l'Élysée, ni les Finances, ni les autres banquiers ne veulent d'un tel projet : le Lyonnais doit payer. Alors on crée une structure de « défaisance » qui hérite de tous les mauvais actifs, mais aussi des bons, de la banque, cette dernière étant chargée d'en assurer une partie des frais. Par la suite, de nombreux experts, l'Inspection des finances la première, critiqueront la méthode : isoler ainsi les actifs ne pouvait, selon eux, aboutir qu'à un bradage complet.

Le 5 avril 1995, naît le Consortium de réalisation (CDR). Il reçoit un portefeuille d'actifs de 28,3 milliards d'euros. Une vraie liste à la Prévert. On y trouve des milliers de créances : la MGM, un patrimoine immobilier de 900 000 mètres carrés, les sièges sociaux de la CFAO (groupe Pinault) et de Lagardère, quarante-cinq hôtels, vingt-neuf golfs, cinquante-six participations majoritaires dans divers groupes (Mory, AOM, Mallart, Exane, Jacques Fath...), mais aussi six cents participations minoritaires, notamment dans la Générale des eaux, la Lyonnaise des eaux, Canal Plus, TF1, Bouygues, Alcatel-Alsthom, Framatome, Aérospatiale, Total, Usinor-Sacilor... Incompétence ou arrière-pensée ? Le ministre des Finances Edmond Alphandéry (de mars 1993 à mai 1995), qui n'a guère brillé dans la gestion de ce dossier, fixe comme mission au premier président du CDR, Michel Rouger, « de réduire le portefeuille des deux tiers avant fin 1998 ». La seule arme qui restait à la disposition du CDR, le temps, lui est enlevée. La grande braderie est ouverte.

Tout est à vendre à prix cassés. Les bureaux, les hôtels, les immeubles, les participations financières. On se précipite pour ramasser les plus beaux actifs. On négocie ferme, sachant que le CDR n'a pas de possibilité de manœuvrer. On s'y fait des fortunes. De temps en temps, sur certains dossiers, comme la vente de la compagnie aérienne AOM en août 1998, on fait intervenir les

1 La démarche faillit aboutir. En 1998, Karel Van Miert menaça de bloquer le troisième volet des aides d'État et de mettre le Lyonnais en faillite. Ce fut l'affolement dans la banque, les clients fermaient leurs comptes. En moins de trois jours, le Crédit lyonnais perdit plus de 10 milliards de francs d'avoirs. Il fallut l'intervention de l'État pour stopper Bruxelles.

politiques. Actionnaire de grands groupes, le CDR se retrouve, malgré lui, au cœur des grandes manœuvres financières. Mais à chaque fois, il est prié de rester en retrait, afin de ne pas gêner l'ordre de l'*establishment*.

Ainsi, en 1996, le ministère des Finances lui enjoint de rester neutre dans la bataille autour de la Compagnie de navigation mixte (CNM), une holding financière comparable à Suez et Paribas. Cette dernière avait lancé une première offre publique d'achat (OPA) contre la CNM en juin 1989, qui avait lamentablement échoué. Lorsque Paribas en relance une seconde début 1996, Bercy demande au CDR de ne pas intervenir et d'apporter sa participation à l'offre de la banque de la rue d'Antin, même si cela ne fait pas ses affaires. La cession se traduira par une moins-value de 1,3 milliard de francs. De même, malgré le refus réitéré du Trésor, un nouveau ministre des Finances, Jean Arthuis (d'août 1995 à juin 1997), donne l'ordre au CDR de vendre les 24,5 % qu'il détient dans Artémis, la holding de tête de François Pinault, pour 4,1 milliards de francs, alors que cette participation est estimée à 10 milliards... (Artemis abrite notamment le portefeuille de *junk bonds* racheté en 1991 au groupe d'assurances américain Executive Life, portefeuille qui a permis à François Pinault d'encaisser plus de 2 milliards de francs de plus-values entre 1992 et 2000.)

À la fin de 1997, 60 % des actifs détenus dans le portefeuille du CDR sont déjà vendus. « La contrepartie de ces cessions accélérées a été l'enregistrement d'une perte de 7,5 milliards d'euros », notera en février 2006 Jean-Pierre Aubert, le président du CDR, dans son intervention devant la Commission des finances de l'Assemblée nationale. Mais personne ne s'en émeut. L'idéologie dominante d'alors est que la sphère publique ne sait pas gérer et n'a pas défendu ses intérêts. Qu'en revanche, certains *condottieri* profitent de la situation pour consolider leur richesse au détriment de l'État, voilà qui n'est guère moral, mais fort bien joué. Surtout s'ils savent se montrer généreux avec les amis par la suite...

L'affaire Executive Life

Le changement de gouvernement et la nomination du socialiste Dominique Strauss-Kahn à Bercy en juin 1997 mettent un terme au dépeçage entre amis. Mais d'autres dangers menacent. Outré d'être poursuivi pour « fraude » par Raymond Lévy, nouveau président du CDR nommé en novembre 1997 (et ancien administrateur du Lyonnais aux heures glorieuses), l'homme d'affaires François Marland va dénoncer en juin 1998 l'opération Executive Life à la justice américaine. Il connaît bien le montage, et pour cause : en 1991, il était avocat et avait servi d'intermédiaire pour masquer la présence du Lyonnais dans le rachat de la société. La mécanique infernale est enclenchée. Elle s'achèvera en décembre 2005, après de multiples rebondissements, par une transaction qui coûtera 600 millions de dollars au CDR. François Pinault, principal bénéficiaire de toute l'opération, paiera moins de 100 millions, après avoir fait capoter plusieurs fois les accords entre l'État français et la justice américaine, parce qu'il n'y était pas inclus. Ce qui a alourdi chaque fois l'amende pour l'État.

Entre-temps, le Crédit lyonnais a disparu, absorbé par le Crédit agricole en juin 2003. Le 29 août 2005, son nouveau propriétaire enterrait définitivement le nom d'une des plus vieilles banques françaises pour le remplacer par le sigle LCL.

Au 1er janvier 2007, le reste des actifs du CDR qui n'ont pas été vendus doit être transféré à la Caisse des dépôts et consignations. Le dossier du Lyonnais sera alors définitivement clos. Pas moins de sept ministres des Finances et trois présidents du CDR se sont succédé pour gérer le dossier, ce qui a empêché toute continuité dans la défense de l'État et de ses intérêts patrimoniaux. « Du système, personne n'est sorti pauvre », a assuré Claude-Éric Paquin, membre d'Altus. Même Bernard Tapie, censé être ruiné, risque d'en sortir gagnant : le 12 janvier 2006, la cour d'appel de Paris a condamné le CDR à payer 135 millions d'euros à l'ancien président d'Adidas, estimant que ce dernier avait été lésé lors de la vente de cette société. Le CDR a fait appel.

Tous gagnants... Sauf l'État et les contribuables. Selon les estimations, la facture totale de la faillite du Crédit lyonnais représente quelque... 50 milliards d'euros. Plusieurs procès ont eu lieu. Mais personne n'a été condamné, à l'exception de Jean-Yves Haberer et François Gille, directeur général du Lyonnais à l'époque. La justice, en mai 2006, a confirmé leur peine définitive à respectivement deux ans et dix-huit mois de prison avec sursis...

◂ M. O.

Pour en savoir plus

Rapport de la commission d'enquête de l'Assemblée nationale sur le Crédit lyonnais, juillet 1994.

Commission des finances de l'Assemblée nationale, *Intervention du président du CDR*, 1er février 2006.

Fabrizio Calvi et Thierry Pfister, *Le Repas des fauves*, Albin Michel, Paris, 2000.

Éric Leser, *Crazy Lyonnais. Les infortunes d'une banque publique*, Calmann-Lévy, Paris, 1995.

Jean Peyrelevade et Jean-Marie Pontaut, *Seul face à la justice américaine*, Plon, Paris, 2006.

Nazanine Ravaï, *La République des vanités*, Grasset, Paris, 1997.

La République et ses curieux vendeurs d'armes : l'Angolagate

La révolution des Œillets au Portugal, le 25 avril 1974, ne signera pas seulement la fin du régime du sinistre dictateur Antonio de Oliveira Salazar. Elle va également ouvrir la voie à l'indépendance des anciennes colonies portugaises en Afrique : Mozambique, São Tomé, Cap-Vert, Guinée-Bissau et Angola… Ce dernier pays sera le théâtre, au début des années 1990, d'une incroyable affaire de ventes d'armes qui débouchera à la fin de l'année 2000 sur l'un des nombreux scandales ayant émaillé depuis ses débuts le cours de la Ve République : l'Angolagate – néologisme forgé à partir du nom de ce pays et de celui de l'immeuble du Watergate à Washington, où naquit l'affaire éponyme qui coûta sa présidence à Richard Nixon.

L'interminable guerre civile angolaise

Au début des années 1990, le chaos dans lequel vit l'Angola depuis son indépendance en 1975 atteint son paroxysme. Le Mouvement populaire de libération de l'Angola (MPLA), au pouvoir depuis l'indépendance, est parvenu jusqu'alors à tenir tant bien que mal ses adversaires à distance, et singulièrement Jonas Savimbi, chef de l'Union nationale pour la libération totale de l'Angola (UNITA). Depuis septembre 1979, date à laquelle il a succédé au père de l'indépendance Agostino Neto, c'est Eduardo Dos Santos qui préside aux destinées du pays. Savimbi est son ennemi.

Tout au long de la très meurtrière guerre civile qui déchirera le pays pendant plus d'un quart de siècle, les deux leaders ont été puissamment soutenus : les Soviétiques épaulaient Dos Santos, qui fut aussi longtemps soutenu par un corps expéditionnaire cubain ; et Savimbi était largement adossé aux services secrets américains et sud-africains, sous l'œil attentif et solidaire du Service de documentation extérieure et de contre-espionnage (SDECE) [▷ p. 155]. Comme les autres grandes puissances, la France s'intéresse en effet de longue date à ce pays fabuleusement riche (café, coton, diamants, pétrole), et à l'enclave au Nord, épisodiquement tentée par une sécession, le Cabinda, qui recèle des richesses pétrolières extraordinaires [1]. Elf, et donc Paris, suivent alors les événements de très près…

Dans les années 1980 et 1990, les gouvernements socialistes ont mis la pédale douce à l'aide apportée à l'UNITA. Mais, durant les deux cohabitations (1986-1988 et 1993-1995), la droite française – singulièrement Jacques Chaban-Delmas (ancien Premier ministre), Jacques Toubon (ancien ministre de la Culture, puis de la Justice), François Léotard, qui fut ministre de la Défense durant la seconde cohabitation – ne lui ménagea pas son soutien politique et les livraisons reprirent discrètement à destination de Savimbi, volontiers invité en France.

Après une phase d'accalmie, qui culmine avec des élections générales en octobre 1992, Savimbi reprend les combats. Le Mur de Berlin est tombé en 1989, l'apartheid en Afrique du Sud en 1993, et les grandes puissances se montrent d'autant plus réticentes à lui livrer des armes que l'ONU a décrété un embargo sur les ventes d'armes à l'UNITA. Savimbi contrôle des mines de diamants, et échange des armes contre des gemmes avec des chefs d'États africains. L'ONU accusera en 2000 Gnassingbé Eyadéma (Togo), Blaise Compaoré (Burkina Faso), Mobutu Sese Seko (Zaïre) et Pascal Lissouba (Congo-Brazzaville) d'avoir trempé dans la combine.

Lorsque les combats reprennent, Dos Santos se trouve en position de faiblesse. Il lui faut des armes, et personne ne veut lui en livrer. Il va donc activer ses réseaux personnels, et se tourner vers l'un de ses amis français, un militant socialiste qui a toujours soutenu le MPLA, et livré à l'Angola des produits alimentaires ou des médicaments. Authentique militant naguère chargé de l'Afrique australe au secrétariat international du Parti socialiste (PS), Jean-Bernard Curial avait fait ouvrir, dès 1981 et l'élection de François Mitterrand, les bureaux parisiens de ses amis noirs de l'African National Congress (ANC) sud-africain et de la South-West African People's Organization (SWAPO) namibienne. Si Curial ne connaît rien aux armes, il possède ses entrées à l'Élysée ; il y essuiera finalement une fin de non-recevoir de la part du conseiller Afrique, Guy Penne (lequel oubliera ensuite d'évoquer l'épisode dans ses mémoires [2]).

C'est dans une rue parisienne, affirmera plus tard Curial, qu'il rencontre par hasard en avril 1993 le fils du président Mitterrand, Jean-Christophe. Cet ancien journaliste de l'Agence France-Presse a vu son destin basculer quand son père est devenu président : il sera chargé des contacts personnels avec les chefs d'États africains, qui lui donneront vite le cruel surnom de « Papamadit ». Quand Curial le rencontre, Jean-Christophe Mitterrand a récemment

---

1 Sur le rôle peu connu du SDECE dans cette enclave, voir Roger Faligot, *Services secrets en Afrique*, Le Sycomore, Paris, 1982, p. 69-71.

2 Guy Penne, avec Claude Wauthier, *Mémoires d'Afrique (1981-1998)*, Fayard, Paris, 1999.

été débarqué de la cellule « Afrique » de l'Élysée, et il ne sait pas non plus comment on livre des armes à un pays en guerre. Mais il est en relation avec un homme d'affaires proche du ministre de l'Intérieur Charles Pasqua. Ce commerçant milliardaire, Pierre Falcone, est l'un de ces intermédiaires qui gravitent entre les politiques et les industriels de l'armement, et « facilitent » les relations entre vendeurs et acheteurs.

Curial le conduit en Angola. Falcone flaire immédiatement la très bonne affaire, et joue subtilement de sa proximité avec le ministère de l'Intérieur français et surtout de sa société de commercialisation d'équipements de police et d'expertise, la SOFREMI. Sous l'œil intéressé de Charles Pasqua et de son homme lige Jean-Charles Marchiani [▷ p. 355], bénéficiant de l'amical soutien de Raymond Nart, numéro deux de la Direction de la surveillance du territoire (DST) qui partira bientôt à la retraite, Falcone fait entrer dans la danse sa plus sulfureuse relation : l'affairiste israélo-russo-franco-canadien Arkadi Gaydamak. Ils ne mettront guère de temps à faire comprendre à Dos Santos qu'ils sont les hommes de la situation, et à éjecter Curial du circuit angolais. Ils lui prendront tout, allant même jusqu'à lui rafler le marché de boîtes de *corned-beef* qu'il fournissait jusqu'alors à l'Angola !

Commissions et rétrocommissions

Opérant à partir des bureaux parisiens de la société Brenco appartenant à Falcone – ce qui permettra à la justice française de déclencher, en décembre 2000, des poursuites contre eux –, Falcone et Gaydamak vont monter un système d'une complexité extrême pour fournir des armes à Dos Santos. À partir d'une société slovaque qu'ils dirigent, ZTS Ozos, les deux associés vont livrer pour près de 500 millions d'euros d'équipements militaires provenant des arsenaux d'Europe de l'Est : blindés, camions, hélicoptères, bombes et munitions, tout ce qui sera nécessaire à Dos Santos pour reprendre l'offensive contre Savimbi, dont la domination militaire culmine en 1998 et 1999 – avant que la situation se retourne les années suivantes, jusqu'à la mort au combat de Savimbi, le 22 février 2002, qui entraînera bientôt la fin de l'UNITA. Les commissions tombent dru. Cette affaire aurait rapporté plusieurs dizaines de millions de dollars à Falcone, 100 millions à Gaydamak, sans oublier environ 25 millions à l'entourage de Dos Santos.

Les soutiens dont auraient bénéficié les deux affairistes à Paris sont impressionnants. Lorsque les poursuites judiciaires initiées par le juge d'instruction Philippe Courroye seront entamées contre les deux hommes pour « trafic d'influence et commerce illicite d'armes », la liste des bénéficiaires de leurs largesses sera étalée au grand jour : dans leur réseau d'amitiés stipendiées, officiellement pour diverses « prestations » dont la réalité est discutée, le juge découvrira, outre Jean-Christophe Mitterrand, Jean-Charles Marchiani et Charles Pasqua, l'écrivain à succès Paul-Loup Sulitzer, l'ancien conseiller de François Mitterrand, Jacques Attali, ou l'ancien conseiller diplomatique de Pasqua, Bernard Guillet. Ils sont tous mis en examen.

Pierre Falcone n'est pas vraiment bien vu par la justice. Les procédures engagées contre lui pour commerce illicite se doublent d'autres accusations, de fraude fiscale cette fois. Depuis 1996 et le déclenchement des premières enquêtes douanières, le fisc lui réclame plus d'un milliard de francs ! Il passera un an à la prison de la Santé, de décembre 2000 à décembre 2001. Cette première détention préventive sera suivie en octobre 2002 d'une seconde, de quelques jours cette fois, pour avoir violé les conditions de son contrôle judiciaire. Eduardo Dos Santos, qui le considère comme un bienfaiteur et un exceptionnel ami de l'Angola, acceptera en juin 2003 de le nommer ambassadeur de son pays, plus précisément « ministre conseiller au sein de la délégation permanente de l'Angola à l'Unesco, à Paris ». Cet incroyable pied de nez, destiné à lui accorder l'immunité diplomatique qui lui permettrait d'échapper aux poursuites judiciaires en France, aurait été imaginé par les amis chiraquiens de Falcone. La justice ne l'entend pourtant pas de cette oreille, et lorsqu'il quittera la France en juin 2003, ce sera pour être aussitôt visé par un mandat d'arrêt international.

Arkadi Gaydamak se trouve dans la même situation, et passe sa vie en Israël, qui refuse par principe d'extrader ses nationaux. Ce dernier est lui aussi fort bien accueilli en Angola : il y possède désormais le monopole de la commercialisation des diamants. De quoi attendre tranquillement que le procès des ventes d'armes s'ouvre un jour à Paris. Peut-être.

Durant de longs mois, Eduardo Dos Santos a tenté de lier le sort des permis de recherche et d'exploitation accordés dans son pays au groupe Total, au traitement qui serait réservé par la justice à son ami Falcone. Pendant des mois, tous les dirigeants français en contacts professionnels ou politiques avec les Angolais ont entendu le même refrain. Depuis, les choses se sont calmées et Total n'avait pas été exclu, à l'été 2006, des licences vendues par le gouvernement angolais et la société pétrolière d'État, Sonangol. En juillet, les trois dernières parts attribuées à des opérateurs étrangers n'ont pas lésé les Français, et les droits antérieurs de Total ont été conservés. Mais le pétrolier français, à côté de ses traditionnels compétiteurs étrangers, doit depuis quelques temps compter avec une nouvelle petite société de droit angolais, Falcon Oil, dont le milieu pétrolier dit qu'elle appartient en partie à Pierre Falcone. Elle apparaît dans plusieurs des « blocs » attribués en 2006, et notamment dans le Bloc 17 où Total est majoritaire. Intéressant, non ?

◂ J. G.

Pour en savoir plus

Gilles Gaetner, *Le Piège. Les réseaux financiers de Pierre Falcone*, Plon, Paris, 2002.

Karl Laske, *Des coffres si bien garnis. Enquête sur les serviteurs de l'État-voyou*, Denoël, Paris, 2004.

L'affaire Clearstream

Parmi les turpitudes ayant secoué la Ve République, les Français ont connu les homicides et la prévarication, les forfaitures, la concussion, les trahisons, les combines minables et les escroqueries de haut vol, les guerres injustifiées et la torture, les suicides louches et l'imprécation, les petites tricheries, les grosses magouilles et les funestes arrangements. N'en jetons plus, la cour est pleine !

L'affaire qui éclate en 2004 est d'un autre genre, inédit dans notre République. Pour simplifier, on l'a appelée l'affaire Clearstream. Bien qu'elle comporte des ramifications à l'extérieur de la France, elle est typiquement franco-française. Les journalistes et les responsables politiques étrangers, qui ont généralement fort à faire avec leurs indignités nationales, l'ont observée avec une certaine incrédulité, mais aussi avec un grand intérêt. Tant elle semble incarner jusqu'à la caricature tous les travers français, dans leurs particularités les moins reluisantes. Tout y est : l'interpénétration profonde du monde industriel et de la classe politique ; la confiscation du pouvoir d'État à des fins personnelles ; la justice divisée chassant par monts et par vaux les vilenies du pouvoir sans la plus élémentaire prudence ; le prétendu secret de l'instruction qui ne tient que le temps nécessaire à la transmission par télécopie des procès-verbaux d'interrogatoire aux journaux amis ; les pratiques baroques de francs-tireurs des services secrets, etc. On en passe, et des pires… Bref, l'affaire Clearstream peut être perçue comme un résumé de la dérive des institutions françaises, déchaînées dans la perspective de l'élection présidentielle de 2007.

Un bien curieux « corbeau »

C'est donc en 2004 que l'affaire éclate. À l'époque, ce que les journalistes en savent n'est guère explicite. Le 3 mai, le juge d'instruction vedette du pôle financier de Paris, Renaud Van Ruymbeke, reçoit une lettre anonyme. Elle accuse un homme bien connu du monde de l'industrie, l'ancien président de Thomson-CSF Alain Gomez, d'avoir été le bénéficiaire de commissions occultes versées par un intermédiaire taïwanais, Wang Chang Poo, *alias* « Andrew Wang ». Ce dernier a été, une quinzaine d'années plus tôt, la cheville ouvrière de la vente de six frégates françaises de la classe La Fayette à l'île nationaliste [▷ p. 540]. Selon le corbeau, un réseau financier complexe relie Wang à Gomez, mais aussi à l'oligarque russe Mikhaïl Khodorkovski – patron déchu depuis octobre 2003 du géant pétrolier russe Ioukos –, à des narcotrafiquants colombiens, au milliardaire Marc Rich, à des mafieux russes, ouzbeks, à un ancien correspondant des services secrets d'Allemagne de l'Est, etc. On évoque des milliards de dollars de transferts illicites, *via* une caisse de compensation bancaire internationale (une banque de banques) sise au Luxembourg, Clearstream, qui donnera bien malgré elle son nom à l'affaire. Pour étayer ses accusations, le corbeau livre au juge des numéros de comptes chez Clearstream. Bref, c'est une grosse affaire que Renaud Van Ruymbeke semble prendre très au sérieux puisque le 7 mai 2004, il fait interpeller Philippe Delmas, l'un des vice-présidents de la société aéronautique Airbus, le jour même de l'inauguration officielle à Toulouse du gigantesque hall de montage du nouveau gros bébé de l'avionneur, l'A380.

La garde à vue ne débouchera sur rien, sinon sur la mise en cause publique d'un homme en vue, mais le ton est donné : l'affaire paraît énorme. Le corbeau a fort habilement choisi son destinataire : le juge d'instruction est cosaisi depuis des années, avec sa collègue Dominique de Talencé, de l'enquête judiciaire sur l'affaire des frégates de Taïwan. Les noms de l'intermédiaire Andrew Wang et d'Alain Gomez, que les magistrats cherchent tous deux à coincer sans jamais y parvenir, sont cités : Van Ruymbeke n'aura donc pas besoin de demander l'ouverture d'une nouvelle instruction. L'anonyme missive est fort opportune.

Un deuxième courrier anonyme arrive au pôle financier, le 9 juin 2004. Cette fois, il contient un CD-Rom, en fait la liste des comptes ouverts chez Clearstream. Incompréhensible en l'état, mais fort utile pour crédibiliser les accusations du corbeau. Puis une nouvelle lettre titrée « Le bal des crapules » parvient au juge quelques jours plus tard, le 14 juin. Le corbeau – mais est-ce le même ? – y a adjoint un listing nominatif de 895 numéros de comptes, dont une soixantaine sont associés à autant de noms du Tout-Paris. Policiers en activité, agents secrets, industriels, hommes d'affaires, et toujours Alain Gomez et Andrew Wang, bien sûr... Mais surtout, la liste comporte des personnalités politiques. Des socialistes, Dominique Strauss-Kahn et Jean-Pierre Chevènement. Un libéral, Alain Madelin. Et une double cerise sur le gâteau : deux identités, Stéphane Bocsa et Paul de Nagy, qui n'en font qu'une quand on les assemble, celle de Nicolas Sarkozy, alors ministre de l'Économie et des Finances, de son vrai nom – d'origine hongroise – Nicolas, Paul, Stéphane Sárközy de Nagy-Bócsa. Le listing le désigne comme étant le titulaire de deux comptes à la Banca Popolare di Sondrio, une petite ville italienne. Nous sommes maintenant à l'été 2004. Le plus épais mystère plane sur cette affaire, le corbeau demeure totalement inconnu.

La mort de Jean-Luc Lagardère

Mais dans les milieux industriels et politiques, un nom circule dès cette époque avec insistance : celui de Jean-Louis Gergorin, cinquante-huit ans, ancien conseiller d'État, vice-président exécutif d'EADS, la maison mère d'Airbus. Esprit brillant, capable des plus éblouissantes synthèses, disposant d'un carnet d'adresses long comme le bras dans le monde entier, c'est aussi l'homme du renseignement dans ce grand groupe industriel franco-allemand. Recruté par Jean-Luc Lagardère à sa sortie du Centre d'analyse et de prévisions (CAP) du Quai d'Orsay au début des années 1980, il est devenu un « Lagardère's boy », entièrement dévoué à son patron.

Dans les années 1990, il s'est bagarré lors des batailles d'actionnaires qui se sont déroulées autour du capital du groupe Lagardère, puis de la privatisation de Thomson-CSF en 1996. De Paris à Washington, de Berlin à Londres, il fouille et farfouille d'un bout à l'autre de l'année. Il a, depuis des lustres, un ennemi principal : Alain Gomez, qu'il considère comme celui qui a manigancé les sombres manœuvres entourant la vente de soixante avions Mirage 2000 à Taïwan en février 1994. La société Matra de Jean-Luc Lagardère y avait gagné un fabuleux contrat pour la vente de missiles air-air Mica. Et de ténébreuses concurrences – sur le paiement de commissions illicites ? – avaient opposé à cette occasion Matra à Thomson, qui fournissait pour sa part l'électronique de bord des avions.

La mort de son grand homme, foudroyé par une maladie auto-immune rarissime le 14 mars 2003, n'a pas arrangé la vision du monde de Jean-Louis Gergorin. Pourfendeur de complots, parfois – mais pas toujours – imaginaires, il a consacré beaucoup d'énergie à vérifier que les causes du décès de Lagardère étaient naturelles. Et bien qu'il sache que son point de vue n'a pas convaincu les proches du défunt, qu'il s'agisse de sa veuve Betty ou de son fils Arnaud, Gergorin pense qu'il existe bien des raisons de chercher des causes criminelles à cette disparition. Alors, il prospecte, et acquiert des convictions, mais pas de preuves. C'est d'ailleurs son problème : quand il pense qu'il a raison, y compris seul contre tous, il serait capable de renverser des montagnes. Il ne lâchera jamais un interlocuteur avant de penser l'avoir convaincu... Dans ce nouveau défi, Gergorin a joué les chevau-légers, s'est fait de nouveaux ennemis. Il n'y a pas besoin d'être grand clerc pour en trouver quelques-uns dans les listings du corbeau. Alors, pourquoi ne serait-il pas l'oiseau noir ? Mais si l'hypothèse paraît excitante, elle semble également invraisemblable : comment un homme aussi en vue, dans une telle position, pourrait-il se laisser aller à des agissements aussi grossiers ?

Nombreux sont alors ceux qui pensent que d'habiles sorciers des cloaques du pouvoir, connaisseurs de la machinerie industrialo-politique française, sachant par exemple que les deux anciens de l'École nationale d'administration (ENA) Jean-Louis Gergorin et Dominique de Villepin sont amis depuis que le premier a embauché le second au CAP, ont pu fabriquer des lettres anonymes reprenant ses obsessions. Puisqu'il les répète à tout bout de champ à qui veut bien les entendre, il n'y aurait rien de plus facile que de le désigner comme le scripteur dissimulé, et le faire sombrer. Ceux qui pensent ainsi se trompent. Lourdement...

Peu après que *Le Point* du 8 juillet 2004 a fait sa couverture et publié un grand article sur ce dossier dont les principales clés sont alors très loin d'être seulement soupçonnées, son P-DG Franz-Olivier Giesbert reçoit un étrange appel du Premier ministre Dominique de Villepin, qui lui reproche de n'avoir pas cité le nom de Nicolas Sarkozy dans l'article. Belle occasion, pense Villepin, de déconsidérer son concurrent de droite dans la course à l'Élysée. « Sarkozy, c'est fini. Si les journaux font leur travail, il ne survivra pas », lance-t-il à l'auteur d'un futur best-seller sur Jacques Chirac [1]. L'intéressé démentira avoir passé cet appel, mais Giesbert, dans *Le Point* paru le 5 mai 2006, le mettra au défi de contester sa version des faits. Villepin ne s'y risquera pas.

Depuis qu'il se sait désigné dans la deuxième lettre anonyme du corbeau, Sarkozy pense qu'il est le principal objectif de l'obscur volatile. Pire : il soupçonne Villepin d'être à la manœuvre. Dans une conversation avec le président de la République, telle que la rapporte Giesbert, Jacques Chirac demande à Sarkozy de passer l'éponge : « "Tu perds ton temps, c'est une histoire sans importance." Alors Sarkozy : "Ne me parlez pas comme ça. Un jour, je finirai par retrouver le salopard qui a monté cette affaire et il finira sur un crochet de boucher" [2]. »

---

1 Franz-Olivier Giesbert, *La Tragédie du président. Scènes de la vie politique (1986-2006)*, Flammarion, Paris, 2006, p. 354.

2 *Ibid.*, p. 356.

L'allusion à Villepin, accusé de basses manœuvres, porte à son comble la tension. Mais surtout, Sarkozy ne prête pas ingénument ces sombres desseins à Villepin, qu'il accuse également d'avoir colporté dans tout Paris une narration assassine de ses déboires conjugaux. Ce dernier en a le goût : il est de notoriété publique que, depuis son passage au secrétariat général de la présidence de la République, Villepin n'aime rien tant que les secrets d'alcôves. Pourquoi ne prêterait-il pas l'oreille à une accusation fabriquée mettant en cause son concurrent ? Pourquoi même n'y prêterait-il pas la main ? Il en a les moyens : après avoir été ministre des Affaires étrangères à compter du 6 mai 2002, il devient ministre de l'Intérieur à compter du 30 mars 2004, poste qu'il occupe jusqu'à sa nomination à l'hôtel de Matignon, le 31 mai 2005.

C'est à l'été 2004 que Sarkozy acquiert la conviction qu'on lui prépare un coup fourré, lorsqu'il apprend qu'une enquête a été confiée à son insu au patron de la Direction de la surveillance du territoire (DST), Pierre de Bousquet de Florian, afin de déterminer la véracité éventuelle des accusations portées contre lui. Il y voit des pratiques dignes d'un cabinet noir, la DST devenant selon lui l'exécutrice des basses œuvres de Villepin. On peut le comprendre. Début novembre 2004, Sarkozy est en passe de mettre à feu le premier étage de la fusée qui doit, si les électeurs en décident ainsi, le déposer en 2007 à l'Élysée. Or l'enquête de la DST, qui n'ignore rien, depuis déjà des mois, des dessous de l'affaire du corbeau qui n'émergeront au grand jour qu'en mai 2006, a innocenté Sarkozy. Mais le contre-espionnage n'a pas transmis ses conclusions à la justice...

Le temps presse : le 28 novembre 2004, Nicolas Sarkozy sera intronisé à la présidence de l'Union pour un mouvement populaire (UMP). Il ne peut pas être soupçonné de posséder des comptes occultes, et le laisser dire dans Paris par d'autres membres du gouvernement. Pis : il n'accepte pas l'idée – vigoureusement démentie à plusieurs reprises par la DST – d'avoir été placé sur écoutes, sinon par le service lui-même, peut-être par une « officine » travaillant pour lui en sous-main...

L'affaire explose

Nous sommes maintenant fin janvier 2006. Nicolas Sarkozy vient d'apprendre que les questions posées par Renaud Van Ruymbeke à la Banca Popolare di Sondrio ont reçu des réponses négatives... un an et demi avant d'être versées au dossier d'instruction en novembre 2005 ! Maintenant, la preuve est faite : il s'agit bien d'une machination. Le 31 janvier 2006, celui qui est redevenu ministre de l'Intérieur – lors de la constitution du gouvernement dont le chef n'est autre que... Dominique de Villepin – se constitue partie civile.

Une nouvelle enquête est déclenchée, confiée à deux nouveaux magistrats instructeurs, Jean-Marie d'Huy et Henri Pons. Ces deux hommes, accrocheurs et adeptes de la méthode forte, vont alors, en quelques semaines de coups de pied dans la fourmilière, obtenir ce qui avait été impossible jusque-là : démonter pièce à pièce la manipulation. Au gré de leurs découvertes lors de multiples perquisitions dans des lieux considérés auparavant comme inviolables – la Direction générale de la sécurité extérieure (DGSE), le cabinet de la ministre de la Défense Michèle Alliot-Marie, de son directeur de cabinet Philippe Marland, les domiciles de son conseiller pour les affaires de renseignement, le général Philippe Rondot [▷ p. 459] –, les juges vont avancer très vite. Et révéler dans toute son ampleur un scénario qui aurait été jugé totalement invraisemblable s'il était sorti de l'esprit d'un auteur de romans policiers.

La galerie de personnages qui émerge à cette occasion est à dire vrai stupéfiante. Jean-Louis Gergorin va se révéler être effectivement le corbeau, mais dans des conditions très particulières : fin 2003, l'étrange informaticien Imad Lahoud – toujours sous le coup de poursuites pour « escroquerie en bande organisée » dans une affaire financière montée en compagnie de son beau-père François Heilbronner [1] – l'a convaincu que les comptes de Clearstream recèlent effectivement la trace de liens financiers illicites entre les protagonistes cités dans les lettres du corbeau. Présenté ensuite par Gergorin à Rondot, Lahoud a été mis en contact avec la DGSE, à laquelle il a « vendu » qu'il possédait la clé des finances du chef terroriste Oussama Ben Laden, dont il aurait géré la fortune du temps où il était *trader* dans une banque londonienne. Ce que lui dit Lahoud est une suave musique pour les oreilles de Gergorin. Le 9 janvier 2004, il organise une réunion avec Dominique de Villepin, alors ministre des Affaires étrangères. Philippe Rondot est présent. Pour vérifier les dires de Gergorin, le général Rondot entame une enquête qui ne le mène nulle part, dont il rend compte à Michèle Alliot-Marie et à Philippe Marland. Gergorin, très déçu, choisit alors d'autres moyens. Par l'intermédiaire de l'avocat Thibaud de Montbrial, il prend contact dès avril 2004 avec Renaud Van Ruymbeke.

Il ne veut pas être entendu dans la procédure, aussi les deux hommes retiennent-ils la voie des lettres anonymes. Des poursuites pour « dénonciation calomnieuse » seront-elles ensuite décidées par plusieurs des personnes visées ? Gergorin ne risque pas grand-chose : pour être considéré comme un

1 Ancien directeur adjoint du cabinet de Jacques Chirac à Matignon, de 1975 à 1976 et en 1986, puis président du groupe d'assurances GAN à compter de 1987.

calomniateur, il faut avoir su que les allégations présentées à la justice sont fausses. Or Gergorin croit dur comme fer à ses « informations ».

Et le lien avec Clearstream ? Il repose sur les travaux du journaliste Denis Robert, auteur dès 2000 de plusieurs ouvrages sur la caisse de compensation luxembourgeoise (voir bibliographie). Ami de Renaud Van Ruymbeke, il a persuadé ce dernier que loin de n'avoir comme clients que des banques ou des établissements financiers, Clearstream permet clandestinement à des particuliers de détenir des comptes et d'y faire transiter dans le plus grand secret toutes les sommes qu'ils désirent, « blanches » ou « sales », sans le moindre contrôle. Clearstream a beau jurer ses grands dieux que c'est faux, Denis Robert demeure déterminé et persuasif. Dans ses enquêtes, il a bénéficié de l'aide d'un auditeur financier, Florian Bourges, qu'il mettra en contact avec Imad Lahoud. C'est par cet intermédiaire que Lahoud aurait eu accès aux listings de Clearstream, et non pas, comme il l'avait prétendu, en piratant à distance les ordinateurs de la banque...

Les juges d'instruction, qui étaient très loin d'avoir bouclé leur enquête à l'été 2006, ont bénéficié d'un outil d'investigation très inattendu : les notes manuscrites que Philippe Rondot griffonnait méticuleusement durant chacun de ses entretiens, y ajoutant par la suite ses réflexions personnelles. Ces « carnets Rondot » n'auraient bien entendu jamais dû être conservés par le général après son départ en retraite le 31 décembre 2005, mais il n'eut pas le temps, dit-il, de les verser au service historique des armées où ils n'auraient été consultables que soixante ans après leur dépôt. À quoi tiennent les grandes enquêtes judiciaires ?

◂ **J. G.**

Pour en savoir plus

Gilles Gaetner et Jean-Marie Pontaut, *Règlement de comptes pour l'Élysée. La manipulation Clearstream dévoilée*, Oh ! Editions, Paris, 2006.

Franz-Olivier Giesbert, *La Tragédie du président. Scènes de la vie politique (1986-2006)*, Flammarion, Paris, 2006.

Denis Robert et Ernest Backes, *Révélation*, Les Arènes, Paris, 2001.

Denis Robert, *La Boîte noire*, Les Arènes, Paris, 2002.

—, *La Domination du monde*, Julliard, 2006.

—, *Clearstream, l'enquête*, Les Arènes, Paris, 2006.

Airy Routier, *Le Complot des paranos*, Albin Michel, Paris, 2006.

Nicolas Sarkozy, *Témoignage*, XO, Paris, 2006.

Dragueurs, baiseurs, coureurs : les « chauds lapins » de la République

« Je file ! » Bernadette Chirac dit que cette phrase est celle qu'elle a le plus souvent entendue de la part de Jacques, son président de mari. À tout seigneur tout honneur, si l'on évoque la vie privée des hommes politiques français, autant commencer par ce dernier, d'autant que le couple présidentiel, sur ce sujet, ne figure pas parmi les plus hypocrites. Bernadette elle-même, dans le livre *Conversation*, série d'entretiens avec le journaliste Patrick de Carolis, ne fait pas mystère de la vie tapageuse de Jacques, « de son succès formidable » auprès des femmes. « Bel homme, et puis très enjôleur, très gai. Alors les filles, ça galopait. » Comme le rapporte Franz-Olivier Giesbert dans *La Tragédie du président*, Bernadette parvient même à en rire : « En 1998, après qu'eut couru dans le Tout-État la rumeur d'une liaison entre son mari et l'actrice Claudia Cardinale, elle dit aux journalistes et photographes qui l'accompagnent pendant une tournée électorale en Corrèze : "Pourquoi toute cette presse ? Je ne suis pas Claudia Cardinale" [1]. »

On voit qu'en très haut lieu, on se moque bien de la querelle sur cette fameuse « vie privée » des dirigeants, qui agite régulièrement le milieu des journalistes et des hommes politiques. Faut-il l'évoquer ? Les hommes politiques n'ont-ils pas droit à leur intimité, à cette part d'ombre que tous revendiquent ? Bien sûr, les Français sont habitués aux frasques de leurs dirigeants. De Louis XIV à Napoléon, cela les fait plutôt sourire. Encore faudrait-il être sûr que les femmes s'en amusent aussi... Mais certains ayatollahs autoproclamés voudraient transformer ces infidélités en scandales, exigeant des hommes politiques qu'ils soient des parangons de vertu [2]. À leurs yeux, il ne s'agit pas là de morale, mais bien de politique : en résumant grossièrement, si les puissants mentent sur leurs nuits, ils font, à terme, le lit du Front national (FN). Tout serait donc bon à révéler. « Frappons d'abord, nous nous expliquerons après », comme l'écrivait Balzac dans *Les Journalistes, monographie de la presse parisienne*. D'autres, qui ne sont pas plus crédibles, militent pour le silence radio et des investigations qui « s'arrêteraient à la porte de la chambre à coucher », une attitude

---

1 Franz-Olivier Giesbert, *La Tragédie du président*, Flammarion, Paris, 2006. Cette formule est également citée par Raphaëlle Bacqué, *Chirac ou le démon du pouvoir*, Albin Michel, Paris, 2001.

2 Voir par exemple Guy Birenbaum, *Nos délits d'initiés*, Stock, Paris, 2003.

compassée qui ne tient plus guère à l'heure d'Internet et de la communication sans entraves.

« Chirac ? Trois minutes, douche comprise »

Sans rallier aucun de ces extrêmes, il faut planter le décor. Dans la France de l'après-guerre, on ne parle pas plus de sexe dans les journaux que dans les familles. Quand, en 1958, la presse évoque les pratiques pédophiles d'André le Troquer, président de l'Assemblée nationale, « *Le Monde* parle de faits "licencieux" et la presse de "ballets roses", une expression qui noyait la scandaleuse réalité dans un imaginaire doucereux », écrit la journaliste Marie-Monique Robin [1].

Mais à partir du milieu des années 1970, tout change. Les hommes politiques allument la mèche, en « pipolisant » leur vie. Valéry Giscard d'Estaing, François Mitterrand, Jacques Chirac, Alain Juppé ou encore Nicolas Sarkozy, pour n'en citer que quelques-uns, ont largement utilisé les pages des magazines people. Même les enfants sont mis à contribution, comme le jeune Martin, tenant la main de son grand-père Jacques Chirac à Brégançon durant l'été 1996, ou Louis, le fils de Nicolas Sarkozy, souhaitant bonne chance a son papa à la télévision. Si les politiques ne se privent pas d'utiliser la presse, c'est bien sûr pour donner d'eux une image maîtrisée : la femme légitime et les enfants, la famille heureuse et rien de plus. En ce sens, ils prennent les Français pour des idiots et ceux-ci le savent bien. On verra également que de plus en plus de témoins, et parfois d'acteurs, s'affranchissent de cette *omerta*.

Enfin, plonger dans les mœurs de nos grands hommes montre également que plus ils sont illustres, plus ils ont de temps à consacrer aux femmes. Qu'imbus de leur pouvoir, ils sont souvent prêts à tout pour les conquérir et que, le plus souvent, leurs conquêtes coûtent cher aux contribuables. Sans oublier qu'à partir du moment où les affaires de sexe peuvent être utilisées pour démolir politiquement l'adversaire, il est difficile de les ignorer. Bref, pour toutes ces raisons, il semble légitime de s'intéresser aux écarts de certains.

Revenons donc à Jacques Chirac. Dans son ouvrage, Franz-Olivier Giesbert évoque un personnage étrange, Jean-Claude Laumond, surnommé le « chauffeur des plaisirs », et qui fut le complice obligé de toutes les aventures du « chef » de 1972 à 1997. « Tous les soirs vers 20 heures, il l'attendait dans sa CX dans la cour de l'Hôtel de Ville, pour l'emmener Dieu sait

---

1 Marie-Monique ROBIN, *L'École du soupçon. Les dérives de la lutte contre la pédophilie*, La Découverte, Paris, 2006, p. 85.

où. [...] Ils faisaient une drôle de paire. [...] Avec leurs airs de conspirateurs, on voyait bien quand ils partaient pour leur tournée nocturne qu'ils allaient se donner du bon temps [1]. » Malheureusement, durant la nuit de l'accident de voiture mortel de Lady Diana Spencer, le 31 août 1997, le ministre de l'Intérieur Jean-Pierre Chevènement ne parvient pas à joindre le président. Revanche de Bernadette, qui « charge » Jean-Claude Laumond et obtient sa tête. Il se trouve recasé inspecteur des cimetières parisiens. Mais on ne se méfie jamais assez des chauffeurs. Surtout quand ils écrivent.

Sous le titre *Vingt-cinq ans avec lui*, Jean-Claude Laumond dresse un inventaire des conquêtes du grand Jacques : « Chirac a eu, jusqu'à l'écœurement, les militantes du parti, les secrétaires de l'organisation, toutes celles avec lesquelles il passait cinq minutes affairées au sixième étage du 123 rue de Lille, redescendant l'œil vif et les chaussettes tirebouchonnées. [...] Une plaisanterie courait parmi le personnel féminin de la rue de Lille : "Chirac ? Trois minutes, douche comprise !" [...] Il a connu des actrices, italiennes ou autres, des journalistes, dont certaines ont fait d'intéressantes carrières, car l'homme a la reconnaissance du ventre. Bref, des femmes dont il est flatteur d'être dit l'amant, puisqu'elles font l'envie du petit peuple [2]. » Celle qui, pour Jean-Claude Laumond, reste la grande liaison de Jacques Chirac, c'est Marie-France Garaud : « Il a eu la Muse définitive, celle qui vous propulse vers la gloire, celle pour laquelle on se transcende. Une relation à la fois maternelle et amoureuse. »

À plusieurs reprises, le couple Chirac a failli se séparer. « Souvent, très souvent, il est rentré à plus d'heure, chargé de parfums qui n'étaient pas les siens. Quand il ne s'est pas fait la malle en fin de semaine, sous des prétextes variés. Ou quand il n'a pas profité d'un sommet européen pour passer la soirée avec Silvio Berlusconi, en galante compagnie », écrit Franz-Olivier Giesbert. Jean-Claude Laumond, l'homme qui a piloté le président dans toutes ses frasques, évoque les colères de Bernadette quand Jacques allait trop loin. « Mais qui ne se souvient de cette conseillère de Paris, mère de famille nombreuse, fine et racée ? "Vous me prenez pour une conne !", lança devant moi Bernadette à un Jacques Chirac dépassé. [...] Je compris ce jour-là que les choses étaient allées très loin – jusqu'aux marches du divorce. »

Tout cela peut devenir beaucoup moins drôle. Car la capacité de vengeance de l'entourage d'un président est proportionnelle au succès rencontré par celui qui exerce la magistrature suprême. Jean-Claude Laumond évoque ainsi les mesures de rétorsion employées par Bernadette Chirac : « Elle n'est intervenue, à ma connaissance, que trois fois dans les

---

1 Franz-Olivier Giesbert, *La Tragédie du président*, *op. cit.*

2 Jean-Claude Laumond, *Vingt-cinq ans avec lui*, Ramsay, Paris, 2001.

aventures extraconjugales de son héros. Deux fois au moins, elle a tué. » C'est le cas d'une ministre follement éprise de Jacques Chirac. « Cette "jeune louve" au profil délicat [...] eut pour le Grand une passion aveugle, menaçante. On se chargea de prévenir le mari, de lui fournir des pièces à conviction, d'étayer le dossier de sa procédure de divorce afin qu'il obtienne une séparation "aux torts", et la garde de ses enfants. » Mais cela peut être pire si le conquérant lui-même, sûr de son assaut, essuie une défaite et ne le pardonne pas. « Le chef avait jeté son dévolu sur une secrétaire qui trouva intelligent de rester fidèle à son mari, raconte Laumond. Elle fut harcelée, traitée de "dingue", selon le mot maison, et acculée à la démission. »

On pourra toujours objecter que ces procédés peu élégants ne sont pas l'apanage des seuls hommes politiques. Ce qui signe alors leur vrai pouvoir, ce qui les met définitivement au-dessus du lot, c'est d'avoir des enfants hors mariage et de faire assurer au contribuable les frais de leur éducation. Dans le cas de Jacques Chirac, Franz-Olivier Giesbert évoque la fameuse enquête qui aurait été lancée par la Direction générale de la sécurité extérieure (DGSE) sur un compte bancaire détenu au Japon par le président. « Les services secrets en ont tiré toutes sortes de conclusions. » L'une d'elles est que Jacques Chirac aurait un enfant naturel japonais. « Une fille. Une jeune fille pour être précis : elle aurait dans les vingt ans. Sa mère serait proche de la famille royale. De la même façon, on prête au chef de l'État un fils marocain de quelques années. Sa mère serait proche, elle aussi de la famille royale ; mais on ne prête qu'aux riches... » Certains vont plus loin : le fameux compte bancaire japonais du président qui serait doté de 46 millions d'euros et dont *Le Canard enchaîné* a argumenté l'existence, fermement démentie par l'Élysée, aurait pour but d'assurer l'avenir de cette descendance morganatique...

Mitterrand, l'homme qui aimait les femmes

Dans ce domaine, François Mitterrand a toutefois été au-dessus de tous. Durant de longues années, les Français ont participé, à travers leurs impôts, à l'éducation et à la protection de sa fille Mazarine Pingeot [1]. Protection au sens large qui va des gendarmes du Groupement d'intervention de la gendarmerie nationale (GIGN) et du Groupement de sécurité de la présidence de la république (GSPR) aux barbouzeries destinées, par exemple, à empêcher la publication du livre du pamphlétaire Jean-Edern Hallier,

1 En janvier 2006, à l'occasion du dixième anniversaire de la mort de son père, elle annoncera qu'elle portera désormais son patronyme en se faisant appeler Pingeot-Mitterrand.

qui, dès le début des années 1980, menaçait de révéler l'existence de la fille cachée du président. Sans oublier l'affaire des écoutes de l'Élysée qui, au départ, avaient pour but de vérifier ce que disaient ceux qui savaient.

Il y a aussi les voyages aux frais de la République, quand Mazarine, par exemple, en 1994, demande à partir avec Michel Charasse pour rencontrer Fidel Castro, son idole. Comme le raconte la journaliste Ariane Chemin, « le sénateur s'envole donc pour La Havane en compagnie de Mazarine, deux amis de celle-ci, et d'un administrateur du Sénat. Dans l'île, un dîner est organisé avec Castro chez l'ambassadeur de France, Jean Raphaël Dufour. [...] Charasse se penche à l'oreille de Fidel : la jeune invitée n'est pas une touriste ordinaire, murmure-t-il. L'accueil est chaleureux. Des liens se nouent. Quand, en mars 1995, le chef de la révolution cubaine est reçu pour la première fois officiellement à Paris par François Mitterrand, c'est au tour de Mazarine de venir lui rendre visite à l'hôtel Marigny, la résidence réservée aux hôtes de marque étrangers [1] ».

Au jour le jour, la vie de Mazarine et son avenir étaient également facilités par les coups de piston de son père. C'est le cas quand il a fallu contourner la carte scolaire pour faire inscrire Mazarine au prestigieux lycée parisien Henri-IV, raconte Ariane Chemin : « Un jour de 1985, la secrétaire du proviseur Raoul Durand a reçu un coup de téléphone inattendu : "C'est pour une entrée en sixième. On vous attend à l'Élysée lundi matin". » On le pria d'accepter le dossier – excellent – de Mazarine et, tant qu'on y était, de son amie Virginie.

Sa double vie n'empêchait pas François Mitterrand de collectionner les aventures. C'est l'autre sujet d'étonnement : nos présidents ont énormément de temps à consacrer à leurs conquêtes féminines. Ceux qui étaient persuadés que leur position suprême leur interdisait la gaudriole se trompent lourdement : un emploi du temps de ministre n'est visiblement pas comparable à celui d'un président. Partagé entre son épouse Danielle et Anne Pingeot, la mère de Mazarine, François Mitterrand conservait néanmoins du temps pour de nombreuses escapades.

Confident privilégié, son chauffeur, encore une fois. Dans *Conduite à gauche*, Pierre Tourlier balise d'abord la vie sexuelle parisienne du président : « Rue de Courcelles, boulevard Saint-Germain, avenue d'Auteuil, île Saint-Louis, rue de Clignancourt, rue Pierre-Ier-de-Serbie, rue de La Boétie, du Ranelagh, boulevard du Montparnasse, rue de Passy, rue Lecourbe et tant d'autres encore [2]. » Mais on monte aussi de province ou des environs de

---

1 Ariane CHEMIN (avec Géraldine CATALANO), *Une famille au secret. Le président, Anne et Mazarine*, Stock, Paris, 2005, p. 179-180.

2 Pierre TOURLIER (avec la collaboration de Laurent DELMAS), *Conduite à gauche*, Denoël, Paris, 2000.

Paris pour recevoir les faveurs du chef de l'État, poursuit Tourlier : « Je pense à toutes celles qui venaient le voir ou qu'il fallait aller chercher pour les amener discrètement par la rue de l'Élysée, puis les raccompagner ensuite et toujours dans le plus grand secret, à Gentilly, Saint-Cloud, Paray-Vieille-Poste, Maisons-Alfort ou Pontoise, Mantes-la-Jolie ou Meaux. Ces trajets s'effectuaient la plupart du temps à des heures pour le moins tardives. »

Le chauffeur de François Mitterrand livre, bien sûr, quelques anecdotes, dont celle-ci qui prouve que ce grand républicain ne dédaignait pas la compagnie des reines et ne craignait pas, non plus, l'incident diplomatique : « J'ai en mémoire cette reine d'un pays plus ou moins lointain qui donna rendez-vous au président. Les festivités officielles sont terminées, les invités royaux regagnent l'hôtel de Marigny, résidence officielle des autorités étrangères en visite en France, qui se trouve dans la rue jouxtant l'Élysée. Après s'être changé, la nuit est déjà avancée, il me dit : "Nous allons à l'hôtel de Marigny." Nous faisons le tour du pâté de maisons et Mitterrand rend une visite nocturne à cette reine dont l'époux royal s'est absenté. "Ne vous méprenez pas, ce fut purement culturel et cérébral", me dit-il en sortant. Pourtant, peu de temps après, cette visite nocturne fut rapportée aux oreilles de ce roi jaloux qui faillit bannir sa reine. »

Parmi les confidents obligés, il y a aussi ceux qui sont chargés de la sécurité du premier personnage de France. C'est le cas de Daniel Gamba, gendarme du GIGN qui veilla dix ans sur le président socialiste et révèle que, jusqu'à ses derniers instants, il ne cessera de voir des femmes : « Au bout du compte, François Mitterrand a passé un temps considérable avec les femmes ou à s'en occuper. Il en a vu jusqu'au bout, jusqu'en 1995, jusqu'aux dernières semaines de son second septennat, [...] alors qu'il était très amoindri par le cancer et qu'il faisait peine à voir. Un matin des derniers jours de pouvoir, je suis entré dans sa chambre de l'Élysée vers 10 heures du matin. Il était encore en pyjama [...], allongé sur son lit. On a discuté un instant jusqu'à ce que quelqu'un frappe à la porte et entre sans invitation. C'était une jeune personne charmante que j'avais déjà vue plusieurs fois, présente parmi nous à titre professionnel. C'était une interprète bien connue de l'Élysée depuis qu'elle avait attiré l'attention du président. [...] L'incorrigible vieillard aimait décidément les femmes. Leur présence, leur aura. Même aux portes de la mort [1]. »

Il faut dire que les Mitterrand forment un couple très libre. Danielle Mitterrand vivra ainsi une idylle passionnée avec un moniteur d'éducation physique d'origine corse devenu l'ami de la famille. « Les Mitterrand ne se cachent pas, écrit Pierre Tourlier. Si on croise le professeur d'éducation

---

1 Daniel GAMBA (avec la collaboration de Pierre DESCHODT), *Interlocuteur privilégié. J'ai protégé Mitterrand*, J.-C. Lattès, Paris, 2003, p. 122-123.

physique si souvent rue Guynemer, c'est tout simplement qu'il vit là la plupart du temps, aux côtés du couple, des enfants et de Renée Gouze, la mère de Danielle, qui s'installe avec sa fille après la mort de son mari. [...] Jean-Christophe Mitterrand évoque lui-même cet "ami" de sa mère, ce "larron" bien plus sportif que son père et disponible, lui, pour les congés scolaires, "de Noël à Pâques". [...] L'hiver, à bord de sa Dauphine Gordini, le moniteur de ski emmène Danielle et les enfants skier à Courchevel, Cervinia ou Saas Fee, en Suisse. [...] À Latché, le très prévenant Jean sait se faire apprécier de tous, y compris de François. Il change les ampoules de la maison, remplit les bouteilles de whisky lorsqu'elles sont vides, lave la voiture et va chercher le député à la gare. Le soir, il emmène Danielle danser, pendant que François s'échappe ou reste lire sous la pergola [1]. »

L'enfant caché de Valéry Giscard d'Estaing

C'est Daniel Carton, journaliste politique pendant vingt ans, qui, excédé par la bien-pensance des médias français, publie en 2003 ce petit « scoop » dans son livre *Bien entendu... c'est off*. Il évoque les dernières élections européennes et l'insistance avec laquelle l'ancien président Valéry Giscard d'Estaing demande qu'une de ses relations, dont il aurait un enfant, figure sur la liste Sarkozy : « Une Mazarine pouvait-elle cacher un Mazarin ? [...] De la logique politique, Giscard, au cours de cette élection, n'en a pas plus à faire que de son premier accordéon, écrit Daniel Carton. Giscard a une exigence en tête, personnelle, très personnelle : trouver une place 100 % garantie à l'une de ses très proches collaboratrices, Christine de Veyrac. Qu'on se rassure : le secret est bien gardé dans les rédactions et il n'est pas près d'en sortir [2]. » Interrogé par plusieurs médias sur cette révélation, Daniel Carton renchérit : « Disons-le brutalement : Giscard d'Estaing a fait honorer ses pensions alimentaires par la Communauté européenne [en obtenant l'élection de Mme de Veyrac à l'Assemblée européenne pour la législature 1999-2004] [3]. » Si *Le Nouvel Observateur* reprend l'information le 15 janvier 2003, le chef du service politique, Robert Schneider, l'assortit de cette remarque personnelle : « Au risque de choquer, j'approuve le silence sur l'enfant de Giscard, comme j'ai désapprouvé les révélations sur Mazarine. »

On est loin des images d'Épinal de Valéry Giscard d'Estaing jouant de l'accordéon chez les petites gens ou recevant les éboueurs parisiens à

1 Pierre Tourlier, *Conduite à gauche*, *op. cit.*.
2 Daniel Carton, *Bien entendu... c'est off*, Albin Michel, Paris, 2003.
3 Site Internet « Le Courrier », 15 février 2003, propos recueillis par Manuel Grandjean.

l'Élysée. Car l'« ex » a eu, lui aussi, une vie tumultueuse. Avec une prédilection pour les actrices, comme le révèle en 1998 un article de *Marianne* : « Un de ses collaborateurs se chargeait des présentations. Les rendez-vous se donnaient parfois dans une auberge de campagne au nom prédestiné : Le Petit Coq hardi [1]. »

On prêtera ainsi à Valéry Giscard d'Estaing des liaisons avec Sylvia Krystel, l'héroïne d'*Emmanuelle*, et avec Marlène Jobert. Celle avec la photographe de l'agence Gamma Marie-Laure de Decker intéressa une puissance étrangère, comme le rappellent Sophie Coignard et Alexandre Wickham dans *L'Omerta française* : « À l'occasion d'un voyage au Tchad, des poèmes de Giscard circulèrent, ainsi que, dit-on, des enregistrements, réalisés à son insu, de certaines de ses conversations. Le dictateur libyen Kadhafi eut vent de l'affaire ; [...] il fut dès lors l'objet de l'attention des services secrets français. » Les auteurs rappellent une autre mésaventure de l'ex, qui démontre bien que nos dirigeants peuvent se livrer à toutes les folies : « Une nuit de l'automne 1974, il a un accrochage place de l'Étoile. La situation est délicate. La voiture ne lui appartient pas ; c'est une Ferrari empruntée à l'issue d'une soirée chez le réalisateur Roger Vadim. Sa passagère est une personnalité du Tout-Paris mondain. »

S'il n'est guère facile d'évoquer la vie privée des hommes politiques dans les médias, c'est que l'autocensure des journalistes est grandement encouragée par une loi très restrictive. Celle-ci date du 17 juillet 1970 et institue l'article 9 du code civil, stipulant que « chacun a droit au respect de sa vie privée ». Elle trouve son origine dans une affaire qui avait pour but de déstabiliser le Premier ministre (de 1962 à 1968) Georges Pompidou à travers sa femme, Claude : l'« affaire Markovic », du nom de ce petit truand et garde du corps d'Alain Delon, retrouvé assassiné le 1er octobre 1968 dans une décharge à Élancourt, dans les Yvelines [▷ p. 400]. À cette occasion, Jacques Chirac démontre que tout savoir des mœurs de ses adversaires peut servir. Dans sa biographie, Thierry Desjardins raconte que, alors secrétaire d'État à l'Économie et aux Finances, il apprend par la radio, dans sa voiture officielle, que les juges vont entendre le couple Pompidou [2]. Il fait stopper la voiture, se précipite « fou de rage » dans un bistrot, décroche le téléphone et appelle le secrétaire d'État chargé de l'Information. Il lui explique qu'il doit faire cesser cette campagne calomnieuse sur les ondes nationales, « allant jusqu'à dire à son collègue, célèbre jeune célibataire, [...] que si ça ne s'arrête pas tout de suite, il va y avoir des pédés qui vont le regretter ».

---

1 *Marianne*, 2 février 1998 (cité par Sophie Coignard et Alexandre Wickham, *L'Omerta française*, Albin Michel, Paris, 1999).

2 Thierry Desjardins, *Un inconnu nommé Chirac*, La Table Ronde, Paris, 1983.

Mais les Français ont plus récemment entendu parler d'une autre affaire visant, cette fois, à briser un couple. Il s'agit bien sûr de Nicolas Sarkozy et de son épouse Cécilia. Le ministre de l'Intérieur, qui n'hésitait pas à mettre sa famille devant les projecteurs, sera servi. En 2004, il est l'objet de deux machinations. La première, c'est l'affaire Clearstream, qui vise à faire croire qu'il possède des comptes bancaires à l'étranger, et qui rebondira spectaculairement en 2006. La seconde tient en un dossier monté par une officine qui arrive sur le bureau de Cécilia : on y parle des escapades de Nicolas en Corse et à Nice, en galante compagnie. Cécilia décide de rompre et de rejoindre le publicitaire Richard Attias. Bien joué, car affronter la présidentielle en célibataire n'est pas encore arrivé à un candidat. Mais Cécilia est revenue au printemps 2006. « Les rumeurs sur sa privée, il ne les pardonnera jamais », écrit Catherine Pégard dans *Le Point*[1]. Pour Nicolas Sarkozy, l'initiateur de ces basses manœuvres ne peut être que son ennemi juré, le Premier ministre, Dominique de Villepin, avec l'aval de Jacques Chirac.

La « putain de la République »

Si une femme a coûté cher à la République, c'est bien la maîtresse de Roland Dumas, Christine Deviers-Joncour. Celui qui fut ministre des Affaires étrangères de la gauche (de 1984 à 1986 et de 1988 à 1993) est un séducteur qui a grandi dans l'ombre de François Mitterrand [▷ p. 365]. Tous deux partageaient le même amour des femmes : « Nous nous taquinions à certains moments à ce sujet, mais il n'avait rien à m'envier dans ce domaine », dira Roland Dumas, qui n'hésite pas à entretenir des liaisons avec des femmes un peu troubles. Ce fut le cas avec Nahed Ojjeh, veuve d'Akkram Ojjeh, l'un des plus importants marchands de canons de la planète, et fille du général Moustapha Tlass, ancien ministre de la Défense et patron des services secrets syriens[2]. Une confusion des genres qui n'est rien à côté de sa liaison avec Christine Deviers-Joncour, sa maîtresse entre 1989 et 1993, qui sera le détonateur de l'affaire Elf [▷ p. 540]. Employée par l'entreprise publique, celle qui se surnommera elle-même la « putain de la République[3] » en reçoit la somme astronomique de 64,5 millions de francs ! Sa mission, selon elle, était d'infléchir la position de son amant sur la vente par Thomson de six frégates françaises à Taïwan, vente qui sera réalisée en 1991.

---

1 *Le Point*, 15 juin 2006.

2 Sophie Coignard et Alexandre Wickham, *L'Omerta française*, *op. cit.*

3 Christine Deviers-Joncour, *La Putain de la République*, Calmann-Lévy, Paris, 1998.

Un premier versement de 14 millions de francs permet à Christine Deviers-Joncour d'acheter un superbe appartement de 320 mètres carrés rue de Lille, où Roland Dumas lui rend visite quotidiennement. Mais le 4 novembre 1997, sur la foi d'une lettre anonyme, les juges Eva Joly et Laurence Vichnievsky [▷ p. 549], qui enquêtent depuis plusieurs années sur l'argent noir d'Elf, s'intéressent à cette acquisition. Elles ouvrent une information judiciaire contre Christine Deviers-Joncour pour « abus de biens sociaux et complicité de recel ». Trois jours plus tard, elle est mise en examen et incarcérée à la prison de Fleury-Mérogis, où elle va purger cinq mois de détention provisoire. Le 29 avril 1998, c'est au tour de Roland Dumas d'être mis en examen pour « recel et complicité d'abus de biens sociaux ». Placé sous contrôle judiciaire, la justice le soupçonne d'être à l'origine de l'embauche de Christine Deviers-Joncour par Elf et d'avoir profité des largesses de la compagnie à travers la carte bancaire qu'elle possédait.

Pendant cinq années, les Français vont suivre l'incroyable déballage de l'affaire Elf, puis ses deux procès. Il y a là, entre autres, l'homme des basses œuvres d'Elf, Alfred Sirven, un temps enfui aux Philippines puis finalement arrêté, Loïc Le Floch-Prigent, P-DG d'Elf à l'époque des faits et, bien sûr, Christine et Roland. On se jette à la figure les bottines à 11 000 francs offertes au ministre des Affaires étrangères ou encore les 240 000 francs payés pour des statuettes grecques. En première instance, les magistrats sont sévères : « Roland Dumas a pour Christine Deviers-Joncour des sentiments profonds, il s'occupe d'elle, connaît ses revenus, profite de l'argent, des dîners, des réceptions en toute connaissance de cause. [...] Seuls les liens qu'il a entretenus avec Christine Deviers-Joncour alors qu'il était ministre d'État expliquent que celle-ci ait bénéficié non seulement d'embauches mais de cet avantage [l'appartement de la rue de Lille] tout aussi indu. [...] Roland Dumas n'a pas ignoré que les fonds ayant permis à Christine Deviers-Joncour de financer un train de vie coûteux provenaient également de son passage chez Elf. » Le 30 mai 2001, Roland Dumas écope de six mois de prison ferme. Mais, en appel, tout change. L'accusation devient beaucoup moins sévère et, en janvier 2003, l'ancien ministre, à la surprise générale, est relaxé. Christine Deviers-Joncour, elle, encaisse une très lourde peine : dix-huit mois de prison ferme et 150 000 euros d'amende.

En marge de cette affaire, il y en a une autre. Roland Dumas, à l'époque de sa mise en cause, est président du Conseil constitutionnel. Il faudra de longs mois pour qu'il s'en mette en congé avant de le quitter définitivement le 1er mars 2000. Mais un an plus tôt, le 22 janvier 1999, le Conseil avait pris une décision qui assurait l'impunité du président de la République durant l'exercice de ses fonctions. Roland Dumas a fait condamner *Le Monde*, le 7 octobre 2003, pour diffamation : un article lui imputait d'avoir fait prendre cette décision en échange de la « neutralité présidentielle dans les affaires judiciaires ».

Scandale à la Mamounia

Il s'agit encore d'un ministre des Affaires étrangères. Un grand enfant un peu maladroit comparé à l'illustre Roland Dumas. Nommé à la tête du Quai d'Orsay le 2 juin 2005, Philippe Douste-Blazy, vieux routier de la politique (à droite), ne multiplie-t-il pas les maladresses ? « Mister Bluff », comme le surnomme en 2006 un article du *Monde* [1], confond Taïwan et la Thaïlande, décore un célèbre écrivain du titre de « chevalier des chiffres et des lettres » (au lieu des « arts et lettres »...) ou s'étonne, au musée Yad Vashem de la Shoah à Jérusalem, qu'aucun Juif britannique n'ait été déporté pendant la Seconde Guerre mondiale... Ses ennemis le moquent comme « Mickey d'Orsay », ou « Con d'Orsay », ce qui n'est guère flatteur. Mais quelles que soient ses bévues, un ministre des Affaires étrangères se doit de bien se comporter à l'étranger et d'y donner une certaine image de la France.

Or, ce soir-là, le 31 décembre 2005, c'est un vaudeville qui se joue à la Mamounia, célèbre palace de Marrakech. Philippe Douste-Blazy se retrouve en petite tenue dans les couloirs du troisième étage. La raison ? Une violente dispute avec sa compagne, la productrice de télévision Dominique Cantien, qui l'insulte copieusement. Le ministre devra se réfugier dans la chambre de l'un de ses gardes du corps avant de prendre, à l'aube, le premier avion pour Paris. Quand *Le Canard enchaîné* révèle l'affaire, le 22 mars 2006, c'est la consternation à l'Élysée. D'autant que la chambre aurait été ravagée, la querelle du couple ministériel occasionnant, selon le rédacteur en chef de l'hebdomadaire satirique, Claude Angeli, 30 000 euros de dégâts. « Mais il faudrait défoncer la salle de bains au marteau-piqueur pour atteindre cette somme ! », s'étrangle l'ex-ambassadeur à Rabat, Philippe Faure. Philippe Douste-Blazy reconnaîtra une « violente dispute comme il y en a dans tous les couples », mais démentira le moindre dégât.

Le summum de l'impunité, mais aussi de la décontraction, de nos élus, un article du *Nouvel Observateur* le résume parfaitement. Nous sommes à l'été 2003 et la journaliste Sophie des Deserts, sous le titre « Ceux qui osent tout », consacre un long sujet à l'échangisme, dans lequel elle multiplie les interviews de femmes et d'hommes dans les clubs spécialisés. Mais c'est un encadré signé Hubert Prolongeau, titré « Le ministre doit venir », qui apporte une information de taille, non datée : « Ce soir, il y a un plus, le

1 Raphaëlle Bacqué, « Philippe Douste-Blazy, "Mister Bluff" au Quai d'Orsay », *Le Monde*, 28 avril 2006.

apporte une information de taille, non datée : « Ce soir, il y a un plus, le ministre doit venir. Un vrai ministre. "C'est un des plus assidus", dit un participant qui l'a rencontré dans une autre soirée. Personne n'a voulu le croire. [...] "Tu te rends compte, un ministre, le risque ?" [...] Quand soudain, il arrive. C'est bien lui. Un léger frémissement parcourt les couples. Deux jeunes femmes l'accompagnent, jeunes, grandes et minces. [...] "Il fait plus gros qu'à la télé." Sans s'attarder aux mondanités, il s'engouffre dans la pièce du fond, traînant derrière lui ses deux compagnes, dont l'une commence à le lutiner chaudement dans le couloir. [...] Les dames se précipitent. [...] Le malheureux, un temps débordé, maîtrise la situation : une femme sur le sexe, une autre sur le visage, il s'active. "Tu crois vraiment qu'il peut devenir président [1] ?" » En tout cas, en 2006, il était candidat à la candidature...

F. M.

Pour en savoir plus

Bernadette Chirac (entretiens avec Patrick de Carolis), *Conversation*, Plon, Paris, 2001.

Sophie Coignard et Alexandre Wickham, *L'Omerta française*, Albin Michel, Paris, 1999.

Christophe Deloire et Christophe Dubois, *Sexus politicus*, Albin Michel, Paris, 2006.

Christine Deviers-Joncour, *La Putain de la République*, Calmann-Lévy, Paris, 1998.

Roger Faligot et Rémi Kauffer, *Porno Business*, Fayard, Paris, 1987.

Franz-Olivier Giesbert, *La Tragédie du président*, Flammarion, Paris, 2006.

1 *Le Nouvel Observateur*, n° 2020, 24 juillet 2003.

VII

Politique et réseaux occultes

L'Élysée, tête de réseaux

Cet homme nomme chaque année 6 000 hauts fonctionnaires, seize par jour, un toutes les demi-heures ouvrables. Il tient à signer personnellement chacun de leurs décrets d'affectation. Le président de la République n'a-t-il vraiment rien d'autre à faire de ses journées ? Le P-DG d'une entreprise délègue ce genre de tâche subalterne à sa direction des ressources humaines (DRH). Pas le monarque de l'Élysée, ce serait rogner ses prérogatives. Consacrer les grands serviteurs de l'État ne lui suffit pas. En 1985, sous François Mitterrand, un décret élargit la liste des prébendes : son bon plaisir va jusqu'à nommer le responsable de l'Agence nationale des chèques vacances, du Centre national de télé-enseignement, du Port autonome de Bordeaux, de Météo France, de la direction des voies navigables… La Constitution de 1958 proclame que « le président de la République nomme aux emplois civils et militaires de l'État », mais précise qu'une loi organique « détermine les conditions dans lesquelles son pouvoir de nomination peut être par lui délégué pour être exercé en son nom ». S'il le veut bien.

Extension du domaine réservé

Le 13 juin 1995, le président de la République nouvellement élu décide souverainement de reprendre une campagne d'essais nucléaires en Polynésie française [▷ p. 213]. Il l'annonce dans sa première conférence de presse présidentielle, tout juste un mois après son élection. Il n'en avait pas parlé durant sa campagne, n'a pas non plus prévenu les pays voisins du Pacifique. Une fois installé à l'Élysée, Jacques Chirac jouit enfin du droit absolu de n'en faire qu'à sa tête – quitte à déclencher un tollé international – en pleine préparation des cérémonies du cinquantième anniversaire de la bombe d'Hiroshima… Le 14 juillet 2002, à peine réélu, il décide que son quinquennat sera consacré à une triple lutte contre le cancer, la délinquance routière et la dépendance des handicapés. Un fort généreux programme, mais pourquoi ne pas en avoir touché deux mots aux électeurs durant sa campagne présidentielle ?

Ces faits du prince se résument en une expression : « domaine réservé ». Elle ne figure pas dans la Constitution, mais fut prononcée la première fois en novembre 1959 par Jacques Chaban-Delmas, lors d'un congrès de l'Union pour la nouvelle République (UNR), théorisant et improvisant une dyarchie au pouvoir, entre domaine présidentiel et domaine ministériel. On songe alors essentiellement aux affaires étrangères et militaires [▷ p. 299]. Les gaullistes au pouvoir n'ont toutefois rien inventé. Jules Grévy, président de la IIIe République entre 1879 et 1887, martelait déjà : « Je ne permets à personne de diriger deux choses, la guerre et les affaires extérieures. Les ministres sont mes commis. S'ils ne marchent pas à ma fantaisie, je les change. » Un siècle plus tard, le 16 janvier 1991, le Parlement est convoqué d'urgence en vue de ratifier l'entrée en guerre de la France contre l'Irak. Les députés doivent se contenter de la lecture d'un message de la présidence de la République, préalablement rendu public sous forme de communiqué. La guerre a déjà été engagée sans eux.

Le domaine réservé n'a depuis cessé de s'étendre, comme le député socialiste Arnaud Montebourg en a fait l'expérience sous la troisième cohabitation, au moment de voter les crédits budgétaires en vue de la construction, quai Branly à Paris, d'un musée des Arts premiers cher au président de la République. Le projet initial, simple réaménagement dans les locaux existants du Musée de l'homme, coûtant moitié moins cher, le député de Saône-et-Loire propose un amendement dit de « restriction budgétaire » d'équivalente proportion. L'initiative ne dépassera pas le stade de l'adoption au sein du groupe socialiste, un passage obligé. En pleine cohabitation, son collègue François Loncle, ancien ministre de François Mitterrand, lui rétorque : « Les grands travaux appartiennent au domaine réservé du président de la République. » Georges Pompidou a eu le centre Beaubourg, dédié à l'art contemporain, Valéry Giscard d'Estaing le musée d'Orsay, consacré au XIXe siècle, François Mitterrand sa Très Grande Bibliothèque, Jacques Chirac aura le musée Branly. « Comme s'il existait un droit de tirage illimité sur les finances publiques pour les caprices du président de la République », raille Montebourg.

Pour son propre fonctionnement, l'Élysée dispose d'un budget de 30 millions d'euros. C'est à tout le moins ce qui est affiché officiellement dans le document remis chaque année au Parlement. Pour parvenir au véritable budget, il convient d'ajouter les dépenses prises en charge par différents ministères, notamment les salaires de fonctionnaires mis à disposition de la présidence de la République : leur effectif a doublé en l'espace de trente ans, pour culminer à 963 en 2006, dont les quatre cinquièmes sont à la charge du gouvernement. Il faudra toute l'opiniâtreté du député socialiste de l'Aisne, René Dosière, pour obtenir enfin, en octobre 2005, une estimation : ces « dépenses cachées » s'élèvent à plus de 50 millions d'euros annuels, ce qui porte le budget de fonctionnement total de la présidence de la République à 80 millions d'euros annuels. Sous la présidence de Jacques Chirac, le seul budget officiel de l'Élysée a pratiquement été multiplié par huit (750 % d'augmentation) en dix ans. Le général de Gaulle, qui avait toujours son propre carnet de chèques en poche pour régler ses dépenses personnelles, est bien mort. Le traitement annuel du chef de l'État (79 133 euros) est trois fois moindre que celui du Premier ministre (242 472 euros), moitié moins qu'un simple secrétaire d'État (153 540 euros). Mais il dispose d'un doux complément : six millions d'euros de fonds secrets, à sa discrétion.

Printemps 1981. Une camionnette quitte précipitamment le palais de l'Élysée, remplie de billets de banque. Le pouvoir giscardien finissant n'entend pas laisser un quelconque reliquat de fonds secrets aux nouveaux arrivants. Bien des années plus tard, André Rousselet, ancien chef de cabinet élyséen de François Mitterrand, chargé du financement de ses campagnes, en sourit encore. Il avait quand même découvert dans un coffre de l'Élysée un reste de billets de 500 francs, « ce qui prouve que le ménage avait été mal fait ». Dans une émission confession sur France 5 (diffusée le 25 mai 2006), l'ancien grand argentier mitterrandien du palais présidentiel confesse – à retardement, Rousselet ironisant sur le fait qu'en « tout état de cause, il y a prescription » – que « le liquide, c'est mieux », mais non sans risques, compte tenu des « intermédiaires ayant de la colle aux doigts ».

Mai 2002. Lionel Jospin, vaincu au premier tour de l'élection présidentielle, annonce le reversement à la paierie générale du Trésor du montant non dépensé des fonds secrets lors de son passage à Matignon : 3 millions d'euros. Un an plus tôt, le scrupuleux Premier ministre avait annoncé à l'avance qu'il procéderait ainsi. À cet instant, le reliquat annoncé était encore de 16 millions, mais un funeste incendie dans les locaux de Matignon, le 31 août 2001, aurait rongé un tiers de la cagnotte…

L'Élysée, agence de placement

Si tout remonte à l'Élysée, tout en redescend également. La présidence de la République est la meilleure des agences de placement. Le moindre passage au sein d'un cabinet ministériel ouvre de larges perspectives professionnelles, mais rien n'égale l'Élysée comme accélérateur de carrière. Pour la bonne cause, le monarque favorise parfois l'émergence des femmes en politique. Élisabeth Guigou, conseillère de François Mitterrand entre 1982 et 1990, a enchaîné directement de hautes fonctions ministérielles : ministre déléguée aux Affaires européennes (1990-1993), garde des Sceaux (1997-2000) et ministre des Affaires sociales (2000-2002). La mise sur orbite de Ségolène Royal, simple chargée de mission aux affaires scolaires à l'Élysée (de 1982 à 1988), a été moins fulgurante, avec des portefeuilles réputés moins nobles ou moins régaliens : Environnement, Affaires scolaires et Famille.

Jacques Chirac ne s'est pas non plus privé de promouvoir d'anciens membres de son cabinet : Catherine Colonna possédait une longue expérience professionnelle au Quai d'Orsay, mais aurait-elle été propulsée ministre déléguée aux Affaires européennes si elle n'avait été, au préalable (de 1995 à 2004), porte-parole de la présidence de la République ? Valérie Pécresse, ancienne conseillère élyséenne en charge de la prospective et des nouvelles technologies (de 1998 à 2002), est également promise à un brillant avenir : ayant loupé le coche du gouvernement Villepin, elle ronge son frein en tant que porte-parole de l'UMP, en attendant mieux. Surdiplômée (ENA, HEC), elle est également la petite-fille d'un médecin corrézien ayant autrefois soigné la fille de Jacques Chirac. Nathalie Kosciusko-Morizet, en charge des discours de Jacques Chirac durant la campagne présidentielle de 2002, a hérité d'un fauteuil de député de l'Essonne. À trente-trois ans, elle hésite encore entre carrière politique et industrielle, lorgnant en vain sur la direction d'Areva : Anne Lauvergeon, ancienne secrétaire générale adjointe de l'Élysée sous François Mitterrand (1990-1995), a été maintenue en juin 2006 par Jacques Chirac à la tête du champion français du nucléaire.

L'obtention d'un poste de P-DG est en effet l'autre grande porte de sortie après un plus ou moins bref passage élyséen. Pour le meilleur ou pour le pire. Gérard Colé, conseiller en communication de François Mitterrand, avait été parachuté président de La Française des jeux (de 1989 à 1993), pour services rendus à l'image présidentielle. Poursuivi pour ses flamboyants frais de fonctionnement, il ne sera finalement condamné, en 2001, qu'*a minima* (huit mois de prison avec sursis) pour entrave au travail des commissaires aux comptes – symptôme de toute-puissance. Mais le pire n'est pas toujours sûr, comme dans le cas de Jean-Cyril Spinetta. Ancien conseiller ministériel du socialiste Michel Delebarre aux Transports, il est nommé à ce titre P-DG d'Air Inter en 1993, puis en est débarqué sitôt la droite revenue au pouvoir. Spinetta se replie en politique comme chargé de mission du président de la République (1994-1995). Après cette « pige » élyséenne, lui sera dévolue en 1997 la présidence d'Air France (fusionné avec Air Inter et UTA). Spinetta, dont les diverses nominations sont une caricature de parachutage, sera l'architecte de la privatisation d'Air France en 1999 et en fera l'une des premières compagnies aériennes au monde, indiscutable *success story* industrielle et financière.

Les grandes entreprises énergétiques, toujours publiques mais peu à peu cotées en Bourse, sont aujourd'hui l'ultime refuge pour conseillers élyséens rêvant de se lancer dans le grand bain des affaires. Gilles Ménage, directeur du cabinet de François Mitterrand de 1982 à 1992, avait été gratifié du poste de P-DG d'EDF au terme de dix ans de bons et loyaux services à l'Élysée. Jean-François Cirelli, conseiller industriel de Jacques Chirac de 1997 à 2002, se verra offrir la présidence de GDF après un bref passage auprès de Jean-Pierre Raffarin à Matignon. Ailleurs, le parachutage d'anciens conseillers du monarque n'est plus sans risque. Jean-Pierre Denis, directeur adjoint du cabinet de Jacques Chirac à la mairie de Paris (1992-1995) puis secrétaire général adjoint de la présidence de la République (1995-1997), peut en témoigner : il a été propulsé à l'état-major de Vivendi auprès de Jean-Marie Messier, avec l'espoir d'en prendre un jour la direction effective, mais la greffe n'a pas pris. Jean-Pierre Denis a dû revenir dans les rangs de l'Inspection des finances, rédiger un rapport sur le sport professionnel, avant d'être nommé finalement à la tête de la banque des PME. On a connu plus brillant destin.

Enfin, Jérôme Monod illustre un singulier cas de retour au bercail, après avoir présidé pendant vingt ans la Lyonnaise des eaux. Monod, ancien conseiller de Michel Debré à Matignon (1959-1962), avait longtemps dirigé la Direction à l'aménagement du territoire et à l'action régionale (DATAR), chère aux élus locaux. Sa proximité avec Jacques Chirac passe également par la Corrèze, Jérôme Monod ayant épousé la petite-fille d'Henri Queuille, douze fois ministre sous la IVe République et inamovible député-maire de Neuvic-d'Ussel... En 1976, Chirac propulse cet obscur haut fonctionnaire au poste de secrétaire général du RPR nouvellement créé.

Organisateur hors pair, Monod met en place toute la machinerie du parti, alors entièrement dédiée à son fondateur. Puis tire sa révérence, se recycle au sein de la Lyonnaise des eaux, où sa connaissance des élus locaux fait merveille [▷ p. 519]. Il en sera P-DG de 1981 à 2000. À soixante-dix ans et à l'approche de la présidentielle de 2002, Jérôme Monod accepte de redonner un ultime coup de main à Jacques Chirac. Sa prestation de conseiller élyséen devait être de courte durée, elle se prolonge avec la création de l'UMP, dont Monod est censé être en sous-main le grand ordonnateur. Mais les temps ont changé, Jacques Chirac n'est plus aussi souverain, Nicolas Sarkozy monte en puissance. Jérôme Monod quittera finalement l'Élysée en 2005, sa mission à moitié accomplie : l'UMP a bien été portée sur les fonds baptismaux, mais ce n'est pas le « parti du président » qu'il avait espéré.

Roger-Patrice Pelat, le « pauvre » conseiller de François Mitterrand

Entre deux tentatives de placement de ses proches, le président de la République est tout de même chargé de conduire la politique de la France. Jacques Chirac, Premier ministre de Valéry Giscard d'Estaing de 1974 à 1976, sait de quoi il retourne. En plein conseil des ministres, il tente un jour d'exprimer son modeste point de vue sur un projet de taxation des plus-values boursières. Giscard lui cloue le bec : « Monsieur le Premier ministre, nous parlons de problèmes techniques avec Monsieur le ministre des Finances, peut-être pourriez-vous nous laisser terminer cet échange de vues ! » Lors d'un autre conseil, Jacques Chirac interrompt un dialogue entre le président de la République et le ministre de la Défense : « Écoutez, je suis très intéressé de savoir, au détour de cette conversation, que vous avez décidé de mettre en chantier un nouveau sous-marin atomique ! Cela m'intéresse, mais j'avoue que j'aurais préféré l'apprendre autrement qu'autour de cette table. » Le président humiliera une dernière fois son Premier ministre en août 1976 : Chirac vient de donner sa démission, Giscard le prie de la retarder de quelques jours et de bien vouloir présider en son absence un ultime conseil des ministres, le temps qu'il achève son safari en Afrique [1].

Que tout remonte au président de la République, pourquoi pas ? Giscard, ministre des Finances pendant douze années, pouvait prétendre à une certaine compétence économique. Mais Mitterrand et Chirac ? Les principaux arbitrages économiques et budgétaires remontant jusqu'à eux, la sentence du monarque relève alors davantage du marchandage et du copinage entre gens de cour. Dans ces conditions, s'interposent parfois de bien curieux personnages…

Roger-Patrice Pelat a connu François Mitterrand dans les camps de prisonniers en Allemagne. Une indéfectible amitié de guerre se noue entre l'ancien militant communiste et le catholique provincial. À la Libération, Pelat se lance dans les affaires en tandem avec Robert Mitterrand, frère de François. En 1953, ils créent la société Vibrachoc, spécialisée dans les amortisseurs. Deux ans plus tard, Mitterrand frère prend ses distances, Pelat met en place une étrange usine à gaz : une société Arfina, ouverte en son nom à Vaduz, capitale de la minuscule principauté du Lichtenstein, prélève une redevance correspondant à 8 % du chiffre d'affaires de Vibrachoc au nom des brevets qu'elle détient. Le montage suscite la curiosité des services fiscaux français, mais Vibrachoc dispose d'un précieux avocat, François Mitterrand, qui percevra de la société entre 17 000 et 72 000 francs

1 Frédéric Abadie et Jean-Pierre Corcelette, *Valéry Giscard d'Estaing*, Balland, Paris, 1997.

d'honoraires annuels tout au long des années 1970. Une fois élu président de la République, Me Mitterrand suspend toute activité de conseil juridique auprès de Roger-Patrice Pelat. Son fils Gilbert prend le relais, avec des honoraires annuels compris entre 28 000 et 85 000 francs. Mitterrand fils n'est pas avocat. Dans son ouvrage *Mitterrand et les quarante voleurs* (Albin Michel, 1994), l'écrivain-journaliste Jean Montaldo reproduit ce dialogue sans jamais avoir été contredit. Gilbert Mitterrand demande au directeur financier de Vibrachoc : « Quel travail dois-je effectuer pour justifier ces versements ? » Il s'entend répondre : « Suivez l'exemple de votre père, surtout ne faites rien. »

Après le 10 mai 1981, Roger-Patrice Pelat prend l'habitude de garer ses voitures de luxe dans la cour de l'Élysée, où il dispose d'un bureau. Il y gagne le surnom de « vice-président ». La direction d'une entreprise privée étant incompatible avec la fonction de conseiller d'un chef d'État socialiste, il faut trouver un repreneur. Pourquoi pas une entreprise d'armement, puisque Vibrachoc, entre autres pièces de caoutchouc, fabrique des amortisseurs susceptibles d'être utilisés sur des sous-marins nucléaires ? En principe, on ne refuse rien à l'Élysée. Mais le chevénementiste Alain Gomez, tout juste promu P-DG de Thomson-CSF, décline fermement. La Compagnie générale d'électricité (CGE, rebaptisée Alcatel-Alsthom), récemment nationalisée, est désignée candidate volontaire. Ses services commencent par refuser poliment, dans une note interne du 18 février 1982 : « Il n'est pas dans notre intérêt de donner suite à cette proposition. » Suivie d'une autre datée du 8 mars : « L'affaire Vibrachoc n'a aucun intérêt au-delà de 65 millions. » Le 30 avril, le dossier Vibrachoc remonte un peu plus vers le sommet de la CGE, qui ne peut que pinailler sur le prix : « La valeur admissible de Vibrachoc serait finalement de 90 millions de francs, compte tenu du fait que les propriétaires actuels avaient initialement évalué l'affaire à 170 millions. »

On transigera à 110, non sans cette dernière lettre d'un dirigeant de la CGE adressée à Pierre Bérégovoy, alors secrétaire général de l'Élysée : « La CGE, ayant été nationalisée, n'a pas encore obtenu de son actionnaire désormais unique, l'État, les fonds propres dont elle a besoin [...]. Je vous laisse juge de l'opportunité d'informer de ceci Monsieur le président de la République, si vous l'estimez utile. » Suit un post-scriptum plein de sous-entendus : « L'affaire Vibrachoc est sur le point d'être réglée, mais l'achat de cette société est lui aussi conditionné par l'accroissement des fonds propres. » L'État actionnaire versera finalement 45 millions de francs à la CGE, soit la différence entre le prix estimé initialement (65) et le prix finalement versé (110) à Roger-Patrice Pelat.

Désormais libre de tout lien capitalistique, Pelat se sent également libre de ses interventions. En 1983, la société de bâtiment Campenon-Bernard

(CBC) envisage de construire un hôtel de prestige à Pyongyang grâce à l'intervention de François de Grossouvre, éminence grise du président, ami du dictateur nord-coréen Kim Il-sung. 879 chambres, 123 suites réparties sur quarante-six étages, réplique du palais de Chaillot à Paris. Petit, mais charmant ! Le gouvernement nord-coréen exige simplement que la Coface (société française d'assurance-crédit, alors publique) accepte de couvrir le montant du contrat de 550 millions de francs. Pelat se fait fort d'obtenir son feu vert. Le dossier arrive sur le bureau de Pierre Bérégovoy, devenu entre-temps ministre de l'Économie. Une fois de plus, ce dernier ne peut que s'incliner devant le fait du prince et doit se contenter d'ajouter cette petite mention manuscrite : « Toujours plus ! »

Pelat sera récompensé pour son intervention par des travaux pharaoniques dans sa résidence solognote, d'un montant de 25 millions de francs, effectués gracieusement par CBC. Une villégiature équipée d'un héliport ou François Mitterrand aimera se poser. Au sein de la cour de l'Élysée, personne n'ose regimber ; en dehors du microcosme présidentiel, personne n'est au courant. Ce n'est qu'en février 1989, avec la mise en cause de Roger-Patrice Pelat pour délit d'initié dans l'affaire Pechiney que le président est acculé à s'expliquer publiquement sur son encombrant ami. Au cours de l'émission *7 sur 7*, François Mitterrand le présente comme un homme de rien : « Il était pauvre, très pauvre, et puis il s'est enrichi, non pas comme homme d'affaires, mais comme industriel. » Puis le président allume un contre-feu et s'emporte contre « cet argent baladeur qui, comme les oiseaux de proie, s'empare de tout sans avoir pris part à l'effort quotidien » et s'affiche comme le « défenseur des Français modestes contre les spéculateurs de toutes sortes ». Inculpé, Pelat décède un mois plus tard d'une crise cardiaque. Le tribunal correctionnel lui sera de ce fait épargné.

Le président intouchable

À l'Élysée, François de Grossouvre est estomaqué par tant de tartufferie. Lui aussi est un vieux compagnon de route, conseiller de l'ombre de François Mitterrand. Au moins dispose-t-il d'un titre officiel, responsable des chasses présidentielles, justifiant sa présence à l'Élysée en charge des petits et grands secrets de la Mitterrandie, notamment de Mazarine dont il est le parrain. De son bureau, le même qu'occupait naguère Victor Chapot, conseiller de Valéry Giscard d'Estaing en charge du financement de ses campagnes électorales, il a consacré les dernières années de sa vie à déverser sa rancœur aux journalistes de passage. À Edwy Plenel, du *Monde*, il dit de François Mitterrand : « L'argent et la mort, il n'y a plus que cela qui l'intéresse. » À Jean Montaldo : « Le président n'est plus vraiment inquiet, maintenant il s'en fout complètement. Il n'a peur de rien ni de personne. »

Le 7 avril 1994, François de Grossouvre se tire une balle dans la tête, en plein palais de l'Élysée. La garde rapprochée du président de la République tente de le faire passer pour sénile ou dément. Peut-être. Le 10 mai suivant, jour anniversaire, François Mitterrand est une fois de plus obligé de se justifier à la télévision sur cet autre compagnon de l'ombre : « Je vous répète que François de Grossouvre a quitté mon cabinet à sa demande, en 1985. Nous sommes restés bons amis. Il a continué à avoir son bureau à l'Élysée où il a malheureusement jugé bon de disparaître, et le reste est secondaire. » C'est la fin de règne. Jacques Chirac retiendra beaucoup de François Mitterrand, notamment l'aplomb. Il est sur ce point son digne successeur.

Le 15 avril 1999, Patrick Desmures, juge d'instruction de Nanterre en charge de l'affaire des emplois fictifs du Rassemblement pour la République (RPR) payés par la Mairie de Paris [▷ p. 488], tourne sept fois sa plume dans l'encrier puis se lance courageusement dans la rédaction de son ordonnance : « Attendu que le nombre de personnes concernées au regard de l'effectif déclaré du RPR, les fonctions que certaines d'entre elles exerçaient dans l'entourage immédiat du secrétaire général et du président de ce parti, ainsi que les documents saisis dont certains semblent signés ou annotés de la main de M. Chirac, font peser à l'encontre de ce dernier, en l'état du dossier, des indices au sens de l'article 105 du Code de procédure pénale d'avoir participé aux faits de prise illégale d'intérêt et de recel d'abus de biens sociaux. »

Par ces motifs, n'importe quel citoyen ordinaire serait mis en examen illico, puisqu'il existe à son encontre des indices « graves et concordants » (article 105) d'avoir commis ou participé à un délit – c'est la définition même de l'inculpation. Pas le président de la République. Dieu merci pour lui, le Conseil constitutionnel, sentant venir le danger, avait pris les devants trois mois plus tôt en donnant une nouvelle définition particulièrement extensive de l'immunité présidentielle. Article 68 de la Constitution de la Vᵉ République : « Le président n'est responsable de ses actes accomplis dans l'exercice de ses fonctions qu'en cas de haute trahison. Il est jugé par la Haute Cour de justice. » Les constitutionnalistes de l'époque envisagent seulement l'intelligence avec l'ennemi en temps de guerre, syndrome Pétain oblige. Ils sont bien loin d'imaginer la possibilité qu'un président soit soupçonné d'un délit de droit commun ou, pire encore, qu'un présumé délinquant soit élu à la magistrature suprême.

Le 22 janvier 1999, le Conseil constitutionnel, alors présidé par Roland Dumas, proclamait soudainement, sans que personne ne lui ait rien demandé, que la responsabilité pénale du chef de l'État « ne peut être mise en cause que devant la Haute Cour de justice », y compris pour un vol de poule commis avant son entrée en fonction. Une interprétation de pure opportunité politique. Mais le pire est à venir. La Cour de cassation, toujours aussi assise dès que la raison d'État s'en mêle [▷ p. 633], valide le raisonnement dans un arrêt du 10 novembre 2001 : le président de la République est intouchable durant toute la durée de son mandat, quel que soit le motif. Cette décision prise à huis clos est tellement énorme que le premier président de la Cour de cassation, Guy Canivet, estime nécessaire de s'en justifier publiquement le lendemain sur Europe 1 : « C'est la moins mauvaise décision possible pour concilier deux principes contradictoires : l'application de la loi pénale et la situation particulière du président de la République. » Car, à la différence du Conseil constitutionnel simplement soucieux de protéger le locataire de l'Élysée, la Cour de cassation ne fait que reporter l'examen de son cas, en instituant un nouveau délai de prescription à l'issue de son mandat : s'il veut éviter le tribunal correctionnel, le président de la République est condamné à la réélection perpétuelle.

Mars 2001, le juge d'instruction Éric Halphen, en charge de l'affaire des HLM de Paris, prend également son courage à deux mains. Il sait que l'immunité du président de la République a été bétonnée, mais tente néanmoins de le convoquer comme simple témoin. Six ans plus tôt, le 7 juillet 1995, il avait perquisitionné le siège national du RPR. Il y était manifestement attendu : à peine faites les présentations d'usage, on lui indiquait la direction à suivre, « quatrième étage », où ne subsistaient que quelques dossiers préalablement « allégés », selon l'expression du juge Halphen [1]. À force de tourner autour du pot et de Jacques Chirac, il décide finalement d'aller droit au but. Faute de pouvoir poursuivre le président en exercice, le juge Halphen se contenterait bien de l'entendre en tant que témoin – de moralité ? –, puisque le Conseil constitutionnel n'a même pas songé à le lui interdire. Crime de lèse-majesté ! Un communiqué de l'Élysée, rédigé fébrilement par Dominique de Villepin, proclame aussitôt que Jacques Chirac refuse la convocation du juge, au nom des « règles constitutionnelles de séparation des pouvoirs ». L'Élysée fait plus que jamais figure de bunker. Le député Arnaud Montebourg tente bien de sauver l'honneur en proposant le renvoi de Jacques Chirac en Haute Cour. Pour initier le processus, il a besoin de la cosignature de quarante-sept parlementaires ; il n'en obtiendra que trente-quatre. Le législatif – quelle que soit sa coloration politique – a décidément pris l'habitude de se coucher devant l'exécutif !

---

1 Éric Halphen, *Sept ans de solitude*, Denoël, Paris, 2002.

L'affaire qui fait « pschitt »

Avril 2000, un an plus tôt, Jacques Chirac saisit son téléphone. Une fois de plus, le président de la République appelle son agent de voyages favori, Maurice Foulatière, en qui il a toute confiance. Depuis de nombreuses années, ce dernier lui réserve des billets d'avion à destination du monde entier : New York, Salzbourg, Île Maurice, Kenya... Foulatière commande les billets sous un faux nom, question de discrétion ; Chirac le règle en liquide pour la même raison. Son entourage expliquera plus tard que cet argent noir a été puisé dans un antique reliquat de fonds secrets hérités de ses deux passages à Matignon. Ce jour-là, toutefois, il ne s'agit plus de transport aérien, mais bien de transport de justice : Jacques Chirac veut savoir comment s'est passée la récente audition de Maurice Foulatière devant la police. Les enquêteurs ont en main une liste de billets payés en liquide au nom de la famille Chirac, dont un voyage en Concorde. Le total dépasse trois millions de francs. Le voyagiste raconte qu'il a dû tout donner aux policiers, les destinations comme le mode de paiement. Le président de la République prend acte, lui suggère simplement de contacter son conseiller juridique, Jean-Claude Antonetti, magistrat détaché à l'Élysée. Dans n'importe quel État de droit, une enquête aurait été ouverte derechef pour tentative de subornation de témoin. Pas en France.

14 juillet 2001, *garden-party* de l'Élysée, interview annuelle du président de la République à l'occasion de la Fête nationale. Il est toujours question de ces satanés billets d'avions, dont la presse commence à faire grand cas. Après d'intenses cogitations avec ses conseillers, Jacques Chirac lance publiquement le mot censé dégonfler l'affaire : à l'entendre, elle va faire « pschitt ». Emporté par son élan, il assène que « la justice doit être la même pour tous dans un pays comme la France ». Après François Mitterrand, seul Jacques Chirac pouvait oser prononcer une telle énormité à la télévision.

Mais l'animal politique a raison, l'affaire des billets d'avion payés en liquide a véritablement fait « pschitt ». Elle a tout simplement disparu : le juge d'instruction chargé de l'affaire, Jean-Pierre Zanotto, sur le point d'être promu à la Chancellerie, transmet le bébé à ses collègues en charge de l'affaire des lycées d'Île-de-France, dans laquelle auraient transité d'autres paiements en liquide. Surchargés de travail, les juges Armand Riberolles et Marc Brisset-Foucault oublieront de mentionner le volet billets d'avion au moment de boucler leur enquête sur les lycées. Il est relégué aux oubliettes du Palais de justice. Plus personne ne s'en étonne, sauf de temps en temps la perfide presse anglo-saxonne. Le *New York Times* persifle en ce mois de juillet 2001 : « Une dictature du tiers monde ? Une république bananière ? Une famille royale du Golfe ? Vous n'y êtes pas, c'est la France de la Ve République. »

La parole devant toujours revenir en dernier à l'accusé, donnons-la à Jacques Chirac. « Le pays demande des comptes et ce n'est que justice. Que faire maintenant ? Rien d'autre que laisser passer la justice afin que les citoyens ne ressentent plus l'injustice. La justice, aujourd'hui, suppose que la Haute Cour aille jusqu'au bout de sa mission. Ce qui doit changer, c'est aussi et surtout un état d'esprit, une pratique de la politique. Faire passer des solidarités de parti avant la justice, accepter le pouvoir mais non les devoirs et les contraintes morales de ce pouvoir, voilà ce que les Français ne supportent plus. » C'était dans une tribune publiée le 25 novembre 1992 dans *Le Monde*, à l'approche de la comparution de Laurent Fabius devant la Haute Cour dans l'affaire du sang contaminé [▷ p. 662].

◀ **R. L.**

Pour en savoir plus

Frédéric Abadie et Jean-Pierre Corcelette, *Valéry Giscard d'Estaing*, Balland, Paris, 1997.

Pierre Favier et Michel Martin-Roland, *La Décennie Mitterrand* (4 tomes), Seuil, Paris, 1999.

Jean Montaldo, *Mitterrand et les quarante voleurs*, Albin Michel, Paris, 1994.

Arnaud Montebourg, *La Machine à trahir*, Denoël, Paris, 2002.

Laurent Valdiguié, *Notre honorable président*, Albin Michel, Paris, 2000.

Le « lobby de la Résistance »

« Cette rage d'édifier une République nouvelle impliquait de la part des résistants la volonté de s'approprier le monopole de sa direction. » Néopétainiste militant, l'abbé Jean Desgranges dénonçait, en 1948, les « crimes masqués du résistantialisme [1] ». D'autres s'employaient à dépeindre la Résistance comme un club d'arrivistes détenant toutes les manettes du pouvoir. À leurs yeux, entre 1940 et 1944, les combattants de l'ombre n'auraient agi que dans le but de s'assurer des

1 Jean Desgranges, *Les Crimes masqués du résistantialisme*, Éditions de l'Élan, Paris, 1948.

situations confortables à la Libération... La réalité historique dément ces assertions dont la malveillance – un euphémisme – n'échappe à personne.

Car s'il y eut bien des tentatives diverses pour constituer ce que l'on appellerait aujourd'hui un « lobby de la Résistance », il faut bien constater que ce dernier ne s'est jamais concrétisé sous cette forme. Ce qui n'empêcha ni la Résistance ni la France libre de peser d'un poids important sous la IVe, puis sous la Ve République.

Les échecs de la Résistance...

À l'été 1944, le général de Gaulle fait de la restauration de l'État sa première priorité. De leur côté, nombre des militants du Mouvement de libération nationale (MLN, héritier des Mouvements unis de la Résistance créés en 1943 sous l'égide de Jean Moulin), qui revendique un demi-million d'adhérents, contrôle quatre des grands quotidiens nationaux et peut compter sur un trésor de guerre de 5 milliards de francs de l'époque, sont séduits par l'idée d'un grand « parti de la Résistance » à tendance socialiste, l'Union travailliste de la Résistance. Projet que le Parti communiste français (PCF), colonne vertébrale de l'autre formation de masse issue de la Résistance, le Front national, voit lui aussi d'un bon œil. En raison de ses fortes capacités de noyautage, le PCF espère se doter par ce biais d'une organisation satellite de masse analogue à celles qui prolifèrent déjà dans les zones d'occupation soviétique d'Europe de l'Est.

En incitant ses fidèles à entrer dans les partis politiques traditionnels afin de les régénérer, de Gaulle joue la carte inverse. En janvier 1945, la majorité modérée du MLN fait échouer la fusion proposée par le Front national, préalable à la mise sur pied du fameux « parti de la Résistance ». Du même coup, c'est tout le projet qui s'effiloche. Hétéroclite, manquant de cadres et dénué d'un programme politique précis, quelques idées sociales généreuses mises à part, le MLN, loin de constituer la force politique d'avenir qu'il croyait être, mettra quelques mois à se désintégrer. Rallié par les minoritaires procommunistes du MLN, le Front national va, lui, péricliter sous sa nouvelle appellation de Mouvement unifié de la Résistance française. Loin, en bref, des cauchemars de l'abbé Desgranges : un front uni des résistances qui s'annexerait tous les pouvoirs. Et, en premier lieu, le pouvoir économique.

Le programme du Conseil national de la Résistance (CNR) faisait en effet une place de choix à la nationalisation des services publics et des assurances ; à la lutte contre les monopoles ; au contrôle du crédit et des mouvements de capitaux ; à l'institution des grands offices agricoles ; à la planification industrielle ; à la traque aux fortunes « mal gagnées ».

Étatique, centraliste, colbertiste à 50 %, marxiste pour le reste, ce programme a connu plusieurs applications partielles dans le contexte de pénurie des années 1945-1950. La nationalisation de Renault, par exemple, « régie nationale » toute neuve confiée à un résistant notoire, Pierre Lefaucheux ; celle des Houillères et des Charbonnages de France ; celles de l'électricité et du gaz, d'Air France et de la Banque de France.

De même, le secteur stratégique du pétrole sera repris en main par d'anciens résistants, dont Pierre Guillaumat, plus tard fondateur d'Elf [▷ p. 133]. Délégué par Londres en France occupée, Francis-Louis Closon crée et dirige l'INSEE (Institut national de la statistique et des études économiques) jusqu'en 1961. Henri Ziegler, ancien chef d'état-major des Forces françaises de l'intérieur (FFI), préside aux destinées d'Air France de 1946 à 1954, puis de Bréguet. Aéronautique toujours : l'entourage de l'industriel Marcel Dassault [▷ p. 256] comprend plusieurs rescapés des Forces françaises libres (FFL) ou des FFI, dont Jacques Maillet, délégué général en zone sud ; Henri Desplantes ; Benno Claude Vallières et Édouard Corniglion-Molinier, des Forces aériennes françaises libres (FAFL) ; Pierre Guillain de Bénouville, du mouvement Combat. As de la chasse gaulliste et auteur mondialement connu du livre *Le Grand Cirque* (Flammarion, 1948), Pierre Clostermann va diriger à partir de 1964 la société Reims-Aviation. Charles Ottenhooser, lui aussi des FAFL, créera en 1953 la société qui deviendra en 1957 Royal Air Maroc.

On verra également d'anciens résistants dans la finance, comme Pierre Lebon (Union des banques à Paris), André Postel-Vinay (président de la Commission des opérations de Bourse à partir de 1973), Olivier Wormser (gouverneur de la Banque de France de 1968 à 1974), François Bloch-Lainé (président du Crédit lyonnais de 1967 à 1984), Olivier Malécot (président de la Caisse centrale des banques populaires). Et même deux à la tête du Centre national du patronat français (CNPF), l'ancêtre du Mouvement des entreprises de France (MEDEF) : Georges Villiers et, plus tard, Yvon Chotard. Max Heilbronn, de Combat, sera P-DG des Galeries Lafayette. Quelques-uns, enfin, administrateurs de société. Force est pourtant d'admettre que la Résistance n'a pas « bouffé » l'économie mais que, au contraire, ce sont plutôt les réalités économiques qui ont « bouffé » la Résistance. Parler d'un « effet lobby » dans ce domaine serait donc tout à fait inexact.

Cet effet n'est guère plus probant au plan journalistique. En 1945, quelque cent dix quotidiens issus de la Résistance et de la Libération paraissent en France. De quoi donner des arguments à ceux qui rêvent d'une presse anticapitaliste dégagée des puissances d'argent. Encore faudrait-il faire preuve de capacités journalistiques et gestionnaires, ce qui sera loin d'être le cas. Un demi-siècle plus tard, le bilan apparaît faible en regard du projet initial : soixante-dix de ces journaux ont disparu, trente ont été absorbés ou se sont mués en petits hebdomadaires ou mensuels, dont beaucoup ont disparu.

Côté quotidiens, *France-Soir* est repris en main dès 1946-1947 par Pierre Lazareff, vieux routier de la presse populaire qui a su diviser habilement son équipe de direction issue du mouvement Défense de la France et du journal clandestin éponyme. Sous sa direction, le quotidien connaît son heure de gloire dans les années 1950 et au début des années 1960, mais dans une formule rédactionnelle aux antipodes de celles prônée par ses fondateurs – beaucoup de faits divers, peu de grands débats de société. S'enchaîneront par la suite les péripéties qui vont conduire *France-Soir* sur la voie du déclin.

Des destins analogues attendent les quotidiens issus des trois grands mouvements de résistance de la zone sud. En 1957, *Franc-Tireur*, racheté, « relooké » et vidé de son contenu politique par l'entrepreneur de presse Cino Del Duca, devient *Paris-Jour*. Sous la houlette d'Emmanuel d'Astier de la Vigerie, *Libération*, d'inspiration procommuniste virant au gaullisme d'extrême gauche, suit *Franc-Tireur* dans la tombe en 1964 (en 1973, l'équipe fondatrice de l'actuel *Libé* obtiendra de la veuve de d'Astier le droit de reprendre le titre, mais dans une veine mao-soixante-huitarde). *Combat* restera certes plus proche de ses idéaux fondateurs, mais sombrera, comme les autres, en 1974.

L'acte de décès de la presse résistante est dressé en 1978... par Patrice Chéreau dans son film *Judith Therpauve*, avec Philippe Léotard et Simone Signoret. Dans ces conditions, difficile de prétendre que la Résistance aurait modelé les médias selon ses conceptions.

... et ses demi-succès

Sur d'autres terrains, les succès ont été réels, mais discrets. La Résistance a, en effet, fourni la majeure partie du personnel politique de la IVe République et, plus tard, beaucoup d'élus ou de responsables, gaullistes ou non, de la Ve République. Vingt-huit compagnons de la Libération (sur huit cent vingt-trois élevés de leur vivant à cette dignité) sont par exemple devenus ministres, dont dix sous la Ve République. Et parmi eux, deux Premiers ministres : Jacques Chaban-Delmas puis Pierre Messmer. Renouvellement de personnel logique si l'on considère que seuls quatre-vingts élus n'avaient pas voté les pleins pouvoirs à Pétain en juillet 1940. Rajeunissant dans un premier temps la classe politique française, ce processus a, en sens inverse, fini par pérenniser des situations acquises au sein de toutes les formations. On songe au « duc d'Aquitaine » Chaban-Delmas, longtemps indétrônable à Bordeaux, mais aussi à quantité de « féodaux » gaullistes, démocrates-chrétiens, socialistes ou communistes.

Phénomène analogue pour le personnel des centrales syndicales, renouvelé pour une grande part après la Libération, même si la guerre froide a vu réapparaître quelques vieux chevaux de retour dans le cadre de la lutte anticommuniste. Robert Bothereau, secrétaire général de la CGT-FO de 1948 à 1963, a animé la résistance syndicale « confédérée » (c'est-à-dire non communiste) clandestine. Benoît Frachon, numéro deux du PCF sous l'Occupation, Georges Séguy puis Henri Krasucki, secrétaires généraux de la CGT, ont également été résistants. De même pour Gaston Tessier qui, ayant dirigé la CFTC (Confédération française des travailleurs chrétiens) clandestine entre 1940 et 1944, continuera logiquement à son poste de secrétaire général ; pour Eugène Descamps, son successeur en 1961 qui, trois ans plus tard, sera le premier secrétaire général de la Confédération française démocratique du travail (CFDT) ; ou encore pour Henri Aigueperse, secrétaire général du Syndicat national des instituteurs (SNI) de 1946 à 1953.

En sens inverse, quelques syndicalistes résistants comme Gaston Cusin ou Pierre Boursicot ont joué les premiers rôles dans la reconstruction de l'administration française après 1945. Mais sur soixante-huit « préfets délégués » issus de la Résistance nommés en 1944, sept seulement étaient encore en fonction en 1948, ce qui limite beaucoup l'ampleur du chambardement supposé des hautes sphères administratives.

La Résistance a tissé certains réseaux d'influence comme le Club Jean-Moulin, dont les réflexions ont marqué la haute fonction publique française dans les années 1960. Et surtout le Club des vingt-deux (onze compagnons de la Libération classés « à gauche » et autant classés « à droite »). Fondé par l'ancien policier résistant Achille Peretti, celui-ci est intervenu systématiquement dans l'ombre pour rapprocher les points de vue dans les cas de crise grave d'ampleur nationale. Autre facteur d'apaisement : en mai-juin 1958 comme en mai-juin 1968, des contacts discrets entre anciens résistants ou résistants-déportés gaullistes, socialistes et communistes ont permis de s'assurer qu'aucun des camps en présence ne souhaitait un processus de montée aux extrêmes pouvant déboucher sur une guerre civile.

Bref, si la Résistance ne fut en aucun cas la « reine secrète » de l'après-guerre, elle a sans aucun doute constitué un élément important dans la France des années 1950-1970. Cette présence active s'est estompée dans la décennie suivante, pour disparaître ensuite peu à peu en raison de l'âge des intéressés.

◄ **R. K.**

Pour en savoir plus

Alya AGLAN, *La Résistance sacrifiée. Le mouvement « Libération-Nord »*, Flammarion, Paris, 1999.

Jacques CHABAN-DELMAS, *Les Compagnons*, Albin Michel, Paris, 1986.

Roger FALIGOT et Rémi KAUFFER, *Les Résistants. De la guerre de l'ombre aux allées du pouvoir, 1944-1989*, Fayard, Paris, 1989.

—, *Service B*, Fayard, Paris, 1985.

Henri FRENAY, *La Nuit finira*, Robert Laffont, Paris, 1973.

Henri NOGUÈRES (en collaboration avec Marcel DEGLIAME-FOUCHÉ), *Histoire de la Résistance en France*, 5 tomes, Robert Laffont, Paris, 1967-1981.

Pierre PÉAN, *Une jeunesse française. François Mitterrand, 1934-1947*, Fayard, Paris, 1994.

Gilles PERRAULT, *La Longue Traque*, J.-C. Lattès, Paris, 1975.

Henry ROUSSO, *Le Syndrome de Vichy, 1944-198...*, Le Seuil, Paris, 1987.

Pierre-Henri TEITGEN, *« Faites entrer le témoin suivant ». 1940-1958, de la Résistance à la Ve République*, Ouest-France, Rennes, 1988.

Le cardinal Tisserant et les réseaux secrets du Vatican

Eugène Tisserant, cardinal à la barbe fleurie, a vu le jour à Nancy le 24 mars 1884 dans une famille de six enfants. Doué pour les langues dès son plus jeune âge, il en maîtrisera treize à la fin de sa vie. Ce qui le conduira à mener une double existence. Celle, d'abord, du renseignement comme officier du 2e Bureau, pendant la Première Guerre mondiale, au Moyen-Orient : à la tête d'un peloton de spahis, il participe en 1917 à la prise de Gaza organisée par le colonel britannique T. E. Lawrence, dit Lawrence d'Arabie. Son autre vie est celle d'un serviteur de l'Église – spécialiste des archives et des Églises d'Orient – qui servira six papes depuis Benoît XV. Car on repère vite ses talents de brillant spécialiste des langues anciennes : ordonné prêtre à Nancy en 1907, il rejoint Rome dès l'année suivante pour travailler à la Vaticane, la bibliothèque dans laquelle s'entassent les archives (y compris secrètes) de l'Église. Il s'y liera d'amitié avec son vice-préfet, Mgr Achille Ratti.

Un Français libre au Vatican

En février 1922, ce dernier devient le pape Pie XI. La même année, l'arrivée au pouvoir de Benito Mussolini et la montée du péril fasciste en Europe inquiètent Tisserant. Puis, à Munich, les relations du prononce, Mgr Eugenio Pacelli, font problème : en 1924, à l'instigation d'une religieuse bavaroise, sœur Pascalina (de son vrai nom Joséfine Lehnert), ce dernier fait parvenir des fonds spéciaux au chef du parti nazi, Adolf Hitler, afin d'« écraser toutes les œuvres du Diable »...

Le 15 juin 1936, Tisserant reçoit la pourpre cardinalice et le voici promu plus jeune membre du Sacré Collège, puis archevêque, chargé de la Sacrée Congrégation pour les Églises orientales. Mais alors que le danger nazi se précise, en février 1939, Pie XI décède brutalement. Tisserant enquête – il est persuadé que Mussolini l'a fait assassiner – et tente de faire élire Mgr Angelo Roncalli... le futur Jean XXIII. Mais c'est Pacelli qui est élu par le Sacré Collège. Le nouveau Pie XII est plus que jamais sous la coupe de sa Bavaroise, qui l'emmène faire des virées en moto et qui dort dans la suite papale. Contre Tisserant, elle propage des rumeurs sur un « cardinal paillard », séducteur de nobles Romaines...

Pendant la Seconde Guerre mondiale, le Français combat son influence et, à travers elle, celle de la diplomatie nazie sur le Vatican. Il s'oppose aux compromissions de l'Église française avec Vichy, à commencer par celles du cardinal Emmanuel Suhard, l'évêque de Paris. Nul n'ignore les sympathies gaullistes de Tisserant, qui contacte les services spéciaux de la France libre. Le 5 juin 1943, c'est la chute de Rome. Une jeep française pénètre dans la Cité Vaticane. Son occupant, le capitaine de Panafieu, remet au cardinal Tisserant un message pour Pie XII : il témoigne de « l'assurance du respect filial de notre peuple et de son attachement filial au Siège apostolique » et porte la signature de... Charles de Gaulle. Fin juin, ce dernier se rend en Italie. Tisserant organise une rencontre avec le pape. Le Vatican a toujours un nonce auprès de Vichy, Mgr Valerio Valeri, et Pie XII refuse de reconnaître la France libre. Tout au long de l'entretien, il n'a qu'une préoccupation : l'avance de l'Armée rouge à l'Est. À la sortie, le secrétaire d'État Luigi Maglione, ancien nonce à Paris, essaie de rassurer le Général : « Vichy va s'effondrer, le Vatican vous reconnaîtra ! »

Les réseaux du Vatican contre l'URSS

Quand la guerre froide commence en 1947, le cardinal met en branle des réseaux pour combattre le communisme. Ce n'est pas la première fois : sa Congrégation pour les Églises orientales (qu'il dirigera jusqu'en 1959) coopère depuis 1929 avec le *Russicum*, l'Institut pontifical oriental, établi au Vatican et dirigé par le jésuite Michel d'Herbigny, pour opérer clandestinement en URSS, animer les réseaux de prêtres clandestins et la propagande religieuse contre les Soviets. C'est donc au nom de l'anticommunisme et du « pardon chrétien » que les réseaux de Tisserant protègent des personnages compromis dans la collaboration avec les nazis : Ante Pavelic, le chef pronazi des troupes de choc croates, les Oustachis ; le Français Marcel Déat, chef du très collaborationniste Rassemblement national populaire (RNP), caché en Italie ; ou encore l'ex-responsable de la Milice française pronazie, Paul Touvier, hébergé avec bienveillance de monastère en monastère pendant quarante-cinq ans avant d'être arrêté le 22 mai 1989 (et de devenir le premier Français condamné pour crimes contre l'humanité, en 1994, puis de décéder en prison deux ans plus tard).

Le cardinal joue un rôle important dans les nouvelles relations entre Paris et Bonn : il cache dans un couvent, en 1945, le futur chancelier Konrad Adenauer et le présente à Charles de Gaulle, qui signera avec lui le 22 janvier 1963 le traité de l'Élysée scellant la réconciliation franco-allemande.

Le service de renseignement du Vatican – où Tisserant joue *de facto* un rôle majeur – se rapproche des services spéciaux de l'OTAN pour créer en Europe de l'Ouest des réseaux secrets, dits *stay behind*, aptes à organiser la résistance à une invasion de l'Armée rouge. C'est aussi à cette époque que se forment des cercles comme celui de l'avocat Jean Violet, épaulé par des hommes de Tisserant, dont le dominicain Yves-Marc Dubois, pour aider les services secrets français pendant la guerre d'Algérie [▷ p. 33]. Le même Me Violet qui, selon la presse, aurait tenté aussi en juin 1963, *via* le colonel Jacques Zahm du Service de documentation extérieure et de contre-espionnage (SDECE), d'obtenir la grâce présidentielle pour le milicien Paul Touvier [1]... Quant à Yves-Marc Dubois, on le retrouvera notamment dans le scandale des « avions renifleurs » [▷ p. 514]. Et puis, il y a les

1 Précisons toutefois qu'après nos articles dans *Le Journal du dimanche* (surtout « Touvier : la piste des services secrets », 28 mai 1989), puis le livre des journalistes du *Monde*, Laurent Greilsamer et Daniel Schneidermann, *Un certain Monsieur Paul* (Fayard, Paris, 1989), Me Violet a nié avoir joué un rôle dans cette demande de grâce, ou même connaître Zahm (alors qu'il travaillait comme lui à la direction du SDECE, sous la supervision du général Paul Grossin).

contacts avec Roger Wybot, le chef de la Direction de la surveillance du territoire (DST) de 1944 à 1959, qui a attaché un de ses hommes, Jacques de Pressac, au Vatican. Grâce à lui, et à ses sources propres, Tisserant a appris en 1958 comment de Gaulle, grâce à l'opération *Résurrection*, allait revenir au pouvoir [▷ p. 21].

De son petit appartement de la Via Po, le cardinal Tisserant ne perd pas de vue la situation politique en France. Il y joue même un rôle considérable dans les relations entre l'Église et l'État. À la fin des années 1950, par exemple, il supervise les relations avec la franc-maçonnerie française, afin de la convaincre d'accepter les nouvelles lois en préparation sur l'école libre : contrôle pédagogique des écoles privées subventionnées par l'État après un accord et l'abolition du Concordat en Alsace (abolition qui, on le sait, restera lettre morte). D'ailleurs, peu avant le retour du Général au pouvoir, Pie XII a envoyé Tisserant à Colombey-les-Deux-Églises pour anticiper un accord.

C'est l'époque où le doyen du Sacré Collège triomphe sur tous les tableaux. En octobre 1958, son candidat malheureux d'autrefois, Angelo Roncalli, est enfin élu pape sous le nom de Jean XXIII. Tisserant, le militant anticommuniste, va-t-il s'opposer à l'ouverture vers l'Est du « rebelle doux », comme ce dernier le préconise en avril 1963 dans son encyclique *Pacem in terris* ? Pas du tout. Et il soutient également la « détente » que préconise de Gaulle : c'est ainsi que, en 1963, il rencontre en secret à Metz le métropolite de Leningrad et Novgorod, Nicodème, chef des relations extérieures du patriarcat de l'Église d'URSS.

Le 23 juin 1962, le cardinal Tisserant est reçu à l'Académie française, alors même que s'ouvre à Rome le concile Vatican II, dont l'esprit moderniste ne peut qu'écarter des débats un cardinal aussi « vieille France ». Un an plus tard, Jean XXIII meurt et Tisserant supervise, avec les cardinaux Gonçalves Cerejeira et Alfredo Ottaviani, l'élection de Paul VI. C'est la chute finale : Paul VI fixe l'âge de la « retraite » des cardinaux à soixante-quinze ans. Le 27 mars 1971, Tisserant se retire dans une petite maison de la Congrégation pour les Églises orientales, où il s'éteint le 21 février 1972. Très vite, les officiers du « prosecrétaire » apposent des scellés sur la maison, mais ils ont été pris de cours : grâce à son secrétaire Mgr Georges Roche, Tisserant a soigneusement caché, en France, le double de ses notes, jamais retrouvées depuis – soixante-quatre ans au service de six papes… Dix ans plus tard, un autre Français, Jean-Louis Tauran, deviendra responsable de la secrétairie d'État. Mais si les services de renseignements du Vatican poursuivent leurs activités, les réseaux Tisserant, acteurs majeurs de la guerre froide, ont bel et bien disparu.

◀ **R. F.**

Pour en savoir plus

David Alvarez, *Les Espions du Vatican*, Nouveau Monde, Paris, 2006.

Constance Colonna-Cesari, *Urbi et Orbi. Enquête sur la géopolitique vaticane*, La Découverte, Paris, 1992.

Roger Faligot et Rémi Kauffer, *Éminences grises*, Fayard, Paris, 1992.

Laurent Greilsamer et Daniel Schneidermann, *Un certain Monsieur Paul. L'affaire Touvier*, Fayard, Paris, 1989.

Paul I. Murphy et René Arlington, *La Popessa*, Lieu commun, Paris, 1983.

Mgr Georges Roche et Philippe de Saint-Germain, *Pie XII devant l'Histoire*, Robert Laffont, Paris, 1972.

Quand le Parti communiste touchait l'argent de Moscou

C'est à partir des années 1950 que la Direction de la surveillance du territoire (DST) acquiert la conviction qu'elle peut remonter les filières du financement occulte du Parti communiste français (PCF) par son homologue soviétique. Deux raisons à cela. D'abord, en 1952, la brigade financière de la DST que vient de créer le commissaire Jean-Paul Mauriat effectue à Paris une perquisition à la Banque commerciale pour l'Europe du Nord (BCEN), banque alimentée à 98 % par des capitaux de la Gosbank, la banque d'État soviétique. Une semaine durant, sous l'œil flegmatique de son directeur, Charles Hilsum, la DST photographie par milliers les documents comptables et apprend comment fonctionne le circuit financier communiste. De plus, en 1962, grâce à son adjoint Robert Xoual, le commissaire Louis Niquet, patron de la section Manipulation (E2) de la DST, entrera en contact avec un ancien résistant comme lui, qui a été victime d'une purge au sein de la direction du PCF : Auguste Lecœur, l'ex-secrétaire de l'organisation que *L'Humanité* a appelé le « flic Lecœur » en 1954, sans savoir qu'un jour il livrerait les secrets intimes du Parti.

Ce qu'il révèle confirme que, dès sa création fin 1920, le PCF n'a certes pas croulé sous l'« or de Moscou », comme le dit la presse anticommuniste, mais qu'il a reçu de manière constante, comme tous les partis frères, une aide non négligeable *via* l'Internationale communiste (Komintern), dont le PCF a été jusqu'en 1943, date de sa dissolution par Staline, la section française.

Jérôme, Gosnat, Plissonnier : les hommes des finances

Le système de réseaux qui permet l'acheminement de fonds au Parti français plonge donc ses racines avant même sa fondation, à la naissance du Komintern en 1919. Sa section des liaisons internationales (OMS) distribue des fonds secrets en décembre 1919, sous forme de pierres précieuses en provenance des bijoux du tsar, pour une valeur de 2,5 millions de roubles (l'équivalent de 800 000 euros actuels), au militant Fernand Loriot afin que son groupe organise un travail fractionnel au sein de la Section française de l'Internationale ouvrière (SFIO), provoquant la scission du congrès de Tours, le 30 décembre 1920, et la naissance de la Section française de l'Internationale communiste (SFIC), futur PCF.

Chaque section du Komintern possède ses structures propres, des sociétés écran pour gérer ces fonds afin de financer, sinon la révolution, du moins le bras de fer que constitue la « lutte des classes » contre les « deux cents familles » possédantes.

À la direction du PCF, des spécialistes s'occupent de ces finances. C'est le cas de Michel Feintuch, *alias* « Jean Jérôme », juif originaire de l'ex-Galicie autrichienne, qui va jouer un rôle essentiel pendant la Seconde Guerre mondiale et jusque dans les années 1980. Vient ensuite Georges Gosnat, qui a organisé en 1936, avec Jean Jérôme, la compagnie France-Navigation, dont la flotte achemine les militants des Brigades internationales en Espagne. Trente ans plus tard, Georges Gosnat tient les cordons de la bourse et gère l'entrelacs d'entreprises liées au PCF ainsi que les subventions venues d'URSS. Ancien communiste, puis directeur dans les années 1970 du journal *Politique-Hebdo*, Paul Noirot précise leur rôle dans ses mémoires : « Le pouvoir politique de l'argent est, dans le parti, infiniment plus grand qu'on ne l'imagine. Des hommes comme Georges Gosnat, pratiquement trésorier à vie, ou comme Jean Jérôme, grand maître du commerce et de la banque, disposent, par ce qu'ils savent et ce qu'ils font, d'une influence réelle sans rapport avec leurs responsabilités officielles [1]. »

Dans ce cadre, un troisième homme clef apparaît à partir des années 1950 : Gaston Plissonnier, à la fois « éminence grise » des secrétaires généraux successifs – Waldeck Rochet, Georges Marchais, Robert Hue – et homme des liaisons directes avec les services soviétiques, qui lui ont

1 Paul Noirot, *La Mémoire ouverte*, Stock, Paris, 1976.

d'ailleurs donné le nom de code de « LANG [1] ». Le système financier que gère la troïka Gosnat-Jérôme-Plissonnier couvre aussi les relations avec un groupe d'entreprises commerciales qui ont l'exclusivité des rapports avec les pays communistes, reversant des fonds au PCF, ce qui constitue une forme détournée de subvention. La plus connue, Interagra, est dirigée par Jean-Baptiste Doumeng, le « milliardaire rouge ».

Deux millions de dollars par an sous Brejnev

Dans les années 1950, les fonds soviétiques parviennent grâce au Fonds syndical international d'aide aux organisations ouvrières auprès du Conseil des syndicats roumains, une société écran qui distribue des subventions aux partis communistes d'Europe occidentale. En 1954, sous Nikita Khrouchtchev, le Parti communiste d'Union soviétique (PCUS) achemine 5 millions de dollars au PCF. Mais dix ans plus tard, en 1964, cette somme se réduit à 2 millions et restera à ce niveau pendant toute l'ère Brejnev (1964-1982). Le PCF demeure toutefois le deuxième parti le mieux subventionné d'Europe, après le Parti communiste italien (PCI).

Le système d'approvisionnement varie. Une filière habituelle est celle de la BCEN, dirigée à Paris dans les années 1970 par l'ancien député Guy de Boysson, et surtout l'homme charnière, le vice-P-DG Vladimir Ponomarev, cousin de Boris Ponomarev, chargé des liaisons du PCUS avec les partis frères. En 1979, le journaliste d'extrême droite Jean Montaldo publie *Les Secrets de la banque soviétique en France* (Albin Michel), un livre fondé sur les archives bancaires de la BCEN qu'il affirme avoir ramassées dans « 243 sacs [poubelles] qui traînaient sur la chaussée »... En tout cas, les secrets de la BCEN, jadis percés par la DST, sont étalés au grand jour. Et l'on comprend comment des fonds sont virés de Moscou sur des comptes français.

Autre conduit qui sera révélé après la chute de l'URSS : des émissaires du 5e département (France) du 1er directoire du KGB convoient des sommes dans des valises à double fond. En cas de sommes très importantes (comme en période électorale), le 14e département, spécialiste des opérations ultrasensibles, se charge de transférer l'argent. Il arrive aussi que des émissaires d'autres pays de l'Est jouent un rôle dans ces transferts financiers. Ainsi, après la chute du Mur de Berlin en 1989, Armin Riecker, ancien diplomate espion

1 Voir les archives du colonel Vassili Mitrokhine, ex-agent du KGB, beaucoup plus affirmatif que nous sur le rôle de Gaston Plissonnier comme *talent spotter* (dénicheur de talents) pour le compte du KGB (Christopher Andrew et Vassili Mitrokhin, *The Mitrokhin Archive. The KGB in Europe and the West*, Allen Lane, The Penguin Press, Londres, 1999).

est-allemand, expliquera comment en 1979, basé à Paris, il avait été chargé d'apporter une « mallette bourrée d'argent » à Ghislaine, la secrétaire de Gaston Plissonnier [1]...

Les « chemises spéciales » signées Plissonnier

Désormais, le nom du dirigeant bourguignon, surnommé le « secrétaire perpétuel », va apparaître dans tous les documents trouvés dans les archives soviétiques, après la chute du communisme à l'Est. La presse russe publie des documents issus de l'ancien sérail communiste. C'est ainsi que l'on retrouve les « chemises spéciales » (*osobie papki*, OP), estampillées « top secret » avec des quittances : ainsi, l'OP du 21 août 1978 contient une quittance signée par Gaston Plissonnier pour un million de dollars au profit du PCF (d'autres enveloppes, moins importantes, sont destinées aux partis des Caraïbes et de La Réunion). Au total 20 millions sont distribués pour les partis frères [2].

Au début des années 1980, les budgets baissent encore. Que s'est-il passé ? D'une part, le PCUS n'arrive plus à contrôler la direction et la politique des partis d'Europe, et ne voit pas pourquoi il continuerait à servir de « vache à lait ». D'autre part, avec l'accession de Mikhaïl Gorbatchev au pouvoir, et sa politique de *Glasnost* (transparence), on assiste à une révision totale des relations entre partis communistes. Puis à la chute finale.

En témoigne, la dernière année où le PCF reçoit des subsides, un courrier adressé à Mikhaïl Gorbatchev par un de ses adjoints : « Gaston Plissonnier a fait savoir que Georges Marchais lui a demandé de solliciter auprès de vous une aide supplémentaire pour le PCF. Cette demande concerne l'élection présidentielle de 1988. [...] Dans ces conditions, a dit Gaston Plissonnier, nous nous tournons vers notre frère, le PCUS, comme c'était la coutume dans le passé, pour qu'il nous accorde une aide supplémentaire de 10 millions de francs [3]. » Anatoli Dobrynine répond à Plissonnier qu'il est « possible de satisfaire partiellement les camarades français », non sans lui rappeler qu'ils ont déjà reçu, en 1987, 2 millions de dollars du Fonds international d'assistance aux organisations ouvrières et de gauche. *In fine*, le PCF devra se contenter d'un million de dollars. Et tandis que ce dernier redevient progressivement, par sa taille, le petit parti des années 1920, ses militants nouvelle manière affirment désormais que leur indépendance n'a pas de prix.

◂ R. F.

---

1 *Le Monde*, 22 février 1990.

2 *Les Nouvelles de Moscou*, n° 49, 3 décembre 1991.

3 *Note annexe du procès-verbal de la réunion du Politburo du 3 juillet 1988*, signée par Anatoli Dobrynine, secrétaire du comité central du PCUS chargé de liaison avec les partis frères.

Pour en savoir plus

André Campana, *L'Argent secret. Le financement des partis politiques*, Arthaud, Paris, 1976.

Jean-Baptiste Doumeng et Roland Passevant, *Doumeng, du surf sur des millions de dollars*, Michel Lafon/Carrère, Paris, 1984.

Roger Faligot et Rémi Kauffer, *Éminences grises*, Fayard, Paris, 1992.

—, *L'Hermine rouge de Shanghai*, Les Portes du large, Rennes, 2005.

Roger Faligot et Pascal Krop, *DST, police secrète*, Flammarion Paris, 1999.

Pierre Levergeois, *J'ai choisi la DST. Souvenirs d'un inspecteur*, Flammarion, Paris, 1978.

Philippe Robrieux, *Histoire secrète du Parti communiste français*, 4 tomes, Fayard, Paris, 1980-1986.

De l'influence aux « affaires » : la Ve et les francs-maçons

En apparence, la Ve est la moins « maçonnique » de toutes les Républiques françaises. Sous la IIIe, cinq « frères » ont siégé à l'Élysée : Jules Grévy en 1879, Félix Faure en 1895, Alexandre Millerand en 1920, Gaston Doumergue en 1924, Paul Doumer en 1931. Sous la IVe, quatre francs-maçons ont été nommés à Matignon : Paul Ramadier en 1947, Pierre Mendès France en 1954, Edgar Faure en 1955, Guy Mollet en 1956. Sous la Ve, aucun : pas un seul président de la République ou Premier ministre maçon.

Au début du XXe siècle, l'âge d'or de la maçonnerie, on estime que les deux tiers des parlementaires portaient le tablier. Ils seraient à peine 10 % en 2006, toutes assemblées confondues. Parler de déclin serait toutefois réducteur. Il n'y a jamais eu autant de francs-maçons qu'aujourd'hui : 130 000 membres de différentes obédiences, principalement le Grand Orient de France (GODF), anticlérical et marqué à gauche ; la Grande Loge nationale française (GLNF), déiste et estampillée de droite ; la Grande Loge de France (GLF), mystique et présumée apolitique. Simplement, les frères sont rentrés dans le rang : les plus politiques d'entre eux privilégient l'influence de l'ombre aux portefeuilles ministériels ; d'autres, prenant acte de la victoire de l'économie sur le politique, investissent le monde des affaires. Les sans-grade se réfugient dans l'ésotérisme, plus « tendance » que jamais.

Mais les dirigeants successifs de la Ve République n'ont jamais renoncé à utiliser les réseaux francs-maçons pour leur incomparable entregent, leur irremplaçable faculté à dégager du compromis et leur culte du secret, fort prisé en matière de financement politique... En perte d'influence partout dans le monde (avec des effectifs anglo-saxons divisés par deux en quelques années), la franc-maçonnerie française affiche ainsi une étonnante vitalité à l'aube du XXIe siècle.

Des « frères » engagés à gauche

Le général de Gaulle a donné le ton. Exaspéré par leurs manigances mais intrigué par leurs conciliabules, on lui prête ce subtil raccourci : « Les francs-maçons n'ont pas assez d'importance pour que l'on s'en inquiète, mais suffisamment pour que l'on s'y intéresse. » L'un de ses premiers gestes, une fois débarqué à Alger en 1943 pour installer un gouvernement provisoire, sera de lever l'interdit récent pesant sur la franc-maçonnerie, après avoir reçu une délégation de frères. Une façon de tourner la page vichyste, mais aussi de rendre hommage à des héros maçons de la Résistance, comme Pierre Brossolette ou Jean Moulin.

En 1958, le retour au pouvoir de Charles de Gaulle divise la franc-maçonnerie – comme à chaque changement de régime. Les uns ne voient en lui qu'un putschiste en puissance, d'autres au contraire lui décernent un brevet républicain. Après l'adoption de la Constitution de la Ve République, Robert Richard, le Grand Maître du Grand Orient, affirme en plein convent (assemblée générale annuelle) tenu en 1958 : « Vous dirais-je – ne souriez pas d'un air incrédule – que certains aménagements sont à porter à notre crédit ? Lisez bien la Constitution, je vous en prie, vous y reconnaîtrez même certaines phrases. » Les maçons se sont très vite adaptés au régime gaulliste : ils ne sont plus directement aux manettes, avec seulement deux ministres au gouvernement, Robert Boulin et Philippe Dechartre, mais conservent et cultivent leur pouvoir d'influence en coulisse. En Mai 68, des membres du GODF jouent les discrets « casques bleus » entre CRS et manifestants. En revanche, Gaston Monnerville, maçon et président du Sénat, campe ouvertement dans l'opposition de droite au Général.

Les plus engagés des frères s'activent à gauche. Ils misent clairement sur François Mitterrand, lequel n'est pas maçon, mais croit utile de s'entourer de ces experts en tractations. Dans son sillage, fleurissent d'obscurs clubs politiques initiés par des frères qui, le moment venu, sauront « rassembler ce qui est épars », selon le credo maçonnique, en vue de créer le nouveau Parti socialiste sur les cendres de la vieille Section française de l'Internationale ouvrière (SFIO) : le Club des jacobins, fondé par Charles Hernu et Guy Penne, la Ligue pour le combat républicain, à laquelle appartient François de Grossouvre, le Club des montagnards, aux mains de Jean-André Faucher (ancien condamné à mort à la Libération pour faits de collaboration).

Première ébauche d'unification, la Fédération de la gauche démocrate et socialiste (FGDS), regroupant en 1965 les radicaux, la SFIO et tous ces petits clubs : la moitié des membres de son comité exécutif sont des francs-maçons, œuvrant discrètement pour François Mitterrand. C'en est trop pour Guy Mollet, pilier de la SFIO et ancien président du Conseil, qui voit des frères manigancer contre lui au profit d'un profane formé dans l'enseignement catholique... En 1969, deux ans avant le congrès d'Épinay, il claque spectaculairement la porte du GODF, disant ne plus supporter que des hommes « se servent de la maçonnerie dans le Parti socialiste et du Parti socialiste dans la maçonnerie ». Guy Mollet en veut particulièrement à la « fraternelle Paul Ramadier », regroupant les élus socialistes et francs-maçons.

Quelques années plus tard, en 1974, c'est Valéry Giscard d'Estaing qui est élu à l'Élysée. Lui aussi a beaucoup misé sur les frères, au point d'obtenir la neutralité du GODF, pourtant marqué à gauche. Son Grand Maître de l'époque, Jean-Pierre Prouteau (1973-1975), sera récompensé d'un maroquin ministériel (secrétaire d'État aux Petites et Moyennes Industries). Une fois élu, Giscard a l'idée saugrenue de se faire initier à la GLF. Le projet a germé dans la tête de l'un de ses conseillers, notamment chargé... du financement des campagnes électorales, le frère Victor Chapot. Mais Giscard est très à cheval sur le protocole : pas question pour lui de courber humblement la tête, les yeux bandés, comme l'exige le rituel initiatique. Le président de la République préférerait recevoir le tablier en son palais de l'Élysée, comme Frédéric II de Prusse se fit jadis initier en son château de Potsdam, en 1738... Ses prétentions sont si extravagantes que des francs-maçons indignés se chargent de les ébruiter. Un article du *Canard enchaîné*, trop heureux de narrer une si belle histoire, fera tout capoter. Michel Baroin, alors Grand Maître du GODF [▷ p. 618] et partenaire de pêche de Victor Chapot, se serait fait un plaisir de distiller les fuites...

Giscard maintient néanmoins ses réseaux maçonniques. Ses partisans ont formé une fraternelle, le Cercle de la rue de Poitiers, qui comptera quelque cinq cents membres à la veille de l'élection présidentielle de 1981. Giscard sait pouvoir compter sur ces affidés en cas de crise. Le frère Michel Bassi, ancien conseiller à l'Élysée en charge de la communication, une fois parachuté à la présidence de RMC, saura interrompre la libre antenne concédée à Coluche au moment où le comique s'apprêtait à ironiser sur l'affaire des diamants de Bokassa [▷ p. 171]...

Le septennat de Giscard a entretenu le retour du mythe du pouvoir occulte des francs-maçons, du moins sur le plan législatif, avec la légalisation de l'avortement. Le docteur Pierre Simon, Grand Maître de la GLF, est l'un des inspirateurs de la loi sur l'interruption volontaire de grossesse, défendue par Simone Veil et votée par le Parlement le 21 septembre 1974. Des frères ne manquent jamais de rappeler qu'elle fut adoptée par un prompt renfort des députés de gauche, grâce à leur entregent maçonnique. Le sénateur Henri Caillavet, un autre maçon, père spirituel de la légalisation de la contraception, aura moins de chance avec sa proposition de loi réprimant toute discrimination contre les homosexuels.

Les frères ont beaucoup obtenu de Giscard, notamment en matière de libération des mœurs. Ils lui rendront peu : durant l'entre-deux tours présidentiels de 1981, une circulaire de francs-maçons gaullistes appelle à voter François Mitterrand...

Mitterrand, Chirac et les frères

Une fois élu à l'Élysée, François Mitterrand récompense ses vieux soutiens. Un tiers de son premier gouvernement est constitué de frères. Son cabinet présidentiel en est truffé. La presse s'en émeut, au point de voir des maçons partout. Les obédiences laissent dire, comme le résume l'historien de la GLF Jean-André Faucher : « Répondre que Louis Mexandeau et André Labarrère n'étaient pas des frères, c'eût été admettre l'appartenance d'Henri Emmanuelli et de Joseph Franceschi. Nier celle d'Edwige Avice, c'eût été confirmer celle d'Yvette Roudy. » Plus prosaïquement, l'Élysée est submergé de lettres sollicitant un poste, un coup de pouce, une intervention, comme si certains frères sans scrupule se croyaient en territoire conquis. De même que pour Valéry Giscard d'Estaing ou plus tard Jacques Chirac, François Mitterrand est tellement entouré de maçons que nombre d'entre eux semblent persuadés que lui-même en serait...

Sur le plan législatif, ils n'obtiendront rien de vraiment probant des deux septennats mitterrandiens : la nécessité d'abolir la peine de mort dépassait largement les cercles maçonniques ; leur revendication plus spécifique de mettre fin au financement public de l'école privée virera au fiasco. « L'intégralité de la production du Grand Orient en matière civique, sociale et économique, se retrouve dans son programme *Changer la vie*, se souvient Alain Bauer, ancien Grand Maître. La désillusion va aller très au-delà des espérances [1]. »

---

1 Alain BAUER, *Le Grand O*, Denoël, Paris, 2001.

François Mitterrand a toutefois apporté sa reconnaissance à la maçonnerie en général et à ses dignitaires en particulier. Roger Leray, Grand Maître du GODF (de 1979 à 1981, puis de 1984 à 1987), reçu en grande pompe à l'Élysée le 14 mai 1987, s'en émerveillera : « C'est la première fois que la République reconnaît la franc-maçonnerie. » À titre privé, le vieux monarque s'agace parfois de leurs intrigues. En 1992, le journal *Le Monde* fait état d'un propos présidentiel sur un « petit groupe maçonnique ». François Mitterrand n'en dira guère plus, ses vieux compagnons encombrants, René Bousquet et Roger-Patrice Pelat, étant eux-mêmes maçons.

Avec Jacques Chirac, c'est une autre culture maçonnique qui arrive au pouvoir. Son grand-père Louis, instituteur corrézien, radical-socialiste bouffeur de curés, était maçon. Élu maire de Paris en mars 1977, Chirac arrive en terre connue : la municipalité de la capitale, sous tutelle préfectorale depuis le XIXe siècle, est un bastion maçonnique : les deux tiers des adjoints au maire sont francs-maçons ; la fraternelle de l'Hôtel de Ville ne réunit pas moins de cinq cents fonctionnaires. Chirac s'y glisse tel le pied dans la chaussette. Ses principaux collaborateurs municipaux sont francs-maçons. Certains, peu férus d'ésotérisme comme Jean Tiberi, n'ont effectué qu'un bref passage aux côtés du Grand Architecte de l'Univers ; d'autres, comme Alain Devaquet, ont été plus assidus ; d'aucuns, comme Maurice Ulrich, inamovible conseiller en communication à la Mairie de Paris, à Matignon comme à l'Élysée, éludent avec bonhomie toute question sur leur appartenance.

Sous la première cohabitation de la Ve République (1986-1988), le gouvernement Chirac ne compte pas moins de sept francs-maçons. C'est moins que sous Mitterrand, mais bien plus que sous de Gaulle ou Pompidou. La cohabitation ne serait-elle pas une parenthèse institutionnelle spécifiquement maçonnique ? C'est ce qu'affirment certains dignitaires, qui prétendent avoir œuvré dans cette perspective au rapprochement, si ce n'est des idées, du moins des individus. En 1985, Marc Paillet, ancien conseiller de François Mitterrand à l'Élysée, parachuté à la Commission nationale de la communication et des libertés (CNCL), ancêtre du Conseil supérieur de l'audiovisuel (CSA), membre du GODF, publie un livre intitulé *Le Grand Inventaire : socialisme ou libéralisme* (Denoël), une sorte de bréviaire de la cohabitation. Roger Leray, alors Grand Maître du GODF, déclare au *Point* : « La cohabitation, c'est ma préoccupation constante. Je multiplie les contacts. » Jean Verdun, alors Grand Maître de la GLF, courtisé pour sa part par Charles Pasqua, décline ces jeux politiques et ironise sur « ceux qui pensent en toute sincérité que le premier devoir d'un franc-maçon est de conserver François Mitterrand à l'Élysée », fut-ce avec Jacques Chirac à Matignon.

Après cet épisode, la chronique de la franc-maçonnerie au pouvoir va quitter les pages politiques des journaux pour échouer à la rubrique faits divers. Les années 1990 sont en effet rythmées par une invraisemblable série de scandales politico-financiers. Elles touchent la plupart des partis et ont un point commun : la plupart des collecteurs de fonds occultes sont francs-maçons – y compris au sein du très démocrate-chrétien Centre des démocrates sociaux (CDS), l'une des composantes de la future Union pour la démocratie française (UDF).

Leur goût du secret et de l'entraide a beaucoup servi, jusqu'au réveil, sinon de la justice française, du moins de quelques juges d'instruction emblématiques. Les noms de frères corrompus s'étalent dans la presse. Il ne fait plus bon se dire publiquement maçon. Avec retard, les grandes obédiences finiront par faire le ménage en leur sein, proclamant que cette lamentable page est désormais tournée.

De la police au pré-carré africain, l'incontournable maçonnerie

Les francs-maçons restent très influents dans la police. Quelque trente-cinq frères ont été ministres de l'Intérieur depuis la Révolution française, de Lucien Bonaparte (1799-1800) à Pierre Joxe (1984-1986 et 1988-1991) en passant par Léon Gambetta (1870). On estimait en 2006 que 20 % environ des commissaires étaient maçons, par tradition républicaine, mais aussi par nécessité de carrière. Un ancien Grand Maître du GODF, Fred Zeller, a raconté sa surprise : « J'ai un jour présidé la fraternelle des policiers maçons et j'ai ainsi appris, par les interventions des uns et des autres, que tous les services officiels étaient systématiquement noyautés. » C'était dans les années 1970, mais trente ans plus tard, tout ministre de l'Intérieur doit en tenir compte : en 2006, le chef de cabinet de Nicolas Sarkozy, Laurent Solly, et son directeur de cabinet, Claude Guéant, étaient membres du GODF. Parmi ses conseillers, il avait également pris soin de recruter l'ancien responsable de la fraternelle de la Place Beauvau, membre de la GLNF. Pour tenir la police, on a toujours besoin de maçons autour de soi…

Autres ministères dont le titulaire est la plupart du temps un frère : la Coopération et les DOM-TOM. Historiquement, la maçonnerie a toujours été très implantée dans les colonies ou ex-colonies, notamment africaines. Le nom d'origine de la GLNF, fondée en 1913, est un programme à lui tout seul : « Grande Loge indépendante et régulière pour la France et les colonies ». Au sein de l'ancien Empire français, les loges ont longtemps servi à mettre de l'huile dans les rouages et un peu d'ordre dans l'imbroglio ethnique, à faire émerger des « élites nouvelles » au service de la métropole. Des maçons furent ainsi les premiers artisans d'une « indépendance » très contrôlée, tissant des liens avec les nouveaux régimes [▷ p. 109]. Quelques décennies plus tard, si le cordon ombilical a été officiellement coupé avec la France coloniale, le cordon maçonnique demeure plus solide que jamais. Idriss Déby au Tchad, Blaise Campaoré au Burkina Faso, Omar Bongo au Gabon, Denis Sassou Nguesso au Congo-Brazzaville, Paul Biya au Cameroun, Hassan II au Maroc... Tous ont été initiés à la GLNF, l'obédience la plus attachée aux potentats africains [▷ p. 159]. En 1999, six mois après son coup d'État en Côte-d'Ivoire, le général Robert Gueï se voyait remettre son tablier...

Le premier et le plus ancien de ces frères-présidents est Omar Bongo, inamovible président-dictateur de la République gabonaise depuis... 1967. La GLNF ne s'est pas contentée de l'initier dans les années 1980, elle l'a aidé à monter sa propre obédience, la Grande Loge du Gabon, afin de rester maître chez lui. Plus tard, au Congo, Sassou Nguesso créera également sa propre Grande Loge de Brazzaville, dont il sera immédiatement désigné Grand Maître. Les dictateurs n'envisagent pour eux-mêmes qu'un seul grade maçonnique : le plus élevé. À chaque cérémonie d'intronisation, la GLNF dépêche ses plus hauts spécialistes de l'Afrique et du bâtiment : des dirigeants du groupe Bouygues, d'anciens policiers ou militaires reconvertis dans les affaires.

Les dessous pétroliers n'arrangent guère le tableau. Pour séduire le Gabon et le Congo, riches en or noir, le groupe Elf, fondé par le frère Pierre Guillaumat [▷ p. 133], leur a longtemps dépêché d'éminents maçons : l'inamovible André Tarallo et l'inénarrable Alfred Sirven. Tous deux ont finalement été condamnés à l'issue du procès fleuve visant le réseau qu'ils avaient monté pour décrocher des contrats pétroliers en Afrique, en Amérique latine et en Europe de l'Est [▷ p. 540].

Rien de tel que la franc-maçonnerie – du moins sous cette forme dévoyée – pour synthétiser diplomatie, barbouzerie et business, toujours imbriqués en matière de relations franco-africaines. Elle permet aussi, dans des États presque sans droit, sans frontières respectées ni institutions légitimes, d'apporter un semblant de cohérence aux hiérarchies parallèles. Elle n'empêche pas les guerres civiles, loin de là. En 1998, au Congo-Brazzaville, un terrible bain de sang a opposé les milices de Pascal Lissouba, affilié au GODF, et de Denis Sassou Nguesso, affilié à la GLNF. Cobras contre Ninjas, GODF contre GLNF, terrible résumé. « Alors que les cadavres emplissaient les rues, tout le monde se réunissait au Gabon voisin comme si de rien n'était », témoigne un maçon horrifié. Depuis Paris, des frères de bonne volonté tentent de mettre un terme aux massacres. En vain. Ils avaient connu davantage de réussite en 1989, lorsque le gouvernement de Michel Rocard avait missionné des francs-maçons, le préfet Christian Blanc et l'ancien Grand Maître du GODF Roger Leray, accompagnés pour faire bonne mesure par un prêtre et un pasteur, afin de réconcilier indépendantistes kanak et irrédentistes caldoches. Mais c'était un territoire français d'Outre-Mer, pas l'Afrique.

En France, nombre de francs-maçons s'indignent de cet honneur fait à des potentats africains, le comble étant atteint lors du 90e anniversaire de la GLNF, en 2003 à Nice, lorsque les frères Bongo et Sassou furent invités en grande pompe. Sous la Ve République, on a les présidents maçons que l'on peut... Deux ans plus tard, le centenaire de la séparation de l'Église et de l'État, sûrement la plus maçonnique des lois jamais adoptées (en 1905) par le Parlement français, sera célébré dans la discrétion...

◂ **R. L.**

Pour en savoir plus

Patrice BURNAT et Christian DE VILLENEUVE, *Les Francs-maçons des années Mitterrand*, Grasset, Paris, 1994.

Jean-Pierre DOZON, *Frères et sujets. La France et l'Afrique en perspective*, Flammarion, Paris, 2003.

Jean-André FAUCHER, *Les Francs-maçons et le pouvoir*, Perrin, Paris, 1986.

Sébastien FONTENELLE, *Des frères et des affaires. Enquête au cœur de la Grande Loge nationale française*, Denoël, Paris, 2002.

Ghislaine OTTENHEIMER et Renaud LECADRE, *Les Frères invisibles*, Albin Michel, Paris, 2001.

Jean VERDUN, *Carnets d'un Grand Maître : lumière poursuite*, Le Rocher, Paris, 1990.

Franc-maçon et homme de l'ombre : le mystérieux destin de Michel Baroin

C'est l'un des plus étonnants destins de la Ve République. Ou comment un fils de paysan s'est mué en éminence grise tutoyant les puissants, avant de connaître une fin tragique encore inexpliquée vingt ans plus tard.

Michel Baroin est né en 1930 à Paris. « Élevé au cul des vaches » dans la Creuse, dira de lui son fils François Baroin (journaliste puis maire de Troyes et ministre chiraquien à partir de 1995), couvé dans l'ombre de la figure paternelle. Étudiant à Sciences-Po, Michel Baroin tutoie déjà aussi bien Jacques Chirac que Michel Rocard. Il embrasse la carrière policière : d'abord commissaire à Lille, puis en Algérie, il représente ensuite la Direction de la surveillance du territoire (DST) au bureau de liaison (BDL) qui coordonne la lutte des différents services de police contre l'Organisation de l'armée secrète (OAS). Après avoir intégré les Renseignements généraux (RG) dirigés par Jules Plettner en juin 1962, il est chargé de mener, en 1965, l'opération *Réconciliation*, le retour secret en France de militants de l'OAS exilés en Espagne. Il est alors pris en main par le directeur central des RG, Jean-Émile Vié, qui raconte dans ses mémoires un épisode inimaginable : « Ma plus grande réussite en matière d'entrisme fut par le truchement de Michel Baroin, jeune et brillant commissaire. Je lui avais assigné comme mission la surveillance du Grand Orient. Tant que je fus directeur des RG, il remplit correctement sa mission. » Et bien au-delà de ses espérances : Michel Baroin ira jusqu'à se faire élire, en 1977, Grand Maître de la première obédience maçonnique française !

Les RG et les francs-maçons sont réputés pour être des carrefours d'information. Les deux réseaux se croisent sans toujours se mélanger. De nombreux policiers sont maçons, mélange de vocation philosophique et de nécessité de service [▷ p. 611]... Le parcours très singulier de Michel Baroin est typique de cette dualité : la taupe s'est muée en authentique maçon. Un peu comme Lionel Jospin, ancien trotskyste missionné pour pénétrer le Parti socialiste (PS) en 1971, jusqu'à en devenir le premier secrétaire...

Nommé P-DG de la Garantie mutuelle des fonctionnaires (GMF) en 1974, bastion maçonnique qu'il présidera jusqu'à sa mort, Michel Baroin sera également P-DG (et principal actionnaire) de la FNAC à partir de 1985. C'est par le tremplin de la GMF que le Grand Orient lui tendra le maillet de Grand Maître. Michel Baroin roule alors en Jaguar, chasse le week-end, partage avec François Mitterrand une passion commune pour le Morvan. En plus des affaires de la mutuelle, on lui confie la direction de la mission chargée de piloter les festivités du bicentenaire de la Révolution française. Réputé apolitique, il n'est pourtant pas loin de rêver à un destin politique. Et pas n'importe lequel : présidentiel.

Le revers de ses affaires est moins brillant. Michel Baroin est à l'origine du désastreux projet de complexe touristique sur l'île de Saint-Martin, aux Antilles, qui mènera la GMF au bord de la faillite. Conçu dans une zone infectée par les moustiques, sans accès direct à la mer, le projet Saint-Martin a de plus été parasité par des intérêts mafieux. La mutuelle des fonctionnaires devra s'en remettre à Étienne Léandri, figure du milieu, condamné à la Libération et compagnon de route de Charles Pasqua, afin de calmer les ardeurs d'inquiétants hommes d'affaires tournant autour de Saint-Martin... « Michel Baroin savait utiliser les hommes selon leur nature, a témoigné son ami Hachemi Merabti, dans un documentaire de trois heures diffusé en 1997 sur

Canal Jimmy. En général, on arrive à contrôler les voyous, il y a des méthodes pour ça. Baroin contrôlait, Pétriat ne contrôlait plus. » Jean-Louis Pétriat, son successeur maçon à la tête de la GMF, sera mis en examen avant de bénéficier, dix ans plus tard, d'une tardive relaxe. Trop tard : la GMF a entre-temps été déshonorée et avalée par une compagnie d'assurances privée, Azur.

L'essentiel du mystère Baroin tient à son décès, le 5 février 1987, dans un accident d'avion. Un témoin affirme que, ce jour-là, un haut fonctionnaire français du renseignement, franc-maçon, aurait sablé le champagne. Officiellement, Michel Baroin est monté dans son avion d'affaires, un Learjet 55, à destination de Libreville (Gabon) afin de négocier l'achat, pour le compte de la GMF, de 300 000 hectares d'une forêt de bois précieux. Son sous-sol riche en minerais intéressait également le groupe Elf. Il fait escale à Brazzaville (Congo), pour remplir une mission confidentielle qui n'a rien de mutualiste : convaincre le président congolais, Denis Sassou Nguesso, de se faire initier au Grand Orient, et discuter avec lui de la guerre qui oppose alors le Tchad à la Libye.

Redécollant pour Libreville, l'avion change de destination : entre-temps, Michel Baroin aurait eu une discussion téléphonique orageuse avec le président Omar Bongo à propos d'une dette de l'État gabonais à l'égard d'une filiale de la GMF. L'avion met le cap sur Tamanrasset en Algérie, en vue, selon certains témoins, de récupérer l'ancien président tchadien Goukouni Oueddeï, parti à la reconquête du pouvoir avec l'aide de la Libye mais récemment fâché avec son protecteur, le colonel Kadhafi… L'avion – qui embarquait en outre huit personnes, dont deux agents de la Direction générale de la sécurité extérieure (DGSE) et le chauffeur et garde du corps de Baroin, Jean-Jacques Maréchal, qui avait participé à l'opération *Réconciliation* – n'ira jamais jusqu'en Algérie, explosant dans le ciel du Cameroun. Aucune explication technique n'a été donnée à ce jour, mais pour avoir mélangé mutualisme, maçonnerie et diplomatie parallèle, le funeste périple aérien de Michel Baroin alimente tous les fantasmes. Il est mort comme il a vécu : dans le mystère.

◂ **R. L.**

Pour en savoir plus

Jean-Michel Blanquer, *Michel Baroin, les secrets d'une influence*, Plon, Paris, 1992.

Rémi Kauffer, *OAS, Histoire d'une guerre franco-française*, [1986], Seuil, Paris, 2002.

Dominique Lorentz, *Une guerre*, Les Arènes, Paris, 1997.

Jean-Émile Vié, *Mémoires d'un directeur des Renseignements généraux*, Albin Michel, Paris, 1988.

De l'ORTF à la « médiacratie » : l'information sous influence

Au début était la censure d'État. La période la plus aiguë de cette tentative de contrôle de l'information par le pouvoir se situe pendant les « événements » d'Algérie (1954-1962). Le pays est alors engagé dans une guerre, très sale : tortures, « corvées de bois », exécutions capitales, déplacements massifs de population. Des informations que les grands titres – *France-Soir*, *Paris Presse*, *L'Aurore*, *Paris Match*, *Le Monde* – relaient peu, préférant suivre la ligne du pouvoir en place. Les Français ne savaient-ils donc rien des exactions commises ? « Non, ils savaient ce qui se passait là-bas. Si la presse à grand tirage évoquait peu la réalité de la guerre, d'autres journaux la dénonçaient régulièrement », explique l'historien Benjamin Stora : « Leurs journalistes étaient poursuivis pour incitation à la désobéissance ou démoralisation de l'armée. La guerre d'Algérie, pour la presse, c'est la grande période de l'engagement [1]. »

Certains titres prennent incontestablement des risques : *Témoignage chrétien*, *Libération* [2], *Combat* ou *Le Canard enchaîné* – lequel se moque, par exemple, des colons enrichis en les appelant les « fellagras », démarque ironique de l'appellation « fellaghas » donnée par l'armée française aux combattants algériens pour l'indépendance. *L'Humanité* et *France-Observateur* sont saisis à de nombreuses reprises. Dans *L'Express*, François Mauriac publie son terrible « Bloc-notes ». Les radios ? Deux stations occupent le paysage : RTL et Europe 1, qui, en évoquant la torture, provoquent la colère du gouvernement. « La jeunesse écoutait Europe 1, ajoute Benjamin Stora, et surtout le contingent. D'ailleurs, dès 1956, les sondages indiquent que les Français sont opposés à la guerre. » Sa conclusion est cruelle pour les médias actuels : « La presse d'aujourd'hui me paraît moins libre que celle de cette période. À l'époque, des types se battaient comme des chiens. »

---

1 Entretien avec l'auteur, 21 juin 2006.

2 Proche du Parti communiste, le *Libération* de l'époque avait été fondé en 1941 dans la Résistance, par Emmanuel d'Astier de la Vigerie et Raymond Aubrac. Il cessera sa parution en 1964.

L'« omerta française »

Que s'est-il passé ? Au fil des décennies, la main de fer de l'État a fait place au gant de velours des « actionnaires ». En 1997, le journaliste Serge Halimi publie un violent pamphlet dénonçant ce nouveau monde de l'information [1]. À ses yeux, les grands groupes du bâtiment ou de l'armement – comme Bouygues, Matra-Hachette et Dassault –, mais aussi Vivendi, LVMH, Bolloré ou Pinault, propriétaires des médias d'aujourd'hui, sont les « héritiers du Comité des forges », l'organisme de ces grands patrons jadis accusés de dominer la France de la IIIe République.

Dans la Ve République vieillissante, leur mainmise sur l'information est toutefois bien plus subtile que ne le fut naguère celle du « grand capital » et du pouvoir politique. C'est que le mécanisme de leurs pressions est souvent indéchiffrable, tant il s'enchevêtre dans de multiples réseaux d'influence. Si, après Mai 68, les journalistes se sont battus pour desserrer l'étreinte de l'État, la « médiacratie », comme l'appelle en 1991 le journaliste Yves Roucaute [2], l'a finalement emporté : il estime à cent cinquante personnes environ ce réseau que forment les présentateurs télé, les responsables de magazines, les éditorialistes, les rédacteurs en chef de grands médias, nomenklatura de l'information qui s'est hissée au niveau du pouvoir et entretient avec lui une profonde connivence.

Depuis les années 1980, les médiacrates ne dérangent plus les hommes politiques et les grands patrons : ils les côtoient en permanence, partagent leurs confidences, échangent quotidiennement des services, des plus infimes aux plus considérables. Un « étouffoir » pour l'information, selon Sophie Coignard et Alexandre Wickham, auteurs depuis 1999 de versions annuellement actualisées de *L'Omerta française* [3], l'un des ouvrages qui ont dénoncé ces incessants petits arrangements entre amis – tout comme l'a fait Daniel Carton en 2003 avec *Bien entendu, c'est off* [4].

Parfois excessifs dans leur charge contre les médias, ces livres fourmillent d'exemples de complicités perverses qui aboutissent à ce que des informations dérangeantes soient « trappées », sans que les journalistes ne réagissent. Dès qu'ils se cabrent, oubliant un instant que l'on ne passe plus d'un titre à l'autre aussi facilement qu'autrefois, ils sont rappelés à l'ordre par une phrase devenue rituelle : « Il fait froid dehors... »

Certains claquent quand même la porte, comme Daniel Carton, journaliste au *Monde* puis au *Nouvel Observateur*, qui décida en 1997 de quitter la

---

1 Serge Halimi, *Les Nouveaux Chiens de garde*, Seuil, coll. « Raisons d'agir », Paris, 1997 (nouvelle édition : 2005).

2 Yves Roucaute, *Splendeurs et misères des journalistes*, Calmann-Lévy, Paris, 1991.

3 Sophie Coignard et Alexandre Wickham, *L'Omerta française*, Albin Michel, Paris, 1999.

4 Daniel Carton, *Bien entendu, c'est off*, Albin Michel, Paris, 2003.

rédaction du grand hebdomadaire parisien. La raison ? Daniel Carton avait écrit un article racontant comment, après la dissolution du Parlement par le président de la République le 21 avril 1997 et la victoire électorale de la gauche le 1er juin, Michel Rocard avait rendu visite à son camarade de promotion de l'École nationale d'administration (ENA) Jacques Chirac, au moment de la constitution du gouvernement Jospin, dans l'espoir d'obtenir le poste de ministre des Affaires étrangères. Anodin. Et pourtant, la semaine suivante, un rectificatif était publié, stipulant qu'il s'agissait d'une information erronée, alors qu'elle était parfaitement exacte. Que s'est-il passé entre-temps ? « Sans que j'en sache rien, Rocard décroche le téléphone pour joindre le grand commandeur de *L'Obs*, Jean Daniel. Rocard, comme Fabius, Lang, Guigou ou Strauss-Kahn, tous ces socialistes stylés, fait partie d'une espèce protégée, dite des amis du journal », écrit-il dans son livre…

« Au fil des ans, mille liens de complicité se sont tissés qui ont gommé la nécessaire séparation entre information et pouvoir. Si bien que le système se nourrit de lui-même et crée l'autocensure. » De quand datent ces écrits désabusés ? D'un article de Claude Sales dans *Le Point*, en octobre 1978. Autant dire une éternité. Depuis, rien n'a changé, bien au contraire, et les complicités entre puissants ont abouti à un système de contrôle bien plus redoutable que le couperet de l'antique censure d'État. « La politique, c'est l'art d'empêcher les gens de se mêler de ce qui les regarde », disait Paul Valéry.

Le gouvernement dans la salle à manger des Français

« De la censure par l'État monopolistique à l'autocensure pratiquée par une télévision marchande de rêves, le chemin est long et sinueux », s'attriste, en avril 1991, le journaliste Alain Woodrow dans *Le Monde*. Tout commence au début des années 1960, quand le média qui va être le centre de toutes les convoitises à venir pénètre les foyers français.

Au début de la présidence du général de Gaulle, la télévision est sous l'emprise totale de l'État, depuis la création en 1945 du ministère de l'Information, qui assure le contrôle de la Radio télévision française (RTF). « La RTF, c'est le gouvernement dans la salle à manger de tous les Français ! », dira en 1963 Alain Peyrefitte, ministre de l'Information, surnommé le « grand censeur », tandis que les journalistes sont affublés par le pouvoir du sobriquet de « valets rayés ». Une émission célèbre et insolente va pourtant accompagner, semaine après semaine, les dix années de pouvoir du général de Gaulle en montrant souvent ce qui dérange : « Cinq colonnes à la une » débute le 9 janvier 1959, le lendemain même de la cérémonie de passation des pouvoirs du général de Gaulle à l'Élysée. Elle ne survivra pas davantage que lui à Mai 68.

Créé par Pierre Lazareff – le patron de *France-Soir* –, Pierre Desgraupes, Pierre Dumayet et Igor Barrère, la première des cent-trois émissions débute avec un reportage sur « Charlie Robert, sergent en Algérie ». Mais en 1961, quand les attentats de l'OAS secouent la métropole, la censure gouvernementale pèse de tout son poids : « Quelques dignitaires du régime s'invitent aux projections qui précèdent la diffusion à l'antenne. Pierre Messmer, alors ministre des Armées, ou Maurice Couve de Murville, ministre des Affaires étrangères, ne se privent pas de désigner les séquences à couper ou les commentaires qu'ils jugent déplacés », écrivent Coignard et Wikham. Comment contourner la censure ? « Lazareff a eu l'idée de faire venir parfois à ces projections Jacques Chaban-Delmas, alors président de l'Assemblée nationale, qui avait surtout l'avantage d'être un de ses grands amis. Et il arrivait que Chaban nous donne un coup de main face aux ministres. » « Cinq colonnes à la une » est une exception, car c'est aussi l'époque ou le journaliste Emmanuel de la Taille reçoit des lettres « impératives », où il est appelé par son administration « Monsieur l'agent Emmanuel de la Taille [1] ».

Mai 68 marque une vraie rupture. Du 13 mai au 23 juin, une grève très dure survient à l'ORTF, nouveau nom de la télévision d'État depuis juin 1964, qui regroupe les deux chaînes publiques. La reprise en main est sévère. Quelque soixante journalistes sont licenciés. Mais la France a changé. Jacques Chaban-Delmas l'a bien compris. De juin 1969 à juillet 1972, le Premier ministre du président Georges Pompidou apporte une éclaircie. À cette époque, 66,4 % des ménages sont déjà équipés de téléviseurs. « Il n'est guère partisan des méthodes expéditives qui lui paraissent archaïques, écrit Yves Roucaute. Contre l'avis des gaullistes de choc, il avait nommé Pierre Desgraupes à la direction de la première chaîne et Jacqueline Baudrier à celle de la seconde. Un peu d'air frais circule. [...] Cela ne sera pas pardonné au maire de Bordeaux. Marie-France Garaud et Pierre Juillet se déchaînent contre lui. Ils le feront partir. »

Il faut dire que le président Georges Pompidou possède une vision assez surannée de l'information télévisée et de ceux qui la délivrent. Lors d'une conférence de presse, le 21 septembre 1972, il déclare que « le journaliste de télévision n'est pas tout à fait un journaliste comme les autres », car « la télévision est considérée comme la voix de la France ».

Valéry Giscard d'Estaing, son successeur, prétendra vouloir « décrisper » la France. En réalité, le contrôle des médias s'accentue plus que jamais. « Patrice Duhamel expliquait à la rédaction ce que le président Giscard d'Estaing voulait. Il expliquait et expliquait ce que disait Giscard et il répétait et se répétait inlassablement... Cette voix de son maître. [...] Cela nous rendait fous », témoigne Patrick Richard, de TF1, dans le livre d'Yves Roucaute.

1 Yves Roucaute, *Splendeurs et misères des journalistes*, *op. cit.*, p. 237.

Autre sujet d'inquiétude pour le pouvoir : Europe 1. La radio s'est affirmée, avec le jazz puis le rock, comme la radio des jeunes. En Mai 68, comme RTL, Europe 1 est surnommée « Radio barricades » par le pouvoir, qui accuse les reporters d'être trop favorables aux manifestants. Depuis 1959, la station est sous le contrôle de l'État par l'intermédiaire de la Sofirad [1] et l'épuration des journalistes alors les plus engagés – Albert du Roy, Julien Besançon, Olivier Mazerolles – est violente. Mais elle ne change pas grand-chose. Ils sont remplacés par d'autres : Gérard Carreyrou, Ivan Levaï et Jean-François Kahn. C'en est trop. Tout ce beau monde, selon Giscard, « persifle » et, en 1974, le président exige de son Premier ministre Jacques Chirac qu'il fasse le ménage. « Celui-ci décapitera d'un seul claquement de mâchoires la rédaction, dirigée par Maurice Siegel [2] », le patron d'Europe 1 étant lui-même licencié.

Les grands secrets de François Mitterrand

Avec François Mitterrand, la chasse aux sorcières sera d'une moindre ampleur qu'en Mai 68 ou à l'arrivée de Valéry Giscard d'Estaing. Mais quand même. En 1978, sur France Inter, on lui demandait, en tant que premier secrétaire du Parti socialiste (PS), quelle radio il préférait écouter, il répondait sans hésitation : « France Inter. » « Pourquoi ? », insistait alors la journaliste, ravie de cette révélation : « Parce que de cette manière, je connais dès le matin les consignes du pouvoir. »

La « liste Juquin », du nom du porte-parole du Parti communiste (PCF), permet à la gauche d'imposer des journalistes afin de rééquilibrer l'information au sein de l'audiovisuel public. Contre le « papivore » Robert Hersant qui détient *Le Figaro* et ses magazines [▷ p. 631], mais aussi une très grande partie de la presse quotidienne régionale, on vote une loi anticoncentration en octobre 1984. *Libération*, qui reparaît trois jours après l'élection de François Mitterrand, épouse la ligne gouvernementale tout comme *Le Matin*, créé pour l'occasion.

Avec la création de Canal Plus, de M6 ou encore la libéralisation des ondes et l'apparition des radios privées, on pourrait croire que la France entre dans une nouvelle ère de l'information, enfin digne d'une démocratie moderne. Ce serait oublier que cette période sera, plus que jamais, celle des « grands secrets ». À l'exception des lecteurs de l'hebdomadaire d'extrême droite *Minute*, les Français ne sauront rien, pendant quatorze ans, ni du cancer de François Mitterrand ni de l'existence de sa fille Mazarine, ni de la Francisque, principale

---

1 Société financière de radio, créée en 1942 pour gérer les participations de l'État dans les radios commerciales.

2 *Le Point*, 12 juillet 1976.

décoration instituée par le maréchal Pétain, reçue du temps de Vichy. Cette omerta en dit long sur la complicité qui s'est instaurée entre le pouvoir et les médias.

Affaires privées ? Mazarine coûtait quand même cher aux contribuables [▷ p. 441]. Quant au cancer du président, il suffit de relire le livre du docteur Claude Gubler [1] pour constater qu'au moment de sa découverte, en novembre 1981, six mois à peine après l'élection de François Mitterrand, sa gravité aurait justifié que l'on en informe les Français : « Les résultats des examens sont très vite connus. Ceux de la scintigraphie sont sévères. Le test spécifique du cancer de la prostate a fait péter les tubes ! Les taux sont inouïs ! Diagnostic : cancer disséminé », écrit le docteur Gubler. Mais même après le décès du président, les Français n'auront pas le droit de savoir : le livre du médecin de François Mitterrand est immédiatement interdit. C'est l'autre moyen du pouvoir pour faire taire ceux des journalistes et citoyens qui s'aviseraient de franchir la ligne jaune en sortant des informations quand le « plan média » officiel ne l'autorise pas encore.

Le verrouillage de l'information

Les tribunaux, avec une loi sur la diffamation qui est l'une des plus sévères des pays développés, savent faire entendre raison aux plus récalcitrants. Mais ce n'est pas tout. Le système français protège les informations les plus délicates qui, pourtant, devraient être accessibles aux journalistes et aux citoyens. Dans son article 15, la Déclaration des droits de l'homme stipule que « la société a le droit de demander compte à tout agent public de son administration », c'est-à-dire que tout document public réalisé avec l'argent du contribuable lui est communicable. Pourtant, si l'on souhaite obtenir un rapport que l'administration ne veut pas délivrer, il faut passer sous les fourches caudines de la CADA (Commission d'accès aux documents administratifs), qui décide si le document peut être rendu public. Non seulement les restrictions sont multiples mais surtout la commission change parfois d'avis, sous la pression de ceux qui ne veulent pas divulguer leurs secrets.

Ainsi, en avril 2006, elle refusait au magazine *Le Point* l'accès à une base de données de la SNCF dont elle avait pourtant autorisé la divulgation cinq ans plus tôt. Et que dire des « archives interdites », titre du livre de l'historienne Sonia Combe [2] ? En France, l'histoire est « confisquée », à l'aide de délais de

---

1 Claude Gubler et Michel Gonod, *Le Grand Secret*, Plon, Paris, 1996.

2 Sonia Combe, *Archives interdites*, La Découverte, Paris, 2001.

communication invraisemblables et de systèmes de dérogation clientélistes. Enfin, il y a le fameux « secret-défense ». C'est en son nom que les noms des bénéficiaires des commissions sur la vente de frégates à Taïwan en 1991 [▷ p. 540] dorment toujours, quinze ans plus tard, dans un coffre-fort de l'État, inaccessibles, même aux magistrats. C'est dans un pays fonctionnant avec des lois si vermoulues que les journalistes doivent révéler la vérité.

En 1986, quand débute la première cohabitation, la droite redistribue les cartes en faveur de ses amis. Bouygues obtient TF1 en 1987, la CLT (Compagnie luxembourgeoise de télédiffusion) et la Lyonnaise des eaux – dirigée par Jérôme Monod, futur conseiller de Jacques Chirac – décrochent Métropole TV (la future M6) et Robert Hersant La Cinq. Mais c'est surtout la privatisation de TF1 [▷ p. 531] qui va totalement déséquilibrer l'information délivrée aux Français et consacrer la supériorité du média télévisuel sur une presse écrite dont le déclin débute.

Vingt ans après, c'est un faire-part paru dans le *Parisien libéré* en 2000 qui résume sans doute le mieux une confusion des genres qui confine maintenant à la caricature : « Claire Chazal, quarante-quatre ans, a épousé Xavier Couture, directeur de l'antenne et des sports de TF1. [...] Parmi les personnalités présentes : Jack et Monique Lang, Nicolas Sarkozy et sa femme, Martine Aubry, Michel Field, témoin du marié [1]. »

La proximité des politiques et des journalistes est devenue telle que l'on comprend mieux pourquoi ces derniers ne posent pas les questions qui fâchent lors des traditionnelles interviews présidentielles par exemple. Et d'ailleurs, que se passe-t-il lorsqu'un journaliste interroge vraiment un homme politique ? La réponse a été apportée en mars 1993 par la RTBF, la télévision belge, qui peut se flatter d'avoir réalisé l'interview la plus courte d'un président de la République française. Rediffusée lors du procès des écoutes de l'Élysée en février 2006, la première question posée à François Mitterrand porte sur la cellule de l'Élysée. Après avoir répondu que « l'Élysée n'écoute rien. Il n'y a pas de système d'écoute ici », le visage du Président se crispe : « Si j'avais su que l'on allait tomber dans ces bas-fonds, je n'aurai pas accepté de vous recevoir, vous que rien n'autorise... On s'enfonce encore un peu plus. Je n'ai pas l'intention de répondre à vos questions. C'est terminé, si vous le voulez bien, nous allons nous séparer. Je ne pensais pas que l'on allait tomber dans un tel degré de vilenies. Merci, c'est terminé. » Le président se lève, fait un signe à l'huissier et quitte la pièce sans prononcer un mot de plus.

À droite, on n'est pas en reste. Serge Halimi raconte comment, en 1995, Édouard Balladur, mécontent de la couverture de son voyage en Chine, sermonne Catherine Pégard, chef du service politique du *Point* : « Vous comprendrez que j'ai fait valoir à votre principal actionnaire [à l'époque,

---

1 Serge Halimi, *Les Nouveaux Chiens de garde*, *op. cit.*

Alcatel] que ce n'était pas la peine d'aller lui décrocher de gros contrats à Pékin si c'était pour lire de tels papiers sur mon voyage dans vos colonnes. » Combien de fois un journaliste, quand il commence à irriter un interlocuteur puissant, s'entend-il lancer : « Je connais très bien votre patron... » Ce qui est généralement vrai...

Le règne de l'autocensure

Ajoutons les mesures d'intimidation, une fois que l'on a déplu. Quelques expériences personnelles vécues au *Point*, magazine où l'auteur de ces lignes travaille depuis 2000, mais qui existent dans tous les journaux : les reporters enquêtant sur l'explosion de l'usine AZF en 2001 persistent dans la version de l'accident industriel ? Plusieurs membres de la hiérarchie du magazine sont convoqués par Total pour s'entendre dire tout le mal que l'on pense de cette version – qui sera pourtant validée entièrement par le rapport d'expertise remis en mai 2006. Il y a aussi l'arme fatale : la rétorsion économique. On ennuie BASF, en 2003, en écrivant qu'un de ses pesticides, le Régent, décime les abeilles ? La campagne de publicité annuelle est immédiatement supprimée. Trois pages de reportage qui coûteront finalement 300 000 euros au magazine.

Enfin, passons sur ce qui, pour les journalistes, finit par relever de la routine, comme les écoutes téléphoniques permanentes ou encore les vols d'ordinateurs par des officines au sein même des rédactions. Sans oublier les perquisitions, qui étaient une exception dans les entreprises de presse et tendent à se généraliser. Ce fut le cas au *Point* et à *L'Équipe* en janvier 2005, mais aussi au *Midi libre* en juillet 2006. But de ces déploiements de force : obtenir les sources des journalistes, mais surtout les tarir...

Les dernières années du XXᵉ siècle se trouvent donc marquées par une nouvelle censure, la plus aboutie sans doute : celle que les journalistes s'imposent à eux-mêmes. Car à partir de la fin des années 1980, le climat économique de la presse écrite se dégrade irrémédiablement. En janvier 1992, selon *Le Monde*, « un Français sur deux ne croit pas ce que lui racontent les médias ». Le fruit est mûr et la majorité des médias passe sous la coupe d'une demi-douzaine de grands groupes, les successeurs du fameux Comité des forges.

Depuis, la « médiacratrie » s'en donne à cœur joie. En septembre 1999, Jean-Pierre Lesueur consacre un article dans *Le Monde diplomatique* aux pressions qui s'exercent, par exemple, dans les journaux économiques. En 1998, les journalistes de *La Tribune*, propriété de Bernard Arnault, patron du groupe de luxe LVMH, se rebellent : ils se plaignent d'une « revue de presse d'Ivan Levaï [alors directeur de la rédaction du quotidien], intitulée "Diorissime", à la gloire d'une marque de LVMH ». « Les articles sur LVMH sont sous haute surveillance, parce que Bernard Arnault ne supporte pas les graphes montrant une chute de ses titres. L'intérêt de ses actionnaires passe avant celui du lecteur », avouait un rédacteur du quotidien économique. À la télévision, il ne faut pas déplaire aux annonceurs. Sur M6, deux reportages ont été ainsi amputés en 2005 de séquences déplaisantes pour la Française des jeux et Renault. La société des journalistes de M6 est immédiatement montée au créneau. Mais pour une rédaction qui hurle, combien se taisent ?

Les « bonnes idées » de Serge Dassault

« Pour moi, c'est important d'être propriétaire d'un journal pour exprimer mon opinion. » Serge Dassault avait le mérite de la franchise, bien avant le rachat de la Socpresse en 2004, l'ancien groupe de Robert Hersant. Dans *Le Figaro*, il souhaitera rapidement faire passer de « bonnes idées », mais aussi la photo de la chorale de Corbeil-Essonnes – ville dont il est maire –, une information capitale. Les dirigeants de la rédaction lui ont fait comprendre qu'il avait tout à perdre à prendre ses lecteurs pour des imbéciles.

Mais les réflexes sont difficiles à perdre : le 18 mai 2006, *Le Figaro* publie une photo du sulfureux Shoichi Osada, ancien P-DG de la Tokyo Sowa Bank (TSB) condamné en 2003 à trois ans de prison avec sursis. La semaine suivante, *Le Canard enchaîné* révèle que la photo a été retouchée, comme au bon temps de l'Union soviétique. À l'origine, Jacques Chirac serrait la main de son ami avec un grand sourire. Leur proximité était peut-être trop difficile à souligner pour la direction du *Figaro*. C'était pourtant l'information la plus importante, puisque Jacques Chirac aurait détenu un compte à la TSB. Une affaire sur laquelle aucun journal ne s'est encore précipité pour enfin apporter des éléments définitifs, dans un sens ou dans l'autre.

Mais est-il encore nécessaire de prendre des gants avec les journalistes ? Certes, Nicolas Sarkozy sait faire pression sur ses amis. Ce fut le cas avec Arnaud Lagardère, quand, furieux d'une une de *Paris Match* de l'été 2004 où l'on voyait son épouse Cécilia avec son nouveau compagnon Richard Attias, il boudera l'héritier du groupe de presse et d'armement. Ils se réconcilieront, mais au prix du sang, en préparant le sacrifice d'Alain Genestar, directeur de la rédaction de *Paris Match* débarqué en juin 2006. La vengeance est un plat qui se mange froid. Et quand l'importun est tellement obscur que l'on ne sait même quelle ficelle tirer, le ministre de l'Intérieur le convoque directement dans son bureau. Ce fut le cas en novembre 2005 avec le patron de la société d'édition First, Vincent Barbare, qui s'apprêtait à publier un livre de la journaliste Valérie Domain sur Cécilia. L'entretien dut être suffisamment clair : le livre est parti au pilon.

Le panorama est-il si noir ? Des « affaires » sont quand même sorties : du sang contaminé [▷ p. 662] en passant par toutes celles liées au financement des partis politiques, ou encore Elf [▷ p. 540]. À leur origine des juges, des associations de victimes et aussi des journalistes. Mais cela n'a pas été suffisant. Après un demi-siècle de Vᵉ République, les journaux sont exsangues. À commencer par la presse quotidienne nationale : *France-Soir*, *L'Humanité*, *Libération* se meurent. *Le Monde* commence à être absorbé par des actionnaires privés.

Dans la presse, on se réfugie derrière l'irruption des gratuits ou d'Internet pour expliquer la désaffection des lecteurs. N'est ce pas aussi parce que la presse ne se contente plus que de recycler les mêmes informations, celles que les « médiacrates » autorisent ? Serge Halimi dit avoir écrit *Les Nouveaux Chiens de garde* « pour les journalistes qui font dignement leur métier et qui souffrent de l'image dégradée qu'en donnent certains ». Même aux yeux de ce terrible censeur, il en reste donc qui font bien leur travail, en résistant tant bien que mal aux multiples pressions. Mais tous se posent la même question : pour combien de temps encore ?

◀ F. M.

Pour en savoir plus

Daniel Carton, *Bien entendu, c'est off*, Albin Michel, Paris, 2003.

Jean-Marie Charon, *Les Médias en France*, La Découverte, Paris, 2003.

Sophie Coignard et Alexandre Wickham, *L'Omerta française*, Albin Michel, Paris, 1999.

Jean Guisnel, *Libération, la biographie*, La Découverte, Paris, 1999.

Serge Halimi, *Les Nouveaux Chiens de garde*, Seuil, « Raisons d'agir », Paris, [1997] 2005.

Jean-Noël Jeanneney, *Une histoire des médias*, Seuil, Paris, 1996.

Élisabeth Lévy, *Les Maîtres censeurs*, J.-C. Lattès, Paris, 2002.

Pierre Péan et Philippe Cohen, *La Face cachée du* Monde, Mille et une nuits, Paris, 2003.

Yves Roucaute, *Splendeurs et misères des journalistes*, Calmann-Lévy, Paris, 1991.

De la collaboration à la Socpresse : Robert Hersant, le « papivore »

Dix ans après sa mort en 1996, l'ombre de Robert Hersant plane encore sur son défunt empire de presse. De son vivant, le magnat était passé à travers toutes les gouttes, tant les autres pouvoirs, politique ou judiciaire, semblaient redouter le sien. À titre posthume, un vieux dessous de table de 90 millions de francs remonte tardivement à la surface, à l'occasion de l'interminable agonie du quotidien *France-Soir*. Ses ayants droit vont peut-être devoir assumer cet héritage encombrant, ressurgi d'un paradis fiscal.

Robert Hersant aura rythmé cinquante années de la vie politico-médiatique française et construit un empire de papier (*Le Figaro, France-Soir, Auto Moto, Paris Turf, La Voix du Nord, Le Dauphiné libéré, Le Progrès, Presse Océan*, etc.), dont il ne reste aujourd'hui plus rien. Seule la Ve République pouvait mettre en selle ce type de personnage... Il est né en 1920 en Loire-Atlantique, fils d'un capitaine au long cours. Étudiant en Normandie, il est secrétaire des Jeunesses socialistes locales et fréquente alors deux futurs destins politiques : Jean Lecanuet, qui sera candidat centriste à l'élection présidentielle de 1965, et Alexandre Hébert, qui incarnera plus tard l'anarcho-syndicalisme avant de devenir membre du Parti des travailleurs (trotskyste-lambertiste). Mais Robert Hersant a d'autres vues : bien plus que la politique, il embrasse le monde de la presse. Au plus mauvais moment : sous l'occupation allemande.

Chef en 1940 du mouvement collaborationniste Jeune Front, il fonde deux ans plus tard le journal pétainiste *Jeunes forces*, « organe des jeunes du Maréchal », et participe à la rédaction du *Pilori*, « hebdomadaire de combat contre la judéo-maçonnerie ». Bravache, Robert Hersant assumera plus tard ce compromettant passé en ironisant : « Ceux qui me connaissent savent que je suis le seul Français de ma génération à ne pas avoir été un héros de la Résistance. » À la Libération, il est condamné à dix ans d'indignité nationale. Une peine abrogée en 1952 – l'heure est alors plutôt à la reconstruction qu'à l'épuration.

Robert Hersant se refait une santé dans ce qu'il sait faire : la presse. Il crée l'*Auto Journal*, défenseur du consommateur sur quatre roues, la première pierre de son empire. N'hésitant pas à mélanger politique et presse, sa marque de fabrique, il enchaîne les mandats électoraux, locaux puis nationaux, sous l'étiquette de l'Union démocratique et socialiste de la Résistance (UDSR) et de la Fédération de la gauche démocrate et socialiste (FGDS), dans le sillage de François Mitterrand, avec lequel il partage antigaullisme et anticommunisme. Élu de l'Oise, Robert Hersant commence naturellement par racheter tous les journaux du département, puis de la France entière… Jusque dans les DOM-TOM, au risque de froisser le général de Gaulle, inquiet de sa mainmise sur la presse : « La Martinique est un département français, je suis un Français libre, et il y aura un journal qui s'appellera *France Antilles*, que cela plaise ou non au président de la République. »

Robert Hersant ne fait pas toujours autant le fanfaron. Sous la présidence de Valéry Giscard d'Estaing, quand il s'agit de racheter *Le Figaro* en 1975 et *France-Soir* en 1976, deux fleurons nationaux, il devient giscardien. Dans les années 1980, pour prendre pied dans la télévision privée, il prend l'étiquette « gaulliste » du Rassemblement pour la République (RPR) : Jacques Chirac, durant la première cohabitation, lui accordera en février 1987 la concession de La Cinq, chaîne de télévision privée que Robert Hersant aura le réflexe de revendre à Jean-Luc Lagardère, en octobre 1990, avant sa retentissante faillite en avril 1992 [▷ p. 274].

Avec François Mitterrand, dont il fut si proche, les relations sont plus compliquées. Quand le Florentin se gauchise, le magnat se droitise. La gauche parvenue au pouvoir en mai 1981 entend mettre fin aux « monopoles de presse ». Hersant est alors désigné comme l'ennemi juré, on lui ressort son passé de collabo. Il fait front, jusque sur le plateau de « Droit de réponse », l'émission polémique animée par Michel Polac : « Je vous plains, Messieurs, d'avoir des mentalités pareilles, de ne jamais penser au pardon des fautes accomplies. » La nouvelle loi n'écornera guère l'emprise du groupe Hersant sur la presse quotidienne.

Continuant son bonhomme de chemin, Robert Hersant multiplie les rachats comme si de rien n'était. Quitte à surendetter son groupe. Mais pas un banquier n'ose alors protester contre le « papivore ». Il s'assure la meilleure des impunités grâce à un mandat au Parlement européen, de 1984 à 1994 : à Strasbourg, les élus sont encore plus protégés qu'au Sénat ou au Palais-Bourbon. Dans *Le Monde selon Hersant* (Ramsay, 1997), deux anciens journalistes de son groupe, Élizabeth Coquart et Philippe Huet, résument sa méthode managériale : « Tout, absolument tout, remonte au patron. Organisation verticale. À l'étage en dessous, c'est un peu le souk. »

Le décès de Robert Hersant, le 21 avril 1996, sonne le glas d'un empire qui ne tenait qu'à sa personne. Ses enfants ont pu récupérer quelques confettis, le reste étant promis à la vente à la découpe. Serge Dassault, repreneur en juin 2004 de sa société, la Socpresse, créée en 1966, s'est chargé de l'équarrissage. L'avionneur n'étant pas un homme de presse, il ne conserve que le vaisseau amiral, *Le Figaro*, comme outil d'influence auprès des pouvoirs publics.

C'est sur ces entrefaites que ressurgit la cagnotte occulte de 90 millions de francs : un dessous-de-table encaissé lors de la revente, en

1989, du siège historique de *France-Soir*, rue Réaumur à Paris. Robert Hersant l'avait logé dans un compte *off-shore* basé à Genève, puis à Vaduz. Une caisse noire destinée à financer de nouvelles acquisitions dans les pays de l'Est, ce nouvel Eldorado. De son vivant, jamais la justice française n'aurait osé chercher querelle à Robert Hersant. Signe des temps, elle s'est réveillée en 2002, six ans après son décès. Yves de Chaisemartin, son successeur à la tête de la Socpresse, a été mis en examen à sa place. Mais même la Socpresse n'existe plus. Les juges en sont réduits à chasser un fantôme.

◂ R. L.

Pour en savoir plus

Nicolas BRIMO (avec la collaboration d'Anne GUÉRIN), *Le Dossier Hersant. Comment le Springer français a su passer des prisons de la République aux palais officiels*, François Maspero, Paris, 1977.

Patrick CHASTENET et Philippe CHASTENET, *Citizen Hersant. De Pétain à Mitterrand, histoire d'un empereur de la presse*, Seuil, Paris, 1998.

Élizabeth COQUART et Philippe HUET, *Le Monde selon Hersant*, Ramsay, Paris, 1997.

Une justice aux ordres, ou la machine à étouffer les scandales

Sur le moment, l'événement est passé totalement inaperçu. Au milieu des années 1980, le dernier magistrat ayant prêté serment au régime de Vichy est parti en retraite. Seules d'anciennes robes du Palais mentionnent l'épisode d'un air entendu : « Les juges se sont alors libérés du péché originel », ouvrant une ère nouvelle où ils oseraient enfin s'émanciper du pouvoir politique.

En 1940, un seul d'entre eux avait refusé de faire allégeance au maréchal Pétain, Paul Didier, qui sera arrêté et déporté. La magistrature française assure la continuité de l'État – après éviction d'une cinquantaine d'entre eux pour cause de judaïsme. Laurent Davenas, actuel magistrat à la Cour de cassation, aime bien rappeler l'anecdote de son père, juge suppléant pendant la Seconde Guerre mondiale, fait prisonnier en Allemagne puis évadé. De retour en France, il se présente à la hiérarchie judiciaire repliée sur Lyon, qui le sermonne : « Monsieur, un magistrat ne s'évade pas. » À la Libération, la magistrature française – tout comme la police – ne sera pas épurée, toujours au nom de la continuité de l'État. Ces juges sont alors « tenus » par un nouveau personnel politique souvent issu de la Résistance, qui peut à tout moment les renvoyer à leur passé collabo. Ils le seront pendant quarante ans.

Des « petits juges » aux « bouffons de la République »

Le titre VIII de la Constitution de la Ve République donne le ton en ravalant la justice française au rang d'une simple « autorité judiciaire », et non d'un « pouvoir », à l'instar de l'exécutif et du législatif. Son indépendance est « garantie » par le président de la République, « assisté » par le Conseil supérieur de la magistrature (CSM) dont il « désigne » les membres. Le CSM, chargé de proposer les nominations des plus hauts magistrats, n'est pas une juridiction mais une autorité administrative, donc sous tutelle de l'État. Le bureau du plus haut magistrat de France, le premier président de la Cour de cassation, est relié au téléphone interministériel. En cas d'appel, libre à lui de décrocher ou non. Pierre Drai, un grand magistrat qui officiera de 1988 à 1996, affirme qu'il n'y a jamais répondu. Mais *quid* de ses prédécesseurs ?

Un premier acte d'indépendance de la justice intervient le 19 octobre 1962 : à la veille de l'exécution d'un condamné à mort par la Cour militaire de justice, le Conseil d'État annule l'ordonnance du général de Gaulle qui avait institué ce tribunal d'exception cinq mois plus tôt. Le lieutenant Roger Degueldre, l'un des leaders de l'Organisation de l'armée secrète (OAS) [▷ p. 94] a déjà été fusillé le 6 juillet 1962, mais grâce à cette intervention, l'un de ses camarades, André Canal, *alias* « le Monocle », échappe au peloton d'exécution avant d'être gracié par le général de Gaulle, le 28 novembre 1962. Une loi instituera aussitôt une Cour de sûreté de l'État remplaçant la précédente. La justice ordinaire – tribunaux civils, pénaux et administratifs – n'est finalement pas mécontente d'être déchargée de contentieux historiquement « lourds », comme celui de la torture en Algérie. Si la justice d'exception se dévoiera à sa place, la justice ordinaire saura également se montrer fidèle à sa réputation d'allégeance lorsqu'il s'agira de se prononcer sur les responsables du massacre d'octobre 1961 en plein Paris [▷ p. 58].

Dans les années 1970, la rébellion vient de la province : quelques jeunes juges d'instruction osent s'en prendre à des notables. En 1972, le juge Henri

Pascal incarcère ainsi un notaire de Bruay-en-Artois après le meurtre de la fillette d'une famille de mineurs – à tort, puisqu'il était innocent. En 1973, le juge Étienne Ceccaldi inculpe les P-DG des huit principales compagnies pétrolières pour entente frauduleuse sur le port de Marseille. En 1975, le juge Patrice de Charette envoie en prison le patron d'une filiale de Charbonnages de France à la suite d'un accident du travail. C'est ainsi qu'apparaît la figure du « petit juge » n'hésitant pas à poursuivre les puissants. S'agissant de la délinquance politique, il faudra encore attendre une dizaine d'années. Seul le pittoresque et provocateur juge Jacques Bidalou, chargé d'enquêter sur la mort d'un chômeur de Thionville, dans une région industriellement sinistrée, convoque comme témoin le Premier ministre de l'époque, Raymond Barre, et les 577 députés de l'Assemblée... Il sera révoqué de la magistrature par le garde des Sceaux Alain Peyrefitte. Durant cette période, la justice française s'ébroue, sous l'impulsion du jeune Syndicat de la magistrature, marqué à gauche et par les idéaux de Mai 68, pestant contre les pesanteurs et la sclérose du corps judiciaire.

Il arrive que des juges paient de leur vie des enquêtes qui dérangent. Le 3 juillet 1975, le juge François Renaud, baptisé le « Shérif » à cause de ses méthodes et de ses expressions jugées à l'époque peu convenables pour un magistrat, était assassiné à Lyon dans la montée de l'Observance, qui mène du vieux Lyon à la basilique de Fourvière. Il enquêtait sur diverses affaires sensibles et sur les liens des hommes politiques avec le milieu lyonnais, notamment un hold-up auquel auraient été mêlés des membres du Service d'action civique (SAC) [▷ p. 78]. Après dix-sept ans d'instruction, l'affaire s'achèvera par un non-lieu en 1992. Elle fut popularisée par un film à succès du réalisateur Yves Boisset, avec Patrick Dewaere dans le rôle du juge (*Le Juge Fayard, dit Le Shérif*, 1977). Il fut censuré, le SAC faisant « biper » par la justice chacune des citations le concernant. Le 21 octobre 1981, c'était au tour du juge Jean-Pierre Michel d'être assassiné en pleine rue à Marseille, sur ordre d'un trafiquant de drogue.

La première grande affaire politique éclate au début des années 1980. Le juge d'instruction Claude Grellier poursuit coup sur coup Robert Hersant, magnat de la presse et député RPR [▷ p. 631], et Michel Droit, académicien, éditorialiste dans le groupe Hersant et membre de la Commission nationale de la communication et des libertés (CNCL, ancêtre du CSA). « Ce fut un combat de titans, j'y ai dépensé une énergie farouche et constante », témoigne le juge Grellier dans le livre *Les Juges parlent*. Le quasi-monopole du groupe Hersant sur la presse quotidienne n'était pas conforme à une vieille ordonnance de 1944 fixant le principe « un homme, un journal » – ordonnance qui méritait au demeurant d'être réactualisée : tous les groupes de presse étaient alors en infraction.

« Pour l'amour du droit et la beauté de la loi », le juge Grellier entendait néanmoins l'appliquer au cas le plus emblématique. Parallèlement, le gouvernement socialiste préparait une nouvelle législation sur la presse, adoptée en 1984 après plus de mille heures de débats parlementaires houleux. Hâtivement baptisée « loi Hersant », elle entérina au contraire les situations acquises, se contentant de restreindre, pour l'avenir, toute entrave au pluralisme ; certains élus jaseront sur la vieille amitié entre François Mitterrand et Robert Hersant. Mais le juge Grellier demeura chargé de l'affaire Michel Droit, poursuivi pour « forfaiture » le 27 octobre 1987, en raison de ses différentes casquettes, à la CNCL et dans le groupe Hersant.

Aux grands maux, les grands remèdes, la Cour de cassation dessaisit le jeune magistrat de l'enquête. Le procureur général à la Cour de cassation et futur ministre socialiste de la Justice, Pierre Arpaillange, avait pourtant imploré ses collègues de ne pas se transformer en « bouffons de la République ». En vain. L'épisode fait de Claude Grellier une figure emblématique, donnant des idées à une nouvelle génération de juges d'instruction. La page vichyste est alors définitivement tournée.

Les politiques le sentent et prennent les devants. Cela donnera la désastreuse loi d'amnistie faisant table rase des précédentes affaires de financement politique occulte (sauf corruption ou enrichissement personnel avérés), adoptée par l'Assemblée nationale dans la nuit du 6 au 7 décembre 1989, sous le gouvernement Rocard. Des représentants de l'opposition s'abstiennent pudiquement ou votent ouvertement pour – comme Gérard Longuet, trésorier du Parti républicain (PR), et Raymond Barre, ancien Premier ministre. Seul le groupe PCF vote contre. Le résultat final (283 contre 168) bouscule les clivages partisans.

La première application de la loi concerne Christian Nucci, ancien ministre socialiste de la Coopération plombé par l'affaire Carrefour du développement [▷ p. 174]. Son sort est alors entre les mains de la Haute Cour de justice (depuis rebaptisée Cour de justice de la République), seule instance judiciaire habilitée à poursuivre des ministres pour des délits commis dans l'exercice de leurs fonctions, et plus précisément de sa commission d'instruction composée de hauts magistrats de la Cour de cassation. Elle doit dire si le cas Nucci entre ou non dans le cadre de la loi d'amnistie, et préciser la notion d'enrichissement personnel. Est-ce le fait de posséder une villa sur la Côte-d'Azur, un compte en Suisse ? ou tout simplement de s'être assuré un confortable train de vie ? Ils décideront de blanchir Nucci, au motif que l'on n'allait tout de même pas le poursuivre pour trois francs six sous.

Mais le plus extraordinaire est à venir. Quelques minutes après avoir prononcé leur non-lieu, ces hauts magistrats improvisent une conférence de presse pour dire tout leur dépit d'avoir été contraints d'appliquer une loi scélérate, « taillée sur mesure en faveur de Christian Nucci ». Dans l'opinion publique, scandalisée par cette absolution qui restera gravée dans les mémoires, l'émoi est considérable. Mais aussi dans la magistrature, qui pinaille : au nom de quoi des membres éminents de la Cour de cassation se sont-ils permis d'émettre une opinion personnelle après avoir dit le droit ? Appliquer la loi ou respecter l'esprit des lois, vaste débat qui ramène soixante ans en arrière. Pierre Arpaillange, qui avait soutenu le juge Grellier, est entre-temps devenu garde des Sceaux. En pilotant la loi d'amnistie, il a basculé à son tour dans le clan des « bouffons de la République »...

Le verrouillage du parquet

Thierry Jean-Pierre est le digne héritier de Claude Grellier. Même fougue initiale, même dessaisissement final. Jeune juge d'instruction au Mans, il encaisse de plein fouet l'amnistie de Christian Nucci. En signe de protestation, il prend l'initiative de relâcher une poignée de petits délinquants, aussitôt imité par quelques collègues. Barouf garanti. Marqué à gauche à l'époque, le juge Jean-Pierre va vite devenir la bête noire des socialistes. À partir d'une simple affaire de fausses factures dans le milieu du bâtiment de la Sarthe, il va remonter en effet au cœur du pouvoir, *via* des travaux effectués dans les villégiatures solognotes de proches de François Mitterrand. Le 7 avril 1991, il met les pieds dans le plat et perquisitionne les locaux parisiens d'Urba, la pompe à finances du Parti socialiste (PS) [▷ p. 488].

Georges Kiejman, prestigieux avocat nommé ministre délégué à la Justice du gouvernement Cresson, monte sur ses grands chevaux, en service commandé : « C'est un cambriolage judiciaire ! » Déclaration ahurissante : jamais un responsable politique n'avait osé critiquer à ce point une initiative judiciaire ; son outrance signe aussi la perte de crédibilité des socialistes en matière de respect de la séparation des pouvoirs.

Ce que l'on reproche surtout au juge Jean-Pierre, c'est d'avoir perquisitionné Urba sans en référer au procureur du Mans. Lequel, aux ordres de la Chancellerie, aurait certainement pu prévenir à l'avance les responsables socialistes. La « gauche morale » est au fond du trou. Elle aura finalement la peau de Thierry Jean-Pierre. Dessaisi de l'affaire, il quitte avec fracas la magistrature et se fait élire député européen en 1994 sur la liste de son ami Philippe de Villiers. Victoire à la Pyrrhus : reprenant le dossier Urba, le juge Renaud Van Ruymbeke va perquisitionner le siège parisien du PS rue de Solferino, sans provoquer d'agitation. Les descentes de police dans les hauts lieux de la République prendront la force de l'habitude. C'est surtout cela, l'effet Jean-Pierre, même si le personnage demeurera controversé au sein de la magistrature.

Faute de pouvoir museler les juges et s'auto-amnistier tous les sept ans, le pouvoir politique se recentre sur son pouvoir régalien : le verrouillage du parquet. À la différence des juges d'instruction et des juges du siège (composant les différents tribunaux), les magistrats du parquet sont sous la tutelle directe du garde des Sceaux. Dans chaque tribunal de grande instance (TGI), le procureur de la République contrôle ses substituts ; au niveau de la cour d'appel, le procureur général contrôle le procureur de la République ; au niveau national, tout remonte au ministre de la Justice, véritable parquetier en chef, maître suprême des poursuites. En matière de nomination, l'avis du CSM, dont les magistrats ont finalement obtenu le droit d'élire directement leurs propres représentants, n'est que facultatif quand il s'agit de changer l'affectation d'un procureur – en revanche, le CSM peut s'opposer à la nomination d'un juge du siège.

Dans l'organisation judiciaire, le parquet représente en théorie l'accusation ; les avocats, la défense ; les juges, l'arbitre. L'accusation peut être défaillante, de peur de nuire à des puissances amies, et c'est pourquoi le juge d'instruction troque parfois sa robe d'arbitre pour devenir accusateur, travers récurrent de la justice française. En des temps pas si lointains, le garde des Sceaux, dans sa toute-puissance, n'hésitait pas à donner des instructions écrites aux différents parquets, quitte à s'ingérer dans des affaires particulières. Au milieu des années 1980, dans l'affaire Luchaire (un dossier de vente de munitions à l'Iran en pleine guerre contre l'Irak) [▷ p. 242], un non-lieu fut requis sur ordre du garde des Sceaux, contre l'avis du procureur de la République du TGI de Paris, Pierre Bézard : « Je ne pouvais que m'incliner, à condition toutefois d'avoir un ordre écrit. » Comme l'indique fort bien l'adage du parquet, « la plume est serve, la parole est libre ».

La stratégie du parapluie est parfois efficace, le garde des Sceaux pas toujours courageux. En 1995, il est mis fin aux instructions écrites aux parquets. Officiellement, le politique ne s'ingère plus malicieusement dans les procédures judiciaires. Mais, comble de l'hypocrisie, les instructions orales demeurent. À partir de 1997, le gouvernement Jospin prend l'engagement formel de ne plus donner d'instructions au parquet, fussent-elles orales. Rien n'est cependant prévu pour garantir la rupture effective du cordon ombilical. Dans les faits, les dossiers dits « signalés » font l'objet d'une remontée directe du parquet à la Chancellerie, qui peut dès lors suivre les instructions judiciaires en temps réel, surveiller les affaires politico-financières comme le lait sur le feu. Nous sommes en pleine zone d'ombre, les observateurs du monde judiciaire en sont réduits à compter le nombre de fois où la voiture de fonction du procureur de la République se gare dans la cour du ministère de la Justice, place Vendôme. À partir de 2002, la droite revenue au pouvoir ne s'interdit plus d'intervenir, au motif constitutionnel qu'il faut bien piloter la politique pénale de la France. Elle a toujours affiché moins de complexe que la gauche, toujours meurtrie par l'expérience mitterrandienne.

Octobre 1995. Alain Juppé est en pleine tourmente judiciaire. On reproche au Premier ministre le vaste appartement de 180 mètres carrés qu'il occupe pour un loyer modique depuis qu'il a été adjoint aux Finances de Jacques Chirac à la Mairie de Paris. Son logis a également bénéficié de travaux de rénovation d'un million de francs, payés par le contribuable parisien. La parole est à l'accusation, en la personne de Bruno Cotte, procureur de la République de Paris. Il s'élance en fin juriste : « Au terme de l'enquête, et à la lumière de la doctrine et de la jurisprudence susceptibles de s'appliquer à ce cas précis, il apparaît que les éléments constitutifs du délit de prise illégale d'intérêts sont suffisamment caractérisés pour que la responsabilité pénale de M. Juppé soit engagée. » Le Premier ministre est-il bon pour la correctionnelle ? Pas du tout. Le procureur conclut son réquisitoire en lui demandant simplement de changer d'appartement, histoire de faire cesser le délit. Pour solde de tout compte.

Bruno Cotte a été promu avocat général à la Cour de cassation en octobre 1995. Dans le microcosme judiciaire, on lui sait gré d'avoir laissé une trace écrite sur la « responsabilité pénale » d'un Premier ministre en exercice, pour l'Histoire. À entendre ses collègues, Bruno Cotte ne pouvait guère aller plus loin et c'était déjà beaucoup.

Octobre 1996. Xavière Tiberi, épouse du maire de Paris, est bien embarrassée. Trois mois plus tôt, une perquisition à son domicile a déniché un rapport sur la francophonie, facturé 200 000 francs au conseil général de l'Essonne, présidé par le numéro deux du RPR Xavier Dugoin. Un rapport truffé de banalités et de lieux communs, 5 000 francs la page… La femme du successeur de Jacques Chirac à la Mairie de Paris risque à tout moment d'être poursuivie pénalement, pour peu que le parquet d'Évry se décide à entamer des poursuites. Le procureur de la République, Laurent Davenas, adepte de la haute montagne, est en vacances dans l'Himalaya depuis le 26 octobre. Il n'est pas un magistrat fanatique de la répression, loin de là. En son absence, c'est son adjoint Hubert Dujardin qui ouvre une information judiciaire, le 6 novembre. Dans l'urgence, le garde des Sceaux Jacques Toubon dépêche alors un hélicoptère depuis Katmandou, la capitale népalaise, pour rapatrier au plus vite le précieux procureur. Trop tard : le 5 décembre, Xavière Tiberi et Xavier Dugoin sont mis en examen pour recel de détournement de fonds publics et recel d'abus de confiance. L'épouse de Jean Tiberi échappera finalement aux poursuites pénales grâce à un vice de procédure et, quelques années plus tard, le 5 avril 2001, Laurent Davenas sera promu à la Cour de cassation. Son procureur adjoint, Hubert Dujardin, est quant à lui poursuivi devant le CSM, qui lui inflige une « réprimande » pour indiscipline répétée.

Soumission et *spoil system*

La discipline, l'autodiscipline, rien de tel pour tenir la magistrature en laisse. Un corps peu ouvert sur l'extérieur, battant tous les records de mariage entre collègues, accroché à un décorum parfois suranné – les tenues des plus hauts magistrats remontant à Louis XIV –, obsédé par les questions d'avancement : le prix de la docilité d'un juge n'est pas toujours bien élevé, 300 euros de plus par mois à chaque nouvel échelon gravi dans la hiérarchie judiciaire. « On ne s'imagine pas, de l'extérieur, quel est le degré de soumission du corps, soulignait Thierry Jean-Pierre dans *Les Juges parlent*. Il faut être à l'intérieur pour prendre la mesure des compromissions habillées intelligemment. » En janvier 2005, cas exceptionnel, Laurent Lèguevaque, jeune juge d'instruction plein d'avenir à Tours, a ainsi quitté la magistrature pour écrire des romans policiers : il ne supportait plus l'« infantilisation » de la notation par la hiérarchie, les « courbettes » entre collègues, l'indépendance d'esprit considérée comme le pire des défauts professionnels [1]...

Le pouvoir politique surfe habilement sur les pesanteurs du corps, distribue les médailles à tout va – la magistrature affiche le plus grand contingent d'officiers ou chevaliers de la Légion d'honneur. Pierre Lyon-Caen, héritier d'une longue dynastie de magistrats remontant au XIXᵉ siècle, fait figure d'iconoclaste pour avoir longtemps prôné l'incompatibilité entre la fonction de magistrat et la réception d'une décoration des mains de l'exécutif. Las, une fois nommé avocat général à la Cour de cassation en 1994, son premier président l'implore d'accepter la breloque, car au sein de la plus haute instance judiciaire, il est littéralement inconcevable de ne pas arborer la Légion d'honneur. Lyon-Caen n'a pu que refuser de la porter sur sa robe lors des audiences, à la différence de bien des confrères, somptueusement décorés.

L'avancement fait le reste. Le *spoil system* a largement atteint la magistrature – ce terme anglo-saxon désigne le changement des principaux hauts fonctionnaires sitôt élu le nouveau président des États-Unis. La France s'y est mise, surtout depuis 1981 et la vague des alternances électorales. Les principaux postes touchés sont ceux du procureur de la République et du procureur général de Paris, le ressort judiciaire qui concentre la majorité des affaires politico-financières. C'est devenu mécanique, sans que cela n'émeuve plus personne : à chaque nouveau gouvernement de droite ou de gauche, ils plient bagages sans rechigner. Ils sont promus ailleurs, leur honneur étant sauf, mais à des postes moins sensibles, le plus souvent à la Cour de cassation.

La valse des procureurs de Paris tombe dans la caricature. 1981 : nomination de Michel Jeol, membre du PS et du Syndicat de la magistrature ; 1986 : nomination de Michel Reynaud, ancien collaborateur du directeur de cabinet

1 Voir Laurent Lèguevaque, *Un juge s'en va*, L'Archipel, Paris, 2005.

d'Albin Chalandon, garde des Sceaux ; 1988 : nomination de Pierre Bézard, qui se révélera moins docile que prévu en traitant sans complexe les affaires Pechiney et Société générale (affaires de délits d'initiés dans lesquelles se trouvaient impliquées des personnalités socialistes, dont Pierre Bérégovoy) ; 1995 : nomination de Gabriel Bestard, qui refusera d'ouvrir une enquête pénale visant les appartements parisiens des fils Juppé et Tiberi ; 1997 : nomination de Jean-Pierre Dintilhac, ancien directeur de cabinet du garde des Sceaux Henri Nallet en pleine affaire Urba [▷ p. 488] ; 2002 : nomination de Yves Bot, ancien conseiller de Pierre Méhaignerie à la Chancellerie, ancien procureur du Mans qui avait constitué un excellent tandem avec Thierry Jean-Pierre dans la même affaire Urba...

C'est encore insuffisant pour immuniser la politique de toute intrusion judiciaire. Un procureur, même aux ordres, ne peut pas tout colmater, il n'a pas prise sur les magistrats du siège. Le verrouillage est donc complété par ce que les élus savent faire de mieux : des lois. Sans cesse, parfois à tort et à travers.

Affaires locales : petits arrangements entre amis

Ainsi la réduction du délai de prescription de l'abus de biens sociaux (ABS). Un délit fourre-tout, plus facile à réprimer que la corruption – qui nécessite d'établir la réalité d'un « pacte de corruption » préalable. L'ABS, c'est tout simplement piquer dans la caisse, peu importe le motif [1]. Avec ce petit plus : le délai de prescription (trois ans, comme tous les autres délits) ne débute pas à la date de l'infraction, mais au moment de sa découverte, qui peut intervenir bien des années plus tard. De ce fait, c'est un délit pratiquement imprescriptible. Régulièrement, un parlementaire plus ou moins bien intentionné propose de revenir à un délai de prescription plus raisonnable. La vigilance des médias et des magistrats a permis d'éviter l'adoption de ce type d'amendement nocturne. Qu'à cela ne tienne, les élus de la République, qui sont souvent aussi des élus locaux, vaccinés contre les interventions flagrantes dans les grandes affaires nationales, reviennent à leur cœur de métier : les affaires locales. De ce point de vue, les cessions parlementaires 2000 et 2001 ont été fastes.

Par « affaires locales », il faut entendre ces lièvres soulevés par les chambres régionales des comptes (CRC), instituées par les lois de décentralisation du début des années 1980. À l'instar de la Cour des comptes au niveau national, ces juridictions traquent localement les gabegies et mauvaises gestions de

---

1 D'après l'article L. 241-3 4° du Code de commerce, l'abus de bien sociaux est un délit, commis par un responsable d'un bien public ou d'une société privée qui, de mauvaise foi, fait sciemment usage des crédits, des biens ou des pouvoirs qu'il possède au sein de la société ou de l'institution, contraire à l'intérêt de celle-ci, à des fins personnelles ou pour favoriser une autre société ou entreprise dans laquelle il est intéressé directement ou indirectement.

l'argent public. Elles sont à l'origine des mésaventures judiciaires de Jean-Michel Boucheron, maire socialiste d'Angoulême, de Jacques Médecin, maire UDF de Nice, de Patrick Balkany, maire RPR de Levallois-Perret, de Jean-François Mancel, président RPR du conseil général de l'Oise, et de bien d'autres.

Les collectivités territoriales (municipalités, conseils généraux et régionaux) ignorant la séparation entre exécutif et législatif, il n'est guère étonnant que leurs élus aient souvent affaire à la justice. Les CRC sont des juridictions financières, elles n'ont pas les moyens coercitifs de la justice pénale (détention provisoire, perquisition…), mais elles possèdent une sorte d'« arme absolue » : la faculté de prononcer l'inéligibilité des élus locaux.

Novembre 2000. Une centaine de membres des CRC manifestent sous les fenêtres de la Chancellerie. Du jamais vu. Les principaux syndicats de magistrats (judiciaires, administratifs et financiers) organisent une conférence de presse commune pour dénoncer les « menaces que font peser les projets de réforme actuels sur la démocratie et l'État de droit ». Ils visent une proposition de loi initiée par un sénateur RPR de Vendée, ancien trésorier national du parti chiraquien, Jacques Oudin. Elle semble faire consensus entre parlementaires de tous bords. En période de cohabitation, le gouvernement Jospin laisse des élus légiférer sur leur propre « sécurité juridique » et s'en remet à la « sagesse » du Parlement. L'essentiel de cette réforme aux petits oignons tient en deux points : 1) les « lettres d'observation » des CRC, sorte de remontrance préliminaire avant réponse de la collectivité locale mise en cause, ne pourront plus être rendues publiques six mois avant une élection locale ; en cas de désaccord, ces lettres seront susceptibles d'être contestées en appel devant le Conseil d'État, prolongeant de plusieurs années leur délai de publication ; conséquence pratique : le vote des électeurs ne risque plus d'être pollué par ces sombres histoires d'argent public ; 2) l'inéligibilité de six ans d'un élu mis en cause ne serait plus automatique : il pourra continuer à parader le temps de longues procédures contentieuses.

Le débat parlementaire va durer… un an et demi. Le temps pour Michel Charasse, sénateur socialiste du Puy-de-Dôme et ancien collaborateur de François Mitterrand, de dire tout haut ce que beaucoup d'élus pensent tout bas : « Les CRC n'ont pas reçu le droit de se prononcer sur l'opportunité politique des choix et décisions des assemblées locales issues du suffrage universel. Elles ne sauraient, sans violer la séparation des pouvoirs, se prononcer sur des choix politiques qui ne relèvent que des élus et, le moment venu, des électeurs. » Charasse s'en prend à « la poignée de magistrats excités qui en demandent toujours plus pour trancher à la place du peuple, quelques petits saints portant le beau nom de magistrats semant le doute dans l'esprit civique sur le thème facile du tous pourris ». Tout est dit et bien dit : la séparation des pouvoirs est une conception à sens unique. Valéry Turcey, président de l'Union syndicale des magistrats (USM, syndicat apolitique et majoritaire), ne peut que constater l'incompréhension : « Les élus nagent en pleine paranoïa, ils pensent que les magistrats ne cherchent qu'à leur nuire. D'où leur volonté de les réduire au silence. »

La loi finalement adoptée en novembre 2001 remplace l'inéligibilité automatique par une simple période de suspension, le temps que l'élu remette ses finances locales d'aplomb. Cerise sur le gâteau de l'année 2001, Laurent Fabius, ministre de l'Économie, décrète le 7 mars une réforme du Code des marchés publics, toujours au motif d'assurer la « sécurité juridique » des élus locaux, réputés noyés sous la paperasserie au point de ne plus oser prendre la moindre décision d'investissement. Les marchés publics, passés par l'État ou les collectivités locales, représentent 8 % du revenu national, ils sont à l'origine de bien des affaires de corruption. Laurent Fabius relève le seuil à partir duquel il est obligatoire de lancer un appel d'offre aux différents fournisseurs potentiels (de 100 000 à 200 000 euros). Il exonère de toute mise en concurrence les dépenses dites « récréatives » (incluant buffets et petits fours), sportives ou juridiques (y compris les frais d'avocat d'un élu poursuivi).

Précédemment tenté de légiférer sur les marchés publics, Alain Juppé avait prudemment renoncé à un débat public sur la question, politiquement trop risqué. En passant par la voie d'un simple décret, et après s'être contenté de consulter quelques élus locaux, Laurent Fabius s'est épargné une mauvaise publicité. Jusqu'à présent, la jurisprudence avait élaboré une définition formelle du délit de favoritisme : le seul non-respect des procédures de marchés publics permettait de condamner des élus. Sous couvert de « simplification », le ministre socialiste les immunise un peu plus. Un an auparavant, le 10 juillet 2000, le vote de la loi Fauchon, du nom du sénateur centriste du Loir-et-Cher, avait réduit la responsabilité pénale des élus : désormais, ils ne peuvent être condamnés que s'ils ont volontairement participé à un délit.

Poursuivre un élu de la République relève toujours plus d'un parcours du combattant. L'œuvre est parachevée sous le quinquennat de Jacques Chirac. Les grandes affaires restaient encore soumises aux aléas d'un juge d'instruction incontrôlable. La loi Perben II, du nom du garde des Sceaux, promulguée le 9 mars 2004, tend à généraliser les enquêtes préliminaires, menées sous le contrôle exclusif d'un parquet aux ordres, de préférence aux informations judiciaires, instruites par un juge d'instruction inamovible. C'est le cas de l'affaire, qui éclate en septembre 2004, des billets d'avions gratuits dont aurait bénéficié Bernadette Chirac, l'épouse du président de la République. Deux ans plus tard, l'enquête était toujours en cours, dans le plus grand secret, sans possibilité d'intervention extérieure d'un avocat ou d'un magistrat intempestif. Sans l'air d'y toucher, la Ve demeure une République des plus bananières…

◀ R. L.

Pour en savoir plus

Robert Badinter, *Le Rôle du juge dans la société moderne*, Fayard, Paris, 2003.

Gilles Gaetner, *La République des copains*, Flammarion, Paris, 2005.

Laurent Greilsamer et Daniel Schneidermann, *Les Juges parlent*, Fayard, Paris, 1993.

Jean-François Lacan, *Ces magistrats qui tuent la justice*, Albin Michel, Paris, 2003.

Gilles Perrault, *Le Pull-over rouge*, Ramsay, Paris, 1978.

—, *Le Déshonneur de Valéry Giscard d'Estaing*, Fayard, Paris, 2004.

Daniel Soulez-Larivière et Jean-Marie Coulon, *La Crise de la justice*, Odile Jacob, Paris, 2002.

Sous Giscard, on assassine même les ministres

« Les affaires réglées par la police n'aboutissent pas toujours en justice. Ainsi, dans l'enquête Renaud, la police peut connaître les coupables, mais ne dispose d'aucun moyen pour les confondre », expliquait sobrement aux journalistes le préfet de police de Lyon, Roger Chaix, le 12 janvier 1976. Six mois plus tôt, le 3 juillet 1975 à 2 heures du matin, le juge d'instruction François Renaud avait été abattu à Lyon [▷ p. 633]. Il estimait qu'une bonne partie des activités du grand banditisme organisé trouvait ses racines dans les marges de la vie politique et, en particulier, dans le financement de la campagne présidentielle de 1974.

Cette élection, la première de la Ve République dont l'issue ait été réellement incertaine, était aussi la première dans laquelle des sommes très importantes avaient été engagées. L'assassinat du « Shérif », au moment où il espérait aboutir dans ses investigations sur les relations entre le « gang des Lyonnais » et le Service d'action civique (SAC) [▷ p. 78], marque le début de la liste des morts étranges qui s'est établie durant le septennat de Valéry Giscard d'Estaing. Son ampleur a permis le 29 octobre 1980 au sénateur (de droite) de la Charente Pierre Marcilhacy d'écrire dans le quotidien (de gauche) *Le Matin de Paris* : « On meurt beaucoup et beaucoup trop mystérieusement sous la Ve République et je n'aime pas ça. »

Jean de Broglie et Michel Poniatowski, les deux princes

Au nom du protocole en usage dans les cours monarchiques, Jean-Bedel Bokassa, empereur de Centrafrique, appelait « mon cousin » le président Valéry Giscard d'Estaing. Au nom des ancêtres de son épouse Anne-Aymone, née de Brantes, Valéry Giscard d'Estaing donnait du « mon cousin » au prince Jean de Broglie (prononcer « Breuille »). Déchu et abandonné, le cousin Bokassa a terminé ses jours en 1996 à Bangui [▷ p. 171]. Le cousin de Broglie, presque tout aussi déchu et abandonné, a été abattu le 24 décembre 1976 sur un trottoir de la rue des Dardanelles dans le XVIIe arrondissement de Paris.

Le ministre de l'Intérieur est à l'époque le prince Michel Poniatowski. Cinq jours après le crime, le « premier flic de France » tient une conférence de presse où, assisté de Jean Ducret, le directeur de la police judiciaire de la préfecture de Police (PJPP), il annonce que l'affaire est résolue : « Le coup de filet est complet. Toutes les personnes impliquées dans l'assassinat sont arrêtées. » C'est donc en regardant, dans le bureau du patron de la brigade criminelle Pierre Ottavioli, la retransmission télévisée de ce *show* aussi inusité que contraire au Code de procédure pénale, que le juge d'instruction Guy Floch apprend que le dossier qu'il vient d'ouvrir… est déjà bouclé !

Selon la version du ministre de l'Intérieur, Jean de Broglie avait prêté 4 millions de francs à ses conseillers juridique et financier Patrick Allenet de Ribemont et Pierre de Varga, qui voulaient acheter le prestigieux restaurant parisien *La Reine Pédauque*. Pour ne pas avoir à rembourser leur dette, les deux hommes avaient fait abattre leur créancier par Gérard Frèche, un tueur à gages de bas étage embauché par l'entremise de Guy Simoné, un policier « véreux ». Tous ces personnages étant en garde à vue, il ne restait plus à la justice qu'à fournir une forme juridique à ces accusations ministérielles et policières pour que les jurés de la cour d'assises puissent prononcer des condamnations et clore définitivement l'affaire de Broglie. « Il n'y a pas d'affaire de Broglie », affirmaient d'ailleurs de concert l'Élysée et Matignon.

Lors de l'ouverture de l'audience, en novembre 1981, le dossier présenté comme lumineux par le ministre de l'Intérieur avait néanmoins pris une teinte beaucoup plus sombre. Trente ans plus tard, il demeure le cas certainement le plus significatif de ces mystérieuses disparitions de personnalités politiques qui se sont succédé durant le septennat de Valéry Giscard d'Estaing. « Jamais encore dans l'histoire criminelle, confirme dans ses mémoires le président de la cour d'assises André Giresse, il n'y eut comme dans l'affaire de Broglie un tel mensonge collectif, concerté, orchestré, de tous les responsables policiers [1]. »

---

1 André Giresse (avec Philippe Bernert), *Seule la vérité blesse*, Plon, Paris, 1987.

Le premier des mensonges touche à la personnalité de la victime. Député de l'Eure où trône le château familial, signataire des accords d'Évian qui marquèrent la fin de la guerre d'Algérie [▷ p. 82], secrétaire d'État sous de Gaulle puis sous Pompidou, président de la commission des affaires étrangères de l'Assemblée nationale, Jean de Broglie se présente comme un personnage important et respectable de la droite française. Mais il est aussi – et sans doute même surtout – un affairiste de niveau international. On trouve en effet son prestigieux patronyme dans d'éphémères sociétés d'import-export avec les pays arabes (où sa présence lors des négociations d'Évian lui a ouvert des portes), mais aussi en Espagne aux côtés de l'organisation religieuse Opus Dei dans le « scandale Matesa », le plus important détournement de fonds de la fin du franquisme.

Bien que grand propriétaire foncier et voyant passer d'énormes sommes sur les comptes bancaires qu'il détient dans de nombreux pays, le prince de Broglie est toujours à la recherche de fonds et ses opérations financières deviennent de plus en plus tortueuses. Elles le deviennent même tellement qu'à partir de 1973, Valéry Giscard d'Estaing s'éloigne discrètement de celui avec qui, en compagnie de Raymond Mondon et Raymond Marcellin [▷ p. 405], il a fondé en novembre 1962 le Groupe des républicains indépendants (devenu en juin 1966 la Fédération nationale des républicains indépendants), le parti qui doit le conduire l'Élysée.

Autre mensonge, celui qui a consisté à présenter la mort du prince comme le geste stupide d'un débiteur qui espérait ainsi ne pas avoir à honorer une dette de 4 millions de francs. Il suffit en effet de se plonger dans les tractations financières du prince de Broglie pour trouver une foule d'autres mobiles politiques et financiers susceptibles d'expliquer son meurtre : elles vont du commerce des armes au trafic de francs CFA douteux, en passant par l'utilisation de fausses factures et de sociétés écran et par des relations troubles avec les réseaux financiers contrôlés par la Sécurité militaire algérienne (la police politique du régime de Houari Boumediene, très présente en France). Ni l'instruction ni le procès des quatre « seconds couteaux » opportunément arrêtés dans les jours suivant l'assassinat n'ont permis au président de la cour d'assises André Giresse, qui a publiquement évoqué à ce sujet un « Watergate français », de faire découvrir la vérité aux jurés.

En revanche, les audiences ont aidé à mettre en lumière un autre mensonge par omission des autorités policières. La direction de la PJPP s'était en effet bien gardée de signaler à la justice que, longtemps avant la mort du prince, elle était parfaitement au courant des menaces qui pesaient sur lui et qu'elle avait placé sous surveillance rapprochée Pierre de Varga, Guy Simoné et Gérard Frèche. Elle avait aussi passé sous silence l'ordre soudain et inexpliqué donné aux policiers d'abandonner leurs filatures et leurs écoutes téléphoniques trois semaines avant le meurtre. Au moment même où Jean de Broglie venait d'annoncer publiquement qu'il abandonnait le camp de Giscard d'Estaing pour se ranger dans celui de Jacques Chirac. Une seule certitude subsiste aujourd'hui : Jean de Broglie a été abattu de trois coups de feu. Gérard Frèche, le tireur, a été condamné à dix ans de prison, comme Guy Simoné, son présumé recruteur, et Pierre de Varga, le supposé donneur d'ordre. En ce qui concerne les véritables commanditaires et les véritables mobiles du meurtre de l'ancien ministre du général de Gaulle et de Valéry Giscard d'Estaing, le mystère demeure entier – même si, selon certains spécialistes, la « piste algérienne » tiendrait la corde [▷ p. 345].

Robert Boulin : un étang dans la forêt

Les circonstances de la mort de Robert Boulin, ministre du Travail (d'avril 1978 jusqu'à son décès en octobre 1979) dans le troisième gouvernement dirigé par Raymond Barre, sont encore plus obscures que celles du prince de Broglie, puisque l'on ignorait toujours en 2006 où il est mort, s'il s'est suicidé ou s'il a été assassiné. Même la date exacte de son décès faisait encore l'objet de polémiques.

Lorsque le corps de Robert Boulin, recordman du maroquin ministériel avec quinze ans de fonctions et candidat de plus en plus crédible au poste de Premier ministre, est retrouvé le 30 octobre 1979 à 8 h 35 dans l'étang du Rompu au milieu de la forêt de Rambouillet, la version du suicide est immédiatement présentée comme avérée à la famille et à l'opinion publique. Le ministre était soupçonné par le juge d'instruction alors débutant, Renaud Van Ruymbeke, d'avoir aidé un ami promoteur, Henri Tournet, à obtenir des permis de construire et de lui avoir ensuite acheté un terrain à Ramatuelle dans le Var, pour y construire une maison. Il n'aurait pas supporté de voir la presse, alimentée par des lettres anonymes, raconter cette histoire et mettre en cause son intégrité. Une lettre dactylographiée, dans laquelle le ministre du Travail annonce son intention de mettre fin à ses jours, est découverte dans son bureau personnel. Et, après un mois d'enquête, la division criminelle du SRPJ (service régional de police judiciaire) de Versailles confirme qu'il s'agit bien d'un suicide.

Contrairement à Jean de Broglie, qui naviguait au centre d'une toile de réseaux entremêlés, Robert Boulin avait la réputation d'un homme honnête, étranger aux combines et aux magouilles de ceux pour qui Michel Poniatowski, lorsqu'il était dans l'opposition, avait inventé le qualificatif de « copains et coquins ». Au début, ses proches ne trouvent donc pas invraisemblable qu'il se soit senti déshonoré par l'imputation d'un acte que nombre de ses collègues considéraient comme faisant partie des privilèges normaux des élus. Mais au fil des années, le comportement étrange de certains membres de sa famille politique va alimenter les doutes de la famille de Robert Boulin.

En 1983, Colette Boulin, la veuve du ministre, est convaincue qu'on lui a caché la vérité. Avec ses enfants, elle a procédé à sa propre enquête et nombre de détails qui n'avaient pas attiré son attention sur le moment lui ont semblé mériter des explications qui lui ont été refusées. Le jour de sa disparition, par exemple, Robert Boulin avait ramené du ministère des dossiers que ses « amis politiques » sont venus récupérer juste après son décès. Colette Boulin se souvient aussi que, lorsqu'elle a soulevé le linceul et remarqué que le visage de son époux portait des ecchymoses, ces mêmes amis lui avaient conseillé de ne pas poser de questions dans son intérêt et dans celui de ses enfants. Elle se demande également pourquoi l'original de la lettre d'adieu de son époux a disparu, ainsi que le ruban de la machine à écrire sur laquelle il l'aurait dactylographiée.

Elle dépose alors une plainte contre X pour homicide volontaire et le corps de son époux est exhumé pour une nouvelle autopsie. Celle-ci révèle que, sur instruction du procureur qui affirme avoir agi lui-même sur instruction du cabinet du ministre du Travail, le premier examen du corps avait été très sommaire. Il n'avait ainsi pas permis de remarquer sur son visage les « traumatismes appuyés », probablement infligés de son vivant, que décèlent les contre-experts. Lorsqu'ils veulent poursuivre leur travail en réexaminant les poumons pour savoir si Robert Boulin s'est noyé ou si son corps a été jeté à l'eau, ils apprennent que les bocaux contenant ces pièces à conviction – conservés sous scellés à l'Institut de médecine légale de la Préfecture de police – ont disparu.

Malgré toutes ces anomalies, la justice rend en 1991 une ordonnance de non-lieu. La famille Boulin ne se décourage pas et obtient, en 2002, l'ouverture d'une enquête policière qui interrompt la prescription et pourrait un jour permettre l'ouverture d'une seconde instruction. En mettant l'accent sur les incohérences de la première, les interrogations de la famille du ministre ont donc provoqué la relance des investigations, mais elles ont aussi éclairé le contexte politique de sa disparition.

Comme cela adviendra en mai 1993 lors du suicide de l'ancien Premier ministre socialiste Pierre Bérégovoy, les premiers accusés de la mort de Robert Boulin ont été les journalistes. Mais les accusateurs se sont bien gardés de rechercher le « corbeau » qui les avait informés des problèmes judiciaires du ministre de Raymond Barre et surtout de se demander dans quel but cet informateur anonyme avait agi. Au moment où la presse apprend l'histoire du terrain de Ramatuelle, le Premier ministre Raymond Barre est en nette perte de vitesse dans l'opinion publique et c'est la raison pour laquelle le nom de Robert Boulin apparaît de plus en plus comme celui de son probable successeur. Il est alors certain que la route de Matignon lui sera fermée s'il est mis en cause dans une affaire douteuse et l'on peut penser que c'est là l'objectif de celui qui joue le « corbeau », en particulier en informant *Le Canard enchaîné*.

Le problème est que, lorsqu'éclate l'orage médiatique, Robert Boulin a compris que le coup vient de son propre camp. Il se prépare alors à lancer une contre-offensive et a fait savoir qu'il dispose de munitions. Il détiendrait en particulier des documents sur la monumentale escroquerie des « avions renifleurs » [▷ p. 514], dont a été victime en 1976 la société Elf, avec la complicité involontaire d'Antoine Pinay, célèbre ministre des Finances de la IVe République et membre de l'Opus Dei. Au risque de voir Robert Boulin dévoiler les dessous de ce scandale, qui n'éclatera qu'en décembre 1983, s'ajoute celui de voir cet ancien résistant et gaulliste incontestable devenir, en accédant à Matignon, un candidat RPR plus présentable que son frère ennemi Jacques Chirac, lors de l'élection présidentielle qui va se tenir dans moins de deux ans. La mort soudaine de Robert Boulin, qu'il s'agisse d'un suicide provoqué par une campagne de dénonciation ou d'un meurtre, est donc de toute façon fort opportune pour nombre de ses « amis politiques ».

Une balle sur le trottoir : l'affaire Fontanet

Le 29 novembre 1979, le commissaire Alain Tourre, chef de la division criminelle du SRPJ de Versailles, met un point final à son rapport de synthèse : « L'enquête effectuée, écrit-il en conclusion, a formellement établi que le décès de M. Robert Boulin, ministre du Travail et de la Participation, est consécutif à un suicide par noyade, précédé d'une forte absorption de Valium. » Le commissaire a enfin refermé ce dossier qui, du fait de la qualité de la victime, l'avait exposé un mois durant à toutes sortes de pressions politico-médiatiques.

Deux mois plus tard, le 1er février 1980, il apprend que Marcel Leclerc, son collègue de la brigade criminelle de la préfecture de police de Paris, va ouvrir un dossier tout aussi embarrassant que celui que lui-même vient de clore. Ce jour-là, à minuit vingt, Joseph Fontanet, ancien ministre du général de Gaulle et de Georges Pompidou, a été découvert allongé devant le 36 du boulevard Émile-Augier, dans le XVIe arrondissement de Paris. L'ancien ministre a eu la force de souffler aux policiers : « On m'a tiré dessus... Ils étaient en voiture... Je ne crois pas que je suis blessé, mais je n'arrive pas à bouger... Je suis fatigué... » Il mourra le lendemain à l'hôpital Laennec, où il a été placé en réanimation. L'autopsie apprendra qu'il a été abattu d'une balle de 11,43 dans la poitrine, un calibre de professionnel.

Une quinzaine de policiers de la brigade criminelle sont mis sur l'affaire. Ils se penchent sur les nombreux communiqués revendiquant le crime au nom de groupes juifs, arabes, corses, révolutionnaires ou antifascistes. Tous se révèlent fantaisistes. L'examen de la vie de l'homme politique n'est pas plus révélateur. Comme François Mitterrand, Joseph Fontanet a fait ses études chez les pères maristes de Vaugirard, mais, contrairement à lui, il a ensuite fait la guerre dans les Forces françaises libres (FFL) et participé au débarquement en Provence, puis à la campagne d'Allemagne. Après la Libération, sa carrière politique se déroule au sein du Mouvement républicain populaire (MRP), parti de centre droit foncièrement anticommuniste, mais il reste viscéralement attaché au général de Gaulle.

Député de Savoie pendant près de vingt ans, Joseph Fontanet passe du ministère de l'Industrie à celui de la Santé ou de l'Éducation nationale ; et si son nom n'évoque aucune réforme fondamentale, il n'a jamais été associé au moindre scandale. Gaulliste traditionnel, il s'oppose en 1969 à la candidature à l'Élysée du centriste Alain Poher pour soutenir celle de Georges Pompidou ; et, en 1974, à celle de Valéry Giscard d'Estaing pour appuyer celle de Jacques Chaban-Delmas. L'échec retentissant de son poulain l'éloigne du pouvoir, il perd le siège de député de la Savoie, qu'il détenait sans interruption depuis 1956, et se contente de la présidence du conseil général. Sa seule incursion sur le plan national sera désormais de devenir, en septembre 1977, le directeur de l'éphémère quotidien *J'informe*, qui fermera ses portes quatre mois plus tard. Rien dans cette carrière politique de chrétien gaulliste et social n'explique la balle de 11,43 qui y mettra fin une nuit de l'hiver 1980.

Vingt ans plus tard, le commissaire Marcel Leclerc restait persuadé que Joseph Fontanet a été abattu fortuitement. Dans ses mémoires, il explique qu'il aurait été victime de la « bande à Thérèse » (ou « bande à Pupuce »), un groupe de petits truands qui jouaient du 11,43 un peu au hasard contre des automobilistes. Une expertise balistique démontrera pourtant que l'arme qu'ils détenaient lors de leur arrestation n'était pas celle qui avait tué Joseph Fontanet. Malgré cette intime conviction, le commissaire Marcel Leclerc ne peut pas vraiment refermer son dossier. Le journaliste et écrivain lyonnais Pierre Mérindol a ainsi regretté que l'enquête policière ne se soit pas étendue en Savoie, où Joseph Fontanet, par son intransigeance, ne s'était pas fait que des amis, spécialement dans le milieu des propriétaires de casinos. Le journaliste a par exemple relevé que, le lendemain de sa mort, le 2 février 1980, l'ancien ministre aurait dû présider à Annecy une réunion sur le financement d'un important ensemble touristique comportant des salles de jeu. Et il classe sa mort parmi les « affaires lyonnaises non élucidées » – dans lesquelles il range également l'assassinat du juge François Renaud.

◂ F. Z.

Pour en savoir plus

Jacques BACELON, *L'Affaire de Broglie*, Jean Picollec, Paris, 1981.

Christophe DELOIRE, *Cadavres sous influence, les morts mystérieuses de la Vᵉ République*, J.-C. Lattès, Paris, 2003.

Jacques DEROGY et Jean-Marie PONTAUT, *Enquête sur les affaires d'un septennat*, Robert Laffont, Paris, 1981.

Jacques DEROGY, *Enquête sur un juge assassiné*, Robert Laffont, Paris, 1977.

André GIRESSE (avec Philippe BERNERT), *Seule la vérité blesse*, Plon, Paris, 1987.

Marcel LECLERC, *De l'antigang à la criminelle*, Plon, Paris, 2000.

Bénédicte et Patrice DES MAZERY, *L'Opus Dei, enquête sur une Église au cœur de l'Église*, Flammarion, Paris, 2005.

Pierre MÉRINDOL, *Lyon, le sang et l'argent*, Alain Moreau, Paris, 1978.

Guy SIMONÉ, *L'Affaire de Broglie, un crime d'État*, Michel Lafon, Paris, 1999.

Pascale DE VARGA, *Histoire de menteurs*, J.B.G. Maître, Paris, 1977.

Thierry WOLTON, *Les Écuries de la Vᵉ*, Grasset, Paris, 1989.

Jesus YNFANTE, *Un Crime sous Giscard. L'affaire de Broglie, l'Opus Dei, Matesa*, François Maspero, Paris, 1981.

François Duprat, l'« ombre encombrante »

Tous les ans, à la mi-mars, la tombe de François Duprat au cimetière Montmartre à Paris voit se réunir autour d'elle la fine fleur des seniors de l'extrême droite française. Ils viennent là commémorer le décès du « théoricien principal du nationalisme moderne », tué dans l'explosion d'une bombe placée dans sa GS Citroën, le 18 mars 1978, à la veille du second tour des législatives, en Normandie, sur la route de Caudebec-en-Caux, où il était professeur d'histoire.

Les obsèques de ce « martyr de la droite », membre du bureau politique du Front national (FN) depuis la création du parti six ans plus tôt, avaient été célébrées en latin en l'église parisienne Saint-Nicolas-du-Chardonnet par Mgr François Ducaud-Bourget, le chef de file de l'intégrisme catholique français. « François Duprat était un exemple du dévouement et de la maintenance de tout ce qui est noble et beau », avait alors proclamé Jean-Marie Le Pen. Le leader du FN, qui représentait à l'époque moins de 1 % des électeurs, s'était bien gardé de préciser dans quel domaine François Duprat était l'exemple de la noblesse et de la beauté. Les positions du « martyr » étaient en effet loin de faire l'unanimité au sein de l'extrême droite. « Sa disparition n'était pas un deuil pour tous, car il faisait de l'ombre. Une ombre encombrante », avait amèrement commenté un de ses aînés qui se flattait d'avoir combattu le « bolchevisme » dans la division SS Charlemagne. Pour Jean-Marie Le Pen, en quête en 1978 de respectabilité politique et de succès électoraux, François Duprat était incontestablement un personnage plus facile à glorifier mort que vivant.

Le meurtre de celui qui pensait jouer dans le FN un rôle d'aiguillon idéologique « un peu comparable à celui des SA par rapport au parti national-socialiste [1] » a été revendiqué par un « commando du souvenir juif » se réclamant d'Auschwitz et par un tout aussi inconnu « groupe juif révolutionnaire ». Des revendications qui n'ont été prises au sérieux ni par les amis politiques de la victime ni par les enquêteurs – car si des juifs pouvaient avoir de bonnes raisons d'en vouloir à François Duprat, il ne représentait pas pour autant une cible prioritaire. D'autres antisémites notoires, dont par exemple son maître à penser Maurice Bardèche (1907-1998), tout aussi collaborateur que son beau-frère Robert Brasillach, l'écrivain fusillé à la Libération, constituaient des symboles bien plus forts.

Né en 1941 à Ajaccio, François Duprat commence sa vie politique dès l'âge de seize ans chez les trotskystes du Sud-Ouest. Emporté par ce que Maurice Bardèche a nommé l'« intense facteur émotionnel de la défense de l'Algérie française », le lycéen devenu parisien entre en khâgne au lycée Louis-le-Grand et, dans le même temps, adhère au mouvement d'extrême droite Jeune Nation (fondé en 1949 et dont l'emblème est une croix celtique). Étudiant en histoire, il participe à la fondation de la Fédération des étudiants nationalistes (FEN) et devient la cible des militants du Front universitaire antifasciste (FUA), qui l'« interdisent de cours ».

Après l'indépendance de l'Algérie, il soutient, dans le sillage d'officiers déserteurs de l'Organisation de l'armée secrète (OAS) [▷ p. 94], la sécession katangaise de Moïse Tshombé, dont il organise la propagande radiophonique. En 1967, il est exclu pour des raisons controversées du mouvement d'extrême droite Occident, dont il est l'un des cofondateurs. Il aurait entretenu des relations trop étroites avec les

1 François Duprat, *Histoire des SS*, Les Sept couleurs, Paris, 1968. Les membres des SA (*Sturmabteilungen*, les sections d'assaut nazies), dirigés par Ernst Röhm, étaient jugés trop « révolutionnaires » par Adolf Hitler, qui les fit exécuter dans toute l'Allemagne par ses SS (*Schutzaffeln*) au cours de la « Nuit des longs couteaux », le 30 juin 1934.

Renseignements généraux de la préfecture de Police ou avec la DST, dont il aurait été un indicateur, ou encore avec le SDECE, pour le compte duquel il aurait recruté des mercenaires à destination du Katanga. Pour d'autres, il a été banni simplement parce que son racisme paraissait trop radical, même aux adhérents d'Occident. Il faut dire que François Duprat ne s'embarrassait pas de nuances.

La guerre des Six-Jours lui fournira l'occasion de populariser son antisémitisme en créant un « Rassemblement pour la liberté de la Palestine », et de nouer des liens avec le Parti populaire syrien. Non par affection pour les Arabes, qu'il tiendra toujours pour des « imbéciles » et dont il sera parmi les premiers à vilipender l'immigration en France, mais par haine des juifs en général, et des Israéliens en particulier, qui lui semblent ne pas s'être « débarrassés des tares physiques de leur race ». Son antisémitisme le conduit à mettre sa qualité de professeur d'histoire titulaire du CAPES au service des thèses négationnistes, dont il est en France l'un des premiers propagateurs. Pour les diffuser sans contraintes, il publie des livres et fonde des journaux. Il crée d'ailleurs également son propre mouvement, au travers des Groupes nationalistes révolutionnaires (GNR), dont Jean-Marie Le Pen considère alors l'idéologie comme une tendance tout à fait respectable du FN.

Intellectuel et homme d'action, François Duprat a acquis en 1978 une notoriété qui lui suscite de plus en plus d'ennemis au sein de l'extrême droite. Ouvertement fasciste, révisionniste et raciste, il se targue en plus d'être intègre et travaille à un ouvrage sur l'argent et la politique, qui doit dénoncer toutes les magouilles financières, y compris celles de la droite. Il envisage même de s'attaquer à l'ancien professeur d'histoire et collaborateur du Rassemblement national populaire (RNP) pendant la guerre, Georges Albertini (1911-1983), qu'il a beaucoup fréquenté. Qui est-il ? L'une des plus influentes éminences grises des IVe et Ve Républiques, notamment auprès du patronat, en même temps qu'une référence en matière d'étude sur le communisme, bien au-delà de l'extrême droite : devenu conseiller en 1948 de la banque Worms, après avoir été emprisonné pour son rôle pendant l'Occupation, « Monsieur Georges » s'est illustré avec son Institut d'études sociales et de soviétologie et sa revue *Est-Ouest*, en influençant des personnalités aussi diverses que l'ex-président du Conseil Georges Bidault, le cardinal Eugène Tisserant [▷ p. 603], les conseillers de Jacques Chirac Marie-France Garaud et Pierre Juillet, et des cadets de la droite qu'il a « formés », Alain Madelin, Alain Devaquet ou Alain Juppé...

Le projet de livre dérangeant concernant Albertini a parfois été présenté comme le mobile de l'assassinat de Duprat. Mais on a aussi évoqué ses écrits négationnistes, ses contacts avec certains services secrets arabes ou l'ombre qu'il faisait à d'autres responsables d'extrême droite. Après sa mort, restée inexpliquée, c'est Jean-Pierre Stirbois, représentant des « solidaristes », une tendance plus modérée du FN, qui prend sa place au bureau politique. Devenu une figure majeure du parti d'extrême droite, il mourra brutalement, dix ans après François Duprat. Dans sa voiture lui aussi, mais lors d'un accident.

◂ F. Z.

Pour en savoir plus

Christophe Bourseiller, *La Nouvelle Extrême droite*, Le Rocher, Monaco, 1991.

Gilles Bresson et Christian Lionet, *Le Pen. Biographie*, Seuil, Paris, 1994.

Fréderic Charpier, *Génération Occident. De l'extrême droite à la droite*, Seuil, Paris, 2005.

François Duprat, *Les Mouvements d'extrême droite en France de 1944 à nos jours*, Albatros, Paris, 1972.

Roger Faligot et Rémi Kauffer, *Éminences grises*, Fayard, Paris, 1992.

Philippe Herten, *Le Nationalisme radical en France*, Magrie, Paris, 1994.

Valérie Igounet, *Histoire du négationnisme en France*, Seuil, Paris, 2000.

Frédéric Laurent, *L'Orchestre noir*, Stock, Paris, 1978.

Laurent Lemire, *L'Homme de l'ombre, Georges Albertini (1911-1983)*, Balland, Paris, 1990.

Joseph Lorien, Karl Criton et Serge Dumont, *Le Système Le Pen*, EPO, 1985.

Alain Rollat, *Les Hommes de l'extrême droite*, Calmann-Lévy, Paris, 1985.

Le lobby agricole, puissance politique

Il forme le plus ancien et le plus puissant groupe de pression français. Un lobby qui a dépassé le stade de la simple influence. En effet, depuis le début de la Ve République, les agriculteurs ont toujours imposé leur loi aux gouvernements successifs en usant de leur arme favorite : la violence.

Quand, dans la nuit du 12 au 13 mars 1946, la Fédération nationale des syndicats d'exploitants agricoles (FNSEA) élit son premier président, Émile Forget, un paysan du Maine-et-Loire, l'« unité paysanne » qu'il proclame alors n'est que de façade. Le monde agricole est depuis longtemps divisé entre la droite, ultra-majoritaire, et une gauche d'autant plus atypique qu'elle est essentiellement issue des rangs du catholicisme social. Mais les clivages économiques et culturels sont également marqués entre les puissants céréaliers et betteraviers du Bassin parisien et du Nord, et les éleveurs, producteurs de lait, ou les viticulteurs. À cela s'ajoutera ultérieurement la division entre les agriculteurs productivistes – lesquels, un demi-siècle plus tard, tiennent toujours en France le haut du pavé – et les tenants d'une agriculture moins industrialisée et plus respectueuse de l'environnement. L'objectif de la FNSEA épouse, dès sa naissance, celui des pouvoirs publics : installer l'agriculture française dans le productivisme voulu par l'Europe. Sa force sera de demeurer, au fil des décennies, l'interlocuteur privilégié de l'État en marginalisant toutes les autres tendances.

La révolution bretonne de 1961

En 1958, quand il arrive au pouvoir, le général de Gaulle a autre chose à faire que de s'occuper des paysans, qui ne sont pas de son monde et qu'il n'apprécie guère (alors même que l'emploi agricole occupe encore en France, cette année-là, 22 % de la population active – chiffre qui tombera à 3,9 % en 2002). Beaucoup d'entre eux ont été pétainistes durant la guerre : les notables du Syndicat des propriétaires fonciers et de la Société des agriculteurs de France (SAF) ont fait le jeu de la collaboration, seule une fraction minoritaire du monde paysan prenant le chemin des maquis. Dans son livre somme sur l'histoire de la FNSEA publié en 2004 [1], le journaliste Gilles Luneau rapporte cette phrase de l'homme du 18 Juin, qui en dit long sur le peu d'estime dans laquelle il tenait les agriculteurs. Lors d'un conseil des ministres où Michel Debré, le chef du gouvernement, tente de le persuader que le monde agricole a beaucoup changé, il lui rétorque : « Les paysans, les paysans… Monsieur le Premier ministre, les paysans sont devenus résistants parce que l'on ne pouvait pas parachuter des armes en ville… »

À la Libération, il faut pourtant ravitailler le pays et c'est le « plan Marshall », financé par les États-Unis, qui permet à l'agriculture française d'entamer la première phase de sa modernisation. Mais en 1958, le gouvernement de Michel Debré prend d'emblée des mesures draconiennes : c'est la première grande élimination des exploitations jugées non rentables, la baisse des subventions sur le carburant et le matériel agricole et, surtout, la suppression de l'indexation des prix (le 31 décembre 1958), qui garantissait la stabilité des produits agricoles en les étalonnant sur différents postes fixes des exploitations. L'exode rural vers les banlieues s'intensifie, et la colère des agriculteurs

1 Gilles Luneau, *La Forteresse agricole. Une histoire de la FNSEA*, Fayard, Paris, 2004.

ne tarde pas à se manifester. À la suite des manifestations et des violences qui se multiplient dans toute la France en février 1960, Michel Debré temporise en annonçant une vaste réforme de l'agriculture. Mais, venu de Bretagne, un coup de tonnerre va ébranler l'État.

Dans le Léon et le Trégor finistériens, les agriculteurs qui cultivent oignons, choux-fleurs et artichauts sont depuis toujours entre les mains des acheteurs, pour qui une tonne de marchandises fait au mieux 900 kg mais jamais 1 000 et qui négocient avec les producteurs sans jamais les informer des cours. Mais les jeunes Bretons n'ont plus envie de se laisser faire comme leurs parents. Beaucoup d'entre eux ont adhéré à la Jeunesse agricole catholique (JAC), un mouvement républicain fondé en 1929, hostile aux grands propriétaires, et qui a appris aux agriculteurs à mutualiser leurs moyens et à mieux gérer leurs affaires. Particulièrement implantée dans l'Ouest du pays, la JAC, dès sa naissance, a été soutenue par l'abbé Félix Trochu et son journal *Ouest-Éclair* (qui deviendra *Ouest-France*). Sa ligne ? Moraliser le capitalisme sans le renier.

À la fin des années 1950, la Bretagne va mal. C'est une terre du bout du monde, aux voies de communication obsolètes qui empêchent toute implantation industrielle et dont la jeunesse part travailler dans les villes. Un jeune paysan de vingt-deux ans et quelques-uns de ses compagnons vont tout changer dans cette petite région du Nord-Finistère – et bien au-delà. En quelques années, Alexis Gourvennec va d'abord conquérir une Fédération départementale des syndicats d'exploitants agricoles (FDSEA) ronronnante, puis l'investir avec sa jeune garde et lancer une idée révolutionnaire : syndiquer tous les paysans afin qu'ils ne traitent plus de gré à gré avec les acheteurs, mais que leur production soit écoulée à partir d'une vente aux enchères publique organisée par la Société d'intérêt collectif agricole (SICA) qu'ils ont fondée à Saint-Pol de Léon. En mars 1961, 3 000 exploitants acceptent de jouer le jeu et entament la guerre avec les négociants – mais aussi avec des cultivateurs indépendants qui refusent de passer sous la coupe du « dictateur » Gourvennec.

Après d'âpres combats, les troupes de la SICA gagnent ce formidable bras de fer. Mais la déception vient de Paris, quand Alexis Gourvennec y rencontre le ministre de l'Agriculture Henri Rochereau, pour lui demander qu'une loi rende ce système obligatoire afin que les cultivateurs récalcitrants le rejoignent. C'est un refus. L'« action directe » – qui deviendra la méthode favorite du monde agricole pour faire plier le pouvoir – va alors commencer : « Ce texte, Monsieur le ministre, [...] dites-vous bien qu'on l'aura. Quels que soient les moyens qu'il nous faille prendre pour l'obtenir [1]. »

---

1 Cité par Alain BAUDOIN et Louis Roger DAUTRIAT, *Alexis Gourvennec, paysan-directeur général*, Fayard, Paris, 1977.

Au petit matin du 8 juin 1961, au terme d'une opération minutieusement préparée et dont rien n'a filtré, quelque 1 500 agriculteurs bouclent la ville de Morlaix. Leur objectif : la sous-préfecture, qu'ils envahissent sans violence. Cette occupation du symbole de l'État mobilise les médias, d'autant que les deux meneurs, Alexis Gourvennec et Marcel Léon, sont arrêtés et incarcérés à la prison de Brest. Aussitôt, dans toute la Bretagne, la révolte éclate. La nuit, les poteaux téléphoniques sont sciés par dizaines, la France rurale s'enflamme pour ses deux héros.

Quand leur procès s'ouvre à Morlaix dans une ville quadrillée par les forces de l'ordre, 10 000 agriculteurs sont là et attendent le verdict de pied ferme. Les deux hommes sont acquittés. Le pouvoir s'est incliné et, en août 1962, la prédiction d'Alexis Gourvennec se réalise : le projet de loi demandé par la SICA est voté. Quant au ministre qui l'avait refusé, il a été remplacé par Edgard Pisani, un gaulliste atypique par son franc-parler. Les meneurs du mouvement ont maintenant une certitude : l'action directe paie. « En quinze jours, nous avons plus obtenu qu'en quinze ans ! », déclarent les leaders du mouvement à la sortie de leur procès. Ils iront plus loin encore.

Associés aux autres forces économiques de la région, ils obtiennent le « désenclavement » de la Bretagne : construction de voies rapides et d'un réseau téléphonique moderne, mais aussi aménagement d'un port en eau profonde à Roscoff. Les armateurs ne voyant pas d'intérêt économique à créer une liaison maritime avec l'Angleterre, ce seront les agriculteurs eux-mêmes, à travers la SICA, qui achèteront les premiers bateaux et fonderont la compagnie Britanny Ferries. Quant aux leaders du mouvement, ils s'installent au pouvoir.

Il faut dire que le syndicalisme agricole repose alors sur de multiples rouages, dont les portes s'ouvrent à tous ces jeunes agriculteurs entreprenants : chambres d'agriculture, formation professionnelle, Mutualité sociale agricole – la Sécu des agriculteurs –, ou encore le Crédit agricole, qui deviendra, au fil de la réussite capitaliste de l'agriculture française, l'une des premières banques du monde. Sans oublier les lambris de la République quand ils sont reçus par les ministres. Jamais, à Paris, on n'oubliera la violence bretonne, leçon vite apprise par les autres régions. Dès que des manifestations reprennent, les tiroirs caisses de l'État s'ouvrent et la révolte s'apaise. Les mauvaises habitudes sont prises.

« Les paysans dans la lutte des classes »

La FNSEA a habilement récupéré la colère bretonne, tout comme elle va s'efforcer d'effacer les autres tendances qui existent au sein du monde agricole – surtout celles de gauche. Les céréaliers du Bassin parisien sont les véritables maîtres d'une FNSEA de droite et il n'est pas question que d'autres voix se fassent entendre. Le « comité de Guéret », regroupant dix-huit instances départementales (FDSEA) du Centre et du Sud-Ouest, né en 1953 de la colère des éleveurs du Puy-de-Dôme, est ainsi exclu des instances nationales, tout comme les autres fédérations départementales trop remuantes.

Mais ce sont les troupes de Bernard Lambert, ancien « jaciste » (militant de la JAC) lui aussi, qui donneront le plus de mal à la FNSEA. En 1970, le leader de la gauche paysanne, cofondateur des Paysans-travailleurs, publie *Les Paysans dans la lutte des classes* (Seuil, 1970), préfacé par Michel Rocard. Un rude pamphlet dans lequel Bernard Lambert, évoquant la modernisation de l'agriculture, estime que si elle a « permis aux agriculteurs de décupler leur force de travail, les grosses exploitations, grâce à leurs fortes possibilités d'investissement et d'amortissement, ont pu commencer véritablement leur croissance au détriment des petites, condamnées à disparaître ». De mai 1968 à la mobilisation contre l'extension du camp militaire du Larzac dans les années 1970, ce sont les jeunes paysans formés par Bernard Lambert qui dénoncent la politique européenne à laquelle adhèrent la FNSEA et l'État. Bernard Lambert démontre également que, déjà, les paysans les plus riches sont plus subventionnés que les plus pauvres.

Malgré ses dissidences, la FNSEA mène toujours le jeu. Quand Jacques Chirac entre au ministère de l'Agriculture en 1972, le monde agricole est rapidement séduit par ce fringant jeune homme au tutoiement facile, qui lève volontiers le coude et possède un coup de fourchette impressionnant pour un citadin. Traditionnellement centristes, les agriculteurs vont goûter au brouet de l'Union pour la défense de la République (UDR), puis du parti nationaliste et anti-atlantiste que Chirac fonde en 1976, le Rassemblement pour la République (RPR), au point de constituer pendant plusieurs décennies le socle électoral du futur président de la République.

Le prix à payer pour faciliter cette ascension est ce que l'on appellera la « cogestion » : « Edgard Pisani travaillait avec les organisations agricoles à la mise en musique d'une politique agricole ; Jacques Chirac va, lui, cogérer les orientations voulues par la FNSEA [1]. » Plus de trente ans après leurs premiers contacts, la proximité entre Jacques Chirac et les agriculteurs a pris du plomb dans l'aile. Certes, ils demeurent attachés à l'homme qui leur a permis de truster depuis tant d'années une part disproportionnée des subventions versées par l'Europe dans le cadre de la « politique agricole commune » (PAC) : le quart des 45 milliards d'euros d'aides diverses versées par Bruxelles en 2004 à l'agriculture européenne est allé à la France. Merci Jacques Chirac ! Ce qui n'empêchera pas, un an plus tard, les paysans français de voter majoritairement « non » au référendum sur le traité constitutionnel européen, en accusant l'Europe de ne pas tenir suffisamment compte de leurs contraintes !

---

1 Gilles Luneau, *La Forteresse agricole*, *op. cit.*, p. 649.

Régulièrement, au cours des années 1970, les violences reprennent et sont principalement le fait d'agriculteurs oubliés par la FNSEA, comme les exploitants laitiers ou les viticulteurs. Les combats de rue sont féroces, mais l'exaspération n'explique pas, à elle seule, cette violence. Une partie des agriculteurs a toujours été proche de l'extrême droite. Avant guerre, certains avaient rallié les « Chemises vertes » de Henri Dorgères, pseudonyme de Henri-Auguste d'Halluin, journaliste agricole dont le mouvement xénophobe et antiparlementariste se rapprocha de celui des ligues de 1934, même s'il fut résistant pendant l'Occupation, en dépit d'un soutien initial au régime de Vichy. Dans les années 1950, d'autres feront un bout de chemin au côté de Pierre Poujade, fondateur de l'Union de défense des commerçants et artisans de France (UDCA), grâce auquel Dorgères, toujours actif, sera élu député en 1956. Puis, en 1989, ce sera le mouvement Chasse, pêche, nature et traditions (CPNT), sans oublier le FN, maintenant solidement ancré dans le monde paysan.

La fosse à purin pour le ministre

La provocation du nouveau pouvoir socialiste, en 1981, est de taille : c'est une femme, Édith Cresson, qui est nommée ministre de l'Agriculture. Et elle ose remettre en cause le monopole de la FNSEA en réhabilitant le pluralisme syndical. Inacceptable pour François Guillaume, puissant patron de la Fédération (qui deviendra ministre de l'Agriculture de Jacques Chirac durant la première cohabitation de 1986 à 1988), dont les troupes multiplient les attaques les plus sexistes contre Édith Cresson. En février 1982, elle visite une exploitation agricole en Normandie, quand plusieurs centaines de manifestants des FDSEA normandes envahissent les lieux avec la ferme résolution de la jeter dans la fosse à purin. Elle ne devra son salut qu'à l'arrivée d'un hélicoptère de la gendarmerie. François Mitterrand siffle rapidement la fin de la récréation en recevant longuement François Guillaume.

Les échéances européennes sont trop nombreuses pour que l'on perde son temps avec les dissidents : cycle de l'Uruguay Round de l'Organisation mondiale du commerce (OMC), réforme de la PAC, le productivisme l'emporte toujours et les gros agriculteurs s'en tirent de mieux en mieux. Durant des dizaines d'années l'agriculture a vécu de prix garantis élevés, d'importations bloquées par des droits de douanes prohibitifs, de surplus européens exportés avec des subventions interdisant aux pays du Sud d'accéder au marché mondial. C'est à ce prix-là que la France a pu devenir le premier producteur européen d'agroalimentaire.

Mais « le système de la PAC est devenu si complexe qu'elle n'est pas gérée avec transparence », écrivait Pierre Boulanger en 2003, dans une analyse du Groupe d'économie mondiale (GEM) de l'Institut d'études politique de Paris, en rappelant les sévères critiques de la Cour des comptes dans son rapport annuel 2003, stipendiant les « irrégularités comptables » et les « approximations juridiques » des organismes chargés de verser ces aides. « Les 2 350 plus grandes exploitations (moins d'un pour cent du total des exploitations françaises) reçoivent plus de subventions que les 182 270 les plus petites », écrit encore Pierre Boulanger. Et savoir qui sont ces profiteurs de la PAC relève de l'exploit (pour pouvoir publier, en mars 2006, la liste des premiers bénéficiaires des aides européennes, le magazine *Capital* devra saisir la Commission d'accès aux documents administratifs).

En juin 2005, Tony Blair faisait mouche en s'élevant contre le fait que chaque vache européenne coûtait deux euros de subventions par jour, soit beaucoup plus que le revenu moyen d'une grande partie de l'humanité... La réforme de la PAC décidée en 2003 devrait changer progressivement les choses, notamment en dissociant les aides de la production (ce ne sont plus les agriculteurs qui produisent le plus qui toucheront davantage que les autres).

La crise de la santé publique

La course à la productivité d'une agriculture française lancée dans la mondialisation des échanges va avoir une autre conséquence. À partir des années 1970, les consommateurs apprennent que les veaux sont nourris aux hormones ou que des antibiotiques sont administrés aux volailles et aux porcs. En Bretagne, l'eau potable a purement et simplement disparu dans certaines localités, et les estivants découvrent des plages couvertes de tapis d'algues vertes nées de l'abondance des nitrates. Enfin, il y aura la crise de la « vache folle », avec cette surprise de taille : les bovins, avec les farines animales, étaient devenus carnivores.

Dès 1980, Bernard Lambert dénonçait ces nouvelles méthodes agricoles : « Traditionnellement, les paysans mettaient de la fierté à fabriquer des produits qu'ils voulaient irréprochables. Aujourd'hui, sous la coupe des banques et des industries qui contrôlent et organisent la production, ils sont obligés, sous prétexte de progrès et sous peine de faillite, de se plier à des pratiques qu'ils désapprouvent [1]. » Disparu dans un accident de voiture en 1984, Bernard Lambert ne verra pas les mouvements de gauche, dont le syndicat des Paysans-travailleurs, s'unir en 1987 au sein de la Confédération paysanne et lutter contre la fameuse « malbouffe », ou faucher les végétaux transformés dans leur structure par des modifications génétiques (OGM). Des actions sévèrement réprimées par les tribunaux. José Bové, durant un temps porte-parole de la Confédération paysanne, fera de la prison ferme pour le « démontage » d'un

1 Cité par Gilles Luneau, *ibid.*, p. 688.

McDonald's à Millau en août 1999 et le fauchage de riz OGM, car il revendique ses actes.

Ce n'est pas le cas des autres agriculteurs dont les avocats plaident toujours les « débordements » durant les manifestations et qui – quand ils sont poursuivis par la justice, ce qui est rare – sont le plus souvent relaxés. Ainsi les militants de la FNSEA qui avaient dévasté, en février 1999, le bureau de Dominique Voynet, alors ministre de l'Environnement, n'ont jamais été inquiétés. Pourtant, selon Nathalie Duclos, « la logique de judiciarisation générale vaut aussi pour la FNSEA. À partir de la mise en place de la cogestion, dans les années 1960, il y a eu une complaisance. Tout se négociait. Tant que la limite n'était pas franchie, il n'y avait pas de suites. La baisse du poids des agriculteurs dans la population et l'intolérance croissante de la société envers la violence ont entraîné une plus grande tendance à poursuivre, même si les agriculteurs sont souvent moins violents [1] ».

En réalité, le ministère de l'Agriculture cumule deux casquettes incompatibles : l'autorisation de commercialisation des produits et l'analyse de leur impact sur la santé publique. On devine facilement celle qui pèse le plus. « Puissant et bien organisé, le lobby productiviste agricole, volontiers demandeur de subventions publiques, est également prompt à dénoncer les contrôles comme attentatoires au libre exercice de la profession. Les préfets, répugnant à sanctionner les infractions par crainte de manifestations violentes, ferment pudiquement les yeux sur ces entorses à la légalité. » André Chandernagor, ancien ministre et vice-président de la Coordination nationale contre les élevages industriels, disait franchement les choses quand, en 2000, dans une tribune parue dans *Le Monde*, il dénonçait la collusion entre agriculteurs, fonctionnaires du ministère et géants de l'agroalimentaire : « Au moins pourrait-on saisir l'occasion de la légitime révolte des consommateurs pour faire cesser l'inadmissible mélange des genres que l'on constate au sein de ce département ministériel qui pervertit, au privilège de la production, deux de ses missions essentielles : la défense de la santé publique et celle de l'environnement [2]. » Mais André Chandernagor, sans illusions, rappelait également comment le général de Gaulle surnommait le ministère de l'Agriculture : pour lui, il s'agissait déjà, à l'époque, du « ministère des agriculteurs ».

◂ **F. M.**

1 *Le Monde*, 18 septembre 2001.

2 *Le Monde*, 5 décembre 2000.

Pour en savoir plus

Arnaud Apoteker, *Du poisson dans les fraises. Notre alimentation manipulée*, La Découverte, Paris, 1999.

Alain Baudoin et Louis Roger Dautriat, *Alexis Gourvennec, paysan-directeur général*, Fayard, Paris, 1977.

Suzanne Berger, *Les Paysans contre la politique*, Seuil, Paris, 1975.

José Bové et François Dufour (avec Gilles Luneau), *Le Monde n'est pas une marchandise*, La Découverte, Paris, 2000.

Yves Chavagne, *Benard Lambert, trente ans de combat paysan*, La Digitale, Quimperlé, 1988.

Henri Dorgères, *Au XXe siècle, dix ans de jacquerie*, Éditions du Scorpion, Paris, 1959.

Camille Guillou, *Les Saigneurs de la terre*, Albin Michel, Paris 1997.

Jean-François Kesler, *De la gauche dissidente au nouveau Parti socialiste. Les minorités qui ont rénové le PS*, Privat, Toulouse, 1990.

Bernard Lambert, *Les Paysans dans la lutte des classes*, Seuil, Paris, 1970.

Gilles Luneau, *La Forteresse agricole. Une histoire de la FNSEA*, Fayard, Paris, 2004.

Jean-Philippe Martin, *Histoire des nouvelles gauches paysannes*, La Découverte, Paris, 2005.

Élisabeth Schemla, *Édith Cresson, la femme piégée*, Flammarion, Paris, 1993.

Le scandale du sang contaminé

« La justice aura traîné pendant onze ans les parties civiles dans les dédales d'un Palais de justice pour leur dire finalement qu'un dossier constitué de cent trente tomes, de multiples procès-verbaux, de multiples auditions, de multiples documents, ne mérite même pas d'être examiné ! » Ce 18 juin 2003, François Honorat, l'un des avocats des victimes de l'affaire du sang contaminé, laisse éclater sa colère : la Cour de cassation vient de mettre un point final juridique à la première grande catastrophe de santé publique qu'ait connu la France.

Trente hauts responsables respirent enfin : ils ne sont pas davantage coupables que les ministres relaxés par la Haute Cour de justice quatre ans plus tôt, le 8 mars 1999. Ces fonctionnaires, médecins et scientifiques se sont bien gardés de se rendre au Palais de justice de Paris. Certaines familles des victimes, folles de rage, crient qu'elles retiendront leurs noms... Les Français se souviendront d'autre chose : que la justice, dans une affaire qui a mobilisé leur quotidien pendant près de vingt ans, n'a envoyé que deux personnes derrière les barreaux : le docteur Michel Garetta, directeur du Centre national de transfusion sanguine (CNTS) de 1984 à 1991, et son adjoint pour la recherche, le docteur Jean-Pierre Allain. Condamnés définitivement en 1993, le premier purgera deux années et demie de prison, le second en sortira un an après son incarcération.

L'« affaire du sang »

L'« affaire du sang » éclate le 25 avril 1991. C'est le titre qu'Anne-Marie Casteret choisit de donner au livre qu'elle consacre un an plus tard à l'histoire de ce scandale – qu'elle a été la première à révéler. Médecin de formation et journaliste à *L'Événement du jeudi*, elle publie ce jour-là un article de trois pages intitulé : « Le rapport qui accuse le Centre national de transfusion sanguine. » Les faits sont terribles. Et ils entraîneront, au fil des années, une cascade de mises en cause et de procès impliquant jusqu'à Laurent Fabius, Premier ministre à l'époque des faits.

Pour préserver ses intérêts économiques, le CNTS, qui détient le monopole de la transfusion sanguine en France, a continué de délivrer des lots de produits sanguins qu'il savait contaminés par le virus du sida et n'a rien fait pour disposer de produits plus sûrs, plus tôt. C'est ce que prouvent les extraits du compte rendu d'une réunion du CNTS tenue six ans auparavant, le 29 mai 1985, que publie le magazine. Dans la première partie du document, ses responsables indiquent : « Tous nos lots sont contaminés. » Selon le second extrait, il n'est pourtant pas question d'arrêter leur distribution en raison des « graves conséquences financières que cela représente. C'est aux autorités de tutelle de prendre leur responsabilité sur ce grave problème et d'éventuellement nous interdire de céder des produits ».

L'affaire du sang contaminé – cette « bombe émotionnelle » qui empoisonnera pour longtemps la relation entre les Français et le pouvoir politique, non sans saper leur confiance envers le monde médical – n'est, au départ, qu'une sordide histoire d'argent. C'est malheureusement le cas de la plupart des autres scandales de santé publique que les Français découvrent à partir des années 1990.

Le scandale de l'hormone de croissance qui éclate en 1991 ? En France, le commerce qui entourait la collecte sur des cadavres de glandes hypophysaires (on prélevait les hypophyses jusque dans les morgues de Bulgarie et de Hongrie), à partir desquelles l'hormone était raffinée, aboutit à une catastrophe sanitaire. L'inévitable s'est produit : la maladie de Creutzfeldt-Jacob, dégénérescence mortelle du système nerveux central, frappe. Et quatre-vingt-treize patients traités en meurent. Ce n'est qu'en 1988, bien après d'autres pays, que le procédé est interdit en France et remplacé par une hormone de synthèse.

La « vache folle » en 1996 ? L'apparition chez l'homme de cette variante de la maladie de Creutzfeldt-Jacob est une conséquence de l'industrialisation de l'élevage. À partir de 1975, en pleine crise pétrolière, les géants de l'agroalimentaire baissent la température de chauffage des farines animales, constituées à partir de tous les rebuts d'abattoir. Le prion, protéine provoquant l'encéphalite spongiforme bovine (ESB), se répand peu à peu, y compris chez l'homme. Et si le Royaume-Uni met plusieurs années à stopper ses exportations de farines puis de bovins, c'est pour éviter que l'élevage britannique ne s'effondre.

Mais revenons à l'affaire du sang. Pour mieux comprendre les décisions folles prises par l'ensemble des responsables de ce scandale, il faut décrire le monde méconnu de la transfusion sanguine à la française. Association à but non lucratif, le CNTS est composé à l'époque de sept laboratoires régionaux dits « de fractionnement », qui extraient du sang tous ses dérivés thérapeutiques, et de cent quatre-vingts centres de transfusion sanguine (CTS), chargés de collecter les dons et de la transfusion. C'est le CNTS, le laboratoire parisien qui, de fait, dirige tout. À lui de mener les recherches, mais aussi d'être le conseil du ministère de la Santé, sa tutelle.

Quand il est nommé directeur du CNTS en 1984, Michel Garetta, un médecin de quarante ans qui a passé toute sa carrière dans le monde de la transfusion, a une mission : moderniser un système archaïque et mal géré. Mais sans remettre en cause l'idéologie simpliste qui le fonde : en résumé, contrairement aux États-Unis où le don du sang est rétribué, attirant notamment les toxicomanes, le don gratuit pratiqué en France en garantirait la pureté. Michel Garetta doit surtout organiser l'autosuffisance du système et « produire français ».

Le style Garetta

Dès son arrivée à la tête du CNTS, Michel Garetta change tout, et d'abord l'ambiance. Jusque-là dirigé par des mandarins, d'illustres professeurs, le CNTS n'est pas habitué aux méthodes du sémillant docteur. Entre 1984 et 1991 – il sera forcé de démissionner le 3 juin, moins de deux mois après les révélations de *L'Événement du jeudi* –, Garetta développe une « stratégie ambitieuse et tous azimuts », selon Laurent Vachey, inspecteur des finances chargé en 1992 d'analyser sa gestion.

Garetta n'a pas oublié sa propre personne : son salaire annuel net frôle les 1,2 million de francs, il dispose de stock-options, d'actions dans les sociétés qu'il crée autour du CNTS et, bien sûr, de bureaux luxueux. Sans oublier la voiture avec chauffeur-garde du corps. Mais Laurent Vachey estime « qu'il n'y a pas eu d'aveuglement sur les enjeux stratégiques majeurs ». Les objectifs fixés par Michel Garetta au CNTS sont les bons et notamment la préparation de l'empoignade européenne qui s'annonce – le sang va passer au rang de médicament soumis à la concurrence. C'est bien le seul point positif, car la révolution culturelle voulue par Michel Garetta sera desservie par une gestion défaillante, les holdings qu'il a créées en cascade se révélant toutes en déficit.

Mais tout cela n'est rien. Car le vrai prix du sang est ailleurs. « Dès 1983, quand nous avons découvert le rétrovirus du sida, nous savions qu'il était sensible à la chaleur et que l'on pouvait ainsi tenter de l'inactiver », explique le professeur Luc Montagnier dans l'article de *L'Événement du jeudi*. Pour « tuer » le virus dans les lots de concentrés coagulants, il fallait donc les chauffer. Les hémophiles, qui utilisent régulièrement ces dérivés sanguins, constituent la population la plus vulnérable. Ils sont environ 5 000 en France et leur quotidien a changé depuis l'invention dans les années 1970 des produits concentrés de facteurs coagulants dérivés du sang. Ceux-ci leur permettent maintenant de prévenir les hémorragies et donc de mener une vie presque normale, trois injections par semaine remplaçant des méthodes thérapeutiques bien plus lourdes. « Traitement de confort », dénonceront certains médecins, qui auraient préféré que l'on revienne aux anciennes méthodes, moins pratiques mais plus sûres.

En effet, jusqu'à 1982 et l'apparition du procédé « poolé », il ne fallait que quelques donneurs pour réaliser ces facteurs de coagulation. Mais la fabrication industrielle de ce nouveau procédé, qui permet d'obtenir plus rapidement des produits plus purs, agrège (en « *pool* ») le sang de centaines, voire de milliers, de donneurs. Juste au moment où le sida arrive. Très vite, des études révèlent que les hémophiles figurent parmi les plus touchés, mais eux-mêmes ne veulent pas y croire. En mai 1983, l'Association française des hémophiles refuse de retourner aux anciens traitements. Après tout, à cette époque, il n'y a que cinquante-neuf cas déclarés de sida en France...

Pourtant, deux mois plus tôt, en mars 1983, aux États-Unis, la Food and Drug Administration (FDA) autorise l'Hemofil T, le premier produit chauffé. En juillet et en octobre 1984, le congrès de Munich puis le Center for Disease Control (CDC) d'Atlanta recommandent le chauffage. Mais en 1985, soit plus de deux ans après les premières déclarations de scientifiques qui auraient dû mettre en garde les responsables du monde de la transfusion, les laboratoires français maîtrisent encore mal cette technique et leur production reste marginale par rapport aux besoins. Au moment de la réunion du 29 mai 1985, le CNTS n'a, en réalité, rien fait pour mettre en place ces méthodes. En 1984,

Michel Garetta a même refusé l'offre d'un laboratoire américain lui proposant un procédé de chauffage qu'il vient de mettre au point. Il n'achètera pas non plus, avant juillet 1985, les produits existant à l'étranger pour compléter la faible production française.

À cela s'ajoutent les querelles mesquines d'un monde qu'une ancienne chercheuse du CNTS décrit comme un « univers médical fermé, cloisonné, laxiste, globalement incompétent et refusant tout dialogue [1] ». Pas question de s'inspirer, par exemple, de la méthode de chauffage mise en place à Lille dès la fin 1984. « Nous l'avons bien proposée, mais le CNTS n'en a pas voulu, déclarera Maurice Goudemand, responsable à l'époque du Centre de transfusion sanguine lillois. Je suppose qu'ils étaient vexés que nous ayons réussi avant eux. Avec les stocks que nous avions constitués et la possibilité que nous donnions aux autres centres de fabriquer des produits chauffés, il aurait été possible de fournir dès le 1er juillet 1985 à tous les hémophiles des produits inactivés [2]. »

Si l'offre existe, la demande est elle aussi présente. Quand le docteur Yvette Sultan, qui traite les hémophiles à l'hôpital Cochin à Paris, réclame des produits chauffés au CNTS, elle se heurte à un mur : « J'en ai demandé mille fois, j'ai hurlé et grimpé aux rideaux. » Son interlocuteur, le docteur Jean-Pierre Allain, numéro deux du CNTS, un homme qui, à partir de 1991, occupera la prestigieuse chaire d'hématologie de l'université de Cambridge, évoque un argument économique : « Il aurait fallu en importer. Ce qui aurait entraîné une fuite de devises [3]. » Le CNTS continue donc à répandre un sang qu'il sait contaminé.

La défaillance des politiques

Que décident les responsables politiques dans cette période cruciale du printemps 1985 ? Le secrétaire d'État socialiste à la Santé, Edmond Hervé, a été prévenu par le docteur Robert Netter, directeur du Laboratoire national de la santé, auquel Michel Garetta a écrit pour lui expliquer la situation. La décision officielle prend la forme d'un décret publié en juillet, stipulant que seuls les produits chauffés seront remboursés par la Sécurité sociale. Un coup d'arrêt pour les produits contaminés. Mais, toujours pour des raisons économiques, l'échéance est repoussée au mois d'octobre. « Pendant cette période, ils sont environ 3 000 hémophiles graves à avoir été soignés régulièrement avec des produits sanguins. [...] Le bilan est désastreux : 50 % d'entre eux sont

1 Alberte Bonnet, *L'Événement du jeudi*, 28 juin 1991.
2 *Le Point*, 2 novembre 1991.
3 *Le Point*, 20 juin 1992.

séropositifs, 80 % en région parisienne. Plus de deux cents ont déjà fait un sida et cent soixante-cinq en sont morts », écrit Anne-Marie Casteret.

Pourtant, les plus hautes autorités connaissaient le risque de contamination – même si l'ampleur de ses conséquences était sans doute mal évaluée par les experts. Le 12 mars 1985, le docteur Jean-Baptiste Brunet, épidémiologiste à la direction générale de la santé (DGS), avait attiré l'attention du directeur général de la santé, le professeur Jacques Roux, sur les résultats inquiétants d'une enquête réalisée à l'hôpital Cochin et qui montrait que six donneurs de sang sur 1 000 étaient séropositifs. Traduction : la majorité des lots sont contaminés. Le 9 mai 1985, c'est Michel Garetta, dans un courrier à la DGS, qui évoquait l'« urgence absolue », reconnaissant que les lots étaient contaminés, que 50 % des hémophiles l'étaient également et que « trois mois de retard signifient la mort de cinq à dix hémophiles et de quelques-uns de leurs proches ».

Un avertissement qui se révélera largement sous-estimé, mais pourtant suffisamment grave pour appeler une action immédiate. Alors pourquoi cet ordre, donné quelques semaines plus tard, le 26 juin 1985, dans une circulaire interne à tous les responsables de CTS ? « La distribution des produits non chauffés reste la procédure normale tant qu'ils sont en stock. » Lors de son procès, Michel Garetta déclarera avoir pris cette décision parce que c'était le « meilleur compromis entre les impératifs de santé publique et les contraintes économiques »...

Les dégâts de ce prétendu « patriotisme économique » avant l'heure ne s'arrêtent pas à la seule distribution de lots contaminés. L'autre urgence, au début de l'épidémie, se situe en amont : il faut dépister les donneurs afin d'écarter ceux qui sont séropositifs. Deux ans plus tôt, le 20 juin 1983, le directeur général de la santé Jacques Roux avait adressé une circulaire aux centres de transfusion sanguine afin qu'ils écartent les groupes de donneurs à risques – toxicomanes, homosexuels, résidents d'Afrique noire, Haïtiens –, mais celle-ci n'avait pas été suivie d'effet. D'abord à cause des cris poussés par les différentes minorités, criant à la discrimination. Mais pas seulement : « J'ai travaillé dans un centre de transfusion de l'Ouest de la France quand je faisais mes études, explique aujourd'hui un médecin parisien. Les directeurs des centres étaient de vrais roitelets et les responsables de collecte se livraient une concurrence acharnée pour récolter le plus de sang possible. Personne ne se servait avec rigueur des questionnaires destinés à repérer les patients à risques. »

À cette époque, on sous-estime encore gravement le risque de transmission par la transfusion, mais l'Institut Pasteur active quand même ses recherches afin de réaliser un test de dépistage qui permettra de repérer les dons atteints par le virus. Là encore, les Américains – paradoxalement en raison des défaillances de leur système – sont les premiers à le mettre au point. Le laboratoire

Abbott tente sans succès de le vendre en France à partir du mois de février 1985. Raison de ce blocage par les autorités françaises ? Encore une fois, préserver les intérêts de l'industrie hexagonale en donnant le temps à l'Institut Pasteur de finaliser son propre test.

Pour les ministres et leurs conseillers, c'est pourtant l'époque des mises en garde, qui viennent de tous bords. Le plus alarmiste est le professeur Jean Ducos, qui dirige le CTS de Toulouse et préside la Commission consultative de la transfusion sanguine, chargée d'informer le gouvernement. « Je ne me sens plus le droit, compte tenu de mes fonctions, de rester silencieux comme je l'ai fait jusqu'à maintenant », écrit-il le 26 avril 1985 à Edmond Hervé, secrétaire d'État à la Santé. Évoquant le dépistage, il ajoute : « Cette urgence est aggravée par le fait que la presse médicale publie de façon répétée des articles très documentés, exposant clairement que maintenant il n'y a plus aucune raison de différer l'application de ces mesures. [...] Je n'ai plus aucun argument à leur exposer pour ce retard, sinon l'argument financier. » Jean Ducos ne recevra pas de réponse.

Le 9 mai 1985, quinze jours avant la fameuse réunion du CNTS, une conférence interministérielle est présidée par le professeur François Gros – ancien directeur de l'Institut Pasteur –, devenu conseiller du Premier ministre Laurent Fabius. Les manœuvres dilatoires employées depuis deux mois par les autorités françaises ne peuvent plus durer très longtemps sans verser dans l'illégalité. « Le Laboratoire national de la santé ne pourra pas retenir très longtemps le dossier d'enregistrement de Abbott sans courir le risque d'un recours contentieux », est-il écrit dans le compte rendu de la réunion. Autre problème, encore une fois financier : qui va prendre en charge le coût du dépistage, estimé entre 200 et 400 millions de francs ? Le ministère du Budget tout comme celui des Affaires sociales se refusent à ce que cette somme soit supportée par l'Assurance maladie. Enfin, le test Abbott possède un défaut jugé rédhibitoire : il vaut deux fois moins cher que son concurrent tricolore. C'est l'affront de trop et il est une nouvelle fois décidé de repousser son homologation.

Mais, dès le 14 juin 1985, la presse évoque le blocage du test américain. On évalue à dix par jour le nombre de transfusés contaminés. C'est finalement Laurent Fabius lui-même qui annonce, le 19 juin à l'Assemblée nationale, la généralisation du dépistage. Celui-ci prendra pourtant plusieurs semaines de retard supplémentaires dues, entre autres, à l'harmonisation des différents tarifs de produits sanguins afin que le test Elisa produit par Pasteur s'aligne sur le prix américain.

Jean Ducos écrit à nouveau, cette fois à Georgina Dufoix, ministre des Affaires sociales et de la Solidarité, pour se plaindre de ces délais : « À ce jour, aucune instruction ne nous a été donnée pour faire entrer dans la pratique la décision de M. Laurent Fabius. Chaque jour, nous sommes harcelés d'appels téléphoniques en provenance de médecins, de familles d'hémophiles, de donneurs de sang qui ne comprennent pas que cette nécessaire garantie ne leur soit pas accordée. » Ultime précision : « Certes, nous savons que le coût de cette opération est élevé pour la santé publique. [...] Mais nous savons aussi que ces dépenses seront finalement inférieures à celles qui résulteraient du traitement des malades contaminés par transfusion sanguine sans préjudice de leur souffrance, de la douleur de leur famille et des pertes d'heures de travail et de productivité qui en résulteraient. » Il faudra un mois pour qu'une chargée de mission de la ministre réponde à Jean Ducos que celle-ci ne peut le recevoir. Ce n'est qu'au mois d'août que le dépistage se met enfin en place. À nouveau, six mois ont été perdus. La tragédie s'est installée.

Le combat des victimes

La publication, le 25 avril 1991, du compte rendu de la réunion du 29 mai 1985 dans *L'Événement du jeudi* met fin à la carrière de Michel Garetta. Il s'est débattu quelques semaines en dénonçant son « lynchage médiatique » et en arrosant les journaux de droits de réponse. Il est néanmoins inculpé le 22 octobre, pour avoir distribué des produits toxiques. Simultanément, des poursuites sont également engagées contre Jacques Roux et Robert Netter, ces deux derniers pour non-assistance à personne en danger. Le 4 novembre, c'est au tour de Jean-Pierre Allain. Du côté des victimes, l'affaire repart de plus belle. Le premier à s'être constitué partie civile est un hémophile de cinquante-deux ans, pianiste de jazz. En 1985, Jean Péron-Garvanoff crée l'association des polytransfusés et alerte les parlementaires, mais aussi les journalistes, dont Anne-Marie Casteret. Le hasard a voulu qu'il ait donné plusieurs concerts au domicile du docteur Jean-Pierre Allain. Il y a entendu les médecins présents parler « de la casse » qu'il y allait avoir chez les hémophiles. Le 3 mars 1988, il se décide à porter plainte pour non-assistance à personne en danger et délivrance de produits toxiques. L'instruction commence à affoler les juristes des différents ministères.

C'est le cas de Jean-Paul Jean, le conseiller du ministre des Affaires sociales, Claude Evin : « La solidarité des différents responsables qui s'était réalisée autour du silence éclate maintenant que les faits sont progressivement portés à la connaissance du public », écrit-il dans une note interne. Seule solution, proposer une indemnisation aux victimes en leur imposant en contrepartie une clause de renonciation aux poursuites. Un protocole est signé le 11 juillet 1989 entre les assureurs, le CNTS et l'association des hémophiles. Mais cela ne suffit pas. Jean-Paul Jean, en novembre, estime « que le débat [...] est en train de monter dangereusement. [...] Michel Garetta insiste beaucoup pour que le ministère prenne une position officielle sur ce qui s'est passé en 1985, pour éviter d'être le seul à être exposé. Il menace implicitement de mettre en cause le ministère s'il n'est pas soutenu. Il est vrai qu'il y a eu à l'époque des choix politiques discutables entre mars et octobre 1985. [...] Je pense qu'il vaut mieux que ce soit les sommités médicales qui parlent sur le sujet. [...] Le ministre, lui, pourrait plutôt dire : les experts [...] pensent qu'il était à l'époque impossible d'éviter les contaminations. »

Quelques jours plus tard, la voiture de l'ancien directeur du CNTS explose en pleine rue. Le texte qui accompagne l'attentat accuse le « criminel et trafiquant d'or rouge Michel Garetta ». Puis ce sont les révélations, en avril 1991, de l'article de *L'Événement du jeudi*, l'inculpation et le procès des premiers responsables. Le 20 décembre 1991, le tribunal administratif de Paris reconnaît la responsabilité de l'État pour la contamination d'un hémophile. Il fixe très précisément la période durant laquelle la faute a été commise : du 12 mars 1985, date de l'envoi de la note du docteur Brunet, au 19 octobre. Le Conseil d'État jugera qu'elle est plus longue, puisque, deux ans plus tard, il en fixe le début au 22 novembre 1984.

La suite de l'affaire est purement juridique. Un procès impossible s'annonce, celui des trois ministres en exercice au moment des faits. La Cour de justice de la République, qui a remplacé en février 1994 la Haute Cour de justice, met en examen Edmond Hervé, Georgina Dufoix et Laurent Fabius pour complicité d'empoisonnement. Ces deux derniers seront relaxés – et si Edmond Hervé est déclaré coupable d'« homicide et blessures involontaires », il est dispensé de peine. De son côté, la juge Odile Bertella-Geoffroy demande, en 1999, le renvoi devant la cour d'assises de trente personnes mises en examen pour « empoisonnement ».

C'est ce qualificatif qui va se trouver au centre de multiples querelles entre juristes, jusqu'à ce que la Cour de cassation mette fin le 18 juin 2003 à l'action des victimes, vaincues cette fois par un véritable Waterloo juridique : la Cour juge que, pour empoisonner, il faut avoir l'intention de tuer et pas seulement savoir que le produit utilisé contient un virus mortel. En bref, dans cette affaire, le crime de sang n'existe que s'il a été exécuté avec la ferme intention de tuer. Pas si la mort de nombreuses victimes est due à la lâcheté, à l'incompétence ou aux pressions financières. Avec cette jurisprudence, est-il encore possible, en France, de poursuivre pénalement les responsables d'une catastrophe de santé publique ?

◀ **F. M.**

Pour en savoir plus

Anne-Marie Casteret, *L'Affaire du sang*, La Découverte, Paris, 1992.

Mirko D. Grmek, *Histoire du sida*, Payot, Paris, 1989.

Michel Massenet, *La Transmission administrative du sida*, Albin Michel, Paris, 1992.

Le scandale d'un siècle : l'amiante

Mai 1995 : la presse et les associations de victimes révèlent que des milliers de Français meurent chaque année d'avoir respiré de l'amiante, minéral cancérogène massivement utilisé dans l'industrie et le bâtiment [1]. Alors que la plupart des pays développés ont interdit cette fibre ou cessé son utilisation, la France, en 1995, en est le premier importateur en Europe et le troisième au monde, résultat de la pression d'un formidable lobby financé par les industriels du secteur. Contrairement à l'affaire du sang contaminé [▷ p. 662], ce ne sont pas quelques mois d'indécision qui sont en cause : les premières observations scientifiques sur la mortalité liée à l'utilisation de ce minéral remontent à 1906 en France, et à 1900 en Grande-Bretagne…

Plus de 100 000 morts en France, sacrifiés aux intérêts économiques hexagonaux

L'amiante, sorte de roche fibreuse connue depuis la nuit des temps, est exploité de manière industrielle depuis 1880. On l'extrait des mines canadiennes, russes, sud-africaines. Une fois broyée et réduite en fine poussière, cette roche est vite devenue le compagnon de route du capitalisme industriel. Résistant au feu, c'est le composant idéal pour isoler les machines à vapeur et les bateaux. Il révolutionne également le monde du textile grâce à sa formidable résistance à la traction. Enfin, en 1900, l'invention de l'amiante-ciment ouvre encore d'autres perspectives : tuyaux, tuiles, toits, bardages font la fortune des multinationales du secteur.

Si pendant des décennies, l'industrie a réussi à contourner les réglementations où à éviter les études épidémiologiques en interdisant l'accès à ses usines, les preuves scientifiques de sa nocivité se sont accumulées. Dès 1918, les assureurs américains refusent de couvrir les travailleurs de l'amiante. En 1955, paraît la première étude prouvant que l'amiante cause des cancers du poumon. En 1960, c'est la révélation du lien entre l'exposition à l'amiante et le mésothéliome, foudroyant cancer de la plèvre, l'enveloppe des poumons. L'étude le démontrant a été réalisée chez les mineurs

1 *Le Monde*, 31 mai 1995 ; *Sciences et Avenir*, juin 1995.

d'Afrique du Sud. Elle prouve également que l'amiante tue de façon « environnementale », c'est-à-dire en touchant les habitants vivant autour des mines.

En 1964, à l'Académie des sciences de New York, se tient une importante réunion de scientifiques du monde entier, qui concluent tous aux graves dangers liés à l'utilisation de ce minéral. Aux États-Unis, les procès s'abattent sur l'industrie. La multinationale la plus visée est la Johns-Manville, comptant parmi les sociétés composant l'indice Dow Jones. Les industriels américains et britanniques ont donc beaucoup à apprendre à leurs homologues européens. Les industriels français peuvent difficilement prétendre qu'ils ignoraient tout cela, d'autant plus qu'à partir des années 1960, tous les futurs médecins apprennent les méfaits de l'amiante durant leurs études. Aux États-Unis, la Johns-Manville finira par se placer sous la protection de la loi contre les faillites, tout comme soixante-dix autres grandes sociétés qui devront déposer leur bilan.

À chacun des milliers de procès qui ont lieu en France depuis 1995, les avocats des associations de victimes débutent leur plaidoirie par la lecture du rapport de l'inspecteur du travail Denis Auribault, rédigé en 1906, sur une filature normande située à Condé-sur-Noireau (Calvados) qui utilise cette fibre pour renforcer les produits tissés : « Au cours des cinq premières années de marche, aucune ventilation artificielle n'assurait l'évacuation des poussières siliceuses produites par les différents métiers ; cette inobservation totale des règles de l'hygiène occasionnait de nombreux décès dans le personnel : une cinquantaine d'ouvriers et d'ouvrières moururent dans l'intervalle précité ; le directeur avait recruté dix-sept ouvriers parmi son ancien personnel. Seize d'entre eux furent enlevés par la chalicose [il s'agit en fait de l'asbestose, qui entraîne la calcification des poumons par les poussières d'amiante] de 1890 à 1895. »

Près d'un siècle après ce diagnostic implacable, en 1996, une étude de l'INSERM révèle que d'ici à 2025, le *magic mineral* va tuer 100 000 personnes en France ! Comment en est-on arrivé là ? Pourquoi la Ve République, après les deux précédentes, a-t-elle si longtemps défendu l'usage de ce produit que tout le monde savait cancérigène, avant de l'interdire définitivement, fort tardivement, le 1er janvier 1997 ? Réponse : pour préserver, encore une fois, les intérêts économiques hexagonaux et notamment ceux d'un fleuron de l'industrie française, le groupe Saint-Gobain, un des principaux producteurs et utilisateurs d'amiante au monde, pendant plusieurs décennies.

« Nous pouvons peut-être vous épargner quelques souffrances »

Londres, 24 novembre 1971. Dans un grand hôtel de la capitale britannique, les représentants des entreprises utilisatrices d'amiante en Europe participent à une réunion organisée par les leaders du secteur, américains et anglais. De ce jour, date la stratégie adoptée par l'industrie française : « Ceci est, vous le savez, une conférence de travail qui se déroule à un moment critique de l'industrie de l'amiante. En Amérique du Nord, en Grande-Bretagne et dans beaucoup d'autres pays européens, de graves attaques contre l'amiante et ses utilisations sont relayées par la presse. Les responsables politiques commencent à s'intéresser de près aux réglementations concernant l'amiante. » C'est ainsi que M. F. Howe, vice-président de la commission d'information sur l'amiante britannique, accueille les participants. « Notre apprentissage a été rude et peut-être pouvons-nous vous épargner quelques souffrances. » Comment éviter que ne soient mises en place dans l'avenir des réglementations trop contraignantes ? « Nous avons eu la chance, en Grande-Bretagne, de posséder une organisation active et respectée comme le Conseil de recherche sur l'asbestose lorsque la nouvelle législation était encore à l'état de projet. Sans le conseil qui a été créé de toutes pièces par l'industrie de l'amiante, les réglementations britanniques auraient été bien plus contraignantes. [...] En ce qui concerne les réglementations gouvernementales à venir, il me semble tout à fait souhaitable que vous cherchiez à participer à leur élaboration à travers vos organisations. »

Le rôle de ce lobby camouflé sous une appellation scientifique consiste avant tout à influencer les politiques, en relativisant les études épidémiologiques. Son second axe de travail, c'est la communication, décrite comme un « travail positif et constructif consistant à souligner les vertus et les avantages de l'amiante », explique benoîtement M. W. P. Howard, secrétaire de la Commission d'information sur l'amiante. Mais il s'agit aussi d'un travail défensif, « consistant essentiellement à corriger dans l'esprit des gens des impressions fausses laissées par des informations trompeuses sur les conséquences de l'amiante sur la santé. [...] Réagir aux critiques de la presse demeure une part importante de nos activités. [...] Tout cela nécessitera du temps et de l'argent, mais je pense que c'est indispensable. Et n'oubliez pas que le Conseil de recherche sur l'asbestose et le Comité d'information sur l'amiante sont entièrement à votre disposition. » Tout est dit : influencer les politiques et démolir sans limites de moyens tous les discours accusant l'amiante, voilà comment continuer à vendre pendant de longues décennies ce matériau si rentable.

Celui qui représente l'industrie française à cette conférence, Robert Join, est délégué par la Chambre patronale de l'amiante, l'association des professionnels du secteur, et n'a pas été envoyé pour rien à Londres. La France va constituer le lobby qui résistera le plus longtemps à l'interdiction définitive de l'amiante : vingt-six ans exactement...

Pourtant, les années 1970 sont riches en événements : en 1974, des chercheurs et enseignants de la faculté de Jussieu, à Paris, s'aperçoivent que les 220 000 mètres carrés de leur université ont été entièrement « floqués », c'est-à-dire isolés par de l'amiante projeté sur sa structure métallique. Une technique qui a été utilisée dans des milliers de bâtiments métalliques construits dans tout l'Hexagone. Le « Collectif intersyndical de sécurité des universités Jussieu CFDT-CGT-FEN » mène alors une enquête qui révèle les dégâts dans les chantiers navals, mais aussi dans les usines de transformation d'amiante – enquête publiée en 1977 aux Éditions François Maspero, sous le titre *Danger ! Amiante*. C'est le cas à Amisol, petite entreprise textile de Clermont-Ferrand. L'usine est occupée par ses salariés, majoritairement des femmes, depuis que leur patron a mis la clé sous la porte en 1974. Onze décès y ont déjà été enregistrés.

En 1977, sous la pression, le gouvernement de Raymond Barre légifère : il interdit le flocage à l'amiante des bâtiments et fixe un seuil pour les niveaux d'empoussièrement dans les usines transformatrices. Pour préparer ces lois, on réunit le « groupe de travail relatif aux problèmes posés par l'amiante ». Robert Join y représente le patronat : « Les incendies en France représentent en moyenne chaque année trois cents morts et 12 000 logements détruits. [...] Ces trois cents morts sont une certitude statistiquement établie, les maladies dues à une quelconque pollution à l'amiante sont encore hypothétiques », plaide-t-il.

Face à lui, un scientifique, le professeur Jean Bignon, livre un exposé terrifiant sur ce qui va être observé en France : « Étant donné l'accroissement exponentiel de la production d'amiante pendant les trente dernières années, on peut prévoir pour les années à venir une augmentation progressive de la fréquence des cancers, notamment des mésothéliomes, y compris sans doute dans la population générale du fait d'une contamination de l'environnement. » C'est l'avis de ce scientifique respecté qui, depuis le début des années 1970, multiplie les études sur les ravages de l'amiante, qui prévaut. Le lobby ne peut empêcher la réglementation d'entrer en vigueur. C'est la toute première en France, alors qu'en Grande-Bretagne, pourtant grande utilisatrice d'amiante, elle date de 1931.

La leçon londonienne a-t-elle été mal apprise ? Pas du tout. En participant aux travaux de cette commission, les industriels ont empêché le bannissement total et le sort de leurs entreprises est de fait préservé. Pour éviter qu'il soit mis en cause à l'avenir, il faut maintenant mettre sur pied une structure plus efficace, capable de se battre contre l'Europe – le Centre international de recherche contre le cancer (CIRC) a en effet classé l'amiante comme cancérigène en 1976. Cette mission offensive est confiée au dirigeant d'une société de communication (Communications économiques et sociales), Marcel Valtat. Celui-ci, à force de multiplier les rencontres pour plaider la cause de l'industrie, reçoit le soutien d'une structure publique : l'Institut national de recherche et de sécurité (INRS), organisme paritaire (réunissant représentants patronaux et syndicaux) dépendant de la Sécurité sociale et chargé de la sécurité dans le monde du travail. Une caution formidable pour le lobbyiste, permettant, en 1983, la création du « Comité permanent amiante » (CPA), qui défendra efficacement les intérêts des industriels. Prix de son travail ? En 1995, peu avant la dissolution du CPA, les communicants de l'amiante avouaient recevoir chaque année 700 000 francs de l'industrie.

La faute de l'INRS

À la suite d'une journée d'information, le 9 novembre 1982, Marcel Valtat reçoit un courrier de Dominique Moyen, patron de l'INRS. « J'ai trouvé cette journée très intéressante. Il me semble qu'un dialogue s'est instauré, qui n'est ni un faux consensus ni une réconciliation d'occasion. [...] Il ne serait peut-être pas inutile que vous écriviez aux principales parties pour leur proposer une réunion dans quelques mois. On verrait bien alors si la graine qui a été plantée a des chances de pousser ! » Marcel Valtat va s'empresser de l'arroser et de constituer un formidable plateau, propre à désarmer toutes les attaques. Trois scientifiques de renom vont alors rejoindre le CPA, sans s'étonner outre mesure que ses réunions se tiennent sous les lambris des bureaux des communicants de l'industrie, avenue de Messine à Paris.

Il y a d'abord le professeur Étienne Fournier, toxicologue à l'hôpital Fernand-Widal, qui dirige également la commission chargée de l'indemnisation des maladies professionnelles. Depuis des années, il est clairement du côté de l'industrie. Car ce qui freinera longtemps toute enquête sur l'amiante, c'est l'absence de victimes reconnues : cinquante-six cas seulement en 1992 selon la Sécurité sociale, alors même que l'INSERM compte déjà neuf cents mésothéliomes. Il faut dire que la commission d'indemnisation que dirige Étienne Fournier veille : elle impose de telles conditions aux victimes pour reconnaître leur maladie professionnelle, que fort peu d'entre elles viennent alourdir les statistiques. Évidemment, les familles sont laissées dans le dénuement le plus total, ce qui a l'avantage d'alléger le coût des indemnisations que devrait verser la branche « accidents du travail maladies professionnelles » de la Sécurité sociale, abondée en partie par les industriels.

Au CPA, on retrouve également... le professeur Jean Bignon. Celui-là même qui, en 1977, pourfendait les industriels, a retourné sa veste. Il est devenu un notable dont le CV fait au moins deux pages et qui court les séminaires. Il sera rejoint en 1986 par son dauphin, le docteur Patrick Brochard, spécialiste des maladies professionnelles. Marcel Valtat persuade ensuite les syndicats – et notamment la Confédération générale du travail (CGT) – de faire partie du CPA. Seule Force ouvrière (FO) se retire très vite des débats, en envoyant une lettre fracassante qui aurait dû alerter les autres participants. En 1986, scandalisé que l'INRS s'apprête à verser une subvention de 80 000 francs au CPA pour organiser une conférence au Canada, l'un des berceaux de l'amiante, Paul Malnöe, le délégué de FO qui siège au conseil d'administration de l'INRS, écrit aux membres du lobby : « L'amiante fait partie de la liste des produits dont on est certain de leur action cancérigène chez l'homme et toutes les opérations destinées à expliquer que l'amiante est irremplaçable ne pourront rien contre le fait que, même en employant des précautions draconiennes lors de son utilisation, c'est un matériau qui est et reste la cause de nombreuses maladies et de nombreux décès. [...] Nous constatons également que des moyens énormes sont utilisés pour justifier et réhabiliter l'emploi de l'amiante : conférences internationales, campagnes de presse, constitution de comités, etc., font la démonstration que les producteurs et les utilisateurs de ce minéral possèdent à un degré très élevé la science du marketing. »

Pour Marcel Valtat, c'est un épiphénomène. Car il a réussi l'impensable : trop heureux de se débarrasser de ce dossier peu valorisant – il concerne surtout les ouvriers –, l'État lui-même a très officiellement délégué des représentants au CPA. Pas moins de quatre ministères – Santé, Environnement, Logement, Industrie – siègeront de 1983 à 1995 au CPA, sans oublier l'Institut national de la consommation (INC), histoire de contenir les velléités d'enquête des magazines consuméristes. Le travail du CPA est simple : dénigrer les produits de substitution qui existent – depuis 1984, les usines Éternit françaises fabriquent les mêmes produits sans amiante pour le Danemark, où cette fibre est interdite – et décourager toutes les enquêtes journalistiques en mettant en avant le casting de rêve du CPA. On comprend mieux pourquoi le lobby va pouvoir imposer en 1983 l'« usage contrôlé de l'amiante », formidable leurre qui peut se résumer ainsi : tant que les niveaux d'empoussièrement sont contenus dans les usines, le risque est sous contrôle.

« Il était stupide de croire à cela. Le problème se posait moins dans les usines qu'à travers tous les produits qui en sortaient et qui étaient répandus dans le public ou auprès des professionnels, du bâtiment ou encore les garagistes », nous explique aujourd'hui Henri Pézerat, directeur honoraire au CNRS qui mena le premier combat de Jussieu et ne cessera pendant des années de dénoncer les intentions des industriels. Après la révélation du scandale, différentes études montreront en effet que ce sont… 25 % des retraités français qui ont été exposés à l'amiante, dans près de cent vingt professions : du bijoutier au prothésiste dentaire, sans oublier les ouvriers des chantiers navals, les marins ou encore les personnels de l'Éducation nationale exerçant dans des bâtiments bourrés d'amiante. Un simple calcul d'un mathématicien de Jussieu résume tout : depuis le début de son utilisation, si l'on fait le total des importations de ce produit indestructible, chaque Français « pèse » aujourd'hui quatre-vingts kilos d'amiante…

Martine Aubry ne savait pas que son ministère siégeait au CPA

On ne le répétera jamais assez : les industriels français de l'amiante étaient extrêmement puissants. Deux sociétés principales exploitaient le minéral en France jusqu'à son interdiction en 1997 : Éternit qui, sous la marque éponyme, fabriquait des produits en Fibrociment® ; et le groupe Saint-Gobain, très impliqué depuis toujours dans l'utilisation de l'amiante. L'illustre verrier fabriquait également l'équivalent du Fibrociment®, sous la marque Éverite®, mais a aussi détenu la principale société de flocage en France, Wanner Isofi, qui a isolé à l'amiante la moitié des bâtiments de l'Hexagone. Mieux : c'est le groupe Pont-à-Mousson qui a apporté à Saint-Gobain, lors de leur fusion en 1970, une importante mine d'amiante au Brésil : 200 000 tonnes en étaient extraites chaque année et répandues de par le monde.

Jean-Louis Beffa, inamovible et discret P-DG de Saint-Gobain depuis 1986 – il l'était toujours vingt ans plus tard –, refusera toujours de s'expliquer sur ce secteur qui représentait, avant son interdiction, 3,5 milliards de francs de chiffre d'affaires annuel pour son groupe. Il faut dire que la justice n'a jamais cru bon de convoquer le moindre cadre de Saint-Gobain, pas même celui qui siégeait au CPA, Bernard Giboin. Ce dernier fut pourtant, de 1993 à 1995, le président de l'Association internationale de l'amiante (Asbestos International Association), rassemblant les industriels du monde entier. Il coule aujourd'hui une retraite paisible en s'occupant d'environnement dans la petite commune dont il est l'élu…

Les États-Unis ont été en revanche beaucoup moins tendres avec Saint-Gobain, qui a détenu, à travers sa filiale Certain Teed, jusqu'à 27 % du marché du fibrociment américain. À l'été 2006, la multinationale traînait outre-Atlantique quelque 86 000 plaintes, qu'elle négociait au fil de l'eau, mais pour lesquelles, depuis le début des litiges six ans plus tôt, elle avait provisionné en 2004 près d'un demi-milliard d'euros [1]. Une nouvelle très peu commentée dans les journaux français, qui rechignent à poser aux grands patrons les questions qui fâchent vraiment [▷ p. 621].

Jusqu'en 1986 et sa privatisation, Saint-Gobain était une entreprise d'État. Ce qui accroît la responsabilité des politiques, qui ont laissé le lobby défendre sans relâche la prétendue faible innocuité de l'amiante, mais aussi plaider son « usage contrôlé » auprès des instances européennes. Car au fil des années 1980, l'Europe a introduit des directives de plus en plus contraignantes, en abaissant notamment les niveaux d'empoussièrement dans les usines. L'État français les a superbement ignorées, ce qui lui vaudra d'être condamné par le tribunal administratif et le Conseil d'État le 20 février 2004, mais aussi pour n'avoir mené aucune recherche sur le sujet.

Durant la longue période où le CPA a dirigé *de facto* la politique française d'« usage contrôlé » de l'amiante, les ministres concernés ont été nombreux, mais l'un d'entre eux mérite que l'on s'attarde sur son cas. Il s'agit de Martine Aubry. Certes, après l'interdiction de l'amiante en janvier 1997, elle clamera son indignation de découvrir tant de victimes. Et elle organisera en 1998 le Fonds d'indemnisation des victimes de l'amiante (FIVA), ce qui est tout à son honneur. En revanche, c'est elle qui occupait le siège de directeur des relations du travail – poste de haut fonctionnaire de premier plan dans cette tour de contrôle de la sécurité au travail – au moment où la première directive européenne adoptée le 19 septembre 1983 tardait à être transposée en France (elle le sera le 27 mars 1987) ; de surcroît, elle n'était rien moins que ministre du Travail, de l'Emploi et de la Formation professionnelle – poste qu'elle occupa dans les gouvernements d'Édith Cresson et Pierre Bérégovoy de 1991 à 1993 – quand on se hâtait lentement d'adopter la seconde directive, qui datait du 25 juin 1991 et qui ne fut transposée que le 6 juillet 1992.

Martine Aubry n'a jamais accepté de s'expliquer vraiment sur cette période, sinon devant les sénateurs qui, après l'avoir sollicitée pendant deux mois, ont pu enfin l'entendre lors des travaux de septembre 2005 de la « Mission commune d'information sur le bilan et les conséquences de la contamination par l'amiante ». Pour elle, « la faute est collective ». Le CPA, où siégeait Jean-Luc Pasquier, un de ses subordonnés directs ? « J'ai découvert le CPA [en 1998] dans le rapport de Claude Got [2]. Il faut savoir en effet, aussi étonnant que cela vous paraisse, que le ministère du Travail participe à entre deux cents et quatre cents groupes de travail. » Le lobbying en

---

1 426 millions d'euros en juin 2004, le résultat net étant de 1 039 millions d'euros en 2003.

2 Rendu public le 29 juillet 1998, le rapport du professeur Claude Got, « relatif à la gestion du risque et des problèmes de santé publique posés par l'amiante », a été réalisé à la demande de Bernard Kouchner (qui a été, dans le gouvernement de Lionel Jospin, de juin 1997 à juillet 1999, secrétaire d'État chargé de la Santé auprès du ministre de l'Emploi et de la Solidarité).

général ? « Il a toujours existé, mais j'ai rarement vu du lobbying sur un sujet de sécurité arriver au ministère du Travail. [...] Je n'ai jamais vu une seule personne accepter de déroger à une décision, ne serait-ce que de quelques jours, lorsque la santé des travailleurs était en cause. »

Il faudrait alors évoquer le cas du docteur Marianne Saux, fonctionnaire que Martine Aubry appréciait beaucoup, au point de la faire revenir au ministère du Travail en 1991 à l'un des postes les plus importants : directrice de la médecine du travail et de son inspection. Malgré cette fonction lui offrant un point d'observation exceptionnel, Marianne Saux n'a pas paru se soucier outre mesure des nombreux décès d'ouvriers de l'amiante, qu'il lui était pourtant difficile d'ignorer. Cette cécité professionnelle se révèle *a posteriori* d'autant plus étonnante quand on veut bien se souvenir que, une fois le scandale dévoilé, l'amiante a été reconnu du jour au lendemain comme le premier pourvoyeur de maladies professionnelles. Le profil de Marianne Saux est d'autant plus intéressant que, entre les deux passages de Martine Aubry aux postes de directrice des relations du travail puis de ministre du Travail, elle est allée pantoufler dans l'industrie, de 1987 à 1991. Contrairement à sa patronne, elle n'est pas allée chez Pechiney. Mais chez Saint-Gobain, justement, où elle était le médecin spécialiste des fibres. Elle employait d'ailleurs dans le comité qu'elle animait un certain Jean Bignon...

L'affaire de l'amiante empoisonne tellement Martine Aubry, qu'en mars 2006, l'un de ses amis, le député PS Jean Le Garrec – avec lequel elle anime le mouvement « Réformer » –, vient à son secours. Président de la « Mission d'information sur les risques et les conséquences de l'exposition à l'amiante » de l'Assemblée nationale, le rapport qu'il rédige, sous des dehors compatissants pour les victimes, est tellement à l'avantage de l'industrie et des politiques « qui ne savaient pas » que certains députés, membres de la Mission, refusent de le voter. Il faut alors supprimer des phrases telles que celle-ci : « Une des explications de la contamination des travailleurs par l'amiante [résulte] souvent parfois d'un rapport très viril au travail [les conduisant] à minimiser l'intérêt des protections individuelles. » Modifié, le rapport est repris par la presse sans que soit évoquée la réhabilitation très voyante des lobbystes et des politiques. Seuls *Le Canard enchaîné*, sous le titre « Un rapport parlementaire joliment désamianté », et *Le Point*, qui évoque une « opération blanchiment », racontent les dessous de l'affaire.

Depuis 1995, des milliers de procès ont été gagnés par les victimes de l'amiante pour « faute inexcusable » des employeurs et la question de l'indemnisation a été, en partie, réglée. En revanche, ces victimes attendaient toujours en 2006 un procès au pénal. Toutes les instructions en cours étaient paralysées et aucun procureur ne s'était décidé, après une condamnation pour « faute inexcusable » – qui est un délit –, à engager des poursuites. La raison ? Les industriels ont bien fait comprendre en haut lieu que si on venait les ennuyer, ils s'appuieraient sur la condamnation de l'État pour « faute » par le tribunal administratif, confirmée par le Conseil d'État en 2004. Au sommet de l'État, on a compris le message. D'autant plus que plusieurs générations de ministres, de droite comme de gauche, sont impliquées dans cette affaire.

◂ **F. M.**

Pour en savoir plus

Collectif intersyndical de sécurité des universités Jussieu CFDT-CGT-FEN, *Danger ! Amiante*, Maspero, Paris, 1977.

Roger Lenglet, *L'Affaire de l'amiante*, La Découverte, Paris, 1996.

François Malye, *Amiante, le dossier de l'air contaminé*, Le Pré aux clercs, Paris, 1996.

—, *Amiante, 100 000 morts à venir*, Le Cherche Midi, Paris, 2004.

Chronologie de la Ve République

1958-2006

NB : Cette chronologie a été établie en puisant notamment aux sources suivantes : Catherine Fhima, *Chronologie de la France au XXe siècle*, La Découverte, Paris, 2000 ; Serge Cordellier (dir.), *Le Dictionnaire historique et géopolitique du XXe siècle*, La Découverte, Paris, 2005 ; les différentes éditions de l'annuaire *L'état de la France*, La Découverte, Paris, 1992-2005.

1958

13 mai. – Insurrection à Alger. Constitution d'un « comité de salut public » sous la présidence du général Massu. À Paris, Pierre Pflimlin est investi président du Conseil.

23 mai. – Chine : Deng Xiaoping présente son rapport qui lance le « Grand Bond en avant ».

28 mai. – Démission de Pierre Pflimlin. Manifestation pour la défense de la République à Paris.

1er juin. – Investiture du général de Gaulle à la présidence du Conseil par l'Assemblée nationale (329 députés pour, 224 contre). Les pouvoirs spéciaux sont reconduits en Algérie. Le 2, vote des pleins pouvoirs et d'une loi modifiant la procédure de révision de la Constitution.

4-7 juin. – Discours de Charles de Gaulle à Alger : « Je vous ai compris. » Il y affirme aussi que l'Algérie ne rassemble que « des Français à part entière avec les mêmes droits et les mêmes devoirs ».

Août. – Voyage du général de Gaulle en Afrique noire et à Madagascar. Le 27, Sékou Touré se prononce pour une indépendance de la Guinée et rompt avec la France.

19 septembre. – Au Caire, formation d'un Gouvernement provisoire de la République algérienne (GPRA), présidé par Ferhat Abbas.

24 septembre. – Création du parti gaulliste, l'Union pour la nouvelle République (UNR), présidée par Jacques Soustelle.

28 septembre. – Référendum sur la Constitution de la Ve République, en France et dans les colonies de l'« Union française » : elle est adoptée par 79 % des suffrages exprimés en métropole. À l'exception de la Guinée, les territoires d'outre-mer se prononcent en faveur du projet.

23-25 octobre. – Dans une conférence de presse, le général de Gaulle propose au FLN algérien l'ouverture de négociations pour une « paix des braves », négociations rejetées le 25 par le FLN.

23-30 novembre. – Élections législatives (première législature, début de la Ve République). Succès de la droite parlementaire : 133 députés pour les indépendants, 189 pour l'UNR. Jacques Chaban-Delmas préside l'Assemblée nationale.

21 décembre. – Le général de Gaulle est élu au suffrage indirect « président de la République et de la Communauté ».

1959

1er janvier. – Cuba : Fidel Castro prend le pouvoir.

8 janvier. – De Gaulle prend officiellement ses fonctions de président de la République. Michel Debré est Premier ministre. Création du ministère des Affaires culturelles, confié à André Malraux en février.

9 janvier. – Première de l'émission télévisée « Cinq colonnes à la une ».

17 mars. – Le gouvernement annonce que la priorité absolue sera accordée à la réalisation de la force de frappe, au démarrage en série des Mirage IV, aux études de l'engin balistique.

16 septembre. – Le général de Gaulle reconnaît le droit à l'autodétermination des Algériens.

19 septembre. – Roger Duchet et Georges Bidault fondent à Paris un Rassemblement pour l'Algérie française.

16 octobre. – Attentat de l'Observatoire contre François Mitterrand ; ce dernier est bientôt soupçonné d'avoir organisé un pseudo-attentat et son immunité parlementaire est levée.

1960

1er janvier. – Création du nouveau franc.

4 janvier. – Création du Service d'action civique (SAC).

24 janvier-1er février. – Insurrection à Alger, dite « semaine des barricades ».

13 février. – Explosion de la première bombe atomique française à Reggane (Sahara).

24 février. – Arrestation de responsables du FLN en métropole et de membres du « réseau Jeanson » d'aide au FLN (les « porteurs de valises »). Francis Jeanson publiera en juin *Notre guerre* (Minuit), où il justifie son action de soutien au FLN. Le livre sera saisi le 29 juin.

20 mars. – Jacques Foccart est nommé secrétaire général pour la Communauté française.

3 avril. – Fondation du Parti socialiste unifié (PSU), fruit de la fusion de l'Union de la gauche socialiste (Claude Bourdet), du Parti socialiste autonome (Édouard Depreux) et de Tribune du communisme (Jean Poperen).

Juin-décembre. – Indépendance des colonies françaises d'Afrique francophone et de Madagascar.

5 septembre. – Ouverture du procès du réseau Jeanson devant le Tribunal permanent des forces armées de Paris. Le 1er octobre, Francis Jeanson sera condamné par contumace. Des peines de prison frappent les membres de son réseau.

6 septembre. – *Le Monde* annonce que « 121 écrivains et artistes ont signé une déclaration sur le "droit à l'insoumission dans la guerre d'Algérie" ». Aucun grand journal ne prend le risque de publier ce texte. Les 22-29 septembre, sanctions contre les appels à l'insoumission : plusieurs signataires du « Manifeste des 121 » seront suspendus de leurs fonctions.

14 septembre. – Pétrole : création de l'Organisation des pays exportateurs de pétrole (OPEP).

12-14 octobre. – L'assemblée des cardinaux et archevêques de France condamne l'insoumission et les outrages à la personne humaine.

15 octobre. – Assassinat à Genève de Félix Moumié, dirigeant de l'Union des peuples du Cameroun (UPC), par la « Main rouge ».

4 novembre. – Le général de Gaulle parle de « République algérienne » à la télévision et annonce un référendum sur l'autodétermination (8 janvier 1961).

8 novembre. – États-Unis : John F. Kennedy, démocrate, est élu président.

27 décembre. – La France procède à son troisième tir nucléaire, « Gerboise rouge », à Reggane au Sahara.

1961

8 janvier. – Un référendum approuve la politique algérienne du général de Gaulle (72,25 % de oui en métropole, 69,9 % de oui en Algérie).

19 janvier. – Manifeste de onze organisations politiques et syndicales (CGT-FO, CFTC, FEN, SFIO, CNJA, UDT, Parti radical, Indépendants de gauche, Fédération nationale des combattants républicains, Ligue des droits de l'homme, Ligue internationale contre le racisme et l'antisémitisme – le PCF, le PSU et l'UNEF ne le signent pas) demandant une négociation entre le gouvernement français et le Gouvernement provisoire de la République algérienne (GPRA). Les 20-22 février, des contacts secrets sont établis en Suisse entre Georges Pompidou et le GPRA.

7 avril. – Premiers tracts de l'Organisation de l'armée secrète (OAS).

11 avril. – Création du Front algérien d'action démocratique (FAAD), une organisation fantoche contrôlée par le SDECE.

19 avril. – Cuba : échec du débarquement à la Baie des cochons de contre-révolutionnaires cubains entraînés par la CIA.

22-23 avril. – À Alger, putsch des généraux Challe, Salan, Jouhaud et Zeller. Le général de Gaulle condamne le « quarteron de généraux à la retraite ». Le 23, de Gaulle en appelle à l'application de l'article 16 de la Constitution, qui lui confère les pouvoirs spéciaux pour régler la crise franco-algérienne (jusqu'au 30 septembre). Le 28, un Haut Tribunal militaire est institué.

20 mai. – Ouverture de la conférence d'Évian, mais échec le 13 juin des négociations menées par Louis Joxe.

8 juin. – 1 500 agriculteurs bouclent la ville de Morlaix.

11-22 août. – Multiplication des attentats OAS à Paris.

13 août. – Allemagne : début de la construction du Mur de Berlin à l'instigation de la RDA.

8 septembre. – Attentat manqué contre le général de Gaulle sur la route de Colombey-les-Deux-Églises.

17 octobre. – Manifestation des travailleurs algériens à Paris contre l'instauration du couvre-feu. Maurice Papon, préfet de police, ordonne la répression. Bilan officiel : trois morts ; en réalité probablement près de trois cents morts, dont beaucoup sont retrouvés dans la Seine, et des milliers d'arrestations.

24 octobre. – Le ministre de la France d'outre-mer, Louis Jacquinot, assure au député de la Nouvelle-Calédonie Maurice Lenormand que « jamais » des essais nucléaires ne se dérouleront en Polynésie.

1er novembre. – Le FLN organise en Algérie une journée pour l'indépendance : la répression fait une centaine de morts.

1962

14 janvier. – Europe : mise en place par la Communauté économique européenne (CEE) de la « politique agricole commune » (PAC). Au recensement, le nombre d'actifs agricoles passe à 2,6 millions en France ; ils étaient 3,5 millions en 1954.

23-24 janvier. – L'OAS organise vingt-deux attentats OAS en métropole, pour marquer l'anniversaire de la « semaine des barricades ».

8 février. – Une manifestation anti-OAS à l'appel des syndicats, du PC et du PSU, est interdite : la répression policière fait huit morts au métro Charonne, et environ cent cinquante blessés. Le 13, plusieurs centaines de milliers de personnes assisteront aux obsèques des victimes. Grève générale contre l'OAS.

18 mars. – Signature des accords d'Évian entre le gouvernement français et le GPRA, accordant l'indépendance à l'Algérie. Le cessez-le-feu est effectif en Algérie le 19, à partir de midi. Multiplication des attentats de l'OAS contre ces accords.

26 mars. – L'armée tire sur une manifestation de pieds-noirs à Alger : la fusillade de la rue d'Isly fait (au moins) cinquante morts et cent trente blessés.

8 avril. – Référendum en métropole : 90,7 % des suffrages exprimés approuvent les accords d'Évian. Début de l'exode des pieds-noirs en mai.

11 avril. – Le Haut Tribunal militaire condamne à mort l'ex-général Jouhaud. Le 23 mai, le général Salan sera condamné à la réclusion perpétuelle, après avoir obtenu les « circonstances atténuantes ». Le 26, suppression du Haut Tribunal militaire, remplacé, le 30, par une Cour militaire de justice.

14 avril. – Georges Pompidou succède à Michel Debré au poste de Premier ministre.

17 juin. – L'accord Mostefaï-Susini signé entre le FLN et l'OAS met effectivement fin à la guerre d'Algérie et au terrorisme.

1er juillet. – Référendum en Algérie pour approuver l'accession à l'indépendance : 99,7 % de oui ; l'indépendance sera officiellement proclamée le 5 juillet. Jean-Marcel Jeanneney sera le premier ambassadeur français dans l'ex-colonie.

6 juillet. – Roger Degueldre, l'ancien chef des commandos Delta de l'OAS, est fusillé au Fort d'Ivry.

22 août. – Au Petit-Clamart, près de Paris, un commando de l'OAS manque de tuer Charles et Yvonne de Gaulle.

4-9 septembre. – Voyage officiel de De Gaulle en Allemagne : accord marquant la réconciliation franco-allemande.

10 octobre. – Le général de Gaulle dissout l'Assemblée nationale.

15-28 octobre. – Cuba : « Crise des fusées ». C'est l'une des pires crises de la guerre froide entre les États-Unis et l'URSS. De Gaulle appuie la politique de John F. Kennedy. Nikita Khrouchtchev cède le 28.

19 octobre. – Le Conseil d'État annule l'ordonnance du général de Gaulle qui avait institué la Cour militaire de justice cinq mois plus tôt.

28 octobre. – Référendum sur l'élection du président de la République au suffrage universel : 61,8 % de oui.

18-25 novembre. – Élections législatives (deuxième législature) : triomphe de l'UNR et du gaullisme, effondrement des centristes et des modérés.

22 novembre. – Mort de René Coty, dernier président de la IVe République.

29 novembre. – Un accord intergouvernemental est signé entre Londres et Paris pour la création de l'avion supersonique Concorde ; son coût est chiffré à quelque 5 à 6 milliards de francs.

1963

14 janvier. – Europe : le général de Gaulle se prononce contre l'entrée du Royaume-Uni dans le Marché commun, réaffirme la nécessité de la coopération franco-allemande (traité d'amitié signé le 22 à l'Élysée), refuse l'idée d'une force multilatérale dans l'Alliance atlantique, la France devant, selon lui, constituer sa propre force de frappe nucléaire.

1er mars. – La grève des mineurs (sur des questions salariales), débutée en janvier, se transforme en une grève générale. Le décret de réquisition reste sans effet. La crise n'est résolue qu'en avril avec l'intervention d'un comité des sages.

11 mars. – Le lieutenant-colonel Jean-Marie Bastien-Thiry, auteur de l'attentat du Petit-Clamart, est fusillé. Le général de Gaulle a refusé sa grâce.

18 mars. – La France procède à une expérimentation nucléaire aérienne à In-Ekker (Algérie).

25 avril. – Inauguration du complexe sidérurgique Usinor à Dunkerque.

3 juin. – Vatican : mort du pape Jean XXIII, Paul VI lui succède.

21 juin. – Retrait de l'OTAN des forces navales françaises de l'Atlantique.

9 août. – La France refuse de signer le traité de Moscou (interdiction des expériences nucléaires atmosphériques).

12 septembre. – Présentation du « plan de stabilisation » par Valéry Giscard d'Estaing : restrictions budgétaires et action sur les prix, alors que la poussée inflationniste est préoccupante.

22 novembre. – États-Unis : assassinat du président John F. Kennedy à Dallas. Émotion internationale.

24 novembre. – André Bergeron est élu secrétaire général du syndicat Force ouvrière.

1964

1er-4 mars. – Grève des Charbonnages de France : les mineurs sont réquisitionnés.

20 mars. – Réforme administrative : création des vingt et une « régions de programme ».

26 juin. – La RTF devient l'ORTF, doté d'un conseil d'administration.

12 juillet. – Mort de Maurice Thorez. Waldeck Rochet devient secrétaire général du PCF.

Octobre. – URSS : limogeage de Nikita Khrouchtchev.

6-7 novembre. – Scission au congrès de la CFTC à Paris : déconfessionnalisation du syndicat, qui devient la Confédération française démocratique du travail (CFDT). Eugène Descamps reste secrétaire général. Une minorité maintient la CFTC.

19 novembre. – Jean Daniel fonde *Le Nouvel Observateur* (ancien *France-Observateur*), placé sous le double patronage de Pierre Mendès France et de Jean-Paul Sartre.

10 décembre. – Jean-Paul Sartre refuse le prix Nobel de littérature qui lui a été décerné.

19 décembre. – Transfert des cendres de Jean Moulin au Panthéon : la cérémonie est présidée par le général de Gaulle et l'oraison funèbre est prononcée par André Malraux.

1965

Janvier. – Création des partis marxistes-léninistes prochinois : débuts d'une extrême gauche maoïste en France.

Février. – Premier vol du Mirage III-IV à décollage vertical.

4 février. – Conférence de presse du général de Gaulle : il propose une réforme du système monétaire international et un retour à l'étalon-or.

7 février. – Viêt-Nam : début des raids aériens massifs de l'armée américaine sur le Nord-Viêt-Nam.

26 mai. – Le service militaire est ramené à seize mois.

10 septembre. – Création de la Fédération de la gauche démocrate socialiste (FGDS), réunissant la SFIO, le Parti radical, l'UDSR et la Convention des institutions républicaines (CIR, fondée en juin 1964).

29 octobre. – Enlèvement et disparition de Mehdi Ben Barka, leader de l'Union nationale des forces populaires (UNFP) du Maroc, opposant au roi Hassan II, à Saint-Germain-des-Prés à Paris. L'affaire, en dépit des promesses du général de Gaulle, ne sera jamais officiellement éclaircie, alors que dans les jours suivants on apprendra que les services marocains ont agi avec la complicité de membres des services secrets français.

26 novembre. – Lancement et mise sur orbite du premier satellite français (AI).

5-19 décembre. – Introduction de la télévision lors de l'élection présidentielle au suffrage universel. Le général de Gaulle est élu président de la République au second tour avec 55,2 % des suffrages exprimés (contre 44,8 % à François Mitterrand, qui se présentait après le retrait de Gaston Defferre) ; taux d'abstention : 15,7 %. Le 8 janvier 1966, Georges Pompidou sera nommé Premier ministre.

1966

2 février. – Fondation du parti Centre démocrate : Jean Lecanuet en est le président.

7 mars. – La France quitte l'OTAN et demande le départ des bases et troupes étrangères situées sur son territoire.

29 mars. – URSS : Leonid Brejnev devient secrétaire général du PCUS.

Avril. – Fondation de la Jeunesse communiste révolutionnaire (Alain Krivine), membre de la IVe Internationale fondée par Trotsky.

18 mai. – Chine : déclenchement de la « Révolution culturelle », qui fera plusieurs millions de victimes.

Juin. – Adoption d'une loi qui accroît les pouvoirs des comités d'entreprise ; pacte d'unité d'action CGT-CFDT.

17 juin. – Premier attentat (raté) à Saint-Brieuc qui signe la naissance du Front de libération de la Bretagne (FLB).

3 juillet. – Premier essai d'une bombe A française sur le pas de tir de Moruroa (Pacifique).

31 août. – Dans un discours prononcé à Phnom Penh (Cambodge) et resté célèbre, le général de Gaulle condamne l'intervention américaine au Viêt-Nam.

Août-septembre. – Manifestations violentes à Djibouti ; le 21 septembre, le gouvernement décide d'organiser un référendum le 1er juillet 1967 sur l'avenir du territoire. (La France n'accordera l'indépendance que dix ans plus tard.)

14 septembre. – Premier conseil fédéral des Républicains indépendants (RI), parti présidé par Valéry Giscard d'Estaing.

Décembre. – Création de la première société d'informatique française, CII, par la CGE, Thomson, Schneider et le groupe Rivaud, dans le cadre du « Plan calcul » mis en place par le gouvernement le 20 juillet : début d'une politique française de l'informatique.

20 décembre. – Accord entre la Fédération de la gauche démocrate socialiste (FGDS) et le PCF pour assurer le succès du « candidat de la gauche le mieux placé ». Georges Pompidou dénonce la possibilité d'une « dictature du prolétariat ».

1967

4-11 mars. – Élections législatives (troisième législature) : le PCF et la FGDS, en minorité, recueillent respectivement 15 % et 25 % des suffrages.

18 mars. – Naufrage du pétrolier *Torrey Canyon* : 80 000 tonnes de pétrole menacent (et vont polluer) les plages de Bretagne. Le plan Orsec est déclenché : première « marée noire ».

29 mars. – Cherbourg : lancement du *Redoutable*, premier sous-marin nucléaire français.

26 avril. – Le gouvernement Pompidou applique l'article 38 de la Constitution : action par ordonnances dans les domaines de l'emploi, de la réforme de la Sécurité sociale, de la modernisation industrielle. Vives protestations parlementaires.

16 mai. – Fin du Kennedy Round (commencé en mai 1964) : baisse de 40 % des droits de douanes sur les produits industriels de cinquante pays.

17 mai. – Grande manifestation à la Bastille contre les pouvoirs spéciaux demandés par le gouvernement (CGT, CFDT, FO, FEN).

30 mai. – Nigéria : déclaration d'indépendance du Biafra, province sécessionniste.

5-10 juin. – Israël-Égypte : guerre des Six-Jours. Le général de Gaulle désigne Israël comme l'agresseur et met l'embargo sur les ventes d'armes. Le 27 novembre, il évoquera dans une conférence de presse « un peuple d'élite, sûr de lui-même et dominateur ». Réveil soudain d'une conscience juive en France.

11-16 juin. – Congrès de la CGT : Georges Séguy succède à Benoît Frachon au secrétariat général.

23-25 juin. – Congrès du PSU (Michel Rocard est élu secrétaire général) : pour une association avec la FGDS.

13 juillet. – Création de l'Agence nationale pour l'emploi (ANPE).

26 juillet. – Voyage officiel du général de Gaulle au Québec, à l'occasion de l'Exposition universelle de Montréal : « Vive le Québec libre ! »

1er octobre. – Première émission en couleur sur la deuxième chaîne de télévision : 60 % seulement des programmes sont en couleur (vingt heures par semaine).

15 novembre. – Le service militaire est réduit à douze mois.

11 décembre. – L'avion supersonique Concorde 001, immatriculé F-WTSS, fait sa première sortie à Toulouse.

29 décembre. – La loi Neuwirth est adoptée de haute lutte par l'Assemblée nationale : légalisation de la contraception ; la pilule est en vente libre dans les pharmacies, mais non encore remboursée par la Sécurité sociale (les décrets d'application ne seront publiés qu'en 1969 et 1972).

1968

1er janvier. – Concentration des firmes sidérurgiques lorraines au sein de la société Wendel-Sidélor.

Mars. – Tchécoslovaquie : débuts du « Printemps de Prague ».

22 mars. – Naissance du « Mouvement du 22 mars », animé notamment par Daniel Cohn-Bendit, à l'université de Nanterre.

Mai. – Viêt-Nam : ouverture des pourparlers relatifs à la guerre du Viêt-Nam entre les États-Unis, le Viêt-Nam du Nord et le Viêt-Nam du Sud (conférence de Paris).

3 mai. – Début des événements de mai : meeting à la Sorbonne ; Jean Roche, recteur de l'académie de Paris, fait évacuer l'université par la police pour éviter des affrontements violents entre étudiants de gauche et de droite ; importante manifestation au Quartier latin, première nuit de barricade : plus de cent blessés.

11 mai. – De retour d'Iran, Georges Pompidou annonce la réouverture de la Sorbonne et la libération des étudiants arrêtés.

13 mai. – Les syndicats appellent à la grève générale pour protester contre la « répression policière ». Un million de personnes manifestent. La Sorbonne est occupée par les étudiants ; le mouvement s'étend en province.

18 mai. – De retour de Roumanie, le général de Gaulle déclare : « La réforme, oui ; la chienlit, non ». Occupations d'usines, grève générale qui entraîne la paralysie économique dans l'ensemble du pays : dix millions de grévistes le 20 mai. François Truffaut, Jean-Luc Godard, Claude Lelouch, Claude Berri et Louis Malle interrompent le Festival de Cannes.

24-27 mai. – Deuxième nuit de barricades. Meeting au stade Charléty en présence de Pierre Mendès France, acclamé. Accords de Grenelle : augmentation du SMIG et des salaires de 7 % à 10 %, quarante heures hebdomadaires, abaissement de l'âge de la retraite, affirmation du droit syndical dans les entreprises, formation de commissions mixtes pour étudier l'emploi et la formation professionnelle. Le 28 mai, Alain Peyrefitte, ministre de l'Éducation nationale, démissionne.

30 mai. – Discours du général de Gaulle à la radio : « La France est menacée de dictature. » Il annonce la dissolution de l'Assemblée nationale. Grande manifestation sur les Champs-Élysées pour le soutenir.

7 juin. – Violents incidents à l'usine Renault de Flins ; un lycéen, Gilles Tautin, meurt noyé. Les 10-12 juin : manifestations violentes en souvenir du lycéen.

13-16 juin. – Décret de dissolution des principales organisations d'extrême gauche. Évacuation de la Sorbonne.

15 juin. – Amnistie du général Salan et de dix autres condamnés ayant appartenu à l'OAS, à l'occasion des cérémonies du 18 juin.

23-30 juin. – Élections législatives (quatrième législature). Raz-de-marée des gaullistes de l'Union pour la défense de la République (UDR), qui obtiennent la majorité absolue (59 %, 358 sièges sur 485) ; les giscardiens (Républicains indépendants) obtiennent 13 %, les centristes (Progrès et démocratie moderne) 7 %. La gauche est laminée : FGDS 12 %, PCF 7 %.

1er juillet. – Signature du traité de non-prolifération nucléaire (TNP), rejeté par la France et la Chine.

10 juillet. – Démission du Premier ministre Georges Pompidou, remplacé par Maurice Couve de Murville.

17 juillet. – Irak : Saddam Hussein prend le pouvoir à la suite d'un coup d'État.

8 août. – Expérimentation de la première bombe H française à Fangataufa (Pacifique).

20 août. – Tchécoslovaquie : intervention des troupes du pacte de Varsovie pour mettre fin au « Printemps de Prague ». Le PCF fait immédiatement part de « sa surprise et sa réprobation ».

Octobre. – Premières publicités de marques sur la première chaîne de télévision. Deux minutes par jour.

2 octobre. – Alain Poher est élu à la présidence du Sénat.

4 octobre. – Début de l'« affaire Markovic » : Stevan Markovic, garde du corps d'Alain et Nathalie Delon, est découvert assassiné. Le couple Pompidou est bientôt mis en cause sur la base de faux documents.

12 novembre. – Loi Edgar Faure d'orientation de l'enseignement supérieur adoptée à l'unanimité : création d'« unités d'enseignement et de recherche » (UER) regroupées en universités pluridisciplinaires, autonomes financièrement et administrativement. Les étudiants participent directement à la gestion.

1969

20 janvier. – États-Unis : Richard Nixon devient président.

2 mars. – Premier vol du Concorde, avion supersonique, à Toulouse.

27 avril. – Référendum concernant la « rénovation » du Sénat et la régionalisation du territoire français : 53,17 % de non.

28 avril. – Le général de Gaulle annonce sa démission. Alain Poher, président du Sénat, assure l'intérim.

1er-15 juin. – Élection présidentielle. Au premier tour, Georges Pompidou (UDR) obtient 44,5 % des suffrages exprimés, Alain Poher (Centre) 23,3 %, Jacques Duclos (PCF) 21,3 %, Gaston Defferre (SFIO) 5 %, etc. Georges Pompidou l'emporte au second tour avec 58,2 % des suffrages exprimés, contre 41,8 % pour Alain Poher (30,15 % d'abstentions).

20 juin. – Jacques Chaban-Delmas, Premier ministre.

11-13 juillet. – Congrès d'Issy-les-Moulineaux : la SFIO devient le Parti socialiste (PS). Alain Savary est élu premier secrétaire.

8 août. – Dévaluation du franc de 12,5 %.

1er septembre. – Libye : prise du pouvoir par le colonel Mouammar Kadhafi.

16 septembre. – À l'Assemblée nationale, Jacques Chaban-Delmas, Premier ministre, expose son projet de « nouvelle société » (Jacques Delors, Simon Nora) face à une société française considérée comme « bloquée ».

25 septembre. – Agitation des artisans et commerçants à l'initiative du CID-UNATI de Gérard Nicoud.

2 décembre. – Rapport Vedel sur la situation de l'agriculture française ; la France ne s'oppose plus à l'adhésion du Royaume-Uni à la CEE.

14 décembre. – Inauguration du premier tronçon du réseau express régional (RER) en Île-de-France : Nation-Boissy-Saint-Léger.

24 décembre. – Des vedettes construites à Cherbourg sont détournées par les services spéciaux israéliens en dépit de l'embargo sur les ventes d'armes concernant leur pays.

1970

4-8 février. – Congrès du PCF à Nanterre : Waldeck Rochet est réélu secrétaire général, Georges Marchais secrétaire adjoint. Roger Garaudy est écarté du bureau politique. Le 3 juillet, le PCF exclut Charles Tillon.

Avril. – Ouverture de l'École polytechnique aux jeunes filles. Anne Chopinet sera la première femme major en 1972.

– Adoption par le Parlement de la « loi anti-casseurs », qui engage la responsabilité collective des organisateurs dans les manifestations de rue.

21 octobre. – Mise en service de l'autoroute A6, Lille-Marseille : on peut traverser la France du nord au sud « sans être arrêté par un seul feu rouge ».

9 novembre. – Mort du général de Gaulle. Deuil national. Le 15, la place de l'Étoile est rebaptisée Charles-de-Gaulle, malgré l'opposition du conseil de Paris.

1971

Janvier. – Création d'un ministère de l'Environnement.

29 mars. – Assassinat de Mario Bachand, membre du Front de libération du Québec, en région parisienne.

5 avril. – Manifeste de 343 femmes en faveur de la contraception libre et de l'avortement : « Notre corps nous appartient. »

11-13 juin. – Congrès du Parti socialiste (qui remplace la SFIO depuis 1970) à Épinay-sur-Seine. François Mitterrand est élu premier secrétaire.

9 août. – Dans une interview au *New York Times Magazine*, Georges Pompidou dit détester (« I hate ») et être agacé par tout ce qui rappelle la Résistance française à l'occupation allemande.

Novembre. – Georges Pompidou gracie Paul Touvier, un des chefs de la milice de Lyon pendant l'Occupation. La décision passe inaperçue. Un article de *L'Express* du 5 juin 1972 (Jacques DEROGY, « *L'Express* a retrouvé le bourreau de Lyon ») fera éclater l'affaire (Touvier ne sera arrêté qu'en mai 1989, au prieuré intégriste Saint-François de Nice).

1972

21 février. – Vatican : mort du cardinal Eugène Tisserant, qui a servi soixante-quatre ans auprès de six papes.

25 février. – Un vigile des usines Renault, Jean-Antoine Tramoni, tue le militant maoïste Pierre Overney. Le 4 mars, 200 000 personnes assistent à ses obsèques. Robert Nogrette, directeur adjoint des relations publiques de Renault, est kidnappé deux jours plus tard par le « groupe Pierre Overney » de la « Nouvelle résistance populaire ».

23 avril. – Référendum : les Français approuvent à 68 % l'adhésion du Royaume-Uni, du Danemark et de l'Irlande à la Communauté européenne.

24 avril. – Création du « serpent monétaire européen ».

27 juin. – Programme commun de gouvernement signé entre le PS et le PCF, puis avec les radicaux de gauche.

5 juillet. – Pierre Messmer est nommé Premier ministre.

Septembre. – Constitution du parti d'extrême droite Front national, dirigé par Jean-Marie Le Pen.

5-6 septembre. – Allemagne : « Septembre noir » aux jeux Olympiques de Munich ; suite à l'action d'un commando palestinien, onze athlètes israéliens sont tués dans la fusillade.

Novembre. – Début du « procès de Bobigny » contre une « avorteuse », une « avortée » et leurs « complices » (les lois de 1920-1923 interdisent l'avortement). L'association Choisir (fondée en 1971) cite à la barre des personnalités scientifiques et médicales (dont Paul Milliez et Jacques Monod). Des peines mineures seront infligées aux inculpées.

7 décembre. – Plan de lutte contre l'inflation (emprunt de 5 milliards de francs, baisse de la TVA).

17 décembre. – Georges Marchais est élu secrétaire général du PCF.

1973

1er janvier. – Entrée du Royaume-Uni, de l'Irlande et du Danemark dans la CEE.

4 janvier. – *Libération*, quotidien d'information, présenté à la presse par Philippe Gavi, Jean-René Huleu, Serge July, Jean-Paul Sartre et Jean-Claude Vernier. Un nouveau journalisme : photocomposition, égalité des salaires et refus de la publicité. Le premier numéro paraîtra le 18 avril suivant.

27 janvier. – Viêt-Nam : les accords de Paris prévoient un cessez-le-feu dans la guerre du Viêt-Nam, et mettent fin à l'engagement américain. Les derniers soldats quittent le pays le 29 mars.

3 février. – Manifeste de 331 médecins qui pratiquent l'avortement et demandent son remboursement par la Sécurité sociale. Quatre prix Nobel signent le manifeste.

6 février. – Vingt personnes (dont dix-huit enfants) trouvent la mort dans l'incendie du CES Édouard-Pailleron à Paris.

22 février. – *Français, si vous saviez*, film sur la guerre d'Algérie d'André Harris et Alain de Sédouy, est diffusé uniquement dans les salles d'art et d'essai.

4-11 mars. – Élections législatives (cinquième législature) : victoire de la droite (UDR 37 %, Réformateurs démocrates sociaux 7 %, Républicains indépendants 11 %,

Union centristes 6 %) ; le PCF (15 %) et les socialistes alliés aux radicaux de gauche (21 %) demeurent largement minoritaires.

2 avril. – Edgar Faure est élu président de l'Assemblée nationale.

25 avril. – Inauguration du périphérique parisien par Pierre Messmer.

Juin. – Le SMIC est porté à 1 000 francs par mois.

18-19 juin. – À l'usine Lip d'horlogerie de Besançon, les grévistes décident la remise en route de la fabrication des montres et l'autogestion de l'entreprise. Le 14 août, l'usine est évacuée par la police. En septembre, un sondage SOFRES montre que Lip est l'affaire la plus importante de l'année pour la moitié des Français. Elle sera mise en liquidation le 3 mai 1976.

Juillet. – Jacques Pâris de Bollardière est arrêté par la Marine nationale au large de Moruroa, où il protestait contre les essais nucléaires.

4 juillet. – Amorce d'une politique européenne de l'informatique : la CII (France), Siemens (RFA) et Philips (Pays-Bas) signent l'accord Unidata.

31 juillet. – Naissance de l'Agence spatiale européenne.

25-26 août. – Premières grandes manifestations sur le plateau du Larzac pour protester contre l'extension du camp militaire (les premières protestations remontent à mai 1971).

Septembre. – Inauguration de la tour Maine-Montparnasse à Paris.

16 octobre. – Premier choc pétrolier : réunie à Koweït, l'OPEP augmente unilatéralement le prix du brut de 70 %. Débuts d'une importante crise économique.

1974

14 février. – Le Front de libération de la Bretagne (FLB) fait sauter le pylône de l'émetteur ORTF de Roc Tredudon.

8 mars. – Inauguration de l'aéroport Charles-de-Gaulle à Roissy-en-France.

20 mars. – Plan de lutte contre l'inflation : blocage du pouvoir d'achat des salariés, majoration du deuxième tiers provisionnel.

2 avril. – Mort de Georges Pompidou (des suites d'une maladie toujours officiellement niée, provoquant de nombreuses polémiques). Jacques Chaban-Delmas, Edgar Faure, Valéry Giscard d'Estaing, François Mitterrand, Arlette Laguiller et Alain Krivine annoncent leur candidature.

5 avril. – Élection présidentielle. Au premier tour, François Mitterrand (PS) obtient 43,24 % des suffrages exprimés, Valéry Giscard d'Estaing (UDF) 32,60 % (15,77 % d'abstentions).

11 mai. – Face-à-face télévisuel de Valéry Giscard d'Estaing et de François Mitterrand, suivi par vingt-cinq millions de téléspectateurs (vingt-neuf millions d'électeurs). Valéry Giscard d'Estaing déclare : « Vous n'avez pas le monopole du cœur. »

19 mai. – Valéry Giscard d'Estaing est élu président de la République (50,8 % des suffrages exprimés, contre 49,1 % pour François Mitterrand, 12,7 % d'abstentions).

27-28 mai. – Jacques Chirac est nommé Premier ministre et Simone Veil, ministre de la Santé. C'est la deuxième femme à être ministre à part entière, après Germaine Poinso-Chapuis (1947-1948).

19 juin. – Plan social : augmentation du SMIC, des allocations familiales, des pensions et retraites, mesures sur l'emploi des jeunes et les conditions de travail.

3 juillet. – Suspension de l'immigration par le conseil des ministres.

5 juillet. – Loi sur la majorité civique à dix-huit ans.

16 juillet. – Création du secrétariat d'État à la Condition féminine : Françoise Giroud, directrice de *L'Express*, est nommée à sa tête.

8 août. – États-Unis : démission de Richard Nixon à la suite de l'affaire du Watergate (installation de micros au siège électoral du Parti démocrate). Gerald Ford lui succède.

6 octobre-2 décembre. – Longue grève des PTT.

14 octobre. – Accord entre le CNPF et les syndicats concernant le versement d'une indemnité en cas de licenciement économique (90 % du salaire brut sur un an).

28 novembre. – Vote de la loi Veil (à l'essai pour cinq ans) autorisant l'interruption volontaire de grossesse (IVG), grâce à l'appui de la gauche. La loi sera définitivement adoptée en 1979.

1975

22 janvier. – Premier dîner de Valéry Giscard d'Estaing dans une famille de Français moyens.

12 février. – Réforme du ministre de l'Éducation nationale René Haby « pour une modernisation du système éducatif ». Hostilité des professeurs et lycéens, qui organisent de nombreuses manifestations.

18 février. – Europe : création de l'unité de compte européenne (ECU : European Currency Unit).

28 mars. – La société d'informatique française CII fusionne avec Honeywell-Bull (américaine).

13 avril. – Liban : début de guerre civile. Elle va durer quinze ans.

22 avril. – Programme prioritaire de télécommunications décidé en comité interministériel. Il prévoit vingt millions de lignes de téléphone en 1982.

7 mai. – Le gouvernement supprime la commémoration de la fin de la Seconde Guerre mondiale. Le 8 mai devient « journée de l'Europe ».

19 juin. – Vote de la loi sur le divorce par consentement mutuel (projet de loi en 1974).

27 juin. – Carlos assassine à Paris deux inspecteurs de la DST ainsi que leur informateur libanais.

3 juillet. – Assassinat du juge François Renaud à Lyon.

6 juillet. – Indépendance des Comores, seule Mayotte veut rester française.

17 août. – Siège de la ferme d'Aléria en Corse par l'Action régionaliste corse (ARC), qui, à la suite de l'intervention des forces de sécurité, se solde par la mort de deux gendarmes et préfigure la naissance du Front de libération nationale corse (FLNC).

21-23 août. – Dissolution de l'ARC et arrestation de son dirigeant Edmond Siméoni.

15-17 novembre. – À Rambouillet, premier sommet économique des pays industrialisés à l'initiative de Valéry Giscard d'Estaing, pour réfléchir sur la crise.

17 novembre. – Le cap du million de chômeurs est franchi.

20 novembre. – Espagne : mort du général-dictateur Francisco Franco, qui dirigeait le pays depuis trente-sept ans (depuis la fin de la guerre d'Espagne en 1938). L'Espagne redevient une monarchie, dirigée par le roi Juan Carlos de Bourbon-Parme.

31 décembre. – Réforme du statut de Paris : désormais un maire sera élu tous les six ans aux élections municipales.

1976

9 janvier. – Naissance d'Elf-Aquitaine (fusion de la Société nationale des pétroles d'Aquitaine et d'ERAP).

21 janvier-4 février. – Vol inaugural du Concorde sur la ligne Paris-Rio de Janeiro.

4-8 février. – XXIIe congrès du PCF : la notion de « dictature du prolétariat » est abandonnée.

2 avril. – Décret sur le regroupement familial des étrangers vivant en France.

4-5 mai. – Premiers plastiquages du Front de libération nationale corse (FLNC).

21-23 mai. – Congrès constitutif du Centre des démocrates sociaux (CDS) : Jean Lecanuet est élu président.

27 juillet. – « Casse du siècle » à la Société générale de Nice : cinquante millions de francs.

28 juillet. – Dernière exécution capitale en France (prison des Baumettes à Marseille) : Christian Ranucci (dont Valéry Giscard d'Estaing a refusé la grâce). Michel Drach en tirera un film, *Le Pull-over rouge* (d'après l'enquête de Gilles Perrault).

25 août. – Démission du Premier ministre Jacques Chirac. Raymond Barre le remplace.

9 septembre. – Chine : mort de Mao Zedong, leader depuis 1949 de la dictature communiste chinoise.

22 septembre. – Raymond Barre, Premier ministre et ministre de l'Économie, présente un plan de lutte contre l'inflation. Création d'un « impôt sécheresse » (5,5 milliards de francs débloqués pour venir en aide aux agriculteurs).

2 novembre. – États-Unis : Jimmy Carter (démocrate) est élu président.

23 novembre. – Mort d'André Malraux. Un hommage national lui est rendu dans la Cour carrée du Louvre en présence du président de la République.

5 décembre. – Création du Rassemblement pour la République (RPR), présidé par Jacques Chirac.

24 décembre. – Assassinat du député républicain indépendant, Jean de Broglie. L'affaire ne sera jamais élucidée.

1977

3 janvier. – Mahmoud Sâleh, représentant de l'Organisation de libération de la Palestine (OLP), est assassiné à Paris.

27 février. – Les catholiques intégristes occupent l'église Saint-Nicolas-du-Chardonnet (Paris) afin d'y célébrer la messe en latin selon le rite de saint Pie V.

Mars. – Cambodge : révélations sur les massacres perpétrés par les Khmers rouges par François Ponchaud, missionnaire, dans *Cambodge, année zéro* (on estime à deux millions le nombre de Cambodgiens assassinés par le régime depuis 1975).

20 mars. – Élections municipales : la gauche est majoritaire (51,5 % des suffrages exprimés). Jacques Chirac est élu maire de Paris.

10-16 avril. – Valéry Giscard d'Estaing et Hassan II décident d'aider le général Mobutu, dirigeant du Zaïre.

14 avril. – Thionville, « ville morte » pour protester contre la décision d'Usinor de supprimer 3 720 emplois.

26-28 avril. – Premier « pacte national pour l'emploi » (Raymond Barre).

19-21 mai. – Constitution du Parti républicain (PR) sous l'impulsion de Jean-Pierre Soisson.

27 juin. – Indépendance du territoire de Djibouti.

30-31 juillet. – Manifestations antinucléaires à Creys-Malville : un mort (Vital Michalon).

14 septembre. – Rupture de l'Union de la gauche.

4 décembre. – Centrafrique : Jean-Bedel Bokassa se fait couronner fastueusement empereur de la République centrafricaine, tandis que la France lui accorde une aide alimentaire pour lutter contre la famine.

1978

6 janvier. – Adoption de la loi « Informatique et libertés », qui protège l'individu contre les possibilités techniques de fichage grâce à la Commission nationale informatique et libertés (CNIL), laquelle est créée sous la présidence de Jacques Fauvet.

1er février. – Création de l'Union pour la démocratie française (UDF), fédération regroupant le Parti républicain, le Centre des démocrates sociaux et les radicaux valoisiens.

22 février. – Un Commissariat à l'énergie solaire est créé.

12-19 mars. – Élections législatives (sixième législature) : la gauche progresse (PS et MRG 25 %, PCF 20,3 %), mais la droite (RPR 22,8 %, UDF 19,6 %, divers droite 4,3 %) reste nettement majoritaire en nombre de sièges ; le Front national obtient 0,7 % des suffrages.

16-17 mars. – Marée noire en Bretagne provoquée par le naufrage du pétrolier libérien *Amoco-Cadiz* : 230 000 tonnes de brut se répandent sur 350 km de côtes (Finistère).

18 mars. – Le militant d'extrême droite François Duprat est tué dans l'explosion d'une bombe placée dans sa GS Citroën.

3 avril. – Jacques Chaban-Delmas est élu président de l'Assemblée nationale.

28 avril. – Inauguration du métro de Lyon.

Mai. – Beate et Serge Klarsfeld inaugurent le Mémorial de la déportation des Juifs de France, dédié à la mémoire des victimes du génocide nazi.

– Simon Nora et Alain Minc publient leur rapport *L'Informatisation de la société*. Succès.

4 mai. – Assassinat à Paris du militant tiers-mondiste Henri Curiel. Le crime ne sera jamais élucidé.

8 mai. – Évasion spectaculaire de Jacques Mesrine, « ennemi public numéro un », de la Santé. Il accorde une interview à *Paris-Match*.

19-25 mai. – Intervention des parachutistes français au Zaïre : reprise de Kolwezi.

3 août. – Assassinat d'Ezzedine Kellak, représentant de l'Organisation de libération de la Palestine en France.

5-17 septembre. – Israël-Égypte : accords de Camp David. Sous l'égide du président américain Jimmy Carter, négociation entre le Premier ministre Menahem Begin et le président Anouar El-Sadate, pour une paix israélo-égyptienne.

20 septembre. – Usinor et Sacilor passent sous le contrôle de l'État et des grandes banques.

16 octobre. – Vatican : élection de Jean-Paul II (Mgr Karol Wojtyla, cardinal-archevêque de Cracovie), premier pape non italien depuis 1522.

26 novembre. – Inauguration du métro de Marseille.

30 novembre. – Condamnation à quinze ans de prison de deux membres du FLB (Bretagne) par la Cour de sûreté de l'État pour un attentat à Versailles.

27 décembre. – Algérie : mort du président Houari Boumediene. Un « conclave » des chefs de l'armée désignera pour lui succéder le colonel Chadli Bendjedid, le « plus ancien dans le grade le plus élevé ».

1979

23 janvier. – Plan de redressement de la sidérurgie. Agitation en Lorraine : débuts de la crise ouverte de la sidérurgie. En mars, les sidérurgistes manifestent à Paris : deux cents blessés.

9-11 février. – Iran : insurrection à Téhéran. L'ayatollah Khomeiny, rentré de son exil en France, prend le pouvoir.

12 mars. – Inculpation de Jean Leguay, responsable des déportations massives de Juifs dans les deux zones pendant l'Occupation.

13 mars. – Europe : entrée en vigueur du « système monétaire européen » (SME) et de la nouvelle unité de compte (ECU).

26-27 mars. – Pétrole : conférence extraordinaire de l'OPEP à Genève. Augmentation de 20 % du prix du pétrole : c'est le « second choc » pétrolier.

5 mai. – Royaume-Uni : Margaret Thatcher (conservateur) devient Premier ministre.

10 juin. – Europe : première élection du Parlement européen au suffrage universel dans les neuf États de la Communauté. Le taux d'abstention est partout élevé : 39 %. Le 1er juillet, Simone Veil est élue présidente.

26 juin. – Valéry Giscard d'Estaing reçoit à l'Élysée les intellectuels parrainant l'opération *Un bateau pour le Viêt-Nam* (Jean-Paul Sartre, Raymond Aron, Michel Foucault et André Glucksmann ; à cette occasion, poignée de main de Raymond Aron et Jean-Paul Sartre, brouillés depuis les années 1950).

4 septembre. – Inauguration du Forum des Halles par le maire de Paris, Jacques Chirac.

20 septembre. – Assassinat à Paris du militant d'extrême gauche Pierre Goldman, revendiqué par un groupe « Honneur de la police ». Le 26, son enterrement réunit, dans la même émotion, les anciens du gauchisme.

21 septembre. – Centrafrique : un coup d'État, soutenu par l'armée française, renverse l'empereur Jean-Bedel Bokassa qui est remplacé par David Dacko.

10 octobre. – *Le Canard enchaîné* déclenche l'« affaire des diamants » : révélations sur les diamants offerts par Bokassa à Valéry Giscard d'Estaing, alors ministre des Finances. L'Élysée répond par le « mépris ».

30 octobre. – L'ex-ministre du Travail Robert Boulin est retrouvé mort dans un étang de la forêt de Rambouillet.

2 novembre. – Porte de Clignancourt, à Paris, Jacques Mesrine, « ennemi public numéro un », évadé de la Santé en 1978, est tué par la police lors de son arrestation.

23 novembre. – Le Groupement d'intervention de la gendarmerie nationale (GIGN) en opération à La Mecque (Arabie saoudite) suite à une prise d'otages par des islamistes provoque la mort de milliers de pèlerins.

28 novembre. – Informatisation du réseau téléphonique français : quatorze millions de téléphones contre quatre millions en 1969.

24 décembre. – Premier lancement réussi de la fusée européenne Ariane, à Kourou (Guyane).

27 décembre. – Afghanistan : le pays est envahi par les troupes soviétiques, inaugurant une guerre qui durera jusqu'en 1988.

1980

3-11 janvier. – *L'Humanité* approuve l'intervention soviétique en Afghanistan, un « pays à peine sorti du Moyen Âge ».

1er février. – L'ex-ministre de l'Éducation nationale Joseph Fontanet est abattu d'une balle dans la poitrine à Paris.

8 mars. – Article de *L'Express* sur le passé du premier secrétaire du Parti communiste : « Georges Marchais en Allemagne 1942-1944. La preuve du mensonge. »

29 avril. – Europe : accord franco-allemand sur la construction de deux satellites de télévision.

20 mai. – Projet de loi d'Alain Peyrefitte « Sécurité et liberté », qui entraîne de vives protestations de l'opposition.

19 juillet. – Ouverture des jeux Olympiques de Moscou que la France est le seul pays occidental à ne pas boycotter à la suite de l'intervention soviétique en Afghanistan.

Septembre. – Le cap des 1,5 million de chômeurs est franchi.

23 septembre. – Irak : le régime de Saddam Hussein engage la guerre contre l'Iran. Elle durera huit ans.

3 octobre. – Attentat contre la synagogue de la rue Copernic, à Paris : quatre morts, une vingtaine de blessés. Le 7, manifestation de 200 000 personnes à l'appel du MRAP.

30 octobre. – Coluche annonce sa candidature à la prochaine élection présidentielle comme « candidat des minorités ». Sont également candidats Brice Lalonde, Valéry Giscard d'Estaing, François Mitterrand, etc.

Décembre. – L'inflation atteint 13,6 %.

29-30 décembre. – Le maire communiste de Vitry-sur-Seine, Paul Mercieca, ordonne la destruction au bulldozer d'un foyer d'accueil pour empêcher l'installation de travailleurs immigrés maliens.

1981

20 janvier. – États-Unis : Ronald Reagan devient président.

24 janvier. – Congrès du PS à Créteil : Lionel Jospin est élu premier secrétaire.

4 avril. – Un mois avant le premier tour de l'élection présidentielle, François Mitterrand fait la promesse d'une amnistie des officiers généraux putschistes lors de la guerre d'Algérie.

26 avril. – Élection présidentielle : surprise devant les résultats du premier tour : effondrement du PCF (15,4 % des suffrages pour Georges Marchais) et faible score de l'UDF Valéry Giscard d'Estaing (28,3 %) ; François Mitterrand (PS) obtient 25,9 % et Jacques Chirac (RPR) 18,0 % (18,9 % d'abstentions).

Mai. – En quelques jours, la Bourse de Paris perd 20 %.

5 mai. – Face-à-face télévisé Valéry Giscard d'Estaing-François Mitterrand, orchestré par les journalistes Michèle Cotta et Jean Boissonnat : « M. Giscard d'Estaing, vous êtes un homme du passif. »

6 mai. – *Le Canard enchaîné* lance l'affaire Maurice Papon. Cet ancien ministre de Valéry Giscard d'Estaing, secrétaire général de la préfecture de Bordeaux de 1942 à 1944, est accusé d'avoir avalisé la déportation de 1 690 Juifs. Il sera inculpé de crimes contre l'humanité le 19 janvier 1983.

10 mai. – Élection présidentielle : François Mitterrand est élu avec 51,7 % des suffrages exprimés, contre 48,2 % à Valéry Giscard d'Estaing (14,2 % d'abstentions).

21 mai. – Pierre Mauroy est nommé Premier ministre. Yvette Roudy, ministre des Droits de la femme. Premiers symboles républicains : hommage de François Mitterrand à Jean Moulin, Jean Jaurès et Victor Schœlcher au Panthéon.

26 mai. – Suspension des expulsions d'étrangers par Gaston Defferre, ministre de l'Intérieur, « sauf nécessité impérieuse de l'ordre public ». Régularisation de situation pour 300 000 immigrés clandestins le 11 août.

3 juin. – Adoption de mesures sociales : augmentation de 10 % du SMIC, de 20 % du minimum vieillesse, de 25 % des allocations familiales et de l'allocation logement. Le 10, création de 55 000 emplois dans la fonction publique.

7 juin. – Des chasseurs bombardiers israéliens mènent un raid audacieux aux abords de Bagdad, et détruisent irrémédiablement le réacteur nucléaire Tamuz 1 (appelé Osirak, côté français).

14-21 juin. – Élections législatives (septième législature) : le PS obtient la majorité absolue à l'Assemblée nationale (285 sièges) ; 44 sièges pour le PC. Le 23 juin, quatre ministres communistes entrent au gouvernement. C'est l'« état de grâce ».

19 juillet. – « Tuerie d'Auriol » : un responsable du SAC est assassiné, avec quatre membres de sa famille et un ami, par d'autres militants de la sulfureuse organisation gaulliste. Le SAC sera dissous le 28 juillet 1982.

Septembre. – Loi de finances pour 1982 : instauration d'un impôt sur les grandes fortunes. Déficit budgétaire évalué à 95,4 milliards de francs.

4 septembre. – Assassinat de Pierre Delamare, ambassadeur de France au Liban.

18 septembre. – L'abolition de la peine de mort est adoptée par l'Assemblée nationale (363 voix contre 117).

22 septembre. – Inauguration du TGV Lyon-Paris par François Mitterrand.

Octobre. – Le cap de deux millions de chômeurs est franchi.

6 octobre. – Égypte : assassinat du président Anouar El-Sadate par un groupe islamiste infiltré dans l'armée. Hosni Moubarak lui succède.

9 octobre. – Loi sur la possibilité offerte aux étrangers de fonder des associations sur le modèle institué par la loi de 1901.

22-23 octobre. – Sommet de Cancún : vingt-deux chefs d'État et de gouvernement (à l'exception de celui de l'Union soviétique) s'entendent pour ouvrir des « négociations globales » au sein des Nations unies sur un « nouvel ordre économique mondial ».

26 novembre. – Abrogation de la loi « anticasseurs » (de 1974).

13 décembre. – Pologne : proclamation de l'état de guerre. Le général Jaruzelski fait arrêter 5 000 personnes. Lech Walesa, président du syndicat Solidarité, est placé en résidence surveillée. Le 16, François Mitterrand condamne la « perte des libertés ».

18-19 décembre. – Loi sur les nationalisations de grandes entreprises françaises : CGE, Rhône-Poulenc, Thomson-Brandt, Saint-Gobain, Indosuez, Paribas ; loi sur la décentralisation : transformation des vingt-deux régions en collectivités territoriales de plein exercice.

1982

13 janvier. – La durée hebdomadaire légale du travail est désormais de trente-neuf heures. Instauration de la cinquième semaine de congés payés. Le 27, le recours au travail temporaire et aux contrats à durée déterminée est limité.

3-5 mars. – François Mitterrand est le premier président de la République française à se rendre en Israël. Il y prononce une déclaration en faveur du principe d'un État palestinien.

25 mars. – Ordonnances sur la retraite à soixante ans, le cumul emploi-retraite et la retraite à cinquante-sept ans pour les fonctionnaires.

2 avril. – Argentine : l'armée déclenche la « guerre des Malouines » en envahissant les îles du même nom qui appartiennent aux Britanniques – sous le nom de Falklands – au regard du droit international.

29-30 mai. – Pierre Méhaignerie est élu président du CDS.

7 juin. – Tchad : Hissène Habré, chef des Forces armées du Nord (FAN) renverse le président Goukouni Oueddeï.

12 juin. – Dévaluation du franc au sein du SME (5,75 %). Blocage des prix et des salaires jusqu'au 1er novembre, sauf pour le SMIC.

13-18 juin. – Henri Krasucki est élu secrétaire général de la CGT au congrès de Lille.

Juillet. – Suppression du délit d'homosexualité dans le Code pénal.

15 juillet. – Autorisation de dix-sept radios privées à Paris (commission Holleaux). Le 20, manifestation de 2 000 personnes réclamant l'homologation de « Fréquence Gaie ».

27 juillet. – Première loi Auroux relative aux « libertés des travailleurs dans l'entreprise ».

30 juillet. – Création de la Haute Autorité audiovisuelle chargée de veiller à l'indépendance de la radio et de la télévision. Michèle Cotta en est nommée présidente le 22 août.

2 août. – Conférence mondiale à Mexico sur les politiques culturelles, où Jack Lang, ministre de la Culture, dénonce l'« impérialisme américain ».

9 août. – Attentat à Paris contre le restaurant juif Goldenberg (rue des Rosiers) : six morts, vingt-deux blessés.

17 août. – Le gendarme Christian Prouteau fait son entrée à l'Élysée comme conseiller technique en charge de la lutte antiterroriste et crée la « cellule antiterroriste de l'Élysée ».

9 septembre. – Le dollar franchit la barre des 7 francs à Paris.

22 septembre. – Ouverture du Salon informatique, télématique, communication, organisation de bureau et bureaucratique (SICOB) au CNIT de la Défense. Le micro-ordinateur commence à entrer dans les familles.

27 septembre. – Déclaration du Conseil permanent de l'épiscopat français : « Pour de nouveaux modes de vie ». Elle suscite de vives réactions à cause de son orientation jugée prosocialiste.

18 octobre. – Mort de Pierre Mendès France, d'une crise cardiaque. Sa mémoire est unanimement saluée.

Novembre. – Accord entre le CNPF et les syndicats relatif à l'assurance chômage : réduction du montant et de la durée des allocations (décret Bérégovoy). En dix-huit mois, 600 000 personnes seront exclues de l'indemnisation chômage.

11 novembre. – URSS : mort de Leonid Brejnev. Youri Andropov, le chef du KGB, lui succède.

24 novembre. – Entrée en vigueur de la loi d'amnistie, votée à l'Assemblée nationale le 21 octobre, sur les faits relatifs à la guerre d'Algérie, qui bénéficie finalement également aux ex-généraux putschistes (grâce au recours à l'article 49.3 de la Constitution).

Décembre. – Remboursement de l'avortement (IVG) par la Sécurité sociale.

17 décembre. – Chadli Bendjedid à Paris : première visite d'un chef d'État algérien depuis l'indépendance.

– Les étrangers peuvent être électeurs aux conseils d'administration des caisses de Sécurité sociale, aux commissions de HLM et délégués des parents d'élèves.

1983

10 janvier. – Deux gendarmes mobiles sont tués en Nouvelle-Calédonie.

Février. – La France soutient l'Irak dans son conflit contre l'Iran (commencé en septembre 1980).

25 février. – Création d'un Comité consultatif national d'éthique pour les sciences de la vie et de la santé (CCNE).

14 mars. – Pétrole : première réduction officielle des prix du pétrole brut décidée par l'OPEP (29 dollars le baril).

25 mars. – Plan Delors mettant en place une politique de rigueur, dont le prélèvement de 1 % sur les revenus imposables, la limitation à 2 000 francs des devises pour les touristes et un emprunt obligatoire sur trois ans.

1er avril. – Entrée en vigueur de la retraite à 60 ans.

31 mai. – Abrogation de la loi « Sécurité et liberté » d'Alain Peyrefitte.

29-30 juin. – Loi sur l'égalité professionnelle entre les hommes et les femmes.

1er-10 août. – Tchad : intervention française (opération *Manta*) pour soutenir Hissène Habré dans sa lutte contre les rebelles de Goukouni Oueddeï (appuyés par la Libye).

21 août. – Nouvelle politique de l'immigration (Georgina Dufoix) ; renforcement de la lutte contre les clandestins.

4-11 septembre. – Élections municipales : une alliance (second tour) entre le RPR et le Front national fait de Jean-Pierre Stirbois le maire adjoint FN de Dreux.

23 octobre. – Cinquante-huit parachutistes français sont tués dans l'explosion de leur casernement beyrouthin du « Drakkar » ; l'attentat est revendiqué par le Djihad islamique, proche de l'Iran.

3 décembre. – Manifestation de 60 000 personnes à Paris contre le racisme, aboutissement de la « marche des Beurs » commencée le 15 octobre à Marseille.

12 décembre. – Simone Rozès devient la première femme présidente de la Cour de cassation.

1984

13 janvier. – Projet Savary concernant la réforme de l'enseignement. La « titularisation des maîtres » – entraînant leur fonctionnarisation – provoque l'opposition des responsables catholiques. Le 4 mars, manifestation de 500 000 à 800 000 personnes contre le projet et en faveur de l'école privée (Versailles).

29 mars. – Plan de restructuration industrielle concernant les chantiers navals, la sidérurgie, les chemins de fer. En Lorraine, les sidérurgistes décrètent une grève générale. Ils manifestent à Paris le 13 avril.

4 avril. – Conférence de presse de François Mitterrand, pour expliquer sa politique : « Je me suis trompé. » Laurent Fabius devient « ministre du Redéploiement industriel ». Autorisation de la publicité sur les radios libres.

25 avril. – À l'appel du Comité national d'action laïque, des manifestations réunissent plus d'un million de personnes, dont 150 000 à Paris, en faveur de l'école publique.

7-9 juin. – Sommet de Londres des principaux pays industrialisés consacré aux problèmes des pays en voie de développement.

17 juin. – Élections européennes : fort taux d'abstention (43,2 %) ; le PCF obtient son minimum (11,2 %) quand le FN (10,9 %) dispose de dix élus.

24 juin. – Manifestation à Paris de plus d'un million de personnes en faveur de l'école privée.

14 juillet. – Démission d'Alain Savary après l'abandon de son projet de loi de réforme de l'enseignement.

17-19 juillet. – Gouvernement Laurent Fabius, sans participation communiste.

26 septembre. – Pour l'emploi des jeunes, création du « travail d'utilité collective » (TUC).

Octobre. – 2,5 millions de chômeurs.

17 octobre. – Laurent Fabius, à l'émission « Parlons France » sur TF1 : causeries à objectif didactique du Premier ministre (quart d'heure mensuel).

4 novembre. – Première émission de Canal Plus, quatrième chaîne de télévision, payante.

Décembre. – Bernard Stasi, ancien ministre de Valéry Giscard d'Estaing, publie un ouvrage défendant l'apport des immigrés (*L'Immigration, une chance pour la France*, Robert Laffont), alors même que le Front national mène une campagne d'affichage xénophobe assimilant l'immigration au chômage.

8 décembre. – Manifestation massive pour la radio privée NRJ, menacée de suppression.

11-12 décembre. – Le XIe Sommet des chefs d'État de France et d'Afrique est organisé à Bujumbura (Burundi). Ce sera l'origine du scandale du Carrefour du développement.

1985

12 janvier. – L'état d'urgence est instauré en Nouvelle-Calédonie après la mort d'Éloi Machoro, leader indépendantiste tué par des gendarmes.

25 janvier. – Assassinat de René Audran, directeur des Affaires internationales au ministère de la Défense, revendiqué par Action directe.

Février. – *Libération* publie cinq témoignages sur les tortures pratiquées en Algérie par Jean-Marie Le Pen, pendant la guerre d'indépendance.

6-20 février. – XXVe congrès du PCF à Saint-Ouen. Abandon définitif de la stratégie d'Union de la gauche au profit d'un « nouveau rassemblement populaire majoritaire ».

12 février. – Le dollar franchit la barre des 10 francs à Paris.

15 février. – *Le Nouvel Observateur* fait sa une sur le badge « Touche pas à mon pote » de SOS-Racisme, nouveau mouvement antiraciste pour lutter contre le Front national, animé par Harlem Désir.

10-13 mars. – URSS : Mikhaïl Gorbatchev est élu secrétaire général du PCUS.

22 mars. – Enlèvement à Beyrouth de deux diplomates français : Marcel Carton et Marcel Fontaine. Le journaliste Jean-Paul Kauffmann et le chercheur Michel Seurat seront enlevés le 22 mai.

20 avril. – François Mitterrand, premier président de la République à rendre visite à la Ligue des droits de l'homme, propose de réfléchir au vote des immigrés.

15 juin. – Fête de SOS-Racisme à la Concorde : 300 000 « potes » réunis pour un concert de douze heures. Le dimanche soir, Harlem Désir est l'invité d'Anne Sinclair à « 7 sur 7 ».

10 juillet. – La loi établissant le scrutin proportionnel est promulguée.
– Attentat contre le bateau de l'association écologiste Greenpeace, le *Rainbow Warrior*, dans le port d'Auckland (Nouvelle-Zélande). Un photographe est tué. Le 16 août, *L'Express* dévoile la responsabilité des services secrets français : Charles Hernu, ministre de la Défense, démissionne.

17 juillet. – Réunion des Assises européennes de la technologie (projet *Eurêka*) à Paris à l'initiative de la France.

28 octobre. – *Le Figaro-Magazine* titre : « Serons-nous encore français dans trente ans ? » et prévoit 7,9 millions d'étrangers non européens en France en 2015. Le démographe Hervé Le Bras, dans *Le Nouvel Observateur* (1er novembre), rétorque : 800 000.

12 novembre. – Création des baccalauréats professionnels.

4 décembre. – François Mitterrand reçoit le général Jaruzelski : première entrevue accordée par un dirigeant occidental au chef de l'État polonais. Laurent Fabius s'en déclare « troublé ». Le 9, sur Europe 1, le président justifie sa position.

1986

3 janvier. – Rachat du *Progrès de Lyon* par Robert Hersant, qui acquiert le monopole de l'information écrite dans la région Rhône-Alpes.

3-5 février. – Série d'attentats à Paris (galerie du Claridge, Gibert Jeune, FNAC Sport), revendiqués par un « Comité de solidarité avec les prisonniers politiques arabes et du Proche-Orient » (CSPPA).

20 février. – Première émission de la cinquième chaîne (« La Cinq »). Le 1er mars, première émission de la sixième chaîne « musicale », TV6.

27 février. – Vote de la loi sur la flexibilité du travail (Michel Delebarre), malgré une forte opposition des communistes depuis décembre 1985.

8 mars. – Enlèvement à Beyrouth de journalistes d'Antenne 2 (Georges Hansen, Jean-Louis Normandin, Aurel Cornéa, Philippe Rochot), revendiqué par le Djihad islamique.

16 mars. – Élections législatives au scrutin proportionnel et à tour unique (huitième législature) : succès de la droite RPR et UDF. Le Front national obtient autant de députés que le PCF (35). Le 20, Jacques Chirac est nommé Premier ministre : c'est le début de la première « cohabitation ».

20 mars. – Le jour de l'entrée en fonction de Jacques Chirac, une bombe explose aux Champs-Élysées. Une première vague d'explosions avaient secoué Paris en 1985, et avaient entraîné l'arrestation de Georges Ibrahim Abdallah, le leader des Fractions armées révolutionnaires libanaises (FARL).

2 avril. – Jacques Chaban-Delmas est élu président de l'Assemblée nationale.

18 avril. – Abolition de l'impôt sur les grandes fortunes.

26 avril. – Ukraine : explosion du réacteur n° 4 de la centrale nucléaire de Tchernobyl.

14 juin. – Concert gratuit de SOS-Racisme à la Bastille à Paris : plus de 100 000 spectateurs.

11 juillet. – Vote d'une loi rétablissant le scrutin uninominal à deux tours pour les élections législatives.

31 juillet. – Vote de la loi sur les privatisations (de groupes industriels nationalisés en 1981-1982). En décembre, privatisation de Saint-Gobain : 1,5 million d'actionnaires.

7 août. – Adoption de la loi sur les conditions de séjour des étrangers en France. Le 18 octobre, expulsion de cent un Maliens à bord d'un charter.

4-17 septembre. – À Paris, deuxième série d'attentats (onze morts) par le CSPPA, réclamant la libération des terroristes Georges Ibrahim Abdallah et Anis Naccache détenus en France.

10 octobre. – Retour au scrutin majoritaire.

8 novembre. – États-Unis : George Bush est élu président.

12 novembre. – Projet de loi réformant le Code de la nationalité : les enfants nés en France de parents étrangers ne seraient plus automatiquement français à dix-huit ans. François Mitterrand exprime son désaccord.

17 novembre. – Début des mouvements d'étudiants et de lycéens contre les projets de lois Devaquet-Monory de réforme de l'enseignement. C'est la plus importante mobilisation de jeunes depuis 1968. Ils sont 600 000 manifestants le 27 (dans la France entière).

– Georges Besse, président de la Régie Renault, est assassiné à Paris par Action directe.

6 décembre. – Mort de Malik Oussekine lors d'affrontements entre étudiants et forces de l'ordre. Démission d'Alain Devaquet et retrait de la réforme de l'enseignement. Le 10, 300 000 manifestants dans les rues de Paris et en province à la mémoire de M. Oussekine, avec comme mot d'ordre : « Plus jamais ça. »

12 décembre. – La Commission nationale de la communication et des libertés (CNCL), présidée par G. de Broglie, remplace la Haute Autorité.

18 décembre. – Débuts à la SNCF puis à la RATP de grèves massives qui se poursuivent jusqu'au 16 janvier.

1987

7 janvier. – Bombardement par l'aviation française des radars de la base libyenne de Ouadi-Doum, en réponse au bombardement libyen de bases tchadiennes.

19-31 janvier. – Succès de la privatisation de Paribas (3,8 millions de particuliers deviennent actionnaires). Même succès en juin pour la privatisation de la Société générale (nationalisée en 1945 par le général de Gaulle) et en octobre pour celle de la Compagnie financière de Suez.

Février. – Premier vol de l'avion européen Airbus A 320.

23 février. – La Cinquième revient à Robert Hersant, Silvio Berlusconi et Jérôme Seydoux, et TV6 à la société Métropole (Jean Drucker).

24 février. – Michèle Barzach, ministre de la Santé, présente un programme de lutte contre le sida.

4 mars. – URSS : proposition de Mikhaïl Gorbatchev en faveur du retrait des missiles nucléaires de portée intermédiaire en Europe ; François Mitterrand réaffirme la position française de maintien de la force de dissuasion nucléaire.

15 mars. – Manifestation à Paris de 15 000 personnes contre le projet de Code de la nationalité présenté par Albin Chalandon. Le 2 avril, meeting du Front national au Zénith à Paris, pour protester contre les retards du texte sur le Code de la nationalité : 10 000 personnes.

20 mars. – Le premier réseau de télévision câblé en fibres optiques est inauguré à Rennes par François Mitterrand.

22 mars. – Manifestation de la CGT pour la défense de la Sécurité sociale, à Paris : 200 000 personnes.

4 avril. – Privatisation de TF1 : le groupe de Francis Bouygues, numéro un du BTP, est choisi par la Commission nationale de la communication et des libertés (CNCL) comme principal repreneur de la première chaîne de télévision, aux dépens du patron du groupe Matra-Hachette Jean-Luc Lagardère.

7 avril. – Assassinat à Paris d'Ali Mécili, un opposant algérien. Son assassin, un agent des services secrets de l'armée algérienne (Sécurité militaire), est arrêté par la police française et aussitôt renvoyé à Alger, sans être mis en cause par la justice.

23-25 avril. – Jacques Chirac en Lorraine pour présenter un plan d'investissement de 2 milliards de francs destiné à la réindustrialisation de la région.

6 mai. – Jean-Marie Le Pen à « L'Heure de vérité » (Antenne 2). À ses attaques xénophobes, s'ajoutent celles sur les malades du sida. Michel Noir, ministre RPR, réagit dans une tribune intitulée « Au risque de perdre » (*Le Monde*, 15 mai) : « Serions-nous prêts à sacrifier notre âme pour ne pas perdre des élections ? »

11-26 mai. – À Lyon, procès de l'ancien officier SS Klaus Barbie, inculpé de « crimes contre l'humanité ». Pour la première fois, les audiences sont filmées. Le 4 juillet, il sera condamné à la réclusion à perpétuité. Au même moment, la télévision diffuse le film-document de Claude Lanzmann, *Shoah*.

17 juillet. – « Affaire Gordji » : rupture des relations diplomatiques avec l'Iran. Convoqué par le juge Boulouque qui instruit sur les attentats de 1986, Wahid Gordji, diplomate iranien à Paris, refuse de se rendre à la convocation. Le 30, envoi du porte-avions *Clemenceau* en mer d'Oman. Les relations franco-iraniennes se normalisent en novembre avec l'échange de Wahid Gordji contre Paul Torri (premier secrétaire de l'ambassade de France à Téhéran).

24 juillet. – Pierre Juquin, chef de file des « rénovateurs » communistes, démissionne du comité central du PCF.

3 septembre. – Baisse de la TVA, ramenée à 28 % sur les voitures de tourisme et les motos ; à 18,6 % sur les disques et les cassettes.

5 octobre. – Transfert des cendres de René Cassin, prix Nobel de la paix, au Panthéon en présence de François Mitterrand.

19 octobre. – « Lundi noir », effondrement des marchés boursiers après l'annonce du krach à Wall Street. Faiblesse du dollar qui, le 26, passe au-dessous de la barre des 6 francs.

7 novembre. – Tunisie : le général Zine el-Abidine Ben Ali démet le président Habib Bourguiba par un « coup d'État médical ».

1988

11-12 janvier. – Procès des membres d'Action directe (Jean-Marc Rouillan, Nathalie Ménigon, Georges Cipriani, Joëlle Aubron), arrêtés en février 1987.

22 janvier. – Europe : vingt-cinquième anniversaire du traité franco-allemand. Helmut Kohl et François Mitterrand annoncent la création d'un Conseil de défense et de sécurité, d'un Conseil économique et financier, d'un Haut Conseil culturel, d'une brigade franco-allemande.

11 mars. – Vote de la loi sur le financement des campagnes électorales et des partis politiques.

29 mars. – Assassinat à Paris de Dulcie September, représentante en France de l'African National Congress (ANC, organisation politique sud-africaine de lutte contre l'apartheid) par les services secrets sud-africains. Vives réactions ; le PCF accuse François Mitterrand et Jacques Chirac.

24 avril. – Élection présidentielle : au premier tour, François Mitterrand (PS) obtient 34,1 % des suffrages exprimés, Jacques Chirac (RPR) 19, 9 %, Raymond Barre (UDF) 16, 5 % et Jean-Marie Le Pen (FN) 14,4 % (18,6 % d'abstentions).

4 mai. – Libération des trois derniers otages français détenus au Liban : Marcel Carton, Marcel Fontaine, Jean-Paul Kauffmann.

5 mai. – À Ouvéa (Nouvelle-Calédonie), opération militaire *Victor* pour libérer les trente-trois otages détenus dans une grotte par des indépendantistes kanak depuis le 22 avril. Bilan : deux militaires français et dix-neuf Kanak sont tués. Le 9, le FLNKS rend le gouvernement responsable des morts kanak, entraînant une polémique relayée par les médias ; le 30 mai, une information judiciaire sera ouverte à l'initiative du nouveau ministre de la Justice.

8 mai. – Élection présidentielle : François Mitterrand est réélu à la présidence de la République avec 54,0 % des suffrages exprimés, contre Jacques Chirac (46,0 %) (15,9 % d'abstentions).

10 mai. – Michel Rocard est nommé Premier ministre.

14 mai. – Pierre Mauroy est élu à la tête du PS ; François Mitterrand dissout l'Assemblée nationale.

18 mai. – Instauration du revenu minimum d'insertion (RMI), financé par l'impôt sur les grandes fortunes : loi votée le 12 octobre.

5-12 juin. – Élections législatives (neuvième législature) : la majorité présidentielle l'emporte : 275 députés sur 575.

23 juin. – Laurent Fabius est élu président de l'Assemblée nationale.

26 juin. – Accords conclus à Matignon sur le statut de la Nouvelle-Calédonie entre Jean-Marie Tjibaou, président du FLNKS, et Jacques Lafleur, président du RPCR (anti-indépendantiste), à l'instigation de Michel Rocard. Un référendum est prévu à l'automne.

5 octobre. – Algérie : l'armée réprime à la mitrailleuse lourde les manifestations de la jeunesse révoltée. Bilan : plus de cinq cents morts.

Novembre. – Envoi d'une mission franco-soviétique dans l'espace à bord de la station Mir (Jean-Loup Chrétien).

6 novembre. – Référendum sur l'autodétermination de la Nouvelle-Calédonie ; taux d'abstention, 63,10 % ; 79,99 % de « oui ».

9 novembre. – Transfert des cendres de Jean Monnet au Panthéon.

19 décembre. – Trois bombes détruisent le foyer de travailleurs immigrés de la Sonacotra à Cagnes-sur-Mer, un mort, onze blessés.

1989

1er janvier. – Premier volet des célébrations du bicentenaire de la Révolution française : envol de montgolfières de quatre-vingt-dix-huit chefs-lieux de France et d'outre-mer.

5 janvier. – Pierre Bérégovoy évoque publiquement les rumeurs de délits d'initiés à propos du rachat d'actions Triangle, société qui devait être rachetée par Pechiney ; des initiés auraient pu réaliser des profits importants en utilisant cette information confidentielle ; Max Théret, ancien patron de la FNAC, Roger-Patrice Pelat, ami de François Mitterrand, se sont livrés à ces achats, mais démentent le délit d'initiés ; il s'agit du début d'une longue affaire.

17 janvier. – Lionel Jospin, ministre de l'Éducation nationale, annonce un plan de revalorisation de la fonction enseignante et un projet de loi d'orientation. La loi sera adoptée le 4 juillet ; objectif : 80 % d'une classe d'âge au baccalauréat.

5 février. – Roland Dumas, ministre des Affaires étrangères, en visite officielle à Téhéran : une première. (Rompues en juillet 1987, les relations diplomatiques entre la France et l'Iran avaient été rétablies le 16 juin 1988.)

23 février. – Algérie : adoption par référendum d'une nouvelle Constitution reconnaissant le multipartisme. Le Front islamique du Salut (FIS) sera reconnu en septembre.

2-4 mai. – François Mitterrand reçoit Yasser Arafat, chef de l'OLP. Ce dernier déclare le soir même sur TF1 que la clause de charte de l'OLP qui prévoit la destruction de l'État hébreu, « c'est caduc » (elle sera supprimée officiellement en 1996).

4 mai. – Assassinat à Ouvéa (Nouvelle-Calédonie) des leaders kanak Jean-Marie Tjibaou, président du FLNKS, et de son adjoint Yewéné Yewéné. Le meurtrier, Djubelly Wéa, qui refusait de reconnaître les accords de Matignon, est abattu.

17 mai. – Pierre Joxe abroge la loi Pasqua de 1986 sur l'entrée et le séjour des étrangers en France.

24 mai. – Troisième sommet de la francophonie à Dakar : François Mitterrand y annonce l'annulation d'une partie de la dette (16 milliards de francs) de pays africains à l'égard de la France.

31 mai. – Apparition de la Sept, chaîne de télévision culturelle européenne.

3-4 juin. – Chine : sanglante répression des manifestations démocratiques et pacifiques d'étudiants sur la place Tiananmen de Pékin.

10 juin. – Le cardinal Albert Decourtray, primat des Gaules, demande à l'historien René Rémond de constituer une commission d'historiens afin de mettre au jour le rôle de l'Église catholique dans l'affaire Paul Touvier, un des chefs de la milice de Lyon pendant l'Occupation, arrêté le 24 mai dans un prieuré intégriste de Nice. Un rapport lui est remis le 6 janvier 1992 et est publié aux éditions Fayard.

18 juin. – Élections européennes : 51 % d'abstentions, victoire de la liste UDF-RPR conduite par Valéry Giscard d'Estaing.

3 juillet. – Vote de la loi d'amnistie des militants indépendantistes guadeloupéens et corses.

13-14 juillet. – Apogée de la célébration du bicentenaire de la Révolution française : sommet international sur les Droits de l'homme à Paris et défilé grandiose sur les Champs-Élysées, mis en scène par le publicitaire Jean-Paul Goude (musique de Wally Badarou).

Octobre. – Le principal d'un collège de Creil exclut trois élèves musulmanes qui refusent l'abandon, en cours, du foulard cachant leurs cheveux : début des affaires du « foulard islamique » à l'école, qui entraînent un vif débat sur la laïcité parmi les intellectuels et dans les médias. Le Conseil d'État n'apporte, le 27 novembre, qu'une réponse ambiguë : seul le « port ostentatoire » de signes religieux menace la laïcité.

9 novembre. – Allemagne : chute du Mur de Berlin, qui marque la fin de la RDA communiste. Et, au-delà, le début de la fin de la « guerre froide » et de l'antagonisme Est-Ouest qui façonnait les relations internationales depuis la fin de la Seconde Guerre mondiale.

17 novembre. – Inculpation de Jacques Médecin, maire de Nice, pour délit d'ingérence.

Décembre. – Transfert des cendres de l'abbé Grégoire, de Monge et de Condorcet au Panthéon.

11 décembre. – Le Parlement européen lève l'immunité parlementaire de Jean-Marie Le Pen pour qu'il réponde devant la justice française de son sinistre calembour « Durafour crématoire », prononcé le 2 septembre 1988 à l'encontre du ministre de la Fonction publique Michel Durafour.

22 décembre. – Lois d'amnistie des délits politico-financiers antérieurs au 15 juin 1989 (excepté ceux qui ont permis un enrichissement personnel) et des assassinats politiques en Nouvelle-Calédonie ; lois sur le financement des partis et des campagnes électorales.

– Roumanie : renversement du dictateur Nicolae Ceausescu au terme d'un coup d'État présenté comme une révolution populaire.

1990

10 janvier. – Importante grève des internes et des chefs de clinique (jusqu'au 9 mars) pour protester contre la nouvelle convention de la Sécurité sociale qui leur limite l'accès au secteur II où les honoraires sont libres.

Mars. – Le ministre de la Santé Claude Évin présente un plan de lutte contre le tabagisme et l'alcoolisme en Conseil des ministres il prévoit l'interdiction des publicités sur le tabac).

9 mars. – Marceau Long est nommé président du Haut Conseil de l'intégration pour les immigrés.

15-18 mars. – Congrès du PS à Rennes, dissensions entre socialistes.

8 mai. – Loi organique relative au financement des campagnes présidentielle et législative.

9-14 mai. – Profanations de tombes juives au cimetière de Carpentras ; une importante manifestation contre l'antisémitisme est organisée à Paris.

15 mai. – Édith Cresson est nommée Premier ministre.

Juin. – Premiers résultats du recensement annoncés par l'INSEE : la France compte 58,4 millions d'habitants.

19 juin. – Europe : signature des « accords de Schengen » sur la libre circulation des personnes et des biens dans la CEE.

30 juin. – Vote de la loi Gayssot, qui renforce les sanctions contre le racisme prévues par la loi de juillet 1972, et fait du « négationnisme » (du génocide des Juifs pas les nazis) un délit.

19 juillet. – Le pasteur Joseph Doucé est kidnappé par deux individus se présentant comme policiers. Son assassinat provoque un scandale qui ébranle les Renseignements généraux.

2 août. – Irak : l'armée de Saddam Hussein envahit le Koweït.

3 octobre. – Allemagne : réunification de l'Allemagne de l'Ouest (RFA) et de l'Allemagne de l'Est (RDA).

6 octobre. – Émeutes dans la banlieue de Lyon, à Vaulx-en-Velin.

15 octobre. – Importantes manifestations de lycéens contre l'insécurité et le manque de moyens (jusqu'en novembre) : le ministre de l'Éducation nationale Lionel Jospin y répond avec un « plan d'urgence ».

19 novembre. – Adoption de la cotisation sociale généralisée (CSG).

24 novembre. – Adoption d'un nouveau statut pour la Corse.

4 décembre. – Création d'un ministère de la Ville : plan Michel Delebarre de cinq ans pour la ville et les banlieues défavorisées.

1991

14 janvier. – Irak : l'ONU rejette le plan de paix français pour éviter la guerre dans le Golfe. Le 16, débuts de la guerre du Golfe, où la France a envoyé une division blindée. Le 17, la France participe à l'opération *Tempête du désert* (décidée par les États-Unis) contre l'Irak, jusqu'au 3 avril.

29 janvier. – Démission du ministre de la Défense Jean-Pierre Chevènement, en désaccord avec l'intervention en Irak ; manifestations contre la guerre du Golfe.

Février. – La CGT perd la majorité aux élections syndicales de Renault-Billancourt.

23 février. – Émeutes à la Réunion après l'interdiction d'une radio libre : onze morts.

Mars. – Jusqu'en juillet, de nombreux incidents dans les banlieues opposent la police à des jeunes, souvent fils d'immigrés ou fils de harkis.

26 mars. – Violentes émeutes de jeunes Beurs à Sartrouville, en banlieue parisienne.

7 avril. – Perquisition judiciaire au siège d'Urba, bureau d'études servant depuis des années au financement occulte du Parti socialiste.

12 avril. – Nouveau statut pour la Corse : l'article mentionnant l'existence du « peuple corse » sera annulé par le Conseil d'État le 9 mai.

15 mai. – Démission de Michel Rocard à la demande de François Mitterrand, qui le remplace par Édith Cresson, première femme Premier ministre en France.

6 août. – Chapour Bakhtiar, ancien Premier ministre iranien, est assassiné à Suresnes.

21 septembre. – Valéry Giscard d'Estaing propose, en matière d'immigration, de remplacer le droit du sol par le droit du sang.

Octobre. – Grands mouvements sociaux : paysans, infirmières.

Novembre. – Édith Cresson annonce des « délocalisations », dont celle de l'ENA à Strasbourg.
– Création de la Banque européenne pour la reconstruction et le développement de l'Europe de l'Est (BERD), dont la présidence est confiée à Jacques Attali.
– Conflits sociaux chez Renault.

7 novembre. – Suites de l'affaire Pechiney : des proches de Pierre Bérégovoy sont impliqués.

19 décembre. – La durée du service militaire passe à dix mois.

25 décembre. – URSS : Mikhaïl Gorbatchev démissionne de la présidence d'un État qui, *de facto*, n'existe plus.

1992

9 janvier. – Laurent Fabius est élu premier secrétaire du PS.

11 janvier. – Algérie : coup d'État militaire et annulation des élections législatives dont le premier tour avait été gagné par le FIS, engendrant une longue guerre civile qui fera des dizaines de milliers de morts.

14 janvier. – Perquisition au siège du Parti socialiste, rue de Solférino ; c'est le début du scandale financier Urba, la « pompe à fric » du PS.

7 février. – Europe : signature du traité de Maastricht portant sur l'union politique européenne, notamment la politique étrangère et de sécurité commune (PESC), et sur l'union économique et monétaire (UEM).

2 avril. – Édith Cresson, particulièrement critiquée, démissionne. Elle est remplacée par Pierre Bérégovoy. L'homme d'affaires Bernard Tapie est nommé ministre de la Ville (il démissionne en mai, impliqué dans des affaires de corruption).

5 avril. – Ex-Yougoslavie : début de la guerre de Bosnie-Herzégovine. Le conflit va durer jusqu'en 1995 (accords de Dayton).

8 avril. – Les essais nucléaires français dans le Pacifique sont suspendus. Le 3 août, la France adhère au traité de non-prolifération nucléaire (TNP), ce qu'elle se refusait à faire depuis vingt-quatre ans.

Juillet. – Le 5, trentième anniversaire de l'indépendance algérienne et, le 16, cinquantième de celui de la rafle du Vel d'Hiv, au cours de laquelle 13 000 Juifs furent arrêtés par la police parisienne avant d'être déportés vers les camps d'extermination nazis. Ces deux anniversaires sont l'occasion pour l'opinion de s'interroger enfin sur la difficulté qu'éprouve la France à assumer certaines phases de son histoire.

20 septembre. – Référendum sur le traité de Maastricht : le oui l'emporte par 51,04 % des voix.

28 septembre. – Premières émissions de la chaîne culturelle de télévision franco-allemande Arte.

2 octobre. – René Monory est élu président du Sénat.

23 octobre. – Affaire du sang contaminé par le virus du sida : condamnation de responsables de la transfusion sanguine (les docteurs Michel Garretta et Jacques Roux). L'opposition demande la comparution devant la Haute Cour de justice de Laurent Fabius, Premier ministre à l'époque des faits, de Georgina Dufoix, ministre des Affaires sociales et de la Solidarité nationale, et d'Edmond Hervé, secrétaire d'État à la Santé.

1er novembre. – Loi Évin contre le tabagisme.

1993

1er janvier. – Europe : entrée en vigueur du Marché unique européen.

7 janvier. – La commission d'enquête de l'Assemblée nationale sur la transmission du sida au cours des dix dernières années souligne la sous-estimation du danger du sida en France au début des années 1980.

1er mars. – Nouveau Code de procédure pénale : présence de l'avocat lors de la garde à vue (moins de pouvoir pour le juge d'instruction) ; l'inculpation est remplacée par la « mise en examen ».

4-12 mars. – Révélations du quotidien *Libération* sur des écoutes téléphoniques illégales menées par une « cellule » de l'Élysée de décembre 1985 à février 1986.

5 mars. – À Montpellier, trois nostalgiques de l'OAS assassinent Jacques Roseau, porte-parole du Recours, association de rapatriés d'Algérie.

15 mars. – Le cap des 3 millions de chômeurs est franchi.

21-28 mars. – Élections législatives (dixième législature) : défaite du PS.

29 mars. – Pierre Bérégovoy est remplacé à Matignon par Édouard Balladur (gouvernement RPR-UDF). Début de la seconde cohabitation.

2 avril. – Philippe Seguin est élu président de l'Assemblée nationale.

4-7 avril. – Plusieurs « bavures » policières : un jeune Zaïrois est tué lors de sa garde à vue à Paris, un lycéen grièvement blessé à Wattrelos (Nord). Les policiers concernés sont suspendus.

1er mai. – Suicide de Pierre Bérégovoy, ancien ministre des Finances et Premier ministre socialiste : vive émotion dans tout le pays et mise en cause de l'attitude des médias et de la justice dans l'affaire de son emprunt sans intérêt à l'homme d'affaires R.-P. Pelat en 1986.

24 juin. – Réforme du Code de la nationalité (dans le cadre des lois Charles Pasqua de contrôle de l'immigration : 1986 et 1993). Désormais, les enfants nés en France de parents étrangers doivent demander la nationalité française à leur majorité.

25 juin. – Mis en cause pour sa gestion, le président de la BERD Jacques Attali démissionne. Il est remplacé, le 18 août, par un autre Français, Jacques de Larosière, gouverneur de la Banque de France.

8 juillet. – Loi sur les privatisations : la BNP et Rhône-Poulenc sont privatisées en octobre et novembre.

16 juillet. – La journée souvenir de la rafle du Vel d'Hiv de 1942 devient Journée nationale de commémoration des persécutions antisémites et racistes commises sous Vichy de 1940 à 1944 (selon un décret de François Mitterrand du 3 février).

4 août. – Adoption de la loi sur l'indépendance de la Banque de France.

24 octobre. – Trois agents consulaires français sont enlevés à Alger, opération aussitôt revendiquée par le Groupe islamiste armé (GIA). Ils seront libérés quelques jours plus tard. On saura plus tard qu'il s'agissait d'une opération des services secrets de l'armée algérienne (DRS).

9-13 novembre. – Opération *Chrysanthème* : rafles policières dans les milieux islamistes algériens en France.

19 novembre. – Révision de la Constitution sur la question du droit d'asile.

20 décembre. – Le Parlement adopte la loi Bayrou (révision de la loi Falloux sur le financement par les collectivités locales du patrimoine immobilier des établissements privés) ; vives protestations de la gauche qui dénonce une atteinte à la laïcité.

1994

18 janvier. – Grandes manifestations des défenseurs de l'école publique contre la révision de la loi Falloux.

Février. – Privatisation d'Elf-Aquitaine. L'UAP est privatisée en avril.

1er-15 février. – Manifestations violentes des marins-pêcheurs.

25 février. – Assassinat de Yann Piat, députée UDF (anciennement FN) du Var.

Mars. – Manifestations des jeunes contre le projet de contrat d'insertion professionnelle (CIP), qui sera finalement retiré. Édouard Balladur organise des états généraux de la jeunesse.

1er mars. – Entrée en vigueur du nouveau Code pénal (révisions demandées par Robert Badinter en 1986), qui remplace le Code Napoléon (1810). La responsabilité pénale des personnes morales est introduite.

24 mars. – Le Crédit lyonnais annonce une perte historique de 6,8 milliards de francs pour 1993.

6 avril. – Rwanda : un attentat contre l'avion du président Juvénal Habyarimana marque le déclenchement par le pouvoir Hutu d'un génocide contre les Tutsis qui fera plus de 800 000 morts en un mois.

7 avril. – François de Grossouvre, conseiller de François Mitterrand, se tire une balle dans la tête, en plein palais de l'Élysée.

20 avril. – Paul Touvier est condamné à la réclusion criminelle à perpétuité pour « complicité de crimes contre l'humanité ».

6 mai. – Inauguration du tunnel sous la Manche.

Juin. – Intervention française au Rwanda : opération *Turquoise*. À la fin du mois, l'humanitaire relaie le militaire. Le 30, un rapport de la Commission des droits de l'homme de l'ONU parle de « génocide », fait état de 500 000 personnes massacrées et met en cause des « États étrangers » (sans les nommer).

24 juin. – TF1 lance LCI, chaîne d'information continue sur le câble.

8 juillet. – Jean-Michel Boucheron, ancien maire (PS) d'Angoulême en fuite en Argentine, est condamné par contumace à quatre ans de prison. Le 17 novembre, un autre « exilé » en cavale, Jacques Médecin, ancien maire (droite) de Nice, sera extradé d'Uruguay.

3 août. – Trois gendarmes et deux fonctionnaires français sont tués à Alger par un commando dont l'action sera revendiquée par le GIA. L'émotion en France est considérable. Le ministre de l'Intérieur, Charles Pasqua, réagit en faisant expulser au Burkina Faso, sans aucune base légale, une vingtaine d'islamistes algériens. Mais aucune initiative judiciaire ne sera prise par le gouvernement français pour faire la lumière sur ce crime.

4 août. – Le très controversé surrégénérateur Superphénix de Creys-Malville (Isère) redémarre, devant désormais « fonctionner pour la recherche ».

15 août. – Ilitch Ramirez Sanchez, *alias* « Carlos », recherché pour l'assassinat de deux fonctionnaires de la DST, est livré par le Soudan au général Philippe Rondot.

Septembre. – François Bayrou, ministre de l'Éducation nationale, s'inspirant des conclusions du Conseil d'État en 1989, fait inscrire dans le règlement intérieur des établissements scolaires l'interdiction de « signes [religieux] ostentatoires ». La polémique sur la laïcité et sur le port du « foulard islamique » à l'école est relancée (début de l'affaire en 1989).

8-12 septembre. – Visite officielle du président chinois Jiang Zemin en France.

10 septembre. – Mise en examen de Georgina Dufoix, Edmond Hervé et Laurent Fabius, pour complicité d'empoisonnement dans l'affaire du sang contaminé par le virus du sida. Ils doivent comparaître devant la Haute Cour de justice (le début de l'affaire remonte à 1992).

12 octobre. – Alain Carignon, maire (RPR) de Grenoble, est mis en examen et écroué pour corruption passive et recel d'abus de biens sociaux. Il avait peu avant démissionné de son poste de ministre (de la Communication). Deux autres ministres feront de même avant d'être mis en examen dans d'autres affaires : Gérard Longuet (président du PR), le 14 octobre, et Michel Roussin (RPR), le 12 novembre.

24 décembre. – Adoption de la législation anticorruption.

24-27 décembre. – Un commando d'islamistes algériens du GIA prend en otages les passagers d'un Airbus d'Air France à Alger. Trois otages sont tués. Les autorités algériennes laissent l'avion gagner Marseille. Le GIGN (Groupe d'intervention de la gendarmerie nationale) donne l'assaut le 26, tuant les quatre membres du commando. On soupçonne le rôle des services secrets algériens (DRS) dans cette affaire.

1995

20 janvier. – Loi organique sur le financement de la campagne présidentielle.

13-28 février. – À Lyon, comparution en procès du maire de Lyon Michel Noir (ex-RPR), de son gendre Pierre Botton, du maire de Cannes Michel Mouillot (RPR), et de neuf autres personnes, notamment pour recel d'abus de biens sociaux.

14 février. – Privatisation de la Seita. Usinor-Sacilor sera privatisée le 7 juillet.

2 mars. – Henri Emmanuelli et Gérard Monate, ancien P-DG d'Urba, sont au nombre des accusés du procès qui s'ouvre à Saint-Brieuc.

Avril. – Conférence internationale sur la pollution et l'« effet de serre », à Berlin.

18 avril. – Pierre Suard, P-DG d'Alcatel-Alsthom, mis en examen depuis le 4 juillet 1994 (recel d'escroquerie, faux et usage de faux) et placé sous contrôle judiciaire depuis le 10 mars 1995, est remplacé par le conseil d'administration.

20 avril. – Transfert des cendres de Pierre et Marie Curie au Panthéon.

23 avril-7 mai. – Élection présidentielle : Jacques Chirac (RPR) est élu au second tour avec 52,64 % des suffrages exprimés, contre 47,36 % pour Lionel Jospin (PS) (20,33 % d'abstentions). Au premier tour : Lionel Jospin 23,30 %, Jacques Chirac 20,84 %, Édouard Balladur (UDF) 18,58 %, Jean-Marie Le Pen (FN) 15 %, Robert Hue (PCF) 8,64 %, Arlette Laguiller (Lutte ouvrière) 5,3 % (21,62 % d'abstentions).

Mai. – Polémique sur les conditions d'attribution des logements sociaux de la Ville de Paris.

1er mai. – Alors que le Front national défile à Paris pour célébrer Jeanne d'Arc, un jeune Marocain, Brahim Bouaram, meurt noyé dans la Seine, ayant été agressé par des individus décrits par des témoins comme des *skinheads* participant à la manifestation d'extrême droite.

16 mai. – L'ancien maire de Nice (ultra-droite), Jacques Médecin, est condamné à deux ans de prison ferme et à cinq ans de privation des droits civiques (affaire « Nice-Opéra »). Il sera, le 3 août, encore condamné à trois ans et demi de prison ferme et à cinq ans de privation de droits civiques dans le cadre de l'affaire de la Serel.

17 mai. – Alain Juppé (RPR) est nommé Premier ministre.

13 juin. – Jacques Chirac décide de reprendre les essais nucléaires français dans le Pacifique ; vives protestations internationales.

10 juillet. – Annonce d'expulsions d'immigrés clandestins par charter.

11 juillet. – Assassinat du cheikh Abdelbaki Sahraoui, membre fondateur du FIS algérien, dans sa mosquée à Paris.

16 juillet. – En cette année du cinquantenaire de la libération des camps de concentration et d'extermination nazis, Jacques Chirac reconnaît les fautes de l'État français envers les Juifs durant la Seconde Guerre mondiale. Il est le premier président à le déclarer.

25 juillet. – Attentat à la bombe dans le RER parisien à la station Saint-Michel : sept morts et près de quatre-vingts blessés ; cinq autres attentats se succéderont ensuite, du 17 août au 17 octobre, tous revendiqués par le GIA algérien. On apprendra plus tard qu'ils avaient été téléguidés par les services secrets algériens (DRS), pour faire pression sur le gouvernement français.

31 juillet. – Révision constitutionnelle ; extension du champ d'action du référendum et instauration d'une session parlementaire unique.

27 septembre. – Le mercenaire français Bob Denard conduit un coup d'État aux Comores.

2 octobre. – René Monory est réélu à la présidence du Sénat.

19 octobre. – Découverte, non loin de Djibouti, du cadavre du juge français Bernard Borrel, conseiller du ministre djiboutien de la Justice. Officiellement, c'est un suicide. Beaucoup plus probablement un assassinat, perpétré par des responsables politiques locaux.

4 novembre. – Israël : le Premier ministre Yitzhak Rabin est assassiné par un Juif extrémiste. Grande émotion internationale.

16 novembre. – Algérie : le général Liamine Zéroual est élu président de la République.

Décembre. – Manifestations contre le plan d'Alain Juppé de réforme de la Sécurité sociale. Des grèves massives débutent à la SNCF et paralysent les transports dans tout le pays.

– Europe : le sommet européen de Madrid baptise la monnaie unique « euro ».

14 décembre. – Signature des accords de paix de Dayton entre Serbes, Bosniaques et Croates.

1996

Janvier. – Déclenchement de l'affaire de l'Association pour la recherche sur le cancer (ARC), qui recueille des fonds pour financer la lutte contre la maladie : son président est accusé de malversations financières.

– Jacques Chirac annonce l'arrêt définitif des essais nucléaires français.

8 janvier. – Décès de François Mitterrand, quatrième président de la Ve République.

12 janvier. – En Corse, le FLNC-Canal historique organise une conférence de presse clandestine avec plus de six cents militants cagoulés et armés : le problème corse devient une constante de la politique intérieure française (qui culminera avec l'assassinat du préfet Érignac, en février 1998).

Février. – Présentation du projet de professionnalisation de l'armée : suppression du service militaire obligatoire.

Mars. – Plan de prévention de la violence à l'école.

– Crise de la « vache folle » : transmission de la maladie de Creutzfeldt-Jakob par la viande de bœuf nourri avec des mélanges de farines animales de provenance britannique ; embargo sur le bœuf britannique.

Avril. – Expulsion des immigrés sans papiers réfugiés dans l'église Saint-Ambroise de Paris.

21 avril. – Décès du patron de presse Robert Hersant.

24 avril. – Adoption des ordonnances sur la réforme de la Sécurité sociale.

Mai. – Privatisation des AGF.

21 mai. – Assassinat de sept moines français du monastère de Tibhirine, en Algérie. Leur enlèvement (le 27 mars précédent) avait été revendiqué par le GIA, qui revendique également leur assassinat. Le 1er août, l'évêque d'Oran, Mgr Pierre Claverie, sera assassiné à son tour.

3 juillet. – Le ministre du Travail annonce l'interdiction de l'amiante dans la construction des bâtiments et dans un usage professionnel à partir du 1er janvier 1997.

4 juillet. – L'ancien P-DG d'Elf-Aquitaine (1989-1993), Loïk Le Floch-Prigent, est mis en examen et incarcéré (affaire « Elf-Biderman »). Il doit démissionner de la présidence de la SNCF.

17 juillet. – En tournée en Corse, Alain Juppé annonce notamment la création, pour cinq ans, d'une zone franche dans l'île de Beauté. Après plus d'un an de négociations avec certaines factions nationalistes, principalement le FLNC-Canal historique, le gouvernement semble renouer avec la fermeté, après une période de vendetta entre groupes rivaux et une escalade dans la violence assassine.

23 août. – La police fait évacuer l'église Saint-Bernard occupée par des immigrés sans titre de séjour – dont certains en grève de la faim – et des citoyens solidaires.

Novembre. – Transfert des cendres d'André Malraux au Panthéon.

4 décembre. – Attentat à la bombe à Paris, à la station Port-Royal du RER : deux morts et quatre-vingt-cinq blessés. Attribué au GIA algérien, il s'agirait d'une nouvelle initiative du DRS algérien.

5 décembre. – Mise en examen de Xavière Tiberi, épouse du maire de Paris, pour un emploi fictif à la mairie de Paris. Après moult péripéties judiciaires, l'affaire se soldera par un non-lieu.

19 décembre. – L'Assemblée nationale adopte en première lecture le projet de loi sur l'immigration présenté par Jean-Louis Debré. D'inspiration déjà répressive, il a été durci par des amendements.

1997

Janvier. – Appel à la « désobéissance civile » de soixante-six cinéastes pour protester contre le projet de loi Debré sur l'immigration (obligation pour l'hôte de fournir des certificats d'hébergement). Malgré la forte mobilisation jusqu'en février, la loi est adoptée en mars.

2-9 février. – Élection municipale de Vitrolles : Catherine Mégret, Front national, devient maire. Le 8 septembre, elle est condamnée pour propos racistes tenus dans une interview à un journal allemand, *Berliner Zeitung*, en février.

3-27 mars. – Mobilisation massive en Europe contre la décision du gouvernement français de fermer l'usine Renault de Vilvorde, en Belgique.

5 mars. – Mise en examen de Jean Tiberi, maire de Paris, pour complicité et recel de détournement de fonds publics, dans le cadre de l'enquête sur son épouse Xavière Tiberi.

19 mars. – Mort de Jacques Foccart, qui fut le « Monsieur Afrique » de Charles de Gaulle et Georges Pompidou.

3 avril. – Le quotidien *Le Monde* dévoile un nouveau scandale : les archives saisies au domicile de l'ancien chef de la cellule « antiterroriste » de l'Élysée, Christian Prouteau, établissent l'existence de nombreuses écoutes téléphoniques qui avaient été commandées par François Mitterrand et concernaient des personnalités (journalistes, écrivains, avocats...).

11 avril. – Approbation par leurs conseils d'administration respectifs de la fusion de la Compagnie de Suez et de la Lyonnaise des eaux.

21 avril. – Dissolution inattendue de l'Assemblée nationale par Jacques Chirac.

1er mai. – Royaume-Uni : les élections générales donnent une victoire retentissante au Parti travailliste de Tony Blair (45 % des voix et 419 députés sur 659). Ce scrutin, qui modifie l'environnement européen de la France, met fin à dix-huit années de pouvoir du Parti conservateur.

6 mai. – Pierre Suard, ancien P-DG d'Alcatel-Alsthom, est condamné à trois ans de prison avec sursis et à 2 millions de francs d'amende au motif d'abus de biens sociaux.

12 mai. – Fusion-absorption de l'UAP par Axa, donnant naissance au premier groupe mondial de l'assurance par le montant des actifs gérés. C'est la plus importante fusion jamais réalisée sur le marché boursier français.

25 mai-1er juin. – Élections législatives (onzième législature) : surprise générale due à la victoire de la gauche (PS : 246 sièges, PC : 37, écologistes : 8 – pour la première fois –, 63 femmes élues, dont 28 nouvelles). Gouvernement de « cohabitation », avec Jacques Chirac président.

2 juin. – Lionel Jospin, Premier ministre. Huit femmes entrent au gouvernement. Profonde crise à droite. Laurent Fabius est élu président de l'Assemblée nationale.

5 juin. – Annonce par Dominique Voynet, ministre (Verts) de l'Environnement, de l'arrêt du surrégénérateur Superphénix et de l'abandon du projet de canal à grand gabarit Rhin-Rhône.

19 juin. – Condamnation en cour d'assises de six membres de l'ETA (organisation séparatiste basque) qui s'étaient livrés en Espagne, entre 1978 et 1989, à une vingtaine d'attentats (38 morts).

1er juillet. – L'ancien maire (PS) d'Angoulême, Jean-Michel Boucheron, est condamné à quatre ans de prison, dont deux fermes, pour prise illégale d'intérêt.

4 juillet. – Bernard Tapie est condamné à trois ans de prison, pour moitié ferme, dans le cadre de l'affaire des comptes de l'Olympique de Marseille.

18 juillet. – Le gouvernement annonce la privatisation du GAN (assurance), de sa filiale CIC (banque), ainsi que de ses activités immobilières.

21 août. – Le gouvernement renonce à abroger les lois Debré et Pasqua.

31 août. – Mort de Lady Diana Spencer avec son ami Dodi El-Fayed dans un accident de voiture à Paris.

8 octobre. – À Bordeaux, début du procès Maurice Papon, ancien secrétaire général de la préfecture de la Gironde pendant l'Occupation, accusé de complicité de crimes contre l'humanité pour avoir apporté son « concours actif » à la déportation de 1 690 Juifs vers les camps d'extermination.

10 octobre. – Dans le cadre de la conférence nationale sur l'emploi, le temps de travail et les salaires, le gouvernement annonce une loi-cadre sur les 35 heures ; en signe de protestation, Jean Gandois, président du CNPF, démissionne.

30 octobre. – Succès du vol inaugural, à partir de la base de Kourou (Guyane), du lanceur lourd européen Ariane 5.

10 novembre. – Grande manifestation en France, « Un jour pour l'Algérie », pour soutenir le peuple algérien victime de la guerre civile.

16 novembre. – Mort de Georges Marchais, ancien secrétaire général du Parti communiste (1972-1994).

27 novembre. – Autorisation gouvernementale de la culture en France du maïs transgénique.

4-24 décembre. – Mouvements de revendication des chômeurs, dans tout le pays (occupations d'antennes Assedic, manifestations) jusqu'en janvier : ils réclament une augmentation des minima sociaux.

24 décembre. – Condamnation à la réclusion criminelle à perpétuité à Paris de Carlos, terroriste responsable en juin 1975 du meurtre de deux fonctionnaires de la DST et de leur indicateur.

31 décembre. – Europe : ratification du traité d'Amsterdam de juin 1997, qui complète le traité d'Union européenne (dit de Maastricht) ; elle doit être suivie d'une révision constitutionnelle pour que le traité puisse être appliqué.

1998

Janvier. – Publication dans la presse de l'enquête sur l'affaire Elf, dans laquelle Roland Dumas, président du Conseil constitutionnel, est impliqué.

1er janvier. – France Télécom : après sa semi-privatisation, la société perd le monopole public sur le téléphone.

6 février. – Assassinat à Ajaccio de Claude Érignac, préfet de Corse.

10 février. – Première loi-cadre Aubry sur la semaine de travail à 35 heures adoptée par le gouvernement Jospin pour 2000-2002.

9 mars. – Havas est absorbé par la Compagnie générale des eaux.

11 mars. – Jean-Yves Haberer, ancien président du Crédit lyonnais, est mis en examen pour complicité de banqueroute.

2 avril. – Fin du procès Papon. Il est condamné à dix ans de réclusion criminelle. Mais la peine est suspendue, car l'accusé dépose un pourvoi en cassation.

2-3 mai. – Europe : onze pays de l'UE sont autorisés par le Conseil européen à passer à la monnaie unique, l'euro, au 1er janvier 2000.

5 mai. – Accord de Nouméa prévoyant une grande autonomie pour la Nouvelle-Calédonie, territoire français d'outre-mer.

19 mai. – L'Assemblée nationale adopte définitivement le projet de « loi Aubry » portant réduction de la durée hebdomadaire du travail à 35 heures.

30 juin. – Inauguration à Francfort de la Banque centrale européenne (BCE).

12 juillet. – Coupe du monde de football, victoire de la France (pour la première fois depuis la création de la coupe en 1930). Le credo « black-blanc-beur », incarné par la figure mythique du joueur Zinedine Zidane (surnommé Zizou), est réactivé pour l'occasion.

21 août. – L'ancien Premier ministre Alain Juppé (RPR) et l'ancien ministre de la Coopération Michel Roussin (RPR) sont mis en examen au motif que de nombreux permanents de leur parti auraient bénéficié d'emplois fictifs, notamment de la part de la ville de Paris lorsque A. Juppé et M. Roussin occupaient des responsabilités en rapport avec ces faits.

9 septembre. – Deux procédures judiciaires sont ouvertes par le parquet de Paris concernant la Mutuelle nationale des étudiants de France (MNEF).

27 septembre. – Allemagne : aux élections législatives, les sociaux-démocrates conduits par Gerhard Schröder l'emportent et forment une coalition avec les Verts, mettant fin à seize années de pouvoir d'Helmut Kohl.

Octobre. – Manifestations de lycéens pour l'amélioration des conditions de travail. Claude Allègre, ministre de l'Éducation nationale, ouvre des crédits et promet des allégements de programmes.

2 octobre. – Christian Poncelet est élu président du Sénat.

27 octobre. – Le Conseil national du patronat français (CNPF) se rebaptise Mouvement des entreprises de France (Medef).

8 novembre. – Le référendum sur l'autodétermination de la Nouvelle-Calédonie obtient 72 % de oui. Le statut définitif de l'île sera fixé dans quinze à vingt ans.

10 novembre. – L'État annonce qu'il transfère à Aérospatiale les parts (45,8 %) qu'il détient dans Dassault Aviation.

1er décembre. – Total prend 41 % du capital du Belge Petrofina et se hisse au 5e rang mondial.

15 décembre. – Remise du rapport parlementaire sur le rôle qu'aurait joué la France dans les événements ayant abouti au génocide rwandais de 1994.

1999

Janvier-février. – Mobilisation des enseignants contre les réformes prévues par Claude Allègre.

1er janvier. – Europe : entrée en vigueur de l'euro. En mars, deux Européens sur trois se déclarent « séduits » par l'euro (*Le Monde* du 12 mars).

20 janvier. – Le rapport de la Cour des comptes pour 1998 fait le constat accablant du gaspillage de l'argent public : le nucléaire, France-Télévision, la Bibliothèque nationale de France (BNF) (ouverte en octobre 1998 aux chercheurs), le Théâtre de Strasbourg, la préfecture de Police de Paris, etc.

22 janvier. – Le Conseil constitutionnel, présidé par Roland Dumas, décide que la responsabilité pénale du chef de l'État « ne peut être mise en cause que devant la Haute Cour de justice ».

25 janvier. – Scission au sein du Front national : Bruno Mégret crée le « Front national-Mouvement national » (FNMN). Le 3 mai, fête de Jeanne d'Arc : défilés séparés des deux FN. Le 11 mai, le tribunal de grande instance tranche : Le Pen gagne, B. Mégret n'a pas le droit de prendre le nom de Front national.

28 janvier. – *Libération* titre « Jospin enferme les "sauvageons" » pour évoquer le projet du Premier ministre d'un plan de lutte contre la délinquance juvénile (création de centres de placement, nouveaux effectifs dans l'éducation, etc.).

Février. – Bernard Thibault est élu secrétaire général de la CGT.

18 février. – La députée de la Guyane Christiane Taubira-Delannon (PS) dépose une proposition de loi pour la reconnaissance de la traite négrière et de l'esclavage comme crime contre l'humanité.

24 février. – Affaire du sang contaminé : relaxe de Laurent Fabius, Georgina Dufoix et Edmond Hervé jugés par la Cour de justice de la République.

10 mars. – Vote de la loi sur le projet de révision constitutionnelle sur la parité hommes/femmes. L'article 3 stipule l'« égal accès des femmes et des hommes aux mandats électoraux et aux fonctions électives ».

24 mars. – Ex-Yougoslavie : début des attaques de l'OTAN sur la Serbie pour empêcher la « purification ethnique » entreprise par le gouvernement serbe de Milosevic au Kosovo, dont la population est en majorité d'origine albanaise. L'opinion et la classe politique françaises sont très partagées sur le bien-fondé de ces attaques.

19-20 avril. – En Corse, incendie de la paillotte Chez Francis : début d'une affaire impliquant les services de gendarmerie et le préfet Bernard Bonnet.

1er mai. – Europe : entrée en vigueur du traité d'Amsterdam.

9 juin. – Ex-Yougoslavie : accords de paix signés entre l'OTAN et les Serbes de Yougoslavie. Le 17, Jacques Chirac et Bill Clinton s'entretiennent sur la pacification du Kosovo. Bernard Kouchner est désigné par l'ONU administrateur civil du Kosovo.

10 juin. – L'Assemblée nationale qualifie enfin de « guerre » le conflit (1954-1962) qui a vu s'affronter indépendantistes algériens du FLN et armée française.

– Ex-Yougoslavie : fin des bombardements de l'OTAN.

13 juin. – Élections européennes : victoire de la gauche plurielle avec une poussée des Verts, et émergence du parti des chasseurs. Nicole Fontaine (PPE, Parti populaire européen) est élue présidente du Parlement européen (20 juillet).

23 juin. – Jacques Chirac refuse, au nom du respect des « grands principes de la République », la révision de la Constitution (à la demande de Lionel Jospin) pour permettre la ratification par la France de la Charte européenne des langues minoritaires ou régionales.

19 juillet. – Le maire de Paris, Jean Tiberi, est mis en examen pour complicité de trafic d'influence dans l'affaire des HLM de Paris.

12 août. – Une équipe de militants de la Confédération paysanne et du Syndicat des producteurs de lait de brebis démonte un établissement McDonald's en construction à Millau (Aveyron).

4 octobre. – Le groupe américain Monsanto annonce qu'il abandonne son projet de commercialisation de semences végétales rendues stériles au-delà de la première campagne par modification génétique (projet dit *Terminator*).

13 octobre. – La loi créant le Pacte civil de solidarité (PACS) est définitivement adoptée. Elle concerne les couples non mariés hétérosexuels ou homosexuels, et tout type de couple excepté ceux ayant des liens de proche parenté.

14 octobre. – Aérospatiale-Matra fusionne avec l'allemand Dasa. La nouvelle société European Aeronautic, Defence and Space Company (EADS) occupe le troisième rang mondial derrière Bœing et Lockheed Martin.

19 octobre. – Vote de la seconde loi Aubry sur les 35 heures.

20 octobre. – Maurice Papon en fuite, en Suisse : il devait se constituer prisonnier pour paraître devant la Cour de cassation pour l'examen de son pourvoi en cassation du jugement en assises en 1998 (dix ans de prison pour complicité de crime contre l'humanité). Il est finalement retrouvé, arrêté et son pourvoi est annulé.

2 novembre. – Dominique Strauss-Kahn démissionne de son poste de ministre de l'Économie en raison de sa mise en cause dans l'affaire de la MNEF.

10 novembre. – Europe : alors que le 1er août la Commission européenne levait l'embargo sur le bœuf britannique (en vigueur depuis trois ans), la France décide de le maintenir. Bruxelles la menace d'une procédure d'infraction.

12 décembre. – Au large de la Bretagne, naufrage du pétrolier *Erika*, qui provoque une marée noire.

2000

28 janvier. – Jean-Christophe Cambadelis, « numéro deux » du PS, est condamné à cinq mois de prison avec sursis et à 100 000 francs d'amende dans une affaire d'emploi fictif.

1er février. – Autriche : Wolfgang Schüssel, leader des conservateurs de l'ÖVP (Parti populaire autrichien) et Jörg Haider, chef du FPÖ (Parti libéral autrichien, extrême droite), passent un accord de gouvernement.

24 février. – En visite au Proche-Orient, Lionel Jospin qualifie depuis Jérusalem le Hezbollah libanais de « terroriste », à la grande satisfaction de ses hôtes. Le 25, en visite à l'université palestinienne de Bir Zeit, il est pris à partie par des manifestants qui lui jettent des pierres. Jacques Chirac critique les manifestants et condamne l'écart que représente le propos du Premier ministre par rapport à la « politique arabe » traditionnelle de la France.

20 mars. – Russie : Vladimir Poutine est élu président de la Fédération de Russie.

23-26 mars. – À Martigues (Bouches-du-Rhône), le Parti communiste français (PCF) tient son XXXe congrès.

1er avril. – Le taux normal de la taxe à la valeur ajoutée est abaissé de 20,6 % à 19,6 %.

14 avril. – États-Unis : l'indice américain des valeurs technologiques Nasdaq chute de près de 10 % (25,3 % en une semaine), annonçant la fin de l'euphorie boursière qui entourait depuis quelques mois les « valeurs Internet » et la « nouvelle économie ».

19 avril. – Une bombe posée contre un établissement McDonald's à Quévert (Côtes-d'Armor) tue une employée, Laurence Turbec. L'Armée révolutionnaire bretonne (ARB, clandestine, indépendantiste) nie toute responsabilité et se dissout peu après.

20 juin. – Présentation de Vivendi Universal, présidé par Jean-Marie Messier, nouvel ensemble né de la fusion géante des groupes Vivendi (France), Canal Plus (contrôlé par le précédent) et Seagram (Canada).

10 juillet. – Vote de la loi Fauchon, qui réduit la responsabilité pénale des élus.

7 août. – Assassinat de Jean-Michel Rossi, nationaliste corse, proche de l'ancien dirigeant d'A Cuncolta, François Santoni, et de Jean-Claude Fratacci.

29 août. – Démission du ministre de l'Intérieur Jean-Pierre Chevènement, en désaccord avec le « processus de Matignon » relatif à la Corse.

21 septembre. – Le quotidien *Le Monde* publie une confession posthume, enregistrée sur cassette vidéo, de Jean-Claude Méry (décédé en juin 1999), qui met notamment gravement en cause Jacques Chirac, ancien maire de Paris et ancien président du RPR, dans les pratiques frauduleuses concernant les marchés publics de la ville de Paris.

24 septembre. – Le référendum relatif au raccourcissement du mandat présidentiel à cinq ans fait l'objet d'une abstention record (69,27 % en métropole). Le « oui » l'emporte par 73,2 % des suffrages exprimés, contre 26,8 % au « non ».

31 octobre. – Le quotidien *L'Humanité* publie un appel pour la « condamnation de la torture » pratiquée pendant la guerre d'Algérie (1954-1962). Henri Alleg, Pierre Vidal-Naquet, Gisèle Halimi, Josette Audin, Simone de Bollardière, Germaine Tillion et Noël Favrelière sont au nombre des signataires. Un débat public s'ensuit, pour la première fois depuis quarante ans. Le général Jacques Massu reconnaît avoir couvert ces pratiques et dit le regretter. Le général Paul Aussaresses avoue lui aussi, sans regrets.

22 novembre. – Le Conseil d'État autorise la commercialisation de trois variétés de maïs transgénique en France.

1er décembre. – Mise en examen pour « complicité de recel de corruption » de Louise-Yvonne Casetta, « intendante » du RPR, ainsi que de Jean-Pierre Thomas, ancien trésorier du Parti républicain (devenu DL), et Gérard Peybernes, ancien responsable financier du PS, dans le cadre de l'enquête sur l'attribution des marchés publics relatifs à la rénovation des lycées de la région Île-de-France. Michel Roussin, ancien directeur de cabinet de Jacques Chirac en tant que maire de Paris, et par ailleurs ancien ministre (RPR), est également mis en examen. Quoique se prévalant de l'immunité due à sa fonction, le chef de l'État voit les affaires se rapprocher.

21 décembre. – Jean-Christophe Mitterrand est mis en examen et incarcéré dans le cadre d'une enquête concernant un possible trafic d'armes entre la France et l'Angola – l'Angolagate –, où seraient notamment impliqués le marchand d'armes Pierre Falcone et l'ancien ministre de l'Intérieur Charles Pasqua.

2001

20 janvier. – États-Unis : George W. Bush devient président (comme son père).

22 janvier. – Ouverture, devant le tribunal correctionnel à Paris, du procès de l'affaire « Elf ». Roland Dumas, Christine Deviers-Joncour, Loïk Le Floch-Prigent et Alfred Sirven sont notamment au nombre des prévenus pour abus de biens sociaux et/ou recel et complicité d'abus de biens sociaux.

Février. – L'écrivain et journaliste Denis Robert publie avec Ernest Backes *Révélation$ sur Clearstream* (Les Arènes, 2001). Ils accusent cette société luxembourgeoise de dissimuler des opérations financières dans des comptes « non publiés » et de couvrir des transactions illégales. Cela conduira à l'ouverture d'une enquête préliminaire par le parquet anti-blanchiment de Luxembourg. Les députés socialistes français Vincent Peillon et Arnaud Montebourg, respectivement président et rapporteur de la mission parlementaire française sur le blanchiment, annoncent une série d'auditions consacrées à Clearstream.

7 février. – Le CNE (Comité national d'éthique) autorise le clonage humain thérapeutique.

15 mars. – Le tribunal correctionnel de Montpellier condamne le syndicaliste José Bové, de la Confédération paysanne, à dix mois de prison avec sursis pour destruction de plants de maïs transgénique.

18 mars. – Au second tour des élections municipales, la gauche l'emporte à Paris (listes conduites par le socialiste Bertrand Delanoë) et à Lyon (listes conduites par le socialiste Gérard Collomb), mais perd de nombreuses villes.

21 avril. – Manifestations à Calais, « contre les licenciements boursiers », à l'initiative du PCF. Dans la période, de nombreuses restructurations ont été annoncées, dont celles de la biscuiterie du groupe Danone (LU) à Calais, la fermeture des dix-huit magasins continentaux de Marks & Spencer et celle de trois usines Moulinex-Brandt, dont celle d'Alençon (Orne).

25 avril. – Le juge d'instruction Éric Halphen considère, dans une ordonnance, que des indices rendent vraisemblable la participation ou la complicité de Jacques Chirac (lorsqu'il était maire de Paris) dans les infractions commises dans l'affaire des HLM de Paris. Le magistrat se déclare « incompétent » pour instruire le rôle de ce dernier, considérant que cette instruction doit relever de la Haute Cour de justice.

10 mai. – Le Parlement adopte un projet de loi reconnaissant l'esclavage comme étant un crime contre l'humanité.

27 juin. – Disparition du service national.

14 juillet. – Dans la traditionnelle interview télévisée donnée par le chef de l'État le jour de la fête nationale, Jacques Chirac déclare que le statut de président de la République lui permet de ne pas donner suite à une quelconque convocation de la justice.

17 août. – Le dirigeant nationaliste corse François Santoni, présumé fondateur de l'organisation armée clandestine Armata Corsa, est assassiné.

4 septembre. – Le juge Éric Halphen est dessaisi de l'instruction de l'affaire des HLM de la Ville de Paris

11 septembre. – États-Unis : attentats meurtriers contre les tours du World Trade Center à New York et le Pentagone à Washington, imputés aux réseaux d'Oussama Ben Laden, installé en Afghanistan.

21 septembre. – L'usine chimique AZF Grande-Paroisse, à Toulouse, explose, faisant vingt-neuf morts, des centaines de blessés et d'immenses dégâts matériels. L'usine, classée à « risque Seveso », appartient au groupe TotalFinaElf.

25 septembre. – Journée d'hommage national aux harkis qui, pendant la guerre d'Algérie (1954-1962), ont combattu aux côtés de l'armée française et ont été pour la plupart abandonnés au moment de son rapatriement en 1962.

9 octobre. – Faute de précisions constitutionnelles, la Cour de cassation considère que sa fonction met le chef de l'État à l'abri de toute poursuite judiciaire pendant son mandat. Jacques Chirac se voit ainsi protégé pour les diverses affaires en cours le concernant.

7 novembre. – Mise en examen du groupe pétrolier TotalFinaElf pour complicité de mise en danger d'autrui et pollution, dans le dossier du naufrage de l'*Erika*.
– L'ancien ministre socialiste Dominique Strauss-Kahn est relaxé dans le cadre de l'« affaire de la MNEF ».

2002

1er janvier. – Europe : mise en circulation de l'euro dans les douze États membres de l'UE ayant adopté à cette date la monnaie unique (zone euro).

14 janvier. – Mise en examen de Daniel Bouton, P-DG de la Société générale, pour une affaire de blanchiment d'argent sale entre la France et Israël.

5 février. – Didier Schuller, en « cavale » depuis 1996, quitte sa villégiature de Saint-Domingue et rentre en France.

14 février. – Disparition à quatre-vingt-un ans de Geneviève Anthonioz-de Gaulle, la nièce du général de Gaulle, résistante, déportée et présidente d'ATD-quart monde.

21 avril. – Élection présidentielle : à l'issue du premier tour, Jacques Chirac (RPR) arrive en tête avec un score médiocre (19,88 %), mais son challenger socialiste Lionel Jospin (16,18 %) n'est qu'au troisième rang, derrière le président du Front national Jean-Marie Le Pen (16,86 %). Le taux d'abstention est particulièrement élevé (28,4 %). La qualification du leader d'extrême droite pour le second tour suscite une grande émotion dans le pays et à l'étranger. Lionel Jospin annonce son retrait de la politique.

1er mai. – À l'occasion de la fête du Travail, d'immenses cortèges défilent dans les grandes villes en défense de la République et pour « faire barrage à l'extrême droite ».

5 mai. – Au second tour de l'élection présidentielle, Jacques Chirac l'emporte avec 82,21 % des suffrages exprimés, contre 17,79 % à Jean-Marie Le Pen (20,3 % d'abstentions).

6 mai. – Jacques Chirac désigne Jean-Pierre Raffarin comme Premier ministre.

8 mai. – Pakistan : au cours d'un attentat, onze techniciens français de la DCN (Direction des constructions navales) sont tués à Karachi.

9-16 juin. – Élections législatives (douzième législature) : majorité absolue pour l'UMP avec 355 sièges ; abstention record (39,71 %)

2 juillet. – Démission contrainte du P-DG de Vivendi Universal Jean-Marie Messier, remplacé par Jean-René Fourtou.

14 juillet. – Un militant d'extrême droite, Maxime Brunerie, tente d'assassiner le chef de l'État avec une carabine à l'occasion du défilé en l'honneur de la fête nationale.

2 septembre. – Lors de la conférence des Nations unies tenue à Johannesburg du 26 août au 4 septembre, Jacques Chirac prononce un discours largement inspiré des revendications des mouvements écologistes et des ONG.

19 septembre. – Côte-d'Ivoire : une tentative de putsch menée par des insurgés se traduit bientôt par un grand chaos. Après hésitation, l'armée française s'interpose, protégeant de fait l'armée gouvernementale d'une probable déroute.

23 octobre. – Le groupe d'édition Vivendi Universal Publishing (VUP) est racheté par Lagardère, qui possède déjà le groupe Hachette.

17 novembre. – Lors du congrès fondateur de l'Union pour un mouvement populaire (UMP), tentative de parti unique de la droite, Alain Juppé est élu président.

19 novembre. – Naufrage du pétrolier *Prestige* au large du cap Finisterre, qui provoque une marée noire en Galice.

2003

26 février. – Sortie en librairie de l'ouvrage *La Face cachée du* Monde, des journalistes Pierre Péan et Philippe Cohen. Les accusations développées dans le livre à l'encontre du quotidien *Le Monde* suscitent une intense polémique.

14 mars. – Le CECEI (Comité des établissements de crédit et des entreprises d'investissement, autorité de régulation) donne son accord à la mégafusion du Crédit agricole et du Crédit lyonnais.

17 mars. – Après plus de huit années d'instruction, ouverture du procès Elf portant sur le détournement de plus de 300 millions d'euros. Trente-sept personnes sont poursuivies, dont les anciens dirigeants Loïk Le Floch-Prigent, Alfred Sirven, André Tarallo et André Guelfi.

20 mars. – Irak : entrée des troupes anglo-américaines en Irak. Bagdad sera sous contrôle militaire de la coalition le 10 avril.

6 avril. – Élections destinées à installer le premier Conseil français du culte musulman (CFCM).

18 avril. – Le gouvernement présente un projet de loi pour réformer le système des retraites.

25 mai. – Une manifestation nationale rassemble entre 500 000 et 600 000 personnes à Paris et en province, notamment à propos de la réforme des retraites.

22 juin. – José Bové est interpellé à son domicile et incarcéré pour purger une condamnation de dix mois fermes pour destruction de végétaux transgéniques.

4 juillet. – En fuite depuis 1999, Yvan Colonna, soupçonné d'être l'assassin du préfet Claude Érignac, est arrêté et incarcéré à la prison de la Santé, à Paris.

6 juillet. – Le projet de faire de l'île une collectivité unique est rejeté par référendum par 50,9 % des électeurs corses.

4-18 août. – La France enregistre 15 000 décès supplémentaires du fait d'une canicule exceptionnelle.

24 septembre. – Avec l'expulsion de leur lycée de deux jeunes filles, Lila et Alma Lévy, qui refusent de retirer leur foulard en classe, est relancée avec force médiatisation l'affaire du voile islamique qui avait déjà déchaîné les passions françaises en 1989.

12 novembre. – À l'issue du procès Elf, dix-sept condamnations à de la prison ferme sont prononcées. Loïk Le Floch-Prigent écope de cinq ans, de même qu'Alfred Sirven, ancien directeur des affaires générales. André Tarallo, ancien directeur des affaires africaines est condamné à quatre ans, de même qu'Alain Guillon, ancien directeur du raffinage.

2004

30 janvier. – Le Tribunal correctionnel de Nanterre déclare Alain Juppé, ex-adjoint aux Finances du maire de Paris Jacques Chirac, coupable de « prise illégale d'intérêt » dans l'affaire des emplois fictifs du RPR et le condamne à une peine de 18 mois de prison avec sursis entraînant une inéligibilité de dix ans.

10 février. – L'Assemblée nationale vote massivement en faveur de l'adoption de la loi qui interdit le port ostensible de signes religieux à l'école.

9 mars. – Vote de la loi Perben II, « portant adaptation de la justice aux évolutions de la criminalité ».

11 mars. – Des attentats islamistes font près de deux cents morts et de nombreux blessés à Madrid.

16 mai. – Après négociation entre le gouvernement français et la Commission européenne, l'État entrera dans le capital du groupe Alstom, qui était menacé de dépôt de bilan.

23 mai. – En Polynésie française, lors des élections pour le renouvellement de l'Assemblée territoriale, les listes du président du gouvernement sortant Gaston Flosse (sénateur UMP personnellement très lié à Jacques Chirac) n'obtiennent que vingt-huit sièges sur cinquante-sept, contre vingt-sept aux indépendantistes, qui connaissent une spectaculaire progression. La présidence de l'Assemblée leur reviendra le 3 juin suivant et le gouvernement sera dirigé par leur leader Oscar Temaru.

1er juillet. – Fin du procès en assises d'Outreau (Pas-de-Calais), dans lequel étaient jugées des personnes accusées de pédophilie. Outre les accusés ayant reconnu les faits, lourdement condamnés, sept personnes sont acquittées après avoir été couvertes d'opprobre et, pour certaines, emprisonnées.

13 août. – Promulgation de la loi relative aux libertés et responsabilités locales organisant de nouveaux transferts de compétences aux collectivités locales. Des controverses portent sur la mise en danger de l'autonomie financière des collectivités locales.

20 août. – Deux journalistes français, Christian Chesnot et Georges Malbrunot, sont pris en otage en Irak par une organisation clandestine inconnue. En France, une large mobilisation s'opère, à laquelle participe activement le Conseil français du culte musulman (CFCM).

9 octobre. – En Polynésie française, renversement, par une motion de censure de l'Assemblée territoriale, du gouvernement dirigé depuis le 14 juin par le leader indépendantiste Oscar Temaru.

28 novembre. – Nicolas Sarkozy accède à la présidence de l'UMP (Union pour un mouvement populaire).

2005

5 janvier. – Enlèvement à Bagdad de Florence Aubenas, journaliste du quotidien *Libération*, et de son guide irakien Hussein Hanoun Al-Saadi.

18 janvier. – Présentation officielle de l'Airbus A 380 sur son site d'assemblage de Toulouse-Blagnac.

16 février. – *Le Canard enchaîné* annonce que le couple Gaymard et ses huit enfants occupent un logement de 600 m² pour un loyer mensuel de 14 000 euros qui est réglé par l'État. H. Gaymard annonce dans les jours suivants sa démission du ministère des Finances. Il y est remplacé par Thierry Breton.

3 mars. – L'Assemblée de la Polynésie élit Oscar Temaru à la présidence du gouvernement.

5 mars. – Manifestation nationale à Guéret (Creuse) en défense des services publics, notamment en milieu rural.

10 mars. – Journée de mobilisation, dans toute la France, pour la défense des salaires et des 35 heures.

31 mars. – Démarrage en France de la TNT (télévision numérique terrestre).

2 avril. – Vatican : décès du pape Jean-Paul II ; Benoît XVI lui succède.

11 avril. – Édouard de Rothschild entre dans le capital du quotidien *Libération*.

29 mai. – Une majorité de Français (55 %) rejette le projet de Constitution européenne lors d'un référendum.

31 mai. – Dominique de Villepin est nommé Premier ministre par Jacques Chirac. Il remplace Jean-Pierre Raffarin.

11 juin. – À Bagdad, libération de Florence Aubenas et Hussein Hanoun Al-Saadi.

19 juin. – Mort violente d'un jeune (Sidi Ahmed) à La Courneuve. Le ministre de l'Intérieur Nicolas Sarkozy déclare le lendemain vouloir « nettoyer le quartier au Karcher ».

7 juillet. – Attentats suicides de jeunes islamistes britanniques à Londres : cinquante-trois morts et près d'un millier de blessés.

23 août. – Un incendie dans un immeuble du XIIIe arrondissement de Paris, habité essentiellement par des familles d'origine africaine, cause la mort de dix-sept personnes, dont quatorze enfants.

30 août. – Un incendie dans un immeuble du IIIe arrondissement de Paris fait sept victimes.

27 octobre. – À Clichy-sous-Bois, deux adolescents, réfugiés dans un transformateur EDF pour échapper à un contrôle de police, meurent électrocutés. Cet événement déclenche des émeutes urbaines qui vont toucher 280 communes françaises selon des degrés de gravité très divers et durer jusqu'au 17 novembre. Le 8 novembre, le Premier ministre Dominique de Villepin a décrété l'état d'urgence, en application d'une loi du 3 avril 1955, adoptée pendant la guerre d'Algérie.

24 novembre. – Le Parlement adopte définitivement la proposition de loi antirécidive qui met en place le bracelet électronique de surveillance pour les délinquants et criminels sexuels ou violents.

31 décembre. – La coque de l'ex-porte-avions français *Clemenceau* part pour l'Inde pour être désamiantée et démantelée au port d'Alang. Une campagne internationale d'organisations écologistes, dénonçant les conditions de travail dans les chantiers indiens de désamiantage, obligera la France à le faire revenir à Brest.

2006

4 janvier. – Fin de l'état d'urgence qui avait été décrété le 8 novembre 2005.

10 janvier. – Une commission d'enquête parlementaire examine l'affaire d'Outreau, considérée comme un naufrage judiciaire.

23 janvier. – Ouverture du procès de l'affaire des HLM de la Ville de Paris devant le tribunal correctionnel de Paris.

11 février. – Georges Frêche, président de la région Languedoc-Roussillon et maire de Montpellier, utilise le terme de « sous-hommes » pour parler des harkis.

Mars-avril. – Mobilisations très importantes contre le CPE (contrat première embauche) ; le gouvernement retirera le projet.

Index

A

B

C

D

E

F

G

H

I

J

K

L

Q

R

S

T

W

X Y

Z

Table

III. Le nucléaire et le complexe militaro-industriel

IV. Diplomaties secrètes

Achevé d'imprimer par N.I.I.A.G. en juillet 2007 pour le compte de France Loisirs, Paris

N° d'éditeur : 49131 Dépôt légal : Août 2007 Imprimé en Italie